GRADOS
PreK–8

TOTALMENTE
**EN ESPAÑOL**

Fountas & Pinnell

# Continuo de la lectoescritura

Instrumento para la evaluación, planificación y enseñanza

Reconstrucción en español de
*The Fountas & Pinnell Literacy Continuum: A Tool for Assessment, Planning, and Teaching*

EDICIÓN **AMPLIADA**

**HEINEMANN**
Portsmouth, NH

**Heinemann**
361 Hanover Street
Portsmouth, NH 03801-3912
www.heinemann.com

*Offices and agents throughout the world*



Acknowledgments for borrowed material begin on page 692.

**Library of Congress Cataloging-in-Publication Data is on file.**
ISBN 978-0-325-09219-5

**Heinemann**
361 Hanover Street
Portsmouth, NH 03801-3912
www.heinemann.com

*Oficinas y agentes en todo el mundo*



Los reconocimientos por el material prestado aparecen a partir de la página 692.

**Información del catálogo de publicación de la Biblioteca del Congreso está registrada.**
ISBN 978-0-325-09219-5

*Editorial Development:* Aparicio Publishing
*Cover design:* Ellery Pierce Harvey
*Interior design:* Monica Ann Crigler
*Manufacturing:* Erin St. Hilaire, Jaime Spaulding

Printed in the United States of America on acid-free paper
2 3 4 5 B&B 23 22 21
Digitally Printed B&B March 2021

*Desarrollo editorial:* Aparicio Publishing
*Diseño de portada:* Ellery Pierce Harvey
*Diseño interior:* Monica Ann Crigler
*Elaboración:* Erin St. Hilaire, Jaime Spaulding

Impreso en los Estados Unidos de América en papel sin ácidos

# CONTENIDOS

# AGRADECIMIENTOS

La edición ampliada en español de *The Fountas & Pinnell Literacy Continuum PreK–8, el Continuo de la lectoescritura de Fountas & Pinnell PreK–8,* representa el logro de varios años de gran esfuerzo. Agradecemos a Aparicio Publishing y su equipo de educadores bilingües comprometidos por su gestión en este libro. Gracias por su colaboración y su atención dedicados al análisis detallado de cada ítem y cada línea para la elaboración de esta edición reconstruida con meticulosidad.

Por último, agradecemos a los diversos maestros, instructores de lectoescritura y administradores que usaron la edición original del *Continuum*, y que nos ayudaron a comprender lo que se necesitaba para agilizar y facilitar su uso.

# INTRODUCCIÓN

# INTRODUCCIÓN

El *Continuo de la lectoescritura de Fountas & Pinnell* se basa en la equidad para la enseñanza de la lectura plurilingüe. Los niños del salón de clase de artes del lenguaje necesitan materiales y enseñanza de calidad para lograr una alta competencia tanto en el inglés como en el español.

La edición ampliada se adaptó especialmente para el salón de clase de artes del lenguaje. Se ha hecho todo lo posible para que el *Continuo* en español mantenga paralelismo y equidad con su versión en inglés, con argumentos lingüísticos añadidos para destrezas específicas del español. El *Continuo* puede usarse de manera independiente con estudiantes de salones de clase bilingües. También se puede usar en conjunto con la versión en inglés en programas bilingües de inglés/español. Se denomina "ampliado" porque cada parte se ajustó y se desarrolló en simultáneo. Las descripciones básicas de las características del texto, los comportamientos y los conocimientos para observar, enseñar y apoyar son esencialmente los mismos. Al fin y al cabo, la lectura, la escritura y el lenguaje oral siguen siendo los procesos con los que hemos trabajado durante muchos años. Pero las descripciones son más precisas. Nuestra intención fue crear un documento que tenga estos detalles precisos de manera tal que sirva como referencia para la enseñanza. De esta forma, funciona como una guía curricular para usar en la observación, la planificación, la enseñanza y la reflexión, siempre preguntando: "¿Cómo muestran mis estudiantes lo que saben y pueden hacer?".

El *Continuo* describe las características del texto y los objetivos de comportamiento desde pre-kindergarten hasta la escuela secundaria, a través de las áreas pertinentes a los conocimientos lingüísticos. En su conjunto, los ocho continuos presentan un panorama general del aprendizaje que ocurre durante los años importantes de escolarización. El progreso de los estudiantes a través de estos continuos, o incluso en cada uno de ellos, no es un proceso uniforme ni gradual. Los estudiantes aprenden cuando se presenta la oportunidad y prestan atención de diferentes maneras. Un estudiante puede progresar enormemente en un área y a la vez parecer casi "paralizado" en otra. Nuestro trabajo es ofrecer estas oportunidades de aprendizaje y guiar su atención de manera tal que el aprendizaje en un área informe y apoye el aprendizaje en las demás. Al analizar los continuos, podemos observar patrones de progreso con el transcurso del tiempo. Cada estudiante progresa a su manera, pero finalmente todos logran el mismo objetivo: un sistema complejo y flexible de procesamiento de lectura.

Para la creación y el ajuste actual del *Continuo*, hemos consultado los estudios existentes sobre el proceso de lectura, la adquisición de la lectura y los estudiantes de

> En esta edición, observará una mayor organización dentro de las categorías, así como una viñeta roja para mostrar las características **nuevas** del texto o los comportamientos nuevos que usted espera observar como evidencia en este grado o este nivel. También observará que los comportamientos que demuestran "pensar en el texto en sí" se identifican con una viñeta redonda, los comportamientos que demuestran "pensar más allá del texto" con una viñeta de diamante y los comportamientos que demuestran "pensar acerca del texto" con una viñeta cuadrada.

idioma español. Hemos examinado muchos conjuntos de estándares para determinar cómo los responsables de la toma de decisiones observan el progreso a nivel regional, estatal y nacional. Probablemente usted trabaje en función de un conjunto de estándares adoptado por su región o escuela. Confiamos en que este Continuo no sólo será consistente con el lenguaje y los estándares de lectura, sino que también presentará descripciones más detalladas del aprendizaje. Hemos intentado describir la evidencia de la adquisición de la lectura que usted observará en el comportamiento de sus estudiantes.

## Contenido del *Continuo*

Existen varios principios entre los ocho continuos incluidos en este volumen, y es importante considerarlos:

- ***Los estudiantes aprenden hablando.*** El habla representa el razonamiento de la estudiante o del estudiante. Animamos a los estudiantes a participar en conversaciones basadas en diversos textos: aquellos que los estudiantes leen, aquellos que escuchan mediante la lectura en voz alta o aquellos que escriben. Esto desarrolla su capacidad de comprender ideas y usar el lenguaje para comunicar su razonamiento.
- ***Los estudiantes necesitan procesar una gran cantidad de lenguaje escrito.*** Un currículo dinámico de lenguaje y lectura ofrece muchas oportunidades diarias para que los estudiantes lean libros de su elección de manera independiente, para que lean material de nivel instruccional más avanzado con ayuda de la maestra o del maestro y para que escuchen la lectura en voz alta de textos elegidos por los maestros adecuados al nivel del grado.
- ***La capacidad de leer y comprender textos se desarrolla con el habla y la escritura.*** Los estudiantes necesitan adquirir diversas maneras de escribir sobre lo que leen y también para hablar sobre los textos con la maestra o el maestro y otros estudiantes.
- ***El aprendizaje se profundiza cuando los estudiantes participan en actividades de lectura, conversación y escritura sobre textos en diferentes contextos de enseñanza.*** Cada medio de comunicación ofrece una manera nueva de procesar las ideas aprendidas de los textos orales o escritos y de los compañeros.

Este *Continuo* ofrece una manera de hallar evidencia específica de aprendizaje desde pre-kindergarten hasta octavo grado a través de las ocho áreas del currículo. Para crearlo, analizamos una amplia variedad de trabajos de investigación sobre la adquisición del lenguaje y la lectura, también pedimos la opinión de maestros e investigadores. Asimismo, analizamos los estándares del currículo de muchos estados. Algunos de los principios guía son:

- El aprendizaje no se produce por etapas, sino que es un proceso en constante evolución.
- Los mismos conceptos se adquieren y luego se desarrollan con el tiempo.
- Muchos conceptos complejos de lectura tardan años en desarrollarse.
- Los estudiantes aprenden al aplicar lo que saben a la lectura y escritura de textos cada vez más complejos.
- El aprendizaje no se produce automáticamente; la mayoría de los estudiantes necesitan la enseñanza de un experto para desarrollar un muy buen rendimiento en la lectura y escritura.

- El aprendizaje es diferente, pero se interrelaciona a través de diversos tipos de actividades de lenguaje y lectura; un tipo de aprendizaje mejora y refuerza los otros.

En este volumen, incluimos ocho continuos diferentes de aprendizaje (consulte la Figura 1). Cada uno de estos se centra en un aspecto diferente de nuestro programa de enseñanza del lenguaje y la lectura (*Guided Reading: Responsive Teaching Across the Grades*, Fountas and Pinnell 2017), y cada uno contribuye sustancialmente, de maneras

**FIGURA 1** *Continuo de la lectoescritura de Fountas & Pinnell,* **edición en español**

| | CONTEXTO DE ENSEÑANZA | DEFINICIÓN BREVE | DESCRIPCIÓN DEL *CONTINUO* |
|---|---|---|---|
| 1 | **Lectura interactiva en voz alta y discusión literaria** | Los estudiantes tienen una conversación sobre un texto que han escuchado en la lectura en voz alta o que han leído de manera independiente. | • Por año, grados PreK–8<br>• Géneros adecuados para grados PreK–8<br>• Hábitos y conocimientos específicos que demuestran el pensamiento en el texto en sí, más allá y acerca del texto |
| 2 | **Lectura compartida y lectura interpretativa** | Los estudiantes leen juntos o adoptan roles para leer una lectura compartida. Reflejan el sentido del texto con la expresión de la voz. | • Por año, grados PreK–8<br>• Géneros adecuados para grados PreK–8<br>• Hábitos y conocimientos específicos que demuestran el pensamiento en el texto en sí, más allá y acerca del texto |
| 3 | **Escribir sobre la lectura** | Los estudiantes amplían la comprensión del texto mediante diversos géneros de escritura y, a veces, ilustraciones. | • Por año, grados PreK–8<br>• Géneros/formas para escribir sobre la lectura adecuada para grados PreK–8<br>• Evidencia específica en la escritura que refleja el pensamiento en el texto en sí, más allá y acerca del texto |
| 4 | **Escritura** | Los estudiantes componen y escriben sus propios ejemplos de varios géneros, escritos con diversos propósitos y para distintos públicos. | • Por año, grados PreK–8<br>• Géneros/formas de escritura adecuados para grados PreK–8<br>• Aspectos de la elaboración, las normas y el proceso que son evidentes en los textos escritos por los estudiantes, de PreK–8 |
| 5 | **Comunicación oral y visual** | Los estudiantes presentan sus ideas a través de la discusión oral y la presentación. | • Por año, grados PreK–8<br>• Hábitos y conocimientos específicos relacionados con escuchar y hablar, presentación |
| 6 | **Comunicación tecnológica** | Los estudiantes aprenden maneras efectivas de comunicarse y buscar información a través de la tecnología; aprenden a pensar de manera crítica sobre la información y las fuentes. | • Por año, grados PreK–8<br>• Hábitos y conocimientos específicos relacionados con los usos efectivos y éticos de la tecnología |
| 7 | **Fonética, ortografía y estudio de palabras** | Los estudiantes aprenden sobre las relaciones entre las letras y los sonidos y la estructura de las palabras, como ayuda para la lectura y la ortografía. | • Por año, grados PreK–8<br>• Hábitos y conocimientos específicos relacionados con las nueve áreas de comprensión relacionadas con las letras, los sonidos y las palabras, además de cómo funcionan en la lectura y la ortografía |
| 8 | **Lectura guiada** | Los estudiantes leen en grupos pequeños un texto elegido por la maestra o el maestro, quien brinda enseñanza explícita y apoyo para la lectura de textos de mayor dificultad. | • Por nivel, A–Z<br>• Géneros adecuados para grados PreK–8<br>• Hábitos y conocimientos específicos que demuestran el razonamiento en el texto en sí, más allá y acerca del texto<br>• Sugerencias específicas para el trabajo con palabras (extraídas del continuo de la fonética y el análisis de palabras) |

diferentes pero complementarias, al desarrollo de los procesos de lectura, escritura y lenguaje en los estudiantes. Cada continuo se describe con mayor detalle en una introducción aparte, pero los presentamos brevemente aquí.

## El proceso de lectura: Sistemas de acciones estratégicas

Cuatro de los continuos se centran específicamente en la lectura: lectura interactiva en voz alta y discusión literaria, lectura compartida y lectura interpretativa, lectura guiada y escribir sobre la lectura. Aquí nos centraremos en acciones estratégicas de razonamiento:

- *En el texto en sí* (comprensión literal lograda al buscar y usar información, verificar y autocorregir, descifrar palabras, mantener la fluidez, ajustarse y resumir según el propósito y el género del texto)
- *Más allá del texto* (hacer predicciones, establecer relaciones con experiencias personales, conocer el contenido y otros textos; sintetizar la información nueva e inferir lo que se implica pero no se enuncia)
- *Acerca del texto* (analizar o criticar el texto)

Puede consultar la tabla de Sistemas de acciones estratégicas en la parte interior de la portada. Recuerde que se espera que los lectores participen en todos los sistemas simultáneamente a medida que procesan los textos. Puede obtener pruebas del control de los hábitos y conocimientos observando la lectura oral, la conversación o la escritura sobre la lectura.

En la ***lectura interactiva en voz alta y discusión literaria*** los estudiantes a menudo tienen la oportunidad de ampliar sus conocimientos a través de la conversación. En la lectura interactiva en voz alta, usted tiene la oportunidad de atraer la atención de los estudiantes hacia textos que suelen ser más complejos que los que leen por su cuenta. Puede aprovechar momentos estratégicos para detenerse y mantener conversaciones breves durante la lectura, y continuar conversando después de la lectura. La conversación de los estudiantes brinda evidencia de su razonamiento.

La ***lectura compartida y la lectura interpretativa*** son un motivo real para leer en voz alta. Cuando los estudiantes leen al unísono o en el teatro del lector, necesitan leer en frases, observar la puntuación y el diálogo, y pensar en el significado del texto. Todas estas acciones brindan evidencia de que comprenden el texto y lo procesan eficazmente. Al trabajar con estos textos conocidos, usted tiene la oportunidad de apoyar y ampliar los conocimientos de los estudiantes.

La ***lectura guiada*** ofrece apoyo a grupos pequeños y enseñanza explícita para ayudar a los estudiantes a comenzar a trabajar con textos de mayor dificultad. A medida que leen textos organizados según su gradiente de dificultad, los estudiantes desarrollan sus sistemas de acciones estratégicas al cumplir con las exigencias de textos cada vez más complejos. Brindan evidencia de su razonamiento a través de la lectura oral y la conversación, y amplían sus conocimientos a través de la escritura. El continuo de lectura guiada se relaciona más con los niveles de lectura de los textos que con los niveles de grado, porque prevemos un progreso ininterrumpido en estos niveles. En la introducción al continuo de lectura guiada, verá una tabla que indica el rango de niveles que se relacionan en mayor o menor medida con los objetivos de cada nivel de grado.

Además de la evidencia específica de razonamiento en un texto en sí, más allá y acerca de un texto, cada uno de estos tres continuos incluye una lista de los géneros de texto adecuados para cada nivel de grado o texto.

***Escribir sobre la lectura***, que suele incluir el dibujo, es otra manera de que los estudiantes amplíen su comprensión y den muestras de su razonamiento. La escritura sobre la lectura se puede usar en conjunto con la lectura interactiva en voz alta y la discusión literaria o la lectura guiada.

Mientras trabaja con los continuos relacionados con la lectura, observará un aumento gradual en la complejidad de los tipos de razonamiento de los lectores. La mayoría de los principios de aprendizaje no pueden limitarse a un momento específico o incluso a un año. Generalmente, verá que el mismo tipo de principio (hábito o conocimiento) se repite de un grado o nivel de texto a otro; en cada instancia, recuerde que la estudiante o el estudiante aplica el principio de una manera más compleja para leer textos más difíciles.

## Comunicación oral y visual, tecnológica y escrita

La ***escritura*** es una manera de experimentar y profundizar la comprensión de los géneros que los estudiantes han leído. Aunque la escritura sobre la lectura es un enfoque excelente para ayudar a los estudiantes a ampliar su razonamiento y apoyar la conversación, no reemplaza la enseñanza específica destinada a ayudar a los estudiantes a desarrollarse como escritores. A través del taller de escritura, los maestros ayudan a los escritores a ampliar constantemente su aprendizaje de la elaboración, las normas y el proceso de escritura para comunicar significados al público. El continuo de escritura de este libro, enumera los conocimientos específicos para cada nivel de grado relacionados con la elaboración, las normas y el proceso. También sugiere los propósitos y los géneros que los estudiantes consideran y eligen cuando escriben en cada nivel de grado. Puede consultar la tabla, Un sistema de procesamiento de la escritura, en la contraportada interna para observar las dimensiones complejas en un sistema de procesamiento de la escritura.

La ***comunicación oral y visual*** es una parte integral de todos los procesos de lectura; notará su presencia en todos los demás continuos. Este *Continuo* hace hincapié en hábitos y conceptos específicos para la enseñanza intencional.

La ***comunicación tecnológica*** es esencial para los ciudadanos de la sociedad actual. Este *Continuo* describe objetivos específicos para ayudar a los estudiantes a encontrar maneras de usar la tecnología eficazmente en el aprendizaje, la comunicación y la investigación. Con el rol creciente de la tecnología en todos los contextos comunicativos, los estudiantes tienen que desarrollar maneras complejas de razonamiento que les permitan pensar críticamente sobre la tecnología, y usarla de manera efectiva y ética.

## Fonética, ortografía y estudio de palabras

Como octavo continuo, incluimos la fonética, la ortografía y el estudio de palabras. Para cada grado, hallará los principios específicos relacionados con las nueve áreas de aprendizaje que son importantes para los grados PreK–8: primeros conceptos de la lectura; conciencia fonológica; conocimiento de las letras; relaciones entre las letras y los sonidos; patrones ortográficos; palabras de uso frecuente; significados de las palabras/vocabulario; estructura de las palabras y acciones para descifrar palabras. Aquí encontrará conocimientos específicos relacionados con la ortografía, que se conectan con la sección sobre normas incluida en el continuo de escritura.

### Algunas precauciones

Al preparar estos continuos, consideramos el grupo típico de estudiantes que puede haber en un salón de clase de pre-kindergarten hasta octavo grado. También consultamos a los maestros sobre sus expectativas y su visión para adecuar la enseñanza a cada nivel de grado. Analizamos los estándares estatales y del distrito. Necesitamos conocer los niveles de aprendizaje que se espera alcanzar, ya que esto nos ayuda a tomar decisiones de enseñanza eficaces y, lo que es incluso más importante, nos ayuda a identificar a los estudiantes que necesitan intervención.

Por otra parte, no queremos aplicar estas expectativas de manera inflexible. Debemos reconocer que los estudiantes varían en gran medida en cuanto a su progreso: en ocasiones avanzan rápidamente y en otras, se estancan. Tal vez su progreso sea más rápido en un área que en otra. Los continuos deben servirle de ayuda para intervenir de manera más precisa para asistir a los estudiantes. Pero también es importante recordar que los estudiantes tal vez no cumplan necesariamente con *todas* las expectativas en todo momento. De igual modo, ninguno de los conocimientos y hábitos incluidos en este documento debe usarse necesariamente como criterio para la promoción al grado siguiente. Los educadores pueden analizar cuidadosamente el espectro completo de las expectativas del nivel de grado y tomar decisiones sobre cada estudiante en particular.

También es importante reconocer que, no porque existan expectativas para cada nivel de grado, la enseñanza se dictará en ese nivel. A través de la evaluación, es posible que usted descubra que su clase se corresponde solo parcialmente con los hábitos y conocimientos del *Continuo*. Casi todos los maestros descubren que necesitan consultar materiales de niveles más bajos y más altos (un motivo por el cual el continuo de lectura guiada no está nivelado).

## Maneras de usar el *Continuo*

Consideramos que este *Continuo* tiene muchos usos, entre ellos, los siguientes:

### Fundamentos para la enseñanza

Mientras piensa, planifica y reflexiona sobre la eficacia de brindar enseñanza individual, en grupos pequeños o a toda la clase, puede consultar diversas áreas del *Continuo*. Por ejemplo, si trabaja con los estudiantes en la lectura guiada en un nivel determinado, use las listas de hábitos y conocimientos para planificar las introducciones, guiar las observaciones e interacciones con los individuos y determinar los puntos de enseñanza. La sección de trabajo con las palabras ofrece sugerencias específicas sobre los principios a explorar al final de las lecciones de lectura guiada. Puede planificar acciones de enseñanza específicas mientras analiza la sección sobre lectura interactiva en voz alta y discusión literaria. El continuo de lectura interactiva en voz alta, y también los de escritura y fonética, ortografía y estudio de palabras, serán útiles para planificar mini-lecciones explícitas. Cuando usted y sus colegas busquen enseñar los mismos hábitos y conceptos, los estudiantes se beneficiarán con esa coherencia.

### Guía para planificar el currículo

Un equipo del nivel del grado o el cuerpo docente pueden usar el *Continuo* para planificar el currículo de lenguaje y lectura, ya que ofrece un punto de partida para pensar de manera muy específica en los objetivos y las expectativas. Su equipo puede adaptar el *Continuo* para cumplir con sus objetivos y las expectativas del distrito.

### Relacionar las evaluaciones con la enseñanza

A veces ocurre que se toman evaluaciones y se registran los resultados, pero el proceso luego se detiene. Los maestros no saben qué hacer con los datos o cómo continuar con la enseñanza. Este *Continuo* puede funcionar como puente entre los datos de las evaluaciones y la enseñanza específica que necesitan los estudiantes. Las evaluaciones le permitirán descubrir lo que saben los estudiantes; el *Continuo* le ayudará a pensar qué necesitan aprender después.

### Evaluaciones y calificaciones

El *Continuo* también puede usarse como guía para evaluar el progreso de los estudiantes a través del tiempo. Puede evaluar si los estudiantes están cumpliendo con los estándares del nivel del grado. Recuerde que no se espera que los estudiantes demuestren todas las competencias para considerar que están en el nivel del grado. *Nivel del grado* es simplemente un término que engloba un rango de niveles de comprensión en un momento dado.

### Informes para los padres

No le recomendamos que entregue a los padres un documento tan abrumador como este *Continuo*, ya que entorpecería la comunicación. Sin embargo, puede usar el *Continuo* como recurso para identificar el tipo de información específica que debe brindar a los padres, pero con un lenguaje que sea fácil de comprender.

### Guía para la intervención

Muchos estudiantes necesitarán apoyo adicional para cumplir los objetivos escolares de aprendizaje. La evaluación y la observación lo ayudarán a identificar las áreas específicas en las que los estudiantes necesitan ayuda. Use el *Continuo* para identificar los conocimientos específicos que pueden guiar la intervención.

## Organización del *Continuo*

En este documento se incluyen siete continuos. Se ordenan de la siguiente manera.

### Por grado

Siete de los continuos están organizados según el nivel de grado. Dentro de cada grado, hallará los continuos para: (1) lectura interactiva en voz alta y discusión literaria; (2) lectura compartida y lectura interpretativa; (3) escribir sobre la lectura; (4) escritura; (5) comunicación oral y visual, (6) comunicación tecnológica; y (7) fonética, ortografía y estudio de palabras. Estos siete continuos se presentan en los niveles de grado desde pre-kindergarten hasta octavo grado. Puede consultar la sección que corresponde a su nivel de grado y hallar los siete. Si muchos de sus estudiantes se encuentran debajo del nivel del grado, puede consultar el área de su interés del continuo del grado inmediatamente inferior. Si un gran número de sus estudiantes están por encima del nivel del grado, puede consultar el continuo del grado inmediatamente superior para obtener ideas.

## Por nivel

El continuo de lectura guiada está organizado en función del gradiente de niveles A–Z del texto de Fountas & Pinnell (consulte la Figura 2). Estos niveles típicamente se correlacionan con los grados K–8, pero el nivel instruccional de cada estudiante puede variar dentro de un mismo grado. Es importante que todos los estudiantes reciban enseñanza de lectura guiada en un nivel que les permita procesar textos correctamente, con el apoyo de la maestra o del maestro.

**FIGURA 2** *Gradiente de texto*

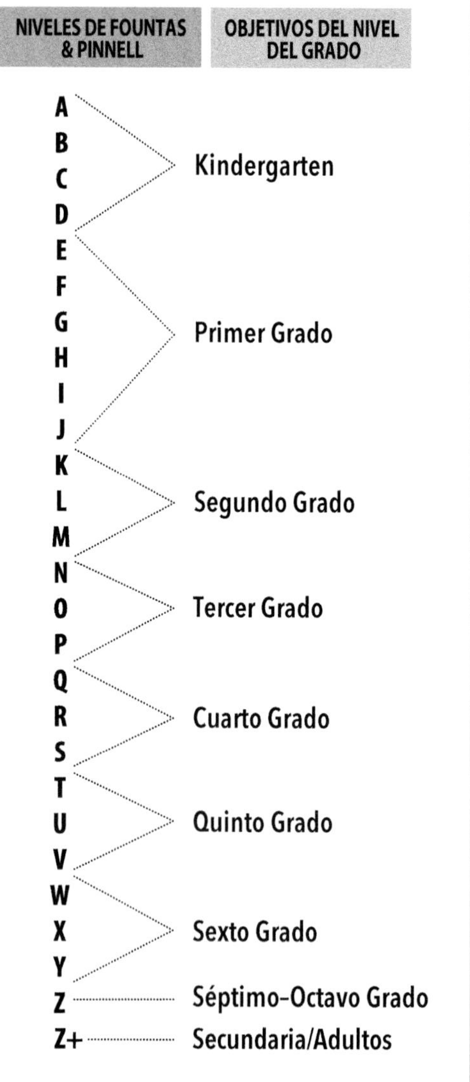


## Recursos adicionales

Como apéndice de consulta, hemos incluido una tabla que detalla las "reglas" generales de gramática y uso. Esta tabla proporciona hábitos, principios y ejemplos que, en general, describen el tipo de español latinoamericano "estándar" o español *"de los medios de comunicación"* previsto en la comunicación formal. Si usted habla este tipo de español, sigue casi todas estas reglas en su vida cotidiana, sin necesidad de enunciarlas explícitamente, y es así como debe ser. Los hablantes internalizan estas reglas y, por lo tanto, las usan de manera involuntaria, prestando atención directa cuando no están seguros. Deseará que los estudiantes se concentren en el idioma al escuchar el lenguaje escrito mediante la lectura en voz alta y la conversación basada en textos. Como presentará diariamente muchos modelos de lenguaje formal y también generará un lugar de conversación seguro para los estudiantes, es posible que necesite consultar esta tabla ocasionalmente. No se incluyó para que usted pueda "corregir" a los estudiantes o para que los estudiantes dediquen demasiado tiempo a ejercicios relacionados con gramática, ya que esas acciones no funcionan realmente. Pero a medida que observe a los estudiantes conversar y escribir, deseará buscar evidencia de que amplían su capacidad de usar el español latinoamericano formal con el paso del tiempo. Se brinda más información al comienzo del apéndice.

# Maneras en que los directores o coordinadores de personal pueden usar el *Continuo*

Como coordinador o director de personal, este documento le ofrecerá una perspectiva amplia de la lengua española y el aprendizaje de la lectura, además de cómo cambia y se desarrolla con el tiempo. Se ha diseñado el *Continuo* para ofrecer a los maestros una herramienta conceptual que puedan usar para pensar constructivamente sobre su trabajo. Queremos apoyarlos en la elaboración de la enseñanza que relacionará las observaciones y el conocimiento profundo de sus propios estudiantes con el aprendizaje a través del tiempo. Los directores y coordinadores son esenciales en los sistemas de apoyo para los maestros, a medida que desarrollan el conocimiento conceptual de su trabajo.

## Fundamentos para establecer objetivos escolares y/o del distrito

Como este *Continuo* en español es una descripción detallada de todos los aspectos de las artes del lenguaje, puede adoptarlo para sus objetivos de enseñanza. Otra posibilidad es revisar el documento para seleccionar objetivos para su escuela o distrito. Recuerde, además, que las expectativas de este nivel de grado son consistentes con los estándares estatales y nacionales en general. Según cuáles sean las prioridades locales, puede ajustarlos a un nivel más bajo o más alto.

## Relación con los estándares estatales y nacionales

Este *Continuo* se comparó con diversos ejemplos de estándares estatales y nacionales en español para garantizar la consistencia y el alcance. En términos generales, descubrirá que el *Continuo de la lectoescritura de Fountas & Pinnell* es mucho más detallado y en muchos casos más riguroso que los estándares estatales; por lo tanto, ofrece una manera de elaborar objetivos estatales más específicos como base para la enseñanza. Lo que realmente importa es que los educadores de cada escuela lleven a cabo los objetivos, los compartan con sus colegas y los hagan parte integral de la enseñanza.

## Ayudar a directores y maestros a lograr una perspectiva común

Al examinar juntos el *Continuo* en español, los directores y los maestros pueden comentar sus expectativas comunes respecto del logro de los estudiantes en cada área curricular, por grado. Pueden comparar las expectativas actuales con el documento y enfocarse en los objetivos que desean que sus estudiantes alcancen. Por ejemplo, una directora o un director y los maestros de una escuela primaria o secundaria pueden trabajar en conjunto durante algunas semanas o meses. En grupos por nivel de grado, pueden examinar un área instruccional a la vez y luego compartir sus perspectivas con los maestros de otros grados, o colaborar en modelos de enseñanza de lectura en los que se empleen los dos idiomas. Analizar los grados les permitirá comprender un continuo largo de aprendizaje, así como trabajar con mayor eficacia con los estudiantes que están por debajo o por encima de sus niveles de grado. Al trabajar intensivamente con el *Continuo* en sus niveles de grado (y quizás en los niveles inferiores), pueden elaborar planes específicos para la enseñanza del área particular.

## Fundamento para la formación educativa

Una formadora o un formador educativo (generalmente denominado formadora o formador de conocimientos) puede usar el *Continuo* como fundamento en las conversaciones de capacitación. Será útil para que los formadores ayuden a los maestros a poder acceder a la información rápidamente en sus copias del *Continuo*, como parte de su reflexión sobre las lecciones que hayan enseñado y sobre su planificación. En otras palabras, los formadores pueden ayudar a los maestros a familiarizarse efectivamente con el *Continuo*, como herramienta para acceder a la información por su cuenta con facilidad. Generalmente, la formadora o el formador y la maestra o el maestro usan el *Continuo* como referencia antes, durante y después de la observación de una lección. El *Continuo* permite que la formadora o el formador enfoque la conversación en áreas importantes de la enseñanza y el aprendizaje: los hábitos que debe observar, enseñar y apoyar para que los estudiantes puedan leer, escribir y hablar hábilmente. También es una herramienta excelente para comentar y analizar textos de diversos géneros y en diversos niveles. El *Continuo* incorporará especificidad a la conversación, que ampliará los conocimientos de los maestros sobre los procesos y el desarrollo de aprendizaje con el tiempo.

## Conferencia previa a la observación

- La formadora o el formador y la maestra o el maestro reflexionan y analizan las fortalezas de los estudiantes, así como sus necesidades de aprendizaje, consultando el Continuo cada vez que sea necesario.
- Pueden examinar los datos de la evaluación de los estudiantes o la observación continua de la maestra o del maestro, usando una vez más las expectativas del *Continuo* como referencia.
- Pueden observar los elementos de la lección (los textos que usan o la escritura de la estudiante o del estudiante) y considerarlos a la luz de las características del texto del área particular, reflexionando sobre las oportunidades de aprendizaje de los estudiantes.

## Observación de las lecciones

- El *Continuo* no está diseñado para usarse como lista de control, sino como fundamento para comentar las áreas importantes de desarrollo.
- El *Continuo* ofrece una manera de agudizar la observación. Durante la observación, los formadores pueden tener en cuenta la evidencia de la comprensión de los estudiantes y los cambios en el aprendizaje. Este conocimiento fundamental ayudará a la formadora o al formador a reunir evidencia específica del aprendizaje de la estudiante o del estudiante, que puede comentarse posteriormente con la maestra o el maestro.

## Conferencia posterior a la observación

- El *Continuo* ofrecerá una guía en cuanto a la adecuación de los textos o las tareas, en función de los conocimientos actuales de los estudiantes y lo que necesitan aprender a continuación.
- La formadora o el formador y la maestra o el maestro pueden usar el *Continuo* para analizar la enseñanza y su efectividad para lograr los objetivos comentados en la conferencia previa a la observación.
- Pueden comentar ejemplos de los hábitos que ofrecen evidencia de la comprensión o la falta de esta en los estudiantes.
- También pueden comentar las interacciones educativas que apoyaron o ampliaron el conocimiento de los estudiantes, así como las interacciones potenciales para trabajar con los estudiantes en la siguiente lección.
- La formadora o el formador y la maestra o el maestro en conjunto pueden usar el *Continuo* para establecer objetivos de aprendizaje nuevos para los estudiantes y comenzar a planificar la enseñanza.

Los objetivos principales de toda interacción formadora son ayudar a la maestra o al maestro a ampliar el conocimiento del lenguaje y el aprendizaje de la lectura, así como analizar la efectividad de la enseñanza. Al dialogar sobre las ideas del *Continuo* y observar a los estudiantes con atención, los maestros comprenderán mejor los procesos de aprendizaje del lenguaje, la lectura, la escritura y la tecnología. El *Continuo* sirve como guía que se internaliza mediante su uso consistente. Los maestros que lo usan durante un tiempo, descubren que los conceptos registrados en el *Continuo* pasan a formar parte de su razonamiento y sus decisiones en la enseñanza.

# Lectura interactiva en voz alta y discusión literaria

# Continuo de lectura interactiva en voz alta y discusión literaria

El continuo de lectura interactiva en voz alta y discusión literaria en la educación bilingüe en español, ámbitos de inmersión y salones de clase en dos idiomas es paralelo y equivalente al del inglés.

A la hora de establecer los objetivos curriculares de una lectura interactiva en voz alta, tenga en cuenta la elección del texto y sus oportunidades para que los estudiantes adquieran nuevos conocimientos. En todos los grados, los estudiantes necesitan escuchar textos que sean adecuados para su edad, que pertenezcan a distintos géneros y que, dentro de esos géneros, se vuelvan cada vez más complejos. Los problemas, los personajes, el contenido y los temas de un cuento deben corresponderse con la edad del grupo en particular, y deben tomarse en consideración el entorno de los alumnos, sus experiencias e intereses. Asimismo, tendrá que considerar una variedad de formatos y tipos de texto.

Además de la elección del texto, es importante que piense cómo apoyar el razonamiento de los lectores en relación con pensar en el texto en sí, más allá y acerca del texto. Antes, durante y después de escuchar una lectura en voz alta, evalúe la comprensión literal de los estudiantes. ¿Captaron la información importante? ¿Pudieron seguir la trama? ¿Pudieron recordar detalles importantes? Por otro lado, es necesario que los estudiantes piensen más allá del texto, hagan predicciones y establezcan relaciones significativas. Busque evidencia de que pueden captar información nueva e incorporarla a su propia comprensión y, a la vez, hacer inferencias sobre la información disponible. Por último, procure que los estudiantes formen una opinión sobre la lectura y desarrollen sus propias preferencias de lectura. Observe si pueden pensar en los textos analíticamente y reconocer los recursos de elaboración y el estilo de la escritora o del escritor. También es importante que piensen de manera crítica en la calidad, el contenido y la precisión de los textos.

La lectura interactiva en voz alta es un escenario con gran potencial para enseñar a los estudiantes a usar el lenguaje académico en pos de hablar sobre los textos. La capacidad de usar lenguaje académico se adquiere con el transcurso del tiempo; desde hablar acerca del título, la autora o el autor y la ilustradora o el ilustrador del libro hasta usar el lenguaje altamente sofisticado que se requiere en niveles superiores de la educación, como *estructura de la trama, desarrollo de los personajes y estructuras del texto expositivo*. A diario, los estudiantes experimentan textos de alta calidad y participan de manera guiada en una conversación rica. Presentar y demostrar el lenguaje académico es parte integral del proceso de discusión sobre los textos.

La lectura interactiva en voz alta también ofrece la oportunidad de que los estudiantes presten atención a las características importantes del *peritexto* (el espacio que está fuera del cuerpo del texto). El peritexto puede incluir títulos y subtítulos, nombres de autores, prefacios, preámbulos, introducciones, reconocimientos, epígrafes, glosarios, notas, ilustraciones y características de diseño que contribuyen al atractivo estético y pueden tener una relevancia cultural o un significado simbólico. Los elementos del peritexto transmiten significado, comunican una atmósfera y ayudan a los lectores a interpretar el texto. Este forma parte de la creación artística completa que es el texto. Mientras lee en voz alta, puede señalar estas características y pedir a los estudiantes que las observen en los libros que leen por su cuenta y en las lecciones de lectura guiada.

Mientras los estudiantes escuchan activamente un texto y lo comentan, ponen en funcionamiento todas las acciones estratégicas de comprensión. (Ver el continuo de lectura guiada, págs. 419–651, y el interior de la portada de este libro). En una lectura interactiva en voz alta, los oyentes se liberan del proceso de decodificación y cuentan con el apoyo de la fluidez, la formación de frases y el énfasis de la lectora o del lector, que son todos elementos denominados a veces como *expresión*. Así, se sientan las bases para lograr un muy buen nivel de comprensión y razonamiento colectivo de un texto.

## Lectura interactiva en voz alta y discusión literaria

Desde pre-kindergarten hasta octavo grado, el estudio y la discusión literaria forman parte de la lectura interactiva en voz alta y los clubes literarios (consulte Fountas y Pinnell 2001, 2006). Recomendamos la enseñanza intencional a través de la lectura interactiva en voz alta. Es necesario que los estudiantes se entretengan y participen, y estos objetivos podrá lograrlos fácilmente si selecciona textos de alta calidad y se los lee a los estudiantes. Al mismo tiempo, siga un método activo que le permita enseñar a comprender a un ritmo que *anteceda* el momento en que los estudiantes puedan procesar textos de ese nivel de complejidad. Quizás no puedan leer todas las palabras o analizar las oraciones, pero pueden pensar, hablar y escribir acerca de las ideas, los cuentos y el contenido de los textos que usted seleccione. En la figura 3 se muestra una estructura para la lectura interactiva en voz alta.

**FIGURA 3** *Estructura de la lectura interactiva en voz alta*

| | |
|---|---|
| **Selección y preparación** | • *Seleccione el texto basándose en sus observaciones sobre los estudiantes y los objetivos curriculares para los lectores en desarrollo.*<br>• *Para preparar la sesión, lea y analice el texto, y planifique para integrar la enseñanza.* |
| **Inicio** | • *Diga algunas palabras sobre el texto para suscitar el interés de los estudiantes y aclare algunos puntos sobre aspectos del texto (escenario, información previa necesaria para comprender el texto).* |
| **Lectura en voz alta**<br>**Enseñanza integrada**<br>**Conversación sobre el texto** | • *Lea el texto en voz alta a los estudiantes.*<br>• *Haga pausas (planificadas) para conversar brevemente en varias partes del texto.*<br>• *Invite a los estudiantes a participar en conversaciones basadas en el texto.* |
| **Conversación y autoevaluación** | • *Conversen acerca del libro.*<br>• *Pida a los estudiantes que autoevalúen lo que aprendieron y las contribuciones que hicieron.* |
| **Registro de lectura** | • *Escriba el título y la autora o el autor del libro en una tabla de "Libros que hemos compartido" y exhíbala en el salón de clase.* |
| **Respuesta escrita o artística (opcional)** | • *Pida a los estudiantes que escriban o dibujen una respuesta al texto.* |

Los textos para la lectura interactiva en voz alta se seleccionan con mucha atención, y a menudo le resultará conveniente establecer un plan y una secuencia de textos para varias semanas. A través de una secuencia sobresaliente de textos leídos en voz alta se puede ayudar a los estudiantes a:

- familiarizarse con el lenguaje y los elementos literarios, mejorando su capacidad de observarlos y pensar en ellos de manera analítica;

- conocer a los autores y a los ilustradores;
- explorar temas relacionados con los estudios sociales, el medioambiente y los habitantes del mundo;
- examinar una gama de cuestiones sociales que se vuelven cada vez más importantes para ellos a medida que crecen;
- explorar diversas culturas y tipos de entornos familiares;
- involucrarse en el estudio de los géneros;
- aprender acerca de los problemas humanos;
- aprender acerca de la historia;
- ampliar el vocabulario y la capacidad de usar el lenguaje académico para hablar sobre los textos.

Recomendamos el uso de "conjuntos de textos" que establecen esas secuencias. Es muy efectivo cuando los maestros colaboran entre sí para recopilarlos (y responden siempre a los intereses y necesidades de los estudiantes).

Antes de leer un texto en voz alta a los estudiantes, léalo usted y analícelo. ¿Qué se puede aprender del texto? ¿Qué buenos ejemplos aparecen en él? ¿Cuál es el mensaje principal? Las características del texto para cada grado serán útiles aquí. Luego, elabore un plan para usar el texto. ¿Cómo iniciará la sesión? ¿En qué parte del texto planea hacer una pausa para tener una conversación breve? Coloque notas autoadhesivas con comentarios o preguntas de manera que estén ahí mismo cuando las necesite.

Puede iniciar la sesión con una introducción breve al libro. El propósito principal de estos comentarios es hacer que los estudiantes se interesen por el libro, pero su análisis también puede revelar algo que los estudiantes deban saber "desde antes", por ejemplo, algo acerca del período histórico u otra información previa. Puede compartir el nombre de la autora o del autor y de la ilustradora o del ilustrador, y establecer una conexión con otros libros que los estudiantes conozcan.

Luego, pase a la lectura (este quizás sea el momento más entretenido del día). No es necesario que lea en forma teatral, pero recuerde que les mostrará a los estudiantes un modelo de excelente lectura oral. Haga una pausa en los lugares planeados para tener una conversación muy breve (no incurra en conversaciones largas, así los estudiantes no pierden el interés ni el significado). Además, en esas mismas partes, anime a los estudiantes a usar la rutina de "conversar con la compañera o el compañero", que puede enseñarles durante su primera semana de sesiones de lectura en voz alta. Durante este tiempo, todos los estudiantes tienen la oportunidad de expresar sus propias ideas sobre el texto y obtener conocimientos para la conversación final.

Cuando terminen de leer, promueva una conversación abierta sobre el texto. Quizás tenga ideas clave para captar la atención de los estudiantes, así como algunas preguntas o pensamientos propios para expresar. Puede pedir a sus estudiantes que aclaren las declaraciones que hicieron o que se interroguen entre ellos. Por último, pídales que se autoevalúen. ¿Qué aprendieron a partir de este cuento o texto informativo que sea interesante o útil? Pídales que piensen en sus propias contribuciones y cómo ayudaron al grupo.

Escriba el título y la autora o el autor del texto en una tabla exhibida en el salón de clase. Esta tabla permitirá que los estudiantes recuerden el libro en caso de que quieran escribir acerca de él en un cuaderno del lector o volver a leerlo. Además, los textos bien seleccionados pasan a ser textos ejemplares en los que se basan las mini-lecciones de lectura y escritura. Puede analizar los textos compartidos para hablar acerca del mensaje de la escritora o del escritor o cómo se dan a conocer los personajes. Los estudiantes pueden usarlos como recursos cuando escriban textos del mismo género.

Siempre existe la oportunidad de escribir o dibujar acerca del texto, pero en ocasiones usted puede adoptar un método más estructurado y pedir a los estudiantes que aborden una pregunta o escriban acerca del texto de alguna manera que sea analítica. No continúe todas las sesiones de lectura en voz alta con escritura, ya que podría menoscabar el entretenimiento y la naturaleza dinámica de este contexto de enseñanza. La conversación basada en el texto es la herramienta principal del aprendizaje en este contexto de enseñanza.

Si bien los estudiantes pueden comentar el libro con toda la clase, también necesitan participar en rutinas más personalizadas, como "conversar con la compañera o el compañero" (centradas en cualquier aspecto del texto) que duren uno o dos minutos y se intercalen con la discusión general del texto. Este tipo de rutina brinda la oportunidad de que los estudiantes hablen más, algo que no sería posible en una discusión con todo el grupo. La inserción de estas rutinas en la lectura interactiva en voz alta hará que la discusión con todo el grupo sea más animada y permitirá que todos los estudiantes tengan la oportunidad de participar activamente. Una vez que los estudiantes hayan hablado durante un rato con sus compañeros en parejas, en grupos de tres o en círculos pequeños, sabrán cómo participar en una discusión en grupos pequeños. Luego de que los estudiantes hayan practicado muchas veces estas rutinas, usted quizá decida que están listos para una discusión más extendida con sus compañeros: una discusión literaria o un club literario. Puede obtener más información sobre estos enfoques instruccionales en *Teaching for Comprehending and Fluency: Thinking, Talking, and Writing About Reading, K–8* (Fountas y Pinnell, Heinemann 2006).

La lectura interactiva en voz alta y la discusión literaria están repletas de *conversaciones sobre textos*, es decir, discusiones en conjunto en las que los estudiantes analizan ideas y piensan en textos narrativos, expositivos o poéticos. Cada participación permite a los estudiantes pensar en los textos de una manera nueva. Cuanto más puedan hacerlo, mejores resultados obtendrán en la discusión literaria. A medida que los estudiantes trabajen juntos en grupos, desarrollarán un repertorio de significados compartidos que enriquecerán cada vez más la discusión.

La lectura interactiva en voz alta y la discusión literaria aparecen juntas en este continuo porque, en ambos casos, se utilizan materiales de lectura adecuados para la edad y el grado, que poseen el potencial de ampliar el razonamiento de los estudiantes y su capacidad de conversar sobre los textos. En el caso de los niños de pre-kindergarten, la discusión literaria se produce durante la lectura interactiva en voz alta. Sin embargo, a medida que adquieran experiencia con la rutina de "conversar con la compañera o el compañero", pueden empezar a prepararse para participar en discusiones en grupos pequeños. En la discusión literaria en grupos pequeños, los estudiantes suelen elegir entre varios textos que usted ha preseleccionado. Si pueden leer la selección de manera independiente, leerán los textos seleccionados en su casa o durante el taller de lectura. Si, en cambio, tienen dificultad para leer los textos por su cuenta, puede grabar un audio del libro. En algunas ocasiones, invitará a los estudiantes a participar en clubes literarios basados en los textos que haya leído en voz alta a toda la clase. Por lo tanto, a la hora de seleccionar y usar libros para la lectura interactiva en voz alta y la discusión literaria, no es necesario que tenga en cuenta un nivel específico; más bien deberá pensar en las características del texto y en que sean textos adecuados para la edad y el grado.

## Marco para el continuo de adquisición de la lectura

El continuo que sigue es una guía para establecer objetivos y elaborar planes instruccionales destinados a la lectura interactiva en voz alta y la discusión literaria. Este continuo brinda información por grado e incluye lo siguiente:

- características del texto (descripciones de diez factores del texto para tener en cuenta al seleccionar y leer textos en voz alta)
- objetivos curriculares (descripciones de los hábitos y conocimientos para observar y apoyar, que ayuden a los lectores a pensar en el texto en sí, más allá y acerca del texto que usted ha seleccionado)

## Características de los textos para la lectura interactiva en voz alta y la discusión literaria

A la hora de seleccionar textos para cualquier tipo de enseñanza de la lectura, es importante tener en cuenta diez factores del texto. La figura 4 brinda descripciones de todos estos factores, prestando especial atención a la lectura interactiva en voz alta. Si usted usa la lectura interactiva en voz alta a diario durante todo el año, los estudiantes acumularán una fuente abundante de textos en común. Estos textos pueden servir de ejemplos de mini-lecciones de lectura o escritura. Mediante la lectura en voz alta, usted le ofrece excelentes escritores a la clase. Cuando seleccione textos para la lectura interactiva en voz alta, considere el alto nivel de apoyo que necesita ofrecer a los estudiantes para ayudarlos a procesar y pensar en el texto. Debe asegurarse de que los estudiantes que están escuchando el texto entiendan el vocabulario, aunque constantemente usted estará ampliándolo. No hay necesidad de preocuparse por la dificultad para descifrar palabras, ya que será usted quien haga la decodificación.

**FIGURA 4** *Diez características de los textos para la lectura interactiva en voz alta y la discusión literaria*

| | |
|---|---|
| **Género** | Hemos enumerado una variedad de tipos de textos que son adecuados para cada grado. En la mayoría de los casos, podrá usar todos los géneros en cada grado, pero sea selectivo en los ejemplos que usted elija. |
| **Estructura del texto** | La estructura de un texto se refiere a cómo está organizado. Los textos de ficción suelen organizarse mediante una estructura narrativa, con un problema y una secuencia de sucesos que llevan a su resolución. La lectura interactiva en voz alta supone un contexto en el que los estudiantes escuchan e incorporan la estructura de la trama y aprenden cómo funcionan los cuentos. Los textos de no ficción también pueden ser narrativos; las biografías, por ejemplo, suelen contar historias como lo haría un texto de ficción. Pero la mayoría de los textos informativos se organizan en categorías por subtemas con estructuras subyacentes, como descripción, secuencia temporal, secuencia cronológica, comparación y contraste, causa y efecto, y problema y solución. En muchos casos, las estructuras se combinan. La lectura interactiva en voz alta y la discusión literaria dan la oportunidad de enseñar a los estudiantes a reconocer y comprender esas estructuras. |
| **Contenido** | El tema del texto debe ser accesible e interesante para los oyentes. Con el tiempo, el contenido puede volverse más sofisticado y complejo. Aunque las experiencias directas son siempre necesarias para los estudiantes, los estudiantes pueden adquirir una gran cantidad de conocimientos sobre el contenido a partir de la lectura en voz alta de un texto. El contenido les resulta útil a los oyentes cuando ya tienen conocimientos previos que ayudan a entender información nueva. |

| | |
|---|---|
| **Temas e ideas** | Las ideas más importantes de los libros que elija para la lectura en voz alta deben ser adecuadas para la edad y la experiencia previa de todos los estudiantes. La lectura interactiva en voz alta es un método ideal para ampliar el conocimiento de los estudiantes, pero es importante que puedan establecer relaciones con sus conocimientos previos. Pueden ampliar su propia comprensión de los temas y las ideas al conversar con sus compañeros. |
| **Características literarias y del lenguaje** | El modo en que la escritora o el escritor usa el lenguaje se traduce en la calidad literaria de un texto. Es importante seleccionar aquellos textos que los estudiantes puedan comprender en relación con las características literarias y del lenguaje. La lectura interactiva en voz alta y la discusión literaria brindan oportunidades para desarrollar la capacidad de los estudiantes en pos de procesar tanto el lenguaje literario como los diálogos y el lenguaje figurado. Otras características literarias involucran el desarrollo de elementos, tales como escenario, trama y personajes. |
| **Complejidad de las oraciones** | La complejidad sintáctica de las oraciones (su longitud, el orden de las palabras y la cantidad de frases y oraciones que contienen) es otro factor clave. A lo largo de los grados, los estudiantes generalmente pueden comprender oraciones más complejas que las que pueden leer. La lectura interactiva en voz alta los ayuda a aprender gradualmente estructuras de oraciones más complejas. Las discusiones con compañeros ayudan a los estudiantes a descomponer las oraciones en estructuras más simples y así entenderlas mejor. |
| **Vocabulario** | El vocabulario se refiere a las palabras que un individuo conoce y entiende en el lenguaje tanto oral como escrito. Las palabras elegidas por la escritora o el escritor pueden representar un desafío para los lectores. Por lo general, el texto escrito incluye muchas palabras que no son parte de nuestro vocabulario oral cotidiano. Este se amplía constantemente cuando leemos y escuchamos lenguaje escrito leído en voz alta. A través de la lectura interactiva en voz alta y la discusión literaria, los estudiantes comienzan a usar el nuevo vocabulario en la conversación. Los estudiantes pueden ampliar su vocabulario en gran medida. |
| **Palabras** | Al seleccionar libros para que los estudiantes lean solos, siempre consideramos los desafíos que representan las palabras: longitud, cantidad de sílabas, desinencias y facilidad para decodificarlas. Pero en la lectura interactiva en voz alta, la maestra o el maestro decodifica las palabras, por lo que este factor no será importante al seleccionar un texto. Además, recuerde que en la discusión literaria los estudiantes pueden usar grabaciones de audio de los textos que aún no puedan leer solos. La atención que presten al vocabulario dependerá de la complejidad de las palabras. |
| **Ilustraciones** | Las ilustraciones (y otras formas de arte) aportan muchísima información a los lectores y a los oyentes. Un libro álbum de buena calidad es una forma coherente de arte literario. Piense en un libro álbum como un cuento corto con bellas imágenes. Son adecuados para un rango amplio de edades y para todos los géneros. Las ilustraciones aumentan la participación y el disfrute de los estudiantes de cualquier edad. Contribuyen a la atmósfera del texto. Las ilustraciones dan mucha información a los niños más pequeños, y a los más grandes les ayudan a crear una atmósfera. Los textos informativos (y cada vez más textos de ficción) también incluyen elementos gráficos como mapas, diagramas y esquemas. Estos elementos pueden agregar más información al texto. El tamaño de algunos elementos gráficos permite que los estudiantes los vean y los comenten durante la lectura interactiva en voz alta, pero también pueden usarlos para discusiones en grupos pequeños. |

**Características del libro y la letra impresa**

A la hora de seleccionar libros para la lectura interactiva en voz alta, tenga en cuenta los aspectos físicos del texto, como la longitud, el tamaño y el diseño. Las características del libro y la letra impresa también incluyen herramientas como tablas de contenidos, glosarios, guías de pronunciación, índices, apartados y encabezados. Además, incluyen características fuera del cuerpo del texto, tales como guardas, dedicatorias y notas de la autora o del autor, que se denominan peritexto. Todas estas características pueden señalarse y comentarse durante la lectura interactiva en voz alta o la discusión literaria.

## Objetivos curriculares

Hemos definido los objetivos curriculares en función de los hábitos y conocimientos de comprensión para observar, enseñar y apoyar en cada nivel. Estos sistemas de acciones estratégicas se dividen, a su vez, en pruebas de que la lectora o el lector está pensando en el texto *en sí, más allá* y *acerca* del texto. (Ver el continuo de lectura guiada, págs. 419–651, y el interior de la portada de este libro).

- ***En el texto en sí.*** Para procesar un texto de manera efectiva y eficaz, y deducir su significado literal, los lectores deben descifrar las palabras, además de verificar y autocorregir su lectura. Durante la lectura interactiva en voz alta, los lectores quedan liberados de la tarea de decodificación y escuchan una lectura fluida con frases bien formadas. No obstante, deben autoverificar su comprensión, recordar información en forma de resumen y ajustar su razonamiento a la comprensión de diferentes géneros de ficción y no ficción.
- ***Más allá del texto.*** Los lectores hacen predicciones y establecen relaciones con sus conocimientos previos y su propia vida. También establecen relaciones entre los textos. Traen a la lectura del texto sus conocimientos previos, sintetizan la información nueva al incorporarla a sus propios conocimientos y reflexionan sobre lo que la escritora o el escritor no afirma pero deja implícito. Los lectores pueden inferir los sentimientos y las motivaciones de los personajes de un texto de ficción o las implicancias de los enunciados de la escritora o del escritor en un texto de no ficción. La lectura interactiva en voz alta ofrece muchas oportunidades para apoyar el razonamiento de los estudiantes más allá del significado literal del texto. Al hacer participar a los estudiantes en discusiones antes y después de la lectura, usted puede demostrar cómo se piensa más allá del texto y ayudarlos a desarrollar su propia capacidad para lograrlo. Asimismo, puede interrumpir la lectura en voz alta en determinados momentos para comentar los elementos del texto que permitan ampliar el razonamiento.
- ***Acerca del texto.*** Los lectores piensan en el texto analíticamente como un objeto, al observar y valorar los recursos de elaboración de la escritora o del escritor, como el uso del lenguaje, la caracterización, la organización y la estructura. Al leer como si fueran escritores, los estudiantes observan aspectos de los recursos de elaboración y disfrutan más del texto, e incluso a veces vuelven a leerlo. Además, los lectores piensan en los textos de manera crítica al evaluar su calidad y considerar la precisión y la objetividad de la autora o del autor. La lectura interactiva en voz alta es un momento ideal para demostrar el tipo de razonamiento sofisticado que los lectores ponen en práctica. También es una oportunidad para que los estudiantes participen en el razonamiento analítico de los textos. Además, los libros que usted lee en voz alta se convierten en una colección de textos compartidos que se pueden volver a leer una y otra vez para observar con más detenimiento los recursos de elaboración.

## Organización

Este continuo está organizado por nivel de grado. Para cada grado, la primera parte, Seleccionar textos, describe las características textuales de los libros que lee en voz alta. Los elementos están organizados según las diez características del texto que se mencionan en la figura 4. Usted lee los libros, por supuesto, y así puede acercar a los estudiantes textos que todavía no pueden leer por su cuenta. Aun así, tenga en cuenta

- la complejidad y la dificultad del género;
- el vocabulario que los estudiantes pueden esforzarse por comprender;
- si el contenido y los conceptos son adecuados para la edad de los estudiantes; y
- el atractivo para los estudiantes de esta edad.

En otras palabras, los libros deben ser adecuados para la edad de sus estudiantes. Use este continuo como guía para seleccionar textos y como ayuda para analizar los desafíos y las oportunidades de aprendizaje en ellos.

En la siguiente sección para cada grado, Seleccionar objetivos, enumeramos objetivos categorizados para pensar en el texto *en sí, más allá* y *acerca* del texto. Los objetivos para usar textos de ficción y de no ficción están organizados en áreas de comprensión. La forma de la viñeta designa el hábito de pensar en el texto en sí [●], más allá del texto [◆] o acerca del texto [■]. Estos objetivos se enuncian en forma de hábitos y conocimientos específicos que los estudiantes deben desarrollar para comprender y aprender de los textos que se leen.

Para las características del texto y los objetivos, los nuevos elementos para el grado están marcados con una viñeta roja. Esto le permitirá encontrar rápidamente los nuevos desafíos. Pero no olvide que *todas* las características del texto y los objetivos son importantes. Dicho de otro modo, quizás el hábito o el conocimiento sean los mismos, pero el desafío para los estudiantes es *aplicarlo* a textos más complejos en cada grado.

## Usar el continuo de lectura interactiva en voz alta y discusión literaria

Puede usar esta guía para establecer los objetivos curriculares generales para los grados PreK–8, o bien puede consultarla cuando planifique la lectura interactiva en voz alta. Sin embargo, este continuo no hace referencia a textos, temas o áreas de contenido específicos. Use las características del texto y seleccione diversos textos de alta calidad con contenidos que susciten el interés, las emociones y la curiosidad intelectual de sus estudiantes. Considere temas de ciencias y estudios sociales para su grado. Debe aplicar los objetivos del continuo en relación con los requisitos y estándares de su distrito o estado.

Usamos el término *conversación intencional* para describir los movimientos instructivos que usted hace durante la conversación en torno a los libros de la lectura interactiva en voz alta o en la conversación literaria en grupos pequeños. Sus primeros objetivos cuando lee en voz alta a sus estudiantes y los involucra en conversaciones en grupos pequeños son captar su interés y desarrollar su intelecto, hacer que la ocasión sea entretenida y guiarlos en una conversación activa. La lectura interactiva en voz alta y la discusión literaria dan a los estudiantes la oportunidad de compartir sus propias ideas, expresar sus propios significados y contribuir a una comprensión más profunda del texto. A través de los ejemplos de textos, los estudiantes desarrollan conocimientos acerca de su mundo físico y social. La conversación debe ser genuina. Siempre debe tener en cuenta sus objetivos curriculares, lo que hace que la conversación sea intencional.

Sin ser exigente ni reprimir los comentarios de los estudiantes, puede guiar la conversación de manera que los estudiantes amplíen su razonamiento constantemente. Durante la lectura interactiva en voz alta y la discusión literaria, la maestra o el maestro debe

- tener en cuenta los sistemas de acciones estratégicas que deben usar los lectores;
- conocer el texto en profundidad y comprender sus exigencias y oportunidades de aprendizaje;
- guiar la discusión para enfocar la atención de los estudiantes;
- modelar y demostrar hábitos que ayuden a los estudiantes a comprender mejor el texto;
- pedir a los estudiantes que compartan su razonamiento de manera enfocada;
- pedir a los estudiantes que se escuchen y se respondan entre ellos en lugar de ser siempre el centro de la conversación;
- mantener la discusión enfocada en el texto;
- invitar a los estudiantes a que conversen y profundicen su razonamiento;
- pedir a los estudiantes que justifiquen sus comentarios, que den más que una opinión y que den pruebas del texto o de su experiencia personal;
- comentar con los estudiantes lo que están aprendiendo y el tipo de razonamiento que están haciendo;
- pedir a los estudiantes que autoevalúen su discusión sobre el texto.

Usted notará que la lectura interactiva en voz alta y la discusión literaria proporcionan oportunidades productivas para que todos los estudiantes amplíen sus conocimientos previos, experimenten un texto adecuado a su edad y grado, y aprendan una variedad de maneras de reflexionar sobre un texto interesante.

# **Seleccionar textos** Características de los textos para la lectura en voz alta y la conversación

## Lectura interactiva en voz alta y discusión literaria

### GÉNERO

▸ **Ficción**

- Ficción realista
- Cuento popular
- Cuentos de fantasía sencillos con animales

▸ **No ficción**

- Textos sencillos sobre hechos
- Memorias (cuento sobre memorias personales)
- Textos sencillos de instrucciones

### FORMAS

- Libros álbum
- Libros álbum sin palabras
- Libros rotulados
- Poemas breves
- Rimas infantiles, rimas y canciones
- Libros de conceptos
- Libros del alfabeto
- Libros para contar
- Libros con texturas, de tela, desplegables, con características especiales que estimulen la interacción

### ESTRUCTURA DEL TEXTO

- Narración sencilla con un comienzo, una serie de episodios y un final
- Muchos textos con episodios repetitivos
- Algunos textos con estructura no narrativa
- Textos mayormente centrados en un solo tema, a menudo una idea por página
- Patrones estructurales subyacentes (descripción sencilla, algunas secuencias temporales, algunas preguntas y respuestas)

### CONTENIDO

- Contenido adecuado para el desarrollo cognitivo, la madurez social y emocional, y la experiencia de vida de los niños
- Contenido que recurre a la curiosidad intelectual y a las emociones de los niños
- Juegos con las palabras (rimas, sinsentido, aliteración y el alfabeto)
- Contenido que refleja conocimientos conceptuales iniciales (colores, figuras, contar, agrupar, tamaño, el alfabeto, posición)
- Acciones cotidianas conocidas por los niños (jugar, hacer cosas, comer, vestirse, bañarse, cocinar, ir de compras)
- Temas cotidianos que son auténticos y relevantes (los animales, las mascotas, las familias, los amigos, el crecimiento y la salud, la escuela, el vecindario, el tiempo y las estaciones, los alimentos, las plantas)
- Humor que es fácil de comprender (personajes tontos, bromas obvias, situaciones divertidas)
- Contenido que refuerza y amplía la experiencia de la niña o del niño y el conocimiento de sí misma o sí mismo y del mundo
- Algunos temas que pueden ir más allá de las experiencias inmediatas de los niños
- Contenido que refleja una amplia gama de escenarios y culturas
- Personajes, escenarios y sucesos que ocurren en la ficción realista
- Personajes, sucesos (algunos sin sentido y divertidos) y escenarios imaginarios que ocurren en la fantasía
- Contenido que refleja conocimientos iniciales del mundo físico y social

### TEMAS E IDEAS

- Temas que reflejan la vida cotidiana (una misma o uno mismo, las relaciones familiares, el hogar, la amistad, la comunidad, la diversidad, las primeras responsabilidades, la imaginación, los miedos, el coraje, la naturaleza)
- Ideas claras, sencillas y fáciles de identificar
- Ideas cercanas a la experiencia de los niños (cuidar de sí, mantenerse saludable, expresar sentimientos, compartir con los demás, preocuparse por los demás, ayudar a la familia, ir a la escuela, preocuparse por el mundo, valorar las diferencias, formar parte de una comunidad)

### CARACTERÍSTICAS LITERARIAS Y DEL LENGUAJE

- Algunos elementos sencillos de la fantasía (animales que hablan)
- Desenlaces predecibles de cuentos típicos de la literatura tradicional (la inteligencia supera a la fuerza física, el bien vence al mal)
- Escenarios cotidianos cercanos a la experiencia de los niños
- Escenarios, sucesos y personajes realistas y de fantasía
- Personajes memorables que son sencillos, sin complicaciones y predecibles
- Personajes con uno o más rasgos sencillos (amables, generosos, astutos, valientes, tontos, sabios, codiciosos)
- Personajes que no cambian o que cambian de maneras sencillas por razones claras
- Acciones de los personajes relacionadas con consecuencias claras (recompensa por esforzarse)
- Secuencia predecible de sucesos
- Lenguaje que se usa para hacer comparaciones
- Lenguaje poético, a menudo con recursos sonoros notables (ritmo, rima, repetición, estribillo, onomatopeya)
- Diálogo sencillo y diálogo con pronombres (señalado por *dijo* en muchos textos) fácilmente atribuible a los personajes
- Diálogo repetitivo
- Lenguaje literario típico de la literatura tradicional (*había una vez, hace mucho tiempo, vivieron felices para siempre*)

### COMPLEJIDAD DE LAS ORACIONES

- Oraciones que los niños puedan seguir con facilidad, aunque más complejas que las que usan en el lenguaje oral
- Oraciones sencillas con sujeto y predicado
- Diversas estructuras del lenguaje
- Oraciones con cláusulas y frases
- Oraciones que son preguntas
- Oraciones con adjetivos, adverbios y cláusulas
- Oraciones que los niños siguen con facilidad

# Seleccionar textos Características de los textos para la lectura en voz alta y la conversación *(cont.)*

## Lectura interactiva en voz alta y discusión literaria

### VOCABULARIO

- Algunas palabras interesantes que son nuevas para los niños pero que se entienden fácilmente en contexto
- Algunas palabras memorables que los niños pueden asumir como juegos del lenguaje
- Todas las palabras que hay en el vocabulario oral común de los niños pequeños (Nivel 1)
- Muchos adjetivos sencillos que describen personas, lugares o cosas
- Algunos adverbios sencillos que describen acciones
- Conectores comunes (simples) que se usan con frecuencia en el lenguaje oral (palabras, frases que aclaran relaciones e ideas): *y, pero, entonces, porque, antes, después*

### ILUSTRACIONES

- Ilustraciones grandes, claras y coloridas en diversos medios de comunicación que apoyan plenamente el significado
- Ilustraciones que añaden significado al texto
- Ilustraciones muy simples sin detalles que distraigan
- Algunas ilustraciones con rótulos

### CARACTERÍSTICAS DEL LIBRO Y LA LETRA IMPRESA

#### LONGITUD

- Libros álbum cortos que se pueden leer en una sesión

#### TEXTO IMPRESO Y DISPOSICIÓN

- Algunos libros álbum con letra impresa lo suficientemente grande como para que los niños la vean durante la lectura en voz alta
- Letra impresa en globos de diálogo o globos de pensamiento
- Algunos libros con características especiales que suscitan interés y hacen que los textos sean interactivos (desplegables, solapas, pestañas, troquelado, efectos sonoros)
- Algunos libros con ilustraciones decorativas o informativas, diseños atractivos que captan la atención y/o letra impresa o ilustraciones fuera del cuerpo del texto (peritexto)

#### PUNTUACIÓN

- Puntuación sencilla (punto, signos de interrogación, signos de admiración)

#### HERRAMIENTAS DE ORGANIZACIÓN

- Título, autora o autor e ilustradora o ilustrador mencionados en la cubierta y la portada

#### RECURSOS DEL TEXTO

- Algunos libros con dedicatoria, notas de la autora o del autor, información acerca de la autora o del autor y de la ilustradora o del ilustrador

# Seleccionar objetivos Hábitos y conocimientos para observar, enseñar y apoyar

## Lectura interactiva en voz alta y discusión literaria

### TEXTOS DE FICCIÓN

**General**

- ● Hacer preguntas para comprender un texto en mayor profundidad
- ● Observar y hacer preguntas cuando se pierde el significado o se interrumpe la comprensión
- ● Consultar información y detalles importantes
- ● Comprender que la maestra o el maestro lee la letra impresa, no las imágenes
- ● Comprender que la maestra o el maestro debe sostener el libro del lado derecho hacia arriba
- ● Imitar la expresión y el énfasis de la maestra o del maestro cuando se interpreta un texto o se participa
- ● Usar movimientos con las manos y el cuerpo para mostrar que se comprende el significado o significados de las imágenes y las palabras de un texto
- ● Participar en estribillos o palabras, frases y oraciones repetitivas después de escucharlos varias veces
- ◆ Obtener información nueva de las imágenes y la letra impresa
- ◆ Reconocer problemas sencillos que ocurren en la vida cotidiana
- ◆ Dar razones (ya sea a partir del texto o de la propia experiencia) para apoyar el razonamiento
- ◆ Relacionar los textos con sus propias vidas
- ◆ Usar conocimientos previos para comprender escenarios, problemas y personajes
- ◆ Reconocer y comprender que los cuentos pueden ser sobre diversos tipos de personas y diferentes lugares
- ◆ Establecer conexiones (contenido, tema) entre textos que se leen en voz alta
- ■ Reconocer que una autora o un autor o una ilustradora o un ilustrador pueden escribir o ilustrar varios libros
- ■ Expresar opiniones sobre un texto (interesante, chistoso, emocionante)
- ■ Expresar por qué les gusta un texto

**Género**

- ● Comprender que hay diferentes tipos de libros y que se pueden observar diferentes cosas en ellos
- ■ Comprender cuándo un cuento podría suceder en la vida real (ficción realista) y cuándo no podría suceder en la vida real (cuentos populares, cuentos de fantasía con animales)
- ■ Observar desenlaces de cuentos típicos de la literatura tradicional (la inteligencia supera a la fuerza física, el bien vence al mal)

**Mensajes y temas**

- ◆ Inferir la "lección" en la literatura tradicional
- ◆ Inferir significados en un cuento a partir de los conocimientos y las experiencias de su vida (cuidar de sí, permanecer saludable, expresar sentimientos, compartir con los demás, preocuparse por los demás, ayudar a la familia, ir a la escuela, preocuparse por el mundo, valorar las diferencias)
- ◆ Comprender que un texto de ficción puede tener diferentes significados para cada persona
- ■ Comprender que un libro puede tener más de un mensaje o idea importante
- ■ Observar cuándo una autora o un autor o una narradora o un narrador "enseña una lección"

**Escenario**

- ◆ Reconocer y comprender que los textos pueden tener escenarios relacionados con diferentes lugares y diferentes personas

**Trama**

- ● Seguir los sucesos en textos narrativos sencillos
- ● Observar y comprender una trama sencilla con un problema y una solución
- ● Revisar la comprensión de la trama del cuento y hacer preguntas si se pierde el significado
- ● Contar los sucesos importantes de un cuento usando las imágenes (después de escuchar la lectura del texto varias veces)
- ● Contar el problema de un cuento y cómo se resuelve
- ◆ Predecir qué sucederá en un cuento
- ◆ Predecir desenlaces de cuentos

**Personajes**

- ● Observar y recordar personajes en textos narrativos sencillos
- ◆ Inferir los sentimientos de un personaje usando el texto y las imágenes
- ◆ Observar cuándo un personaje cambia o aprende una lección
- ◆ Expresar opiniones acerca de los personajes de un cuento (chistoso, malo, tonto, bueno, amistoso)
- ◆ Aprender de experiencias ajenas con los personajes de los cuentos
- ◆ Comprender que los animales de los cuentos a veces actúan como personas (cuento de fantasía con animales)
- ■ Comprender que el mismo tipo de personaje puede aparecer una y otra vez en la literatura tradicional (astuto, valiente, tonto, sabio, codicioso)

● Pensar en el texto ***en sí*** ◆ Pensar ***más allá*** del texto ■ Pensar ***acerca*** del texto

# Seleccionar objetivos Hábitos y conocimientos para observar, enseñar y apoyar *(cont.)*

## Lectura interactiva en voz alta y discusión literaria

### TEXTOS DE FICCIÓN *(continuación)*

**Estilo y lenguaje**

- ● Jugar de manera oral con las palabras o el lenguaje (palabras o estribillos sin sentido de textos que se leen en voz alta)
- ● Comprender oraciones que son sencillas pero que pueden ser diferentes del lenguaje oral
- ● Seguir y comprender un diálogo sencillo con una idea clara acerca de quién habla
- ■ Observar el uso que hace una autora o un autor de la repetición, los estribillos y el ritmo
- ■ Observar el uso que hace una autora o un autor del lenguaje lúdico o poético (palabras sin sentido, ritmo, rima, ritmo y repetición, onomatopeyas, aliteración)
- ■ Reconocer el uso que hace una autora o un autor del humor
- ■ Comprender el significado del lenguaje literario (el lenguaje de los libros en contraposición con el lenguaje oral típico)
- ■ Observar y recordar patrones del lenguaje literario que son característicos de la literatura tradicional (*había una vez, hace mucho tiempo, vivieron felices para siempre*)

**Vocabulario**

- ● Observar y adquirir conocimientos de vocabulario nuevo a partir de contenidos leídos en voz alta
- ● Comprender los significados de sustantivos, verbos, adjetivos, adverbios, preposiciones y conectores simples (cuando se escucha un cuento)
- ● Usar vocabulario nuevo en la discusión de un texto
- ■ Usar lenguaje académico para hablar acerca de textos (*libro del alfabeto, poema, canciones, cubierta, título, autor, ilustrador, texto, ilustración, fotografía, comienzo, final, problema*)

**Ilustraciones**

- ● Contar los sucesos importantes de un cuento usando las imágenes (después de escuchar la lectura del texto varias veces)
- ● Contar cuentos como respuesta a las imágenes
- ◆ Comprender que las ilustraciones pueden tener diferentes significados para cada persona
- ■ Comprender que una ilustradora o un ilustrador creó las imágenes del libro

**Características del libro y la letra impresa**

- ● Observar letras, palabras, frases sencillas u oraciones que sean lo suficientemente grandes como para verlas, en especial cuando se repiten
- ● Disfrutar de características especiales, tales como desplegables, solapas, pestañas, troquelado, efectos sonoros

● Pensar en el texto ***en sí*** ◆ Pensar ***más allá*** del texto ■ Pensar ***acerca*** del texto

# Seleccionar objetivos Hábitos y conocimientos para observar, enseñar y apoyar *(cont.)*

## Lectura interactiva en voz alta y discusión literaria

### TEXTOS DE NO FICCIÓN

**General**

- ● Hacer preguntas para comprender un texto en mayor profundidad
- ● Observar y hacer preguntas cuando se pierde el significado o se interrumpe la comprensión
- ● Consultar información y detalles importantes
- ● Usar movimientos con las manos y el cuerpo para mostrar que se comprende el significado o significados de las imágenes y las palabras de un texto
- ● Comprender y hablar acerca de actividades cotidianas (jugar, hacer cosas, comer, vestirse, bañarse, cocinar, ir de compras)
- ● Comprender contenidos que reflejan una comprensión inicial del mundo físico y del mundo social (matemáticas, estudios sociales, ciencias, salud, artes)
- ● Comprender que la maestra o el maestro lee la letra impresa, no las imágenes
- ● Comprender que la maestra o el maestro debe sostener el libro del lado derecho hacia arriba
- ● Imitar la expresión y el énfasis de la maestra o del maestro cuando se interpreta un texto o se participa
- ● Usar movimientos con las manos y el cuerpo para mostrar que se comprende el significado o significados de las imágenes y las palabras de un texto
- ● Participar en estribillos o palabras, frases y oraciones repetitivas después de escucharlos varias veces
- ◆ Obtener información nueva de las imágenes y la letra impresa
- ◆ Comprender problemas sencillos que ocurren en la vida cotidiana
- ◆ Dar razones (ya sea a partir del texto o de la propia experiencia) para apoyar el razonamiento
- ◆ Usar conocimientos previos para comprender textos que se leen en voz alta
- ◆ Relacionar los textos con sus propias vidas
- ◆ Reconocer y comprender que los textos pueden ser sobre diversos tipos de personas y diferentes lugares
- ■ Reconocer que una autora o un autor o una ilustradora o un ilustrador pueden escribir o ilustrar varios libros
- ■ Identificar y comentar información interesante en un texto
- ■ Expresar opiniones sobre un texto (*interesante, chistoso, emocionante*)
- ■ Expresar por qué les gusta un texto

**Género**

- ● Comprender que hay diferentes tipos de libros y que se pueden observar diferentes cosas de ellos
- ■ Observar cuándo un libro es de no ficción (información verídica)
- ■ Observar características de algunos géneros de no ficción específicos: texto sencillo sobre hechos, memorias (cuento sobre memorias personales)

**Organización**

- ■ Comprender que algunos textos de no ficción se parecen a los cuentos (estructura narrativa)
- ■ Comprender que algunos textos de no ficción brindan información y no se parecen a los cuentos (estructura no narrativa)
- ■ Observar una organización textual sencilla en textos no narrativos (ABC, de más grande a más pequeño, de más pequeño a más grande)
- ■ Comprender que una autora o un autor puede contar algo que por lo general sucede en el mismo orden (secuencia temporal)
- ■ Observar cuándo una autora o un autor brinda información en orden (secuencia)
- ■ Observar cuándo una autora o un autor usa patrones estructurales tales como descripción sencilla, secuencia temporal, pregunta y respuesta
- ■ Identificar el uso que hace una autora o un autor de no ficción del orden cronológico u otras secuencias establecidas, como números, hora del día, días de la semana o estaciones

**Tema**

- ● Comprender y hablar acerca de temas conocidos (los animales, las mascotas, las familias, los amigos, los cinco sentidos, el crecimiento y la salud, la escuela, el vecindario, el tiempo y las estaciones, los alimentos, las plantas)
- ● Comprender humor obvio (situaciones tontas y sin sentido)
- ◆ Mostrar curiosidad sobre un tema
- ◆ Inferir la importancia de un tema
- ■ Comprender que una autora o un autor presenta datos acerca de un solo tema
- ■ Comprender que una escritora o un escritor tiene un propósito para escribir acerca de un tema

● Pensar en el texto ***en sí*** ◆ Pensar ***más allá*** del texto ■ Pensar ***acerca*** del texto

# Seleccionar objetivos Hábitos y conocimientos para observar, enseñar y apoyar *(cont.)*

## Lectura interactiva en voz alta y discusión literaria

### TEXTOS DE NO FICCIÓN *(continuación)*

**Mensajes e ideas principales**

- ◆ Comprender que un texto de no ficción puede tener diferentes significados para cada persona
- ◆ Establecer conexiones entre el contenido y las ideas (cuidar de sí, mantenerse saludable, expresar sentimientos, compartir con los demás, preocuparse por los demás, ayudar a la familia, ir a la escuela, preocuparse por el mundo, valorar las diferencias) a través de textos que se lean en voz alta
- ■ Comprender que una autora o un autor puede tener más de un mensaje o idea importante

**Estilo y lenguaje**

- ● Comprender oraciones que son sencillas pero que pueden ser diferentes del lenguaje oral
- ● Comprender oraciones con frases y cláusulas cuando se leen en voz alta
- ■ Observar el uso que hace una autora o un autor del ritmo, el estribillo y la repetición
- ■ Observar el uso que hace una autora o un autor del lenguaje lúdico o poético (palabras sin sentido, onomatopeyas, aliteración, ritmo, rima)

**Vocabulario**

- ● Observar y adquirir conocimientos de vocabulario nuevo a partir de contenidos leídos en voz alta
- ● Usar vocabulario nuevo en la discusión de un texto
- ● Comprender los significados de sustantivos, verbos, adjetivos, adverbios, preposiciones y conectores simples cuando se escucha un texto de no ficción leído en voz alta
- ■ Usar lenguaje académico para hablar acerca de textos (*libro del alfabeto, poema, canción, cubierta, título, autor, ilustrador, texto, ilustración, fotografía, comienzo, final, problema*)

**Ilustraciones/Elementos gráficos**

- ● Obtener conocimientos nuevos a partir de las ilustraciones
- ● Ilustraciones brillantes, claras y coloridas en diversos medios de comunicación
- ● Detalles que añaden interés en lugar de sobrecargar o distraer
- ● Ilustraciones que brindan un fuerte apoyo para la comprensión y el lenguaje
- ◆ Comprender que las ilustraciones pueden tener diferentes significados para cada persona
- ■ Comprender que una ilustradora o un ilustrador creó las imágenes del libro

**Características del libro y la letra impresa**

- ● Observar letras, palabras, frases sencillas u oraciones que sean lo suficientemente grandes como para verlas, en especial cuando se repiten
- ● Disfrutar de características especiales, tales como desplegables, solapas, pestañas, troquelado, efectos sonoros
- ● Espacios claros entre las palabras y entre las líneas
- ● Número limitado de líneas en una página (por lo general una o dos, a menos que estén leyendo un poema breve o canción)
- ● Puntuación sencilla (punto, coma, signos de interrogación, signos de exclamación)
- ● Título, autora o autor e ilustradora o un ilustrador en la cubierta y la portada de libros
- ● Número de página
- ● Disposición que permite la formación de frases mediante la presentación de grupos de palabras
- ● Palabras en negrita o tipografía de diversos tamaños

● Pensar en el texto ***en sí*** ◆ Pensar ***más allá*** del texto ■ Pensar ***acerca*** del texto

# **Seleccionar textos** Características de los textos para la lectura en voz alta y la conversación

## Lectura interactiva en voz alta y discusión literaria

### GÉNERO

**▸ Ficción**

- Ficción realista
- Cuento popular
- Cuentos de fantasía sencillos con animales

**▸ No ficción**

- Textos sencillos sobre hechos
- Memorias (cuento sobre memorias personales)
- Textos de instrucciones

**FORMAS**

- Libros álbum
- Libros álbum sin palabras
- Libros rotulados
- Poemas breves
- Rimas infantiles, rimas y canciones
- Colecciones de poesía
- Libros de conceptos
- Libros del alfabeto
- Libros para contar

### ESTRUCTURA DEL TEXTO

- Narración sencilla con un comienzo, un nudo, varios episodios y un final
- Muchos textos con episodios o patrones repetitivos
- Algunos textos con estructura no narrativa
- Cuentos con una trama sencilla (problema y solución)
- Textos informativos mayormente centrados en un solo tema, a menudo una idea por página
- Patrones estructurales subyacentes (descripción, secuencia temporal, pregunta y respuesta)

### CONTENIDO

- Contenido adecuado para el desarrollo cognitivo, la madurez social y emocional, y la experiencia de vida de los niños
- Contenido que recurre a la curiosidad intelectual y a las emociones de los niños
- Juegos con palabras (rimas, sinsentido, aliteración y el alfabeto)
- Contenido que refleja conocimientos conceptuales iniciales (colores, figuras, contar, agrupar, tamaño, el alfabeto, posición)
- Acciones cotidianas conocidas por los niños (jugar, hacer cosas, comer, vestirse, bañarse, cocinar, ir de compras)
- Temas cotidianos que son auténticos y relevantes (los animales, las mascotas, las familias, los amigos, los cinco sentidos, el crecimiento y la salud, la escuela, el vecindario, el tiempo y las estaciones, los alimentos, las plantas)
- Humor que es fácil de comprender (personajes tontos, situaciones divertidas)
- Contenido que refuerza y amplía la experiencia de la niña o del niño y el conocimiento de sí misma o sí mismo y del mundo
- Algunos temas que pueden ir más allá de las experiencias inmediatas de los niños
- Contenido que refleja una amplia gama de escenarios, lenguajes y culturas
- Algunos contenidos vinculados a áreas específicas de estudio como los descritos en el currículo o los estándares de la escuela
- Personajes, escenarios y sucesos que ocurren en la ficción realista
- Personajes, sucesos (algunos sin sentido y divertidos) y escenarios imaginarios que ocurren en la fantasía
- Contenido que refleja conocimientos iniciales del mundo físico y social

### TEMAS E IDEAS

- Temas que reflejan la vida cotidiana (una misma o uno mismo, las relaciones familiares, el hogar, la amistad, la comunidad, la diversidad, las primeras responsabilidades, la imaginación, los miedos, el coraje, la naturaleza)
- Ideas claras, sencillas y fáciles de identificar
- Ideas cercanas a la experiencia de los niños (cuidar de sí, mantenerse saludable, expresar sentimientos, compartir con los demás, preocuparse por los demás, ayudar a la familia, ir a la escuela, preocuparse por el mundo, valorar las diferencias, formar parte de una comunidad)

### CARACTERÍSTICAS LITERARIAS Y DEL LENGUAJE

- Algunos elementos sencillos de la fantasía (animales que hablan)
- Desenlaces predecibles de cuentos típicos de la literatura tradicional (la inteligencia supera a la fuerza física, el bien vence al mal)
- Escenarios cotidianos cercanos a la experiencia de los niños
- Escenarios, sucesos y personajes realistas y de fantasía
- Personajes memorables que son sencillos, sin complicaciones y predecibles
- Personajes con uno o más rasgos sencillos (amables, generosos, astutos, valientes, tontos, sabios, codiciosos)
- Personajes que no cambian o que cambian de maneras sencillas por razones claras
- Acciones de los personajes relacionadas con consecuencias claras (recompensa por esforzarse)
- Secuencia de sucesos predecible
- Trama sencilla con problema y solución
- Lenguaje que se usa para hacer comparaciones
- Lenguaje descriptivo, que incluye palabras inventadas y otras formas lúdicas
- Lenguaje poético, a menudo con recursos sonoros notables (ritmo, rima, repetición, estribillo, onomatopeya)
- Diálogo sencillo y diálogo con pronombres (señalado por *dijo* en muchos textos) fácilmente atribuible a los personajes
- Diálogo repetitivo
- Lenguaje de procedimientos sencillo
- Lenguaje literario típico de la literatura tradicional (*había una vez, hace mucho tiempo, vivieron felices para siempre*)

### COMPLEJIDAD DE LAS ORACIONES

- Oraciones que los niños puedan seguir con facilidad, aunque más complejas que las que usan en el lenguaje oral
- Oraciones sencillas con sujeto y predicado
- Diversas estructuras del lenguaje

# Seleccionar textos Características de los textos para la lectura en voz alta y la conversación *(cont.)*

## Lectura interactiva en voz alta y discusión literaria

### COMPLEJIDAD DE LAS ORACIONES *(continuación)*

- Oraciones con cláusulas y frases
- Oraciones que son preguntas
- Algunas oraciones más extensas, ocasionalmente con frases enmarcadas y cláusulas

### VOCABULARIO

- Algunas palabras interesantes que son nuevas para los niños pero que se entienden fácilmente en contexto
- Algunas palabras de contenido nuevo relacionadas con conceptos que son fáciles de comprender
- Algunas palabras memorables que los niños pueden asumir como juegos del lenguaje
- Casi todas las palabras que hay en el vocabulario oral común de los niños pequeños (Nivel 1)
- Muchos adjetivos sencillos que describen personas, lugares o cosas
- Algunos adverbios sencillos que describen acción
- Conectores comunes (simples) que se usan con frecuencia en el lenguaje oral (palabras, frases que aclaran relaciones e ideas): *y, pero, entonces, porque, antes, después*

### ILUSTRACIONES

- Ilustraciones grandes, claras y coloridas en diversos medios de comunicación que apoyan plenamente el significado
- Ilustraciones que añaden significado al texto
- Elementos gráficos muy simples sin detalles que distraigan
- Algunos dibujos con rótulos

### CARACTERÍSTICAS DEL LIBRO Y LA LETRA IMPRESA

#### LONGITUD

- Libros álbum cortos que se pueden leer en una sesión

#### TEXTO IMPRESO Y DISPOSICIÓN

- Algunos libros álbum con letra impresa lo suficientemente grande como para que los niños la vean durante la lectura en voz alta
- Letra impresa en globos de diálogo o globos de pensamiento
- Algunos libros con características especiales que suscitan interés y hacen que los textos sean interactivos (desplegables, solapas, pestañas, troquelado, efectos sonoros)
- Algunos libros con ilustraciones decorativas o informativas, diseños atractivos que captan la atención y/o letra impresa o ilustraciones fuera del cuerpo del texto (peritexto)

#### HERRAMIENTAS DE ORGANIZACIÓN

- Título, autora o autor e ilustradora o ilustrador mencionados en la cubierta y la portada

#### RECURSOS DEL TEXTO

- Algunos libros con dedicatoria, nota de la autora o del autor

# Seleccionar objetivos Hábitos y conocimientos para observar, enseñar y apoyar

## Lectura interactiva en voz alta y discusión literaria

### TEXTOS DE FICCIÓN

**General**

- ● Hacer preguntas para comprender un texto en mayor profundidad
- ● Observar y hacer preguntas cuando se pierde el significado o se interrumpe la comprensión
- ● Consultar información y detalles importantes
- ● Comprender que la maestra o el maestro lee la letra impresa, no las imágenes
- ● Comprender que la maestra o el maestro debe sostener el libro del lado derecho hacia arriba
- ● Imitar la expresión y el énfasis de la maestra o del maestro cuando se interpreta un texto o se participa
- ● Usar movimientos con las manos y el cuerpo para mostrar que se comprende el significado o significados de las imágenes y las palabras de un texto
- ● Participar en estribillos o palabras, frases y oraciones repetitivas después de escucharlos varias veces
- ● Contar qué sucedió en un texto después de escuchar su lectura
- ◆ Obtener información nueva de las imágenes y la letra impresa
- ◆ Reconocer problemas sencillos que ocurren en la vida cotidiana
- ◆ Dar razones (ya sea a partir del texto o de la propia experiencia) para apoyar el razonamiento
- ◆ Relacionar los textos con sus propias vidas
- ◆ Usar conocimientos previos para comprender escenarios, problemas y personajes
- ◆ Reconocer y comprender que los cuentos pueden ser sobre diversos tipos de personas y diferentes lugares
- ◆ Establecer conexiones (contenido, tema) entre textos que se leen en voz alta
- ◆ Usar pruebas del texto para apoyar declaraciones acerca del texto
- ■ Comprender que una autora o un autor tiene un propósito para escribir un texto de ficción
- ■ Identificar el uso que hace una autora o un autor de ficción del orden cronológico u otras secuencias establecidas, como números, hora del día, días de la semana o estaciones
- ■ Reconocer que una autora o un autor o una ilustradora o un ilustrador pueden escribir o ilustrar varios libros
- ■ Relacionar textos por categorías obvias (autora o autor, personajes, tema, género, ilustradora o ilustrador)
- ■ Expresar opiniones sobre un texto (interesante, chistoso, emocionante)
- ■ Expresar por qué les gusta un texto

**Género**

- ● Comprender que hay diferentes tipos de libros y que se pueden observar diferentes cosas de ellos
- ■ Observar y comprender las características de algunos géneros de ficción específicos (ficción reaslita, cuento popular, cuento de fantasía con animales)
- ■ Comprender que los cuentos de ficción son imaginarios
- ■ Comprender cuándo un cuento podría suceder en la vida real (ficción realista) y cuándo no podría suceder en la vida real (cuentos populares, cuentos de fantasía con animales)
- ■ Observar desenlaces de cuentos típicos de la literatura tradicional (la inteligencia supera a la fuerza física, el bien vence al mal)
- ■ Observar y comprender textos que tienen forma de poemas, rimas infantiles, rimas y canciones

**Mensaje y temas**

- ◆ Inferir la "lección" en la literatura tradicional
- ◆ Comprender que la "lección" en los textos de fantasía o la literatura tradicional se puede aplicar a su vida
- ◆ Inferir mensajes sencillos en una obra de ficción
- ◆ Observar e inferir la importancia de ideas relevantes para su mundo (compartir, preocuparse por los demás, hacer su tarea, ayudar a su familia, cuidar de sí, mantenerse saludable, cuidar el mundo o el medioambiente, valorar las diferencias, expresar sentimientos)
- ◆ Comprender que un texto de ficción puede tener diferentes significados para cada persona
- ◆ Observar y comprender temas obvios (la imaginación, el coraje, el miedo, la amistad, la familia, las relaciones, uno mismo, el hogar, la naturaleza, el crecimiento, los hábitos, la comunidad, las primeras responsabilidad, la diversidad, los sentimientos)
- ◆ Comprender que un libro puede tener más de un mensaje o idea importante
- ■ Observar cuándo una autora o un autor de ficción "enseña una lección"
- ■ Observar temas o motivos recurrentes en la literatura tradicional y la fantasía (animales que hablan, magia, personajes buenos y malos)

**Escenario**

- ● Recordar detalles importantes del escenario después de la lectura de un cuento
- ◆ Reconocer y comprender que los textos pueden tener escenarios relacionados con diferentes lugares y personas

**Trama**

- ● Seguir los sucesos en textos narrativos sencillos
- ● Observar y comprender una trama sencilla con un problema y una solución
- ● Revisar la comprensión de la trama del cuento y hacer preguntas si se pierde el significado
- ● Contar los sucesos importantes de un cuento usando las imágenes (después de escuchar la lectura del texto varias veces)
- ● Incluir el problema y su resolución al contar qué sucede en un texto

● Pensar en el texto ***en sí*** ◆ Pensar ***más allá*** del texto ■ Pensar ***acerca*** del texto

# **Seleccionar objetivos** Hábitos y conocimientos para observar, enseñar y apoyar *(cont.)*

## Lectura interactiva en voz alta y discusión literaria

### TEXTOS DE FICCIÓN *(continuación)*

**Trama** *(continuación)*

- ◆ Predecir qué sucederá en un cuento
- ◆ Predecir desenlaces de cuentos

**Personajes**

- ● Observar y recordar personajes en textos narrativos sencillos
- ● Comprender que los animales de los cuentos a veces actúan como personas (cuento de fantasía con animales)
- ● Recordar detalles importantes de los personajes después de la lectura de un cuento
- ◆ Inferir los rasgos de un personaje a partir de los sucesos de un cuento
- ◆ Inferir los rasgos de un personaje a partir de los detalles físicos que incluyen las ilustraciones acerca de ellos
- ◆ Inferir las intenciones, los sentimientos y las motivaciones de los personajes usando el texto y las imágenes
- ◆ Observar cuándo un personaje cambia o aprende una lección
- ◆ Expresar opiniones acerca de los personajes y sus hábitos (*chistoso, malo, tonto, bueno, amistoso*)
- ◆ Aprender de experiencias ajenas con los personajes de los cuentos
- ■ Comprender que los mismos tipos de personajes pueden aparecer una y otra vez en la literatura tradicional (*astuto, valiente, tonto, sabio, codicioso*)

**Estilo y lenguaje**

- ● Jugar de manera oral con las palabras o el lenguaje (palabras o estribillos sin sentido de textos que se leen en voz alta)
- ● Comprender oraciones que son sencillas pero que pueden ser diferentes del lenguaje oral
- ● Seguir y comprender el diálogo asignado sencillo con una idea clara acerca de quién habla
- ■ Observar cuándo un libro tiene episodios o patrones del lenguaje repetitivos
- ■ Observar el uso que hace una autora o un autor del lenguaje lúdico o poético (palabras sin sentido, ritmo, rima, ritmo y repetición, onomatopeyas, aliteración)
- ■ Observar el uso que hace una autora o un autor del lenguaje descriptivo, que incluye palabras y otras formas lúdicas
- ■ Reconocer el uso que hace una autora o un autor del humor
- ■ Comprender el significado del lenguaje literario (el lenguaje de los libros en contraposición con el lenguaje oral típico)
- ■ Observar y recordar patrones del lenguaje literario que son característicos de la literatura tradicional (*había una vez, hace mucho tiempo, vivieron felices para siempre*)

**Vocabulario**

- ● Observar y adquirir conocimientos de vocabulario nuevo a partir de contenidos leídos en voz alta
- ● Usar vocabulario nuevo en la discusión de un texto
- ● Adquirir palabras de contenido nuevo de textos y elementos gráficos, que incluyan rótulos para objetos y animales de la vida cotidiana, algunos animales nuevos y actividades humanas
- ■ Usar lenguaje académico para hablar acerca de los géneros de ficción (*ficción, cuento popular*)
- ■ Usar lenguaje académico para hablar acerca de las formas (*libro álbum o ilustrado, libro álbum o ilustrado sin palabras, libro de frases cortas, libro del alfabeto, poema, poesía, rima infantil, rima, canción*)
- ■ Usar lenguaje académico para hablar acerca de las características literarias (*comienzo, final, problema, personaje*)
- ■ Usar lenguaje académico para hablar acerca de las características de los libros y la letra impresa (*portada, contraportada, título, autor, ilustrador, página, texto, ilustración, fotografía, rótulo*)

**Ilustraciones**

- ● Comprender que una ilustradora o ilustrador creó las imágenes del libro
- ● Contar los sucesos importantes de un cuento usando las imágenes (después de escuchar la lectura del texto varias veces)
- ● Contar cuentos como respuesta a las imágenes
- ◆ Comprender que las ilustraciones pueden tener diferentes significados para cada persona
- ◆ Pensar en lo que sienten los personajes a partir de sus expresiones faciales o gestos
- ◆ Observar que los detalles del fondo en las imágenes suelen revelar los sentimientos o los rasgos de los personajes

**Características del libro y la letra impresa**

- ● Observar letras, palabras, frases sencillas u oraciones que sean lo suficientemente grandes como para verlas, en especial cuando se repiten
- ● Disfrutar de características especiales, tales como desplegables, solapas, pestañas, troquelado, efectos sonoros
- ● Observar el título de un libro y su autora o autor e ilustradora o ilustrador en la cubierta y la portada
- ● Observar recursos del texto fuera del cuerpo (peritexto), tales como dedicatoria, nota de la autora o del autor, guardas
- ■ Comprender el propósito de algunas herramientas de organización (título, tabla de contenidos)
- ■ Comprender el propósito de algunos recursos del texto (dedicatoria, nota de la autora o del autor)

● Pensar en el texto ***en sí*** ◆ Pensar ***más allá*** del texto ■ Pensar ***acerca*** del texto

## Seleccionar objetivos Hábitos y conocimientos para observar, enseñar y apoyar *(cont.)*

### Lectura interactiva en voz alta y discusión literaria

#### TEXTOS DE NO FICCIÓN

**General**

- ● Comprender que la maestra o el maestro lee la letra impresa, no las imágenes
- ● Comprender que la maestra o el maestro debe sostener el libro del lado derecho hacia arriba
- ● Hacer preguntas para comprender un texto en mayor profundidad
- ● Observar y hacer preguntas cuando se pierde el significado o se interrumpe la comprensión
- ● Consultar información y detalles importantes
- ● Comprender y hablar acerca de actividades cotidianas (jugar, hacer cosas, comer, vestirse, bañarse, cocinar, ir de compras)
- ● Comprender contenidos que reflejan la comprensión inicial del mundo físico y del mundo social (salud, estudios sociales, ciencias, matemáticas, artes)
- ● Imitar la expresión y el énfasis de la maestra o el maestro cuando se interpreta un texto o se participa
- ● Usar movimientos con las manos y el cuerpo para mostrar que se comprende el significado o significados de las imágenes y las palabras de un texto
- ● Participar en estribillos o palabras, frases y oraciones repetitivas después de escucharlos varias veces
- ● Contar la información importante de un texto después de escuchar su lectura
- ◆ Obtener información nueva de las imágenes y la letra impresa
- ◆ Comprender problemas sencillos que ocurren en la vida cotidiana
- ◆ Dar razones (ya sea a partir del texto o de la propia experiencia) para apoyar el razonamiento
- ◆ Usar conocimientos previos para comprender textos que se leen en voz alta
- ◆ Relacionar los textos con sus propias vidas
- ◆ Reconocer y comprender que los textos de no ficción pueden ser sobre diversos tipos de personas y diferentes lugares
- ◆ Usar pruebas del texto para apoyar declaraciones acerca del texto
- ◆ Usar conocimientos conceptuales básicos para comprender un texto de no ficción (colores, formas, contar, clasificar, tamaño, alfabeto, posiciones, texturas)
- ■ Reconocer que una autora o un autor o una ilustradora o un ilustrador pueden escribir o ilustrar varios libros
- ■ Identificar y comentar información interesante en un texto
- ■ Expresar opiniones sobre un texto (*interesante, chistoso, emocionante*)
- ■ Expresar por qué les gusta un texto
- ■ Relacionar textos por categorías obvias (autora o autor, personajes, tema, género, ilustradora o ilustrador)

**Género**

- ● Comprender que hay diferentes tipos de textos y que se pueden observar diferentes cosas de ellos
- ■ Comprender cuándo un libro es de no ficción (información verídica)
- ■ Observar y comprender las características de algunos géneros de no ficción específicos: texto sencillo sobre hechos, memorias (cuento sobre memorias personales), texto de instrucciones
- ■ Observar y comprender textos que tienen forma de poemas, rimas infantiles, rimas y canciones

**Organización**

- ■ Comprender que algunos libros de no ficción se parecen a los cuentos (estructura narrativa)
- ■ Comprender que algunos libros de no ficción brindan información y no se parecen a los cuentos (estructura no narrativa)
- ■ Observar una organización sencilla de textos (ABC, de más grande a más pequeño, de más pequeño a más grande)
- ■ Observar cuándo una autora o un autor usa una estructura de pregunta y respuesta
- ■ Identificar la organización de un texto (orden cronológico o secuencias establecidas, como números, hora del día, días de la semana o estaciones)
- ■ Observar cuándo una autora o un autor brinda información en orden (secuencia)
- ■ Comprender que una autora o un autor puede contar algo que por lo general sucede en el mismo orden (secuencia temporal)
- ■ Observar que una autora o un autor de no ficción combina información relacionada con el mismo tema (categoría)

**Tema**

- ● Comprender y hablar acerca de temas comunes de la vida cotidiana (los animales, las familias, las mascotas, los alimentos, las plantas, la escuela, los amigos, el crecimiento, los cinco sentidos, el vecindario, el tiempo y las estaciones, la salud)
- ◆ Mostrar curiosidad sobre temas
- ◆ Inferir la importancia de un tema
- ◆ Inferir la actitud de la autora o del autor hacia un tema (qué "siente" la autora o el autor)
- ■ Comprender que una autora o un autor presenta datos acerca de un solo tema
- ■ Comprender que una autora o un autor tiene un propósito para escribir acerca de un tema
- ■ Comprender que una autora o un autor cuenta algo que puede haber sucedido en su vida (memorias)

● Pensar en el texto ***en sí*** ◆ Pensar ***más allá*** del texto ■ Pensar ***acerca*** del texto

# Seleccionar objetivos Hábitos y conocimientos para observar, enseñar y apoyar *(cont.)*

## Lectura interactiva en voz alta y discusión literaria

### TEXTOS DE NO FICCIÓN *(continuación)*

#### Mensajes e ideas principales

- ◆ Comprender que un texto de no ficción puede tener diferentes significados para cada persona
- ◆ Establecer conexiones entre el contenido e ideas en textos que se leen en voz alta (los animales, las mascotas, las familias, los cinco sentidos, el crecimiento y la salud, la escuela, el vecindario, el tiempo y las estaciones, los alimentos, las plantas)
- ◆ Relacionar información de libros de no ficción con áreas curriculares estudiadas en la escuela
- ◆ Inferir la importancia que el contenido de no ficción tiene en su vida
- ■ Comprender que una autora o un autor puede tener más de un mensaje o idea importante

#### Estilo y lenguaje

- ● Comprender oraciones que son sencillas pero que pueden ser diferentes del lenguaje oral
- ● Comprender oraciones con cláusulas y frases subordinadas
- ■ Observar el uso que hace una autora o un autor del ritmo, el estribillo y la repetición
- ■ Observar cuándo un texto tiene episodios o patrones del lenguaje repetitivos
- ■ Observar el uso que hace una autora o un autor del lenguaje lúdico o poético
- ■ Reconocer a algunos autores por los temas que eligen o el estilo de sus ilustraciones

#### Vocabulario

- ● Observar y adquirir conocimientos de vocabulario nuevo a partir de contenidos leídos en voz alta
- ● Adquirir palabras de contenido nuevo de textos y elementos gráficos, que incluyan rótulos para objetos y animales de la vida cotidiana, algunos animales nuevos y actividades humanas
- ● Usar vocabulario nuevo en la discusión de un texto
- ● Comprender los significados de sustantivos, verbos, adjetivos, adverbios, preposiciones y conectores simples cuando se escucha un texto de no ficción leído en voz alta
- ■ Usar lenguaje académico para hablar acerca de los géneros de no ficción (*no ficción, memorias personales*)
- ■ Usar lenguaje académico para hablar acerca de las formas (*libro álbum o ilustrado, libro álbum o ilustrado sin palabras, libro de frases cortas, libro del alfabeto, poema, poesía, rima infantil, rima, canción*)
- ■ Usar lenguaje académico para hablar acerca de las características literarias (*comienzo, final, problema*)
- ■ Usar lenguaje académico para hablar acerca de las características de los libros y la letra impresa (*portada, contraportada, título, autor, ilustrador, página, texto, ilustración, fotografía, rótulo*)

#### Ilustraciones/Elementos gráficos

- ● Obtener conocimientos nuevos a partir de las ilustraciones
- ● Observar y buscar información en elementos gráficos sencillos (dibujo con rótulo)
- ◆ Comprender que las ilustraciones pueden tener diferentes significados para cada persona
- ■ Comprender que una ilustradora o un ilustrador creó las imágenes del libro

#### Características del libro y la letra impresa

- ● Observar letras, palabras, frases sencillas, rótulos u oraciones que sean lo suficientemente como grandes para verlas, en especial cuando se repiten
- ● Disfrutar de características especiales, tales como desplegables, solapas, pestañas, troquelado, efectos sonoros
- ● Observar el título de un libro y su autora o autor e ilustradora o ilustrador en la cubierta y la portada
- ● Observar recursos del texto fuera del cuerpo (peritexto), tales como dedicatoria, nota de la autora o del autor, guardas
- ■ Comprender el propósito de algunas herramientas de organización (título, tabla de contenidos)
- ■ Comprender el propósito de algunos recursos del texto (dedicatoria, nota de la autora o del autor)

● Pensar en el texto ***en sí*** ◆ Pensar ***más allá*** del texto ■ Pensar ***acerca*** del texto

# Seleccionar textos Características de los textos para la lectura en voz alta y la conversación

## Lectura interactiva en voz alta y discusión literaria

### GÉNERO

▶ **Ficción**

- Ficción realista
- Literatura tradicional (cuento popular, cuento de hadas, fábula)
- Cuento de fantasía con animales

▶ **No ficción**

- Textos expositivos sencillos
- No ficción narrativa sencilla
- Biografía sencilla
- Memorias personales
- Textos de instrucciones
- Textos persuasivos sencillos

### FORMAS

- Libros de una serie
- Libros álbum en tamaño grande
- Libros álbum sin palabras
- Algunos libros por capítulos de nivel inicial
- Libros rotulados
- Poemas
- Rimas infantiles, rimas y canciones
- Colecciones de poesía
- Obras de teatro
- Libros de conceptos
- Libros del alfabeto
- Libros para contar

### ESTRUCTURA DEL TEXTO

- Narración sencilla con estructura directa (comienzo, nudo, varios episodios y final) pero con más episodios incluidos
- Muchos textos con episodios o patrones repetitivos
- Algunos textos con estructura no narrativa
- Cuentos con una trama sencilla (problema y solución)
- Patrones estructurales subyacentes (descripción, secuencia temporal, pregunta y respuesta)
- Texto informativo con estructura general bien definida y categorías simples

### CONTENIDO

- Contenido adecuado para el desarrollo cognitivo, la madurez social y emocional, y la experiencia de vida de los niños
- Contenido que recurre a la curiosidad intelectual y a las emociones de los niños
- Juegos con palabras (rimas, sinsentido, aliteración, alfabeto)
- Contenido que refleja conocimientos conceptuales iniciales (colores, figuras, contar, agrupar, tamaño, el alfabeto, posición)
- Acciones cotidianas conocidas por los niños (jugar, hacer cosas, comer, cocinar, ir de compras)
- Temas cotidianos que son auténticos y relevantes (los animales, las mascotas, las familias, los amigos, los cinco sentidos, la salud y la prevención de enfermedades, los sistemas del cuerpo humano, la escuela, el vecindario, el tiempo y las estaciones, los alimentos, las plantas)
- Humor que es fácil de comprender (personajes tontos, situaciones divertidas, bromas, juegos de palabras)
- Contenido que refuerza y amplía la experiencia de la niña o del niño y el conocimiento de sí misma o sí mismo y del mundo
- Algunos temas que pueden no formar parte de las experiencias inmediatas de la mayoría de los niños (nutrición, animales salvajes, medioambientes tales como el océano y el desierto, el espacio)
- Contenido que refleja una amplia gama de escenarios, lenguajes y culturas
- Algunos contenidos vinculados a áreas específicas de estudio como los descritos en el currículo o los estándares de la escuela
- Personajes, escenarios y sucesos realistas que ocurren en la ficción realista
- Personajes, sucesos (algunos sin sentido y divertidos), escenarios imaginarios que ocurren en la fantasía
- Contenido que refleja conocimientos progresivos del mundo físico y social

### TEMAS E IDEAS

- Temas que reflejan la vida cotidiana (una misma o uno mismo, las relaciones familiares, el hogar, la amistad, la comunidad, la diversidad, las primeras responsabilidades, la imaginación, los miedos, el coraje, la naturaleza)
- Ideas claras, sencillas y fácil de identificar
- Ideas cercanas a la experiencia de los niños (cuidar de sí, mantenerse saludable, expresar sentimientos, compartir con los demás, preocuparse por los demás, ayudar a la familia, realizar su trabajo, preocuparse por el mundo, valorar las diferencias, formar parte de una comunidad)

### CARACTERÍSTICAS LITERARIAS Y DEL LENGUAJE

- Elementos de la literatura tradicional y texto de fantasía moderno (lo sobrenatural, animales que hablan)
- Motivos básicos de la literatura tradicional y la fantasía moderna (lucha entre el bien y el mal, magia, objetos fantásticos o mágicos, deseos, artimañas, transformaciones)
- Desenlaces predecibles de cuentos, típicos de la literatura tradicional (la inteligencia supera a la fuerza física, el bien vence al mal)
- Escenarios cotidianos cercanos a la experiencia de los niños
- Escenarios, sucesos y personajes realistas y de fantasía
- Personajes memorables que son sencillos, sin complicaciones y predecibles
- Personajes con uno o más rasgos sencillos (amables, generosos, astutos, valientes, tontos, sabios, codiciosos)
- Personajes que no cambian o que cambian de maneras sencillas por razones claras
- Acciones de los personajes relacionadas con consecuencias claras (recompensa por esforzarse)
- Personajes principales y personajes secundarios
- Secuencia de sucesos predecible
- Trama sencilla con problema y solución
- Lenguaje que se usa para hacer comparaciones

# Seleccionar textos Características de los textos para la lectura en voz alta y la conversación *(cont.)*

## Lectura interactiva en voz alta y discusión literaria

### CARACTERÍSTICAS LITERARIAS Y DEL LENGUAJE *(continuación)*

- Lenguaje descriptivo, que incluye palabras inventadas y otras formas lúdicas
- Lenguaje figurado (metáfora, símil)
- Lenguaje poético, a menudo con recursos sonoros notables (ritmo, rima, repetición, estribillo, onomatopeya)
- Diálogo sencillo y diálogo con pronombres (asignado por *dijo* en muchos textos) fácilmente atribuible a los personajes
- Diálogo repetitivo
- Lenguaje persuasivo
- Lenguaje de procedimientos (paso a paso, instrucciones, explicaciones)
- Lenguaje literario típico de la literatura tradicional (*había una vez, hace mucho tiempo, vivieron felices para siempre*)

### COMPLEJIDAD DE LAS ORACIONES

- Oraciones que los niños puedan seguir con facilidad, aunque más complejas que las que los niños usan en el lenguaje oral
- Variación en la ubicación del sujeto, el verbo, los adjetivos y los adverbios
- Oraciones que comienzan con frases o cláusulas subordinadas
- Oraciones con varios adjetivos, adverbios y cláusulas
- Oraciones con conectores comunes (simples)
- Oraciones complejas con variedad en el orden de las cláusulas

### VOCABULARIO

- Algunas palabras interesantes que son nuevas para los niños pero que se entienden fácilmente en contexto
- Algunas palabras de contenido relacionadas con conceptos que son fáciles de comprender
- Algunas palabras memorables que los niños pueden asumir como juegos del lenguaje
- Casi todas las palabras que hay en el vocabulario oral común de los niños más pequeños (Nivel 1)
- Algunas palabras que aparecen en el vocabulario de los usuarios del lenguaje maduros (Nivel 2)
- Muchos adjetivos sencillos que describen personas, lugares o cosas
- Algunos adverbios sencillos que describen acción
- Conectores comunes (simples) que se usan con frecuencia en el lenguaje oral (palabras, frases que aclaran relaciones e ideas): *y, pero, entonces, porque, antes, después*

### ILUSTRACIONES

- Ilustraciones grandes, claras y coloridas en diversos medios de comunicación que apoyan plenamente el significado
- Ilustraciones que mejoran y amplían el significado en un texto
- Ilustraciones que apoyan la interpretación, promueven el entretenimiento o establecen la atmósfera pero que no son necesarias para la comprensión
- Ilustraciones sencillas de diversas formas (dibujo con rótulo o leyenda, fotografía con rótulo o leyenda, mapa con leyenda, diagrama)

### CARACTERÍSTICAS DEL LIBRO Y LA LETRA IMPRESA

#### LONGITUD

- Libros álbum cortos que se pueden leer en una sesión

#### TEXTO IMPRESO Y DISPOSICIÓN

- Algunos libros álbum con letra impresa lo suficientemente grande como para que los niños la vean durante la lectura en voz alta
- Letra impresa en globos de diálogo o globos de pensamiento
- Algunos libros con características especiales que suscitan interés y hacen que los textos sean interactivos (desplegables, solapas, pestañas, troquelado, efectos sonoros)
- Algunos libros con ilustraciones decorativas o informativas, diseños atractivos que captan la atención y/o letra impresa o ilustraciones fuera del cuerpo del texto (peritexto)

#### HERRAMIENTAS DE ORGANIZACIÓN

- Título, autora o autor e ilustradora o ilustrador mencionados en la cubierta y la portada
- Tabla de contenidos, encabezado, recuadro lateral

#### RECURSOS DEL TEXTO

- Algunos libros con dedicatoria, reconocimientos, nota de la autora o del autor, guardas especiales (peritexto)

# Seleccionar objetivos Hábitos y conocimientos para observar, enseñar y apoyar

## Lectura interactiva en voz alta y discusión literaria

### TEXTOS DE FICCIÓN

**General**

- ● Hacer preguntas para comprender un texto en mayor profundidad
- ● Observar y hacer preguntas cuando se pierde el significado o se interrumpe la comprensión
- ● Consultar información y detalles importantes y usarlos como prueba en la conversación para apoyar opiniones y declaraciones
- ● Imitar la expresión y el énfasis de la maestra o del maestro cuando se interpreta un texto o se participa
- ● Usar movimientos con las manos y el cuerpo para mostrar que se comprende el significado o significados de las imágenes y las palabras de un texto
- ● Participar en estribillos o palabras, frases y oraciones repetitivas después de escucharlos varias veces
- ● Observar y responder al énfasis y el tono de voz mientras se escucha y posteriormente
- ● Decir qué sucedió en un texto después de escuchar su lectura
- ◆ Obtener información nueva de las imágenes y la letra impresa
- ◆ Comprender problemas sencillos que ocurren en la vida cotidiana
- ◆ Dar razones (ya sea a partir del texto o de la propia experiencia) para apoyar el razonamiento
- ◆ Relacionar los textos con sus propias vidas
- ◆ Usar conocimientos previos para comprender escenarios, problemas y personajes
- ◆ Usar conocimientos previos del contenido para comprender los problemas y sucesos de textos de ficción
- ◆ Establecer conexiones (contenido, tema) entre textos de ficción que se leen en voz alta
- ◆ Establecer conexiones (semejanzas y diferencias) entre textos que tienen la misma autora o el mismo autor/ilustradora o ilustrador, escenario, personajes o tema
- ◆ Usar pruebas del texto para apoyar declaraciones acerca del texto
- ◆ Usar pruebas del texto para apoyar predicciones (*Yo pienso que . . . porque . . .*)
- ■ Comprender que una autora o un autor tiene un propósito para escribir un texto de ficción o de no ficción
- ■ Identificar la organización de un texto (orden cronológico o secuencias establecidas, como números, hora del día, días de la semana o estaciones)
- ■ Reconocer que una autora o un autor o una ilustradora o un ilustrador pueden escribir o ilustrar varios libros
- ■ Relacionar textos por categorías obvias (autora o autor, personajes, tema, género, ilustradora o ilustrador)
- ■ Expresar opiniones sobre un texto (*interesante, chistoso, emocionante*) y apoyarlas con pruebas
- ■ Expresar por qué les gusta un texto
- ■ Formular opiniones acerca de los autores y los ilustradores e indicar en qué se basan esas opiniones

**Género**

- ● Comprender que hay diferentes tipos de textos y que se pueden observar diferentes cosas de ellos
- ■ Observar y comprender las características de algunos géneros de ficción específicos (ficción realista, cuento popular, cuento de hadas, fábula, cuento de fantasía con animales)
- ■ Comprender que los cuentos de ficción son imaginarios
- ■ Comprender cuándo un cuento podría suceder en la vida real (ficción realista) y cuándo no podría suceder en la vida real (literatura tradicional, cuento de fantasía con animales)
- ■ Observar desenlaces de cuentos que son típicos de la literatura tradicional (la inteligencia supera al poder, el bien vence al mal)
- ■ **Observar y comprender textos que tienen forma de poemas, rimas infantiles, rimas y canciones**

**Mensajes y temas**

- ◆ Inferir la "lección" en la literatura tradicional
- ◆ Comprender que la "lección" en los textos de fantasía o la literatura tradicional se puede aplicar a su vida
- ◆ Inferir los mensajes en una obra de ficción
- ◆ Observar e inferir la importancia de ideas relevantes para su mundo (compartir, preocuparse por los demás, hacer su tarea, ayudar a su familia, cuidar de sí, mantenerse saludable, cuidar el mundo o el medioambiente, valorar las diferencias, expresar sentimientos, empatizar con los demás)
- ◆ Comprender que el significado de un texto puede interpretarse de distintas maneras
- ◆ Observar y comprender temas obvios (la imaginación, el coraje, los miedos, la amistad, la familia, las relaciones, uno mismo, el hogar, la naturaleza, el crecimiento, los hábitos, la comunidad, las primeras responsabilidades, la diversidad, los sentimientos)
- ◆ Observar que un libro puede tener más de un mensaje o idea esencial
- ■ Observar cuándo una autora o un autor de ficción "enseña una lección"
- ■ Observar temas o motivos recurrentes en la literatura tradicional y la fantasía (lucha entre el bien y el mal, magia, objetos fantásticos o mágicos, deseos, artimañas, transformaciones)

● Pensar en el texto ***en sí*** ◆ Pensar ***más allá*** del texto ■ Pensar ***acerca*** del texto

# Seleccionar objetivos Hábitos y conocimientos para observar, enseñar y apoyar *(cont.)*

## Lectura interactiva en voz alta y discusión literaria

### TEXTOS DE FICCIÓN *(continuación)*

**Escenario**

- ● Recordar detalles importantes del escenario después de que se lee un cuento
- ◆ Reconocer y comprender que diversos textos de ficción pueden estar ambientados en diferentes lugares y que las costumbres y los hábitos de las personas pueden reflejar esos escenarios
- ◆ Comprender el escenario de un cuento e inferir por qué es importante

**Trama**

- ● Observar y comprender una trama sencilla con un problema y una solución
- ● Seguir una trama con varios sucesos
- ● Revisar la comprensión de la trama del cuento y hacer preguntas si se pierde el significado
- ● Contar los sucesos importantes de un cuento usando las imágenes (después de escuchar la lectura del texto varias veces)
- ● Observar y comprender cuándo se resuelve un problema
- ● Incluir el problema y su resolución al contar qué sucedió en un texto
- ◆ Predecir qué sucederá en un cuento
- ◆ Predecir desenlaces de cuentos

**Personajes**

- ● Recordar detalles importantes de los personajes después de que se lee un cuento
- ● Seguir a varios personajes en el mismo cuento
- ● Reconocer personajes e informar detalles importantes acerca de ellos después de leer
- ◆ Inferir los rasgos de un personaje a partir de los sucesos de un cuento
- ◆ Inferir los rasgos de un personaje a partir de los detalles físicos que incluyen las ilustraciones acerca de ellos
- ◆ Inferir las intenciones, los sentimientos y las motivaciones de los personajes usando el texto y las imágenes
- ◆ Observar cuándo un personaje cambia o aprende una lección
- ◆ Expresar opiniones acerca de los personajes y sus hábitos (chistoso, malo, tonto, bueno, amistoso)
- ◆ Aprender de experiencias ajenas con los personajes de los cuentos
- ■ Comprender que los mismos tipos de personajes pueden aparecer una y otra vez en la literatura tradicional (astuto, valiente, tonto, sabio, codicioso, inteligente)
- ■ Comprender la diferencia entre personajes realistas y aquellos que aparecen en los textos de fantasía

**Estilo y lenguaje**

- ● Jugar de manera oral con las palabras o el lenguaje (palabras o estribillos sin sentido de textos que se leen en voz alta)
- ● Comprender oraciones que son sencillas pero que pueden ser diferentes del lenguaje oral
- ● Seguir y comprender diálogo asignado sencillo con una idea clara acerca de quién habla
- ■ Observar cuándo un libro tiene episodios o patrones del lenguaje repetitivos
- ■ Observar el uso que hace una autora o un autor del lenguaje lúdico o poético y recursos sonoros (palabras sin sentido, ritmo, rima, ritmo y repetición, estribillo, onomatopeyas)
- ■ Observar el uso que hace una autora o un autor del lenguaje descriptivo, que incluye palabras y otras formas lúdicas
- ■ Observar las elecciones de palabras interesantes que hace una autora o un autor
- ■ Reconocer el uso que hace una autora o un autor del humor
- ■ Comprender el significado del lenguaje literario (el lenguaje de los libros, en contraposición con el lenguaje oral típico)
- ■ Observar y recordar patrones del lenguaje literario que son característicos de la literatura tradicional (*había una vez, hace mucho tiempo, vivieron felices para siempre*)

**Vocabulario**

- ● Observar y adquirir conocimientos de vocabulario nuevo a partir de contenidos leídos en voz alta
- ● Usar vocabulario nuevo en la discusión de un texto
- ● Adquirir palabras de contenido nuevas a partir de los textos y los elementos gráficos
- ● Comprender los significados de las palabras que representan todas las categorías gramaticales cuando se escucha un cuento
- ● Comprender conectores comunes (simples) que relacionan y aclaran el significado y se usan con frecuencia en el lenguaje oral cuando se escucha un cuento (*y, pero, entonces, porque, antes, después*)
- ■ Usar lenguaje académico para hablar acerca de los géneros de ficción (*ficción, cuento popular, cuento de hadas, fábula*)
- ■ Usar lenguaje académico para hablar acerca de las formas (*libro álbum o ilustrado, libro álbum o ilustrado sin palabras, libro de frases cortas, libro del alfabeto, poema, poesía, rima infantil, rima, canción, libros de una serie, libro por capítulos, obra de teatro*)
- ■ Usar lenguaje académico para hablar acerca de las características literarias (*comienzo, final, problema, personaje, solución, personaje principal*)

● Pensar en el texto ***en sí*** ◆ Pensar ***más allá*** del texto ■ Pensar ***acerca*** del texto

# Seleccionar objetivos Hábitos y conocimientos para observar, enseñar y apoyar *(cont.)*

## Lectura interactiva en voz alta y discusión literaria

### TEXTOS DE FICCIÓN *(continuación)*

**Vocabulario** *(continuación)*

- ■ Usar lenguaje académico para hablar acerca de las características de los libros y la letra impresa (*portada, contraportada, título, autor, ilustrador, página, texto, ilustración, fotografía, rótulo, tabla de contenidos, agradecimientos, capítulo, sección, encabezado, dibujo, leyenda, mapa*)

**Ilustraciones**

- ● Comprender que una ilustradora o un ilustrador creó las imágenes del libro
- ● Contar los sucesos importantes de un cuento usando las imágenes (después de escuchar la lectura del texto varias veces)
- ● Contar cuentos como respuesta a las imágenes
- ◆ Comprender que las ilustraciones pueden tener diferentes significados para cada persona
- ◆ Usar detalles de las ilustraciones y del texto para apoyar lo dicho en una conversación
- ◆ Pensar en lo que sienten los personajes a partir de sus expresiones faciales o gestos
- ◆ Observar que los detalles del fondo en las imágenes suelen revelar los sentimientos o los rasgos de los personajes
- ■ Observar cómo una ilustradora o un ilustrador crea la ilusión de sonido y movimiento en imágenes
- ■ Observar cómo una ilustradora o un ilustrador muestra el paso del tiempo a través de ilustraciones (uso de la luz, estado del tiempo)
- ■ Observar cómo la ilustradora o el ilustrador establece el tono de un libro con los colores que elige
- ■ Observar cómo impacta el uso de colores de fondo en el tono de un libro
- ■ Observar cómo cambia el tono de un libro cuando la ilustradora o el ilustrador varía el color
- ■ Observar cómo la ubicación, el tamaño y el color de la letra impresa pueden transmitir significado
- ■ Observar la ubicación de las palabras en una página en relación con las ilustraciones
- ■ Observar cómo los ilustradores dan perspectiva a sus dibujos (usando el primer plano, la lejanía, creando distancia entre medio)

**Características del libro y la letra impresa**

- ● Observar letras, palabras, frases sencillas u oraciones que sean lo suficientemente grandes como para verlas, en especial cuando se repiten
- ● Disfrutar de características especiales, tales como desplegables, solapas, pestañas, troquelado, efectos sonoros
- ● Observar el título de un libro y su autora o autor e ilustradora o ilustrador en la cubierta y la portada
- ● Observar algunos recursos del texto fuera del cuerpo (peritexto): *dedicatoria, reconocimientos, nota de la autora o del autor, guardas*
- ■ Comprender el propósito de algunas herramientas de organización (título, tabla de contenidos)
- ■ Comprender el propósito de algunos recursos del texto (dedicatoria, reconocimientos, nota de la autora o del autor)

● Pensar en el texto ***en sí*** ◆ Pensar ***más allá*** del texto ■ Pensar ***acerca*** del texto

# Seleccionar objetivos Hábitos y conocimientos para observar, enseñar y apoyar *(cont.)*

## Lectura interactiva en voz alta y discusión literaria

### TEXTOS DE NO FICCIÓN

**General**

- ● Hacer preguntas para comprender un texto en mayor profundidad
- ● Observar y hacer preguntas cuando se pierde el significado o se interrumpe la comprensión
- ● Consultar información y detalles importantes y usarlos como prueba en la conversación para apoyar opiniones y declaraciones
- ● Comprender y hablar acerca de actividades cotidianas (jugar, hacer cosas, comer, vestirse, bañarse, cocinar, ir de compras)
- ● Comprender contenidos que reflejan la comprensión inicial del mundo físico y el mundo social (salud, estudios sociales, ciencias, matemáticas, artes)
- ● Observar y responder al énfasis y el tono de voz mientras se escucha y posteriormente
- ● Participar en estribillos o palabras, frases y oraciones repetitivas después de escucharlos varias veces
- ● Contar la información importante de un texto después de escuchar su lectura
- ◆ Obtener información nueva de las imágenes y la letra impresa
- ◆ Comprender problemas sencillos que ocurren en la vida cotidiana
- ◆ Dar razones (ya sea a partir del texto o de la propia experiencia) para apoyar el razonamiento
- ◆ Usar conocimientos previos del contenido para comprender temas de no ficción
- ◆ Relacionar los textos con sus propias vidas
- ◆ Reconocer y comprender que los textos de no ficción pueden referirse a diversos lugares y que las costumbres y los hábitos de las personas pueden reflejar esos lugares
- ◆ Usar pruebas del texto para apoyar declaraciones acerca del texto
- ◆ Usar pruebas del texto para apoyar predicciones
- ◆ Usar conocimientos conceptuales básicos para comprender un texto de no ficción (colores, formas, contar, clasificar, tamaño, alfabeto, posiciones, texturas)
- ■ Reconocer que una autora o un autor o una ilustradora o un ilustrador pueden escribir o ilustrar varios libros
- ■ Identificar y comentar información interesante en un texto
- ■ Expresar opiniones sobre un texto (*interesante, chistoso, emocionante*)
- ■ Expresar por qué les gusta un texto
- ■ Formular opiniones acerca de los autores y los ilustradores e indicar en qué se basan esas opiniones
- ■ Relacionar textos por categorías obvias (autora o autor, personajes, tema, género, ilustradora o ilustrador)

**Género**

- ● Comprender que hay diferentes tipos de textos y que se pueden observar diferentes cosas de ellos
- ■ Observar y comprender cuándo un libro es de no ficción (información verídica)
- ■ Observar y comprender las características de algunos géneros específicos de no ficción (texto expositivo, texto narrativo, biografía, memorias personales, texto de instrucciones, texto persuasivo)
- ■ Observar y comprender textos que tienen forma de poemas, rimas infantiles, rimas y canciones
- ■ Observar cuándo una autora o un autor describe un procedimiento paso a paso
- ■ Observar cuándo una autora o un autor intenta persuadir a los lectores
- ■ Reconocer textos informativos con algunos ejemplos de argumento y persuasión sencillos

**Organización**

- ● Seguir y comprender textos de no ficción con estructura general bien definida y categorías simples
- ■ Comprender que algunos libros de no ficción se parecen a los cuentos (estructura narrativa)
- ■ Observar que algunos libros de no ficción brindan información y no se parecen a los cuentos (estructura no narrativa)
- ■ Observar cuándo una autora o un autor usa una estructura de pregunta y respuesta
- ■ Identificar la organización de un texto (orden cronológico o secuencias establecidas, como números, hora del día, días de la semana o estaciones)
- ■ Observar cuándo una autora o un autor brinda información en orden (secuencia)
- ■ Comprender que una autora o un autor puede contar algo que por lo general sucede en el mismo orden (secuencia temporal)
- ■ Observar que una autora o un autor de no ficción combina información relacionada con el mismo tema (categoría)

● Pensar en el texto ***en sí*** ◆ Pensar ***más allá*** del texto ■ Pensar ***acerca*** del texto

# Seleccionar objetivos Hábitos y conocimientos para observar, enseñar y apoyar *(cont.)*

## Lectura interactiva en voz alta y discusión literaria

### TEXTOS DE NO FICCIÓN *(continuación)*

**Tema**

- ● Comprender y hablar acerca de temas comunes de la vida cotidiana (los animales, las familias, las mascotas, los alimentos, las plantas, la escuela, los amigos, el crecimiento, los sentidos, el vecindario, el tiempo y las estaciones, la salud)
- ◆ Mostrar curiosidad acerca de temas que aparecen en textos de no ficción y trabajar de manera activa para aprender más acerca de ellos
- ◆ Inferir la importancia de un tema
- ◆ Inferir la actitud de la autora o del autor hacia un tema (qué "siente" la autora o el autor)
- ■ Comprender que una autora o un autor presenta datos acerca de un solo tema
- ■ Comprender que una autora o un autor tiene un propósito para escribir acerca de un tema
- ■ Comprender que una autora o un autor cuenta algo que puede haber sucedido en su vida (memorias)

**Mensajes e ideas principales**

- ● Seguir argumentos en un texto persuasivo
- ◆ Comprender que un texto de no ficción puede tener diferentes significados para cada persona
- ◆ Establecer conexiones entre el contenido e ideas entre textos que se leen en voz alta (los animales, las mascotas, las familias, los cinco sentidos, el crecimiento, la salud y la prevención de enfermedades, los sistemas del cuerpo humano, la escuela, el vecindario, el tiempo y las estaciones, los alimentos, las plantas)
- ◆ Relacionar información de libros de no ficción con áreas curriculares estudiadas en la escuela
- ◆ Inferir la importancia que el contenido de no ficción tiene en su vida
- ■ Comprender que un libro puede tener más de un mensaje o idea esencial

**Estilo y lenguaje**

- ● Comprender oraciones que son sencillas pero que pueden ser diferentes del lenguaje oral
- ● Comprender oraciones con cláusulas y frases subordinadas
- ■ Observar el uso que hace una autora o un autor del ritmo, el estribillo y la repetición
- ■ Observar las elecciones de palabras interesantes que hace una autora o un autor
- ■ Observar cuándo un texto tiene episodios o patrones del lenguaje repetitivos
- ■ Observar el uso que hace una autora o un autor del lenguaje lúdico o poético
- ■ Reconocer a algunos autores por los temas que eligen o el estilo de sus ilustraciones

**Vocabulario**

- ● Observar y adquirir conocimientos de vocabulario nuevo a partir de contenidos leídos en voz alta
- ● Comprender los significados de las palabras que representan todas las categorías gramaticales cuando se escucha un texto de no ficción leído en voz alta
- ● Comprender conectores (simples) que relacionan ideas y aclaran el significado y se usan con frecuencia en el lenguaje oral cuando se escucha un texto de no ficción (*y, pero, así que, porque, antes, después*)

● Pensar en el texto ***en sí*** ◆ Pensar ***más allá*** del texto ■ Pensar ***acerca*** del texto

# Seleccionar objetivos Hábitos y conocimientos para observar, enseñar y apoyar *(cont.)*

## Lectura interactiva en voz alta y discusión literaria

### TEXTOS DE NO FICCIÓN *(continuación)*

**Vocabulario** *(continuación)*

- ● Adquirir palabras de contenido nuevo de textos y elementos gráficos, que incluyan rótulos para objetos y animales de la vida cotidiana, algunos animales nuevos y actividades humanas
- ● Usar vocabulario nuevo en la discusión de un texto
- ■ Usar lenguaje académico para hablar acerca de los géneros de no ficción (*no ficción, memorias personales, texto informativo, texto sobre hechos, biografía, libro de instrucciones*)
- ■ Usar lenguaje académico para hablar acerca de las formas (*libro álbum o ilustrado, libro álbum o ilustrado sin palabras, libro de frases cortas, libro del alfabeto, libro para contar, poema, poesía, rima infantil, rima, canción, libros de una serie, obra de teatro*)
- ■ Usar lenguaje académico para hablar acerca de las características literarias (*comienzo, final, problema, pregunta y respuesta, solución, tema*)
- ■ Usar lenguaje académico para hablar acerca de las características de los libros y la letra impresa (*portada, contraportada, título, autor, ilustrador, página, texto, ilustración, fotografía, rótulo, tabla de contenidos, agradecimientos, capítulo, sección, encabezado, dibujo, leyenda, mapa*)

**Ilustraciones/Elementos gráficos**

- ● Obtener conocimientos nuevos a partir de las ilustraciones
- ● Observar y buscar información en diversos elementos gráficos (dibujo con rótulo o leyenda, fotografía con rótulo o leyenda, diagrama, mapa con leyenda)
- ◆ Comprender que las ilustraciones pueden tener diferentes significados para cada persona
- ◆ Usar detalles de las ilustraciones para apoyar lo dicho en una conversación
- ■ Comprender el propósito de diversos elementos gráficos (dibujo con rótulo o leyenda, fotografía con rótulo o leyenda, mapa, línea de tiempo, tabla, diagrama)

**Características del libro y la letra impresa**

- ● Observar letras, palabras, frases sencillas, rótulos u oraciones que sean lo suficientemente grandes como para verlas, en especial cuando se repiten
- ● Disfrutar de características especiales, tales como desplegables, solapas, pestañas, troquelado, efectos sonoros
- ● Observar el título de un libro y el nombre de su autora o autor e ilustradora o ilustrador en la cubierta y la portada
- ● Observar recursos del texto fuera del cuerpo (peritexto), tales como dedicatoria, nota de la autora o del autor, guardas
- ■ Observar y usar herramientas de organización (tabla de contenidos, encabezado, recuadro lateral)
- ■ Comprender el propósito de algunas herramientas de organización (tabla de contenidos, encabezado, recuadro lateral)
- ■ Comprender el propósito de algunos recursos del texto (peritexto), tales como dedicatoria, reconocimientos, nota de la autora o del autor, guardas, solapa

● Pensar en el texto ***en sí*** ◆ Pensar ***más allá*** del texto ■ Pensar ***acerca*** del texto

# Seleccionar textos Características de los textos para la lectura en voz alta y la conversación

## Lectura interactiva en voz alta y discusión literaria

### GÉNERO

▸ **Ficción**

- Ficción realista
- Literatura tradicional (cuento popular, cuento exagerado, cuento de hadas, fábula)
- Fantasía
- Textos híbridos
- Tipos especiales de ficción (cuento de aventuras; cuento de animales; cuento de familia, amigos y escuela; cuento humorístico)

▸ **No ficción**

- Texto expositivo de no ficción
- Narración de no ficción sencilla
- Biografía sencilla
- Memorias personales
- Textos de instrucciones
- Textos persuasivos
- Textos híbridos

#### FORMAS

- Libros de una serie
- Libros álbum
- Libros por capítulos
- Poemas
- Rimas infantiles, rimas y canciones
- Colecciones de poesía
- Obras de teatro
- Tipos de poesía (poesía lírica, verso libre, quintilla humorística, haiku)
- Letras

### ESTRUCTURA DEL TEXTO

- Narración sencilla con estructura directa (comienzo, nudo, varios episodios y final) pero con más episodios incluidos
- Muchos textos con episodios o patrones repetitivos
- Cuentos con una trama sencilla (problema y solución)
- Textos informativos relacionados con un tema más importante, a veces con subtemas
- Patrones estructurales subyacentes: descripción, causa y efecto, secuencia cronológica, secuencia temporal (ciclos de vida, manuales de instrucciones), comparación y contraste
- Texto informativo con estructura general bien definida y categorías simples
- Textos biográficos e históricos sencillos con estructura narrativa
- Textos informativos con algunos ejemplos de argumento y persuasión sencillos

### CONTENIDO

- Contenido adecuado para el desarrollo cognitivo, la madurez social y emocional, y la experiencia de vida de los niños
- Contenido que recurre a la curiosidad intelectual y a las emociones de los niños
- Juegos del lenguaje y de palabras relacionados con conceptos, categorías gramaticales y recursos sonoros como la aliteración, la asonancia y las onomatopeyas
- Temas cotidianos que son auténticos y relevantes (los animales, las mascotas, las familias, los amigos, los deportes, los cinco sentidos, la nutrición y los alimentos, la escuela, el vecindario, el tiempo y las estaciones, las máquinas, las plantas)
- Humor que es fácil de comprender (personajes tontos, situaciones divertidas, bromas, juegos de palabras)
- Contenido que refuerza y amplía la experiencia de la niña o del niño y el conocimiento de sí misma o sí mismo y del mundo
- Algunos temas que pueden no formar parte de las experiencias inmediatas de la mayoría de los niños (animales salvajes, medioambientes tales como el océano y el desierto, el espacio, sucesos de diversos lugares y períodos históricos)
- Contenido que refleja una amplia gama de escenarios, lenguajes y culturas
- Algunos contenidos vinculados a áreas específicas de estudio como los descritos en el currículo o los estándares de la escuela
- Personajes, escenarios y sucesos realistas que ocurren en la ficción realista
- Personajes, sucesos (algunos sin sentido y divertidos), escenarios imaginarios que ocurren en la fantasía
- Contenido que refleja conocimientos progresivos del mundo físico y social

### TEMAS E IDEAS

- Temas que reflejan la vida cotidiana (una misma o uno mismo, las relaciones familiares, el hogar, la amistad, la pertenencia, la comunidad, la diversidad, la responsabilidad, la imaginación, los miedos, el coraje, la naturaleza)
- Algunos libros con varias ideas que son fáciles de comprender
- Ideas cercanas a la experiencia de los niños (cuidar de sí, mantenerse saludable, expresar sentimientos, compartir con los demás, preocuparse por los demás, mostrar empatía con los demás, ayudar a la familia, hacer su tarea, preocuparse por el mundo, resolver problemas, aprender acerca de los desafíos de la vida, valorar las diferencias, formar parte de una comunidad)

### CARACTERÍSTICAS LITERARIAS Y DEL LENGUAJE

- Elementos de la literatura tradicional y la fantasía moderna (lo sobrenatural, criaturas imaginarias y sobrenaturales, dioses y diosas, animales que hablan)
- Motivos básicos de la literatura tradicional y la fantasía moderna (lucha entre el bien y el mal, magia, el periplo del héroe, tipos de personajes especiales, objetos fantásticos o mágicos, deseos, artimañas, transformaciones)
- Desenlaces predecibles de cuentos típicos de la literatura tradicional (el bien vence al mal)
- Lenguaje literario típico de la literatura tradicional (*había una vez, hace mucho tiempo, vivieron felices para siempre*)
- Algunos textos con escenarios distantes en tiempo y lugar de las propias experiencias de los niños
- Personajes principales y personajes secundarios, algunos con dimensiones múltiples
- Múltiples personajes con características únicas
- Desarrollo de los personajes como consecuencia de sucesos de la trama
- Dimensiones de los personajes (atributos) y relaciones reveladas a través del diálogo y del comportamiento
- Variedad en la presentación del diálogo entre varios personajes

# **Seleccionar textos** Características de los textos para la lectura en voz alta y la conversación *(cont.)*

## Lectura interactiva en voz alta y discusión literaria

### CARACTERÍSTICAS LITERARIAS Y DEL LENGUAJE *(continuación)*

- Personajes predecibles y estáticos con rasgos sencillos, típicos de la literatura tradicional
- Trama sencilla con problema y resolución
- Trama con algunos episodios
- Textos contados mayormente desde un punto de vista único
- Textos escritos mayormente en primera o tercera persona narrativa
- Lenguaje que se usa para hacer comparaciones
- Lenguaje descriptivo que transmite una gama de sentimientos humanos (alegría, tristeza, enojo, entusiasmo)
- Lenguaje descriptivo que transmite experiencias sensoriales (imágenes literarias)
- Lenguaje poético
- Lenguaje figurado
- Algunos textos de instrucciones escritos en segunda persona
- Diálogo asignado en su mayor parte
- Lenguaje de procedimientos (paso a paso, instrucciones, explicaciones)
- Lenguaje persuasivo

### COMPLEJIDAD DE LAS ORACIONES

- Oraciones que los niños puedan seguir con facilidad, aunque más complejas que las que usan en el lenguaje oral
- Algunas oraciones largas y complejas que requieren atención para su comprensión
- Variación en la ubicación del sujeto, el verbo, los adjetivos y los adverbios
- Oraciones que comienzan con frases o cláusulas subordinadas
- Oraciones con varios adjetivos, adverbios y frases preposicionales
- Oraciones con conectores comunes (simples)
- Oraciones complejas que varían el orden de las cláusulas

### VOCABULARIO

- Algunas palabras interesantes que pueden ser nuevas
- Algunas palabras de contenido nuevo relacionadas con conceptos que los niños están aprendiendo
- Algunas palabras memorables que los niños pueden asumir como juegos del lenguaje
- Casi todas las palabras que hay en el vocabulario oral común de los niños más pequeños (Nivel 1)
- Algunas palabras que aparecen en el vocabulario de usuarios del lenguaje maduros (Nivel 2)
- Muchos adjetivos que describen personas, lugares o cosas
- Adverbios que describen acción
- Conectores comunes (simples) que se usan con frecuencia en el lenguaje oral (palabras, frases que aclaran relaciones e ideas), tales como *y, pero, entonces, porque, antes, después*
- Vocabulario técnico

### ILUSTRACIONES

- Ilustraciones grandes, claras y coloridas en diversos medios de comunicación que apoyan plenamente el significado
- Ilustraciones que mejoran y amplían el significado en un texto
- Ilustraciones que apoyan la interpretación o promueven el entretenimiento pero que no son necesarias para la comprensión
- Libros con ilustraciones que representan una visión artística coherente
- Algunos textos con muy pocas ilustraciones
- Algunos libros con ilustraciones en blanco y negro
- Ilustraciones que transmiten emociones complejas
- Libros con ilustraciones que reflejan el tema
- Ilustraciones sencillas en diversas formas (dibujo con rótulo o leyenda, fotografía con rótulo o leyenda, mapa con leyenda, diagrama, infografía)

### CARACTERÍSTICAS DEL LIBRO Y LA LETRA IMPRESA

#### LONGITUD

- Libros álbum cortos que se pueden leer en una sesión

#### TEXTO IMPRESO Y DISPOSICIÓN

- Algunos libros álbum con letra impresa lo suficientemente grande como para que los niños la vean durante la lectura en voz alta
- Letra impresa en globos de diálogo o globos de pensamiento
- Algunos libros con ilustraciones decorativas o informativas, diseños atractivos que comunican significado y/o letra impresa o ilustraciones fuera del cuerpo del texto (peritexto)

#### HERRAMIENTAS DE ORGANIZACIÓN

- Título, autora o autor e ilustradora o ilustrador mencionados en la cubierta y la portada
- Tabla de contenidos, encabezado, recuadro lateral
- Algunos libros sencillos por capítulos (que se usan ocasionalmente) con títulos en los capítulos

#### RECURSOS DEL TEXTO

- Algunos libros con dedicatoria, reconocimientos, nota de la autora o del autor, guardas especiales (peritexto)

# Seleccionar objetivos Hábitos y conocimientos para observar, enseñar y apoyar

## Lectura interactiva en voz alta y discusión literaria

### TEXTOS DE FICCIÓN

**General**

- ● Hacer preguntas para comprender un texto en mayor profundidad
- ● Observar y hacer preguntas cuando se pierde el significado o se interrumpe la comprensión
- ● Consultar información y detalles importantes y usarlos como prueba para apoyar opiniones y declaraciones durante la conversación
- ● Observar y responder al énfasis y al tono de voz mientras se escucha y posteriormente
- ● Decir qué sucedió en un texto después de escuchar su lectura
- ● Mantener la atención para escuchar algunos libros que se leen en más de una sesión
- ◆ Relacionar los textos con sus propias vidas
- ◆ Usar conocimientos previos para comprender escenarios, problemas y personajes
- ◆ Obtener información nueva de las imágenes y la letra impresa
- ◆ Aprender (sintetizar) nuevos conceptos e ideas después de escuchar textos de ficción
- ◆ Comprender problemas sencillos que ocurren en la vida cotidiana
- ◆ Dar razones (ya sea a partir del texto o de la propia experiencia) para apoyar el razonamiento
- ◆ Usar conocimientos previos del contenido para comprender los problemas y sucesos de textos de ficción
- ◆ Establecer conexiones (contenido, tema) entre textos de ficción que se leen en voz alta
- ◆ Establecer conexiones (semejanzas y diferencias) entre textos que tienen la misma autora o el mismo autor/ilustradora o ilustrador, escenario, personajes o tema
- ◆ Usar pruebas del texto para apoyar declaraciones acerca del texto
- ◆ Usar pruebas del texto para apoyar predicciones (*Yo pienso que . . . porque . . .*)
- ◆ Relacionar ideas importantes en el texto; unas con otras y con otros textos
- ■ Comprender que una autora o un autor tiene un propósito para escribir un texto de ficción o de no ficción
- ■ Relacionar textos por diversas categorías (autora o autor, personajes, tema, género, ilustradora o ilustrador)
- ■ Expresar opiniones sobre un texto y apoyarlas con pruebas (*interesante, chistoso, emocionante*)
- ■ Formular opiniones acerca de los autores y los ilustradores e indicar en qué se basan esas opiniones

**Género**

- ● Comprender que hay diferentes tipos de textos y que tienen diferentes características
- ■ Observar y comprender las características de algunos géneros de ficción específicos (ficción realista, cuento popular, cuento de hadas, fábula, fantasía)
- ■ Comprender que los cuentos de ficción son imaginarios
- ■ Comprender cuándo un cuento podría suceder en la vida real (ficción realista) y cuándo no podría suceder en la vida real (literatura tradicional, fantasía)
- ■ Observar desenlaces de cuentos que son típicos de la literatura tradicional
- ■ Reconocer textos híbridos y distinguir qué secciones son ficción y no ficción
- ■ Observar y comprender algunos tipos especiales de ficción (cuento de misterio, cuento de aventuras, cuento de animales, cuento de familia, amigos y escuela)
- ■ Observar y comprender textos que tienen forma de poemas, rimas infantiles, rimas y canciones
- ■ Reconocer y comprender algunos tipos específicos de poesía (poesía con rima, poesía lírica, verso libre, quintilla humorística, haiku)
- ■ Observar y comprender algunos elementos de la poesía: lenguaje figurado, rima, repetición, onomatopeya, diseño/saltos de línea (forma)

**Mensajes y temas**

- ◆ Inferir la "lección" en la literatura tradicional
- ◆ Comprender que la "lección" en los textos de fantasía o la literatura tradicional se puede aplicar a su vida
- ◆ Inferir los mensajes en una obra de ficción
- ◆ Observar e inferir la importancia de ideas relevantes para su mundo (compartir, preocuparse por los demás, hacer su tarea, ayudar a su familia, cuidar de sí, mantenerse saludable, cuidar el mundo o el medioambiente, valorar las diferencias, expresar sentimientos, mostrar empatía con los demás, resolver problemas, aprender sobre los desafíos de la vida)
- ◆ Comprender que el significado de un texto puede interpretarse de distintas maneras
- ◆ Observar y comprender temas que son cercanos a su experiencia (la imaginación, el coraje, el miedo, compartir, la amistad, las relaciones familiares, uno mismo, la naturaleza, los hábitos, las comunidad, responsabilidades, la diversidad, la pertenencia, las relaciones con los compañeros, la pérdida)
- ◆ Pensar a partir de textos para deducir mensajes, temas o ideas más amplios

● Pensar en el texto ***en sí*** ◆ Pensar ***más allá*** del texto ■ Pensar ***acerca*** del texto

# Seleccionar objetivos Hábitos y conocimientos para observar, enseñar y apoyar *(cont.)*

## Lectura interactiva en voz alta y discusión literaria

### TEXTOS DE FICCIÓN *(continuación)*

**Mensajes y temas** *(continuación)*

- ■ Observar que un libro puede tener más de un mensaje o idea importante (principal)
- ■ Observar cuándo una autora o un autor de ficción "enseña una lección"
- ■ Observar temas o motivos recurrentes en la literatura tradicional y la fantasía (lucha entre el bien y el mal, magia, el periplo del héroe, objetos fantásticos o mágicos, deseos, artimañas, transformaciones)

**Escenario**

- ● Recordar detalles importantes del escenario después de la lectura de un cuento
- ◆ Reconocer y comprender que los textos de ficción pueden tener escenarios que reflejan una amplia gama de lugares, lenguajes y culturas
- ◆ Observar y comprender escenarios que son distantes en tiempo y lugar de las propias experiencias de los niños
- ◆ Inferir la importancia del escenario para la trama del cuento en la ficción realista y la fantasía

**Trama**

- ● Seguir una trama con varios sucesos o episodios
- ● Observar y comprender una trama sencilla con un problema y una solución
- ● Observar y recordar los sucesos importantes de un texto en orden secuencial
- ● Revisar la comprensión de tramas con varios sucesos y hacer preguntas si se pierde el significado
- ● Contar los sucesos importantes de un cuento usando las imágenes (después de escuchar la lectura del texto varias veces)
- ● Observar y comprender cuándo se resuelve un problema
- ● Incluir el problema y su resolución al contar qué sucedió en un texto
- ◆ Predecir qué sucederá en un cuento
- ◆ Predecir desenlaces de cuentos
- ◆ Inferir la importancia de los sucesos en una trama
- ■ Dar opiniones acerca de si un problema parece real
- ■ Reconocer y comentar aspectos de la estructura narrativa (comienzo, serie de sucesos, punto culminante del cuento, resolución del problema, final)

**Personajes**

- ● Recordar detalles importantes de los personajes después de la lectura de un cuento
- ● Seguir a varios personajes, cada uno con rasgos particulares, en el mismo cuento
- ● Reconocer que los personajes pueden tener dimensiones múltiples (pueden ser buenos pero cometer errores, pueden cambiar)
- ◆ Inferir los rasgos de los personajes, que se revelan en sus pensamientos, diálogo, hábitos y lo que otros dicen o piensan de ellos, y usar pruebas del texto para describirlos
- ◆ Inferir los rasgos de los personajes a partir de los detalles físicos que incluyen las ilustraciones acerca de ellos
- ◆ Inferir las intenciones, los sentimientos y las motivaciones de los personajes que se revelan en sus pensamientos, diálogo, hábitos y lo que otros dicen o piensan de ellos
- ◆ Hacer predicciones acerca de lo que es probable que haga un personaje y usar pruebas del texto para apoyar las predicciones
- ◆ Observar los cambios de los personajes e inferir razones a partir de los sucesos de la trama
- ◆ Aprender de experiencias ajenas con los personajes de los cuentos
- ◆ Observar personajes predecibles o estáticos (personajes que no cambian), típicos de la literatura tradicional
- ◆ Inferir relaciones entre personajes tal como se revelan a través del diálogo y los hábitos
- ◆ Expresar opiniones acerca de los personajes de un cuento (*malo, deshonesto, inteligente, astuto, avaro, valiente, leal*) y apoyarlas con pruebas
- ■ Comprender que los mismos tipos de personajes pueden aparecer una y otra vez en la literatura tradicional (*astuto, valiente, tonto, sabio, avaro, inteligente*)
- ■ Comprender la diferencia entre personajes realistas y aquellos que aparecen en los textos de fantasía
- ■ Expresar opiniones acerca de si un personaje parece real

**Estilo y lenguaje**

- ● Jugar de manera oral con las palabras o el lenguaje (palabras o estribillos sin sentido de textos que se leen en voz alta)
- ● Seguir y comprender diálogo asignado o no asignado entre varios personajes con una idea clara acerca de quién habla
- ■ Observar cuándo un libro tiene episodios o patrones del lenguaje repetitivos
- ■ Observar las elecciones de palabras interesantes y del lenguaje que hace una autora o un autor
- ■ Observar cuándo una autora o un autor de ficción usa lenguaje poético o descriptivo para mostrar el escenario, apelar a los cinco sentidos o transmitir sentimientos humanos, como la pérdida, el alivio o la ira
- ■ Reconocer la manera en la que una autora o un autor crea humor

● Pensar en el texto ***en sí*** ◆ Pensar ***más allá*** del texto ■ Pensar ***acerca*** del texto

# Seleccionar objetivos Hábitos y conocimientos para observar, enseñar y apoyar *(cont.)*

## Lectura interactiva en voz alta y discusión literaria

### TEXTOS DE FICCIÓN *(continuación)*

**Estilo y lenguaje** *(continuación)*

- ■ Comprender el significado del lenguaje literario (el lenguaje de los libros en contraposición con el lenguaje oral típico)
- ■ Observar y comprender cómo la autora o el autor usa el lenguaje literario, que incluye al lenguaje figurado
- ■ Observar y recordar patrones del lenguaje literario que son característicos de la literatura tradicional (*había una vez, hace mucho tiempo, vivieron felices para siempre*)
- ■ Reconocer a algunos autores por el estilo de sus ilustraciones, los personajes que usan o tramas típicas

**Vocabulario**

- ● Continuar desarrollando el vocabulario como fundamento para reconocer palabras en la letra impresa
- ● Observar y adquirir conocimientos de vocabulario nuevo a partir de contenidos leídos en voz alta
- ● Usar vocabulario nuevo en la discusión de un texto
- ● Adquirir palabras de contenido nuevo a partir de los textos y los elementos gráficos
- ● Aprender algunas palabras nuevas que no aparecen con frecuencia en la conversación oral pero que se usan en textos escritos (Nivel 2)
- ● Deducir los significados de las palabras a partir del contexto de un párrafo o de todo el cuento
- ● Comprender los significados de las palabras que representan todas las categorías gramaticales al escuchar un cuento
- ● Comprender conectores comunes (simples) que relacionan y aclaran el significado y se usan con frecuencia en el lenguaje oral cuando se escucha un cuento (*y, pero, entonces, porque, antes, después*)
- ■ Usar lenguaje académico para hablar acerca de los géneros (*ficción, cuento popular, cuento de hadas, fábula, fantasía*)
- ■ Usar lenguaje académico para hablar acerca de tipos especiales de ficción (*cuento de aventuras, cuento de animales, cuento de familia, amigos y escuela, cuento humorístico*)
- ■ Usar lenguaje académico para hablar acerca de las formas (*libro álbum o ilustrado, libro álbum o ilustrado sin palabras, libro de frases cortas, libro del alfabeto, poema, poesía, rima infantil, rima, canción, libros de una serie, libro por capítulos, obra de teatro, carta, colección de poesía*)
- ■ Usar lenguaje académico para hablar acerca de las características literarias (*comienzo, final, problema, personaje, solución, personaje principal, tiempo y lugar, sucesos, cambio de personaje, mensaje, diálogo*)
- ■ Usar lenguaje académico para hablar acerca de aspectos del libro y la letra impresa (*portada, contraportada, título, autor, ilustrador, página, texto, ilustración, fotografía, rótulo, tabla de contenidos, agradecimientos, capítulo, sección, encabezado, dibujo, leyenda, mapa, título del capítulo, dedicatoria, nota del autor, nota del ilustrador, guardas*)

**Ilustraciones**

- ● Observar y recordar los sucesos importantes de un cuento usando las imágenes (después de esuchar la lectura del texto varias veces)
- ◆ Pensar en lo que sienten los personajes a partir de sus expresiones faciales o gestos
- ◆ Observar que los detalles del fondo en las imágenes suelen revelar los sentimientos o los rasgos de los personajes
- ◆ Usar detalles de las ilustraciones y del texto para apoyar lo dicho en una conversación
- ■ Observar cómo una ilustradora o un ilustrador crea la ilusión de sonido y movimiento en las imágenes
- ■ Observar cómo una ilustradora o un ilustrador muestra el paso del tiempo a través de las ilustraciones (uso de la luz, estado del tiempo)
- ■ Observar cómo la ilustradora o el ilustrador establece el tono de un libro con los colores que elige
- ■ Observar cómo impacta el uso de colores de fondo en el tono de un libro
- ■ Observar cómo cambia el tono de un libro cuando la ilustradora o el ilustrador varía el color
- ■ Observar cómo la ubicación, el tamaño y el color de la letra impresa pueden transmitir significado
- ■ Observar la ubicación de las palabras en una página en relación con las ilustraciones
- ■ Observar cómo los ilustradores dan perspectiva a sus dibujos (usando el primer plano, la lejanía, creando distancia en el medio)
- ■ Observar la manera en la que se combinan las ilustraciones y los elementos gráficos con el texto de manera coherente
- ■ Observar la manera en la que las ilustraciones y los elementos gráficos ayudan a comunicar el mensaje de la autora o del autor

**Características del libro y la letra impresa**

- ■ Observar y comprender el propósito de algunas herramientas de organización (título, tabla de contenidos, título de los capítulos, encabezado)
- ■ Observar, usar y comprender el propósito de algunos recursos del texto fuera del cuerpo (peritexto), tales como dedicatoria, reconocimientos, nota de la autora o del autor, guardas, solapa

● Pensar en el texto ***en sí*** ◆ Pensar ***más allá*** del texto ■ Pensar ***acerca*** del texto

# Seleccionar objetivos Hábitos y conocimientos para observar, enseñar y apoyar *(cont.)*

## Lectura interactiva en voz alta y discusión literaria

### TEXTOS DE NO FICCIÓN

#### General

- ● Hacer preguntas para comprender un texto en mayor profundidad
- ● Observar y hacer preguntas cuando se pierde el significado o se interrumpe la comprensión
- ● Consultar información y detalles importantes y usarlos como prueba en la conversación para apoyar opiniones y declaraciones
- ● Comprender y hablar acerca de actividades cotidianas
- ● Comprender contenidos que reflejan la comprensión inicial del mundo físico y del mundo social (salud, estudios sociales, ciencias, matemáticas, artes)
- ● Observar y responder al énfasis y al tono de voz mientras se escucha y posteriormente
- ● Participar en estribillos o palabras, frases y oraciones repetitivas después de escucharlos varias veces
- ● Observar y recordar la información importante en un texto
- ● Observar y recordar los sucesos o pasos importantes de un texto en una secuencia temporal o cronológica
- ● Contar la información importante de un texto después de escuchar su lectura
- ● Mantener la atención para escuchar algunos libros que se leen en más de una sesión
- ◆ Obtener información nueva de las imágenes y la letra impresa
- ◆ Aprender (sintetizar) nuevos conceptos e ideas después de escuchar textos de no ficción
- ◆ Comprender problemas y soluciones sencillos
- ◆ Dar razones (ya sea a partir del texto o de la propia experiencia) para apoyar el razonamiento
- ◆ Usar conocimientos previos del contenido para comprender temas de no ficción
- ◆ Usar conocimientos previos de historia para comprender biografías sencillas
- ◆ Relacionar los textos con sus propias vidas
- ◆ Reconocer y comprender que los textos de no ficción pueden estar ambientados en diversos lugares y que las costumbres y los hábitos de las personas pueden reflejar esos lugares
- ◆ Usar pruebas del texto para apoyar declaraciones acerca del texto
- ◆ Usar pruebas del texto para apoyar predicciones (*Yo pienso que . . . porque . . .*)
- ◆ Relacionar la información y los conceptos importantes de un texto, y conectarlos con la información y los conceptos de otros textos
- ■ Identificar y comentar información interesante e importante en un texto
- ■ Expresar opiniones sobre un texto (*interesante, chistoso, emocionante*) y decir las razones
- ■ Formular opiniones acerca de los autores y los ilustradores e indicar en qué se basan esas opiniones
- ■ Relacionar textos mediante una gama de categorías (contenido, mensaje, género, autora o autor/ilustradora o ilustrador, forma especial, estructura del texto u organización)

#### Género

- ◆ Inferir la importancia de los logros de una persona (biografía)
- ■ Comprender que hay diferentes tipos de textos y que tienen diferentes características
- ■ Observar y comprender las características de algunos géneros específicos de no ficción (no ficción expositiva, texto narrativo, biografía, memorias personales, texto de instrucciones, texto persuasivo, texto híbrido)
- ■ Comprender que una biografía es la historia de la vida de alguien escrita por otra persona
- ■ Comprender que las biografías suelen estar ambientadas en el pasado
- ■ Comprender que las memorias personales son relatos de uno o varios recuerdos escritos por quien los vivió
- ■ Reconocer algunos tipos de poesía (ritmo, lírica, verso libre) cuando aparecen en la no ficción (poco común)
- ■ Observar y comprender algunos elementos de la poesía cuando aparecen en la no ficción: lenguaje figurado, rima, repetición, onomatopeya, diseño/saltos de línea (forma)
- ■ Observar cuándo una autora o un autor describe un procedimiento paso a paso
- ■ Observar cuándo una autora o un autor intenta persuadir a los lectores
- ■ Reconocer textos informativos con algunos ejemplos de argumento y persuasión sencillos
- ■ Reconocer textos híbridos y distinguir qué secciones son no ficción y ficción

#### Organización

- ● Seguir y comprender textos de no ficción con estructura general bien definida y categorías simples
- ■ Comprender que las biografías y las memorias personales tienen una estructura narrativa
- ■ Comprender que algunos libros de no ficción brindan información y no se parecen a los cuentos (estructura no narrativa)
- ■ Observar cuándo una autora o un autor usa una estructura de pregunta y respuesta
- ■ Identificar la organización de un texto (secuencia cronológica, secuencias temporales y establecidas, categorías)
- ■ Comprender cuándo una autora o un autor brinda información en una secuencia (orden cronológico)
- ■ Comprender que una autora o un autor puede contar algo que por lo general sucede en el mismo orden (secuencia temporal)
- ■ Observar que una autora o un autor de no ficción combina información relacionada con el mismo tema (categoría)

#### Tema

- ● Comprender y hablar acerca de temas conocidos (los animales, las mascotas, las familias, los amigos, los deportes, los cinco sentidos, la nutrición y los alimentos, el vecindario, el tiempo y las estaciones, las máquinas, las plantas)

● Pensar en el texto ***en sí*** ◆ Pensar ***más allá*** del texto ■ Pensar ***acerca*** del texto

# Seleccionar objetivos Hábitos y conocimientos para observar, enseñar y apoyar *(cont.)*

## Lectura interactiva en voz alta y discusión literaria

### TEXTOS DE NO FICCIÓN *(continuación)*

**Tema** *(continuación)*

- ◆ Mostrar curiosidad acerca de temas que aparecen en textos de no ficción y trabajar de manera activa para aprender más acerca de ellos
- ◆ Inferir la importancia de un tema de un texto de no ficción
- ◆ Inferir la actitud de la autora o del autor hacia un tema (qué "siente" la autora o el autor)
- ■ Comprender que una autora o un autor tiene un propósito para escribir acerca de un tema
- ■ Comprender que una autora o un autor cuenta algo que puede haber sucedido en su vida (memorias)
- ■ Comprender que una autora o un autor presenta datos acerca de un solo tema
- ■ Observar el tema principal de un texto de no ficción y sus subtemas

**Mensajes e ideas principales**

- ● Seguir argumentos en un texto persuasivo
- ◆ Comprender que un texto de no ficción puede tener diferentes significados para cada persona
- ◆ Establecer conexiones entre el contenido y las ideas en textos de no ficción (los animales, las mascotas, las familias, los deportes, los cinco sentidos, la nutrición y los alimentos, la escuela, el vecindario, el tiempo y las estaciones, las máquinas, las plantas)
- ◆ Relacionar información de libros de no ficción con áreas curriculares estudiadas en la escuela
- ◆ Inferir la importancia que el contenido de no ficción tiene en su vida
- ■ Comprender que un libro puede tener más de un mensaje o idea importante

**Estilo y lenguaje**

- ● Comprender oraciones con cláusulas y frases subordinadas
- ■ Observar las elecciones de palabras interesantes que hace una autora o un autor
- ■ Observar cuándo un texto tiene episodios o patrones del lenguaje repetitivos
- ■ Observar el uso que hace una autora o un autor del lenguaje lúdico o poético
- ■ Reconocer a algunos autores por los temas que eligen o el estilo de sus ilustraciones

**Vocabulario**

- ● Observar y adquirir conocimientos de vocabulario nuevo a partir de contenidos leídos en voz alta
- ● Comprender los significados de las palabras que representan todas las categorías gramaticales cuando se escucha un texto de no ficción leído en voz alta
- ● Comprender el significado de conectores comunes (simples) y algunos conectores sofisticados cuando se escucha un texto de no ficción
- ● Adquirir palabras de contenido nuevo de textos y elementos gráficos, que incluyan rótulos para objetos y animales de la vida cotidiana, algunos animales nuevos y actividades humanas
- ● Usar vocabulario nuevo en la discusión de un texto
- ● Aprender algunas palabras nuevas que no aparecen con frecuencia en la conversación oral pero que se usan en textos escritos (Nivel 2)
- ● Deducir los significados de las palabras a partir del contexto de un párrafo o de todo el texto
- ■ Usar lenguaje académico para hablar acerca de los géneros de no ficción (*no ficción, memorias personales, texto informativo, texto sobre hechos, biografía, libro de instrucciones*)
- ■ Usar lenguaje académico para hablar acerca de las formas (*libro álbum o ilustrado, libro álbum o ilustrado sin palabras, libro de frases cortas, libro del alfabeto, libro para contar, poema, poesía, rima infantil, rima, canción, libros de una serie, obra de teatro, carta, colección de poesía*)
- ■ Usar lenguaje académico para hablar acerca de las características literarias (*comienzo, final, problema, pregunta y respuesta, solución, tema, descripción, orden temporal, problema y solución, tiempo y lugar, mensaje, diálogo*)
- ■ Usar lenguaje académico para hablar acerca de aspectos del libro y la letra impresa (*portada, contraportada, título, autor, ilustrador, página, texto, ilustración, fotografía, rótulo, tabla de contenidos, agradecimientos, capítulo, sección, encabezado, dibujo, leyenda, mapa, título del capítulo, dedicatoria, nota de la autora o del autor, nota de la ilustradora o del ilustrador, sección, diagrama, glosario, guardas*)

**Ilustraciones/Elementos gráficos**

- ● Comprender que los elementos gráficos brindan información importante
- ◆ Reconocer y usar información de diversos elementos gráficos (fotos y/o dibujos con rótulo o leyenda, diagrama, mapa con leyenda, infografía)
- ◆ Comprender que las ilustraciones pueden tener diferentes significados para cada persona
- ◆ Usar detalles de las ilustraciones para apoyar lo dicho en una conversación
- ■ Observar la manera en la que las ilustraciones y los elementos gráficos ayudan a comunicar el mensaje de la autora o del autor
- ■ Comprender que los elementos gráficos y el texto están colocados concienzudamente en un texto de no ficción de manera que las ideas se comunican con claridad

**Características del libro y la letra impresa**

- ● Observar el título de un texto y el nombre de su autora o autor e ilustradora o ilustrador en la cubierta y la portada
- ■ Observar y comprender el propósito de algunas herramientas de organización (título, tabla de contenidos, título de los capítulos, encabezado)
- ■ Observar, usar y comprender el propósito de algunos recursos del texto fuera del cuerpo (peritexto), tales como dedicatoria, reconocimientos, nota de la autora o del autor, guardas, solapa del libro

● Pensar en el texto ***en sí*** ◆ Pensar ***más allá*** del texto ■ Pensar ***acerca*** del texto

# Seleccionar textos Características de los textos para la lectura en voz alta y la conversación

## Lectura interactiva en voz alta y discusión literaria

### GÉNERO

**▶ Ficción**

- Ficción realista
- Ficción histórica
- Literatura tradicional (cuento popular, cuento exagerado, cuento de hadas, fábula)
- Fantasía
- Texto híbrido
- Tipos especiales de ficción (cuento de misterio; cuento de aventuras; cuento de animales; cuento de familia, amigos y escuela; cuento humorístico)

**▶ No ficción**

- Texto expositivo de no ficción
- Texto narrativo de no ficción
- Biografía
- Autobiografía
- Memorias personales
- Texto de instrucciones
- Texto persuasivo
- Texto híbrido

**FORMAS**

- Libros de una serie
- Libros álbum
- Libros por capítulos
- Poemas
- Colecciones de poesía
- Obras de teatro
- Tipos de poesía (poesía lírica, verso libre, quintilla humorística, haiku, poesía narrativa, baladas)
- Cartas, diario y anotaciones

### ESTRUCTURA DEL TEXTO

- Narraciones con una estructura sencilla pero con varios episodios
- Cuentos con trama compleja y problemas múltiples
- Algunos textos con variaciones en la estructura (cuento dentro de otro cuento, flashback) que son fáciles de seguir
- Textos informativos relacionados con un tema más importante, muchos con subtemas
- Patrones estructurales subyacentes: descripción, causa y efecto, secuencia cronológica, secuencia temporal (ciclos de vida, manuales de instrucciones), comparación y contraste, problema y solución, pregunta y respuesta
- Textos informativos con estructura, categorías y subcategorías claramente definidas, algunas distinguidas por encabezados y secciones
- Biografías y textos históricos sencillos con estructura narrativa
- Textos informativos con algunos ejemplos de argumento y persuasión sencillos

### CONTENIDO

- Contenido adecuado para el desarrollo cognitivo, la madurez social y emocional, y la experiencia de vida de los estudiantes
- Contenido que recurre a la curiosidad intelectual y a las emociones de los estudiantes
- Contenido que estimula la investigación
- Juegos con palabras relacionados con conceptos, categorías gramaticales y recursos sonoros como la aliteración, la asonancia y la onomatopeya
- Temas cotidianos auténticos y relevantes (los animales, las mascotas, las familias, los amigos, los deportes, la nutrición y los alimentos, la escuela, el vecindario, el tiempo y las estaciones, las máquinas, los mapas, las plantas)
- Humor fácil de comprender (personajes tontos, situaciones divertidas, bromas, juegos de palabras, humor sutil)
- Contenido que refuerza y amplía la experiencia de la estudiante o del estudiante y su conocimiento de sí misma o sí mismo y del mundo
- Temas que pueden no ser parte de las experiencias inmediatas de la mayoría de los estudiantes: sistemas del cuerpo humano (digestivo, excretor, muscular, esquelético, nervioso); los animales domésticos y salvajes; los medioambientes tales como el océano, el desierto, el bosque tropical, las montañas, el pueblo, la ciudad, la granja; las costumbres y las creencias de diferentes culturas; los sucesos de diversos lugares y los períodos históricos
- Contenido que refleja una amplia gama de escenarios, lenguajes y culturas
- Algunos contenidos vinculados a áreas específicas de estudio como los descritos en el currículo o los estándares de la escuela
- Personajes, escenarios y sucesos que podrían existir en la vida contemporánea o en otro período histórico
- Personajes, sucesos y escenarios imaginarios que ocurren en la fantasía
- Contenido que refleja el conocimiento progresivo del mundo físico y social (salud, estudios sociales, ciencias, matemáticas, artes)

### TEMAS E IDEAS

- Presentación más sofisticada de temas que reflejan la vida cotidiana (una misma o uno mismo, la relaciones familiares, el hogar, la amistad, la comunidad, la diversidad, la responsabilidad, la justicia, la imaginación, los miedos, el coraje, la naturaleza)
- Muchos libros con varias ideas que en su mayor parte son fáciles de comprender
- Ideas cercanas a la experiencia de los niños (cuidar de sí, mantenerse saludable, expresar sentimientos, compartir, preocuparse y mostrar empatía con los demás, ayudar a la familia, realizar su trabajo, preocuparse por el mundo, resolver problemas, aprender acerca de los desafíos de la vida, valorar las diferencias)

### CARACTERÍSTICAS LITERARIAS Y DEL LENGUAJE

- Elementos de la literatura tradicional y la fantasía moderna (lo sobrenatural; criaturas imaginarias y sobrenaturales; diosas y dioses; animales, juguetes y muñecas que hablan; personajes heroicos; tecnología o avances científicos; viaje en el tiempo; extraterrestres o el espacio exterior)
- Motivos básicos de la literatura tradicional y la fantasía moderna (lucha entre el bien y el mal, magia, mundos secundarios o alternativos, el periplo del héroe, tipos de personajes especiales, objetos fantásticos o mágicos, deseos, artimañas, transformaciones)
- Desenlaces predecibles de cuentos típicos de la literatura tradicional (la inteligencia supera al poder, el bien vence al mal)

# Seleccionar textos Características de los textos para la lectura en voz alta y la conversación *(cont.)*

## Lectura interactiva en voz alta y discusión literaria

### CARACTERÍSTICAS LITERARIAS Y DEL LENGUAJE *(continuación)*

- Algunos textos con escenarios distantes en tiempo y lugar de las propias experiencias de los estudiantes
- Personajes principales y personajes secundarios
- Muchos personajes multidimensionales
- Múltiples personajes con características únicas
- Desarrollo de los personajes como consecuencia de sucesos de la trama
- Dimensiones de los personajes (atributos) y relaciones reveladas a través del diálogo y del comportamiento
- Personajes predecibles y estáticos con rasgos sencillos, típicos de la literatura tradicional
- Trama con problema y resolución clara y satisfactoria
- Trama con múltiples episodios
- Algunos textos más extensos con una o más subtramas
- Textos en su mayoría contados desde un punto de vista único
- Textos en su mayoría escritos en primera o tercera persona narrativa
- Lenguaje y sucesos que transmiten una atmósfera emocional en un texto, que afecta las emociones de la lectora o del lector (suspenso, tristeza, capricho, alegría)
- Lenguaje usado para hacer comparaciones
- Lenguaje descriptivo que transmite una gama de sentimientos humanos (alegría, tristeza, enojo, entusiasmo)
- Lenguaje descriptivo que transmite experiencias sensoriales
- Lenguaje literario típico de la literatura tradicional (*había una vez, hace mucho tiempo, entonces, finalmente, por fin, vivieron felices para siempre*)
- Diálogo asignado y sin asignar
- Variedad en la presentación de un diálogo entre varios personajes
- Lenguaje de procedimientos (paso a paso, instrucciones, explicaciones)
- Lenguaje persuasivo
- Algunos textos de instrucciones escritos en segunda persona

### COMPLEJIDAD DE LAS ORACIONES

- Algunas oraciones largas y complejas que requieren atención para comprenderlas
- Variación en la ubicación del sujeto, el verbo y múltiples adjetivos, adverbios y frases preposicionales
- Muchas oraciones con cláusulas y frases subordinadas
- Oraciones complejas que varían en el orden de las frases y las cláusulas
- Oraciones con conectores comunes (simples)
- Algunas oraciones con conectores sofisticados
- Diálogo extenso que aumenta la complejidad de las oraciones
- Algunos textos con oraciones largas divididas en listas con números o viñetas
- Estructura de oraciones adaptada para ajustarse al propósito y a la forma de las características del libro y de la letra impresa (encabezado, subtítulo, rótulo, leyenda)

### VOCABULARIO

- Algunas palabras interesantes que pueden ser nuevas
- Nuevas palabras de contenido relacionadas con conceptos que los estudiantes están aprendiendo
- La mayoría de las palabras que hay en el vocabulario oral común de los estudiantes (Nivel 1)
- Algunas palabras que aparecen en el vocabulario de usuarios del lenguaje maduro (Nivel 2)
- Uso ocasional de palabras que son propias de una disciplina (Nivel 3)
- Conectores comunes (simples) que se usan con frecuencia en el lenguaje oral (palabras, frases que aclaran relaciones e ideas): *y, pero, entonces, porque, antes, después*
- Algunos conectores sofisticados (palabras que relacionan ideas y aclaran significado) que se usan en textos escritos pero que no suelen aparecer en el lenguaje oral cotidiano (*aunque, sin embargo, mientras tanto, además, si no, por lo tanto, no obstante, a menos que, hasta que, cuando sea, todavía*)
- Muchos adjetivos que describen personas, lugares o cosas
- Adverbios que describen acción
- Vocabulario técnico

### ILUSTRACIONES

- Ilustraciones en diversos medios de comunicación que apoyan plenamente el significado
- Ilustraciones que mejoran y amplían el significado en un texto
- Ilustraciones complejas con muchos detalles, algunas requieren descripción por parte de la maestra o del maestro durante la lectura
- Libros con ilustraciones que representan una visión artística coherente
- Algunos textos con muy pocas ilustraciones
- Libros por capítulos con unas pocas ilustraciones en blanco y negro
- Ilustraciones que transmiten una atmósfera
- Libros con ilustraciones que reflejan el tema
- Ilustraciones sencillas en diversas formas: dibujo con rótulo o leyenda, fotografía con rótulo o leyenda, mapa con leyenda, diagrama (dibujo de corte), infografía

### CARACTERÍSTICAS DEL LIBRO Y LA LETRA IMPRESA

#### LONGITUD

- Libros álbum cortos que se pueden leer en una sesión
- Algunos textos ilustrados extensos con secciones que pueden seleccionarse y leerse

#### TEXTO IMPRESO Y DISPOSICIÓN

- Algunos libros con ilustraciones decorativas o informativas, diseños atractivos que comunican significado y/o letra impresa fuera del cuerpo del texto (peritexto)

#### HERRAMIENTAS DE ORGANIZACIÓN

- Título, autora o autor e ilustradora o ilustrador mencionados en la cubierta y la portada
- Tabla de contenidos, título del capítulo, encabezado, recuadro lateral

#### RECURSOS DEL TEXTO

- Algunos libros con dedicatoria, reconocimientos, nota de la autora o del autor, glosario, guardas especiales (peritexto)

# Seleccionar objetivos Hábitos y conocimientos para observar, enseñar y apoyar

## Lectura interactiva en voz alta y discusión literaria

### TEXTOS DE FICCIÓN

**General**

- ● Hacer preguntas para comprender un texto en mayor profundidad
- ● Observar y hacer preguntas cuando se pierde el significado o se interrumpe la comprensión
- ● Consultar información y detalles importantes y usarlos como prueba para apoyar opiniones y declaraciones durante la conversación
- ● Observar y responder al énfasis y al tono de voz mientras se escucha y posteriormente
- ● Relatar el resumen de un texto después de escuchar su lectura
- ● Mantener la atención al escuchar algunos libros que se lean en más de una sesión
- ◆ Aprender nuevos conceptos e ideas después de escuchar textos de ficción
- ◆ Sintetizar información e ideas nuevas y replantear el razonamiento en respuesta a ello
- ◆ Comprender los problemas que ocurren en la vida cotidiana, incluyendo algunos más complejos que puedan relacionarse con la vida de los lectores
- ◆ Dar razones (ya sea a partir del texto o de la propia experiencia) para apoyar el razonamiento
- ◆ Usar conocimientos previos para comprender escenarios, problemas y personajes
- ◆ Usar conocimientos previos del contenido para comprender los problemas y sucesos de textos de ficción
- ◆ Usar conocimientos previos de historia para comprender la ficción histórica
- ◆ Establecer conexiones (contenido, tema) entre textos de ficción que se lean en voz alta
- ◆ Establecer conexiones (semejanzas y diferencias) entre textos que tengan la misma autora o el mismo autor/ilustradora o ilustrador, escenario, personajes o tema
- ◆ Usar pruebas del texto para apoyar declaraciones acerca del texto
- ◆ Usar pruebas del texto para apoyar una amplia gama de predicciones (*Yo pienso que . . . porque . . .*)
- ◆ Relacionar ideas importantes en el texto; unas con otras y con ideas de otros textos
- ■ Comprender que una autora o un autor tiene un propósito para escribir un texto de ficción o de no ficción
- ■ Relacionar textos con diversas categorías (autora o autor, personajes, tema, género, ilustradora o ilustrador)
- ■ Formular y expresar opiniones acerca de un texto y apoyarlas con fundamentos y pruebas
- ■ Formular y enunciar las bases que sustenten las opiniones sobre los autores y los ilustradores

**Género**

- ● Comprender que hay diferentes tipos de textos y que tienen diferentes características
- ■ Observar y comprender las características de algunos géneros de ficción específicos (ficción realista, ficción histórica, cuento popular, cuento de hadas, fábula, fantasía, texto híbrido)
- ■ Comprender cuándo un cuento podría suceder en la vida real (ficción realista) y cuándo no podría suceder en la vida real (literatura tradicional, fantasía)
- ■ Observar desenlaces de cuentos que son típicos de la literatura tradicional
- ■ Reconocer textos híbridos y distinguir qué secciones son ficción y no ficción
- ■ Observar y comprender algunos tipos especiales de ficción (cuento de misterio; cuento de aventuras; cuento de animales; cuento de familia, amigos y escuela)
- ■ Reconocer y comprender algunos tipos específicos de poesía (poesía lírica, verso libre, quintilla humorística, haiku, poesía narrativa, balada)
- ■ Observar y comprender algunos elementos de la poesía: lenguaje figurado, rima, repetición, onomatopeya, diseño/saltos de línea (forma), imágenes literarias, aliteración, asonancia

**Mensajes y temas**

- ◆ Observar que un libro puede tener más de un mensaje o idea importante
- ◆ Inferir la "lección" en la literatura tradicional
- ◆ Comprender que la "lección" en los textos de fantasía o en la literatura tradicional puede aplicarse a sus propias vidas
- ◆ Inferir los mensajes en una obra de ficción
- ◆ Observar e inferir la importancia de ideas relevantes para su mundo (compartir, preocuparse por los demás, hacer su tarea, ayudar a su familia, cuidar de sí, mantenerse saludable, cuidar el mundo o el medioambiente, valorar diferencias, expresar sentimientos, mostrar empatía con los demás, resolver problemas, aprender sobre los desafíos de la vida, justicia social)
- ◆ Comprender que el significado de un texto de ficción puede interpretarse de distintas maneras
- ◆ Observar y comprender temas que son cercanos a su experiencia (la imaginación, el coraje, el miedo, compartir, la amistad, las relaciones familiares, una misma o uno mismo, la naturaleza, los hábitos, la comunidad, la responsabilidad, la justicia, la diversidad, la pertenencia, las relaciones con los compañeros, la pérdida
- ◆ Pensar a partir de textos para encontrar mensajes, temas o ideas más amplios
- ■ Observar cuándo una autora o un autor de ficción comunica una lección moral
- ■ Observar temas o motivos recurrentes en la literatura tradicional y la fantasía (lucha entre el bien y el mal)

● Pensar en el texto ***en sí*** ◆ Pensar ***más allá*** del texto ■ Pensar ***acerca*** del texto

# Seleccionar objetivos Hábitos y conocimientos para observar, enseñar y apoyar *(cont.)*

## Lectura interactiva en voz alta y discusión literaria

### TEXTOS DE FICCIÓN *(continuación)*

**Escenario**

- ● Recordar detalles importantes del escenario después de que se lee un cuento
- ◆ Reconocer y comprender que los textos de ficción pueden tener escenarios que reflejan una amplia gama de lugares, lenguajes y culturas, y que los comportamientos de los personajes pueden reflejar los escenarios
- ◆ Observar y comprender escenarios que son distantes en tiempo y lugar de las propias experiencias de los estudiantes
- ◆ Inferir la importancia del escenario para la trama del cuento en la ficción realista e histórica y el texto de fantasía

**Trama**

- ● Seguir una trama con varios sucesos o episodios
- ● Observar y recordar los sucesos importantes de un texto en orden secuencial
- ● Revisar la comprensión de tramas con varios sucesos y hacer preguntas si se pierde el significado
- ● Contar los sucesos importantes de un cuento usando las imágenes (después de escuchar la lectura del texto varias veces)
- ● Observar y comprender cuándo se resuelve un problema
- ● Incluir el problema y su resolución en el resumen de un texto
- ● Seguir un texto con una trama compleja y varios problemas (cuentos más extensos)
- ● Comprender cómo un episodio se construye a partir de otro y usar la información del comienzo de un cuento para interpretar episodios posteriores
- ◆ Predecir qué sucederá en un cuento y los desenlaces de la trama
- ◆ Inferir la importancia de los sucesos en una trama
- ■ Dar opiniones acerca de si un problema parece real
- ■ Reconocer y comentar aspectos de la estructura narrativa (comienzo, serie de sucesos, punto culminante del cuento, resolución del problema, final)

**Personajes**

- ● Recordar detalles importantes de los personajes después de que se lee un cuento
- ● Seguir a varios personajes, cada uno con rasgos particulares, en el mismo cuento
- ● Reconocer que los personajes pueden tener múltiples dimensiones (pueden ser buenos pero cometer errores, pueden cambiar)
- ◆ Inferir los rasgos de los personajes, que se revelan en sus pensamientos, diálogo, comportamientos y lo que otros dicen o piensan de ellos, y usar pruebas del texto para describirlos
- ◆ Inferir los rasgos de los personajes a partir de los detalles físicos que incluyen las ilustraciones acerca de ellos
- ◆ Inferir las intenciones, los sentimientos y las motivaciones de los personajes que se revelan en sus pensamientos, diálogo, comportamientos y lo que otros dicen o piensan de ellos
- ◆ Hacer predicciones acerca de lo que es probable que haga un personaje y usar pruebas del texto como apoyo
- ◆ Observar los cambios de los personajes e inferir razones a partir de los sucesos de la trama
- ◆ Aprender de experiencias ajenas con los personajes de los cuentos
- ◆ Observar personajes predecibles o estáticos (personajes que no cambian), típicos de la literatura tradicional
- ◆ Inferir relaciones entre personajes tal como se revelan a través del diálogo y los comportamientos
- ◆ Expresar opiniones acerca de los personajes de un cuento (*malo, deshonesto, inteligente, astuto, avaro, valiente, leal*) y apoyarlas con pruebas
- ■ Comprender que los mismos tipos de personajes pueden aparecer una y otra vez en la literatura tradicional (*astuto, valiente, tonto, sabio, codicioso, inteligente*)
- ■ Comprender la diferencia entre personajes realistas y aquellos que aparecen en los textos de fantasía
- ■ Expresar opiniones acerca de si un personaje parece real
- ■ Observar la manera en que la autora o el autor revela los personajes y los hace parecer reales

**Estilo y lenguaje**

- ● Seguir y comprender un diálogo asignado o no asignado entre varios personajes con una idea clara acerca de quién habla
- ● Observar que las palabras tienen cualidades especiales, tales como sonido musical o agradable, impacto teatral o humor
- ■ Observar y pensar de manera crítica acerca de la selección de palabras de una autora o un autor
- ■ Observar el uso que hace una autora o un autor del lenguaje lúdico o poético y de recursos sonoros (ritmo, repetición, rima, estribillo, onomatopeya, aliteración, asonancia)
- ■ Observar cuándo una autora o un autor de ficción usa lenguaje poético o descriptivo para mostrar el escenario, apelar a los cinco sentidos o transmitir sentimientos humanos como la pérdida, el alivio o la ira
- ■ Reconocer la manera en la que una autora o un autor crea humor
- ■ Observar el lenguaje que transmite una atmósfera emocional en un texto, que afecta las emociones de la lectora o del lector (suspenso, tristeza, capricho, alegría)
- ■ Observar y recordar patrones del lenguaje literario que son característicos de la literatura tradicional (*había una vez, hace mucho tiempo, entonces, finalmente, por fin, vivieron felices para siempre*)

● Pensar en el texto ***en sí*** ◆ Pensar ***más allá*** del texto ■ Pensar ***acerca*** del texto

# Seleccionar objetivos Hábitos y conocimientos para observar, enseñar y apoyar *(cont.)*

## Lectura interactiva en voz alta y discusión literaria



### TEXTOS DE FICCIÓN *(continuación)*

**Estilo y lenguaje** *(continuación)*

- ■ Observar y comprender cómo la autora o el autor usa el lenguaje literario, que incluye lenguaje figurado y simbolismo
- ■ Analizar textos para determinar aspectos del estilo de una autora o un autor (uso de lenguaje, elección de escenario, trama, personajes, temas e ideas)
- ■ Reconocer a algunos autores por el estilo de sus ilustraciones, sus temas, los personajes que usan o tramas típicas

**Vocabulario**

- ● Continuar desarrollando el vocabulario como fundamento para reconocer palabras en la letra impresa
- ● Observar y adquirir conocimientos de vocabulario nuevo a partir de contenidos leídos en voz alta
- ● Adquirir palabras de contenido nuevas a partir de los textos y los elementos gráficos
- ● Usar vocabulario nuevo en la discusión de un texto
- ● Aprender algunas palabras nuevas que no aparecen con frecuencia en la conversación oral pero que se usan en textos escritos (Nivel 2)
- ● Encontrar el significado de palabras a partir del contexto de una oración, un párrafo o de todo el cuento
- ● Comprender el significado de palabras que representan categorías gramaticales al escuchar un cuento
- ● Comprender conectores comunes (simples) que relacionan y aclaran el significado y se usan con frecuencia en el lenguaje oral cuando se escucha un cuento (*y, pero, entonces, porque, antes, después*)
- ● Comprender (cuando se escucha) algunos conectores sofisticados (palabras que relacionan ideas y aclaran el significado) que se usan en textos escritos pero no suelen aparecer en el lenguaje oral cotidiano (*aunque, sin embargo, mientras tanto, además, si no, por lo tanto, no obstante, a menos que, hasta que, cuando sea, todavía*)
- ■ Usar lenguaje académico para hablar acerca de los géneros (*ficción, cuento popular, cuento de hadas, fábula, cuento exagerado, ficción realista*)
- ■ Usar lenguaje académico para hablar acerca de tipos especiales de ficción (*cuento de aventuras; cuento de animales; cuento de familia, amigos y escuela; cuento humorístico; cuento de misterio*)
- ■ Usar lenguaje académico para hablar acerca de las formas (*libro álbum o ilustrado, libro álbum o ilustrado sin palabras, libro de frases cortas, libro del alfabeto, poema, poesía, rima infantil, rima, canción, libros de una serie, libro por capítulos, obra de teatro, carta, colección de poesía*)
- ■ Usar lenguaje académico para hablar acerca de las características literarias (*comienzo, final, problema, personaje, solución, personaje principal, sucesos, cambio de personaje, mensaje, diálogo, tiempo y lugar*)
- ■ Usar lenguaje académico para hablar acerca de aspectos del libro y la letra impresa (*portada, contraportada, título, autor, ilustrador, página, texto, ilustración, fotografía, rótulo, tabla de contenidos, agradecimientos, capítulo, sección, encabezado, dibujo, leyenda, mapa, título del capítulo, dedicatoria, nota del autor, nota del ilustrador, guardas, solapa del libro*)

**Ilustraciones**

- ● Observar y recordar los sucesos importantes de un cuento usando las imágenes (después de escuchar la lectura del texto varias veces)
- ◆ Pensar en lo que sienten los personajes a partir de sus expresiones faciales o gestos
- ◆ Observar que los detalles del fondo en las imágenes suelen revelar los sentimientos o los rasgos de los personajes
- ◆ Usar detalles de las ilustraciones y del texto para apoyar lo dicho en una conversación
- ■ Observar cómo una ilustradora o un ilustrador crea la ilusión de sonido y movimiento en imágenes
- ■ Observar cómo una ilustradora o un ilustrador muestra el paso del tiempo a través de ilustraciones (uso de la luz, estado del tiempo)
- ■ Observar cómo la ilustradora o el ilustrador establece el tono de un libro con los colores que elige
- ■ Observar cómo impacta el uso de colores de fondo en el tono de un libro
- ■ Observar cómo cambia el tono de un libro cuando la ilustradora o el ilustrador varía el color
- ■ Observar cómo los ilustradores dan perspectiva a sus dibujos (usando el primer plano, la lejanía, creando distancia en el medio)
- ■ Observar la manera en la que se combinan las ilustraciones y los elementos gráficos con el texto de manera coherente
- ■ Observar la manera en que las ilustraciones y los elementos gráficos pueden reflejar el tema en un texto
- ■ Observar e inferir la manera en que las ilustraciones contribuyen a la atmósfera de un texto

**Características del libro y la letra impresa**

- ■ Observar y comprender el propósito de algunas herramientas de organización (título, tabla de contenidos, título de los capítulos)
- ■ Observar, usar y comprender el propósito de otros recursos del texto (glosario)
- ■ Observar, usar y comprender el propósito de algunos recursos del texto fuera del cuerpo (peritexto): dedicatoria, reconocimientos, nota de la autora o del autor, nota de la ilustradora o del ilustrador, guardas
- ■ Observar y comprender otros aspectos del peritexto que tienen valor simbólico, añaden atractivo estético o significado

● Pensar en el texto ***en sí*** ◆ Pensar ***más allá*** del texto ■ Pensar ***acerca*** del texto

## Seleccionar objetivos Hábitos y conocimientos para observar, enseñar y apoyar *(cont.)*

### Lectura interactiva en voz alta y discusión literaria

#### TEXTOS DE NO FICCIÓN

**General**

- ● Hacer preguntas para comprender un texto en mayor profundidad
- ● Observar y hacer preguntas cuando se pierde el significado o se interrumpe la comprensión
- ● Consultar información y detalles importantes, y usarlos como prueba en la conversación para apoyar opiniones y declaraciones
- ● Comprender contenidos que reflejan la comprensión inicial del mundo físico y del mundo social (salud, estudios sociales, ciencias, matemáticas, artes)
- ● Observar y responder al énfasis y al tono de voz mientras se escucha y posteriormente
- ● Observar y recordar la información importante en un texto
- ● Observar y recordar los sucesos o los pasos importantes en una secuencia temporal o cronológica, y contarlos en orden
- ● Relatar el resumen de un texto después de escuchar su lectura
- ● Mantener la atención para escuchar algunos libros que se leen en más de una sesión
- ◆ Sintetizar la información e ideas nuevas, y revisar el razonamiento en la respuesta
- ◆ Comprender problemas y soluciones sencillos, como los que pueden relacionarse con la vida de los lectores
- ◆ Dar razones (ya sea a partir del texto o de la propia experiencia) para apoyar el razonamiento
- ◆ Usar conocimientos previos del contenido para comprender temas de no ficción
- ◆ Usar conocimientos previos de historia para comprender biografías sencillas, autobiografías y memorias personales
- ◆ Reconocer y comprender que los textos informativos pueden reflejar una amplia gama de escenarios, lenguajes y culturas
- ◆ Usar pruebas del texto para apoyar declaraciones acerca de este
- ◆ Usar pruebas del texto para apoyar predicciones (*Yo pienso que . . . porque . . .*)
- ◆ Relacionar la información y los conceptos importantes de un texto con la información y los conceptos de otros textos
- ◆ Relacionar los mensajes de un texto de no ficción con la vida propia
- ■ Identificar y comentar información interesante, sorprendente e importante en un texto
- ■ Formular y expresar opiniones acerca de un texto y apoyarlas con fundamentos y pruebas
- ■ Formular y enunciar las bases que sustenten las opiniones sobre los autores y los ilustradores
- ■ Relacionar textos con una gama de categorías (contenido, mensaje, género, autora o autor/ilustradora o ilustrador, estructura del texto u organización)

**Género**

- ◆ Inferir la importancia de los logros de una persona (biografía)
- ■ Observar y comprender las características de algunos géneros específicos de no ficción (libro informativo, textos de instrucciones y persuasivos, biografía, autobiografía, memorias personales, texto híbrido)
- ■ Comprender que una biografía es la historia de la vida de alguien escrita por otra persona
- ■ Comprender que las biografías suelen estar ambientadas en el pasado
- ■ Comprender que una autobiografía es la historia de la vida de una persona escrita por esa misma persona
- ■ Comprender que las memorias personales son relatos de uno o varios recuerdos escritos por quien los vivió
- ■ Observar cuándo una autora o un autor describe un procedimiento paso a paso
- ■ Observar el uso que hace una autora o un autor del argumento y la persuasión
- ■ Reconocer textos híbridos y distinguir qué secciones son no ficción y ficción
- ■ Reconocer y comprender algunas formas específicas de no ficción (libros de una serie, libros álbum, cartas, diarios y entradas de diario)
- ■ Reconocer y comprender algunos tipos específicos de poesía cuando aparecen en la no ficción (poesía lírica, verso libre, quintilla humorística, haiku, poesía narrativa, balada)
- ■ Observar y comprender algunos elementos de la poesía cuando aparecen en la no ficción: lenguaje figurado, rima, repetición, onomatopeya, disposición/saltos de línea (forma), imágenes literarias, aliteración, asonancia

**Organización**

- ● Seguir y comprender textos de no ficción con estructura general bien definida y categorías simples
- ● Identificar cuándo la maestra o el maestro lee listas con viñetas o números
- ■ Comprender que un texto de no ficción puede tener estructura expositiva o narrativa
- ■ Observar el uso que hace una autora o un autor de no ficción de la estructura de un texto narrativo en la biografía y en la no ficción narrativa
- ■ Observar cuándo una autora o un autor usa una estructura de pregunta y respuesta
- ■ Identificar la organización de un texto (secuencia cronológica, secuencias temporales y establecidas, categorías)
- ■ Comprender cuándo una autora o un autor brinda información en una secuencia (orden cronológico)

● Pensar en el texto ***en sí*** ◆ Pensar ***más allá*** del texto ■ Pensar ***acerca*** del texto

# Seleccionar objetivos Hábitos y conocimientos para observar, enseñar y apoyar *(cont.)*

## Lectura interactiva en voz alta y discusión literaria

### TEXTOS DE NO FICCIÓN *(continuación)*

**Organización** *(continuación)*

- ■ Comprender que una autora o un autor puede contar algo que por lo general sucede en el mismo orden (secuencia temporal)
- ■ Observar que una autora o un autor de no ficción combina información relacionada con el mismo tema o subtema (categoría)

**Tema**

- ● Comprender y hablar acerca de temas cotidianos y temas que ofrecen información e ideas nuevas y sorprendentes
- ◆ Mostrar curiosidad acerca de temas que aparecen en textos de no ficción y trabajar de manera activa para aprender más acerca de ellos
- ◆ Pensar en los textos de no ficción para desarrollar conocimientos de un tema
- ◆ Inferir la importancia de un tema de un texto de no ficción
- ◆ Inferir la actitud de la autora o del autor hacia un tema
- ◆ Reconocer que diversos textos informativos pueden abordar una amplia gama de lugares, lenguajes y culturas diferentes
- ■ Inferir el propósito de una autora o un autor al escribir un texto de no ficción
- ■ Comprender que una autora o un autor presenta datos relacionados acerca de un solo tema
- ■ Observar el tema de un texto de no ficción y que los subtemas se relacionen con el tema principal

**Mensajes e ideas principales**

- ● Seguir argumentos en un texto persuasivo
- ◆ Comprender que los significados de un texto pueden interpretarse de distintas maneras
- ◆ Establecer conexiones entre el contenido y las ideas en textos de no ficción (los animales, las mascotas, las familias, los deportes, los cinco sentidos, la nutrición y los alimentos, la escuela, el vecindario, el tiempo y las estaciones, las máquinas, las plantas)
- ◆ Relacionar información de libros de no ficción con estudios disciplinarios
- ◆ Inferir la importancia que el contenido de no ficción tiene en su propia vida
- ◆ Inferir ideas y mensajes más amplios en un texto de no ficción
- ■ Comprender que un libro puede tener más de un mensaje o idea importante

**Estilo y lenguaje**

- ● Comprender oraciones con cláusulas y frases subordinadas
- ● Comprender una estructura de oración que varía según el propósito (encabezados, rótulos, leyendas, listas con números y viñetas)
- ■ Observar y pensar de manera crítica acerca de la selección de palabras de una autora o un autor
- ■ Observar el lenguaje que transmite una atmósfera emocional en un texto, que afecta las emociones de la lectora o del lector (suspenso, tristeza, capricho, alegría)
- ■ Reconocer las técnica de persuasión que usa una autora o un autor en un texto persuasivo
- ■ Reconocer a algunos autores por los temas que eligen o el estilo de sus ilustraciones

**Precisión**

- ■ Examinar la calidad o la precisión del texto, citando pruebas para las opiniones

**Vocabulario**

- ● Observar y adquirir conocimientos de vocabulario nuevo a partir de contenidos leídos en voz alta
- ● Comprender el significado de las palabras que representan todas las categorías gramaticales cuando se escucha un texto de no ficción leído en voz alta
- ● Comprender el significado de conectores comunes (simples) y algunos conectores sofisticados cuando se escucha un texto de no ficción
- ● Adquirir palabras de contenido nuevas a partir de los textos y los elementos gráficos
- ● Usar vocabulario nuevo en la discusión de un texto
- ● Aprender algunas palabras nuevas que no aparecen con frecuencia en la conversación oral pero que se usan en textos escritos (Nivel 2)
- ● Observar y comprender el significado de algunas palabras fáciles, propias de un campo (Nivel 3)
- ● Encontrar el significado de palabras a partir del contexto de un párrafo o de todo el texto
- ■ Usar lenguaje académico para hablar acerca de los géneros de no ficción (*no ficción, memorias personales, texto informativo, libro informativo, texto sobre hechos, biografía, libro de instrucciones, autobiografía*)
- ■ Usar lenguaje académico para hablar acerca de las formas (*libro álbum o ilustrado, libro álbum o ilustrado sin palabras, libro de frases cortas, libro del alfabeto, libro para contar, poema, poesía, rima infantil, rima, canción, libros de una serie, obra de teatro, carta, colección de poesía*)
- ■ Usar lenguaje académico para hablar acerca de las características literarias (*comienzo, final, problema, pregunta y respuesta, solución, tema, descripción, orden temporal, problema y solución, mensaje, diálogo, idea principal, comparar y contrastar, tiempo y lugar*)

● Pensar en el texto ***en sí*** ◆ Pensar ***más allá*** del texto ■ Pensar ***acerca*** del texto

# Seleccionar objetivos Hábitos y conocimientos para observar, enseñar y apoyar *(cont.)*

## Lectura interactiva en voz alta y discusión literaria

### TEXTOS DE NO FICCIÓN *(continuación)*

**Vocabulario** *(continuación)*

- ■ Usar lenguaje académico para hablar acerca de aspectos del libro y la letra impresa (*portada, contraportada, título, autor, ilustrador, página, texto, ilustración, fotografía, rótulo, tabla de contenidos, agradecimientos, capítulo, sección, encabezado, dibujo, leyenda, mapa, título del capítulo, dedicatoria, nota del autor, nota del ilustrador, diagrama, glosario, guardas, recuadro lateral, solapa del libro*)

**Ilustraciones/Elementos gráficos**

- ● Comprender que los elementos gráficos brindan información importante
- ◆ Reconocer y usar información de diversos elementos gráficos (fotos y/o dibujos con rótulo o leyenda, diagrama, dibujo de corte, mapa con leyenda, infografía)
- ◆ Usar detalles de las ilustraciones para apoyar lo dicho en una conversación
- ■ Observar la manera en la que las ilustraciones y los elementos gráficos ayudan a comunicar el mensaje de la autora o del autor
- ■ Comprender que los elementos gráficos y el texto están colocados concienzudamente en un texto de no ficción de manera que las ideas se comuniquen con claridad

**Características del libro y la letra impresa**

- ● Observar el título de un texto y el nombre de su autora o autor e ilustradora o ilustrador en la cubierta y la portada
- ◆ Incorporar nuevos conocimientos a partir de la búsqueda y el uso de la información que se encuentra en el cuerpo del texto, los recuadros laterales y los elementos gráficos
- ■ Observar y comprender el propósito de algunas herramientas de organización (título, tabla de contenidos, título de los capítulos, encabezado, subtítulo)
- ■ Observar, usar y comprender el propósito de otros recursos del texto (glosario, índice)
- ■ Observar, usar y comprender el propósito de algunos recursos del texto fuera del cuerpo (peritexto): dedicatoria, reconocimientos, nota de la autora o del autor, nota de la ilustradora o del ilustrador, guardas
- ■ Observar y comprender otros aspectos del peritexto que tienen valor simbólico, añaden atractivo estético o significado

● Pensar en el texto ***en sí*** ◆ Pensar ***más allá*** del texto ■ Pensar ***acerca*** del texto

# **Seleccionar textos** Características de los textos para la lectura en voz alta y la conversación

## Lectura interactiva en voz alta y discusión literaria

### GÉNERO

**Ficción**

- Ficción realista
- Ficción histórica
- Literatura tradicional (cuento popular, cuento exagerado, cuento de hadas, que incluye el cuento de hadas fracturado, fábula)
- Fantasía más compleja, incluida la ciencia ficción
- Texto híbrido
- Tipos especiales de ficción (cuento de misterio; cuento de aventuras; cuento de animales; cuento de familia, amigos y escuela; cuento humorístico, cuento de deportes)

**No ficción**

- Texto expositivo de no ficción
- Texto narrativo de no ficción
- Biografía
- Autobiografía
- Memorias personales
- Texto de instrucciones
- Texto persuasivo
- Texto híbrido

### FORMAS

- Libros de una serie
- Libros álbum
- Libros por capítulos, algunos con secuelas
- Poemas
- Colecciones de poesía
- Obras de teatro
- Tipos de poesía (poesía lírica, verso libre, quintilla humorística, haiku, poesía narrativa, balada, épica/saga, poesía concreta)
- Cartas, diario y entradas de diario
- Cuentos cortos
- Ensayos fotográficos, artículos periodísticos y artículos de fondo

### ESTRUCTURA DEL TEXTO

- Narraciones con una estructura sencilla pero con varios episodios que pueden ser más elaborados
- Cuentos con trama compleja y problemas múltiples
- Algunos textos con variaciones en la estructura (cuento dentro de otro cuento, flashback)
- Cuentos más extensos con varias tramas
- Algunos libros con capítulos relacionados con una trama única
- Algunas colecciones de cuentos cortos relacionados con un tema predominante y con tramas que se entrelazan
- Textos informativos relacionados con un tema más amplio y con subtemas
- Patrones estructurales subyacentes: descripción, causa y efecto, secuencia cronológica, secuencia temporal (ciclos de vida, manuales de instrucciones), categorización, comparar y contrastar, problema y solución, pregunta y respuesta
- Textos informativos con estructura, categorías y subcategorías claramente definidas, algunas señaladas por encabezados y secciones
- Biografías y textos históricos sencillos con estructura narrativa
- Textos informativos con algunos ejemplos de argumento y persuasión sencillos

### CONTENIDO

- Contenido adecuado para el desarrollo cognitivo, la madurez social y emocional, y la experiencia de vida de los estudiantes
- Contenido que recurre a la curiosidad intelectual y a las emociones de los estudiantes
- Contenido que estimula la indagación y la investigación
- Contenido que requiere conocimientos previos e invita a una discusión extendida
- Temas cotidianos que son auténticos y relevantes (los animales, las relaciones familiares, la amistad, los deportes, la música, los vecindarios, la nutrición, el tiempo y las estaciones, los mapas, las plantas)
- Humor más sofisticado y sutil (personajes con rasgos humorísticos, desenlaces sorpresivos, comparaciones humorísticas)
- Contenido que refuerza y amplía la experiencia de la estudiante o del estudiante, el conocimiento de sí misma o sí mismo y del mundo
- Temas que pueden no ser parte de las experiencias inmediatas de la mayoría de los estudiantes (los sistemas del cuerpo humano: circulatorio, respiratorio, endócrino; los animales domésticos y salvajes; medioambientes como el océano, el desierto, el bosque tropical, las montañas, el pueblo, la ciudad, la granja; las rocas y los minerales; la energía; el magnetismo; las costumbres y las creencias en diferentes culturas; el gobierno; la economía)
- Contenido que refleja una amplia gama de escenarios, lenguajes y culturas
- Contenido relacionado con períodos históricos, circunstancias y lugares
- Algunos contenidos vinculados a áreas específicas de estudio como los descritos en el currículo o los estándares de la escuela
- Personajes, escenarios y sucesos que podrían existir en la vida contemporánea o en otro período histórico
- Personajes, escenarios y sucesos más complejos que ocurren en la fantasía
- Contenido que refleja el conocimiento progresivo del mundo físico y social (salud, estudios sociales, ciencias, matemáticas, artes)

### TEMAS E IDEAS

- Temas que reflejan desafíos humanos y asuntos sociales importantes (una misma o uno mismo y la autoestima, la popularidad, el acoso, el espíritu deportivo, la transición a la adolescencia, los ciclos de vida, la supervivencia, la interrelación entre los seres humanos y el medioambiente, la justicia social, la conciencia social y responsabilidad)
- Muchos libros con varias ideas, algunas requieren inferencia para comprender
- Ideas cercanas a la experiencia de los estudiantes (independizarse, relaciones familiares, relaciones con los compañeros, valorar el cambio personal y el de los demás, mostrar empatía con los demás, valorar diferencias, trabajar con los demás para lograr objetivos, relacionar el pasado y el futuro, reconocer la responsabilidad individual por el medioambiente, superar dificultades)

### CARACTERÍSTICAS LITERARIAS Y DEL LENGUAJE

- Elementos de la literatura tradicional y la fantasía moderna (lo sobrenatural; criaturas imaginarias y sobrenaturales; diosas y dioses; animales, juguetes y muñecas que hablan; personajes heroicos; tecnología o avances científicos; viaje en el tiempo; extraterrestres o el espacio exterior)
- Motivos básicos de la literatura tradicional y la fantasía moderna (lucha entre el bien y el mal, magia, mundos secundarios o alternativos, el periplo del héroe, tipos de personajes especiales, objetos fantásticos o mágicos, deseos, artimañas, transformaciones)

# Seleccionar textos Características de los textos para la lectura en voz alta y la conversación *(cont.)*

## Lectura interactiva en voz alta y discusión literaria

### CARACTERÍSTICAS LITERARIAS Y DEL LENGUAJE *(continuación)*

- Desenlaces predecibles de cuentos, típicos de la literatura tradicional (la inteligencia supera al poder, el bien vence al mal)
- Algunos textos con escenarios distantes en tiempo y lugar de las propias experiencias de los estudiantes
- Personajes principales y personajes secundarios
- Personajes memorables, muchos con múltiples dimensiones reveladas por lo que dicen, piensan y hacen, y por lo que los demás dicen y piensan sobre ellos
- Personajes que son complejos y cambian con el tiempo en textos más largos
- Personajes predecibles y estáticos con rasgos sencillos, típicos de la literatura tradicional
- Trama con problema y resolución clara y subtramas
- Trama con varios episodios
- Algunos textos más extensos con una o más subtramas
- Algunos textos contados desde múltiples puntos de vista
- Textos escritos mayormente en primera o tercera persona narrativa con algunos textos de instrucciones en segunda persona
- Algunos textos con simbolismo básico u obvio
- Lenguaje que se usa para hacer comparaciones
- Lenguaje descriptivo que transmite experiencias sensoriales y una gama de sentimientos humanos (alegría, tristeza, enojo, entusiasmo)
- Lenguaje poético y otro lenguaje literario
- Lenguaje y sucesos que transmiten una atmósfera emocional en un texto y que afecta las emociones de la lectora o del lector (suspenso, tristeza, capricho, alegría)
- Lenguaje descriptivo y figurado que es importante para comprender el texto (imágenes literarias, metáfora, símil)
- Lenguaje descriptivo y figurado que es importante para comprender el contenido (imágenes literarias, metáfora, símil, personificación, hipérbole)
- Lenguaje literario típico de la literatura tradicional (*había una vez, hace mucho tiempo, entonces, finalmente, por fin, vivieron felices para siempre*)
- Diálogo asignado y no asignado, incluidas algunas series de diálogo no asignado por el que se deben inferir los interlocutores
- Lenguaje de procedimientos (paso a paso, instrucciones, explicaciones)
- Lenguaje persuasivo

### COMPLEJIDAD DE LAS ORACIONES

- Algunas oraciones largas y complejas que requieren atención para comprender
- Variación en la ubicación del sujeto, el verbo y múltiples adjetivos, adverbios y frases preposicionales
- Muchas oraciones con cláusulas y frases subordinadas
- Oraciones complejas con variedad en el orden de las frases y las cláusulas
- Oraciones con conectores comunes (simples)
- Oraciones con conectores sofisticados
- Diálogo extenso que aumenta la complejidad de las oraciones
- Algunos textos con oraciones largas divididas en listas con viñetas o números
- Estructura de oraciones adaptada para ajustarse al propósito y la forma de las características del libro y la letra impresa (encabezado, subtítulo, rótulo, leyenda)

### VOCABULARIO

- Algunas palabras interesantes que pueden ser nuevas
- Nuevas palabras de contenido relacionadas con conceptos que los estudiantes están aprendiendo
- Muchas palabras que hay en el vocabulario oral común de los estudiantes (Nivel 1)
- Muchas palabras que aparecen en el vocabulario de usuarios del lenguaje maduros (Nivel 2)
- Algunas palabras que son propias de una disciplina (Nivel 3)
- Conectores comunes (simples) que se usan con frecuencia en el lenguaje oral (palabras, frases que aclaran relaciones e ideas): *y, pero, entonces, porque, antes, después*
- Algunos conectores sofisticados (palabras que relacionan ideas y aclaran el significado) que se usan en textos escritos pero no suelen aparecer en el lenguaje oral cotidiano (*aunque, sin embargo, mientras tanto, además, si no, por lo tanto, no obstante, a menos que, hasta que, cuando sea, todavía*)
- Muchas palabras con varios significados
- Muchas palabras con significado figurado
- Algunos modismos
- Algunas palabras con significados connotativos que son esenciales para comprender el texto
- Algunas palabras usadas irónicamente
- Algunas palabras de dialectos regionales o históricos
- Algunas palabras de idiomas diferentes al español
- Vocabulario técnico

### ILUSTRACIONES

- Ilustraciones en diversos medios de comunicación que apoyan plenamente el significado
- Ilustraciones que mejoran y amplían el significado en un texto
- Ilustraciones complejas con muchos detalles, algunas requieren descripción por parte de la maestra o del maestro durante la lectura
- Libros con ilustraciones que representan una visión artística coherente
- Libros por capítulos con unas pocas ilustraciones en blanco y negro
- Algunos textos sin más ilustraciones que elementos decorativos tales como las viñetas
- Algunas ilustraciones complejas y matizadas que transmiten una atmósfera que complementa o amplía el texto
- Libros con ilustraciones que reflejan el tema
- Ilustraciones sencillas en diversas formas: dibujo con rótulo o leyenda, fotografía con rótulo o leyenda, mapa con leyenda y escala, diagrama (dibujo de corte), infografía, tabla, gráfica, línea de tiempo

# Seleccionar textos Características de los textos para la lectura en voz alta y la conversación *(cont.)*

## Lectura interactiva en voz alta y discusión literaria



### CARACTERÍSTICAS DEL LIBRO Y LA LETRA IMPRESA

#### LONGITUD

- Libros álbum cortos que se pueden leer en una sesión
- Textos ilustrados extensos con secciones que pueden seleccionarse y leerse
- Algunos textos ilustrados extensos que se leen en varios días

#### LETRA IMPRESA Y DISPOSICIÓN

- Algunos libros con ilustraciones decorativas o informativas o letra impresa fuera del cuerpo del texto (peritexto)
- Textos con diseños atractivos que añaden valor estético y tienen valor simbólico y/o cultural (peritexto)

#### HERRAMIENTAS DE ORGANIZACIÓN

- Título, autora o autor e ilustradora o ilustrador mencionados en la cubierta y la portada
- Tabla de contenidos, título del capítulo, encabezado, subtítulo, recuadro lateral

#### RECURSOS DEL TEXTO

- Algunos libros con dedicatoria, reconocimientos, nota de la autora o del autor, glosario, guardas especiales (peritexto), índice

# Seleccionar objetivos Hábitos y conocimientos para observar, enseñar y apoyar

## Lectura interactiva en voz alta y discusión literaria

### TEXTOS DE FICCIÓN

**General**

- ● Hacer preguntas para comprender un texto en mayor profundidad
- ● Observar y hacer preguntas cuando se pierde el significado o se interrumpe la comprensión
- ● Consultar información y detalles importantes y usarlos como prueba para apoyar opiniones y declaraciones durante la conversación
- ● Observar y responder al énfasis y tono de voz mientras se escucha para leer en voz alta y posteriormente
- ● Relatar el resumen de un texto después de escuchar su lectura
- ● Mantener la atención en algunos textos más extensos que pueden requerir varios días de lectura
- ● Recordar detalles importantes sobre el escenario, el problema y la resolución, y los personajes después de la lectura de un cuento
- ◆ Aprender nuevos conceptos e ideas después de escuchar textos de ficción
- ◆ Sintetizar información e ideas nuevas y revisar el razonamiento en la respuesta
- ◆ Comprender problemas complejos que pueden relacionarse con la vida de los lectores
- ◆ Aprender más acerca de los asuntos sociales, tanto locales como globales, a medida que se revelan a través de los personajes, la trama y el escenario
- ◆ Dar razones (ya sea a partir del texto o de la propia experiencia) para apoyar el razonamiento
- ◆ Usar conocimientos previos para comprender escenarios, problemas y personajes
- ◆ Usar los conocimientos previos para ampliar la comprensión de la ficción histórica y la ciencia ficción
- ◆ Inferir el propósito de una autora o un autor al escribir un texto de ficción
- ◆ Establecer conexiones (contenido, tema) entre textos de ficción que se leen en voz alta
- ◆ Usar pruebas del texto para apoyar declaraciones acerca del texto
- ◆ Establecer conexiones (semejanzas y diferencias) entre textos que tienen la misma autora o el mismo autor/ilustradora o ilustrador, escenario, personajes o tema
- ◆ Usar pruebas del texto para apoyar una amplia gama de predicciones
- ◆ Relacionar ideas importantes en el texto; unas con otras y con ideas en otros textos
- ■ Comprender que una autora o un autor tiene un propósito para escribir un texto de ficción
- ■ Relacionar textos mediante una gama de categorías (contenido, tema, mensaje, género, autora o autor/ilustradora o ilustrador, personajes, escenario, formas especiales, estructura del texto u organización)
- ■ Formular y expresar opiniones acerca de un texto y apoyarlas con fundamentos y pruebas
- ■ Formular y exponer la base para las opiniones sobre los autores y los ilustradores

**Género**

- ● Comprender que hay diferentes tipos de textos y que tienen diferentes características
- ◆ Aplicar conocimientos previos para ampliar la comprensión de la ficción histórica
- ◆ Usar conocimientos científicos o técnicos para comprender la ciencia ficción
- ■ Observar y comprender las características de algunos géneros de ficción específicos (ficción realista, ficción histórica, cuento popular, cuento de hadas, cuento de hadas fracturado, fábula, mito, leyenda, épica, balada, textos de fantasía como la ciencia ficción, texto híbrido)
- ■ Comprender cuándo un cuento podría suceder en la vida real (ficción realista) y cuándo no podría suceder en la vida real (literatura tradicional, fantasía)
- ■ Observar desenlaces de cuentos que son típicos de la literatura tradicional
- ■ Identificar elementos de la literatura tradicional y la fantasía moderna (lo sobrenatural; criaturas imaginarias y sobrenaturales; diosas y dioses; animales, juguetes y muñecas que hablan; personajes heroicos; tecnología o avances científicos; viaje en el tiempo; extraterrestres o el espacio exterior)
- ■ Identificar algunos elementos de ciencia ficción (tecnología o avances científicos, escenario futurista, viaje en el tiempo, extraterrestres y espacio exterior)
- ■ Reconocer textos híbridos y distinguir qué secciones son ficción y no ficción
- ■ Observar y comprender algunos tipos especiales de ficción (cuento de misterio; cuento de aventuras; cuento de animales; cuento de familia, amigos y escuela; cuento humorístico, cuento de deportes)
- ■ Reconocer y comprender algunos tipos específicos de poesía (poesía lírica, verso libre, quintilla humorística, haiku, poesía narrativa, balada, épica/saga, poesía concreta)
- ■ Observar y comprender algunos elementos de la poesía: lenguaje figurado, rima, repetición, onomatopeya, diseño/saltos de línea (forma), imágenes literarias, aliteración, asonancia

**Mensajes y temas**

- ◆ Observar que un libro puede tener más de un mensaje o idea importante (principal)
- ◆ Comprender que los mensajes o ideas importantes en los textos de ficción pueden aplicarse a sus vidas o a otras personas y a la sociedad

● Pensar en el texto ***en sí*** ◆ Pensar ***más allá*** del texto ■ Pensar ***acerca*** del texto

# Seleccionar objetivos Hábitos y conocimientos para observar, enseñar y apoyar *(cont.)*

## Lectura interactiva en voz alta y discusión literaria

### TEXTOS DE FICCIÓN *(continuación)*

**Mensajes y temas** *(continuación)*

- ◆ Inferir los mensajes en una obra de ficción
- ◆ Inferir y comprender la lección moral o la enseñanza cultural en la literatura tradicional
- ◆ Observar e inferir la importancia de ideas relevantes para su mundo (independizarse, relaciones familiares, relaciones con los compañeros, valorar el cambio personal y el de los demás, mostrar empatía por los demás, valorar las diferencias, trabajar con los demás para lograr objetivos, relacionar el pasado y el futuro, reconocer la responsabilidad individual por el medioambiente, superar dificultades)
- ◆ Ampliar la comprensión del contenido de ficción que no es parte de la experiencia inmediata de la mayoría de los estudiantes (costumbres y creencias en diferentes culturas, una amplia gama de escenarios)
- ◆ Comprender que el significado de un texto de ficción puede interpretarse de distintas maneras
- ◆ Observar y comprender temas que reflejan desafíos humanos y asuntos sociales importantes (una misma o uno mismo y la autoestima, la popularidad, el acoso, el espíritu deportivo, la transición a la adolescencia, los ciclos de vida, la supervivencia, la interrelación entre los seres humanos y el medioambiente, la justicia social, la conciencia social y responsabilidad)
- ◆ Pensar a partir de textos para encontrar mensajes, temas o ideas más amplios
- ◆ Comprender temas e ideas que son cuestiones maduras y requieren experiencia para interpretar
- ■ Observar cuándo una autora o un autor de ficción comunica una lección moral
- ■ Observar temas o motivos recurrentes en la literatura tradicional y la fantasía (lucha entre el bien y el mal, el periplo del héroe)

**Escenario**

- ● Recordar detalles importantes del escenario después de que se lee un cuento
- ◆ Reconocer y comprender que los textos de ficción pueden tener escenarios que reflejan una amplia gama de lugares, lenguajes y culturas, y que los comportamientos de los personajes pueden reflejar los escenarios
- ◆ Observar y comprender escenarios que son distantes en tiempo y lugar de las propias experiencias de los estudiantes
- ◆ Inferir la importancia del escenario para la trama del cuento en la ficción realista e histórica y el texto de fantasía

**Trama**

- ● Seguir una trama compleja con varios sucesos, episodios o problemas
- ● Observar y recordar los sucesos importantes de un texto en orden secuencial
- ● Revisar la comprensión de la trama del cuento y hacer preguntas si se pierde el significado
- ● Contar los sucesos importantes de un cuento usando las imágenes (después de escuchar la lectura del texto varias veces)
- ● Observar y comprender cuándo se resuelve un problema
- ● Incluir el problema y su resolución en el resumen de un texto
- ● Seguir un texto con cuentos cortos relacionados con un tema predominante y con tramas que se entrelazan
- ● Seguir un texto con varias tramas (cuentos más extensos)
- ● Comprender cómo un episodio se construye a partir de otro y usar información del comienzo de un cuento para interpretar episodios posteriores
- ◆ Predecir qué sucederá en un cuento y los desenlaces de la trama
- ◆ Inferir la importancia de los sucesos en una trama
- ■ Dar opiniones acerca de si un problema parece real
- ■ Reconocer y comentar aspectos de la estructura narrativa (comienzo, serie de sucesos, punto culminante del cuento, resolución del problema, final)
- ■ Observar el uso que hace una autora o un autor de múltiples textos narrativos para revelar la trama y las relaciones que existen entre los personajes
- ■ Reconocer la estructura del texto cuando la autora o el autor usa recursos literarios (flashback, cuento dentro de otro cuento)
- ■ Evaluar la lógica y la credibilidad de la trama y su resolución

**Personajes**

- ● Seguir a varios personajes, cada uno con rasgos particulares, en el mismo cuento
- ● Reconocer que los personajes pueden tener múltiples dimensiones (pueden ser buenos pero cometer errores, pueden cambiar)
- ◆ Inferir los rasgos de los personajes que se revelan en sus pensamientos, diálogo, hábitos y lo que otros dicen o piensan de ellos, y usar pruebas del texto para describirlos
- ◆ Inferir las intenciones, los sentimientos y las motivaciones de los personajes que se revelan en sus pensamientos, diálogo, hábitos y lo que otros dicen o piensan de ellos
- ◆ Hacer predicciones acerca de lo que es probable que haga un personaje a continuación y usar pruebas del texto para apoyar las predicciones
- ◆ Observar los cambios de los personajes e inferir razones a partir de los sucesos de la trama
- ◆ Aprender de experiencias ajenas con los personajes de los cuentos
- ◆ Expresar opiniones acerca de los personajes de un cuento (*malo, deshonesto, inteligente, astuto, avaro, valiente, leal*) y apoyarlas con pruebas

● Pensar en el texto ***en sí*** ◆ Pensar ***más allá*** del texto ■ Pensar ***acerca*** del texto

# Seleccionar objetivos Hábitos y conocimientos para observar, enseñar y apoyar *(cont.)*

## Lectura interactiva en voz alta y discusión literaria

### TEXTOS DE FICCIÓN *(continuación)*

**Personajes** *(continuación)*

- ◆ Observar personajes predecibles o estáticos (personajes que no cambian), típicos de la literatura tradicional
- ◆ Inferir relaciones entre personajes tal como se revelan a través del diálogo y los comportamientos
- ■ Comprender que los mismos tipos de personajes pueden aparecer una y otra vez en la literatura tradicional (astuto, valiente, tonto, sabio, codicioso, inteligente)
- ■ Comprender la diferencia entre personajes realistas y aquellos que aparecen en los textos de fantasía
- ■ Expresar opiniones acerca de si un personaje parece real
- ■ Observar la manera en que una autora o un autor revela los personajes y los hace parecer reales
- ■ Observar cómo una autora o un autor crea personajes que son complejos y cambian a lo largo de muchos sucesos de una trama
- ■ Pensar de manera crítica en la lógica de las acciones de un personaje (causas y efectos)
- ■ Pensar de manera crítica en la autenticidad y la credibilidad de los personajes y sus comportamientos, diálogo y desarrollo
- ■ Evaluar hasta qué punto una autora o un autor logra que los lectores sientan empatía o se identifiquen con los personajes
- ■ Evaluar la consistencia de las acciones de los personajes dentro de un escenario particular

**Estilo y lenguaje**

- ● Seguir y comprender diálogo asignado o no asignado entre varios personajes con una idea clara acerca de quién habla
- ● Observar que las palabras tienen cualidades especiales, tales como sonido musical o agradable, impacto teatral o humor
- ● Internalizar estructuras del lenguaje complejas y literarias a partir de escucharlas durante la lectura en voz alta
- ■ Observar y pensar de manera crítica acerca de la selección de palabras de una autora o un autor
- ■ Observar el uso que hace una autora o un autor del lenguaje poético y los recursos sonoros (ritmo, rima, repetición, estribillo, onomatopeya, aliteración, asonancia)
- ■ Reconocer la manera en la que una autora o un autor crea humor
- ■ Apreciar o criticar textos de ficción que presentan humor sutil o fantasioso
- ■ Observar cuándo una autora o un autor de ficción usa lenguaje poético o descriptivo para mostrar el escenario, apelar a los cinco sentidos o transmitir sentimientos humanos como la pérdida, el alivio o la ira
- ■ Observar y comprender tramos extensos de lenguaje descriptivo importantes para comprender el escenario y los personajes
- ■ Observar el lenguaje que transmite una atmósfera emocional en un texto, que afecta las emociones de la lectora o del lector (suspenso, tristeza, capricho, alegría)
- ■ Observar y recordar patrones del lenguaje literario que son característicos de la literatura tradicional (*había una vez, hace mucho tiempo, entonces, finalmente, por fin, vivieron felices para siempre*)
- ■ Observar y comprender la manera en que la autora o el autor usa modismos y lenguaje literario, como metáfora, símil, simbolismo y personificación
- ■ Observar el uso que hace una autora o un autor de algunas palabras de idiomas diferentes al español
- ■ Observar la narradora o el narrador de un texto y percibir un cambio en narrador y en perspectiva
- ■ Pensar de manera crítica en la autenticidad y el atractivo de la voz de una narradora o un narrador
- ■ Observar el uso intencional que hace una autora o un autor del lenguaje al transgredir la gramática convencional para proveer un diálogo auténtico y lograr la voz de la autora o del autor
- ■ Analizar textos para determinar aspectos del estilo de una autora o un autor (uso de lenguaje, elección de escenario, trama, personajes, temas e ideas)
- ■ Reconocer a algunos autores por el estilo de sus ilustraciones, sus temas, los personajes que usan o tramas típicas

**Vocabulario**

- ● Continuar desarrollando el vocabulario como fundamento para reconocer palabras en la letra impresa
- ● Observar y adquirir conocimientos de vocabulario nuevo a partir de contenidos leídos en voz alta
- ● Adquirir palabras de contenido nuevas a partir de los textos y los elementos gráficos
- ● Usar vocabulario nuevo en la discusión de un texto
- ● Aprender muchas palabras nuevas que no aparecen con frecuencia en la conversación oral pero que se usan en textos escritos (Nivel 2)
- ● Encontrar el significado de palabras a partir del contexto de una oración, un párrafo o de todo el cuento
- ● Comprender el significado de palabras que representan categorías gramaticales al escuchar un cuento
- ● Comprender conectores comunes (simples) que relacionan y aclaran el significado y se usan con frecuencia en el lenguaje oral cuando se escucha un cuento (*y, pero, entonces, porque, antes, después*)
- ● Comprender (cuando se escucha) algunos conectores sofisticados (palabras que relacionan ideas y aclaran el significado) que se usan en textos escritos pero no suelen aparecer en el lenguaje oral cotidiano (*aunque, sin embargo, mientras tanto, además, si no, por lo tanto, no obstante, a menos que, hasta que, cuando sea, todavía*)

● Pensar en el texto ***en sí*** ◆ Pensar ***más allá*** del texto ■ Pensar ***acerca*** del texto

# Seleccionar objetivos Hábitos y conocimientos para observar, enseñar y apoyar *(cont.)*

## Lectura interactiva en voz alta y discusión literaria

### TEXTOS DE FICCIÓN *(continuación)*

**Vocabulario** *(continuación)*

- ● Comprender (cuando se escucha) algunos conectores académicos (palabras que relacionan ideas y aclaran significados que aparecen en textos escritos): *a través del cual, como se observa, con referencia a, con respecto a, considerando que, de igual modo, en consecuencia, en síntesis, en último lugar, por consiguiente, por el contrario, por ende, por último*
- ● Comprender los significados connotativos de palabras que son esenciales para la comprensión del texto
- ● Comprender el significado de modismos
- ● Comprender el significado de palabras con sentido figurado que son esenciales para la comprensión del texto
- ● Comprender el significado de algunas palabras que se usan irónicamente de manera tal que cambian el significado superficial
- ● Comprender palabras con varios significados dentro del mismo texto, que suelen señalar significados sutilmente diferentes
- ● Comprender palabras de dialectos regionales o históricos
- ■ Usar lenguaje académico para hablar acerca de los géneros (*ficción, cuento popular, cuento de hadas, cuento de hadas fracturado, fábula, cuento exagerado, ficción realista, ficción histórica, fantasía*)
- ■ Usar lenguaje académico para hablar acerca de tipos especiales de ficción (*cuento de aventuras; cuento de animales; cuento de familia, amigos y escuela; cuento humorístico; cuento de misterio; cuento de deportes*)
- ■ Usar lenguaje académico para hablar acerca de las formas (*libro álbum o ilustrado, libro álbum o ilustrado sin palabras, libro de frases cortas, libro del alfabeto, poema, poesía, rima infantil, rima, canción, libros de una serie, libro por capítulos, obra de teatro, carta, colección de poesía, secuela, quintilla humorística, haiku, poema concreto, cuento, entrada de diario*)
- ■ Usar lenguaje académico para hablar acerca de las características literarias (*comienzo, final, personaje, personaje principal, sucesos, cambio de personaje, mensaje, diálogo, tiempo y lugar, flashback, conflicto, resolución, tema, lenguaje descriptivo, símil*)
- ■ Usar lenguaje académico para hablar acerca de aspectos del libro y la letra impresa (*portada, contraportada, título, autor, ilustrador, página, texto, ilustración, fotografía, rótulo tabla de contenidos, agradecimientos, capítulo, sección, encabezado, dibujo, leyenda, mapa, título del capítulo, dedicatoria, nota del autor, nota del ilustrador, guardas, solapa del libro*)

**Ilustraciones**

- ● Observar y recordar los sucesos importantes de un cuento usando las imágenes (después de escuchar la lectura del texto varias veces)
- ● Seguir y comprender algunos textos que no tienen ilustraciones
- ◆ Comprender que el significado de una ilustración puede interpretarse de distintas maneras
- ◆ Usar detalles de las ilustraciones y del texto para apoyar lo dicho en una conversación
- ■ Observar cómo la ilustradora o el ilustrador establece el tono de un libro con los colores que elige
- ■ Observar cómo los ilustradores dan perspectiva a sus dibujos (usando el primer plano, la lejanía, creando distancia en el medio)
- ■ Observar la manera en la que se combinan las ilustraciones y los elementos gráficos con el texto de manera coherente
- ■ Observar la manera en la que las ilustraciones y los elementos gráficos ayudan a comunicar el mensaje de la autora o del autor
- ■ Observar e inferir la manera en que las ilustraciones contribuyen a la atmósfera de un texto de ficción

**Características del libro y la letra impresa**

- ■ Observar, usar y comprender el propósito de algunas herramientas de organización (título, tabla de contenidos, título de los capítulos)
- ■ Observar, usar y comprender el propósito de otros recursos del texto (glosario)
- ■ Observar, usar y comprender el propósito de algunos recursos del texto fuera del cuerpo (peritexto): dedicatoria, reconocimientos, nota de la autora o del autor, guardas
- ■ Observar y comprender otros aspectos del peritexto que tienen valor simbólico o cultural o añaden atractivo estético
- ■ Inferir la importancia cultural o simbólica del peritexto (por ejemplo, aspectos de la disposición)
- ■ Apreciar el talento artístico en la disposición del texto (solapa de libro, cubierta, páginas finales, portada)

● Pensar en el texto ***en sí*** ◆ Pensar ***más allá*** del texto ■ Pensar ***acerca*** del texto

# Seleccionar objetivos Hábitos y conocimientos para observar, enseñar y apoyar *(cont.)*

## Lectura interactiva en voz alta y discusión literaria

### TEXTOS DE NO FICCIÓN

**General**

- ● Hacer preguntas para comprender un texto en mayor profundidad
- ● Observar y hacer preguntas cuando se pierde el significado o se interrumpe la comprensión
- ● Consultar información y detalles importantes y usarlos como prueba en la conversación para apoyar opiniones y declaraciones
- ● Comprender contenidos que reflejan la comprensión inicial del mundo físico y del mundo social (salud, estudios sociales, ciencias, matemáticas, artes)
- ● Observar y responder al énfasis y tono de voz mientras se escucha y posteriormente
- ● Observar y recordar los sucesos importantes de un texto en secuencia temporal o cronológica y contarlos en orden
- ● Observar y recordar la información importante en un texto
- ● Relatar el resumen de un texto después de escuchar su lectura
- ● Mantener la atención en algunos textos más extensos que pueden requerir varios días de lectura
- ◆ Sintetizar información e ideas nuevas y revisar el razonamiento en la respuesta a la escucha la lectura de un texto
- ◆ Comprender los problemas que ocurren en la vida cotidiana, incluidos algunos problemas complejos que pueden relacionarse con la vida de los lectores
- ◆ Dar razones (ya sea a partir del texto o de la propia experiencia) para apoyar el razonamiento
- ◆ Usar conocimientos previos del contenido para comprender temas de no ficción
- ◆ Usar conocimientos previos de historia para comprender biografías sencillas, autobiografías y memorias personales
- ◆ Reconocer y comprender que los textos informativos pueden reflejar una amplia gama de escenarios, lenguajes y culturas
- ◆ Usar pruebas del texto para apoyar declaraciones acerca del texto
- ◆ Usar pruebas del texto para apoyar predicciones
- ◆ Relacionar los mensajes de un texto de no ficción con su propia vida
- ◆ Relacionar la información y los conceptos importantes de un texto y relacionarlos con la información y los conceptos de otros textos
- ◆ Comprender textos que requieren la aplicación de conocimientos de disciplinas académicas (ciencias, historia, humanidades)
- ■ Identificar y comentar información interesante, sorprendente e importante en un texto
- ■ Formular y expresar opiniones acerca de un texto y apoyarlas con fundamentos y pruebas
- ■ Formular y exponer la base para las opiniones sobre los autores y los ilustradores
- ■ Relacionar textos mediante una gama de categorías (contenido, mensaje, género, autora o autor/ilustradora o ilustrador, forma especial, estructura del texto u organización)

**Género**

- ■ Inferir la importancia de los logros de una persona (biografía)
- ◆ Distinguir entre hecho y opinión en un texto para adquirir conocimientos nuevos
- ■ Observar y comprender las características de algunos géneros específicos de no ficción (expositivo, narrativo, textos de instrucciones y persuasivos, biografía, autobiografía, memorias personales, texto híbrido)
- ■ Comprender que una biografía es la historia de la vida de alguien escrita por otra persona
- ■ Comprender que las biografías suelen estar ambientadas en el pasado
- ■ Comprender que una autobiografía es la historia de la vida de una persona escrita por esa persona
- ■ Comprender que las memorias personales son relatos de uno o varios recuerdos escritos por quien los vivió
- ■ Observar cuándo una autora o un autor describe un procedimiento paso a paso
- ■ Observar el uso que hace una autora o un autor del argumento y la persuasión
- ■ Observar contraargumentos y pruebas en su contra en un texto
- ■ Reconocer textos híbridos y distinguir qué secciones son no ficción y ficción
- ■ Reconocer y comprender algunas formas específicas de no ficción (libros de una serie; libros álbum; cartas, diarios y entradas de diario; ensayos fotográficos; y artículos periodísticos)
- ■ Reconocer y comprender algunos tipos específicos de poesía cuando aparecen en la no ficción (poesía lírica, verso libre, haiku, poesía narrativa, balada, épica/saga, poesía concreta)
- ■ Observar y comprender algunos elementos de la poesía cuando aparecen en la no ficción: lenguaje figurado, rima, repetición, onomatopeya, disposición/saltos de línea (forma), imágenes literarias, aliteración, asonancia

● Pensar en el texto ***en sí*** ◆ Pensar ***más allá*** del texto ■ Pensar ***acerca*** del texto

# **Seleccionar objetivos** Hábitos y conocimientos para observar, enseñar y apoyar *(cont.)*

## Lectura interactiva en voz alta y discusión literaria



### TEXTOS DE NO FICCIÓN *(continuación)*

**Organización**

- ● Seguir y comprender textos de no ficción con estructura general bien definida y categorías simples
- ● Identificar cuándo la maestra o el maestro lee listas con viñetas o números
- ● Observar y comprender información en textos organizados en categorías (expositivo)
- ● Comprender el uso de encabezados y subtítulos
- ● Usar encabezados y subtítulos para buscar y usar información
- ■ Observar fuentes de información primarias y secundarias incluidas en un texto
- ■ Comprender que un texto de no ficción puede tener estructura expositiva o narrativa
- ■ Observar la organización de un texto de no ficción, distinguiendo entre la estructura expositiva y narrativa
- ■ Observar el uso que hace una autora o un autor de no ficción de la estructura de texto narrativo en la biografía y en la no ficción narrativa
- ■ Reconocer y comprender el uso que la autora o el autor hace de las estructuras textuales subyacentes (categórica, descripción, secuencia cronológica o temporal, comparar y contrastar, causa y efecto, problema y solución, pregunta y respuesta, combinación)
- ■ Observar el uso que la autora o el autor hace de las categorías y subcategorías de no ficción para organizar un texto informativo
- ■ Comprender cuándo una autora o un autor brinda información en una secuencia (orden cronológico)
- ■ Comprender que una autora o un autor puede contar algo que por lo general sucede en el mismo orden (secuencia temporal) y algo que sucede en orden temporal (secuencia cronológica)
- ■ Observar el uso que la autora o el autor hace de las herramientas de organización (título, tabla de contenidos, encabezado, subtítulo, recuadro lateral)

**Tema**

- ◆ Mostrar curiosidad acerca de temas que aparecen en textos de no ficción y trabajar de manera activa para aprender más acerca de ellos
- ◆ Pensar en los textos de no ficción para desarrollar conocimientos de un tema
- ◆ Pensar en los textos para comparar y ampliar conocimientos de contenido e ideas a partir de las disciplinas académicas (responsabilidad social, medioambiente, clima, historia social y geológica, grupos culturales)
- ◆ Inferir la importancia de un tema de un texto de no ficción
- ◆ Inferir la actitud de la autora o del autor hacia un tema
- ◆ Reconocer que una amplia gama de textos informativos pueden abordar diversos lugares, lenguajes y culturas
- ◆ Reconocer que los textos informativos pueden presentar un tema más amplio con muchos subtemas
- ◆ Inferir el propósito de una autora o un autor en un texto de no ficción
- ◆ Ampliar los conocimientos de temas y contenidos de no ficción que no son parte de las experiencias inmediatas de la mayoría de los estudiantes (los sistemas del cuerpo humano: circulatorio, respiratorio, endócrino; los animales domésticos y salvajes; los medioambientes como el océano, el desierto, el bosque tropical, las montañas, el pueblo, la ciudad, la granja; las rocas y los minerales; la energía; el magnetismo; las costumbres y creencias en diferentes culturas; el gobierno; la economía)
- ■ Comprender que una autora o un autor presenta datos relacionados acerca de un solo tema
- ■ Formular hipótesis sobre las razones que tiene una escritora o un escritor para elegir un tema e inferir la opinión de la escritora o del escritor sobre un tema

**Mensajes e ideas principales**

- ● Seguir argumentos en un texto persuasivo
- ◆ Comprender que los significados de un texto pueden interpretarse de distintas maneras
- ◆ Establecer conexiones entre el contenido y las ideas en textos de no ficción (los animales, las mascotas, las familias, los deportes, los cinco sentidos, la nutrición y los alimentos, la escuela, el vecindario, el tiempo y las estaciones, las máquinas, las plantas)
- ◆ Comprender las relaciones entre ideas y contenido en un texto expositivo de no ficción (tema más amplio con subtemas)
- ◆ Relacionar información de libros de no ficción con estudios disciplinarios
- ◆ Inferir la importancia que el contenido de no ficción tiene en su vida
- ◆ Inferir las ideas y los mensajes más amplios en un texto de no ficción
- ◆ Comprender temas e ideas que son cuestiones maduras y requieren experiencia para interpretar
- ■ Comprender que una autora o un autor de no ficción tiene uno o más mensajes o ideas importantes (principales)
- ■ Distinguir hechos de opiniones

● Pensar en el texto ***en sí*** ◆ Pensar ***más allá*** del texto ■ Pensar ***acerca*** del texto

# Seleccionar objetivos Hábitos y conocimientos para observar, enseñar y apoyar *(cont.)*

## Lectura interactiva en voz alta y discusión literaria

### TEXTOS DE NO FICCIÓN *(continuación)*

**Estilo y lenguaje**

- ● Comprender una estructura de oración que varía según el propósito (encabezados, rótulos, leyendas, listas con números y viñetas) en la no ficción
- ● Internalizar estructuras del lenguaje complejas y literarias a partir de escuchar textos durante la lectura en voz alta
- ■ Observar y pensar de manera crítica acerca de la selección de palabras de una autora o un autor
- ■ Observar el lenguaje que transmite una atmósfera emocional en un texto, que afecta las emociones de la lectora o del lector (suspenso, tristeza, capricho, alegría)
- ■ Observar la manera en que la autora o el autor revela el escenario en un texto biográfico o histórico
- ■ Observar y comprender múltiples puntos de vista sobre el mismo tema
- ■ Reconocer las técnicas de persuasión que usa una autora o un autor en un texto persuasivo
- ■ Reconocer a algunos autores por los temas que eligen o el estilo de sus ilustraciones

**Precisión**

- ■ Examinar de manera crítica la calidad o la precisión del texto, citando pruebas para las opiniones
- ■ Observar y evaluar la precisión de la información presentada en el texto y en otros textos

**Vocabulario**

- ● Observar y adquirir conocimientos de vocabulario nuevo a partir de contenidos leídos en voz alta
- ● Comprender el significado de las palabras que representan todas las categorías gramaticales cuando se escucha un texto de no ficción leído en voz alta
- ● Comprender el significado de conectores comunes (simples) y algunos conectores sofisticados cuando se escucha un texto de no ficción
- ● Adquirir palabras de contenido nuevas a partir de los textos y los elementos gráficos
- ● Usar vocabulario nuevo en la discusión de un texto
- ● Aprender muchas palabras nuevas que no aparecen con frecuencia en la conversación oral pero que se usan en textos escritos (Nivel 2)
- ● Encontrar el significado de palabras a partir del contexto de una oración, un párrafo o de todo el texto
- ● Observar y comprender el significado de algunas palabras propias de un campo (Nivel 3)
- ● Comprender los significados connotativos de palabras que son esenciales para la comprensión del texto
- ● Comprender el significado de palabras con sentido figurado que son esenciales para la comprensión del texto
- ■ Usar lenguaje académico para hablar acerca de los géneros de no ficción (*no ficción, memorias personales, texto informativo, libro informativo, texto sobre hechos, biografía, autobiografía, narración de no ficción, texto de instrucciones, texto persuasivo, texto híbrido*)
- ■ Usar lenguaje académico para hablar acerca de las formas (*libro álbum o ilustrado, libro álbum o ilustrado sin palabras, libro de frases cortas, libro del alfabeto, libro para contar, poema, poesía, rima infantil, rima, canción, libros de una serie, obra de teatro, carta, colección de poesía, secuela, quintilla humorística, haiku, poema concreto, entrada de diario, artículo periodístico, reportaje*)
- ■ Usar lenguaje académico para hablar acerca de las características literarias (*comienzo, final, problema, pregunta y respuesta, solución, tema, descripción, orden temporal, problema y solución, mensaje, diálogo, idea principal, comparar y contrastar, tiempo y lugar, causa y efecto, categorización, lenguaje descriptivo, lenguaje figurado, metáfora, símil, lenguaje persuasivo*)
- ■ Usar lenguaje académico para hablar acerca de aspectos del libro y la letra impresa (*portada, contraportada, título, autor, ilustrador, página, texto, ilustración, fotografía, rótulo, tabla de contenidos, agradecimientos, capítulo, sección, encabezado, dibujo, leyenda, mapa, título del capítulo, dedicatoria, nota del autor, nota del ilustrador, diagrama, glosario, guardas, recuadro lateral, solapa del libro, subtítulo, tabla, gráfica, línea de tiempo, índice*)

● Pensar en el texto ***en sí*** ◆ Pensar ***más allá*** del texto ■ Pensar ***acerca*** del texto

# Seleccionar objetivos Hábitos y conocimientos para observar, enseñar y apoyar *(cont.)*

## Lectura interactiva en voz alta y discusión literaria

### TEXTOS DE NO FICCIÓN *(continuación)*

**Ilustraciones/Elementos gráficos**

- ● Comprender que los elementos gráficos brindan información importante
- ● Seguir y comprender algunos textos que no tienen elementos gráficos ni ilustraciones
- ◆ Reconocer y usar información en diversos elementos gráficos (fotos y/o dibujos con rótulo o leyenda, diagrama, dibujo de corte, mapa con leyenda y escala, infografía)
- ◆ Usar detalles de las ilustraciones para apoyar lo dicho en una conversación
- ■ Observar la manera en la que las ilustraciones y los elementos gráficos ayudan a comunicar el mensaje de la autora o del autor
- ■ Comprender que los elementos gráficos y el texto están colocados concienzudamente en un texto de no ficción de manera que las ideas se comunican con claridad

**Características del libro y la letra impresa**

- ● Observar el título de un texto y el nombre de su autora o autor e ilustradora o ilustrador en la cubierta y la portada
- ◆ Incorporar nuevos conocimientos a partir de la búsqueda y el uso de la información que se encuentra en el cuerpo del texto, los recuadros laterales y los elementos gráficos
- ■ Observar, usar y comprender el propósito de algunas herramientas de organización (título, tabla de contenidos, título de los capítulos, encabezado, subtítulo)
- ■ Observar, usar y comprender el propósito de otros recursos del texto (glosario, índice)
- ■ Observar, usar y comprender el propósito de algunos recursos del texto fuera del cuerpo (peritexto): dedicatoria, reconocimientos, nota de la autora o del autor, guardas
- ■ Observar y comprender otros aspectos del peritexto que tienen valor simbólico, añaden atractivo estético o significado
- ■ Apreciar el talento artístico en la disposición del texto: solapa de libro, cubierta, páginas finales, portada (peritexto)
- ■ Evaluar la efectividad de la disposición de la página y el diseño de un texto

● Pensar en el texto ***en sí*** ◆ Pensar ***más allá*** del texto ■ Pensar ***acerca*** del texto

# Seleccionar textos Características de los textos para la lectura en voz alta y la conversación

## Lectura interactiva en voz alta y discusión literaria

### GÉNERO

**▸ Ficción**

- Ficción realista
- Ficción histórica
- Literatura tradicional: cuento popular, cuento exagerado, cuento de hadas (que incluye el cuento de hadas fracturado), fábula, mito, leyenda, balada
- Fantasía compleja (todos los tipos)
- Texto híbrido
- Tipos especiales de ficción (cuento de misterio; cuento de aventuras; cuento de animales; cuento de familia, amigos y escuela; cuento humorístico, cuento de deportes)

**▸ No ficción**

- Texto expositivo de no ficción
- Texto narrativo de no ficción
- Biografía
- Autobiografía
- Memorias personales
- Texto de instrucciones
- Texto persuasivo
- Texto híbrido

### FORMAS

- Libros de una serie
- Libros álbum
- Libros por capítulos, algunos con secuelas
- Poemas
- Colecciones de poesía
- Obras de teatro
- Tipos de poesía (poesía lírica, verso libre, quintilla humorística, haiku, poesía narrativa, balada, épica/saga, poesía concreta)
- Cartas, diario y entradas de diario
- Cuentos cortos
- Ensayos fotográficos, artículos periodísticos y artículos de fondo
- Discursos

### ESTRUCTURA DEL TEXTO

- Narraciones con varios episodios elaborados con muchos detalles
- Algunos textos más extensos con trama principal y subtramas, cada una con un conflicto
- Textos con variaciones en la estructura (cuento dentro de otro cuento, flashback, flash-forward, lapso de tiempo)
- Algunos libros con capítulos relacionados con una trama única
- Colecciones de cuentos cortos relacionados con un tema predominante y con tramas que se entrelazan
- Algunos textos con tramas circulares o paralelas
- Textos informativos relacionados con un tema más amplio y con subtemas
- Patrones estructurales subyacentes (descripción, causa y efecto, secuencia cronológica, secuencia temporal, categorización, comparación y contraste, problema y solución, pregunta y respuesta)
- Textos informativos con estructura, categorías y subcategorías claramente definidas, algunas señaladas por encabezados, secciones y algunas subsecciones
- Textos biográficos e históricos con estructura narrativa
- Textos informativos con ejemplos de argumento y persuasión sencillos

### CONTENIDO

- Contenido adecuado para el desarrollo cognitivo, la madurez social y emocional, y la experiencia de vida de los estudiantes
- Contenido que recurre a la curiosidad intelectual y a las emociones de los estudiantes
- Contenido que estimula la indagación y la investigación
- Contenido que requiere razonamiento analítico y crítico (para juzgar la autenticidad de los textos informativos o la ficción histórica)
- Textos con una gran carga de contenido que requiere conocimientos previos e invita a una discusión extendida
- Temas cotidianos que son auténticos y relevantes (los animales, las relaciones familiares, la amistad, los deportes, la música, los vecindarios, la nutrición, el tiempo y las estaciones, los mapas)
- Humor más sofisticado y sutil (personajes con rasgos humorísticos, desenlaces sorpresivos, comparaciones humorísticas)
- Contenido que refuerza y amplía la experiencia de la estudiante o del estudiante y el conocimiento de sí misma o sí mismo y del mundo
- Temas que pueden no ser parte de las experiencias inmediatas de la mayoría de los estudiantes (los sistemas del cuerpo humano; el agua; la materia; la energía; las estructuras de las plantas; el sistema solar; la ciudadanía; los períodos históricos; las civilizaciones)
- Contenido que refleja una amplia gama de escenarios, lenguajes y culturas
- Contenido relacionado con períodos históricos, circunstancias y lugares
- Contenidos vinculados a áreas específicas de estudio como los descritos en el currículo o los estándares de la escuela
- Personajes, escenarios y sucesos que podrían existir en la vida contemporánea o en otro período histórico
- Personajes, escenarios y sucesos más complejos que ocurren en la fantasía
- Contenido que refleja el conocimiento progresivo del mundo físico y social (salud, estudios sociales, ciencias, matemáticas, artes)

### TEMAS E IDEAS

- Textos con significados más profundos que se aplican a desafíos humanos y asuntos sociales importantes (los ciclos de vida, la supervivencia, la interrelación entre los seres humanos y el medioambiente, la responsabilidad social, la pobreza, la justicia, el racismo, la guerra)
- Temas e ideas que requieren una perspectiva no conocida para la lectora o el lector o la comprensión de la diversidad cultural
- Temas e ideas que implican los problemas de preadolescentes y adolescentes (una misma o uno mismo y la autoestima, las diferencias de género, las relaciones entre compañeros y popularidad, el acoso, las relaciones familiares)
- Muchos libros con ideas, la mayoría requiere inferencia y síntesis para comprender

# Seleccionar textos Características de los textos para la lectura en voz alta y la conversación *(cont.)*

## Lectura interactiva en voz alta y discusión literaria

### TEMAS E IDEAS *(continuación)*

- Ideas cercanas a la experiencia de los estudiantes (independizarse, valorar el cambio personal y el de los demás; mostrar empatía con los demás; valorar las diferencias; relacionar el pasado, el presente y el futuro; superar dificultades; seguir los sueños; aprender de la vida de los demás; explorar la expresión y la apreciación artística)
- Temas que evocan interpretaciones diferentes, a veces contradictorias

### CARACTERÍSTICAS LITERARIAS Y DEL LENGUAJE

- Elementos de la literatura tradicional y la fantasía moderna (lo sobrenatural; criaturas imaginarias y sobrenaturales; diosas y dioses; animales, juguetes y muñecas que hablan; personajes heroicos; tecnología o avances científicos; viaje en el tiempo; extraterrestres o el espacio exterior)
- Motivos básicos de la literatura tradicional y la fantasía moderna (lucha entre el bien y el mal, magia, mundos secundarios o alternativos, el periplo del héroe, tipos de personajes especiales, objetos fantásticos o mágicos, deseos, artimañas, transformaciones)
- Desenlaces predecibles de cuentos, típicos de la literatura tradicional (la inteligencia supera al poder, el bien vence al mal)
- Escenarios importantes para la trama, muchos distantes en tiempo y lugar de las propias experiencias de los estudiantes
- Personajes principales y personajes secundarios
- Muchos personajes memorables, con múltiples dimensiones reveladas por lo que dicen, piensan y hacen, y por lo que los demás dicen y piensan sobre ellos
- Personajes "dinámicos" que tienen una gama compleja de atributos buenos y malos, y que cambian durante el desarrollo de la trama, y personajes "estáticos" que no cambian pero pueden tener un papel importante en la trama
- Personajes que son complejos y cambian con el tiempo en textos más largos
- Personajes predecibles y estáticos con rasgos sencillos, típicos de la literatura tradicional
- Tramas con varios episodios y problemas, resoluciones satisfactorias, algunas sujetas a la inferencia
- Algunos textos más extensos con una o más subtramas
- Algunos textos con finales ambiguos
- Textos escritos mayormente en primera o tercera persona narrativa con algunos textos de instrucciones en segunda persona
- Algunos textos contados desde múltiples puntos de vista
- Lenguaje y sucesos que transmiten una atmósfera emocional en un texto, que afecta las emociones de la lectora o del lector (suspenso, tristeza, capricho, alegría, miedo)
- Lenguaje que expresa la actitud o las emociones de la autora o del autor respecto de un tema reflejado en el estilo de escritura (tono): alegre, irónico, serio, afectuoso, formal
- Algunos textos con simbolismo
- Lenguaje descriptivo e imágenes literarias que transmiten experiencias sensoriales y una gama de sentimientos humanos (alegría, tristeza, enojo, entusiasmo)
- Lenguaje poético y otro lenguaje literario
- Lenguaje descriptivo y figurado que es importante para comprender el contenido (imágenes literarias, metáfora, símil, personificación, exageración)
- Algunos tramos extensos de lenguaje descriptivo importantes para comprender el escenario, la trama, los personajes, los temas
- Diálogo asignado y no asignado, incluidas algunas series de diálogo no asignado por el que se deben inferir los interlocutores
- Lenguaje de procedimientos (paso a paso, instrucciones, explicaciones)
- Lenguaje persuasivo

### COMPLEJIDAD DE LAS ORACIONES

- Algunas oraciones largas y complejas que requieren atención para comprender
- Oraciones largas unidas con punto y coma o con dos puntos
- Variación en la ubicación del sujeto, el verbo y múltiples adjetivos, adverbios y frases preposicionales
- Muchas oraciones con cláusulas y frases subordinadas
- Oraciones complejas con variedad en el orden de las frases y las cláusulas
- Oraciones con conectores comunes (simples)
- Oraciones con conectores sofisticados
- Diálogo extenso que aumenta la complejidad de las oraciones
- Algunos textos con oraciones largas divididas en listas con viñetas o números
- Estructura de oraciones adaptada para ajustarse al propósito y la forma de las características del libro y la letra impresa (encabezado, subtítulo, rótulo, leyenda)

### VOCABULARIO

- Nuevas palabras de contenido relacionadas con conceptos que los estudiantes están aprendiendo
- Muchas palabras que aparecen en el vocabulario de usuarios del lenguaje maduros (Nivel 2)
- Muchas palabras que son propias de una disciplina (Nivel 3)
- Conectores comunes (simples) que se usan con frecuencia en el lenguaje oral (palabras, frases que aclaran relaciones e ideas): *por ejemplo, y, pero, entonces, porque, antes, después*
- Conectores sofisticados (palabras que relacionan ideas y aclaran el significado) que se usan en textos escritos pero no suelen aparecer en el lenguaje oral cotidiano (*aunque, sin embargo, mientras tanto, además, si no, por lo tanto, no obstante, a menos que, hasta que, cuando sea, todavía*)
- Algunos conectores académicos (palabras que relacionan ideas y aclaran significados que aparecen en textos escritos): *a través del cual, como se observa, con referencia a, con respecto a, considerando que, de igual modo, en consecuencia, en síntesis, en último lugar, por consiguiente, por el contrario, por ende, por último*
- Muchas palabras con varios significados, algunas con matices sutiles de significado

# Seleccionar textos Características de los textos para la lectura en voz alta y la conversación *(cont.)*

## Lectura interactiva en voz alta y discusión literaria

### VOCABULARIO *(continuación)*

- Muchas palabras con significado figurado
- Algunos modismos
- Muchas palabras con significados connotativos que son esenciales para comprender el texto
- Algunas palabras usadas irónicamente
- Algunas palabras de dialectos regionales o históricos
- Algunas palabras de idiomas diferentes al español
- Algunas palabras (incluida la jerga) usadas informalmente por grupos particulares de personas
- Amplia gama de vocabulario técnico

### ILUSTRACIONES

- Ilustraciones en diversos medios de comunicación que ofrecen ejemplos de técnica artística destacable
- Ilustraciones que mejoran y amplían el significado en un texto
- Ilustraciones complejas con muchos detalles, algunas requieren descripción por parte de la maestra o del maestro durante la lectura
- Libros con ilustraciones que representan una visión artística coherente
- Libros por capítulos con pocas ilustraciones
- Algunos textos sin más ilustraciones que elementos decorativos tales como las viñetas
- Algunas ilustraciones complejas y matizadas que transmiten una atmósfera que complementa o amplía el texto
- Libros con ilustraciones que reflejan el tema y el tono de la autora o del autor
- Algunas ilustraciones con características figurativas y simbólicas que requieren interpretación
- Ilustraciones sencillas en diversas formas: dibujo con rótulo o leyenda, fotografía con rótulo o leyenda, mapa con leyenda y escala, diagrama (dibujo de corte), infografía, tabla, gráfica, línea de tiempo

### CARACTERÍSTICAS DEL LIBRO Y LA LETRA IMPRESA

#### LONGITUD

- Muchos libros álbum cortos que se pueden leer en una sesión
- Textos ilustrados extensos con secciones que pueden seleccionarse y leerse
- Textos ilustrados extensos que se leen en varios días

#### TEXTO IMPRESO Y DISPOSICIÓN

- Algunos libros con ilustraciones decorativas o informativas o letra impresa fuera del cuerpo del texto (peritexto)
- Textos con diseños atractivos que añaden valor estético y tienen valor simbólico y significado cultural

#### HERRAMIENTAS DE ORGANIZACIÓN

- Título, autora o autor e ilustradora o ilustrador mencionados en la cubierta y la portada
- Tabla de contenidos, título del capítulo, encabezado, subtítulo, recuadro lateral

#### RECURSOS DEL TEXTO

- Algunos libros con dedicatoria, reconocimientos, nota de la autora o del autor, glosario, guardas especiales (peritexto), índice
- Información adicional proporcionada por el prefacio, el prólogo, la guía de pronunciación, la nota al pie de página, el epílogo, el apéndice, la nota al final, las referencias

# Seleccionar objetivos Hábitos y conocimientos para observar, enseñar y apoyar

## Lectura interactiva en voz alta y discusión literaria

### TEXTOS DE FICCIÓN

**General**

- ● Hacer preguntas para comprender un texto en mayor profundidad
- ● Observar y hacer preguntas cuando se pierde el significado o se interrumpe la comprensión
- ● Consultar información y detalles importantes y usarlos como prueba para apoyar opiniones y declaraciones durante la conversación
- ● Consultar la ubicación de algunos detalles importantes en el texto (escenario, orden temporal, problema, resolución)
- ● Observar y responder al énfasis y tono de voz mientras se escucha para leer en voz alta y posteriormente
- ● Relatar el resumen de un texto después de escuchar su lectura
- ● Mantener la atención en algunos textos más extensos que pueden requerir varios días de lectura
- ● Recordar detalles importantes sobre el escenario, el problema y la resolución, y los personajes después de la lectura de un cuento
- ◆ Aprender nuevos conceptos e ideas después de escuchar textos de ficción
- ◆ Sintetizar información e ideas nuevas y revisar el razonamiento en la respuesta
- ◆ Formular preguntas implícitas y explícitas sobre el contenido y los conceptos en un texto de ficción
- ◆ Comprender problemas complejos que pueden relacionarse con la vida de los lectores
- ◆ Aprender más acerca de los asuntos sociales, tanto locales como globales, a medida que se revelan a través de los personajes, la trama y el escenario
- ◆ Dar razones (ya sea a partir del texto o de la propia experiencia) para apoyar el razonamiento
- ◆ Usar conocimientos previos para comprender escenarios, problemas y personajes
- ◆ Aplicar los conocimientos previos para ampliar la comprensión de la ficción histórica y la ciencia ficción
- ◆ Inferir el propósito de una autora o un autor al escribir un texto de ficción
- ◆ Establecer conexiones (contenido, tema) entre textos de ficción que se leen en voz alta
- ◆ Usar pruebas del texto para apoyar declaraciones acerca de él
- ◆ Establecer conexiones (semejanzas y diferencias) entre textos que tienen la misma autora o el mismo autor/ilustradora o ilustrador, escenario, personajes o tema
- ◆ Usar pruebas del texto para apoyar una amplia gama de predicciones
- ◆ Relacionar ideas importantes en el texto; unas con otras y con ideas en otros textos
- ■ Comprender que una autora o un autor tiene un propósito para escribir un texto de ficción
- ■ Relacionar textos mediante una gama de categorías (contenido, tema, mensaje, género, autora o autor/ilustradora o ilustrador, personajes, escenario, formas especiales, estructura del texto u organización)
- ■ Formular y expresar opiniones acerca de un texto y apoyarlas con fundamentos y pruebas
- ■ Formular y exponer la base para las opiniones sobre los autores y los ilustradores
- ■ Pensar de manera crítica en la autenticidad de un texto (caracterización, trama, escenario, valores sociales)

**Género**

- ● Comprender que hay diferentes tipos de textos y que tienen diferentes características
- ◆ Aplicar conocimientos previos para ampliar la comprensión de la ficción histórica
- ◆ Usar conocimientos científicos o técnicos para comprender la ciencia ficción
- ■ Observar y comprender las características de algunos géneros de ficción específicos (ficción realista, ficción histórica, cuento popular, cuento de hadas, cuento de hadas fracturado, fábula, mito, leyenda, épica, balada, textos de fantasía como la ciencia ficción, texto híbrido)
- ■ Comprender cuándo un cuento podría suceder en la vida real (ficción realista) y cuándo no podría suceder en la vida real (literatura tradicional, fantasía)
- ■ Observar desenlaces de cuentos que son típicos de la literatura tradicional
- ■ Identificar elementos de la literatura tradicional y la fantasía (lo sobrenatural; criaturas imaginarias y sobrenaturales; diosas y dioses; animales, juguetes y muñecas que hablan; personajes heroicos; tecnología o avances científicos; viaje en el tiempo; extraterrestres o el espacio exterior)
- ■ Identificar algunos elementos de ciencia ficción (tecnología o avances científicos, escenario futurista, viaje en el tiempo, extraterrestres y espacio exterior)
- ■ Reconocer textos híbridos y distinguir qué secciones son ficción y no ficción
- ■ Observar y comprender algunos tipos especiales de ficción (cuento de misterio; cuento de aventuras; cuento de animales; cuento de familia, amigos y escuela; cuento humorístico; cuento de deportes)
- ■ Reconocer y comprender algunos tipos específicos de poesía (poesía lírica, verso libre, quintilla humorística, haiku, poesía narrativa, balada, épica/saga, poesía concreta)
- ■ Observar y comprender algunos elementos de la poesía: lenguaje figurado, rima, repetición, onomatopeya, diseño/saltos de línea (forma), imágenes literarias, aliteración, asonancia

● Pensar en el texto ***en sí*** ◆ Pensar ***más allá*** del texto ■ Pensar ***acerca*** del texto

# Seleccionar objetivos Hábitos y conocimientos para observar, enseñar y apoyar *(cont.)*

## Lectura interactiva en voz alta y discusión literaria

### TEXTOS DE FICCIÓN *(continuación)*

**Mensajes y temas**

- ◆ Observar que un libro puede tener más de un mensaje o idea importante (principal)
- ◆ Comprender que los mensajes o ideas en los textos de ficción pueden aplicarse a sus vidas o a otras personas y a la sociedad
- ◆ Inferir los mensajes en una obra de ficción
- ◆ Inferir y comprender la lección moral o la enseñanza cultural en la literatura tradicional
- ◆ Observar e inferir la importancia que tienen las ideas relevantes en su mundo (independizarse, valorar el cambio personal y el de los demás; mostrar empatía con los demás; valorar las diferencias; relacionar el pasado, el presente y el futuro; superar dificultades; seguir los sueños; aprender de la vida de los demás; justicia social, explorar la expresión y la apreciación artística)
- ◆ Observar y comprender temas que son cercanos a sus experiencias y también temas que no son parte de sus experiencias (la imaginación, el coraje, los miedos, compartir, la amistad, las relaciones familiares, una misma o uno mismo, la naturaleza, crecer, los hábitos, la comunidad, las responsabilidades, la diversidad, la pertenencia, las relaciones con los compañeros, la pérdida)
- ◆ Ampliar la comprensión del contenido de ficción que no es parte de la experiencia inmediata de la mayoría de los estudiantes (costumbres y creencias en diferentes culturas, una amplia gama de escenarios)
- ◆ Comprender que el significado de un texto de ficción puede interpretarse de distintas maneras
- ◆ Observar y comprender temas que reflejan desafíos humanos y asuntos sociales importantes (uno mismo y la autoestima, la popularidad, el acoso, el espíritu deportivo, la transición a la adolescencia, los ciclos de vida, la supervivencia, la interrelación entre los seres humanos y el medioambiente, la conciencia y responsabilidad social, la pobreza, la justicia, el racismo, la guerra)
- ◆ Pensar a partir de textos para encontrar mensajes, temas o ideas más amplios
- ◆ Comprender temas e ideas que son cuestiones maduras y requieren experiencia para interpretar
- ■ Observar cuándo una autora o un autor de ficción comunica una lección moral
- ■ Observar temas o motivos recurrentes en la literatura tradicional y la fantasía (lucha entre el bien y el mal, el periplo del héroe)
- ■ Reconocer y comprender el simbolismo en un texto y en las ilustraciones
- ■ Pensar en los textos para comparar las perspectivas de diferentes escritores sobre el mismo problema, tema o tipos de personaje
- ■ Observar la manera en que una autora o un autor revela el tema o mensaje subyacente de un texto (a través del diálogo, las acciones de un personaje, desenlaces de cuentos o del lenguaje)

**Escenario**

- ● Recordar detalles importantes del escenario después de que se lee un cuento
- ◆ Reconocer y comprender que los textos de ficción pueden tener escenarios que reflejan una amplia gama de lugares, lenguajes y culturas, y que los comportamientos de los personajes pueden reflejar los escenarios
- ◆ Observar y comprender escenarios que son distantes en tiempo y lugar de las propias experiencias de los estudiantes
- ◆ Inferir la importancia del escenario para la trama del cuento en la ficción realista e histórica y el texto de fantasía
- ◆ Formular preguntas implícitas y explícitas en respuesta a las características de un escenario
- ■ Evaluar la importancia del escenario en el cuento
- ■ Evaluar la autenticidad de la presentación del escenario que hace la autora o el autor

**Trama**

- ● Seguir una trama compleja con varios sucesos, episodios o problemas
- ● Observar y recordar los sucesos importantes de un texto en orden secuencial
- ● Revisar la comprensión de tramas con varios sucesos y hacer preguntas si se pierde el significado
- ● Contar los sucesos importantes de un cuento usando las imágenes (después de escuchar la lectura del texto varias veces)
- ● Observar y comprender cuándo se resuelve un problema
- ● Incluir el problema y su resolución en el resumen de un texto
- ● Seguir tramas que tengan patrones particulares, como tramas circulares o tramas paralelas
- ● Seguir un texto con varias tramas (cuentos más extensos)
- ● Comprender cómo un episodio se construye a partir de otro y usar información del comienzo de un cuento para interpretar episodios posteriores
- ◆ Hacer predicciones en forma continua durante y después de la lectura (basadas en el progreso de la trama, las características del escenario, los atributos de los personajes, las acciones de los personajes)
- ◆ Inferir la importancia de los sucesos en una trama
- ◆ Formular preguntas implícitas y explícitas en respuesta a los sucesos de una trama
- ■ Dar opiniones acerca de si un problema parece real
- ■ Reconocer y comentar aspectos de la estructura narrativa (comienzo, serie de sucesos, punto culminante del cuento, resolución del problema, final)
- ■ Observar el uso que hace una autora o un autor de múltiples textos narrativos para revelar la trama y las relaciones que existen entre los personajes

● Pensar en el texto ***en sí*** ◆ Pensar ***más allá*** del texto ■ Pensar ***acerca*** del texto

# Seleccionar objetivos Hábitos y conocimientos para observar, enseñar y apoyar *(cont.)*



## Lectura interactiva en voz alta y discusión literaria

### TEXTOS DE FICCIÓN *(continuación)*

**Trama** *(continuación)*

- ■ Reconocer cuando la autora o el autor usa recursos literarios como flashback y cuento dentro de otro cuento para estructurar el texto
- ■ Reconocer el uso que hace una autora o un autor de tramas y subtramas
- ■ Evaluar la lógica y la credibilidad de la trama y su resolución

**Personajes**

- ● Seguir a varios personajes, cada uno con rasgos particulares, en el mismo cuento
- ● Reconocer que los personajes pueden tener múltiples dimensiones (pueden ser buenos pero cometer errores, pueden cambiar)
- ◆ Inferir los rasgos, las intenciones, los sentimientos y las motivaciones de los personajes que se revelan en sus pensamientos, diálogo, hábitos y lo que otros dicen o piensan de ellos
- ◆ Hacer predicciones acerca de lo que es probable que haga un personaje a continuación o después del final del cuento y usar pruebas del texto para apoyar las predicciones
- ◆ Observar los cambios de los personajes e inferir razones a partir de los sucesos de la trama
- ◆ Aprender de experiencias ajenas con los personajes de los cuentos
- ◆ Expresar opiniones acerca de los personajes de un cuento y apoyarlas con pruebas
- ◆ Observar personajes predecibles o estáticos (personajes que no cambian), típicos de la literatura tradicional
- ◆ Inferir relaciones entre personajes tal como se revelan a través del diálogo y los comportamientos
- ◆ Inferir la importancia de personajes heroicos o épicos en el texto de fantasía, que representan la lucha simbólica entre el bien y el mal
- ■ Observar la manera en que una autora o un autor revela personajes predecibles típicos de la literatura tradicional (astuto, sabio, codicioso, inteligente, heroico, malvado, tramposo, humorístico)
- ■ Comprender la diferencia entre personajes realistas y aquellos que aparecen en los textos de fantasía
- ■ Expresar opiniones acerca de si un personaje parece real
- ■ Observar la manera en que una autora o un autor revela los personajes y los hace parecer reales
- ■ Observar cómo una autora o un autor crea personajes que son complejos y cambian a lo largo de muchos sucesos de una trama
- ■ Pensar de manera crítica en la lógica de las acciones de un personaje (causas y efectos)
- ■ Pensar de manera crítica en la autenticidad y la credibilidad de los personajes y sus comportamientos, diálogo y desarrollo
- ■ Evaluar hasta qué punto una autora o un autor logra que los lectores sientan empatía o se identifiquen con los personajes
- ■ Evaluar la consistencia de las acciones de los personajes dentro de un escenario particular

**Estilo y lenguaje**

- ● Seguir y comprender diálogo asignado o no asignado entre varios personajes con una idea clara acerca de quién habla
- ● Observar que las palabras tienen cualidades especiales, tales como sonido musical o agradable, impacto teatral o humor
- ● Internalizar estructuras del lenguaje complejas y literarias a partir de escucharlas durante la lectura en voz alta
- ● Comprender el significado de las palabras creadas por la autora o el autor, especialmente en el texto de fantasía y en la ciencia ficción
- ■ Observar y pensar de manera crítica acerca de la selección de palabras de una autora o un autor
- ■ Observar el uso que hace una autora o un autor del lenguaje poético y los recursos sonoros (ritmo, rima, repetición, estribillo, onomatopeya, aliteración, asonancia)
- ■ Reconocer la manera en que una autora o un autor crea humor (diálogo; descripciones efectivas de las acciones, las palabras, los hábitos y los sentimientos de los personajes; metáforas y símiles sorprendentes; expresiones irónicas)
- ■ Apreciar o criticar textos de ficción que presentan humor sutil o fantasioso
- ■ Observar cuándo una autora o un autor de ficción usa lenguaje poético o descriptivo para mostrar el escenario, apelar a los cinco sentidos o transmitir sentimientos humanos como la pérdida, el alivio o la ira
- ■ Observar y comprender tramos extensos de lenguaje descriptivo importantes para comprender el escenario y los personajes
- ■ Observar el lenguaje que transmite una atmósfera emocional en un texto, que afecta las emociones de la lectora o del lector (suspenso, tristeza, capricho, alegría)
- ■ Observar el lenguaje que expresa la actitud o las emociones de la autora o el autor respecto de un tema reflejado en el estilo de escritura (tono): alegre, irónico, serio, afectuoso, formal
- ■ Observar y recordar patrones del lenguaje literario que son característicos de la literatura tradicional (*había una vez, hace mucho tiempo, entonces, finalmente, por fin, vivieron felices para siempre*)
- ■ Observar y comprender la manera en que la autora o el autor usa modismos y lenguaje literario, como metáfora, símil, simbolismo y personificación
- ■ Observar el vocabulario regional o histórico que usa la escritora o el escritor o las características dialectales para generar un efecto literario
- ■ Observar el uso que hace una autora o un autor de algunas palabras de idiomas diferentes al español
- ■ Observar la narradora o el narrador de un texto y percibir un cambio en narrador y en perspectiva
- ■ Pensar de manera crítica en la autenticidad y el atractivo de la voz de una narradora o un narrador

● Pensar en el texto ***en sí*** ◆ Pensar ***más allá*** del texto ■ Pensar ***acerca*** del texto

# **Seleccionar objetivos** Hábitos y conocimientos para observar, enseñar y apoyar *(cont.)*

## Lectura interactiva en voz alta y discusión literaria

### TEXTOS DE FICCIÓN *(continuación)*

**Estilo y lenguaje** *(continuación)*

- ■ Observar el uso intencional que hace una autora o un autor del lenguaje al transgredir la gramática convencional para proveer un diálogo auténtico y lograr la voz de la autora o del autor
- ■ Reconocer y apreciar un final ambiguo de un texto de ficción
- ■ Analizar textos para determinar aspectos del estilo de una autora o un autor (uso de lenguaje, elección de escenario, trama, personajes, temas e ideas)
- ■ Reconocer a algunos autores por el estilo de sus ilustraciones, sus temas, los personajes que usan o tramas típicas
- ■ Evaluar la efectividad del uso que hace la escritora o el escritor del lenguaje

**Vocabulario**

- ● Continuar desarrollando el vocabulario como fundamento para reconocer palabras en la letra impresa
- ● Observar y adquirir conocimientos de vocabulario nuevo a partir de contenidos leídos en voz alta
- ● Adquirir palabras de contenido nuevas a partir de los textos y los elementos gráficos
- ● Usar vocabulario nuevo en la discusión de un texto
- ● Aprender muchas palabras nuevas que no aparecen con frecuencia en la conversación oral pero que se usan en textos escritos (Nivel 2)
- ● Comprender algunas palabras que aparecen en las disciplinas académicas (Nivel 3)
- ● Comprender el significado de todas las palabras que representan categorías gramaticales al escuchar un cuento
- ● Comprender (cuando se escucha) conectores comunes (simples) que relacionan y aclaran el significado y se usan con frecuencia en el lenguaje oral cuando se escucha un cuento (*y, pero, entonces, porque, antes, después*)
- ● Comprender (cuando se escucha) algunos conectores sofisticados (palabras que relacionan ideas y aclaran el significado) que se usan en textos escritos pero no suelen aparecer en el lenguaje oral cotidiano (*aunque, sin embargo, mientras tanto, además, si no, por lo tanto, no obstante, a menos que, hasta que, cuando sea, todavía*)
- ● Comprender (cuando se escucha) algunos conectores académicos (palabras que relacionan ideas y aclaran significados que aparecen en textos escritos): *a través del cual, como se observa, con referencia a, con respecto a, considerando que, de igual modo, en consecuencia, en síntesis, en último lugar, por consiguiente, por el contrario, por ende, por último*
- ● Encontrar el significado de palabras a partir del contexto de una oración, un párrafo o de todo el cuento
- ● Comprender los significados connotativos de palabras que son esenciales para la comprensión del texto
- ● Comprender palabras con varios significados dentro del mismo texto, que suelen señalar significados sutilmente diferentes
- ● Comprender el significado de palabras con sentido figurado que son esenciales para la comprensión del texto
- ● Comprender el significado de modismos
- ● Comprender el significado de palabras que se usan irónicamente de manera tal que cambian el significado superficial
- ● Comprender algunas palabras de dialectos regionales o históricos
- ■ Usar lenguaje académico para hablar acerca de los géneros (*ficción, cuento popular, cuento de hadas, cuento de hadas fracturado, fábula, cuento exagerado, ficción realista, ficción histórica, fantasía, literatura tradicional, texto híbrido, mito, leyenda, balada, ciencia ficción*)
- ■ Usar lenguaje académico para hablar acerca de tipos especiales de ficción (*cuento de aventuras; cuento de animales; cuento de familia, amigos y escuela; cuento humorístico; cuento de misterio; cuento de deportes*)
- ■ Usar lenguaje académico para hablar acerca de las formas (*libro álbum o ilustrado, libro álbum o ilustrado sin palabras, libro de frases cortas, libro del alfabeto, poema, poesía, rima infantil, rima, canción, libros de una serie, libro por capítulos, obra de teatro, carta, colección de poesía, secuela, quintilla humorística, haiku, poema concreto, cuento corto, entrada de diario, poesía narrativa*)
- ■ Usar lenguaje académico para hablar acerca de las características literarias (*comienzo, final, personaje, personaje principal, sucesos, mensaje, diálogo, tiempo y lugar, flashback, conflicto, resolución, tema, lenguaje descriptivo, símil, trama, trama secundaria, flash-forward, desarrollo del personaje, personaje secundario, punto de vista, lenguaje figurado, metáfora*)
- ■ Usar lenguaje académico para hablar acerca de aspectos del libro y la letra impresa (*portada, contraportada, título, autor, ilustrador, página, texto, ilustración, fotografía, rótulo, tabla de contenidos, agradecimientos, capítulo, sección, encabezado, dibujo, leyenda, mapa, título del capítulo, dedicatoria, nota del autor, nota del ilustrador, guardas, solapa del libro, prefacio, prólogo, guía de pronunciación, nota al pie, epílogo, nota al final, instrucciones escénicas*)

**Ilustraciones**

- ● Observar y recordar los sucesos importantes de un cuento usando las imágenes (después de escuchar la lectura del texto varias veces)
- ● Seguir y comprender algunos textos que no tienen ilustraciones
- ◆ Comprender que el significado de una ilustración puede interpretarse de distintas maneras
- ◆ Usar detalles de las ilustraciones y del texto para apoyar lo dicho en una conversación
- ◆ Interpretar algunas ilustraciones con características simbólicas (uso de color o símbolos)
- ■ Observar la manera en la que se combinan las ilustraciones y los elementos gráficos con el texto de manera coherente
- ■ Observar la manera en que las ilustraciones y los elementos gráficos pueden reflejar el tema o el tono de la autora o del autor
- ■ Observar e inferir la manera en que las ilustraciones contribuyen a la atmósfera de un texto de ficción

● Pensar en el texto ***en sí*** ◆ Pensar ***más allá*** del texto ■ Pensar ***acerca*** del texto

## Seleccionar objetivos Hábitos y conocimientos para observar, enseñar y apoyar *(cont.)*

### Lectura interactiva en voz alta y discusión literaria

**TEXTOS DE FICCIÓN** *(continuación)*

**Características del libro y la letra impresa**

- ■ Observar, usar y comprender el propósito de algunas herramientas de organización (título, tabla de contenidos, título de los capítulos)
- ■ Observar, usar y comprender el propósito de otros recursos del texto (glosario)
- ■ Observar, usar y comprender el propósito de algunos recursos del texto fuera del cuerpo (peritexto): dedicatoria, reconocimientos, nota de la autora o del autor, guardas, prefacio, prólogo, guía de pronunciación, nota al pie, epílogo, apéndice, nota al final, referencias
- ■ Observar y comprender otros aspectos del peritexto que tienen valor simbólico o cultural o añaden atractivo estético
- ■ Inferir la importancia cultural o simbólica del peritexto (por ejemplo, aspectos de la disposición)
- ■ Apreciar el talento artístico en la disposición del texto (solapa de libro, cubierta, páginas finales, portada, márgenes, encabezados de capítulos, iluminación)
- ■ Evaluar la manera en que algunos recursos del texto contribuyen al significado de un texto



● Pensar en el texto ***en sí*** ◆ Pensar ***más allá*** del texto ■ Pensar ***acerca*** del texto

## Seleccionar objetivos Hábitos y conocimientos para observar, enseñar y apoyar *(cont.)*

### Lectura interactiva en voz alta y discusión literaria

#### TEXTOS DE NO FICCIÓN

**General**

- ● Hacer preguntas para comprender un texto en mayor profundidad
- ● Observar y hacer preguntas cuando se pierde el significado o se interrumpe la comprensión
- ● Consultar información y detalles importantes y usarlos como prueba en la conversación para apoyar opiniones y declaraciones
- ● Comprender contenidos que reflejan la comprensión inicial del mundo físico y del mundo social (salud, estudios sociales, ciencias, matemáticas, artes)
- ● Observar y responder al énfasis y al tono de voz mientras se escucha y posteriormente
- ● Observar y recordar los sucesos importantes de un texto en orden secuencial
- ● Observar y recordar la información importante en un texto
- ● Relatar el resumen de un texto después de escuchar su lectura
- ● Mantener la atención en algunos textos más extensos que pueden requerir varios días de lectura
- ◆ Sintetizar información e ideas nuevas y revisar el razonamiento en la respuesta
- ◆ Formular preguntas explícitas e implícitas sobre el contenido y los conceptos en un texto
- ◆ Comprender los problemas que ocurren en la vida cotidiana, incluidos algunos problemas complejos que pueden relacionarse con la vida de los lectores
- ◆ Dar razones (ya sea a partir del texto o de la propia experiencia) para apoyar el razonamiento
- ◆ Usar conocimientos previos del contenido para comprender temas de no ficción
- ◆ Usar conocimientos previos de historia para comprender biografías sencillas, autobiografías y memorias personales
- ◆ Reconocer y comprender que los textos de no ficción pueden reflejar una amplia gama de escenarios, lenguajes y culturas
- ◆ Usar pruebas del texto para apoyar declaraciones acerca del texto
- ◆ Usar pruebas del texto para apoyar predicciones
- ◆ Relacionar los mensajes de un texto de no ficción con la vida propia
- ◆ Relacionar la información y los conceptos importantes de un texto y relacionarlos con la información y los conceptos de otros textos
- ◆ Comprender textos que requieren la aplicación de conocimientos de disciplinas académicas (ciencias, historia, humanidades)
- ■ Identificar y comentar información interesante, sorprendente e importante en un texto
- ■ Formular y expresar opiniones acerca de un texto y apoyarlas con fundamentos y pruebas
- ■ Formular y exponer la base para las opiniones sobre los autores y los ilustradores
- ■ Relacionar textos mediante una gama de categorías (contenido, mensaje, género, autora o autor/ilustradora o ilustrador, forma especial, estructura del texto u organización)

**Género**

- ◆ Inferir la importancia de los logros de una persona (biografía)
- ◆ Distinguir entre hecho y opinión en un texto para adquirir conocimientos nuevos
- ■ Observar y comprender las características de algunos géneros específicos de no ficción (expositivo, narrativo, textos de instrucciones y persuasivos, biografía, autobiografía, memorias personales, texto híbrido)
- ■ Comprender que una biografía es la historia de la vida de alguien escrita por otra persona
- ■ Comprender que las biografías suelen estar ambientadas en el pasado
- ■ Comprender que toda autobiografía es la historia de la vida de una persona escrita por esa persona
- ■ Comprender que las memorias personales son relatos de uno o varios recuerdos escritos por quien los vivió
- ■ Observar cuándo una autora o un autor describe un procedimiento paso a paso
- ■ Observar el uso que hace una autora o un autor del argumento y la persuasión
- ■ Observar contraargumentos y pruebas en su contra en un texto
- ■ Reconocer textos híbridos y distinguir qué secciones son no ficción y ficción
- ■ Reconocer y comprender algunas formas específicas de no ficción (libros de una serie; libros álbum; cartas, diarios y entradas de diario; ensayos fotográficos; y artículos periodísticos)
- ■ Reconocer y comprender algunos tipos específicos de poesía cuando aparecen en la no ficción (poesía lírica, verso libre, haiku, poesía narrativa, balada, épica/saga, poesía concreta)
- ■ Observar y comprender algunos elementos de la poesía cuando aparecen en la no ficción: lenguaje figurado, rima, repetición, onomatopeya, disposición/saltos de línea (forma), imágenes literarias, aliteración, asonancia

● Pensar en el texto ***en sí*** ◆ Pensar ***más allá*** del texto ■ Pensar ***acerca*** del texto

# Seleccionar objetivos Hábitos y conocimientos para observar, enseñar y apoyar *(cont.)*

## Lectura interactiva en voz alta y discusión literaria

### TEXTOS DE NO FICCIÓN *(continuación)*

**Organización**

- ● Seguir y comprender textos de no ficción con estructura general, categorías y subcategorías claramente definidas, y relacionar la estructura con la tabla de contenidos
- ● Identificar cuándo la maestra o el maestro lee listas con viñetas o números
- ● Observar información en textos organizados en categorías
- ● Comprender el uso de encabezados y subtítulos
- ● Usar encabezados y subtítulos para buscar y usar información
- ● Consultar la ubicación de información importante (categoría de información, detalles de apoyo, ideas principales)
- ■ Comprender que un texto de no ficción puede tener estructura expositiva o narrativa y que la autora o el autor selecciona la estructura con un propósito específico
- ■ Observar la organización de un texto de no ficción, distinguiendo entre la estructura expositiva y narrativa
- ■ Observar el uso que hace una autora o un autor de no ficción de la estructura de texto narrativo en la biografía y la autobiografía, las memorias personales y otros tipos de texto narrativo de no ficción
- ■ Observar fuentes de información primarias y secundarias incluidas en un texto
- ■ Reconocer y comprender el uso que la autora o el autor hace de las estructuras textuales subyacentes (descripción, causa y efecto, secuencia cronológica o temporal, comparar y contrastar, problema y solución, pregunta y respuesta, combinación)
- ■ Observar el uso que la autora o el autor hace de las categorías y subcategorías de no ficción para organizar un texto informativo (expositivo)
- ■ Comprender cuándo una autora o un autor brinda información en una secuencia (orden cronológico)
- ■ Comprender que una autora o un autor puede contar algo que por lo general sucede en el mismo orden (secuencia temporal) y algo que sucede en orden temporal (orden cronológico)
- ■ Observar el uso que hace una autora o un autor de no ficción de la secuencia temporal y cronológica
- ■ Observar el uso que la autora o el autor hace de las herramientas de organización (título, tabla de contenidos, encabezado, subtítulo, recuadro lateral)

**Tema**

- ◆ Mostrar curiosidad acerca de temas que aparecen en textos de no ficción y trabajar de manera activa para aprender más acerca de ellos
- ◆ Pensar en los textos para desarrollar conocimientos de un tema
- ◆ Pensar en los textos para comparar y ampliar conocimientos de contenido e ideas a partir de las disciplinas académicas (responsabilidad social, medioambiente, clima, historia social y geológica, grupos culturales)
- ◆ Inferir la importancia de un tema
- ◆ Inferir la actitud de la autora o del autor hacia un tema
- ◆ Inferir el propósito de una autora o un autor en un texto de no ficción
- ◆ Reconocer que diversos textos informativos pueden abordar diferentes lugares y que las costumbres y los comportamientos de las personas pueden reflejar esos escenarios
- ◆ Reconocer que los textos informativos pueden presentar un tema más amplio con muchos subtemas
- ◆ Ampliar la comprensión de temas y contenido de no ficción que son parte de la experiencia inmediata de la mayoría de los estudiantes (sistemas del cuerpo humano; agua; materia; energía; estructuras de la planta; el sistema solar; ciudadanía; períodos de la historia estadounidense; civilizaciones)
- ■ Comprender que una autora o un autor presenta datos relacionados acerca de un solo tema
- ■ Observar el tema de un texto y los subtemas relacionados con el tema principal
- ■ Formular hipótesis sobre las razones que tiene una escritora o un escritor para elegir un tema e inferir la opinión de la escritora o del escritor sobre un tema
- ■ Evaluar las aptitudes de la autora o del autor para escribir sobre un tema

● Pensar en el texto ***en sí*** ◆ Pensar ***más allá*** del texto ■ Pensar ***acerca*** del texto

# Seleccionar objetivos Hábitos y conocimientos para observar, enseñar y apoyar *(cont.)*

## Lectura interactiva en voz alta y discusión literaria

### TEXTOS DE NO FICCIÓN *(continuación)*

**Mensajes e ideas principales**

- ● Seguir argumentos en un texto persuasivo
- ◆ Comprender que los significados de un texto pueden interpretarse de distintas maneras
- ◆ Pensar en los textos para comparar y ampliar conocimientos de contenido e ideas a partir de las disciplinas académicas (responsabilidad social, medioambiente, clima, historia social y geológica, grupos culturales)
- ◆ Comprender las relaciones entre ideas y contenido en un texto expositivo de no ficción (tema más amplio con subtemas)
- ◆ Relacionar información de libros de no ficción con estudios disciplinarios
- ◆ Inferir la importancia que el contenido de no ficción tiene en su vida
- ◆ Inferir las ideas más amplias (principales) o los mensajes en un texto de no ficción
- ◆ Comprender temas e ideas que son cuestiones maduras y requieren experiencia para interpretar
- ■ Comprender que un texto de no ficción puede tener más de un mensaje o idea importante
- ■ Distinguir hechos de opiniones

**Estilo y lenguaje**

- ● Comprender una estructura de oración que varía según el propósito (encabezados, rótulos, leyendas, listas con números y viñetas) en la no ficción
- ● Internalizar lenguaje complejo y literario a partir de escuchar textos durante la lectura en voz alta
- ■ Observar y pensar de manera crítica acerca de la selección de palabras de una autora o un autor
- ■ Observar el lenguaje que transmite una atmósfera emocional en un texto, que afecta las emociones de la lectora o del lector (suspenso, tristeza, capricho, alegría)
- ■ Observar la manera en que la autora o el autor revela el escenario en un texto biográfico o histórico
- ■ Observar y comprender múltiples puntos de vista sobre el mismo tema
- ■ Reconocer las técnicas de persuasión que usa una autora o un autor en un texto persuasivo
- ■ Observar y criticar la manera en que una autora o un autor usa el razonamiento lógico y pruebas específicas para apoyar el argumento
- ■ Identificar y criticar el lenguaje específico que usa una autora o un autor para persuadir
- ■ Reconocer a algunos autores por los temas que eligen o el estilo de sus ilustraciones

**Precisión**

- ■ Examinar de manera crítica la calidad o la precisión del texto, citando pruebas para las opiniones
- ■ Observar y evaluar la precisión de la información presentada en el texto y en otros textos
- ■ Evaluar la manera en que la autora o el autor de un argumento apoya las oraciones con pruebas

**Vocabulario**

- ● Continuar desarrollando el vocabulario como fundamento para reconocer palabras en la letra impresa
- ● Observar y adquirir conocimientos de vocabulario nuevo a partir de contenidos leídos en voz alta
- ● Adquirir palabras de contenido nuevas a partir de los textos y los elementos gráficos
- ● Usar vocabulario nuevo en la discusión de un texto
- ● Encontrar el significado de palabras a partir del contexto de una oración, un párrafo o de todo el texto
- ● Adquirir vocabulario especializado y relacionado con campos científicos (Nivel 3)
- ● Comprender el significado de las palabras que representan todas las categorías gramaticales cuando se escucha un texto de no ficción leído en voz alta
- ● Comprender el significado de conectores comunes (simples) y algunos conectores sofisticados cuando se escucha un texto de no ficción
- ● Comprender los significados connotativos de palabras que son esenciales para la comprensión del texto
- ● Comprender el significado de palabras con sentido figurado que son esenciales para la comprensión del texto
- ● Comprender palabras con varios significados dentro del mismo texto, que suelen señalar significados sutilmente diferentes
- ■ Usar lenguaje académico para hablar acerca de los géneros de no ficción (*no ficción, memorias personales, texto informativo, libro informativo, texto sobre hechos, biografía, autobiografía, narración de no ficción, texto de instrucciones, texto persuasivo, texto híbrido, texto expositivo*)
- ■ Usar lenguaje académico para hablar acerca de las formas (*libro álbum o ilustrado, libro álbum o ilustrado sin palabras, libro de frases cortas, libro del alfabeto, libro para contar, poema, poesía, rima infantil, rima, canción, libros de una serie, obra de teatro, carta, colección de poesía, secuela, quintilla humorística, haiku, poema concreto, entrada de diario, reportaje, artículo periodístico, poesía narrativa, ensayo fotográfico, discurso*)

● Pensar en el texto ***en sí*** ◆ Pensar ***más allá*** del texto ■ Pensar ***acerca*** del texto

# Seleccionar objetivos Hábitos y conocimientos para observar, enseñar y apoyar *(cont.)*

## Lectura interactiva en voz alta y discusión literaria

### TEXTOS DE NO FICCIÓN *(continuación)*

**Vocabulario** *(continuación)*

- ■ Usar lenguaje académico para hablar acerca de las características literarias (*comienzo, final, problema, pregunta y respuesta, solución, tema, descripción, problema y solución, mensaje, diálogo, idea principal, comparar y contrastar, tiempo y lugar, causa y efecto, categorización, lenguaje descriptivo, lenguaje figurado, metáfora, símil, lenguaje persuasivo, secuencia temporal, secuencia cronológica, temática, argumento*)
- ■ Usar lenguaje académico para hablar acerca de aspectos del libro y la letra impresa (*portada, contraportada, título, autor, ilustrador, página, texto, ilustración, fotografía, rótulo, tabla de contenidos, agradecimientos, capítulo, sección, encabezado, dibujo, leyenda, mapa, título del capítulo, dedicatoria, nota del autor, nota del ilustrador, diagrama, glosario, guardas, recuadro lateral, solapa del libro, subtítulo, tabla, gráfica, línea de tiempo, índice, corte de sección, prefacio, prólogo, guía de pronunciación, nota al pie, epílogo, nota al final, apéndice, referencias, instrucciones escénicas*)

**Ilustraciones/Elementos gráficos**

- ● Comprender que los elementos gráficos brindan información importante
- ● Seguir y comprender algunos textos que no tienen elementos gráficos ni ilustraciones
- ◆ Reconocer y usar información en diversos elementos gráficos (fotos y/o dibujos con rótulo o leyenda, diagrama, dibujo de corte, mapa con leyenda y escala, infografía)
- ◆ Usar detalles de las ilustraciones para apoyar lo dicho en una conversación
- ■ Observar la manera en la que las ilustraciones y los elementos gráficos ayudan a comunicar el mensaje de la autora o del autor
- ■ Comprender que los elementos gráficos y el texto están colocados concienzudamente en un texto de no ficción de manera que las ideas se comunican con claridad

**Características del libro y la letra impresa**

- ● Observar el título de un texto y el nombre de su autora o autor e ilustradora o ilustrador en la cubierta y la portada
- ◆ Incorporar nuevos conocimientos a partir de la búsqueda y el uso de la información que se encuentra en el cuerpo del texto, los recuadros laterales y los elementos gráficos
- ■ Observar y comprender el propósito de algunas herramientas de organización (título, tabla de contenidos, título de los capítulos, encabezado, subtítulo)
- ■ Observar, usar y comprender el propósito de otros recursos del texto (glosario, índice)
- ■ Observar, usar y comprender el propósito de algunos recursos del texto fuera del cuerpo (peritexto): dedicatoria, reconocimientos, nota de la autora o del autor, guardas, prefacio, prólogo, guía de pronunciación, nota al pie, epílogo, apéndice, nota al final, referencias
- ■ Observar y comprender otros aspectos del peritexto que tienen valor simbólico, añaden atractivo estético o significado
- ■ Apreciar el talento artístico en la disposición del texto: solapa de libro, cubierta, páginas finales, portada (peritexto)
- ■ Evaluar la efectividad de la disposición de la página y el diseño del texto y relacionarlo con la cultura representada o las ideas principales
- ■ Evaluar la manera en que algunos recursos del texto contribuyen al significado de un texto

● Pensar en el texto ***en sí*** ◆ Pensar ***más allá*** del texto ■ Pensar ***acerca*** del texto

# Seleccionar textos Características de los textos para la lectura en voz alta y la conversación

## Lectura interactiva en voz alta y discusión literaria

### GÉNERO

**▸ Ficción**

- Ficción realista
- Ficción histórica
- Literatura tradicional: cuento popular, cuento exagerado, cuento de hadas (que incluye el cuento de hadas fracturado), fábula, mito, leyenda, balada
- Fantasía compleja (todos los tipos)
- Texto híbrido
- Tipos especiales de ficción (cuento de misterio; cuento de aventuras; cuento de animales; cuento de familia, amigos y escuela; cuento humorístico, cuento de deportes)

**▸ No ficción**

- Texto expositivo de no ficción
- Texto narrativo de no ficción
- Biografía
- Autobiografía
- Memorias personales
- Texto de instrucciones
- Texto persuasivo
- Texto híbrido

### FORMAS

- Libros de una serie
- Libros álbum
- Libros por capítulos, algunos con secuelas
- Secciones de libros por capítulos más extensos
- Poemas
- Colecciones de poesía
- Obras de teatro
- Tipos de poesía (poesía lírica, verso libre, quintilla humorística, haiku, poesía narrativa, balada, épica/saga, poesía concreta)
- Cartas, diario y entradas de diario
- Cuentos cortos
- Ensayos fotográficos, artículos periodísticos y artículos de fondo
- Discursos

### ESTRUCTURA DEL TEXTO

- Narraciones más extensas con trama principal y subtramas, cada una con un conflicto
- Textos con variaciones en la estructura (cuento dentro de otro cuento, flashback, flash-forward, lapso de tiempo)
- Algunos libros con capítulos relacionados con una trama única
- Colecciones de cuentos cortos relacionados con un tema predominante y con tramas que se entrelazan
- Textos informativos relacionados con un tema más amplio y con muchos subtemas
- Patrones estructurales subyacentes (descripción, causa y efecto, secuencia cronológica, secuencia temporal, categorización, comparación y contraste, problema y solución, pregunta y respuesta)
- Textos informativos con estructura, categorías y subcategorías claramente definidas, algunas señaladas por encabezados, secciones y subsecciones
- Textos biográficos e históricos con estructura narrativa
- Textos informativos con ejemplos de argumento y persuasión sencillos

### CONTENIDO

- Contenido adecuado para el desarrollo cognitivo, la madurez social y emocional, y la experiencia de vida de los estudiantes
- Contenido relevante que recurre a la curiosidad intelectual y a las emociones de los estudiantes
- Contenido que estimula la indagación y la investigación
- Contenido que requiere razonamiento analítico y crítico (para juzgar la autenticidad y la relevancia de los textos informativos o la ficción histórica)
- Muchos textos con una gran carga de contenido que requiere conocimientos previos e invita a una discusión extendida
- Humor sofisticado y sutil que presenta ironía (personajes con rasgos humorísticos poco comunes, desenlaces sorpresivos, comparaciones humorísticas)
- Contenido que refuerza y amplía la experiencia de la estudiante o del estudiante y el conocimiento de sí misma o sí mismo y del mundo
- Muchos temas que pueden no ser parte de las experiencias inmediatas de la mayoría de los estudiantes (los elementos químicos y sus compuestos naturales; las fuerzas y el movimiento; la materia; el uso de la energía; el clima y el tiempo; los países y culturas de África, Asia, Australia, el Pacífico, Europa, América del Norte y del Sur)
- Contenido que refleja una amplia gama de escenarios, lenguajes y culturas, y que requiere ciertos conocimientos de culturas diversas
- Contenido que requiere conocimientos relacionados con períodos históricos, circunstancias y lugares
- Contenido que requiere que la estudiante o el estudiante aprecie o se identifique con diversas perspectivas relacionadas con la cultura, la raza, el género, etc.
- Contenidos vinculados a áreas específicas de estudio como los descritos en el currículo o los estándares de la escuela
- Personajes, escenarios, sucesos y conflictos más complejos que podrían existir en la vida contemporánea o en otro período histórico
- Personajes, escenarios, sucesos y conflictos más complejos que ocurren en los textos de fantasía
- Contenido que refleja el conocimiento progresivo del mundo físico y social (salud, estudios sociales, ciencias, matemáticas, artes)
- Algunos textos con una densa presentación de hechos e ideas

### TEMAS E IDEAS

- Textos con significados más profundos que se aplican a desafíos humanos y asuntos sociales importantes (los ciclos de vida, la supervivencia, la interrelación entre los seres humanos y el medioambiente, la responsabilidad social, la pobreza, la justicia, el racismo, la guerra)
- Temas e ideas que desarrollan una conciencia social y revelan perspectivas acerca de la condición humana
- Temas e ideas que requieren una perspectiva no conocida para la lectora o el lector o la comprensión de la diversidad cultural

# **Seleccionar textos** Características de los textos para la lectura en voz alta y la conversación *(cont.)*

## Lectura interactiva en voz alta y discusión literaria

### TEMAS E IDEAS *(continuación)*

- Temas e ideas que implican los problemas de preadolescentes y adolescentes (la autoestima, las diferencias de género, la autoconciencia física, emocional y social; la individualidad; las relaciones entre compañeros y popularidad, el acoso, las relaciones familiares)
- Muchos libros con múltiples ideas, la mayoría requiere inferencia y síntesis para comprender
- Ideas cercanas a la experiencia de los estudiantes (mostrar empatía con los demás; valorar las diferencias; relacionar el pasado, el presente y el futuro; superar dificultades; seguir los sueños; aprender de la vida de los demás; explorar la expresión y la apreciación artística)
- Temas que evocan interpretaciones diferentes, a veces contradictorias
- Textos que presentan varios temas que se pueden comprender por niveles
- Temas relacionados con conflictos que involucran a una persona que lucha contra las fuerzas de la naturaleza, contra otra persona, contra la sociedad o contra sí misma
- Temas que involucran una representación simbólica del bien contra el mal

### CARACTERÍSTICAS LITERARIAS Y DEL LENGUAJE

- Elementos de la literatura tradicional y la fantasía moderna (lo sobrenatural; criaturas imaginarias y sobrenaturales; diosas y dioses; animales, juguetes y muñecas que hablan; personajes heroicos; tecnología o avances científicos; viaje en el tiempo; extraterrestres o el espacio exterior)
- Motivos básicos de la literatura tradicional y la fantasía moderna (lucha entre el bien y el mal, magia, mundos secundarios o alternativos, el periplo del héroe, tipos de personajes especiales, objetos fantásticos o mágicos, deseos, artimañas, transformaciones)
- Desenlaces predecibles de cuentos, típicos de la literatura tradicional (la inteligencia supera al poder, el bien vence al mal)
- Escenarios importantes para la trama, muchos distantes en tiempo y lugar de las propias experiencias de los estudiantes
- Personajes con múltiples dimensiones reveladas por lo que dicen, piensan y hacen, y por lo que los demás dicen y piensan sobre ellos
- Personaje o personajes principales involucrados de manera protagónica en el conflicto y su resolución y personajes secundarios, algunos que pueden ser importantes para la trama
- Personajes "dinámicos" que tienen una gama compleja de atributos buenos y malos, y que cambian durante el desarrollo de la trama, y personajes "estáticos" que no cambian pero pueden tener un papel importante en la trama
- Personajes predecibles y estáticos con rasgos sencillos, típicos de la literatura tradicional
- Trama con varios episodios y conflictos, resoluciones satisfactorias, algunas sujetas a la inferencia
- Algunos textos más extensos con una o más subtramas, cada una con un conflicto
- Algunos textos con finales ambiguos
- Algunos textos con conflictos que involucran a una persona que lucha contra las fuerzas de la naturaleza, contra otra persona, contra la sociedad o contra sí misma
- Textos escritos mayormente en primera o tercera persona narrativa con algunos textos de instrucciones en segunda persona
- Textos contados desde múltiples puntos de vista
- Lenguaje y sucesos que transmiten una atmósfera emocional en un texto, que afecta las emociones de la lectora o del lector (suspenso, tristeza, capricho, alegría, miedo)
- Lenguaje que expresa la actitud o las emociones de la autora o del autor respecto de un tema reflejado en estilo de escritura (tono): alegre, irónico, serio, afectuoso, formal
- Muchos textos con simbolismo
- Lenguaje descriptivo e imágenes literarias que transmiten experiencias sensoriales y una gama de sentimientos humanos (alegría, tristeza, enojo, entusiasmo)
- Lenguaje poético y otro lenguaje literario
- Lenguaje que transgrede las reglas convencionales de la gramática y del uso para proveer un habla coloquial o para lograr la voz distintiva de la autora o del autor
- Lenguaje descriptivo y figurado que es importante para comprender el contenido (imágenes literarias, metáfora, símil, personificación, exageración)
- Algunos tramos extensos de lenguaje descriptivo importantes para comprender el escenario, la trama, los personajes, los temas
- Diálogo asignado y no asignado, incluidas algunas series de diálogo no asignado por el que se deben inferir los interlocutores, y uso ocasional del monólogo
- Lenguaje de procedimientos (paso a paso, instrucciones, explicaciones)
- Lenguaje persuasivo

### COMPLEJIDAD DE LAS ORACIONES

- Muchas oraciones largas y complejas que requieren atención para comprender
- Oraciones largas unidas con o punto y coma o con dos puntos
- Variación en la ubicación del sujeto, el verbo y múltiples adjetivos, adverbios y frases preposicionales
- Muchas oraciones con varias cláusulas y frases subordinadas
- Oraciones complejas con variedad en el orden de las frases y las cláusulas
- Oraciones con conectores comunes (simples)
- Oraciones con conectores sofisticados
- Oraciones con conectores académicos
- Diálogo extenso que aumenta la complejidad de las oraciones
- Algunos textos con oraciones largas divididas en listas con viñetas o números
- Estructura de oraciones adaptada para ajustarse al propósito y la forma de las características del libro y la letra impresa (encabezado, subtítulo, rótulo, leyenda)

# **Seleccionar textos** Características de los textos para la lectura en voz alta y la conversación *(cont.)*

## Lectura interactiva en voz alta y discusión literaria

### VOCABULARIO

- Nuevas palabras de contenido relacionadas con conceptos que los estudiantes están aprendiendo
- Muchas palabras que aparecen en el vocabulario de usuarios del lenguaje maduros (Nivel 2)
- Muchas palabras que son propias de una disciplina (Nivel 3)
- Conectores comunes (simples) que se usan con frecuencia en el lenguaje oral (palabras, frases que aclaran relaciones e ideas): *y, pero, entonces, porque, antes, después*
- Conectores sofisticados (palabras que relacionan ideas y aclaran el significado) que se usan en textos escritos pero no suelen aparecer en el lenguaje oral cotidiano (*aunque, sin embargo, mientras tanto, además, si no, por lo tanto, no obstante, a menos que, hasta que, cuando sea, todavía*)
- Conectores académicos (palabras que relacionan ideas y aclaran significados que aparecen en textos escritos): *a través del cual, como se observa, con referencia a, con respecto a, considerando que, de igual modo, en consecuencia, en síntesis, en último lugar, por consiguiente, por el contrario, por ende, por último*
- Muchas palabras con varios significados, algunas con matices sutiles de significado
- Muchas palabras con significado figurado
- Modismos adecuados al género
- Muchas palabras con significados connotativos que son esenciales para comprender el texto
- Algunas palabras usadas irónicamente
- Algunas palabras de dialectos regionales o históricos
- Algunas palabras de idiomas diferentes al español
- Algunas palabras (incluida la jerga) usadas informalmente por grupos particulares de personas
- Algunos arcaísmos
- Amplia gama de vocabulario técnico

### ILUSTRACIONES

- Ilustraciones en diversos medios de comunicación que ofrecen ejemplos de técnica artística destacable
- Ilustraciones que mejoran y amplían el significado en un texto
- Ilustraciones complejas con muchos detalles, algunas requieren descripción por parte de la maestra o del maestro durante la lectura
- Libros con ilustraciones que representan una visión artística coherente
- Libros por capítulos con pocas o sin ilustraciones
- Algunos textos con elementos decorativos tales como las viñetas
- Algunas ilustraciones complejas y matizadas que transmiten una atmósfera que complementa o amplía el texto
- Libros con ilustraciones que reflejan el tema y el tono de la autora o del autor
- Algunas ilustraciones con características figurativas y simbólicas que requieren interpretación
- Ilustraciones sencillas en diversas formas: dibujo con rótulo o leyenda, fotografía con rótulo o leyenda, mapa con leyenda y escala, diagrama (dibujo de corte), infografía, tabla, gráfica, línea de tiempo

### CARACTERÍSTICAS DEL LIBRO Y LA LETRA IMPRESA

#### LONGITUD

- Muchos libros álbum cortos que se pueden leer en una sesión
- Textos ilustrados extensos con secciones que pueden seleccionarse y leerse
- Textos ilustrados extensos que se leen en varios días

#### TEXTO IMPRESO Y DISPOSICIÓN

- Algunos libros con ilustraciones decorativas o informativas o letra impresa fuera del cuerpo del texto (peritexto)
- Textos con diseños atractivos que añaden valor estético y tienen valor simbólico y significado cultural

#### HERRAMIENTAS DE ORGANIZACIÓN

- Título, autora o autor e ilustradora o ilustrador mencionados en la cubierta y la portada
- Tabla de contenidos, título del capítulo, encabezado, subtítulo, recuadro lateral

#### RECURSOS DEL TEXTO

- Algunos libros con dedicatoria, reconocimientos, nota de la autora o del autor, glosario, guardas especiales (peritexto), índice
- Información adicional proporcionada por el prefacio, el prólogo, la guía de pronunciación, la nota al pie de página, el epílogo, el apéndice, la nota al final, las referencias, la bibliografía

## Seleccionar objetivos Hábitos y conocimientos para observar, enseñar y apoyar

### Lectura interactiva en voz alta y discusión literaria

#### TEXTOS DE FICCIÓN

**General**

- ● Hacer preguntas para comprender un texto en mayor profundidad
- ● Observar y hacer preguntas cuando se pierde el significado o se interrumpe la comprensión
- ● Consultar información y detalles importantes y usarlos como prueba para apoyar opiniones y declaraciones durante la conversación
- ● Observar y responder a dimensiones de fluidez (entonación, énfasis, pausas, formación de frases) mientras se escucha y después de leer un cuento
- ● Proveer un resumen conciso, organizado lógicamente, de un texto después de escuchar su lectura
- ● Mantener la atención en algunos textos más extensos que pueden requerir varios días de lectura
- ● Consultar la ubicación de algunos detalles importantes en el texto (escenario, orden temporal, problema, resolución)
- ● Recordar detalles importantes sobre el escenario, el problema y la resolución, y los personajes después de la lectura de un cuento
- ◆ Aprender nuevos conceptos e ideas después de escuchar textos de ficción
- ◆ Sintetizar información e ideas nuevas y revisar el razonamiento en la respuesta
- ◆ Formular preguntas implícitas y explícitas sobre el contenido y los conceptos en un texto de ficción
- ◆ Comprender problemas complejos que pueden relacionarse con la vida de los lectores
- ◆ Aprender más acerca de los asuntos sociales, tanto locales como globales, a medida que se revelan a través de los personajes, la trama y el escenario
- ◆ Establecer conexiones con su vida y con cuestiones y problemas contemporáneos en todos los géneros
- ◆ Dar razones/pruebas (ya sea a partir del texto o de la propia experiencia) para apoyar el razonamiento
- ◆ Aplicar los conocimientos previos para ampliar la comprensión de la ficción histórica y la ciencia ficción
- ◆ Inferir el propósito de una autora o del autor al escribir un texto de ficción
- ◆ Establecer conexiones (contenido, tema) entre textos de ficción que se leen en voz alta y conectar con textos de no ficción cuando corresponda
- ◆ Usar pruebas del texto para apoyar declaraciones acerca de él
- ◆ Establecer conexiones (semejanzas y diferencias) entre textos que tienen la misma autora o el mismo autor/ilustradora o ilustrador, escenario, personajes o tema
- ◆ Usar pruebas del texto para apoyar una amplia gama de predicciones
- ◆ Relacionar ideas importantes en el texto; unas con otras y con ideas en otros textos
- ◆ Cambiar de opinión a partir de información nueva o perspectivas nuevas adquiridas en textos de ficción
- ■ Comprender que una autora o un autor tiene un propósito para escribir un texto de ficción
- ■ Relacionar textos mediante una gama de categorías (contenido, tema, mensaje, género, autora o autor/ilustradora o ilustrador, personajes, escenario, formas especiales, estructura del texto u organización)
- ■ Formular y expresar opiniones acerca de un texto y apoyarlas con fundamentos y pruebas
- ■ Formular y exponer la base para las opiniones sobre los autores y los ilustradores
- ■ Pensar de manera crítica en la autenticidad de un texto (caracterización, trama, escenario, valores sociales)
- ■ Criticar un texto de ficción en términos de la autenticidad de los personajes, la representación precisa de asuntos actuales o pasados, la voz, el tono, la precisión del escenario

**Género**

- ● Comprender que hay diferentes tipos de textos de ficción y de no ficción y que tienen diferentes características
- ◆ Aplicar los conocimientos previos para ampliar la comprensión de la ficción histórica y la ciencia ficción
- ■ Observar y comprender las características de algunos géneros de ficción específicos (ficción realista, ficción histórica, cuento popular, cuento de hadas, cuento de hadas fracturado, fábula, mito, leyenda, épica, balada, textos de fantasía como la ciencia ficción, texto híbrido)
- ■ Comprender cuándo un cuento podría suceder en la vida real (ficción realista) y cuándo no podría suceder en la vida real (literatura tradicional, fantasía)
- ■ Identificar elementos de la literatura tradicional y la fantasía (lo sobrenatural; criaturas imaginarias y sobrenaturales; diosas y dioses; animales, juguetes y muñecas que hablan; personajes heroicos; tecnología o avances científicos; viaje en el tiempo; extraterrestres o el espacio exterior)
- ■ Observar desenlaces de cuentos que son típicos de la literatura tradicional
- ■ Observar y comprender motivos básicos de la literatura tradicional y la fantasía (lucha entre el bien y el mal, magia, mundos secundarios o alternativos, el periplo del héroe, tipos de personajes especiales, objetos fantásticos o mágicos, deseos, artimañas, transformaciones)
- ■ Identificar algunos elementos de ciencia ficción (tecnología o avances científicos, escenario futurista, viaje en el tiempo, extraterrestres y espacio exterior)

● Pensar en el texto ***en sí*** ◆ Pensar ***más allá*** del texto ■ Pensar ***acerca*** del texto

# Seleccionar objetivos Hábitos y conocimientos para observar, enseñar y apoyar *(cont.)*

## Lectura interactiva en voz alta y discusión literaria

### TEXTOS DE FICCIÓN *(continuación)*

**Género** *(continuación)*

- ■ Reconocer textos híbridos, distinguir qué secciones son de ficción o de no ficción y observar cómo la autora o el autor mezcla los dos géneros
- ■ Observar y apreciar formas y géneros contenidos en otra forma o género
- ■ Observar y comprender algunos tipos especiales de ficción (cuento de misterio; cuento de aventuras; cuento de animales; cuento de familia, amigos y escuela; cuento humorístico, cuento de deportes)
- ■ Reconocer y comprender algunos tipos específicos de poesía (poesía lírica, verso libre, quintilla humorística, haiku, poesía narrativa, balada, épica/saga, poesía concreta)
- ■ Observar y comprender algunos elementos de la poesía: lenguaje figurado, rima, repetición, onomatopeya, diseño/saltos de línea (forma), imágenes literarias, aliteración, asonancia

**Mensajes y temas**

- ◆ Observar que un libro puede tener más de un mensaje o idea importante (principal)
- ◆ Comprender que los mensajes o ideas importantes en los textos de ficción pueden aplicarse a sus vidas o a otras personas y a la sociedad
- ◆ Inferir los mensajes en una obra de ficción
- ◆ Inferir y comprender la lección moral o la enseñanza cultural en la literatura tradicional
- ◆ Observar e inferir la importancia que tienen las ideas relevantes en su mundo (independizarse, valorar el cambio personal y el de los demás; mostrar empatía con los demás; valorar las diferencias; relacionar el pasado, el presente y el futuro; superar dificultades; seguir los sueños; aprender de la vida de los demás; justicia social, explorar la expresión y la apreciación artística)
- ◆ Observar y comprender temas que son cercanos a sus experiencias y también temas que no son parte de sus experiencias (la imaginación, el coraje, los miedos, compartir, la amistad, las relaciones familiares, una misma o uno mismo, la naturaleza, crecer, los hábitos, la comunidad, las responsabilidades, la diversidad, la pertenencia, las relaciones con los compañeros, la pérdida)
- ◆ Observar y comprender temas que reflejan desafíos humanos y asuntos sociales importantes (una misma o uno mismo y la autoestima, la popularidad, el acoso, el espíritu deportivo, la transición a la adolescencia, los ciclos de vida, la supervivencia, la interrelación entre los seres humanos y el medioambiente, la conciencia y la responsabilidad social, la pobreza, la justicia, el racismo, la guerra)
- ◆ Comprender que el significado de un texto puede interpretarse de distintas maneras
- ◆ Pensar a partir de textos para encontrar mensajes, temas o ideas más amplios
- ◆ Establecer conexiones con su vida y con cuestiones y problemas contemporáneos en todos los géneros
- ◆ Comprender temas e ideas que son cuestiones maduras y requieren experiencia o lectura previa para interpretar
- ■ Observar cuándo una autora o un autor de ficción comunica una lección moral
- ■ Observar temas o motivos recurrentes en la literatura tradicional y la fantasía (lucha entre el bien y el mal, el periplo del héroe)
- ■ Reconocer y comprender el simbolismo en un texto y en las ilustraciones
- ■ Pensar en los textos para comparar las perspectivas de diferentes escritores sobre el mismo problema, tema o tipos de personaje
- ■ Observar cómo una autora o un autor revela el tema o mensajes subyacentes de un texto a través de la voz de un personaje, la voz del narrador o sucesos de la trama

**Escenario**

- ◆ Reconocer y comprender que los textos de ficción pueden tener escenarios que reflejan una amplia gama de lugares, lenguajes y culturas, y que los hábitos de los personajes pueden reflejar los escenarios
- ◆ Observar y comprender escenarios que son distantes en tiempo y lugar de las propias experiencias de los estudiantes
- ◆ Inferir la importancia del escenario para la trama del cuento en la ficción realista e histórica y el texto de fantasía
- ◆ Formular preguntas implícitas y explícitas en respuesta a las características de un escenario
- ■ Observar escenarios de la ciencia ficción y del texto de fantasía (mundo alternativo o paralelo, escenario futurista, historias alternativas, reino animal, planetas ficticios, escenario pseudomedieval)
- ■ Evaluar la importancia del escenario en el cuento
- ■ Evaluar la autenticidad de la presentación del escenario que hace la autora o el autor

● Pensar en el texto ***en sí*** ◆ Pensar ***más allá*** del texto ■ Pensar ***acerca*** del texto

# Seleccionar objetivos Hábitos y conocimientos para observar, enseñar y apoyar *(cont.)*

## Lectura interactiva en voz alta y discusión literaria



### TEXTOS DE FICCIÓN *(continuación)*

**Trama**

- ● Seguir una trama compleja con varios sucesos, episodios o problemas
- ● Observar y recordar los sucesos importantes de un texto en orden secuencial
- ● Revisar la comprensión de tramas y problemas complejos y hacer preguntas si se pierde el significado
- ● Contar los sucesos importantes de un cuento usando las imágenes (después de escuchar la lectura del texto varias veces)
- ● Observar y comprender cuándo se resuelve un problema
- ● Incluir el problema y su resolución en el resumen de un texto
- ● Comprender el problema en tramas básicas (vencer al mal, la pobreza y la riqueza, la aventura, el periplo y el regreso, la comedia, la tragedia, el arrepentimiento del villano)
- ● Comprender cómo un episodio se construye a partir de otro y usar información del comienzo de un cuento para interpretar episodios posteriores
- ● Seguir y comprender textos narrativos con estructura compleja (múltiples hilos argumentales, múltiples puntos de vista, subtramas, tramas circulares, tramas paralelas, flashback, flash-forward, cuento dentro de otro cuento, muchos tipos de conflicto)
- ◆ Hacer predicciones en forma continua durante y después de la lectura (basadas en el progreso de la trama, las características del escenario, los atributos de los personajes, las acciones de los personajes)
- ◆ Inferir la importancia de los sucesos en una trama
- ◆ Formular preguntas implícitas y explícitas en respuesta a los sucesos de una trama
- ■ Dar opiniones acerca de si un problema parece real
- ■ Reconocer y comentar aspectos de la estructura narrativa: comienzo, serie de sucesos, clímax (momento crucial) del cuento, resolución del problema, final
- ■ Observar el uso que hace una autora o un autor de múltiples textos narrativos para revelar la trama y las relaciones que existen entre los personajes
- ■ Reconocer cuando la autora o el autor usa recursos literarios como flashback, cuento dentro de otro cuento, flash-forward, líneas de trama paralelas para estructurar el texto
- ■ Reconocer el uso que hace una autora o un autor de tramas y subtramas
- ■ Evaluar la lógica y la credibilidad de la trama y su resolución

**Personajes**

- ● Seguir a varios personajes, cada uno con rasgos particulares, en el mismo cuento
- ● Reconocer que los personajes pueden tener dimensiones múltiples (pueden ser buenos pero tener defectos, pueden cometer errores en base a la confusión o malentendidos, pueden hacer cosas malas pero mejorar, pueden tener sentimientos contradictorios, pueden aprender de sus errores, pueden tener buenas intenciones pero hacer cosas malas)
- ◆ Inferir los rasgos, los sentimientos, las motivaciones y las intenciones de un personaje, que se revelan a través de lo que dicen, piensan o hacen y lo que otros dicen o piensan de ellos y, usar pruebas del texto para describirlos
- ◆ Hacer predicciones acerca de lo que es probable que haga un personaje a continuación o después del final del cuento y usar pruebas del texto para apoyar las predicciones
- ◆ Observar los cambios de los personajes e inferir razones a partir de los sucesos de la trama
- ◆ Aprender de experiencias ajenas con los personajes de los cuentos
- ◆ Expresar opiniones acerca de los personajes de un cuento y apoyarlas con pruebas
- ◆ Observar personajes predecibles o estáticos (personajes que no cambian), típicos de la literatura tradicional
- ◆ Inferir la importancia de personajes heroicos o épicos en el texto de fantasía, que representan la lucha simbólica entre el bien y el mal
- ◆ Inferir relaciones entre personajes tal como se revelan a través del diálogo y sus comportamientos
- ■ Observar la manera en que una autora o un autor revela personajes predecibles típicos de la literatura tradicional (astuto, sabio, codicioso, inteligente, heroico, malvado, tramposo, humorístico)
- ■ Expresar opiniones acerca de si un personaje parece real
- ■ Observar la manera en que una autora o un autor revela los personajes y los hace parecer reales
- ■ Observar cómo una autora o un autor crea personajes que son complejos y cambian a lo largo de muchos sucesos de una trama
- ■ Pensar de manera crítica en la lógica de las acciones de un personaje (causas y efectos)
- ■ Pensar de manera crítica en la autenticidad y la credibilidad de los personajes y sus comportamientos, diálogo y desarrollo
- ■ Evaluar hasta qué punto una autora o un autor logra que los lectores sientan empatía o se identifiquen con los personajes
- ■ Evaluar la consistencia de las acciones de los personajes dentro de un escenario particular

● Pensar en el texto ***en sí*** ◆ Pensar ***más allá*** del texto ■ Pensar ***acerca*** del texto

# Seleccionar objetivos Hábitos y conocimientos para observar, enseñar y apoyar *(cont.)*

## Lectura interactiva en voz alta y discusión literaria

### TEXTOS DE FICCIÓN *(continuación)*

**Estilo y lenguaje**

- ● Seguir y comprender diálogo asignado o no asignado entre varios personajes con una idea clara acerca de quién habla
- ● Observar que las palabras tienen cualidades especiales, tales como sonido musical o agradable, impacto teatral o humor
- ● Internalizar estructuras del lenguaje complejas y literarias a partir de escucharlas durante la lectura en voz alta
- ● Comprender el significado de las palabras creadas por la autora o el autor, especialmente en el texto de fantasía y en la ciencia ficción
- ● Comprender el significado de palabras arcaicas, usadas para dar autenticidad
- ◆ Inferir la atmósfera al observar aspectos de un texto, como la elección de palabras
- ◆ Inferir el tono de una autora o un autor en texto de ficción al observar el lenguaje
- ■ Observar y pensar de manera crítica acerca de la selección de palabras de una autora o un autor
- ■ Observar el uso que hace una autora o un autor del lenguaje poético y los recursos sonoros (ritmo, rima, repetición, estribillo, onomatopeya, aliteración, asonancia)
- ■ Reconocer la manera en que una autora o un autor crea humor (diálogo; descripciones efectivas de las acciones, las palabras, los comportamientos y los sentimientos de los personajes; metáforas y símiles sorprendentes; expresiones irónicas)
- ■ Apreciar o criticar textos de ficción que presentan humor sutil o fantasioso
- ■ Observar cuándo una autora o un autor de ficción usa lenguaje poético o descriptivo para mostrar el escenario, apelar a los cinco sentidos o transmitir sentimientos humanos como la pérdida, el alivio o la ira
- ■ Observar y comprender tramos extensos de lenguaje descriptivo importantes para comprender el escenario y los personajes
- ■ Observar el lenguaje que transmite una atmósfera emocional en un texto, que afecta las emociones de la lectora o del lector (suspenso, tristeza, capricho, alegría)
- ■ Observar el lenguaje que expresa la actitud o las emociones de la autora o del autor respecto de un tema reflejado en el estilo de escritura (tono): alegre, irónico, serio, afectuoso, formal
- ■ Observar y recordar patrones del lenguaje literario que son característicos de la literatura tradicional (*había una vez, hace mucho tiempo, entonces, finalmente, por fin, vivieron felices para siempre*)
- ■ Observar y comprender la manera en que la autora o el autor usa modismos y lenguaje literario, como metáfora, símil, simbolismo y personificación
- ■ Observar el uso que hace una autora o un autor de la contradicción: paradoja, lenguaje figurado, metátesis, oxímoron ("un rugido silencioso")
- ■ Observar el vocabulario regional o histórico que usa la escritora o el escritor o las características dialectales incluidas para generar un el efecto literario
- ■ Observar el uso que hace una autora o un autor de algunas palabras de idiomas diferentes al español
- ■ Observar la narradora o el narrador de un texto, identificar el punto de vista narrativo (primera persona narrativa, segunda persona narrativa, tercera persona narrativa omnisciente) y hablar acerca del motivo por el que la autora o el autor eligió esta perspectiva
- ■ Observar una combinación de puntos de vista narrativos dentro de un único texto
- ■ Pensar de manera crítica en la autenticidad y el atractivo de la voz de una narradora o un narrador
- ■ Observar el uso intencional que hace una autora o un autor del lenguaje al transgredir la gramática convencional para proveer un diálogo auténtico y lograr la voz de la autora o del autor
- ■ Reconocer y apreciar un final ambiguo de un texto de ficción
- ■ Analizar textos para determinar aspectos del estilo de una autora o un autor (uso de lenguaje, elección de escenario, trama, personajes, temas e ideas)
- ■ Reconocer a algunos autores por el estilo de sus ilustraciones, sus temas, los personajes que usan o tramas típicas
- ■ Evaluar la efectividad del uso que hace la escritora o el escritor del lenguaje

**Vocabulario**

- ● Continuar desarrollando el vocabulario como fundamento para reconocer palabras en la letra impresa
- ● Observar y adquirir conocimientos de vocabulario nuevo a partir de contenidos leídos en voz alta
- ● Adquirir palabras de contenido nuevas a partir de los textos y los elementos gráficos
- ● Usar vocabulario nuevo en la discusión de un texto
- ● Aprender muchas palabras nuevas que no aparecen con frecuencia en la conversación oral pero que se usan en textos escritos (Nivel 2)
- ● Comprender palabras que aparecen en las disciplinas académicas (Nivel 3)
- ● Comprender el significado de palabras que representan categorías gramaticales al escuchar un cuento
- ● Comprender (cuando se escucha) conectores comunes (simples) que relacionan y aclaran el significado y se usan con frecuencia en el lenguaje oral cuando se escucha un cuento (*y, pero, entonces, porque, antes, después*)
- ● Comprender (cuando se escucha) algunos conectores sofisticados (palabras que relacionan ideas y aclaran el significado) que se usan en textos escritos pero no suelen aparecer en el lenguaje oral cotidiano:*aunque, sin embargo, mientras tanto, además, si no, por lo tanto, no obstante, a menos que, hasta que, cuando sea, todavía*

● Pensar en el texto ***en sí*** ◆ Pensar ***más allá*** del texto ■ Pensar ***acerca*** del texto

# Seleccionar objetivos Hábitos y conocimientos para observar, enseñar y apoyar *(cont.)*



## Lectura interactiva en voz alta y discusión literaria

### TEXTOS DE FICCIÓN *(continuación)*

**Vocabulario** *(continuación)*

- ● Comprender (cuando se escucha) algunos conectores académicos (palabras que relacionan ideas y aclaran significados que aparecen en textos escritos): *a través del cual, como se observa, con referencia a, con respecto a, considerando que, de igual modo, en consecuencia, en síntesis, en último lugar, por consiguiente, por el contrario, por ende, por último*
- ● Encontrar el significado de palabras a partir del contexto de una oración, un párrafo o de todo el cuento
- ● Comprender los significados connotativos de palabras que son esenciales para la comprensión del texto
- ● Comprender palabras con varios significados dentro del mismo texto, que suelen señalar significados sutilmente diferentes
- ● Comprender el significado figurado de palabras que son esenciales para la comprensión del texto
- ● Comprender el significado de modismos
- ● Comprender palabras de dialectos regionales o históricos
- ● Comprender el significado de palabras que se usan irónicamente de manera tal que cambian el significado superficial
- ■ Usar lenguaje académico para hablar acerca de los géneros (*ficción, cuento popular, cuento de hadas, cuento de hadas fracturado, fábula, cuento exagerado, ficción realista, ficción histórica, fantasía, literatura tradicional, texto híbrido, mito, leyenda, balada, ciencia ficción*)
- ■ Usar lenguaje académico para hablar acerca de tipos especiales de ficción (*cuento de aventuras; cuento de animales; cuento de familia, amigos y escuela; cuento humorístico; cuento de misterio; cuento de deportes*)
- ■ Usar lenguaje académico para hablar acerca de las formas (*libro álbum o ilustrado, libro álbum o ilustrado sin palabras, libro de frases cortas, libro del alfabeto, poema, poesía, rima infantil, rima, canción, libros de una serie, libro por capítulos, obra de teatro, carta, colección de poesía, secuela, quintilla humorística, haiku, poema concreto, cuento corto, entrada de diario, poesía narrativa, poesía lírica, verso libre, balada*)
- ■ Usar lenguaje académico para hablar acerca de las características literarias (*comienzo, final, personaje, personaje principal, sucesos, mensaje, diálogo, tiempo y lugar, flashback, conflicto, resolución, tema, lenguaje descriptivo, símil, trama, trama secundaria, flash-forward, desarrollo del personaje, personaje secundario, punto de vista, lenguaje figurado, metáfora, episodio, clímax, acción creciente, acción descendiente, lapso de tiempo, cuento dentro de otro cuento, atmósfera, personificación, símbolo, simbolismo, narración en primera persona, narración en tercera persona*)
- ■ Usar lenguaje académico para hablar acerca de aspectos del libro y la letra impresa (*portada, contraportada, título, autor, ilustrador, página, texto, ilustración, fotografía, rótulo, tabla de contenidos, agradecimientos, capítulo, sección, encabezado, dibujo, leyenda, mapa, título del capítulo, dedicatoria, nota del autor, nota del ilustrador, guardas, solapa del libro, prefacio, prólogo, guía de pronunciación, nota al pie, epílogo, nota al final, instrucciones escénicas*)

**Ilustraciones**

- ● Observar y recordar los sucesos importantes de un cuento usando las imágenes (después de escuchar la lectura del texto varias veces)
- ● Seguir y comprender algunos textos que no tienen ilustraciones
- ◆ Comprender que el significado de una ilustración puede interpretarse de distintas maneras
- ◆ Usar detalles de las ilustraciones y del texto para apoyar lo dicho en una conversación
- ◆ Interpretar algunas ilustraciones con características simbólicas (uso de color o símbolos)
- ■ Observar la manera en la que se combinan las ilustraciones y los elementos gráficos con el texto de manera coherente
- ■ Observar la manera en que las ilustraciones y los elementos gráficos pueden reflejar el tema o el tono de la autora o del autor
- ■ Observar e inferir la manera en que las ilustraciones contribuyen a la atmósfera de un texto de ficción

**Características del libro y la letra impresa**

- ■ Observar, usar y comprender el propósito de algunas herramientas de organización (*título, tabla de contenidos, título de los capítulos*)
- ■ Observar, usar y comprender el propósito de otros recursos del texto (glosario)
- ■ Observar, usar y comprender el propósito de algunos recursos del texto fuera del cuerpo (peritexto): dedicatoria, reconocimientos, nota de la autora o del autor, guardas, prefacio, prólogo, guía de pronunciación, nota al pie, epílogo, apéndice, nota al final, referencias
- ■ Observar y comprender otros aspectos del peritexto que tienen valor simbólico o cultural o añaden atractivo estético
- ■ Inferir la importancia cultural o simbólica del peritexto (por ejemplo, aspectos de la disposición)
- ■ Apreciar el talento artístico en la disposición del texto: solapa de libro, cubierta, páginas finales, portada, márgenes, encabezados de capítulos, iluminación
- ■ Evaluar la manera en que algunos recursos del texto contribuyen al significado de las ilustraciones

● Pensar en el texto ***en sí*** ◆ Pensar ***más allá*** del texto ■ Pensar ***acerca*** del texto

# Seleccionar objetivos Hábitos y conocimientos para observar, enseñar y apoyar *(cont.)*

## Lectura interactiva en voz alta y discusión literaria

### TEXTOS DE NO FICCIÓN

**General**

- ● Hacer preguntas para comprender un texto en mayor profundidad
- ● Observar y hacer preguntas cuando se pierde el significado o se interrumpe la comprensión
- ● Consultar información y detalles importantes y usarlos como prueba para apoyar opiniones y declaraciones durante la conversación
- ● Comprender contenidos que reflejan la comprensión inicial del mundo físico y del mundo social (salud, estudios sociales, ciencias, matemáticas, artes)
- ● Observar y responder al énfasis y al tono de voz mientras se escucha y posteriormente
- ● Observar y recordar los sucesos importantes de un texto cuando se usa una secuencia temporal o cronológica
- ● Observar y recordar la información importante en un texto
- ● Observar y comprender la información que proporcionan fuentes primarias integradas en el texto
- ● Proveer un resumen, conciso y organizado lógicamente, de un texto después de escuchar su lectura
- ● Mantener la atención en algunos textos más extensos que pueden requerir varios días de lectura
- ◆ Sintetizar información e ideas nuevas y revisar el razonamiento en la respuesta
- ◆ Formular preguntas explícitas e implícitas sobre el contenido y los conceptos en un texto
- ◆ Comprender los problemas que ocurren en la vida cotidiana, incluidos algunos problemas complejos que pueden relacionarse con la vida de los lectores
- ◆ Establecer conexiones con su vida y con cuestiones y problemas contemporáneos en todos los géneros
- ◆ Dar razones (ya sea a partir del texto o de la propia experiencia) para apoyar el razonamiento
- ◆ Usar conocimientos previos del contenido para comprender temas de no ficción
- ◆ Usar conocimientos previos de historia para comprender biografías sencillas, autobiografías y memorias personales
- ◆ Reconocer y comprender que los textos de no ficción pueden reflejar una amplia gama de escenarios, lenguajes y culturas
- ◆ Usar pruebas del texto para apoyar declaraciones acerca de él
- ◆ Usar pruebas del texto para apoyar predicciones
- ◆ Relacionar los mensajes de un texto de no ficción con la vida propia
- ◆ Cambiar de opinión a partir de información nueva o perspectivas nuevas adquiridas en textos de no ficción
- ◆ Relacionar la información y los conceptos importantes de un texto y relacionarlos con la información y los conceptos de otros textos
- ◆ Comprender textos que requieren la aplicación de conocimientos de disciplinas académicas (ciencias, historia, humanidades)
- ◆ Extraer información de fuentes secundarias y de otras fuentes que pueda haber en un texto de no ficción
- ■ Identificar y comentar información interesante, sorprendente e importante en un texto
- ■ Formular y expresar opiniones acerca de un texto y apoyarlas con fundamentos y pruebas
- ■ Formular y exponer los fundamentos para las opiniones sobre los autores y los ilustradores
- ■ Relacionar textos mediante una gama de categorías (contenido, mensaje, género, autora o autor/ilustradora o ilustrador, forma especial, estructura del texto u organización)
- ■ Pensar de manera crítica acerca de la calidad de un texto de no ficción (calidad de la escritura, contribución de la ilustración y otros elementos del diseño gráfico, precisión)

**Género**

- ◆ Inferir la importancia de los logros de una persona (biografía)
- ◆ Distinguir entre hecho y opinión en un texto para adquirir conocimientos nuevos
- ■ Observar y comprender las características de algunos géneros específicos de no ficción (expositivo, narrativo, textos de instrucciones y persuasivos, biografía, autobiografía, memorias personales, texto híbrido)
- ■ Comprender que una biografía es la historia de la vida de alguien escrita por otra persona
- ■ Comprender que las biografías suelen estar ambientadas en el pasado
- ■ Comprender que toda autobiografía es la historia de la vida de una persona escrita por esa persona
- ■ Comprender que las memorias personales son relatos de uno o varios recuerdos escritos por quien los vivió
- ■ Observar cuándo una autora o un autor describe un procedimiento paso a paso
- ■ Observar el uso que hace una autora o un autor del argumento y la persuasión
- ■ Observar contraargumentos y pruebas en su contra en un texto
- ■ Reconocer textos híbridos y distinguir qué secciones son no ficción y ficción
- ■ Observar y apreciar formas y géneros contenidos en la forma o género principal

● Pensar en el texto ***en sí*** ◆ Pensar ***más allá*** del texto ■ Pensar ***acerca*** del texto

# Seleccionar objetivos Hábitos y conocimientos para observar, enseñar y apoyar *(cont.)*

## Lectura interactiva en voz alta y discusión literaria

### TEXTOS DE NO FICCIÓN *(continuación)*

**Género** *(continuación)*

- ■ Reconocer y comprender algunas formas específicas de no ficción (libros de una serie; libros álbum; cartas, diarios y entradas de diario; ensayos fotográficos y artículos periodísticos)
- ■ Reconocer y comprender algunos tipos específicos de poesía cuando aparecen en la no ficción (poesía lírica, verso libre, quintilla humorística, haiku, poesía narrativa, balada, épica/saga, poesía concreta)
- ■ Observar y comprender algunos elementos de la poesía cuando aparecen en la no ficción: lenguaje figurado, rima, repetición, onomatopeya, disposición/saltos de línea (forma), imágenes literarias, aliteración, asonancia

**Organización**

- ● Seguir y comprender textos de no ficción con estructura general, categorías y subcategorías claramente definidas y relacionar la estructura con la tabla de contenidos
- ● Identificar cuándo la maestra o el maestro lee listas con viñetas o números
- ● Comprender el uso de encabezados y subtítulos
- ● Usar encabezados y subtítulos para buscar y usar información
- ● Consultar la ubicación de información importante (categoría de información, detalles de apoyo, ideas principales)
- ■ Comprender que un texto de no ficción puede tener estructura expositiva o narrativa y que la autora o el autor selecciona la estructura con un propósito específico
- ■ Observar la organización de un texto de no ficción, distinguiendo entre la estructura expositiva y narrativa
- ■ Observar el uso que hace una autora o un autor de no ficción de la estructura de texto narrativo en la biografía, las memorias personales, la autobiografía y en otros tipos de no ficción narrativa
- ■ Observar el uso que hace una autora o un autor de fuentes primarias y secundarias como partes integrales de un texto
- ■ Reconocer y aplicar el uso que la autora o el autor hace de las estructuras textuales subyacentes (descripción, causa y efecto, secuencia cronológica o temporal, comparar y contrastar, problema y solución, pregunta y respuesta, combinación)
- ■ Observar el uso que la autora o el autor hace de las categorías y subcategorías de no ficción para organizar un texto informativo (expositivo)
- ■ Comprender que una autora o un autor puede contar algo que por lo general sucede en el mismo orden (secuencia temporal) y algo que sucede en orden temporal (orden cronológico)
- ■ Observar el uso que una autora o un autor de no ficción hace de las herramientas de organización (título, tabla de contenidos, título capítulos, encabezado, subtítulo, recuadro lateral)
- ■ Pensar de manera crítica acerca de la manera en que una autora o un autor organizó la información (presentación clara, lógica, adecuada al propósito)

**Tema**

- ◆ Mostrar curiosidad acerca de temas que aparecen en textos de no ficción y trabajar de manera activa para aprender más acerca de ellos
- ◆ Pensar en los textos para desarrollar conocimientos de un tema
- ◆ Pensar en los textos para comparar y ampliar conocimientos de contenido e ideas de disciplinas académicas (responsabilidad social, medioambiente, clima, historia social y geológica, grupos culturales)
- ◆ Inferir la importancia de un tema de un texto de no ficción
- ◆ Inferir la actitud de la autora o del autor hacia un tema
- ◆ Inferir el propósito de una autora o un autor en un texto de no ficción
- ◆ Inferir la postura de una autora o un autor (posición, argumento o tesis) acerca de un tema o el sujeto de una biografía
- ◆ Reconocer que diversos textos informativos pueden abordar diferentes lugares y que las costumbres y los comportamientos de las personas pueden reflejar esos escenarios
- ◆ Reconocer que los textos informativos pueden presentar un tema más amplio con muchos subtemas
- ◆ Ampliar la comprensión de temas y contenidos de no ficción que pueden no ser parte de las experiencias inmediatas de la mayoría de los estudiantes (elementos y compuestos; las fuerzas y el movimiento; la materia; el uso de la energía; el clima y el tiempo; países y culturas de África, América Latina, Asia, Australia, el Pacífico y Europa)
- ■ Comprender que una autora o un autor presenta datos acerca de un solo tema
- ■ Observar el tema de un texto y los subtemas relacionados con el tema principal
- ■ Formular hipótesis sobre las razones que tiene una escritora o un escritor para elegir un tema e inferir la opinión de la escritora o del escritor sobre un tema
- ■ Evaluar las aptitudes de la autora o del autor para escribir sobre un tema

● Pensar en el texto ***en sí*** ◆ Pensar ***más allá*** del texto ■ Pensar ***acerca*** del texto

# Seleccionar objetivos Hábitos y conocimientos para observar, enseñar y apoyar *(cont.)*

## Lectura interactiva en voz alta y discusión literaria

### TEXTOS DE NO FICCIÓN *(continuación)*

**Mensajes e ideas principales**

- ● Seguir argumentos en un texto persuasivo
- ◆ Comprender que los significados de un texto pueden interpretarse de distintas maneras
- ◆ Pensar en los textos para comparar y ampliar conocimientos de contenido e ideas a partir de las disciplinas académicas (responsabilidad social, medioambiente, clima, historia social y geológica, grupos culturales)
- ◆ Comprender las relaciones entre ideas y contenido en un texto expositivo de no ficción (tema más amplio con subtemas)
- ◆ Relacionar información de libros de no ficción con estudios disciplinarios
- ◆ Inferir la importancia que el contenido de no ficción tiene en su vida
- ◆ Inferir las ideas más amplias (principales) o los mensajes en un texto de no ficción
- ◆ Comprender temas e ideas que son cuestiones maduras y requieren experiencia para interpretar
- ■ Comprender que un texto de no ficción puede tener más de un mensaje o idea importante (principal)
- ■ Distinguir hechos de opiniones

**Estilo y lenguaje**

- ● Comprender una estructura de oración que varía según el propósito (encabezados, rótulos, leyendas, listas con números y viñetas) en la no ficción
- ■ Observar y pensar de manera crítica acerca de la selección de palabras de una autora o un autor
- ■ Observar el lenguaje que transmite una atmósfera emocional en un texto, que afecta las emociones de la lectora o del lector (suspenso, tristeza, capricho, alegría)
- ■ Observar el lenguaje que expresa la actitud o las emociones de la autora o del autor respecto de un tema reflejado en el estilo de escritura (tono): alegre, irónico, serio, afectuoso, formal
- ■ Observar la manera en que la autora o el autor revela el escenario en un texto biográfico, histórico u otro texto narrativo de no ficción
- ■ Observar y comprender múltiples puntos de vista sobre el mismo tema
- ■ Pensar de manera crítica acerca de la manera en que una autora o un autor revela puntos de vista o perspectivas diferentes
- ■ Evaluar la objetividad con la que se presenta un tema de no ficción
- ■ Reconocer la parcialidad y poder identificar pruebas de ella
- ■ Reconocer las técnicas de persuasión que usa una autora o un autor en un texto persuasivo
- ■ Observar y criticar la manera en que una autora o un autor usa el razonamiento lógico y pruebas específicas para apoyar un argumento
- ■ Identificar y criticar el lenguaje específico que usa una autora o un autor para persuadir
- ■ Reconocer a algunos autores por los temas que eligen o el estilo de sus ilustraciones

**Precisión**

- ■ Examinar de manera crítica la calidad o la precisión del texto, citando pruebas para las opiniones
- ■ Observar y evaluar la precisión de la información presentada en el texto y en otros textos
- ■ Evaluar la manera en que la autora o el autor de un argumento apoya las oraciones con pruebas

**Vocabulario**

- ● Continuar desarrollando el vocabulario como fundamento para reconocer palabras en la letra impresa
- ● Observar y adquirir conocimientos de vocabulario nuevo a partir de contenidos leídos en voz alta
- ● Adquirir palabras de contenido nuevas a partir de los textos y los elementos gráficos
- ● Usar vocabulario nuevo en la discusión de un texto y al escribir sobre la lectura
- ● Encontrar el significado de palabras a partir del contexto de una oración, un párrafo o de todo el texto
- ● Aprender muchas palabras nuevas que no aparecen con frecuencia en la conversación oral pero que se usan en textos escritos (Nivel 2)
- ● Adquirir vocabulario especializado y relacionado con campos científicos (Nivel 3)
- ● Comprender el significado de las palabras que representan todas las categorías gramaticales cuando se escucha un texto de no ficción leído en voz alta
- ● Comprender el significado de conectores comunes (simples), sofisticados y académicos cuando se escucha un texto de no ficción leído en voz alta
- ● Observar y comprender el significado de palabras técnicas propias de disciplinas académicas
- ● Comprender los significados connotativos de palabras que son esenciales para la comprensión del texto
- ● Comprender el significado de palabras con sentido figurado que son esenciales para la comprensión del texto
- ● Comprender palabras con varios significados dentro del mismo texto, que suelen señalar significados sutilmente diferentes
- ■ Usar lenguaje académico para hablar acerca de los géneros de no ficción (*no ficción, memorias personales, texto informativo, libro informativo, texto sobre hechos, biografía, autobiografía, narración de no ficción, texto de instrucciones, texto persuasivo, texto híbrido, texto expositivo*)

● Pensar en el texto ***en sí*** ◆ Pensar ***más allá*** del texto ■ Pensar ***acerca*** del texto

# Seleccionar objetivos Hábitos y conocimientos para observar, enseñar y apoyar *(cont.)*

## Lectura interactiva en voz alta y discusión literaria

### TEXTOS DE NO FICCIÓN *(continuación)*

**Vocabulario** *(continuación)*

- ■ Usar lenguaje académico para hablar acerca de las formas (*libro álbum o ilustrado, libro álbum o ilustrado sin palabras, libro de frases cortas, libro del alfabeto, libro para contar, poema, poesía, rima infantil, rima, canción, libros de una serie, obra de teatro, carta, colección de poesía, secuela, quintilla humorística, haiku, poema concreto, entrada de diario, reportaje, artículo periodístico, poesía narrativa, ensayo fotográfico, discurso, poesía lírica, verso libre, balada*)
- ■ Usar lenguaje académico para hablar acerca de las características literarias (*comienzo, final, problema, pregunta y respuesta, solución, tema, descripción, problema y solución, mensaje, diálogo, idea principal, comparar y contrastar, tiempo y lugar, causa y efecto, categorización, lenguaje descriptivo, lenguaje figurado, metáfora, símil, lenguaje persuasivo, secuencia temporal, secuencia cronológica, temática, argumento, personificación, símbolo, simbolismo, narración en segunda persona*)
- ■ Usar lenguaje académico para hablar acerca de aspectos del libro y la letra impresa (*portada, contraportada, título, autor, ilustrador, página, texto, ilustración, fotografía, rótulo, tabla de contenidos, agradecimientos, capítulo, sección, encabezado, dibujo, leyenda, mapa, título de capítulo, dedicatoria, nota del autor, nota del ilustrador, diagrama, glosario, guardas, recuadro lateral, solapa del libro, subtítulo, tabla, gráfica, línea de tiempo, índice, corte de sección, prefacio, prólogo, guía de pronunciación, nota al pie, epílogo, nota al final, apéndice, referencias, instrucciones escénicas, bibliografía*)

**Ilustraciones/Elementos gráficos**

- ● Comprender que los elementos gráficos brindan información importante
- ● Seguir y comprender algunos textos que no tienen elementos gráficos ni ilustraciones
- ◆ Reconocer y usar información en diversos elementos gráficos (fotos y/o dibujos con rótulo o leyenda, diagrama, dibujo de corte, mapa con leyenda y escala, infografía)
- ◆ Usar detalles de las ilustraciones para apoyar lo dicho en una conversación
- ■ Observar la manera en la que las ilustraciones y los elementos gráficos ayudan a comunicar el mensaje de la autora o del autor
- ■ Comprender que los elementos gráficos y el texto están colocados concienzudamente en un texto de no ficción de manera que las ideas se comunican con claridad

**Características del libro y la letra impresa**

- ● Observar el título de un texto y el nombre de su autora o autor e ilustradora o ilustrador en la cubierta y la portada
- ◆ Incorporar nuevos conocimientos a partir de la búsqueda y el uso de la información que se encuentra en el cuerpo del texto, los recuadros laterales y los elementos gráficos
- ■ Observar, usar y comprender el propósito de algunas herramientas de organización (título, tabla de contenidos, título de los capítulos, encabezado, subtítulo)
- ■ Observar, usar y comprender el propósito de otros recursos del texto (glosario, índice)
- ■ Observar, usar y comprender el propósito de algunos recursos del texto fuera del cuerpo (peritexto): dedicatoria, reconocimientos, nota del autor, guardas, prefacio, prólogo, guía de pronunciación, nota al pie, epílogo, apéndice, nota al final, referencias
- ■ Observar y comprender otros aspectos del peritexto que tienen valor simbólico, añaden atractivo estético o significado
- ■ Apreciar el talento artístico en la disposición del texto: solapa de libro, cubierta, páginas finales, portada (peritexto)
- ■ Evaluar la efectividad de la disposición de la página y el diseño del texto y relacionarlo con la cultura representada o las ideas principales
- ■ Evaluar la manera en que algunos recursos del texto contribuyen al significado de las ilustraciones

● Pensar en el texto ***en sí*** ◆ Pensar ***más allá*** del texto ■ Pensar ***acerca*** del texto

# **Seleccionar textos** Características de los textos para la lectura en voz alta y la conversación

## Lectura interactiva en voz alta y discusión literaria

### GÉNERO

**▸ Ficción**

- Ficción realista
- Ficción histórica
- Literatura tradicional: cuento popular, cuento exagerado, cuento de hadas (que incluye el cuento de hadas fracturado), fábula, mito, leyenda, épica, balada
- Fantasía compleja (todos los tipos)
- Texto híbrido
- Tipos especiales de ficción (cuento de misterio; cuento de aventuras; cuento de animales; cuento de familia, amigos y escuela; cuento humorístico, cuento de deportes; sátira; terror; romance)

**▸ No ficción**

- Texto expositivo de no ficción
- Texto narrativo de no ficción
- Biografía
- Autobiografía
- Memorias personales
- Texto de instrucciones
- Texto persuasivo
- Texto híbrido

### FORMAS

- Libros de una serie
- Libros álbum
- Libros por capítulos, algunos con secuelas
- Secciones de libros por capítulos más extensos
- Novelas cortas
- Poemas
- Colecciones de poesía
- Obras de teatro
- Tipos de poesía (poesía lírica, verso libre, quintilla humorística, haiku, poesía narrativa, balada, épica/saga, poesía concreta)
- Cartas, diario y entradas de diario
- Cuentos cortos
- Ensayos fotográficos, artículos periodísticos y artículos de fondo
- Discursos

### ESTRUCTURA DEL TEXTO

- Narraciones más extensas con trama principal y subtramas, cada una con un conflicto
- Textos con variaciones en la estructura (cuento dentro de otro cuento, flashback, flash-forward, lapso de tiempo)
- Algunos libros con capítulos relacionados con una trama única
- Colecciones de cuentos cortos relacionados con un tema predominante y con tramas que se entrelazan o que se desarrollan en cuentos separados
- Textos con tramas circulares o paralelas
- Textos informativos relacionados con un tema más amplio y con muchos subtemas
- Patrones estructurales subyacentes (descripción, causa y efecto, secuencia cronológica, secuencia temporal, categorización, comparación y contraste, problema y solución, pregunta y respuesta)
- Textos informativos con estructura, categorías y subcategorías claramente definidas, algunas señaladas por encabezados, secciones y subsecciones
- Textos biográficos e históricos con estructura narrativa
- Textos informativos con ejemplos de argumento y persuasión sencillos

### CONTENIDO

- Contenido adecuado para el desarrollo cognitivo, la madurez social y emocional, y la experiencia de vida de los estudiantes
- Contenido relevante que recurre a la curiosidad intelectual y a las emociones de los estudiantes
- Contenido que estimula la indagación y la investigación
- Contenido que requiere razonamiento analítico y crítico (para juzgar la autenticidad y la relevancia de los textos informativos o la ficción histórica)
- Muchos textos con una gran carga de contenido que requiere conocimientos previos e invita a una discusión extendida
- Humor sofisticado y sutil que presenta ironía (personajes con rasgos humorísticos poco comunes, desenlaces sorpresivos, comparaciones humorísticas, escenarios enigmáticos)
- Contenido que refuerza y amplía la experiencia de la estudiante o del estudiante y el conocimiento de sí misma o sí mismo y del mundo
- Muchos temas que pueden no ser parte de las experiencias inmediatas de los estudiantes: organismos vivos; reproducción y factores hereditarios; ecología, relieve y topografía; astronomía; sucesos y períodos de la historia de Estados Unidos (colonización, independencia, la Constitución), historia mundial, sistemas ecológicos
- Contenido que refleja una amplia gama de escenarios, lenguajes y culturas, y que requiere ciertos conocimientos de culturas diversas
- Contenido que requiere conocimientos de contenido relacionados con períodos históricos, circunstancias y lugares
- Contenido que requiere que la estudiante o el estudiante aprecie o se identifique con diversas perspectivas relacionadas con la cultura, la raza, el género, etc.
- Contenidos vinculados a áreas específicas de estudio como los descritos en el currículo o los estándares de la escuela
- Personajes, escenarios, sucesos y conflictos más complejos que podrían existir en la vida contemporánea o en otro período histórico
- Personajes, escenarios, sucesos y conflictos más complejos que ocurren en los textos de fantasía
- Contenido que refleja el conocimiento progresivo del mundo físico y social (salud, estudios sociales, ciencias, matemáticas, artes)
- Algunos textos con una densa presentación de hechos e ideas

### TEMAS E IDEAS

- Textos con significados más profundos que se aplican a desafíos humanos y asuntos sociales importantes (los ciclos de vida, la supervivencia, la interrelación entre los seres humanos y el medioambiente, la responsabilidad social, la pobreza, la justicia, el racismo, la guerra)
- Temas e ideas que desarrollan una conciencia social y revelan perspectivas acerca de la condición humana
- Temas e ideas que requieren una perspectiva no conocida para la lectora o el lector o la comprensión de la diversidad cultural

# **Seleccionar textos** Características de los textos para la lectura en voz alta y la conversación *(cont.)*

## Lectura interactiva en voz alta y discusión literaria

### TEMAS E IDEAS *(continuación)*

- Temas e ideas que involucran problemas de los preadolescentes y los adolescentes (la autoestima, las diferencias de género; la autoconciencia física, emocional y social; la individualidad, las relaciones con los compañeros y la popularidad; el acoso, las relaciones familiares)
- Muchos libros con múltiples ideas, la mayoría requiere inferencia y síntesis para comprender
- Ideas cercanas a la experiencia de los estudiantes (mostrar empatía con los demás; valorar las diferencias; relacionar el pasado, el presente y el futuro; superar dificultades; seguir los sueños; aprender de la vida de los demás; explorar la expresión y la apreciación artística)
- Temas que evocan interpretaciones diferentes, a veces contradictorias
- Textos que presentan varios temas que se pueden comprender por niveles
- Temas relacionados con conflictos que involucran a una persona que lucha contra las fuerzas de la naturaleza, contra otra persona, contra la sociedad o contra sí misma
- Temas que involucran una representación simbólica del bien contra el mal

### CARACTERÍSTICAS LITERARIAS Y DEL LENGUAJE

- Elementos de la literatura tradicional y la fantasía moderna (lo sobrenatural; criaturas imaginarias y sobrenaturales; diosas y dioses; animales, juguetes y muñecas que hablan; personajes heroicos; tecnología o avances científicos; viaje en el tiempo; extraterrestres o el espacio exterior
- Motivos básicos de la literatura tradicional y la fantasía moderna (lucha entre el bien y el mal, magia, mundos secundarios o alternativos, el periplo del héroe, tipos de personajes especiales, objetos fantásticos o mágicos, deseos, artimañas, transformaciones)
- Desenlaces predecibles de cuentos, típicos de la literatura tradicional (la inteligencia supera al poder, el bien vence al mal)
- Escenarios importantes para la trama, muchos distantes en tiempo y lugar de las propias experiencias de los estudiantes
- Personajes con múltiples dimensiones reveladas por lo que dicen, piensan y hacen, y por lo que los demás dicen y piensan sobre ellos
- Personajes principales involucrados de manera protagónica en el conflicto y su resolución y personajes secundarios, algunos que pueden ser importantes para la trama
- Personajes "dinámicos" que tienen una gama compleja de atributos buenos y malos, y que cambian durante el desarrollo de la trama, y personajes "estáticos" que no cambian pero pueden tener un papel importante en la trama
- Personajes predecibles y estáticos con rasgos sencillos, típicos de la literatura tradicional
- Trama con varios episodios y conflictos, resoluciones satisfactorias, algunas sujetas a la inferencia
- Algunos textos más extensos con una o más subtramas, cada una con un conflicto
- Algunos textos con conflictos que involucran a una persona que lucha contra las fuerzas de la naturaleza (o de lo sobrenatural), contra otra persona, contra la sociedad o contra sí misma
- Algunos textos con finales ambiguos
- Textos escritos mayormente en primera o tercera persona narrativa con algunos textos de instrucciones en segunda persona
- Textos contados desde múltiples puntos de vista
- Lenguaje que expresa la actitud o las emociones de la autora o del autor respecto de un tema reflejado en el estilo de escritura (tono): alegre, irónico, serio, afectuoso, formal
- Lenguaje que transgrede las reglas convencionales de la gramática y del uso para proveer un habla coloquial o para lograr la voz distintiva de la autora o del autor
- Lenguaje descriptivo e imágenes literarias que transmiten experiencias sensoriales y una gama de sentimientos humanos (alegría, tristeza, enojo, entusiasmo)
- Lenguaje poético y otro lenguaje literario
- Lenguaje y sucesos que transmiten una atmósfera emocional en un texto, que afecta las emociones de la lectora o del lector (suspenso, tristeza, capricho, alegría, miedo)
- Lenguaje descriptivo y figurado que es importante para comprender el contenido (imágenes literarias, metáfora, símil, personificación, exageración)
- Algunos tramos extensos de lenguaje descriptivo importantes para comprender el escenario, la trama, los personajes, los temas
- Muchos textos con uso sutil o complejo del simbolismo, incluida la alegoría
- Lenguaje alegórico
- Diálogo asignado y no asignado, incluidas algunas series de diálogo no asignado por el que se deben inferir los interlocutores
- Uso ocasional de monólogo
- Dialecto
- Lenguaje arcaico
- Lenguaje de procedimientos (paso a paso, instrucciones, explicaciones)
- Lenguaje persuasivo

### COMPLEJIDAD DE LAS ORACIONES

- Muchas oraciones largas y complejas que requieren atención para comprender
- Oraciones largas unidas con punto y coma o con dos puntos
- Variación en la ubicación del sujeto, el verbo y múltiples adjetivos, adverbios y frases preposicionales
- Muchas oraciones con varias cláusulas y frases subordinadas
- Oraciones complejas con variedad en el orden de las frases y las cláusulas
- Oraciones con conectores comunes (simples) y sofisticados
- Oraciones con conectores académicos
- Diálogo extenso que aumenta la complejidad de las oraciones
- Algunos textos con oraciones largas divididas en listas con viñetas o números
- Estructura de oraciones adaptada para ajustarse al propósito y la forma de las características del libro y la letra impresa (encabezado, subtítulo, rótulo, leyenda)

# **Seleccionar textos** Características de los textos para la lectura en voz alta y la conversación *(cont.)*

## Lectura interactiva en voz alta y discusión literaria

### VOCABULARIO

- Nuevas palabras de contenido relacionadas con conceptos que los estudiantes están aprendiendo
- Muchas palabras que aparecen en el vocabulario de usuarios del lenguaje maduros (Nivel 2)
- Muchas palabras que son propias de una disciplina (Nivel 3)
- Conectores comunes (simples) que se usan con frecuencia en el lenguaje oral (palabras, frases que aclaran relaciones e ideas): *y, pero, entonces, porque, antes, después*
- Conectores sofisticados (palabras que relacionan ideas y aclaran el significado) que se usan en textos escritos pero no suelen aparecer en el lenguaje oral cotidiano (*aunque, sin embargo, mientras tanto, además, si no, por lo tanto, no obstante, a menos que, hasta que, cuando sea, todavía*)
- Conectores académicos (palabras que relacionan ideas y aclaran significados que aparecen en textos escritos): *a través del cual, como se observa, con referencia a, con respecto a, considerando que, de igual modo, en consecuencia, en síntesis, en último lugar, por consiguiente, por el contrario, por ende, por último*
- Muchas palabras con varios significados, algunas con matices sutiles de significado
- Muchas palabras con significado figurado
- Modismos adecuados al género
- Muchas palabras con significados connotativos que son esenciales para comprender el texto
- Algunas palabras usadas de manera irónica o satírica
- Algunas palabras de dialectos regionales o históricos
- Algunas palabras de idiomas diferentes al español
- Algunas palabras (incluida la jerga) usadas informalmente por grupos particulares de personas
- Palabras arcaicas
- Palabras que tienen significado en dialectos específicos
- Amplia gama de vocabulario técnico

### ILUSTRACIONES

- Ilustraciones en diversos medios de comunicación que ofrecen ejemplos de técnica artística destacable
- Ilustraciones que mejoran y amplían el significado en un texto
- Ilustraciones complejas con muchos detalles, algunas requieren descripción por parte de la maestra o del maestro durante la lectura
- Libros con ilustraciones que representan una visión artística coherente
- Libros por capítulos con pocas o sin ilustraciones
- Algunos textos con elementos decorativos tales como las viñetas
- Algunas ilustraciones complejas y matizadas que transmiten una atmósfera que complementa o amplía el texto
- Libros con ilustraciones que reflejan el tema y el tono de la autora o del autor
- Algunas ilustraciones con características figurativas y simbólicas que requieren interpretación
- Ilustraciones sencillas en diversas formas: dibujo con rótulo o leyenda, fotografía con rótulo o leyenda, mapa con leyenda y escala, diagrama (dibujo de corte), infografía, tabla, gráfica, línea de tiempo

### CARACTERÍSTICAS DEL LIBRO Y LA LETRA IMPRESA

#### LONGITUD

- Muchos libros álbum cortos que se pueden leer en una sesión
- Textos ilustrados extensos con secciones que pueden seleccionarse y leerse
- Textos ilustrados extensos que se leen en varios días

#### TEXTO IMPRESO Y DISPOSICIÓN

- Algunos libros con ilustraciones decorativas o informativas o letra impresa fuera del cuerpo del texto (peritexto)
- Textos con diseños atractivos que añaden valor estético y tienen valor simbólico y significado cultural

#### HERRAMIENTAS DE ORGANIZACIÓN

- Título, autora o autor e ilustradora o ilustrador mencionados en la cubierta y la portada
- Tabla de contenidos, título del capítulo, encabezado, subtítulo, recuadro lateral

#### RECURSOS DEL TEXTO

- Algunos libros con dedicatoria, reconocimientos, nota de la autora o del autor, glosario, guardas especiales (peritexto), índice
- Información adicional proporcionada por el prefacio, el prólogo, la guía de pronunciación, la nota al pie de página, el epílogo, el apéndice, la nota al final, las referencias, la bibliografía

# Seleccionar objetivos Hábitos y conocimientos para observar, enseñar y apoyar

## Lectura interactiva en voz alta y discusión literaria

### TEXTOS DE FICCIÓN

**General**

- ● Hacer preguntas para comprender un texto en mayor profundidad
- ● Observar y hacer preguntas cuando se pierde el significado o se interrumpe la comprensión
- ● Consultar información y detalles importantes y usarlos como prueba para apoyar opiniones y declaraciones durante la conversación
- ● Observar y responder a dimensiones de fluidez (entonación, énfasis, pausas, formación de frases) mientras se escucha y después de leer un cuento
- ● Mantener la atención en algunos textos más extensos que pueden requerir varios días de lectura
- ● Proveer un resumen conciso, organizado lógicamente, de un texto después de escuchar su lectura
- ● Consultar la ubicación de algunos detalles importantes en el texto (escenario, orden temporal, problema, resolución)
- ● Recordar detalles importantes sobre el escenario, el problema y la resolución, y los personajes después de la lectura de un cuento
- ◆ Aprender nuevos conceptos e ideas después de escuchar textos de ficción
- ◆ Sintetizar información e ideas nuevas y revisar el razonamiento en la respuesta
- ◆ Formular preguntas implícitas y explícitas sobre el contenido y los conceptos en un texto de ficción
- ◆ Comprender problemas complejos que pueden relacionarse con la vida de los lectores
- ◆ Aprender más acerca de los asuntos sociales, tanto locales como globales, a medida que se revelan a través de los personajes, la trama y el escenario
- ◆ Establecer conexiones con su vida y con cuestiones y problemas contemporáneos en todos los géneros
- ◆ Dar razones/pruebas (ya sea a partir del texto o de la propia experiencia) para apoyar el razonamiento
- ◆ Usar conocimientos previos para comprender escenarios, problemas y personajes
- ◆ Aplicar los conocimientos previos para ampliar la comprensión de la ficción histórica y la ciencia ficción
- ◆ Inferir el propósito de una autora o un autor al escribir un texto de ficción
- ◆ Establecer conexiones (contenido, tema) entre textos de ficción que se leen en voz alta y conectar con textos de no ficción cuando corresponda
- ◆ Usar pruebas del texto para apoyar declaraciones acerca de él
- ◆ Establecer conexiones (semejanzas y diferencias) entre textos que tienen la misma autora o el mismo autor/ilustradora o ilustrador, escenario, personajes o tema
- ◆ Usar pruebas del texto para apoyar una amplia gama de predicciones (*Yo pienso que... porque...*)
- ◆ Relacionar ideas importantes en el texto; unas con otras y con ideas en otros textos
- ◆ Cambiar de opinión a partir de información nueva o perspectivas nuevas adquiridas en textos de ficción
- ■ Comprender que una autora o un autor tiene un propósito para escribir un texto de ficción
- ■ Relacionar textos mediante una gama de categorías (contenido, tema, mensaje, género, autora o autor/ilustradora o ilustrador, personajes, escenario, formas especiales, estructura del texto u organización)
- ■ Formular y expresar opiniones acerca de un texto y apoyarlas con fundamentos y pruebas
- ■ Formular y exponer la base para las opiniones sobre los autores y los ilustradores
- ■ Criticar el texto en términos de la calidad de escritura, la organización, la claridad y la autenticidad
- ■ Criticar el texto en términos de la parcialidad, los estereotipos, el prejuicio, las tergiversaciones, el sexismo y el racismo
- ■ Pensar de manera crítica en la autenticidad de un texto (caracterización, trama, escenario, valores sociales)

**Género**

- ● Comprender que hay diferentes tipos de textos de ficción y de no ficción y que tienen diferentes características
- ◆ Identificar y comprender el período, las personas y los sucesos históricos
- ◆ Aplicar los conocimientos previos para ampliar la comprensión de la ficción histórica y la ciencia ficción
- ■ Observar y comprender las características de algunos géneros de ficción específicos (ficción realista, ficción histórica, cuento popular, cuento de hadas, cuento de hadas fracturado, fábula, mito, leyenda, épica, balada, textos de fantasía como la ciencia ficción, texto híbrido)
- ■ Comprender cuándo un cuento podría suceder en la vida real (ficción realista) y cuándo no podría suceder en la vida real (literatura tradicional, fantasía)
- ■ Examinar cómo diferentes fuentes abordan el mismo tema
- ■ Cuestionar la validez de la información presentada en el texto acerca del pasado
- ■ Cuestionar el texto como objeto histórico
- ■ Sacar conclusiones acerca de las experiencias particulares de la autora o del autor y cómo estas podrían haber influido en el texto
- ■ Identificar elementos de la literatura tradicional y la fantasía (lo sobrenatural; criaturas imaginarias y sobrenaturales; diosas y dioses; animales, juguetes y muñecas que hablan; personajes heroicos; tecnología o avances científicos; viaje en el tiempo; extraterrestres o el espacio exterior)

● Pensar en el texto ***en sí*** ◆ Pensar ***más allá*** del texto ■ Pensar ***acerca*** del texto

# Seleccionar objetivos Hábitos y conocimientos para observar, enseñar y apoyar *(cont.)*

## Lectura interactiva en voz alta y discusión literaria

### TEXTOS DE FICCIÓN *(continuación)*

**Género** *(continuación)*

- ■ Observar y comprender motivos básicos de la literatura tradicional y la fantasía (lucha entre el bien y el mal, magia, mundos secundarios o alternativos, el periplo del héroe, tipos de personajes especiales, objetos fantásticos o mágicos, deseos, artimañas, transformaciones)
- ■ Observar desenlaces de cuentos que son típicos de la literatura tradicional
- ■ Identificar algunos elementos de ciencia ficción (tecnología o avances científicos, escenario futurista, viaje en el tiempo, extraterrestres y espacio exterior)
- ■ Reconocer textos híbridos, distinguir qué secciones son de ficción o de no ficción y observar cómo la autora o el autor mezcla los dos géneros
- ■ Observar y apreciar formas y géneros contenidos en otra forma o género
- ■ Observar y comprender algunos tipos especiales de ficción (cuento de misterio; cuento de aventuras; cuento de animales; cuento de familia, amigos y escuela; cuento humorístico, cuento de deportes; sátira/parodia; cuento de horror, cuento romántico)
- ■ Reconocer y comprender algunos tipos específicos de poesía (poesía lírica, verso libre, quintilla humorística, haiku, poesía narrativa, balada, épica/saga, poesía concreta)
- ■ Observar y comprender algunos elementos de la poesía: lenguaje figurado, rima, repetición, onomatopeya, diseño/saltos de línea (forma), imágenes literarias, aliteración, asonancia

**Mensajes y temas**

- ◆ Observar que un libro puede tener más de un mensaje o idea importante (principal)
- ◆ Comprender que los mensajes o ideas importantes en los textos de ficción pueden aplicarse a sus vidas o a otras personas y a la sociedad
- ◆ Inferir los mensajes en una obra de ficción
- ◆ Inferir y comprender la lección moral o la enseñanza cultural en la literatura tradicional
- ◆ Observar e inferir la importancia que tienen las ideas relevantes en su mundo (independizarse, valorar el cambio personal y el de los demás; mostrar empatía con los demás; valorar las diferencias; relacionar el pasado, el presente y el futuro; superar dificultades; seguir los sueños; aprender de la vida de los demás; justicia social, explorar la expresión y la apreciación artística)
- ◆ Observar y comprender temas que son cercanos a sus experiencias y también temas que no son parte de sus experiencias (la imaginación, el coraje, los miedos, compartir, la amistad, las relaciones familiares, una misma o uno mismo, la naturaleza, crecer, los hábitos, comunidad, las responsabilidades, la diversidad, la pertenencia, las relaciones con los compañeros, la pérdida)
- ◆ Observar y comprender temas que reflejan desafíos humanos y asuntos sociales importantes (una misma o uno mismo y la autoestima, la popularidad, el acoso, el espíritu deportivo, la transición a la adolescencia, los ciclos de vida, la supervivencia, la interrelación entre los seres humanos y el medioambiente, la conciencia y la responsabilidad social, la pobreza, la justicia, el racismo, la guerra)
- ◆ Usar conocimientos previos (vivenciales y académicos) para comprender contenido sofisticado y maduro que no es parte de las experiencias de la mayoría de los estudiantes
- ◆ Observar y comprender temas que reflejan desafíos humanos y asuntos sociales importantes (los ciclos de vida, la supervivencia, la interrelación entre los seres humanos y el medioambiente, la responsabilidad social, la pobreza, la justicia, el racismo, la guerra)
- ◆ Comprender que los significados en un texto pueden interpretarse de distintas maneras
- ◆ Pensar a partir de textos para encontrar mensajes, temas o ideas más amplios
- ◆ Establecer conexiones con su vida y con cuestiones y problemas contemporáneos en todos los géneros
- ◆ Reconocer mensajes contradictorios en un texto
- ◆ Comprender temas e ideas que son cuestiones maduras y requieren experiencia o lectura previa para interpretar
- ◆ Reconocer mensajes políticos subyacentes en textos de ficción
- ■ Observar cuándo una autora o un autor de ficción comunica una lección moral
- ■ Observar temas o motivos recurrentes en la literatura tradicional y la fantasía (lucha entre el bien y el mal, el periplo del héroe)
- ■ Reconocer y comprender el simbolismo en un texto y en las ilustraciones
- ■ Pensar en los textos para comparar las perspectivas de diferentes escritores sobre el mismo problema, tema o tipos de personaje
- ■ Observar cómo una autora o un autor revela el tema o mensaje subyacente de un texto a través de la voz de un personaje, la voz de la narradora o del narrador o sucesos de la trama

**Escenario**

- ◆ Reconocer y comprender que los textos de ficción pueden tener escenarios que reflejan una amplia gama de lugares, lenguajes y culturas, y que los comportamientos de los personajes pueden reflejar los escenarios
- ◆ Observar y comprender escenarios que son distantes en tiempo y lugar de las propias experiencias de los estudiantes
- ◆ Inferir la importancia del escenario para la trama del cuento en la ficción realista e histórica y el texto de fantasía
- ◆ Formular preguntas implícitas y explícitas en respuesta a las características de un escenario

● Pensar en el texto ***en sí*** ◆ Pensar ***más allá*** del texto ■ Pensar ***acerca*** del texto

# Seleccionar objetivos Hábitos y conocimientos para observar, enseñar y apoyar *(cont.)*

## Lectura interactiva en voz alta y discusión literaria

### TEXTOS DE FICCIÓN *(continuación)*

**Escenario** *(continuación)*

- ■ Observar escenarios de la ciencia ficción y del texto de fantasía (mundo alternativo o paralelo, escenario futurista, historias alternativas, reino animal, planetas ficticios, escenario pseudomedieval)
- ■ Evaluar la importancia del escenario en el cuento
- ■ Evaluar la autenticidad de la presentación del escenario que hace la autora o el autor

**Trama**

- ● Seguir una trama compleja con varios sucesos, episodios o problemas
- ● Observar y recordar los sucesos importantes de un texto en orden secuencial
- ● Revisar la comprensión de tramas y problemas complejos y hacer preguntas si se pierde el significado
- ● Contar los sucesos importantes de un cuento usando las imágenes (después de escuchar la lectura del texto varias veces)
- ● Observar y comprender cuándo se resuelve un problema
- ● Incluir el problema y su resolución en el resumen de un texto
- ● Comprender el problema en tramas básicas (vencer al mal, la pobreza y la riqueza, la aventura, el periplo y el regreso, la comedia, la tragedia, el arrepentimiento del villano)
- ● Comprender cómo un episodio se construye a partir de otro y usar información del comienzo de un cuento para interpretar episodios posteriores
- ● Seguir y comprender textos narrativos con estructura compleja (múltiples hilos argumentales, múltiples perspectivas, subtramas, flashback, flash-forward, lapso de tiempo, cuento dentro de otro cuento, muchos tipos de conflicto)
- ● Seguir y comprender textos narrativos con estructura compleja (múltiples hilos argumentales, múltiples puntos de vista, subtramas, tramas circulares, tramas paralelas, flashback, flash-forward, cuento dentro de otro cuento, muchos tipos de conflicto)
- ◆ Hacer predicciones en forma continua durante y después de la lectura (basadas en el progreso de la trama, las características del escenario, los atributos de los personajes, las acciones de los personajes)
- ◆ Inferir la importancia de los sucesos en una trama
- ◆ Formular preguntas implícitas y explícitas en respuesta a los sucesos de una trama
- ■ Dar opiniones acerca de si un problema parece real
- ■ Reconocer y comentar aspectos de la estructura narrativa: comienzo, serie de sucesos, clímax (momento crucial) del cuento, resolución del problema, final, desenlace
- ■ Reconocer cuando la autora o el autor usa recursos literarios como flashback, cuento dentro de otro cuento, flash-forward, líneas de trama paralelas para estructurar el texto
- ■ Reconocer el uso que hace una autora o un autor de tramas y subtramas
- ■ Observar el uso que hace una autora o un autor de múltiples textos narrativos para revelar la trama y las relaciones que existen entre los personajes
- ■ Evaluar la lógica y la credibilidad de la trama y su resolución
- ■ Reconocer y criticar la selección de la estructura de la trama de la autora o del autor (narración lineal, flashback, flujo de conciencia, estructuras paralelas que involucran dos textos narrativos, narración enmarcada/relatos enmarcados, textos narrativos circulares)

**Personajes**

- ● Seguir a varios personajes, cada uno con rasgos particulares, en el mismo cuento
- ● Reconocer que los personajes pueden tener dimensiones múltiples (pueden ser buenos pero tener defectos, pueden cometer errores en base a la confusión o malentendidos, pueden hacer cosas malas pero mejorar, pueden tener sentimientos contradictorios, pueden aprender de sus errores, pueden tener buenas intenciones pero hacer cosas malas)
- ◆ Inferir los rasgos, los sentimientos, las motivaciones y las intenciones de un personaje, que se revelan a través de lo que dicen, piensan o hacen y lo que otros dicen o piensan de ellos, y usar pruebas del texto para describirlos
- ◆ Inferir relaciones entre personajes tal como se revelan a través del diálogo y los comportamientos
- ◆ Inferir los atributos de personajes totalmente desarrollados (dinámicos) que tienen múltiples dimensiones y cambian con el tiempo
- ◆ Inferir los atributos de personajes que son unidimensionales o que no están totalmente desarrollados (estáticos) y que no cambian con el tiempo, pero que pueden ser importantes para la resolución del problema
- ◆ Hacer predicciones acerca de lo que es probable que haga un personaje a continuación o después del final del cuento y usar pruebas del texto para apoyar las predicciones
- ◆ Observar los cambios de los personajes e inferir razones a partir de los sucesos de la trama
- ◆ Aprender de experiencias ajenas con los personajes de los cuentos
- ◆ Expresar opiniones acerca de los personajes de un cuento y apoyarlas con pruebas
- ◆ Observar personajes predecibles o estáticos (personajes que no cambian), típicos de la literatura tradicional
- ◆ Inferir la importancia de personajes heroicos o épicos en el texto de fantasía, que representan la lucha simbólica entre el bien y el mal

● Pensar en el texto ***en sí*** ◆ Pensar ***más allá*** del texto ■ Pensar ***acerca*** del texto

# Seleccionar objetivos Hábitos y conocimientos para observar, enseñar y apoyar *(cont.)*

## Lectura interactiva en voz alta y discusión literaria

### TEXTOS DE FICCIÓN *(continuación)*

**Personajes** *(continuación)*

- ■ Observar la manera en que una autora o un autor revela personajes predecibles típicos de la literatura tradicional (astuto, sabio, codicioso, inteligente, heroico, malvado, tramposo, humorístico)
- ■ Expresar opiniones acerca de si un personaje parece real
- ■ Observar la manera en que una autora o un autor revela los personajes y los hace parecer reales
- ■ Observar cómo una autora o un autor revela personajes dinámicos (personajes totalmente desarrollados, que tienen muchas dimensiones y cambian)
- ■ Observar la manera en que una autora o un autor revela personajes estáticos, típicos en la literatura tradicional, que no cambian pero contribuyen a la trama
- ■ Pensar de manera crítica en la lógica de las acciones de un personaje (causas y efectos)
- ■ Pensar de manera crítica en la autenticidad y la credibilidad de los personajes y sus comportamientos, diálogo y desarrollo
- ■ Evaluar hasta qué punto una autora o un autor logra que los lectores sientan empatía o se identifiquen con los personajes
- ■ Evaluar la consistencia de las acciones de los personajes dentro de un escenario particular

**Estilo y lenguaje**

- ● Comprender oraciones extensas y sumamente complejas con muchas frases y cláusulas
- ● Seguir y comprender diálogo asignado o no asignado entre varios personajes con una idea clara acerca de quién habla
- ● Observar que las palabras tienen cualidades especiales, tales como sonido musical o agradable, impacto teatral o humor
- ● Internalizar estructuras del lenguaje complejas y literarias a partir de escucharlas durante la lectura en voz alta
- ● Comprender el significado de jerga y de palabras inventadas por la autora o el autor que aportan autenticidad al texto
- ● Comprender el significado de palabras arcaicas, usadas para dar autenticidad
- ◆ Inferir la atmósfera al observar aspectos de un texto, como la elección de palabras
- ◆ Inferir el tono de una autora o un autor en un texto de ficción al observar el lenguaje
- ◆ Inferir la perspectiva (ángulo) de la autora o del autor
- ◆ Inferir significados simbólicos y/o irónicos en un texto
- ◆ Inferir el significado de los textos satíricos (identificar lo que se satiriza y comentar su importancia)
- ■ Observar y pensar de manera crítica acerca de la selección de palabras de una autora o un autor
- ■ Observar el uso que hace una autora o un autor del lenguaje poético y los recursos sonoros (ritmo, rima, repetición, estribillo, onomatopeya, aliteración, asonancia)
- ■ Reconocer la manera en que una autora o un autor crea humor (diálogo; descripciones efectivas de las acciones, las palabras, los comportamientos y los sentimientos de los personajes; metáforas y símiles sorprendentes; expresiones irónicas)
- ■ Apreciar o criticar textos de ficción que presentan humor sutil o fantasioso
- ■ Observar cuándo una autora o un autor de ficción usa lenguaje poético o descriptivo para mostrar el escenario, apelar a los cinco sentidos o transmitir sentimientos humanos como la pérdida, el alivio o la ira
- ■ Observar y comprender tramos extensos de lenguaje descriptivo importantes para comprender el escenario y los personajes
- ■ Observar el lenguaje que transmite una atmósfera emocional en un texto, que afecta las emociones de la lectora o del lector (suspenso, tristeza, capricho, alegría)
- ■ Criticar la manera en que una autora o un autor comunica la atmósfera del cuento
- ■ Observar el lenguaje que expresa la actitud o las emociones de la autora o del autor respecto de un tema reflejado en el estilo de escritura (tono): alegre, irónico, serio, afectuoso, formal
- ■ Observar y recordar patrones del lenguaje literario que son característicos de la literatura tradicional (*había una vez, hace mucho tiempo, entonces, finalmente, por fin, vivieron felices para siempre*)
- ■ Observar y comprender la manera en que la autora o el autor usa modismos y lenguaje literario, como metáfora, símil, simbolismo y personificación
- ■ Observar el uso que hace una autora o un autor de la sátira para cambiar el significado superficial de las palabras
- ■ Observar el lenguaje que transmite ironía o satiriza una idea o un personaje
- ■ Observar el uso que hace una autora o un autor de la contradicción: paradoja, lenguaje figurado, metátesis, oxímoron ("un rugido silencioso")
- ■ Observar el vocabulario regional o histórico que usa la escritora o el escritor o las características dialectales incluidas para generar un efecto literario
- ■ Observar el uso que hace una autora o un autor de algunas palabras de idiomas diferentes al español
- ■ Observar el narrador de un texto, identificar el punto de vista narrativo (primera persona narrativa, segunda persona narrativa, tercera persona narrativa omnisciente) y hablar acerca del motivo por el que la autora o el autor eligió esta perspectiva
- ■ Observar una combinación de puntos de vista narrativos dentro de un único texto
- ■ Pensar de manera crítica en la autenticidad y el atractivo de la voz de una narradora o un narrador

● Pensar en el texto ***en sí*** ◆ Pensar ***más allá*** del texto ■ Pensar ***acerca*** del texto

# **Seleccionar objetivos** Hábitos y conocimientos para observar, enseñar y apoyar *(cont.)*

## Lectura interactiva en voz alta y discusión literaria

### TEXTOS DE FICCIÓN *(continuación)*

**Estilo y lenguaje** *(continuación)*

- ■ Observar el uso intencional que hace una autora o un autor del lenguaje al transgredir la gramática convencional para proveer un diálogo auténtico y lograr la voz de la autora o del autor
- ■ Observar el uso que hace una autora o un autor del dialecto para transmitir diferentes culturas
- ■ Reconocer y apreciar un final ambiguo de un texto de ficción
- ■ Analizar textos para determinar aspectos del estilo de una autora o un autor (uso de lenguaje, elección de escenario, trama, personajes, temas e ideas)
- ■ Reconocer a algunos autores por el estilo de sus ilustraciones, sus temas, los personajes que usan o tramas típicas
- ■ Evaluar la efectividad del uso que hace la escritora o el escritor del lenguaje

**Vocabulario**

- ● Continuar desarrollando el vocabulario como fundamento para reconocer palabras en la letra impresa
- ● Observar y adquirir conocimientos de vocabulario nuevo a partir de contenidos leídos en voz alta
- ● Adquirir palabras de contenido nuevas a partir de los textos y los elementos gráficos
- ● Usar vocabulario nuevo en la discusión de un texto y al escribir sobre la lectura
- ● Aprender muchas palabras nuevas que no aparecen con frecuencia en la conversación oral pero que se usan en textos escritos (Nivel 2)
- ● Comprender palabras que aparecen en las disciplinas académicas (Nivel 3)
- ● Comprender el significado de palabras que representan categorías gramaticales al escuchar un cuento
- ● Comprender (cuando se escucha) conectores comunes (simples) que relacionan y aclaran el significado y se usan con frecuencia en el lenguaje oral cuando se escucha un cuento (*y, pero, entonces, porque, antes, después*)
- ● Comprender (cuando se escucha) algunos conectores sofisticados (palabras que relacionan ideas y aclaran el significado) que se usan en textos escritos pero no suelen aparecer en el lenguaje oral cotidiano (*a menos que, además, aunque, cuando sea, hasta que, mientras tanto, no obstante, por lo tanto, si no, sin embargo, todavía*)
- ● Comprender (cuando se escucha) algunos conectores académicos (palabras que relacionan ideas y aclaran significados que aparecen en textos escritos): *a través del cual, como se observa, con referencia a, con respecto a, considerando que, de igual modo, en consecuencia, en síntesis, en último lugar, por consiguiente, por el contrario, por ende, por último*
- ● Comprender conectores comunes (simples), sofisticados y académicos cuando se escucha un texto de ficción
- ● Encontrar el significado de palabras a partir del contexto de una oración, un párrafo o de todo el cuento
- ● Comprender los significados connotativos de palabras que son esenciales para la comprensión del texto
- ● Comprender palabras con varios significados dentro del mismo texto, que suelen señalar significados sutilmente diferentes
- ● Comprender el significado figurado de palabras que son esenciales para la comprensión del texto
- ● Comprender el significado de modismos
- ● Comprender palabras de dialectos regionales o históricos
- ● Comprender el significado de palabras que se usan satírica o irónicamente de manera tal que cambian el significado superficial
- ■ Usar lenguaje académico para hablar acerca de los géneros (*ficción, cuento popular, cuento de hadas, fábula, cuento exagerado, ficción realista, ficción histórica, fantasía, literatura tradicional, texto híbrido, mito, leyenda, balada, ciencia ficción, épica*)
- ■ Usar lenguaje académico para hablar acerca de tipos especiales de ficción (*cuento de aventuras; cuento de animales; cuento de familia, amigos y escuela; cuento humorístico; cuento de misterio; cuento de deportes, sátira/parodia, cuento de horror, cuento romántico*)
- ■ Usar lenguaje académico para hablar acerca de las formas (*libro álbum o ilustrado, libro álbum o ilustrado sin palabras, libro de frases cortas, libro del alfabeto, poema, poesía, rima infantil, rima, canción, libros de una serie, libro por capítulos, obra de teatro, carta, colección de poesía, secuela, quintilla humorística, haiku, poema concreto, cuento corto, cuento de hadas fracturado, entrada de diario, poesía narrativa, poesía lírica, verso libre, balada, épica/saga*)
- ■ Usar lenguaje académico para hablar acerca de las características literarias (*comienzo, final, personaje, personaje principal, sucesos, mensaje, diálogo, tiempo y lugar, flashback, conflicto, resolución, tema, lenguaje descriptivo, símil, trama, trama secundaria, flash-forward, desarrollo del personaje, personaje secundario, punto de vista, lenguaje figurado, metáfora, episodio, clímax, acción creciente, acción descendiente, lapso de tiempo, cuento dentro de otro cuento, atmósfera, personificación, símbolo, simbolismo, narración en primera persona, narración en tercera persona, trama circular, tramas paralelas, protagonista, antagonista, tono, ironía, personajes dinámicos y estáticos, monólogo*)
- ■ Usar lenguaje académico para hablar acerca de aspectos del libro y la letra impresa (*portada, contraportada, título, autor, ilustador, página, texto, ilustración, fotografía, rótulo, tabla de contenidos, agradecimientos, capítulo, sección, encabezado, dibujo, leyenda, mapa, título del capítulo, dedicatoria, nota del autor, nota del ilustrador, guardas, solapa del libro, prefacio, prólogo, guía de pronunciación, nota al pie, epílogo, nota al final, instrucciones escénicas*)

● Pensar en el texto ***en sí*** ◆ Pensar ***más allá*** del texto ■ Pensar ***acerca*** del texto

## **Seleccionar objetivos** Hábitos y conocimientos para observar, enseñar y apoyar *(cont.)*

### Lectura interactiva en voz alta y discusión literaria

**TEXTOS DE FICCIÓN** *(continuación)*

**Ilustraciones**

- ● Observar y recordar los sucesos importantes de un cuento usando las imágenes (después de escuchar la lectura del texto varias veces)
- ● Seguir y comprender algunos textos que no tienen ilustraciones
- ◆ Comprender que el significado de una ilustración puede interpretarse de distintas maneras
- ◆ Usar detalles de las ilustraciones y del texto para apoyar lo dicho en una conversación
- ◆ Interpretar algunas ilustraciones con características simbólicas (uso de color o símbolos)
- ■ Observar la manera en la que se combinan las ilustraciones y los elementos gráficos con el texto de manera coherente
- ■ Observar la manera en que las ilustraciones y los elementos gráficos pueden reflejar el tema o el tono de la autora o del autor
- ■ Observar e inferir la manera en que las ilustraciones contribuyen a la atmósfera de un texto de ficción
- ■ Reconocer cómo se relacionan las ilustraciones con el uso del simbolismo

**Características del libro y la letra impresa**

- ■ Observar, usar y comprender el propósito de algunas herramientas de organización (título, tabla de contenidos, título de los capítulos)
- ■ Observar, usar y comprender el propósito de otros recursos del texto (glosario)
- ■ Observar, usar y comprender el propósito de algunos recursos del texto fuera del cuerpo (peritexto): dedicatoria, reconocimientos, nota de la autora o del autor, guardas, prefacio, prólogo, guía de pronunciación, nota al pie, epílogo, apéndice, nota al final, referencias
- ■ Observar y comprender otros aspectos del peritexto que tienen valor simbólico o cultural o añaden atractivo estético
- ■ Inferir la importancia cultural o simbólica del peritexto (por ejemplo, aspectos de la disposición)
- ■ Apreciar el talento artístico en la disposición del texto (solapa de libro, cubierta, páginas finales, portada, márgenes, encabezados de capítulos, iluminación)
- ■ Evaluar la manera en que algunos recursos del texto contribuyen al significado de un texto

● Pensar en el texto ***en sí*** ◆ Pensar ***más allá*** del texto ■ Pensar ***acerca*** del texto

## **Seleccionar objetivos** Hábitos y conocimientos para observar, enseñar y apoyar *(cont.)*

### Lectura interactiva en voz alta y discusión literaria

#### TEXTOS DE NO FICCIÓN

**General**

- ● Hacer preguntas para comprender un texto en mayor profundidad
- ● Observar y hacer preguntas cuando se pierde el significado o se interrumpe la comprensión
- ● Consultar información y detalles importantes y usarlos como prueba para apoyar opiniones y declaraciones durante la conversación
- ● Comprender contenidos que reflejan la comprensión inicial del mundo físico y del mundo social (salud, estudios sociales, ciencias, matemáticas, artes)
- ● Observar y responder al énfasis y al tono de voz mientras se escucha y posteriormente
- ● Observar y recordar los sucesos importantes de un texto cuando una autor o un autor usa una secuencia temporal o cronológica
- ● Observar y recordar la información importante en un texto
- ● Observar y comprender la información que proporcionan fuentes primarias integradas en el texto
- ● Proveer un resumen, conciso y organizado lógicamente, de un texto después de escuchar su lectura
- ● Mantener la atención en algunos textos más extensos que pueden requerir varios días de lectura
- ◆ Sintetizar información e ideas nuevas y revisar el razonamiento en la respuesta
- ◆ Formular preguntas explícitas e implícitas sobre el contenido y los conceptos en un texto
- ◆ Comprender los problemas que ocurren en la vida cotidiana, incluidos algunos problemas complejos que pueden relacionarse con la vida de los lectores
- ◆ Establecer conexiones con su vida y con cuestiones y problemas contemporáneos en todos los géneros
- ◆ Dar razones (ya sea a partir del texto o de la propia experiencia) para apoyar el razonamiento
- ◆ Usar conocimientos previos del contenido para comprender temas de no ficción
- ◆ Usar conocimientos previos de historia para comprender biografías sencillas, autobiografías y memorias personales
- ◆ Reconocer y comprender que los textos de no ficción pueden reflejar una amplia gama de escenarios, lenguajes y culturas
- ◆ Usar pruebas del texto para apoyar declaraciones acerca de él
- ◆ Usar pruebas del texto para apoyar predicciones
- ◆ Relacionar los mensajes de un texto de no ficción con la vida propia
- ◆ Cambiar de opinión a partir de información nueva o perspectivas nuevas adquiridas en textos de no ficción
- ◆ Relacionar la información y los conceptos importantes de un texto y relacionarlos con la información y los conceptos de otros textos
- ◆ Comprender textos que requieren la aplicación de conocimientos de disciplinas académicas (ciencias, historia, humanidades)
- ◆ Extraer información de fuentes secundarias y de otras fuentes que pueda haber en un texto de no ficción
- ■ Identificar y comentar información interesante, sorprendente e importante en un texto
- ■ Formular y expresar opiniones acerca de un texto y apoyarlas con fundamentos y pruebas
- ■ Formular y exponer la base para las opiniones sobre los autores y los ilustradores
- ■ Relacionar textos mediante una gama de categorías (contenido, mensaje, género, autora o autor/ilustradora o ilustrador, forma especial, estructura del texto u organización)
- ■ Pensar de manera crítica acerca de la calidad de un texto de no ficción (calidad de la escritura, contribución de la ilustración y otros elementos del diseño gráfico, precisión)
- ■ Criticar el texto en términos de la calidad de escritura, la organización, la claridad y la autenticidad
- ■ Criticar el texto en términos de la parcialidad, los estereotipos, el prejuicio, las tergiversaciones, el sexismo y el racismo

**Género**

- ◆ Inferir la importancia de los logros de una persona (biografía)
- ◆ Distinguir entre hecho y opinión en un texto para adquirir conocimientos nuevos
- ■ Observar y comprender las características de algunos géneros específicos de no ficción (expositivo, narrativo, textos de instrucciones y persuasivos, biografía, autobiografía, memorias personales, texto híbrido)
- ■ Comprender que una biografía es la historia de la vida de alguien escrita por otra persona
- ■ Comprender que las biografías suelen estar ambientadas en el pasado
- ■ Comprender que toda autobiografía es la historia de la vida de una persona escrita por esa persona
- ■ Comprender que las memorias personales son relatos de uno o varios recuerdos escritos por quien los vivió
- ■ Observar cuándo una autora o un autor describe un procedimiento paso a paso
- ■ Observar el uso que hace una autora o un autor del argumento y la persuasión
- ■ Observar contraargumentos y pruebas en su contra en un texto

● Pensar en el texto ***en sí*** ◆ Pensar ***más allá*** del texto ■ Pensar ***acerca*** del texto

# Seleccionar objetivos Hábitos y conocimientos para observar, enseñar y apoyar *(cont.)*

## Lectura interactiva en voz alta y discusión literaria

### TEXTOS DE NO FICCIÓN *(continuación)*

**Género** *(continuación)*

- ■ Reconocer textos híbridos y distinguir qué secciones son no ficción y ficción
- ■ Observar y apreciar formas y géneros contenidos en la forma o género principal
- ■ Reconocer y comprender algunas formas específicas de no ficción (libros de una serie; libros álbum; cartas, diarios y entradas de diario; ensayos fotográficos; y artículos periodísticos)
- ■ Reconocer y comprender algunos tipos específicos de poesía cuando aparecen en la no ficción (poesía lírica, verso libre, quintilla humorística, haiku, poesía narrativa, balada, épica/saga, poesía concreta)
- ■ Observar y comprender algunos elementos de la poesía cuando aparecen en la no ficción: lenguaje figurado, rima, repetición, onomatopeya, disposición/saltos de línea (forma), imágenes literarias, aliteración, asonancia

**Organización**

- ● Seguir y comprender textos de no ficción con estructura general, categorías y subcategorías claramente definidas y relacionar la estructura con la tabla de contenidos
- ● Identificar cuándo la maestra o el maestro lee listas con viñetas o números
- ● Comprender el uso de encabezados y subtítulos
- ● Usar encabezados y subtítulos para buscar y usar información
- ● Consultar la ubicación de información importante (categoría de información, detalles de apoyo, ideas principales)
- ● Comprender y buscar información en textos de no ficción que están organizados de diversas maneras (problema/solución, causa/efecto, comparar/contrastar, descripción/lista, secuencia de orden temporal, categorización)
- ■ Comprender que un texto de no ficción puede tener estructura expositiva o narrativa y que la autora o el autor selecciona la estructura con un propósito específico
- ■ Observar la organización de un texto de no ficción, distinguiendo entre la estructura expositiva y narrativa
- ■ Observar el uso que hace una autora o un autor de no ficción de la estructura de texto narrativo en la biografía, las memorias personales, la autobiografía y en otros tipos de no ficción narrativa
- ■ Observar el uso que hace una autora o un autor de fuentes primarias y secundarias como partes integrales de un texto
- ■ Reconocer y comprender el uso que la autora o el autor hace de las estructuras textuales subyacentes (descripción, causa y efecto, secuencia cronológica o temporal, categorización, comparar y contrastar, problema y solución, pregunta y respuesta, combinación)
- ■ Observar el uso que la autora o un autor hace de las categorías y subcategorías de no ficción para organizar un texto informativo (expositivo)
- ■ Comprender que una autora o un autor puede contar algo que por lo general sucede en el mismo orden (secuencia temporal) y algo que sucede en orden temporal (orden cronológico)
- ■ Pensar de manera crítica acerca de la manera en que una autora o un autor organizó la información (presentación clara, lógica, adecuada al propósito)

**Tema**

- ◆ Mostrar curiosidad acerca de temas que aparecen en textos de no ficción y trabajar de manera activa para aprender más acerca de ellos
- ◆ Pensar en los textos para desarrollar conocimientos de un tema
- ◆ Pensar en los textos para comparar y ampliar conocimientos de contenido e ideas a partir de las disciplinas académicas (responsabilidad social, medioambiente, clima, historia social y geológica, grupos culturales)
- ◆ Inferir la importancia de un tema de un texto de no ficción
- ◆ Inferir la actitud de la autora o del autor hacia un tema
- ◆ Inferir el propósito de una autora o un autor en un texto de no ficción
- ◆ Inferir la postura de una autora o un autor (posición, argumento o tesis) acerca de un tema o el sujeto de una biografía
- ◆ Inferir la perspectiva (ángulo o punto de vista) de la autora o del autor
- ◆ Reconocer que diversos textos informativos pueden abordar diferentes lugares y que las costumbres y los comportamientos de las personas pueden reflejar esos escenarios
- ◆ Reconocer que los textos informativos pueden presentar un tema más amplio con muchos subtemas
- ◆ Ampliar la comprensión de temas y contenido de no ficción que son parte de la experiencia inmediata de la mayoría de los estudiantes (organismos vivos, reproducción y factores hereditarios, ecología, relieve y topografía, astronomía, sucesos y períodos de la historia de los Estados Unidos)
- ■ Comprender que una autora o un autor presenta datos acerca de un solo tema
- ■ Observar el tema de un texto y los subtemas relacionados con el tema principal
- ■ Pensar en textos para comparar la postura de dos o más autores sobre el mismo tema
- ■ Formular hipótesis sobre las razones que tiene una escritora o un escritor para elegir un tema e inferir la opinión de la escritora o del escritor sobre un tema
- ■ Evaluar las aptitudes de la autora o el autor para escribir sobre un tema
- ■ Evaluar la importancia de un tema de no ficción

● Pensar en el texto ***en sí*** ◆ Pensar ***más allá*** del texto ■ Pensar ***acerca*** del texto

# Seleccionar objetivos Hábitos y conocimientos para observar, enseñar y apoyar *(cont.)*

## Lectura interactiva en voz alta y discusión literaria

**TEXTOS DE NO FICCIÓN** *(continuación)*

### Mensajes e ideas principales

- ● Seguir argumentos en un texto persuasivo
- ◆ Comprender que los significados de un texto pueden interpretarse de distintas maneras
- ◆ Pensar en los textos para comparar y ampliar conocimientos de contenido e ideas a partir de las disciplinas académicas (responsabilidad social, medioambiente, clima, historia social y geológica, grupos culturales)
- ◆ Comprender las relaciones entre ideas y contenido en un texto expositivo de no ficción (tema más amplio con subtemas)
- ◆ Relacionar información de libros de no ficción con estudios disciplinarios
- ◆ Inferir la importancia que el contenido de no ficción tiene en su vida
- ◆ Inferir las ideas más amplias (principales) o los mensajes en un texto de no ficción
- ◆ Comprender temas e ideas que son cuestiones maduras y requieren experiencia para interpretar
- ◆ Reconocer mensajes políticos subyacentes en textos de ficción y de no ficción
- ■ Comprender que un texto de no ficción puede tener más de un mensaje o idea importante (principal)
- ■ Distinguir hechos de opiniones
- ■ Identificar contradicciones (enunciados que discrepan unos con otros) en un texto de no ficción
- ■ Encontrar y criticar la lección moral en un texto de no ficción

### Estilo y lenguaje

- ● Comprender una estructura de oración que varía según el propósito (encabezados, rótulos, leyendas, listas con números y viñetas) en la no ficción
- ◆ Inferir la perspectiva (ángulo) de la autora o del autor
- ◆ Inferir el tono de una autora o un autor en un texto de no ficción al observar la selección de información, la elección de palabras y el lenguaje
- ■ Observar y pensar de manera crítica acerca de la selección de palabras de una autora o un autor
- ■ Observar el lenguaje que transmite una atmósfera emocional en un texto, que afecta las emociones de la lectora o del lector (suspenso, tristeza, capricho, alegría)
- ■ Observar el lenguaje que expresa la actitud o las emociones de la autora o del autor respecto de un tema reflejado en el estilo de escritura (tono): alegre, irónico, serio, afectuoso, formal
- ■ Observar la manera en que la autora o el autor revela el escenario en un texto biográfico, histórico u otro texto narrativo de no ficción
- ■ Observar y comprender múltiples puntos de vista sobre el mismo tema
- ■ Pensar de manera crítica acerca de la manera en que una autora o un autor revela puntos de vista o perspectivas diferentes
- ■ Evaluar la objetividad con la que se presenta un tema de no ficción
- ■ Reconocer la parcialidad y poder identificar pruebas de ella
- ■ Reconocer las técnicas de persuasión que usa una autora o un autor en un texto persuasivo
- ■ Observar y criticar la manera en que una autora o un autor usa el razonamiento lógico y pruebas específicas para apoyar el argumento
- ■ Identificar y criticar el lenguaje específico que usa una autora o un autor para persuadir
- ■ Analizar varios textos para determinar aspectos del estilo de una autora o un autor (el uso del lenguaje, la elección del tema, la expresión de ideas)
- ■ Reconocer a algunos autores por los temas que eligen o el estilo de sus ilustraciones

### Precisión

- ■ Examinar de manera crítica la calidad o la precisión del texto, citando pruebas para apoyar opiniones
- ■ Observar y evaluar la precisión de la información presentada en el texto y en otros textos
- ■ Evaluar la manera en que la autora o el autor de un argumento apoya las oraciones con pruebas

### Vocabulario

- ● Continuar desarrollando el vocabulario como fundamento para reconocer palabras en la letra impresa
- ● Observar y adquirir conocimientos de vocabulario nuevo a partir de contenidos leídos en voz alta
- ● Adquirir palabras de contenido nuevas a partir de los textos y los elementos gráficos
- ● Usar vocabulario nuevo en la discusión de un texto y al escribir sobre la lectura
- ● Encontrar el significado de palabras a partir del contexto de una oración, un párrafo o de todo el texto
- ● Aprender muchas palabras nuevas que no aparecen con frecuencia en la conversación oral pero que se usan en textos escritos (Nivel 2)
- ● Comprender el significado de las palabras que representan todas las categorías gramaticales cuando se escucha un texto de no ficción leído en voz alta
- ● Comprender el significado de conectores comunes (simples), sofisticados y académicos cuando se escucha un texto de no ficción leído en voz alta

● Pensar en el texto ***en sí*** ◆ Pensar ***más allá*** del texto ■ Pensar ***acerca*** del texto

# **Seleccionar objetivos** Hábitos y conocimientos para observar, enseñar y apoyar *(cont.)*

## Lectura interactiva en voz alta y discusión literaria

### TEXTOS DE NO FICCIÓN *(continuación)*

**Vocabulario** *(continuación)*

- ● Adquirir vocabulario especializado y relacionado con campos científicos (Nivel 3), especialmente en la no ficción
- ● Observar y comprender el significado de palabras técnicas propias de disciplinas académicas
- ● Comprender los significados connotativos de palabras que son esenciales para la comprensión del texto
- ● Comprender el significado de palabras con sentido figurado que son esenciales para la comprensión del texto
- ● Comprender palabras con varios significados dentro del mismo texto, que suelen señalar significados sutilmente diferentes
- ■ Usar lenguaje académico para hablar acerca de los géneros de no ficción (*no ficción, memorias personales, texto informativo, libro informativo, texto sobre hechos, biografía, autobiografía, narración de no ficción, texto de instrucciones, texto persuasivo, texto híbrido, texto expositivo*)
- ■ Usar lenguaje académico para hablar acerca de las formas (*libro álbum o ilustrado, libro álbum o ilustrado sin palabras, libro de frases cortas, libro del alfabeto, libro para contar, poema, poesía, rima infantil, rima, canción, libros de una serie, obra de teatro, carta, colección de poesía, secuela, quintilla humorística, haiku, poema concreto, entrada de diario, reportaje, artículo periodístico, poesía narrativa, ensayo fotográfico, discurso, poesía lírica, verso libre, balada, épica/saga*)
- ■ Usar lenguaje académico para hablar acerca de las características literarias (*comienzo, final, problema, pregunta y respuesta, solución, tema, descripción, problema y solución, mensaje, diálogo, idea principal, comparar y contrastar, tiempo y lugar, causa y efecto, categorización, lenguaje descriptivo, lenguaje figurado, metáfora, símil, lenguaje persuasivo, secuencia temporal, secuencia cronológica, temática, argumento, personificación, símbolo, simbolismo, narración en segunda persona, tono, ironía, monólogo*)
- ■ Usar lenguaje académico para hablar acerca de aspectos del libro y la letra impresa (*portada, contraportada, título, autor, ilustrador, página, texto, ilustración, fotografía, rótula, tabla de contenidos, agradecimientos, capítulo, sección, encabezado, dibujo, leyenda, mapa, título del capítulo, dedicación, nota del autor, nota del ilustrador, diagrama, glosario, guardas, recuadro lateral, solapa del libro, subtítulo, tabla, gráfica, línea de tiempo, índice, corte de sección, prefacio, prólogo, guía de pronunciación, nota al pie, epílogo, nota al final, apéndice, referencias, instrucciones escénicas, bibliografía*)

**Ilustraciones/Elementos gráficos**

- ● Comprender que los elementos gráficos brindan información importante
- ● Seguir y comprender algunos textos que no tienen elementos gráficos ni ilustraciones
- ◆ Reconocer y usar información en diversos elementos gráficos (fotos y/o dibujos con rótulo o leyenda, diagrama, dibujo de corte, mapa con leyenda y escala)
- ◆ Usar detalles de las ilustraciones para apoyar lo dicho en una conversación
- ■ Observar la manera en la que las ilustraciones y los elementos gráficos ayudan a comunicar el mensaje de la autora o del autor
- ■ Comprender que los elementos gráficos y el texto están colocados concienzudamente en un texto de no ficción de manera que las ideas se comunican con claridad

**Características del libro y la letra impresa**

- ● Observar el título de un texto y el nombre de su autora o autor e ilustradora o ilustrador en la cubierta y la portada
- ◆ Incorporar nuevos conocimientos a partir de la búsqueda y el uso de la información que se encuentra en el cuerpo del texto, los recuadros laterales y los elementos gráficos
- ■ Observar, usar y comprender el propósito de algunas herramientas de organización (título, tabla de contenidos, título de los capítulos, encabezado, subtítulo)
- ■ Observar, usar y comprender el propósito de otros recursos del texto (glosario, índice)
- ■ Observar, usar y comprender el propósito de algunos recursos del texto fuera del cuerpo (peritexto): dedicatoria, reconocimientos, nota de la autora o del autor, guardas, prefacio, prólogo, guía de pronunciación, nota al pie, epílogo, apéndice, nota al final, referencias
- ■ Observar y comprender otros aspectos del peritexto que tienen valor simbólico, añaden atractivo estético o significado
- ■ Apreciar el talento artístico en la disposición del texto: solapa de libro, cubierta, páginas finales, portada (peritexto)
- ■ Evaluar la efectividad de la disposición de la página y el diseño del texto y relacionarlo con la cultura representada o las ideas principales
- ■ Evaluar la manera en que algunos recursos del texto contribuyen al significado de las ilustraciones

● Pensar en el texto ***en sí*** ◆ Pensar ***más allá*** del texto ■ Pensar ***acerca*** del texto

# Lectura compartida y lectura interpretativa

# Continuo de lectura compartida y lectura interpretativa

El continuo de lectura compartida y lectura interpretativa en educación bilingüe, ambientes de inmersión y salones de dos idiomas es paralelo y equivalente a su contraparte en inglés. Quizás se requieran algunos ajustes lingüísticos que dependan del grado de competencia en inglés y español, como por ejemplo proporcionar apoyos sensoriales o determinar con anticipación las expectativas para los estudiantes más sólidos en inglés que en español y el tipo de diferenciación que usted ofrecerá. En el capítulo 18 de *When Readers Struggle: Teaching That Works* (Fountas y Pinnell 2009) encontrará sugerencias adicionales.

La lectura compartida y la lectura interpretativa comparten muchos objetivos con la lectura interactiva en voz alta, pero va más allá de la escucha activa y la discusión. De algún modo, aquí los estudiantes participan verdaderamente de la lectura. Definimos la lectura compartida y la lectura interpretativa como los contextos instructivos que se leen en voz alta para el placer propio y el de otros. Todas las formas de lectura interpretativa incluyen lo siguiente:

- procesamiento de la letra impresa en texto corrido;
- trabajo en grupos (generalmente);
- lectura oral de un texto común;
- uso de la voz para interpretar el significado de un texto;
- lectura al unísono con otros, aunque en algunas partes los estudiantes pueden leer de a uno por vez;
- oportunidades para aprender más sobre el proceso de lectura.

La lectura compartida tiene una función importante para ampliar la capacidad de los estudiantes de procesar y comprender textos en todos los grados. En los primeros años, la lectura compartida da a los estudiantes un alto nivel de apoyo en la lectura de textos iniciales. Aprenden cómo "funciona" la letra impresa y desarrollan un incipiente proceso de lectura fuerte. Su apoyo y el apoyo del grupo los ayuda a procesar textos que son más complejos que sus capacidades actuales. Los pone "un escalón arriba" en el desarrollo del proceso de lectura. En todos los grados, incluso después de que los lectores hayan tenido un proceso de lectura consolidado, deben continuar ampliando sus capacidades de muchas maneras, y la lectura compartida puede tener una función importante. A través de la lectura compartida, los lectores intermedios y avanzados pueden desarrollar más sus capacidades en análisis de las palabras, vocabulario, fluidez y comprensión. Consideran el texto de nuevas maneras al representarlo con la voz en el teatro del lector y se ocupan en el análisis detallado de un texto o un fragmento de texto que comparten entre todos.

Los materiales para la lectura compartida inicial se detallan en las características del texto de este continuo, y observará un cambio gradual de un grado a otro. La lectura compartida puede comenzar con libros grandes y poemas simples extendidos y pasar a guiones del teatro del lector, obras de teatro o simplemente cualquier texto que desee ampliar y que todos los estudiantes consideren. Estos son los componentes básicos de una lección de lectura compartida para los lectores incipientes:

1. Presentar el texto: Diga unas cuantas palabras sobre el texto y genere una conversación que apunte a su lectura.

2. Demuestre la lectura del texto: La primera lectura del texto la hace la maestra o el maestro, y a continuación se realiza una conversación breve.
3. Leer el texto juntos: Invite a los estudiantes a realizar con usted la segunda lectura.
4. Comentar el texto: Guíe la conversación acerca del significado del texto, invitando a los estudiantes a compartir su pensamiento.
5. Enseñar acciones estratégicas específicas: Seleccione una parte específica del texto para consultar a la hora de presentar un punto de enseñanza (o presente el punto durante una lectura posterior).
6. Hacer lecturas repetidas: Vuelva al texto para leerlo varias veces más los días sucesivos, involucrando a los estudiantes en una conversación o presentando un punto de enseñanza (por ejemplo, encontrar palabras o partes de palabras, reconociendo palabras interesantes, practicando frases difíciles).
7. Invitar a la lectura independiente: Aquí, dé la oportunidad a los estudiantes de leer el texto independientemente o con un compañero usando el libro o el poema grandes o una versión individual pequeña.
8. Proporcionar oportunidades extensas de uso del lenguaje y la lectura: Involucre a los estudiantes en la exploración del texto si tienen el interés y la necesidad de hacerlo.

Los estudiantes intermedios también pueden beneficiarse de profundizar en textos complejos en la lectura compartida. Por ejemplo, un texto no solo puede tener palabras para que los estudiantes lean con precisión, sino también desafíos significativos en la comprensión o los elementos literarios que desea que los estudiantes consideren con mayor detalle. Comentar un texto preparatorio para el teatro del lector o la lectura a coro es una oportunidad muy valiosa, que ofrece una razón auténtica para leer en voz alta e involucra a los estudiantes en una labor de desarrollo de la comunidad. La transición de maneras iniciales a maneras posteriores de implementar la lectura compartida no es abrupta, sino gradual, como describe este continuo.

En *Teaching for Comprehending and Fluency: Thinking, Talking, and Writing About Reading, K–8* (Fountas y Pinnell 2006), describimos tres contextos para la lectura compartida y la lectura interpretativa.

1. La ***lectura compartida*** a menudo se refiere a los casos en que los estudiantes leen un texto en común de mayor tamaño, ya sea un libro impreso más grande, un cuadro o un texto proyectado. Los estudiantes pueden tener sus propias copias. La maestra o el maestro dirige al grupo y señala palabras o frases. La lectura generalmente se hace al unísono, aunque puede haber adaptaciones, como grupos o individuos que alternan la lectura de algunas líneas.

2. La ***lectura a coro*** a menudo se refiere a los casos en que un grupo de personas leen un texto en común, que puede estar impreso en un cuadro, proyectado en una pantalla o provisto en copias individuales. El texto suele ser más largo y/o más complejo que el que se usa para la lectura compartida. El énfasis está puesto en la interpretación del texto con la voz. Parte de la lectura se hace al unísono con todo el grupo o en subgrupos, y otras partes se leen en forma individual o en parejas.

3. El ***teatro del lector*** a menudo se refiere a la representación de un texto en la que individuos o grupos interpretan roles. El teatro del lector es similar a la producción tradicional de obras de teatro, con la excepción de que el texto generalmente no se memoriza y rara vez se usan objetos de utilería. El énfasis está puesto en la

interpretación vocal. Distintos individuos suelen leer los roles, aunque algunos también se pueden leer en grupo. Los guiones del teatro del lector se preparan a partir de todo tipo de textos, como novelas, cuentos, poemas, discursos, guiones, pero no de obras de teatro originales.

A la hora de seleccionar y usar libros y otros textos escritos para la lectura compartida y la lectura interpretativa, es necesario tener en cuenta algunos de los mismos factores que para la lectura guiada e independiente. Después de todo, los estudiantes deben poder leerlos y entenderlos. Sin embargo, como usted brindará un alto nivel de apoyo y los estudiantes leerán los textos muchas veces, no es necesario usar los niveles A–Z (consulte en este libro el continuo bajo la sección Lectura guiada, páginas 419–651). En cambio, deberá tener en cuenta características como un lenguaje interesante, la rima y el ritmo, los juegos con palabras, el lenguaje poético, el atractivo emocional para los estudiantes y otros aspectos de los textos que los convierten en una buena base para la interpretación.

## Características de los textos para la lectura compartida y la lectura interpretativa

Al momento de pensar en textos para la lectura compartida y la lectura interpretativa, una vez más debemos considerar los diez factores del texto. Al igual que con la lectura interactiva en voz alta, es preciso tener en cuenta si los oyentes comprenderán el vocabulario del texto, aunque la decodificación de las palabras sea en este caso un factor relativamente menor. Los estudiantes pueden pronunciar fácilmente y apreciar palabras como *zapatotes* o *gigantísimo* en poemas humorísticos, o palabras como *sombrío o pensativo* en el teatro del lector, una vez que se les ha enseñado el significado de las palabras. De hecho, la lectura compartida y la lectura interpretativa son una excelente manera de ampliar el vocabulario.

La característica más importante de los textos que elija para la lectura compartida y la lectura interpretativa es *que sean lo suficientemente atractivos y placenteros* para que valga la pena dedicarles el tiempo de toda la clase o de grupos pequeños, y/o para que los estudiantes los lean una y otra vez. Esta es la diferencia fundamental entre los textos de lectura compartida y aquellos que a los estudiantes les interesan lo suficiente para leerlos una vez. Otra característica que hay que tener en cuenta es que los textos para la lectura compartida son cortos. Podría haber

- libros grandes (14¼" x 18 a 15" x 20") que se publican con el propósito de lectura compartida y que tienen de dieciséis a treinta y dos páginas;
- carteles;
- cuadros grandes (tanto publicados como escritos a mano) que pueden tener poemas, canciones, coros, cuentos y registros redactados en clase, y listas;
- copias individuales de poemas, canciones o coros;
- copias individuales de los guiones del teatro del lector, que pueden extraerse de textos más largos que los estudiantes hayan leído; o
- fragmentos de textos más largos que los estudiantes hayan leído o usted les haya leído y se han amplificado para que los vea la clase.

Una excepción podría ser una obra de teatro que los estudiantes leyeron, pero también en este caso, a menudo usted seleccionará obras de teatro de un acto o fragmentos de obras de teatro.

Incluso en estos textos más cortos, los estudiantes pueden experimentar una amplia gama de características del género y del texto. Por lo tanto, en el siguiente continuo, usamos las diez características del texto (ver la figura 5) para describir textos para lectura compartida y lectura interpretativa; sin embargo, tenga en cuenta que nos referimos a textos cortos o fragmentos de textos más largos. La figura 5 ofrece descripciones de las diez características del texto, en términos de lectura compartida y lectura interpretativa.

## Objetivos curriculares

Hemos definido los objetivos curriculares en función de los hábitos y conocimientos de comprensión para observar y apoyar en cada nivel. Estos se dividen, a su vez, en pruebas de que la lectora o el lector está pensando en el texto *en sí, más allá* o *acerca* del texto:

- ***En el texto en sí.*** Para procesar un texto de manera efectiva y eficaz, y deducir su significado literal, los lectores deben descifrar las palabras, además de verificar y autocorregir su lectura. Durante la lectura compartida y la lectura interpretativa, los estudiantes siguen lo que dice el texto y retienen la información importante que les ayudará a reflejar ese significado con su voz. Los lectores deben autoverificar su propia comprensión, recordar información en forma de resumen y, en algunos casos, ajustar la lectura para reflejar el género del texto. Uno de los mayores beneficios de la lectura compartida y la lectura interpretativa es que los estudiantes leen oralmente un texto o una adaptación de un texto de manera fluida, expresiva y con frases bien formadas. Este escenario instructivo ofrece mucha práctica, apoyo de grupo y constituye una razón auténtica para la lectura en voz alta (no simplemente para que la maestra o el maestro evalúe a los estudiantes).
- ***Más allá del texto.*** Los lectores hacen predicciones y establecen relaciones con sus conocimientos previos y su propia vida. También establecen relaciones entre los textos. Traen a la lectura del texto sus conocimientos previos, sintetizan la información nueva al incorporarla a sus propios conocimientos y reflexionan sobre lo que la autora o el autor no afirma pero dice implícitamente. Los lectores pueden inferir los sentimientos y las motivaciones de los personajes de un texto de ficción o las implicancias de los enunciados de la autora o del autor en un texto de no ficción. Para reflejar la interpretación con su voz, los lectores deben buscar activamente el significado e incluso considerar otros significados para el texto. La lectura compartida, la lectura a coro y el teatro del lector son oportunidades para pensar más allá del texto. Por ejemplo, para leer con la voz de un personaje, es necesario pensar mucho en cómo se siente. Leer un discurso requiere inferir la pasión de la oradora o del orador. Leer argumentos a favor y en contra implica inferir la lógica de cada uno y presentarlos de manera dinámica.
- ***Acerca del texto.*** Los lectores piensan en el texto analíticamente como un objeto al observar y valorar elementos de la elaboración de la autora o del autor, como el uso del lenguaje, la caracterización, la organización y la estructura. Al leer como si fueran escritores, los estudiantes observan aspectos de los recursos de elaboración de la autora o del autor y disfrutan más el texto, incluso a veces vuelven a leerlo. Además, los lectores piensan en los textos de manera crítica al evaluar su calidad y considerar la precisión y la objetividad de la autora o del autor. Los textos para la lectura compartida y la lectura interpretativa se seleccionan y crean en función de la calidad de la escritura y el poder de las ideas. Cuando los estudiantes interpretan partes de un texto o un guion del teatro del lector creado a partir de

un texto, tienen la oportunidad de conocer el lenguaje. También es una oportunidad para aprender y, algunas veces, incluso memorizar lenguaje de buena calidad. La lectura compartida y la lectura interpretativa permiten construir un repertorio amplio de textos compartidos que pueden volver a leerse con frecuencia para aprender más sobre los recursos de elaboración de la autora o del autor.

## Organización

Este continuo está organizado por nivel de grado. Para cada nivel de grado, la primera parte, Seleccionar textos, describe las características del texto de los libros que lee en voz alta. Los elementos están organizados según las diez características del texto que se mencionan en la figura 5, páginas 112 y 113. Usted lee los libros, por supuesto, por lo que puede poner al alcance de los estudiantes textos que todavía no pueden leer por su cuenta. Aun así, tenga en cuenta

- la complejidad y la dificultad del género;
- el vocabulario que los estudiantes pueden esforzarse por comprender;
- si el contenido y los conceptos son adecuados para la edad de los estudiantes;
- el atractivo para los estudiantes de esta edad y
- si el texto es adecuado para su uso en la lectura compartida.

En la siguiente sección para cada grado, Seleccionar objetivos, enumeramos objetivos categorizados para pensar en el texto *en sí, más allá* y *acerca* del texto. Los objetivos para usar textos de ficción y de no ficción están categorizados en áreas de comprensión. La forma de la viñeta designa el hábito como: pensar en el texto en sí [●], más allá del texto [◆] o acerca del texto [■]. Estos objetivos se enuncian en forma de hábitos y conocimientos específicos que los estudiantes deben desarrollar para comprender y aprender de los textos que se leen.

Para las características del texto y los objetivos, los nuevos elementos para el nivel de grado están marcados con una viñeta roja. Esto le permitirá encontrar rápidamente los nuevos desafíos. Pero no olvide que *todas* las características del texto y los objetivos son importantes. Dicho de otro modo, quizás el hábito o el conocimiento sea igual, pero el desafío para los estudiantes es *aplicarlo* a textos más complejos en cada nivel de grado.

## Uso del continuo de lectura compartida y lectura interpretativa

Este continuo no hace referencia a textos, temas o áreas de contenido específicos. Debe aplicar los objetivos del continuo en relación con los requisitos de su distrito o estado. Puede usar esta guía para establecer los objetivos curriculares generales para los grados PreK–8, o bien puede consultarla cuando planifique y evalúe la enseñanza de la lectura compartida y la lectura interpretativa.

**FIGURA 5** *Diez características de los textos para la lectura compartida y la lectura interpretativa*

| | |
|---|---|
| **Género** | Hemos enumerado una variedad de tipos de textos que son adecuados para cada grado, como poesía, canciones y coros. En general, podrá usar todos los géneros en cada grado, pero sea selectivo con los ejemplos. Use textos de ficción y de no ficción para la lectura compartida y la interpretativa. Muchas veces, los textos narrativos se convierten en obra de teatro o texto poético para crear guiones del teatro del lector. |
| **Estructura del texto** | La estructura de un texto se refiere a cómo está organizado. Los textos de ficción suelen tener una estructura *narrativa*, con un problema y una secuencia de sucesos que llevan a la resolución. Los niños más pequeños suelen leer textos cortos con humor o rima. Los cuentos tradicionales son un recurso excelente. Cuando los textos más largos se convierten en obras de teatro o guiones del teatro del lector, suelen acortarse: los estudiantes presentan un momento del relato, o bien, representan la esencia de la trama o muestran los sentimientos o el punto de vista del personaje principal. Los textos de no ficción pueden ser también narrativos; las biografías, por ejemplo, pueden convertirse en guiones del teatro del lector con relativa facilidad. Un texto de ficción o no ficción narrativa puede convertirse en un poema y seguir siendo una narración, o puede adquirir otra estructura. La mayoría de los textos informativos se organizan por subtemas, con estructuras subyacentes, como: descripción, secuencia temporal, comparar y contrastar, causa y efecto, y problema y solución. Muchas veces esas estructuras se combinan. A través de la lectura compartida y la interpretativa, los estudiantes pueden destacar algunas estructuras subyacentes y disfrutan de convertir el aprendizaje de un área de contenido (por ejemplo, un texto sobre contaminación ambiental o un período histórico) en una obra de teatro del lector. |
| **Contenido** | El tema del texto debe ser accesible e interesante para los oyentes. El contenido les resulta útil cuando ya tienen conocimientos previos que los ayudan a entender información nueva. A través de la lectura compartida y la lectura interpretativa, en especial de las biografías, los estudiantes pueden reflexionar sobre muchos temas diferentes. |
| **Temas e ideas** | Las ideas y los temas más importantes del material que elija para la lectura compartida y la lectura interpretativa deben ser adecuados para la edad y la experiencia previa de todos los estudiantes. Los estudiantes pueden ampliar su comprensión de los temas y las ideas a medida que comentan cómo se deben leer e interpretar los textos. |
| **Características literarias y del lenguaje** | El modo en que la escritora o el escritor usa el lenguaje se traduce en la calidad literaria de un texto. Es importante seleccionar textos que los estudiantes comprendan en cuanto a las características literarias y del lenguaje. La lectura compartida y la interpretativa dan la posibilidad de "ensayar" diferentes interpretaciones de un texto mediante cambios en la voz. |
| **Complejidad de las oraciones** | La estructura de las oraciones (su longitud y la cantidad de frases y cláusulas que contienen) es otro factor clave. A lo largo de la escuela primaria y elemental, los estudiantes generalmente pueden comprender oraciones más complejas que las que pueden leer independientemente. Al practicar las oraciones para dramatizarlas, los estudiantes aprenden diversas estructuras de oraciones y procesan oraciones más largas y más complejas que las que pueden leer o escribir. |

| | |
|---|---|
| **Vocabulario** | El vocabulario son las palabras que un individuo conoce y entiende en el lenguaje oral y escrito. Cuando trabajan con un texto en la lectura compartida y la interpretativa, los estudiantes pueden encontrar palabras nuevas y, así, ampliar su vocabulario. Es importante que comprendan el texto que se usa en la lectura compartida y la interpretativa para entender las palabras y disfrutar la actividad. Sin embargo, la lectura compartida les ofrece apoyo con muchas palabras complejas y atípicas que los deleitarán. |
| **Palabras** | Ya que usted ofrecerá mucho apoyo para la decodificación de las palabras y los estudiantes leerán las selecciones varias veces, las palabras no constituyen un factor importante a la hora de elegir textos. Deberá seleccionar textos con palabras que los estudiantes comprendan y puedan pronunciar con su ayuda. La lectura compartida y la lectura interpretativa son un excelente contexto donde los estudiantes pueden aprender más sobre el funcionamiento de las palabras. Como la lectura repetida de un texto hace que se vuelva conocido, los estudiantes aumentarán gradualmente el conjunto de palabras de uso frecuente que conocen. Además, empezarán a observar el comienzo, el final y otras partes de las palabras, y a establecer relaciones entre ellas. |
| **Ilustraciones** | Muchos textos que se usan en los primeros grados como base para la lectura compartida y la interpretativa están llenos de ilustraciones que ayudan a los estudiantes a interpretarlos. Junto con el apoyo de la maestra o del maestro inherente a la lectura compartida y la interpretativa, las ilustraciones permiten que los niños más pequeños lean juntos libros de un nivel más alto. Para los estudiantes intermedios, la lectura interpretativa también puede basarse en libros álbum (de ficción y no ficción) que incluyan ilustraciones que crean una atmósfera. A veces, los estudiantes pueden interpretar la lectura junto con una presentación de diapositivas con ilustraciones importantes. Pero las ilustraciones podrían no ser un factor en determinados textos. Si cuenta con texto en tamaño grande con gráficas u otras características del texto, puede usarlos en la lectura compartida como demostración efectiva de cómo los lectores procesan y usan esta información. Este escenario, además, da a los lectores la oportunidad de usar vocabulario académico para hablar acerca de las características del texto. En los grados superiores, los maestros a veces amplifican una página de un texto para que los estudiantes vean un ejemplo común. |
| **Características del libro y la letra impresa** | Cuando los niños más pequeños participan de la lectura compartida de textos en tamaño grande (libros y poemas), las características de la letra impresa como la longitud, el diseño, la fuente y la cantidad de líneas de una página influyen en su capacidad de participar en la actividad. Por lo general, los estudiantes pueden leer textos más complejos en la lectura compartida que en la lectura guiada o independiente. No obstante, procure no sobrecargarlos. Incluso a los lectores intermedios puede resultarles difícil leer al unísono un poema largo y complejo con transparencia. Para el teatro del lector, usted puede copiar parte del texto para que los estudiantes puedan destacar las partes que van a leer. Las características del libro y de la letra impresa en la lectura compartida se trabajan desde kindergarten hasta octavo grado. Las herramientas de organización, como tablas de contenidos, glosarios, guías de pronunciación, índices, recuadros laterales y encabezados, no se tienen en cuenta aquí, ya que solo en ocasiones se incluyen en la lectura compartida. Sin embargo, la lectura compartida y la interpretativa son un contexto apto para que los estudiantes aprendan a usar diversos formatos para la letra impresa, por ejemplo, obras de teatro y otros guiones, debates, discursos, poemas, noticiarios, etc. |

# Seleccionar textos Características de los textos para la lectura compartida y la lectura interpretativa

## Lectura compartida y lectura interpretativa

### GÉNERO

▸ **Ficción**

- Ficción realista
- Cuento popular
- Cuentos de fantasía sencillos con animales

▸ **No ficción**

- Textos sencillos sobre hechos
- Memorias (cuento sobre memorias personales)
- Textos sencillos de instrucciones

**FORMAS**

- Poemas breves
- Rimas infantiles, rimas y canciones
- Poemas, rimas infantiles, rimas y canciones en tamaño grande
- Libros álbum
- Libros álbum sin palabras
- Libros álbum en tamaño grande
- Libros rotulados
- Libros de conceptos
- Libros del alfabeto
- Libros para contar
- Libros con texturas, de tela, desplegables, troquelados, con características especiales que estimulan la interacción
- Textos producidos mediante la escritura interactiva y compartida (listas, cuadros con nombres, instrucciones, secuencias de acciones, cuentos, poemas, descripciones, diálogos de cuentos)

### ESTRUCTURA DEL TEXTO

- Textos narrativos sencillos con un comienzo, una serie de episodios y un final
- Muchos libros con patrones y episodios repetitivos
- Algunos textos con estructura no narrativa
- Mayormente textos que se centran en un solo tema, a menudo una idea por página
- Patrones estructurales subyacentes: descripción sencilla, algunas secuencias temporales, algunas preguntas y respuestas

### CONTENIDO

- Contenido adecuado para el desarrollo cognitivo, la madurez emocional y la experiencia de vida de los niños
- Contenido que recurre a la curiosidad intelectual y a las emociones de los niños
- Contenido que alimenta la imaginación de los niños
- Juegos con el lenguaje y las palabras (rimas, sinsentido, aliteración y el alfabeto)
- Contenido adecuado para preescolar que refleja conocimientos conceptuales iniciales (colores, figuras, contar, agrupar, tamaño, el alfabeto, posición)
- Acciones cotidianas conocidas por los niños (jugar, hacer cosas, comer, vestirse, bañarse, cocinar, ir de compras)
- Temas conocidos (los animales, las mascotas, las familias, los amigos, los cinco sentidos, el crecimiento y la salud, la escuela, el vecindario, el tiempo y las estaciones, los alimentos, las plantas) que son auténticos y relevantes
- Humor que es fácil de comprender (personajes tontos, situaciones divertidas)
- Contenido que refuerza y amplía la experiencia del niño y su conocimiento propio y del mundo
- Algunos temas que pueden no ser parte de las experiencias inmediatas de los niños (granja, zoológico)
- Contenido que refleja una amplia gama de escenarios, lenguajes y culturas
- Personajes, escenarios y sucesos que podrían existir en la vida real
- Personajes, sucesos (algunos sin sentido y divertidos) y escenarios imaginarios que ocurren en la fantasía
- Contenido que refleja conocimientos iniciales del mundo físico y social
- Contenido centrado en un tema sencillo

### TEMAS E IDEAS

- Temas que reflejan la vida cotidiana (una misma o uno mismo, relaciones con la familia, amistad, imaginación, sentimientos, valentía, inteligencia, sabiduría, naturaleza, conciencia cultural)
- Ideas sencillas y claras, fáciles de identificar
- Ideas cercanas a la experiencia de los niños (expresar sentimientos, compartir con los demás, valorar las diferencias, cooperar, ayudar, pertenecer, resolución de problemas, trabajar arduamente, ser inteligente o sabio, apreciar los sonidos del lenguaje)

### CARACTERÍSTICAS LITERARIAS Y DEL LENGUAJE

- Lenguaje poético
- Rimas
- Ritmo y repetición de palabras y patrones del lenguaje
- Muchos estribillos
- Lenguaje que promueve e implica movimiento
- Secuencia de sucesos y desenlace predecibles
- Escenarios, sucesos y personajes realistas y de fantasía
- Trama sencilla con problema y solución que son fáciles de comprender
- Varios personajes, predecibles y fáciles de comprender
- Acciones de los personajes relacionadas con consecuencias claras (recompensa por el esfuerzo)
- Diálogo sencillo que puede atribuirse fácilmente a los personajes
- Diálogo repetitivo

### COMPLEJIDAD DE LAS ORACIONES

- Oraciones escritas en lenguaje natural que es similar al lenguaje oral
- Oraciones breves y sencillas que los niños pueden comprender y recordar fácilmente
- Oraciones con un número limitado de adjetivos
- Oraciones con cláusulas y frases repetidas
- Oraciones que son preguntas
- Oraciones con diálogo, a veces repetido
- Oraciones con conectores comunes (simples)

# **Seleccionar textos** Características de los textos para la lectura compartida y la lectura interpretativa *(cont.)*

## Lectura compartida y lectura interpretativa

### VOCABULARIO

- Algunas palabras interesantes que son nuevas para los niños pero que se entienden fácilmente en contexto
- Algunas palabras de contenido (rótulos) relacionadas con conceptos que los niños pueden comprender
- Algunas palabras memorables de gran interés y novedad (*maullar, achís, tictac, guau, ¡paf!*)
- Todas las palabras que hay en el vocabulario oral común de los niños pequeños (Nivel 1)
- Algunas onomatopeyas sencillas
- Algunos conectores comunes (simples) que se usan con frecuencia en el lenguaje oral (palabras, frases que aclaran relaciones e ideas): *y, pero, entonces*

### PALABRAS

- Muchas palabras muy sencillas de uso frecuente
- Mayormente palabras de una o dos sílabas con algunas palabras de tres sílabas interesantes
- Mayormente palabras con las secuencias CV, CVC y CVCV
- Palabras que riman (*doy, soy, voy*)
- Secuencias aliterativas
- Plurales simples usando *-s* o *-es*
- Uso de terminaciones de diminutivo *-ito* e *-ita* (*patito, abejita*)
- Algunos plurales complejos que están en el vocabulario oral de los niños (*lápices, peces*)
- Algunas palabras con terminaciones que están en el vocabulario oral de los niños (*corriendo, pintando*) o que son fáciles de comprender

### ILUSTRACIONES

- Ilustraciones grandes, claras y coloridas en diversos medios de comunicación que apoyan plenamente el significado
- Detalles que añaden interés en lugar de sobrecargar o distraer
- Muchos textos de escritura compartida e interactiva con arte creado por los niños
- Algunas ilustraciones y fotografías con rótulos

### CARACTERÍSTICAS DEL LIBRO Y LA LETRA IMPRESA

#### LONGITUD

- Libros o poemas breves, canciones, coros que se pueden leer en una sesión

#### TEXTO IMPRESO Y DISPOSICIÓN

- Todos los textos en tamaño grande, libros y cuadros grandes
- Letra impresa suficientemente grande para que todo el grupo (o un grupo pequeño) lo vea claramente
- Espacios claros entre las palabras y entre las líneas
- Número limitado de líneas en una página (una o dos), excepto en caso de tratarse de un poema breve o una canción muy conocidos
- Disposición muy consistente en todas las páginas
- Disposición que permite la formación de frases mediante la presentación de grupos de palabras
- Algunas palabras en negrita o tipografía de diversos tamaños
- Variedad ocasional en el color de la letra impresa
- Letra impresa en globos de diálogo o globos de pensamiento
- Algunos libros con características especiales (pestañas, troquelado)
- Números de páginas

#### PUNTUACIÓN

- Puntuación sencilla (punto, signos de interrogación, signos de admiración)

#### HERRAMIENTAS DE ORGANIZACIÓN

- Título, autora o autor e ilustradora o ilustrador en la cubierta y la portada

# Seleccionar objetivos Hábitos y conocimientos para observar, enseñar y apoyar

## Lectura compartida y lectura interpretativa

### TEXTOS DE FICCIÓN Y NO FICCIÓN

**General**

- ● Observar y hablar acerca de la información importante en un texto
- ● Después de leer un texto en tamaño grande con los demás, comentar de qué trata
- ◆ Relacionar las experiencias en el salón de clase (listas, instrucciones, recetas registradas en escritura compartida/interactiva) con la lectura oral de textos en tamaño grande (cuadros, libros grandes que ellos crearon)
- ◆ Comprender y aprender contenido nuevo a partir de la lectura de textos de ficción y no ficción con los demás
- ■ Expresar opiniones acerca de textos que se leen al unísono

**Primeros conceptos de la lectura**

- ● Ubicar su propio nombre en letra impresa
- ● Leer cuadro de nombres (nombre y apellido) con apoyo de la maestra o del maestro
- ● Comenzar a observar algunas letras impresas
- ● Relacionar algunas letras impresas con su propio nombre o una palabra conocida
- ● Comenzar a observar algunas características de las palabras (por ejemplo, algunas letras)
- ● Comenzar a observar aspectos de la letra impresa para ayudar a seguir las palabras cuando se lee a coro
- ● Comenzar a observar que una palabra está delimitada por el espacio que tiene a cada lado
- ● Usar la direccionalidad de izquierda a derecha, la relación palabra por palabra y del final de un renglón al principio del siguiente para verificar la lectura con apoyo de la maestra o del maestro
- ● Demostrar el conocimiento de algunas normas de la letra impresa (pasar páginas, leer de arriba hacia abajo, distinguir la letra impresa de las imágenes)
- ● Seguir el puntero de la maestra o del maestro con los ojos (de izquierda a derecha y con movimiento de retorno hasta el siguiente renglón) para leer textos en tamaño grande de una, dos o tres líneas
- ● Comenzar a usar características de la letra impresa en textos en tamaño grande para buscar y usar información visual (letras, palabras, "primera" y "última" palabra, punto)
- ● Comenzar a buscar letra impresa para obtener información visual

**Letras**

- ● Leer un cuadro simple del alfabeto con un alto nivel de apoyo de la maestra o del maestro
- ● Observar las letras en un texto en tamaño grande

**Palabras**

- ● Comentar palabras con los demás

**Estructura del lenguaje (sintaxis)**

- ● Usar patrones repetitivos del lenguaje para verificar la precisión
- ● Buscar información cuando se procesan oraciones sencillas durante la lectura a coro (lenguaje breve y natural; número limitado de adjetivos y adverbios; cláusulas repetidas)
- ◆ Comprender cuando el lenguaje de un cuento suena como si alguien hablara
- ◆ Usar la sintaxis del lenguaje y patrones repetitivos del lenguaje para anticipar el texto (palabra siguiente, frase siguiente u oraciones)

**Vocabulario**

- ● Comprender el significado de palabras nuevas que aparezcan en la letra impresa
- ● Observar y usar palabras que añaden acción o emoción a un texto (palabras que representan sonidos, algunas expresiones)

● Pensar en el texto ***en sí*** ◆ Pensar ***más allá*** del texto ■ Pensar ***acerca*** del texto

# Seleccionar objetivos Hábitos y conocimientos para observar, enseñar y apoyar *(cont.)*

## Lectura compartida y lectura interpretativa

### TEXTOS DE FICCIÓN Y NO FICCIÓN *(continuación)*

**Vocabulario** *(continuación)*

- ● Comprender el significado de plurales simples
- ● Comprender el significado de palabras de su vocabulario oral
- ◆ Recordar y usar lenguaje nuevo (palabras específicas, estribillos, expresiones) a partir de la lectura de textos en tamaño grande a coro
- ◆ Comprender algunos conectores comunes (simples) que relacionan ideas y aclaran el significado y se usan con frecuencia en el lenguaje oral (*y, pero, entonces*)

**Fluidez**

- ● Usar la formación de frases, la pausa, el acento prosódico y la entonación con la ayuda de la lectura al unísono
- ● Cuando se lee al unísono, recordar y usar frases repetitivas con entonación
- ● Cuando se lee al unísono, reconocer el diálogo y ajustar la voz para reflejarlo

**Interpretación**

- ● Imitar la expresión de la maestra o del maestro cuando se leen textos impresos en tamaño grande a coro

**Mensajes y temas**

- ● Seguir y comprender las ideas de poemas y rimas sencillos en textos en tamaño grande
- ◆ Inferir una "lección" a partir de la lectura de una versión muy sencilla de un cuento popular u otro texto al unísono con los demás
- ◆ Comprender un tema simple en un texto (la amistad, las familias, las relaciones, una misma o uno mismo, la naturaleza, los sentimientos, la inteligencia)

**Elementos literarios**

- ● Seguir y comprender tramas sencillas en textos de ficción en tamaño grande
- ◆ Usar los sucesos del cuento (y recordar lecturas previas) para predecir lo que sucederá
- ◆ Anticipar lugares emocionantes o el final de un cuento recordando lecturas anteriores
- ◆ Hablar acerca de conexiones personales establecidas con el contenido, los personajes o los sucesos en un texto compartido
- ◆ Inferir los sentimientos de los personajes de cuentos y poemas
- ■ Observar y comentar cuentos, poemas, rimas y canciones parecidos
- ■ Observar y hablar acerca del parecido y las diferencias entre textos en tamaño grande
- ■ Observar cómo usa la autora o el autor la rima y el ritmo
- ■ Observar y usar la rima y el ritmo para anticipar el lenguaje en un poema o canción
- ■ Usar lenguaje académico para hablar acerca de textos (*libro del alfabeto, poema, canción, cubierta, título, autor, ilustrador, texto, ilustración, fotografía, comienzo, final, problema*)

**Características del libro y la letra impresa**

- ● Comenzar a observar aspectos visuales de la letra impresa para verificar y corregir (líneas, palabras y características de la letra impresa como las letras, los espacios entre las palabras y puntuación sencilla)
- ◆ Establecer conexiones entre el cuerpo del texto y las ilustraciones

● Pensar en el texto ***en sí*** ◆ Pensar ***más allá*** del texto ■ Pensar ***acerca*** del texto

# **Seleccionar textos** Características de los textos para la lectura compartida y la lectura interpretativa

## Lectura compartida y lectura interpretativa

### GÉNERO

▶ **Ficción**

- Ficción realista
- Cuento popular
- Cuentos de fantasía sencillos con animales

▶ **No ficción**

- Textos sencillos sobre hechos
- Memorias (cuento sobre memorias personales)
- Textos de instrucciones

### FORMAS

- Poemas breves
- Rimas infantiles, rimas y canciones
- Poemas, rimas infantiles, rimas y canciones en tamaño grande
- Colecciones de poesía
- Libros álbum
- Libros álbum sin palabras
- Libros álbum en tamaño grande
- Libros rotulados
- Libros de conceptos
- Libros del alfabeto
- Libros para contar
- Libros con texturas, de tela, desplegables, con características especiales que estimulan la interacción
- Textos producidos mediante la escritura interactiva y compartida (listas, cuadros con nombres, instrucciones, secuencias de acciones, cuentos, poemas, descripciones, diálogos de cuentos)

### ESTRUCTURA DEL TEXTO

- Textos narrativos sencillos con un comienzo, una serie de episodios y un final
- Muchos libros con patrones o episodios repetitivos
- Algunos textos con estructura no narrativa
- Cuentos con una trama sencilla (problema y solución)
- Mayormente textos centrados en un solo tema, a menudo una idea por página
- Patrones estructurales subyacentes (descripción, secuencia temporal, pregunta y respuesta)

### CONTENIDO

- Contenido adecuado para el desarrollo cognitivo, la madurez emocional y la experiencia de vida de los niños.
- Contenido que recurre a la curiosidad intelectual y a las emociones de los niños
- Contenido que alimenta la imaginación de los niños
- Juegos con el lenguaje y las palabras (rimas, sinsentido, aliteración y el alfabeto)
- Contenido adecuado que refleja conocimientos conceptuales iniciales (colores, figuras, contar, agrupar, tamaño, el alfabeto, posición)
- Acciones cotidianas conocidas por los niños (jugar, hacer cosas, comer, vestirse, bañarse, cocinar, ir de compras)
- Temas conocidos (los animales, las mascotas, las familias, los amigos, los cinco sentidos, el crecimiento y la salud, la escuela, el vecindario, el tiempo y las estaciones, los alimentos, las plantas) que son auténticos y relevantes
- Humor que es fácil de comprender (personajes tontos, situaciones divertidas)
- Contenido que refuerza y amplía la experiencia del niño y su conocimiento propio y del mundo
- Algunos temas que pueden no ser parte de las experiencias inmediatas de los niños (granja, zoológico, playa)
- Contenido que refleja una amplia gama de escenarios, lenguajes y culturas
- Personajes, escenarios y sucesos que podrían existir en la vida real
- Personajes, sucesos (algunos sin sentido y divertidos) y escenarios imaginarios que ocurren en la fantasía
- Contenido que refleja conocimientos iniciales del mundo físico y social
- Contenido centrado en un tema sencillo

### TEMAS E IDEAS

- Temas que reflejan la vida cotidiana (una misma o uno mismo, relaciones con la familia, amistad, imaginación, sentimientos, valentía, inteligencia, sabiduría, naturaleza, conciencia cultural)
- Ideas sencillas y claras, fáciles de identificar y comprender
- Ideas cercanas a la experiencia de los niños (expresar sentimientos, compartir con los demás, valorar las diferencias, cooperar, ayudar, pertenecer, resolución de problemas, trabajar arduamente, ser inteligente o sabio, apreciar los sonidos del lenguaje)
- Algunos temas por encima de la experiencia inmediata de los niños (granja, cuartel de bomberos, trenes)

### CARACTERÍSTICAS LITERARIAS Y DEL LENGUAJE

- Lenguaje descriptivo lúdico, que incluye palabras inventadas y onomatopeyas
- Lenguaje poético
- Rimas
- Ritmo y repetición de palabras y patrones del lenguaje
- Muchos estribillos
- Lenguaje que promueve e implica movimiento
- Secuencia de sucesos y desenlace predecibles
- Escenarios, sucesos y personajes realistas y de fantasía
- Trama sencilla con problema y solución que es fácil de comprender
- Varios personajes, predecibles y fáciles de comprender
- Acciones de los personajes relacionadas con consecuencias claras (recompensa por el esfuerzo y por buena conducta, castigo por mala conducta)
- Diálogo sencillo que puede atribuirse fácilmente a los personajes
- Diálogo repetitivo
- Lenguaje de procedimiento sencillo y directo

# Seleccionar textos Características de los textos para la lectura compartida y la lectura interpretativa *(cont.)*

## Lectura compartida y lectura interpretativa

### COMPLEJIDAD DE LAS ORACIONES

- Oraciones escritas en lenguaje natural que es similar al lenguaje oral
- Oraciones breves y sencillas que los niños pueden comprender y recordar fácilmente
- Oraciones con un número limitado de adjetivos
- Oraciones con cláusulas y frases repetidas
- Oraciones que son preguntas
- Algunas oraciones con adjetivos, adverbios y preposiciones
- Oraciones con diálogo, a veces repetido

### VOCABULARIO

- Oraciones con conectores comunes (simples)
- Algunas palabras interesantes que son nuevas para los niños pero que se entienden fácilmente en contexto
- Algunas palabras de contenido (rótulos) relacionadas con conceptos que los niños pueden comprender
- Algunas palabras de contenido relacionadas con conceptos que son fáciles de comprender
- Algunas palabras memorables de gran interés y novedad (*maullar, achís, tictac, guau, ¡paf!*)
- Casi todas las palabras que hay en el vocabulario oral común de los niños pequeños (Nivel 1)
- Algunas onomatopeyas sencillas
- Conectores comunes (simples) que se usan con frecuencia en el lenguaje oral (palabras, frases que aclaran relaciones e ideas): *y, pero, entonces, porque, antes, después*

### PALABRAS

- Muchas palabras muy sencillas de uso frecuente
- Mayormente palabras de una o dos sílabas con algunas palabras de tres sílabas interesantes
- Mayormente palabras con las secuencias CVC y CVCV
- Palabras que riman (*doy, soy, voy*)
- Muchos pares o conjuntos de palabras que riman
- Secuencias aliterativas
- Plurales simples usando *-s* o *-es*
- Algunos plurales complejos que están en el vocabulario oral de los niños (*lápices, peces*)
- Algunas palabras con terminaciones que están en el vocabulario oral de los niños (*corriendo, pintando*) o que son fáciles de comprender

### ILUSTRACIONES

- Ilustraciones grandes, claras y coloridas en diversos medios de comunicación que apoyan plenamente el significado
- Detalles que añaden interés en lugar de sobrecargar o distraer
- Muchos textos de escritura compartida e interactiva con arte creado por los niños
- Algunas ilustraciones y fotografías con rótulos

### CARACTERÍSTICAS DEL LIBRO Y LA LETRA IMPRESA

#### LONGITUD

- Libros o poemas breves, canciones o coros que se pueden leer en una sesión

#### TEXTO IMPRESO Y DISPOSICIÓN

- Todos los textos en tamaño grande, libros y cuadros grandes
- Letra impresa suficientemente grande para que todo el grupo (o un grupo pequeño) lo vea claramente
- Espacios claros entre las palabras y entre las líneas
- Número limitado de líneas en una página (una o dos), excepto en caso de tratarse de un poema breve o una canción muy conocidos
- Disposición muy consistente en todas las páginas
- Disposición que permite la formación de frases mediante la presentación de grupos de palabras
- Algunas palabras en negrita o tipografía de diversos tamaños
- Variedad ocasional en el color de la letra impresa
- Letra impresa en globos de diálogo o globos de pensamiento
- Algunos libros con características especiales (pestañas, troquelado)
- Números de páginas

#### PUNTUACIÓN

- Puntuación sencilla (punto, signos de interrogación, signos de admiración, coma, rayas de diálogo)

#### HERRAMIENTAS DE ORGANIZACIÓN

- Título, autora o autor e ilustradora o ilustrador mencionados en la cubierta y la portada

#### RECURSOS DEL TEXTO

- Algunos libros con dedicatoria, nota de la autora o del autor

# Seleccionar objetivos Hábitos y conocimientos para observar, enseñar y apoyar

## Lectura compartida y lectura interpretativa

### TEXTOS DE FICCIÓN Y NO FICCIÓN

**General**

- ● Observar y hablar acerca de la información importante en un texto
- ● Después de leer un texto en tamaño grande o una versión individual pequeña con los demás, comentar de qué trata
- ● Relatar los sucesos más importantes de un cuento después de leerlo con los demás
- ● Relatar hechos, una secuencia de sucesos o instrucciones después de leer un texto de no ficción con los demás
- ◆ Relacionar las experiencias en el salón de clase (listas, instrucciones, recetas registradas en escritura compartida/interactiva) con la lectura oral de textos en tamaño grande (cuadros, libros grandes creados en la clase)
- ◆ Comprender y aprender contenido nuevo a partir de la lectura de textos de ficción y no ficción (entre ellos, los producidos mediante la escritura interactiva)
- ■ Expresar opiniones acerca de textos que se leen al unísono
- ■ Hablar acerca de lo que es interesante en una fotografía o ilustración
- ■ Hablar acerca de si un texto es interesante o entretenido y por qué

**Primeros conceptos de la lectura**

- ● Ubicar su propio nombre y el nombre de otros en letra impresa
- ● Leer cuadro de nombres (nombre y apellido) con apoyo de la maestra o del maestro
- ● Observar e identificar letras impresas durante y después de leer con los demás
- ● Relacionar letras en textos impresos en tamaño grande con su propio nombre, nombres de amigos y familiares o una palabra conocida
- ● Observar características de las palabras (letras, comienzos, finales, letras mayúsculas y minúsculas)
- ● Usar características de la letra impresa para seguir las palabras cuando se leen textos a coro
- ● Comprender que una palabra está delimitada por el espacio que tiene a cada lado
- ● Demostrar un control inicial de primeros hábitos de lectura (direccionalidad de izquierda a derecha, movimiento de retorno, relacionar palabra por palabra, puntuación sencilla, distinguir palabra y letra)
- ● Leer de izquierda a derecha con movimiento de retorno cuando se lee con la maestra o el maestro y apoyo del grupo
- ● Usar la direccionalidad de izquierda a derecha, la relación palabra por palabra y el movimiento de retorno para verificar la lectura con apoyo de la maestra o del maestro
- ● Seguir el puntero de la maestra o del maestro con los ojos (de izquierda a derecha y con movimiento de retorno hasta el siguiente renglón) para leer textos en tamaño grande de dos a seis líneas
- ● Con apoyo de la maestra o del maestro, usar las características de la letra impresa en textos en tamaño grande para buscar y usar información visual (letras, palabras, "primera" y "última" palabra, punto)
- ● Comenzar a buscar en la letra impresa para obtener información visual

**Letras**

- ● Leer un cuadro simple del alfabeto con apoyo de la maestra o del maestro
- ● Observar las letras en un texto en tamaño grande

**Relaciones entre las letras y los sonidos**

- ● Ubicar una palabra prediciendo la primera letra

**Palabras**

- ● Comentar palabras con los demás
- ● Comenzar a observar y relacionar características y partes de las palabras (la primera letra, los finales de palabras)
- ● Reconocer al menos veinticinco palabras de uso frecuente en contexto con apoyo de la maestra o del maestro y enseñanza grupal
- ● Reconocer la mayoría de las veinticinco palabras de uso frecuente en forma aislada
- ● Usar el movimiento de retorno y relacionar palabra por palabra con palabras de dos y tres sílabas al leer textos de manera individual o al unísono con apoyo de la maestra o del maestro
- ● Reconocer algunos plurales simples, palabras que riman (*doy, soy, voy*)
- ● Observar sílabas en palabras y contarlas con aplausos
- ● Observar el final de las palabras que hay en su propio vocabulario oral (*corriendo, pintando*)
- ● Ubicar palabras de uso frecuente en la letra impresa

● Pensar en el texto ***en sí*** ◆ Pensar ***más allá*** del texto ■ Pensar ***acerca*** del texto

LECTURA COMPARTIDA Y LECTURA INTERPRETATIVA

# **Seleccionar objetivos** Hábitos y conocimientos para observar, enseñar y apoyar *(cont.)*

## Lectura compartida y lectura interpretativa

### TEXTOS DE FICCIÓN Y NO FICCIÓN *(continuación)*

**Estructura del lenguaje (sintaxis)**

- ● Usar patrones repetitivos del lenguaje para verificar la precisión
- ● Buscar información cuando se procesan oraciones sencillas durante la lectura a coro (lenguaje breve y natural; número limitado de adjetivos y adverbios; cláusulas repetidas)
- ◆ Comprender cuando el lenguaje de un cuento suena como el habla (diálogo sencillo)
- ◆ Usar la sintaxis del lenguaje y patrones repetitivos del lenguaje para anticipar el texto (palabra siguiente, frase siguiente u oraciones)

**Vocabulario**

- ● Comprender el significado de palabras nuevas después de leer y hablar acerca de ellas
- ● Observar y usar palabras que añaden acción o emoción a un texto (palabras que representan sonidos, algunas expresiones)
- ● Reconocer y comprender el significado de plurales simples
- ● Comprender el significado de palabras de su propio vocabulario oral
- ● Comprender el significado de palabras usadas en el lenguaje oral común (Nivel 1)
- ● Observar y comprender palabras de alto interés y novedad (*maullar, achís, tictac, guau, ¡paf!*)
- ● Comprender el significado de palabras que representan sonidos (*zzz...*)
- ● Comprender el significado de algunas palabras de contenido nuevas apoyadas por el texto, las ilustraciones, la maestra o el maestro y la lectura a coro
- ◆ Comprender algunos conectores comunes (simples) que relacionan ideas y aclaran el significado y se usan con frecuencia en el lenguaje oral (*y, pero, entonces, porque, antes, después*)
- ◆ Recordar y usar lenguaje nuevo (palabras específicas, estribillos, expresiones) a partir de la lectura de textos en tamaño grande al unísono

**Fluidez**

- ● Usar la formación de frases, la pausa y el acento prosódico con entonación cuando se lee al unísono
- ● Recordar y usar frases repetitivas con entonación al leer al unísono
- ● Usar cortes de línea para guiar la formación de frases cuando se lee a coro
- ● Ajustar la voz para reflejar el diálogo en el cuerpo del texto y en globos de diálogo o pensamientos no expresados en globos de pensamiento

**Interpretación**

- ● Imitar la expresión de la maestra o del maestro cuando se leen textos en tamaño grande a coro
- ● Reconocer y reflejar puntuación sencilla con la voz (punto, signos de interrogación, signos de admiración) cuando se lee a coro o de manera individual
- ● Reconocer y reflejar variaciones en la letra impresa con la voz (bastardilla, negrita, tratamientos especiales, tamaño de las letras) cuando se lee a coro o de manera individual
- ● Cuando se lee de manera individual o al unísono con los demás (con apoyo de la maestra o del maestro), ajustar la voz para reflejar aspectos emocionales del texto (humor, sorpresa, suspenso, tristeza)

**Mensajes y temas**

- ● Seguir y comprender las ideas de poemas y rimas sencillos en textos en tamaño grande
- ◆ Inferir una "lección" a partir de la lectura de una versión muy sencilla de un cuento popular u otro texto al unísono con los demás
- ◆ Inferir una idea importante a partir de la lectura de un relato de memoria personal
- ◆ Comprender un tema simple en un texto (la amistad, las familias, las relaciones, una misma o uno mismo, la naturaleza, los sentimientos, la inteligencia)

● Pensar en el texto ***en sí*** ◆ Pensar ***más allá*** del texto ■ Pensar ***acerca*** del texto

# Seleccionar objetivos Hábitos y conocimientos para observar, enseñar y apoyar *(cont.)*

## Lectura compartida y lectura interpretativa

### TEXTOS DE FICCIÓN Y NO FICCIÓN *(continuación)*

**Elementos literarios**

- ● Seguir y comprender una trama sencilla en un texto de ficción en tamaño grande
- ◆ Usar los sucesos del cuento (y recordar lecturas previas) para predecir lo que sucederá
- ◆ Anticipar lugares emocionantes en el texto o el final de un cuento recordando lecturas anteriores
- ◆ Hacer predicciones basadas en los tipos de personajes que aparecen en los textos de ficción
- ◆ Hablar acerca de conexiones personales establecidas con el contenido, los personajes o los sucesos en un texto compartido
- ◆ Hacer conexiones entre textos observando semejanzas (personajes, patrones del cuento, patrones del lenguaje, uso de diálogo, palabras o frases, tipo de texto)
- ◆ Inferir los sentimientos de los personajes de cuentos y poemas
- ◆ Inferir humor en un texto
- ◆ Inferir las razones para las acciones y los sentimientos de los personajes en un cuento
- ■ Observar y comentar cuentos, poemas, rimas y canciones similares leídos con los demás como textos en tamaño grande y escuchados de lectura en voz alta
- ■ Observar y hablar acerca del parecido y las diferencias en la lectura compartida
- ■ Observar si un libro cuenta una historia o da información
- ■ Observar la forma en que los aspectos de un texto como el humor o personajes interesantes hacen que sea divertido leerlo
- ■ Observar cómo es el diálogo sencillo y usar conocimientos para decidir cómo se debe leer el diálogo
- ■ Observar cómo usa la autora o el autor la rima y el ritmo
- ■ Observar y usar la rima y el ritmo para anticipar el lenguaje en un poema o canción
- ■ Observar la forma en que los aspectos de un texto como la rima, el ritmo y la repetición hacen que sea divertido leerlo
- ■ Usar lenguaje académico para hablar acerca de los géneros (*ficción, cuento popular, no ficción, fábula, memorias personales*)
- ■ Usar lenguaje académico para hablar acerca de las formas (*libro álbum o ilustrado, libro álbum o ilustrado sin palabras, libro de frases cortas, libro del alfabeto, libro para contar, poema, poesía, rima infantil, rima, canción, colección de poesía*)
- ■ Usar lenguaje académico para hablar acerca de características literarias (*comienzo, final, problema, personaje*)
- ■ Usar lenguaje académico para hablar acerca de las características de los libros y la letra impresa (*portada, contraportada, título, autor, ilustrador, página, texto, ilustración, fotografía, rótulo*)

**Características del libro y la letra impresa**

- ● Observar aspectos visuales de la letra impresa para verificar y supervisar (líneas, palabras y características de la letra impresa como las letras, los espacios entre las palabras y puntuación)
- ● Buscar y usar la información que aparece en el cuerpo de un texto, y en los rótulos de los dibujos, los títulos y los encabezados, y características especiales como las burbujas de diálogo o las burbujas de pensamiento
- ◆ Establecer conexiones entre el cuerpo del texto y las ilustraciones
- ◆ Establecer conexiones entre el cuerpo del texto y características como leyendas, rótulos que aparecen en las ilustraciones

● Pensar en el texto ***en sí*** ◆ Pensar ***más allá*** del texto ■ Pensar ***acerca*** del texto

LECTURA COMPARTIDA Y LECTURA INTERPRETATIVA

# Seleccionar textos Características de los textos para la lectura compartida y la lectura interpretativa

## Lectura compartida y lectura interpretativa

### GÉNERO

**▶ Ficción**

- Ficción realista
- Literatura tradicional (cuento popular, cuento de hadas, fábula)
- Cuento de fantasía con animales

**▶ No ficción**

- Textos expositivos sencillos
- Textos de no ficción narrativa sencillos
- Memorias (cuento sobre memorias personales)
- Textos de instrucciones
- Textos persuasivos sencillos

#### FORMAS

- Poemas
- Rimas infantiles, rimas y canciones
- Poemas, rimas infantiles, rimas y canciones en tamaño grande
- Colecciones de poesía
- Obras de teatro y guiones del teatro del lector breves y sencillos (después de experimentar con la lectura compartida)
- Libros álbum
- Libros álbum sin palabras
- Libros álbum en tamaño grande
- Textos informativos en tamaño grande
- Libros breves de una serie
- Libros rotulados
- Libros de conceptos
- Libros del alfabeto
- Libros para contar
- Libros con texturas, de tela, desplegables, con características especiales que estimulan la interacción
- Textos producidos mediante escritura interactiva y escritura compartida (listas, instrucciones, secuencias de acciones, cuentos, poemas, descripciones, diálogos de cuentos)

### ESTRUCTURA DEL TEXTO

- Textos narrativos sencillos con estructura directa (comienzo, desarrollo, varios episodios y final) pero más episodios incluidos
- Muchos libros con patrones y episodios repetitivos
- Algunos textos con estructura no narrativa
- Cuentos con una trama sencilla (problema y solución)
- Mayormente textos que se centran en un solo tema, a menudo una idea por página
- Patrones estructurales subyacentes: descripción, secuencia temporal, pregunta y respuesta
- Texto informativo con estructura general bien definida y categorías simples

### CONTENIDO

- Contenido adecuado para el desarrollo cognitivo, la madurez emocional y la experiencia de vida de los niños
- Contenido que recurre a la curiosidad intelectual y a las emociones
- Contenido que fomenta la imaginación
- Juegos con el lenguaje y las palabras (rimas, sinsentido, aliteración y el alfabeto)
- Contenido adecuado que refleja conocimientos conceptuales iniciales (sonidos, letras, palabras, números, matemática inicial, categorías de información)
- Acciones cotidianas conocidas por los niños (jugar, hacer cosas, comer, vestirse, bañarse, cocinar, ir de compras)
- Temas conocidos (los animales, las mascotas, las familias, los amigos, los cinco sentidos, el crecimiento y la salud, la escuela, el vecindario, el mercado, el tiempo y las estaciones, los alimentos, las plantas) que son auténticos y relevantes
- Humor que es fácil de comprender (personajes tontos, situaciones divertidas)
- Contenido que refuerza y amplía la experiencia del niño y su conocimiento propio y del mundo
- Algunos temas que pueden no ser parte de las experiencias inmediatas de los niños (granja, playa, ciudad grande)
- Contenido que refleja una amplia gama de escenarios, lenguajes y culturas
- Personajes, escenarios y sucesos que podrían existir en la vida real
- Personajes, sucesos (algunos sin sentido y divertidos) y escenarios imaginarios que ocurren en la fantasía
- Contenido que refleja conocimientos iniciales del mundo físico y social
- Contenido centrado en un tema sencillo

### TEMAS E IDEAS

- Temas que reflejan la vida cotidiana (una misma o uno mismo, relaciones con la familia, amistad, imaginación, sentimientos, valentía, inteligencia, sabiduría, naturaleza, conciencia cultural)
- Ideas sencillas y claras, fáciles de identificar y comprender
- Ideas cercanas a la experiencia de los niños (expresar sentimientos, compartir con los demás, valorar las diferencias, cooperar, ayudar, pertenecer, resolución de problemas, trabajar arduamente, ser inteligente o sabio, apreciar los sonidos del lenguaje)

### CARACTERÍSTICAS LITERARIAS Y DEL LENGUAJE

- Lenguaje descriptivo lúdico, que incluye palabras inventadas y onomatopeyas
- Lenguaje poético
- Lenguaje figurado (en algunos poemas sencillos), por ejemplo, metáfora y símil fáciles
- Rimas
- Ritmo y repetición de palabras y patrones del lenguaje
- Muchos estribillos
- Lenguaje que promueve e implica movimiento
- Secuencia de sucesos y desenlace predecibles
- Escenarios, sucesos y personajes realistas y de fantasía
- Trama sencilla con problema y solución que es fácil de comprender
- Varios personajes, predecibles y fáciles de comprender
- Personajes principales y personajes secundarios
- Acciones de los personajes relacionadas con consecuencias claras (recompensa por el esfuerzo y por buena conducta, castigo por mala conducta)
- Diálogo sencillo que puede atribuirse fácilmente a los personajes

# Seleccionar textos Características de los textos para la lectura compartida y la lectura interpretativa *(cont.)*

## Lectura compartida y lectura interpretativa



### CARACTERÍSTICAS LITERARIAS Y DEL LENGUAJE *(continuación)*

- Diálogo repetitivo
- Lenguaje de procedimiento sencillo y directo
- Lenguaje persuasivo

### COMPLEJIDAD DE LAS ORACIONES

- Oraciones escritas en lenguaje natural que es similar al lenguaje oral
- Una combinación de oraciones breves y largas que los niños pueden comprender y recordar fácilmente
- Variación en la ubicación del sujeto, el verbo, los adjetivos y los adverbios
- Oraciones que comienzan con frases o cláusulas subordinadas
- Oraciones con varios adjetivos, adverbios y preposiciones
- Oraciones con conectores comunes (simples)
- Oraciones complejas con variedad en el orden de las cláusulas
- Oraciones que son preguntas
- Muchas oraciones con diálogo, a veces repetido para generar un efecto literario

### VOCABULARIO

- Algunas palabras interesantes que son nuevas para los niños pero que se entienden fácilmente en contexto
- Algunas palabras de contenido (rótulos) relacionadas con conceptos que los niños pueden comprender
- Algunas palabras memorables de gran interés y novedad (*maullar, achís, tictac, guau, ¡paf!*)
- Casi todas las palabras que hay en el vocabulario oral común de los niños más pequeños (Nivel 1)
- Algunas palabras que aparecen en el vocabulario de los usuarios del lenguaje maduros (Nivel 2)
- Algunas onomatopeyas sencillas
- Algunas palabras que guían a los lectores en la interpretación del texto
- Conectores comunes (simples) que se usan con frecuencia en el lenguaje oral (palabras, frases que aclaran relaciones e ideas): *y, pero, entonces, porque, antes, después*

### PALABRAS

- Muchas palabras muy sencillas de uso frecuente
- Mayormente palabras de una, dos o tres sílabas
- Palabras que riman (*cosa, osa, rosa*)
- Muchos pares o conjuntos de palabras que riman
- Secuencias aliterativas
- Todo tipo de plurales en contextos que hacen que sea sencillo comprenderlos y usarlos
- Muchas palabras bisílabas con sufijos (*-ito, -ita*)

### ILUSTRACIONES

- Ilustraciones grandes, claras y coloridas en diversos medios de comunicación que apoyan plenamente el significado
- Ilustraciones que brindan un fuerte apoyo para comprender el lenguaje
- Detalles que añaden interés en lugar de sobrecargar o distraer
- Muchos textos de escritura compartida e interactiva creados por los niños, algunos sin ilustraciones
- Algunos poemas, canciones o coros sin ilustraciones
- Algunas ilustraciones en diversas formas (dibujo con rótulo o leyenda, fotografía con rótulo o leyenda, mapa con leyenda, diagrama)

### CARACTERÍSTICAS DEL LIBRO Y LA LETRA IMPRESA

#### LONGITUD

- Libros o poemas breves, canciones, coros que se pueden leer en una sesión

#### TEXTO IMPRESO Y DISPOSICIÓN

- Todos los textos en tamaño grande, libros y cuadros grandes
- Letra impresa suficientemente grande para que todo el grupo (o un grupo pequeño) lo vea claramente
- Algunas copias individuales de poemas, libros, guiones u obras de teatro
- Espacios claros entre las palabras y entre las líneas
- Número limitado de líneas en una página (una o dos), excepto en caso de tratarse de un poema breve o una canción muy conocidos
- Disposición muy consistente en todas las páginas
- Disposición que permite la formación de frases mediante la presentación de grupos de palabras
- Algunas palabras en negrita o tipografía de diversos tamaños
- Variedad ocasional en el color de la letra impresa
- Letra impresa en globos de diálogo o globos de pensamiento
- Algunos libros con características especiales (pestañas, troquelado)
- Números de páginas

#### PUNTUACIÓN

- Punto, signos de interrogación, signos de admiración, coma, rayas de diálogo, puntos suspensivos

#### HERRAMIENTAS DE ORGANIZACIÓN

- Título, autora o autor e ilustradora o ilustrador mencionados en la cubierta y la portada
- Tabla de contenidos, encabezado de sección, recuadro lateral

#### RECURSOS DEL TEXTO

- Algunos libros con dedicatoria, reconocimientos, nota de la autora o del autor

# Seleccionar objetivos Hábitos y conocimientos para observar, enseñar y apoyar

## Lectura compartida y lectura interpretativa

### TEXTOS DE FICCIÓN Y NO FICCIÓN

**General**

- ● Observar y hablar acerca de la información importante en un texto
- ● Después de leer un texto en tamaño grande o una versión individual pequeña con los demás, comentar de qué trata
- ● Relatar los sucesos más importantes de un cuento después de leerlo con los demás
- ● Relatar hechos, una secuencia de sucesos o instrucciones después de leer un texto de no ficción con los demás
- ● Contar qué sucede en el guion del teatro del lector o una obra de teatro
- ● Buscar y usar información en el guion del teatro del lector (líneas, instrucciones escénicas, puntuación, títulos, encabezados)
- ● Seguir y comprender el contenido para encontrar datos en un texto de no ficción
- ◆ Relacionar las experiencias en el salón de clase (listas, instrucciones, recetas registradas en escritura compartida/interactiva) con la lectura oral de textos en tamaño grande (cuadros, libros grandes creados en la clase)
- ◆ Comprender y aprender contenido nuevo a partir de la lectura de textos de ficción y no ficción (entre ellos, los producidos mediante la escritura interactiva)
- ◆ Sintetizar contenido nuevo relacionado con temas conocidos y algunos temas que puedan ser nuevos
- ◆ Identificar lo que se sabe y lo que es nuevo para los niños en un texto de no ficción
- ■ Expresar opiniones acerca de textos que se leen al unísono
- ■ Hablar acerca de lo que es interesante en una fotografía o ilustración
- ■ Hablar acerca de si un texto es interesante o entretenido y por qué

**Primeros conceptos de la lectura**

- ● Ubicar su propio nombre y el nombre de otros en letra impresa
- ● Leer cuadro de nombres (nombre y apellido) con apoyo de la maestra o del maestro
- ● Observar e identificar letras impresas durante y después de leer textos en tamaño grande e individuales con los demás
- ● Relacionar letras y grupos de letras en textos impresos en tamaño grande con su propio nombre, y nombres de amigos y familiares o una palabra conocida
- ● Observar características de las palabras (letras, comienzos, finales, letras mayúsculas y minúsculas)
- ● Usar características de la letra impresa para seguir las palabras cuando se leen textos individualmente y con los demás
- ● Demostrar el control pleno de los primeros hábitos de lectura (direccionalidad de izquierda a derecha, relación palabra por palabra y movimiento de retorno, uso de puntuación sencilla)
- ● Usar la direccionalidad de izquierda a derecha, la relación palabra por palabra y el movimiento de retorno para verificar la lectura con apoyo de la maestra o del maestro
- ● Usar la vista para seguir la letra impresa con apoyo mínimo del puntero como el movimiento de retorno (mientras los niños adquieren experiencia en la lectura compartida)
- ● Leer de izquierda a derecha de una palabra a otra
- ● Seguir el puntero de la maestra o del maestro con los ojos (de izquierda a derecha y con movimiento de retorno hasta el siguiente renglón) para leer textos en tamaño grande de dos a ocho líneas
- ● Con ayuda de la maestra o del maestro, leer sin puntero
- ● Con ayuda de la maestra o del maestro, usar las características de la letra impresa en textos en tamaño grande para buscar y usar información visual (letras, palabras, "primera" y "última" palabra, punto)

**Letras**

- ● Leer un cuadro simple del alfabeto con el apoyo necesario de la maestra o del maestro
- ● Observar las letras en un texto en tamaño grande

**Relaciones entre las letras y los sonidos**

- ● Ubicar una palabra en un texto leído de manera individual y con los demás prediciendo la primera letra

**Palabras**

- ● Ubicar palabras con características especiales (letras del comienzo, finales)
- ● Comentar palabras con los demás
- ● Cuando se leen textos de manera individual y con los demás, observar y relacionar características y partes de las palabras (primera letra, finales de palabras)
- ● Reconocer al menos 100 palabras de uso frecuente en contexto con apoyo de la maestra o del maestro y lectura grupal
- ● Reconocer la mayoría de las 100 palabras de uso frecuente en forma aislada
- ● Cuando se leen textos de manera individual y con los demás y el apoyo de la maestra o del maestro, leer relacionando palabra por palabra con palabras de una y dos sílabas

● Pensar en el texto ***en sí*** ◆ Pensar ***más allá*** del texto ■ Pensar ***acerca*** del texto

# Seleccionar objetivos Hábitos y conocimientos para observar, enseñar y apoyar (cont.)

## Lectura compartida y lectura interpretativa



### TEXTOS DE FICCIÓN Y NO FICCIÓN *(continuación)*

**Palabras** *(continuación)*

- ● Reconocer algunos plurales simples, palabras que riman (*doy, soy, voy*)
- ● Observar sílabas en palabras y contarlas con aplausos
- ● Observar el final de las palabras que hay en su propio vocabulario (*corriendo, pintando*)
- ● Ubicar palabras de uso frecuente en la letra impresa
- ● Relacionar palabras que tienen características similares (grupos de letras, comienzos y finales)

**Estructura del lenguaje (sintaxis)**

- ● Usar patrones repetitivos del lenguaje para verificar la precisión y autocorregirse
- ● Buscar información cuando se procesan oraciones sencillas durante la lectura a coro (lenguaje breve y natural; número limitado de adjetivos y adverbios; cláusulas repetidas)
- ◆ Comprender cuando el lenguaje de un cuento suena como el habla (diálogo sencillo)
- ◆ Cuando se lee al unísono, usar la sintaxis del lenguaje y patrones repetitivos del lenguaje para anticipar el texto (palabra siguiente, frase siguiente u oraciones)

**Vocabulario**

- ● Comprender el significado de palabras nuevas después de leer y hablar acerca de ellas
- ● Observar y usar palabras que añaden acción o emoción a un texto (palabras que representan sonidos, algunas expresiones)
- ● Reconocer y comprender el significado de plurales simples
- ● Comprender el significado de palabras del vocabulario oral propio
- ● Comprender el significado de palabras del vocabulario oral común (Nivel 1)
- ● Usar información contextual para comprender el significado de palabras nuevas
- ● Observar y comprender palabras que son de gran interés y novedad
- ● Comprender el significado de palabras que representan sonidos (*zzz, ¡paf!*)
- ● Comprender el significado de algunas palabras de contenido nuevas apoyadas por el texto, las ilustraciones, la maestra o el maestro y la lectura a coro
- ● Comprender conectores sencillos
- ◆ Comprender algunos conectores comunes (simples) que relacionan ideas y aclaran el significado y se usan con frecuencia en el lenguaje oral (*y, pero, entonces, porque, antes, después*)
- ◆ Recordar y usar lenguaje nuevo (palabras específicas, estribillos, expresiones) a partir de la lectura de textos en tamaño grande al unísono

**Fluidez**

- ● Leer algunas palabras rápidamente y de manera automática
- ● Usar la formación de frases, la pausa, el acento prosódico con entonación cuando se lee al unísono
- ● Cuando se lee al unísono y de manera individual, recordar y usar frases repetitivas con entonación
- ● Usar cortes de línea para guiar la formación de frases cuando se lee poesía a coro o de manera individual
- ● Ajustar la voz para reconocer el diálogo en el cuerpo del texto y en globos de diálogo o pensamientos no expresados en globos de pensamiento
- ● Con apoyo del grupo, leer de manera oral con la integración de todas las dimensiones de la fluidez (pausa, formación de frases, acento prosódico, entonación y ritmo)

**Interpretación**

- ● Imitar la expresión de la maestra o del maestro cuando se leen textos a coro y reflejar esa expresión cuando se lee algún texto de manera individual
- ● Reconocer y reflejar puntuación sencilla con la voz (punto, signos de interrogación, signos de admiración) cuando se lee a coro o de manera individual
- ● Reconocer y reflejar variaciones en la letra impresa con la voz (bastardilla, negrita, tratamientos especiales, tamaño de las letras) cuando se lee a coro o de manera individual
- ● Cuando se lee de manera individual o al unísono con los demás (con apoyo de la maestra o del maestro), ajustar la voz para reflejar aspectos del texto (humor, sorpresa, suspenso, tristeza)
- ● Leer una parte de una obra de teatro o guion del teatro del lector breve de una manera que refleje el diálogo y los atributos y las emociones de los personajes

● Pensar en el texto ***en sí*** ◆ Pensar ***más allá*** del texto ■ Pensar ***acerca*** del texto

# Seleccionar objetivos Hábitos y conocimientos para observar, enseñar y apoyar *(cont.)*

## Lectura compartida y lectura interpretativa

### TEXTOS DE FICCIÓN Y NO FICCIÓN *(continuación)*

**Mensajes y temas**

- ● Seguir y comprender las ideas de poemas y rimas sencillos en textos en tamaño grande
- ◆ Inferir una "lección" a partir de la lectura de una versión muy sencilla de un cuento popular al unísono o en partes con los demás
- ◆ Inferir una idea importante a partir de la lectura de un relato de memoria personal
- ◆ Inferir el propósito y el mensaje de la autora o del autor
- ◆ Comprender un tema simple en un texto (la amistad, las familias, las relaciones, una misma o uno mismo, la naturaleza, los sentimientos, la inteligencia, valentía)

**Elementos literarios**

- ● Seguir y comprender una trama sencilla en un texto de ficción en tamaño grande
- ◆ Usar los sucesos del cuento (y recordar lecturas previas) para predecir lo que sucederá
- ◆ Anticipar lugares emocionantes en el texto o el final de un cuento recordando lecturas anteriores
- ◆ Hacer predicciones basadas en los tipos de personajes que aparecen en los textos de ficción
- ◆ Hablar acerca de conexiones personales establecidas con el contenido, los personajes o los sucesos en un texto compartido
- ◆ Hacer conexiones entre textos observando semejanzas (personajes, patrones del cuento, patrones del lenguaje, uso de diálogo, palabras o frases, tipo de texto)
- ◆ Inferir los sentimientos de los personajes de cuentos y poemas
- ◆ Inferir humor en un texto
- ◆ Inferir las razones para las acciones y los sentimientos de los personajes en un cuento
- ■ Observar y comentar cuentos, poemas, rimas y canciones similares leídos con los demás como textos en tamaño grande y escuchados de lectura en voz alta
- ■ Observar y hablar acerca del parecido y las diferencias en la lectura compartida
- ■ Distinguir entre un relato y un guion
- ■ Observar si un libro, obra de teatro o guion del teatro del lector cuenta un cuento o da información
- ■ Reconocer algunas características de géneros de ficción (ficción realista, literatura tradicional, cuento de fantasía con animales) y no ficción (texto sencillo sobre hechos) en obras de teatro y guiones del teatro del lector fáciles y breves
- ■ Observar las diferentes maneras en que la autora o el autor cuentan un cuento en un texto de ficción (estructura narrativa sencilla, repetir episodios o patrones del lenguaje, patrones acumulativos) y cómo eso influye en la comprensión y el entretenimiento
- ■ Observar la forma en que los aspectos de un texto como el humor o personajes interesantes hacen que sea divertido leerlo
- ■ Observar cómo es el diálogo sencillo y usar conocimientos para decidir cómo se debe leer el diálogo
- ■ Observar cómo usa la autora o el autor la rima y el ritmo
- ■ Observar y usar la rima y el ritmo para anticipar el lenguaje en un poema o canción
- ■ Observar la forma en que los aspectos de un texto como la rima, el ritmo y la repetición hacen que sea divertido leerlo
- ■ Observar e identificar lenguaje que añade humor
- ■ Observar lenguaje interesante y lúdico que incluye palabras inventadas y onomatopeyas
- ■ Usar lenguaje académico para hablar acerca de los géneros (*ficción, cuento popular, cuento de hadas, fábula, no ficción, texto informativo, texto sobre hechos, memorias personales, libro de instrucciones*)
- ■ Usar lenguaje académico para hablar acerca de las formas (*libro álbum o ilustrado, libro álbum o ilustrado sin palabras, libro de frases cortas, libro del alfabeto, libro para contar, poema, poesía, rima infantil, rima, canción, colección de poesía, libros de una serie, libro por capítulos, obra de teatro*)
- ■ Usar lenguaje académico para hablar acerca de características literarias (*comienzo, final, problema, personaje, solución, personaje principal, preguntas y respuestas, tema*)
- ■ Usar lenguaje académico para hablar acerca de las características de los libros y la letra impresa (*portada, contraportada, título, autor, ilustrador, página, texto, ilustración, fotografía, rótulo, tabla de contenidos, agradecimientos, capítulo, sección, encabezado, dibujo, leyenda, mapa*)

● Pensar en el texto ***en sí*** ◆ Pensar ***más allá*** del texto ■ Pensar ***acerca*** del texto

## Seleccionar objetivos Hábitos y conocimientos para observar, enseñar y apoyar *(cont.)*

### Lectura compartida y lectura interpretativa

**TEXTOS DE FICCIÓN Y NO FICCIÓN** *(continuación)*

**Características del libro y la letra impresa**

- ● Observar aspectos visuales de la letra impresa para verificar y supervisar (líneas, palabras, espacios entre las palabras, puntuación)
- ● Buscar y usar la información que aparece en el cuerpo de un texto, y en los rótulos de los dibujos, los títulos, los encabezados, recuadros laterales y características especiales como los globos de diálogo o los globos de pensamiento
- ● Buscar información en ilustraciones y en las características del libro y la letra impresa en un texto de no ficción (dibujos, fotografías, mapas, diagramas, tablas de contenidos, encabezados, recuadros laterales)
- ● Tener en cuenta que en un texto de no ficción, la información puede darse en diversos formatos y lugares de la página (el cuerpo del texto, dibujos, fotografías, mapas, diagramas, rótulos, leyendas)
- ◆ Establecer conexiones entre el cuerpo del texto y las ilustraciones
- ◆ Establecer conexiones entre el texto, las ilustraciones y las características del libro y la letra impresa (cuerpo del texto, dibujos, fotografías, mapas, diagramas, rótulos, leyendas, tabla de contenidos, encabezados, recuadros laterales)
- ◆ Inferir información a partir de ilustraciones de no ficción y las características del libro y la letra impresa
- ■ Hablar acerca de las ilustraciones y las características del libro y la letra impresa y evaluar si ayudan a la lectora o al lector a comprender información y añadir interés

● Pensar en el texto ***en sí*** ◆ Pensar ***más allá*** del texto ■ Pensar ***acerca*** del texto

LECTURA COMPARTIDA Y LECTURA INTERPRETATIVA

# Seleccionar textos Características de los textos para la lectura compartida y la lectura interpretativa

## Lectura compartida y lectura interpretativa

### GÉNERO

**▸ Ficción**

- Ficción realista
- Literatura tradicional (cuento popular, cuento exagerado, cuento de hadas, fábula)
- Fantasía
- Textos híbridos
- Tipos especiales de ficción (cuento de aventura; cuento de animales; cuento de familia, amigos y escuela; cuento humorístico)

**▸ No ficción**

- Textos expositivos
- Textos narrativos de no ficción
- Memorias (cuento sobre memorias personales)
- Textos de instrucciones
- Textos persuasivos
- Textos híbridos

#### FORMAS

- Poemas más largos de diversos tipos, entre ellos verso libre, poesía lírica
- Rimas infantiles, rimas y canciones de muchas culturas
- Poemas, rimas infantiles, rimas y canciones en tamaño grande
- Colecciones de poesía
- Obras de teatro
- Guiones del teatro del lector
- Libros álbum
- Libros álbum en tamaño grande
- Textos informativos en tamaño grande
- Algunos libros del alfabeto sofisticados
- Textos producidos mediante la escritura compartida (listas, instrucciones, secuencias de acciones, cuentos, poemas, descripciones, diálogos de cuentos)

### ESTRUCTURA DEL TEXTO

- Textos narrativos sencillos con estructura directa (comienzo, desarrollo, varios episodios y final) pero más episodios incluidos
- Algunos libros con episodios o patrones repetitivos
- Algunos textos con estructura no narrativa
- Algunos cuentos con estribillos repetitivos y adecuados para leer al unísono
- Cuentos con una trama sencilla (problema y solución)
- Algunos textos biográficos e históricos con estructura narrativa
- Mayormente textos centrados en un solo tema, a menudo una idea por página
- Textos informativos con algunos ejemplos de argumento y persuasión sencillos
- Patrones estructurales subyacentes (descripción, secuencia temporal, pregunta y respuesta, causa y efecto, secuencia cronológica, comparar y contrastar)
- Textos informativos con estructuras globales claramente definidas y categorías a veces marcadas con encabezados

### CONTENIDO

- Contenido adecuado para el desarrollo cognitivo, la madurez emocional y la experiencia de vida de los niños
- Contenido que recurre a la curiosidad intelectual y a las emociones
- Contenido que fomenta la imaginación
- Lenguaje y juego de palabras relacionados con conceptos o sonidos del lenguaje (aliteración, asonancia, onomatopeyas)
- Temas cotidianos (los animales, las familias, las amigos, las relaciones humanas, la escuela, el vecindario, la comunidad, los deportes, el tiempo y las estaciones, las plantas) que son auténticos y relevantes
- Humor que es fácil de comprender (personajes tontos, situaciones divertidas, finales sorpresivos)
- Contenido que refuerza y amplía la experiencia de la niña o del niño y su conocimiento propio y del mundo
- Algunos temas que pueden no ser parte de las experiencias inmediatas de los niños (granja, playa, ciudad grande, medios de transporte)
- Contenido que refleja una amplia gama de escenarios, lenguajes y culturas
- Algunos contenidos vinculados a áreas específicas de estudio como los descritos en el currículo o los estándares de la escuela
- Personajes, escenarios y sucesos que podrían existir en la vida real
- Personajes, sucesos (algunos sin sentido y divertidos) y escenarios imaginarios que ocurren en la fantasía
- Contenido que refleja conocimientos iniciales del mundo físico y social

### TEMAS E IDEAS

- Temas que reflejan la vida cotidiana (una misma o uno mismo, relaciones con la familia, amistad, imaginación, sentimientos, valentía, inteligencia, sabiduría, maravillas de la naturaleza, conciencia cultural, puntos de vista múltiples y diversos)
- Ideas sencillas y claras, fáciles de identificar y comprender
- Ideas cercanas a la experiencia de los niños (expresar sentimientos, compartir con los demás, valorar las diferencias, adoptar distintas perspectivas, cooperar, ayudar, pertenecer, resolución de problemas, trabajar arduamente, ser inteligente o sabio, apreciar los sonidos del lenguaje, observar y apreciar la naturaleza)

### CARACTERÍSTICAS LITERARIAS Y DEL LENGUAJE

- Lenguaje descriptivo lúdico, que incluye palabras inventadas y onomatopeyas
- Lenguaje descriptivo que transmite una gama de sentimientos humanos (alegría, tristeza, enojo, entusiasmo)
- Lenguaje descriptivo que transmite experiencias sensoriales (imágenes literarias)
- Lenguaje poético
- Lenguaje figurado (metáfora, símil)
- Ritmo y repetición de palabras y patrones del lenguaje, así como rimas
- Algunos textos con escenarios distantes en tiempo y lugar de las propias experiencias de los niños
- Secuencia de sucesos y desenlace predecibles
- Escenarios, sucesos y personajes realistas y de fantasía
- Trama sencilla con problema y solución, además de algunos episodios
- Personajes principales y personajes secundarios

# Seleccionar textos Características de los textos para la lectura compartida y la lectura interpretativa *(cont.)*

## Lectura compartida y lectura interpretativa



### CARACTERÍSTICAS LITERARIAS Y DEL LENGUAJE *(continuación)*

- Varios personajes con características únicas
- Acciones de los personajes relacionadas con consecuencias claras (recompensa por el esfuerzo y por buena conducta, castigo por mala conducta)
- Diálogo asignado en su mayor parte
- Mayormente textos contados desde un punto de vista único
- Mayormente textos escritos en primera o tercera persona narrativa
- Lenguaje de procedimiento sencillo y directo
- Algunos textos de instrucciones escritos en segunda persona

### COMPLEJIDAD DE LAS ORACIONES

- Oraciones más complejas que en el lenguaje oral
- Una combinación de oraciones cortas y más largas
- Variación en la ubicación del sujeto, el verbo, los adjetivos y los adverbios
- Oraciones con conectores comunes (simples)
- Algunas oraciones largas y complejas que requieren mucha atención para poder seguirlas
- Oraciones con varios adjetivos, adverbios y preposiciones
- Oraciones con varias cláusulas (dependientes e independientes) y frases
- Muchas oraciones con diálogo, a veces repetido para generar un efecto literario
- Textos poéticos que incluyen oraciones no convencionales
- Variación de tiempos verbales que cambia la complejidad del texto (*voy, iba, iré*)

### VOCABULARIO

- Algunas palabras interesantes que son nuevas para los niños pero que se entienden fácilmente en contexto
- Algunas palabras de contenido (rótulos) relacionadas con conceptos que los niños pueden comprender
- Algunas palabras memorables de gran interés y novedad (*maullar, achís, tictac, guau, ¡paf!*)
- Casi todas las palabras que hay en el vocabulario oral común de los niños más pequeños (Nivel 1)
- Algunas palabras que aparecen en el vocabulario de los usuarios del lenguaje maduros (Nivel 2)
- Algunas onomatopeyas sencillas
- Algunas palabras que guían a los lectores en la interpretación del texto
- Conectores comunes (simples) que se usan con frecuencia en el lenguaje oral (palabras, frases que aclaran relaciones e ideas): *y, pero, entonces, porque, antes, después*
- Palabras de designación de diálogo que guían a los lectores en la interpretación del texto (*gritó, exclamó, susurró*)
- Vocabulario técnico

### PALABRAS

- Muchas palabras de uso frecuente
- Mayormente palabras con una, dos y tres sílabas y en ocasiones uso de palabras más largas
- Palabras que riman (*casa, taza; cosa, rosa*)
- Muchos pares o conjuntos de palabras que riman
- Todo tipo de plurales
- Palabras con sufijos y prefijos

### ILUSTRACIONES

- Ilustraciones grandes, claras y coloridas en diversos medios de comunicación
- Ilustraciones que brindan un fuerte apoyo para comprender el lenguaje
- Detalles que añaden interés
- Muchos textos de escritura compartida creados por los niños, algunos sin ilustraciones
- Algunos poemas, canciones o coros sin ilustraciones
- Ilustraciones que transmiten emociones
- Ilustraciones que reflejan el tema
- Ilustraciones y fotografías con rótulos o acotaciones
- Ilustraciones en diversas formas (dibujo con rótulo o leyenda, fotografía con rótulo o leyenda, mapa con leyenda, diagrama, infografía)

### CARACTERÍSTICAS DEL LIBRO Y LA LETRA IMPRESA

#### LONGITUD

- Textos cortos que se pueden leer en una sesión

#### TEXTO IMPRESO Y DISPOSICIÓN

- Todos los textos en tamaño grande (libros grandes, tablas) con letra impresa suficientemente grande para que todo el grupo (o un grupo pequeño) los vea claramente
- Algunas copias individuales de poemas, libros, guiones u obras de teatro
- Espacios claros entre las palabras y entre las líneas
- Número limitado de líneas en una página (cinco a diez), excepto en caso de tratarse de un poema breve o una canción muy conocidos
- Variación en la disposición de las páginas, con disposición que apoya la formación de frases presentando grupos de palabras
- Algunas palabras en negrita, bastardilla o tipografía de diversos tamaños, y en ocasiones variedad en el color de la letra impresa
- Números de páginas

#### PUNTUACIÓN

- Puntuación sencilla (punto, signos de interrogación, signos de admiración, coma, rayas de diálogo, puntos suspensivos)

#### HERRAMIENTAS DE ORGANIZACIÓN

- Título, autora o autor e ilustradora o ilustrador mencionados en la cubierta y la portada
- Tabla de contenidos, título del capítulo, encabezado de sección, recuadro lateral

#### RECURSOS DEL TEXTO

- Algunos libros con dedicatoria, reconocimientos, nota de la autora o del autor, nota de la ilustradora o del ilustrador

# Seleccionar objetivos Hábitos y conocimientos para observar, enseñar y apoyar

## Lectura compartida y lectura interpretativa

### TEXTOS DE FICCIÓN Y NO FICCIÓN

**General**

- ● Relatar hechos, una secuencia de sucesos o instrucciones después de leer un texto de no ficción con los demás
- ● Contar qué sucede en el guion del teatro del lector o una obra de teatro
- ● Ofrecer un resumen oral de un cuento, una obra de teatro o un texto de no ficción
- ● Buscar y usar información en el guion del teatro del lector (líneas, instrucciones escénicas, puntuación, títulos, encabezados)
- ● Seguir y comprender el contenido para encontrar datos en un texto de no ficción
- ● Usar el conocimiento del contenido para verificar y corregir durante la lectura de un texto de ficción
- ● Reconocer cuando se pierde la comprensión y tomar medidas para que el texto cobre sentido (verificar)
- ◆ Relacionar las experiencias en el salón de clase (listas, instrucciones, recetas registradas en escritura compartida/interactiva) con la lectura oral de textos en tamaño grande (cuadros, libros creados en la clase)
- ◆ Comprender y aprender contenido nuevo a partir de la lectura de textos de ficción y no ficción (entre ellos, los producidos mediante la escritura interactiva)
- ◆ Sintetizar contenido nuevo relacionado con temas conocidos y temas que puedan ser nuevos
- ◆ Identificar lo que se sabe y lo que es nuevo en un texto de no ficción
- ■ Expresar opiniones acerca de un texto y justificar con pruebas
- ■ Expresar opiniones acerca de lo que es interesante en una fotografía o ilustración
- ■ Hablar acerca de si un texto es interesante o entretenido y por qué

**Primeros conceptos de la lectura**

- ● Seguir con la vista el texto de izquierda a derecha con el mínimo apoyo del puntero o sin él, retroceder a la izquierda para comenzar una línea nueva y relacionar palabra por palabra
- ● Leer de izquierda a derecha de una palabra a otra
- ● Seguir el texto para leer letra impresa en tamaño grande de cinco a doce líneas
- ● Buscar y usar información visual en la letra impresa (palabras, partes de palabras, letras, puntuación)

**Letras**

- ● Leer listas o tablas al unísono con los demás (tabla de grupos de letras, plurales)

**Palabras**

- ● Ubicar palabras con características particulares (letras iniciales, grupos de palabras, sílabas, prefijos, sufijos, terminaciones, sustantivos propios, palabras de uso frecuente, palabras de contenido)
- ● Comentar palabras con los demás
- ● Usar diversas fuentes de información para verificar, buscar y autocorregir al descifrar palabras
- ● Descifrar palabras a través de letras y sonidos, grupos de letras y partes de palabras como sílabas y terminaciones
- ● Reconocer aproximadamente 200 palabras de uso frecuente
- ● Reconocer plurales regulares sencillos y algunos plurales irregulares
- ● Relacionar palabras que tienen características similares (sílabas, prefijos, sufijos, palabras base, categorías gramaticales)

**Estructura del lenguaje (sintaxis)**

- ● Usar la estructura de la oración para verificar y corregir la lectura
- ● Usar el conocimiento de la rima y el ritmo en la poesía para verificar, corregir y anticipar el texto
- ● Observar cuando la estructura de la oración no concuerda con el conocimiento de la sintaxis y volver a leer para corregir (verificar)
- ● Buscar información en las oraciones usando la estructura del lenguaje (sintaxis)
- ● Buscar información en algunas oraciones complejas
- ◆ Usar la sintaxis del lenguaje para anticipar el texto (palabra siguiente, frase siguiente, oraciones)

**Vocabulario**

- ● Añadir palabras nuevas de un texto al vocabulario oral y de lectura
- ● Observar y usar palabras que añaden acción o emoción a un texto (palabras que representan sonidos, verbos potentes, algunas expresiones)
- ● Reconocer y comprender el significado de los plurales

● Pensar en el texto ***en sí*** ◆ Pensar ***más allá*** del texto ■ Pensar ***acerca*** del texto

## Seleccionar objetivos Hábitos y conocimientos para observar, enseñar y apoyar *(cont.)*

### Lectura compartida y lectura interpretativa

**TEXTOS DE FICCIÓN Y NO FICCIÓN** *(continuación)*

**Vocabulario** *(continuación)*

- ● Comprender el significado de palabras de su propio vocabulario oral
- ● Comprender el significado de las palabras que hay en el lenguaje oral común (Nivel 1), algunas de ellas nuevas
- ● Usar información contextual para comprender el significado de palabras nuevas
- ● Observar y comprender palabras que son de gran interés y novedad
- ● Comprender el significado de palabras que representan sonidos (*zzz, shhh, ¡paf!*)
- ● Comprender el significado de palabras de contenido apoyadas por las imágenes en un texto de no ficción
- ● Comprender conectores sencillos
- ◆ Comprender algunos conectores comunes (simples) que relacionan ideas y aclaran el significado y se usan con frecuencia en el lenguaje oral (*y, pero, entonces, porque, antes, después*)
- ◆ Recordar y usar lenguaje nuevo (palabras específicas, estribillos, expresiones) a partir de la lectura de textos en tamaño grande al unísono

**Fluidez**

- ● Leer un número creciente de palabras de manera rápida y automática
- ● Usar cortes de línea para guiar la formación de frases cuando se lee poesía al unísono o de manera individual
- ● Ajustar la voz para reflejar el diálogo en el cuerpo del texto
- ● Leer de manera oral con la integración de todas las dimensiones de la fluidez (pausa, formación de frases, acento prosódico, entonación y ritmo)

**Interpretación**

- ● Reconocer y reflejar la puntuación con la voz (punto, signos de interrogación, signos de admiración, coma, rayas de diálogo, puntos suspensivos) cuando se lee a coro o de manera individual
- ● Reconocer y reflejar variaciones en la letra impresa con la voz (bastardilla, negrita, tratamientos especiales, tamaño de las letras) cuando se lee a coro o de manera individual
- ● Cuando se lee de manera individual o al unísono con los demás, ajustar la voz para reflejar aspectos del texto (humor, sorpresa, suspenso, tristeza)
- ● Comprender el rol de la voz al comunicar el significado en el teatro del lector, en la lectura a coro, en canciones y en poesía
- ● Leer una parte de una obra de teatro o un guion del teatro del lector de una manera que refleje el diálogo y los atributos y las emociones de los personajes
- ● Mantener un volumen adecuado cuando se interpreta en teatro del lector, obras de teatro y representaciones a coro
- ● Ajustar el volumen y el tono de voz para reflejar instrucciones escénicas (*suavemente, gritando, riendo*) y para leer un guion con fluidez y expresión

**Mensajes y temas**

- ● Seguir y comprender las ideas en la poesía y las rimas
- ◆ Inferir una "lección" a partir de la lectura de una versión sencilla de un cuento tradicional a coro o en partes con los demás
- ◆ Inferir las ideas importantes a partir de la lectura de un texto narrativo de no ficción
- ◆ Inferir el propósito de la autora o del autor
- ◆ Inferir el mensaje de la autora o del autor o el tema en un texto
- ◆ Comprender un tema simple en un texto (la amistad, las familias, las relaciones, una misma o uno mismo, las maravillas de la naturaleza, los sentimientos, la inteligencia, la valentía, la sabiduría)
- ■ Conversar acerca de si el mensaje o el tema de un texto es importante y justificar la opinión con pruebas

**Elementos literarios**

- ● Seguir y comprender tramas sencillas en cuentos y teatro del lector u obras de teatro
- ● Usar la comprensión de los tipos y los elementos de la poesía para ajustar la lectura
- ● Usar la disposición y la puntuación de un poema para verificar y corregir durante la lectura
- ● Usar conocimientos sobre la estructura narrativa en un texto de ficción para verificar y corregir la lectura

● Pensar en el texto ***en sí*** ◆ Pensar ***más allá*** del texto ■ Pensar ***acerca*** del texto

LECTURA COMPARTIDA Y LECTURA INTERPRETATIVA

# Seleccionar objetivos Hábitos y conocimientos para observar, enseñar y apoyar *(cont.)*

## Lectura compartida y lectura interpretativa

### TEXTOS DE FICCIÓN Y NO FICCIÓN *(continuación)*

**Elementos literarios** *(continuación)*

- ● Usar conocimientos sobre la estructura de un texto (expositivo o narrativo) para verificar y corregir la lectura
- ◆ Usar los sucesos de un cuento o una obra de teatro para anticipar lugares emocionantes en un texto o para predecir lo que sucederá
- ◆ Hacer predicciones basadas en los tipos de personajes que aparecen en los textos de ficción
- ◆ Hacer predicciones basadas en conocimientos sobre la estructura del texto en textos de ficción y no ficción
- ◆ Conversar acerca de las conexiones personales con el contenido, los personajes o los sucesos en un texto compartido, poema, obra de teatro o guion del teatro del lector
- ◆ Observar y hablar acerca del parecido y las diferencias entre textos compartidos
- ◆ Hacer conexiones entre textos observando semejanzas (personajes, patrones del cuento, patrones del lenguaje, uso de diálogo, palabras o frases, tipo de texto)
- ◆ Inferir los sentimientos de los personajes en cuentos y poemas
- ◆ Inferir humor en un texto
- ◆ Inferir las razones para las acciones y los sentimientos de los personajes en un cuento u obra de teatro
- ■ Distinguir entre un cuento, un poema y un guion del teatro del lector o una obra de teatro
- ■ Observar si un libro, obra de teatro, lectura a coro o guion del teatro del lector cuenta una historia o brinda información
- ■ Reconocer algunas características de géneros de ficción y no ficción en obras de teatro o en guiones teatro del lector
- ■ Observar las diferentes maneras en que la autora o el autor cuenta un cuento en un texto de ficción (estructura narrativa sencilla, repetir episodios o patrones del lenguaje, patrones acumulativos) y cómo eso influye en la comprensión y el entretenimiento
- ■ Observar patrones estructurales subyacentes en un texto de no ficción (descripción, secuencia temporal, pregunta y respuesta, causa y efecto, secuencia cronológica, comparar y contrastar)
- ■ Observar la forma en que los aspectos de un texto como el humor o personajes interesantes influyen en la apreciación y el entretenimiento
- ■ Observar aspectos de diálogo sencillo y usar esos aspectos para decidir cómo debería leerse un diálogo
- ■ Observar cómo una autora o un autor usa la rima y el ritmo e identificar lenguaje que comparte estas características
- ■ Observar y usar la rima y el ritmo para anticipar el lenguaje en un poema o canción
- ■ Observar la forma en que los aspectos de un texto como la rima, el ritmo y la repetición influyen en la apreciación y el entretenimiento
- ■ Observar e identificar lenguaje que añade humor
- ■ Observar lenguaje interesante y lúdico que incluye palabras inventadas y onomatopeyas
- ■ Observar cómo usa el lenguaje una autora o un autor para crear tensión o describir acciones
- ■ Usar lenguaje académico para hablar acerca de los géneros (*ficción; cuento popular; cuento de hadas; fantasía; cuento de aventuras; cuento de animales; cuento de familia, amigos y escuela; cuento humorístico; no ficción; texto informativo; texto sobre hechos; memorias personales; texto de instrucciones*)

LECTURA COMPARTIDA Y LECTURA INTERPRETATIVA

● Pensar en el texto ***en sí*** ◆ Pensar ***más allá*** del texto ■ Pensar ***acerca*** del texto

# Seleccionar objetivos Hábitos y conocimientos para observar, enseñar y apoyar *(cont.)*

## Lectura compartida y lectura interpretativa

### TEXTOS DE FICCIÓN Y NO FICCIÓN *(continuación)*

**Elementos literarios** *(continuación)*

- ■ Usar lenguaje académico para hablar acerca de las formas (*libro álbum o ilustrado, libro álbum o ilustrado sin palabras, libro de frases cortas, libro del alfabeto, libro para contar, poema, poesía, rima infantil, rima, canción, colección de poesía, libros de una serie, libro por capítulos, obra de teatro, carta*)
- ■ Usar lenguaje académico para hablar acerca de las características literarias (*comienzo, final, problema, personaje, solución, personaje principal, pregunta y respuesta, tema, tiempo y lugar, sucesos, cambio de personaje, mensaje, diálogo, descripción, orden temporal, problema y solución*)
- ■ Usar lenguaje académico para hablar acerca de las características del libro y la letra impresa (*portada, contraportada, título, autor, ilustrador, página, texto, ilustración, fotografía, rótulo, tabla de contenidos, agradecimientos, capítulo, sección, encabezado, dibujos, leyenda, mapa, título del capítulo, dedicatoria, nota del autor, nota del ilustrador, sección, diagrama, glosario, guardas*)

**Características del libro y la letra impresa**

- ● Usar información visual en la letra impresa (líneas, palabras, espacios entre palabras, puntuación) para verificar y corregir durante la lectura
- ● Buscar información en ilustraciones y en las características del libro y la letra impresa en un texto de no ficción (dibujos, fotografías, mapas, diagramas, infografías, tablas de contenidos, encabezados, recuadros laterales)
- ● Tener en cuenta que en un texto de no ficción, la información puede darse en diversos formatos y lugares de la página (el cuerpo del texto, dibujos, fotografías, mapas, diagramas, infografías, rótulos, leyendas)
- ● Usar ilustraciones (cuando corresponda) para verificar y corregir la lectura
- ● Trasladar la atención desde una parte de una disposición de la página a otra para reunir información (cuerpo del texto; dibujos, fotografías, mapas, diagramas, infografías; rótulos, leyendas)
- ◆ Establecer conexiones entre el cuerpo del texto y las ilustraciones
- ◆ Establecer conexiones entre el texto, las ilustraciones y las características del libro y la letra impresa (cuerpo del texto, dibujos, fotografías, mapas, diagramas, rótulos, leyendas, tabla de contenidos, encabezados, recuadros laterales, infografías)
- ◆ Observar y aprender maneras nuevas de presentar la información en textos de no ficción usando ilustraciones y características del libro y la letra impresa
- ◆ Inferir información a partir de ilustraciones de no ficción y las características del libro y la letra impresa
- ■ Hablar acerca de las ilustraciones y las características del libro y la letra impresa y evaluar si ayudan a la lectora o al lector a comprender información y añadir interés

● Pensar en el texto ***en sí*** ◆ Pensar ***más allá*** del texto ■ Pensar ***acerca*** del texto

# Seleccionar textos Características de los textos para la lectura compartida y la lectura interpretativa

## Lectura compartida y lectura interpretativa

### GÉNERO

▶ **Ficción**

- Ficción realista
- Ficción histórica
- Literatura tradicional (cuento popular, cuento exagerado, cuento de hadas, fábula)
- Fantasía
- Textos híbridos
- Tipos especiales de ficción (misterio; cuento de aventura; cuento de animales; cuento de familia, amigos y escuela; cuento humorístico)

▶ **No ficción**

- Texto expositivo de no ficción
- Textos narrativos de no ficción
- Biografía
- Autobiografía
- Memorias
- Textos de instrucciones
- Textos persuasivos
- Textos híbridos

### FORMAS

- Poemas más largos de diversos tipos (poesía lírica, verso libre, poesía narrativa, quintilla humorística, haiku)
- Rimas y canciones de muchas culturas
- Poemas, rimas y canciones más extensos
- Textos informativos más extensos
- Colecciones de poesía individuales
- Obras de teatro
- Guiones del teatro del lector
- Libros álbum
- Fragmentos de libro por capítulos, libros de una serie
- Cartas, diarios y entradas de diario
- Textos creados a partir de la escritura compartida

### ESTRUCTURA DEL TEXTO

- Textos narrativos con una estructura sencilla pero con varios episodios
- Fragmentos que destacan características literarias particulares (descripción, momento clave en un texto narrativo, lenguaje figurado, diálogo, lenguaje persuasivo)
- Cuentos con trama compleja y múltiples problemas
- Algunos textos de ficción con variaciones en la estructura del texto narrativo (cuento dentro de otro cuento, flashback)
- Algunos textos biográficos e históricos (o fragmentos) con estructura narrativa
- Textos informativos relacionados con un tema más importante, a veces con subtemas
- Textos informativos con algunos ejemplos de argumento y persuasión sencillos
- Patrones estructurales subyacentes (descripción, secuencia temporal, pregunta y respuesta, causa y efecto, secuencia cronológica, comparar y contrastar, problema y solución)
- Poemas que pueden tener estructura narrativa o reflejar los patrones de diversos tipos de poesía

### CONTENIDO

- Contenido adecuado para el desarrollo cognitivo, la madurez emocional y la experiencia de vida de los estudiantes
- Contenido que recurre a la curiosidad intelectual y a las emociones
- Contenido que fomenta la imaginación
- Lenguaje y juego de palabras relacionados con conceptos o sonidos del lenguaje (aliteración, asonancia, onomatopeyas)
- Humor que es fácil de comprender (personajes tontos, situaciones divertidas, finales sorpresivos, bromas, juegos de palabras)
- Contenido que refuerza y amplía la experiencia del estudiante y su conocimiento propio y del mundo
- Algunos temas que pueden ir más allá de las experiencias inmediatas de los estudiantes
- Contenido que refleja una amplia gama de escenarios, lenguajes y culturas
- Algunos contenidos vinculados a áreas específicas de estudio como los descritos en el currículo o los estándares de la escuela
- Personajes, escenarios y sucesos que podrían existir en la vida contemporánea o en la historia
- Personajes y escenarios que ocurren en la fantasía
- Contenido que refleja conocimientos del mundo físico y social

### TEMAS E IDEAS

- Presentación más sofisticada de temas que reflejan la vida cotidiana (una misma o uno mismo, relaciones con la familia, amistad, imaginación, sentimientos, valentía, inteligencia, sabiduría, maravillas de la naturaleza, conciencia cultural, puntos de vista múltiples y diversos)
- Temas, emociones, experiencias sensoriales e ideas expresadas a través de la poesía
- Ideas sencillas y claras, fáciles de identificar y comprender
- Presentación más sofisticada de ideas cercanas a la experiencia de los estudiantes (expresar sentimientos, compartir con los demás, valorar las diferencias, adoptar distintas perspectivas, cooperar, ayudar, pertenecer, resolución de problemas, trabajar arduamente, ser inteligente o sabio, apreciar los sonidos del lenguaje, observar y apreciar la naturaleza)

# Seleccionar textos Características de los textos para la lectura compartida y la lectura interpretativa *(cont.)*

## Lectura compartida y lectura interpretativa

### CARACTERÍSTICAS LITERARIAS Y DEL LENGUAJE

- Lenguaje descriptivo lúdico, que incluye palabras inventadas y onomatopeyas
- Lenguaje descriptivo que transmite experiencias sensoriales (imágenes literarias) y una gama de sentimientos humanos (alegría, tristeza, enojo, entusiasmo)
- Lenguaje poético
- Imágenes literarias sensoriales expresadas en la poesía
- Lenguaje figurado (metáfora, símil, personificación)
- Ritmo y repetición de palabras y patrones del lenguaje, así como rimas
- Algunos textos con escenarios distantes en tiempo y lugar de las propias experiencias de los estudiantes
- Secuencia de sucesos y desenlace predecibles
- Lenguaje y sucesos que transmiten una atmósfera emocional en un texto, que afecta las emociones de la lectora o del lector
- Escenarios, sucesos y personajes realistas y de fantasía
- Trama sencilla con problema y solución, algunos episodios y desenlaces predecibles de cuentos
- Extractos de textos más largos con una o más tramas secundarias
- Personajes principales y personajes secundarios
- Personajes con dimensiones múltiples
- Varios personajes con características únicas
- Dimensiones de los personajes y relaciones reveladas a través del diálogo y el comportamiento
- Acciones de los personajes relacionadas con consecuencias claras (recompensa por el esfuerzo y por buena conducta, castigo por mala conducta)
- Diálogo asignado y sin asignar
- Mayormente de textos contados desde un punto de vista único
- Mayormente de textos escritos en primera o tercera persona narrativa
- Lenguaje de procedimiento sencillo y directo
- Algunos textos de instrucciones escritos en segunda persona

### COMPLEJIDAD DE LAS ORACIONES

- Algunas oraciones largas y complejas que requieren atención para comprender
- Variación en la ubicación del sujeto, el verbo, múltiples adjetivos, adverbios y preposiciones
- Oraciones con cláusulas subordinadas (dependientes e independientes) y frases
- Oraciones con conectores comunes (simples)
- Diálogo extenso que aumenta la complejidad de las oraciones
- Textos poéticos que incluyen oraciones no convencionales
- Variación de tiempos verbales que cambia la complejidad del texto (*voy, iba, iré*)
- Algunos textos con oraciones largas divididas en listas con viñetas o números
- Estructura de oraciones adaptada para ajustarse al propósito y la forma de las características del libro y la letra impresa (encabezado, subtítulo, rótulo, leyenda)

### VOCABULARIO

- Algunas palabras interesantes que son nuevas para los estudiantes pero que se entienden fácilmente en contexto
- Algunas palabras memorables de gran interés y novedad (*maullar, achís, tictac, guau, ¡paf!*)
- Casi todas las palabras que hay en el vocabulario oral común de los estudiantes (Nivel 1)
- Algunas palabras que aparecen en el vocabulario de los usuarios del lenguaje maduros (Nivel 2)
- Algunas palabras de contenido (rótulos) relacionadas con conceptos que los estudiantes pueden comprender
- Algunas onomatopeyas sencillas
- Algunas palabras que guían a los lectores en la interpretación del texto
- Conectores comunes (simples) que se usan con frecuencia en el lenguaje oral (palabras, frases que aclaran relaciones e ideas): *y, pero, entonces, porque, antes, después*
- Algunos conectores sofisticados (palabras que conectan ideas y aclaran significados y que se usan en textos escritos pero no aparecen a menudo en el lenguaje oral cotidiano): *a menos que, además, aunque, cuando sea, hasta que, mientras tanto, no obstante, por lo tanto, si no, sin embargo, todavía*
- Palabras para asignar diálogo que guía a los lectores en la interpretación del texto (*parloteó, suplicó, bruscamente*)
- Vocabulario técnico

### PALABRAS

- Muchos polisílabos
- Todo tipo de plurales en palabras monosílabas y polisílabas
- Palabras con afijos (prefijos y sufijos) unidos a una palabra base o raíz

### ILUSTRACIONES

- Ilustraciones de diversos medios de comunicación que brindan un fuerte apoyo para comprender el lenguaje
- Algunos textos de escritura compartida sin ilustraciones
- Muchos poemas y otros textos con ilustraciones o viñetas decorativas
- Algunos poemas sin ilustraciones
- Algunos libros con ilustraciones en blanco y negro
- Ilustraciones que transmiten una atmósfera
- Ilustraciones que reflejan el tema
- Ilustraciones en diversas formas (dibujo con rótulo o leyenda, fotografía con rótulo o leyenda, mapa con leyenda, diagrama, infografía)

# Seleccionar textos Características de los textos para la lectura compartida y la lectura interpretativa *(cont.)*

## Lectura compartida y lectura interpretativa

### CARACTERÍSTICAS DEL LIBRO Y LA LETRA IMPRESA

#### LONGITUD

- Textos cortos que se pueden leer en una sesión

#### TEXTO IMPRESO Y DISPOSICIÓN

- Algunos textos en tamaño grande, algunas tablas hechas por los estudiantes o la maestra o el maestro, con letra impresa suficientemente grande para que todo el grupo (o un grupo pequeño) los vea claramente
- Copias individuales de poemas, libros, guiones u obras de teatro
- Espacios claros entre las palabras y entre las líneas
- Número limitado de líneas en una página (cinco a diez), excepto en caso de tratarse de un poema breve o una canción muy conocidos
- Variación en la disposición de las páginas, con disposición que apoya la formación de frases presentando grupos de palabras
- Diálogo presentado en formato de guion en obras de teatro y guiones (sin comillas)
- Algunas palabras en negrita, bastardilla o tipografía de diversos tamaños, y en ocasiones variedad en el color de la letra impresa o el resaltado
- Números de páginas

#### PUNTUACIÓN

- Una amplia gama de puntuación (punto, signos de interrogación, signos de admiración, coma, comillas, puntos suspensivos, guion, paréntesis, dos puntos en algunos guiones)

#### HERRAMIENTAS DE ORGANIZACIÓN

- Título, autora o autor e ilustradora o ilustrador mencionados en la cubierta y la portada
- Tabla de contenidos, título de capítulo, lista de personajes, encabezado de sección, subtítulo, recuadro lateral

#### RECURSOS DEL TEXTO

- Algunos libros con dedicatoria, reconocimientos, nota de la autora o del autor, nota de la ilustradora o del ilustrador, glosario

# Seleccionar objetivos Hábitos y conocimientos para observar, enseñar y apoyar

## Lectura compartida y lectura interpretativa

### TEXTOS DE FICCIÓN Y NO FICCIÓN

**General**

- ● Contar qué sucede en el guion del teatro del lector o una obra de teatro
- ● Ofrecer un resumen oral del cuento o la obra de teatro
- ● Buscar y usar información en guion del teatro del lector (líneas, instrucciones escénicas, puntuación, títulos, encabezados)
- ● Seguir y comprender el contenido para encontrar datos en un texto de no ficción
- ● Usar el conocimiento del contenido para verificar y corregir durante la lectura ficción
- ● Reconocer cuando se pierde la comprensión y tomar medidas para que el texto cobre sentido (verificar)
- ◆ Adquirir ideas, información, perspectivas y actitudes nuevas a partir de la lectura de partes de guiones y poemas
- ◆ Establecer relaciones entre sucesos históricos y actuales y los guiones de obras de teatro y otras lecturas
- ◆ Establecer relaciones entre textos y guiones teatro del lector hechos a partir de ellos y comprender las diferencias
- ◆ Inferir las razones para la selección del material que se incluye en guiones (del teatro del lector basado en un texto narrativo o expositivo más largo)
- ■ Expresar opiniones acerca de textos y justificar con pruebas
- ■ Hablar acerca de si un guion del teatro del lector u obra de teatro es interesante o entretenido y por qué
- ■ Hablar acerca de lo que hace que un diálogo sea efectivo en una obra de teatro o guion del teatro del lector (autenticidad, ritmo)
- ■ Observar el uso de las normas del lenguaje y de la letra impresa (estructura de la oración y del párrafo, puntuación, concordancia y cambios de tiempos verbales) observando una página en tamaño grande con el grupo

**Palabras**

- ● Identificar muchas palabras en el texto impreso (sustantivos propios, palabras de uso frecuente, palabras de contenido)
- ● Usar diversas fuentes de información para verificar, buscar y autocorregir al descifrar palabras
- ● Descifrar palabras a través de letras y sonidos, grupos de letras y partes de palabras como sílabas y terminaciones
- ● Descifrar palabras con el uso de una serie de estrategias flexibles para acceder a diversas fuentes de información
- ● Reconocer muchos polisílabos o descomponerlos cuando sea necesario para descifrarlos
- ● Reconocer palabras con afijos (prefijos y sufijos)
- ● Relacionar palabras que tienen características similares (afijos y otras partes de palabras, palabras base, categorías gramaticales)

**Estructura del lenguaje (sintaxis)**

- ● Usar la estructura de la oración para verificar y corregir la lectura
- ● Usar el reconocimiento de la rima, el ritmo y la sintaxis de diversos tipos de poesía para verificar, corregir, anticipar e interpretar un poema
- ● Observar cuando la estructura de la oración no concuerda con el conocimiento de la sintaxis y volver a leer para corregir (autoverificar)
- ● Buscar información en las oraciones usando la estructura del lenguaje (sintaxis)
- ● Buscar información en oraciones complejas
- ● Usar la estructura del lenguaje (sintaxis), el significado y la información visual de la letra impresa para verificar y corregir la lectura

**Vocabulario**

- ● Agregar constantemente palabras nuevas de los textos al vocabulario
- ● Observar y usar palabras que añaden acción o emoción a un texto (palabras que representan sonidos; verbos, adjetivos y adverbios potentes; algunas expresiones)
- ● Reconocer y comprender el significado de los plurales en diversas formas
- ● Comprender el significado de palabras de su propio vocabulario oral
- ● Comprender el significado de las palabras que son comunes en el lenguaje oral (Nivel 1)
- ● Comprender palabras que usan los usuarios de lenguaje maduros (Nivel 2)
- ● Usar información contextual para descifrar el significado de palabras nuevas
- ● Observar y comprender palabras que son de gran interés y novedad

● Pensar en el texto ***en sí***  ◆ Pensar ***más allá*** del texto  ■ Pensar ***acerca*** del texto

# Seleccionar objetivos Hábitos y conocimientos para observar, enseñar y apoyar *(cont.)*

## Lectura compartida y lectura interpretativa

### TEXTOS DE FICCIÓN Y NO FICCIÓN *(continuación)*

**Vocabulario** *(continuación)*

- ● Comprender el significado de palabras que representan sonidos (*zzz, shhh, paf, plash*)
- ● Comprender el significado de palabras de contenido apoyadas por las imágenes en un texto de no ficción
- ● Comprender conectores comunes (simples) y sofisticados

**Fluidez**

- ● Leer un gran número de palabras de manera rápida y automática
- ● Usar cortes de línea para guiar la formación de frases cuando se lee poesía al unísono o de manera individual
- ● Ajustar la voz para reflejar el diálogo en el cuerpo del texto
- ● Leer oralmente integrando todas las dimensiones de fluidez (pausa, formación de frases, acento prosódico, entonación y ritmo)

**Interpretación**

- ● Reconocer y reflejar la puntuación con la voz (punto, signos de interrogación, signos de admiración, guion, coma, puntos suspensivos) cuando se lee a coro o de manera individual
- ● Reconocer y reflejar variaciones en la letra impresa con la voz (bastardilla, negrita, tratamientos especiales, tamaño de las letras) cuando se lee a coro o de manera individual
- ● Cuando se lee de manera individual o al unísono con los demás, ajustar la voz para reflejar la atmósfera del texto (tristeza, tensión, alegría o humor)
- ● Comprender el rol de la voz al comunicar el significado en el teatro del lector, en la lectura a coro, en canciones y en poesía
- ● Leer una parte de una obra de teatro o guion del teatro del lector de una manera que refleje el diálogo y los atributos y las emociones de los personajes
- ● Mantener un volumen adecuado cuando se interpreta en el teatro del lector, obras de teatro y representaciones a coro
- ● Ajustar el volumen y el tono de voz para reflejar instrucciones escénicas (*en voz baja, gritó, con una risa*) y para leer un guion con fluidez y expresión
- ■ Discutir con otros cómo debería leerse un guion o poema y establecer las razones a partir de la trama, los personajes y el significado

**Mensajes y temas**

- ● Seguir y comprender ideas en la poesía
- ● Identificar las ideas o mensajes principales en guiones del teatro del lector o poemas usados para la lectura a coro
- ● Ofrecer un enunciado conciso que resuma un guion del teatro del lector, la lectura a coro o un poema, e incluir la información importante y los temas e ideas más importantes
- ◆ Inferir las ideas importantes a partir de la lectura de un texto narrativo de no ficción
- ◆ Inferir el propósito de la autora o del autor
- ◆ Inferir el mensaje de la autora o del autor o el tema en un texto
- ◆ Inferir la importancia de los temas (la amistad, las familias, las relaciones, una misma o uno mismo, las maravillas de la naturaleza, los sentimientos, la inteligencia, la valentía, la sabiduría, la apreciación de los sonidos del lenguaje, la conciencia cultural)
- ■ Conversar acerca de si el mensaje de un poema es importante y justificar la opinión con pruebas

**Elementos literarios**

- ● Seguir y comprender tramas sencillas en cuentos y teatro del lector u obras de teatro
- ● Usar la comprensión de los tipos y los elementos de la poesía para ajustar la lectura
- ● Usar la disposición y la puntuación de un poema para verificar y corregir durante la lectura
- ● Usar conocimientos sobre la estructura narrativa en un texto de ficción para verificar y corregir la lectura
- ● Usar conocimientos sobre la estructura del texto en un texto (de no ficción expositivo o narrativo) para verificar y corregir la lectura
- ◆ Establecer relaciones entre textos observando similitudes (género, forma, estructura del texto, personajes, lenguaje literario, uso del diálogo)
- ◆ Observar y hablar acerca del parecido y las diferencias entre textos compartidos
- ◆ Conversar acerca de las conexiones personales con del contenido, los personajes o los sucesos en un texto compartido, poema, obra de teatro o guion del teatro del lector

● Pensar en el texto ***en sí*** ◆ Pensar ***más allá*** del texto ■ Pensar ***acerca*** del texto

## Seleccionar objetivos Hábitos y conocimientos para observar, enseñar y apoyar *(cont.)*

### Lectura compartida y lectura interpretativa

**TEXTOS DE FICCIÓN Y NO FICCIÓN** *(continuación)*

**Elementos literarios** *(continuación)*

- ◆ Usar los sucesos de un cuento o una obra de teatro para anticipar lugares emocionantes en un texto o para predecir lo que sucederá
- ◆ Hacer predicciones basadas en los conocimientos sobre la estructura del texto en textos de ficción y no ficción
- ◆ Hacer predicciones basadas en los conocimientos de los personajes y la motivación de los personajes
- ◆ Inferir los sentimientos y las motivaciones de los personajes, así como las relaciones entre los personajes a partir de la lectura del diálogo en un guion
- ◆ Adquirir una visión de las perspectivas de personajes de ficción y personajes históricos reales
- ◆ Adquirir una visión de sucesos históricos reflexionando acerca de ellos en la lectura de un guion o poema
- ◆ Inferir humor en un texto
- ■ Distinguir entre un cuento, un poema y un guion del teatro del lector o una obra de teatro
- ■ Observar si un libro, obra de teatro, lectura a coro o guion del teatro del lector cuenta una historia o brinda información
- ■ Reconocer algunas características de los géneros de ficción y no ficción en obras y guiones del teatro del lector
- ■ Observar las diferentes maneras en que la autora o el autor cuentan un cuento en un texto de ficción (estructura narrativa sencilla, repetir episodios o patrones del lenguaje, patrones acumulativos, flashback, cuento dentro de otro cuento) y cómo eso influye en la comprensión y el entretenimiento
- ■ Observar patrones estructurales subyacentes en un texto de no ficción (descripción, secuencia temporal, pregunta y respuesta, causa y efecto, secuencia cronológica, comparar y contrastar, problema y solución)
- ■ Observar la forma en que los aspectos de un texto como la rima, el ritmo y la repetición influyen en la apreciación y el entretenimiento
- ■ Observar aspectos de diálogo sencillo y usar esos aspectos para decidir cómo debería leerse un diálogo
- ■ Observar cómo una autora o un autor usa la rima y el ritmo e identificar lenguaje que comparte estas características
- ■ Observar y usar la rima y el ritmo para anticipar el lenguaje en un poema o canción
- ■ Observar la forma en que los aspectos de un texto como el humor o personajes interesantes influyen en la apreciación y el entretenimiento
- ■ Observar e identificar lenguaje que añade humor
- ■ Observar lenguaje interesante y lúdico que incluye palabras inventadas y onomatopeyas
- ■ Observar cómo usa el lenguaje una autora o un autor para transmitir una atmósfera
- ■ Observar cómo usa el lenguaje una autora o un autor para crear tensión o describir acciones
- ■ Observar aspectos de la elaboración de la autora o del autor observando una página en tamaño grande con el grupo



● Pensar en el texto ***en sí*** ◆ Pensar ***más allá*** del texto ■ Pensar ***acerca*** del texto

## **Seleccionar objetivos** Hábitos y conocimientos para observar, enseñar y apoyar *(cont.)*

### Lectura compartida y lectura interpretativa

**TEXTOS DE FICCIÓN Y NO FICCIÓN** *(continuación)*

**Elementos literarios** *(continuación)*

- ■ Usar lenguaje académico para hablar acerca de los géneros (*ficción; cuento popular; cuento de hadas; fábula; cuento exagerado; cuento de aventuras; cuento de animales; cuento de familia, amigos y escuela; cuento humorístico; ficción realista; literatura tradicional; no ficción; texto informativo; libro informativo; texto sobre hechos; memorias personales; biografía; texto de instrucciones; autobiografía*)
- ■ Usar lenguaje académico para hablar acerca de las formas (*libro álbum o ilustrado, libro álbum o ilustrado sin palabras, libro de frases cortas, libro del alfabeto, libro para contar, poema, poesía, rima infantil, rima, canción, colección de poesía, libros de una serie, libro por capítulos, obra de teatro, carta*)
- ■ Usar lenguaje académico para hablar acerca de las características literarias (*comienzo, final, problema, personaje, solución, personaje principal, pregunta y respuesta, tópico, sucesos, cambio de personaje, mensaje, diálogo, descripción, orden temporal, problema y solución, tiempo y lugar, idea principal, comparar y contrastar*)
- ■ Usar lenguaje académico para hablar acerca de obras de teatro y representación (*línea, discurso, escena, acto, actor, actriz, papel, rol, héroe, villano, dramaturgo*)
- ■ Usar lenguaje académico para hablar acerca de las características del libro y la letra impresa (*portada, contraportada, título, autor, ilustrador, página, texto, ilustración, fotografía, rótulo, tabla de contenidos, agradecimientos, capítulo, sección, encabezado, dibujo, leyenda, mapa, título del capítulo, dedicatoria, nota del autor, nota del ilustrador, diagrama, glosario, guardas, recuadro lateral, solapa del libro*)

**Características del libro y la letra impresa**

- ● Buscar información en ilustraciones y en las características del libro y la letra impresa en un texto de no ficción (dibujos, fotografías, mapas, diagramas, infografías, tablas de contenidos, encabezados, recuadros laterales)
- ● Usar ilustraciones (cuando corresponda) para verificar y corregir la lectura
- ● Trasladar la atención desde una parte de una disposición de la página a otra para reunir información (cuerpo del texto; dibujos, fotografías, mapas, diagramas, infografías; rótulos, leyendas)
- ◆ Establecer conexiones entre el cuerpo del texto y las ilustraciones
- ◆ Establecer conexiones entre el texto, las ilustraciones y las características del libro y la letra impresa (cuerpo del texto, dibujos, fotografías, mapas, diagramas, infografías, rótulos, leyendas, tabla de contenidos, encabezados, recuadros laterales)
- ◆ Observar y aprender nuevas maneras de presentar información en textos de no ficción usando ilustraciones y características del libro y la letra impresa
- ◆ Inferir información de ilustraciones de no ficción y características del libro y la letra impresa
- ■ Hablar acerca de las ilustraciones y las características del libro y la letra impresa y evaluar si ayudan a la lectora o al lector a comprender información y añadir interés

● Pensar en el texto ***en sí*** ◆ Pensar ***más allá*** del texto ■ Pensar ***acerca*** del texto

# Seleccionar textos Características de los textos para la lectura compartida y la lectura interpretativa

## Lectura compartida y lectura interpretativa

### GÉNERO

**▸ Ficción**

- Ficción realista
- Ficción histórica
- Literatura tradicional (cuento popular, cuento exagerado, cuento de hadas, cuento de hadas fracturado, fábula)
- Fantasía más compleja, incluida la ciencia ficción
- Textos híbridos
- Tipos especiales de ficción (misterio; cuento de aventura; cuento de animales; cuento de familia, amigos y escuela; cuento humorístico, cuento de deportes)

**▸ No ficción**

- Texto expositivo de no ficción
- Textos narrativos de no ficción
- Biografía
- Autobiografía
- Memorias
- Textos de instrucciones
- Textos persuasivos
- Textos híbridos

### FORMAS

- Poesía (en gran parte sin rima) sobre varios temas y de diversos tipos (poesía lírica, verso libre, poesía narrativa, quintilla humorística, haiku, balada, poesía concreta)
- Rimas y canciones de muchas culturas
- Colecciones de poesía individuales
- Obras de teatro
- Guiones del teatro del lector, algunos hechos por los estudiantes
- Libros álbum
- Fragmentos de libro por capítulos, libros de una serie
- Cartas, diarios y entradas de diario
- Textos creados a partir de la escritura compartida
- Cuentos
- Ensayos fotográficos, artículos de noticias y artículos de fondo

### ESTRUCTURA DEL TEXTO

- Textos narrativos con una estructura sencilla pero con varios episodios
- Fragmentos que destacan características literarias particulares (descripción, momento clave en un texto narrativo, lenguaje figurado, diálogo, lenguaje persuasivo)
- Algunos textos de ficción con variaciones en la estructura del texto narrativo (cuento dentro de otro cuento, flashback)
- Textos informativos con ejemplos de argumento y persuasión sencillos
- Fragmentos cortos o guiones extraídos de textos más largos de diversos géneros y estructuras del texto
- Patrones estructurales subyacentes (descripción, secuencia temporal, pregunta y respuesta, causa y efecto, secuencia cronológica, comparar y contrastar, problema y solución, categorización)
- Poemas que pueden tener estructura narrativa o reflejar los patrones organizacionales de diversos tipos de poesía

### CONTENIDO

- Contenido adecuado para el desarrollo cognitivo, la madurez emocional y la experiencia de vida de los estudiantes
- Contenido que recurre a la curiosidad intelectual y a las emociones
- Contenido que fomenta la imaginación
- Temas importantes para los preadolescentes (rivalidad entre hermanos, amistad, crecer, problemas familiares y conflictos)
- Lenguaje y juego de palabras relacionados con conceptos o categorías gramaticales (aliteración, asonancia, onomatopeyas)
- Humor transmitido a través de lenguaje lúdico o inventado
- Contenido que refuerza y amplía la experiencia del estudiante y su conocimiento propio y del mundo
- Algunos temas que pueden ir más allá de las experiencias inmediatas de los estudiantes
- Contenido que refleja una amplia gama de escenarios, lenguajes y culturas
- Algunos contenidos vinculados a áreas específicas de estudio como los descritos en el currículo o los estándares de la escuela
- Personajes, escenarios y sucesos que podrían existir en la vida contemporánea o en la historia
- Personajes y escenarios que ocurren en la fantasía
- Personas, escenarios y sucesos en textos biográficos que podrían existir en la vida contemporánea o en la historia
- Contenido que refleja conocimientos del mundo físico y social

### TEMAS E IDEAS

- Interpretación más sofisticada de temas que reflejan la vida cotidiana (una misma o uno mismo, las relaciones con la familia, la amistad, la imaginación, los sentimientos, la valentía, la inteligencia, la sabiduría, las maravillas de la naturaleza, la conciencia cultural, los puntos de vista múltiples y diversos, cómo se hacen las cosas, cómo funcionan las cosas)
- Temas, emociones, experiencias sensoriales, ideas inspiradoras expresadas a través de la poesía
- Ideas más complejas que requieren inferencia, a veces expresadas a través de lenguaje poético
- Interpretación más sofisticada de ideas cercanas a la experiencia de los estudiantes (expresar sentimientos, compartir con los demás, valorar las diferencias, adoptar distintas perspectivas, cooperar, ayudar, preocuparse por los demás, defender lo correcto, pertenecer, resolución de problemas, trabajar arduamente, ser valiente o inteligente o sabio, apreciar los sonidos del lenguaje, observar y apreciar la naturaleza, preocuparse por el mundo)

# **Seleccionar textos** Características de los textos para la lectura compartida y la lectura interpretativa *(cont.)*

## Lectura compartida y lectura interpretativa

### CARACTERÍSTICAS LITERARIAS Y DEL LENGUAJE

- Lenguaje descriptivo que transmite experiencias sensoriales y una amplia gama de emociones humanas
- Lenguaje descriptivo y figurado que es importante para comprender el contenido (imágenes literarias, metáfora, símil, personificación, hipérbole)
- Algunos textos y poemas con simbolismo básico o evidente usado para transmitir significado más amplio
- Lenguaje poético
- Imágenes literarias sensoriales expresadas en la poesía
- Ritmo y repetición de palabras y patrones del lenguaje, así como rimas
- Escenarios distantes en tiempo y lugar de las experiencias de los estudiantes
- Lenguaje y sucesos que transmiten una atmósfera emocional en un texto, que afecta las emociones de la lectora o del lector
- Escenarios, sucesos y personajes realistas y de fantasía
- Extractos de textos más largos con una o más tramas secundarias
- Personajes principales y personajes secundarios, algunos con dimensiones múltiples, especialmente en obras de teatro
- Personajes revelados a través del diálogo y los hábitos, especialmente en obras de teatro
- Personajes que son complejos y cambian con el tiempo en textos más largos
- Diálogo asignado y no asignado, incluidas algunas series de diálogo no asignado por el que se deben inferir los interlocutores
- Descripción de acciones, apariencia, conducta de los personajes dados en las instrucciones escénicas en el guion
- Algunos textos contados desde múltiples puntos de vista
- Mayormente de textos escritos en primera o tercera persona narrativa

### COMPLEJIDAD DE LAS ORACIONES

- Algunas oraciones largas y complejas que requieren atención para comprender
- Variación en la ubicación del sujeto, el verbo, múltiples adjetivos, adverbios y preposiciones
- Oraciones con cláusulas subordinadas (dependientes e independientes) y frases
- Oraciones con conectores comunes (simples)
- Diálogo extenso que aumenta la complejidad de las oraciones
- Textos poéticos que incluyen oraciones no convencionales
- Variación de tiempos verbales que cambia la complejidad del texto (*voy, iba, iré*)
- Algunos textos con oraciones largas divididas en listas con viñetas o números
- Estructura de oraciones adaptada para ajustarse al propósito y la forma de las características del libro y la letra impresa (encabezado, subtítulo, rótulo, leyenda)

### VOCABULARIO

- Algunas palabras interesantes que pueden ser nuevas para los estudiantes
- Nuevas palabras de contenido relacionadas con conceptos que los estudiantes están aprendiendo
- Casi todas las palabras que hay en el vocabulario oral común de los estudiantes (Nivel 1)
- Muchas palabras que aparecen en el vocabulario de usuarios del lenguaje maduros (Nivel 2)
- Algunas palabras que son propias de una disciplina (Nivel 3), especialmente en la no ficción
- Nuevas palabras de contenido (rótulos) relacionadas con conceptos que los estudiantes pueden comprender
- Conectores simples (palabras, frases que aclaran las relaciones y las ideas que se usan con frecuencia en el lenguaje oral): *y, pero, entonces, porque, antes, después*
- Algunos conectores sofisticados (palabras que conectan ideas y aclaran significados y que se usan en textos escritos pero no aparecen a menudo en el lenguaje oral cotidiano): *a menos que, además, aunque, cuando sea, hasta que, mientras tanto, no obstante, por lo tanto, si no, sin embargo, todavía*
- Palabras para asignar diálogo que guía a los lectores en la interpretación del texto (*murmuró, gruñó, con agradecimiento*)
- Algunas palabras con múltiples significados, que requieren interpretación para expresarlas a través de la voz
- Algunas palabras con significados connotativos, que requieren interpretación para expresarlas a través de la voz
- Algunos modismos y otras palabras con significado figurado
- Algunas palabras de dialectos regionales o históricos
- Algunas palabras de idiomas diferentes al español
- Vocabulario técnico

### PALABRAS

- Muchos polisílabos
- Algunos polisílabos con relaciones complejas entre letra y sonido
- Todo tipo de plurales en palabras monosílabas y polisílabas
- Palabras compuestas
- Palabras con afijos (prefijos y sufijos) unidos a una palabra base o raíz
- Algunas palabras divididas (con guion) entre dos líneas
- Palabras que son difíciles de descifrar porque provienen de dialectos regionales o de idiomas diferentes al español

# Seleccionar textos Características de los textos para la lectura compartida y la lectura interpretativa *(cont.)*

## Lectura compartida y lectura interpretativa

### ILUSTRACIONES

- Ilustraciones de diversos medios de comunicación que brindan un fuerte apoyo para comprender el lenguaje
- Algunos textos de escritura compartida sin ilustraciones
- Muchos textos con ilustraciones o viñetas decorativas
- Algunos libros con ilustraciones en blanco y negro
- Algunos textos sin más ilustraciones que elementos decorativos como letras iluminadas o diseños de márgenes (viñetas)
- Guiones individuales con ilustraciones decorativas
- Ilustraciones que transmiten una atmósfera
- Ilustraciones que reflejan el tema
- Ilustraciones en diversas formas (dibujo con rótulo o leyenda, fotografía con rótulo o leyenda, mapa con leyenda, diagrama, infografía, tabla, gráfica, línea cronológica)

### CARACTERÍSTICAS DEL LIBRO Y LA LETRA IMPRESA

#### LONGITUD

- Textos cortos que se pueden leer en una sesión

#### TEXTO IMPRESO Y DISPOSICIÓN

- Algunos textos con letra impresa en tamaño grande (poemas, tablas)
- Copias individuales de guiones u obras de teatro
- Número variado de líneas por página
- Variación en la disposición de todas las páginas
- Diálogo presentado en formato de guion en obras de teatro y guiones
- Algunas palabras en negrita, bastardilla o tipografía de diversos tamaños, y en ocasiones variedad en el color de la letra impresa o el resaltado

#### PUNTUACIÓN

- Una amplia gama de puntuación (punto, signos de interrogación, signos de admiración, coma, comillas, puntos suspensivos, raya, paréntesis, guion, dos puntos)

#### HERRAMIENTAS DE ORGANIZACIÓN

- Título, autora o autor e ilustradora o ilustrador mencionados en la cubierta y la portada
- Tabla de contenidos, título de capítulo, lista de personajes, encabezado, subtítulos, recuadro lateral

#### RECURSOS DEL TEXTO

- Algunos libros con dedicatoria, reconocimientos, nota de la autora o del autor, glosario, índice

# **Seleccionar objetivos** Hábitos y conocimientos para observar, enseñar y apoyar

## Lectura compartida y lectura interpretativa

### TEXTOS DE FICCIÓN Y NO FICCIÓN

**General**

- ● Contar qué sucede en el guion del teatro del lector o una obra de teatro
- ● Ofrecer un resumen oral organizado de forma lógica del cuento o la obra de teatro
- ● Ofrecer un resumen oral que incluya la información importante de un texto de no ficción
- ● Buscar y usar información en guiones del teatro del lector (líneas, instrucciones escénicas, puntuación, títulos, encabezados)
- ● Seguir y comprender el contenido para encontrar datos en un texto de no ficción
- ● Usar el conocimiento del contenido para verificar y corregir durante la lectura de un texto de ficción
- ● Reconocer cuando se pierde la comprensión y tomar medidas para que el texto cobre sentido (verificar)
- ◆ Adquirir ideas, información, perspectivas y actitudes nuevas a partir de la lectura de partes de guiones y poemas
- ◆ Establecer relaciones entre sucesos históricos y actuales y los guiones de obras de teatro y otras lecturas
- ◆ Establecer relaciones entre textos y guiones del teatro del lector hechos a partir de ellos y comprender las diferencias
- ◆ Inferir las razones para la selección del material que se incluye en guiones (para teatro del lector basado en un texto narrativo o expositivo más largo)
- ■ Expresar opiniones acerca de textos y justificar con pruebas
- ■ Expresar una opinión acerca de la conveniencia de que un texto se lea en voz alta o se interprete y justificar con pruebas (lenguaje, mensajes, propósito, personajes)
- ■ Pensar críticamente y comentar la relación que existe entre la voz (ritmo, volumen, acento prosódico, pausa, formación de frases, entonación) y el significado del guion o el poema
- ■ Hablar acerca de si un guion del teatro del lector u obra de teatro es interesante o entretenido y por qué
- ■ Hablar acerca de lo que hace que un diálogo sea efectivo en una obra de teatro o guion del teatro del lector (autenticidad, ritmo)
- ■ Observar el uso de las normas del lenguaje y de la letra impresa (estructura de la oración y del párrafo, puntuación, concordancia y cambios de tiempos verbales) observando una página en tamaño grande con el grupo

**Palabras**

- ● Descifrar palabras con el uso de una serie de estrategias flexibles para acceder a diversas fuentes de información
- ● Reconocer muchos polisílabos o descomponerlos cuando sea necesario para descifrarlos
- ● Reconocer palabras con afijos (prefijos y sufijos), además de palabras base

**Estructura del lenguaje (sintaxis)**

- ● Buscar información en las oraciones, usando la estructura del lenguaje o sintaxis, el significado y la información visual en la letra impresa
- ● Buscar información en oraciones complejas
- ● Ajustarse a la lectura de frases y oraciones con una sintaxis inusual para reflejar el ritmo o el lenguaje poético
- ● Ajustarse a la lectura de diversos tipos de poesía

**Vocabulario**

- ● Agregar constantemente palabras nuevas de los textos al vocabulario
- ● Observar y usar palabras que añaden acción o emoción a un texto (palabras que representan sonidos; verbos, adjetivos y adverbios potentes; algunas expresiones)
- ● Reconocer y comprender el significado de los plurales en diversas formas
- ● Comprender el significado de las palabras que son comunes en el lenguaje oral (Nivel 1)
- ● Comprender el significado de las palabras (Nivel 2) que aparecen a menudo en la literatura pero que van más allá del vocabulario oral, muchas de ellas poéticas o literarias
- ● Comprender el significado de algunas palabras del campo científico (Nivel 3)
- ● Usar información contextual para descifrar el significado de palabras nuevas

● Pensar en el texto ***en sí*** ◆ Pensar ***más allá*** del texto ■ Pensar ***acerca*** del texto

# Seleccionar objetivos Hábitos y conocimientos para observar, enseñar y apoyar *(cont.)*

## Lectura compartida y lectura interpretativa

### TEXTOS DE FICCIÓN Y NO FICCIÓN *(continuación)*

**Vocabulario** *(continuación)*

- ● Observar y comprender palabras que son de gran interés y novedad
- ● Comprender el significado de palabras que representan sonidos (*zzz, shhh, paf, plash, plic*)
- ● Comprender el significado de palabras usadas en sentido figurado
- ● Usar información previa, ilustraciones y herramientas de referencia para comprender el significado de las palabras de contenido
- ● Comprender conectores comunes (simples) y algunos sofisticados

**Fluidez**

- ● Después de la práctica, leer todas las palabras de manera rápida y automática
- ● Usar cortes de línea para guiar la formación de frases cuando se lee poesía a coro o de manera individual
- ● Ajustar la voz para reflejar el diálogo en el cuerpo del texto
- ● Leer de manera oral con la integración de todas las dimensiones de la fluidez (pausas, formación de frases, acento prosódico, entonación y ritmo) solo y durante la lectura al unísono con los demás

**Interpretación**

- ● Reconocer y reflejar la puntuación con la voz (punto, signos de interrogación, signos de admiración, guion, coma, puntos suspensivos) cuando se lee a coro o de manera individual
- ● Reconocer y reflejar variaciones en la letra impresa con la voz (bastardilla, negrita, tratamientos especiales, tamaño de las letras) cuando se lee a coro o de manera individual
- ● Cuando se lee de manera individual o al unísono con los demás, ajustar la voz para reflejar la atmósfera del texto (tristeza, tensión, alegría, humor)
- ● Comprender el rol de la voz al comunicar el significado en el teatro del lector, en la lectura a coro, en canciones y en poesía
- ● Leer una parte de una obra de teatro o guion del teatro del lector de una manera que refleje el diálogo y los atributos y las emociones de los personajes
- ● Mantener un volumen adecuado cuando se interpreta en teatro del lector, obras de teatro y representaciones a coro
- ● Ajustar el volumen y el tono de voz para reflejar instrucciones escénicas (*en voz baja, gritó, con una risa*) y para leer un guion con fluidez y expresión
- ■ Discutir con otros cómo debería leerse un guion o poema y establecer las razones a partir de la trama, los personajes y el significado

**Mensajes y temas**

- ● Seguir y comprender ideas en la poesía
- ● Identificar las ideas o mensajes principales en guiones del teatro del lector o poemas usados para la lectura a coro
- ● Ofrecer un enunciado conciso que resuma un guion del teatro del lector, la lectura a coro o un poema, e incluir la información importante y los temas e ideas más importantes
- ◆ Inferir las ideas importantes a partir de la lectura de un texto narrativo de no ficción
- ◆ Inferir el propósito de la autora o del autor
- ◆ Inferir el mensaje de la autora o del autor o el tema en un texto
- ◆ Inferir la importancia de los temas (la amistad, las familias, las relaciones, una misma o uno mismo, las maravillas de la naturaleza, los sentimientos, la inteligencia, la valentía, la sabiduría, la apreciación de los sonidos del lenguaje, la conciencia cultural)
- ■ Observar cómo comunica el mensaje la autora o el autor en un cuento, un poema o el diálogo de un guion
- ■ Conversar acerca de si el mensaje de un poema es importante y justificar la opinión con pruebas

**Elementos literarios**

- ● Usar la comprensión del género y las formas para verificar y corregir la lectura
- ● Seguir y comprender tramas sencillas en cuentos y teatro del lector u obras de teatro
- ● Usar la comprensión de los tipos y los elementos de la poesía para ajustar la lectura

● Pensar en el texto ***en sí*** ◆ Pensar ***más allá*** del texto ■ Pensar ***acerca*** del texto

## Seleccionar objetivos Hábitos y conocimientos para observar, enseñar y apoyar *(cont.)*

### Lectura compartida y lectura interpretativa

**TEXTOS DE FICCIÓN Y NO FICCIÓN** *(continuación)*

**Elementos literarios** *(continuación)*

- ● Usar la disposición y la puntuación de poemas, guiones del teatro del lector, guiones de lectura a coro y obras de teatro para verificar y corregir la lectura
- ● Usar conocimientos sobre la estructura narrativa en un texto de ficción para verificar y corregir la lectura
- ● Usar conocimientos sobre la estructura del texto en un texto de no ficción (expositivo o narrativo) para verificar y corregir la lectura
- ◆ Establecer relaciones entre textos observando similitudes (género, forma, estructura del texto, personajes, lenguaje literario, uso del diálogo)
- ◆ Conversar acerca de las conexiones personales con el contenido, los personajes o los sucesos en un texto, poema, obra de teatro o guion del teatro del lector
- ◆ Usar los sucesos de un cuento o una obra de teatro para anticipar lugares emocionantes en un texto o para predecir lo que sucederá
- ◆ Hacer predicciones basadas en conocimientos sobre la estructura del texto en textos de ficción y no ficción
- ◆ Hacer predicciones basadas en los conocimientos de los personajes y la motivación de los personajes
- ◆ Inferir los sentimientos y las motivaciones de los personajes, así como las relaciones entre los personajes a partir de la lectura del diálogo en un guion
- ◆ Adquirir una visión de las perspectivas de personajes de ficción y personajes históricos reales
- ◆ Adquirir una visión de sucesos históricos reflexionando acerca de ellos en la lectura de un guion o poema
- ◆ Inferir humor en un texto
- ■ Distinguir entre diversas formas de manuscrito usadas para la representación (poemas, guiones del teatro del lector, guiones de lectura a coro, obras de teatro, cartas, diarios, entradas de un diario, cuentos)
- ■ Observar si un libro, obra de teatro, lectura a coro o guion del teatro del lector cuenta una historia o brinda información
- ■ Reconocer algunas características de los géneros de ficción y no ficción en obras de teatro y guiones del teatro del lector
- ■ Observar patrones estructurales subyacentes en un texto de no ficción (descripción, secuencia temporal, pregunta y respuesta, causa y efecto, secuencia cronológica, comparar y contrastar problema y solución, categorización)
- ■ Observar las diferentes maneras en que la autora o el autor cuentan un cuento en un texto de ficción (estructura narrativa sencilla, repetir episodios o patrones del lenguaje, patrones acumulativos, flashback, cuentos dentro de otro cuento) y cómo eso influye en la comprensión y el entretenimiento
- ■ Observar la forma en que los aspectos de un texto como la rima, el ritmo y la repetición influyen en la apreciación y el entretenimiento
- ■ Observar aspectos de diálogo sencillo y usar esos aspectos para decidir cómo debería leerse un diálogo
- ■ Observar el uso del humor de una autora o un autor e identificar qué hace gracioso a un guion (personajes, situaciones, lenguaje)
- ■ Observar lenguaje interesante y lúdico que incluye palabras inventadas y onomatopeyas
- ■ Observar cómo usa el lenguaje una autora o un autor para transmitir una atmósfera
- ■ Observar cómo usa el lenguaje una autora o un autor para crear tensión o describir acciones
- ■ Observar el uso que hace una autora o un autor del lenguaje potente y/o literario cuando presenta un argumento o idea en un texto de no ficción
- ■ Observar aspectos de la elaboración de la autora o del autor observando una página en tamaño grande con el grupo

● Pensar en el texto ***en sí*** ◆ Pensar ***más allá*** del texto ■ Pensar ***acerca*** del texto

## Seleccionar objetivos Hábitos y conocimientos para observar, enseñar y apoyar *(cont.)*

Lectura compartida y lectura interpretativa

### TEXTOS DE FICCIÓN Y NO FICCIÓN *(continuación)*

**Elementos literarios** *(continuación)*

- ■ Usar lenguaje académico para hablar acerca de los géneros (*ficción; cuento popular; cuento de hadas; cuento de hadas fracturado; fábula; cuento exagerado; cuento de aventuras; cuento de animales; cuento de familia, amigos y escuela; cuento humorístico; ficción realista; literatura tradicional; ficción histórica; fantasía; no ficción; texto informativo; libro informativo; texto sobre hechos; memorias personales; biografía; autobiografía; narración de no ficción; texto de instrucciones; texto persuasivo*)
- ■ Usar lenguaje académico para hablar acerca de las formas (*libro álbum o ilustrado, libro álbum o ilustrado sin palabras, libro de frases cortas, libro del alfabeto, libro para contar, poema, poesía, rima infantil, rima, canción, colección de poesía, libros de una serie, libro por capítulos, obra de teatro, carta, secuela, quintilla humorística, haiku, poema concreto, cuento corto, entrada de diario, artículo periodístico, artículo de fondo*)
- ■ Usar lenguaje académico para hablar acerca de las características literarias (*comienzo, final, problema, personaje, solución, personaje principal, pregunta y respuesta, tópico, sucesos, cambio de personaje, mensaje, diálogo, descripción, orden temporal, tiempo y lugar, idea principal, comparar y contrastar, flashback, conflicto, resolución, tema, lenguaje descriptivo, símil, causa y efecto, categorización, lenguaje persuasivo*)
- ■ Usar lenguaje académico para hablar acerca de obras de teatro y representación (*línea, discurso, escena, acto, actor, actriz, papel, rol, héroe, villano, dramaturgo*)
- ■ Usar lenguaje académico para hablar acerca de las características del libro y la letra impresa (*portada, contraportada, título, autor, ilustrador, página, texto, ilustración, fotografía, rótulo, tabla de contenidos, agradecimientos, capítulo, sección, encabezado, dibujo, leyenda, mapa, título del capítulo, dedicatoria, nota del autor, nota del ilustrador, diagrama, glosario, guardas, recuadro lateral, solapa del libro, subtítulo, tabla, gráfica, línea temporal, índice*)

**Características del libro y la letra impresa**

- ● Buscar información en ilustraciones y en características del libro y la letra impresa en una ampliación de un texto de no ficción (dibujo, fotografía, mapas con leyenda o clave, escalas, diagramas, infografías, dibujo de corte; títulos, tablas de contenidos, títulos de capítulos, encabezados, subtítulos, recuadros laterales, anotaciones)
- ● Usar ilustraciones (cuando corresponda) para verificar y corregir la lectura
- ● Trasladar la atención desde una parte de una disposición de la página a otra para reunir información (cuerpo del texto; dibujos, fotografías, mapas, diagramas, infografías; rótulos, leyendas, claves, escalas, dibujo de corte, recuadros laterales, anotaciones)
- ◆ Establecer conexiones entre el cuerpo del texto y las ilustraciones
- ◆ Establecer relaciones entre el texto, las ilustraciones y las características del libro y la letra impresa (cuerpo del texto, fotografías, mapas, diagramas, infografías; rótulos, leyendas, claves, escalas, dibujo de corte; títulos, tablas de contenidos, títulos de capítulos, encabezados, subtítulos, recuadros laterales, anotaciones)
- ◆ Observar y aprender nuevas maneras de presentar información en textos de no ficción usando ilustraciones y características del libro y la letra impresa
- ◆ Inferir información de ilustraciones de no ficción y características del libro y la letra impresa
- ■ Hablar acerca de las ilustraciones y las características del libro y la letra impresa y evaluar si ayudan a la lectora o al lector a comprender información y añadir interés

● Pensar en el texto ***en sí*** ◆ Pensar ***más allá*** del texto ■ Pensar ***acerca*** del texto

LECTURA COMPARTIDA Y LECTURA INTERPRETATIVA

# Seleccionar textos Características de los textos para la lectura compartida y la lectura interpretativa

## Lectura compartida y lectura interpretativa

### GÉNERO

**▸ Ficción**

- Ficción realista
- Ficción histórica
- Literatura tradicional (cuento popular, cuento exagerado, cuento de hadas, cuento de hadas fracturado, fábula, mito, leyenda)
- Fantasía más compleja, incluida la ciencia ficción
- Textos híbridos
- Tipos especiales de ficción (misterio; cuento de aventura; cuento de animales; cuento de familia, amigos y escuela; cuento humorístico, cuento de deportes)

**▸ No ficción**

- Texto expositivo de no ficción
- Textos narrativos de no ficción
- Biografía
- Autobiografía
- Memorias
- Textos de instrucciones
- Textos persuasivos
- Textos híbridos

### FORMAS

- Poesía (en gran parte sin rima) sobre varios temas y de diversos tipos (poesía lírica, verso libre, poesía narrativa, quintilla humorística, haiku, balada, poesía concreta)
- Colecciones de poesía individuales
- Obras de teatro
- Guiones del teatro del lector, algunos hechos por los estudiantes
- Libros álbum
- Fragmentos de libro por capítulos, libros de una serie
- Cartas, diarios y entradas de diario
- Textos creados a partir de la escritura compartida
- Cuentos
- Ensayos fotográficos, artículos de noticias y artículos de fondo
- Discursos

### ESTRUCTURA DEL TEXTO

- Textos narrativos con una estructura sencilla pero con varios episodios
- Fragmentos que destacan características literarias particulares
- Algunos textos de ficción con variaciones en la estructura narrativa (cuento dentro de otro cuento, flashback, flash-forward, lapso de tiempo, trama circular, tramas paralelas)
- Fragmentos cortos o guiones extraídos de textos más largos de diversos géneros y estructuras del texto
- Textos informativos con ejemplos de argumentación y persuasión
- Patrones estructurales subyacentes (descripción, secuencia temporal, pregunta y respuesta, causa y efecto, secuencia cronológica, comparar y contrastar, problema y solución, categorización)
- Poemas que pueden tener estructura narrativa o reflejar los patrones organizacionales de diversos tipos de poesía

### CONTENIDO

- Contenido adecuado para el desarrollo cognitivo, la madurez emocional y la experiencia de vida de los estudiantes
- Contenido que recurre a la curiosidad intelectual y a las emociones
- Contenido que fomenta la imaginación
- Temas importantes para los preadolescentes (rivalidad entre hermanos, amistad, crecer, problemas familiares y conflictos)
- Lenguaje poético relacionado con conceptos o categorías gramaticales (aliteración, asonancia, onomatopeyas)
- Humor transmitido a través de lenguaje lúdico o inventado
- Contenido que refuerza y amplía la experiencia del estudiante y su conocimiento propio y del mundo
- Muchos temas que pueden ir más allá de las experiencias inmediatas de los estudiantes
- Contenido que refleja una amplia gama de escenarios, lenguajes y culturas
- Muchos textos que requieren conocimientos sobre la diversidad cultural alrededor del mundo
- Algunos contenidos vinculados a áreas específicas de estudio como los descritos en el currículo o los estándares de la escuela
- Textos que requieren razonamiento crítico para juzgar la autenticidad de datos e información
- Personajes, escenarios y sucesos que podrían existir en la vida contemporánea o en la historia
- Personajes, escenarios y sucesos que ocurren en la fantasía
- Personas, escenarios y sucesos en textos biográficos que podrían existir en la vida contemporánea o en la historia
- Contenido que refleja conocimientos del mundo físico y social

### TEMAS E IDEAS

- Interpretación de temas más sofisticada (autoestima, transición a la adolescencia, identidad de género, problemas familiares, relaciones con los compañeros, pertenencia, popularidad, acoso, valor, conciencia y responsabilidad social, justicia social, importancia de sucesos y personas históricos, ciclos de vida, expresión y apreciación artística, pobreza, racismo, guerra, supervivencia, interrelación entre seres humanos y medioambiente)
- Temas, emociones, experiencias sensoriales, ideas inspiradoras expresadas a través de la poesía
- Ideas complejas que requieren inferencia, a veces expresadas a través de lenguaje poético
- Interpretación más sofisticada de ideas cercanas a la experiencia de los estudiantes (adquirir independencia; enfrentar miedos; superar desafíos; expresarse a través de la creatividad; perseguir sueños; apreciar diferencias; empatizar con los demás; aprender de la vida de los demás; valorar el cambio en una misma o uno mismo y en otros; cuidar el medioambiente; relacionar el pasado, el presente y el futuro; apreciar la naturaleza)

# Seleccionar textos Características de los textos para la lectura compartida y la lectura interpretativa *(cont.)*

## Lectura compartida y lectura interpretativa



### CARACTERÍSTICAS LITERARIAS Y DEL LENGUAJE

- Lenguaje descriptivo que transmite experiencias sensoriales y una amplia gama de emociones humanas
- Lenguaje descriptivo y figurado que es importante para comprender el contenido (imágenes literarias, metáfora, símil, personificación, hipérbole)
- Algunos textos y poemas con simbolismo básico o evidente usado para transmitir significado más amplio
- Lenguaje poético
- Imágenes literarias sensoriales expresadas en la poesía
- Ritmo y repetición de palabras y patrones del lenguaje, así como rimas
- Lenguaje y sucesos que transmiten una atmósfera emocional en un texto, que afecta las emociones de la lectora o del lector
- Lenguaje que expresa la actitud o las emociones de la autora o del autor o de la oradora o del orador respecto de un tema reflejado en el estilo de escritura (tono)
- Escenarios importantes para la trama, muchos distantes en tiempo y lugar de las propias experiencias de los estudiantes
- Extractos de textos más largos con una o más tramas secundarias
- Personajes principales y personajes secundarios, algunos con dimensiones múltiples, especialmente en obras de teatro
- Personajes con atributos distintivos revelados a través del diálogo y la conducta, especialmente en obras de teatro
- Personajes que son complejos y cambian con el tiempo
- Diálogo asignado y no asignado, incluidas algunas series de diálogo no asignado por el que se deben inferir los interlocutores
- Descripción de acciones, apariencia, conducta de los personajes dados en las instrucciones escénicas en el guion
- Algunos textos contados desde múltiples puntos de vista
- Mayormente textos escritos en primera o tercera persona narrativa

### COMPLEJIDAD DE LAS ORACIONES

- Algunas oraciones largas y complejas que requieren atención para comprender
- Oraciones largas unidas con coma y con punto y coma
- Variación en la ubicación del sujeto, el verbo, múltiples adjetivos, adverbios y preposiciones
- Oraciones con cláusulas subordinadas (dependientes e independientes) y frases
- Oraciones con conectores comunes (simples)
- Diálogo extenso que aumenta la complejidad de las oraciones
- Textos poéticos que incluyen oraciones no convencionales
- Variación de tiempos verbales que cambia la complejidad del texto (*voy, iba, iré*)
- Algunos textos con oraciones largas divididas en listas con viñetas o números
- Estructura de oraciones adaptada para ajustarse al propósito y la forma de las características del libro y la letra impresa (encabezado, subtítulo, rótulo, leyendas)

### VOCABULARIO

- Algunas palabras interesantes que pueden ser nuevas para los estudiantes
- Nuevas palabras de contenido relacionadas con conceptos que los estudiantes están aprendiendo
- Conectores sofisticados (palabras que relacionan ideas y aclaran el significado que se usan en textos escritos pero no suelen aparecer en el lenguaje oral cotidiano): *a menos que, además, aunque, cuando sea, hasta que, mientras tanto, no obstante, por lo tanto, si no, sin embargo, todavía*
- Muchas palabras que aparecen en el vocabulario de usuarios del lenguaje maduros (Nivel 2)
- Algunas palabras que son propias de una disciplina científica (Nivel 3), especialmente en la no ficción
- Algunas palabras de contenido (rótulos) relacionadas con conceptos que los estudiantes pueden comprender
- Palabras para asignar diálogo que guían a los lectores en la interpretación del texto (*confesó, instruyó, modestamente*)
- Algunas palabras con múltiples significados, que requieren interpretación para expresarlas a través de la voz
- Algunas palabras con significados connotativos, que requieren interpretación para expresarlas a través de la voz
- Algunos modismos y otras palabras con significado figurado
- Algunas palabras (incluida la jerga) usadas informalmente por grupos particulares de personas
- Algunas palabras de dialectos regionales o históricos
- Algunas palabras de idiomas diferentes al español
- Vocabulario técnico

### PALABRAS

- Muchos polisílabos, algunos técnicos o científicos
- Algunos polisílabos con relaciones complejas entre letra y sonido
- Todo tipo de plurales en palabras monosílabas y polisílabas
- Todo tipo de palabras compuestas
- Palabras con afijos (prefijos y sufijos) unidos a una palabra base o raíz
- Algunas palabras divididas (con guion) entre dos líneas
- Palabras que son difíciles de descifrar porque provienen de dialectos regionales o de idiomas diferentes al español

### ILUSTRACIONES

- Ilustraciones de diversos medios de comunicación que brindan un fuerte apoyo para comprender el lenguaje
- Algunos textos de escritura compartida sin ilustraciones
- Muchos textos con ilustraciones decorativas (viñetas)
- Algunos libros con ilustraciones en blanco y negro

# Seleccionar textos Características de los textos para la lectura compartida y la lectura interpretativa *(cont.)*

## Lectura compartida y lectura interpretativa

### ILUSTRACIONES *(continuación)*

- Algunos textos sin más ilustraciones que elementos decorativos como letras iluminadas o decoración de márgenes (viñetas)
- Guiones individuales con ilustraciones decorativas
- Ilustraciones creadas por los estudiantes y decoraciones diseñadas para ayudar a la representación
- Ilustraciones que transmiten una atmósfera
- Ilustraciones que reflejan el tema
- Algunas ilustraciones con características figuradas y simbólicas que requieren interpretación
- Ilustraciones en diversas formas (dibujo con rótulo o leyenda, fotografía con rótulo o leyenda, mapa con leyenda, diagrama, infografía, tabla, gráfica, línea cronológica)

### CARACTERÍSTICAS DEL LIBRO Y LA LETRA IMPRESA

#### LONGITUD

- Textos cortos que se pueden leer en una sesión

#### TEXTO IMPRESO Y DISPOSICIÓN

- Algunos textos con letra impresa en tamaño grande (poemas, tablas)
- Copias individuales de guiones u obras de teatro
- Número variado de líneas por página
- Variación en la disposición de todas las páginas
- Diálogo presentado en formato de guion en obras de teatro y guiones
- Algunas palabras en negrita, bastardilla o tipografía de diversos tamaños

#### PUNTUACIÓN

- Una amplia gama de puntuación (punto, signos de interrogación, signos de admiración, coma, comillas, puntos suspensivos, guion, paréntesis, raya, dos puntos)

#### HERRAMIENTAS DE ORGANIZACIÓN

- Título, autora o autor e ilustradora o ilustrador mencionados en la cubierta y la portada
- Tabla de contenidos, título de capítulo, lista de personajes, encabezado de sección, subtítulo, recuadro lateral

#### RECURSOS DEL TEXTO

- Algunos libros con dedicatoria, reconocimientos, nota de la autora o del autor, preámbulo, prólogo, guía de pronunciación, notas al pie, epílogo, apéndice, nota final, glosario, referencias, índice

## Seleccionar objetivos Hábitos y conocimientos para observar, enseñar y apoyar

### Lectura compartida y lectura interpretativa



**TEXTOS DE FICCIÓN Y NO FICCIÓN**

**General**

- ● Contar qué sucede en el guion del teatro del lector o una obra de teatro
- ● Ofrecer un resumen oral organizado de forma lógica del cuento o la obra de teatro
- ● Ofrecer un resumen oral que incluya la información importante de un texto de no ficción
- ● Buscar y usar información en guiones del teatro del lector (líneas, instrucciones escénicas, puntuación, títulos, encabezados)
- ● Seguir y comprender el contenido para encontrar datos en un texto de no ficción
- ● Usar el conocimiento del contenido para verificar y corregir durante la lectura de un texto de ficción
- ● Reconocer cuando se pierde la comprensión y tomar medidas para que el texto cobre sentido (verificar)
- ◆ Adquirir ideas, información, perspectivas y actitudes nuevas a partir de la lectura de partes de guiones y poemas
- ◆ Establecer relaciones entre sucesos históricos y actuales y los guiones de obras de teatro y otras lecturas
- ◆ Inferir la importancia de una escena o viñeta seleccionada de una obra del teatro del lector
- ◆ Establecer relaciones entre textos y guiones del teatro del lector hechos a partir de ellos y comprender las diferencias
- ◆ Inferir las razones para la selección del material que se incluye en los guiones (para el teatro del lector basado en un texto narrativo o expositivo más largo)
- ■ Expresar opiniones acerca de textos y justificar con pruebas
- ■ Expresar una opinión acerca de la conveniencia de que un texto se lea en voz alta o se interprete y justificar con pruebas (lenguaje, mensajes, propósito, personajes)
- ■ Pensar de manera crítica y comentar la relación que existe entre la conducta no verbal, la voz y el significado del guion, el poema o la obra de teatro
- ■ Hablar acerca de si un guion del teatro del lector u obra de teatro es interesante o entretenido y por qué
- ■ Hablar acerca de lo que hace que un diálogo sea efectivo en una obra de teatro o guion del teatro del lector (autenticidad, ritmo)
- ■ Observar el uso de las normas del lenguaje y de la letra impresa (estructura de la oración y del párrafo, puntuación, concordancia y cambios de tiempos verbales) observando una página en tamaño grande con el grupo

**Palabras**

- ● Descifrar palabras con el uso de una serie de estrategias flexibles para acceder a diversas fuentes de información
- ● Reconocer palabras con afijos (prefijos y sufijos)

**Estructura del lenguaje (sintaxis)**

- ● Buscar información en las oraciones, usando la estructura del lenguaje o sintaxis, el significado y la información visual en la letra impresa
- ● Buscar información en oraciones complejas
- ● Ajustarse a la lectura de frases y oraciones con una sintaxis inusual para reflejar el ritmo o el lenguaje poético
- ● Ajustarse a la lectura de diversos tipos de poesía

**Vocabulario**

- ● Agregar constantemente palabras nuevas de los textos al vocabulario
- ● Observar y usar palabras que añaden acción o emoción a un texto (palabras que representan sonidos; verbos, adjetivos y adverbios potentes; algunas expresiones)
- ● Reconocer y comprender el significado de los plurales en diversas formas
- ● Comprender el significado de las palabras que son comunes en el lenguaje oral (Nivel 1)
- ● Comprender el significado de las palabras (Nivel 2) que aparecen a menudo en la literatura pero que van más allá del vocabulario oral, muchas de ellas poéticas o literarias
- ● Comprender el significado de algunas palabras propias de una disciplina (Nivel 3), incluidas algunas palabras científicas usadas de manera literaria (*personalidad magnética*)
- ● Usar información contextual para descifrar el significado de palabras nuevas
- ● Observar y comprender palabras que son de gran interés y novedad
- ● Comprender el significado de palabras que representan sonidos (*zzz, shhh, paf, plash, plic, cuac*)
- ● Comprender la intención de la autora o del autor cuando las palabras se usan en figuras retóricas o modismos
- ● Comprender el significado connotativo de las palabras y cómo aportan al significado global de un guion o un poema
- ● Usar información previa, ilustraciones y herramientas de referencia para comprender el significado de las palabras de contenido
- ● Comprender conectores comunes (simples) y sofisticados

**Fluidez**

- ● Después de la práctica, leer todas las palabras de manera rápida y automática
- ● Usar cortes de línea y espacios en blanco para guiar la formación de frases cuando se lee poesía al unísono o de manera individual
- ● Ajustar la voz para reflejar el diálogo en el cuerpo del texto
- ● Leer de manera oral con la integración de todas las dimensiones de la fluidez (pausas, formación de frases, acento prosódico, entonación y ritmo) solo y durante la lectura al unísono con los demás

● Pensar en el texto ***en sí*** ◆ Pensar ***más allá*** del texto ■ Pensar ***acerca*** del texto

# Seleccionar objetivos Hábitos y conocimientos para observar, enseñar y apoyar *(cont.)*

## Lectura compartida y lectura interpretativa

### TEXTOS DE FICCIÓN Y NO FICCIÓN *(continuación)*

**Interpretación**

- ● Reconocer y reflejar la puntuación con la voz (punto, signos de interrogación, signos de admiración, guion, coma, puntos suspensivos) cuando se lee a coro o de manera individual
- ● Reconocer y reflejar variaciones en la letra impresa con la voz (bastardilla, negrita, tratamientos especiales, tamaño de las letras) cuando se lee a coro o de manera individual
- ● Cuando se lee de manera individual o al unísono con los demás, ajustar la voz para reflejar la atmósfera del texto (tristeza, tensión, alegría, humor)
- ● Comprender el rol de la voz al comunicar el significado en el teatro del lector, en la lectura a coro, en canciones y en poesía
- ● Leer una parte de una obra de teatro o guion del teatro del lector de una manera que refleje el diálogo y los atributos y las emociones de los personajes
- ● Ajustar la voz para comunicar los atributos de la oradora o del orador original cuando se lee un discurso en voz alta
- ● Mantener un volumen adecuado cuando se interpreta en el teatro del lector, obras de teatro y representaciones a coro
- ● Ajustar el volumen y el tono de voz para reflejar instrucciones escénicas (*en voz baja, gritó, con una risa*) y para leer un guion con fluidez y expresión
- ◆ Tomar decisiones acerca de cómo debería leerse un papel en una obra de teatro en base a los atributos de los personajes y los sucesos de la trama
- ■ Discutir con otros cómo debería leerse un guion o poema y establecer las razones a partir de la trama, los personajes y el significado

**Mensajes y temas**

- ● Seguir y comprender ideas en la poesía
- ● Identificar las ideas o mensajes principales en guiones del teatro del lector o poemas usados para la lectura a coro
- ● Ofrecer un enunciado conciso que resuma un guion del teatro del lector, la lectura a coro o un poema, e incluir la información importante y los temas e ideas más importantes
- ◆ Inferir las ideas importantes a partir de la lectura de un texto narrativo de no ficción
- ◆ Inferir el propósito de la autora o del autor
- ◆ Inferir el mensaje de la poeta o del poeta en un poema y usar inferencias como base para la interpretación en la representación
- ◆ Inferir la importancia de los temas (la amistad, las familias, las relaciones, una misma o uno mismo, las maravillas de la naturaleza, los sentimientos, la inteligencia, la valentía, la sabiduría, la apreciación de los sonidos del lenguaje, la conciencia cultural, la pérdida, el patriotismo, la guerra, la muerte)
- ■ Observar cómo comunica el mensaje la autora o el autor en un cuento, un poema o el diálogo de un guion
- ■ Conversar acerca de si el mensaje de un poema es importante y justificar la opinión con pruebas

**Elementos literarios**

- ● Usar la comprensión del género y las formas para verificar y corregir la lectura
- ● Seguir y comprender tramas en cuentos, poemas, teatro del lector u obras de teatro
- ● Usar la comprensión de los tipos y los elementos de la poesía para ajustar la lectura
- ● Usar la disposición y la puntuación de poemas, guiones del teatro del lector, guiones de lectura a coro y obras de teatro para verificar y corregir la lectura
- ● Usar conocimientos de la estructura narrativa en un texto de ficción para verificar y corregir la lectura
- ● Usar conocimientos de la estructura del texto en un texto de no ficción (expositivo o narrativo) para verificar y corregir la lectura
- ◆ Establecer relaciones entre textos observando similitudes (género, forma, estructura del texto, personajes, lenguaje literario, uso del diálogo)
- ◆ Conversar acerca de las conexiones personales con el contenido, los personajes o los sucesos en un texto compartido, poema, obra de teatro, cuento o guion del teatro del lector
- ◆ Usar los sucesos de un texto para predecir lo que sucederá
- ◆ Hacer predicciones basadas en los conocimientos de la estructura del texto en textos de ficción y no ficción
- ◆ Hacer predicciones basadas en los conocimientos de los personajes y la motivación de los personajes
- ◆ Inferir los sentimientos y motivaciones de personas de la historia y personajes en ficción realista a partir de la lectura de diálogos en un guion y la representación en una obra de teatro o en el teatro del lector
- ◆ Inferir los sentimientos, las motivaciones y los mensajes de figuras públicas históricas y actuales a través de la lectura y la representación de sus discursos y entrevistas
- ◆ Adquirir una visión de las perspectivas y las ideas de los personajes de ficción y de personajes históricos reales a través de la recreación de sus papeles en guiones, discursos o entrevistas
- ◆ Adquirir una visión de individuos históricos o actuales basada en la lectura y la recreación de sus discursos o entrevistas
- ◆ Adquirir una visión de sucesos históricos reflexionando acerca de ellos en la lectura de un guion o poema
- ■ Comprender que todos los textos usados para la lectura compartida pueden clasificarse como prosa o poesía y luego clasificarse en géneros

● Pensar en el texto ***en sí*** ◆ Pensar ***más allá*** del texto ■ Pensar ***acerca*** del texto

# Seleccionar objetivos Hábitos y conocimientos para observar, enseñar y apoyar *(cont.)*

## Lectura compartida y lectura interpretativa

### TEXTOS DE FICCIÓN Y NO FICCIÓN *(continuación)*

**Elementos literarios** *(continuación)*

- ■ Distinguir entre diversas formas de manuscrito usadas para la representación (poemas, guiones del teatro del lector, guiones de lectura a coro, obras de teatro, cartas, diarios, entradas de un diario, cuentos, discursos)
- ■ Observar si un libro, obra de teatro, lectura a coro o guion del teatro del lector cuenta una historia o brinda información
- ■ Reconocer algunas características de los géneros de ficción y no ficción en obras y guiones del teatro del lector
- ■ Observar patrones estructurales subyacentes en un texto de no ficción (descripción, secuencia temporal, pregunta y respuesta, causa y efecto, secuencia cronológica, comparar y contrastar, problema y solución, categorización)
- ■ Observar aspectos del diálogo y usar esos aspectos para decidir cómo debería leerse un diálogo
- ■ Observar el uso del humor de una autora o un autor e identificar qué hace gracioso a un guion (personajes, situaciones, lenguaje)
- ■ Observar cómo usa el lenguaje una autora o un autor para transmitir una atmósfera
- ■ Observar cómo usa el lenguaje una autora o un autor para crear tensión o describir acciones
- ■ Observar el uso que una autora o un autor hace del lenguaje potente y/o literario cuando presenta un argumento o idea en un texto de no ficción
- ■ Observar aspectos de la elaboración de la autora o del autor cuando se observa una página en tamaño grande con el grupo
- ■ Observar las diferentes maneras en que una autora o un autor cuentan una historia en un texto de ficción (estructura narrativa simple, patrones acumulativos, flashback, cuento dentro de otro cuento, flash-forward, lapso de tiempo, trama circular, tramas paralelas) y cómo influye en la comprensión y el entretenimiento
- ■ Usar lenguaje académico para hablar acerca de los géneros (*ficción; cuento popular; cuento de hadas; cuento de hadas fracturado; fábula; cuento exagerado; cuento de aventuras; cuento de animales; cuento de familia, amigos y escuela; cuento humorístico; ficción realista; literatura tradicional; ficción histórica; fantasía; mito; leyenda; balada; ciencia ficción; texto híbrido; no ficción; texto informativo; libro informativo; texto sobre hechos; memorias personales; biografía; autobiografía; narración de no ficción; texto de instrucciones; texto persuasivo; texto expositivo*)
- ■ Usar lenguaje académico para hablar acerca de las formas (*libro álbum o ilustrado, libro álbum o ilustrado sin palabras, libro de frases cortas, libro del alfabeto, libro para contar, poema, poesía, rima infantil, rima, canción, colección de poesía, libros de una serie, libro por capítulos, obra de teatro, carta, secuela, quintilla humorística, haiku, poema concreto, cuento corto, entrada de diario, artículo periodístico, artículo de fondo, poesía narrativa, ensayo fotográfico, discurso*)
- ■ Usar lenguaje académico para hablar acerca de características literarias (*comienzo, final, problema, personaje, solución, personaje principal, pregunta y respuesta, tópico, sucesos, mensaje, diálogo, descripción, tiempo y lugar, idea principal, comparar y contrastar, flashback, conflicto, resolución, tema, lenguaje descriptivo, símil, lenguaje figurado, metáfora, causa y efecto, categorización, lenguaje persuasivo, trama, trama secundaria, flash-forward, desarrollo del personaje, personaje secundario, punto de vista, secuencia temporal, secuencia cronológica, temática, argumento*)
- ■ Usar lenguaje académico para hablar acerca de obras de teatro y representación (*línea, discurso, escena, acto, actor, actriz, papel, rol, héroe, villano, dramaturgo, entrar, salir, sketch, viñeta, dramatización, ritmo, tempo, cadencia*)
- ■ Usar lenguaje académico para hablar acerca de las características del libro y la letra impresa (*portada, contraportada, título, autor, ilustrador, página, texto, ilustración, fotografía, rótulo, tabla de contenidos, agradecimientos, capítulo, sección, encabezado, dibujo, leyenda, mapa, título del capítulo, dedicatoria, nota del autor, nota del ilustrador, diagrama, glosario, guardas, recuadro lateral, solapa del libro, subtítulo, gráfica, tabla, línea temporal, índice*)

**Características del libro y la letra impresa**

- ● Buscar información en ilustraciones y en características del libro y la letra impresa en una ampliación de un texto de no ficción (dibujo, fotografía, mapas con leyenda o clave, escalas, diagramas, infografías, dibujo de corte; títulos, tablas de contenidos, títulos de capítulos, encabezados, subtítulos, recuadros laterales, anotaciones)
- ● Usar ilustraciones (cuando corresponda) para verificar y corregir la lectura
- ● Trasladar la atención desde una parte de una disposición de la página a otra para reunir información (cuerpo del texto; dibujos, fotografías, mapas, diagramas, infografías; rótulos, leyendas, claves, escalas, dibujo de corte, recuadros laterales, anotaciones)
- ◆ Establecer conexiones entre el cuerpo del texto y las ilustraciones
- ◆ Establecer relaciones entre el texto, las ilustraciones y las características del libro y la letra impresa (cuerpo del texto, dibujos, fotografías, mapas, diagramas, infografías; rótulos, leyendas, claves, escalas, dibujo de corte; títulos, tablas de contenidos, títulos de capítulos, encabezados, subtítulos, recuadros laterales, anotaciones)
- ◆ Observar y aprender nuevas maneras de presentar información en textos de no ficción usando ilustraciones y características del libro y la letra impresa
- ◆ Inferir información de ilustraciones de no ficción y características del libro y la letra impresa
- ■ Hablar acerca de las ilustraciones y las características del libro y la letra impresa y evaluar si ayudan a la lectora o al lector a comprender información y añadir interés

● Pensar en el texto ***en sí*** ◆ Pensar ***más allá*** del texto ■ Pensar ***acerca*** del texto

LECTURA COMPARTIDA Y LECTURA INTERPRETATIVA

# Seleccionar textos Características de los textos para la lectura compartida y la lectura interpretativa

## Lectura compartida y lectura interpretativa

### GÉNERO

#### ▸ Ficción

- Ficción realista
- Ficción histórica
- Literatura tradicional (cuento popular, cuento exagerado, cuento de hadas, cuento de hadas fracturado, fábula, mito, leyenda)
- Fantasía más compleja, incluida la ciencia ficción
- Textos híbridos
- Tipos especiales de ficción (misterio; cuento de aventura; cuento de animales; cuento de familia, amigos y escuela; cuento humorístico, cuento de deportes)

#### ▸ No ficción

- Texto expositivo de no ficción
- Texto narrativo de no ficción
- Biografía
- Autobiografía
- Memorias
- Textos de instrucciones
- Textos persuasivos
- Textos híbridos

#### FORMAS

- Poesía (en gran parte sin rima) sobre varios temas y de diversos tipos (poesía lírica, verso libre, poesía narrativa, quintilla humorística, haiku, balada, poesía concreta)
- Colecciones de poesía individuales
- Obras de teatro
- Guiones del teatro del lector, algunos hechos por los estudiantes
- Libros álbum
- Secciones de libros por capítulos y libros de una serie más largos que se pueden adaptar a la lectura a coro o a guiones del teatro del lector
- Cartas, diarios y entradas de diario
- Textos creados a partir de la escritura compartida
- Cuentos
- Ensayos fotográficos, artículos de noticias y artículos de fondo
- Discursos
- Noticieros, documentales, otros textos informativos que se pueden adaptar a la lectura a coro o a guiones del teatro del lector

### ESTRUCTURA DEL TEXTO

- Textos narrativos con una estructura sencilla pero con varios episodios
- Fragmentos que destacan características literarias particulares
- Algunos textos de ficción con variaciones en la estructura narrativa, (cuento dentro de otro cuento, flashback, flash-forward, lapso de tiempo, trama circular, tramas paralelas)
- Fragmentos cortos o guiones extraídos de textos más largos de diversos géneros y estructuras del texto
- Texto informativo con ejemplos de argumentación y persuasión
- Patrones estructurales subyacentes (descripción, secuencia temporal, pregunta y respuesta, causa y efecto, secuencia cronológica, comparar y contrastar, problema y solución, categorización)
- Poemas que pueden tener estructura narrativa o reflejar los patrones organizacionales de diversos tipos de poesía

### CONTENIDO

- Contenido adecuado para el desarrollo cognitivo, la madurez emocional y la experiencia de vida de los estudiantes
- Contenido que recurre a la curiosidad intelectual y a las emociones
- Contenido que fomenta la imaginación
- Temas de interés para los adolescentes (temas personales y sociales como la amistad, madurar, sexismo, racismo, opresión, pobreza)
- Lenguaje poético relacionado con conceptos o categorías gramaticales (aliteración, asonancia, onomatopeyas)
- Humor transmitido a través de lenguaje lúdico o inventado
- Contenido que refuerza y amplía la experiencia del estudiante y su conocimiento propio y del mundo
- Muchos temas que pueden ir más allá de las experiencias inmediatas de los estudiantes
- Contenido que refleja una amplia gama de escenarios, lenguajes y culturas
- Muchos textos que requieren conocimientos de la diversidad cultural alrededor del mundo
- Algunos contenidos vinculados a áreas específicas de estudio como los descritos en el currículo o los estándares de la escuela
- Textos que requieren razonamiento crítico para juzgar la autenticidad de datos e información
- Personajes, escenarios y sucesos que podrían existir en la vida contemporánea o en la historia
- Personajes, escenarios y sucesos que ocurren en la fantasía
- Personas, escenarios y sucesos en textos biográficos que podrían existir en la vida contemporánea o en la historia
- Contenido que refleja conocimientos del mundo físico y social

### TEMAS E IDEAS

- Temas universales adecuados para la adolescencia (autoestima; autoconciencia física, social y emocional; identidad de género; familia; relaciones con los compañeros; popularidad; acoso; coraje; conciencia y responsabilidad social; justicia social; importancia de sucesos y personajes históricos; ciclos de la vida; expresión y apreciación artísticas; temas políticos y sociales que incluyen derechos humanos, racismo, pobreza, guerra; la interconexión entre los seres humanos y el medioambiente)
- Temas, emociones, experiencias sensoriales, ideas inspiradoras expresadas a través de la poesía
- Ideas complejas que requieren inferencia, a veces expresadas a través de lenguaje poético
- Interpretación más sofisticada de ideas cercanas a la experiencia de los estudiantes (adquirir independencia; enfrentar miedos; superar desafíos; expresarse a través de la creatividad; adaptarse a cambios físicos, emocionales y sociales; perseguir sueños; apreciar diferencias; empatizar con los demás; aprender de la vida de los demás; valorar el cambio en una misma o uno mismo y en otros; cuidar el medioambiente; relacionar el pasado, el presente y el futuro; apreciar la naturaleza)

# Seleccionar textos Características de los textos para la lectura compartida y la lectura interpretativa *(cont.)*

## Lectura compartida y lectura interpretativa



### CARACTERÍSTICAS LITERARIAS Y DEL LENGUAJE

- Lenguaje descriptivo que transmite experiencias sensoriales y una amplia gama de emociones humanas
- Lenguaje descriptivo y figurado que es importante para comprender el contenido (imágenes literarias, metáfora, símil, personificación, hipérbole)
- Textos con simbolismo usado para transmitir significado más amplio
- Lenguaje poético y literario
- Ritmo y repetición de palabras y patrones del lenguaje, así como rimas
- Lenguaje y sucesos que transmiten una atmósfera emocional en un texto, que afecta las emociones de la lectora o del lector
- Lenguaje que expresa la actitud o las emociones de la autora o del autor respecto de un tema reflejado en el estilo de escritura (tono)
- Escenarios importantes para la trama, muchos distantes en tiempo y lugar de las propias experiencias de los estudiantes
- Extractos de textos más largos con una o más tramas secundarias
- Personajes principales y personajes secundarios, algunos con dimensiones múltiples, especialmente en obras de teatro
- Personajes con atributos distintivos revelados a través del diálogo (a veces con un uso poco convencional del lenguaje) y la conducta, especialmente en las obras de teatro
- Personajes que son complejos y cambian con el tiempo
- Diálogo asignado y no asignado, incluidas algunas series de diálogo no asignado por el que se deben inferir los interlocutores, y uso ocasional del monólogo
- Descripción de acciones, apariencia, conducta de los personajes dados en las instrucciones escénicas en el guion
- Algunos textos contados desde múltiples puntos de vista
- Mayormente textos escritos en primera o tercera persona narrativa

### COMPLEJIDAD DE LAS ORACIONES

- Algunas oraciones largas y complejas que requieren atención para comprender
- Oraciones largas unidas con coma y con punto y coma
- Variación en la ubicación del sujeto, el verbo, múltiples adjetivos, adverbios y preposiciones
- Oraciones con cláusulas subordinadas (dependientes e independientes) y frases
- Oraciones con conectores comunes (simples), sofisticados y académicos
- Diálogo o monólogo extenso que aumenta la complejidad de las oraciones
- Textos poéticos que incluyen oraciones no convencionales
- Variación de tiempos verbales que cambia la complejidad del texto (*voy, iba, iré*)
- Algunos textos con oraciones largas divididas en listas con viñetas o números
- Estructura de oraciones adaptada para ajustarse al propósito y la forma de las características del libro y la letra impresa (encabezado, subtítulo, rótulo, leyendas)

### VOCABULARIO

- Algunas palabras interesantes que pueden ser nuevas para los estudiantes
- Nuevas palabras de contenido relacionadas con conceptos que los estudiantes están aprendiendo
- Conectores sofisticados (palabras que conectan ideas y aclaran significados y que se usan en textos escritos pero no aparecen a menudo en el lenguaje oral cotidiano): *a menos que, además, aunque, cuando sea, hasta que, mientras tanto, no obstante, por lo tanto, si no, sin embargo, todavía*
- Conectores académicos (palabras que relacionan ideas y aclaran significados y que aparecen en textos escritos): *a través del cual, como se observa, con referencia a, con respecto a, considerando que, de igual modo, en consecuencia, en síntesis, en último lugar, por consiguiente, por el contrario, por ende, por último*
- Muchas palabras que aparecen en el vocabulario de usuarios del lenguaje maduros (Nivel 2)
- Algunas palabras que son propias de una disciplina (Nivel 3), especialmente en la no ficción
- Algunas palabras de contenido (rótulos) relacionadas con conceptos que los estudiantes pueden comprender
- Palabras de designación de diálogo que guían a los lectores en la interpretación del texto (*balbuceó, informó, sensatamente*)
- Algunas palabras con múltiples significados, que requieren interpretación para expresarlas a través de la voz
- Algunas palabras con significados connotativos, que requieren interpretación para expresarlas a través de la voz
- Algunos modismos y otras palabras con significado figurado
- Algunas palabras (incluida la jerga) usadas informalmente por grupos particulares de personas
- Algunas palabras de dialectos regionales o históricos
- Algunos arcaísmos
- Algunas palabras de idiomas diferentes al español
- Vocabulario técnico

### PALABRAS

- Muchos polisílabos, algunos técnicos o científicos
- Algunos polisílabos con relaciones complejas entre letra y sonido
- Todo tipo de plurales en palabras monosílabas y polisílabas
- Todo tipo de palabras compuestas
- Palabras con afijos (prefijos y sufijos) unidos a una palabra base o raíz
- Algunas palabras divididas (con guion) entre dos líneas
- Palabras que plantean desafíos de decodificación porque son arcaicas, provienen de dialectos regionales o son de idiomas diferentes al español

# Seleccionar textos Características de los textos para la lectura compartida y la lectura interpretativa *(cont.)*

## Lectura compartida y lectura interpretativa

### ILUSTRACIONES

- Ilustraciones de diversos medios de comunicación que brindan un fuerte apoyo para comprender el lenguaje
- Algunos textos de escritura compartida sin ilustraciones
- Muchos textos con ilustraciones decorativas
- Algunos libros con ilustraciones en blanco y negro
- Algunos textos sin más ilustraciones que elementos decorativos como letras iluminadas o decoración de márgenes
- Guiones individuales con ilustraciones decorativas
- Ilustraciones creadas por los estudiantes y decoraciones diseñadas para ayudar a la representación
- Ilustraciones que transmiten una atmósfera
- Ilustraciones que reflejan el tema
- Algunas ilustraciones con características figurativas y simbólicas que requieren interpretación
- Ilustraciones en diversas formas (dibujo con rótulo o leyenda, fotografía con rótulo o leyenda, mapa con leyenda, diagrama, infografía, tabla, gráfica, línea cronológica)

### CARACTERÍSTICAS DEL LIBRO Y LA LETRA IMPRESA

#### LONGITUD

- Textos cortos que se pueden leer en una sesión

#### TEXTO IMPRESO Y DISPOSICIÓN

- Copias individuales de guiones u obras de teatro
- Variación en la disposición de todas las páginas
- Diálogo presentado en formato de guion en obras de teatro y guiones
- Algunas palabras en negrita, bastardilla o tipografía de diversos tamaños
- Números de páginas

#### PUNTUACIÓN

- Una amplia gama de puntuación (punto, signos de interrogación, signos de admiración, coma, comillas, puntos suspensivos, guion, paréntesis, raya, dos puntos)

#### HERRAMIENTAS DE ORGANIZACIÓN

- Título, autora o autor e ilustradora o ilustrador mencionados en la cubierta y la portada
- Tabla de contenidos, título de capítulo, lista de personajes, encabezado de sección, subtítulo, recuadro lateral

#### RECURSOS DEL TEXTO

- Algunos libros con dedicatoria, reconocimientos, nota de la autora o del autor, prefacio, prólogo, guía de pronunciación, notas al pie, epílogo, apéndice, nota final, glosario, referencias, índice, bibliografía

# Seleccionar objetivos Hábitos y conocimientos para observar, enseñar y apoyar

## Lectura compartida y lectura interpretativa



### TEXTOS DE FICCIÓN Y NO FICCIÓN

**General**

- ● Contar qué sucede en el guion del teatro del lector o una obra de teatro
- ● Ofrecer un resumen oral del cuento o la obra de teatro
- ● Ofrecer un resumen oral que incluya la información importante de un texto de no ficción
- ● Ofrecer un resumen oral conciso de una obra de ficción (obra de teatro, lectura a coro, poema) que incluye todos los elementos literarios esenciales y la idea principal
- ● Buscar y usar información en guiones del teatro del lector (líneas, instrucciones escénicas, puntuación, títulos, encabezados)
- ● Seguir y comprender el contenido para encontrar datos en un texto de no ficción
- ● Usar el conocimiento del contenido para verificar y corregir mientras se lee un texto de ficción
- ● Reconocer cuando se pierde la comprensión y tomar medidas para que el texto cobre sentido (verificar)
- ◆ Adquirir información, ideas y perspectivas nuevas a partir de la lectura de guiones para obras de teatro y teatro del lector, poemas y discursos, y viñetas de biografías y memorias
- ◆ Establecer relaciones entre textos y guiones del teatro del lector hechos a partir de ellos y comprender las diferencias
- ◆ Inferir la importancia de una escena o viñeta seleccionada de una obra del teatro del lector
- ◆ Establecer relaciones entre sucesos históricos y actuales y los guiones de obras de teatro y otras lecturas
- ◆ Inferir las razones para la selección del material que se incluye en los guiones (para el teatro del lector basado en un texto narrativo o expositivo más largo)
- ■ Expresar opiniones acerca de textos y justificar con pruebas
- ■ Expresar una opinión acerca de la conveniencia de que un texto se lea en voz alta o se interprete y justificar con pruebas (lenguaje, mensajes, propósito, personajes)
- ■ Pensar de manera crítica y comentar la relación que existe entre la conducta no verbal, la voz y el significado del guion, el poema o la obra de teatro
- ■ Hablar acerca de si un guion del teatro del lector u obra de teatro es interesante o entretenido y por qué
- ■ Hablar acerca de lo que hace que un diálogo y un monólogo sea efectivo en una obra de teatro o guion del teatro del lector (autenticidad, ritmo)
- ■ Observar el uso de las normas del lenguaje y de la letra impresa (estructura de la oración y del párrafo, puntuación, concordancia y cambios de tiempos verbales) observando una página en tamaño grande con el grupo
- ■ Criticar la postura de la autora o del autor en relación a un tema, idea, emoción o situación en un guion, poema o discurso

**Palabras**

- ● Descifrar palabras con el uso de una serie de estrategias flexibles para acceder a diversas fuentes de información
- ● Reconocer palabras con afijos (prefijos y sufijos)

**Estructura del lenguaje (sintaxis)**

- ● Buscar información en las oraciones, usando la estructura del lenguaje o sintaxis, el significado y la información visual en la letra impresa
- ● Buscar información en oraciones complejas
- ● Ajustarse a la lectura de frases y oraciones con una sintaxis inusual para reflejar el ritmo o el lenguaje poético
- ● Ajustarse a la lectura de diversos de tipos de poesía

**Vocabulario**

- ● Agregar constantemente palabras nuevas de los textos al vocabulario
- ● Observar y usar palabras que añaden acción o emoción a un texto (palabras que representan sonidos; verbos, adjetivos y adverbios potentes; algunas expresiones)
- ● Reconocer y comprender el significado de los plurales en diversas formas
- ● Comprender el significado de las palabras (Nivel 2) que aparecen a menudo en la literatura pero que van más allá del vocabulario oral, muchas de ellas poéticas o literarias
- ● Comprender el significado de algunas palabras propias de una disciplina (Nivel 3), especialmente cuando se usan en sentido figurado o en un argumento científico
- ● Usar información contextual para descifrar el significado de palabras nuevas
- ● Observar y comprender palabras que son de gran interés y novedad
- ● Comprender el significado de palabras que representan sonidos (*zzz, shhh, paf, plash, plic, cuac, zas*)
- ● Comprender la intención de la autora o del autor cuando las palabras se usan en figuras retóricas o modismos
- ● Comprender el significado connotativo de las palabras y cómo aportan al significado global de un guion o un poema
- ● Usar información previa, ilustraciones y herramientas de referencia para comprender el significado de las palabras de contenido
- ● Usar de manera rápida y automática una gama de estrategias (sílabas, morfología, palabras base y afijos, palabras con raíces griegas y latinas) para encontrar el significado de las palabras
- ● Comprender conectores comunes (simples), sofisticados y algunos académicos

● Pensar en el texto ***en sí*** ◆ Pensar ***más allá*** del texto ■ Pensar ***acerca*** del texto

# Seleccionar objetivos Hábitos y conocimientos para observar, enseñar y apoyar *(cont.)*

## Lectura compartida y lectura interpretativa

### TEXTOS DE FICCIÓN Y NO FICCIÓN *(continuación)*

#### Fluidez

- ● Después de la práctica, leer todas las palabras de manera rápida y automática
- ● Usar cortes de línea y espacios en blanco para guiar la formación de frases cuando se lee poesía al unísono o de manera individual
- ● Ajustar la voz para reflejar el diálogo y el monólogo en el cuerpo del texto
- ● Leer de manera oral con la integración de todas las dimensiones de la fluidez (pausas, formación de frases, acento prosódico, entonación y ritmo) solo y durante la lectura al unísono con los demás
- ● Después de practicar, hacer una lectura dramática e interpretativa de un guion
- ● Ajustar el volumen y el tono de voz para reflejar instrucciones escénicas (*en voz baja, gritó, con una risa*) y para leer un guion con fluidez y expresión
- ◆ Tomar decisiones acerca de cómo debería leerse un papel en una obra de teatro en base a los atributos de los personajes y los sucesos de la trama
- ◆ Tomar decisiones acerca de cómo deberían sonar los personajes en una obra de teatro a partir de conocimientos de historia y cultura
- ◆ Tomar decisiones acerca de cómo leer un discurso a partir de conocimientos de historia o la comprensión de sucesos y temas actuales
- ■ Discutir con otros cómo debería leerse un guion o poema y establecer las razones a partir de la trama, los personajes y el significado

#### Interpretación

- ● Reconocer y reflejar la puntuación con la voz (punto, signos de interrogación, signos de admiración, guion, coma, puntos suspensivos) cuando se lee a coro o de manera individual
- ● Reconocer y reflejar variaciones en la letra impresa con la voz (bastardilla, negrita, tratamientos especiales, tamaño de las letras) cuando se lee a coro o de manera individual
- ● Cuando se lee de manera individual o a al unísono con los demás, ajustar la voz para reflejar la atmósfera del texto (tristeza, tensión, alegría, humor)
- ● Comprender el rol de la voz al comunicar el significado en el teatro del lector, en la lectura a coro, en canciones y en poesía
- ● Leer una parte de una obra de teatro o guion del teatro del lector de una manera que refleje el diálogo y el monólogo y los atributos y las emociones de los personajes
- ● Usar la voz para comunicar una interpretación individual de un papel en una obra de teatro o guion del teatro del lector
- ● Comprender la intención original de un discurso o debate público y reflejar el tono adecuado cuando se lee en voz alta
- ● Mantener un volumen adecuado cuando se interpreta en el teatro del lector, obras de teatro y representaciones a coro

#### Mensajes y temas

- ● Seguir y comprender ideas en la poesía
- ● Identificar las ideas o mensajes principales en guiones del teatro del lector o poemas usados para la lectura a coro
- ◆ Inferir las ideas importantes a partir de la lectura de un texto narrativo de no ficción
- ◆ Inferir el propósito de la autora o del autor
- ◆ Inferir el mensaje de la poeta o del poeta en un poema y usar inferencias como base para la interpretación en la representación
- ◆ Usar inferencias como base para la interpretación de personajes en obras de teatro o teatro del lector, o de la oradora o del orador en discursos públicos
- ◆ Inferir la importancia de los temas (la amistad, las familias, las relaciones, una misma o uno mismo, las maravillas de la naturaleza, los sentimientos, la inteligencia, la valentía, la sabiduría, la apreciación de los sonidos del lenguaje, la conciencia cultural, la pérdida, el patriotismo, la guerra, la muerte)
- ■ Observar cómo comunica el mensaje la autora o el autor en un cuento, un poema o el diálogo de un guion
- ■ Conversar acerca de si el mensaje de un poema es importante y justificar la opinión con pruebas

● Pensar en el texto ***en sí*** ◆ Pensar ***más allá*** del texto ■ Pensar ***acerca*** del texto

## Seleccionar objetivos Hábitos y conocimientos para observar, enseñar y apoyar *(cont.)*

### Lectura compartida y lectura interpretativa

**TEXTOS DE FICCIÓN Y NO FICCIÓN** *(continuación)*

**Elementos literarios**

- ● Usar la comprensión del género y las formas para verificar y corregir la lectura
- ● Seguir y comprender tramas en cuentos, poemas, teatro del lector u obras de teatro
- ● Usar la comprensión de los tipos y los elementos de la poesía para ajustar la lectura
- ● Usar la disposición y la puntuación de poemas, guiones del teatro del lector, guiones de lectura a coro y obras de teatro para verificar y corregir la lectura
- ● Usar conocimientos de la estructura narrativa en un texto de ficción para verificar y corregir la lectura
- ● Usar conocimientos de la estructura del texto en un texto de no ficción (expositivo o narrativo) para verificar y corregir la lectura
- ◆ Establecer relaciones entre textos observando similitudes (género, forma, estructura del texto, personajes, lenguaje literario, uso del diálogo y del monólogo)
- ◆ Conversar acerca de las conexiones personales con el contenido, los personajes o los sucesos en un texto compartido, poema, obra de teatro, cuento o guion del teatro del lector
- ◆ Usar los sucesos de un texto para predecir lo que sucederá
- ◆ Hacer predicciones basadas en los conocimientos de la estructura del texto en textos de ficción y no ficción
- ◆ Hacer predicciones basadas en los conocimientos de los personajes y la motivación de los personajes
- ◆ Inferir los sentimientos y motivaciones de personas de la historia y personajes en ficción realista a partir de la lectura de diálogos y monólogos en un guion y la representación en una obra de teatro o en el teatro del lector
- ◆ Inferir los sentimientos, las motivaciones y los mensajes de figuras públicas históricas y actuales a través de la lectura y la representación de sus discursos y entrevistas
- ◆ Adquirir una visión de las perspectivas y las ideas de los personajes de ficción y de personajes históricos reales a través de la recreación de sus papeles en guiones, discursos y entrevistas
- ◆ Adquirir una visión de perspectivas históricas y culturales mediante la lectura y la representación de textos de ficción y no ficción
- ◆ Inferir la postura de la autora o del autor acerca del tema o la idea principal de un guion, poema o discurso y usarla para guiar la interpretación
- ■ Comprender que todos los textos usados para la lectura compartida pueden clasificarse como prosa o poesía y luego clasificarse en géneros
- ■ Distinguir entre diversas formas de manuscrito usadas para la representación (poemas, guiones del teatro del lector, guiones de lectura a coro, obras de teatro, cartas, diarios, entradas de un diario, cuentos, discursos)
- ■ Observar si un libro, obra de teatro, lectura a coro o guion del teatro del lector cuenta una historia o brinda información
- ■ Reconocer algunas características de los géneros de ficción y no ficción en obras de teatro y guiones del teatro del lector
- ■ Observar patrones estructurales subyacentes en un texto de no ficción (descripción, secuencia temporal, pregunta y respuesta, causa y efecto, secuencia cronológica, comparar y contrastar, problema y solución, categorización)
- ■ Observar aspectos del diálogo y el monólogo y usar esos aspectos para decidir cómo debería leerse un diálogo y un monólogo
- ■ Comentar diversas interpretaciones de los atributos y los motivos de los personajes en obras de teatro y guiones del teatro del lector
- ■ Observar el uso del humor de una autora o un autor e identificar qué hace gracioso a un guion (personajes, situaciones, lenguaje)
- ■ Observar cómo usa el lenguaje una autora o un autor para transmitir una atmósfera
- ■ Observar cómo usa el lenguaje una autora o un autor para crear tensión o describir acciones
- ■ Observar el uso que una autora o un autor hace del lenguaje potente y/o literario cuando presenta un argumento o idea en un texto de no ficción
- ■ Usar lenguaje académico para hablar acerca de los géneros (*ficción; cuento popular; cuento de hadas; cuento de hadas fracturado; fábula; cuento exagerado; cuento de aventuras; cuento de animales; cuento de familia, amigos y escuela; cuento humorístico; ficción realista; literatura tradicional; ficción histórica; fantasía; mito; leyenda; balada; ciencia ficción; texto híbrido; no ficción; texto informativo; libro informativo; texto sobre hechos; memorias personales; biografía; autobiografía; narración de no ficción; texto de instrucciones; texto persuasivo; texto expositivo*)
- ■ Usar lenguaje académico para hablar acerca de las formas (*libro álbum o ilustrado, libro álbum o ilustrado sin palabras, libro de frases cortas, libro del alfabeto, libro para contar, poema, poesía, rima infantil, rima, canción, colección de poesía, libros de una serie, libro por capítulos, obra de teatro, carta, secuela, quintilla humorística, haiku, poema concreto, cuento corto, entrada de diario, artículo periodístico, artículo de fondo, poesía narrativa, ensayo fotográfico, discurso, poesía lírica, verso libre, balada*)

● Pensar en el texto ***en sí*** ◆ Pensar ***más allá*** del texto ■ Pensar ***acerca*** del texto

LECTURA COMPARTIDA Y LECTURA INTERPRETATIVA

# Seleccionar objetivos Hábitos y conocimientos para observar, enseñar y apoyar *(cont.)*

## Lectura compartida y lectura interpretativa

### TEXTOS DE FICCIÓN Y NO FICCIÓN *(continuación)*

**Elementos literarios** *(continuación)*

- ■ Usar lenguaje académico para hablar acerca de características literarias (*comienzo, final, problema, personaje, solución, personaje principal, pregunta y respuesta, tópico, sucesos, mensaje, diálogo, descripción, tiempo y lugar, idea principal, comparar y contrastar, flashback, conflicto, resolución, tema, lenguaje descriptivo, símil, lenguaje figurado, metáfora, causa y efecto, categorización, lenguaje persuasivo, trama, trama secundaria, flash-forward, desarrollo del personaje, personaje secundario, punto de vista, secuencia temporal, secuencia cronológica, temática, argumento, episodio, clímax, acción creciente, acción descendiente, lapso de tiempo, cuento dentro de otro cuento, atmósfera, personificación, símbolo, simbolismo, narración en primera persona, narración en tercera persona, narración en segunda persona*)
- ■ Usar lenguaje académico para comentar las características de la poesía que se usan para la interpretación (*ritmo, estribillo, rima, repetición, énfasis, verso, onomatopeya, aliteración, asonancia, consonancia, pareado, imágenes, lenguaje figurado, metáfora, símil, personificación*)
- ■ Usar lenguaje académico para hablar acerca de obras de teatro y representación (*línea, discurso, escena, acto, actor, actriz, papel, rol, héroe, villano, dramaturgo, entrar, salir, sketch, viñeta, dramatización, ritmo, tempo, cadencia, director, director de escena, productor, intérprete, diseñador, utilería, diseño de luces, diseño de sonido*)
- ■ Usar lenguaje académico para hablar acerca de las características del libro y la letra impresa (*portada, contraportada, título, autor, ilustrador, página, texto, ilustración, fotografía, rótulo, tabla de contenidos, agradecimientos, capítulo, sección, encabezado, dibujo, leyenda, mapa, título del capítulo, dedicatoria, nota del autor, nota del ilustrador, diagrama, glosario, guardas, recuadro lateral, solapa del libro, subtítulo, gráfica, tabla, línea temporal, índice*)
- ■ Observar aspectos de la elaboración de la autora o del autor cuando se observa una página en tamaño grande con el grupo
- ■ Observar las diferentes maneras en que una autora o un autor cuentan una historia en un texto de ficción (estructura narrativa simple, patrones acumulativos, flashback, cuento dentro de otro cuento, flash-forward, lapso de tiempo, trama circular, tramas paralelas) y cómo influye en la comprensión y el entretenimiento

**Características del libro y la letra impresa**

- ● Buscar información en ilustraciones y en características del libro y la letra impresa en una ampliación de un texto de no ficción (dibujo, fotografía, mapas con leyenda o clave, escalas, diagramas, infografías, dibujo de corte; títulos, tablas de contenidos, títulos de capítulos, encabezados, subtítulos, recuadros laterales, anotaciones)
- ● Usar ilustraciones (cuando corresponda) para verificar y corregir la lectura
- ● Trasladar la atención desde una parte de una disposición de la página a otra para reunir información (cuerpo del texto; dibujos, fotografías, mapas, diagramas, infografías; rótulos, leyendas, claves, escalas, dibujo de corte, recuadros laterales, anotaciones)
- ◆ Establecer conexiones entre el cuerpo del texto y las ilustraciones
- ◆ Establecer relaciones entre el texto, las ilustraciones y las características del libro y la letra impresa (cuerpo del texto, fotografías, mapas, diagramas, infografías; rótulos, leyendas, claves, escalas, dibujo de corte; títulos, tablas de contenidos, títulos de capítulos, encabezados, subtítulos, recuadros laterales, anotaciones)
- ◆ Observar y aprender nuevas maneras de presentar información en textos de no ficción usando ilustraciones y características del libro y la letra impresa
- ◆ Inferir información de ilustraciones de no ficción y características del libro y la letra impresa
- ■ Hablar acerca de las ilustraciones y las características del libro y la letra impresa y evaluar si ayudan a la lectora o al lector a comprender información y añadir interés

● Pensar en el texto ***en sí*** ◆ Pensar ***más allá*** del texto ■ Pensar ***acerca*** del texto

# **Seleccionar textos** Características de los textos para la lectura compartida y la lectura interpretativa

## Lectura compartida y lectura interpretativa

### GÉNERO

**▸ Ficción**

- Ficción realista
- Ficción histórica
- Literatura tradicional (cuento popular, cuento exagerado, cuento de hadas, cuento de hadas fracturado, fábula, mito, leyenda, épica, balada)
- Fantasía más compleja, incluida la ciencia ficción
- Textos híbridos
- Tipos especiales de ficción (misterio; cuento de aventura; cuento de animales; cuento de familia, amigos y escuela; cuento humorístico, cuento de deportes; sátira/parodia; cuento de terror; cuento romántico)

**▸ No ficción**

- Texto expositivo de no ficción
- Textos narrativos de no ficción
- Biografía
- Autobiografía
- Memorias
- Textos de instrucciones
- Textos persuasivos
- Textos híbridos

### FORMAS

- Poesía (en gran parte sin rima) sobre varios temas y de diversos tipos (poesía lírica, verso libre, poesía narrativa, quintilla humorística, haiku, balada, poesía concreta)
- Colecciones de poesía individuales
- Obras de teatro
- Guiones del teatro del lector, algunos hechos por los estudiantes
- Libros álbum
- Secciones de libros por capítulos y libros de una serie más largos que se pueden adaptar a la lectura a coro o a guiones del teatro del lector
- Cartas, diarios y entradas de diario
- Textos creados a partir de la escritura compartida
- Cuentos
- Ensayos fotográficos, artículos de noticias y artículos de fondo
- Discursos
- Noticieros, documentales, otros textos informativos que se pueden adaptar a la lectura a coro o a guiones del teatro del lector

### ESTRUCTURA DEL TEXTO

- Textos narrativos con una estructura sencilla pero con varios episodios
- Fragmentos que destacan características literarias particulares
- Algunos textos de ficción con variaciones en la estructura narrativa (cuento dentro de otro cuento, flashback, flash-forward, lapso de tiempo, trama circular, tramas paralelas)
- Fragmentos cortos o guiones extraídos de textos más largos de diversos géneros y estructuras del texto
- Texto informativo con ejemplos de argumentación y persuasión
- Patrones estructurales subyacentes (descripción, secuencia temporal, pregunta y respuesta, causa y efecto, secuencia cronológica, comparar y contrastar, problema y solución, categorización)
- Poemas que pueden tener estructura narrativa o reflejar los patrones organizacionales de diversos tipos de poesía

### CONTENIDO

- Contenido adecuado para el desarrollo cognitivo, la madurez emocional y la experiencia de vida de los estudiantes
- Contenido que recurre a la curiosidad intelectual y a las emociones
- Contenido que fomenta la imaginación
- Temas de interés para los adolescentes (temas personales y sociales como la amistad, madurar, romance, sexismo, racismo, opresión, pobreza, muerte, guerra)
- Lenguaje poético relacionado con conceptos o categorías gramaticales (aliteración, asonancia, onomatopeyas)
- Humor transmitido a través de lenguaje lúdico o inventado
- Contenido que refuerza y amplía la experiencia del estudiante y su conocimiento propio y del mundo
- Muchos temas que pueden ir más allá de las experiencias inmediatas de los estudiantes
- Contenido que refleja una amplia gama de escenarios, lenguajes y culturas
- Muchos textos que requieren conocimientos de la diversidad cultural alrededor del mundo
- Algunos contenidos vinculados a áreas específicas de estudio como los descritos en el currículo o los estándares de la escuela
- Textos que requieren razonamiento crítico para juzgar la autenticidad de datos e información
- Personajes, escenarios y sucesos que podrían existir en la vida contemporánea o en la historia
- Personajes, escenarios y sucesos que ocurren en la fantasía
- Personas, escenarios y sucesos en textos biográficos que podrían existir en la vida contemporánea o en la historia
- Contenido que refleja conocimientos del mundo físico y social

### TEMAS E IDEAS

- Temas universales adecuados para la adolescencia (autoestima; autoconciencia física, social y emocional; identidad de género; familia; relaciones con los compañeros; acoso; coraje; conciencia y responsabilidad social; justicia social; importancia de sucesos y personajes históricos; ciclos de la vida; expresión y apreciación artísticas; temas políticos y sociales que incluyen derechos humanos, racismo, pobreza, guerra; la interconexión entre los seres humanos y el medioambiente)
- Temas, emociones, experiencias sensoriales, ideas inspiradoras expresadas a través de la poesía
- Ideas complejas que requieren inferencia, a veces expresadas a través de lenguaje poético
- Interpretación más sofisticada de ideas cercanas a la experiencia de los estudiantes (adquirir independencia; enfrentar miedos; superar desafíos; expresarse a través de la creatividad; adaptarse a cambios físicos, emocionales y sociales; perseguir sueños; apreciar diferencias; empatizar con los demás; aprender de la vida de los demás; valorar el cambio en una misma o uno mismo y en otros; cuidar el medioambiente; relacionar el pasado, el presente y el futuro; apreciar la naturaleza)

# **Seleccionar textos** Características de los textos para la lectura compartida y la lectura interpretativa *(cont.)*

## Lectura compartida y lectura interpretativa

### CARACTERÍSTICAS LITERARIAS Y DEL LENGUAJE

- Lenguaje descriptivo que transmite experiencias sensoriales y una amplia gama de emociones humanas
- Lenguaje descriptivo y figurado que es importante para comprender el contenido (imágenes literarias, metáfora, símil, personificación, hipérbole)
- Textos con uso sutil o complejo de simbolismo, incluida la alegoría
- Lenguaje poético y literario
- Ritmo y repetición de palabras y patrones del lenguaje, así como rimas
- Lenguaje (incluido el lenguaje arcaico) y sucesos que transmiten una atmósfera emocional en un texto, que afecta las emociones de la lectora o del lector
- Uso del lenguaje para transmitir sátira o ironía
- Lenguaje que expresa la actitud o las emociones de la autora o del autor respecto de un tema reflejado en el estilo de escritura (tono)
- Escenarios importantes para la trama, muchos distantes en tiempo y lugar de las propias experiencias de los estudiantes
- Extractos de textos más largos con una o más tramas secundarias
- Personajes principales y personajes secundarios, con dimensiones múltiples, especialmente en las obras de teatro
- Personajes con atributos distintivos reveladas a través del diálogo (a veces con un uso poco convencional del lenguaje) y la conducta, especialmente en las obras de teatro
- Personajes que son complejos y cambian con el tiempo
- Diálogo asignado y no asignado, incluidas algunas series de diálogo no asignado por el que se deben inferir los interlocutores, y uso ocasional del monólogo
- Descripción de acciones, apariencia, conducta de los personajes dados en las instrucciones escénicas en el guion
- Algunos textos contados desde múltiples puntos de vista
- Mayormente textos escritos en primera o tercera persona narrativa

### COMPLEJIDAD DE LAS ORACIONES

- Algunas oraciones largas y complejas que requieren atención para comprender
- Oraciones largas unidas con coma y con punto y coma
- Variación en la ubicación del sujeto, el verbo, múltiples adjetivos, adverbios y preposiciones
- Oraciones con cláusulas subordinadas (dependientes e independientes) y frases
- Oraciones con conectores comunes (simples), sofisticados y académicos
- Diálogo o monólogo extenso que aumenta la complejidad de las oraciones
- Diálogo o monólogo con todo tipo de estructuras del lenguaje complejas
- Textos poéticos que incluyen oraciones no convencionales
- Variación de tiempos verbales que cambia la complejidad del texto (*voy, iba, iré*)
- Algunos textos con oraciones largas divididas en listas con viñetas o números
- Estructura de oraciones adaptada para ajustarse al propósito y la forma de las características del libro y la letra impresa (encabezado, subtítulo, rótulo, leyenda)

### VOCABULARIO

- Algunas palabras interesantes que pueden ser nuevas para los estudiantes
- Nuevas palabras de contenido relacionadas con conceptos que los estudiantes están aprendiendo
- Conectores sofisticados (palabras que conectan ideas y aclaran significados y que se usan en textos escritos pero no aparecen a menudo en el lenguaje oral cotidiano): *a menos que, además, aunque, cuando sea, hasta que, mientras tanto, no obstante, por lo tanto, si no, sin embargo, todavía*
- Conectores académicos (palabras que relacionan ideas y aclaran significados y que aparecen en textos escritos pero que no aparecen con frecuencia en el lenguaje oral): *a través del cual, como se observa, con referencia a, con respecto a, considerando que, de igual modo, en consecuencia, en síntesis, en último lugar, por consiguiente, por el contrario, por ende, por último*
- Muchas palabras que aparecen en el vocabulario de usuarios del lenguaje maduros (Nivel 2)
- Algunas palabras que son propias de una disciplina (Nivel 3), especialmente en la no ficción
- Algunas palabras de contenido (rótulos) relacionadas con conceptos que los estudiantes pueden comprender
- Palabras de designación de diálogo que guían a los lectores en la interpretación del texto (*insistió, estalló, tímidamente*)
- Algunas palabras con múltiples significados, que requieren interpretación para expresarlas a través de la voz
- Algunas palabras con significados connotativos, que requieren interpretación para expresarlas a través de la voz
- Algunas palabras usadas para crear ironía, que requieren interpretación para expresarlas a través de la voz
- Algunos modismos y otras palabras con significado figurado
- Algunas palabras (incluida la jerga) usadas informalmente por grupos particulares de personas
- Algunas palabras de dialectos regionales o históricos
- Algunos arcaísmos
- Algunas palabras de idiomas diferentes al español
- Vocabulario técnico

### PALABRAS

- Muchos polisílabos, algunos técnicos o científicos
- Algunos polisílabos con relaciones complejas entre letra y sonido
- Todo tipo de plurales en palabras monosílabas y polisílabas
- Todo tipo de palabras compuestas
- Palabras base o con raíz con múltiples afijos (prefijos y sufijos)
- Algunas palabras divididas (con guion) entre dos líneas
- Palabras que plantean desafíos de decodificación porque son arcaicas, provienen de dialectos regionales o son de idiomas diferentes al español

## **Seleccionar textos** Características de los textos para la lectura compartida y la lectura interpretativa *(cont.)*

### Lectura compartida y lectura interpretativa

#### ILUSTRACIONES

- Ilustraciones de diversos medios de comunicación que brindan un fuerte apoyo para comprender el lenguaje
- Algunos textos de escritura compartida sin ilustraciones
- Muchos textos con ilustraciones decorativas
- Algunos libros con ilustraciones en blanco y negro
- Algunos textos sin más ilustraciones que elementos decorativos como letras iluminadas o decoración de márgenes
- Guiones individuales con ilustraciones decorativas
- Ilustraciones creadas por los estudiantes y decoraciones diseñadas para ayudar a la representación
- Ilustraciones que transmiten una atmósfera
- Ilustraciones que reflejan el tema
- Algunas ilustraciones con características figurativas y simbólicas que requieren interpretación
- Ilustraciones en diversas formas (dibujo con rótulo o leyenda, fotografía con rótulo o leyenda, mapa con leyenda, diagrama, infografía, tabla, gráfica, línea cronológica)

#### CARACTERÍSTICAS DEL LIBRO Y LA LETRA IMPRESA

##### LONGITUD

- Textos cortos que se pueden leer en una sesión

##### TEXTO IMPRESO Y DISPOSICIÓN

- Algunas copias individuales de guiones u obras de teatro
- Variación en la disposición de todas las páginas
- Diálogo presentado en forma de guion en obras de teatro y guiones
- Algunas palabras en negrita, bastardilla o tipografía de diversos tamaños
- Números de páginas

##### PUNTUACIÓN

- Una amplia gama de puntuación (punto, signos de interrogación, signos de admiración, coma, comillas, puntos suspensivos, guion, paréntesis, raya)

##### HERRAMIENTAS DE ORGANIZACIÓN

- Título, autora o autor e ilustradora o ilustrador mencionados en la cubierta y la portada
- Tabla de contenidos, título de capítulo, lista de personajes, encabezado de sección, subtítulos, recuadro lateral

##### RECURSOS DEL TEXTO

- Algunos libros con dedicatoria, reconocimientos, nota de la autora o del autor, preámbulo, prólogo, guía de pronunciación, notas al pie, epílogo, apéndice, nota final, glosario, referencias, índice, bibliografía

● Pensar en el texto ***en sí*** ◆ Pensar ***más allá*** del texto ■ Pensar ***acerca*** del texto

# Seleccionar objetivos Hábitos y conocimientos para observar, enseñar y apoyar

## Lectura compartida y lectura interpretativa

### TEXTOS DE FICCIÓN Y NO FICCIÓN

**General**

- ● Contar qué sucede en el guion del teatro del lector o una obra de teatro
- ● Ofrecer un resumen oral organizado de forma lógica del cuento o la obra de teatro
- ● Ofrecer un resumen oral que incluya la información importante de un texto de no ficción
- ● Ofrecer un resumen oral conciso de una obra de ficción (obra de teatro, lectura a coro, poema) que incluye todos los elementos literarios esenciales y la idea principal
- ● Buscar y usar información en guiones del teatro del lector (líneas, instrucciones escénicas, puntuación, títulos, encabezados)
- ● Seguir y comprender el contenido para encontrar datos en un texto de no ficción
- ● Usar el conocimiento del contenido para verificar y corregir mientras se lee un texto de ficción
- ● Reconocer cuando se pierde la comprensión y tomar medidas para que el texto cobre sentido (verificar)
- ◆ Adquirir información, ideas y perspectivas nuevas a partir de la lectura de guiones de obras de teatro y del teatro del lector, poemas y discursos, y viñetas de biografías y memorias
- ◆ Establecer relaciones entre sucesos históricos y actuales y los guiones de obras de teatro y otras lecturas
- ◆ Inferir la importancia de una escena o viñeta seleccionada de una obra de teatro del lector
- ◆ Establecer relaciones entre textos y guiones del teatro del lector hechos a partir de ellos y comprender las diferencias
- ◆ Inferir las razones para la selección del material que se incluye en guiones (del teatro del lector basado en un texto narrativo o expositivo más largo)
- ■ Expresar opiniones acerca de textos y justificar con pruebas
- ■ Expresar una opinión acerca de la conveniencia de que un texto se lea en voz alta o se interprete y justificar con pruebas (lenguaje, mensajes, propósito, personajes)
- ■ Pensar de manera crítica y comentar la relación que existe entre la conducta no verbal, la voz y el significado del guion, el poema o la obra de teatro
- ■ Hablar acerca de si un guion del teatro del lector u obra de teatro es interesante o entretenido y por qué
- ■ Hablar acerca de lo que hace que un diálogo sea efectivo en una obra de teatro o guion del teatro del lector (autenticidad, ritmo)
- ■ Observar el uso de las normas del lenguaje y de la letra impresa (estructura de la oración y del párrafo, puntuación, concordancia y cambios de tiempos verbales) observando una página en tamaño grande con el grupo
- ■ Criticar la postura de la autora o del autor en relación a un tema, idea, emoción o situación en un guion, poema o discurso

**Palabras**

- ● Descifrar palabras con el uso de una serie de estrategias flexibles para acceder a diversas fuentes de información
- ● Reconocer palabras con afijos (prefijos y sufijos)

**Estructura del lenguaje (sintaxis)**

- ● Buscar información en las oraciones, usando la estructura del lenguaje o sintaxis, el significado y la información visual en la letra impresa
- ● Buscar información en oraciones complejas
- ● Ajustarse a la lectura de frases y oraciones con una sintaxis inusual para reflejar el ritmo o el lenguaje poético
- ● Ajustarse a la lectura de diversos de tipos de poesía

**Vocabulario**

- ● Agregar constantemente palabras nuevas de los textos al vocabulario
- ● Observar y usar palabras que añaden acción o emoción a un texto (palabras que representan sonidos; verbos, adjetivos y adverbios potentes; algunas expresiones)
- ● Reconocer y comprender el significado de los plurales en diversas formas
- ● Comprender el significado de las palabras (Nivel 2) que aparecen a menudo en la literatura pero que van más allá del vocabulario oral, muchas de ellas poéticas o literarias
- ● Comprender el significado de algunas palabras propias de una disciplina (Nivel 3), especialmente cuando se usan en sentido figurado o en un argumento científico
- ● Usar información contextual para descifrar el significado de palabras nuevas
- ● Observar y comprender palabras que son de gran interés y novedad
- ● Comprender el significado de palabras que representan sonidos (*zzz, shhh, paf, plash, plic, cuac, zas*)
- ● Comprender la intención de la autora o del autor cuando las palabras se usan en figuras retóricas o modismos
- ● Comprender el significado connotativo de las palabras y cómo aportan al significado global de un guion o un poema
- ● Usar información previa, ilustraciones y herramientas de referencia para comprender el significado de las palabras de contenido
- ● Usar de manera rápida y automática una gama de estrategias (sílabas, morfología, palabras base y afijos, palabras con raíces griegas y latinas) para encontrar el significado de las palabras
- ● Comprender conectores sofisticados y algunos académicos

● Pensar en el texto ***en sí*** ◆ Pensar ***más allá*** del texto ■ Pensar ***acerca*** del texto

# Seleccionar objetivos Hábitos y conocimientos para observar, enseñar y apoyar *(cont.)*

## Lectura compartida y lectura interpretativa



### TEXTOS DE FICCIÓN Y NO FICCIÓN *(continuación)*

#### Fluidez

- ● Después de la práctica, leer todas las palabras de manera rápida y automática
- ● Usar cortes de línea y espacios en blanco para guiar la formación de frases cuando se lee poesía al unísono o de manera individual
- ● Ajustar la voz para reflejar el diálogo en el cuerpo del texto
- ● Leer de manera oral con la integración de todas las dimensiones de la fluidez (pausas, formación de frases, acento prosódico, entonación y ritmo) solo y durante la lectura al unísono con los demás
- ● Después de practicar, hacer una lectura teatral e interpretativa de un guion

#### Interpretación

- ● Reconocer y reflejar la puntuación con la voz (punto, signos de interrogación, signos de admiración, guion, coma, puntos suspensivos) cuando se lee a coro o de manera individual
- ● Reconocer y reflejar variaciones en la letra impresa con la voz (bastardilla, negrita, tratamientos especiales, tamaño de las letras) cuando se lee a coro o de manera individual
- ● Cuando se lee de manera individual o al unísono con los demás, ajustar la voz para reflejar la atmósfera del texto (tristeza, tensión, alegría, humor)
- ● Comprender el rol de la voz al comunicar el significado en el teatro del lector, en la lectura a coro, en canciones y en poesía
- ● Leer una parte de una obra de teatro o guion de teatro del lector de una manera que refleje el diálogo y los atributos y las emociones de los personajes
- ● Usar la voz para comunicar una interpretación individual de un papel en una obra de teatro o guion del teatro del lector
- ● Comprender la intención original de un discurso o debate público y reflejar el tono adecuado cuando se lee en voz alta
- ● Mantener un volumen adecuado cuando se interpreta en el teatro del lector, obras de teatro y representaciones a coro
- ● Ajustar el volumen y el tono de voz para reflejar instrucciones escénicas (*en voz baja, gritó, con una risa*) y para leer un guion con fluidez y expresión
- ◆ Tomar decisiones acerca de cómo debería leerse un papel en una obra de teatro en base a los atributos de los personajes y los sucesos de la trama
- ◆ Tomar decisiones acerca de cómo deberían sonar los personajes en una obra de teatro a partir de conocimientos de historia y cultura
- ◆ Tomar decisiones acerca de cómo leer un discurso a partir de conocimientos de historia o la comprensión de sucesos y temas actuales
- ■ Discutir con otros cómo debería leerse un guion o poema y establecer las razones a partir de la trama, los personajes y el significado

#### Mensajes y temas

- ● Seguir y comprender ideas en la poesía
- ● Identificar las ideas o mensajes principales en guiones del teatro del lector o poemas usados para la lectura a coro
- ◆ Inferir las ideas importantes a partir de la lectura de un texto narrativo de no ficción
- ◆ Inferir el propósito de la autora o del autor
- ◆ Inferir el mensaje de la poeta o del poeta en un poema y usar inferencias como base para la interpretación en la representación
- ◆ Usar inferencias como base para la interpretación de personajes en obras de teatro o del teatro del lector, o de la oradora o del orador en discursos públicos
- ◆ Inferir la importancia de los temas (la amistad, las familias, las relaciones, una misma o uno mismo, las maravillas de la naturaleza, los sentimientos, la inteligencia, la valentía, la sabiduría, la apreciación de los sonidos del lenguaje, la conciencia cultural, la pérdida, el patriotismo, la guerra, la muerte)
- ■ Observar cómo comunica el mensaje la autora o el autor en un cuento, un poema o el diálogo de un guion
- ■ Conversar acerca de si el mensaje de un poema es importante y justificar la opinión con pruebas

#### Elementos literarios

- ● Usar la comprensión del género y las formas para verificar y corregir la lectura
- ● Seguir y comprender tramas en cuentos, poemas, teatro del lector u obras de teatro
- ● Usar la comprensión de los tipos y los elementos de la poesía para ajustar la lectura
- ● Usar la disposición y la puntuación de poemas, guiones del teatro del lector, guiones de lectura a coro y obras de teatro para verificar y corregir la lectura
- ● Usar conocimientos sobre la estructura narrativa en un texto de ficción para verificar y corregir la lectura
- ● Usar conocimientos sobre la estructura del texto en un texto de no ficción (expositivo o narrativo) para verificar y corregir la lectura

● Pensar en el texto ***en sí*** ◆ Pensar ***más allá*** del texto ■ Pensar ***acerca*** del texto

## **Seleccionar objetivos** Hábitos y conocimientos para observar, enseñar y apoyar *(cont.)*

### Lectura compartida y lectura interpretativa

**TEXTOS DE FICCIÓN Y NO FICCIÓN** *(continuación)*

**Elementos literarios** *(continuación)*

- ◆ Establecer relaciones entre textos observando similitudes (género, forma, estructura del texto, personajes, lenguaje literario, uso del diálogo y del monólogo)
- ◆ Conversar acerca de las conexiones personales con el contenido, los personajes o los sucesos en un texto compartido, poema, obra de teatro, cuento o guion del teatro del lector
- ◆ Usar los sucesos de un texto para predecir lo que sucederá
- ◆ Hacer predicciones basadas en los conocimientos de la estructura del texto en textos de ficción y no ficción
- ◆ Hacer predicciones basadas en los conocimientos de los personajes y la motivación de los personajes
- ◆ Inferir los sentimientos y motivaciones de personas de la historia y personajes en ficción realista a partir de la lectura de diálogos y monólogos en un guion y la representación en una obra de teatro o en el teatro del lector
- ◆ Inferir los sentimientos, las motivaciones y los mensajes de figuras públicas históricas y actuales a través de la lectura y la representación de sus discursos y entrevistas
- ◆ Adquirir una visión de las perspectivas de los personajes de ficción y de personajes históricos reales a través de la recreación de sus papeles en guiones, discursos y entrevistas
- ◆ Adquirir una visión de perspectivas históricas y culturales mediante la lectura y la representación de textos de ficción y no ficción
- ◆ Inferir la postura de la autora o del autor acerca del tema o la idea principal de un guion, poema o discurso y usarla para guiar la interpretación
- ■ Comprender que todos los textos usados para la lectura compartida pueden clasificarse como prosa o poesía y luego clasificarse en géneros
- ■ Distinguir entre diversas formas de manuscrito usadas para la representación (poemas, guiones del teatro del lector, guiones de lectura a coro, obras de teatro, novelas cortas, cartas, diarios, entradas de un diario, cuentos, discursos)
- ■ Observar si un libro, obra de teatro, lectura a coro o guion del teatro del lector cuenta una historia o brinda información
- ■ Reconocer algunas características de los géneros de ficción y no ficción en obras y guiones del teatro del lector
- ■ Observar patrones estructurales subyacentes en un texto de no ficción (descripción, secuencia temporal, pregunta y respuesta, causa y efecto, secuencia cronológica, comparar y contrastar, problema y solución, categorización)
- ■ Observar aspectos del diálogo y el monólogo y usar esos aspectos para decidir cómo debería leerse un diálogo y un monólogo
- ■ Comentar diversas interpretaciones de los atributos y los motivos de los personajes en obras de teatro y guiones del teatro del lector
- ■ Observar el uso del humor de una autora o un autor e identificar qué hace gracioso a un guion (personajes, situaciones, lenguaje)
- ■ Observar cómo usa el lenguaje una autora o un autor para transmitir una atmósfera
- ■ Observar cómo usa el lenguaje una autora o un autor para crear tensión o describir acciones
- ■ Observar el uso que una autora o un autor hace del lenguaje potente y/o literario cuando presenta un argumento o idea en un texto de no ficción
- ■ Usar lenguaje académico para hablar acerca de los géneros (*ficción; cuento popular; cuento de hadas; cuento de hadas fracturado; fábula; cuento exagerado; cuento de aventuras; cuento de animales; cuento de familia, amigos y escuela; cuento humorístico; ficción realista; literatura tradicional; ficción histórica; fantasía; mito; leyenda; balada; ciencia ficción; texto híbrido; épica; sátira/parodia; cuento de horror; cuento romántico; no ficción; texto informativo; libro informativo; texto sobre hechos; memorias personales; biografía; autobiografía; narración de no ficción; texto de instrucciones; texto persuasivo; texto expositivo*)

● Pensar en el texto ***en sí*** ◆ Pensar ***más allá*** del texto ■ Pensar ***acerca*** del texto

# Seleccionar objetivos Hábitos y conocimientos para observar, enseñar y apoyar *(cont.)*

## Lectura compartida y lectura interpretativa



### TEXTOS DE FICCIÓN Y NO FICCIÓN *(continuación)*

#### Elementos literarios *(continuación)*

- ■ Usar lenguaje académico para hablar acerca de las formas (*libro álbum o ilustrado, libro álbum o ilustrado sin palabras, libro de frases cortas, libro del alfabeto, libro para contar, poema, poesía, rima infantil, rima, canción, colección de poesía, libros de una serie, libro por capítulos, obra de teatro, carta, secuela, quintilla humorística, haiku, poema concreto, cuento corto, entrada de diario, artículo periodístico, artículo de fondo, poesía narrativa, ensayo fotográfico, discurso, poesía lírica, verso libre, balada, épica/saga*)
- ■ Usar lenguaje académico para hablar acerca de características literarias (*comienzo, final, problema, personaje, solución, personaje principal, pregunta y respuesta, tópico, sucesos, mensaje, diálogo, descripción, tiempo y lugar, idea principal, comparar y contrastar, flashback, conflicto, resolución, tema, lenguaje descriptivo, símil, lenguaje figurado, metáfora, causa y efecto, categorización, lenguaje persuasivo, trama, trama secundaria, flash-forward, desarrollo del personaje, personaje secundario, punto de vista, secuencia temporal, secuencia cronológica, temática, argumento, episodio, clímax, acción creciente, acción descendiente, lapso de tiempo, cuento dentro de otro cuento, atmósfera, personificación, símbolo, simbolismo, narración en primera persona, narración en tercera persona, narración en segunda persona, trama circular, tramas paralelas, protagonista, antagonista, tono, ironía, personajes dinámicos y estáticos*)
- ■ Usar lenguaje académico para comentar diversos aspectos de la poesía que se usan en la interpretación (*verso libre, elegía, épica, oda, soneto pastoril, tanka, senryu, canzone, encabalgamiento, envío, epigrama, epitalamio, idilio, lai, carpe diem, ritmo, estribillo, rima, repetición, énfasis, verso, onomatopeya, aliteración, asonancia, consonancia, acento, antítesis, apóstrofe, cesura, clasicismo, concepto, hexámetro, pareado, pareado heroico, lítotes, metonimia, pentámetro, cuarteto, estrofa, troqueo, tropo, imágenes, lenguaje figurado, metáfora, símil, personificación*)
- ■ Usar lenguaje académico para hablar acerca de obras de teatro y representación (*línea, discurso, escena, acto, actor, actriz, papel, rol, héroe, villano, dramaturgo, entrar, salir, sketch, viñeta, dramatización, ritmo, tempo, cadencia, director, director de escena, productor, intérprete, diseñador, utilería, diseño de luces, diseño de sonido, monólogo, comedia, drama popular, melodrama, tragedia, drama social, farsa, guion, improvisación*)
- ■ Usar lenguaje académico para hablar acerca de las características del libro y la letra impresa (*portada, contraportada, título, autor, ilustrador, página, texto, ilustración, fotografía, rótulo, tabla de contenidos, agradecimientos, capítulo, sección, encabezado, dibujo, leyenda, mapa, título del capítulo, dedicatoria, nota del autor, nota del ilustrador, diagrama, glosario, guardas, recuadro lateral, solapa del libro, subtítulo, gráfica, tabla, línea temporal, índice*)
- ■ Observar aspectos de la elaboración de la autora o del autor cuando se observa una página en tamaño grande con el grupo
- ■ Observar las diferentes maneras en que una autora o un autor cuentan una historia en un texto de ficción (estructura narrativa simple, patrones acumulativos, flashback, cuento dentro de otro cuento, flash-forward, lapso de tiempo, trama circular, tramas paralelas) y cómo influye en la comprensión y el entretenimiento

#### Características del libro y la letra impresa

- ● Buscar información en ilustraciones y en características del libro y la letra impresa en una ampliación de un texto de no ficción (dibujo, fotografía, mapas con leyenda o clave, escalas, diagramas, infografías, dibujo de corte; títulos, tablas de contenidos, títulos de capítulos, encabezados, subtítulos, recuadros laterales, anotaciones)
- ● Usar ilustraciones (cuando corresponda) para verificar y corregir la lectura
- ● Trasladar la atención desde una parte de una disposición de la página a otra para reunir información (cuerpo del texto; dibujos, fotografías, mapas, diagramas, infografías; rótulos, leyendas, claves, escalas, dibujo de corte, recuadros laterales, anotaciones)
- ◆ Establecer conexiones entre el cuerpo del texto y las ilustraciones
- ◆ Establecer relaciones entre el texto, las ilustraciones y las características del libro y la letra impresa (cuerpo del texto, dibujos, fotografías, mapas, diagramas, infografías; rótulos, leyendas, claves, escalas, dibujo de corte; títulos, tablas de contenidos, títulos de capítulos, encabezados, subtítulos, recuadros laterales, anotaciones)
- ◆ Observar y aprender nuevas maneras de presentar información en textos de no ficción usando ilustraciones y características del libro y la letra impresa
- ◆ Inferir información de ilustraciones de no ficción y características del libro y la letra impresa
- ■ Hablar acerca de las ilustraciones y las características del libro y la letra impresa y evaluar si ayudan a la lectora o al lector a comprender información y añadir interés

● Pensar en el texto ***en sí*** ◆ Pensar ***más allá*** del texto ■ Pensar ***acerca*** del texto

# Escribir sobre la lectura

# Continuo de escribir sobre la lectura

El continuo de escribir sobre la lectura en ambientes en los que todos los estudiantes tienen el español como lengua dominante es paralelo y equivalente a su contraparte en inglés. Para los modelos de enseñanza con diversos grados de competencia en inglés/español, la maestra o el maestro tendrá que hacer ajustes, como por ejemplo determinar cuándo usar la lengua nativa en lugar de la segunda lengua. Vea consideraciones adicionales en el continuo de escritura (página 237, primer párrafo).

Lo que los estudiantes escriben en respuesta a lo que han leído ofrece evidencia de cómo piensan. Cuando examinamos la escritura en respuesta a la lectura, podemos formular hipótesis acerca del grado de comprensión de un texto por parte de los lectores. Pero hay más razones para hacer de la escritura una parte integral de la enseñanza de la lectura. A través de la escritura, y también del dibujo, los lectores pueden expresar y ampliar su razonamiento, y mejorar su capacidad de reflexionar sobre un texto. También pueden comunicar lo que piensan sobre los textos a diferentes públicos y con distintos propósitos. Al ayudar a los estudiantes a examinar ejemplos efectivos de escritura sobre la lectura, usted también los ayuda a aprender las características de cada forma de escritura, que después pueden "intentar" o "ensayar" ellos mismos. Los modelos sirven como "textos ejemplares" que los estudiantes pueden consultar a medida que usan distintas formas de escritura para reflejar lo que leen.

- En el ***modelo de escritura***, la maestra o el maestro escribe un texto y luego se lo lee a los estudiantes. Cuando corresponda, la lectura compartida se puede usar para volver a leer el texto. El objetivo es dar a los estudiantes un modelo que sea claro y fácil de comprender para el tipo de escritura sobre la lectura que se requiera. El modelo de escritura se puede usar para cualquier tipo de escritura sobre la lectura.
- En la ***escritura compartida***, la maestra o el maestro y los estudiantes redactan un texto juntos. La docente o el docente es quien escribe. Puede trabajar con un tablero sobre un caballete, una pantalla interactiva o la pantalla de una computadora. Muchas veces, especialmente en el caso de los niños más pequeños, la maestra o el maestro usa un tablero colocado sobre un caballete. Los estudiantes participan en la composición del texto, palabra por palabra, y vuelven a leerlo muchas veces. En algunas ocasiones, la maestra o el maestro pide a los niños más pequeños que lean la palabra lentamente o que la dividan en sílabas mientras piensan en cómo se escribe. Otras veces, la maestra o el maestro (con el aporte de los estudiantes) escribe una palabra rápidamente en el tablero. El texto se convierte en un texto ejemplar, que sirve de modelo o referencia para la escritura y la discusión de los estudiantes. (Consulte McCarrier, Pinnell y Fountas 2018). La escritura compartida se puede usar con estudiantes más grandes como demostración de cualquier tipo de escritura sobre la lectura (resúmenes, reseñas, organizadores gráficos, cartas, análisis de personajes, listas de ideas o mensajes importantes, comparaciones de textos, etc.). La escritura compartida se puede usar para demostrar los cuatro tipos de escritura sobre la lectura que usamos como categorías en este continuo. Asegúrese de que los estudiantes participen en el proceso de redacción mientras escribe.
- La ***escritura interactiva***, un enfoque para usar con niños pequeños, es idéntico a la escritura compartida y funciona de la misma manera, con una excepción: ocasionalmente, la maestra o el maestro, mientras enseña conceptos que ayudan a los estudiantes a prestar atención a diferentes características de las letras y las

palabras, invita a una estudiante o un estudiante a pasar al caballete y escribir una letra, una palabra o una parte de una palabra. (Consulte McCarrier, Pinnell y Fountas 2018). La escritura interactiva suele usarse de pre-kindergarten a primer grado, pero también se usa con frecuencia con grupos pequeños de escritores que necesitan apoyo educativo en otros grados. Las contribuciones de los estudiantes a la escritura se seleccionan minuciosamente según su valor educativo. Encontrará una discusión extendida acerca de la escritura interactiva en *Interactive Writing*, de McCarrier, Pinnell y Fountas (2018).

- Una vez que los niños más grandes se sientan seguros con una forma de escritura a través del análisis de ejemplos efectivos, la discusión de toda la clase o en grupos pequeños puede apoyar su ***escritura independiente*** sobre la lectura. La discusión recuerda a los escritores las características clave del texto y los recursos de elaboración de la autora o del autor o de la ilustradora o del ilustrador.

En este continuo, describimos muchas formas diferentes de escritura sobre la lectura a partir de cuatro categorías: escritura funcional, escritura narrativa, escritura informativa y escritura poética. El objetivo es que los estudiantes lean muchos ejemplos de cada categoría, identifiquen sus características específicas y tengan oportunidades de aplicar sus conocimientos a la escritura independiente.

## Escritura funcional

La ***escritura funcional*** se lleva a cabo con fines de comunicación o para lograr algo. Durante un bloque de lectura, se produce una gran cantidad de escritura funcional alrededor de esta, y los estudiantes usan la escritura como herramienta para pensar en sus conocimientos sobre un texto y compartirlos. Los estudiantes toman notas sobre textos escritos que pueden usar como base para una discusión o una presentación, o para apoyar la escritura de textos más extensos. Pueden hacer diagramas o esquemas para comprender mejor las maneras de organizar los textos escritos. También pueden escribir notas o cartas a otras personas para comunicar lo que piensan. Una herramienta clave para la enseñanza es el Cuaderno del lector, en el que los estudiantes reflexionan sobre lo que leen de varias formas, entre ellas, con cartas a las que responde la maestra o el maestro. Estos son algunos ejemplos de escritura funcional sobre la lectura:

- notas y bosquejos: palabras, frases o bosquejos en notas autoadhesivas o en un cuaderno;
- anotaciones: algunas oraciones o párrafos producidos rápidamente en un cuaderno o en una nota autoadhesiva grande que luego se coloca en el cuaderno;
- organizadores gráficos: palabras, frases, bosquejos u oraciones en tablas o diagramas;
- cartas: cartas escritas a otros lectores o a los autores o ilustradores de un libro;
- entradas de un diario: una entrada o una serie de entradas de un diario desde la perspectiva de un sujeto biográfico o un personaje, enfocándose en el escenario, los problemas o las relaciones;
- las notas o los resúmenes con ilustraciones y texto con características gráficas como barras laterales, tablas, rótulos, comentarios, gráficas y leyendas;
- entradas de doble columna: respuestas escritas en dos columnas, con una frase, oración o cita del texto o una pregunta sobre el texto en la columna izquierda y espacio para los pensamientos de la lectora o del lector a la derecha;
- cita y respuesta: una respuesta escrita a una oración o grupo de oraciones memorables en un texto;

- cuadrícula: una tabla o cuadro de final abierto que ofrece un marco para analizar y comparar elementos de un texto; y
- cartel/aviso publicitario: una imagen visual con arte y escritura que habla del texto de una manera que capta la atención o es persuasiva.

## Escritura narrativa

La ***escritura narrativa*** cuenta una historia. Con la escritura narrativa sobre la lectura, los estudiantes pueden volver a contar una trama, o parte de ella, o relatar sucesos significativos en la vida de un sujeto biográfico. Además, pueden contar una experiencia propia que sea similar a la de un texto o tenga un tema parecido. Estos son algunos ejemplos de escritura narrativa sobre la lectura:

- resumen: algunas oraciones que cuentan la información más importante de un texto;
- resumen de la trama: informe breve de lo que sucede en un texto;
- guiones del teatro del lector: una escena con papeles asignados a una narradora o a un narrador o personajes específicos;
- tira cómica/guion gráfico: una sucesión de elementos gráficos o figuras esquemáticas que presentan un relato o información (versiones cortas de novelas gráficas); y
- respuestas más largas: textos más largos (que suelen incluir bosquejos) que detallan opiniones sobre uno o más textos.

## Escritura informativa

La ***escritura informativa*** organiza datos en un todo coherente. Para redactar un texto informativo, la autora o el autor organiza datos en categorías y puede usar estructuras subyacentes, como una descripción, comparar y contrastar, causa y efecto, secuencia cronológica o problema y solución. Estos son algunos ejemplos de escritura informativa sobre la lectura:

- esquema: una lista de encabezados y frases que muestra de manera visual la organización y la relación de las ideas principales, el subpunto y los subpuntos de un texto;
- estudio de una autora o un autor: texto que brinda información sobre estos y sus recursos de elaboración en varias obras específicas;
- estudio de una ilustradora o un ilustrador: un texto que brinda información sobre una ilustradora o un ilustrador y sus recursos de elaboración en varias obras específicas;
- ensayo literario: texto coherente y más largo que analiza uno o más textos;
- entrevista (con una autora o un autor, o con una experta o un experto): una serie de preguntas y respuestas diseñadas para brindar información sobre una autora o un autor o una experta o un experto en un tema;
- artículo de instrucciones: una explicación de cómo se hace algo;
- libro que contiene todo sobre un tema: información fáctica presentada de manera organizada;
- ensayo fotográfico o con imágenes/presentación de diapositivas digitales: serie de fotografías, dibujos o imágenes digitales y video que explica un tema o suceso;
- informe: información fáctica presentada de manera organizada;
- artículo de fondo o periodístico: información fáctica escrita para informar a los lectores sobre un tema interesante y compartirlo con ellos;

- artículo publicado: respuesta más formal a un texto o textos que se comparten de manera pública;
- editoriales/textos de opinión: ideas organizadas y presentadas por escrito para comunicar información o una opinión específica sobre un tema o asunto;
- reseña biográfica: artículo corto sobre la vida y los logros de una persona;
- reseña o recomendación: artículo que evalúa un libro, tema, producto o lugar; y
- proyecto: cuerpo creativo de una obra que presenta ideas y opiniones sobre textos o temas de manera organizada.

## Escritura persuasiva

A veces se dice que el uso más exigente del lenguaje es para el argumento. Suele ser cierto. Cuando se elabora un argumento oral o escrito, hay que pensar desde dos o más perspectivas al mismo tiempo, y una sola es la propia. Se debe organizar el lenguaje de maneras precisas y lógicas, además de comunicarse con especificidad y claridad. Parte del arte del argumento es suscitar contraargumentos que luego se rebaten con pruebas y una lógica irrefutables. Los argumentos se elaboran con precisión, y este tipo de escritura es cada vez más importante como aspecto de ciudadanía literaria.

Los estudiantes deben ser consumidores inteligentes del argumento y la persuasión, de tal forma que reconozcan y detecten el lenguaje persuasivo, clasifiquen argumentos específicos y las pruebas que los apoyan o los refutan, identifiquen contradicciones y elaboren su propia opinión. Los individuos están expuestos constantemente a publicidad altamente cualificada, discursos políticos y textos hablados o escritos que defienden un punto de vista u otro. Con frecuencia, se les exige que tomen decisiones financieras o sociales importantes con base en su interpretación del lenguaje persuasivo.

Los estudiantes también deben ser *usuarios* de la persuasión y del argumento en el lenguaje oral y el escrito. Escribir una opinión persuasiva o un argumento convincente es una manera de demostrar la competencia propia como usuario del lenguaje. A lo largo de su educación, se exigirá a los estudiantes argumentos que estén organizados de manera lógica y basados en pruebas sólidas. La mayoría de estos incluyen lenguaje persuasivo para ser efectivos. La ***escritura persuasiva*** incluye formas como las cartas, las reseñas, los artículos de opinión, los ensayos, los editoriales y las críticas, pero en los primeros niveles, puede significar simplemente escribir "lo que pienso" y "por qué".

El argumento y la persuasión se parecen tanto que suelen usarse de manera indistinta, pero presentan algunas diferencias. La persuasión por lo general depende del uso de emociones y opiniones; el argumento, en cambio, se inclina más a las pruebas y la lógica. La persuasión pretende que el público esté de acuerdo con la autora o el autor o con la oradora o el orador. Es útil que la autora o el autor conozca al público que pretende convencer para poder recurrir a las emociones; la autora o el autor quizás ni siquiera reconozca posturas contrarias, sino simplemente apele a la emoción. La intención del argumento es que el público crea que la idea de la oradora o del orador es verdadera. La autora o el autor del argumento hace una investigación exhaustiva, reúne datos y los organiza para que los lectores puedan seguirlos y sacar una conclusión lógica. El público puede o no conocerse, ya que las pruebas hablan por sí mismas. Es bastante obvio que muchos oradores convincentes usan tanto el argumento como la persuasión para generar un fuerte impacto en los oyentes. El argumento basado en pruebas es más poderoso con la inclusión de la persuasión: el texto persuasivo posee más poder con la inclusión de pruebas sólidas. En ambos, la autora o el autor, o la oradora o el orador tiene la obligación ética de ser honesta u honesto y de separar datos de opiniones.

Incluimos la escritura persuasiva en ediciones anteriores; pero ahora recibe una atención aún más prominente en los documentos de estándares y es importante en el currículo de artes del lenguaje. Por lo tanto, incluimos hábitos y conocimientos del área de la persuasión como tipo aparte de escritura sobre la lectura.

## Escritura poética

La ***escritura poética*** implica elegir y ordenar palabras cuidadosamente para transmitir un significado de manera que evoque sentimientos e imágenes sensoriales. La poesía condensa el significado en grupos pequeños de palabras. Se presta para leerla varias veces y para ser leída en voz alta por el placer de escuchar el lenguaje. La escritura poética sobre la lectura incluye la escritura poética en respuesta a un texto en prosa o para reflexionar o dar una respuesta sobre un poema. Este tipo de escritura se puede usar para la lectura a coro.

## Usar el continuo de escribir sobre la lectura

Todos los géneros y formas de escritura sobre la lectura le darán evidencia de cómo están razonando los estudiantes y los ayudarán a volverse más reflexivos sobre lo que leen. El continuo está organizado por grado. Primero, enumeramos los géneros y las formas apropiadas para que los estudiantes escriban según el nivel del grado. Recuerde que la escritura compartida puede usarse para cualquier tipo de escritura sobre la lectura, así que no tema demostrar cada tipo a sus estudiantes tantas veces como sea necesario. En particular, sugerimos usar la lectura compartida para demostrar el uso de los organizadores gráficos. El valor de estos organizadores está en la conversación que se suscita. Encontrará una discusión extendida de la escritura sobre la lectura en los capítulos 27 y 28 de *Teaching for Comprehending and Fluency* (Fountas y Pinnell 2006).

Luego, especificamos los hábitos y conocimientos para enseñar, observar y apoyar a medida que los estudiantes piensan en el texto en sí, más allá y acerca del texto. (Observe que puede hallar evidencia tanto en las ilustraciones como en la escritura). Recuerde que los géneros y las formas se demuestran y se construyen en conjunto mediante el uso de la escritura interactiva y compartida *antes* de que los estudiantes los produzcan de manera independiente como tarea. Planee mini-lecciones de lectura explícita sobre las diversas formas, para que sus estudiantes cuenten con ejemplos claros y puedan luego aplicar sus conocimientos a su propia escritura. Después de experimentar los géneros y las formas varias veces con apoyo grupal, los estudiantes podrán producirlos por su cuenta. Gradualmente, desarrollarán un repertorio de maneras de escribir sobre la lectura del cual podrán elegir según su propósito.

Este continuo le ayudará a pensar en los géneros y las formas de escritura que quiere demostrar y enseñar, y también como prueba del aprendizaje que verá como resultado de su enseñanza. Cuando lea el continuo, tenga en cuenta que estos hábitos son objetivos y que se deben lograr antes de que termine el año. ¡Sus estudiantes bien podrán ir más allá! También recuerde que las viñetas de la sección Seleccionar objetivos de cada grado, se clasifican en pensar en el texto *en sí, más allá* y *acerca* del texto. La forma de la viñeta designa el hábito como: pensar en el texto en sí [●], más allá del texto [◆] o acerca del texto [■].

# Seleccionar géneros y formas

## Escribir sobre la lectura

En niños de pre-kindergarten, la mayor parte de la escritura surge de actividades muy sencillas de modelos de escritura, escritura compartida o interactiva. Los géneros y formas se demuestran también mediante modelos de escritura y de la escritura interactiva o compartida sencillas. A menudo, los maestros rotulan ilustraciones o los dibujos de los niños para demostrar cómo se escribe. La escritura independiente de los niños de pre-kindergarten consiste mayormente en dibujos o pinturas acompañados del uso de cualquier cosa que hayan notado sobre la escritura. Pueden escribir su nombre (o parte de él), pueden usar formas que parezcan letras mezcladas con letras que conocen. Pueden usar letras que conocen repetidas en serie, en una o más líneas. Resulta útil que los maestros inviten a los niños a comentar sus dibujos (cuentos o solo rótulos). Los maestros pueden escribir una o dos oraciones sencillas que la niña o el niño le dicte. Algunos niños pueden recordar la oración y "leerla". Los textos simples que se producen a través de la escritura compartida/interactiva siempre se vuelven a leer como lectura compartida. Tenga en cuenta que estos géneros y hábitos son del final de PreK.

### ESCRITURA FUNCIONAL

▸ **Notas y bosquejos**

- Dibujos o pinturas que representen algún aspecto de un cuento o el tema de un libro informativo
- Listas basadas en libros compartidos (cosas que nos gustan de los libros, cosas que vemos en libros, ideas de libros)
- Rótulos de fotografías o dibujos relacionados con un cuento o texto informativo

▸ **Organizadores gráficos**

- Cuadrículas que muestran relaciones entre diferentes tipos de información que surge de un texto o de varios textos
- Dos columnas para comparar textos (personajes en dos versiones de *El gato con botas* o *El patito feo*)

▸ **Cartas acerca de la lectura**

- Notas, mensajes y cartas sencillas sobre el tema de un libro informativo o sobre un aspecto de un cuento

▸ **Anotaciones**

- Rótulos u oraciones breves que los niños dictan para describir un dibujo relacionado con un libro o cuento
- Oraciones dictadas por los niños que relatan un cuento conocido o describen una parte de un cuento (después de hacer un dibujo)

### ESCRITURA NARRATIVA

▸ **Resúmenes**

- Oración sencilla que resume o cuenta el final de un cuento

▸ **Tiras cómicas/Guiones gráficos**

- Dibujos como mapas del cuento que muestran la secuencia de los sucesos de este
- Globos de diálogo que indican los diálogos o globos de pensamiento que muestran los pensamientos en forma de una palabra, frase u oración sencilla.

### ESCRITURA INFORMATIVA

▸ **Informes**

- Dibujos con rótulos que muestran información (qué aprendimos) de un libro
- Oración sencilla que cuenta un dato interesante (qué aprendimos) de un libro

▸ **Artículos de instrucciones**

- Representaciones a través de la escritura y el dibujo de una secuencia de acciones o instrucciones de un texto

### ESCRITURA POÉTICA

- Inserción de nombres de los niños u otras palabras en un poema donde corresponda

# Seleccionar objetivos Hábitos y conocimientos para observar, enseñar y apoyar

## Escribir sobre la lectura

### TEXTOS DE FICCIÓN

**General**

- ● Intentar usar el vocabulario de un texto para rotular dibujos usando el dictado, la ortografía fonética y formas parecidas a letras
- ● Usar los nombres de los autores y de los ilustradores en la escritura interactiva y compartida
- ● Contar información importante sobre un texto
- ● Dibujar (o usar otros medios artísticos) para representar información sobre un texto
- ● Usar vocabulario común del lenguaje oral cotidiano para hablar o dictar escritura sobre la lectura (Nivel 1)
- ● Rotular dibujos para representar información de un texto dictado usando la ortografía fonética o formas parecidas a las letras
- ● Representar una secuencia de sucesos de un texto mediante el dibujo o la escritura
- ● Volver a leer (a través de la lectura compartida) para recordar algo de un texto con el objeto de dibujar o escribir sobre él
- ◆ Dibujar y a veces rotular o pedir a los niños que dicten oraciones acerca de algo de su vida, suscitado por los personajes o los sucesos de un cuento
- ◆ Dibujar o escribir predicciones para resultados de cuentos
- ◆ Escribir sobre predicciones de lo que podría suceder en un cuento
- ◆ Escribir sobre predicciones a partir de las pruebas del texto
- ■ Usar textos o poemas escritos en clase como recurso para palabras, frases e ideas de escritura
- ■ Usar lenguaje académico para hablar acerca de textos (*portada, página, título, escritor, autor, ilustrador, texto, ilustración, comienzo, final, problema*)
- ■ Expresar una opinión sobre un texto o caracterizarlo (*interesante, chistoso, emocionante*)
- ■ Anotar y escribir sobre diferentes versiones del mismo cuento (usando dos columnas)
- ■ Escribir una versión breve de un cuento conocido

**Trama**

- ● Contar acerca de los sucesos importantes de un cuento, después de escuchar su lectura varias veces y usando los dibujos que aparecen en el texto
- ● Producir representaciones gráficas sencillas de un cuento (mapas del cuento, líneas de tiempo)
- ● Escribir un resumen que incluya el problema del cuento y cómo se resuelve
- ■ Dibujar y escribir para hacer mapas del cuento que muestren conocimientos iniciales de la estructura narrativa básica: comienzo, serie de episodios y final

**Personajes**

- ◆ Dibujar o escribir acerca de los sentimientos, como la empatía, de un personaje
- ◆ Comentar un problema de un cuento y dibujar y rotular cómo deberían actuar los personajes
- ◆ Dibujar o escribir predicciones acerca de lo que un personaje podría hacer a continuación en un cuento
- ◆ Rotular dibujos usando la ortografía fonética para mostrar lo que podría estar diciendo un personaje
- ◆ Dibujar o escribir acerca de cómo podría sentirse un personaje
- ◆ Dibujar o escribir acerca de la relación entre las acciones de un personaje y sus consecuencias
- ■ Hacer una lista de personajes que tienen características de la personalidad predecibles, típicos de la literatura tradicional (*astuto, valiente, tonto, sabio, avaro, inteligente*)
- ■ Insertar el nombre de los niños en un poema que se ha leído muchas veces

**Mensajes y temas**

- ◆ Escribir acerca de la lección inferida de la literatura tradicional
- ■ Observar cuando una autora o un autor de ficción "enseña una lección" y escribir acerca de eso (*enseñando una lección*)

**Estilo y lenguaje**

- ◆ Mostrar las partes divertidas en los textos de ficción mediante el dibujo y la escritura
- ■ Reconocer y usar onomatopeyas (palabras que imitan sonidos, como en *gua gua* y *cataplán*) al dibujar o escribir acerca de un texto

**Ilustraciones**

- ● Contar cuentos como respuesta a las imágenes
- ■ Escribir acerca de los detalles que se encuentran en las ilustraciones

● Pensar en el texto ***en sí*** ◆ Pensar ***más allá*** del texto ■ Pensar ***acerca*** del texto

## Seleccionar objetivos Hábitos y conocimientos para observar, enseñar y apoyar *(cont.)*

### Escribir sobre la lectura

#### TEXTOS DE NO FICCIÓN

**General**

- ● Intentar usar el vocabulario de un texto para rotular dibujos usando la ortografía fonética y formas parecidas a letras
- ● Usar los nombres de los autores y de los ilustradores en la escritura
- ● Contar información importante sobre un texto
- ● Dibujar (o usar otros medios artísticos) para representar información de un texto y rotular o escribir leyendas
- ● Rotular dibujos para representar información de un texto dictado usando la ortografía fonética o formas parecidas a las letras
- ● Representar una secuencia de sucesos (un proceso) de un texto mediante el dibujo o la escritura
- ● Usar la lectura compartida para recordar algo de un texto con el objeto de dibujar o escribir sobre él
- ◆ Escribir sobre predicciones a partir de las pruebas del texto
- ◆ Expresar opiniones acerca de datos e información aprendidos
- ■ Usar un texto como recurso para palabras, frases e ideas de escritura
- ■ Usar lenguaje académico para hablar acerca de textos (*portada, página, título, escritor, autor, ilustrador, texto, ilustración, comienzo, final, problema*)
- ■ Expresar una opinión (*interesante, chistoso, emocionante*) acerca de un texto o caracterizarlo
- ■ Contar en qué se parecen o se diferencian dos personas, cosas o ideas

**Mensajes e ideas principales**

- ◆ Dibujar o usar la escritura interactiva o compartida para escribir acerca de una o más ideas en un texto de no ficción (los animales, las mascotas, las familias, los alimentos, las plantas, la escuela, los amigos, crecer, los sentidos, el vecindario, el tiempo y las estaciones, la salud)

**Ilustraciones/Elementos gráficos**

- ● Dibujar o escribir acerca de la información que se encuentra en dibujos o elementos gráficos sencillos como ilustraciones rotuladas usando la escritura interactiva o compartida

**Estilo y lenguaje**

- ◆ Mostrar partes divertidas o entretenidas de textos de no ficción dibujando o usando la escritura interactiva o compartida

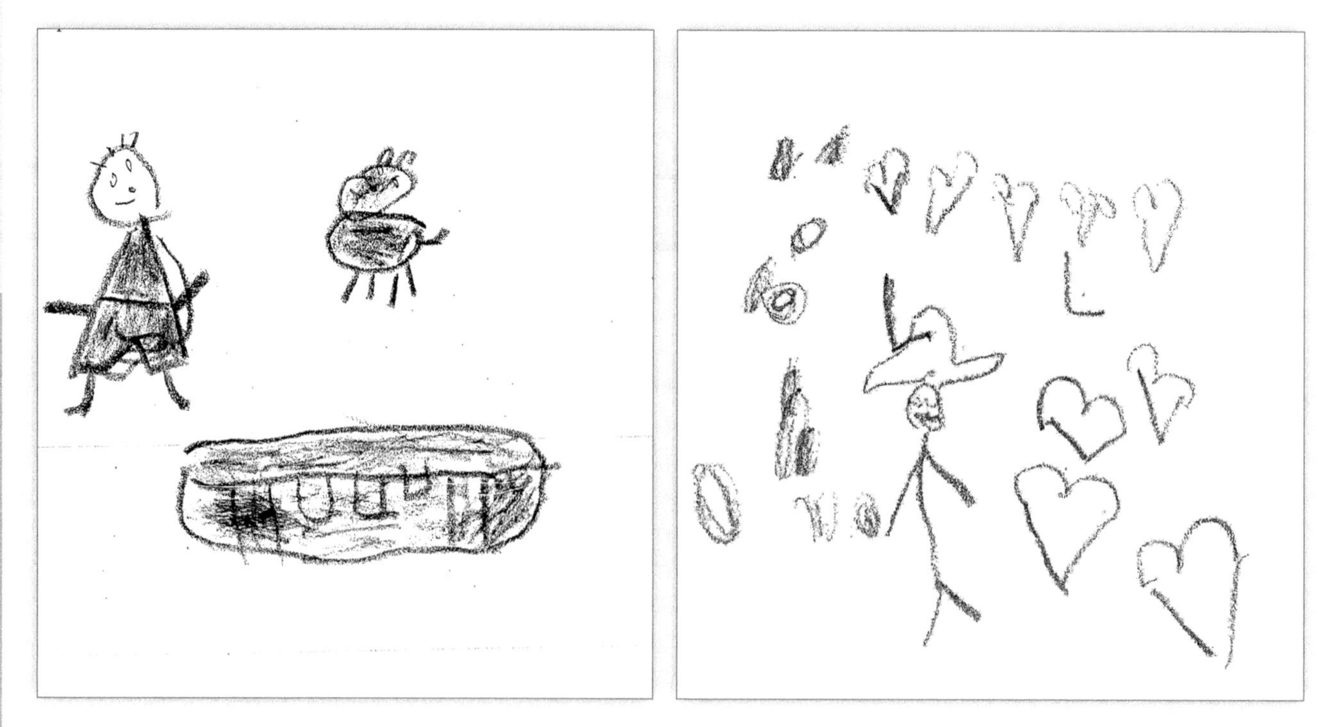

*Respuestas de los niños de pre-kindergarten a su parte favorita de un cuento*

● Pensar en el texto ***en sí*** ◆ Pensar ***más allá*** del texto ■ Pensar ***acerca*** del texto

# Seleccionar géneros y formas

## Escribir sobre la lectura

Los géneros y las formas para escribir sobre la lectura se muestran mediante la escritura interactiva, compartida o los modelos de escritura, por lo general, prestando atención a textos ejemplares. Los niños aprenden cómo responder a la lectura de diferentes formas y con propósitos y públicos diversos. Después de haber aprendido las formas a través de una experiencia guiada, las usan independientemente a medida que responden a los libros que leen. En la escritura independiente los niños usan la ortografía fonética, lo que puedan hacer para representar una palabra. Al comienzo de kindergarten, es posible que lo que los niños escriban sobre la lectura sean, en su mayoría, dibujos, formas parecidas a las letras y algunas palabras conocidas, pero, para fin de año, ya podrán producir muchos mensajes legibles. Continuará usando los modelos de escritura, la compartida o interactiva para demostrar ejemplos más complejos que los niños puedan producir por su cuenta. La escritura compartida, la escritura interactiva y los modelos de escritura también brindan textos con ortografía convencional para la lectura compartida. Tenga en cuenta que estos géneros y hábitos son para el final de kindergarten.

### ESCRITURA FUNCIONAL

#### ▸ Notas y bosquejos

- Bosquejos o dibujos que reflejan el contenido de un texto
- Notas para apoyar la memoria (*sucesos de un cuento, personajes*) para su uso posterior en la conversación o la escritura
- Rótulos para fotografías o dibujos relacionados con un texto
- Listas o dibujos de palabras interesantes de un texto
- Listas de libros leídos, con títulos y autores
- Listas de títulos de libros favoritos
- Listas de personajes favoritos [ficción]
- Listas de temas favoritos [no ficción]

#### ▸ Organizadores gráficos

- Cuadrículas que muestran relaciones entre diferentes tipos de información que surge de un texto o a través de varios
- Dos columnas que comparan textos (personajes o problemas en dos versiones del mismo cuento popular)

#### ▸ Cartas acerca de la lectura

- Mensajes a otras clases o individuos de la escuela acerca de un texto o basados en un texto

#### ▸ Anotaciones

- Rótulos u oraciones breves dictados por los niños que describen un dibujo relacionado con un libro o cuento
- Oraciones dictadas por los niños que relatan un cuento conocido o una parte de un cuento (después de hacer un dibujo)
- Oraciones breves que expresan una predicción, una opinión o un aspecto interesante de un texto

### ESCRITURA NARRATIVA

#### ▸ Resúmenes

- Oraciones sencillas que resumen un texto
- Oraciones sencillas que muestran la secuencia de sucesos en orden

#### ▸ Tiras cómicas/Guiones gráficos

- Dibujos que muestran la secuencia de sucesos de un texto (algunos con globos de diálogo para indicar los diálogos o globos de pensamiento para indicar los pensamientos, como en un mapa del cuento)
- Modificaciones de textos conocidos (un final nuevo o una trama similar con diferentes personajes)

### ESCRITURA INFORMATIVA

#### ▸ Informes

- Dibujos con rótulos que representan información interesante de un texto
- Oraciones breves y/o dibujos que brindan información interesante de un texto
- Listas de datos de un texto apoyados con ilustraciones
- Algunas oraciones sencillas con información acerca de una autora o un autor, o de una ilustradora o un ilustrador

#### ▸ Esquemas

- Esquemas sencillos que muestran los encabezados de un texto de no ficción

#### ▸ Artículos de instrucciones

- Representaciones a través de la escritura y el dibujo de una secuencia de acciones o instrucciones de un texto

### ESCRITURA POÉTICA

- Inserción de nombres de los niños u otras palabras en un poema donde corresponda
- Modificaciones de un poema o canción usando la misma estructura del lenguaje

# Seleccionar objetivos Hábitos y conocimientos para observar, enseñar y apoyar

## Escribir sobre la lectura

### TEXTOS DE FICCIÓN

**General**

- ● Intentar usar el vocabulario nuevo en los textos durante la escritura, para rotular dibujos usando el dictado, la ortografía fonética y formas parecidas a letras
- ● Usar los nombres de los autores y de los ilustradores en la escritura interactiva y compartida
- ● Intentar anotar de manera independiente títulos y autores de textos en el Cuaderno del lector (pueden ser dibujos)
- ● Contar información importante sobre un texto
- ● Dibujar (o usar otros medios artísticos) de manera independiente para representar información de un texto
- ● Usar vocabulario típico del lenguaje oral cotidiano para hablar y escribir sobre la lectura (Nivel 1)
- ● Usar conectores comunes (simples) que se usan con frecuencia en el lenguaje oral (palabras, frases que aclaran relaciones e ideas): *y, pero, entonces, porque, antes, después*
- ● Representar una secuencia de sucesos de un texto mediante el dibujo o la escritura
- ● Recordar información o detalles de un texto para producir listas, secuencias sencillas de acción
- ● Redactar notas, listas, cartas u oraciones para recordar información importante sobre un texto
- ● Volver a leer (a través de la lectura compartida) para recordar algo de un texto con el objeto de dibujar o escribir sobre él
- ● Volver a leer escritura interactiva o compartida para verificar el significado, la estructura del lenguaje y el uso adecuado de las palabras
- ◆ Dibujar o escribir acerca de las conexiones que existen entre las ideas y los textos y la experiencia de vida de los niños
- ◆ Dibujar y a veces rotular o dictar oraciones acerca de algo de la vida de los niños suscitado por los personajes o los sucesos de un cuento
- ◆ Dibujar o escribir predicciones para desenlaces de cuentos
- ◆ Escribir predicciones de lo que podría suceder en un cuento
- ◆ Escribir sobre predicciones a partir de las pruebas del texto
- ◆ Reflejar tanto los conocimientos previos como los nuevos que surgen de un texto
- ■ Usar un texto como recurso para palabras, frases e ideas de escritura
- ■ Expresar por qué una autora o un autor podría elegir escribir un cuento o escribir acerca de un tema
- ■ Observar, en la escritura interactiva o compartida, cuando una escritora o un escritor usa episodios o patrones repetitivos

*Un cuento de un niño de kindergarten acerca de jugar con los hermanos*

● Pensar en el texto ***en sí*** ◆ Pensar ***más allá*** del texto ■ Pensar ***acerca*** del texto

# **Seleccionar objetivos** Hábitos y conocimientos para observar, enseñar y apoyar *(cont.)*

## Escribir sobre la lectura

### TEXTOS DE FICCIÓN *(continuación)*

**General** *(continuación)*

- ■ Usar lenguaje académico para hablar acerca de textos (*portada, contraportada, página, título, escritor, autor, ilustrador, texto, ilustración, comienzo, final, problema*)
- ■ Expresar opiniones (*interesante, chistoso, emocionante*) acerca de textos
- ■ Identificar y anotar diferentes versiones del mismo cuento mediante la escritura interactiva o compartida
- ■ Hacer modificaciones a textos muy conocidos cambiando el final, la serie de sucesos, los personajes o el escenario

**Escenario**

- ● Escribir un resumen que incluya detalles importantes acerca del escenario

**Trama**

- ● Contar acerca de los sucesos importantes de un cuento, después de escuchar su lectura varias veces y usando los dibujos que aparecen en el texto
- ● Producir representaciones gráficas sencillas de un cuento (mapas del cuento, líneas de tiempo)
- ● Hacer una lista de los sucesos de un cuento
- ● Escribir un resumen que incluya el problema del cuento y cómo se resuelve
- ■ Dibujar y escribir para hacer mapas del cuento que muestren conocimientos sobre la estructura narrativa básica (comienzo, serie de episodios y final)

**Personajes**

- ● Identificar a los personajes de un cuento con rótulos (después de dibujar)
- ● Escribir un resumen que incluya detalles importantes acerca de los personajes
- ◆ Dibujar o escribir acerca de los sentimientos, como la empatía, de un personaje
- ◆ Comentar un problema de un cuento y dibujar y rotular cómo actúan los personajes
- ◆ Predecir qué podría hacer un personaje a continuación en un cuento mediante el dibujo o la escritura
- ◆ Rotular dibujos para mostrar lo qué podría estar diciendo un personaje
- ◆ Dibujar o escribir acerca de cómo podría sentirse un personaje
- ◆ Dibujar o escribir acerca de cómo podría haber cambiado o aprendido una lección un personaje
- ◆ Dibujar o escribir acerca de la relación entre las acciones de un personaje y sus consecuencias
- ■ Hacer una lista de personajes que tienen características de la personalidad predecibles (*astuto, valiente, tonto, sabio, avaro, inteligente*), típicos de la literatura tradicional

**Mensajes y temas**

- ◆ Escribir acerca de la lección inferida de la literatura tradicional
- ■ Observar cuando una autora o un autor de ficción "enseña una lección" y escribir acerca de eso

**Estilo y lenguaje**

- ◆ Mostrar el humor en textos de ficción mediante el dibujo o la escritura interactiva o compartida
- ■ Contar mediante el dibujo y la escritura qué hacen los autores para divertir
- ■ Observar cómo usa onomatopeyas una autora o un autor (palabras que imitan sonidos, como en *¡pío, pío!* y *¡cua, cua!*) y cómo las usa al dibujar o escribir acerca del cuento
- ■ Tomar prestado el estilo de una autora o un autor o usar algunas palabras o expresiones del texto

**Ilustraciones**

- ● Contar cuentos como respuesta a las imágenes
- ● Dibujar o escribir acerca de acciones cotidianas observadas en un texto (jugar, hacer cosas, comer, vestirse, bañarse, cocinar, salir de compras)
- ■ Dibujar o escribir acerca de los detalles que se encuentran en las ilustraciones

● Pensar en el texto ***en sí*** ◆ Pensar ***más allá*** del texto ■ Pensar ***acerca*** del texto

# Seleccionar objetivos Hábitos y conocimientos para observar, enseñar y apoyar *(cont.)*

## Escribir sobre la lectura

### TEXTOS DE NO FICCIÓN

#### General

- ● Usar vocabulario nuevo de textos durante la escritura para rotular dibujos
- ● Usar los nombres de los autores y de los ilustradores
- ● Anotar títulos y autores de textos en el Cuaderno del lector (y usar dibujos)
- ● Contar información importante sobre un texto
- ● Representar información de un texto mediante el dibujo (u otro medio artístico de comunicación) o la escritura
- ● Representar una secuencia de sucesos de un texto mediante el dibujo o la escritura
- ● Recordar información o detalles de un texto para producir listas, secuencias sencillas de acción e instrucciones
- ● Redactar notas, listas, cartas u oraciones para recordar información importante sobre un texto
- ● Volver a leer (a través de la lectura compartida) para recordar algo de un texto con el propósito de dibujar o escribir sobre él
- ● Volver a leer escritura interactiva o compartida para verificar el significado, la estructura del lenguaje y el uso adecuado de las palabras
- ◆ Dibujar o escribir acerca de las conexiones que existen entre las ideas de los textos y las experiencias de vida de los niños
- ◆ Escribir predicciones a partir de las pruebas del texto
- ◆ Expresar opiniones acerca de datos o información aprendidos
- ◆ Reflejar los conocimientos previos y los nuevos que surgen de un texto
- ■ Usar un texto como recurso para palabras, frases e ideas de escritura
- ■ Expresar por qué una autora o un autor podría elegir escribir un cuento o escribir acerca de un tema
- ■ Hacer listas que diferencien entre textos de ficción y no ficción
- ■ Describir en qué se parecen y se diferencian las ideas dentro de un texto de no ficción mediante el dibujo o la escritura
- ■ Usar lenguaje académico para hablar acerca de textos (*portada, contraportada, página, título, escritor, autor, ilustrador, texto, ilustración, fotografía, comienzo, final, problema*)
- ■ Expresar opiniones (*interesante, chistoso, emocionante*) acerca de textos

#### Tema

- ◆ Usar el dibujo o la escritura, hacer preguntas para mostrar curiosidad acerca de temas que aparecen en textos de no ficción y trabajar de manera activa para aprender más acerca de ellos

#### Mensajes e ideas principales

- ◆ Dibujar o escribir acerca del mensaje de la autora o del autor
- ◆ Establecer conexiones entre las ideas en los textos de no ficción (los animales, las mascotas, las familias, los alimentos, las plantas, la escuela, los amigos, crecer, los sentidos, el vecindario, el tiempo y las estaciones, la salud)

#### Ilustraciones/Elementos gráficos

- ● Dibujar y/o escribir acerca de la información que aparece en elementos gráficos sencillos (dibujos con rótulos, fotografías, mapas)

#### Estilo y lenguaje

- ◆ Mostrar el humor en los textos de no ficción mediante el dibujo o la escritura

● Pensar en el texto ***en sí*** ◆ Pensar ***más allá*** del texto ■ Pensar ***acerca*** del texto

# Seleccionar géneros y formas

## Escribir sobre la lectura

Los géneros y las formas para escribir sobre la lectura se muestran mediante la escritura interactiva, compartida o los modelos de escritura, por lo general, prestando atención a textos ejemplares. Los niños aprenden cómo responder a la lectura de diferentes formas, con propósitos y públicos diversos. Después de haber aprendido las formas a través de una experiencia guiada, las usan independientemente a medida que responden a los libros que leen. En la escritura independiente los niños usan la ortografía fonética, lo que puedan hacer para representar una palabra. Al comienzo del primer grado, la mayoría de los niños saben escribir cuentos sencillos con ortografía fonética. Si no saben hacerlo, pronto aprenderán al escribir y leer todos los días. Tenga en cuenta que estos hábitos representan objetivos para la enseñanza del año. Continuará usando los modelos de escritura, la compartida o interactiva para demostrar ejemplos más complejos que los niños pueden producir por su cuenta. La escritura compartida, la interactiva y los modelos de escritura también brindan textos con ortografía convencional para la lectura compartida.

### ESCRITURA FUNCIONAL

#### ▸ Notas y bosquejos

- Bosquejos o dibujos que reflejan el contenido de un texto
- Notas para apoyar a la memoria (*sucesos de un cuento, personajes*) para su uso posterior en la conversación o la escritura
- Rótulos para fotografías o dibujos relacionados con un texto
- Listas de palabras o frases interesantes de un texto
- Listas de libros leídos, con títulos y autores
- Listas de títulos de libros favoritos
- Listas de personajes favoritos [ficción]
- Listas de temas favoritos [no ficción]

#### ▸ Organizadores gráficos

- Tablas sencillas para mostrar secuencias de sucesos
- Cuadrículas que muestran relaciones entre diferentes tipos de información que surge de un texto o de varios textos
- Dos columnas para representar la comparación (personajes, problemas o diferentes versiones del mismo cuento)
- Red para mostrar las características de los personajes
- Círculo o diagramas de flujo para mostrar la secuencia temporal (ciclo de vida, proceso para hacer algo)

#### ▸ Cartas acerca de la lectura

- Cartas sencillas a otros lectores o a los autores e ilustradores (Como cartas de diálogo en un Cuaderno del lector)

#### ▸ Anotaciones

- Oraciones breves que expresan una predicción, una opinión o un aspecto interesante de un texto

### ESCRITURA NARRATIVA

#### ▸ Resúmenes

- Oraciones sencillas que resumen un texto
- Oraciones sencillas que muestran la secuencia de sucesos

#### ▸ Tiras cómicas/Guiones gráficos

- Dibujos que muestran la secuencia de sucesos de un texto (algunos con globos de diálogo para indicar los diálogos o globos de pensamiento para indicar los pensamientos, como en un mapa del cuento)
- Modificaciones de textos conocidos (un final nuevo o una trama similar con diferentes personajes)
- Representaciones gráficas de cuentos (mapas del cuento, líneas de tiempo)

### ESCRITURA INFORMATIVA

#### ▸ Informes

- Dibujos con rótulos que representan información interesante de un texto
- Oraciones breves y/o dibujos que brindan información interesante de un texto
- Listas de datos de un texto apoyados con ilustraciones
- Algunas oraciones sencillas con información acerca de una autora o un autor, o de una ilustradora o un ilustrador

#### ▸ Esquemas

- Resúmenes de la información que se aprendió con los encabezados que indican las secciones

#### ▸ Artículos de instrucciones

- Representaciones a través de la escritura y el dibujo de una secuencia de acciones o instrucciones de un texto

### ESCRITURA PERSUASIVA

- Carteles o anuncios publicitarios que cuentan acerca de un texto de una manera que capta la atención o es persuasiva
- Recomendaciones de libros

### ESCRITURA POÉTICA

- Textos poéticos en respuesta a un texto en prosa
- Inserción de nombres de los niños u otras palabras en un poema donde corresponda
- Modificaciones de un poema o canción usando la misma estructura del lenguaje

# Seleccionar objetivos Hábitos y conocimientos para observar, enseñar y apoyar

## Escribir sobre la lectura

### TEXTOS DE FICCIÓN

#### General

- ● Usar vocabulario nuevo de textos durante la escritura para reflejar el significado de manera adecuada
- ● Usar los nombres de los autores y de los ilustradores en la escritura interactiva y compartida
- ● Anotar de manera independiente los títulos, los autores y los ilustradores de textos en el Cuaderno del lector
- ● Contar información importante acerca de un texto mediante la escritura interactiva o compartida
- ● Dibujar (o usar otros medios artísticos) de manera independiente para representar información de un texto
- ● Usar vocabulario típico del lenguaje oral cotidiano para hablar y escribir sobre la lectura (Nivel 1)
- ● Usar conectores comunes (simples) que se usan con frecuencia en el lenguaje oral (palabras, frases que aclaran relaciones e ideas): *y, pero, entonces, porque, antes, después*
- ● Rotular dibujos acerca de textos mediante la escritura de la maestra o del maestro, o la ortografía fonética de los niños
- ● Dibujar y escribir acerca de acciones cotidianas observadas en un texto (jugar, hacer cosas, comer, vestirse, bañarse, cocinar, salir de compras)
- ● Representar una secuencia de sucesos de un texto mediante el dibujo o la escritura
- ● Recordar información o detalles de un texto para producir listas, secuencias sencillas de acción e instrucciones de manera independiente mediante la escritura interactiva o compartida
- ● Redactar notas, listas, cartas u oraciones basadas en un texto mediante la escritura interactiva, compartida o independiente
- ● Volver a leer para recordar algo de un texto con el objeto de dibujar o escribir sobre él
- ● Volver a leer la escritura sobre la lectura para verificar el significado, la estructura del lenguaje y el uso adecuado de las palabras
- ◆ Dibujar y escribir acerca de las conexiones que existen entre las ideas de los textos y las experiencias de vida de los niños
- ◆ Dibujar y escribir acerca de las conexiones que existen entre los textos en cuanto a sus temas, ideas, autores o personajes
- ◆ Dibujar y a veces rotular o dictar oraciones acerca de algo de la vida de los niños suscitado por los personajes o los sucesos de un cuento
- ◆ Proporcionar pruebas del texto o de la experiencia personal para apoyar oraciones escritas acerca del texto
- ◆ Escribir predicciones a partir de las pruebas del texto
- ◆ Escribir predicciones para desenlaces de cuentos
- ◆ Escribir predicciones de lo que podría suceder en un cuento
- ◆ Reflejar los conocimientos previos y los nuevos que surgen de un texto
- ■ Formular y anotar preguntas en respuesta a sucesos de una trama o a información importante
- ■ Usar un texto como recurso para palabras, frases e ideas de escritura
- ■ Expresar por qué una autora o un autor podría elegir escribir un cuento o escribir acerca de un tema
- ■ Escribir los episodios repetitivos o patrones de un libro
- ■ Hacer listas que diferencien entre textos de ficción y no ficción
- ■ Usar lenguaje académico para hablar acerca de los géneros (*ficción, cuento popular, cuento de hadas, fábula*)
- ■ Usar lenguaje académico para hablar acerca de las formas (*libro álbum o ilustrado, libro álbum o ilustrado sin palabras, poema, poesía, rima infantil, rima, canción*)
- ■ Usar lenguaje académico para hablar acerca de características literarias (*comienzo, final, problema, personaje, solución*)
- ■ Usar lenguaje académico para hablar acerca de las características de los libros y la letra impresa (*portada, contraportada, título, autor, ilustrador, página, texto, ilustración, rótulo, tabla de contenidos, agradecimiento, dibujo*)
- ■ Expresar opiniones (*interesante, chistoso, emocionante*) acerca de textos
- ■ Formular opiniones acerca de autores e ilustradores y usar la escritura para indicar por qué
- ■ Comparar diferentes versiones del mismo cuento, rima o cuento tradicional
- ■ Hacer modificaciones a textos muy conocidos cambiando el final, la serie de sucesos, los personajes o el escenario

#### Escenario

- ● Escribir resúmenes que incluyan detalles importantes acerca del escenario
- ◆ Identificar el escenario de un cuento y por qué es importante

#### Trama

- ● Contar acerca de los sucesos importantes de un cuento, después de escuchar su lectura varias veces y usando los dibujos que aparecen en el texto
- ● Identificar sucesos en un cuento usando rótulos
- ● Producir representaciones gráficas sencillas de un cuento (mapas del cuento, líneas de tiempo)
- ● Escribir resúmenes que incluyan el problema del cuento y cómo se resuelve
- ■ Comparar los problemas en diferentes versiones del mismo cuento, rima o cuento tradicional

#### Personajes

- ● Identificar a los personajes de un cuento mediante rótulos y ortografía fonética
- ● Escribir un resumen que incluya detalles importantes acerca de los personajes

● Pensar en el texto ***en sí*** ◆ Pensar ***más allá*** del texto ■ Pensar ***acerca*** del texto

ESCRIBIR SOBRE LA LECTURA

# Seleccionar objetivos Hábitos y conocimientos para observar, enseñar y apoyar *(cont.)*

## Escribir sobre la lectura

### TEXTOS DE FICCIÓN *(continuación)*

**Personajes** *(continuación)*

- ◆ Dibujar y escribir para expresar opiniones acerca de los personajes de un cuento (*gracioso, malo, tonto, bueno, amistoso*)
- ◆ Dibujar y escribir acerca de los sentimientos, como la empatía, hacia un personaje
- ◆ Comentar un problema en un cuento y expresar opiniones acerca de cómo actúan los personajes mediante la escritura compartida o interactiva
- ◆ Predecir qué podría hacer un personaje a continuación en un cuento mediante el dibujo o la escritura
- ◆ Rotular dibujos para mostrar lo que podría estar diciendo un personaje
- ◆ Inferir y describir las intenciones, los sentimientos y las motivaciones de un personaje mediante el dibujo o la escritura
- ◆ Mostrar cuando los personajes cambian o aprenden una lección en un cuento mediante el dibujo o la escritura
- ◆ Dibujar y escribir acerca de la relación entre las acciones de un personaje y sus consecuencias
- ■ Hacer una lista de personajes que tienen características de la personalidad predecibles (*astuto, valiente, tonto, sabio, avaro, inteligente*), típicos de la literatura tradicional usando un organizador gráfico y la escritura interactiva o compartida

**Mensajes y temas**

- ◆ Dibujar y escribir acerca del mensaje de la autora o del autor
- ◆ Escribir la lección inferida de la literatura tradicional
- ■ Observar y escribir una "lección" de una autora o un autor de ficción

**Estilo y lenguaje**

- ◆ Reconocer y escribir acerca del humor en textos de ficción
- ■ Observar y escribir acerca de los elementos de los recursos de elaboración de la escritora o del escritor: elección de palabras, uso de elementos literarios
- ■ Observar y anotar las elecciones de palabras interesantes que hace una autora o un autor de ficción
- ■ Observar y escribir acerca del uso de la repetición que hace una autora o un autor de ficción (estribillos, ritmo) mediante la escritura interactiva o compartida
- ■ Observar el uso de onomatopeyas (palabras que representan sonidos) que hace una autora o un autor y usarlas para dibujar o escribir acerca del cuento
- ■ Observar y recordar lenguaje interesante de un texto, usándolo ocasionalmente para dictar cuentos o hablar acerca de dibujos
- ■ Tomar prestado el estilo o algunas palabras o expresiones de una escritora o un escritor para escribir acerca de un texto

**Ilustraciones**

- ● Escribir acerca de los detalles que se encuentran en las ilustraciones
- ● Escribir acerca de las características (medio, estilo) de algunos ilustradores

*Respuesta de un niño de primer grado a la lectura*

● Pensar en el texto ***en sí*** ◆ Pensar ***más allá*** del texto ■ Pensar ***acerca*** del texto

# Seleccionar objetivos Hábitos y conocimientos para observar, enseñar y apoyar *(cont.)*

## Escribir sobre la lectura

### TEXTOS DE NO FICCIÓN

#### General

- ● Usar vocabulario nuevo de textos durante la escritura para reflejar el significado de manera adecuada
- ● Usar los nombres de los autores e ilustradores en la escritura
- ● Anotar los títulos, los autores y los ilustradores de textos en el Cuaderno del lector
- ● Contar información importante sobre un texto
- ● Dibujar (o usar otros medios artísticos) de manera independiente para representar información de un texto
- ● Rotular de manera independiente los dibujos acerca del texto mediante la ortografía fonética
- ● Dibujar y escribir acerca de acciones cotidianas observadas en un texto (jugar, hacer cosas, comer, vestirse, bañarse, cocinar, salir de compras)
- ● Representar una secuencia de sucesos de un texto mediante el dibujo o la escritura
- ● Recordar información o detalles de un texto para producir listas, secuencias sencillas de acción e instrucciones
- ● Redactar notas, listas, cartas u oraciones basadas en un texto
- ● Volver a leer para recordar algo de un texto para usarlo en la escritura
- ● Volver a leer la escritura sobre la lectura para verificar el significado, la estructura del lenguaje y el uso adecuado de las palabras
- ◆ Dibujar y escribir acerca de las conexiones que existen entre las ideas de los textos y las experiencias de vida de los niños
- ◆ Dibujar y escribir acerca de las conexiones que existen entre los textos en cuanto a sus temas, ideas, autores
- ◆ Escribir predicciones a partir de las pruebas del texto
- ◆ Reflejar en la escritura tanto los conocimientos previos como los nuevos que surgen de un texto
- ■ Formular y anotar preguntas en respuesta a información importante
- ■ Usar un texto como recurso para palabras, frases e ideas de escritura
- ■ Expresar por qué una autora o un autor podría elegir escribir un cuento o hacerlo acerca de un tema mediante la escritura interactiva o compartida
- ■ Registrar por escrito el uso que hace una autora o un autor de episodios o patrones repetitivos
- ■ Identificar y anotar si un texto es de ficción o no ficción
- ■ Formular opiniones acerca de los autores y los ilustradores, e indicar por escrito en qué se basan esas opiniones
- ■ Comparar diferentes versiones del mismo cuento, rima o cuento tradicional
- ■ Describir en qué se parecen y se diferencian las ideas y el contenido en un texto de no ficción mediante el dibujo o la escritura
- ■ Usar lenguaje académico para hablar acerca de los géneros (*no ficción, texto informativo, texto sobre hechos, memorias personales, libro de instrucciones*)
- ■ Usar lenguaje académico para hablar acerca de las formas (*libro álbum o ilustrado, libro álbum o ilustrado sin palabras, poema, poesía, rima infantil, rima, canción*)
- ■ Usar lenguaje académico para hablar acerca de características literarias (*comienzo, final, problema, solución, pregunta y respuesta, tema*)
- ■ Usar lenguaje académico para hablar acerca de las características de los libros y la letra impresa (*portada, contraportada, título, autor, ilustrador, página, texto, ilustración, fotografía, rótulo, tabla de contenidos, agradecimiento, sección, subtítulo, dibujo, mapa*)
- ■ Expresar opiniones (*interesante, chistoso, emocionante*) acerca de textos

#### Tema

- ◆ Usar el dibujo o la escritura, escribir preguntas para mostrar curiosidad acerca de temas que aparecen en textos de no ficción y trabajar de manera activa para aprender más acerca de ellos
- ■ Destacar el tema principal de un libro y sus subtemas

#### Organización

- ● Hacer un esquema del texto proporcionando resúmenes de la información aprendida mediante encabezados y subtítulos, que reflejan la estructura general de un texto y categorías sencillas

#### Mensajes e ideas principales

- ◆ Dibujar y escribir acerca del mensaje de la autora o del autor
- ◆ Dibujar y escribir para establecer conexiones entre las ideas en textos de no ficción (los animales, las mascotas, las familias, los alimentos, las plantas, la escuela, los amigos, crecer, los sentidos, el vecindario, el tiempo y las estaciones, la salud)

#### Ilustraciones/Elementos gráficos

- ● Usar la escritura interactiva, el dibujo y la ortografía fonética para escribir acerca de la información que aparece en elementos gráficos sencillos como dibujos rotulados, mapas, diagramas, fotografías con leyendas

#### Estilo y lenguaje

- ◆ Reconocer y dibujar o escribir acerca del humor en textos de no ficción
- ■ Observar y escribir acerca de los elementos de los recursos de elaboración de la escritora o del escritor (elección de palabras, uso de elementos literarios)
- ■ Observar y anotar las elecciones de palabras interesantes que hace una autora o un autor

● Pensar en el texto ***en sí*** ◆ Pensar ***más allá*** del texto ■ Pensar ***acerca*** del texto

# Seleccionar géneros y formas

## Escribir sobre la lectura

Los niños aprenden diferentes maneras de compartir lo que piensan sobre la lectura en mini-lecciones explícitas. Con la escritura compartida o los modelos de escritura, la maestra o el maestro puede demostrar el proceso y animar a los niños a realizar la tarea de construir el texto. A menudo, la maestra o el maestro y los niños leen varios ejemplos de una forma, identifican las características e intentan producir el tipo de respuesta. Luego, los niños pueden seleccionar entre las diversas formas posibles cuando responden a la lectura (por lo general, en el Cuaderno del lector). Hacia el final del segundo grado, los niños serán capaces de demostrar la ortografía convencional y escribir sobre la lectura en una variedad de géneros. Pero puede continuar usando la escritura compartida o los modelos de escritura para demostrar ejemplos más sofisticados para que los niños cuenten con modelos que pueden usar como recursos cuando presente una nueva forma de escribir sobre la lectura, (por ejemplo, un nuevo organizador gráfico) o una tarea exigente como escribir el mensaje de la autora o del autor. Tenga en cuenta que estos hábitos representan objetivos para un año de progreso.

### ESCRITURA FUNCIONAL

#### ▶ Notas y bosquejos

- Bosquejos o dibujos que ayudan a recordar un texto, interpretar un suceso o personaje, o representar el contenido de un texto
- Notas (acerca del escenario, los sucesos de un cuento, los personajes, palabras o frases memorables) en notas autoadhesivas, marcas de pensamiento o en un Cuaderno del lector, con el fin de apoyar la memoria para su uso posterior en la conversación o la escritura
- Notas que registran información interesante, detalles o palabras de un texto
- Rótulos para fotografías o dibujos relacionados con un texto
- Listas de libros leídos, con títulos y autores
- Listas de títulos de libros favoritos
- Listas de personajes favoritos [ficción]
- Listas de temas favoritos [no ficción]

#### ▶ Organizadores gráficos

- Redes que conectan información dentro de un texto o entre textos
- Redes que representan la organización de un texto
- Red para mostrar las características de los personajes
- Tablas que muestran la manera en la que está organizado un texto (descripción organizada, secuencia temporal, pregunta y respuesta, causa y efecto, secuencia cronológica, comparar y contrastar)
- Mapas del cuento que registran el título, la autora o el autor, el escenario, los sucesos de la trama, los personajes, el problema y la resolución
- Cuadrículas que muestran relaciones entre diferentes tipos de información que surge de un texto o de varios textos
- Dos columnas para representar la comparación (personajes, problemas o diferentes versiones del mismo relato, escenarios)
- Diagramas de flujo que muestran la secuencia

#### ▶ Cartas acerca de la lectura

- Cartas a la maestra o al maestro, a otros lectores o a los autores e ilustradores (como cartas de diálogo en un Cuaderno del lector)

#### ▶ Anotaciones

- Oraciones breves que expresan una predicción, una opinión o un aspecto interesante del texto

### ESCRITURA NARRATIVA

#### ▶ Resúmenes

- Oraciones sencillas que resumen un texto
- Resúmenes de tramas que contienen un informe breve del tema central o el mensaje de un texto
- Mapas del cuento que registran el título, la autora o el autor, el escenario, los sucesos de la trama, los personajes, el problema y la resolución

#### ▶ Tiras cómicas/Guiones gráficos

- Dibujos que muestran la secuencia de sucesos de un texto (algunos con globos de diálogo para indicar los diálogos o globos de pensamiento para indicar pensamientos, como en un mapa del cuento)
- Representaciones gráficas de cuentos (mapas del cuento, líneas de tiempo)

### ESCRITURA INFORMATIVA

#### ▶ Informes

- Dibujos con rótulos que representan información interesante de un texto
- Informes breves o dibujos que brindan información interesante de un texto
- Listas de datos de un texto apoyados con ilustraciones
- Algunas oraciones con información acerca de una autora o un autor, o de una ilustradora o un ilustrador

#### ▶ Esquemas

- Resúmenes de la información que aparece en los encabezados que indican temas y subtemas

#### ▶ Artículos de instrucciones

- Representaciones a través de la escritura y el dibujo de una secuencia de acciones o instrucciones de un texto

### ESCRITURA PERSUASIVA

- Carteles o anuncios publicitarios que cuentan acerca de un texto de una manera que capta la atención o es persuasiva
- Recomendaciones de libros

### ESCRITURA POÉTICA

- Modificaciones de un poema o canción usando la misma estructura del lenguaje
- Listas de palabras interesantes para describir un personaje de manera poética

## Seleccionar objetivos Hábitos y conocimientos para observar, enseñar y apoyar

### Escribir sobre la lectura

#### TEXTOS DE FICCIÓN

**General**

- Usar vocabulario nuevo en textos durante la escritura para reflejar el significado de manera adecuada
- Anotar los títulos y los autores de libros de ficción favoritos
- Anotar los títulos, los autores, los ilustradores y el género de los textos leídos en el Cuaderno del lector
- Dibujar (o usar otros medios artísticos) de manera independiente para representar información de un texto
- Rotular dibujos acerca de un texto
- Dibujar y escribir acerca de acciones cotidianas observadas en un texto (jugar, hacer cosas, comer, vestirse, bañarse, cocinar, salir de compras)
- Usar vocabulario típico del lenguaje oral cotidiano para hablar y escribir sobre la lectura (Nivel 1)
- Usar conectores comunes (simples) que se usan con frecuencia en el lenguaje oral (palabras, frases que aclaran relaciones e ideas): *y, pero, entonces, porque, antes, después*
- Representar una secuencia de sucesos de un texto mediante el dibujo o la escritura
- Recordar información o detalles de un texto para producir listas, secuencias sencillas de acción e instrucciones de manera independiente
- Redactar notas, listas, cartas u oraciones para recordar información importante sobre un texto
- Escribir o anotar preguntas cuando se pierde el significado o se interrumpe la comprensión
- Volver a leer para recordar algo de un texto con el objeto de dibujar o escribir sobre él
- Volver a leer la escritura sobre la lectura para verificar el significado, la estructura del lenguaje y el uso adecuado de las palabras

*Un niño de segundo grado escribe acerca de un libro que le gusta*

● Pensar en el texto ***en sí*** ◆ Pensar ***más allá*** del texto ■ Pensar ***acerca*** del texto

# Seleccionar objetivos Hábitos y conocimientos para observar, enseñar y apoyar *(cont.)*

## Escribir sobre la lectura

### TEXTOS DE FICCIÓN *(continuación)*

**General** *(continuación)*

- ● Escribir resúmenes que reflejan la comprensión literal de un texto
- ◆ Mostrar conexiones entre el escenario, los personajes y los sucesos de un texto y las experiencias de la lectora o del lector
- ◆ Dibujar y escribir para relacionar información/ideas importantes dentro de un texto o con otros textos
- ◆ Dibujar y escribir acerca de las conexiones que existen entre los textos en cuanto a sus temas, ideas, autores o personajes
- ◆ Dibujar y escribir algunas oraciones acerca de algo de la vida de los niños suscitado por los personajes o los sucesos de un cuento
- ◆ Observar y escribir acerca de la importancia de ideas relevantes para su mundo (compartir, preocuparse por los demás, hacer su tarea, ayudar a su familia, cuidarse a sí misma o mismo, mantenerse saludables, cuidar el mundo o el medioambiente, valorar las diferencias, expresar sentimientos, empatizar con los demás)
- ◆ Proporcionar pruebas del texto o de la experiencia personal para apoyar oraciones escritas acerca del texto
- ◆ Escribir acerca de una amplia gama de predicciones basadas en pruebas de un texto
- ◆ Escribir predicciones para desenlaces de cuentos y apoyarlas con pruebas de un texto
- ◆ Escribir predicciones de lo que podría suceder en un cuento y apoyar esas predicciones con pruebas
- ◆ Reflejar en la escritura tanto los conocimientos previos como los nuevos que surgen de un texto
- ■ Formular y anotar preguntas en respuesta a sucesos de una trama o como información importante
- ■ Usar un texto como recurso para palabras, frases e ideas de escritura
- ■ Observar, anotar ilustraciones decorativas y/o informativas o letra impresa fuera del cuerpo del texto (peritexto)
- ■ Escribir por qué una autora o un autor podría elegir escribir un cuento o escribir acerca de un tema
- ■ Escribir los episodios repetitivos o patrones de un texto
- ■ Identificar y anotar si un texto es de ficción o no ficción, así como cualquier género conocido dentro de esas categorías
- ■ Hacer listas de cuentos que podrían suceder en la vida real, como en la ficción realista, y de cuentos que podrían no suceder en ella, como en la fantasía
- ■ Observar y escribir acerca de las características de los géneros de ficción (ficción realista, cuento popular, cuento exagerado, cuentos de hadas, fábula, fantasía)
- ■ Usar lenguaje académico para hablar acerca de los géneros (*ficción; cuento popular; cuento de hadas; fantasía; cuento de aventuras; cuento de animales; cuento de familia, amigos y escuela; cuento humorístico*)
- ■ Usar lenguaje académico para hablar acerca de las formas (*libro álbum o ilustrado, libro álbum o ilustrado sin palabras, poema, poesía, rima infantil, rima, canción, colección de poesía, libros de una serie, libro por capítulos, obra de teatro, carta*)
- ■ Usar lenguaje académico para hablar acerca de las características literarias (*comienzo, final, problema, personaje, solución, personaje principal, tiempo y lugar, sucesos, cambio de personaje, mensaje, diálogo*)
- ■ Usar lenguaje académico para hablar acerca de aspectos del libro y la letra impresa (*portada, contraportada, título, autor, ilustrador, página, texto, ilustración, rótulo, tabla de contenidos, agradecimiento, capítulo, dibujo, título del capítulo, dedicatoria, nota del autor, nota del ilustrador*)
- ■ Expresar opiniones (*interesante, chistoso, emocionante*) por escrito acerca de un texto y apoyar esas opiniones con pruebas
- ■ Formular opiniones acerca de los autores y los ilustradores e indicar por escrito en qué se basan esas opiniones
- ■ Comparar por escrito diferentes versiones del mismo cuento, rima o cuento tradicional
- ■ Hacer modificaciones a textos muy conocidos cambiando el final, la serie de sucesos, los personajes o el escenario

**Escenario**

- ● Tomar notas o escribir descripciones para recordar detalles importantes acerca del escenario
- ■ Escribir acerca de la importancia del escenario para la trama del cuento

**Trama**

- ● Tomar notas o escribir descripciones para recordar detalles importantes acerca de la trama
- ● Escribir resúmenes que incluyan el problema principal del cuento y cómo se resuelve
- ◆ Escribir acerca de la importancia de los sucesos en una trama
- ■ Reconocer y escribir acerca de aspectos de la estructura narrativa o representarlos en diagramas o diagramas de flujo (comienzo, serie de episodios, sucesos en orden secuencial, punto más emocionante de un cuento y final)
- ■ Comparar los problemas en diferentes versiones del mismo cuento, rima, cuento tradicional

● Pensar en el texto ***en sí*** ◆ Pensar ***más allá*** del texto ■ Pensar ***acerca*** del texto

# Seleccionar objetivos Hábitos y conocimientos para observar, enseñar y apoyar *(cont.)*

## Escribir sobre la lectura

### TEXTOS DE FICCIÓN *(continuación)*

**Personajes**

- ● Escribir un resumen que incluya detalles importantes acerca de los personajes
- ● Tomar notas o escribir descripciones para recordar detalles importantes acerca de los personajes
- ● Reconocer y comenzar a escribir acerca de las dimensiones múltiples de los personajes (son buenos, amables, serviciales; pueden cometer errores, pueden hacer cosas malas; pueden mejorar)
- ◆ Expresar sentimientos como la empatía o el desagrado hacia un personaje
- ◆ Dibujar y escribir para expresar opiniones acerca de los personajes de un cuento (*chistoso, malo, tonto, amistoso*)
- ◆ Comentar un problema de un cuento y escribir opiniones acerca de cómo actúan los personajes
- ◆ Escribir una predicción de lo que es probable que haga un personaje y apoyar las predicciones con pruebas
- ◆ Rotular dibujos para mostrar lo que podría estar diciendo un personaje
- ◆ Describir atributos de los personajes que se revelan en sus pensamientos, diálogo, comportamientos y lo que otros dicen o piensan de ellos
- ◆ Describir las intenciones, los sentimientos y las motivaciones de los personajes que se revelan en sus pensamientos, diálogo, comportamientos y lo que otros dicen o piensan de ellos
- ◆ Mostrar cuando los personajes cambian o aprenden una lección en un cuento, e inferir razones relacionadas con sucesos de la trama
- ◆ Describir las relaciones entre las acciones de un personaje y sus consecuencias
- ■ Usar un organizador gráfico para hacer una lista de personajes que tienen características de la personalidad predecibles, típicos de la literatura tradicional (*astuto, valiente, tonto, sabio, avaro, inteligente*)

**Mensajes y temas**

- ◆ Escribir el mensaje de la autora o del autor
- ◆ Escribir acerca de la lección inferida de la literatura tradicional
- ◆ Escribir acerca de cómo puede aplicarse la lección de un cuento a la vida de las personas
- ◆ Escribir acerca de temas que son cercanos a las experiencias de los niños (la imaginación, el coraje, los miedos, compartir, la amistad, las relaciones familiares, una misma o uno mismo, la naturaleza, crecer, los hábitos, la comunidad, las responsabilidades, la diversidad, las pertenencia, relaciones con los compañeros, la pérdida)
- ■ Observar y escribir una "lección" de una autora o un autor de ficción
- ■ Escribir acerca del propósito que tiene la autora o el autor para contar un cuento y qué mensajes para los lectores puede contener este

**Estilo y lenguaje**

- ◆ Reconocer y escribir acerca del humor en un texto
- ■ Escribir para mostrar cómo está organizado un texto (orden cronológico o secuencias establecidas, como números, hora del día, días de la semana o estaciones)
- ■ Observar y escribir acerca de los elementos de los recursos de elaboración de la escritora o del escritor: elección de palabras, uso de elementos literarios
- ■ Observar y anotar las elecciones de palabras interesantes que hace una autora o un autor
- ■ Observar y escribir acerca del uso de la repetición que hace una autora o un autor de ficción (estribillos, ritmo)
- ■ Observar el uso de onomatopeyas (palabras que representan sonidos) que hace una autora o un autor de ficción y usarlas para dibujar o escribir acerca del cuento
- ■ Observar y escribir acerca del uso que hace una autora o un autor del lenguaje literario, que incluye el uso de metáforas, símiles y descripciones
- ■ Tomar prestado el estilo o algunas palabras o expresiones de una escritora o un escritor para escribir acerca de un texto

**Ilustraciones**

- ■ Escribir acerca de los detalles que se encuentran en las ilustraciones
- ■ Escribir acerca de las características (medio, estilo) de algunos ilustradores

● Pensar en el texto ***en sí*** ◆ Pensar ***más allá*** del texto ■ Pensar ***acerca*** del texto

# Seleccionar objetivos Hábitos y conocimientos para observar, enseñar y apoyar *(cont.)*

## Escribir sobre la lectura

### TEXTOS DE NO FICCIÓN

#### General

- ● Usar vocabulario nuevo de textos durante la escritura para reflejar el significado de manera adecuada
- ● Anotar los títulos y autores de libros de no ficción favoritos
- ● Anotar los títulos, los autores, los ilustradores y el género de textos leídos en el Cuaderno del lector
- ● Dibujar (o usar otros medios artísticos) de manera independiente para representar información de un texto
- ● Usar vocabulario típico del lenguaje oral cotidiano para hablar y escribir sobre la lectura (Nivel 1)
- ● Usar conectores comunes (simples) que se usan con frecuencia en el lenguaje oral (palabras, frases que aclaran relaciones e ideas): *y, pero, entonces, porque, antes, después*
- ● Dibujar y escribir acerca de acciones cotidianas observadas en un texto (jugar, hacer cosas, comer, vestirse, bañarse, cocinar, salir de compras)
- ● Representar de manera independiente una secuencia de sucesos de un texto mediante el dibujo o la escritura
- ● Recordar información o detalles de un texto para producir listas, secuencias sencillas de acción e instrucciones de manera independiente
- ● Redactar notas, listas, cartas u oraciones para recordar información importante sobre un texto
- ● Consultar notas acerca de un texto como prueba para apoyar opiniones y declaraciones en la conversación y por escrito
- ● Volver a leer para recordar algo de un texto con el fin de usarlo de manera independiente en el dibujo y la escritura
- ● Volver a leer la escritura sobre la lectura para verificar el significado, la estructura del lenguaje y el uso adecuado de las palabras
- ● Escribir acerca del contenido de textos que reflejan conocimientos iniciales del mundo físico y social (salud, estudios sociales, ciencias, matemáticas, artes)
- ◆ Dibujar y escribir acerca de la relevancia que tiene el contenido de no ficción en la vida de los niños
- ◆ Dibujar y escribir acerca de las conexiones que existen entre las ideas de los textos y las experiencias de vida de los niños
- ◆ Dibujar y escribir para relacionar información/ideas importantes dentro de un texto o con otros textos
- ◆ Dibujar y escribir acerca de las conexiones que existen entre los textos en cuanto a sus temas, ideas principales, estilos de los autores y géneros
- ◆ Proporcionar pruebas del texto o de la experiencia personal para apoyar oraciones escritas acerca de un texto
- ◆ Observar y escribir acerca de la importancia de ideas relevantes para el mundo de los niños (compartir, preocuparse por los demás, hacer su tarea, ayudar a su familia, cuidarse a sí misma o mismo, mantenerse saludable, cuidar el mundo o el medioambiente, valorar las diferencias, expresar sentimientos, empatizar con los demás)
- ◆ Escribir acerca de una amplia gama de predicciones basadas en pruebas del texto
- ◆ Reflejar en la escritura los conocimientos previos y los nuevos que surgen de un texto
- ■ Formular y anotar preguntas en respuesta a información importante
- ■ Usar un texto como recurso para palabras, frases e ideas de escritura
- ■ Escribir acerca de por qué una autora o un autor podría elegir escribir un cuento o escribir acerca de un tema
- ■ Identificar y anotar si un texto es ficción o no ficción
- ■ Observar y escribir acerca de las características de los géneros de no ficción (no ficción expositiva o informativa, no ficción narrativa, biografía, memorias personales, texto de instrucciones, texto persuasivo, texto híbrido)
- ■ Formular opiniones acerca de los autores y los ilustradores e indicar por escrito en qué se basan esas opiniones
- ■ Usar lenguaje académico para hablar acerca de los géneros (*no ficción, texto informativo, texto sobre hechos, memorias personales, biografía, libro de instrucciones*)
- ■ Usar lenguaje académico para hablar acerca de las formas (*libro álbum o ilustrado, libro álbum o ilustrado sin palabras, poema, poesía, rima infantil, poema en rima, canción, colección de poesía, libros de una serie, libro por capítulos, obra de teatro, carta*)
- ■ Usar lenguaje académico para hablar acerca de las características literarias (*comienzo, final, pregunta y respuesta, tema, tiempo y lugar, sucesos, mensaje, diálogo, descripción, orden de los sucesos, problema y solución*)
- ■ Usar lenguaje académico para hablar acerca de aspectos del libro y la letra impresa (*portada, contraportada, título, autor, ilustrador, página, texto, ilustración, fotografía, rótulo, tabla de contenidos, agradecimiento, sección, subtítulo, dibujo, leyenda, mapa, dedicatoria, nota del autor, nota del ilustrador, diagrama, glosario*)
- ■ Expresar opiniones (*interesante, chistoso, emocionante*) por escrito acerca de un texto y apoyar esas opiniones con pruebas
- ■ Dibujar o escribir en qué se parecen y se diferencian las ideas y el contenido dentro de un texto

● Pensar en el texto ***en sí*** ◆ Pensar ***más allá*** del texto ■ Pensar ***acerca*** del texto

## Seleccionar objetivos Hábitos y conocimientos para observar, enseñar y apoyar *(cont.)*

### Escribir sobre la lectura

**TEXTOS DE NO FICCIÓN** *(continuación)*

**Tema**

- ◆ Usar el dibujo y/o la escritura, mostrar curiosidad acerca de temas que aparecen en textos y trabajar de manera activa para aprender más acerca de ellos
- ■ Observar y mostrar por escrito cómo se organiza un texto con temas y subtemas
- ■ Usar organizadores gráficos como redes para mostrar cómo combina una autora o un autor información relacionada con el mismo tema

**Organización**

- ● Escribir un esquema proporcionando resúmenes de la información aprendida mediante encabezados y subtítulos que reflejan la estructura general de un texto y categorías sencillas
- ■ Dibujar o escribir para mostrar cómo está organizado un texto (orden cronológico o secuencias establecidas, como números, hora del día, días de la semana o estaciones)

**Mensajes e ideas principales**

- ● Hacer una lista de los sucesos o ideas importantes en un texto expositivo o biográfico
- ◆ Dibujar y escribir acerca del mensaje de la autora o del autor
- ◆ Escribir acerca de las conexiones que existen entre las ideas de un texto (los animales, las mascotas, las familias, los alimentos, las plantas, la escuela, los amigos, crecer, los sentidos, el vecindario, el tiempo y las estaciones, la salud)

**Ilustraciones/Elementos gráficos**

- ● Observar y escribir acerca de la información que aparece en elementos gráficos sencillos, como fotos y dibujos con rótulos o leyendas, diagramas, mapas
- ● Consultar características del libro y la letra impresa en la escritura sobre la lectura (título, tabla de contenidos, título de los capítulos, encabezado, recuadro lateral; nota de la autora o del autor, guía de pronunciación, glosario)
- ■ Observar y escribir para describir cómo los elementos gráficos de un texto ayudan a explicar la información para comunicar ideas con claridad

**Estilo y lenguaje**

- ◆ Reconocer y escribir acerca del humor en un texto
- ■ Observar y escribir acerca de los elementos de los recursos de elaboración de la escritora o del escritor (elección de palabras, uso de elementos literarios)
- ■ Observar y anotar las elecciones de palabras interesantes que hace una autora o un autor

● Pensar en el texto ***en sí*** ◆ Pensar ***más allá*** del texto ■ Pensar ***acerca*** del texto

# Seleccionar géneros y formas

## Escribir sobre la lectura

Los estudiantes aprenden diferentes maneras de compartir lo que piensan sobre la lectura en mini-lecciones explícitas. A menudo, la maestra o el maestro y los estudiantes leen varios ejemplos de una forma, identifican las características e intentan producir el tipo de respuesta. Cuando espere que los estudiantes expresen conocimientos nuevos o lo hagan de una forma nueva, es importante que primero participen en una conversación productiva. Esto implica que los estudiantes primero deben *decirlo*, y no simplemente oír a la maestra o al maestro. Luego, use modelos de escritura o la escritura compartida para demostrar cómo usar la forma (por ejemplo, un organizador gráfico o la descripción de un personaje) o articular un nuevo conocimiento. Recuerde que por cada hábito o conocimiento que se menciona aquí, los escritores tienen una opción de forma. Puede demostrar y/o sugerir la forma. Luego, los estudiantes pueden seleccionar de las diversas maneras posibles cuando responden a la lectura (por lo general, en un Cuaderno del lector). Tenga en cuenta que estos hábitos representan objetivos para la enseñanza del año.

### ESCRITURA FUNCIONAL

#### ▶ Notas y bosquejos

- Bosquejos de dibujos que ayudan a recordar un texto, interpretar un suceso o personaje, o representar el contenido de un texto
- Notas (acerca del escenario, los sucesos de un cuento, los personajes, palabras o frases memorables) en notas autoadhesivas, marcas de pensamiento y en un Cuaderno del lector que apoye la memoria para su uso posterior en la conversación o la escritura
- Notas que registran información, detalles, lenguaje o ejemplos interesantes de los recursos de elaboración de la autora o del autor, como muestran las citas de un texto
- Rótulos y leyendas para ilustraciones como dibujos, fotografías y mapas relacionados con un texto
- Listas de libros (completados o abandonados) con título, autora o autor, género y fechas de lectura
- Listas de títulos, autores, personajes o temas favoritos

#### ▶ Organizadores gráficos

- Redes que conectan información dentro de un texto o entre textos (organización, características de los personajes, escenarios)
- Tablas que muestran la manera en la que está organizado un texto (descripción, secuencia temporal, pregunta y respuesta, causa y efecto, secuencia cronológica, comparar y contrastar, problema y solución)
- Mapas del cuento que registran el título, la autora o el autor, el escenario, los sucesos de la trama, los personajes, el problema y la resolución
- Organizadores gráficos que muestran géneros enmarcados en textos híbridos
- Cuadrículas que muestran relaciones entre diferentes tipos de información que surge de un texto o de varios
- Dos columnas para representar la comparación (personajes, problemas, escenarios, diferentes versiones del mismo cuento)

#### ▶ Cartas acerca de la lectura

- Cartas a la maestra o al maestro, a otros lectores o a los autores e ilustradores (incluyendo cartas de diálogo en un Cuaderno del lector)

#### ▶ Anotaciones

- Oraciones breves que expresan una predicción, una opinión o algún aspecto interesante del texto
- Borrador de bosquejo de personajes

#### ▶ Respuestas más largas

- Entrada de doble columna con una frase, oración, cita de un texto o pregunta en la columna izquierda, y espacio para la opinión de la lectora o del lector en la derecha
- Respuestas más largas en el Cuaderno del lector que desarrollan el razonamiento a partir de notas, bosquejos, anotaciones u organizadores gráficos

### ESCRITURA NARRATIVA

#### ▶ Resúmenes

- Resúmenes de tramas que contienen una exposición breve del tema central o el mensaje de un texto
- Mapas del cuento que registran el título, la autora o el autor, el escenario, los sucesos de la trama, los personajes, el problema y la resolución

#### ▶ Escribir con propósitos teatrales

- Guiones del teatro del lector

#### ▶ Tiras cómicas/Guiones gráficos

- Representaciones gráficas de cuentos (mapas del cuento, líneas de tiempo)
- Tiras cómicas o cómics que presentan un cuento o información
- Guiones gráficos que representan sucesos importantes de un texto

### ESCRITURA INFORMATIVA

#### ▶ Informes

- Informes breves que dan información de uno o más textos
- Listas de datos de un texto apoyados con ilustraciones
- Algunas oraciones con información acerca de una autor o un autor, o de una ilustradora o un ilustrador
- Reportes sobre la información en un texto que refleja el uso de ilustraciones (fotos o dibujos con rótulos o leyendas, diagramas, mapas con leyendas), herramientas de organización (título, tabla de contenidos, título de capítulos, encabezados, subtítulos, barras laterales), y recursos del texto (nota del autor, glosario)

#### ▶ Esquemas

- Listas de encabezados y subtítulos que reflejan la organización del texto
- Esquema de los puntos y los subpuntos principales de un texto sin encabezados

#### ▶ Artículos de instrucciones

- Instrucciones ilustradas ocasionalmente con dibujos que muestran una secuencia de acciones basadas en un texto

## Seleccionar géneros y formas *(cont.)*

### Escribir sobre la lectura

▶ **Estudios sobre autores e ilustradores**

- Estudios sobre autores que implican una respuesta a uno o más libros de una autora o autor y/o usando información biográfica
- Estudios sobre ilustradores que implican una respuesta a uno o más libros de una artista o un artista y/o usando información biográfica

**ESCRITURA PERSUASIVA**

- Carteles o anuncios publicitarios que cuentan acerca de un texto de una manera que capta la atención o es persuasiva
- Recomendaciones de libros

**ESCRITURA POÉTICA**

- Modificaciones de un poema o canción usando la misma estructura del lenguaje
- Textos poéticos escritos en respuesta a poemas, usando el mismo tema, atmósfera y estilo

# Seleccionar objetivos Hábitos y conocimientos para observar, enseñar y apoyar

## Escribir sobre la lectura

### TEXTOS DE FICCIÓN

**General**

- ● Usar vocabulario nuevo de textos durante la escritura para reflejar el significado de manera adecuada
- ● Explorar definiciones de palabras nuevas de los textos escribiendo acerca de ellas
- ● Comprender y extraer información para escribir a partir del propósito de la dedicatoria de un texto, los reconocimientos, la nota de la autora o del autor, el glosario
- ● Anotar los títulos, los autores y los géneros de los libros para recomendar
- ● Anotar el título, los autores, los ilustradores, el género de textos leídos y las fechas de lectura en el Cuaderno del lector
- ● Dibujar o hacer bosquejos para recordar un texto o representar el contenido de un texto
- ● Usar vocabulario típico del lenguaje oral cotidiano para hablar y escribir sobre la lectura (Nivel 1)
- ● Comprender algunas palabras que aparecen en el lenguaje de los usuarios maduros y en textos escritos (Nivel 2)
- ● Usar conectores comunes (simples) que se usan con frecuencia en el lenguaje oral (palabras, frases que aclaran relaciones e ideas): *y, pero, entonces, porque, antes, después*
- ● Usar algunos conectores sofisticados (palabras que relacionan ideas y aclaran el significado) que se usan en textos escritos pero no suelen aparecer en el lenguaje oral cotidiano (*a menos que, además, aunque, cuando sea, hasta que, mientras tanto, no obstante, por lo tanto, si no, sin embargo, todavía*)
- ● Rotular dibujos acerca de un texto
- ● Recordar información o detalles de un texto para producir listas, secuencias sencillas de acción e instrucciones de manera independiente
- ● Redactar notas, listas, cartas u oraciones para recordar información importante sobre un texto
- ● Tomar notas acerca de la necesidad de aclarar información (preguntas, confusiones)
- ● Volver a consultar textos para buscar ideas o revisar detalles durante la escritura o el dibujo
- ● Representar una serie más extensa de sucesos de un texto a través del dibujo y la escritura
- ● Escribir resúmenes que reflejan la comprensión literal de un texto
- ● Seleccionar e incluir detalles adecuados e importantes al escribir el resumen de un texto
- ● Citar números de páginas de un texto al escribir acerca de información importante
- ● Volver a leer para revisar el significado, la precisión y la claridad de expresión
- ◆ Mostrar conexiones entre el escenario, los personajes, los sucesos de un texto y las experiencias de la lectora o del lector
- ◆ Relacionar información/ideas importantes dentro de un texto o con otros textos
- ◆ Escribir acerca de las relaciones entre textos según el tema, las ideas principales, los estilos de los autores y los géneros
- ◆ Dibujar y escribir acerca de algo de vida suscitado por los personajes o los sucesos de un cuento
- ◆ Observar y escribir acerca de la importancia de ideas relevantes para su mundo (compartir, preocuparse por los demás, hacer su tarea, ayudar a su familia, cuidarse a sí misma o mismo, mantenerse saludable, cuidar el mundo o el medioambiente, valorar las diferencias, expresar sentimientos, empatizar con los demás)
- ◆ Proporcionar pruebas del texto o de la experiencia personal para apoyar oraciones escritas acerca del texto
- ◆ Escribir una amplia gama de predicciones a partir de pruebas del texto
- ◆ Escribir predicciones para desenlaces de cuentos y apoyarlas con pruebas del texto
- ◆ Escribir predicciones sobre lo que sucederá en un cuento y apoyar con pruebas del texto
- ◆ Proporcionar detalles que son importantes para comprender el problema del cuento, el escenario y los personajes
- ◆ Reflejar en la escritura los conocimientos previos y los nuevos que surgen de un texto
- ■ Formular y anotar preguntas en respuesta a sucesos de una trama o a información importante
- ■ Usar textos como recursos para palabras, frases e ideas de escritura
- ■ Escribir sobre el significado de la dedicatoria de un texto, los reconocimientos y la nota de la autora o del autor
- ■ Observar y escribir acerca de ilustraciones decorativas o informativas y/o letra impresa fuera del cuerpo del texto (peritexto)
- ■ Escribir acerca de por qué una autora o un autor podría elegir escribir un cuento o escribir acerca de un tema
- ■ Identificar y anotar el género específico de un libro según sus características usando todas las categorías conocidas
- ■ Hacer listas de cuentos que podrían suceder en la vida real, como en la ficción realista, y cuentos que podrían no suceder en ella, como en la fantasía
- ■ Observar y escribir acerca de las características de los géneros de ficción: ficción realista, cuento popular, cuento exagerado, cuento de hadas, fábula, fantasía y algunos tipos especiales de ficción (cuento de aventuras, cuento de animales, cuento humorístico, cuento de familia, amigos y escuela)
- ■ Escribir acerca de textos híbridos, distinguiendo entre secciones de ficción y no ficción

● Pensar en el texto ***en sí*** ◆ Pensar ***más allá*** del texto ■ Pensar ***acerca*** del texto

## Seleccionar objetivos Hábitos y conocimientos para observar, enseñar y apoyar *(cont.)*

### Escribir sobre la lectura

#### TEXTOS DE FICCIÓN *(continuación)*

**General** *(continuación)*

- ■ Usar lenguaje académico para hablar acerca de los géneros (*ficción; cuento popular; cuento de hadas; fábula; cuento exagerado; cuento de aventuras; cuento de animales; cuento de familia, amigos y escuela; cuento humorístico; ficción realista; literatura tradicional*)
- ■ Usar lenguaje académico para hablar acerca de las formas (*libro álbum o ilustrado, libro álbum o ilustrado sin palabras, poema, poesía, rima infantil, rima, canción, colección de poesía, libros de una serie, libro por capítulos, obra de teatro, carta*)
- ■ Usar lenguaje académico para hablar acerca de las características literarias (*comienzo, final, problema, personaje, solución, personaje principal, sucesos, cambio de personaje, mensaje, diálogo, tiempo y lugar*)
- ■ Usar lenguaje académico para hablar acerca de aspectos del libro y la letra impresa (*portada, contraportada, título, autor, ilustrador, página, texto, ilustración, rótulo, tabla de contenidos, agradecimientos, capítulo, dibujo, leyenda, título del capítulo, dedicatoria, nota del autor, nota del ilustrador, solapa del libro*)
- ■ Formular y expresar opiniones acerca de un texto por escrito y, apoyar esas opiniones con fundamentos y pruebas
- ■ Formular opiniones acerca de los autores y los ilustradores e indicar por escrito en qué se basan esas opiniones
- ■ Hacer modificaciones a textos muy conocidos cambiando el final, la serie de sucesos, los personajes y/o el escenario
- ■ Reconocer y escribir acerca de algunas estructuras del texto complejas en la ficción (cuento dentro de otro cuento, flashback)

**Escenario**

- ● Escribir resúmenes que incluyan detalles importantes acerca del escenario
- ● Tomar notas o escribir descripciones para recordar detalles importantes acerca del escenario
- ■ Escribir acerca de la importancia del escenario en la trama de la ficción realista e histórica, y de la fantasía

**Trama**

- ● Tomar notas o escribir descripciones para recordar detalles importantes acerca de la trama
- ● Escribir resúmenes que incluyan el problema principal del cuento y cómo se resuelve
- ◆ Escribir acerca de la importancia de los sucesos en una trama
- ■ Reconocer y escribir acerca de aspectos de la estructura narrativa (comienzo, serie de sucesos, problema, resolución, final)

**Personajes**

- ● Escribir resúmenes que incluyan detalles importantes acerca de los personajes
- ● Tomar notas o escribir descripciones para recordar detalles importantes acerca de los personajes
- ● Reconocer y comenzar a escribir acerca de las dimensiones múltiples de los personajes (pueden ser buenos pero tener defectos, pueden cometer errores por confusión o equivocación, pueden hacer cosas malas, pero cambian para mejorar)
- ◆ Expresar sentimientos como la empatía o el desagrado hacia un personaje
- ◆ Escribir lo que es probable que haga un personaje a continuación o después del final del cuento, y apoyar las predicciones con pruebas
- ◆ Comentar un problema de un cuento y escribir opiniones acerca de cómo actúan los personajes
- ◆ Describir atributos de los personajes que se revelan en sus pensamientos, diálogo, comportamientos y lo que otros dicen o piensan de ellos, y apoyarlos con pruebas
- ◆ Describir las intenciones, los sentimientos y las motivaciones de los personajes que se revelan en sus pensamientos, diálogo, comportamientos, así como en lo que otros dicen o piensan de ellos y apoyarlos con pruebas
- ◆ Expresar opiniones por escrito acerca de los personajes de un cuento (malvado, deshonesto, inteligente, astuto, codicioso, valiente, leal) y apoyarlas con pruebas
- ◆ Usar anotaciones, notas, cartas de respuesta de la lectora o del lector para describir relaciones entre los personajes como se revelan a través del diálogo, y sus comportamientos
- ◆ Escribir acerca de los atributos de personajes predecibles o estáticos (personajes que no cambian), típicos de la literatura tradicional
- ◆ Observar y escribir acerca del cambio de los personajes e inferir razones relacionadas con los sucesos de la trama
- ◆ Diferenciar por escrito el personaje o los personajes principales de los secundarios
- ◆ Escribir acerca de las relaciones entre las acciones de un personaje y sus consecuencias
- ■ Observar y escribir acerca de personajes con características de la personalidad predecibles, típicos de la literatura tradicional (astuto, valiente, tonto, sabio, codicioso, inteligente)

**Mensajes y temas**

- ◆ Inferir y escribir acerca de los mensajes más amplios de un texto de ficción
- ◆ Escribir acerca de la lección inferida de la literatura tradicional
- ◆ Escribir acerca de cómo puede aplicarse la lección de un cuento a la vida de las personas
- ◆ Inferir y escribir acerca de las lecciones morales

● Pensar en el texto ***en sí*** ◆ Pensar ***más allá*** del texto ■ Pensar ***acerca*** del texto

# Seleccionar objetivos Hábitos y conocimientos para observar, enseñar y apoyar *(cont.)*

## Escribir sobre la lectura

### TEXTOS DE FICCIÓN *(continuación)*

**Mensajes y temas** *(continuación)*

- ◆ Escribir acerca de temas que son cercanos a sus propias experiencias (la imaginación, el coraje, los miedos, la compartir, amistad, las relaciones familiares, una misma o uno mismo, la naturaleza, crecer, los hábitos, la comunidad, las responsabilidades, la diversidad, la pertenencia, las relaciones con los compañeros, la pérdida)
- ■ Observar y escribir una "lección" de una autora o un autor de ficción
- ■ Escribir acerca del propósito que tiene la autora o el autor para contar un cuento y qué mensajes para los lectores puede contener este
- ■ Escribir acerca de la manera en la que las ilustraciones y los elementos gráficos ayudan a comunicar el mensaje de la autora o del autor

**Estilo y lenguaje**

- ■ Dibujar o escribir para mostrar cómo está organizado un texto (orden cronológico o secuencias establecidas, como números, hora del día, días de la semana o estaciones)
- ■ Observar y escribir acerca de los elementos de los recursos de elaboración de la escritora o del escritor (elección de palabras, uso de elementos literarios)
- ■ Observar el lenguaje (serio, humorístico, respetuoso, afectivo) que evoca sentimientos intensos como el temor, el suspenso, la tristeza y el humor en la lectora o el lector o la oyente o el oyente (atmósfera)
- ■ Observar el uso que hace una autora o un autor de ficción de las onomatopeyas (palabras que representan sonidos) y usarlas al dibujar o escribir acerca del cuento
- ■ Observar y escribir acerca del uso que hace la autora o el autor del lenguaje literario, que incluye el uso de metáforas, símiles y descripción
- ■ Reconocer y escribir acerca de lo que hace una autora o un autor para crear humor en un texto
- ■ Apreciar y escribir críticas de los textos de ficción mediante la observación de las características del estilo (lenguaje interesante, humor, suspenso, descripción de personajes)
- ■ Tomar prestado el estilo o algunas palabras o expresiones de una escritora o un escritor para escribir acerca de un texto

**Ilustraciones**

- ● Observar y tomar notas de la información importante de las ilustraciones o los elementos gráficos
- ■ Escribir acerca de los detalles que se encuentran en las ilustraciones
- ■ Observar el talento artístico en la ilustración
- ■ Escribir acerca de la manera en la que las ilustraciones y los elementos gráficos ayudan a comunicar el mensaje de la autora o del autor
- ■ Escribir acerca de las características (medio, estilo) de algunos ilustradores

¿Alguna vez has escuchado sobre la mariposa monarca? Pues te voy a contar sobre unas mariposas especiales. Yo aprendí que las mariposas monarca inician su viaje en agosto para poder sobrevivir el invierno. Casi al terminar el verano ellas viajan por tres meses. Las mariposas monarca migran desde el norte, Canadá hasta Michoacán México. Las mariposas monarca son especiales porque cuando ellas viajan a Mexico llegan en el de los muertos. Dicen que las Mariposas Monarca llevan las almas a casa de sus familiares en sus alas. Además por una razón más por la que son especiales ¿Cómo un insecto atraviesa toda un continente? Y... ¿Cómo saben donde está Michoacán? ¡¡¡Nadie lo sabe!!! Tal vez un día descubiertamos la verdad.

*Estudiante de tercer grado escribe sobre la migración de las mariposas monarcas.*

● Pensar en el texto ***en sí*** ◆ Pensar ***más allá*** del texto ■ Pensar ***acerca*** del texto

# Seleccionar objetivos Hábitos y conocimientos para observar, enseñar y apoyar *(cont.)*

## Escribir sobre la lectura

### TEXTOS DE NO FICCIÓN

**General**

- ● Usar vocabulario nuevo de textos durante la escritura para reflejar el significado de manera adecuada
- ● Explorar definiciones de palabras nuevas en los textos escribiendo acerca de ellas
- ● Comprender y observar el propósito de la dedicatoria de un texto, los reconocimientos, la nota de la autora o del autor, el glosario
- ● Anotar los títulos, los autores y los géneros de los libros para recomendar
- ● Anotar el título, los autores, los ilustradores y los géneros de textos leídos y las fechas de lectura en el Cuaderno del lector
- ● Dibujar o hacer bosquejos para recordar un texto o representar su contenido
- ● Usar vocabulario típico del lenguaje oral cotidiano para hablar y escribir sobre la lectura (Nivel 1)
- ● Comprender algunas palabras que aparecen en el lenguaje de los usuarios maduros y en textos escritos (Nivel 2)
- ● Usar conectores comunes (simples) que se usan con frecuencia en el lenguaje oral (palabras, frases que aclaran relaciones e ideas): *y, pero, entonces, porque, antes, después*
- ● Usar algunos conectores sofisticados (palabras que relacionan ideas y aclaran el significado) que se usan en textos escritos pero no suelen aparecer en el lenguaje oral cotidiano (*a menos que, además, aunque, cuando sea, hasta que, mientras tanto, no obstante, por lo tanto, si no, sin embargo, todavía*)
- ● Recordar información o detalles de un texto para producir listas, secuencias sencillas de acción e instrucciones de manera independiente
- ● Redactar notas, listas, cartas u oraciones para recordar información importante sobre un texto
- ● Consultar notas acerca de un texto como prueba para apoyar opiniones y declaraciones en la conversación y la escritura
- ● Representar una serie más extensa de sucesos de un texto a través del dibujo y la escritura
- ● Escribir resúmenes que reflejan la comprensión literal de un texto
- ● Seleccionar e incluir detalles adecuados e importantes al escribir el resumen de un texto
- ● Citar números de páginas de un texto al escribir acerca de información importante
- ● Volver a consultar textos para buscar ideas o revisar detalles durante la escritura o el dibujo
- ● Volver a leer para revisar el significado, la precisión y la claridad de expresión
- ● Escribir acerca del contenido de textos que refleja conocimientos iniciales del mundo físico y social (salud, estudios sociales, ciencias, matemáticas, artes)
- ◆ Escribir acerca de la relevancia que tiene el contenido de no ficción en la vida de los estudiantes
- ◆ Dibujar y escribir acerca de las conexiones que existen entre las ideas de los textos y las experiencias de vida de los estudiantes
- ◆ Relacionar información/ideas importantes dentro de un texto o con otros textos
- ◆ Escribir acerca de la información y los conceptos importantes de un texto, así como relacionarlos con la información y los conceptos de otros textos
- ◆ Escribir acerca de las relaciones entre textos según el tema, las ideas principales, los estilos de los autores y los géneros
- ◆ Relacionar información de libros de no ficción con estudios disciplinarios
- ◆ Expresar opiniones acerca de datos o información aprendidos
- ◆ Proporcionar pruebas del texto o de la experiencia personal para apoyar oraciones escritas acerca de un texto
- ◆ Observar y escribir acerca de la importancia de ideas relevantes para el mundo de los estudiantes (compartir, preocuparse por los demás, hacer su tarea, ayudar a su familia, cuidarse a sí misma o mismo, mantenerse saludable, cuidar el mundo o el medioambiente, valorar las diferencias, expresar sentimientos, empatizar con los demás)
- ◆ Escribir acerca de una amplia gama de predicciones basadas en pruebas del texto
- ◆ Reflejar tanto los conocimientos previos como los nuevos que surgen del texto en escritura o dibujos
- ■ Formular y anotar preguntas en respuesta a sucesos de una trama o a información importante
- ■ Usar textos como recursos para palabras, frases e ideas de escritura
- ■ Escribir sobre el significado de la dedicatoria de un texto, los reconocimientos, la nota de la autora o del autor, el glosario
- ■ Observar y anotar ilustraciones decorativas o informativas o letra impresa fuera del cuerpo del texto (peritexto)
- ■ Escribir acerca de por qué una autora o un autor podría elegir escribir un cuento o escribir acerca de un tema
- ■ Escribir para explorar el propósito y la postura de la autora o del autor acerca de un tema
- ■ Identificar y anotar el género específico de un libro según sus características
- ■ Observar y escribir acerca de las características de los géneros de no ficción (no ficción expositiva o informativa, no ficción narrativa, biografía, autobiografía, memorias personales)
- ■ Observar y escribir acerca de los tipos de textos de no ficción (persuasivo, de instrucciones)
- ■ Escribir acerca de textos híbridos, distinguiendo entre secciones de ficción y no ficción

● Pensar en el texto ***en sí*** ◆ Pensar ***más allá*** del texto ■ Pensar ***acerca*** del texto

# **Seleccionar objetivos** Hábitos y conocimientos para observar, enseñar y apoyar *(cont.)*

## Escribir sobre la lectura

### TEXTOS DE NO FICCIÓN *(continuación)*

**General** *(continuación)*

- ■ Usar lenguaje académico para hablar acerca de los géneros (*no ficción, texto informativo, libro informativo, texto sobre hechos, memorias personales, biografía, texto de instrucciones, autobiografía*)
- ■ Usar lenguaje académico para hablar acerca de las formas (*libro álbum o ilustrado, libro álbum o ilustrado sin palabras, poema, poesía, rima infantil, rima, canción, colección de poesía, libros de una serie, libro por capítulos, obra de teatro, carta*)
- ■ Usar lenguaje académico para hablar acerca de las características literarias (*comienzo, final, problema, pregunta y respuesta, tema, sucesos, mensaje, diálogo, descripción, orden temporal, problema y solución, tiempo y lugar, idea principal, comparar y contrastar*)
- ■ Usar lenguaje académico para hablar acerca de aspectos del libro y la letra impresa (*portada, contraportada, título, autor, ilustrador, página, texto, ilustración, fotografía, rótulo, tabla de contenidos, agradecimientos, sección, encabezado, dibujo, leyenda, mapa, dedicatoria, nota del autor, nota del ilustrador, diagrama, glosario, recuadro lateral, solapa del libro*)
- ■ Formular y expresar opiniones acerca de un texto de una autora o un autor o ilustradora o ilustrador en la escritura, apoyar esas opiniones con fundamentos y pruebas
- ■ Comprender que las biografías y los álbumes históricos se ubican en el pasado y proporcionar pruebas de la comprensión por escrito
- ■ Reconocer y comentar cómo influye en la lectora o el lector el uso que hace la autora o el autor de diferentes formas de no ficción, como cartas, diarios y entradas de diario
- ■ Reconocer y escribir acerca de ejemplos de argumento y persuasión en textos informativos
- ■ Observar y describir el uso de la persuasión que hace una autora o un autor

**Tema**

- ◆ Usar el dibujo y/o la escritura, mostrar curiosidad acerca de temas que aparecen en textos de no ficción y trabajar de manera activa para aprender más acerca de ellos
- ■ Usar organizadores gráficos como redes para mostrar cómo una autora o un autor de no ficción combina información relacionada con el mismo tema
- ■ Escribir sobre la manera en que los elementos gráficos y el texto se colocan cuidadosamente en un texto de no ficción para comunicar ideas de manera efectiva

**Organización**

- ● Escribir un esquema proporcionando resúmenes de la información aprendida mediante encabezados y subtítulos que reflejan la estructura general de un texto y categorías sencillas
- ■ Dibujar y escribir para mostrar cómo está organizado un texto (orden cronológico o secuencias establecidas, como números, hora del día, días de la semana o estaciones)
- ■ Observar y escribir acerca de la organización de un texto de no ficción, distinguiendo entre la estructura expositiva y narrativa
- ■ Observar y escribir acerca del uso que hace de la estructura del texto narrativo una autora o un autor de no ficción en la biografía y la narrativa de no ficción, además de su efecto en la lectora o el lector

**Mensajes e ideas principales**

- ● Hacer una lista de los sucesos o las ideas importantes en un texto informativo o biográfico
- ◆ Inferir y escribir acerca de los mensajes más amplios o ideas principales
- ◆ Inferir y escribir acerca de las lecciones morales
- ◆ Escribir acerca de las conexiones que existen entre las ideas de textos de no ficción (los animales, las mascotas, las familias, los alimentos, las plantas, la escuela, los amigos, crecer, los sentidos, el vecindario, el tiempo y las estaciones, la salud)
- ■ Escribir acerca de la manera en la que las ilustraciones y los elementos gráficos ayudan a comunicar el mensaje de la autora o del autor

**Ilustraciones/Elementos gráficos**

- ● Comprender e indicar información importante proporcionada en los elementos gráficos, como fotografías, pinturas, dibujos, leyendas, rótulos, recuadros, tablas, diagramas, cuadros, gráficas, mapas, líneas de tiempo, barras laterales
- ● Consultar herramientas de organización y recursos del texto al escribir sobre la lectura (tablas de contenidos, títulos de capítulos, encabezados, barras laterales; dedicatorias, reconocimientos, notas de la autora o del autor, glosario)
- ■ Escribir sobre la manera en que se combinan la información y los elementos gráficos
- ■ Escribir sobre la manera en que los elementos gráficos y el texto se colocan cuidadosamente en un texto de no ficción para comunicar ideas de manera efectiva
- ■ Observar el talento artístico en las ilustraciones

**Estilo y lenguaje**

- ◆ Reconocer y escribir acerca del humor en los textos de no ficción
- ■ Observar y escribir acerca de los elementos de los recursos de elaboración de la escritora o del escritor: elección de palabras, uso de elementos literarios
- ■ Observar el lenguaje (serio, humorístico, respetuoso, afectivo) que evoca sentimientos intensos como el temor, el suspenso, la tristeza y el humor en la lectora o el lector o la oyente o el oyente (atmósfera)

● Pensar en el texto ***en sí*** ◆ Pensar ***más allá*** del texto ■ Pensar ***acerca*** del texto

# Seleccionar géneros y formas

## Escribir sobre la lectura

Hasta en los grados intermedios, enseñar a los estudiantes a escribir sobre la lectura significa más que simplemente "asignar" la tarea o la forma específica. Puede explicar cómo hacer algo (por ejemplo, elaborar un organizador gráfico nuevo) pero no puede esperar que los estudiantes lo usen efectivamente si nunca vieron buenos modelos. Utilice modelos de escritura si algo es muy nuevo para ellos o si pretende un nivel más alto de articulación. Explique su razonamiento de manera oral y luego escríbalo, o muestre un texto que haya preparado previamente. Pida a los estudiantes que destaquen ejemplos de oraciones específicas que quiera que observen, por ejemplo: ideas principales y detalles, ejemplos específicos u oraciones del mensaje de la autora o del autor. Puede usar escritura compartida para que los estudiantes participen en la elaboración colaborativa de un texto de escritura sobre la lectura. En ese caso, usan todo lo que saben y comparten sus conocimientos, pero están exentos de la tarea mecánica de escribir y cuentan con su ayuda en la composición. De este modo, pueden analizar el texto para marcar el lenguaje específico que usaron. Posteriormente, puede pedir a los estudiantes que lo usen en su propia escritura sobre la lectura de manera independiente. Los estudiantes construirán un repertorio de maneras para escribir sobre la lectura, pero usted siempre proporcionará demostraciones para aumentar su perspectiva sobre cómo expresar su pensamiento. Tenga en cuenta que estos hábitos representan los resultados de un año de enseñanza; por lo tanto, son objetivos que deben cumplir.

### ESCRITURA FUNCIONAL

#### ▸ Notas y bosquejos

- Bosquejos o dibujos que representan un texto y proporcionan una base para la conversación o la escritura
- Notas (acerca del escenario, los sucesos de un cuento, los personajes, palabras o frases memorables) en notas autoadhesivas, marcas de pensamiento y en un Cuaderno del lector que apoyen la memoria para su uso posterior en la conversación o la escritura
- Notas que registran información, detalles, lenguaje o ejemplos interesantes de los recursos de elaboración de la autora o del autor, como muestran las citas de un texto
- Rótulos y leyendas para ilustraciones como dibujos, fotografías y mapas relacionados con un texto
- Listas de libros (completados o abandonados) con título, autora o autor, género, respuestas al libro de una palabra y fechas de lectura

#### ▸ Organizadores gráficos

- Redes que conectan información dentro de un texto o entre textos (organización, características de los personajes, escenarios, problemas)
- Redes que representan la organización de un texto
- Tablas que muestran la manera en la que está organizado un texto (descripción, secuencia temporal, pregunta y respuesta, causa y efecto, secuencia cronológica, comparar y contrastar, problema y solución)
- Mapas del cuento que registran el título, la autora o el autor, el escenario, los sucesos de la trama, los personajes, el problema y la resolución
- Organizadores gráficos que apoyan el estudio del género e incluyen ejemplos de libros, observaciones a partir de la investigación y definiciones operativas de géneros
- Organízadores gráficos que muestran géneros enmarcados dentro de textos híbridos
- Cuadriculas que muestran el análisis de un texto
- Columnas para mostrar comparaciones

#### ▸ Cartas acerca de la lectura

- Cartas a otros lectores o a los autores e ilustradores (como cartas de diálogo en un Cuaderno del lector)

#### ▸ Anotaciones

- Anotaciones que expresan una predicción, una opinión o algún aspecto interesante del texto
- Bosquejo de los personajes

#### ▸ Respuestas más largas

- Entrada de doble columna con una frase, oración, cita del texto o pregunta en la columna izquierda y espacio para la opinión de la lectora o del lector en la derecha
- Respuestas más largas en el Cuaderno del lector que desarrollan el razonamiento a partir de notas, bosquejos, anotaciones u organizadores gráficos

### ESCRITURA NARRATIVA

#### ▸ Resúmenes

- Resúmenes de la trama con una exposición breve del mensaje, el tema o la "opinión" sobre un tema, el escenario, el problema del cuento, el momento clave y la resolución
- Mapas del cuento que registran el título, la autora o el autor, el escenario, los sucesos de la trama, los episodios, los personajes, el problema y la resolución

#### ▸ Escritura con propósitos teatrales

- Guiones del teatro del lector

#### ▸ Tiras cómicas/Guiones gráficos

- Tiras cómicas o cómics que presentan un cuento o información
- Guiones gráficos que representan sucesos

## Seleccionar géneros y formas *(cont.)*

### Escribir sobre la lectura

#### ESCRITURA INFORMATIVA

▶ **Informes**

- Informes breves que dan información de uno o más textos
- Informes con ilustraciones (fotos o dibujos con rótulos o leyendas, diagramas, dibujos de corte; mapas con leyenda o clave, escalas), herramientas de organización (títulos, tablas de contenidos, títulos de capítulos, encabezados, subtítulos, barras laterales, acotaciones) y recursos del texto (reconocimientos, notas de la autora o del autor, referencias)

▶ **Esquemas**

- Listas de encabezados y subtítulos que reflejan la organización de un texto

▶ **Artículos de instrucciones**

- Instrucciones en ocasiones ilustradas con dibujos que muestran una secuencia de acciones basadas en un texto
- Artículos de instrucciones que requieren la investigación de la autora o del autor

▶ **Estudios sobre autores e ilustradores**

- Estudios sobre autores que implican una respuesta a uno o más libros de una autora o autor y/o usando información biográfica
- Estudios sobre ilustradores que implican una respuesta a uno o más libros de una artista o un artista y/o información biográfica

▶ **Bosquejos biográficos**

- Bosquejos biográficos acerca de una autora o un autor, o el sujeto de una biografía

#### ESCRITURA PERSUASIVA

- Carteles o anuncios publicitarios que cuentan acerca de un texto de una manera que capta la atención o es persuasiva
- Reseñas o recomendaciones de libros

#### ESCRITURA POÉTICA

- Textos poéticos en respuesta a un texto en prosa
- Textos poéticos escritos en respuesta a poemas, aplicando el mismo tema, atmósfera y estilo

# Seleccionar objetivos Hábitos y conocimientos para observar, enseñar y apoyar

## Escribir sobre la lectura

### TEXTOS DE FICCIÓN

**General**

- ● Observar, comentar y trabajar de manera activa para adquirir vocabulario nuevo, que incluya palabras técnicas, y usarlo de manera intencional al escribir sobre la lectura
- ● Explorar definiciones de palabras nuevas que surgen de los textos, que incluyan el uso figurado al escribir acerca de ellas
- ● Usar vocabulario característico del lenguaje oral cotidiano para hablar y escribir sobre la lectura (Nivel 1), así como comprender algunas palabras que aparecen en el lenguaje de los usuarios maduros y en los textos escritos (Nivel 2)
- ● Usar conectores comunes (simples) que se usan con frecuencia en el lenguaje oral (palabras, frases que aclaran relaciones e ideas): *y, pero, entonces, porque, antes, después*
- ● Usar algunos conectores sofisticados (palabras que relacionan ideas y aclaran el significado) que se usan en textos escritos pero no suelen aparecer en el lenguaje oral cotidiano (*a menos que, además, aunque, cuando sea, hasta que, mientras tanto, no obstante, por lo tanto, si no, sin embargo, todavía*)
- ● Usar parte del vocabulario especializado del Nivel 3 relacionado con campos científicos al escribir sobre la lectura
- ● Comprender y extraer información para escribir a partir del propósito de la dedicatoria, la nota de la autora o del autor y los reconocimientos
- ● Anotar los títulos, los autores y los géneros de los libros para recomendar
- ● Anotar los títulos, los autores, los ilustradores y los géneros de textos leídos y las fechas de lectura en el Cuaderno del lector
- ● Dibujar o hacer bosquejos para representar o recordar un texto y proporcionar una base para la conversación o la escritura
- ● Recordar información o detalles de un texto para producir listas, secuencias sencillas de acción e instrucciones de manera independiente
- ● Redactar notas, listas, cartas u oraciones para recordar información importante sobre un texto
- ● Tomar notas acerca de la necesidad de aclarar información (preguntas, confusiones)
- ● Tomar notas acerca de un texto como prueba para apoyar opiniones y declaraciones en la conversación y por escrito
- ● Volver a consultar textos para buscar ideas o revisar detalles durante la escritura o el dibujo
- ● Proporcionar pruebas del texto o de la experiencia personal para apoyar oraciones escritas acerca de un texto
- ● Representar una serie más extensa de sucesos de un texto a través del dibujo y la escritura
- ● Escribir resúmenes que reflejan la comprensión literal de un texto
- ● Seleccionar e incluir detalles adecuados e importantes al escribir el resumen de un texto
- ● Citar números de páginas de un texto al escribir acerca de información importante
- ● Volver a leer para revisar el significado, la precisión y la claridad de expresión
- ◆ Mostrar conexiones entre el escenario, los personajes y los sucesos de un texto y sus experiencias personales
- ◆ Dibujar y escribir acerca de las conexiones que existen entre las ideas y los textos y las experiencias de su vida
- ◆ Relacionar información/ideas importantes dentro de un texto o con otros textos
- ◆ Escribir acerca de las relaciones entre textos según el tema, las ideas principales, los estilos de los autores y los géneros
- ◆ Dibujar y escribir acerca de algo de la vida de los estudiantes suscitado por los personajes o los sucesos de un cuento
- ◆ Observar y escribir acerca de la importancia de ideas relevantes para su mundo (compartir, preocuparse por los demás, hacer su tarea, ayudar a su familia, cuidarse a sí misma o mismo, mantenerse saludable, cuidar el mundo o el medioambiente, valorar las diferencias, expresar sentimientos, empatizar con los demás)
- ◆ Proporcionar pruebas del texto o de la experiencia personal para apoyar oraciones escritas acerca de un texto
- ◆ Escribir acerca de una amplia gama de predicciones basadas en pruebas del texto
- ◆ Escribir predicciones para desenlaces de cuentos y usar pruebas del texto para apoyar las predicciones
- ◆ Predecir lo que sucederá en un cuento o al final del cuento y apoyar la predicción con pruebas
- ◆ Proporcionar detalles que son importantes para comprender el problema del cuento, el escenario y los personajes
- ◆ Tomar notas y escribir respuestas más largas para indicar la adquisición de información e ideas nuevas a partir de un texto
- ◆ Escribir una interpretación de un cuento, un texto de no ficción o ilustraciones comprendiendo que hay más de una interpretación
- ■ Usar textos como recursos para palabras, frases e ideas de escritura
- ■ Escribir oraciones que reflejan el conocimiento del cuerpo del texto y los elementos gráficos o las ilustraciones y la manera en que ambos se integran
- ■ Observar y escribir acerca de ilustraciones decorativas o informativas o letra impresa fuera del cuerpo del texto (peritexto)
- ■ Escribir acerca del significado de la dedicatoria de un texto, los reconocimientos, la nota de la autora o del autor, el glosario, el índice
- ■ Escribir acerca de por qué una autora o un autor podría elegir escribir un cuento o escribir acerca de un tema
- ■ Escribir para explorar el propósito y la postura de la autora o del autor acerca de un cuento
- ■ Observar y escribir acerca de las características de los géneros de ficción: ficción realista, ficción histórica, cuento popular, cuento exagerado, cuento de hadas, fábula, fantasía y algunos tipos especiales de ficción (cuento de aventuras; cuento de animales; cuento humorístico; cuento de familia, amigos y escuela)

● Pensar en el texto ***en sí*** ◆ Pensar ***más allá*** del texto ■ Pensar ***acerca*** del texto

ESCRIBIR SOBRE LA LECTURA

# Seleccionar objetivos Hábitos y conocimientos para observar, enseñar y apoyar *(cont.)*

## Escribir sobre la lectura

### TEXTOS DE FICCIÓN *(continuación)*

**General** *(continuación)*

- ■ Escribir acerca de textos híbridos, distinguiendo entre secciones de ficción y no ficción
- ■ Usar lenguaje académico para hablar acerca de los géneros (*ficción; cuento popular; cuento de hadas; fábula; cuento exagerado; cuento de aventuras; cuento de animales; cuento de familia, amigos y escuela; cuento humorístico; ficción realista; literatura tradicional; ficción histórica; fantasía*)
- ■ Usar lenguaje académico para hablar acerca de las formas (*libro álbum o ilustrado, libro álbum o ilustrado sin palabras, poema, poesía, rima infantil, rima, canción, colección de poesía, libros de una serie, libro por capítulos, obra de teatro, carta, secuela, quintilla humorística, haiku, poema concreto, cuento corto, cuento de hadas fracturado, entrada de diario*)
- ■ Usar lenguaje académico para hablar acerca de las características literarias (*comienzo, final, problema, personaje, solución, personaje principal, sucesos, cambio de personaje, mensaje, diálogo, tiempo y lugar, flashback, conflicto, resolución, tema, lenguaje descriptivo, símil*)
- ■ Usar lenguaje académico para hablar acerca de aspectos del libro y la letra impresa (*portada, contraportada, título, autor, ilustrador, página, texto, ilustración, rótulo, tabla de contenidos, agradecimientos, capítulo, dibujo, leyenda, título del capítulo, dedicatoria, nota del autor, nota del ilustrador, solapa del libro*)
- ■ Formular y expresar opiniones acerca de un texto por escrito y apoyar esas opiniones con fundamentos y pruebas
- ■ Formular opiniones acerca de los autores y los ilustradores e indicar por escrito en qué se basan esas opiniones
- ■ Observar y escribir para identificar múltiples puntos de vista en un texto
- ■ Hacer modificaciones a textos muy conocidos cambiando el final, la serie de sucesos, los personajes o el escenario

**Escenario**

- ● Escribir resúmenes que incluyan detalles importantes acerca del escenario
- ● Tomar notas o escribir descripciones para recordar detalles importantes acerca del escenario
- ■ Escribir acerca de la importancia del escenario en la trama de la ficción realista e histórica y de la fantasía

**Trama**

- ● Tomar notas o escribir descripciones para recordar detalles importantes acerca de la trama
- ● Escribir resúmenes que incluyan el problema principal del cuento y cómo se resuelve
- ◆ Escribir acerca de la importancia de los sucesos en una trama
- ■ Reconocer y escribir acerca de aspectos de la estructura narrativa (comienzo, serie de sucesos, problema, resolución, final)

**Personajes**

- ● Escribir resúmenes que incluyan detalles importantes acerca de los personajes
- ● Tomar notas o escribir descripciones para recordar detalles importantes acerca de los personajes
- ● Reconocer y comenzar a escribir acerca de las dimensiones múltiples de los personajes (pueden ser buenos pero tener defectos, pueden cometer errores por confusión o equivocación, pueden hacer cosas malas pero cambian para mejorar)
- ◆ Expresar opiniones por escrito acerca de los personajes de un cuento (malvado, deshonesto, inteligente, astuto, codicioso, valiente, leal) y apoyarlas con pruebas
- ◆ Expresar sentimientos como la empatía o el desagrado hacia un personaje
- ◆ Comentar un problema de un cuento y escribir opiniones acerca de cómo deberían actuar los personajes
- ◆ Escribir acerca de lo que sea probable que haga un personaje a continuación y apoyar las predicciones con pruebas
- ◆ Predecir lo que sucederá en un cuento o cuando el cuento finaliza y apoyar las predicciones con pruebas
- ◆ Describir atributos de los personajes que se revelan en sus pensamientos, diálogo, comportamientos y lo que otros dicen o piensan de ellos y apoyarlos con pruebas
- ◆ Describir las intenciones, los sentimientos y las motivaciones de los personajes que se revelan en sus pensamientos, diálogo, comportamientos y lo que otros dicen o piensan de ellos y apoyarlos con pruebas
- ◆ Expresar opiniones acerca de los personajes de un cuento y apoyarlas con pruebas
- ◆ Describir relaciones entre personajes como se revelan a través del diálogo y los comportamientos
- ◆ Escribir acerca de los atributos de personajes predecibles o estáticos (personajes que no cambian, típicos de la literatura tradicional) en contraposición con personajes dinámicos
- ◆ Observar y escribir acerca del cambio de los personajes e inferir razones relacionadas con los sucesos de la trama
- ◆ Diferenciar por escrito el personaje o los personajes principales de los personajes secundarios en un texto de ficción
- ◆ Escribir acerca de las relaciones entre las acciones de un personaje y sus consecuencias
- ■ Observar y escribir acerca de personajes con características de la personalidad predecibles, típicos de la literatura tradicional (astuto, valiente, tonto, sabio, codicioso, inteligente)

**Mensajes y temas**

- ◆ Inferir y escribir los mensajes más amplios de textos de ficción
- ◆ Escribir acerca de la lección inferida de la literatura tradicional
- ◆ Escribir acerca de cómo puede aplicarse la lección de un cuento a su vida y a la vida de los demás

● Pensar en el texto ***en sí*** ◆ Pensar ***más allá*** del texto ■ Pensar ***acerca*** del texto

# Seleccionar objetivos Hábitos y conocimientos para observar, enseñar y apoyar *(cont.)*

## Escribir sobre la lectura

### TEXTOS DE FICCIÓN *(continuación)*

**Mensajes y temas** *(continuación)*

- ◆ Inferir y escribir acerca de las lecciones morales
- ◆ Escribir acerca de temas que son cercanos a las experiencias de los estudiantes (la imaginación, el coraje, los miedos, compartir, la amistad, las relaciones familiares, una misma o uno mismo, la naturaleza, crecer, los hábitos, la comunidad, las responsabilidades, la diversidad, la pertenencia, las relaciones con los compañeros, la pérdida)
- ■ Escribir acerca del propósito que tiene la autora o el autor para contar un cuento y qué mensajes para los lectores puede contener el cuento
- ■ Escribir acerca de la manera en la que las ilustraciones y los elementos gráficos ayudan a comunicar el mensaje de la autora o del autor

**Estilo y lenguaje**

- ◆ Demostrar un conocimiento inicial del simbolismo
- ■ Escribir acerca de la organización de un texto (orden cronológico o secuencias establecidas, como números, hora del día, días de la semana o estaciones)
- ■ Observar y escribir acerca de los elementos de los recursos de elaboración de la escritora o del escritor (elección de palabras, uso de elementos literarios)
- ■ Apreciar el uso de imágenes sensoriales que hace la autora o el autor de una ficción para evocar la atmósfera
- ■ Observar el lenguaje (serio, humorístico, respetuoso, afectivo) que evoca sentimientos intensos (atmósfera) como el temor, el suspenso, la tristeza y el humor en la lectora o el lector o la oyente o el oyente
- ■ Observar y escribir acerca de la narradora o el narrador de un texto y el momento y la manera en que la narradora o el narrador cambia (si corresponde)
- ■ Observar y escribir acerca del uso que hace la autora o el autor del lenguaje literario, que incluye el uso de metáforas, símiles y descripción
- ■ Reconocer y escribir acerca de lo que hace una autora o un autor para crear humor en un texto
- ■ Apreciar y escribir críticas de los textos de ficción mediante la observación de las características del estilo (lenguaje interesante, humor, suspenso, descripción de personajes)
- ■ Tomar prestado el estilo o algunas palabras o expresiones de una escritora o un escritor para escribir acerca de un texto

**Ilustraciones**

- ● Observar y tomar notas de la información importante de las ilustraciones o los elementos gráficos
- ■ Escribir acerca de los detalles que se encuentran en la ilustración
- ■ Observar el talento artístico en las ilustraciones
- ■ Escribir acerca de la manera en la que las ilustraciones y los elementos gráficos ayudan a comunicar el mensaje de la autora o del autor
- ■ Escribir acerca de las características (medio, estilo) de algunos ilustradores

**Los animales que ayudan a los humanos**
¿Sabías que los animales pueden ayudarnos? Hoy vamos a hablar sobre tres maneras de cómo los animales ayudan a las personas. Quédense aquí para ver el final, ojalá les guste.

Animales terapéuticos
Los animales terapéuticos te ayudan a cruzar la calle sin ningún problema, además te ayudan porque ellos te escuchan muy bien. También leí acerca de que ellos son buenos amigos y que te acompañan día y noche.

Animales de trabajo
Los animales de trabajo te pueden ayudar a hallar a personas sepultadas o atoradas, además ayudan a buscar droga porque ellos olfatean la droga y también olfatean armas.

Animales de servicio
Los animales de servicio ayudan a cargar árboles, troncos y otras cosas, además te ayudan a tirar.

Conclusión
¿Ustedes saben que cuando los animales te ayudan es como si los humanos te ayudaran? Les voy a decir que tenemos que cuidar a los animales para que ellos nos ayuden. Espero que esto les guste.

*Estudiante de cuarto grado escribe sobre cómo los animales ayudan a los humanos.*

● Pensar en el texto ***en sí*** ◆ Pensar ***más allá*** del texto ■ Pensar ***acerca*** del texto

# Seleccionar objetivos Hábitos y conocimientos para observar, enseñar y apoyar *(cont.)*

## Escribir sobre la lectura

### TEXTOS DE NO FICCIÓN

**General**

- ● Usar vocabulario nuevo de textos durante la escritura para reflejar el significado de manera adecuada
- ● Explorar definiciones de palabras nuevas de los textos escribiendo acerca de ellas
- ● Usar vocabulario característico del lenguaje oral cotidiano para hablar y escribir sobre la lectura (Nivel 1) y comprender algunas palabras que aparecen en el lenguaje de los usuarios maduros y en los textos escritos (Nivel 2)
- ● Usar conectores comunes (simples) que se usan con frecuencia en el lenguaje oral (palabras, frases que aclaran relaciones e ideas): *y, pero, entonces, porque, antes, después*
- ● Usar algunos conectores sofisticados (palabras que relacionan ideas y aclaran el significado) que se usan en textos escritos pero no suelen aparecer en el lenguaje oral cotidiano (*a menos que, además, aunque, cuando sea, hasta que, mientras tanto, no obstante, por lo tanto, si no, sin embargo, todavía*)
- ● Usar parte del vocabulario especializado del Nivel 3 relacionado con campos científicos al escribir sobre la lectura
- ● Comprender y observar el propósito de la dedicatoria, la nota de la autora o del autor y los reconocimientos
- ● Anotar los títulos, los autores y los géneros de los libros para recomendar
- ● Anotar los títulos, los autores, los ilustradores y los géneros de textos leídos y las fechas de lectura en el Cuaderno del lector
- ● Dibujar o hacer bosquejos para recordar un texto o representar su contenido
- ● Recordar información o detalles de un texto para producir listas, secuencias sencillas de acción e instrucciones de manera independiente
- ● Redactar notas, listas, cartas u oraciones para recordar información importante sobre un texto
- ● Escribir preguntas o notas acerca de las confusiones que se abordarán durante la conversación
- ● Consultar notas acerca de un texto como prueba en la conversación y la escritura para apoyar opiniones y afirmaciones
- ● Representar una serie más extensa de sucesos de un texto a través del dibujo y la escritura
- ● Escribir resúmenes que reflejan la comprensión literal de un texto
- ● Seleccionar e incluir detalles adecuados e importantes al escribir el resumen de un texto
- ● Citar números de páginas de un texto al escribir acerca de información importante
- ● Volver a consultar textos para buscar ideas o revisar detalles durante la escritura o el dibujo
- ● Volver a leer para revisar el significado, la precisión y la claridad de expresión
- ● Escribir acerca del contenido de textos que refleja conocimientos iniciales del mundo físico y social (salud, estudios sociales, ciencias, matemáticas, artes)
- ◆ Dibujar y escribir acerca de la relevancia que tiene el contenido de no ficción en la vida de los estudiantes
- ◆ Relacionar información/ideas importantes dentro de un texto o con otros textos
- ◆ Escribir acerca de la información y los conceptos importantes de un texto y relacionarlos con la información y los conceptos de otro texto
- ◆ Escribir acerca de las relaciones entre textos según el tema, las ideas principales, los estilos de los autores y los géneros
- ◆ Relacionar información de libros de no ficción con estudios disciplinarios
- ◆ Expresar opiniones acerca de datos o información aprendidos
- ◆ Proporcionar pruebas del texto o de la experiencia personal para apoyar oraciones escritas acerca de un texto
- ◆ Observar y escribir acerca de la importancia de ideas relevantes para el mundo de los estudiantes (compartir, preocuparse por los demás, hacer su tarea, ayudar a su familia, cuidarse a sí misma o mismo, mantenerse saludable, cuidar el mundo o el medioambiente, valorar las diferencias, expresar sentimientos, empatizar con los demás)
- ◆ Escribir predicciones a partir de las pruebas del texto
- ◆ Tomar notas y escribir respuestas más largas para indicar la adquisición de información e ideas nuevas a partir de un texto
- ◆ Reflejar los conocimientos previos y los nuevos que surgen del texto en escritura o dibujo
- ■ Usar textos como recursos para palabras, frases e ideas de escritura
- ■ Escribir oraciones que reflejan el conocimiento del cuerpo del texto y los elementos gráficos o las ilustraciones y la manera en que ambos se integran
- ■ Escribir acerca del significado de la dedicatoria de un texto, la nota de la autora o del autor, los reconocimientos, las notas al pie o al final
- ■ Observar y anotar ilustraciones decorativas o informativas o diseños fuera del cuerpo del texto (peritexto)
- ■ Escribir acerca de por qué una autora o un autor podría elegir escribir un cuento o escribir acerca de un tema
- ■ Escribir para explorar el propósito y la postura de la autora o del autor acerca de un tema
- ■ Observar y escribir acerca de las características de determinados géneros de no ficción (no ficción expositiva, no ficción narrativa, biografía, autobiografía, memorias personales, textos de instrucciones, textos persuasivos)

● Pensar en el texto ***en sí*** ◆ Pensar ***más allá*** del texto ■ Pensar ***acerca*** del texto

# Seleccionar objetivos Hábitos y conocimientos para observar, enseñar y apoyar *(cont.)*

## Escribir sobre la lectura

### TEXTOS DE NO FICCIÓN *(continuación)*

**General** *(continuación)*

- ■ Usar correctamente los nombres de géneros específicos al escribir acerca de ellos
- ■ Escribir acerca de textos híbridos, distinguiendo entre secciones de ficción y no ficción
- ■ Comprender que las biografías y los álbumes históricos se ubican en el pasado y proporcionan pruebas de la comprensión por escrito
- ■ Reconocer y comentar cómo influye en la lectora o el lector el uso que hace la autora o el autor de diferentes formas de no ficción, como diarios, registros y cartas
- ■ Usar lenguaje académico para hablar acerca de los géneros (*no ficción, texto informativo, libro informativo, texto sobre hechos, memorias personales, biografía, autobiografía, narración de no ficción, texto de instrucciones, texto persuasivo*)
- ■ Usar lenguaje académico para hablar acerca de las formas (*libro álbum o ilustrado, poema, poesía, rima infantil, rima, canción, colección de poesía, libros de una serie, obra de teatro, carta, secuela, quintilla humorística, haiku, poema concreto, entrada de diario, artículo periodístico, artículo de fondo*)
- ■ Usar lenguaje académico para hablar acerca de las características literarias (*comienzo, final, problema, solución, pregunta y respuesta, tema, sucesos, mensaje, diálogo, descripción, orden temporal, tiempo y lugar, idea principal, comparar y contrastar, lenguaje descriptivo, símil, causa y efecto, categorización, lenguaje persuasivo*)
- ■ Usar lenguaje académico para hablar acerca de aspectos del libro y la letra impresa (*portada, contraportada, título, autor, ilustrador, página, texto, ilustración, fotografía, rótulo, tabla de contenidos, agradecimientos, sección, encabezado, dibujo, leyenda, mapa, dedicatoria, nota del autor, nota del ilustrador, diagrama, glosario, recuadro lateral, solapa del libro, subtítulo, tabla, gráfica, línea de tiempo, índice*)
- ■ Formular y/o expresar opiniones acerca de un texto y una autora o un autor, o una ilustradora o un ilustrador en la escritura y apoyar esas opiniones con fundamentos y pruebas
- ■ Reconocer y escribir acerca de ejemplos de argumento y persuasión en textos informativos
- ■ Describir y criticar el uso de la persuasión que hace una autora o un autor
- ■ Escribir acerca del uso de las características del texto de no ficción que hace una autora o un autor, o criticarlo (títulos, tabla de contenidos, encabezados, subtítulos, barras laterales, rótulos, leyendas)

**Tema**

- ◆ Usar el dibujo y/o la escritura, mostrar curiosidad acerca de temas que aparecen en textos de no ficción y trabajar de manera activa para aprender más acerca de ellos
- ■ Destacar el tema principal de un libro y sus subtemas
- ■ Usar organizadores gráficos como redes para mostrar cómo combina información relacionada con el mismo tema o subtema una autora o un autor de no ficción
- ■ Escribir sobre la manera en que los elementos gráficos y el texto se colocan cuidadosamente en un texto de no ficción para comunicar ideas de manera efectiva
- ■ Describir la relación que existe entre las ideas y el contenido (tema más amplio y subtemas) en un texto expositivo de no ficción

**Organización**

- ● Escribir un esquema proporcionando resúmenes de la información aprendida mediante encabezados y subtítulos que reflejan la estructura general de un texto y categorías sencillas
- ■ Dibujar, escribir o diagramar para mostrar cómo está organizado un texto (orden cronológico o secuencias establecidas, como números, hora del día, días de la semana o estaciones)
- ■ Observar y escribir acerca de la organización de un texto de no ficción, distinguiendo entre las estructuras expositiva y narrativa
- ■ Observar y escribir acerca de los patrones estructurales subyacentes que usa una autora o un autor para organizar información y a veces aplicar la misma estructura para escribir textos de no ficción (descripción, secuencia temporal, pregunta y respuesta, causa y efecto, secuencia cronológica, comparar y contrastar, problema y solución, categorización)
- ■ Observar y escribir acerca del uso que hace de la estructura del texto narrativo una autora o un autor de no ficción en la biografía y la no ficción y su efecto en la lectora o el lector
- ■ Explicar con claridad los pasos de un proceso o un suceso (en un texto con secuencia cronológica o temporal o un texto de instrucciones)

**Mensajes e ideas principales**

- ● Hacer una lista de los sucesos o las ideas importantes en un texto informativo o biográfico
- ◆ Escribir acerca de las conexiones que existen entre las ideas de textos de no ficción (los animales, las mascotas, las familias, los alimentos, las plantas, la escuela, los amigos, crecer, los sentidos, el vecindario, el tiempo y las estaciones, la salud)
- ◆ Escribir para comparar y ampliar el conocimiento del contenido y las ideas de disciplinas académicas entre textos
- ◆ Inferir y escribir acerca de los mensajes más amplios o ideas principales
- ◆ Inferir y escribir acerca de las lecciones morales
- ■ Escribir acerca de la manera en la que las ilustraciones y los elementos gráficos ayudan a comunicar el mensaje de la autora o del autor

● Pensar en el texto ***en sí*** ◆ Pensar ***más allá*** del texto ■ Pensar ***acerca*** del texto

ESCRIBIR SOBRE LA LECTURA

## Seleccionar objetivos Hábitos y conocimientos para observar, enseñar y apoyar *(cont.)*

### Escribir sobre la lectura

**TEXTOS DE NO FICCIÓN** *(continuación)*

**Precisión**

- ■ Examinar de manera crítica la calidad o la precisión del texto, proporcionando pruebas por escrito para las opiniones

**Ilustraciones/Elementos gráficos**

- ● Comprender e indicar información importante proporcionada en los elementos gráficos (fotografías, pinturas, dibujos, leyendas, rótulos, recuadros, tablas, diagramas, cuadros, gráficas, mapas, líneas de tiempo, barras laterales)
- ● Observar y tomar notas de la información importante de un texto
- ● Consultar herramientas de organización y recursos del texto al escribir sobre la lectura (tablas de contenidos, títulos de capítulos, encabezados, subtítulos, barras laterales; dedicatorias, reconocimientos, notas de la autora o del autor, glosario, índice)
- ● Escribir resúmenes que reflejan el conocimiento de características gráficas (rótulos, encabezados, barras laterales, leyendas)
- ■ Escribir sobre la manera en que se combinan la información en el cuerpo del texto y los elementos gráficos
- ■ Escribir sobre la manera en que los elementos gráficos y el texto se colocan cuidadosamente en un texto de no ficción para comunicar ideas de manera efectiva
- ■ Observar el talento artístico en las ilustraciones
- ■ Escribir acerca de las características (medio, estilo) del trabajo de algunos ilustradores

**Estilo y lenguaje**

- ◆ Reconocer y escribir acerca del humor en los textos de no ficción
- ■ Observar y escribir acerca de los elementos de los recursos de elaboración de la escritora o del escritor (elección de palabras, uso de elementos literarios)
- ■ Observar y anotar lenguaje que revela la actitud de la autora o del autor (tono) hacia el personaje, el sujeto o el tema (serio, humorístico, respetuoso, afectuoso)

ESCRIBIR SOBRE LA LECTURA

● Pensar en el texto ***en sí*** ◆ Pensar ***más allá*** del texto ■ Pensar ***acerca*** del texto

# Seleccionar géneros y formas

## Escribir sobre la lectura

En quinto grado, muchos estudiantes pueden trabajar a un nivel alto en la escritura sobre la lectura, pero otros quizás recién articulan su pensamiento por escrito. La diversidad es amplia en este nivel, y depende de oportunidades previas y de la enseñanza. Si escribir sobre la lectura es nuevo para ellos, necesitarán una enseñanza intensa. Además, todos sus estudiantes necesitarán demostraciones de sus expectativas cuando se les pida usar una forma nueva de escritura sobre la lectura, o expresar un razonamiento más sofisticado. Use mini-lecciones para que participen en conversaciones; su escritura será más efectiva si tienen oportunidad de practicar lo que van a decir al hablar con una compañera o un compañero o con el grupo. Use la escritura compartida o modelos de escritura para demostrar un nivel más alto de conocimiento de cualquier contenido en este continuo; se necesitará la demostración especialmente en los hábitos o conocimientos nuevos. Además, tendrá que usar modelos de escritura o la escritura compartida (en una tabla, pantalla interactiva o computadora) para mostrar un buen ejemplo de una nueva forma de escribir. Posteriormente, los estudiantes pueden usar la forma o articular el conocimiento de manera independiente. Algunos estudiantes necesitarán varias demostraciones y trabajar con una compañera o un compañero también será conveniente. El objetivo principal de la escritura sobre la lectura es ayudar a los estudiantes a expresar y organizar su pensamiento para que lo puedan mostrar por escrito. Trabajan en función del momento en que deberán mostrar un nivel alto de razonamiento acerca de los textos y exponer lenguaje académico. Tenga en cuenta que los hábitos de la siguiente lista representan objetivos de enseñanza para un año de escritura sobre la lectura.

### ESCRITURA FUNCIONAL

#### ▸ Notas y bosquejos

- Bosquejos o dibujos que representan un texto y proporcionan una base para la conversación o la escritura
- Notas (acerca del escenario, los sucesos de un cuento, los personajes, palabras o frases memorables) en notas autoadhesivas, marcas de pensamiento y en un Cuaderno del lector para apoyar la memoria para su uso posterior en la conversación o la escritura
- Notas que registran información, detalles, lenguaje o ejemplos interesantes de los recursos de elaboración de la autora o del autor, como muestran las citas de un texto
- Rótulos y leyendas para ilustraciones como dibujos, fotografías y mapas relacionados con un texto
- Listas de libros (completados o abandonados) con título, autora o autor, género, respuestas de una palabra como reacción al libro y fechas de lectura

#### ▸ Organizadores gráficos

- Redes que conectan información dentro de un texto o entre textos (organización, características de los personajes, escenarios, problemas)
- Redes que representan la organización de un texto
- Tablas que muestran la manera en la que está organizado un texto (descripción, secuencia temporal, pregunta y respuesta, causa y efecto, secuencia cronológica, comparar y contrastar, problema y solución)
- Mapas del cuento que registran el título, la autora o el autor, el escenario, los sucesos de la trama, los personajes, el problema y la resolución
- Organizadores gráficos que apoyan el estudio del género e incluyen ejemplos de libros, observaciones a partir de la investigación y definiciones operativas de géneros
- Organizadores gráficos que muestran géneros enmarcados en textos híbridos
- Cuadrículas o columnas que muestran el análisis de un texto

#### ▸ Cartas acerca de la lectura

- Cartas a otros lectores o a los autores e ilustradores (como cartas de diálogo en un Cuaderno del lector)

#### ▸ Anotaciones

- Anotaciones con una respuesta personal, interpretación, análisis de los personajes, descripción o crítica que se enfoca en cualquier aspecto de los recursos de elaboración

#### ▸ Respuestas más largas

- Entrada de doble columna con una frase, oración, cita de un texto o pregunta en la columna izquierda y espacio para la opinión de la lectora o del lector en la derecha
- Entradas de diario desde la perspectiva de un sujeto biográfico o un personaje que se enfocan en el escenario, los problemas o las relaciones
- Respuestas más largas en el Cuaderno del lector que desarrollan el razonamiento a partir de notas, bosquejos, anotaciones u organizadores gráficos

### ESCRITURA NARRATIVA

#### ▸ Resúmenes

- Resúmenes de la trama con una exposición breve del escenario, los personajes, la trama, los sucesos importantes, la resolución de problemas, el mensaje
- Mapas del cuento que registran el título, la autora o el autor, el escenario, los sucesos de la trama, los personajes, el problema y la resolución

#### ▸ Escritura con propósitos teatrales

- Guiones del teatro del lector
- Guiones de lectura a coro (algunos para convertir la prosa en poesía)

# Seleccionar géneros y formas *(cont.)*

## Escribir sobre la lectura

### ESCRITURA NARRATIVA *(continuación)*

- **Tiras cómicas/Guiones gráficos**

- Tiras cómicas o cómics que presentan un cuento o información
- Guiones gráficos que representan sucesos importantes de un texto

### ESCRITURA INFORMATIVA

▶ **Informes**

- Informes con texto y organizadores gráficos que presentan información extraída de textos
- Informes con ilustraciones (fotos y/o dibujos con rótulos o leyendas, diagramas, dibujos de corte; mapas con leyenda o clave, escalas), herramientas de organización (títulos, tablas de contenidos, títulos de capítulos, encabezados, subtítulos, barras laterales, acotaciones) y recursos del texto (información de derechos de autor, reconocimientos, notas de la autora o del autor, guía de pronunciación, glosario, referencias)

▶ **Esquemas**

- Esquemas que incluyen encabezados y subtítulos que reflejan la organización de un texto

▶ **Artículos de instrucciones**

- Instrucciones ilustradas ocasionalmente con dibujos que muestran una secuencia de acciones basadas en un texto
- Artículos de instrucciones que requieren investigación

▶ **Estudios sobre autores e ilustradores**

- Estudios sobre autores que implican una respuesta a uno o más libros de una autora o un autor y/o usando información biográfica
- Estudios sobre ilustradores que implican una respuesta a uno o más libros de una artista o un artista y/o usando información biográfica

▶ **Bosquejos biográficos**

- Bosquejos biográficos acerca de una autora o un autor, o el sujeto de una biografía (y a veces un personaje de ficción)

▶ **Proyectos y presentaciones multimedia**

- Proyectos que presentan ideas y opiniones acerca de temas o textos de manera organizada con texto e imágenes visuales

▶ **Entrevistas**

- Entrevistas con una autora o un autor o una experta o un experto (preguntas y respuestas diseñadas para proporcionar información)

▶ **Artículos periodísticos o de fondo**

- Artículos periodísticos o de fondo a partir de la lectura de uno o más textos

### ESCRITURA PERSUASIVA

- Carteles o anuncios publicitarios que cuentan acerca de un texto de una manera que capta la atención o es persuasiva
- Reseñas o recomendaciones de libros

### ESCRITURA POÉTICA

- Textos poéticos en respuesta a un texto en prosa
- Textos poéticos escritos en respuesta a poemas y aplicando el mismo tema, atmósfera y estilo

# Seleccionar objetivos Hábitos y conocimientos para observar, enseñar y apoyar

## Escribir sobre la lectura

### TEXTOS DE FICCIÓN

**General**

- ● Observar, comentar y trabajar de manera activa para adquirir vocabulario nuevo, que incluye palabras técnicas, complejas y especializadas, y usarlo de manera intencional al escribir sobre la lectura
- ● Explorar definiciones de palabras nuevas que surgen de los textos, que incluye el uso figurado y connotativo, escribiendo acerca de ellas
- ● Comprender algunas palabras que aparecen en el lenguaje de usuarios maduros y en textos escritos (Nivel 2) y algunas palabras que aparecen en las disciplinas científicas y que probablemente aparezcan en la escritura (Nivel 3)
- ● Usar conectores comunes (simples) y conectores sofisticados (palabras que relacionan ideas y aclaran el significado) que se usan en textos escritos pero no suelen aparecer en el lenguaje oral cotidiano (*aunque, mientras tanto, sin embargo*)
- ● Usar conectores académicos (palabras que relacionan ideas y aclaran significados que aparecen en textos escritos): *a través del cual, como se observa, con referencia a, con respecto a, considerando que, de igual modo, en consecuencia, en síntesis, en último lugar, por consiguiente, por el contrario, por ende, por último*
- ● Comprender y extraer información para escribir a partir del propósito de la dedicatoria, la nota de la autora o del autor y los reconocimientos
- ● Anotar los títulos, los autores y los géneros de los libros para recomendar
- ● Anotar los títulos, los autores, los ilustradores, los géneros de textos leídos de manera independiente y las fechas de lectura en el Cuaderno del lector
- ● Dibujar o hacer bosquejos para representar o recordar un texto y proporcionar una base para la conversación o la escritura
- ● Recordar información o detalles de un texto para producir listas, secuencias sencillas de acción e instrucciones de manera independiente
- ● Redactar notas, listas, cartas u oraciones para recordar información importante sobre un texto
- ● Tomar notas acerca de la necesidad de aclarar información (preguntas, confusiones)
- ● Registrar notas para navegar textos largos y complejos cuando se revisan opiniones y teorías en la preparación para escribir textos más extensos
- ● Tomar notas acerca de un texto como prueba para apoyar opiniones y declaraciones en la conversación y por escrito
- ● Volver a consultar textos para buscar ideas o revisar detalles durante la escritura o el dibujo
- ● Proporcionar pruebas del texto o de la experiencia personal para apoyar oraciones escritas acerca del texto
- ● Representar una serie más extensa de sucesos de un texto a través del dibujo y la escritura
- ● Escribir resúmenes que reflejan la comprensión literal de un texto
- ● Seleccionar e incluir detalles adecuados e importantes al escribir el resumen de un texto
- ● Citar números de páginas de un texto al escribir acerca de información importante
- ● Revisar pruebas continuamente en el texto para asegurarse de que la escritura refleja la comprensión
- ● Volver a leer para revisar el significado, la precisión y la claridad de expresión
- ◆ Dibujar y escribir acerca de las conexiones que existen entre las ideas y los textos y las experiencias de vida de los estudiantes
- ◆ Dibujar y escribir acerca de algo de su propia vida suscitado por los personajes o los sucesos de un cuento
- ◆ Relacionar información o ideas importantes dentro de un texto o con otros textos
- ◆ Escribir acerca de las relaciones entre textos según el tema, las ideas principales, los estilos de los autores y los géneros
- ◆ Observar y escribir acerca de la importancia de ideas relevantes para su mundo (compartir, preocuparse por los demás, hacer su tarea, ayudar a su familia, cuidarse a sí misma o mismo, mantenerse saludable, cuidar el mundo o el medioambiente, valorar las diferencias, expresar sentimientos, empatizar con los demás)
- ◆ Proporcionar pruebas del texto o de la experiencia personal para apoyar oraciones escritas acerca de un texto
- ◆ Predecir lo que sucederá en un cuento o después del final del cuento y apoyar con pruebas del texto
- ◆ Escribir acerca de una amplia gama de predicciones basadas en pruebas del texto
- ◆ Demostrar cómo los conocimientos previos impactan en la comprensión de ficción histórica y ciencia ficción
- ◆ Proporcionar detalles que son importantes para comprender cómo se relacionan la trama de un cuento, el escenario y las características de los personajes
- ◆ Escribir acerca de los cambios en las opiniones a partir de información nueva o las perspectivas que surgen de textos de ficción o no ficción
- ◆ Escribir una interpretación de un cuento, un texto de no ficción o ilustraciones comprendiendo que hay más de una interpretación
- ◆ Inferir y escribir acerca de las lecciones morales derivadas de la lectura de diversos textos de ficción y no ficción
- ◆ Tomar notas y escribir respuestas más largas para indicar la adquisición de información e ideas nuevas a partir de un texto
- ■ Usar textos como recursos para palabras, frases e ideas de escritura
- ■ Escribir oraciones que reflejan el conocimiento del cuerpo del texto y los elementos gráficos o las ilustraciones y la manera en que ambos se integran
- ■ Observar y anotar ilustraciones decorativas o informativas o letra impresa fuera del cuerpo del texto (peritexto)

● Pensar en el texto ***en sí*** ◆ Pensar ***más allá*** del texto ■ Pensar ***acerca*** del texto

# **Seleccionar objetivos** Hábitos y conocimientos para observar, enseñar y apoyar *(cont.)*

## Escribir sobre la lectura

### TEXTOS DE FICCIÓN *(continuación)*

**General** *(continuación)*

- ■ Escribir acerca de las relaciones entre datos en diferentes partes de un texto (preámbulo, prólogo, cuerpo, epílogo, apéndice)
- ■ Escribir acerca del significado de la dedicatoria de un texto, las notas de la autora o del autor y los reconocimientos
- ■ Escribir acerca de por qué una autora o un autor podría elegir escribir un cuento o escribir acerca de un tema
- ■ Escribir para explorar el propósito y la postura de la autora o del autor acerca de un cuento
- ■ Identificar y anotar el género específico de un libro según sus características
- ■ Observar y escribir acerca de las características de los géneros de ficción (ficción realista, ficción histórica, cuento popular, cuento exagerado, cuento de hadas, fábula, mito, leyenda, balada, fantasía, ciencia ficción y algunos tipos especiales de ficción (cuento de aventuras; cuento de animales; cuento humorístico; cuento de familia, amigos y escuela)
- ■ Escribir acerca de textos híbridos, distinguiendo entre secciones de ficción y no ficción
- ■ Apreciar y escribir acerca de las formas enmarcadas en el texto principal
- ■ Apreciar y escribir acerca del valor de las fuentes primarias y secundarias enmarcadas en un texto
- ■ Usar lenguaje académico para hablar acerca de los géneros (*ficción; cuento popular; cuento de hadas; fábula; cuento exagerado; cuento de aventuras; cuento de animales; cuento de familia, amigos y escuela; cuento humorístico; ficción realista; literatura tradicional; ficción histórica; fantasía; mito; leyenda; balada; ciencia ficción; texto híbrido*)
- ■ Usar lenguaje académico para hablar acerca de las formas (*libro álbum o ilustrado, libro álbum o ilustrado sin palabras, poema, poesía, rima infantil, rima, canción, colección de poesía, libros de una serie, libro por capítulos, obra de teatro, carta, secuela, quintilla humorística, haiku, poema concreto, cuento corto, cuento de hadas fracturado, entrada de diario, poesía narrativa, discurso*)
- ■ Usar lenguaje académico para hablar sobre características literarias (*comienzo, final, problema, personaje, solución, personaje principal, sucesos, cambio de personaje, mensaje, diálogo, tiempo y lugar, retrospectiva, conflicto, resolución, tema, lenguaje descriptivo, símil, lenguaje figurado, metáfora, trama, trama secundaria, flash-forward, desarrollo del personaje, personaje secundario, punto de vista*)
- ■ Usar lenguaje académico para hablar acerca de aspectos del libro y la letra impresa (*portada, contraportada, título, autor, ilustrador, página, texto, ilustración, rótulo, tabla de contenidos, agradecimientos, capítulo, dibujo, leyenda, título del capítulo, dedicatoria, nota del autor, nota del ilustrador, solapa del libro*)
- ■ Formular y anotar preguntas en respuesta a sucesos de una trama o a información importante
- ■ Formular y expresar opiniones acerca de un texto por escrito y apoyar esas opiniones con fundamentos y pruebas
- ■ Formular opiniones acerca de los autores y los ilustradores e indicar por escrito en qué se basan esas opiniones
- ■ Observar y escribir para identificar múltiples puntos de vista en un texto
- ■ Hacer modificaciones a textos muy conocidos cambiando el final, la serie de sucesos, los personajes o el escenario

**Escenario**

- ● Escribir resúmenes que incluyan detalles importantes acerca del escenario
- ● Tomar notas o escribir descripciones para recordar detalles importantes acerca del escenario
- ■ Escribir acerca de la importancia del escenario en la trama de la ficción realista e histórica y de la fantasía

**Trama**

- ● Escribir resúmenes que incluyan el problema principal del cuento y cómo se resuelve
- ● Tomar notas o escribir descripciones para recordar detalles importantes acerca de la trama
- ◆ Escribir acerca de la importancia de los sucesos en una trama
- ■ Reconocer y escribir acerca de aspectos de la estructura narrativa (comienzo, serie de sucesos, problema, resolución, final)
- ■ Escribir acerca de la organización de un texto (orden cronológico o secuencias establecidas, como números, hora del día, días de la semana o estaciones)
- ■ Reconocer y escribir acerca del uso de tramas y subtramas que hace una autora o un autor

● Pensar en el texto ***en sí*** ◆ Pensar ***más allá*** del texto ■ Pensar ***acerca*** del texto

# Seleccionar objetivos Hábitos y conocimientos para observar, enseñar y apoyar *(cont.)*

## Escribir sobre la lectura

### TEXTOS DE FICCIÓN *(continuación)*

**Personajes**

- ● Escribir resúmenes que incluyen detalles importantes acerca de los personajes
- ● Tomar notas o escribir descripciones para recordar detalles importantes acerca de los personajes
- ● Reconocer y comenzar a escribir acerca de las múltiples dimensiones de los personajes (pueden ser buenos pero tener defectos, pueden cometer errores por confusión o equivocación, pueden hacer cosas malas pero cambian para mejorar)
- ◆ Expresar sentimientos como la empatía o el desagrado hacia un personaje
- ◆ Comentar un problema de un cuento y escribir opiniones acerca de cómo deberían actuar los personajes
- ◆ Predecir lo que es probable que haga un personaje a continuación o después del final del cuento y apoyar con pruebas del texto
- ◆ Describir atributos de los personajes que se revelan en sus pensamientos, diálogo, comportamientos y lo que otros dicen o piensan de ellos y apoyarlos con pruebas
- ◆ Describir las intenciones, los sentimientos y las motivaciones de los personajes que se revelan en sus pensamientos, diálogo, comportamientos y lo que otros dicen o piensan de ellos y apoyarlos con pruebas
- ◆ Describir relaciones entre personajes como se revelan a través del diálogo y los comportamientos
- ◆ Observar y escribir acerca del cambio del personaje relacionado con los sucesos de la trama
- ◆ Expresar opiniones por escrito acerca de los personajes de un cuento (malvado, deshonesto, inteligente, astuto, codicioso, valiente, leal) y apoyarlas con pruebas
- ◆ Escribir acerca de los atributos de personajes predecibles o estáticos (personajes que no cambian, típicos de la literatura tradicional) en contraposición con personajes dinámicos
- ◆ Diferenciar por escrito el personaje o los personaje principales de los personajes secundarios en un cuento
- ◆ Escribir acerca de las relaciones entre las acciones de un personaje y sus consecuencias
- ◆ Describir la importancia de los personajes heroicos o épicos en la fantasía que representan la lucha simbólica entre el bien y el mal
- ■ Observar y escribir acerca de personajes con características de la personalidad predecibles, típicos de la literatura tradicional (astuto, valiente, tonto, sabio, codicioso, inteligente)

**Mensajes y temas**

- ◆ Inferir y escribir acerca de los mensajes más amplios de textos de ficción
- ◆ Escribir acerca de la lección inferida de la literatura tradicional
- ◆ Escribir acerca de cómo puede aplicarse la lección de un cuento a su vida y a la vida de los demás
- ◆ Inferir y escribir acerca de las lecciones morales
- ◆ Escribir acerca de temas que son cercanos a las experiencias de los estudiantes (la imaginación, el coraje, los miedos, compartir, la amistad, las relaciones familiares, una misma o uno mismo, la naturaleza, crecer, los hábitos, la comunidad, las responsabilidades, la diversidad, la pertenencia, las relaciones con los compañeros, la pérdida)
- ◆ Comprender y escribir acerca de temas e ideas que son cuestiones maduras y requieren experiencia o lectura previa para interpretar
- ■ Escribir acerca de los motivos que una autora o un autor puede tener para contar un cuento y los mensajes que puede contener para los lectores
- ■ Escribir acerca de la manera en la que las ilustraciones y los elementos gráficos ayudan a comunicar el mensaje de la autora o del autor

● Pensar en el texto ***en sí*** ◆ Pensar ***más allá*** del texto ■ Pensar ***acerca*** del texto

# Seleccionar objetivos Hábitos y conocimientos para observar, enseñar y apoyar *(cont.)*

## Escribir sobre la lectura

**TEXTOS DE FICCIÓN** *(continuación)*

### Estilo y lenguaje

- ◆ Reconocer y escribir acerca del simbolismo en un texto y en sus ilustraciones
- ■ Reconocer y escribir sobre el humor en un texto de ficción
- ■ Observar y escribir acerca de los elementos de los recursos de elaboración de la escritora o del escritor (elección de palabras, uso de elementos literarios)
- ■ Apreciar y escribir acerca del uso de imágenes sensoriales que hace una autora o un autor de ficción para evocar atmósfera
- ■ Observar y anotar el lenguaje que revela la actitud de la autora o del autor (tono) hacia un personaje (serio, humorístico, respetuoso, afectuoso)
- ■ Observar y registrar el lenguaje que evoca sentimientos en los lectores (atmósfera)
- ■ Observar y escribir sobre la narradora o el narrador de un texto y la manera y el momento en que la narradora o el narrador cambia (si corresponde)
- ■ Observar y escribir acerca del uso que hace la autora o el autor del lenguaje literario, que incluye el uso de metáforas, símiles y descripción
- ■ Reconocer y escribir acerca de lo que hace una autora o un autor para crear humor en un texto
- ■ Apreciar y escribir críticas de los textos de ficción mediante la observación de las características del estilo (lenguaje interesante, humor, suspenso, descripción de personajes)
- ■ Tomar prestado el estilo o algunas palabras o expresiones de una escritora o un escritor para escribir acerca de un texto

### Ilustraciones

- ● Observar y tomar notas de la información importante de las ilustraciones o los elementos gráficos
- ◆ Escribir interpretaciones de algunas ilustraciones que tienen características simbólicas
- ■ Escribir acerca de los detalles que se encuentran en las ilustraciones
- ■ Observar el talento artístico en las ilustraciones
- ■ Escribir acerca de la manera en la que las ilustraciones y los elementos gráficos ayudan a comunicar el mensaje de la autora o del autor
- ■ Escribir acerca de las características (medio, estilo) de algunos ilustradores

**Mi obstáculo**

¿Alguna vez has tenido un obstáculo en tu vida como Jackie Robinson? Pues yo sí. Todo empezo un dia en el que yo quería jugar fútbol pero nadie quería jugar con los niños chiquitos. Los grandes estaban jugando, les pregunte y dijeron que no podía jugar porque era chiquita y me iba a golpear. Mi obstáculo es jugar fútbol con los niños más grandes.

Mi obstáculo era que los grandes no me dejaban jugar fútbol con ellos. A veces esto pasa en el YMCA con los niños de high school y de middle school. Ellos vienen de la escuela para jugar con nosotros del YMCA. Cuando les pregunto si puedo jugar dicen que no porque piensan que las niñas no pueden jugar al fútbol. Cuando me dicen que no puedo jugar yo me siento muy enojada y triste. Cuando me siento enojada y triste, siento que mis piernas tiemblan tanto que no las puedo parar. Así me sentía cuando me dijeron que no podía jugar fútbol porque era una niña y yo sentía como si me hubieran sacado el aire.

Este fue mi obstáculo porque cuando me decían que no podía jugar fútbol y me explicaban por qué no podía jugar me decían que me iban a pegar porque eran más grandes ellos que yo. Yo hasta jugué con ellos y me pegaron al propósito para que yo viera que me iban a pegar y para sacarme del juego. Yo me sentía muy triste pero alegre porque estaba jugando al fútbol y no me fui de allí. Me quedé firme como una estatua peleando por mi justicia.

Yo use persistencia y determinación como Jackie Robinson cuando jugaba baseball. Pero yo las use cuando jugué fútbol para superar mi obstáculo.Yo use persistencia porque yo ignore a los grandes cuando me decían que no podía jugar bien solo porque soy una niña. Yo use determinación porque cuando tengo una meta no dejo que las palabras de otros me desenfoquen. Esto me enseño que yo puedo ser fuerte como los grandes. Yo puedo jugar a lo que yo quiera jugar y no importa como soy ni como me veo.

Este obstáculo me enseño que yo me tengo que quedar firme para jugar futbol con los niños grandes. Yo tengo una sugerencia para ustedes que tienen el mismo problema. No se vayan de donde juegan su deporte. Como otras personas en el mundo se tienen que quedar firmes y no llorar. Solo tienen que quedarse firmes como Jackie Robinson y usar determinación y persistencia y mas cosas como cuenta la leyenda del único Jackie Robinson.

*Estudiante de quinto grado escribe sobre cómo superar obstáculos.*

● Pensar en el texto ***en sí*** ◆ Pensar ***más allá*** del texto ■ Pensar ***acerca*** del texto

ESCRIBIR SOBRE LA LECTURA

# Seleccionar objetivos Hábitos y conocimientos para observar, enseñar y apoyar *(cont.)*

## Escribir sobre la lectura

### TEXTOS DE NO FICCIÓN

**General**

- ● Usar vocabulario nuevo de textos durante la escritura para reflejar el significado de manera adecuada
- ● Explorar definiciones de palabras nuevas de los textos escribiendo acerca de ellas
- ● Comprender algunas palabras que aparecen en el lenguaje de usuarios maduros y en textos escritos (Nivel 2) y algunas palabras que aparecen en las disciplinas científicas y que probablemente aparezcan en la escritura (Nivel 3)
- ● Usar conectores comunes (simples) y conectores sofisticados (palabras que relacionan ideas y aclaran el significado) que se usan en textos escritos pero no suelen aparecer en el lenguaje oral cotidiano (*aunque, mientras tanto, sin embargo*)
- ● Usar conectores académicos (palabras que relacionan ideas y aclaran significados que aparecen en textos escritos): *a través del cual, como se observa, con referencia a, con respecto a, considerando que, de igual modo, en consecuencia, en síntesis, en último lugar, por consiguiente, por el contrario, por ende, por último*
- ● Comprender y observar el propósito de la dedicatoria, la nota de la autora o del autor y los reconocimientos
- ● Anotar los títulos, los autores y los géneros de los libros para recomendar
- ● Anotar los títulos, los autores, los ilustradores, los géneros de textos leídos de manera independiente y las fechas de lectura en el Cuaderno del lector
- ● Dibujar o hacer bosquejos para recordar un texto o representar su contenido
- ● Recordar información o detalles de un texto para producir listas, secuencias sencillas de acción e instrucciones de manera independiente
- ● Redactar notas, listas, cartas u oraciones para recordar información importante sobre un texto
- ● Escribir preguntas o notas acerca de las confusiones que se abordarán durante la conversación
- ● Consultar notas acerca de un texto como prueba para apoyar opiniones y declaraciones en la conversación y la escritura
- ● Representar una serie más extensa de sucesos de un texto a través del dibujo y la escritura
- ● Escribir resúmenes que reflejan la comprensión literal de un texto
- ● Seleccionar e incluir detalles adecuados e importantes al escribir el resumen de un texto
- ● Citar números de páginas de un texto al escribir acerca de información importante
- ● Revisar pruebas continuamente en el texto para asegurarse de que la escritura refleja la comprensión
- ● Volver a consultar textos para buscar ideas o revisar detalles durante la escritura o el dibujo
- ● Volver a leer para revisar el significado, la precisión y la claridad de expresión
- ● Escribir acerca del contenido de textos que refleja conocimientos iniciales del mundo físico y social (salud, estudios sociales, ciencias, matemáticas, artes)
- ◆ Escribir acerca de la relevancia que tiene el contenido de no ficción en su vida
- ◆ Relacionar información e ideas importantes dentro de un texto o con otros textos
- ◆ Escribir acerca de la información y los conceptos importantes de un texto y relacionarlos con la información y los conceptos de otros textos
- ◆ Escribir acerca de las relaciones entre textos según el tema, las ideas principales, los estilos de los autores y los géneros
- ◆ Relacionar información de libros de no ficción con estudios disciplinarios
- ◆ Expresar opiniones acerca de datos o información aprendidos
- ◆ Proporcionar pruebas del texto o de la experiencia personal para apoyar oraciones escritas acerca de un texto
- ◆ Observar y escribir acerca de la importancia de ideas relevantes para su mundo (compartir, preocuparse por los demás, hacer su tarea, ayudar a su familia, cuidarse a sí misma o mismo, mantenerse saludable, cuidar el mundo o el medioambiente, valorar las diferencias, expresar sentimientos, empatizar con los demás)
- ◆ Escribir acerca de una amplia gama de predicciones basadas en pruebas del texto
- ◆ Escribir respuestas cortas y extensas para indicar la adquisición de información e ideas nuevas de un texto
- ◆ Reflejar los conocimientos previos y los nuevos que surgen del texto en escritura o dibujo
- ■ Usar textos como recursos para palabras, frases e ideas de escritura
- ■ Escribir oraciones que reflejan el conocimiento del cuerpo del texto y los elementos gráficos o las ilustraciones y la manera en que ambos se integran
- ■ Escribir acerca del significado de la dedicatoria de un texto, la nota de la autora o del autor, los reconocimientos, las notas al pie o al final
- ■ Observar y anotar ilustraciones decorativas o informativas o diseños fuera del cuerpo del texto (peritexto)
- ■ Escribir acerca de por qué una autora o un autor podría elegir escribir un cuento o escribir acerca de un tema
- ■ Escribir para explorar el propósito y la postura de la autora o del autor acerca de un tema

● Pensar en el texto ***en sí*** ◆ Pensar ***más allá*** del texto ■ Pensar ***acerca*** del texto

# **Seleccionar objetivos** Hábitos y conocimientos para observar, enseñar y apoyar *(cont.)*

## Escribir sobre la lectura

### TEXTOS DE NO FICCIÓN *(continuación)*

**General** *(continuación)*

- ■ Identificar y anotar el género específico de un libro según sus características
- ■ Observar y escribir acerca de las características de los géneros de no ficción (libros informativos, no ficción expositiva, no ficción narrativa, biografía, autobiografía, memorias personales, textos persuasivos, textos de instrucciones)
- ■ Usar correctamente los nombres de géneros específicos al escribir sobre la lectura
- ■ Escribir acerca de textos híbridos, distinguiendo entre secciones de ficción y no ficción
- ■ Reconocer y comentar cómo influye en la lectora o el lector el uso que hace la autora o el autor de diferentes formas de no ficción, como diarios, registros y cartas
- ■ Escribir para describir en qué se parecen y en qué se diferencian las ideas y el contenido dentro de un texto de no ficción
- ■ Demostrar por escrito la capacidad de distinguir entre declaraciones de hechos que se apoyan con pruebas y opiniones
- ■ Usar lenguaje académico para hablar acerca de los géneros (*no ficción, texto informativo, libro informativo, texto sobre hechos, memorias personales, biografía, autobiografía, narración de no ficción, texto de instrucciones, texto persuasivo, texto expositivo*)
- ■ Usar lenguaje académico para hablar acerca de las formas (*libro álbum o ilustrado, poema, poesía, rima infantil, rima, canción, colección de poesía, libros de una serie, obra de teatro, carta, secuela, quintilla humorística, haiku, poema concreto, entrada de diario, artículo periodístico, artículo de fondo, poesía narrativa, ensayo fotográfico, discurso*)
- ■ Usar lenguaje académico para hablar acerca de las características literarias (*comienzo, final, problema, personaje, solución, pregunta y respuesta, tema, sucesos, mensaje, diálogo, descripción, orden temporal, tiempo y lugar, idea principal, comparar y contrastar, lenguaje descriptivo, símil, causa y efecto, categorización, lenguaje persuasivo, secuencia temporal, secuencia cronológica, temática, argumento*)
- ■ Usar lenguaje académico para hablar acerca de aspectos del libro y la letra impresa (*portada, contraportada, título, autor, ilustrador, página, texto, ilustración, fotografía, rótulo, tabla de contenidos, agradecimientos, sección, encabezado, dibujo, leyenda, mapa, dedicatoria, nota del autor, nota del ilustrador, diagrama, glosario, recuadro lateral, solapa del libro, subtítulo, tabla, gráfica, línea de tiempo, índice*)
- ■ Formular y expresar opiniones acerca de un texto por escrito y apoyar esas opiniones con fundamentos y pruebas
- ■ Formular opiniones acerca de los autores y los ilustradores e indicar por escrito en qué se basan esas opiniones
- ■ Observar y escribir acerca de la manera en que una autora o un autor revela el escenario en un texto biográfico o histórico
- ■ Reconocer y escribir acerca de ejemplos de argumento y persuasión en textos informativos
- ■ Describir y criticar el uso de la persuasión que hace una autora o un autor
- ■ Escribir acerca del uso de las características del texto de no ficción que hace una autora o un autor, o criticarlo (títulos, tabla de contenidos, encabezados, subtítulos, barras laterales, rótulos, leyendas)
- ■ Pensar y escribir de manera crítica acerca de la autenticidad de un texto de no ficción sobre hechos, pruebas científicas, las calificaciones de la autora o del autor, afirmaciones y argumentos respaldados

**Tema**

- ◆ Usar el dibujo y/o la escritura, mostrar curiosidad acerca de temas que aparecen en textos de no ficción y trabajar de manera activa para aprender más acerca de ellos
- ■ Destacar el tema principal de un libro y sus subtramas
- ■ Usar organizadores gráficos como redes para mostrar cómo combina información relacionada con el mismo tema o subtema una autora o un autor de no ficción
- ■ Escribir sobre la manera en que los elementos gráficos y el texto se colocan cuidadosamente en un texto de no ficción para comunicar ideas de manera efectiva
- ■ Describir la relación que existe entre las ideas y el contenido (tema más extenso con subtemas) en un texto expositivo de no ficción

**Organización**

- ● Escribir un esquema proporcionando resúmenes de la información aprendida mediante encabezados y subtítulos que reflejan la estructura general de un texto y categorías sencillas
- ■ Dibujar, escribir o diagramar para mostrar cómo está organizado un texto (orden cronológico o secuencias establecidas, como números, hora del día, días de la semana o estaciones)
- ■ Observar y escribir acerca de la organización de un texto de no ficción distinguiendo entre las estructuras expositiva y narrativa

● Pensar en el texto ***en sí*** ◆ Pensar ***más allá*** del texto ■ Pensar ***acerca*** del texto

# Seleccionar objetivos Hábitos y conocimientos para observar, enseñar y apoyar *(cont.)*

## Escribir sobre la lectura

### TEXTOS DE NO FICCIÓN *(continuación)*

**Organización** *(continuación)*

- ■ Observar y escribir acerca de los patrones estructurales subyacentes que usa una autora o un autor para organizar información y a veces aplicar la misma estructura para escribir textos de no ficción (descripción, secuencia temporal, pregunta y respuesta, causa y efecto, secuencia cronológica, comparar y contrastar, problema y solución, categorización)
- ■ Observar y escribir acerca del uso que hace de la estructura del texto narrativo una autora o un autor de no ficción en la biografía y la no ficción y su efecto en la lectora o el lector
- ■ Explicar con claridad los pasos de un proceso o un suceso (en un texto con secuencia cronológica o temporal o un texto de instrucciones)

**Mensajes e ideas principales**

- ● Hacer una lista de los sucesos o las ideas importantes en un texto informativo o biográfico
- ◆ Escribir acerca de las conexiones que existen entre las ideas de textos de no ficción (los animales, las mascotas, las familias, los alimentos, las plantas, la escuela, los amigos, crecer, los sentidos, el vecindario, el tiempo y las estaciones, la salud)
- ◆ Escribir para comparar y ampliar el conocimiento del contenido y las ideas de disciplinas académicas entre textos
- ◆ Inferir y escribir acerca de los mensajes más amplios o las ideas principales en un texto de no ficción
- ◆ Inferir y escribir acerca de las lecciones morales en un texto de no ficción
- ■ Escribir acerca de la manera en la que las ilustraciones y los elementos gráficos ayudan a comunicar el mensaje de la autora o del autor

**Precisión**

- ■ Examinar de manera crítica la calidad o la precisión del texto, proporcionando pruebas por escrito para las opiniones
- ■ Escribir de manera crítica acerca de la manera en que una autora o un autor usa pruebas para apoyar un argumento

**Ilustraciones/Elementos gráficos**

- ● Comprender e indicar información importante proporcionada en los elementos gráficos (fotografías, pinturas, dibujos, leyendas, rótulos, recuadros, tablas, diagramas, cuadros, gráficas, mapas, líneas de tiempo, barras laterales)
- ● Consultar herramientas de organización y recursos del texto al escribir sobre la lectura (tablas de contenidos, títulos de capítulos, encabezados, subtítulos, barras laterales; dedicatorias, reconocimientos, notas de la autora o del autor, glosario, índice, preámbulo, guía de pronunciación, nota al pie, epílogo, apéndice, nota al final, referencias)
- ● Escribir resúmenes que reflejan el conocimiento de características gráficas (rótulos, encabezados, barras laterales, leyendas)
- ■ Escribir sobre la manera en que se combinan la información en el cuerpo del texto y los elementos gráficos
- ■ Escribir sobre la manera en que los elementos gráficos y el texto se colocan cuidadosamente en un texto de no ficción para comunicar ideas de manera efectiva
- ■ Observar el talento artístico en las ilustraciones
- ■ Escribir acerca de las características (medio, estilo) del trabajo de algunos ilustradores
- ■ Escribir acerca de la manera en la que las ilustraciones y los elementos gráficos ayudan a comunicar el mensaje de la autora o del autor

**Estilo y lenguaje**

- ■ Reconocer y escribir acerca del humor en los textos de no ficción
- ■ Observar y escribir acerca de los elementos de los recursos de elaboración de la escritora o del escritor (elección de palabras, uso de elementos literarios)
- ■ Observar y anotar lenguaje que revela la actitud de la autora o del autor (tono) hacia el personaje, el sujeto o el tema (serio, humorístico, respetuoso, afectuoso)
- ■ Escribir y pensar de manera crítica acerca de la selección de palabras de una autora o un autor

ESCRIBIR SOBRE LA LECTURA

● Pensar en el texto ***en sí*** ◆ Pensar ***más allá*** del texto ■ Pensar ***acerca*** del texto

# Seleccionar géneros y formas

## Escribir sobre la lectura

Los estudiantes en este nivel deben ser capaces de escribir resúmenes, reseñas, ensayos literarios, argumentos y análisis coherentes. Deben usar lenguaje académico y palabras propias de las disciplinas. Pero muchos estudiantes tienen poca experiencia en el desempeño de estas tareas. Probablemente exista una amplia diversidad en su clase, pero la mayoría de los estudiantes necesitará una enseñanza sólida y el uso de la alfabetización para alcanzar estos niveles elevados de razonamiento. La mayoría de los estudiantes necesita el beneficio de demostraciones útiles para desarrollar modelos mentales. Use mini-lecciones para que participen en conversaciones; su escritura será más efectiva si tienen oportunidad de practicar lo que van a decir al hablar con una compañera o un compañero o con el grupo. Demuestre nuevas maneras de pensar y de escribir sobre lo que pensamos. Prepare un texto escrito por usted y pida a los estudiantes que lo lean y piensen en él de manera analítica. Use la escritura compartida para crear un ejemplo de redacción cooperativa con el aporte de los estudiantes. Escriba acerca de un texto que haya leído en voz alta para que todos lo compartan. Tendrá que usar modelos de escritura o la escritura compartida (en una tabla, pantalla interactiva o computadora) para mostrar un buen ejemplo de una nueva forma de escritura. Posteriormente, los estudiantes pueden usar la forma o articular el conocimiento de manera independiente. Algunos estudiantes necesitarán varias demostraciones y trabajar con una compañera o un compañero también será conveniente. El objetivo principal de la escritura sobre la lectura es ayudar a los estudiantes a expresar y organizar su pensamiento para que lo puedan mostrar por escrito. Tenga en cuenta que los hábitos que aquí se mencionan representan objetivos para la enseñanza del año.

### ESCRITURA FUNCIONAL

#### ▶ Notas y bosquejos

- Bosquejos o dibujos que representan un texto y proporcionan una base para la conversación o la escritura
- Notas (acerca del escenario, los sucesos de un cuento, los personajes, palabras o frases memorables) en notas autoadhesivas, marcas de pensamiento y en un Cuaderno del lector para apoyar la memoria para su uso posterior en la conversación o la escritura
- Notas que registran información, detalles, lenguaje o ejemplos interesantes de los recursos de elaboración de la autora o del autor, como muestran las citas de un texto
- Rótulos y leyendas para ilustraciones como dibujos, fotografías y mapas relacionados con un texto
- Representaciones gráficas de estructuras como tramas paralelas y circulares
- Listas de libros (completados o abandonados) con título, autor, género, respuestas de una palabra al libro y fechas de lectura

#### ▶ Organizadores gráficos

- Redes que conectan información dentro de un texto o entre textos (organización, características de los personajes, escenarios, problemas)
- Tablas que muestran la manera en la que está organizado un texto (descripción organizada, secuencia temporal, pregunta y respuesta, causa y efecto, secuencia cronológica, comparar y contrastar, problema y solución)
- Mapas del cuento que registran el título, la autora o el autor, el escenario, los sucesos de la trama, los personajes, el problema y la resolución
- Organizadores gráficos que apoyan el estudio de género e incluyen ejemplos de libros, observaciones a partir de la investigación y definiciones operativas de géneros
- Organizadores gráficos que muestran géneros enmarcados en textos híbridos
- Cuadrículas o columnas que muestran el análisis de un texto

#### ▶ Cartas acerca de la lectura

- Cartas a otros lectores o a los autores e ilustradores (como cartas de diálogo en un Cuaderno del lector)
- Cartas a editores de periódicos o revistas como respuesta a artículos

#### ▶ Anotaciones

- Anotaciones con una respuesta personal, interpretación, análisis de los personajes, descripción o crítica que se enfoca en cualquier aspecto de los recursos de elaboración

#### ▶ Respuestas más largas

- Entrada de doble columna con una frase, oración, cita del texto o pregunta en la columna izquierda y espacio para la opinión de la lectora o del lector en la derecha
- Entradas de diario desde la perspectiva de un sujeto biográfico o un personaje que se enfocan en el escenario, los problemas o las relaciones
- Respuestas más largas en el Cuaderno del lector que desarrollan el razonamiento a partir de notas, bosquejos, anotaciones u organizadores gráficos

### ESCRITURA NARRATIVA

#### ▶ Resúmenes

- Resúmenes de la trama con una exposición breve del escenario, los personajes, la trama, los sucesos importantes, el momento clave, el cambio de los personajes, la resolución de problemas, el mensaje
- Mapas del cuento que incluyen escenario, personajes y la acción creciente y descendiente de una estructura narrativa básica (sucesos de la trama, problema, episodios, clímax y resolución)

## Seleccionar géneros y formas *(cont.)*

### Escribir sobre la lectura

**ESCRITURA NARRATIVA**
*(continuación)*

▸ **Escritura con propósitos teatrales**

- Guiones del teatro del lector
- Guiones de lectura a coro (convertir la prosa en poesía)

▸ **Tiras cómicas/Guiones gráficos**

- Tiras cómicas o cómics que presentan un cuento o información
- Guiones gráficos que representan sucesos

**ESCRITURA INFORMATIVA**

▸ **Informes**

- Informes con texto y organizadores gráficos que presentan información extraída de textos
- Informes con ilustraciones (fotos y/o dibujos con rótulos o leyendas, diagramas, dibujos de corte; mapas con leyenda o clave, escalas), herramientas de organización (títulos, tablas de contenidos, títulos de capítulos, encabezados, subtítulos, barras laterales, acotaciones) y recursos del texto (información de derechos de autor, reconocimientos, notas de la autora o del autor, guía de pronunciación, glosario, referencias)

▸ **Esquemas**

- Esquemas que incluyen encabezados y subtítulos que reflejan la organización de un texto

▸ **Artículos de instrucciones**

- Instrucciones o textos con instrucciones, ilustrados ocasionalmente con dibujos que muestran una secuencia de acciones basadas en un texto
- Artículos de instrucciones que requieren investigación

▸ **Estudios sobre autores e ilustradores**

- Estudios sobre autores que implican una respuesta a uno o más libros de una autora o un autor y/o usando información biográfica
- Estudios sobre ilustradores que implican una respuesta a uno o más libros de una artista o un artista y/o usando información biográfica

▸ **Bosquejos biográficos**

- Bosquejos biográficos acerca de una autora o un autor o el sujeto de una biografía (y a veces un personaje de ficción)

▸ **Proyectos y presentaciones multimedia**

- Proyectos que presentan ideas y opiniones acerca de temas o textos de manera organizada con texto e imágenes visuales

▸ **Entrevistas**

- Entrevistas con una autora o un autor o una experta o un experto (preguntas y respuestas diseñadas para proporcionar información)

▸ **Artículos periodísticos o de fondo**

- Artículos periodísticos o de fondo a partir de la lectura de uno o más textos

**ESCRITURA PERSUASIVA**

- Carteles o anuncios publicitarios que cuentan acerca de un texto de una manera que capta la atención o es persuasiva
- Reseñas de libros
- Ensayos literarios que presentan ideas acerca de un texto y pueden incluir ejemplos y un resumen del texto

**ESCRITURA POÉTICA**

- Textos poéticos en respuesta a un texto en prosa
- Textos poéticos escritos en respuesta a poemas y aplicando el mismo tema, atmósfera y estilo

# Seleccionar objetivos Hábitos y conocimientos para observar, enseñar y apoyar

## Escribir sobre la lectura

### TEXTOS DE FICCIÓN

**General**

- ● Observar, comentar y trabajar de manera activa para adquirir vocabulario nuevo, que incluye palabras técnicas, complejas y especializadas, y usarlo de manera intencional al escribir sobre la lectura
- ● Explorar definiciones de palabras nuevas que surgen de los textos, que incluye el uso figurado y connotativo, escribiendo acerca de ellas
- ● Comprender algunas palabras que aparecen en el lenguaje de usuarios maduros y en textos escritos (Nivel 2) y algunas palabras que aparecen en las disciplinas científicas y que probablemente aparezcan en la escritura (Nivel 3)
- ● Usar conectores comunes (simples) y conectores sofisticados (palabras que relacionan ideas y aclaran el significado) que se usan en textos escritos pero no suelen aparecer en el lenguaje oral cotidiano (*aunque, mientras tanto, sin embargo*)
- ● Usar conectores académicos (palabras que relacionan ideas y aclaran significados que aparecen en textos escritos): *a través del cual, como se observa, con referencia a, con respecto a, considerando que, de igual modo, en consecuencia, en síntesis, en último lugar, por consiguiente, por el contrario, por ende, por último*
- ● Comprender y extraer información para escribir a partir del propósito de la dedicatoria, la nota de la autora o del autor y los reconocimientos
- ● Anotar los títulos, los autores y los géneros de los libros para recomendar
- ● Anotar los títulos, los autores, los ilustradores, los géneros de textos leídos de manera independiente y las fechas de lectura en el Cuaderno del lector
- ● Dibujar o hacer bosquejos para representar o recordar un texto y proporcionan una base para la conversación o la escritura
- ● Recordar información o detalles de un texto para producir listas, secuencias sencillas de acción e instrucciones de manera independiente
- ● Redactar notas, listas, cartas u oraciones para recordar información importante sobre un texto
- ● Tomar notas acerca de la necesidad de aclarar información (preguntas, confusiones)
- ● Registrar notas para navegar textos largos y complejos cuando se revisan opiniones y teorías en la preparación para escribir textos más extensos
- ● Consultar notas acerca de un texto como prueba para apoyar opiniones y declaraciones en la conversación y la escritura
- ● Volver a consultar textos para buscar ideas o revisar detalles durante la escritura o el dibujo
- ● Proporcionar pruebas del texto o de la experiencia personal para apoyar oraciones escritas acerca del texto
- ● Representar una serie más extensa de sucesos de un texto a través del dibujo y la escritura
- ● Escribir resúmenes organizados de manera lógica que incluyan la información importante en un texto de no ficción, las conclusiones y el mensaje más importante
- ● Seleccionar e incluir detalles adecuados e importantes al escribir el resumen de un texto
- ● Citar números de páginas de un texto al escribir acerca de información importante
- ● Revisar pruebas continuamente en el texto para asegurarse de que la escritura refleja la comprensión
- ● Volver a leer para revisar el significado, la precisión y la claridad de expresión
- ◆ Dibujar y escribir acerca de las conexiones que existen entre las ideas y los textos y las experiencias de su vida
- ◆ Dibujar y escribir acerca de las conexiones entre su vida y cuestiones y problemas contemporáneos en todos los géneros
- ◆ Relacionar información/ideas importantes dentro de un texto o con otros textos
- ◆ Escribir acerca de las relaciones entre textos según el tema, las ideas principales, los estilos de los autores y los géneros
- ◆ Observar y escribir acerca de la importancia de ideas relevantes para su mundo (compartir, preocuparse por los demás, hacer su tarea, ayudar a su familia, cuidarse a sí misma o mismo, mantenerse saludable, cuidar el mundo o el medioambiente, valorar las diferencias, expresar sentimientos, empatizar con los demás)
- ◆ Proporcionar pruebas del texto o de la experiencia personal para apoyar oraciones escritas acerca del texto
- ◆ Predecir lo que sucederá en un cuento o después del final del cuento y apoyar con pruebas del texto
- ◆ Escribir predicciones de manera regular durante y después de la lectura, basadas en el progreso de la trama, las características del escenario, los atributos de los personajes, las acciones de los personajes
- ◆ Demostrar cómo los conocimientos previos impactan en la comprensión de ficción histórica y en la ciencia ficción
- ◆ Proporcionar detalles que son importantes para comprender cómo se relacionan la trama de un cuento, el escenario y las características de los personajes
- ◆ Escribir acerca de los cambios en las opiniones a partir de información nueva o las perspectivas que surgen de textos de ficción o no ficción
- ◆ Escribir una interpretación de un cuento, un texto de no ficción o de ilustraciones con la noción de que puede haber más de una interpretación
- ◆ Inferir y escribir acerca de las lecciones morales derivadas de la lectura de diversos textos de ficción y no ficción
- ◆ Tomar notas y escribir respuestas más largas para indicar la adquisición de información e ideas nuevas a partir de un texto
- ■ Usar textos como recursos para palabras, frases e ideas de escritura

● Pensar en el texto ***en sí*** ◆ Pensar ***más allá*** del texto ■ Pensar ***acerca*** del texto

## Seleccionar objetivos Hábitos y conocimientos para observar, enseñar y apoyar *(cont.)*

### Escribir sobre la lectura

**TEXTOS DE FICCIÓN** *(continuación)*

**General** *(continuación)*

- ■ Escribir oraciones que reflejan el conocimiento del cuerpo del texto y los elementos gráficos o las ilustraciones y la manera en que ambos se integran
- ■ Observar y anotar ilustraciones decorativas o informativas o letra impresa fuera del cuerpo del texto (peritexto)
- ■ Escribir acerca de las conexiones que existen entre la información en diversas partes del texto (el cuerpo, el prólogo, el epílogo, el apéndice, el preámbulo, el final, la nota de la autora del autor, las notas finales, las notas al pie, los reconocimientos)
- ■ Escribir para explorar el propósito y la postura de la autora o del autor acerca de un cuento
- ■ Identificar y anotar el género específico de un libro según sus características
- ■ Observar y escribir acerca de las características de los géneros de ficción: ficción realista, ficción histórica, cuento popular, cuento exagerado, cuento de hadas, fábula, mito, leyenda, balada, fantasía, ciencia ficción y algunos tipos especiales de ficción (cuento de aventuras; cuento de animales; cuento humorístico; cuento de familia, amigos y escuela)
- ■ Escribir acerca de textos híbridos, y hacer una distinción entre secciones de ficción y no ficción y observar cómo mezcla los dos géneros la autora o el autor
- ■ Apreciar y escribir acerca de las formas enmarcadas en el texto principal
- ■ Apreciar y escribir acerca del valor de las fuentes primarias y secundarias enmarcadas en un texto
- ■ Usar lenguaje académico para hablar acerca de los géneros (*ficción; cuento popular; cuento de hadas; fábula; cuento exagerado; cuento de aventuras; cuento de animales; cuento de familia, amigos y escuela; cuento humorístico; ficción realista; literatura tradicional; ficción histórica; fantasía; mito; leyenda; balada; ciencia ficción; texto híbrido*)
- ■ Usar lenguaje académico para hablar acerca de las formas (*libro álbum o ilustrado, libro álbum o ilustrado sin palabras, poema, poesía, rima infantil, rima, canción, colección de poesía, libros de una serie, libro por capítulos, obra de teatro, carta, secuela, quintilla humorística, haiku, poema concreto, cuento corto, cuento de hadas fracturado, entrada de diario, poesía narrativa, discurso, poesía lírica, verso libre, balada*)
- ■ Usar lenguaje académico para hablar acerca de características literarias (*comienzo, final, problema, personaje, solución, personaje principal, sucesos, cambio de personaje, mensaje, diálogo, tiempo y lugar, flashback, conflicto, resolución, tema, lenguaje descriptivo, símil, lenguaje figurado, metáfora, trama, trama secundaria, flash-forward, desarrollo del personaje, personaje secundario, punto de vista, episodio, clímax, acción creciente, acción descendiente, lapso de tiempo, cuento dentro de otro cuento, atmósfera, personificación, símbolo, simbolismo, narración en primera persona, narración en tercera persona*)
- ■ Usar lenguaje académico para hablar acerca de aspectos del libro y la letra impresa (*portada, contraportada, título, autor, ilustrador, página, texto, ilustración, rótulo, tabla de contenidos, agradecimientos, capítulo, dibujo, leyenda, título del capítulo, dedicatoria, nota del autor, nota del ilustrador, solapa del libro*)
- ■ Formular y anotar preguntas en respuesta a sucesos de una trama o a información importante
- ■ Formular y expresar opiniones acerca de un texto por escrito y apoyar esas opiniones con fundamentos y pruebas
- ■ Formular opiniones acerca de los autores y los ilustradores e indicar por escrito en qué se basan esas opiniones
- ■ Observar y escribir para identificar múltiples puntos de vista en un texto, así como la manera en que la autora o el autor los revela
- ■ Reconocer y escribir de manera analítica acerca de un final ambiguo de un texto de ficción
- ■ Escribir críticas de textos de ficción, y profundizar en la autenticidad de los personajes, la representación de temas actuales o pasados, la voz, el tono, la precisión del escenario

**Escenario**

- ● Escribir resúmenes que incluyan detalles importantes acerca del escenario
- ● Tomar notas o escribir descripciones para recordar detalles importantes acerca del escenario
- ■ Escribir acerca de la importancia del escenario en la trama de la ficción realista e histórica y de la fantasía

**Trama**

- ● Escribir resúmenes que incluyan el problema principal del cuento y cómo se resuelve
- ● Tomar notas o escribir descripciones para recordar detalles importantes acerca de la trama
- ◆ Escribir acerca de la importancia de los sucesos en una trama
- ■ Reconocer y escribir acerca de los aspectos de la estructura narrativa: comienzo, serie de sucesos, clímax (momento clave), problema y resolución, final
- ■ Reconocer y escribir acerca del uso de tramas y subtramas que hace una autora o un autor
- ■ Reconocer y escribir de manera analítica acerca de estructuras narrativas complejas (múltiples hilos argumentales, perspectivas, subtramas, flashbacks, flash-forwards, cuento dentro de otro cuento, muchos tipos de conflictos)

**Personajes**

- ● Escribir resúmenes que incluyen detalles importantes acerca de los personajes
- ● Tomar notas o escribir descripciones para recordar detalles importantes acerca de los personajes

● Pensar en el texto ***en sí*** ◆ Pensar ***más allá*** del texto ■ Pensar ***acerca*** del texto

# Seleccionar objetivos Hábitos y conocimientos para observar, enseñar y apoyar *(cont.)*

## Escribir sobre la lectura

### TEXTOS DE FICCIÓN *(continuación)*

**Personajes** *(continuación)*

- ● Reconocer y comenzar a escribir acerca de las dimensiones múltiples de los personajes (pueden ser buenos pero tener defectos, pueden cometer errores por confusión o equivocación, pueden hacer cosas malas pero cambian para mejorar)
- ◆ Expresar sentimientos como la empatía o el desagrado hacia un personaje
- ◆ Comentar un problema de un cuento y escribir opiniones acerca de cómo deberían actuar los personajes
- ◆ Predecir lo que es probable que haga un personaje a continuación o después del final del cuento y apoyar las predicciones con pruebas del texto
- ◆ Describir atributos de los personajes que se revelan en sus pensamientos, diálogo, comportamientos y lo que otros dicen o piensan de ellos y apoyarlos con pruebas
- ◆ Describir las intenciones, los sentimientos y las motivaciones de los personajes que se revelan en sus pensamientos, diálogo, comportamientos y lo que otros dicen o piensan de ellos y apoyarlos con pruebas
- ◆ Describir relaciones entre personajes como se revelan a través del diálogo y los hábitos
- ◆ Escribir acerca del cambio de los personajes e inferir razones relacionadas con los sucesos de la trama
- ◆ Diferenciar por escrito el personaje o los personaje principales de los personajes secundarios en un cuento
- ◆ Expresar opiniones por escrito acerca de los personajes de un cuento (malvado, deshonesto, inteligente, astuto, codicioso, valiente, leal) y apoyarlas con pruebas
- ◆ Escribir acerca de los atributos de personajes predecibles o estáticos (personajes que no cambian, típicos de la literatura tradicional) en contraposición con personajes dinámicos
- ◆ Escribir acerca de la relación entre las acciones de un personaje y sus consecuencias
- ◆ Describir la importancia de los personajes heroicos o épicos en la fantasía que representan la lucha simbólica entre el bien y el mal
- ■ Observar y escribir acerca de personajes con características de la personalidad predecibles, típicos de la literatura tradicional (astuto, valiente, tonto, sabio, codicioso, inteligente)

**Mensajes y temas**

- ◆ Inferir y escribir los mensajes más amplios y en ocasiones lecciones morales de textos de ficción
- ◆ Escribir acerca de la lección inferida de la literatura tradicional
- ◆ Escribir acerca de cómo puede aplicarse la lección de un cuento a su vida y a la vida de los demás
- ◆ Escribir acerca de temas que son cercanos a sus experiencias (la imaginación, el coraje, los miedos, compartir, la amistad, las relaciones familiares, una misma o uno mismo, la naturaleza, crecer, los hábitos, la comunidad, las responsabilidades, la diversidad, la pertenencia, las relaciones con los compañeros, la pérdida)
- ◆ Comprender y escribir acerca de temas e ideas que son cuestiones maduras y requieren experiencia o lectura previa para interpretar
- ◆ Observar y escribir acerca de temas basados en diversas formas de conflicto en una narración (personaje frente a personaje, personaje frente a una misma o uno mismo, personaje frente a naturaleza, personaje frente a sociedad, personaje frente a lo sobrenatural)
- ■ Escribir acerca de los motivos que una autora o un autor puede tener para contar un cuento y los mensajes que puede contener para los lectores
- ■ Escribir acerca de la manera en la que las ilustraciones y los elementos gráficos ayudan a comunicar el mensaje de la autora o del autor

**Estilo y lenguaje**

- ◆ Reconocer y escribir sobre el humor en un texto de ficción
- ■ Reconocer y escribir acerca del simbolismo en un texto y en sus ilustraciones
- ■ Observar y escribir acerca de los elementos de los recursos de elaboración de la escritora o del escritor: elección de palabras, uso de elementos literarios
- ■ Apreciar y escribir acerca del uso de imágenes sensoriales que hace una autora o un autor de ficción para evocar atmósfera
- ■ Escribir acerca de la organización de un texto (orden cronológico o secuencias establecidas, como números, hora del día, días de la semana o estaciones)
- ■ Apreciar y escribir acerca del valor de las fuentes primarias y secundarias
- ■ Observar el lenguaje (serio, humorístico, respetuoso, afectivo) que evoca sentimientos intensos (atmósfera) como el temor, el suspenso, la tristeza y el humor en la lectora o el lector o la oyente o el oyente
- ■ Observar y anotar el lenguaje que revela la actitud de la autora o del autor (tono) hacia un cuento o personaje (serio, humorístico, respetuoso, afectuoso)

● Pensar en el texto ***en sí*** ◆ Pensar ***más allá*** del texto ■ Pensar ***acerca*** del texto

# Seleccionar objetivos Hábitos y conocimientos para observar, enseñar y apoyar *(cont.)*

## Escribir sobre la lectura

### TEXTOS DE FICCIÓN *(continuación)*

**Estilo y lenguaje** *(continuación)*
- ■ Observar y registrar el lenguaje que evoca sentimientos en la lectura (atmósfera)
- ■ Distinguir entre estilos narrativos (primera persona narrativa, tercera persona narrativa, narradores múltiples)
- ■ Escribir acerca de cómo una autora o un autor usa el subtexto (implicación) para decir algo pero significar otra cosa
- ■ Reconocer y escribir acerca del uso de la ironía que hace una autora o un autor
- ■ Observar y escribir acerca del uso intencional de una autora o un autor de lenguaje que transgrede la gramática convencional para proveer un diálogo auténtico y lograr la voz deseada
- ■ Observar y escribir acerca del uso que hace la autora o el autor del lenguaje literario, que incluye el uso de metáforas, símiles y descripción
- ■ Reconocer y escribir acerca de lo que hace una autora o un autor para crear humor en un texto
- ■ Apreciar y escribir críticas de los textos de ficción mediante la observación de las características del estilo (lenguaje interesante, humor, suspenso, descripción de personajes, imágenes literarias)
- ■ Tomar prestado el estilo o algunas palabras o expresiones de una escritora o un escritor para escribir acerca de un texto

**Ilustraciones**
- ◆ Escribir interpretaciones de algunas ilustraciones que tienen características simbólicas
- ■ Escribir acerca de los detalles que se encuentran en las ilustraciones
- ■ Observar el talento artístico en las ilustraciones
- ■ Escribir acerca de la manera en que las ilustraciones y los elementos gráficos ayudan a comunicar el mensaje de la autora o del autor y la atmósfera del texto
- ■ Escribir acerca de cómo las ilustraciones contribuyen al impacto del mensaje de la autora o del autor

Querido Don Quijote:

Quiero decirte que me dio mucha risa cuando me contaron que tú te habías enfrentado a los soldados del Malvado Alifanfarón, porque en realidad eran ovejas. Pero tú pensabas que eran los soldados del Malvado Alifanfarón, por tu imaginación.

Lo chistoso es cuando te lanzaste a pelar con las ovejas, quienes tu pensabas que eran soldados y la paliza que te dieron los pastores con piedras. Y luego como saliste con golpes. Luego le dijiste a Sancho Panza (tu escudero) que te revisara los dientes para ver cuántos te faltaban. Luego tú te tomaste el bálsamo de Fierabrás, y de la nada te recuperaste; fue chistoso. De todo, tus aventuras y tus batallas fueron impresionantes porque veías las cosas de otra manera. Las aventuras y tus batallas solo lo podría vivir alguien con mucha imaginación. A mí me gustaría vivir la vida como tú, de fantasía, donde no hay preocupaciones, problemas, nada malo, un lugar perfecto. Un lugar Donde solo hay soluciones a todo. Un lugar donde hay tiempo para todo y eres libre como una ave en el aire. Lo último que te diré es: qué bueno que te conocí tan siquiera por tu leyendo que hoy es un libro.

Te deseo un buen día y te quiere, **Dulcinea**.

*Estudiante de sexto grado escribe una carta a un personaje de ficción.*

● Pensar en el texto ***en sí*** ◆ Pensar ***más allá*** del texto ■ Pensar ***acerca*** del texto

# **Seleccionar objetivos** Hábitos y conocimientos para observar, enseñar y apoyar *(cont.)*

## Escribir sobre la lectura

### TEXTOS DE NO FICCIÓN

**General**

- ● Usar vocabulario nuevo de textos durante la escritura para reflejar el significado de manera adecuada
- ● Explorar definiciones de palabras nuevas de los textos escribiendo acerca de ellas
- ● Comprender algunas palabras que aparecen en el lenguaje de usuarios maduros y en textos escritos (Nivel 2) y algunas palabras que aparecen en las disciplinas científicas y que probablemente aparezcan en la escritura (Nivel 3)
- ● Usar conectores comunes (simples) y conectores sofisticados (palabras que relacionan ideas y aclaran el significado) que se usan en textos escritos pero no suelen aparecer en el lenguaje oral cotidiano (*aunque, mientras tanto, sin embargo*)
- ● Usar conectores académicos (palabras que relacionan ideas y aclaran significados que aparecen en textos escritos): *a través del cual, como se observa, con referencia a, con respecto a, considerando que, de igual modo, en consecuencia, en síntesis, en último lugar, por consiguiente, por el contrario, por ende, por último*
- ● Comprender y observar el propósito de la dedicatoria, la nota de la autora o del autor y los reconocimientos
- ● Anotar los títulos, los autores y los géneros de los libros para recomendar
- ● Anotar los títulos, los autores, los ilustradores y los géneros de textos leídos de manera independiente y las fechas de lectura en el Cuaderno del lector
- ● Dibujar o hacer bosquejos para recordar un texto o representar su contenido
- ● Recordar información o detalles de un texto para producir listas, secuencias sencillas de acción e instrucciones de manera independiente
- ● Redactar notas, listas, cartas u oraciones para recordar información importante sobre un texto
- ● Escribir preguntas o notas acerca de las confusiones que se abordarán durante la conversación
- ● Proporcionar pruebas del texto o de la experiencia personal para apoyar oraciones escritas acerca del texto
- ● Registrar notas para navegar textos largos y complejos cuando se revisan opiniones y teorías en la preparación para escribir textos más extensos
- ● Consultar notas acerca de un texto como prueba para apoyar opiniones y declaraciones en la conversación y la escritura
- ● Representar una serie más extensa de sucesos de un texto a través del dibujo y la escritura
- ● Escribir resúmenes que reflejan la comprensión literal de un texto
- ● Seleccionar e incluir detalles adecuados e importantes al escribir el resumen de un texto
- ● Citar números de páginas de un texto al escribir acerca de información importante
- ● Revisar las pruebas continuamente en el texto para asegurarse de que la escritura refleja la comprensión
- ● Volver a consultar textos para buscar ideas o revisar detalles durante la escritura o el dibujo
- ● Volver a leer para revisar el significado, la precisión y la claridad de expresión
- ● Escribir acerca del contenido de textos que refleja conocimientos iniciales del mundo físico y social (salud, estudios sociales, ciencias, matemáticas, artes)
- ◆ Escribir acerca de la relevancia que tiene el contenido de no ficción en su vida
- ◆ Relacionar información/ideas importantes dentro de un texto o con otros textos
- ◆ Escribir acerca de la información y los conceptos importantes de un texto y relacionarlos con la información y los conceptos de otros textos
- ◆ Escribir acerca de las relaciones entre textos según el tema, las ideas principales, los estilos de los autores y los géneros
- ◆ Relacionar información de libros de no ficción con estudios disciplinarios
- ◆ Expresar opiniones acerca de datos o información aprendidos
- ◆ Proporcionar pruebas del texto o de la experiencia personal para apoyar oraciones escritas acerca de un texto
- ◆ Observar y escribir acerca de la importancia de ideas relevantes para su mundo (compartir, preocuparse por los demás, hacer su tarea, ayudar a su familia, cuidarse a sí misma o mismo, mantenerse saludable, cuidar el mundo o el medioambiente, valorar las diferencias, expresar sentimientos, empatizar con los demás)
- ◆ Escribir acerca de una amplia gama de predicciones basadas en pruebas del texto
- ◆ Reflejar los conocimientos previos y los nuevos que surgen del texto en escritura o dibujo
- ◆ Escribir acerca de los cambios en las opiniones a partir de información nueva o las perspectivas que surgen de textos de ficción o no ficción
- ◆ Escribir una interpretación de un cuento, un texto de no ficción o ilustraciones con la noción de que hay más de una interpretación
- ◆ Escribir acerca de lecciones morales derivadas de la inferencia en los diversos textos de no ficción
- ◆ Tomar notas y escribir respuestas más largas para indicar la adquisición de información e ideas nuevas a partir de un texto
- ■ Usar textos como recursos para palabras, frases e ideas de escritura
- ■ Escribir oraciones que reflejan el conocimiento del cuerpo del texto y los elementos gráficos o las ilustraciones y la manera en que ambos se integran
- ■ Escribir acerca del significado de la dedicatoria de un texto, la nota de la autora o del autor, los reconocimientos y el prólogo, las notas al pie, las notas al final

● Pensar en el texto ***en sí*** ◆ Pensar ***más allá*** del texto ■ Pensar ***acerca*** del texto

# Seleccionar objetivos Hábitos y conocimientos para observar, enseñar y apoyar *(cont.)*

## Escribir sobre la lectura

### TEXTOS DE NO FICCIÓN *(continuación)*

**General** *(continuación)*

- Observar y anotar ilustraciones decorativas o informativas o diseño fuera del cuerpo del texto (peritexto)
- Escribir para explorar el propósito y la postura de la autora o del autor acerca de un tema
- Observar y escribir acerca de las características de los géneros de no ficción (libros informativos, no ficción expositiva, no ficción narrativa, biografía, autobiografía, memorias personales, textos persuasivos, textos de instrucciones)
- Usar correctamente los nombres de géneros específicos al escribir sobre la lectura
- Registrar y categorizar textos por contenido, género u otros criterios
- Escribir acerca de textos híbridos, distinguiendo entre secciones de ficción y no ficción
- Reconocer y comentar cómo puede influir en la lectora o el lector el uso que hace una autora o un autor de diferentes formas de no ficción, como diarios, registros o cartas
- Apreciar y escribir acerca de las formas enmarcadas en el texto principal
- Describir en qué se parecen y en qué se diferencian las ideas y el contenido dentro de un texto de no ficción
- Usar organizadores gráficos, esquemas, notas, cartas de respuesta de la lectora o del lector o anotaciones para distinguir en la escritura entre dato y opinión en un texto de no ficción
- Apreciar y escribir acerca del valor de las fuentes primarias y secundarias enmarcadas en un texto
- Usar lenguaje académico para hablar acerca de los géneros (no ficción, texto informativo, libro informativo, texto sobre hechos, memorias personales, biografía, autobiografía, narración de no ficción, texto de instrucciones, texto persuasivo, texto expositivo)
- Usar lenguaje académico para hablar acerca de las formas (*libro álbum o ilustrado, poema, poesía, rima infantil, rima, canción, colección de poesía, libros de una serie, obra de teatro, carta, secuela, quintilla humorística, haiku, poema concreto, entrada de diario, artículo periodístico, artículo de fondo, poesía narrativa, ensayo fotográfico, discurso, poesía lírica, verso libre, balada*)
- Usar lenguaje académico para hablar acerca de las características literarias (*comienzo, final, problema, solución, pregunta y respuesta, tema, sucesos, mensaje, diálogo, descripción, orden temporal, tiempo y lugar, idea principal, comparar y contrastar, lenguaje descriptivo, símil, causa y efecto, categorización, lenguaje persuasivo, secuencia temporal, secuencia cronológica, temática, argumento, atmósfera, personificación, símbolo, simbolismo, narración en primera persona, narración en tercera persona, narración en segunda persona*)
- Usar lenguaje académico para hablar acerca de aspectos del libro y la letra impresa (*portada, contraportada, título, autor, ilustrador, página, texto, ilustración, fotografía, rótulo, tabla de contenidos, agradecimientos, sección, encabezado, dibujo, leyenda, mapa, dedicatoria, nota del autor, nota del ilustrador, diagrama, glosario, recuadro lateral, solapa del libro, subtítulo, tabla, gráfica, línea de tiempo, índice*)
- Formular y expresar opiniones acerca de un texto por escrito y apoyar esas opiniones con fundamentos y pruebas
- Formular opiniones acerca de los autores y los ilustradores e indicar por escrito en qué se basan esas opiniones
- Observar y escribir acerca de la manera en que una autora o un autor revela el escenario en un texto biográfico o histórico
- Reconocer y escribir acerca de ejemplos de argumento y persuasión en textos informativos
- Describir el uso de la persuasión que hace una autora o un autor y cómo apoya los argumentos con pruebas
- Criticar la calidad de escritura, la organización, la claridad y la autenticidad de un texto
- Criticar el uso de las características del texto de no ficción que hace una autora o un autor, o criticarlo (títulos, tabla de contenidos, encabezados, subtítulos, barras laterales, rótulos, leyendas)
- Escribir de manera crítica acerca de la autenticidad de un texto de no ficción sobre hechos, pruebas científicas, las calificaciones de la autora o del autor, afirmaciones y argumentos respaldados
- Escribir acerca de cómo la disposición contribuye al significado y la calidad de un texto de no ficción

**Tema**

- ◆ Usar el dibujo o la escritura, mostrar curiosidad acerca de temas que aparecen en textos de no ficción y trabajar de manera activa para aprender más acerca de ellos
- ◆ Integrar información de diversos textos sobre el mismo tema para escribir acerca del tema
- Usar organizadores gráficos como redes para mostrar cómo combina información relacionada con el mismo tema o subtema una autora o un autor de no ficción
- Escribir sobre la manera en que los elementos gráficos y el texto se colocan cuidadosamente en un texto de no ficción para comunicar ideas de manera efectiva
- Comprender cómo los encabezados y los subtítulos se usan para definir temas y subtemas
- Describir la relación que existe entre las ideas y el contenido (tema más amplio y subtemas) en un texto expositivo de no ficción

● Pensar en el texto ***en sí*** ◆ Pensar ***más allá*** del texto ■ Pensar ***acerca*** del texto

# Seleccionar objetivos Hábitos y conocimientos para observar, enseñar y apoyar *(cont.)*

## Escribir sobre la lectura

### TEXTOS DE NO FICCIÓN *(continuación)*

#### Organización

- ● Escribir un esquema proporcionando resúmenes de la información aprendida mediante encabezados y subtítulos que reflejan la estructura general de un texto y categorías sencillas
- ■ Dibujar, escribir o diagramar para mostrar cómo está organizado un texto (orden cronológico o secuencias establecidas, como números, hora del día, días de la semana o estaciones)
- ■ Observar la organización de un texto de no ficción y distinguir entre estructura expositiva y narrativa, y escribir acerca de cómo la organización influye en la lectora o el lector
- ■ Observar y escribir acerca de los patrones estructurales subyacentes que usa una autora o un autor para organizar información y a veces aplicar la misma estructura para escribir textos de no ficción (descripción, secuencia temporal, pregunta y respuesta, causa y efecto, secuencia cronológica, comparar y contrastar, problema y solución, categorización)
- ■ Observar y escribir acerca del uso que hace de la estructura del texto narrativo una autora o un autor de no ficción en la biografía, las memorias personales, la autobiografía y la no ficción y su efecto en la lectora o el lector
- ■ Explicar con claridad los pasos de un proceso o un suceso (en un texto con secuencia cronológica o temporal o un texto de instrucciones)

#### Mensajes e ideas principales

- ● Hacer una lista de los sucesos o las ideas importantes en un texto informativo o biográfico
- ◆ Escribir acerca de las conexiones que existen entre las ideas de textos de no ficción (los animales, las mascotas, las familias, los alimentos, las plantas, la escuela, los amigos, crecer, los sentidos, el vecindario, el tiempo y las estaciones, la salud)
- ◆ Escribir para comparar y ampliar el conocimiento del contenido y las ideas de disciplinas académicas entre textos
- ◆ Inferir y escribir acerca de los mensajes más amplios o las ideas principales en un texto de no ficción
- ◆ Inferir y escribir acerca de las lecciones morales en un texto de no ficción
- ■ Escribir acerca de la manera en la que las ilustraciones y los elementos gráficos ayudan a comunicar el mensaje de la autora o del autor

#### Precisión

- ■ Examinar de manera crítica la calidad o la precisión de un texto, proporcionando pruebas por escrito para las opiniones
- ■ Escribir de manera crítica acerca de la manera en que una autora o un autor usa pruebas para apoyar un argumento

#### Ilustraciones/Elementos gráficos

- ● Comprender e indicar información importante proporcionada en los elementos gráficos (fotografías, pinturas, dibujos, leyendas, rótulos, recuadros, tablas, diagramas, cuadros, gráficas, mapas, líneas de tiempo, barras laterales)
- ● Consultar herramientas de organización y recursos del texto al escribir sobre la lectura (tablas de contenidos, títulos de capítulos, encabezados, subtítulos, barras laterales; dedicatorias, reconocimientos, notas de la autora o del autor, glosario, índice, preámbulo, guía de pronunciación, nota al pie, epílogo, apéndice, nota al final, referencias)
- ● Escribir resúmenes que reflejan el conocimiento de características gráficas (rótulos, encabezados, barras laterales, leyendas)
- ■ Escribir acerca de cómo la información, las ilustraciones y otros elementos gráficos brindan un conjunto de ideas integradas
- ■ Escribir sobre la manera en que los elementos gráficos y el texto se colocan cuidadosamente en un texto de no ficción para comunicar ideas de manera efectiva
- ■ Observar el talento artístico en las ilustraciones
- ■ Escribir acerca de las características (medio, estilo) del trabajo de algunos ilustradores
- ■ Escribir acerca de la manera en la que las ilustraciones y los elementos gráficos ayudan a comunicar el mensaje de la autora o del autor

#### Estilo y lenguaje

- ■ Reconocer y escribir acerca del humor en los textos de no ficción
- ■ Observar y escribir acerca de los elementos de los recursos de elaboración de la escritora o del escritor (elección de palabras, uso de elementos literarios)
- ■ Observar y anotar lenguaje que revela la actitud de la autora o del autor (tono) hacia el personaje, el sujeto o el tema (serio, humorístico, respetuoso, afectuoso)
- ■ Escribir y pensar de manera crítica acerca de la selección de palabras de una autora o un autor

● Pensar en el texto ***en sí*** ◆ Pensar ***más allá*** del texto ■ Pensar ***acerca*** del texto

# Seleccionar géneros y formas

## Escribir sobre la lectura

Los estudiantes en este nivel están ingresando a una nueva fase escolar. En este punto, sin una formación explícita en la lectura, se espera que respondan de forma escrita para demostrar su razonamiento acerca de la lectura. Como usuarios hábiles del lenguaje oral y escrito, se espera que sean capaces de escribir resúmenes, reseñas, ensayos literarios, argumentos y análisis coherentes y reflejar su razonamiento en lenguaje académico. Cuando ingresan a la escuela secundaria, se espera que usen conocimientos y vocabulario disciplinario. Sin embargo, a menudo han recibido poca enseñanza sobre cómo preparar estas piezas escritas y no tienen buenos modelos mentales. Para adquirir este nivel de escritura sobre la lectura se requiere mucho tiempo y muchas demostraciones. Haga que participen en conversaciones; su escritura será más efectiva si tienen oportunidad de practicar lo que van a decir al hablar con una compañera o un compañero o con el grupo. En las mini-lecciones, demuestre en forma explícita nuevas maneras de pensar y de escribir sobre lo que pensamos. Para expresar una nueva manera de pensar o para usar una forma nueva, muestre su propia escritura en una forma ampliada y pida a los estudiantes que la lean y piensen en ella de manera analítica. Use la escritura compartida para crear un ejemplo de redacción cooperativa con el aporte de los estudiantes. (Escriba acerca de un texto que haya leído en voz alta para que todos lo compartan). Dirija la atención de manera explícita hacia el lenguaje académico y comente su uso preciso. Posteriormente, los estudiantes pueden usar la forma o articular el conocimiento de manera independiente. Algunos estudiantes necesitarán varias demostraciones y trabajar con una compañera o un compañero también será conveniente. El objetivo principal de la escritura sobre la lectura es ayudar a los estudiantes a expresar y organizar su pensamiento para que lo puedan mostrar por escrito. Tenga en cuenta que los hábitos que aquí se mencionan representan objetivos para la enseñanza del año.

### ESCRITURA FUNCIONAL

#### ▶ Notas y bosquejos

- Bosquejos o dibujos que representan un texto y proporcionan una base para la conversación o la escritura
- Notas (acerca del escenario, los sucesos de un cuento, los personajes, palabras o frases memorables) en notas autoadhesivas, marcas de pensamiento y en un Cuaderno del lector para apoyar la memoria para su uso posterior en la conversación o la escritura
- Notas que registran información, detalles, lenguaje o ejemplos interesantes de los recursos de elaboración de la autora o del autor, como muestran las citas de un texto
- Rótulos y leyendas para ilustraciones como dibujos, fotografías y mapas relacionados con un texto
- Representaciones gráficas de estructuras como tramas paralelas y circulares
- Listas de libros (completados o abandonados) con título, autora o autor, género, respuestas de una palabra al libro y fechas de lectura

#### ▶ Organizadores gráficos

- Redes que conectan información dentro de un texto o entre textos (organización, características de los personajes, escenarios, problemas)
- Tablas que muestran la manera en la que está organizado un texto (descripción, secuencia temporal, pregunta y respuesta, causa y efecto, secuencia cronológica, comparar y contrastar, problema y solución)
- Mapas del cuento que registran el título, la autora o el autor, el escenario, los sucesos de la trama, los personajes, el problema y la resolución
- Organizadores gráficos que apoyan el estudio de género e incluyen ejemplos de libros, observaciones a partir de la investigación y definiciones operativas de géneros
- Organizadores gráficos que muestran géneros enmarcados en textos híbridos
- Cuadrículas o columnas que muestran el análisis de un texto

#### ▶ Cartas acerca de la lectura

- Cartas a otros lectores o a los autores e ilustradores (como cartas de diálogo en un Cuaderno del lector)
- Cartas a editores de periódicos o revistas como respuesta a artículos
- Cartas-ensayo que incluyen una respuesta estructurada, con múltiples párrafos y personal que ofrece un análisis exhaustivo de un libro

#### ▶ Anotaciones

- Anotaciones con una respuesta personal, interpretación, análisis de los personajes, descripción o crítica que se enfoca en cualquier aspecto de los recursos de elaboración

#### ▶ Respuestas más largas

- Entrada de doble columna con una frase, oración, cita del texto o pregunta en la columna izquierda y espacio para la opinión de la lectora o del lector en la derecha
- Entradas de diario desde la perspectiva de un sujeto biográfico o un personaje que se enfocan en el escenario, los problemas o las relaciones
- Respuestas más largas en el Cuaderno del lector que desarrollan el razonamiento a partir de notas, bosquejos, anotaciones u organizadores gráficos

## Seleccionar géneros y formas *(cont.)*

### Escribir sobre la lectura

#### ESCRITURA NARRATIVA

**▸ Resúmenes**

- Resúmenes de la trama con una exposición breve del escenario, los personajes, la trama, los sucesos importantes, el momento clave, el cambio de los personajes, la resolución de problemas, el mensaje
- Mapas del cuento que incluyen escenario, personajes y la acción creciente y descendiente de una estructura narrativa básica (sucesos de la trama, problema, episodios, clímax y resolución)

**▸ Escritura con propósitos teatrales**

- Guiones del teatro del lector
- Guiones de lectura a coro (convertir la prosa en poesía)

**▸ Tiras cómicas/Guiones gráficos**

- Tiras cómicas o cómics que presentan un cuento o información
- Guiones gráficos que representan sucesos importantes de un texto

#### ESCRITURA INFORMATIVA

**▸ Informes**

- Informes con texto y organizadores gráficos que presentan información extraída de textos
- Informes con ilustraciones (fotos y/o dibujos con rótulos o leyendas; diagramas, dibujos de corte; mapas con leyenda o clave, escalas), herramientas de organización (títulos, tablas de contenidos, títulos de capítulos, encabezados, subtítulos, barras laterales, acotaciones) y recursos del texto (información de derechos de autor, reconocimientos, notas de la autora o del autor, guía de pronunciación, glosario, referencias, índice)

**▸ Esquemas**

- Esquemas que incluyen encabezados y subtítulos que reflejan la organización del texto

**▸ Artículos de instrucciones**

- Instrucciones o textos de instrucciones, ilustrados ocasionalmente con dibujos que muestran una secuencia de acciones basadas en un texto
- Artículos de instrucciones que requieren investigación

**▸ Estudios sobre autores e ilustradores**

- Estudios sobre autores que implican una respuesta a uno o más libros de una autora o un autor y/o usando información biográfica
- Estudios sobre ilustradores que implican una respuesta a uno o más libros de una artista o un artista y/o usando información biográfica

**▸ Bosquejos biográficos**

- Bosquejos biográficos acerca de una autora o un autor, o el sujeto de una biografía (y a veces un personaje de ficción)

**▸ Proyectos y presentaciones multimedia**

- Proyectos que presentan ideas y opiniones acerca de temas o textos de manera organizada con texto e imágenes visuales
- Ensayos fotográficos o ensayos pictóricos que explican un tema o representan un escenario o trama

**▸ Entrevistas**

- Entrevistas con una autora o un autor o una experta o un experto (preguntas y respuestas diseñadas para proporcionar información)

**▸ Artículos periodísticos o de fondo**

- Artículos periodísticos o de fondo a partir de la lectura de uno o más textos

#### ESCRITURA PERSUASIVA

- Carteles o anuncios publicitarios que cuentan acerca de un texto de una manera que capta la atención o es persuasiva
- Reseñas de libros
- Críticas o análisis de artículos informativos
- Ensayos literarios que presentan ideas acerca de un texto y pueden incluir ejemplos y un resumen del texto

#### ESCRITURA POÉTICA

- Textos poéticos en respuesta a un texto en prosa
- Textos poéticos escritos en respuesta a poemas y aplicando el mismo tema, atmósfera y estilo

# Seleccionar objetivos Hábitos y conocimientos para observar, enseñar y apoyar

## Escribir sobre la lectura

### TEXTOS DE FICCIÓN

**General**

- ● Observar de manera consistente y automática palabras nuevas del vocabulario y usarlas de manera adecuada para escribir sobre la lectura
- ● Explorar definiciones de palabras nuevas que surgen de los textos, que incluye el uso figurado y connotativo, escribiendo acerca de ellas
- ● Comprender algunas palabras que aparecen en el lenguaje de usuarios maduros y en textos escritos (Nivel 2) y algunas palabras que aparecen en las disciplinas científicas y que probablemente aparezcan en la escritura (Nivel 3)
- ● Usar palabras que conectan ideas y aclaran significados: conectores comunes simples; conectores sofisticados que se usan en textos escritos pero no aparecen a menudo en el lenguaje oral cotidiano, (*aunque, mientras tanto, sin embargo*) y conectores académicos que aparecen en textos escritos (*a través del cual, como se observa, con referencia a, con respecto a, considerando que, de igual modo, en consecuencia, en síntesis, en último lugar, por consiguiente, por el contrario, por ende, por último*)
- ● Usar jerga o palabras inventadas por la autora o el autor en la escritura sobre la lectura que demuestre la comprensión de esas palabras
- ● Comprender y extraer información para escribir a partir del propósito de la dedicatoria, la nota de la autora del autor y los reconocimientos
- ● Anotar los títulos, los autores y los géneros de los libros para recomendar
- ● Anotar los títulos, los autores, los ilustradores, los géneros de textos leídos de manera independiente y las fechas de lectura en el Cuaderno del lector
- ● Dibujar o hacer bosquejos para representar o recordar un texto y propporcionar una base para la conversación o la escritura
- ● Recordar información o detalles de un texto para producir listas, secuencias sencillas de acción e instrucciones de manera independiente
- ● Redactar notas, listas, cartas u oraciones para recordar información importante sobre un texto
- ● Escribir preguntas o notas acerca de las confusiones que se abordarán en la conversación
- ● Registrar notas para navegar textos largos y complejos cuando se revisan opiniones y teorías en la preparación para escribir textos más extensos
- ● Consultar notas acerca de un texto como prueba en la conversación y la escritura para apoyar opiniones y afirmaciones
- ● Volver a consultar textos para buscar ideas o revisar detalles durante la escritura o el dibujo
- ● Proporcionar pruebas del texto o de la experiencia personal para apoyar oraciones escritas acerca de un texto
- ● Representar una serie más extensa de sucesos de un texto a través del dibujo y la escritura
- ● Escribir resúmenes organizados de manera lógica que incluyan la información importante en un texto de no ficción, las conclusiones y el mensaje más importante
- ● Seleccionar e incluir detalles adecuados e importantes al escribir el resumen de un texto
- ● Citar números de páginas de un texto al escribir acerca de información importante
- ● Revisar las pruebas continuamente en el texto para asegurarse de que la escritura refleja la comprensión
- ● Volver a leer para revisar el significado, la precisión y la claridad de expresión
- ◆ Dibujar y escribir acerca de las conexiones entre su vida y cuestiones y problemas contemporáneos en todos los géneros
- ◆ Dibujar y escribir acerca de las conexiones que existen entre las ideas y los textos y las experiencias de su vida
- ◆ Relacionar información/ideas importantes dentro de un texto o con otros textos
- ◆ Escribir acerca de las relaciones entre textos según el tema, las ideas principales, los estilos de los autores y los géneros
- ◆ Observar y escribir acerca de la importancia de ideas relevantes para su mundo (compartir, preocuparse por los demás, hacer su tarea, ayudar a su familia, cuidarse a sí misma o mismo, mantenerse saludable, cuidar el mundo o el medioambiente, valorar las diferencias, expresar sentimientos, empatizar con los demás)
- ◆ Proporcionar pruebas del texto o de la experiencia personal para apoyar oraciones escritas acerca de un texto
- ◆ Predecir lo que sucederá en un cuento o después del final de un cuento y apoyar la predicción con pruebas
- ◆ Escribir predicciones de manera regular durante y después de la lectura, basadas en el progreso de la trama, las características del escenario, los atributos de los personajes, las acciones de los personajes
- ◆ Demostrar cómo los conocimientos previos impactan en la comprensión de ficción histórica y en la ciencia ficción
- ◆ Proporcionar detalles que son importantes para comprender cómo se relacionan la trama de un cuento, el escenario y las características de los personajes
- ◆ Escribir acerca de los cambios en las opiniones a partir de información nueva o perspectivas nuevas adquiridas de un texto
- ◆ Escribir una interpretación de un texto o una ilustración comprendiendo que hay más de una interpretación
- ◆ Inferir y escribir acerca de las lecciones morales derivadas de la lectura de varios textos
- ◆ Tomar notas y escribir respuestas más largas para indicar la adquisición de información e ideas nuevas a partir de un texto

● Pensar en el texto ***en sí*** ◆ Pensar ***más allá*** del texto ■ Pensar ***acerca*** del texto

# **Seleccionar objetivos** Hábitos y conocimientos para observar, enseñar y apoyar *(cont.)*

## Escribir sobre la lectura

### **TEXTOS DE FICCIÓN** *(continuación)*

**General** *(continuación)*

- ■ Usar textos como recursos para palabras, frases e ideas de escritura
- ■ Escribir oraciones que reflejan el conocimiento del cuerpo del texto y los elementos gráficos o las ilustraciones y la manera en que ambos se integran
- ■ Observar características del libro y la letra impresa y escribir para explorar su significado (título y subtítulo, nombre y descripción de la autora o del autor, prefacio, preámbulo, introducción, reconocimientos, dedicatoria, contraportada, menciones, citas de reseñas, cartas de lectores, fechado, tabla de contenidos, epígrafe, glosario, notas, epílogo, ilustraciones, márgenes decorativos, guarda, solapa de libro, nota de la autora o del autor, apéndice)
- ■ Escribir para explorar el propósito y la postura de la autora o del autor acerca de un cuento
- ■ Identificar y anotar el género específico de un libro según sus características
- ■ Observar y escribir acerca de las características de los géneros de ficción: ficción realista, ficción histórica, cuento popular, cuento exagerado, cuento de hadas, fábula, mito, leyenda, balada, fantasía, ciencia ficción, épica y algunos tipos especiales de ficción (cuento de aventuras; cuento de animales; cuento humorístico; cuento de familia, amigos y escuela; sátira/parodia; cuento de terror; cuento romántico)
- ■ Escribir acerca de textos híbridos, y hacer una distinción entre secciones de ficción y no ficción y observar cómo mezcla los dos géneros la autora o el autor
- ■ Apreciar y escribir acerca de las formas enmarcadas en el texto principal
- ■ Apreciar y escribir acerca del valor de las fuentes primarias y secundarias enmarcadas en un texto
- ■ Registrar y categorizar textos por tema, contenido, autora o autor, género u otros criterios
- ■ Usar lenguaje académico para hablar acerca de los géneros (*ficción; cuento popular; cuento de hadas; fábula; cuento exagerado; cuento de aventuras; cuento de animales; cuento de familia, amigos y escuela; cuento humorístico; ficción realista; literatura tradicional; ficción histórica; fantasía; mito; leyenda; balada; ciencia ficción; texto híbrido; épica; sátira/parodia; cuento de horror; cuento romántico*)
- ■ Usar lenguaje académico para hablar acerca de las formas (*libro álbum o ilustrado, libro álbum o ilustrado sin palabras, poema, poesía, rima infantil, rima, canción, colección de poesía, libros de una serie, libro por capítulos, obra de teatro, carta corto, secuela, quintilla humorística, haiku, poema concreto, cuento corto, cuento de hadas fracturado, entrada de diario, poesía narrativa, discurso, poesía lírica, verso libre, balada, épica/saga*)
- ■ Usar lenguaje académico para hablar acerca de características literarias (*comienzo, final, problema, personaje, solución, personaje principal, sucesos, cambio de personaje, mensaje, diálogo, tiempo y lugar, flashback, conflicto, resolución, tema, lenguaje descriptivo, símil, lenguaje figurado, metáfora, trama, trama secundaria, flash-forward, desarrollo del personaje, personaje secundario, punto de vista, episodio, clímax, acción creciente, acción descendiente, lapso de tiempo, cuento dentro de otro cuento, atmósfera, personificación, símbolo, simbolismo, narración en primera persona, narración en tercera persona, trama circular, tramas paralelas, protagonista, antagonista, tono, ironía, personajes dinámicos y estáticos*)
- ■ Usar lenguaje académico para hablar acerca de aspectos del libro y la letra impresa (*portada, contraportada, título, autor, ilustrador, página, texto, ilustración, rótulo, tabla de contenidos, agradecimientos, capítulo, dibujo, leyenda, título del capítulo, dedicatoria, nota del autor, nota del ilustrador, solapa del libro*)
- ■ Formular y anotar preguntas en respuesta a sucesos de una trama o a información importante
- ■ Formular y expresar opiniones acerca de un texto por escrito y apoyar esas opiniones con fundamentos y pruebas
- ■ Formular opiniones acerca de los autores y los ilustradores e indicar por escrito en qué se basan esas opiniones
- ■ Observar y escribir para identificar múltiples puntos de vista en un texto, así como la manera en que la autora o el autor los revela
- ■ Reconocer y apreciar un final ambiguo de un texto de ficción
- ■ Escribir críticas de textos de ficción y profundizar en la calidad de la escritura, la organización, la claridad, la autenticidad
- ■ Escribir acerca de la importancia de los textos satíricos e identificar lo que se satiriza y discutir su importancia
- ■ Reconocer y escribir de manera analítica acerca del uso de la sátira y la parodia que hace una autora o un autor de ficción
- ■ Reconocer y escribir acerca de la parcialidad e identificar el punto de vista de una autora o un autor
- ■ Escribir críticas de parcialidad, estereotipos, prejuicios, tergiversaciones, sexismo y racismo hallados en textos
- ■ Apreciar y comentar cómo contribuyen las características de diseño artísticas y simbólicas (márgenes, encabezados de capítulo, iluminación) al significado, la efectividad y las cualidades artísticas de los textos

**Escenario**

- ● Escribir resúmenes que incluyan detalles importantes acerca del escenario
- ● Tomar notas o escribir descripciones para recordar detalles importantes acerca del escenario
- ■ Escribir acerca de la importancia del escenario en la trama de la ficción realista e histórica y de la fantasía

● Pensar en el texto ***en sí*** ◆ Pensar ***más allá*** del texto ■ Pensar ***acerca*** del texto

## Seleccionar objetivos Hábitos y conocimientos para observar, enseñar y apoyar *(cont.)*

### Escribir sobre la lectura

**TEXTOS DE FICCIÓN** *(continuación)*

**Trama**
- ● Escribir resúmenes que incluyan el problema principal del cuento y cómo se resuelve
- ● Tomar notas o escribir descripciones para recordar detalles importantes acerca de la trama
- ◆ Escribir acerca de la importancia de los sucesos en una trama
- ■ Reconocer y escribir acerca de los aspectos de la estructura narrativa: comienzo, serie de sucesos, clímax (momento clave), problema y resolución, final
- ■ Reconocer y escribir acerca del uso de tramas y subtramas que hace una autora o un autor
- ■ Reconocer y escribir de manera analítica acerca de estructuras narrativas complejas (múltiples hilos argumentales, perspectivas, subtramas, flashback, flash-forward, cuento dentro de otro cuento, muchos tipos de conflictos)

**Personajes**
- ● Incluir detalles importantes acerca de los personajes en un resumen
- ● Tomar notas o escribir descripciones para recordar detalles importantes acerca de los personajes
- ● Reconocer y comenzar a escribir acerca de las dimensiones múltiples de los personajes (pueden ser buenos pero tener defectos, pueden cometer errores por confusión o equivocación, pueden hacer cosas malas pero cambian para mejorar)
- ◆ Comentar un problema de un cuento y escribir opiniones acerca de cómo deberían actuar los personajes
- ◆ Escribir lo que es probable que haga un personaje a continuación o después del final del cuento y usar pruebas del texto para apoyar las predicciones
- ◆ Describir atributos de los personajes que se revelan en sus pensamientos, diálogo, comportamientos y lo que otros dicen o piensan de ellos y apoyarlos con pruebas
- ◆ Describir las intenciones, los sentimientos y las motivaciones de los personajes que se revelan en sus pensamientos, diálogo, comportamientos y lo que otros dicen o piensan de ellos y apoyarlos con pruebas
- ◆ Describir relaciones entre personajes como se revelan a través del diálogo y los comportamientos
- ◆ Escribir acerca del cambio de los personajes e inferir razones relacionadas con los sucesos de la trama
- ◆ Diferenciar por escrito el personaje o los personaje principales de los personajes secundarios en un cuento
- ◆ Expresar opiniones por escrito acerca de los personajes de un cuento (malvado, deshonesto, inteligente, astuto, codicioso, valiente, leal) y apoyarlas con pruebas
- ◆ Escribir acerca de los atributos de personajes que son estáticos (no cambian con el tiempo) pero que pueden ser importantes para la resolución del conflicto
- ◆ Escribir acerca de los atributos de personajes totalmente desarrollados (dinámicos) que tienen múltiples dimensiones y cambian con el tiempo
- ◆ Escribir acerca de la relación entre las acciones de un personaje y sus consecuencias
- ◆ Describir la importancia de los personajes heroicos o épicos en la fantasía que representan la lucha simbólica entre el bien y el mal
- ■ Observar y escribir acerca de personajes que tienen características de la personalidad predecibles, típicos de la literatura tradicional (astuto, valiente, tonto, sabio, codicioso, inteligente)

**Mensajes y temas**
- ◆ Inferir y escribir los mensajes más amplios y en ocasiones lecciones morales de textos de ficción
- ◆ Escribir acerca de la lección inferida de la literatura tradicional
- ◆ Escribir acerca de cómo puede aplicarse la lección de un cuento a su vida y a la vida de los demás
- ◆ Escribir acerca de temas que son cercanos a sus experiencias (la imaginación, el coraje, los miedos, compartir, la amistad, las relaciones familiares, una misma o uno mismo, la naturaleza, crecer, los hábitos, la comunidad, las responsabilidades, la diversidad, la pertenencia, las relaciones con los compañeros, la pérdida)
- ◆ Inferir y escribir acerca de las lecciones morales
- ◆ Comprender y escribir acerca de temas e ideas que son cuestiones maduras y requieren experiencia o lectura previa para interpretar
- ◆ Escribir acerca de mensajes políticos subyacentes en textos de ficción
- ◆ Escribir de manera significativa y profunda acerca de temas sociales, tanto locales como globales, como se revela a través de los personajes, la trama y el escenario
- ◆ Observar y escribir acerca de diversas formas de conflicto en una narración (personaje frente a personaje, personaje frente a una misma o uno mismo, personaje frente a naturaleza, personaje frente a sociedad, personaje frente a lo sobrenatural)
- ■ Escribir acerca de los motivos que una autora o un autor puede tener para contar un cuento y los mensajes que puede contener para los lectores
- ■ Escribir acerca de la manera en la que las ilustraciones y los elementos gráficos ayudan a comunicar el mensaje de la autora o del autor

**Estilo y lenguaje**
- ◆ Reconocer y escribir acerca del humor, la sátira y la parodia sutiles en un texto
- ◆ Reconocer y escribir acerca del simbolismo en un texto y en sus ilustraciones
- ◆ Escribir interpretaciones de diálogo, incluido el lenguaje con doble sentido (sátira)
- ◆ Reconocer y escribir acerca del uso de la alegoría o el monólogo que hace una autora o un autor en un texto
- ◆ Escribir el significado de un monólogo

● Pensar en el texto ***en sí*** ◆ Pensar ***más allá*** del texto ■ Pensar ***acerca*** del texto

# **Seleccionar objetivos** Hábitos y conocimientos para observar, enseñar y apoyar *(cont.)*

## Escribir sobre la lectura

### **TEXTOS DE FICCIÓN** *(continuación)*

**Estilo y lenguaje** *(continuación)*

- ■ Observar y escribir acerca de los elementos de los recursos de elaboración de la escritora o del escritor (elección de palabras, uso de elementos literarios)
- ■ Reconocer y escribir acerca del uso de las imágenes sensoriales que hace una autora o un autor de ficción para evocar atmósfera
- ■ Escribir acerca de la organización de un texto (orden cronológico o secuencias establecidas, como números, hora del día, días de la semana o estaciones)
- ■ Apreciar y escribir de manera analítica acerca del valor de las fuentes primarias y secundarias
- ■ Observar el lenguaje (serio, humorístico, respetuoso, afectivo) que evoca sentimientos intensos (atmósfera) como el temor, el suspenso, la tristeza y el humor en la lectora o el lector o la oyente o el oyente
- ■ Observar y anotar el lenguaje que revela la actitud de la autora o del autor (tono) hacia un cuento o personaje (serio, humorístico, respetuoso, afectuoso)
- ■ Observar y registrar el lenguaje que evoca sentimientos en la lectura (atmósfera)
- ■ Observar a la narradora o al narrador de un texto y distinguir entre estilos narrativos (primera persona narrativa, tercera persona narrativa, narradores múltiples, narradores que alternan entre primera y tercera persona)
- ■ Escribir acerca de cómo una autora o un autor usa el subtexto (implicación) para decir algo pero significar otra cosa
- ■ Observar y escribir acerca del uso intencional de una autora o un autor de lenguaje que transgrede la gramática convencional para proveer un diálogo auténtico y lograr la voz deseada
- ■ Observar y escribir acerca del uso que hace la autora o el autor del lenguaje literario, que incluye el uso de metáforas, símiles y descripción
- ■ Reconocer y escribir acerca de lo que hace una autora o un autor para crear humor en un texto
- ■ Apreciar y escribir críticas de los textos de ficción mediante la observación de las características del estilo (lenguaje interesante, humor, suspenso, descripción de personajes, imágenes literarias)
- ■ Tomar prestado el estilo o algunas palabras o expresiones de una escritora o un escritor para escribir acerca de un texto

**Ilustraciones**

- ◆ Escribir interpretaciones de algunas ilustraciones que tienen características simbólicas
- ■ Escribir acerca de los detalles que se encuentran en las ilustraciones
- ■ Observar el talento artístico en las ilustraciones
- ■ Escribir acerca de la manera en que las ilustraciones y los elementos gráficos ayudan a comunicar el mensaje de la autora o del autor y la atmósfera del texto
- ■ Escribir acerca de cómo las ilustraciones contribuyen al impacto del mensaje de la autora o del autor

Muchas personas han tenido que enfrentar dificultades todos los días. Después de leer dos libros pienso en Ben y Auggie, dos personajes que tuvieron que pasar por muchos obstáculos. Aunque son similares aveces también son diferentes.

Primero voy a compartir un poco sober Ben y cómo es diferente que Auggie. Ben tuvo que enfrentar todos los obstáculos en un día. Al contrario, Auggie es único y tiene muchos problemas en toda su vida. Ellos son diferentes porque Ben tiene que resolver el problema de sobrevivir un desastre natural. Al contrario, Auggie tiene que resolver el problema de tener confianza en su apariencia. Otra diferencia es que Ben es un niño muy sociable y le encanta jugar basquetbol con sus amigos. Auggie no tiene muchos amigos y prefiere jugar con su perro y esconderse debajo de una casco para bloquearse del mundo.

Los personajes también tienen cosas en común. Sus personalidades son iguales porque tienen que encontrar una manera para sobresalir las dificultades en sus vidas. Los dos tienen que tener valentía para luchar contra las cosas difíciles en sus vidas. Otra manera que son similares es que tuvieron determinación para luchar contra las cosas difíciles en sus vidas. Finalmente, otra semejanza es que los dos tienen esperanza en que todo salga bien mientras resuelven sus problemas. Ben tuvo esperanza mientras luchaba para sobrevivir el desastre y se tuvo que decir que todo iba salir bien. Auggie tuvo esperanza que los niños no se iban a reír de él y iba hacer amigos en su nueva escuela.

Aunque estos personajes son de diferentes cuentos pueden tener cosas en común y al mismo tiempo pueden ser diferentes. Es importante siempre ver los dos lados de los personajes y aprender de sus historias. Aprendi que aunque Ben y Auggie tienen vidas diferentes pueden ser muy similares.

*Estudiante de séptimo grado compara dos personajes de ficción, Ben y Auggie.*

El Espantapájaros

El prejuicio es cuando tu o alguien juzgan a otras personas o a algo sin saber como son. Por ejemplo si alguien tiene la cara de enojado, muchos pueden pensar que siempre está enojado. Pero si tu tomas el tiempo de conocerlo y ser amigos con el, puede ser posible que sea una persona simpática. En la historia de "La leyenda de los espantapájaros", los pájaros temían al espantapájaros porque ellos creen que los espantapájaros les van a hacer daño. Por eso los pájaros no se querían acercar al espantapájaros.

La historia de "La leyenda de los espantapájaros" se trata de que un espantapájaros no tenía amigos y siempre estaba solo. Y de la nada un pájaro ciego cayó del cielo. Entonces el espantapájaros le dio de comer y lo cuidó. Pero los otros pájaros todavía le tenían miedo. El espantapájaros fue hacia su dueño y le pidió que lo transformara a algo diferente. Pero el dueño se espantó y despertó a todos los vecinos. Al final lo quemaron pensando que era un espíritu del diablo. La lección de esta historia es que no juzgues a alguien o algo sin conocerlo.

Nosotros podemos cambiar la manera que pensamos de otras personas que nunca hemos conocido tomando el tiempo para conocerlas. Si siempre pensamos en que una persona no es "Cool" o "Popular", muchas personas no van a querer juntarse con esa persona. Otra manera en que nosotros podemos cambiar, puede ser, si empiezas a juzgar a alguien por lo que hace, trata de entender a la persona que tu estas juzgando. Ya que la entiendes, trata de aceptar a la persona para que seas su amigo y para que no te juzge a ti tampoco.

Otras prácticas que puedes hacer para no juzgar a las personas es tratar de hacer lo que hacen ellos para ver si lo que hacen te puede ayudar en la vida o te puede ayudar con una lección. Otra manera de hacerlo es ignorarlos porque la más atención que les pones, más vas a querer juzgarlos. Por eso yo pienso que va hacer mejor si los ignoras.

*Estudiante de octavo grado escribe sobre el prejuicio después de leer un cuento sobre un espantapájaros.*

● Pensar en el texto ***en sí*** ◆ Pensar ***más allá*** del texto ■ Pensar ***acerca*** del texto

# **Seleccionar objetivos** Hábitos y conocimientos para observar, enseñar y apoyar *(cont.)*

## Escribir sobre la lectura

### TEXTOS DE NO FICCIÓN

**General**

- ● Usar vocabulario nuevo de textos durante la escritura para reflejar el significado de manera adecuada
- ● Explorar definiciones de palabras nuevas de los textos escribiendo acerca de ellas
- ● Comprender algunas palabras que aparecen en el lenguaje de usuarios maduros y en textos escritos (Nivel 2) y algunas palabras que aparecen en las disciplinas científicas y que probablemente aparezcan en la escritura (Nivel 3)
- ● Usar palabras que conectan ideas y aclaran significados: conectores comunes simples; conectores sofisticados que se usan en textos escritos pero no aparecen a menudo en el lenguaje oral cotidiano, (*aunque, mientras tanto, sin embargo*) y conectores académicos que aparecen en textos escritos (*a través del cual, como se observa, con referencia a, con respecto a, considerando que, de igual modo, en consecuencia, en síntesis, en último lugar, por consiguiente, por el contrario, por ende, por último*)
- ● Comprender y observar el propósito de la dedicatoria, la nota de la autora o del autor y los reconocimientos
- ● Anotar los títulos, los autores y los géneros de los libros para recomendar
- ● Anotar los títulos, los autores, los ilustradores y los géneros de textos leídos de manera independiente y las fechas de lectura en el Cuaderno del lector
- ● Dibujar o hacer bosquejos para representar o recordar un texto y proporcionar una base para la conversación o la escritura
- ● Recordar información o detalles de un texto para producir listas, secuencias sencillas de acciones e instrucciones de manera independiente
- ● Redactar notas, listas, cartas u oraciones para recordar información importante sobre un texto
- ● Escribir preguntas o notas acerca de las confusiones que se abordarán durante la conversación
- ● Proporcionar pruebas del texto o de la experiencia personal para apoyar oraciones escritas acerca de un texto
- ● Registrar notas para navegar textos largos y complejos cuando se revisan opiniones y teorías en la preparación para escribir textos más extensos
- ● Consultar notas acerca de un texto como prueba en la conversación y la escritura para apoyar opiniones y afirmaciones
- ● Representar una serie más extensa de sucesos de un texto a través del dibujo y la escritura
- ● Escribir resúmenes que reflejan la comprensión literal de un texto
- ● Seleccionar e incluir detalles adecuados e importantes al escribir el resumen de un texto
- ● Citar números de páginas de un texto al escribir acerca de información importante
- ● Revisar las pruebas continuamente en el texto para asegurarse de que la escritura refleja la comprensión
- ● Volver a consultar textos para buscar ideas o revisar detalles durante la escritura o el dibujo
- ● Volver a leer para revisar el significado, la precisión y la claridad de expresión
- ● Escribir acerca del contenido de textos que refleja conocimientos iniciales del mundo físico y social (salud, estudios sociales, ciencias, matemáticas, artes)
- ◆ Escribir acerca de la relevancia que tiene el contenido de no ficción en su vida
- ◆ Relacionar información/ideas importantes dentro de un texto
- ◆ Escribir acerca de la información y los conceptos importantes de un texto y relacionarlos con la información y los conceptos de otros textos
- ◆ Escribir acerca de las relaciones entre textos según el tema, las ideas principales, los estilos de los autores y los géneros
- ◆ Relacionar información de libros de no ficción con estudios disciplinarios
- ◆ Expresar opiniones acerca de datos o información aprendidos
- ◆ Proporcionar pruebas del texto o de la experiencia personal para apoyar oraciones escritas acerca de un texto
- ◆ Observar y escribir acerca de la importancia de ideas relevantes para su mundo (compartir, preocuparse por los demás, hacer su tarea, ayudar a su familia, cuidarse a sí misma o mismo, mantenerse saludable, cuidar el mundo o el medioambiente, valorar las diferencias, expresar sentimientos, empatizar con los demás)
- ◆ Escribir acerca de una amplia gama de predicciones basadas en pruebas del texto
- ◆ Reflejar los conocimientos previos y los nuevos que surgen del texto en escritura o dibujo
- ◆ Escribir acerca de los cambios en las opiniones a partir de información nueva o perspectivas nuevas adquiridas de un texto
- ◆ Escribir una interpretación de un texto o una ilustración comprendiendo que hay más de una interpretación
- ◆ Escribir acerca de lecciones morales derivadas de la inferencia en los diversos textos
- ◆ Tomar notas y escribir respuestas más largas para indicar la adquisición de información e ideas nuevas a partir de un texto
- ■ Usar textos como recursos para palabras, frases e ideas de escritura
- ■ Escribir oraciones que reflejan el conocimiento del cuerpo del texto y los elementos gráficos o las ilustraciones y la manera en que ambos se integran
- ■ Observar características del libro y la letra impresa y escribir para explorar su significado y consultarlas en la escritura según corresponda (título y subtítulo, nombre y descripción de la autora o del autor, prefacio, preámbulo, introducción, reconocimientos, dedicatoria, contraportada, menciones, citas de reseñas, cartas de lectores, fechado, tabla de contenidos, epígrafe, glosario, notas, epílogo, ilustraciones, márgenes decorativos, guarda, solapa de libro, nota de la autora o del autor, apéndice)

● Pensar en el texto ***en sí*** ◆ Pensar ***más allá*** del texto ■ Pensar ***acerca*** del texto

# **Seleccionar objetivos** Hábitos y conocimientos para observar, enseñar y apoyar *(cont.)*

## Escribir sobre la lectura

### TEXTOS DE NO FICCIÓN *(continuación)*

**General** *(continuación)*

- ■ Escribir para explorar el propósito y la postura de la autora o del autor acerca de un tema
- ■ Observar y escribir acerca de las características de los géneros de no ficción (libros informativos, no ficción expositiva, no ficción narrativa, biografía, autobiografía, memorias personales, textos persuasivos, textos de instrucciones)
- ■ Usar correctamente los nombres de géneros específicos al escribir sobre la lectura
- ■ Registrar y categorizar textos por tema, contenido, género u otros criterios
- ■ Escribir acerca de textos híbridos, y hacer una distinción entre secciones de ficción y no ficción y observar cómo mezcla los dos géneros la autora o el autor
- ■ Apreciar y escribir acerca de las formas enmarcadas en el texto principal
- ■ Describir en qué se parecen y en qué se diferencian las ideas y el contenido dentro de un texto de no ficción
- ■ Usar organizadores gráficos, esquemas, notas, cartas de respuesta de la lectora o del lector o anotaciones para distinguir en la escritura entre dato apoyado con pruebas y opinión en un texto de no ficción
- ■ Apreciar y escribir acerca del valor de las fuentes primarias y secundarias enmarcadas en un texto
- ■ Usar lenguaje académico para hablar acerca de los géneros (*no ficción, texto informativo, libro informativo, texto sobre hechos, memorias personales, biografía, autobiografía, narración de no ficción, texto de instrucciones, texto persuasivo, texto expositivo*)
- ■ Usar lenguaje académico para hablar acerca de las formas (*libro álbum o ilustrado, poema, poesía, rima infantil, rima, canción, colección de poesía, libros de una serie, obra de teatro, carta, secuela, quintilla humorística, haiku, poema concreto, entrada de diario, artículo periodístico, artículo de fondo, poesía narrativa, ensayo fotográfico, discurso, poesía lírica, verso libre, balada, épica/saga*)
- ■ Usar lenguaje académico para hablar acerca de las características literarias (*comienzo, final, problema, solución, pregunta y respuesta, tema, sucesos, mensaje, diálogo, descripción, orden temporal, tiempo y lugar, idea principal, comparar y contrastar, lenguaje descriptivo, símil, causa y efecto, categorización, lenguaje persuasivo, secuencia temporal, secuencia cronológica, temática, argumento, atmósfera, personificación, símbolo, simbolismo, narración en primera persona, narración en tercera persona, narración en segunda persona*)
- ■ Usar lenguaje académico para hablar acerca de aspectos del libro y la letra impresa (*portada, contraportada, título, autor, ilustrador, página, texto, ilustración, fotografía, rótulo, tabla de contenidos, agradecimientos, sección, encabezado, dibujo, leyenda, mapa, dedicatoria, nota del autor, nota del ilustrador, diagrama, glosario, recuadro lateral, solapa del libro, subtítulo, tabla, gráfica, línea de tiempo, índice*)
- ■ Formular y anotar preguntas en respuesta a información importante
- ■ Formular y expresar opiniones acerca de un texto por escrito y apoyar esas opiniones con fundamentos y pruebas
- ■ Formular opiniones acerca de los autores y los ilustradores e indicar por escrito en qué se basan esas opiniones
- ■ Observar y escribir acerca de la manera en que una autora o un autor revela el escenario en un texto biográfico, histórico o narrativo de no ficción
- ■ Reconocer y escribir acerca de ejemplos de argumento y persuasión en un texto informativo
- ■ Describir y criticar el uso de la persuasión que hace una autora o un autor y cómo apoya los argumentos con pruebas
- ■ Identificar y escribir acerca de contradicciones (enunciados que discrepan unos con otros) en un texto de no ficción
- ■ Criticar la calidad de escritura, la organización, la claridad y la autenticidad de un texto
- ■ Criticar el uso de las características del texto de no ficción que hace una autora o un autor, o criticarlo (títulos, tabla de contenidos, encabezados, subtítulos, barras laterales, rótulos, leyendas)
- ■ Escribir de manera crítica acerca de la autenticidad de un texto de no ficción sobre hechos, pruebas científicas, las calificaciones de la autora o del autor, afirmaciones y argumentos respaldados
- ■ Reconocer y escribir acerca de la parcialidad en un texto de no ficción e identificar el punto de vista de la autora o del autor
- ■ Escribir críticas de textos de no ficción, y profundizar en la parcialidad, los estereotipos, el prejuicio, las tergiversaciones, el sexismo o el racismo e identificar el punto de vista de la autora o del autor
- ■ Escribir acerca de cómo la disposición contribuye al significado y la calidad de un texto de no ficción
- ■ Apreciar y comentar cómo contribuyen las características de diseño artísticas y simbólicas (márgenes, encabezados de capítulo, iluminación) al significado, la efectividad y las cualidades artísticas de los textos

**Tema**

- ◆ Usar el dibujo o la escritura, mostrar curiosidad acerca de temas que aparecen en textos de no ficción y trabajar de manera activa para aprender más acerca de ellos
- ◆ Integrar información de diversos textos sobre el mismo tema para escribir acerca del tema
- ■ Usar organizadores gráficos como redes para mostrar cómo combina información relacionada con el mismo tema o subtema una autora o un autor
- ■ Comprender cómo los encabezados y los subtítulos se usan para definir temas y subtemas
- ■ Describir la relación que existe entre las ideas y el contenido (tema más amplio y subtemas) en un texto expositivo de no ficción

● Pensar en el texto ***en sí*** ◆ Pensar ***más allá*** del texto ■ Pensar ***acerca*** del texto

# Seleccionar objetivos Hábitos y conocimientos para observar, enseñar y apoyar *(cont.)*

## Escribir sobre la lectura

### TEXTOS DE NO FICCIÓN *(continuación)*

**Tema** *(continuación)*

- ■ Escribir sobre la manera en que los elementos gráficos y el texto se colocan cuidadosamente en un texto de no ficción para comunicar ideas de manera efectiva

**Organización**

- ● Escribir un esquema proporcionando resúmenes de la información aprendida mediante encabezados y subtítulos que reflejan la estructura general de un texto y categorías sencillas
- ■ Dibujar, escribir o diagramar para mostrar cómo está organizado un texto (orden cronológico o secuencias establecidas, como números, hora del día, días de la semana o estaciones)
- ■ Observar la organización de un texto de no ficción y distinguir entre estructura expositiva y narrativa, y escribir acerca de cómo la organización influye en la lectora o el lector
- ■ Observar y escribir acerca de los patrones estructurales subyacentes que usa una autora o un autor para organizar información y a veces aplicar la misma estructura para escribir textos de no ficción (descripción, secuencia temporal, pregunta y respuesta, causa y efecto, secuencia cronológica, comparar y contrastar, problema y solución, categorización)
- ■ Observar y escribir acerca del uso que hace de la estructura del texto narrativo una autora o un autor de no ficción en la biografía, las memorias personales, la autobiografía y la no ficción y su efecto en la lectora o el lector
- ■ Explorar a través de la escritura maneras alternativas de organizar un texto informativo
- ■ Explicar con claridad los pasos de un proceso o serie de sucesos (en un texto con secuencia cronológica o temporal o un texto de instrucciones)

**Mensajes e ideas principales**

- ● Hacer una lista de los sucesos o las ideas importantes en un texto informativo o biográfico
- ◆ Escribir acerca de las conexiones que existen entre las ideas de textos de no ficción (los animales, las mascotas, las familias, los alimentos, las plantas, la escuela, los amigos, crecer, los sentidos, el vecindario, el tiempo y las estaciones, la salud)
- ◆ Escribir para comparar y ampliar el conocimiento del contenido y las ideas de disciplinas académicas entre textos
- ◆ Inferir y escribir acerca de los mensajes más amplios o las ideas principales en un texto de no ficción
- ◆ Inferir y escribir acerca de las lecciones morales en un texto de no ficción
- ◆ Escribir un análisis exhaustivo de problemas sociales, tanto locales como globales, tal como se revelan a través de hechos, argumentos, conclusiones y opiniones
- ■ Escribir acerca de la manera en la que las ilustraciones y los elementos gráficos ayudan a comunicar el mensaje de la autora o del autor

**Precisión**

- ■ Examinar de manera crítica la calidad o la precisión del texto, proporcionando pruebas por escrito para las opiniones
- ■ Escribir de manera crítica acerca de la manera en que una autora o un autor usa pruebas para apoyar un argumento

**Ilustraciones/Elementos gráficos**

- ● Comprender e indicar información importante proporcionada en los elementos gráficos (fotografías, pinturas, dibujos, leyendas, rótulos, recuadros, tablas, diagramas, cuadros, gráficas, mapas, líneas de tiempo, barras laterales)
- ● Consultar herramientas de organización y recursos del texto al escribir sobre la lectura (tablas de contenidos, títulos de capítulos, encabezados, subtítulos, barras laterales; dedicatorias, reconocimientos, notas de la autora o del autor, glosario, índice, preámbulo, guía de pronunciación, nota al pie, epílogo, apéndice, nota al final, referencias)
- ● Escribir resúmenes que reflejan el conocimiento de características gráficas (rótulos, encabezados, barras laterales, leyendas)
- ■ Escribir acerca de cómo la información, las ilustraciones y otros elementos gráficos brindan un conjunto de ideas integradas
- ■ Escribir sobre la manera en que los elementos gráficos y el texto se colocan cuidadosamente en un texto de no ficción para comunicar ideas de manera efectiva
- ■ Observar el talento artístico en las ilustraciones
- ■ Escribir acerca de las características (medio, estilo) del trabajo de algunos ilustradores
- ■ Escribir acerca de la manera en la que las ilustraciones y los elementos gráficos ayudan a comunicar el mensaje de la autora o del autor

**Estilo y lenguaje**

- ■ Reconocer y escribir acerca del humor en los textos de no ficción
- ■ Observar y escribir acerca de los elementos de los recursos de elaboración de la escritora o del escritor (elección de palabras, uso de elementos literarios)
- ■ Apreciar y escribir acerca del valor de las fuentes primarias y secundarias enmarcadas en un texto
- ■ Observar y anotar lenguaje que revela la actitud de la autora o del autor (tono) hacia el personaje, el sujeto o el tema (seriedad, humor, respeto, afecto)
- ■ Escribir y pensar de manera crítica acerca de la selección de palabras de una autora o un autor

● Pensar en el texto ***en sí*** ◆ Pensar ***más allá*** del texto ■ Pensar ***acerca*** del texto

# Escritura

# Continuo de escritura

El continuo de escritura en ambientes en los que todos los estudiantes tienen el español como lengua dominante es paralelo y equivalente a su contraparte en inglés. Una diferencia importante es que la escritura tiene normas diferentes en español y en inglés, que se mencionan en la página 239 de esta Introducción, y se comentan en mayor detalle en la sección Fonética, ortografía y estudio de palabras (vea las páginas 379–417). Para los modelos de enseñanza con diversos grados de competencia en inglés/español, la maestra o el maestro tendrá que hacer algunos ajustes, como por ejemplo determinar cuándo escribir usando la lengua nativa en lugar de la segunda lengua.

El salón de clase, desde pre-kindergarten hasta la escuela secundaria, es un lugar donde los estudiantes aprenden las diversas maneras en las que la escritura opera en su vida. Aprenden a escribir al involucrarse en el proceso de escritura con la ayuda experta de la maestra o del maestro y el apoyo de sus pares.

La escritura es multifacética en el sentido de que orquesta el razonamiento, el lenguaje y las técnicas. El proceso de escritura se puede describir como una serie de pasos (tener una idea, hacer un borrador, revisar, editar y publicar), pero es, de hecho, un proceso recursivo en el que todas estas cosas no ocurren de manera lineal sino como parte de un proceso dinámico, en constante movimiento. Los escritores aplican y vuelven a aplicar todo lo que saben en forma constante en tentativas sucesivas. Avanzan, retroceden, reformulan y tienen ideas repentinas, pero con las oportunidades y la enseñanza desarrollan, con el transcurso del tiempo, sistemas de escritura efectivos y hasta impactantes.

La escritura es una herramienta básica de aprendizaje y de comunicación con los demás. En nuestras escuelas, se espera que los estudiantes escriban en todas las áreas de estudio. Queremos que se conviertan en individuos que pueden usar muchos tipos de escritura para un amplio espectro de propósitos y públicos a lo largo de su vida. En otra publicación, hemos escrito que "el terreno de la escritura se extiende en muchas direcciones, reales e imaginarias, y abarca trabajos de investigación intelectuales exhaustivos sobre biología, geología, historia, antropología y otros campos". (*Guiding Readers and Writers: Teaching Comprehension, Genre, and Content Literacy,* Fountas y Pinnell, Heinemann 2000).

Queremos ayudar a los estudiantes a desarrollar los conocimientos básicos del proceso de escritura y a que sepan cómo varia el proceso según los distintos géneros y propósitos. ¡Los niños de pre-kindergarten pueden "crear libros" contando una historia a través de dibujos incluso antes de saber leer o escribir! Hasta los niños pequeños pueden producir publicaciones simples; a medida que escriben año tras año, se involucran en el mismo proceso básico, pero en niveles más sofisticados. Su espectro se amplía y sus publicaciones se vuelven más complejas.

***Demostración:*** Casi todos los géneros enumerados en el continuo se muestran primero en una lectura en voz alta o con ejemplos de *escritura compartida, escritura interactiva* o *modelo de escritura*. Los niños pequeños tendrán una experiencia compartida o grupal en todos los géneros y se espera que en algún momento puedan producirlos de manera independiente. Incluso los niños pequeños pueden llegar a esta importante experiencia mediante la escritura compartida, la escritura interactiva o el modelo de escritura:

- En la *escritura compartida*, la maestra o el maestro y los estudiantes redactan un texto juntos. La maestra o el maestro es quien escribe; por lo general, y especialmente para los niños más pequeños, y a veces para niños más grandes, lo hace sobre un tablero colocado en un caballete. Los estudiantes participan en la composición del texto, palabra por palabra, y vuelven a leerlo muchas veces. En algunas ocasiones, la maestra o el maestro pide a los niños más pequeños que digan la palabra lentamente mientras piensan en cómo se escribe. Otras veces, la maestra o el maestro (con el aporte de los estudiantes) escribe una construcción rápidamente en el tablero. El texto se convierte en un modelo, ejemplo o referencia para la escritura y la discusión de los estudiantes.

- La *escritura interactiva* es idéntica a la escritura compartida y funciona de la misma manera, con una excepción: en ciertas ocasiones la maestra o el maestro, mientras enseña conceptos que ayudan a los estudiantes a prestar atención a diferentes características de las letras y las palabras, invita a una estudiante o un estudiante a pasar al caballete y escribir una letra, una palabra o parte de una palabra. Este proceso es particularmente útil para los lectores principiantes porque sus contribuciones a la escritura real tienen un alto valor educativo. Como contribución de los estudiantes, la maestra o el maestro elige una palabra o parte de una palabra que una estudiante o un estudiante "acaba de aprender o ya casi sabe". La maestra o el maestro escribe las palabras que a los estudiantes no les cuesta escribir y las que les resultan demasiado difíciles. Después de que los estudiantes hayan desarrollado un amplio vocabulario escrito y sistemas para escribir palabras, usted ya puede pasar a usar la escritura compartida la mayor parte del tiempo. En este momento, el proceso de contribución a la escritura de los estudiantes tiene poco valor instruccional y lleva mucho tiempo. Puede aprovechar mejor el tiempo si anota rápidamente las ideas de los estudiantes y los orienta en el proceso. Además, los estudiantes producirán una gran cantidad de escritura en forma de trabajo independiente. Esta transición sucede aproximadamente al final del segundo grado. Pero recuerde que el proceso de la escritura compartida es siempre interactivo, ya que se basa en un alto grado de participación y conversación de los estudiantes.
- El *modelo de escritura* se puede usar en todos los niveles. Aquí, la maestra o el maestro demuestra el proceso de escritura en un género en particular; a veces, piensa en voz alta para revelar lo que ocurre cuando toma decisiones conscientes al escribir. La maestra o el maestro puede preparar el modelo de escritura (o definir la demostración) antes de la clase, pero explica el proceso en detalle delante de los estudiantes.

***Textos ejemplares:*** Un componente fundamental para aprender a escribir un género determinado es ser aprendices de otros escritores. Los escritores aprenden a escribir al estudiar los recursos de elaboración de otros escritores. Si los estudiantes conocen varios libros de una misma autora o un mismo autor y de una misma ilustradora o de un mismo ilustrador, pronto aprenden qué tiene de especial un libro determinado de esa autora o ese autor, ilustradora o ilustrador. Comienzan a observar los temas, las características de las ilustraciones, los tipos de cuentos y el lenguaje. Pueden anotar o recordar palabras y expresiones para adoptarlas. A medida que adquieren experiencia, entienden lo que hacen los escritores para que su escritura sea efectiva y comienzan a usar textos ejemplares como guía al planear, revisar y publicar lo que escriben. Observan la elección del propósito, el tema y el género, y comienzan a hacer esas elecciones ellos mismos.

Los estudiantes pueden incluso participar en estudios formales de autores o ilustradores para aprender sobre sus recursos de elaboración: cómo retratan a los personajes, cómo usan el diálogo y cómo organizan la información. Los elementos gráficos y las ilustraciones ofrecen a los escritores jóvenes muchos ejemplos sobre cómo ilustrar su obra de manera clara. Los lectores y escritores muy sofisticados siguen aprendiendo de los textos ejemplares cuando buscan ejemplos de cómo se tratan los temas o las ideas, crean el diálogo y muestran el desarrollo de los personajes, y preparan textos persuasivos o críticos. Durante el proceso de incorporar todos los conocimientos enumerados en este continuo, los estudiantes se darán cuenta de que pueden usar a los autores publicados como textos ejemplares.

***Estudiantes hispanohablantes bilingües:*** En el caso de los estudiantes cuya lengua materna es el español pero viven en un entorno en el que se habla inglés, el proceso de convertirse en escritores es más complejo. Los estudiantes tienen la oportunidad de aprender a leer y escribir en español y en inglés simultáneamente, ya que, de acuerdo a investigaciones realizadas, la lectura se transfiere de un idioma a otro. Por lo tanto, la enseñanza de la escritura debe centrarse especialmente en las diferencias entre las estructuras y las normas de dominio del español y el inglés. Ciertos patrones gramaticales y sintácticos también merecen estudiarse y verificarse en la escritura de los estudiantes. Por ejemplo, las terminaciones verbales en español difieren notoriamente de las del inglés, como en el caso del tiempo pasado de *correr* que se puede conjugar como *corrí, corriste, corrió, corrimos* y *corrieron*, mientras que en inglés, *run* tiene una sola forma en pasado: *ran*.

La enseñanza de la escritura también puede enfocarse en la concordancia de género y número de los artículos y los sustantivos; ya que mientras que en inglés decimos *the teacher* o *the teachers*, en español decimos *la maestra, el maestro, las maestras* o *los maestros*. Es importante tener en mente las diferencias entre ambos idiomas para ayudar a los estudiantes a ser conscientes de ellas cuando escriben.

***Estudiantes de español angloparlantes:*** En la actualidad, hay varios programas bilingües para estudiantes cuyo primer idioma es el inglés y están aprendiendo español. Es probable que los estudiantes de español necesiten más apoyo a medida que amplían su dominio del lenguaje oral en español y, junto con él, el del español escrito. La escritura interactiva con hablantes nativos ofrece apoyo grupal y modelos bien definidos. A medida que los estudiantes vuelven a leer la escritura interactiva, aprenden patrones sintácticos del español y vocabulario relevante.

***El continuo de escritura:*** Este continuo de escritura se presenta en el período de un año y lo ideal es que todos los objetivos se alcancen al final del grado. Como aprender a escribir se puede considerar un aprendizaje en espiral, verá muchos objetivos repetidos en los distintos grados. Sin embargo, los estudiantes trabajarán para lograr estos objetivos de manera cada vez más sofisticada.

En este continuo, describimos la escritura en cuatro áreas principales: propósito y género, recursos de elaboración, normas y proceso. Las cuatro áreas de aprendizaje se aplican a todos los estudiantes, desde pre-kindergarten hasta octavo grado.

La escritura es un proceso complejo. Como se ve en la figura 6, cada elemento se relaciona en forma estrecha con los demás. En el centro, la escritura se describe como un sistema de procesamiento. La escritura y la lectura son procesos que se complementan; aprender uno ayuda a aprender el otro. Alrededor del círculo central, los términos *propósito* y *público* reflejan la manera en la que los escritores comienzan con un propósito y tienen en cuenta al público al que va dirigido un *género*. Seleccionan un género (ya sea funcional, narrativo, informativo, persuasivo, poético o híbrido) de acuerdo al propósito, el público y el significado del texto. Los escritores consideran el género, los recursos de elaboración y las normas al mismo tiempo mientras escriben, aunque puede prevalecer uno de los aspectos en cualquier parte del proceso. Todos estos elementos están al servicio de *comunicar el significado*. Los escritores usan aspectos de la *elaboración* como la organización, el desarrollo de ideas, el uso del lenguaje, la elección de las palabras y la voz.

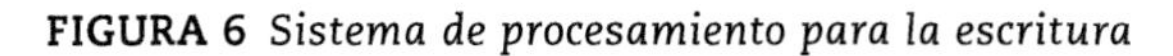

**FIGURA 6** *Sistema de procesamiento para la escritura*

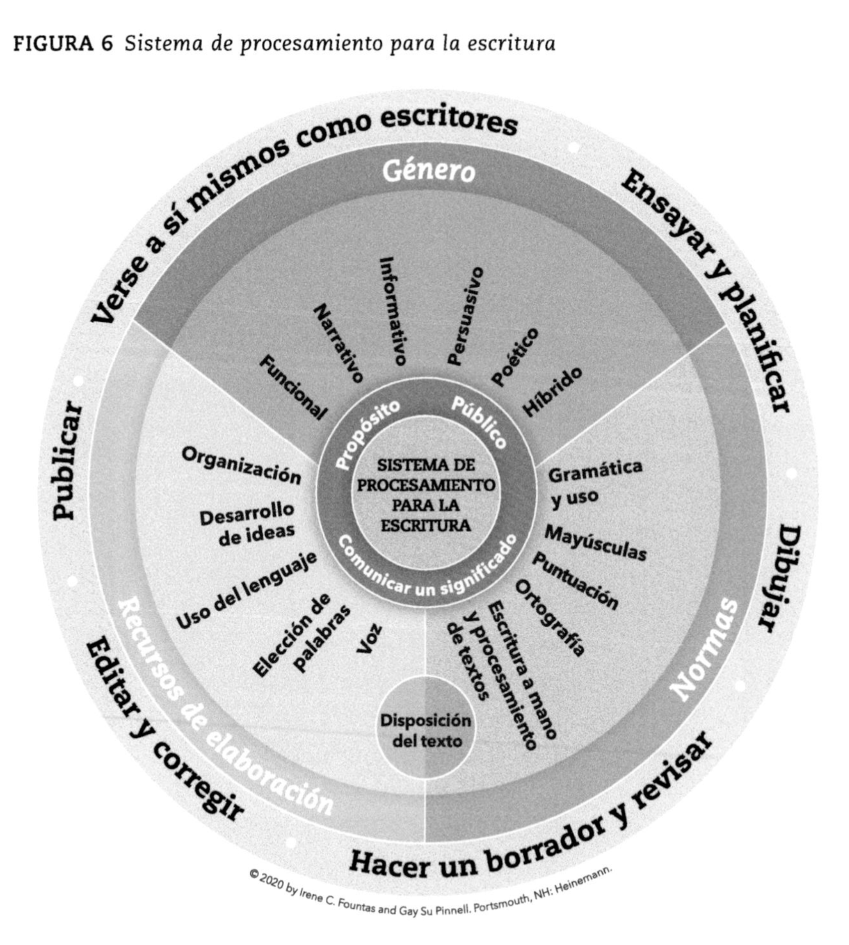


Y usan *normas* como la gramática y el uso, las mayúsculas, la puntuación, la ortografía y la escritura a mano o el procesamiento de palabras. (Tenga en cuenta que la *disposición del texto* se relaciona con los recursos de elaboración y las normas). El proceso recursivo de la escritura se ilustra en el círculo exterior con los términos que describen acciones: *ensayar y planificar, dibujar, hacer un borrador y revisar, editar y corregir,* y *publicar*, junto con el resultado para los estudiantes de verse a sí mismos como escritores. Todas estas áreas del aprendizaje evolucionan constantemente a lo largo de todos los años de escolaridad.

## Propósito y género

Al escribir, los escritores pueden tener un propósito en mente y elegir el género en consecuencia. Se puede contar una historia que comunique un significado más amplio; se puede informar o entretener; se puede persuadir a las personas para que actúen en relación con un tema importante para la escritora o el escritor. Es importante reconocer que los escritores eficaces no escriben en un género determinado solo para practicarlo, sino que eligen el género que transmitirá mejor lo que quieren expresar. Naturalmente, los maestros presentan nuevos géneros a los estudiantes para que aprendan a escribir en ellos, pero el objetivo final es establecer un repertorio para que puedan elegir. Es importante instalar el deseo de escribir en un género haciéndolo interesante y placentero. Por motivos educativos, hemos incluido géneros tradicionales dentro de cada propósito, aun cuando reconocemos que casi cualquier género se puede usar para apoyar un propósito determinado; por ejemplo, una carta informativa informal o un poema funcional.

En el continuo de los grados PreK–8, clasificamos los géneros de escritura en seis áreas principales: funcional, narrativo, informativo, persuasivo, poético e híbrido. Es importante destacar que los géneros literarios de ficción y no ficción *fluyen* de un área a otra, aunque algunos textos (los funcionales, por ejemplo) caben casi completamente en una u otra área. Consideramos que las seis áreas tienen una importancia fundamental para quienes enseñan a escribir. Estas categorías se centran en la enseñanza de la escritura en todos los grados, y contienen los géneros que deben usar con destreza los estudiantes en su trabajo académico y profesional.

La escritura de no ficción, en particular, se ha vuelto más interesante y atractiva al ir más allá de informes y escritos "parecidos a los libros de texto" e incorporar textos que reflejan todos los aspectos de los recursos de elaboración de la autora o del autor. Se pretende que los estudiantes, a partir de los textos ejemplares, aprendan a producir textos de no ficción interesantes que se centren en un tema o en un aspecto de un tema. Los estudiantes aprenden cómo usar los recursos para asegurarse de que tienen información precisa y cómo hacer para no perder el enfoque. A partir de la escritura de no ficción atractiva, los estudiantes aprenden no solo a informar sino también a discutir un argumento y persuadir, destrezas que pueden resultarles muy provechosas en su vida.

Para cada género dentro de estas categorías, tenemos dos grupos de información importantes: Comprender el género, que refleja conocimientos clave específicos (aquello que los estudiantes deben *saber* acerca del género) y Escribir el género, que se refiere a las maneras en las que los estudiantes demuestran su comprensión abordando los distintos tipos de escritura dentro del género (aquello que los estudiantes *hacen* con el género). Además, para cada género, incluimos ejemplos de formas de escritura que, junto con otras, pueden ser parte del currículo de escritura.

## Textos funcionales

Como adultos, usamos todo tipo de *textos funcionales* a diario, desde comunicaciones muy simples hasta cartas sofisticadas. Los siguientes géneros se clasifican como funcionales:

***Cartas informales.*** Las notas, las tarjetas, las invitaciones, los correos electrónicos y las cartas informales son comunicaciones escritas que requieren que la escritora o el escritor proporcione determinado tipo de información y que escriba en un tono y una forma apropiados.

***Cartas formales.*** Las cartas comerciales y los editoriales son documentos formales con un propósito determinado. Van directo al punto, evitan los detalles superfluos y tienen partes que no pueden faltar.

***Listas y procedimientos.*** Las listas son herramientas de planificación que ayudan a las personas a realizar tareas diarias. También son los pilares de textos más complicados como los poemas y los textos informativos. Los procedimientos, como guías básicas sobre los textos e instrucciones, requieren que los escritores estudiantes planeen detenidamente y expliquen claramente los pasos de un proceso.

***Escribir en una prueba.*** Es un género requerido en el ambiente académico. Los estudiantes deben aprender que algunos géneros de escritura tienen el propósito expreso de demostrar cuánto se sabe. Deben analizar una prueba para saber lo que se espera y escribir ajustándose al tema.

*Escribir sobre la lectura.* La escritura sobre la lectura también se requiere en la escuela para reflejar el razonamiento de los estudiantes en un texto en sí, más allá y acerca de un texto que han leído. Se puede usar casi cualquier género o forma de escritura para responder a un texto. Hemos dedicado un continuo completo por separado para esta importante área de la lectura (ver el continuo de Escribir sobre la lectura).

## Textos narrativos

Un texto narrativo es un relato con un comienzo, una serie de sucesos y un final. En la ficción, la estructura narrativa típica presenta los personajes y el escenario, un problema, una serie de sucesos y la resolución del problema. Por lo general, hay un "punto culminante" o "clímax", en el que se resuelve el problema, y poco después de eso, termina el relato. Como los textos de no ficción también se pueden contar en orden cronológico, se clasifican como textos narrativos. Entre estos encontramos textos biográficos (biografía, autobiografía y memorias personales) y textos de no ficción narrativa, por ejemplo, un relato de un momento de la historia.

Los textos narrativos suelen contarse en orden cronológico, pero pueden tornarse muy complejos. Por ejemplo, a partir de textos ejemplares, los estudiantes pueden incorporar variaciones en la estructura narrativa, tales como flashback, flash-forward y el cuento dentro de otro cuento; pueden pasar de la primera persona narrativa a la tercera persona narrativa; pueden cambiar completamente el narrador.

Este continuo abarca cinco tipos de textos narrativos: uno de ficción y cuatro de no ficción. Para cada tipo de texto, describimos conocimientos importantes e identificamos objetivos específicos relacionados con la escritura de ese género.

*Ficción.* El cuento es una forma de ficción acerca de un suceso de la vida de un personaje principal (o varios) y personajes secundarios. La ficción corta está elaborada especialmente para entretener y comunicar emociones y mensajes. Como es corta, la cantidad de sucesos será limitada, pero la escritora o el escritor tiene también la posibilidad de comunicar algún tipo de cambio en los personajes, por ejemplo, una "lección" que aprende el personaje. Pretendemos que los estudiantes aprendan que la ficción de calidad revela algo acerca de la vida, se vincula con los lectores y comunica los significados más profundos de un tema.

Los cuentos se pueden escribir en cualquier género de ficción: *ficción realista, ficción histórica, fantasía*, e incluso ciencia ficción y textos escritos al estilo de la literatura tradicional. Los estudiantes pueden relatar su propia versión de un cuento de fantasía con animales o pueden escribir finales nuevos o secuelas a los textos que leen. Aprenden algunos elementos de la elaboración de la ficción mientras escriben memorias personales; pueden escribir cuentos acerca de personas o animales emulando los textos ejemplares que escuchan o leen. A medida que se vuelven más sofisticados, los estudiantes pueden abordar aspectos de la elaboración de la ficción, como trabajar en la entrada, revelar personajes, mostrar los sentimientos y los cambios de los personajes, y el desarrollo de la trama.

*Memorias personales.* Los estudiantes comienzan por escribir narraciones personales o relatos de recuerdos personales, y estos evolucionan a memorias personales y de ahí a otros tipos de textos biográficos. Las memorias personales se caracterizan por ser textos breves en los que una persona comparte un recuerdo intenso. Por lo general, las memorias personales implican crear imágenes sensoriales, comunicar sentimientos y evocar emociones.

Queremos que los estudiantes aprendan los recursos de elaboración y las normas de las memorias personales escribiendo sobre sus propias vidas. No podemos decir que estos relatos de memorias personales son memorias formales, pero aun los niños muy pequeños comienzan haciendo bosquejos, contando y escribiendo relatos simples en orden cronológico sobre su familia, sus amigos y sus mascotas. Es importante que los estudiantes entiendan desde el principio que escriben sobre lo que saben. Al hacerlo, aprenderán a observar su mundo con atención, buscando ejemplos de la vida real. Las memorias personales son los cimientos para todo tipo de escritura. Por ejemplo, los estudiantes aprenden a escribir oraciones claras, usar adjetivos y verbos intensos y evitar los detalles irrelevantes y la información innecesaria. Los estudiantes desarrollan la capacidad de escribir ficción al contar esos relatos que parten de su experiencia.

En los distintos grados, los estudiantes continúan escribiendo memorias personales, aprendiendo de los textos ejemplares y volviéndose más sofisticados. Aprenden a escribir sobre "pequeños momentos" que capturan sentimientos intensos o experiencias significativas. Comienzan a entender la noción más formal de memoria como un recuerdo breve y a menudo intenso de un suceso o una persona. Las memorias personales tienen un elemento de reflexión y enseñan a la lectora o al lector un significado más amplio.

***Biografía.*** Una biografía es el relato real de la vida de una persona escrito por otra. Suele presentarse en orden cronológico y cuenta toda la vida de la persona, pero la estructura puede variar para centrarse en un aspecto de la vida de esa persona.

Los escritores más jóvenes pueden contar relatos simples sobre miembros de su familia o amigos para pasar, con el correr de los años, a producir bosquejos o perfiles biográficos totalmente documentados de modelos de conducta o figuras públicas, contemporáneas o históricas. En todos los casos, la biógrafa o el biógrafo elige un sujeto por razones que expresa, selecciona sucesos y cuenta la historia de una manera que muestra a los lectores la perspectiva de la escritora o del escritor. Los escritores de biografías deben esforzarse por presentar un relato imparcial; sin embargo, será evidente la postura de la escritora o del escritor.

Los escritores usan recursos de elaboración para hacer que la biografía resulte interesante. Puede estar escrita en forma de ficción para que sea más interesante y amena, pero la escritora o el escritor debe comprender y diferenciar entre aquello que es real y está documentado (por medio de fuentes fiables como entrevistas personales, documentos y otros textos escritos) y lo que la escritora o el escritor ha añadido para generar interés. Es posible que en algún momento los estudiantes escriban textos que podrían denominarse "biografías novelizadas", en los que casi todo está documentado y es *probable* que contenga material añadido, o "ficciones biográficas", que contienen aún más material ficticio, que le otorga a todo el texto narrativo una naturaleza un tanto especulativa.

***Autobiografía.*** Una autobiografía es el relato real de la vida de una persona escrito por esa misma persona. Se suele presentar en orden cronológico, aunque eso puede variar. Los escritores de las autobiografías son esencialmente parciales. Pero también están obligados a contar la verdad. Los estudiantes más pequeños hacen una transición hacia la autobiografía al escribir relatos de recuerdos personales y memorias personales.

***Texto narrativo de no ficción.*** Los textos narrativos de no ficción son artículos informativos organizados en orden cronológico. A diferencia de los textos narrativos de ficción, no tienen un problema central que se resuelve en algún momento de la trama. Comunican información precisa en una estructura narrativa.

## Textos informativos

En la categoría *escritura informativa* se incluyen los textos expositivos, los discursos, los artículos de fondo, los informes y los ensayos. Todas estas formas de escritura informativa tienen, por lo general, estructura de texto expositivo. La información está organizada en categorías ordenadas de manera lógica para que sea coherente, informe y persuada a los lectores. (La escritura persuasiva, o argumentativa, es tan importante que tiene su propia categoría).

***Textos expositivos o informativos.*** Durante nuestra etapa escolar y después también, la capacidad de escribir textos de no ficción expositivos es importante. Cuando escriben sobre un tema, los estudiantes deben usar muchos aspectos de los recursos de elaboración de los escritores: una "entrada" interesante, declaraciones claras, uso de ejemplos y una buena organización. Los escritores de no ficción usan estructuras subyacentes como la descripción, causa y efecto, secuencia cronológica, secuencia temporal, categorización, problema y solución, y pregunta y respuesta. (Aquí no se habla de narración, sino de la inserción de la secuencia temporal en un texto que, en general, está organizado en categorías).

Los escritores más jóvenes pueden escribir "datos" u "observaciones" centrados en un solo tema y luego organizados y presentados de manera significativa. Por ejemplo, colocar la información "similar" en una página ya es un gran avance en la creación de textos expositivos de no ficción breves que sean efectivos. Al adquirir más conocimientos en las áreas de contenido, los estudiantes se interesan en un tema, investigan para saber más sobre él y luego escriben un texto. Hay diversas formas de textos expositivos de no ficción:

***Discursos.*** Los estudiantes pueden preparar presentaciones y discursos que luego presentarán ante un público que conozcan. Aunque hagan simplemente un esquema del discurso o preparen diapositivas, usarán la escritura para crear la estructura organizativa. Otra opción es que los estudiantes escriban el discurso completo y lo lean en voz alta.

***Artículos de fondo o reportajes.*** Los artículos de fondo se centran en un aspecto de un tema. El artículo está organizado con claridad y refleja todos los aspectos de los recursos de elaboración que caracterizan a un texto expositivo bien escrito. Además, se hace hincapié en atraer a los lectores y mantener su interés en el tema. Por ejemplo, la escritora o el escritor trabaja en una entrada interesante y usa ejemplos claros e interesantes. Puede usar elementos gráficos para comunicar información y fotografías para mejorar el texto y hacerlo más interesante.

***Informes.*** En la escuela y en muchos empleos que los estudiantes puedan tener después de terminar la escuela, se exige escribir informes claros y, a veces, convincentes. Los informes deben ofrecer datos y ejemplos auténticos y respaldar las opiniones de la escritora o del escritor. A veces se exige a los estudiantes de escuela primaria que escriban informes de experimentación o investigación sobre un tema, que pueden ser simples en los primeros grados, pero los estudiantes de los grados superiores aprenden a documentar las fuentes de su información y a usar elementos como notas al pie, notas finales y bibliografías.

***Ensayos.*** Un ensayo es una composición literaria breve muy sofisticada en la que la autora o el autor expone un punto de vista de manera clara. El ensayo puede ser analítico, crítico o persuasivo. La capacidad de redactar un ensayo se basa en muchos años de no solo escribir, sino también desarrollar el razonamiento crítico. Los ensayos son apropiados para los grados superiores de la escuela primaria y para la escuela secundaria. También, por supuesto, para los estudiantes de educación superior y de la universidad.

## Textos persuasivos

Hemos incluido la *escritura persuasiva* aquí como categoría adicional debido a las exigencias específicas que tiene para la escritora o el escritor. La escritura argumentativa y persuasiva busca convencer a los lectores de que piensen de una manera determinada y, finalmente, actúen de esa manera.

Cuando el propósito es convencer al público, la escritora o el escritor enfrenta mayores desafíos. No solo debe escribir de manera clara, bien organizada e interesante, sino que debe dirigirse en forma directa a los lectores. La argumentación y la persuasión tienen en cuenta al público.

Todos los géneros agrupados dentro de la no ficción expositiva pueden tener forma de persuasión o argumento, y en cada uno la escritura debe satisfacer criterios de alta calidad. Una diferencia puede ser que la escritora o el escritor no pretende ser imparcial en el texto persuasivo o argumentativo. En otras palabras, se puede escribir un discurso o un artículo de fondo para informar al público de manera imparcial o se puede escribir un discurso para persuadirlo de que acepte una opinión. La diferencia en el propósito influye en la selección de la información que se presenta, la elección de las palabras y la voz, entre otras cosas.

Hay una relación estrecha entre la persuasión y la argumentación, pero también existe una diferencia sutil:

- La intención de la persuasión es *convencer* al público acerca de un punto de vista e impulsar una manera de pensar (una opinión) o una acción. La escritura persuasiva puede apelar a las emociones y basarse en gran medida en opiniones. La escritora o el escritor puede usar palabras "cargadas"; a veces la escritura persuasiva se basa exclusivamente en la credibilidad de la escritora o del escritor, quien puede dar un punto de vista parcial a partir de sus experiencias, incluir "cuentos" que pueden ser totalmente fácticos o no, o incluir datos ignorando los contradictorios.
- La argumentación, por otra parte, debe tener una base sólida de evidencia. Una argumentación escrita debe tener una serie de argumentos organizados de manera lógica. Cada argumento está respaldado con pruebas creíbles. Las argumentaciones incluyen contraargumentos y las pruebas que los desmienten. Se convence al público a partir de la lógica de las evidencias, y no solo apelando a sus emociones.

Estas diferencias son sutiles pero importantes. Es obvio que la persuasión y la argumentación son formas de escritura muy complejas. Los estudiantes aprenden acerca de estas formas probándolas, en la lectura interactiva en voz alta y en su propia lectura. Comienzan expresando sus opiniones de manera oral y las respaldan con pruebas.

En lo que escriban sobre la lectura (ver Escribir sobre la lectura, páginas 169–234), los estudiantes pueden escribir de forma crítica sobre los textos que lean y respaldar sus declaraciones con pruebas del texto. Pueden escribir cartas al editor de periódicos usando la persuasión o la argumentación. Los ensayos, al igual que muchos discursos, tienen elementos de argumentación.

### Textos poéticos

Los escritores jóvenes deben aprender a entender la poesía como un género especial para comunicar un significado y describir sentimientos e imágenes sensoriales. Hay muchas formas de poesía: rimas tradicionales, canciones y versos; verso libre; poesía lírica; poesía narrativa; quintillas humorísticas; quintetos; poesía concreta; haiku; poesía acróstica; poemas en forma de lista y poemas que siguen una fórmula. Los niños muy pequeños disfrutan de las rimas y las canciones, pero a medida que obtienen experiencia, aprenden que la poesía no necesariamente tiene rima. Implica seleccionar las palabras con detenimiento para comunicar emociones y crear imágenes. Una vez que los estudiantes logren una comprensión sólida del verso libre, puede presentarles una variedad de otras formas mediante textos ejemplares. Antes de escribir poesía, los estudiantes necesitan escuchar poemas leídos en voz alta y leer poemas en voz alta. Esta exposición les permite captar el estilo de la poesía y asimilar gradualmente las formas que puede adoptar. Aprenden a observar el mundo con atención y a experimentar con palabras y frases para comenzar a producir lenguaje poético.

### Híbridos

Los *textos híbridos*, aquellos que combinan más de un género en un todo coherente, sirven para cualquier propósito que elija la escritora o el escritor. Pueden atraer, informar, persuadir o servir para un propósito funcional. Hemos incluido estos textos solo en los niveles superiores. En su forma más simple (por ejemplo, incorporar una carta informal a un texto narrativo) es probable que sean adecuados para los escritores fluidos de grados intermedios. Las formas más complejas (una explicación y un texto narrativo en paralelo, por ejemplo) requieren una perspectiva hábil y cambios de estilo que solo pueden manejar los escritores avanzados. Es importante que los escritores estudien y produzcan estos textos híbridos, aprendiendo a integrar textos como instrucciones, mapas, recetas y tablas, entre otros. Se les pedirá que los lean en pruebas, ya que la lectura les permite comprender los géneros combinados.

## Elaboración

La sección anterior describe el producto de la escritura (lo que se espera que los estudiantes produzcan como resultado). Lograr ese producto es un proceso educativo y requiere prestar atención a destrezas y estrategias dentro de las tres siguientes secciones: elaboración, normas y el proceso de escritura.

Todos los géneros anteriores implican la creación de un texto eficaz que esté claramente organizado y contenga ideas bien desarrolladas. La escritora o el escritor debe usar lenguaje adecuado al género para incluir las palabras específicas seleccionadas. Queremos que los niños pequeños consideren detenidamente la elección de las palabras para que el texto transmita un sentido preciso. Los estudiantes más grandes tendrán un vocabulario más amplio, pero también pueden usar herramientas como un diccionario de sinónimos. No pretendemos que incluyan "palabras importantes" ni cualquier tipo de palabras solo porque sí; eso hará que su escritura sea rebuscada, en lugar de auténtica.

Por sobre todas las cosas, el texto debe tener *voz:* debe dejar ver a la persona que está detrás de la escritura. Eso significa que la escritura incorpora características que revelan el estilo único de la escritora o del escritor. Los estudiantes pueden escribir con voz cuando expresan sentimientos, cuentan sucesos o hablan de temas que son importantes para ellos. La escritura muestra su pasión. La voz se desarrolla a lo largo de toda la carrera de una escritora o un escritor y se revela en la manera en la que ella o él usa todos los aspectos de la elaboración: estructura de las oraciones, elección de palabras, lenguaje y puntuación.

La sección de elaboración de este continuo establece objetivos para cada área. Estos objetivos se aplican, en general, a todos los géneros, aunque algunos son más relevantes para algunos géneros que para otros. Incluimos:

***Organización*** Esta sección trata sobre la manera en la que la escritora o el escritor organiza la información o estructura el texto narrativo. Incluye la estructura de todo el texto (comienzos y finales) y la organización de las ideas. Los escritores de ficción usan elementos literarios tales como la exposición de los personajes, el escenario, la trama, una serie de sucesos y la resolución de la trama. Los escritores de no ficción usan una estructura narrativa o expositiva y estructuras subyacentes, entre ellas la descripción, comparar y contrastar, causa y efecto, problema y solución, y la secuencia.

***Desarrollo de ideas*** El desarrollo de ideas se centra en la manera en la que la escritora o el escritor presenta y apoya la idea principal y los temas del texto.

***Uso del lenguaje*** Describe los objetivos en la manera en la que la escritora o el escritor usa las oraciones, las frases y las expresiones para describir sucesos, acciones o información.

***Elección de palabras*** La elección de palabras se refiere a las palabras que la escritora o el escritor elige para expresar un significado.

***Voz*** La voz es el estilo único de una persona como escritora o escritor. Expresa los sentimientos y la pasión de la escritora o del escritor en un cuento o tema.

## Normas

Conocer y cumplir las normas de escritura permite comunicar ideas con claridad. El contenido y la elaboración deben estar presentes, pero sin la ortografía correcta, la gramática convencional y la puntuación será difícil hacer que las personas valoren la escritura. En muchos casos, los grandes escritores transgreden algunas de estas normas, especialmente en la ficción, pero lo hacen con un propósito artístico. Los primeros ocho años de escuela son el momento de establecer una comprensión sólida de las normas de escritura, entre las que se encuentran las siguientes:

***Disposición del texto*** Los niños pequeños deben aprender el concepto básico de escribir las palabras de izquierda a derecha a lo ancho de la página con espacios entre ellas. Incluso los escritores experimentados deben aprender cómo usar la disposición del texto para contribuir al sentido del texto y realzarlo, especialmente si se incluyen elementos gráficos.

***Gramática y uso*** La gramática (sintaxis) del lenguaje escrito es más formal que la del lenguaje hablado. Hay reglas sobre cómo formar oraciones, cómo usar las categorías gramaticales, cómo hacer que los tiempos verbales sean coherentes y cómo formar párrafos. Ofrecemos un continuo de gramática detallado en el Apéndice: Gramática, uso y técnicas.

***Mayúsculas*** El uso apropiado de las mayúsculas hace que los textos sean más fáciles de leer y destaca los sustantivos propios y las funciones especializadas (títulos).

***Puntuación*** La puntuación añade sentido al texto, lo hace más fácil de leer e indica a la lectora o al lector las intenciones de la escritora o del escritor respecto del uso de frases coherentes. La puntuación está muy relacionada con la gramática.

***Ortografía*** Seguir las normas de ortografía es fundamental para la presentación de un texto escrito, tanto para su apariencia como para el sentido.

***Escribir a mano y en computadora*** La escritura a mano debe ser legible. La escritura a mano eficaz también aumenta la fluidez y la facilidad de la escritura, por lo que la escritora o el escritor puede prestar más atención al mensaje. Por las mismas razones, es importante que los estudiantes desarrollen rápidamente las destrezas para manejar un teclado de manera eficiente. En efecto, en el mundo actual, escribir con teclado ha permitido compensar una no muy buena escritura a mano.

Aprender estas normas es una tarea difícil y compleja que tarda muchos años en desarrollarse. No queremos que los estudiantes dediquen tanto tiempo y energía a las normas y terminen convirtiéndose en escritores temerosos o que no desarrollan su voz. Sí queremos que las normas sean una parte importante del proceso de edición.

## El proceso de escritura

Los estudiantes aprenden a escribir escribiendo: practicando muchas veces todos los componentes del proceso. El proceso de escritura es recursivo; los mismos procesos se usan una y otra vez, y a veces en forma simultánea a medida que se vuelven más sofisticados. Y los componentes se producen en un cierto orden, pero en cualquier momento del proceso, la escritora o el escritor puede usar y usará uno o todos los componentes. En este continuo, describimos cuatro etapas clave del proceso: ensayar y planificar, hacer un borrador y revisar, editar y corregir, y publicar. Además, hemos incluido dos categorías globales que afectan a todo el proceso: bosquejar y dibujar, y verse a sí mismos como escritores.

### Ensayar y planificar

Ensayar y planificar implica reunir información, ensayar ideas y pensar acerca de algunos aspectos muy importantes del texto, como el propósito y el público, antes de comenzar a escribir. Naturalmente, la escritora o el escritor se detendrá a menudo durante la escritura del borrador para reunir más información o volver a pensar el propósito después de comentarlo con otras personas. Esta área incluye objetivos curriculares para:

***Propósito.*** Los escritores tienen un propósito claro para escribir el texto, y este propósito influye en la elección del género y la organización.

***Público.*** Los escritores piensan en el público, que puede ser conocido o desconocido. Es importante que incluso los niños más pequeños piensen que el público lo componen todos los lectores del texto, no solo la maestra o el maestro.

***Lenguaje oral.*** Los escritores pueden generar ideas y ensayar sus ideas en conversaciones con otras personas.

***Recoger semillas.*** Una herramienta importante de la escritora o del escritor es un cuaderno en el que pueda recopilar ideas, experimentar, bosquejar, diagramar y usar la técnica de escritura libre. Los escritores usan cuadernos como fuente de ideas, formatos y técnicas.

***Contenido, asunto, tema.*** Los escritores eligen cuidadosamente el contenido o tema de un texto pensando en el interés, el propósito y el asunto.

***Investigación.*** Como preparación para escribir textos informativos y biografías, los escritores a menudo dedican bastante tiempo para reunir información. Esto también ocurre cuando un individuo escribe ficción histórica o desarrolla una trama en un escenario desconocido.

***Género/formas.*** Con el público en mente, así como el contenido o el propósito, los escritores eligen el género del texto y la forma particular del género.

## Dibujar

Ya sea para capturar ideas, almacenar imágenes rápidas que ayudan a recordar, ordenar ideas de manera visual para que la estructura o la información de un borrador sea más clara, o hacer que un trabajo publicado sea más efectivo, la acción de bosquejar y dibujar apoya todo el proceso de escritura. Los objetivos de esta sección se aplican a todas las fases del proceso de escritura.

## Hacer un borrador y revisar

Una escritora o un escritor puede hacer un borrador y luego revisarlo para hacerlo más eficaz, pero la mayoría de los escritores revisan mientras hacen el borrador y, a veces, agregan material al borrador después de revisarlo. Hay varias maneras de hacer un borrador de un texto y revisarlo, y todas se pueden usar en cualquier momento del proceso. Los estudiantes las usan en todos los grados:

***Producir un borrador.*** Los escritores escriben un borrador inicial y anotan las ideas rápidamente.

***Volver a leer.*** Los escritores vuelven a leer para recordar lo que han escrito, evaluar la claridad y revisar.

***Agregar información.*** Los escritores agregan ideas, detalles, palabras, frases, oraciones, párrafos o diálogos a un texto para hacerlo más efectivo.

***Eliminar información.*** Los escritores eliminan la información redundante o irrelevante y los detalles superfluos para hacer que el texto sea más claro.

***Reorganizar la información.*** Los escritores cambian de lugar la información para hacer que el texto sea más lógico y más interesante.

***Cambiar el texto.*** Los escritores identifican las partes vagas y les agregan especificidad; prestan atención a las palabras y frases de transición o cambian palabras, frases y oraciones.

*Usar herramientas y técnicas.* Los escritores adquieren un repertorio de herramientas y técnicas para hacer borradores y revisar un texto.

*Comprender el proceso.* Los escritores trabajan de manera activa para hacer un borrador y revisar, y usan a otros escritores como modelo para que evalúen lo que han escrito.

## Editar y corregir

Con el contenido y la organización definidos, los estudiantes pulen los borradores elegidos para prepararlos para la publicación. La fase de la edición y la revisión se centra en la forma de la composición:

*Editar según las normas.* Con el paso de los años, y a medida que los estudiantes aprenden las normas, podemos esperar que usen esos conocimientos al editar lo que escriben.

*Usar herramientas.* Los estudiantes también deben aprender las herramientas que los ayudarán en la edición: el diccionario, un diccionario de sinónimos y la tecnología informática.

*Comprender el proceso.* Los estudiantes aprenden cuándo, cómo y por qué buscar ayuda para editar.

## Publicar

Los escritores pueden producir muchos borradores finales que comparten con sus compañeros, pero a veces también publican textos. Estos textos habrán pasado una edición final e incluirán todos los elementos de una obra publicada; entre ellos, una cubierta con toda la información necesaria, el texto escrito en computadora y con el diseño adecuado, y elementos gráficos según sea necesario. Para los niños más pequeños, publicar puede significar simplemente un libro encuadernado. Publicar puede definirse de diversas maneras. Puede significar publicar para un público conocido: la clase o la escuela. En otras ocasiones, significa publicar para un público desconocido: un boletín informativo, un sitio web o un blog. Para algunos estudiantes, publicar simplemente significa leer el texto a sus compañeros para celebrar su escritura, en lugar de dedicar mucho tiempo a teclearlo y preparar un texto formal. Dar este último paso es importante para los escritores jóvenes porque les da una sensación de objetivo cumplido y la oportunidad de compartir su talento con un público más amplio. Con el tiempo, a medida que los estudiantes acumulan muchos borradores finales de textos publicados, pueden reflexionar sobre su desarrollo como escritores.

## Verse a sí mismos como escritores

Por último, debemos pensar en nuestros estudiantes como escritores para toda la vida. Desarrollarse como escritora o escritor significa algo más que producir un texto tras otro y mejorar gradualmente. Queremos que nuestros estudiantes hagan de la escritura una parte de su vida, que se vean a sí mismos como escritores que observan constantemente el mundo y reúnen ideas e información para su escritura. Usan la escritura para diversos propósitos y públicos reales. Deben convertirse en escritores independientes y emprendedores, que ingresen conscientemente en su propio aprendizaje y desarrollo y, durante el proceso, amplíen su capacidad de conocerse a sí mismos y conocer su mundo. Por sobre todas las cosas, deben ser capaces de buscar modelos para poder seguir ampliando sus conocimientos de las posibilidades de este oficio. En la última sección del continuo, enumeramos los objetivos de esta área.

## Usar el continuo de escritura

Hemos descrito los componentes del continuo de escritura para cada grado y también la organización. Puede usar el continuo como documento de planificación y una manera de evaluar el progreso. Al igual que con los demás continuos, tenga en cuenta que los hábitos que aquí se describen representan objetivos para un año de enseñanza.

# Seleccionar propósito, género y forma

## Escritura

En niños de pre-kindergarten, la mayor parte de la escritura surge de actividades muy sencillas de escritura compartida o interactiva. La maestra o el maestro puede guiar a los niños a contar sus propias experiencias o volver a contar algo de un cuento. A menudo, los maestros rotulan ilustraciones o los dibujos de los niños para demostrar cómo se escribe. La escritura independiente de los niños de pre-kindergarten consiste mayormente en dibujos o pinturas acompañados del uso de cualquier cosa que hayan notado sobre la escritura. Pueden escribir su nombre (o parte de él); pueden usar formas que parezcan o no letras mezcladas con letras que conocen. Pueden usar letras que conocen repetidas en serie en una o más líneas. Aunque los niños sólo simulen escribir, se puede reconocer su conocimiento e interés cada vez mayores en el lenguaje escrito al observar cómo usan el espacio o crean formas en la página. A partir de sus intentos, se observa que comienzan a distinguir las imágenes de la letra impresa. Puede invitar a los niños a hablar sobre sus dibujos (cuentos o sólo rótulos). Si la niña o niño lo pide, puede escribir una o dos oraciones simples que la niña o el niño dicte, pero es importante no escribir sobre su hoja. Si la niña o el niño lo desea, escriba sobre una nota adhesiva. Muchos niños pueden recordar y "leer" sus propias oraciones aunque usted no pueda hacerlo.

### ESCRITURA FUNCIONAL
*(Propósito: realizar una tarea práctica)*

#### RÓTULO

**▸ Comprender el género**

- Comprender que una escritora o un escritor, o una ilustradora o un ilustrador, puede añadir un rótulo para ayudar a los lectores a comprender un dibujo o una fotografía
- Comprender que un rótulo brinda información importante

**▸ Escribir el género**

- Comenzar a rotular dibujos con una escritura aproximada
- Participar activamente sugiriendo rótulos durante la lectura y la escritura compartidas

#### CARTA INFORMAL

**▸ Comprender el género**

- Comprender que las personas usan la escritura para comunicarse entre sí
- Comprender las cartas o las notas como formas de comunicación escrita que usan las personas
- Comprender que la comunicación escrita puede usarse con diferentes propósitos (informar, invitar, agradecer)
- Comprender que una carta informal puede escribirse de diversas formas (notas, tarjetas, cartas, invitación, correo electrónico)
- Comprender que las personas incluyen su nombre (y el nombre de uno o más destinatarios) en una carta informal
- Comprender que una invitación debe incluir información específica

**▸ Escribir el género**

- Participar activamente en la redacción de notas, cartas, invitaciones, etc., mediante la escritura compartida e interactiva
- Usar la escritura compartida o aproximada para escribir a un público conocido (compañeros, familia)
- Participar activamente sugiriendo información que se incluirá durante la escritura compartida o interactiva
- Agregar ilustraciones o decoraciones a mensajes escritos
- Hacer un primer intento en la escritura de una carta informal (nota, tarjeta, carta, invitación, correo electrónico)

#### TEXTO DE INSTRUCCIONES

**▸ Comprender el género**

- Comprender que un texto de instrucciones ayuda a saber cómo se hace algo
- Comprender que un texto de instrucciones puede escribirse de diversas formas (lista, instrucciones con pasos)
- Comprender que un texto de instrucciones suele mostrar un elemento debajo de otro y suele incluir un número o letra para cada elemento
- Comprender que las imágenes pueden ayudar a los lectores a comprender información o a saber cómo se hace algo
- Comprender que se pueden escribir leyendas debajo de las imágenes para brindar más información

**▸ Escribir el género**

- Participar activamente en la redacción grupal de listas como ayuda para recordar cómo se hace algo
- Sugerir elementos para las listas
- Participar activamente sugiriendo el orden de los elementos en una lista
- Agregar dibujos a las listas
- Hacer una lista con un propósito real

#### ESCRIBIR SOBRE LA LECTURA

- Consulte Escribir sobre la lectura, páginas 169-234.

# Seleccionar propósito, género y forma *(cont.)*

## Escritura

### ESCRITURA NARRATIVA *(Propósito: contar un cuento)*

#### MEMORIAS (CUENTO SOBRE MEMORIAS PERSONALES)

**▸ Comprender el género**

- Comprender que se puede hablar, dibujar y escribir sobre cosas que le ocurrieron a uno
- Comprender que, cuando una persona habla o escribe sobre algo que le sucedió en su vida, suele usar las palabras *yo* o *nosotros*
- Comprender que es necesario contar las cosas en el orden en que sucedieron, para que los lectores comprendan el cuento sobre memorias personales
- Comprender que un cuento sobre memorias personales debe ser interesante para los oyentes o lectores

**▸ Escribir el género**

- Hacer un dibujo y contar un cuento sobre él
- Hacer una secuencia de dibujos relacionados y hablar sobre ellos
- Hacer dibujos en un libro sencillo, a veces con escritura aproximada, y contar un cuento en secuencia sobre ellos
- Contar, dibujar o hacer un primer intento en la escritura sobre cuentos que hayan oído o leído
- Contar, dibujar o hacer un primer intento en la escritura aproximada para contar experiencias personales
- Usar algunas palabras en forma oral que indiquen el paso del tiempo (*entonces, otra vez, después*)
- Hablar sobre los propios sentimientos mientras se cuenta una experiencia
- Comenzar a usar algunas características de los textos narrativos (dibujos relacionados con texto, títulos, números de página, globos de diálogo o de pensamiento) con la ayuda de la maestra o del maestro

### ESCRITURA INFORMATIVA *(Propósito: explicar o presentar datos sobre un tema)*

#### TEXTO SOBRE HECHOS

**▸ Comprender el género**

- Comprender que se puede escribir sobre lo que se sabe de algo
- Comprender que una escritora o un escritor (y una ilustradora o un ilustrador) quiere transmitir información a otras personas
- Comenzar a observar cómo muestran los hechos los escritores de textos de no ficción (con rótulos, dibujos claros, ilustraciones)

**▸ Escribir el género**

- Participar de manera activa en la escritura compartida o interactiva de un texto sobre hechos
- Dibujar un objeto o un proceso y hacer un primer intento en la escritura o hablar sobre ellos
- Hacer una serie de dibujos que muestren un objeto o un proceso y hacer un primer intento en la escritura o hablar sobre ellos
- Usar un libro corto que relacione ideas para hablar o hacer un primer intento en la escritura sobre un tema
- Demostrar conocimiento del público al dibujar y hacer un primer intento en la escritura sobre un tema
- Comenzar a usar algunas características del texto informativo (números de página, títulos, dibujos con rótulos) con la ayuda de la maestra o del maestro

### ESCRITURA POÉTICA *(Propósito: expresar emociones, imágenes sensoriales, ideas o cuentos)*

#### POESÍA

**▸ Comprender el género**

- Comprender que la poesía (al igual que las canciones y las rimas) es una manera placentera de expresar sentimientos, contar cómo es o cómo se siente algo, o contar un cuento
- Comprender que una escritora o un escritor (o una ilustradora o un ilustrador) puede representar una canción o una rima en la escritura
- Observar palabras interesantes (palabras que representan sonidos, palabras figuradas, palabras poco comunes) al leer poesía de manera compartida
- Observar palabras que riman al leer poesía de manera compartida
- Comenzar a observar cómo se usan el espacio y las líneas en poemas, canciones y rimas
- Comprender que un poema puede ser serio o gracioso

**▸ Escribir el género**

- Participar activamente en la escritura compartida de un poema, una canción o una rima
- Ilustrar poemas con dibujos
- Comenzar a usar intencionalmente el espacio de modo que represente poesía
- Hablar acerca de cómo se ve, huele, sabe, se siente o suena algo
- Observar y divertirse con las rimas y el humor

# Seleccionar objetivos Hábitos y conocimientos para observar, enseñar y apoyar

## Escritura

### ELABORACIÓN

#### ORGANIZACIÓN

**▸ Estructura del texto**

- Participar de manera activa en la escritura compartida o interactiva sobre un tema o asunto
- Usar la escritura aproximada e ilustraciones para hacer libros cortos que cuenten un cuento o brinden información acerca de un tema o asunto
- Dictar cuentos que tengan un comienzo, un desarrollo y un final
- Comenzar a escribir el título y su propio nombre como autora o autor en la cubierta de un cuento

**▸ Comienzos, finales, títulos**

- Sugerir comienzos y finales para textos de escritura compartida o interactiva
- Usar la escritura aproximada para escribir comienzos o finales de textos escritos
- Sugerir títulos para textos de escritura compartida o interactiva

**▸ Presentación de ideas**

- Hablar acerca de experiencias o temas de modo que la maestra o el maestro pueda escribirlos
- Presentar ideas en una secuencia lógica
- Aportar algunas ideas de apoyo para ideas más elaboradas cuando se habla sobre un tema o asunto
- Sugerir ideas relacionadas de manera lógica en la redacción de un cuento o de un tema en grupo

#### DESARROLLO DE IDEAS

- Aportar detalles que apoyen los temas o las ideas principales durante la escritura compartida o interactiva
- Comenzar a darse cuenta de la diferencia entre escribir hechos "sobre" algo y contar un cuento
- Escribir y/o dibujar sobre un tema en una página
- Comenzar a reconocer que todas las páginas de un libro se relacionan con la misma cosa (cuento, tema)

#### USO DEL LENGUAJE

- Comenzar a darse cuenta de que el lenguaje de los libros es diferente, en ciertos aspectos, a la conversación
- Demostrar con pruebas el conocimiento del lenguaje de los libros al comentar o al volver a contar un cuento para el dictado o la escritura compartida o interactiva
- Comprender que lo que se dice (lenguaje oral) puede escribirse
- Usar el lenguaje oral propio para dictar un cuento, un rótulo u otro texto

#### ELECCIÓN DE PALABRAS

- Demostrar conocimiento de palabras nuevas halladas en la lectura en voz alta interactiva o durante la conversación
- Usar palabras nuevas cuando se comentan dibujos
- Usar palabras nuevas cuando se cuentan cuentos o se comenta un tema informativo

#### VOZ

- Comenzar a desarrollar maneras interesantes de hablar sobre experiencias personales

*Un niño de pre-kindergarten escribe sobre sí mismo.*

# Seleccionar objetivos Hábitos y conocimientos para observar, enseñar y apoyar *(cont.)*

## Escritura

### ELABORACIÓN *(continuación)*

#### VOZ *(continuación)*

- Comenzar a contar un cuento desde una perspectiva determinada
- Expresar opiniones sobre un tema o asunto
- Participar de manera activa en la escritura compartida o interactiva acerca de lo que se sabe o se recuerda

### NORMAS

*Para obtener más información sobre usos gramaticales y ortografía, consulte el Apéndice: Gramática, uso y técnicas*

#### DISPOSICIÓN DEL TEXTO

- Comenzar a comprender que el texto impreso se dispone de determinadas maneras y que las líneas y espacios son importantes
- Comenzar a comprender que el texto impreso se ubica de arriba hacia abajo en una página
- Separar el texto impreso (o aproximado) de las imágenes
- Comenzar a escribir palabras, letras o letras aproximadas formando grupos de modo que parezcan palabras
- Demostrar conocimiento de la disposición y el uso del espacio cuando se copia un texto
- Demostrar conocimiento de direccionalidad de izquierda a derecha durante la lectura compartida y la escritura compartida o interactiva
- Identificar los espacios entre las palabras en un texto de escritura compartida o interactiva

#### GRAMÁTICA Y USO

**▸ Categorías gramaticales**

- Usar la concordancia de sustantivos y verbos la mayor parte del tiempo al sugerir ideas para la escritura compartida o interactiva, o al producir lenguaje para el dictado
- Usar frases preposicionales al sugerir ideas para la escritura compartida o interactiva, o al producir lenguaje para el dictado

**▸ Tiempos verbales**

- Usar el tiempo pasado para describir sucesos al sugerir ideas para la escritura compartida o interactiva, o al producir lenguaje para el dictado (*Fui a...*)
- Usar el tiempo presente al producir lenguaje para el dictado (*Me gusta...*)
- Comenzar a usar el tiempo futuro al producir lenguaje para el dictado (*Voy a...*)

**▸ Estructura de las oraciones**

- Usar estructuras de oraciones sencillas, pero que respeten las normas, al sugerir ideas para la escritura compartida o interactiva
- Dictar oraciones sencillas pero que respeten las normas

#### ORTOGRAFÍA

- Escribir con garabatos o formando líneas aleatorias
- Repetir la forma de algún garabato una y otra vez
- Combinar símbolos parecidos a letras al escribir con garabatos
- Escribir el nombre según las normas (todo en mayúsculas o con mayúscula inicial y el resto en minúscula)
- Usar las letras conocidas del nombre para hacer patrones que se repiten en una página
- Comprender que su nombre es una palabra
- Comenzar a darse cuenta de que una palabra se escribe siempre de la misma manera
- Usar el conocimiento del habla propia para relacionar sonidos con letras o palabras
- Hacer un primer intento en la escritura de una o más palabras: el propio nombre, *pa (papá), ma (mamá)*
- Construir ortografía fonética relacionada con la ortografía que respeta las normas (sonido o letra)

#### ESCRIBIR A MANO Y EN COMPUTADORA

- Sostener el lápiz o el papel con la mano
- Sostener el lápiz o el marcador de manera satisfactoria
- Sostener el lápiz o el marcador de manera correcta para hacer un primer intento en la escritura o escribir algunas letras
- Mover el lápiz solamente en la dirección deseada
- Comenzar a comprender que los escritores comienzan desde el lado izquierdo (o cerca de la izquierda) de una hoja de papel y se mueven hacia la derecha
- Comenzar a comprender que los escritores deciden dónde ubicar las imágenes y el texto
- Escribir con la mano que prefieran
- Ubicar las letras o los símbolos en el teclado y comprender cómo presionarlos para lograr que algo suceda en la pantalla y/o hacer que las letras aparezcan
- Usar programas sencillos en la computadora con la ayuda de un adulto
- Comenzar a comprender los límites de las palabras y que hay espacios entre las palabras

ESCRITURA

# Seleccionar objetivos Hábitos y conocimientos para observar, enseñar y apoyar *(cont.)*

## Escritura

### PROCESO DE ESCRITURA

#### ENSAYAR Y PLANIFICAR

**▸ Propósito**

- Elegir dibujar y escribir con un propósito específico
- Participar en el dibujo o la escritura como procesos de exploración y descubrimiento que también integran planificación
- Comenzar a adaptar los dibujos y los mensajes dictados según el propósito
- Elegir el papel en el que se escribirá
- Dibujar y escribir (o hacer un primer intento en la escritura) extrayendo ideas de lugares determinados (restaurantes, la casa, mascotas, tiendas, consultorios médicos)
- Contribuir de manera activa en la escritura compartida o interactiva acerca de un tema o asunto
- Escribir el nombre en algo que se dibujó y escribió

**▸ Público**

- Comenzar a tener en cuenta a las personas que leerán lo que se escribió/dibujó o que les gustaría verlo y lo que querrán saber
- Buscar de manera activa un público para compartir la escritura y los dibujos
- Escribir o dibujar con el conocimiento de que se pretende que lo lean otras personas

**▸ Lenguaje oral**

- Generar y ampliar ideas por medio de la conversación con los compañeros y con la maestra o el maestro
- Buscar ideas y temas en la experiencia personal y comentarlos
- Usar la narración para generar y ensayar lenguaje que puede escribirse después
- Contar un cuento en orden cronológico
- Ensayar lenguaje para la escritura informativa al volver a contar experiencias en orden cronológico, describiendo lo que se ve o repitiendo pasos de procedimiento en orden

**▸ Reunir semillas/Recursos/Experimentar con la escritura**

- Comentar ideas para escribir o dibujar
- Comprender cómo reúnen ideas los escritores (contar cosas que ocurrieron, contar lo que saben)
- Registrar información en dibujos y en escritura aproximada
- Usar las ilustraciones como fuente de ideas para escribir

**▸ Contenido, asunto, tema**

- Observar con atención (objetos, animales, personas, lugares, acciones) antes de escribir sobre ellos
- Seleccionar temas para escribir o dibujar

**▸ Investigación/Exploración**

- Usar dibujos para contar una serie de ideas aprendidas mediante la investigación de un tema
- Usar dibujos para añadir información o revisar el razonamiento
- Hacer preguntas acerca de un tema
- Recordar información importante sobre un tema y aportar ideas para la escritura compartida o interactiva
- Recordar rótulos importantes de dibujos y dictarlos o escribirlos usando letras u ortografía aproximada

#### HACER UN BORRADOR Y REVISAR

**▸ Comprender el proceso**

- Comprender la función de una conversación con la maestra o el maestro como ayuda para dibujar y escribir
- Comprender que los escritores pueden compartir su escritura con otros
- Comprender que los escritores pueden agregar datos a sus ilustraciones o a su escritura aproximada
- Participar de manera activa al ampliar o cambiar la escritura compartida o interactiva
- Comprender que una escritora o un escritor puede crear dibujos o escribir como otros escritores e ilustradores

**▸ Producir un borrador**

- Transmitir un mensaje de manera escrita
- Dibujar y hacer un primer intento en la escritura sobre un mensaje continuo acerca de un tema sencillo

**▸ Volver a leer**

- Compartir dibujos y escritura con otros
- Comentar, dibujar y aproximarse a la escritura para producir un texto
- Comentar los dibujos o la escritura de manera consistente cada vez que se comparte
- Observar con atención los dibujos para ver si es necesario agregar algún detalle

**▸ Agregar información**

- Agregar detalles a un dibujo para mostrar el significado completo
- Agregar detalles adicionales mediante el dictado o la escritura aproximada para ampliar un tema
- Agregar globos a las imágenes para incorporar diálogo o mostrar pensamientos

**▸ Eliminar información**

- Eliminar o cubrir partes de un dibujo que no entren

# Seleccionar objetivos Hábitos y conocimientos para observar, enseñar y apoyar *(cont.)*

## Escritura

### PROCESO DE ESCRITURA *(continuación)*

#### HACER UN BORRADOR Y REVISAR *(continuación)*

**▶ Cambiar el texto**

- Tachar para hacer cambios en un texto
- Comprender que una escritora o un escritor puede cambiar un texto o dibujo para que resulte más claro o interesante para los lectores
- Participar en decisiones grupales sobre cómo cambiar el texto

**▶ Usar herramientas y técnicas**

- Agregar páginas a un libro o cuadernillo con la ayuda de un adulto
- Comenzar a usar recursos del salón de clase como una tabla del alfabeto o de nombres

#### EDITAR Y CORREGIR

**▶ Comprender el proceso**

- Comprender que los escritores intentan que su escritura y sus dibujos resulten interesantes e informativos
- Comprender que escribir las letras y usar los espacios hace que la escritura sea más fácil de leer
- Comprender que se puede cambiar algo al escribir o dibujar

**▶ Editar según las normas**

- Comprender que la maestra o el maestro puede indicar algo que debe cambiarse en la escritura compartida o interactiva
- Observar mientras la maestra o el maestro explica la formación correcta de palabras en la escritura grupal

#### PUBLICAR

- Producir una escritura aproximada para acompañar los dibujos
- Crear una escritura aproximada e ilustraciones que funcionen en conjunto para expresar significado
- Crear ilustraciones como parte integral del proceso de redacción
- Crear ilustraciones (a menudo en colaboración con otros) para mejorar un texto de escritura grupal (compartida o interactiva)
- Al finalizar un texto y un dibujo, comentarlo con los demás

#### DIBUJAR

- Usar los dibujos como manera de planificar la escritura
- Usar los dibujos y otros medios artísticos para representar ideas e información
- Agregar o eliminar detalles al revisar el dibujo

#### VERSE A SÍ MISMOS COMO ESCRITORES

- Emprender la escritura aproximada de manera independiente
- Comprender cómo se relacionan la escritura y los dibujos
- Demostrar confianza al intentar dibujar y escribir
- Tener ideas para comentar, escribir y dibujar
- Seleccionar los dibujos y los textos favoritos de una colección
- Producir una cantidad de dibujos y escritura aproximada en el tiempo disponible (una por día)
- Seguir trabajando de manera independiente en lugar de esperar la ayuda de la maestra o del maestro
- Intentar resolver problemas
- Probar técnicas que otros escritores o ilustradores hayan usado

# Seleccionar propósito, género y forma

## Escritura

Al comienzo del año, la mayor parte de la escritura de los niños de kindergarten consiste en escritura compartida o interactiva y sus primeros intentos de aproximación. Rápidamente, aprenden a usar todo lo que saben: su nombre, algunas palabras y letras conocidas, para generar sus propios textos escritos. Usan los dibujos de manera extensiva para expresar sus ideas y apoyar su razonamiento. Al final del año, podemos observar que usan espacio para definir palabras, escriben de izquierda a derecha y de arriba hacia abajo en las páginas, relacionan el texto con los dibujos de manera significativa, escriben muchas palabras según las normas y componen mensajes y cuentos. La conversación con los maestros y compañeros apoya el proceso.

### ESCRITURA FUNCIONAL
*(Propósito: realizar una tarea práctica)*

#### RÓTULO

**▸ Comprender el género**

- Comprender que una escritora o un escritor, o una ilustradora o un ilustrador, puede añadir un rótulo para ayudar a los lectores a comprender un dibujo o una fotografía
- Comprender que un rótulo brinda información importante

**▸ Escribir el género**

- Escribir un rótulo para un objeto del salón de clase
- Agregar palabras a las imágenes
- Crear un rótulo para una ilustración que acompaña un texto escrito
- Hacer un libro rotulado como un tipo de libro

#### CARTA INFORMAL

**▸ Comprender el género**

- Comprender que la comunicación escrita puede usarse con diferentes propósitos (informar, invitar, agradecer)
- Comprender que una carta informal puede escribirse de diversas formas (notas, tarjetas, cartas, invitación, correo electrónico)
- Comprender que el emisor y el receptor deben mostrarse claramente
- Comprender que una invitación debe incluir información específica
- Comprender cómo se aprende a escribir notas, tarjetas e invitaciones al observar las características de los ejemplos

**▸ Escribir el género**

- Escribir con un propósito específico en mente
- Escribir a un público conocido, o a una lectora o un lector específico
- Escribir notas, tarjetas, invitaciones y correos electrónicos a otras personas
- Incluir información importante en la comunicación
- Escribir con un lenguaje que se parezca al de la conversación

#### TEXTO DE INSTRUCCIONES

**▸ Comprender el género**

- Comprender que un texto de instrucciones ayuda a saber cómo se hace algo
- Comprender que un texto de instrucciones puede escribirse de diversas formas: lista, instrucciones con pasos (explicativos)
- Comprender que un texto de instrucciones suele mostrar un elemento debajo de otro y puede incluir un número o letra para cada elemento
- Comprender que el texto puede acompañarse con imágenes para ayudar a los lectores a comprender la información
- Comprender que se pueden escribir leyendas debajo de las imágenes para brindar más información a las personas
- Comprender que las listas son una manera útil de organizar la información

**▸ Escribir el género**

- Usar dibujos en el proceso de hacer un borrador, revisar o publicar textos de instrucciones
- Escribir leyendas debajo de las imágenes
- Usar listas para planificar actividades o ayudar a la memoria
- Colocar entradas en la lista que sean adecuadas al propósito o categoría
- Hacer listas en forma correcta con una entrada debajo de la otra

#### ESCRIBIR SOBRE LA LECTURA

- Consulte Escribir sobre la lectura, páginas 169–234.

### ESCRITURA NARRATIVA *(Propósito: contar un cuento)*

#### MEMORIAS (CUENTO SOBRE MEMORIAS PERSONALES)

**▸ Comprender el género**

- Comprender que los escritores pueden contar relatos sobre su vida
- Comprender que una historia sobre la vida propia generalmente se escribe en primera persona (usando *yo* y *nosotros*)
- Comprender que la escritora o el escritor puede recordar o reflexionar sobre los recuerdos o la experiencia, y compartir lo que piensa y siente acerca de eso
- Comprender que un cuento sobre memorias personales debe ser importante para la escritora o el escritor

**▸ Escribir el género**

- Hacer un dibujo o una serie de dibujos y comentar o escribir sobre ellos
- Usar palabras sencillas que muestren el paso del tiempo (*entonces, después*)

# Seleccionar propósito, género y forma *(cont.)*

## Escritura

**ESCRITURA NARRATIVA**
*(Propósito: contar un cuento) (continuación)*

### MEMORIAS (CUENTO SOBRE MEMORIAS PERSONALES) *(continuación)*

▸ **Escribir el género** *(continuación)*

- Explicar los pensamientos y los sentimientos propios acerca de una experiencia o un suceso
- Pensar temas, sucesos o experiencias de la vida propia que sean interesantes para escribir
- Escribir un comienzo atractivo y un final satisfactorio para un cuento
- Comprender que un cuento puede ser un "pequeño momento" (descripción de una experiencia breve pero memorable)
- Proporcionar detalles descriptivos para que el cuento resulte más interesante
- Usar diálogo adecuado para contribuir al significado del cuento
- Desarrollar la voz como escritora o escritor al contar cuentos o recuerdos de la vida propia
- Escribir generalmente en primera persona para lograr una voz intensa
- Contar un cuento de varias páginas para desarrollar el cuento o la idea
- Contar sucesos en el orden en que ocurrieron en una narración personal
- Observar las decisiones que la autora o el autor o la ilustradora o el ilustrador tomaron en la elaboración y probar algunas de estas decisiones en la escritura propia con ayuda de la maestra o del maestro

**ESCRITURA INFORMATIVA**
*(Propósito: explicar o presentar datos sobre un tema)*

### TEXTO SOBRE HECHOS

▸ **Comprender el género**

- Comprender cómo escribir un texto sobre hechos al escuchar textos ejemplares leídos en voz alta y al comentarlos
- Comprender que una escritora o un escritor de un texto sobre hechos usa palabras e ilustraciones para que le resulte más interesante a los lectores
- Comprender que los escritores de textos de no ficción (sobre hechos) tienen muchas maneras de mostrar hechos (rótulos, dibujos, fotos)

▸ **Escribir el género**

- Hacer un dibujo o una serie de dibujos de objetos o procesos y comentar o escribir sobre ellos
- Escribir libros y textos cortos cuya lectura sea entretenida y que, al mismo tiempo, den información a los lectores sobre un tema
- Usar características (números de página, título, imágenes rotuladas, tabla de contenidos, otros) para guiar a la lectora o al lector
- Pensar en los lectores (público) al escribir sobre un tema
- Seleccionar información interesante para incluir en un texto escrito
- Escribir un libro con todas las páginas e ideas relacionadas con el mismo tema o grupo de hechos

**ESCRITURA POÉTICA** *(Propósito: expresar emociones, imágenes sensoriales, ideas o cuentos)*

### POESÍA

▸ **Comprender el género**

- Comprender la poesía como una manera de comunicar la vida cotidiana con imágenes sensoriales
- Comprender la poesía como manera de expresar y describir pensamientos y emociones
- Observar palabras específicas al leer poesía y en ocasiones usarlas al hablar o escribir
- Comprender que el texto impreso y el espacio se ven diferentes en los poemas e intentar usar estos diseños al aproximarse a la escritura de poemas
- Comprender que una escritora o un escritor puede usar poemas conocidos como textos ejemplares
- Comprender que los poemas pueden crearse a partir de otro tipo de textos
- Comprender que los poemas se pueden ver y escuchar diferente unos de otros
- Comprender que no es necesario que los poemas rimen
- Observar el lenguaje que "suena como" un poema (lenguaje rítmico, descriptivo o sensorial)

▸ **Escribir el género**

- Aproximarse al uso de cortes de línea y espacios en blanco al escribir poemas
- Colocar palabras en la página para que tengan forma de poema
- Usar lenguaje para describir cómo se ve, huele, sabe, se siente o suena algo
- Seleccionar y escribir algunas palabras que transmiten sentimientos o imágenes
- Observar con atención el mundo (animales, objetos, personas) y obtener ideas para escribir poemas

# Seleccionar objetivos Hábitos y conocimientos para observar, enseñar y apoyar

## Escritura

### ELABORACIÓN

#### ORGANIZACIÓN

**▸ Estructura del texto**

- Decidir dónde ubicar características como fotografías y dibujos en un texto
- Crear un libro álbum como forma de escritura
- Incluir datos y detalles en la escritura informativa
- Agrupar los detalles relacionados sobre un tema en un texto
- Escribir un texto de no ficción o ficción narrativa que esté ordenado cronológicamente
- Escribir un cuento con un comienzo, una serie de cosas que sucedan y un final, o un texto informativo con oraciones que introduzcan y resuman
- Escribir el título y el nombre de la autora o del autor en la cubierta de un cuento o un libro
- Escribir una página sobre la autora o el autor al comienzo o al final de un libro que brinde información sobre la autora o el autor (imagen, escritura)
- Dedicar un cuento a alguien y escribir la dedicatoria en la cubierta, en la portada o la página de créditos, o en una página individual

**▸ Comienzos, finales, títulos**

- Usar diversos comienzos mediante dibujos o escritura para atraer a la lectora o al lector
- Usar un final que sea interesante o deje a la lectora o al lector satisfecho
- Seleccionar un título adecuado para un poema, un cuento o un libro informativo

**▸ Presentación de ideas**

- Comentar experiencias o temas de modo que los demás puedan comprender
- Contar una parte, una idea o un grupo de ideas de cada página de un libro
- Presentar ideas en una secuencia lógica
- Presentar ideas seguidas de algunos detalles y ejemplos de apoyo
- Usar el tiempo adecuadamente como herramienta de organización

#### DESARROLLO DE IDEAS

- Aportar descripción o detalles de apoyo para explicar las ideas importantes
- Escribir y/o dibujar sobre una idea en una página
- Comunicar claramente los puntos principales para que los lectores comprendan
- Contar un cuento con un problema, al menos un episodio, una solución y un final
- Comenzar a comprender la diferencia entre contar un cuento y describir datos sobre algo

#### USO DEL LENGUAJE

- Comenzar a darse cuenta de que el lenguaje de los libros es diferente, en ciertos aspectos, a la conversación
- Usar lenguaje oral conocido en la escritura si no sabe cómo escribir algunas palabras
- Comprender que la escritora o el escritor usa el lenguaje para comunicar significado
- Demostrar el uso del lenguaje de libros de cuentos y libros informativos que se hayan leído en voz alta
- Comprender que lo que se dice (lenguaje oral) puede escribirse
- Usar el lenguaje oral propio para dictar un cuento, un rótulo u otro texto

#### ELECCIÓN DE PALABRAS

- Aprender palabras nuevas al leer, escuchar y probarlas en la escritura
- Usar vocabulario adecuado para el tema

*Una niña de kindergarten escribe sobre su familia.*

# Seleccionar objetivos Hábitos y conocimientos para observar, enseñar y apoyar (cont.)

## Escritura



### ELABORACIÓN (continuación)

#### VOZ

- Contar un cuento o presentar información de una manera interesante
- Escribir de la manera en la que se hablaría sobre experiencias personales
- Expresar pensamientos y sentimientos sobre un tema
- Expresar opiniones sobre un tema o asunto
- Escribir y dibujar sobre lo que se conoce y se recuerda
- Escribir de manera expresiva (en forma parecida al lenguaje oral)
- Compartir pensamientos y sentimientos propios sobre un tema

### NORMAS

*Para obtener más información sobre usos gramaticales, mayúsculas, puntuación y ortografía, consulte el Apéndice: Gramática, uso y técnicas*

#### DISPOSICIÓN DEL TEXTO

- Usar espacios entre las palabras para ayudar a los lectores a comprender la escritura
- Colocar las palabras en líneas, de izquierda a derecha, de arriba hacia abajo
- Colocar títulos y encabezados en el lugar adecuado de la página
- Comprender que la disposición de la letra impresa y las ilustraciones son importantes para transmitir el significado de un texto
- Comprender que la letra impresa y las imágenes pueden colocarse en diversos lugares de la página en un libro

#### GRAMÁTICA Y USO

**▸ Categorías gramaticales**

- Usar sustantivos, pronombres, adjetivos, verbos, preposiciones y conjunciones
- Usar frases preposicionales (*en el autobús, a la escuela*)

**▸ Tiempos verbales**

- Usar el tiempo pasado para describir sucesos al sugerir ideas para la escritura compartida o interactiva o al producir lenguaje para el dictado (*Fui a...*)
- Usar el tiempo presente al producir lenguaje para el dictado (*Me gusta...*)
- Usar el tiempo futuro al producir lenguaje para el dictado (*Voy a...*)

**▸ Estructura de las oraciones**

- Usar estructura de las oraciones según las normas (sustantivo + verbo)

#### MAYÚSCULAS

- Demostrar conocimiento del uso de letras del alfabeto mayúsculas y minúsculas
- Ubicar la mayúscula al comienzo de una oración durante la escritura compartida o interactiva, o al dictar un texto escrito
- Observar letras mayúsculas en los nombres
- Escribir su propio nombre con mayúscula inicial
- Demostrar conocimiento de que la mayúscula va al comienzo de algunas palabras
- Usar mayúscula inicial en un sustantivo propio conocido

#### PUNTUACIÓN

- Observar el uso de los signos de puntuación en los libros y usarlos en la propia escritura
- Usar puntos, signos de admiración y signos de interrogación
- Leer la escritura propia en voz alta y pensar dónde debe ir la puntuación

#### ORTOGRAFÍA

- Decir palabras lentamente para escuchar un sonido y escribir una letra que lo represente
- Escribir aproximadamente veinticinco palabras de uso frecuente según las normas
- Usar conocimientos de patrones de sílabas para generar polisílabos
- Intentar usar palabras desconocidas mediante el análisis de los sonidos
- Escribir algunas palabras con consonantes adecuadas para los sonidos de las palabras (iniciales y finales)
- Escribir las cinco vocales
- Comprender que las letras representan sonidos
- Construir ortografía fonética que sea legible en su mayor parte
- Usar símbolos que respeten las normas para escribir palabras
- Usar recursos sencillos como ayuda para deletrear palabras o revisar la ortografía (muro de palabras, listas de palabras personales)

#### ESCRIBIR A MANO Y EN COMPUTADORA

- Sostener el bolígrafo o el lápiz de manera satisfactoria
- Usar consistentemente la mano preferida para escribir
- Ubicar las letras en el teclado para escribir mensajes sencillos
- Acceder a programas sencillos en la computadora y usarlos (procesadores de textos fáciles, juegos)
- Escribir letras en grupos para formar palabras
- Comprender los límites de las palabras y dejar espacios entre ellas la mayor parte del tiempo
- Escribir de izquierda a derecha en los renglones
- Volver al margen izquierdo para comenzar un nuevo renglón
- Escribir letras para representar significado y agruparlas en algunas palabras con ortografía estándar y parte de ortografía fonética con representaciones reconocibles de letra y sonido
- Escribir mayúsculas y minúsculas eficientemente en un texto manuscrito
- Escribir mayúsculas y minúsculas proporcionalmente en un texto manuscrito

# Seleccionar objetivos Hábitos y conocimientos para observar, enseñar y apoyar *(cont.)*

## Escritura

### PROCESO DE ESCRITURA

#### ENSAYAR Y PLANIFICAR

**▸ Propósito**

- Dibujar y escribir con un propósito específico
- Pensar en el propósito para escribir cada texto
- Pensar de qué manera influye el propósito en el tipo de escritura
- Elegir el papel que concuerde con la organización y el género deseados
- Dibujar y escribir extrayendo ideas de lugares determinados (restaurantes, la casa, tiendas, consultorios médicos)
- Contribuir de manera activa en la escritura compartida o interactiva acerca de un tema o asunto
- Escribir el nombre y la fecha en la escritura
- Elegir el tipo de texto adecuado al propósito (poema, libro sobre hechos, libro del alfabeto, libro de fotos, libro rotulado, cuento con imágenes)
- Escribir para informar al público y captar el interés de otras personas

**▸ Público**

- Pensar en las personas que leerán lo que se escribió o que les gustaría leerlo y lo que querrán saber
- Buscar de manera activa un público para compartir la escritura y los dibujos
- Incluir información y detalles importantes en los dibujos o la escritura que el público necesite saber
- Escribir con el conocimiento de lo que se pretende que los otros lean

**▸ Lenguaje oral**

- Generar y ampliar ideas por medio de la conversación con los compañeros y con la maestra o el maestro
- Buscar ideas y temas en la experiencia personal y comentarlos
- Usar la narración para generar y ensayar lenguaje que puede escribirse después
- Contar cuentos en orden cronológico
- Ensayar lenguaje para la escritura informativa al volver a contar experiencias en orden cronológico, describiendo lo que saben o repitiendo pasos de procedimiento en orden

**▸ Reunir semillas/Recursos/Experimentar con la escritura**

- Dictar ideas o temas para escribir
- Colaborar en la escritura grupal (compartida o interactiva) con ideas o temas
- Comprender que los escritores reúnen información para escribir (objetos, libros, fotos, notas adhesivas, etc.)
- Registrar información en palabras o un dibujo
- Usar un dibujo para compartir o recordar el razonamiento

**▸ Contenido, asunto, tema**

- Observar con atención antes de escribir sobre una persona, un animal, un objeto, un lugar o una acción
- Seleccionar un tema para la escritura y el dibujo informativos
- Seleccionar información o datos que apoyarán el tema
- Seleccionar detalles y sucesos para contar un cuento

**▸ Investigación/Exploración**

- Usar dibujos para comentar un tema o contar un cuento
- Hacer preguntas y reunir información sobre un tema
- Recordar información importante sobre un tema para escribir sobre él
- Participar de manera activa en las experiencias y recordar información que aporte ideas a la escritura y al dibujo
- Recordar rótulos importantes para los dibujos

#### HACER UN BORRADOR Y REVISAR

**▸ Comprender el proceso**

- Comprender que es útil hablar sobre la escritura propia con otra persona (maestra o maestro)
- Comprender que los escritores obtienen ayuda de otros escritores
- Comprender que los escritores pueden cambiar la escritura en respuesta a los comentarios de la maestra o del maestro, o de los compañeros
- Comprender que los escritores pueden aprender a escribir de otros escritores
- Comprender que la revisión es un medio para que los mensajes escritos sean más sólidos y claros para los lectores

**▸ Producir un borrador**

- Dibujar o escribir un mensaje con continuidad sobre un tema sencillo
- Usar palabras y dibujos para redactar y revisar el texto

**▸ Volver a leer**

- Volver a leer la escritura todos los días (y durante la escritura el mismo día) antes de seguir escribiendo
- Volver a leer la escritura para asegurarse de que el significado sea claro
- Volver a leer la escritura para asegurarse de que no falten palabras o información
- Repasar un dibujo agregando (o eliminando) información

**▸ Agregar información**

- Agregar detalles a un dibujo para dar más información a la lectora o al lector y hacer que la escritura sea más interesante
- Agregar globos a las imágenes para incorporar diálogo o pensamientos y proporcionar información o narración
- Agregar palabras, frases u oraciones para que la escritura sea más interesante o emocionante para los lectores
- Agregar palabras, frases u oraciones para brindar más información a los lectores

**▸ Eliminar información**

- Eliminar texto para expresar mejor el significado y hacer que el texto sea más lógico
- Eliminar palabras u oraciones que no tengan sentido
- Eliminar páginas cuando la información no sea necesaria

# Seleccionar objetivos Hábitos y conocimientos para observar, enseñar y apoyar *(cont.)*

## Escritura



### PROCESO DE ESCRITURA *(continuación)*

#### HACER UN BORRADOR Y REVISAR *(continuación)*

▸ **Cambiar el texto**

- Tachar para hacer cambios en un texto
- Participar en decisiones grupales sobre cómo cambiar un texto de escritura compartida

▸ **Reorganizar la información**

- Volver a organizar y revisar la escritura para expresar mejor el significado o hacer que el texto sea más lógico (volver a ordenar los dibujos, volver a ordenar las páginas, cortar y pegar)
- Reorganizar y revisar la escritura para expresar mejor el significado de la escritora o del escritor, o hacer que el texto sea más lógico

▸ **Usar herramientas y técnicas**

- Agregar letras, palabras, frases u oraciones usando un símbolo de intercalación, una tira de papel o una nota adhesiva
- Agregar páginas a un libro o cuadernillo
- Eliminar páginas de un libro o cuadernillo
- Tachar palabras u oraciones con lápiz o marcador

#### EDITAR Y CORREGIR

▸ **Comprender el proceso**

- Comprender que los escritores intentan que su escritura y sus dibujos resulten interesantes e informativos
- Comprender que una escritora o un escritor usa lo que sabe para escribir bien las palabras
- Comprender que cuanto mejores sean la ortografía y el espacio entre las palabras, más fácil le resultará a la lectora o al lector leer las palabras

▸ **Editar según las normas**

- Revisar y corregir la formación o la orientación de las letras
- Corregir los errores ortográficos realizando otro intento
- Observar palabras que parezcan tener errores y deletrearlas diciéndolas lentamente para representar la mayor parte de la palabra que sea posible
- Reconocer que la maestra o el maestro puede ser la editora o el editor final

#### PUBLICAR

- Producir una escritura aproximada para acompañar los dibujos
- Crear ilustraciones y escritura que funcionen en conjunto para expresar el significado
- Crear ilustraciones como parte integral del proceso de redacción
- Compartir un texto con los compañeros leyéndolo en voz alta a la clase
- Crear ilustraciones (a menudo en colaboración con otros) para mejorar un texto de escritura grupal (compartida o interactiva)
- Al finalizar un texto, comentarlo con los demás
- Seleccionar un poema, un cuento o un libro informativo para publicar de diversas formas adecuadas (escrito/impreso, enmarcado o dibujado o exhibido de diferente manera)
- Usar rótulos y leyendas en los dibujos exhibidos

#### DIBUJAR

- Comprender que cuando hay texto y dibujos en una página se apoyan mutuamente y se amplían entre sí
- Usar bosquejos y dibujos para planificar, hacer un borrador, revisar y publicar la escritura
- Usar los dibujos para representar personas, lugares, cosas e ideas
- Agregar o quitar detalles de los dibujos para planificar, hacer un borrador y revisar el trabajo
- Crear dibujos que requieran especial atención al color o al detalle
- Crear dibujos que estén relacionados con el texto escrito y que hagan que la lectora o el lector comprenda y disfrute más

#### VERSE A SÍ MISMO COMO ESCRITORES

- Emprender la escritura aproximada y la escritura convencional según las normas de manera independiente
- Comprender cómo se relacionan la escritura y los dibujos
- Demostrar confianza al intentar dibujar y escribir
- Tener ideas para comentar, escribir y dibujar
- Pensar en qué trabajar a continuación como escritora o escritor
- Seleccionar los mejores textos escritos de la propia colección
- Autoevaluar la propia escritura y comentar los aspectos positivos y las técnicas que se usaron
- Producir una cantidad de texto escrito dentro del tiempo disponible (una o dos páginas por día)
- Seguir trabajando de manera independiente en lugar de esperar la ayuda de la maestra o del maestro
- Intentar resolver problemas
- Probar técnicas que otros escritores o ilustradores usaron
- Arriesgarse como escritora o escritor
- Hablar sobre una misma como escritora o uno mismo como escritor

# Seleccionar propósito, género y forma

## Escritura

La mayoría de los niños de primer grado comienzan el año con un repertorio de palabras conocidas y cierta experiencia en la expresión de ideas con el dibujo y la escritura. Tal vez algunos apenas están comenzando a reconocer las funciones del texto impreso. Se beneficiarán con valiosas demostraciones de escritura mediante la escritura compartida e interactiva con diversos propósitos. Los niños de primer grado también aprenderán en el taller de escritura con una mini-lección diaria, actividades de escritura independiente, conferencia individual con la maestra o el maestro y escritura compartida con compañeros. Para fin de año, escribirán textos narrativos, textos informativos, diversos textos funcionales y algunos textos poéticos. Demostrarán el uso de las normas en cuanto a líneas, espacios, palabras bien escritas e intentos efectivos con palabras más complejas. Las oportunidades para dibujar ampliarán su razonamiento.

### ESCRITURA FUNCIONAL
*(Propósito: realizar una tarea práctica)*

#### RÓTULO

**▸ Comprender el género**

- Comprender que una escritora o un escritor, o una ilustradora o un ilustrador, puede agregar un rótulo para ayudar a los lectores
- Comprender que un rótulo puede añadir información importante

**▸ Escribir el género**

- Escribir un rótulo para un objeto del salón de clase
- Agregar palabras a las imágenes
- Crear un rótulo para una ilustración que acompaña un texto escrito
- Hacer un libro rotulado como un tipo de libro

#### CARTA INFORMAL

**▸ Comprender el género**

- Comprender que la comunicación escrita puede usarse con diferentes propósitos (informar, invitar, agradecer)
- Comprender que una carta informal puede escribirse de diversas formas (notas, tarjetas, cartas, invitación, correo electrónico)
- Comprender que el emisor y el receptor deben mostrarse claramente
- Comprender que una invitación debe incluir información específica
- Comprender cómo se aprende a escribir notas, tarjetas e invitaciones al observar las características de los ejemplos

**▸ Escribir el género**

- Escribir con un propósito específico en mente
- Escribir a un público conocido, o a una lectora o un lector específico
- Escribir notas, tarjetas, invitaciones y correos electrónicos a otras personas
- Incluir información importante en la comunicación
- Escribir con un tono informal (lenguaje conversacional)

#### TEXTO DE INSTRUCCIONES

**▸ Comprender el género**

- Comprender que un texto de instrucciones ayuda a saber cómo se hace algo
- Comprender que un texto de instrucciones puede escribirse de diversas formas: lista, instrucciones con pasos (explicativos)
- Comprender que un texto de instrucciones suele mostrar un elemento debajo de otro y puede incluir un número para cada elemento
- Comprender que un texto de instrucciones suele incluir una lista de lo que se necesita para llevar a cabo el procedimiento
- Comprender que el texto puede acompañarse con imágenes para ayudar a los lectores a comprender la información

**▸ Escribir el género**

- Usar dibujos en el proceso de hacer un borrador, revisar o publicar textos de instrucciones
- Escribir leyendas debajo de las imágenes
- Usar listas para planificar actividades o ayudar a la memoria
- Colocar entradas en la lista que sean adecuadas al propósito o categoría
- Hacer listas en forma correcta con una entrada debajo de la otra
- Escribir instrucciones secuenciales en libros de procedimientos o manuales de instrucciones

#### ESCRIBIR SOBRE LA LECTURA

- Consulte Escribir sobre la lectura, páginas 169-234.

### ESCRITURA NARRATIVA *(Propósito: contar un cuento)*

#### MEMORIAS (CUENTO SOBRE MEMORIAS PERSONALES)

**▸ Comprender el género**

- Comprender que los escritores pueden contar relatos sobre su vida
- Comprender que una historia sobre la vida propia generalmente se escribe en primera persona (usando *yo* y *nosotros*)
- Comprender que la escritora o el escritor puede recordar o reflexionar sobre los recuerdos o la experiencia y compartir lo que piensa y siente acerca de eso
- Comprender que una narración de recuerdos personales debe ser importante para la escritora o el escritor
- Comprender cómo elaborar una narración de recuerdos personales o texto narrativo a partir de textos ejemplares

**▸ Escribir el género**

- Hacer un dibujo o una serie de dibujos y comentar o escribir sobre ellos
- Usar palabras sencillas que muestren el paso del tiempo (*entonces, después*)
- Explicar los pensamientos y los sentimientos propios acerca de una experiencia o un suceso
- Pensar temas, sucesos o experiencias de la vida propia que sean interesantes para escribir

# Seleccionar propósito, género y forma *(cont.)*

## Escritura



### ESCRITURA NARRATIVA
*(Propósito: contar un cuento) (continuación)*

### MEMORIAS (CUENTO SOBRE MEMORIAS PERSONALES) *(continuación)*

▸ **Escribir el género** *(continuación)*

- Escribir un comienzo atractivo y un final satisfactorio para un cuento
- Comprender que un cuento puede ser un "pequeño momento" (descripción de una experiencia breve pero memorable)
- Proporcionar detalles descriptivos para que el cuento resulte más interesante
- Usar diálogo adecuado para contribuir al significado del cuento
- Desarrollar una voz como escritora o escritor mediante el relato de cuentos propios o recuerdos de la vida propia
- Escribir generalmente en primera persona para lograr una voz intensa
- Contar un cuento de varias páginas para desarrollar el cuento o la idea
- Contar sucesos en el orden en que ocurrieron en narraciones personales
- Observar las decisiones que la autora o el autor, o la ilustradora o el ilustrador, tomaron en la elaboración y probar algunas de estas decisiones en la escritura propia con ayuda de la maestra o del maestro

### ESCRITURA INFORMATIVA
*(Propósito: explicar o presentar datos sobre un tema)*

### TEXTO EXPOSITIVO

▸ **Comprender el género**

- Comprender que una escritora o un escritor trabaja para que los lectores se interesen en un tema
- Comprender cómo escribir un texto sobre hechos al escuchar textos ejemplares leídos en voz alta y al comentarlos
- Comprender que una escritora o un escritor de un texto sobre hechos usa palabras e ilustraciones para que le resulte más interesante a los lectores
- Comprender que los escritores de textos de no ficción tienen muchas maneras de mostrar hechos (rótulos, dibujos, fotos)

▸ **Escribir el género**

- Usar ilustraciones y características del libro y la letra impresa (imágenes rotuladas, diagramas, tabla de contenidos, encabezados, recuadros laterales, números de página) para guiar a la lectora o al lector
- Escribir libros y textos cortos cuya lectura sea entretenida y que, al mismo tiempo, den información a los lectores sobre el mismo tema
- Pensar en los lectores (público) y lo que necesitan saber
- Seleccionar información interesante para incluir en un texto escrito

### ESCRITURA POÉTICA *(Propósito: expresar emociones, imágenes sensoriales, ideas o cuentos)*

### POESÍA

▸ **Comprender el género**

- Comprender la poesía como una manera de comunicar la vida cotidiana con imágenes sensoriales
- Comprender la poesía como una manera de comunicar y describir pensamientos y emociones
- Comprender la importancia de elegir palabras específicas en poesía y en ocasiones usar estas palabras al conversar y escribir
- Comprender que el texto impreso y el espacio se ven diferentes en los poemas e intentar usar estos diseños al hacer un primer intento en la escritura de poemas
- Comprender que una escritora o un escritor puede usar poemas como textos ejemplares
- Comprender que los poemas pueden crearse a partir de otro tipo de textos
- Comprender que los poemas se pueden ver y escuchar diferente unos de otros
- Comprender que no es necesario que los poemas rimen
- Reconocer lenguaje poético (ritmo, palabras descriptivas que evocan sentidos, rima)

▸ **Escribir el género**

- Observar con atención el mundo (animales, objetos, personas) y obtener ideas para escribir poemas
- Escribir poemas que transmiten sentimientos o imágenes
- Usar lenguaje para describir cómo se ve, huele, sabe, se siente o suena algo
- Colocar las palabras en una página para que tengan forma de poema
- Usar cortes de línea y espacios en blanco al escribir poemas
- Escribir poemas a partir de otros tipos de textos (cuentos, textos informativos)
- En ocasiones, tomar palabras o frases específicas de otros textos e introducirlas en un poema

*Una niña de primer grado escribe acerca de sus vacaciones.*

## Seleccionar propósito, género y forma *(cont.)*

Escritura

*Una niña de primer grado escribe sobre sus memorias personales.*

## Seleccionar propósito, género y forma *(cont.)*

Escritura

Aier fui al parqué y
yo me tieníaa
i i my divertido
y yo fui con mi familic
y mi familia y tenian muy
divertido.

Un niña de primer grado escribe sobre su paseo al parque.

Yo tenia un perro. Pero lo
rovaron. Mi perro pero estaba m
bonito y mi perro se llamava
Chico.

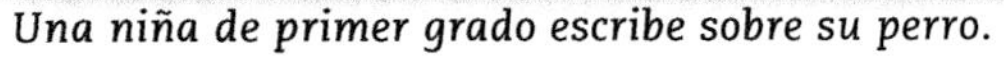

Una niña de primer grado escribe sobre su perro.

# Seleccionar objetivos Hábitos y conocimientos para observar, enseñar y apoyar

## Escritura

### ELABORACIÓN

#### ORGANIZACIÓN

**▸ Estructura del texto**

- Decidir dónde ubicar ilustraciones como fotografías, dibujos, diagramas y mapas en un texto
- Crear un libro álbum como forma de escritura
- Incluir datos y detalles en la escritura informativa
- Agrupar los detalles relacionados sobre un tema en un texto
- Escribir un texto de no ficción o ficción narrativa que esté ordenado cronológicamente
- Escribir un cuento con un comienzo, una serie de cosas que sucedan y un final o un texto informativo con oraciones que introduzcan y resuman
- Escribir el título y el nombre de la autora o del autor en la cubierta de un cuento o un libro
- Escribir una página sobre la autora o el autor al comienzo o al final de un libro, que brinde detalles sobre la autora o el autor (imagen, escritura)
- Dedicar un cuento a alguien y escribir la dedicatoria en el interior de la cubierta, en la portada o la página de créditos, o en una página individual

**▸ Comienzos, finales, títulos**

- Usar diversos comienzos para atraer a la lectora o al lector
- Usar un final que sea interesante, que satisfaga a la lectora o al lector o que deje a la lectora o al lector pensando más acerca de un cuento o un tema
- Seleccionar un título adecuado para un poema, un cuento o un libro informativo

**▸ Presentación de ideas**

- Comentar experiencias o temas de modo que los demás puedan comprender
- Contar una parte, una idea o un grupo de ideas de cada página de un libro
- Presentar ideas en una secuencia lógica
- Presentar ideas seguidas de algunos detalles y ejemplos de apoyo
- Usar el tiempo adecuadamente como herramienta de organización
- Mostrar los pasos con suficientes detalles para que la lectora o el lector pueda seguir la secuencia

#### DESARROLLO DE IDEAS

- Incluir descripciones, detalles o ejemplos que brinden apoyo para explicar las ideas importantes en la escritura compartida o interactiva
- Comprender cómo la información ayuda a la lectora o al lector a aprender sobre un tema
- Escribir y/o dibujar sobre un tema en una o varias páginas de un libro, incluyendo una categoría de información relacionada con un tema principal en cada página
- Reunir y aprender información y luego escribir con palabras propias
- Comunicar claramente los puntos principales que se pretende que los lectores comprendan
- Escribir un cuento con un problema, varios episodios, una solución y un final
- Desarrollar ideas de manera diferente al escribir un cuento y al escribir datos sobre algo

#### USO DEL LENGUAJE

- Tener conocimiento de que el lenguaje de los libros es diferente, en ciertos aspectos, a la conversación
- Usar vocabulario oral conocido en la escritura si no sabe cómo escribir algunas palabras
- Comprender que la escritora o el escritor usa el lenguaje para comunicar significado
- Demostrar el uso del lenguaje de libros de cuentos y libros informativos que se hayan leído en voz alta
- Escribir un texto a partir de los conocimientos propios del lenguaje oral
- Aprender de otros escritores maneras de usar el lenguaje y construir textos (al leer libros y escuchar su lectura en voz alta) y aplicar esos conocimientos a los textos propios

#### ELECCIÓN DE PALABRAS

- Aprender palabras nuevas al leer, escuchar y probarlas en la escritura
- Usar vocabulario adecuado para el tema
- Variar la elección de palabras para crear descripciones y diálogos interesantes
- Usar algunos conectores (palabras de transición) comunes (simples) para relacionar ideas y mostrar significado a través de textos de no ficción (*y, pero, entonces, porque, antes, después*)

#### VOZ

- Contar un cuento o presentar información de una manera interesante
- Escribir de la manera en la que se hablaría sobre experiencias personales
- Expresar pensamientos y sentimientos sobre un tema
- Expresar opiniones sobre un tema o asunto
- Escribir y dibujar sobre lo que se conoce y se recuerda
- Escribir de manera expresiva (en forma parecida al lenguaje oral)
- Mostrar entusiasmo y energía por el tema
- Leer la escritura en voz alta como ayuda para pensar críticamente en la voz

### NORMAS

*Para obtener más información sobre usos gramaticales, mayúsculas, puntuación y ortografía, consulte el Apéndice: Gramática, uso y técnicas*

#### DISPOSICIÓN DEL TEXTO

- Usar espacios entre las palabras
- Colocar las palabras en líneas, de izquierda a derecha, de arriba hacia abajo
- Colocar títulos y encabezados en el lugar adecuado de la página
- Comprender que la disposición de la letra impresa y las ilustraciones son importantes para transmitir el significado de un texto

# Seleccionar objetivos Hábitos y conocimientos para observar, enseñar y apoyar *(cont.)*

## Escritura

### NORMAS *(continuación)*

#### DISPOSICIÓN DEL TEXTO *(continuación)*

- Comenzar a incorporar ilustraciones y herramientas de organización en los textos de no ficción (dibujos o fotografía con leyenda o rótulo, mapa, diagrama, tabla de contenidos, encabezado, recuadro lateral)
- Usar el tamaño de la letra impresa para transmitir significado en el texto impreso
- Comprender que la letra impresa y las imágenes pueden colocarse en diversos lugares de la página en un libro
- Subrayar o escribir en negrita para transmitir significado
- Usar la sangría o los espacios para distinguir párrafos

#### GRAMÁTICA Y USO

**▸ Categorías gramaticales**

- Usar sustantivos, pronombres, adjetivos, verbos, adverbios, preposiciones y conjunciones
- Usar frases preposicionales (*en el autobús, a la escuela*)
- Usar modificadores (*vestido rojo, caminó despacio*)

**▸ Tiempos verbales**

- Escribir en tiempo presente (*yo como pan*)
- Escribir en tiempo pasado (*yo comí pan*)
- Escribir en tiempo futuro (*yo voy a comer pan*)

**▸ Estructura de las oraciones**

- Usar estructura de las oraciones según las normas (sustantivo + verbo)
- Sugerir experiencias estructuradas según las normas durante la escritura compartida

#### MAYÚSCULAS

- Demostrar conocimiento del uso de letras del alfabeto mayúsculas y minúsculas
- Demostrar conocimiento de que la mayúscula va al comienzo de algunas palabras
- Usar una mayúscula para la primera palabra de un título
- Usar una mayúscula para la primera palabra de una oración
- Usar mayúscula inicial en un sustantivo propio conocido

#### PUNTUACIÓN

- Observar el uso de los signos de puntuación en los libros y usarlos en la propia escritura
- Usar puntos, signos de admiración y signos de interrogación
- Leer la escritura propia en voz alta y pensar dónde debe ir la puntuación

#### ORTOGRAFÍA

- Decir palabras lentamente para escuchar un sonido y escribir una letra que lo represente
- Deletrear aproximadamente 100 palabras de uso frecuente que respeten las normas y reflejar la ortografía en los borradores finales
- Decir palabras y separarlas en sílabas para deletrearlas
- Usar patrones de sílabas para generar palabras
- Intentar usar palabras desconocidas mediante el análisis de los sonidos
- Intentar usar palabras desconocidas usando partes de palabras conocidas y los conocimientos de la relación entre letras y sonidos
- Escribir algunas palabras con consonantes adecuadas para los sonidos de las palabras (iniciales y finales)
- Representar varios sonidos, entre ellos los iniciales y los finales
- Escribir las cinco vocales
- Construir ortografía fonética que sea legible
- Usar símbolos que respeten las normas para escribir palabras
- Usar recursos sencillos como ayuda para deletrear palabras o revisar la ortografía (muro de palabras, listas de palabras personales)
- Usar desinencias, como *-iendo*
- Deletrear palabras que mantengan relaciones sencillas entre consonantes y sonidos
- Incluir una vocal en cada palabra
- Representar en las palabras combinaciones de consonantes y dígrafos con grupos de letras
- Comenzar a darse cuenta cuándo una palabra "no se ve bien"

#### ESCRIBIR A MANO Y EN COMPUTADORA

- Sostener el bolígrafo o el lápiz de manera satisfactoria
- Usar consistentemente la mano preferida para escribir
- Ubicar las letras en el teclado para escribir mensajes sencillos
- Acceder a programas sencillos en la computadora y usarlos (procesadores de textos fáciles, juegos)
- Escribir letras en grupos para formar palabras
- Dejar el espacio adecuado entre las palabras
- Escribir de izquierda a derecha en los renglones
- Volver al margen izquierdo para comenzar un nuevo renglón
- Escribir letras y palabras que puedan leerse fácilmente
- Escribir mayúsculas y minúsculas eficientemente en un texto manuscrito
- Escribir mayúsculas y minúsculas proporcionalmente en un texto manuscrito

### PROCESO DE ESCRITURA

#### ENSAYAR Y PLANIFICAR

**▸ Propósito**

- Dibujar y escribir con un propósito específico
- Pensar en el propósito para escribir cada texto
- Considerar de qué manera el propósito influye en el tipo de escritura
- Elegir el papel que coincida con la organización del texto (cuadernillos, páginas, páginas individuales con espacio para las ilustraciones)
- Dibujar y escribir, extrayendo ideas de lugares específicos (restaurantes, casas, tiendas, consultorios médicos)
- Contribuir de manera activa en la escritura compartida o interactiva acerca de un tema o asunto
- Escribir el nombre y la fecha en la escritura
- Elegir la forma de texto adecuado al propósito (poema, libro del alfabeto, libro de fotos, libro rotulado, cuento con imágenes)
- Escribir para informar al público y captar el interés de otras personas

# Seleccionar objetivos Hábitos y conocimientos para observar, enseñar y apoyar *(cont.)*

## Escritura

### PROCESO DE ESCRITURA *(continuación)*

#### ENSAYAR Y PLANIFICAR *(continuación)*

**▸ Público**

- Pensar en las personas que leerán lo que se escribió o que les gustaría leerlo y lo que querrán saber
- Buscar de manera activa un público para compartir la escritura y los dibujos
- Incluir información y detalles importantes en los dibujos o la escritura que el público necesite saber
- Escribir con el conocimiento de lo que se pretende que los otros lean

**▸ Lenguaje oral**

- Generar y ampliar ideas por medio de la conversación con compañeros y con la maestra o el maestro
- Buscar ideas y temas en la experiencia personal y comentarlos
- Usar la narración para generar y ensayar lenguaje que puede escribirse después
- Contar cuentos en orden cronológico
- Ensayar el lenguaje para la escritura informativa al volver a contar experiencias en orden cronológico, describiendo lo que saben o repitiendo pasos de procedimiento en orden

**▸ Reunir semillas/Recursos/Experimentar con la escritura**

- Generar ideas o temas para escribir
- Colaborar en la escritura grupal (compartida o interactiva) con ideas o temas
- Reunir información para escribir (objetos, libros, fotos, notas adhesivas, etc.)
- Registrar información en palabras o un dibujo
- Usar un dibujo para compartir o recordar el razonamiento

**▸ Contenido, asunto, tema**

- Observar con atención antes de escribir sobre una persona, un animal, un objeto, un lugar o una acción
- Seleccionar temas propios para la escritura informativa e indicar cuál es la importancia del tema
- Seleccionar información que apoyará el tema
- Seleccionar detalles y sucesos para contar un cuento
- Elegir temas que uno conoce, que le interesan o sobre los que uno quiere aprender
- Elegir un tema que sea interesante para la escritora o el escritor
- Comentar un tema de una manera interesante
- Centrarse en un tema
- Dar un título a un cuento o un texto informativo

**▸ Investigación/Exploración**

- Observar con atención para detectar y describir el cambio (crecimiento, cambio con el tiempo en las plantas o los animales, cambios químicos en los alimentos) y comentar las observaciones
- Observar los detalles o los cambios en el medioambiente
- Usar dibujos para mostrar cómo se ve algo, cómo funciona algo, o el proceso o cambio
- En ocasiones, rotular los dibujos
- Comentar dibujos a partir de la observación
- Contribuir de manera activa en la escritura compartida o interactiva para informar los resultados de la investigación
- Hacer preguntas y reunir información sobre un tema
- Recordar información importante sobre un tema para escribir sobre él
- Participar de manera activa en las experiencias y recordar información que aporte ideas a la escritura y al dibujo (con cuadernos y objetos)
- Recordar rótulos importantes para los dibujos
- Tomar notas o hacer bosquejos como ayuda para recordar información

**▸ Género/Formas**

- Seleccionar entre diversas formas el tipo de texto adecuado según el propósito (poemas, cuentos con imágenes, libros con palabras e ilustraciones; libros con ilustraciones solamente; libros del alfabeto; libros rotulados; colecciones de poesía; libros de preguntas y respuestas)

#### HACER UN BORRADOR Y REVISAR

**▸ Comprender el proceso**

- Comprender la función de la conversación para ayudar a los escritores
- Comprender que los escritores obtienen ayuda de otros escritores
- Comprender que los escritores pueden cambiar la escritura en respuesta a los comentarios de la maestra o del maestro, o de los compañeros
- Comprender que la revisión es un medio para que los mensajes escritos sean más sólidos y claros para los lectores

**▸ Producir un borrador**

- Escribir un mensaje con continuidad sobre un tema sencillo
- Usar dibujos para añadir información, explicar o hacer que la lectora o el lector comprenda y disfrute más
- Usar palabras y dibujos para redactar y revisar el texto

**▸ Volver a leer**

- Volver a leer la escritura todos los días (y durante la escritura el mismo día) antes de seguir escribiendo
- Volver a leer la escritura para asegurarse de que el significado sea claro
- Volver a leer la escritura para asegurarse de que no falten palabras o información
- Repasar los dibujos para revisarlos y agregar o eliminar información

**▸ Agregar información**

- Agregar globos a las imágenes para incorporar diálogo o pensamientos y proporcionar información o narración
- Agregar palabras descriptivas (adjetivos, adverbios) y frases para ayudar a los lectores a visualizar y comprender sucesos, acciones, procesos o temas
- Agregar palabras, frases u oraciones para que la escritura sea más interesante o emocionante para los lectores
- Agregar palabras, frases u oraciones para brindar más información a los lectores
- Agregar palabras, frases u oraciones para aclarar el significado a los lectores

# Seleccionar objetivos Hábitos y conocimientos para observar, enseñar y apoyar *(cont.)*

## Escritura

### PROCESO DE ESCRITURA *(continuación)*

#### HACER UN BORRADOR Y REVISAR *(continuación)*

**▸ Eliminar información**

- Eliminar texto para expresar mejor el significado y hacer que el texto sea más lógico
- Eliminar palabras u oraciones que no tengan sentido o no correspondan al tema
- Eliminar páginas cuando la información no sea necesaria
- Eliminar palabras u oraciones que estén de más

**▸ Cambiar el texto**

- Marcar las partes que no son claras y dar más información
- Participar en discusiones grupales sobre los textos de escritura compartida

**▸ Reorganizar la información**

- Volver a organizar y revisar el texto para expresar mejor el significado o hacer que el texto sea más lógico (volver a ordenar los dibujos, volver a ordenar las páginas, cortar y pegar)
- Reorganizar y revisar la escritura para expresar mejor el significado de la escritora o del escritor, o hacer que el texto sea más lógico
- Volver a ordenar las páginas disponiendo o volviendo a montar las páginas

**▸ Usar herramientas y técnicas**

- Agregar letras, palabras, frases u oraciones usando un símbolo de intercalación, una tira de papel o una nota adhesiva
- Agregar páginas a un libro o cuadernillo
- Eliminar páginas de un libro o cuadernillo
- Tachar palabras u oraciones con lápiz o marcador
- Usar un número para saber dónde agregar información y un papel adicional pegado con números para escribir la información que se inserta

#### EDITAR Y CORREGIR

**▸ Comprender el proceso**

- Comprender que los escritores intentan que su escritura y sus ilustraciones resulten interesantes e informativas
- Comprender que una escritora o un escritor usa lo que sabe para escribir bien las palabras
- Comprender que cuanto más precisos sean la ortografía y el espacio entre las palabras, más fácil le resultará a la lectora o al lector leer las palabras

**▸ Editar según las normas**

- Revisar y corregir la formación o la orientación de las letras
- Corregir los errores ortográficos realizando otro intento
- Observar palabras que parezcan tener errores y deletrearlas diciéndolas lentamente para representar la mayor parte de la palabra que sea posible
- Editar la ortografía de palabras conocidas escritas según las normas
- Reconocer que la maestra o el maestro debe hacer la edición final para corregir aquellas cuestiones que la escritora o el escritor todavía no había aprendido a hacer antes de la publicación

**▸ Usar herramientas**

- Usar herramientas de referencia básicas (muros de palabras o listas de palabras personales o diccionarios)

#### PUBLICAR

- Producir textos para explicar, rotular o acompañar los dibujos
- Crear ilustraciones y escritura que funcionen en conjunto para expresar el significado
- Crear ilustraciones como parte integral del proceso de redacción
- Crear ilustraciones (a menudo en colaboración con otros) para mejorar un texto de escritura compartida
- Compartir un texto con los compañeros leyéndolo en voz alta a la clase
- Al finalizar un texto, comentarlo con los demás
- Reunir varios cuentos o poemas en un libro
- Seleccionar un poema, un cuento o un libro informativo para publicar de diversas formas adecuadas (escrito/impreso, enmarcado o dibujado o exhibido de diferente manera)
- Usar rótulos y leyendas en los dibujos exhibidos
- Al preparar un texto para la publicación, usar recursos sencillos y adecuados según la edad para revisar la ortografía (muros de palabras, listas de palabras personales)

#### DIBUJAR

- Comprender que cuando hay texto y dibujos en una página, se apoyan mutuamente y se amplían entre sí
- Usar dibujos para planificar, hacer un borrador, revisar o publicar la escritura
- Usar los dibujos para representar personas, lugares, cosas e ideas
- Agregar o quitar detalles a los dibujos para revisar la información
- Crear dibujos que requieran especial atención al color o al detalle
- Crear dibujos que estén relacionados con el texto escrito y que hagan que la lectora o el lector comprenda y disfrute más

#### VERSE A SÍ MISMOS COMO ESCRITORES

- Emprender la escritura aproximada y la escritura convencional según las normas de manera independiente
- Comprender cómo se relacionan la escritura y los dibujos
- Demostrar confianza al intentar dibujar y escribir
- Tener una lista o un cuaderno con temas e ideas para escribir
- Pensar en qué trabajar a continuación como escritora o escritor
- Seleccionar los mejores textos escritos de la propia colección
- Autoevaluar la propia escritura y comentar los aspectos positivos y las técnicas que se usaron
- Producir una cantidad de texto escrito dentro del tiempo disponible (una o dos páginas por día)
- Seguir trabajando de manera independiente en lugar de esperar la ayuda de la maestra o del maestro
- Intentar resolver problemas
- Probar técnicas que otros escritores o ilustradores hayan usado
- Arriesgarse como escritora o escritor
- Hablar sobre una misma como escritora o uno mismo como escritor

# Seleccionar propósito, género y forma

## Escritura

La mayoría de los niños de segundo grado habrán aprendido a crear textos narrativos sencillos y otros géneros mediante la composición y la escritura. Continuarán beneficiándose del uso de dibujos para ampliar su razonamiento y expresar sus ideas. Hacia el final del año, demostrarán el uso de algunos ejemplos de lenguaje literario así como de la estructura de textos narrativos (exposición de un problema y solución).
Muchos textos que escriban serán narraciones personales. También serán capaces de producir textos organizados sobre hechos. Los textos ejemplares los ayudarán a refinar la escritura y hacerla más interesante. Serán capaces de escribir muchas palabras respetando las normas ortográficas y de crear oraciones más complejas.

### ESCRITURA FUNCIONAL
*(Propósito: realizar una tarea práctica)*

### CARTA INFORMAL

#### ▸ Comprender el género

- Comprender que la comunicación escrita puede usarse con diferentes propósitos (informar, invitar, agradecer)
- Comprender que una carta informal puede escribirse de diversas formas (notas, tarjetas, cartas, invitación, correo electrónico)
- Comprender que el emisor y el receptor deben mostrarse claramente
- Comprender que una nota o tarjeta debe incluir saludos breves e información relevante
- Comprender que una invitación debe incluir información específica sobre el tiempo y el lugar del suceso
- Comprender que una carta informal es más formal que un correo electrónico, una nota o una tarjeta
- Comprender que una carta informal tiene partes (fecha, saludo, firma final y a veces *P.D.*)
- Comprender cómo escribir acerca de notas, tarjetas, invitaciones, correos electrónicos y cartas informales observando las características de los ejemplos

#### ▸ Escribir el género

- Escribir una tarjeta, nota, invitación o carta informal teniendo en cuenta el propósito
- Escribir notas, tarjetas, invitaciones y correo electrónicos con diversos propósitos
- Escribir a un público conocido, o a una lectora o un lector específico
- Dirigirse al público de manera adecuada
- Incluir información importante en la comunicación
- Escribir una carta informal con todas sus partes

### TEXTO DE INSTRUCCIONES

#### ▸ Comprender el género

- Comprender que un texto de instrucciones ayuda a saber cómo se hace algo
- Comprender que un texto de instrucciones puede escribirse de diversas formas: lista, instrucciones con pasos (explicativos)
- Comprender que un texto de instrucciones suele mostrar un elemento debajo de otro y puede incluir un número o letra para cada elemento
- Comprender que las listas organizan funcionalmente la información
- Comprender que un texto de instrucciones suele incluir una lista de lo que se necesita para llevar a cabo el procedimiento
- Comprender cómo los dibujos pueden ayudar a la lectora o al lector a comprender la información
- Comprender cómo elaborar textos de instrucciones a partir de textos ejemplares

#### ▸ Escribir el género

- Escribir leyendas debajo de las imágenes
- Usar una lista para planificar una actividad o ayudar a la memoria
- Usar una lista para desarrollar textos de diversos géneros y formas
- Hacer una lista con elementos adecuados al propósito de la lista
- Hacer una lista con la forma adecuada, con un elemento debajo de otro
- Usar palabras de números o palabras de transición
- Escribir los pasos de un procedimiento con la secuencia adecuada y de modo explícito
- Incluir una imagen para ilustrar un paso del procedimiento
- Escribir un manual de instrucciones con procedimientos

### ESCRIBIR EN UNA PRUEBA

#### ▸ Comprender el género

- Comprender que escribir en una prueba suele requerir escribir sobre un tema asignado
- Comprender que escribir en una prueba puede requerir la creación de textos expositivos o persuasivos
- Comprender que algunas pruebas se usan con el propósito de demostrar lo que una persona sabe o puede hacer como escritora o escritor
- Comprender que escribir en una prueba suele requerir escribir sobre algo real

#### ▸ Escribir el género

- Analizar las indicaciones para comprender el propósito, el público y el género del texto adecuado para escribir
- Leer y aprender las pautas para una respuesta aceptable
- Escribir respuestas centradas en las preguntas y las indicaciones
- Escribir concisamente y orientándose a lo que se pide o se pregunta
- Desarrollar los puntos importantes
- Excluir los detalles irrelevantes
- Incorporar los propios conocimientos de escritura al responder

### ESCRIBIR SOBRE LA LECTURA

- Consulte Escribir sobre la lectura, páginas 169–234.

# Seleccionar propósito, género y forma *(cont.)*

## Escritura

### ESCRITURA NARRATIVA *(Propósito: contar un cuento)*

#### FICCIÓN

**▸ Comprender el género**

- Comprender que los géneros de ficción incluyen la ficción realista, la literatura tradicional (cuento popular, cuento exagerado, cuento de hadas, fábula) y la fantasía
- Comprender que la ficción puede escribirse de diversas formas (textos narrativos de varias páginas, libros álbum, libros álbum sin palabras, poemas, canciones, obras de teatro, cartas)
- Comprender que un texto de ficción puede incluir uno o más sucesos en la vida de un personaje principal
- Comprender que una escritora o un escritor usa diversos elementos de ficción (escenario, argumento con problema y solución, personajes) en un texto de ficción
- Comprender que los escritores pueden aprender a elaborar ficción usando textos ejemplares como modelos
- Usar los términos *ficción, cuento popular, fantasía, cuento de hadas* y *fábula* para describir el género

**▸ Escribir el género**

- Escribir un cuento sencillo de ficción, ya sea realista o de fantasía
- Describir personajes por su aspecto y por lo que hacen
- Describir el escenario con detalles adecuados

#### MEMORIAS PERSONALES

**▸ Comprender el género**

- Comprender que los escritores pueden contar relatos sobre su vida
- Comprender que una historia sobre la vida propia generalmente se escribe en primera persona (usando *yo* y *nosotros*)
- Comprender que las memorias personales son un texto biográfico en el que una escritora o un escritor reflexiona sobre experiencias, épocas, lugares o personas memorables
- Comprender que un texto sobre hechos puede usar técnicas literarias (palabras interesantes, descripciones, ilustraciones) para atraer y entretener a los lectores a medida que brinda información sobre hechos
- Comprender que la escritora o el escritor puede recordar o reflexionar sobre los recuerdos o la experiencia, y compartir lo que piensa y siente acerca de eso
- Comprender que una narración de recuerdos personales debe ser importante para la escritora o el escritor
- Comprender cómo elaborar una memoria o una narración personal a partir de textos ejemplares

**▸ Escribir el género**

- Seleccionar un tema significativo
- Escribir generalmente en primera persona para lograr una voz intensa
- Escribir un comienzo atractivo y un final satisfactorio para un cuento
- Seleccionar "pequeños momentos" o experiencias y compartir pensamientos y sentimientos sobre ellos
- Describir un escenario y cómo se relaciona con las experiencias de la escritora o del escritor
- Usar palabras que muestren el paso del tiempo
- Contar detalles acerca de los momentos más importantes de un cuento o de una experiencia y, al mismo tiempo, eliminar los detalles que no son importantes
- Escribir de manera que se muestre la importancia del cuento
- Revelar algo importante sobre la propia persona o la vida
- Describir personajes por lo que hacen, dicen y piensan, y lo que los demás dicen sobre ellos
- Usar diálogo adecuado para contribuir al significado del cuento
- Usar lenguaje literario que sea diferente del lenguaje oral

### ESCRITURA INFORMATIVA
*(Propósito: explicar o presentar datos sobre un tema)*

#### TEXTO EXPOSITIVO

**▸ Comprender el género**

- Comprender que para escribir un texto sobre hechos, la escritora o el escritor necesita aprender mucho sobre el tema
- Comprender que la escritora o el escritor trabaja para que los lectores se interesen en un tema
- Comprender que un texto sobre hechos puede usar técnicas literarias (palabras interesantes, descripciones, fotos, elementos gráficos, dibujos con rótulos) para atraer y entretener a los lectores a medida que brinda información sobre hechos
- Comprender cómo escribir un texto sobre datos a partir de textos ejemplares

**▸ Escribir el género**

- Usar ilustraciones y características del libro y la letra impresa (imágenes rotuladas, diagramas, tabla de contenidos, encabezados, recuadros laterales, números de página) para guiar a la lectora o al lector
- Escribir un texto que sea interesante y cuya lectura sea entretenida
- Escribir sobre un tema teniendo en cuenta el público y sus intereses
- Brindar detalles interesantes que desarrollen un tema
- Presentar información en categorías
- Brindar detalles de apoyo en cada categoría
- Usar vocabulario específico del tema
- Presentar información que enseñe un tema a los lectores
- En ocasiones, usar una estructura narrativa para ayudar a los lectores a comprender información e interesarse en un tema

## Seleccionar propósito, género y forma *(cont.)*

### Escritura

**ESCRITURA POÉTICA** *(Propósito: expresar emociones, imágenes sensoriales, ideas o cuentos)*

#### POESÍA

**▸ Comprender el género**

- Comprender que la poesía es una manera de comunicar y describir sentimientos, imágenes sensoriales, ideas o cuentos
- Comprender que una escritora o un escritor puede crear diferentes tipos de poemas (*poemas que riman, poemas que no riman*)
- Comprender la importancia de elegir palabras específicas en la poesía
- Comprender que un poema puede crearse a partir de otros tipos de texto
- Comprender que los poemas se pueden ver y escuchar diferente unos de otros
- Comprender la manera en que la letra impresa y el espacio funcionan en los poemas
- Comprender que los poemas tienen diversas formas visuales en una página
- Comprender que no es necesario que los poemas rimen

**▸ Escribir el género**

- Observar con atención el mundo (animales, objetos, personas) y obtener ideas para escribir poemas
- Escribir poemas que transmiten sentimientos o imágenes
- Colocar las palabras en una página para que tengan forma de poema
- Usar lenguaje para describir cómo se ve, huele, sabe, se siente o suena algo
- Usar cortes de línea y espacios en blanco al escribir poemas
- Escribir poemas a partir de otros tipos de textos (cuentos, textos informativos)
- En ocasiones, tomar palabras o frases específicas de otros textos e introducirlas en un poema

Primero pongo toda la ropa que necesito en mi bolsa de viaje y luego pongo mis jugetes favoritos en mi mochila.

Mientras espero, dibujo, como galletas y juego con mi papá y con mi mamá. También miro por la ventana y duermo.

*Una niña de segundo grado escribe un libro sobre cómo viajar.*

# Seleccionar objetivos Hábitos y conocimientos para observar, enseñar y apoyar

## Escritura

### ELABORACIÓN

#### ORGANIZACIÓN

**▸ Estructura del texto**

- Decidir dónde ubicar características como fotografías con leyendas, recuadros, recuadros laterales y elementos gráficos en un texto
- Crear un libro álbum como un tipo de escritura
- Escribir un texto narrativo de ficción o no ficción que esté ordenado cronológicamente
- Escribir un cuento con un comienzo, una serie de cosas que sucedan y un final, o un texto informativo con oraciones que introduzcan y resuman
- Comprender que un texto informativo está ordenado de manera lógica (secuencias, ideas relacionadas entre sí)
- Escribir una página sobre la autora o el autor al comienzo o al final de un libro para dar información sobre la autora o el autor
- Dedicar un cuento a alguien y escribir la dedicatoria en el interior de la cubierta, en la portada o la página de créditos, o en una página individual

**▸ Comienzos, finales, títulos**

- Usar diversos comienzos para atraer a la lectora o al lector
- Usar diversos finales para atraer y satisfacer a la lectora o al lector
- Usar diversas estructuras de comienzo, desarrollo y final adecuadas al género
- Seleccionar un título adecuado para un poema
- Generar varios títulos para el texto y seleccionar el más adecuado en función del contenido de un texto informativo o de su trama o caracterización

**▸ Presentación de ideas**

- Contar una parte, una idea o un grupo de ideas de cada página de un libro
- Presentar ideas en una secuencia lógica
- Organizar la información según el propósito
- Usar encabezados para mostrar temas importantes
- Usar encabezados, una tabla de contenidos y otras características para ayudar a la lectora o al lector a hallar información y comprender cómo se relacionan los hechos
- Presentar ideas seguidas de detalles y ejemplos de apoyo
- Usar el tiempo adecuadamente como herramienta de organización
- Mostrar los pasos con suficientes detalles para que la lectora o el lector pueda seguir la secuencia
- Darle un cierre a un texto mediante un final o una oración que lo resuma
- Organizar la escritura de maneras que sean características del género (narrativo o informativo)
- Usar ilustraciones (dibujos, fotografías, diagramas) para dar información
- Usar algunas palabras de vocabulario específicas del tema o del contenido

#### DESARROLLO DE IDEAS

- Comprender la diferencia entre desarrollar un texto narrativo (o trama) y dar información sobre un tema en categorías
- Comprender cómo la información ayuda a la lectora o al lector a aprender sobre un tema
- Reunir y aprender información y luego escribir con palabras propias
- Escribir y/o dibujar sobre una idea en una página o en varias páginas de un libro
- Comunicar claramente los puntos principales que se pretende que los lectores comprendan
- Organizar la información de manera lógica para que las ideas se construyan unas sobre otras
- Estructurar un texto narrativo y mantener la escritura para desarrollarlo de manera lógica

#### USO DEL LENGUAJE

- Comprender que lo que se dice (lenguaje oral) puede escribirse
- Tener conocimiento de que el lenguaje de los libros es diferente, en ciertos aspectos, a la conversación
- Usar vocabulario oral conocido en la escritura si no sabe cómo escribir algunas palabras
- Comprender que la escritora o el escritor usa el lenguaje para comunicar significado
- Demostrar el uso del lenguaje de libros de cuentos y libros informativos que se hayan leído en voz alta
- Aprender de otros escritores maneras de usar el lenguaje y construir textos (al leer libros y escuchar su lectura en voz alta) y aplicar esos conocimientos a los textos propios
- Tomar una palabra, frase u oración de otra escritora u otro escritor
- Usar palabras o frases memorables
- Mostrar mediante el lenguaje en lugar de decir
- Usar ejemplos para aclarar el significado a los lectores
- Comenzar a desarrollar el conocimiento del lenguaje de diferentes géneros

#### ELECCIÓN DE PALABRAS

- Aprender palabras nuevas al leer y probarlas en la escritura
- Usar vocabulario adecuado para el tema
- Variar la elección de palabras para crear descripciones y diálogos interesantes
- Demostrar la capacidad de variar el texto eligiendo palabras alternativas (para alternar *dijo*) cuando sea adecuado
- Usar conectores (palabras de transición) comunes (simples) para relacionar ideas y mostrar significado a través de textos de no ficción (*y, pero, entonces, porque, antes, después*)

#### VOZ

- Escribir sobre las experiencias personales cuando se habla
- Escribir de manera expresiva y también reconocer cómo debería escucharse el lenguaje de un libro
- Escribir de manera que se hable directamente a la lectora o al lector
- Mostrar entusiasmo y energía por el tema
- Usar puntuación para que el texto sea claro, efectivo e interesante y para apoyar la voz
- Leer la escritura en voz alta como ayuda para pensar críticamente en la voz

# Seleccionar objetivos Hábitos y conocimientos para observar, enseñar y apoyar *(cont.)*

## Escritura

### NORMAS

*Para obtener más información sobre usos gramaticales, mayúsculas, puntuación y ortografía, consulte el Apéndice: Gramática, uso y técnicas*

#### DISPOSICIÓN DEL TEXTO

- Disponer el texto en la página para apoyar el significado del texto y para ayudar a la lectora o al lector a observar información importante
- Comprender que la disposición de la letra impresa y las ilustraciones son importantes para transmitir el significado de un texto
- Comprender cómo usar la disposición, los espacios y el tamaño de letra para crear títulos, encabezados y subtítulos
- Subrayar o escribir en negrita para transmitir significado
- Incorporar características del texto de no ficción (leyendas, rótulos, recuadros, recuadros laterales, tabla de contenidos) en el texto
- Usar el tamaño de la letra impresa para transmitir significado en el texto impreso
- Usar la sangría o los espacios para distinguir párrafos

#### GRAMÁTICA Y USO

▸ **Categorías gramaticales**

- Usar la concordancia de sustantivos y pronombres correctamente (en género, número, caso): *Miguel, él*
- Usar adjetivos, adverbios y preposiciones correctamente

▸ **Tiempos verbales**

- Escribir en tiempo pasado (*caminé muy rápido*)
- Escribir en tiempo presente (*camino muy rápido*)
- Escribir en tiempo futuro (*voy a caminar muy rápido*)

▸ **Estructura de las oraciones**

- Escribir oraciones completas (sujeto y predicado)
- Usar una variedad de tipos de oraciones (declarativas, interrogativas, imperativas, exclamativas)

▸ **Párrafos**

- Comprender que cada página del libro de una estudiante o un estudiante se centra en una idea
- Comprender y usar la estructura del párrafo (con sangría o en bloque) para organizar oraciones que se centren en una idea

#### MAYÚSCULAS

- Usar una mayúscula para la primera palabra de un título
- Usar una mayúscula para la primera palabra de una oración
- Escribir los nombres de personas, lugares, ciudades, estados y países con mayúscula

#### PUNTUACIÓN

- Usar puntos, signos de admiración y signos de interrogación
- Leer la escritura propia en voz alta y pensar dónde debe ir la puntuación
- Comprender y usar puntos suspensivos para mostrar pausas o expectativa, generalmente antes de algo sorprendente
- Usar rayas de diálogo o comillas para mostrar diálogo sencillo
- Usar comillas para indicar citas y pensamientos
- Usar comas para separar los elementos de una enumeración

#### ORTOGRAFÍA

- Escribir con la ortografía correcta 200 palabras conocidas de uso frecuente (se incluyen palabras con combinaciones de consonantes, dígrafos y algunos patrones con vocales) con terminaciones comunes y reflejar la ortografía en los borradores finales
- Separar en sílabas los polisílabos y deletrear sus partes correctamente o casi correctamente
- Usar recursos sencillos como ayuda para deletrear palabras o revisar la ortografía (muro de palabras, listas de palabras personales)
- Usar plurales sencillos y algunos complejos
- Usar acentos ortográficos en las palabras
- Deletrear palabras que se hayan estudiado (palabras de ortografía)
- Escribir palabras compuestas fáciles correctamente
- Usar conocimientos de sílabas abiertas y cerradas para generar polisílabos (CV, VCV, CVCV, VC, CVC, VCCV)
- Comenzar a darse cuenta cuándo una palabra "parece tener errores"

#### ESCRIBIR A MANO Y EN COMPUTADORA

- Escribir mayúsculas y minúsculas de manera correcta y proporcional en letra manuscrita
- Comenzar a desarrollar destrezas eficientes para manejar el teclado
- Hacer cambios en la pantalla para revisar y editar, y para publicar documentos

### PROCESO DE ESCRITURA

#### ENSAYAR Y PLANIFICAR

▸ **Propósito**

- Escribir con un propósito específico (informar, entretener, persuadir, reflejar, enseñar, volver a contar, relacionarse, planificar)
- Comprender cómo el propósito de la escritura influye en la selección del género
- Seleccionar el género de escritura a partir del propósito
- Indicar si una obra escrita es un texto funcional, narrativo, informativo o poético

▸ **Público**

- Escribir teniendo en cuenta a los lectores o a un público específicos
- Comprender que el propósito de la escritora o el escritor y el conocimiento del público dan forma a la escritura
- Planificar y organizar información para el público al que se dirige el texto
- Comprender que el público se compone de todos los lectores y no solamente de la maestra o del maestro

# **Seleccionar objetivos** Hábitos y conocimientos para observar, enseñar y apoyar *(cont.)*

## Escritura

### PROCESO DE ESCRITURA *(continuación)*

### ENSAYAR Y PLANIFICAR *(continuación)*

#### ▶ Lenguaje oral

- Generar y ampliar ideas por medio de la conversación con compañeros y con la maestra o el maestro
- Buscar ideas y temas en la experiencia personal y comentarlos
- Usar la conversación y la narración para generar y ensayar lenguaje que puede escribirse después
- Contar cuentos en orden cronológico
- Explorar preguntas relevantes al hablar sobre un tema
- Al ensayar el lenguaje para un texto informativo, usar vocabulario específico del tema
- Al ensayar el lenguaje para un texto narrativo, usar palabras de acción y de contenido adecuadas para el cuento

#### ▶ Reunir semillas/Recursos/Experimentar con la escritura

- Dictar ideas/temas para escribir
- Aportar ideas/temas para la escritura grupal (compartida o interactiva)
- Usar el cuaderno del escritor o un cuadernillo como herramienta para reunir ideas, experimentar, planificar, hacer bosquejos o borradores
- Volver a leer el cuaderno del escritor para seleccionar y desarrollar un tema
- Usar bosquejos, redes, listas y escritura libre para pensar, ensayar y planificar la escritura
- Ensayar comienzos

#### ▶ Contenido, asunto, tema

- Observar con atención sucesos, personas, escenarios y otros aspectos del mundo, para reunir información sobre un tema
- Seleccionar temas propios para la escritura informativa e indicar cuál es la importancia del tema
- Seleccionar información que apoyará el tema
- Elegir temas que uno conoce, que le interesan o sobre los que uno quiere aprender
- Elegir temas que sean interesantes para la escritora o el escritor
- Comentar un tema de una manera interesante
- Centrarse en un tema
- Obtener ideas de otros libros y escritores sobre cómo acercarse a un tema
- Comunicar la importancia de un tema a un público
- Decidir qué es lo más importante sobre un tema o un relato
- Seleccionar detalles que apoyarán un tema o un relato
- Dar un título al cuento, poema o texto informativo

#### ▶ Investigación/Exploración

- Observar con atención para describir y comparar animales, plantas, objetos y personas y comentar las observaciones
- Observar con atención para detectar y describir el cambio (crecimiento, cambio con el tiempo en las plantas o los animales, cambios químicos en los alimentos) y comentar las observaciones
- Observar los detalles o los cambios en el medioambiente
- Usar dibujos con rótulos para mostrar cómo se ve algo, cómo funciona algo, o el proceso o cambio
- En ocasiones, rotular los dibujos
- Comentar dibujos a partir de la observación
- Contribuir de manera activa en la escritura compartida o interactiva para informar los resultados de la investigación
- Formular preguntas para responder sobre un tema
- Seleccionar la información más importante sobre un tema o un cuento
- Participar de manera activa en las experiencias y recordar información que aporte ideas a la escritura y al dibujo (con cuadernos y objetos)
- Recordar rótulos importantes para los dibujos
- Tomar notas o hacer bosquejos como ayuda para recordar o generar información
- Reunir información (con ayuda de la maestra o del maestro) sobre un tema de los libros u otro material impreso o medio de comunicación durante la preparación para escribir sobre ese tema

#### ▶ Género/Formas

- Seleccionar el género del texto según el propósito (carta informal, texto de instrucciones, ficción, memorias personales, texto expositivo, poesía)
- Seleccionar entre diversas formas (notas, tarjetas, cartas, invitaciones, correos electrónicos, libros con ilustraciones y texto; libros del alfabeto; libros rotulados; libros de preguntas y respuestas; libros con ilustraciones solamente, poemas)
- Comprender que las ilustraciones desempeñan distintas funciones en un texto (entretienen más a la lectora o al lector, agregan información, muestran secuencias o procesos paso a paso)

### HACER UN BORRADOR Y REVISAR

#### ▶ Comprender el proceso

- Comprender la función de la escritora o del escritor, de la maestra o del maestro o de los compañeros escritores en una conferencia
- Comprender que otros escritores pueden ayudar en el proceso
- Cambiar la escritura en respuesta a los comentarios de los compañeros, o de la maestra o del maestro
- Comprender que la revisión es un medio para que los mensajes escritos sean más sólidos y claros para los lectores

#### ▶ Producir un borrador

- Escribir un mensaje con continuidad sobre un tema sencillo
- Usar dibujos para añadir información, explicar o hacer que la lectora o el lector comprenda y disfrute más
- Escribir un borrador o un borrador exploratorio (escribir rápido y todo lo que se pueda sobre un tema)
- Comprender la importancia de la entrada en un relato o texto de no ficción
- Darle un cierre al texto con un final o una oración final
- En una narración, establecer un suceso inicial y seguir con una serie de sucesos
- Presentar las ideas en orden lógico a lo largo de un texto de no ficción

# Seleccionar objetivos Hábitos y conocimientos para observar, enseñar y apoyar *(cont.)*

## Escritura

### PROCESO DE ESCRITURA *(continuación)*

#### HACER UN BORRADOR Y REVISAR *(continuación)*

**▸ Volver a leer**

- Volver a leer todos los días antes de escribir más
- Volver a leer y revisar el borrador, o volver a escribir una sección para aclarar el significado
- Volver a leer la escritura para asegurarse de que no falten palabras o información
- Identificar el enunciado (y a veces reformulación) de la idea principal de un texto
- Identificar la parte más emocionante de un cuento

**▸ Agregar información**

- Agregar ideas para dar información o mostrar pensamientos y emociones con globos de diálogo o comillas
- Agregar diálogo para dar información o narrar con rayas de diálogo o globos de diálogo
- Agregar palabras descriptivas (adjetivos, adverbios) y frases para ayudar a los lectores a visualizar y comprender sucesos, acciones, procesos o temas
- Agregar palabras, frases u oraciones para que la escritura sea más interesante o emocionante para los lectores
- Agregar palabras, frases u oraciones para brindar más información a los lectores
- Agregar palabras, frases u oraciones para aclarar el significado a los lectores

**▸ Eliminar información**

- Eliminar texto para expresar mejor el significado y hacer que el texto sea más lógico
- Eliminar palabras u oraciones que no tengan sentido o no correspondan al tema o el mensaje
- Eliminar páginas cuando la información no sea necesaria
- Quitar palabras, frases u oraciones innecesarias que sean repetitivas o que no agreguen significado

**▸ Cambiar el texto**

- Cambiar palabras para que la escritura sea más interesante
- Identificar las partes que no son claras o las ideas confusas y ser más específico

**▸ Reorganizar la información**

- Volver a organizar y revisar el texto para expresar mejor el significado o hacer que el texto sea más lógico (volver a ordenar los dibujos, volver a ordenar las páginas, cortar y pegar)
- Volver a ordenar las páginas disponiendo o volviendo a montar las páginas

**▸ Usar herramientas y técnicas**

- Agregar palabras, letras, frases u oraciones usando diversas técnicas (símbolo de intercalación, notas adhesivas, tiras de papel, elementos numerados en una hoja individual)
- Usar un número para saber dónde agregar información y un papel adicional pegado con números para escribir la información que se inserta
- Eliminar palabras, frases u oraciones de un texto (tachar o usar procesadores de textos) para aclarar el significado
- Volver a ordenar la información de un texto para aclarar el significado al quitar, cortar y pegar, disponer las páginas, usar procesadores de texto

#### EDITAR Y CORREGIR

**▸ Comprender el proceso**

- Comprender que una escritora o un escritor usa lo que sabe para escribir bien las palabras
- Comprender que cuanto más precisos sean la ortografía y el espacio entre las palabras, más fácil le resultará a la lectora o al lector leer las palabras
- Saber cómo usar una lista de corrección y edición

**▸ Editar según las normas**

- Revisar y corregir la formación de letras
- Editar para corregir errores de ortografía encerrando en un círculo o subrayando las palabras que parecen tener errores y escribirlas de nuevo
- Editar la ortografía de palabras conocidas escritas según las normas
- Comprender que la maestra o el maestro hará la edición ortográfica final del texto publicado después de que la estudiante o el estudiante haya usado todos sus conocimientos
- Editar el uso de mayúsculas
- Editar la puntuación final
- Editar el sentido de las oraciones

**▸ Usar herramientas**

- Usar herramientas de referencia básicas (muros de palabras, listas de palabras personales, tarjetas de palabras como ayuda para elegir palabras o revisar la ortografía)
- Revisar la ortografía, aceptando o rechazando los cambios cuando sea necesario

#### PUBLICAR

- Producir textos para explicar, rotular o acompañar los dibujos
- Crear ilustraciones y escritura que funcionen en conjunto para expresar el significado
- Incluir elementos gráficos o ilustraciones adecuados para el texto
- Crear ilustraciones (a menudo en colaboración con otros) para mejorar un texto de escritura compartida
- Compartir un texto con los compañeros leyéndolo en voz alta a la clase
- Reunir varios cuentos o poemas en un libro

# Seleccionar objetivos Hábitos y conocimientos para observar, enseñar y apoyar *(cont.)*

## Escritura

### PROCESO DE ESCRITURA *(continuación)*

#### PUBLICAR *(continuación)*

- Seleccionar un poema, un cuento o un libro informativo para publicar de diversas formas adecuadas (escrito/impreso, enmarcado o dibujado o exhibido de diferente manera)
- Usar rótulos y leyendas en los dibujos exhibidos
- Considerando un público de antemano, agregar al texto características del libro y la letra impresa durante el proceso de publicación (ilustraciones y otros elementos gráficos, cubierta de doble página, título, dedicatoria, tabla de contenidos, texto sobre la autora o el autor)
- Trabajar en la disposición del texto en la publicación final
- Comprender que la publicación es compartir un texto escrito teniendo en cuenta un propósito y un público

#### DIBUJAR

- Comprender que cuando hay texto y dibujos en una página, se apoyan mutuamente y se amplían entre sí
- Usar dibujos y bosquejos para representar personas, lugares, cosas e ideas en el proceso de redacción, revisión y publicación
- Usar bosquejos para ayudar a recordar y planificar
- Usar dibujos para capturar detalles importantes sobre un tema
- Proporcionar información importante con ilustraciones
- Agregar los rótulos o las oraciones necesarios a los dibujos para explicarlos
- Agregar detalles a los dibujos para añadir información o generar interés
- Crear dibujos que requieran especial atención al color o al detalle
- Crear dibujos que estén relacionados con el texto escrito y que hagan que la lectora o el lector comprenda y disfrute más

#### VERSE A SÍ MISMOS COMO ESCRITORES

- Emprender la escritura aproximada y la escritura convencional según las normas de manera independiente
- Tener una lista o un cuaderno con temas e ideas para escribir
- Seleccionar los mejores textos de la propia colección y dar razones para las elecciones
- Autoevaluar la propia escritura y comentar los aspectos positivos y las técnicas que se usaron
- Producir una cantidad razonable de texto escrito dentro del tiempo disponible
- Escribir por iniciativa e inversión propias
- Prestar atención al lenguaje y los recursos de elaboración de otros escritores (textos ejemplares) para aprender más como escritora o escritor
- Prestar atención a los detalles de las ilustraciones y la manera en que mejoran un texto para ensayarlos
- Arriesgarse como escritora o escritor
- Escribir diversos géneros a lo largo del año
- Comprender la escritura como vehículo para comunicar algo que la escritora o el escritor piensa
- Comentar sobre lo que se trabaja como escritora o escritor
- Hablar sobre una misma como escritora o uno mismo como escritor
- Solicitar observaciones sobre la escritura
- Estar dispuesta o dispuesto a trabajar en la elaboración de la escritura incorporando nuevas enseñanzas
- Comparar un texto escrito previamente con un texto revisado, y observar y comentar las diferencias
- Decir qué se aprendió de cada texto escrito
- Escribir con fluidez y naturalidad
- Observar lo que hace que la escritura sea efectiva y mencionar el recurso de elaboración o técnica
- Marcar la parte más importante del texto propio o del texto de otros

# Seleccionar propósito, género y forma

## Escritura

Mediante la inmersión en nuevos tipos de textos, los estudiantes de tercer grado aprenden las características de la escritura efectiva en diversos géneros. Su capacidad para redactar textos se desarrolla a medida que adquieren voz y más experiencia en la presentación de sus ideas. Experimentan nuevas herramientas y técnicas en el proceso de escritura y aplican una variedad de normas más amplia.

### ESCRITURA FUNCIONAL
*(Propósito: realizar una tarea práctica)*

#### CARTA INFORMAL

**▶ Comprender el género**

- Comprender que la comunicación escrita puede usarse con diferentes propósitos (informar, invitar, agradecer)
- Comprender que una carta informal puede escribirse de diversas formas (notas, tarjetas, cartas, invitación, correo electrónico)
- Comprender que el emisor y el receptor deben mostrarse claramente
- Comprender que una nota o tarjeta debe incluir saludos breves e información relevante
- Comprender que una invitación debe incluir información específica acerca de la hora y el lugar del evento
- Comprender que una carta informal es más formal que un correo electrónico, una nota o una tarjeta
- Comprender que una carta informal tiene partes (fecha, saludo, firma final y a veces *P.D.*)
- Comprender cómo escribir acerca de notas, tarjetas, invitaciones, correos electrónicos y cartas informales observando las características de los ejemplos

**▶ Escribir el género**

- Escribir una tarjeta, nota, invitación o carta informal con un propósito específico en mente
- Escribir notas, tarjetas, invitaciones y correo electrónicos con diversos propósitos
- Escribir a un público conocido, o a una lectora o un lector específico
- Dirigirse al público de manera adecuada
- Incluir información importante en la comunicación
- Escribir una carta informal con todas sus partes

#### TEXTO DE INSTRUCCIONES

**▶ Comprender el género**

- Comprender que un texto de instrucciones ayuda a saber cómo se hace algo
- Comprender que un texto de instrucciones puede escribirse de diversas formas: lista, instrucciones con pasos (explicativos)
- Comprender que un texto de instrucciones suele mostrar un elemento debajo de otro y puede incluir un número o letra para cada elemento
- Comprender que una lista organiza funcionalmente la información
- Comprender que un texto de instrucciones suele incluir una lista de lo que se necesita para llevar a cabo un procedimiento
- Comprender cómo elaborar textos de instrucciones a partir de textos ejemplares

**▶ Escribir el género**

- Usar una lista para planificar una actividad o ayudar a la memoria
- Usar una lista para desarrollar textos de diversos géneros y formas
- Hacer una lista con elementos adecuados al propósito de la lista
- Hacer una lista con la forma adecuada, con un elemento debajo de otro
- Usar palabras de números o palabras de transición
- Escribir los pasos de un procedimiento con la secuencia adecuada y de modo explícito
- Escribir un manual de instrucciones con dibujos para ilustrar un proceso

#### ESCRIBIR EN UNA PRUEBA

**▶ Comprender el género**

- Comprender que escribir en una prueba suele requerir escribir sobre un tema asignado
- Comprender que escribir en una prueba puede requerir la creación de textos expositivos o persuasivos
- Comprender que algunas pruebas se usan con el propósito de demostrar lo que una persona sabe o puede hacer como escritora o escritor
- Comprender que escribir en una prueba puede asumir diversas formas: construcción de respuesta corta (en ocasiones llamada *respuesta corta*), construcción de respuesta extendida (o *ensayo*)
- Comprender que escribir en una prueba suele requerir escribir sobre algo real
- Comprender que escribir en una prueba implica analizar lo que se espera de la escritora o del escritor, y luego planificar y escribir una respuesta que refleje eso
- Comprender la escritura en una prueba como una respuesta diseñada minuciosamente para responder a instrucciones precisas
- Usar los términos *escribir en una prueba, respuesta corta* y *respuesta extendida* para describir este tipo de escritura funcional

**▶ Escribir el género**

- Analizar las indicaciones para comprender el propósito, el público y el género del texto adecuado para escribir
- Leer y aprender las pautas para una respuesta aceptable
- Escribir respuestas centradas en las preguntas y las indicaciones
- Escribir concisamente y orientándose a lo que se pide o se pregunta
- Desarrollar los puntos importantes
- Excluir los detalles irrelevantes
- Incorporar los propios conocimientos de escritura al responder

#### ESCRIBIR SOBRE LA LECTURA

- Consulte Escribir sobre la lectura, páginas 169-234.

# Seleccionar propósito, género y forma *(cont.)*

## Escritura



### ESCRITURA NARRATIVA *(Propósito: contar un cuento)*

#### FICCIÓN

**▶ Comprender el género**

- Comprender que los géneros de ficción incluyen la ficción realista, la literatura tradicional (cuento popular, cuento exagerado, cuento de hadas, fábula) y la fantasía
- Comprender que la ficción puede escribirse de diversas formas (texto narrativo, libros álbum, libros álbum sin palabras, poemas, canciones, obras de teatro, cartas)
- Comprender que un propósito adicional de un texto de ficción es explorar un tema o enseñar una lección
- Comprender que un texto de ficción puede incluir uno o más sucesos en la vida de un personaje principal
- Comprender que una escritora o un escritor usa diversos elementos de ficción (escenario, argumento con problema y solución, personajes) en un texto de ficción
- Comprender que los escritores pueden aprender a elaborar ficción mediante el uso de textos ejemplares como modelos
- Usar los términos *ficción realista, cuento popular, cuento exagerado, cuento de hadas* y *fábula* para describir el género

**▶ Escribir el género**

- Escribir un cuento sencillo de ficción, ya sea realista o de fantasía
- Describir el escenario con detalles adecuados
- Desarrollar un cuento interesante con personajes creíbles y una trama realista
- Mostrar el problema del cuento y cómo uno o más personajes reaccionan al problema
- Describir personajes por su aspecto y por lo que hacen
- Mostrar en lugar de decir lo que sienten los personajes

#### MEMORIAS PERSONALES

**▶ Comprender el género**

- Comprender que los escritores pueden contar relatos sobre su vida
- Comprender que una historia sobre la vida propia generalmente se escribe en primera persona (usando *yo* y *nosotros*)
- Comprender que las memorias personales son un texto biográfico en el que una escritora o un escritor reflexiona acerca de una experiencia, lugar, momento o persona memorable
- Comprender que un texto sobre hechos puede usar técnicas literarias (palabras y lenguaje interesantes, descripciones que apelan los sentidos, ilustraciones) para atraer y entretener a los lectores a medida que brinda información sobre hechos
- Comprender que la escritora o el escritor puede recordar o reflexionar sobre los recuerdos o la experiencia, y compartir lo que piensa y siente acerca de eso
- Comprender que una narración de recuerdos personales debe ser importante para la escritora o el escritor
- Comprender cómo elaborar una memoria o una narración personal a partir de textos ejemplares

**▶ Escribir el género**

- Seleccionar un tema significativo
- Escribir generalmente en primera persona para lograr una voz intensa
- Escribir un comienzo atractivo y un final satisfactorio para un cuento
- Seleccionar "pequeños momentos" o experiencias y compartir pensamientos y sentimientos sobre ellos
- Describir un escenario y cómo se relaciona con las experiencias de la escritora o del escritor
- Usar palabras que muestren el paso del tiempo
- Contar detalles acerca de los momentos más importantes de un cuento o de una experiencia y, al mismo tiempo, eliminar los detalles que no son importantes
- Escribir de manera que se muestre la importancia del cuento
- Revelar algo importante sobre la propia persona o la vida
- Describir personas por lo que hacen, dicen y piensan y lo que los demás dicen sobre ellos
- Usar diálogo adecuado para contribuir al significado del cuento
- Usar lenguaje literario que sea diferente del lenguaje oral

### ESCRITURA INFORMATIVA
*(Propósito: explicar o presentar datos sobre un tema)*

#### TEXTO EXPOSITIVO

**▶ Comprender el género**

- Comprender que una escritora o un escritor crea un texto expositivo para los lectores con el objetivo de aprender acerca de un tema
- Comprender que para escribir un texto expositivo, la escritora o el escritor necesita aprender mucho sobre el tema
- Comprender que la escritora o el escritor trabaja para que los lectores se interesen en un tema
- Comprender que un texto sobre hechos puede usar técnicas literarias (lenguaje interesante, descripción, comparación, fotos, elementos gráficos, dibujos con rótulos) para atraer y entretener a los lectores a medida que brinda información sobre hechos
- Comprender que una escritora o un escritor puede aprender a escribir un texto expositivo a partir de textos ejemplares

**▶ Escribir en el género**

- Usar ilustraciones y características del libro y la letra impresa (imágenes rotuladas, diagramas, tabla de contenidos, encabezados, recuadros laterales, números de página) para guiar a la lectora o al lector
- Escribir un texto que sea interesante y cuya lectura sea entretenida
- Escribir sobre un tema teniendo en cuenta el público y sus intereses
- Presentar información que enseñe o informe un tema a los lectores
- Presentar información en categorías y ofrecer detalles de apoyo interesantes en cada categoría para desarrollar un tema
- Usar vocabulario específico del tema

# Seleccionar propósito, género y forma *(cont.)*

## Escritura

**ESCRITURA POÉTICA** *(Propósito: expresar emociones, imágenes sensoriales, ideas o cuentos)*

### POESÍA

▸ **Comprender el género**

- Comprender que la poesía es una manera particular de comunicar y describir emociones, imágenes sensoriales, ideas o relatos
- Comprender que una escritora o un escritor puede crear diferentes tipos de poemas (*poemas que riman, poemas que no riman*)
- Comprender la importancia de elegir palabras específicas en la poesía
- Comprender la diferencia entre lenguaje cotidiano y lenguaje poético
- Comprender que un poema puede crearse a partir de otros tipos de texto
- Comprender que los poemas se pueden ver y escuchar diferente unos de otros
- Comprender la manera en que la letra impresa y el espacio funcionan en los poemas
- Comprender que los poemas tienen diversas formas visuales en una página
- Comprender que no es necesario que los poemas rimen

▸ **Escribir el género**

- Observar con atención el mundo (animales, objetos, personas) y obtener ideas para escribir poemas
- Escribir poemas que transmiten sentimientos o imágenes
- Usar lenguaje para describir cómo se ve, huele, sabe, se siente o suena algo
- Usar el lenguaje poético para comunicar significado
- Eliminar palabras adicionales para aclarar el significado y hacer que la escritura sea más intensa
- Usar cortes de línea y espacios en blanco al escribir poemas
- Colocar las palabras en una página para que tengan forma de poema
- Escribir diversos poemas
- Escribir poemas a partir de otros tipos de textos (cuentos, textos informativos)
- En ocasiones, tomar palabras o frases específicas de otros textos e introducirlas en un poema

Madre

Oh, qué hermoso es tener una amorosa madre a tu lado y sentir su amor. No hay otra madre a la que tienes. Oh, mi querida madre, yo te doy gracias por todo lo que has hecho para traerme a este mundo.

Una madre es siempre fuerte y limpia tus lágrimas. Una madre siempre te acompaña a todos los lugares. Cuando escuchas su vos gentil te calmas. Una madre es tan buena como es hermosa. Una madre siempre esta a tu lado y esta lista para levantarte otra vez. Una madre es un espíritu que brilla y te protege. Una madre es todo a tu alrededor. Una madre es tu espíritu como es tu luz.

FELIZ DIA DE MADRES, MAMA!

*Estudiante de tercer grado escribe un poema en prosa por el Día de las Madres.*

# Seleccionar objetivos Hábitos y conocimientos para observar, enseñar y apoyar

## Escritura



### ELABORACIÓN

#### ORGANIZACIÓN

**▸ Estructura del texto**

- Decidir dónde ubicar características como fotografías con leyendas, recuadros, recuadros laterales y elementos gráficos en un texto
- Escribir textos narrativos de ficción y no ficción ordenados cronológicamente
- Escribir cuentos o libros informativos con un comienzo, una serie de sucesos y un final u oraciones que introduzcan y resuman
- Escribir un texto informativo con estructura expositiva que esté ordenado lógicamente (secuencias, ideas relacionadas entre sí, categorías de información relacionada)
- Comenzar a usar patrones estructurales subyacentes para presentar diferentes tipos de información en un texto de no ficción (descripción, secuencia temporal, pregunta y respuesta, causa y efecto, secuencia cronológica, comparar y contrastar, problema y solución)

**▸ Comienzos, finales, títulos**

- Usar diversos comienzos para atraer a la lectora o al lector
- Usar diversos finales para atraer y satisfacer a la lectora o al lector
- Usar diversas estructuras de comienzo, desarrollo y final adecuadas al género
- Seleccionar un título adecuado para un poema, un cuento o un libro informativo
- Generar varios títulos para el texto y seleccionar el más adecuado en función del contenido de un texto informativo o de su trama o caracterización

**▸ Presentación de ideas**

- Contar una parte, una idea, un suceso o un grupo de ideas de cada página de un libro
- Presentar ideas de manera clara en una secuencia lógica
- Organizar la información según el propósito y el género
- Presentar ideas seguidas de detalles y ejemplos de apoyo
- Usar el tiempo adecuadamente como herramienta de organización
- Mostrar los pasos con suficientes detalles para que la lectora o el lector pueda seguir la secuencia
- Darle un cierre a un texto mediante un final o una oración que lo resuma
- Usar encabezados, una tabla de contenidos y otras características para ayudar a la lectora o al lector a hallar información y a comprender cómo se relacionan los hechos
- Usar ilustraciones (diagramas, elementos gráficos, fotos, tablas) para presentar información
- Usar vocabulario específico del tema o el contenido

#### DESARROLLO DE IDEAS

- Comprender la diferencia entre desarrollar un texto narrativo (o trama) y dar información usando descripción, causa y efecto, comparar y contrastar, o problema y solución
- Presentar, desarrollar y concluir el tema o la historia
- Estructurar un texto narrativo y mantener la escritura para desarrollarlo de manera lógica
- Desarrollar una trama lógica mediante la creación de un problema del cuento y su impacto en los múltiples sucesos hasta su resolución
- Comprender cómo la información ayuda a la lectora o al lector a aprender sobre un tema
- Reunir y aprender información y luego escribirla en sus propias palabras
- Comunicar claramente los puntos principales que se pretende que la lectora o el lector comprenda
- Organizar la información de manera lógica para que las ideas se construyan unas sobre otras

#### USO DEL LENGUAJE

- Comprender que la escritora o el escritor usa el lenguaje para comunicar significado
- Mostrar evidencia del uso del lenguaje en libros de cuentos y en libros informativos que se hayan leído en voz alta
- Aprender de otros escritores maneras de usar el lenguaje y construir textos (al leer libros y escuchar su lectura en voz alta) y aplicar esos conocimientos a los textos propios
- Seguir aprendiendo de otros escritores mediante la imitación de expresiones, frases y oraciones
- Usar palabras o frases memorables
- Usar lenguaje para mostrar en lugar de contar
- Usar ejemplos para aclarar significados
- Comenzar a usar lenguaje particular típico de diferentes géneros
- Usar variedad en la estructura de las oracioners
- Usar lenguaje para crear imágenes sensoriales
- Usar diversas transiciones y conectores (palabras, frases, oraciones, párrafos)

#### ELECCIÓN DE PALABRAS

- Aprender palabras nuevas al leer y probarlas en la escritura
- Usar vocabulario adecuado para el tema
- Usar una gama de palabras descriptivas para realzar el significado
- Variar la elección de palabras para crear descripciones y diálogos interesantes
- Mostrar la capacidad de variar el texto mediante la elección de palabras alternativas (*respondió* para *dijo*)
- Usar conectores (palabras que unen ideas y aclaran significados) comunes (simples) y algunos sofisticados que se usan en textos escritos pero que no aparecen a menudo en el lenguaje oral cotidiano (*a menos que, a pesar de que, aunque, cuando sea, por lo tanto, sin embargo*)

#### VOZ

- Escribir acerca de experiencias personales con una voz
- Escribir de manera expresiva pero también reconocer cómo sonaría el lenguaje en un libro
- Escribir de manera que se hable directamente a la lectora o al lector
- Mostrar entusiasmo y energía por el tema
- Escribir de una manera que muestre esmero y compromiso con el tema
- Usar títulos y lenguaje atractivos
- Usar puntuación para que el texto sea claro, efectivo e interesante y para apoyar la voz
- Leer la escritura en voz alta como ayuda para pensar críticamente en la voz

# Seleccionar objetivos Hábitos y conocimientos para observar, enseñar y apoyar *(cont.)*

## Escritura

### NORMAS

*Para obtener más información sobre usos gramaticales, mayúsculas, puntuación y ortografía, consulte el Apéndice: Gamática, uso y técnicas*

#### DISPOSICIÓN DEL TEXTO

- Disponer el texto en la página para apoyar el significado del texto y para ayudar a la lectora o al lector a observar información importante
- Usar la disposición de la letra impresa y las ilustraciones para transmitir el significado de un texto
- Usar la disposición, los espacios y el tamaño de letra para crear títulos y encabezados
- Incorporar las características del libro y la letra impresa (imágenes rotuladas, diagramas, tabla de contenidos, encabezados, recuadros laterales, números de página) a la escritura de no ficción
- Usar el tamaño de la letra impresa para transmitir significado en el texto impreso
- Usar subrayado, bastardilla y negrita en la letra impresa para transmitir un significado específico
- Usar bastardillas para palabras en títulos
- Usar la sangría o los espacios para distinguir párrafos

#### GRAMÁTICA Y USO

**▸ Categoría gramaticales**

- Usar la concordancia de sustantivos y pronombres correctamente (en género, número, caso): *Miguel, él*
- Reconocer y usar las ocho categorías gramaticales de la lengua española de una manera aceptada y estandarizada
- Usar la concordancia de sujeto y verbo (*la colcha es, las colchas son*)

**▸ Tiempos verbales**

- Escribir en tiempo pasado (*caminé muy rápido*)
- Escribir en tiempo presente (*camino muy rápido*)
- Escribir en tiempo futuro (*voy a caminar muy rápido*)

**▸ Estructura de las oraciones**

- Escribir oraciones completas (sujeto y predicado)
- Usar una variedad de tipos de oraciones (declarativas, interrogativas, imperativas, exclamativas)
- Usar estructura convencional en oraciones simples y compuestas
- Escribir algunas oraciones con cláusulas subordinadas (complejas) y diálogo
- Escribir diálogo continuo en la estructura convencional

**▸ Párrafos**

- Comprender y usar la estructura del párrafo (con sangría o en bloque) para organizar oraciones que se centren en una idea
- Comprender y usar párrafos para mostrar el cambio de hablante en los diálogos

#### USO DE MAYÚSCULAS

- Usar una mayúscula para la primera palabra de un título
- Usar una mayúscula para la primera palabra de una oración
- Escribir los nombres de personas, lugares, ciudades, estados y países con mayúscula
- Escribir un título entero con mayúsculas para mostrar énfasis
- Escribir la primera palabra del saludo de una carta con mayúscula
- Usar las mayúsculas de manera correcta en el diálogo continuo

#### PUNTUACIÓN

- Usar sistemáticamente puntos, signos de admiración y signos de interrogación de manera convencional
- Leer la escritura propia en voz alta y pensar dónde debe ir la puntuación
- Comprender y usar puntos suspensivos para mostrar pausas o expectativa, generalmente antes de algo sorprendente
- Usar rayas de diálogo o comillas para mostrar diálogo sencillo
- Usar puntuación correcta de diálogo continuo
- Usar comillas para indicar citas y pensamientos
- Usar comas de manera correcta para separar los elementos de una enumeración
- Separar las palabras en sílabas al final de una línea usando un guion

#### ORTOGRAFÍA

- Escribir con la ortografía correcta 300 palabras conocidas de uso frecuente, palabras (se incluyen palabras con combinaciones de consonantes, dígrafos y algunos patrones con vocales) con terminaciones comunes y reflejar la ortografía en los borradores finales
- Separar en sílabas los polisílabos y deletrear sus partes correctamente o casi correctamente
- Usar herramientas de referencia para revisar la ortografía cuando se edita el borrador final (diccionarios, recursos digitales)
- Agregar desinencias a las palabras (*-iendo, -ado, -ido*)
- Deletrear plurales sencillos y algunos complejos
- Usar acentos ortográficos en las palabras
- Usar conocimientos de sílabas abiertas y cerradas para generar polisílabos (CV, VCV, CVCV, VC, CVC, VCCV)
- Deletrear palabras que se hayan estudiado (palabras de ortografía)
- Escribir muchas palabras compuestas correctamente
- Escribir abreviaturas comunes correctamente
- Verificar la propia ortografía mediante la observación de cuándo una palabra no "se ve bien" y debería revisarse

#### ESCRIBIR A MANO Y EN COMPUTADORA

- Escribir de manera fluida y legible en letra cursiva a mano con el espaciado adecuado
- Usar destrezas eficientes para manejar el teclado
- Hacer cambios en la pantalla para revisar y editar y para publicar documentos
- Usar un procesador de texto para planificar, hacer un borrador, revisar, editar y publicar
- Usar el procesamiento de textos con el conocimiento de cómo producir y variar el texto (disposición, tipografía, técnicas especiales) de acuerdo con el propósito, el público, etc.

# Seleccionar objetivos Hábitos y conocimientos para observar, enseñar y apoyar *(cont.)*

## Escritura

### PROCESO DE ESCRITURA

#### ENSAYAR Y PLANIFICAR

**▸ Propósito**

- Escribir con un propósito específico (informar, entretener, persuadir, reflejar, enseñar, volver a contar, relacionarse, planificar)
- Comprender cómo influye el propósito de la escritura en la selección del género
- Seleccionar el género de escritura a partir del propósito
- Indicar si una obra escrita es un texto funcional, narrativo, informativo o poético
- Tener objetivos claros y comprender cómo influirán en la escritura

**▸ Público**

- Escribir teniendo en cuenta a los lectores o a un público específicos
- Comprender que el propósito de la escritora o del escritor y el conocimiento del público dan forma a la escritura
- Planificar y organizar información para el público al que se dirige el texto
- Comprender que el público se compone de todos los lectores y no solamente de la maestra o del maestro

**▸ Lenguaje oral**

- Generar y ampliar ideas por medio de la conversación con compañeros y con la maestra o el maestro
- Buscar ideas y temas en la experiencia personal y comentarlos
- Usar la conversación y la narración para generar y ensayar lenguaje que puede escribirse después
- Explorar preguntas relevantes al hablar sobre un tema
- Al ensayar el lenguaje para un texto informativo, usar vocabulario específico del tema
- Al ensayar el lenguaje para el texto narrativo, usar palabras de acción y de contenido adecuadas para el cuento

**▸ Reunir semillas/Recursos/Experimentar con la escritura**

- Usar el cuaderno del escritor o un cuadernillo como herramienta para reunir ideas, experimentar, planificar, hacer bosquejos o borradores
- Volver a leer un cuaderno del escritor para seleccionar temas (seleccionar pequeños momentos que se pueden desarrollar)
- Usar bosquejos, redes, listas y escritura libre para pensar, ensayar y planificar la escritura
- Hacer diagramas como ayuda para planificar
- Probar nuevas técnicas de escritura
- Tomar notas sobre ideas de elaboración
- Elegir un escenario y describirlo con detalles para suscitar una atmósfera particular

**▸ Contenido, asunto, tema**

- Observar con atención sucesos, personas, escenarios y otros aspectos del mundo, para reunir información sobre un tema
- Seleccionar temas propios para la escritura informativa e indicar cuál es la importancia del tema
- Seleccionar la información que apoyará el tema
- Elegir temas que uno conoce, que le interesan o sobre los que uno quiere aprender
- Elegir temas que sean interesantes para la escritora o el escritor
- Comentar un tema de una manera interesante
- Centrarse en un tema
- Obtener ideas de otros libros y escritores sobre cómo acercarse a un tema
- Comunicar la importancia de un tema a un público
- Decidir qué es lo más importante sobre un tema o un relato
- Usar recursos (impresos o en línea) para obtener información acerca de un tema
- Seleccionar detalles que apoyarán un tema o un relato
- Seleccionar un título que se ajuste al contenido para publicar o completar un borrador final

**▸ Investigación/Exploración**

- Hacer observaciones científicas, usar notas y bosquejos para documentar y comentar las relaciones y los patrones con los demás
- Formular preguntas sobre un tema
- Seleccionar la información más importante
- Participar de manera activa en las experiencias y recordar información que aporte ideas a la escritura y al dibujo (con cuadernos y objetos)
- Recordar rótulos importantes para los dibujos
- Tomar notas o hacer bosquejos como ayuda para recordar o generar información
- Reunir información (con ayuda de la maestra o del maestro) sobre un tema de libros u otro material impreso o medio de comunicación durante la preparación para escribir sobre ese tema
- Comprender que una escritora o un escritor adquiere ideas de otros escritores pero que debería reconocer a los otros escritores y/o manifestar esas ideas con sus propias palabras

**▸ Género/Formas**

- Seleccionar el género para la escritura según el propósito: carta informal, texto de instrucciones; ficción realista, literatura tradicional (cuento popular, cuento exagerado, cuento de hadas, fábula), fantasía; biografía, autobiografía, memorias personales; texto expositivo; poesía
- Elegir una forma para la escritura: notas, tarjetas, cartas, invitaciones, correos electrónicos, listas, instrucciones con pasos (explicativos); textos narrativos, libros álbum, libros álbum sin palabras, poemas, canciones, obras de teatro, cartas
- Comprender que las ilustraciones desempeñan distintas funciones en un texto (entretienen más a la lectora o al lector, agregan información, muestran secuencias)

#### HACER UN BORRADOR Y REVISAR

**▸ Comprender el proceso**

- Comprender la función de la escritora o del escritor, de la maestra o del maestro o de los compañeros escritores en una conferencia
- Comprender que otros escritores pueden ayudar en el proceso
- Cambiar la escritura en respuesta a los comentarios de los compañeros, o de la maestra o del maestro

# Seleccionar objetivos Hábitos y conocimientos para observar, enseñar y apoyar *(cont.)*

## Escritura



### PROCESO DE ESCRITURA *(continuación)*

#### HACER UN BORRADOR Y REVISAR *(continuación)*

**▸ Comprender el proceso** *(continuación)*
- Saber cómo usar una lista de edición y corrección
- Comprender que la revisión es un medio para que los mensajes escritos sean más sólidos y claros para los lectores

**▸ Producir un borrador**
- Escribir un mensaje con continuidad sobre un tema sencillo
- Usar dibujos para añadir información, explicar o hacer que la lectora o el lector comprenda y disfrute más
- Producir un texto con varias partes que asemejen párrafos
- Escribir un borrador o borrador exploratorio (escribir rápido y todo lo que se pueda sobre un tema)
- Comprender la importancia de la entrada en un relato o texto de no ficción
- Darle un cierre al texto con un final o una oración final
- En una narración, establecer un suceso inicial y seguir con una serie de sucesos
- Presentar las ideas en orden lógico a lo largo del texto
- Organizar y presentar información en párrafos de manera que demuestre conocimientos claros de su estructura para agrupar ideas
- Mostrar los pasos o fases en orden cronológico cuando se incorpora una secuencia temporal o cronológica en un texto de no ficción

**▸ Volver a leer**
- Volver a leer todos los días antes de escribir más
- Volver a leer y revisar el borrador, o volver a escribir secciones para aclarar el significado
- Volver a leer el texto para asegurarse de que no falten palabras o información
- Identificar en la historia lenguaje que muestre el cambio en los personajes (o el aprendizaje de una lección en las memorias personales)
- Identificar el enunciado (y a veces reformulación) de la idea principal de un texto
- Identificar la parte más emocionante de un cuento
- Volver a leer un texto y preguntarse: *¿He dejado claro lo que quiero que la lectora o el lector comprenda?*

**▸ Agregar información**
- Agregar ideas para dar información o mostrar pensamientos y emociones con globos de diálogo o comillas
- Agregar diálogo para dar información o narrar con rayas de diálogo o globos de diálogo
- Agregar palabras descriptivas (adjetivos, adverbios) y frases para ayudar a los lectores a visualizar y comprender sucesos, acciones, procesos o temas
- Agregar palabras, frases u oraciones para que la escritura sea más interesante o emocionante para los lectores
- Agregar palabras, frases u oraciones para brindar más información a los lectores
- Agregar palabras, frases u oraciones para aclarar el significado a los lectores
- Luego de reflexionar y volver a leer, agregar fragmentos de texto sustanciales (párrafos, páginas) para explicar mejor, aclarar o apoyar argumentos

**▸ Eliminar información**
- Eliminar texto para expresar mejor el significado y hacer que el texto sea más lógico
- Eliminar palabras u oraciones que no tengan sentido o que no se ajusten al tema o el mensaje
- Eliminar páginas cuando la información no sea necesaria
- Quitar palabras, frases u oraciones innecesarias que sean repetitivas o que no agreguen significado

**▸ Cambiar el texto**
- Cambiar palabras para que la escritura sea más interesante
- Identificar las partes que no son claras y ser más específico

**▸ Reorganizar la información**
- Volver a organizar y revisar el texto para expresar mejor el significado o hacer que el texto sea más lógico (volver a ordenar los dibujos, volver a ordenar las páginas, cortar y pegar)
- Reorganizar y revisar la escritura para expresar mejor el significado de la escritora o del escritor, o hacer que el texto sea más lógico
- Volver a ordenar las páginas disponiendo o volviendo a montar las páginas

**▸ Usar herramientas y técnicas**
- Agregar palabras, letras, frases u oraciones usando diversas técnicas (símbolo de intercalación, notas adhesivas, tiras de papel, elementos numerados en una hoja individual, procesamiento de textos)
- Usar un número para saber dónde agregar información y un papel adicional pegado con números para escribir la información que se inserta
- Eliminar palabras, frases u oraciones de un texto (tachar o usar procesadores de textos) para aclarar el significado
- Volver a ordenar la información de un texto para aclarar el significado al quitar, cortar y pegar, disponer las páginas, usar procesadores de texto

#### EDITAR Y CORREGIR

**▸ Comprender el proceso**
- Comprender que una escritora o un escritor usa lo que sabe para escribir bien las palabras
- Comprender que cuanto más precisos sean la ortografía y el espacio entre las palabras, más fácil le resultará a la lectora o al lector leer las palabras
- Saber cómo usar una lista de revisión y edición

**▸ Editar según las normas**
- Revisar y corregir la formación de letras
- Editar para corregir errores de ortografía encerrando en un círculo o subrayando las palabras que parecen tener errores y escribirlas de nuevo
- Editar la ortografía de palabras conocidas escritas según las normas

# Seleccionar objetivos Hábitos y conocimientos para observar, enseñar y apoyar *(cont.)*

## Escritura



### PROCESO DE ESCRITURA *(continuación)*

#### EDITAR Y CORREGIR *(continuación)*

▶ **Editar según las normas** *(continuación)*

- Comprender que la maestra o el maestro será el editor final de ortografía para el texto publicado luego de que la estudiante o el estudiante haya usado todo lo que conoce
- Editar las mayúsculas, la puntuación y el sentido de las oraciones

▶ **Usar herramientas**

- Usar herramientas de referencia básicas (listas de palabras personales, diccionario de sinónimos como ayuda para elegir palabras o revisar la ortografía)
- Revisar la ortografía, aceptando o rechazando los cambios cuando sea necesario

#### PUBLICAR

- Producir textos para explicar, rotular o acompañar los dibujos
- Crear ilustraciones y escritura que funcionen en conjunto para expresar el significado
- Incluir elementos gráficos o ilustraciones adecuados para el texto
- Compartir un texto con los compañeros leyéndolo en voz alta a la clase
- Reunir varios cuentos o poemas
- Seleccionar un poema, un cuento o un libro informativo para publicar de diversas formas adecuadas (escrito/impreso, enmarcado o dibujado o exhibido de diferente manera)
- Agregar una cubierta de doble página con el título e información sobre la autora o el autor
- Considerando un público de antemano, agregar características del libro y la letra impresa durante el proceso de publicación (ilustraciones y otros elementos gráficos, cubierta de doble página, título, dedicatoria, tabla de contenidos, texto sobre la autora o el autor)
- Trabajar en la disposición del texto en la publicación final
- Comprender que la publicación es compartir un texto escrito teniendo en cuenta un propósito y un público
- Comenzar a comprender la importancia de citar fuentes de información usadas

#### DIBUJAR

- Comprender que cuando hay texto y dibujos en una página, se apoyan mutuamente y se amplían entre sí
- Usar dibujos y bosquejos para representar personas, lugares, cosas e ideas en el proceso de redacción, revisión y publicación
- Crear dibujos que estén relacionados con el texto escrito y que hagan que la lectora o el lector comprenda y disfrute más
- Usar bosquejos para ayudar a recordar y planificar
- Usar dibujos para capturar detalles que sean importantes para un tema
- Presentar información importante en las ilustraciones
- Agregar los rótulos o las oraciones necesarios a los dibujos para explicarlos
- Agregar detalles a los dibujos para añadir información o generar interés
- Crear dibujos que requieran especial atención al color o al detalle
- Comprender la diferencia entre hacer dibujos y bosquejos, y usarlos para apoyar la planificación, la revisión y la publicación del proceso de escritura
- Usar bosquejos para crear representaciones rápidas de imágenes, generalmente un esquema en lápiz o bolígrafo

#### VERSE A SÍ MISMOS COMO ESCRITORES

- Tener temas e ideas para la escritura en una lista o cuaderno
- Seleccionar los mejores textos de la propia colección y dar razones para las elecciones
- Autoevaluar la propia escritura y comentar los aspectos positivos y las técnicas que se usaron
- Producir una cantidad razonable de texto escrito dentro del tiempo disponible
- Escribir de manera rutinaria durante lapsos extensos o lapsos más cortos en una gama de tareas, propósitos y públicos específicos de una disciplina
- Escribir por iniciativa e inversión propias
- Prestar atención al lenguaje y los recursos de elaboración de otros escritores para aprender más como escritora o escritor
- Prestar atención a los detalles de las ilustraciones y la manera en que mejoran un texto para ensayarlos
- Arriesgarse como escritora o escritor
- Escribir en una variedad de géneros a lo largo del año
- Comprender la escritura como vehículo para comunicar algo que la escritora o el escritor piensa
- Demostrar capacidad en una conferencia para comentar sobre lo que se trabaja como escritora o escritor
- Hablar sobre una misma como escritora o uno mismo como escritor
- Solicitar observaciones sobre la escritura
- Estar dispuesta o dispuesto a trabajar en la elaboración de la escritura incorporando nuevas enseñanzas
- Comparar lo que se escribió previamente con un texto revisado, y observar y comentar las diferencias
- Decir qué se aprendió de cada texto escrito
- Formular objetivos como escritora o escritor
- Escribir con fluidez y naturalidad
- Observar lo que hace que la escritura sea efectiva y mencionar el recurso de elaboración o técnica
- Marcar la parte más importante del texto propio o del texto de otros

# Seleccionar propósito, género y forma

## Escritura

Los estudiantes de cuarto grado escriben con diversos propósitos. Su escritura demuestra conocimientos explícitos de los propósitos y las características del género. El texto expositivo de no ficción y las cartas formales se convierten en géneros nuevos e importantes. Desarrollan su conocimiento de la escritura persuasiva y aprenden más sobre cómo elaborarla. Al final del año, usan con confianza técnicas de elaboración y elementos que respetan las normas y herramientas como el cuaderno del escritor.

### ESCRITURA FUNCIONAL
*(Propósito: realizar una tarea práctica)*

### CARTA INFORMAL

#### ▸ Comprender el género

- Comprender que la comunicación escrita puede usarse con diferentes propósitos (informar, invitar, agradecer)
- Comprender que una carta informal puede escribirse de diversas formas (notas, tarjetas, cartas, invitación, correo electrónico)
- Comprender que una invitación requiere información específica
- Comprender que una carta informal es más formal que un correo electrónico, una nota o una tarjeta
- Comprender que una carta informal tiene partes (fecha, saludo, firma final y a veces *P.D.*)
- Comprender cómo escribir acerca de notas, tarjetas, invitaciones, correos electrónicos y cartas informales observando las características de los ejemplos
- Comprender que aunque el correo electrónico es una forma rápida de comunicación, es un documento escrito y hay que elegir las palabras y el contenido con cautela
- Usar los términos *nota, tarjeta, carta, invitación* y *correo electrónico* para describir las formas

#### ▸ Escribir el género

- Escribir una nota, una tarjeta, una carta informal, una invitación o un correo electrónico teniendo en cuenta un propósito específico
- Escribir a un público conocido, o a una lectora o un lector específico
- Dirigirse al público de manera adecuada
- Variar el nivel de formalidad adecuado según el propósito y el público
- Incluir información importante en la comunicación
- Escribir una carta informal con todas sus partes
- Escribir una carta a una autora o un autor que demuestre la apreciación por el texto que la persona haya escrito
- Escribir una carta a una ilustradora o un ilustrador que demuestre la apreciación por los detalles y el estilo de las ilustraciones

### CARTA FORMAL

#### ▸ Comprender el género

- Comprender que una carta formal puede escribirse de diversas formas (carta de comercio)
- Comprender que una carta de comercio es un documento formal con un propósito particular
- Comprender que una carta de comercio tiene partes (fecha, dirección interna, saludo formal seguido de dos puntos, cuerpo organizado en párrafos, cierre, firma y título del remitente, algunas veces notificación de una copia o anexo)
- Comprender que una escritora o un escritor puede aprender a escribir cartas de negocios efectivas mediante el estudio de las características de ejemplos
- Usar el término *carta de comercio* para describir la forma

#### ▸ Escribir el género

- Escribir a un público específico que puede ser un individuo, una organización o un grupo
- Dirigirse al público de manera adecuada
- Incluir información importante y excluir los detalles innecesarios
- Organizar el cuerpo en párrafos
- Comprender los componentes de una carta de comercio y cómo disponerlos en la página
- Escribir cartas formales

### TEXTO DE INSTRUCCIONES

#### ▸ Comprender el género

- Comprender que un texto de instrucciones ayuda a saber cómo se hace algo
- Comprender que un texto de instrucciones puede escribirse de diversas formas: lista, secuencia de instrucciones (explicativas)
- Comprender que un texto de instrucciones suele mostrar un elemento debajo de otro y puede incluir un número o letra para cada elemento
- Comprender que una lista es una manera funcional de organizar la información y que puede usarse como herramienta de planificación
- Comprender que un texto de instrucciones suele incluir una lista de lo que se necesita para llevar a cabo un procedimiento
- Comprender cómo elaborar textos de instrucciones a partir de textos ejemplares

#### ▸ Escribir el género

- Usar una lista para planificar una actividad o ayudar a la memoria
- Usar una lista para desarrollar textos de diversos géneros y formas
- Escribir pasos de un procedimiento con secuenciación y explicación adecuadas, mediante el uso de palabras de números o palabras de transición
- Escribir instrucciones, guías y textos de instrucciones con ilustraciones claras (dibujos, elementos gráficos)

# Seleccionar propósito, género y forma *(cont.)*

## Escritura



### ESCRITURA FUNCIONAL
*(Propósito: desempeñar una tarea práctica) (continuación)*

#### ESCRIBIR EN UNA PRUEBA

**▸ Comprender el género**

- Comprender que escribir en una prueba suele requerir escribir sobre un tema asignado
- Comprender que escribir en una prueba puede requerir la creación de textos expositivos o persuasivos
- Comprender que algunas pruebas se usan con el propósito de demostrar lo que una persona sabe o puede hacer como escritora o escritor
- Comprender que escribir en una prueba puede asumir diversas formas: construcción de respuesta corta (en ocasiones llamada *respuesta corta*), construcción de respuesta extendida (o *ensayo*)
- Comprender que escribir en una prueba suele requerir escribir sobre algo real
- Comprender que escribir en una prueba implica analizar lo que se espera de la escritora o del escritor, y luego planificar y escribir una respuesta adecuada a las pautas
- Comprender la escritura en una prueba como una respuesta diseñada minuciosamente para responder a instrucciones precisas
- Comprender que escribir en una prueba a menudo requiere asumir una posición, desarrollar un argumento claro y proveer evidencias para esos puntos
- Comprender que escribir en una prueba a menudo requiere de la inferencia y la explicación de los motivos de un personaje o persona
- Aprender a escribir en pruebas mediante el estudio de ejemplos de respuestas cortas y de respuestas extendidas
- Usar los términos *escribir en una prueba, respuesta corta* y *respuesta extendida* para describir este tipo de escritura funcional

**▸ Escribir el género**

- Analizar indicaciones para determinar el propósito, el público y el género adecuado (texto expositivo, texto persuasivo)
- Leer y aprender las pautas para una respuesta aceptable
- Escribir respuestas centradas en las preguntas y las indicaciones
- Escribir concisamente y orientándose a lo que se pide o se pregunta
- Reflexionar acerca de ideas más amplias y realizar o defender una afirmación fundamentada
- Responder a un texto de manera que refleje razonamiento analítico o estético
- Reafirmar una declaración con más evidencia
- Afirmar un punto de vista y proveer evidencia
- Desarrollar los puntos importantes
- Excluir los detalles irrelevantes
- Incorporar los propios conocimientos de escritura al responder
- Revisar la ortografía y las normas

#### ESCRIBIR SOBRE LA LECTURA

- Consulte Escribir sobre la lectura, páginas 169–234.

### ESCRITURA NARRATIVA *(Propósito: contar un cuento)*

#### FICCIÓN

**▸ Comprender el género**

- Comprender que los géneros de ficción incluyen la ficción realista, ficción histórica, la literatura tradicional (cuento popular, cuento exagerado, cuento de hadas, fábula) y la fantasía
- Comprender que la ficción se puede escribir de diversas formas (texto narrativo, libros álbum, libros álbum sin palabras, poemas, canciones, obras de teatro, cartas, cuentos, entradas de diario)
- Comprender que un propósito adicional de un texto de ficción es explorar un tema o enseñar una lección
- Comprender que un texto de ficción puede incluir uno o más sucesos en la vida de un personaje principal
- Comprender que una escritora o un escritor usa diversos elementos de ficción (escenario, argumento con problema y solución, personajes) en un texto de ficción
- Comprender la estructura del texto narrativo, que incluye una entrada o introducción, la presentación de personajes, el escenario, el problema, una serie de sucesos, la resolución del problema y el final
- Comprender que el escenario de la ficción puede ser actual o histórico
- Comprender que los escritores pueden aprender a elaborar ficción mediante el uso de textos ejemplares como modelos
- Usar los términos *ficción realista, ficción histórica, cuento popular, cuento exagerado, cuento de hadas, fábula, mito, leyenda, fantasía* y *ciencia ficción* para describir el género

**▸ Escribir el género**

- Escribir una historia de ficción, ya sea realista o de fantasía
- Desde la fantasía, incluir personajes, escenarios y elementos imaginarios de la trama
- Comenzar con una entrada sugestiva para atraer la atención de la lectora o del lector
- Describir el escenario con detalles adecuados
- Desarrollar una trama que incluya tensión y una o más escenas
- Mostrar el problema del cuento y cómo uno o más personajes reaccionan al problema
- Describir los personajes según su aspecto; según lo que hacen, dicen y piensan; y según lo que otros dicen acerca de ellos
- Mostrar en lugar de decir lo que sienten los personajes
- Asumir un punto de vista escribiendo en primera o tercera persona
- Escribir un final verosímil y satisfactorio a un cuento

#### BIOGRAFÍA, AUTOBIOGRAFÍA, MEMORIAS PERSONALES Y TEXTO NARRATIVO DE NO FICCIÓN

**▸ Comprender el género**

- Comprender que los géneros narrativos de no ficción incluyen la biografía, la autobiografía, las memorias personales y el texto narrativo de no ficción (un texto de no ficción que se relata cronológicamente)
- Comprender que los textos biográficos pueden escribirse de diversas formas (bosquejos biográficos, bosquejos autobiográficos, narraciones personales, poemas, canciones, obras de teatro, cartas, entradas de diario)

# Seleccionar propósito, género y forma *(cont.)*

## Escritura

### ESCRITURA NARRATIVA
*(Propósito: contar un cuento) (continuación)*

### BIOGRAFÍA, AUTOBIOGRAFÍA, MEMORIAS PERSONALES Y TEXTO NARRATIVO DE NO FICCIÓN *(continuación)*

▸ **Comprender el género** *(continuación)*

- Comprender la biografía como relato verídico de la vida de una persona
- Comprender la autobiografía como relato verídico de la vida de una persona escrito y narrado por esa misma persona
- Comprender que una biografía o una autobiografía puede relatar toda la vida de la persona o una parte de ella
- Comprender que la escritora o el escritor de una biografía o una autobiografía necesita seleccionar los sucesos más importantes de la vida de una persona
- Establecer la relevancia de los sucesos y las decisiones personales tomadas por el sujeto de una biografía o autobiografía
- Comprender las memorias personales o la narración personal como recuerdo o reflexión breve y a veces profunda de una persona, un tiempo o un suceso
- Comprender que las memorias personales pueden comprender una serie de viñetas
- Comprender que una biografía, una autobiografía o las memorias personales pueden tener características de la ficción (escenario, conflicto, personajes, diálogo y resolución), aunque sean verdaderos, o que pueden basarse en hechos
- Comprender la diferencia entre una biografía real y una biografía ficcional
- Escribir diversos tipos de textos biográficos mediante el estudio de textos ejemplares
- Comprender que un texto narrativo de no ficción incluye la selección de sucesos importantes y momentos clave
- Comprender que un texto narrativo de no ficción suele incluir un patrón estructural subyacente como causa y efecto o problema y solución
- Comprender que un texto narrativo de no ficción indica el paso del tiempo mediante el uso de palabras (*entonces, después de un tiempo*), fechas, períodos de tiempo y edades de personas
- Comprender que el escenario puede ser importante en un texto narrativo de no ficción
- Comprender que un texto narrativo de no ficción incluye personas que son reales
- Comprender que un texto narrativo de no ficción a menudo incluye citas de las palabras exactas de una persona
- Comprender que un texto narrativo de no ficción debe incluir solo sucesos y personas verídicos, y puede requerir investigación
- Usar los términos *biografía, bosquejo biográfico, autobiografía, bosquejo autobiográfico, narrativa personal, memorias personales, poema, canción, obra de teatro, carta, y entrada de diario* para describir el género y las formas

▸ **Escribir el género**

- Elegir un sujeto y exponer una razón de tal selección
- Seleccionar los sucesos y momentos clave importantes para incluir y sucesos y detalles superfluos para excluir
- Seleccionar y escribir experiencias personales como "pequeños momentos" y compartir las reflexiones y las sensaciones acerca de ellos
- Usar pequeños momentos o experiencias para comunicar un mensaje más amplio
- Revelar algo importante sobre la propia persona o la vida
- Crear una serie de viñetas que en conjunto comuniquen un mensaje más amplio
- Usar palabras que muestren el paso del tiempo
- Contar sucesos en orden cronológico o usar otros patrones estructurales (descripción, secuencia temporal, pregunta y respuesta, causa y efecto, comparar y contrastar, problema y solución, categorización)
- Describir y desarrollar un escenario y explicar cómo se relaciona con las experiencias de la escritora o del escritor
- Describir las decisiones importantes del sujeto y un momento clave en el texto narrativo
- Describir el sujeto por lo que hizo o dijo y también por las opiniones de otros
- Mostrar la relevancia del sujeto
- Mostrar cómo cambia el sujeto
- Describir a las personas según su aspecto; según lo que hacen, dicen y piensan; y según lo que otros dicen acerca de ellos
- Usar diálogo adecuado para contribuir al significado del texto narrativo
- Experimentar con lenguaje literario (sustantivos y verbos intensos, lenguaje figurado)
- Escribir un final que se ajuste al texto
- Mostrar causa y efecto y/o problema y solución de manera adecuada al escribir textos narrativos de no ficción
- Incluir citas textuales de personas reales en un texto narrativo de no ficción y usar rayas de diálogo, comillas o comillas angulares

### ESCRITURA INFORMATIVA
*(Propósito: explicar o presentar datos sobre un tema)*

### TEXTO EXPOSITIVO

▸ **Comprender el género**

- Comprender que una escritora o un escritor crea un texto expositivo para los lectores con el objetivo de aprender acerca de un tema
- Comprender que para escribir un texto expositivo, la escritora o el escritor necesita aprender mucho sobre el tema
- Comprender que un texto expositivo puede requerir investigación y que requerirá organización
- Comprender que un texto expositivo se puede escribir de diversas formas (ensayo, informe, artículo periodístico, artículo de fondo)
- Comprender que un ensayo es una composición breve que se usa para explicar un tema y/o brindar el punto de vista de la escritora o del escritor acerca de un tema

# Seleccionar propósito, género y forma *(cont.)*

## Escritura



**ESCRITURA INFORMATIVA** *(Propósito: explicar o presentar datos sobre un tema) (continuación)*

**TEXTO EXPOSITIVO** *(continuación)*

▸ **Comprender el género** *(continuación)*

- Comprender la estructura básica de un ensayo (introducción, cuerpo, conclusión)
- Comprender que un informe es una presentación formal de un tema
- Comprender que un informe puede incluir diversas categorías de información acerca de un único tema
- Comprender que un informe tiene una sección introductoria, seguida de más información en categorías o secciones
- Comprender que un artículo de fondo generalmente se centra en un aspecto de un tema
- Comprender que un artículo de fondo comienza con un párrafo introductorio, con más información detallada en los párrafos siguientes, y una conclusión
- Comprender que un artículo de fondo revela el punto de vista de la escritora o del escritor acerca de un tema o sujeto
- Comprender que en un texto sobre hechos se puede usar lenguaje y técnicas literarias para atraer y entretener a los lectores a medida que brinda información sobre hechos
- Comprender que una escritora o un escritor puede aprender a escribir diversas formas de texto expositivo a partir de textos ejemplares
- Usar los términos *texto expositivo, ensayo, informe, artículo periodístico* y *artículo de fondo* para describir el género y las formas

▸ **Escribir el género**

- Usar ilustraciones y características del libro y la letra impresa (imágenes rotuladas, diagramas, tabla de contenidos, encabezados, subtítulos, recuadros laterales, recuadros de datos a partir de otro texto, números de página) para guiar a la lectora o al lector
- Escribir un texto que sea interesante y cuya lectura sea entretenida
- Escribir sobre un tema teniendo en cuenta el público y sus intereses y sus conocimientos previos probables
- Presentar información que enseñe o informe un tema a los lectores
- Escribir un párrafo inicial y una conclusión efectivos
- Organizar la información mediante el uso de la categorización u otros patrones estructurales subyacentes (descripción, secuencia temporal, pregunta y respuesta, causa y efecto, secuencia cronológica, comparar y contrastar, problema y solución)
- Brindar detalles de apoyo interesantes que desarrollen un tema
- Incluir datos, cifras, estadísticas, ejemplos y anécdotas cuando corresponda
- Usar citas de expertos (textos escritos, discursos o entrevistas) cuando corresponda
- Usar vocabulario específico del tema
- Usar lenguaje literario para que el tema resulte interesante a los lectores

Los terremotos

Los terremotos son gran parte de la naturaleza y meteorización en este mundo. "Cada día, ocurren miles de terremotos" - Ciencias de la tierra, página 198. Un terremoto pasa cuando las placas tectónicas se mueven. Es cuando una placa tectónica choca con otra y la presión hace que la Tierra se mueve. Los terremotos son con escala de magnitud de movimiento. "Nadie puede sentir un terremoto que mide 1.0." "Podrías sentir un terremoto de magnitud 4.0. Uno de magnitud 6.0 podría dañar." "Uno de 8.0 podría ser un gran desastre." - Ciencias de la tierra, página 199. Los terremotos son gran parte de la naturaleza y meteorización en este mundo.

1. Placa: Son grandes partes de la tierra que se mueve lentamente
2. Falla: es cuando dos o más rocas chocan y que hace en la tierra.
3. Terremoto:Terremoto cuando los platos tectónicos mueven
4. Magma: Es roca derritiera debajo del superficie de la Tierra
5. Lava: Es roca deritierre arriba del superficie de la tierra.
6. Volcan: es una montaña que lava y gas puede salir de ello.

*Estudiante de cuarto grado escribe sobre terremotos y usa vocabulario académico.*

# Seleccionar propósito, género y forma *(cont.)*

## Escritura

### ESCRITURA PERSUASIVA *(Propósito: persuadir)*

#### TEXTO PERSUASIVO

**▸ Comprender el género**

- Comprender que los textos argumentativos o persuasivos se pueden escribir de diversas formas (editorial, carta al editor, ensayo)
- Comprender que el propósito de la persuasión o la argumentación puede ser convencer a la lectora o al lector para que asuma el punto de vista de la escritora o del escritor, adopte una medida o mejore algún aspecto del mundo
- Comprender que un editorial es un texto formal con un público general
- Comprender que una carta al editor es un texto formal con un público general (el editor de una publicación y sus lectores)
- Comprender que una carta al editor tiene partes (fecha, saludo formal, cuerpo organizado en párrafos, cierre, firma y título del emisor)
- Comprender que un ensayo es un texto formal generalmente escrito para una maestra o un maestro, o una prueba
- Comprender la importancia de apoyar cada idea o argumento con datos, razones o ejemplos
- Usar los términos *texto persuasivo, argumentación, editorial, carta al editor* y *ensayo* para describir el género y las formas
- Comprender que una escritora o un escritor puede aprender a escribir diversas formas de argumentación y persuasión mediante el estudio de características de ejemplos en textos ejemplares

**▸ Escribir el género**

- Escribir un editorial, una carta al editor o un ensayo
- Dirigirse al público de manera adecuada de acuerdo con la forma
- Elegir temas a partir de cuentos o de observaciones cotidianas
- Comenzar con un título o una introducción que comente a la lectora o al lector lo que se argumenta o explica y terminar con una conclusión
- Brindar una serie de argumentos claros con razonamientos y apoyar el argumento
- Incluir información importante y excluir los detalles innecesarios
- Usar opiniones fundamentadas con datos
- Ofrecer "testimonios de expertos" o citas para apoyar un argumento
- Organizar el cuerpo del texto en párrafos
- Incluir ilustraciones, tablas o diagramas cuando sea necesario

### ESCRITURA POÉTICA *(Propósito: expresar emociones, imágenes sensoriales, ideas o cuentos)*

#### POESÍA

**▸ Comprender el género**

- Comprender que la poesía es una manera particular de comunicar y describir emociones, imágenes sensoriales, ideas o relatos
- Comprender que una escritora o un escritor puede crear diferentes tipos de poemas (quintilla humorística, haiku, poema concreto)
- Comprender la importancia de elegir palabras específicas en la poesía
- Comprender la diferencia entre el lenguaje poético y el lenguaje cotidiano
- Observar el tempo o el ritmo de un poema y su relación con los saltos de línea
- Comprender la manera en que funciona la letra impresa en los poemas y demostrar su uso en la lectura y la escritura en una página usando los espacios y los saltos de línea
- Comprender que los poemas tienen diversas formas
- Comprender que no es necesario que los poemas rimen
- Usar los términos *poema, quintilla humorística, haiku* y *poema concreto* para describir la poesía
- Comprender que una escritora o un escritor puede aprender a escribir diversos poemas a partir del estudio de textos ejemplares

**▸ Escribir el género**

- Observar con atención para seleccionar temas o contenido y escribir con detalle
- Usar palabras para transmitir imágenes
- Usar palabras para transmitir emociones intensas
- Escribir con detalle y crear imágenes
- Seleccionar temas que sean relevantes y ayuden a los lectores a ver de un modo distinto
- Seleccionar temas que tengan significados profundos
- Usar el espacio en blanco y los saltos de línea para comunicar el mensaje y el tono del poema
- Comprender la función de los saltos de línea y del espacio en blanco para la pausa, la respiración o el énfasis
- Colocar las palabras en una página para que tengan forma de poema
- Eliminar palabras adicionales para aclarar el significado y hacer que la escritura sea más intensa
- Usar la repetición, el estribillo, el ritmo y otras técnicas poéticas
- Usar palabras para mostrar, y no contar
- Escribir diversos tipos de poemas
- Escribir un texto poético en respuesta a otro poema, que refleje el mismo estilo, tema, atmósfera o voz
- Escribir un texto poético en respuesta a un texto en prosa, ya sea narrativo o informativo
- Elegir un título que comunique el significado de un poema

# Seleccionar objetivos Hábitos y conocimientos para observar, enseñar y apoyar

## Escritura



### ELABORACIÓN

#### ORGANIZACIÓN

**▸ Estructura del texto**

- Usar la organización en la escritura que se relaciona con el propósito y el género (cartas, ensayos)
- Decidir dónde ubicar características como fotografías con leyendas, recuadros, recuadros laterales y elementos gráficos en un texto
- Escribir textos narrativos ficcionales con personajes involucrados en una trama y sucesos ordenados temporalmente
- Escribir textos narrativos de ficción y no ficción ordenados cronológicamente
- Usar patrones estructurales subyacentes para presentar diferentes tipos de información en un texto de no ficción (descripción, secuencia temporal, pregunta y respuesta, causa y efecto, secuencia cronológica, comparar y contrastar, problema y solución, categorización)

**▸ Comienzos, finales, títulos**

- Comenzar con una entrada deliberada y atractiva
- Usar diversos comienzos y finales para atraer a la lectora o al lector
- Darle un cierre al texto con una conclusión
- Finalizar un texto narrativo con la resolución del problema y con una conclusión satisfactoria
- Comprender que los textos narrativos pueden empezar en el comienzo, el medio o el final
- Finalizar un texto informativo con una conclusión reflexiva y educativa
- Seleccionar un título adecuado para un poema, un cuento o un libro informativo
- Generar varios títulos para el texto y seleccionar el más adecuado en función del contenido de un texto informativo o de su trama o caracterización

**▸ Presentación de ideas**

- Contar una parte, una idea, un suceso o un grupo de ideas de cada página de un libro
- Presentar ideas de manera clara en una secuencia lógica
- Organizar la información según el propósito y el género
- Mostrar temas y subtemas mediante el uso de encabezados y subtítulos
- Usar párrafos para organizar ideas
- Usar transiciones bien elaboradas para mantener el ritmo y la fluidez de la escritura
- Presentar ideas con datos, detalles, ejemplos y explicaciones de múltiples expertos
- Presentar ideas seguidas de detalles y ejemplos de apoyo
- Usar el tiempo adecuadamente como herramienta de organización
- Mostrar los pasos con suficientes detalles para que la lectora o el lector pueda seguir la secuencia
- Darle un cierre a un texto mediante un final o una oración que lo resuma
- Usar encabezados, subtítulos, una tabla de contenidos y otras características para ayudar a la lectora o al lector a hallar información y comprender cómo se relacionan los datos en la escritura expositiva
- Usar elementos gráficos (diagramas, ilustraciones, fotos, tablas) para presentar información
- Usar vocabulario específico del tema o el contenido

#### DESARROLLO DE IDEAS

- Comprender la diferencia entre desarrollar un texto narrativo (o trama) y presentar información mediante el uso de descripción, causa y efecto, comparar y contrastar, problema y solución o categorización
- Presentar, desarrollar y concluir el tema o la historia
- Mantener la atención de la lectora o del lector con contenido claro y orientado
- Estructurar un texto narrativo y mantener la escritura para desarrollarlo de manera lógica
- Desarrollar una trama lógica mediante la creación de un problema del cuento y su impacto en los múltiples sucesos hasta su resolución
- Comprender cómo la información ayuda a la lectora o al lector a aprender sobre un tema
- Reunir y aprender información y luego escribirla en sus propias palabras
- Atraer a la lectora o al lector con ideas que muestran conocimientos sólidos del tema
- Comunicar claramente los puntos principales que se pretende que la lectora o el lector comprenda
- Organizar la información de manera lógica para que las ideas se construyan unas sobre otras
- Proveer detalles que sean precisos, relevantes, interesantes y gráficos

#### USO DEL LENGUAJE

- Comprender que la escritora o el escritor usa el lenguaje para comunicar significado
- Mostrar evidencia del uso del lenguaje en libros de cuentos y en libros informativos que se hayan leído en voz alta
- Aprender de otros escritores maneras de usar el lenguaje y construir textos (al leer libros y escuchar su lectura en voz alta) y aplicar esos conocimientos a los textos propios
- Seguir aprendiendo de otros escritores mediante la imitación de expresiones, frases y oraciones
- Usar palabras o frases memorables
- Variar el vocabulario y el estilo según el público y el propósito
- Usar lenguaje para mostrar en lugar de contar
- Usar vocabulario para dar instrucciones
- Hallar y escribir lenguaje para explicar conceptos e ideas abstractos
- Usar lenguaje para expresar con claridad las ideas principales y los detalles de apoyo
- Usar ejemplos para aclarar significados
- Comenzar a usar lenguaje particular típico de diferentes géneros
- Usar lenguaje para crear imágenes sensoriales
- Usar lenguaje para suscitar emociones
- Usar lenguaje figurado (símil, metáfora, personificación) para hacer comparaciones

## Seleccionar objetivos Hábitos y conocimientos para observar, enseñar y apoyar *(cont.)*

### Escritura



**ELABORACIÓN** *(continuación)*

#### USO DEL LENGUAJE *(continuación)*

- Usar diversas estructuras oracionales y longitudes de oraciones
- Usar detalles y lenguaje descriptivo sensorial concreto para desarrollar la trama (tensión y resolución del problema) y un escenario en memorias personales, biografía y ficción
- Usar lenguaje descriptivo y diálogos para presentar personajes/sujetos que aparecen en textos narrativos (memorias personales, biografía, ficción) y en la escritura informativa
- Usar lenguaje para mostrar las emociones de los personajes
- Usar el diálogo y la acción para involucrar a los lectores en el cuento
- Seleccionar el punto de vista para contar un cuento
- Usar lenguaje para establecer un punto de vista
- Comprender las diferencias entre la primera y la tercera persona
- Escribir tanto en primera como en tercera persona y comprender las diferencias en el efecto para elegir de manera adecuada
- Ordenar oraciones simples y complejas para una fluidez y una oración de transición sencilla
- Variar la longitud de las oraciones para crear una emoción o una atmósfera
- Usar diversas transiciones y conectores (palabras, frases, oraciones, párrafos)

#### ELECCIÓN DE PALABRAS

- Aprender palabras nuevas al leer y probarlas en la escritura
- Usar vocabulario adecuado para el tema
- Elegir las mejores palabras que se ajusten al propósito y al mensaje de la escritora o del escritor
- Elegir palabras teniendo en cuenta al público
- Usar una gama de palabras descriptivas para realzar el significado
- Variar la elección de palabras para crear descripciones y diálogos interesantes
- Seleccionar palabras para crear mensajes memorables
- Usar sustantivos y verbos potentes
- Usar modificadores y estilo pintorescos según el público y el propósito
- Usar palabras que transmitan una atmósfera o efecto deliberados
- Mostrar la capacidad de variar el texto mediante la elección de palabras alternativas (*respondió* en lugar de *dijo*)
- Aprender y usar palabras de contenido típicas del lenguaje disciplinario (ciencia, historia, matemáticas, estudios sociales)
- Cuando sea necesario, usar lenguaje académico de manera adecuada para escribir acerca de temas en diversas disciplinas
- Usar conectores (palabras que unen ideas y aclaran significados) comunes (simples) y algunos sofisticados que se usan en textos escritos pero que no aparecen a menudo en el lenguaje oral cotidiano (*a menos que, a pesar de que, aunque, cuando sea, por lo tanto, sin embargo*)

#### VOZ

- Escribir acerca de experiencias personales con una voz
- Escribir de manera expresiva pero también reconocer cómo sonaría el lenguaje en un libro
- Escribir de manera que se hable directamente a la lectora o al lector
- Mostrar entusiasmo y energía por el tema
- Escribir de una manera que muestre esmero y compromiso con el tema
- Usar títulos y lenguaje atractivos
- Incluir detalles que aporten a la voz
- Usar el diálogo de manera selectiva para comunicar la voz
- Usar puntuación para que el texto sea claro, efectivo e interesante y para apoyar la voz
- Producir una escritura narrativa que sea atractiva y honesta, y que revele la persona detrás de la escritura
- Producir una escritura expositiva que revele la postura de la escritora o del escritor hacia el tema
- Producir una escritura persuasiva que incluya argumentación con evidencia lógica para apoyar ideas y para refutar argumentos opuestos
- Leer la escritura en voz alta como ayuda para pensar críticamente en la voz

**NORMAS**

*Para obtener más información sobre usos gramaticales, mayúsculas, puntuación y ortografía, consulte el Apéndice: Gramática, uso y técnicas*

#### DISPOSICIÓN DEL TEXTO

- Disponer el texto en la página para apoyar el significado del texto y para ayudar a la lectora o al lector a observar información importante
- Usar la disposición de la letra impresa y las ilustraciones para transmitir el significado de un texto
- Usar la disposición de la letra impresa y las ilustraciones (dibujos, fotos, mapas, diagramas) para transmitir el significado en un texto de no ficción
- Usar la disposición, los espacios y el tamaño de letra para crear títulos, encabezados y subtítulos
- Incorporar las características del libro y la letra impresa (imágenes rotuladas, diagramas, tabla de contenidos, encabezados, subtítulos, recuadros laterales, números de página) a la escritura de no ficción
- Usar el tamaño de la letra impresa para transmitir significado en el texto impreso
- Usar subrayado, bastardilla y negrita en la letra impresa para transmitir un significado específico
- Usar bastardillas para palabras en títulos
- Usar la sangría o los espacios para distinguir párrafos

#### GRAMÁTICA Y USO

**▸ Categorías gramaticales**

- Usar la concordancia de sustantivos y pronombres correctamente (en género, número, caso): *Miguel, él*
- Reconocer y usar las ocho categorías gramaticales de la lengua española de una manera aceptada y estandarizada
- Usar concordancia entre sujeto y verbo (*el astronauta es, los astronautas son*)
- Usar pronombres personales y posesivos de una manera aceptada y estandarizada (*yo, él, ella; mío, suyo, suya*)

## Seleccionar objetivos Hábitos y conocimientos para observar, enseñar y apoyar *(cont.)*

# Escritura



### NORMAS *(continuación)*

#### GRAMÁTICA Y USO *(continuación)*

**▸ Categorías gramaticales** *(continuación)*

- Usar pronombres indefinidos y relativos de manera correcta (*todos, ambos; que, quien, cuyo*)
- Usar correctamente los verbos que suelen usarse mal (*rallar/rayar, ratificar/rectificar*)

**▸ Tiempos verbales**

- Usar el mismo tiempo verbal para dos o más acciones que suceden al mismo tiempo (*vertí la leche en el platillo y llamé al gatito*)
- Usar tiempos verbales diferentes para mostrar dos o más acciones que suceden en momentos diferentes (*el gatito bebe la leche que vertí hace una hora*)
- Escribir oraciones en los tiempos verbales presente, pasado, futuro, pretérito perfecto y pretérito pluscuamperfecto cuando sea necesario para expresar significado

**▸ Estructura de las oraciones**

- Escribir oraciones completas (sujeto y predicado)
- Usar una variedad de tipos de oraciones (declarativas, interrogativas, imperativas, exclamativas)
- Usar estructuras oracionales convencionales para oraciones simples, compuestas y complejas con cláusulas subordinadas
- Variar la estructura y la longitud de las oraciones en ocasiones por motivos de elaboración
- Colocar frases en oraciones
- Colocar cláusulas en oraciones
- Escribir oraciones en tiempo verbal pasado, presente, futuro, pretérito perfecto y pretérito pluscuamperfecto cuando se ajuste a los fines del significado y al propósito
- Escribir diálogo continuo en estructuras convencionales

**▸ Párrafos**

- Comprender y usar la estructura del párrafo (con sangría o en bloque) para organizar oraciones que se centren en una idea
- Crear transiciones entre los párrafos para mostrar la progresión de las ideas
- Comprender y usar párrafos para mostrar el cambio de hablante en los diálogos

#### USO DE MAYÚSCULAS

- Usar una mayúscula para la primera palabra de un título
- Usar una mayúscula para la primera palabra de una oración
- Escribir los nombres de días festivos, ciudades, estados y países con mayúscula de manera adecuada
- Usar las mayúsculas de manera correcta en los diálogos
- Usar mayúsculas con funciones específicas (énfasis, información clave, voz)
- Realizar un uso más complejo de las mayúsculas con una precisión progresiva, como en abreviaturas y con guiones en diálogo separado

#### PUNTUACIÓN

- Usar sistemáticamente puntos, signos de admiración y signos de interrogación de manera convencional
- Leer la escritura propia en voz alta y pensar dónde colocar la puntuación
- Comprender y usar puntos suspensivos para mostrar pausas o expectativa, generalmente antes de algo sorprendente
- Usar guiones de manera correcta para indicar una pausa más larga o para ralentizar la lectura y poner énfasis en información específica
- Usar comas, guiones y comillas o comillas angulares de manera correcta en la escritura y el diálogo interrumpidos y continuos como también para mostrar una cita textual
- Usar comas de manera correcta para separar una clausula introductoria o elementos de una enumeración
- Usar comas y paréntesis de manera correcta para separar información parentética
- Dividir palabras correctamente en la separación de las sílabas y al final de una línea mediante el uso de raya
- Usar dos puntos correctamente para introducir una lista de elementos o un enunciado, o una cita larga y formal
- Usar corchetes correctamente para separar una idea o un tipo de información diferente
- Usar sangría para identificar párrafos de manera correcta
- Observar la función de la puntuación en la elaboración de la escritura
- Probar nuevas maneras de usar la puntuación
- Estudiar textos ejemplares para aprender la función de la puntuación para aportar voz a la escritura

#### ORTOGRAFÍA

- Revisar la ortografía de aproximadamente 500 palabras conocidas de uso frecuente, una amplia gama de plurales y palabras base con terminaciones flexivas y reflejar esa ortografía en los borradores finales
- Usar una gama de estrategias de ortografía para descomponer y deletrear polisílabos (partes de palabras, conexiones con palabras conocidas, relaciones complejas entre sonidos y grupos de letras)
- Usar herramientas de referencia para revisar la ortografía cuando se edita el borrador final (diccionarios, recursos digitales)
- Escribir plurales complejos de manera correcta (*lápiz, lápices; pez, peces*)
- Escribir todo tipo de plurales y palabras compuestas
- Deletrear palabras que se hayan estudiado (palabras de ortografía)
- Usar acentos en las palabras de manera correcta, incluidas *palabras agudas, palabras graves* y *palabras esdrújulas*
- Tener en cuenta la ortografía de sufijos comunes (*-era, -oso*)
- Usar palabras que tienen variaciones de acento diacrítico (*el/él; se/sé; tu/tú*) de manera correcta
- Verificar la propia ortografía mediante la observación de cuándo una palabra no "se ve bien" y debería revisarse

#### ESCRIBIR A MANO Y EN COMPUTADORA

- Escribir de manera fluida y legible en letra cursiva a mano con el espaciado adecuado
- Usar el teclado con destreza eficiente para crear borradores, revisar, editar y publicar

# Seleccionar objetivos Hábitos y conocimientos para observar, enseñar y apoyar *(cont.)*

## Escritura

ESCRITURA

### NORMAS *(continuación)*

#### ESCRIBIR A MANO Y EN COMPUTADORA *(continuación)*

- Usar un procesador de texto para escribir ideas, revisar, editar y publicar
- Usar el procesamiento de textos con el conocimiento de cómo producir y variar el texto (disposición, tipografía, técnicas especiales) de acuerdo con el propósito, el público, etc.
- Mostrar conocimiento de la terminología informática y de edición de textos
- Crear entradas y artículos de sitio web con la disposición del texto, los gráficos y el acceso a la información adecuados a través de la búsqueda
- Realizar un amplio uso de las destrezas informáticas al presentar un texto

### PROCESO DE ESCRITURA

#### ENSAYAR Y PLANIFICAR

**▸ Propósito**

- Escribir con un propósito específico (informar, entretener, persuadir, reflejar, enseñar, volver a contar, relacionarse, planificar)
- Comprender cómo influye el propósito de la escritura en la selección del género
- Seleccionar el género de escritura a partir del propósito
- Indicar si una obra escrita es un texto funcional, narrativo, informativo o poético
- Tener objetivos claros y comprender cómo influirán en la escritura

**▸ Público**

- Escribir teniendo en cuenta a los lectores o a un público específicos
- Comprender que el propósito de la escritora o del escritor y el conocimiento del público dan forma a la escritura
- Planificar y organizar información para el público al que se dirige el texto
- Comprender que el público se compone de todos los lectores y no solamente de la maestra o del maestro

**▸ Lenguaje oral**

- Generar y ampliar ideas por medio de la conversación con compañeros y con la maestra o el maestro
- Buscar ideas y temas en la experiencia personal y comentarlos
- Usar la conversación y la narración para generar y ensayar lenguaje que puede escribirse después
- Explorar preguntas relevantes al hablar sobre un tema
- Al ensayar el lenguaje para un texto informativo, usar vocabulario específico del tema
- Al ensayar el lenguaje para el texto narrativo, usar palabras de acción y de contenido adecuadas para el cuento

**▸ Reunir semillas/Recursos/Experimentar con la escritura**

- Usar el cuaderno del escritor o un cuadernillo como herramienta para reunir ideas, experimentar, planificar, hacer bosquejos o borradores
- Volver a leer un cuaderno del escritor para seleccionar temas (seleccionar pequeños momentos que se pueden desarrollar)
- Usar bosquejos, redes, listas y escritura libre para pensar, ensayar y planificar la escritura
- Reunir diversas entradas (mapa de personajes, línea cronológica, bosquejos, observaciones, escritura libre, borradores, listas) en un cuaderno del escritor
- Definir el tema, el enfoque, la organización y el público
- Probar títulos, diferentes encabezados y finales; desarrollar el escenario y los personajes en un cuaderno del escritor
- Usar cuadernos para planificar, reunir y ensayar para la publicación de escritos futuros
- Realizar un plan para un ensayo que presente una afirmación y contenga evidencias de apoyo
- Elegir herramientas útiles (sitios web, tablas, bosquejos, cuadros, diagramas, listas, bocetos, diagramas de flujo)
- Elegir un escenario y describirlo con detalles para suscitar una atmósfera particular

**▸ Contenido, asunto, tema**

- Observar con atención sucesos, personas, escenarios y otros aspectos del mundo, para reunir información sobre un tema
- Seleccionar información que apoyará el tema
- Elegir temas que uno conoce, que le interesan o sobre los que uno quiere aprender
- Elegir temas que sean interesantes para la escritora o el escritor
- Comentar un tema de una manera interesante
- Mantener la atención en el tema para producir un texto escrito bien organizado que sea lo suficientemente largo para explicar por completo los puntos (datos, argumentos) que la escritora o el escritor quiere destacar
- Obtener ideas de otros libros y escritores sobre cómo acercarse a un tema (organización, punto de vista, disposición)
- Comunicar la importancia de un tema a un público
- Mostrar al público (al enunciar o presentar información importante) los aspectos importantes del tema
- Usar recursos (impresos o en línea) para obtener información acerca de un tema
- Seleccionar detalles que apoyarán un tema o un relato
- Seleccionar un título que se ajuste al contenido para publicar o completar un borrador final
- Desarrollar una idea principal clara en torno a la que se planificará un texto
- Usar las características de organización del texto electrónico (tablero de anuncios, bases de datos, búsquedas con palabras clave, direcciones de correo electrónico) para encontrar información
- Comprender una gama de géneros y formas, y seleccionar entre ellos de acuerdo con el tema, el propósito y el público

**▸ Investigación/Exploración**

- Hacer observaciones científicas, usar notas y bosquejos para documentar y comentar las relaciones y los patrones con los demás

# Seleccionar objetivos Hábitos y conocimientos para observar, enseñar y apoyar *(cont.)*

## Escritura



### PROCESO DE ESCRITURA *(continuación)*

#### ENSAYAR Y PLANIFICAR *(continuación)*

**▶ Investigación/Exploración** *(continuación)*

- Formular preguntas para explorar y localizar fuentes de información acerca de un tema, personajes o escenario
- Seleccionar e incluir solo la información que sea adecuada al tema y a la categoría
- Usar notas para registrar y organizar información
- Llevar a cabo una investigación para reunir información cuando se planifica un proyecto de escritura (entrevistas en vivo, Internet, objetos, artículos, libros)
- Crear categorías de información
- Determinar cuándo es necesaria la investigación para tratar un tema de no ficción de manera adecuada
- Buscar información adecuada de diversas fuentes (libros y otros materiales impresos, sitios web, entrevistas)
- Comprender el concepto de plagio
- Comprender que una escritora o un escritor adquiere ideas de otros escritores pero que debería reconocer a los otros escritores y/o manifestar esas ideas con sus propias palabras
- Comprender que una escritora o un escritor puede citar a otra escritora u otro escritor con las palabras exactas mediante comillas o comillas angulares y hacer referencia a la fuente
- Registrar las fuentes de información para citarlas

**▶ Género/Formas**

- Seleccionar el género para la escritura según el propósito: carta informal, carta formal, texto de instrucciones; ficción realista, ficción histórica, literatura tradicional (cuento popular, cuento exagerado, cuento de hadas, fábula) y fantasía; biografía, autobiografía, memorias personales, texto narrativo de no ficción; texto expositivo; texto persuasivo; poesía
- Elegir una forma para la escritura: notas, fichas, tarjetas, cartas, invitaciones, correos electrónicos, listas, instrucciones con pasos (explicativos); textos narrativos, libros álbum, libros álbum sin palabras, poemas, canciones, obras de teatro, cartas, cuentos, entradas de diario, bosquejos biográficos y autobiográficos, narraciones personales; ensayos, informes, artículos periodísticos y de fondo, editoriales, cartas al editor
- Comprender que las ilustraciones desempeñan distintas funciones en un texto (entretienen más a la lectora o al lector, agregan información, muestran secuencias)

#### HACER UN BORRADOR Y REVISAR

**▶ Comprender el proceso**

- Comprender la función de la escritora o del escritor, de la maestra o del maestro, o de los compañeros escritores en una conferencia
- Cambiar la escritura en respuesta a los comentarios de los compañeros, o de la maestra o del maestro
- Saber cómo usar una lista de revisión y edición
- Comprender que la revisión es un medio para que los mensajes escritos sean más sólidos y claros para los lectores
- Usar como mentores a escritores en la revisión y revisar mientras se bosqueja (proceso recursivo)

**▶ Producir un borrador**

- Escribir un mensaje continuo, algunas veces organizado en categorías que se relacionan con un tema o idea más amplios
- Usar dibujos para añadir información, explicar o hacer que la lectora o el lector comprenda y disfrute más
- Escribir un borrador o borrador exploratorio (escribir rápido y todo lo que se pueda sobre un tema)
- Comprender la importancia de la entrada en un relato o texto de no ficción
- Revisar la entrada para hallar el lenguaje más interesante y atractivo
- Darle un cierre al texto con un resumen efectivo, una idea que se aparte o un final satisfactorio
- En una narración, establecer un suceso inicial y seguir con una serie de sucesos
- Presentar las ideas en orden lógico a lo largo del texto
- Mantener la idea o el enfoque central a lo largo de los párrafos
- Organizar y presentar información en párrafos de manera que demuestre conocimientos claros de su estructura para agrupar ideas
- Mostrar los pasos o fases en orden cronológico cuando se incorpora una secuencia temporal o cronológica en un texto de no ficción
- Establecer una situación, trama o problema y un punto de vista en borradores de ficción
- Ofrecer perspectivas sobre el motivo por el que un incidente o suceso es memorable
- Cuando se escribe una biografía, memorias personales o cuento de ficción, establecer las decisiones importantes (tomadas por el personaje o sujeto principal) y los resultados de esas decisiones
- Generar múltiples títulos como ayuda para pensar acerca del enfoque del texto
- Seleccionar un título que se ajuste al contenido

**▶ Volver a leer**

- Volver a leer lo escrito para pensar en lo que se escribirá a continuación
- Volver a leer lo escrito para repensar e introducir cambios
- Volver a leer y revisar el borrador exploratorio o reescribir secciones para aclarar el significado
- Volver a leer el texto para asegurarse de que no falten palabras o información
- Identificar en la historia lenguaje que muestre el cambio en los personajes (o el aprendizaje de una lección en las memorias personales)
- Identificar el enunciado (y a veces reformulación) de la idea principal de un texto
- Identificar la parte más emocionante de un cuento
- Volver a leer un texto y preguntarse: *¿He dejado claro lo que quiero que la lectora o el lector comprenda?*
- Volver a leer lo escrito para revisar la claridad y el propósito
- Identificar información que pueda confundir a la lectora o al lector

# Seleccionar objetivos Hábitos y conocimientos para observar, enseñar y apoyar *(cont.)*

## Escritura



### PROCESO DE ESCRITURA *(continuación)*

#### HACER UN BORRADOR Y REVISAR *(continuación)*

▶ **Volver a leer** *(continuación)*

- Identificar información que se pueda relacionar con el tema
- Identificar información que se desvíe o que no contribuya al propósito y al mensaje central

▶ **Agregar información**

- Agregar ideas para dar información o mostrar pensamientos y emociones con globos de diálogo o comillas
- Agregar diálogo para dar información o narrar con guiones largos o globos de diálogo
- Agregar palabras descriptivas (adjetivos, adverbios) y frases para ayudar a los lectores a visualizar y comprender sucesos, acciones, procesos o temas
- Agregar palabras, frases u oraciones para que la escritura sea más interesante o emocionante para los lectores
- Agregar palabras, frases u oraciones para brindar más información a los lectores
- Agregar palabras, frases u oraciones para aclarar el significado a los lectores
- Luego de reflexionar y volver a leer, agregar fragmentos de texto sustanciales (párrafos, páginas) para explicar mejor, aclarar o apoyar argumentos
- Agregar detalles o ejemplos para hacer que el texto sea más claro o interesante
- Agregar palabras y frases de transición para aclarar el significado y hacer que la escritura sea más fluida
- Volver a leer y cambiar o agregar palabras para asegurarse de que el sentido sea claro
- Agregar palabras y detalles descriptivos a la escritura o los dibujos
- Usar notas al pie para agregar información

▶ **Eliminar información**

- Eliminar texto para expresar mejor el significado y hacer que el texto sea más lógico
- Eliminar palabras u oraciones que no tengan sentido o que no se ajusten al tema o mensaje
- Eliminar páginas o párrafos cuando la información no sea necesaria
- Identificar palabras, frases u oraciones redundantes y eliminarlas si no tienen un propósito o no realzan la voz
- Volver a leer y tachar palabras para asegurarse de que el sentido sea claro

▶ **Cambiar el texto**

- Identificar las partes que no son claras y ser más específico
- Variar la elección de palabras para hacer que el texto sea más interesante
- Trabajar en las transiciones para lograr mayor fluidez
- Volver a dar forma a la escritura para reformular el texto en un género diferente (narración personal en un poema)

▶ **Reorganizar la información**

- Volver a organizar y revisar el texto para expresar mejor el significado o hacer que el texto sea más lógico (volver a ordenar los dibujos, volver a ordenar las páginas, cortar y pegar)
- Reorganizar y revisar la escritura para expresar mejor el significado de la escritora o del escritor, o hacer que el texto sea más lógico
- Volver a ordenar las páginas o los párrafos disponiendo o volviendo a montarlos

▶ **Usar herramientas y técnicas**

- Agregar palabras, letras, frases u oraciones usando diversas técnicas (símbolo de intercalación, notas adhesivas, tiras de papel, elementos numerados en una hoja individual, procesamiento de textos)
- Usar un número para saber dónde agregar información y un papel adicional pegado con números para escribir la información que se inserta
- Eliminar palabras, frases u oraciones de un texto (tachar o usar procesadores de textos) para aclarar el significado
- Volver a ordenar la información de un texto para aclarar el significado al quitar, cortar y pegar, disponer las páginas, usar procesadores de texto

#### EDITAR Y CORREGIR

▶ **Comprender el proceso**

- Comprender que una escritora o un escritor usa lo que sabe para escribir bien las palabras
- Saber cómo usar una lista de revisión y edición
- Comprender que una escritora o un escritor (luego de usar lo que se sabe) puede pedirle a otra persona que haga una edición final
- Comprender las limitaciones de la revisión ortográfica y gramatical en la computadora
- Comprender cómo usar herramientas para autoevaluar la escritura y ayudar a la escritora o al escritor en la corrección de textos

▶ **Editar según las normas**

- Revisar y corregir la formación de letras
- Editar la ortografía de palabras conocidas escritas según las normas
- Editar para corregir errores de ortografía encerrando en un círculo o subrayando las palabras que parecen tener errores y escribirlas de nuevo
- Comprender que la maestra o el maestro será el editor final de ortografía para el texto publicado luego de que la estudiante o el estudiante haya usado todo lo que conoce
- Editar el uso de mayúsculas y de la puntuación
- Editar la gramática y el sentido de las oraciones
- Editar la pertinencia de las palabras y el significado preciso
- Determinar cuándo deberían comenzar los párrafos nuevos
- Revisar y corregir el espaciado y la disposición
- Preparar un borrador final con una autoedición y presentarlo (a la maestra o al maestro antes de publicar)

▶ **Usar herramientas**

- Usar herramientas de referencia para revisar la ortografía y el significado
- Usar un diccionario de sinónimos para buscar palabras más interesantes

# Seleccionar objetivos Hábitos y conocimientos para observar, enseñar y apoyar (*cont.*)

## Escritura



### PROCESO DE ESCRITURA (*continuación*)

#### EDITAR Y CORREGIR (*continuación*)

▸ **Usar herramientas** (*continuación*)

- Revisar la ortografía, aceptando o rechazando los cambios cuando sea necesario
- Revisar la gramática, aceptando o rechazando los cambios cuando sea necesario

#### PUBLICAR

- Producir textos para explicar, rotular o acompañar los dibujos
- Crear ilustraciones y escritura que funcionen en conjunto para expresar el significado
- Crear ilustraciones u otros elementos artísticos para textos que estén en su versión final
- Compartir un texto con los compañeros leyéndolo en voz alta a la clase
- Reunir varios cuentos o poemas en un libro
- Seleccionar un poema, un cuento o un libro informativo para publicar de diversas formas adecuadas (escrito/impreso, enmarcado o dibujado o exhibido de diferente manera)
- Agregar una cubierta de doble página con el título e información sobre la autora o el autor
- Considerando un público de antemano, agregar características del libro y la letra impresa durante el proceso de publicación (ilustraciones y otros elementos gráficos, cubierta de doble página, título, dedicatoria, tabla de contenidos, texto sobre la autora o el autor, encabezados, subtítulos)
- Trabajar en la disposición del texto en la publicación final
- Comprender que la publicación es compartir un texto escrito teniendo en cuenta un propósito y un público
- Comprender la importancia de citar fuentes de información y algunas normas para citar

#### DIBUJAR

- Comprender que cuando hay texto y dibujos en una página, se apoyan mutuamente y se amplían entre sí
- Usar bosquejos o dibujos para representar personas, lugares y cosas y para comunicar una atmósfera e ideas abstractas de manera adecuada al género y la forma
- Crear dibujos que estén relacionados con el texto escrito y que hagan que la lectora o el lector comprenda y disfrute más
- Usar bosquejos para ayudar a recordar y planificar
- Usar bosquejos para capturar detalles que sean importantes para un tema
- Presentar información importante en las ilustraciones
- Agregar detalles a los dibujos para añadir información o generar interés
- Crear dibujos que requieran especial atención al color o al detalle
- Comprender la diferencia entre hacer dibujos y bosquejos, y usarlos para apoyar el proceso de escritura
- Usar bosquejos para crear representaciones rápidas de imágenes, generalmente un esquema en lápiz o bolígrafo
- En ocasiones, usar diagramas u otros elementos gráficos para complementar el proceso y/o agregar significado
- Bosquejar y dibujar con un sentido de tamaño y perspectiva relativos
- Usar los términos *bosquejar* y *dibujar* para referirse a estos procesos y formas

#### VERSE A SÍ MISMOS COMO ESCRITORES

- Tener temas e ideas para la escritura en una lista o cuaderno
- Seleccionar ejemplos de escritura ejemplar en todas las tentativas de género
- Autoevaluar la propia escritura y comentar los aspectos positivos y las técnicas que se usaron
- Autoevaluar textos escritos en función de lo que se sabe acerca del género
- Producir una cantidad razonable de texto escrito dentro del tiempo disponible
- Escribir de manera rutinaria durante lapsos extensos o lapsos más cortos en una gama de tareas, propósitos y públicos específicos de una disciplina
- Escribir por iniciativa e inversión propias
- Prestar atención a los detalles de las ilustraciones y la manera en que mejoran un texto para ensayarlos
- Arriesgarse como escritora o escritor
- Escribir diversos géneros a lo largo del año
- Comprender la escritura como vehículo para comunicar algo que la escritora o el escritor piensa
- Demostrar capacidad en una conferencia para comentar sobre lo que se trabaja como escritora o escritor
- Solicitar observaciones sobre la escritura
- Estar dispuesta o dispuesto a trabajar en la elaboración de la escritura incorporando nuevas enseñanzas
- Comparar lo que se escribió previamente con un texto revisado, y observar y comentar las diferencias
- Decir qué se aprendió de cada texto escrito
- Formular objetivos como escritora o escritor
- Escribir con fluidez y naturalidad
- Observar lo que hace que la escritura sea efectiva y mencionar el recurso de elaboración o técnica
- Mostrar interés y trabajar en la elaboración de una buena escritura, incorporando lo que se aprendió en la enseñanza
- Sugerir revisiones posibles a los compañeros
- Marcar la parte más importante de la escritura propia o de otros

# Seleccionar propósito, género y forma

## Escritura

Hacia el final de año, los escritores de quinto grado pueden seleccionar el propósito y el género para una amplia gama de escritura, que incluye textos híbridos, con mayor destreza. Ellos conocen muchos textos ejemplares que pueden usar como recursos y siguen ampliando su capacidad para escribir textos argumentativos y persuasivos de manera efectiva. También seleccionan escritores para aprender de ellos y usan su cuaderno del escritor para una investigación y planificación útiles.

### ESCRITURA FUNCIONAL

*(Propósito: realizar una tarea práctica)*

#### CARTA FORMAL

##### ▸ Comprender el género

- Comprender que una carta formal puede escribirse de diversas formas (carta de comercio)
- Comprender que una carta de comercio es un documento formal con un propósito particular
- Comprender que una carta de comercio tiene partes (fecha, dirección interna, saludo formal seguido de dos puntos, cuerpo organizado en párrafos, cierre, firma y título del remitente, algunas veces notificación de una copia o anexo)
- Comprender que una escritora o un escritor puede aprender a escribir cartas de negocios efectivas mediante el estudio de las características de ejemplos
- Usar el término *carta de comercio* para describir la forma

##### ▸ Escribir el género

- Escribir a un público específico que puede ser un individuo, una organización o un grupo
- Dirigirse al público de manera adecuada
- Incluir información importante y excluir los detalles innecesarios
- Organizar el cuerpo en párrafos
- Comprender los componentes de una carta de comercio y cómo disponerlos en la página
- Escribir cartas formales

#### TEXTO DE INSTRUCCIONES

##### ▸ Comprender el género

- Comprender que un texto de instrucciones ayuda a saber cómo se hace algo
- Comprender que un texto de instrucciones puede escribirse de diversas formas: lista, secuencia de instrucciones (explicativas)
- Comprender que un texto de instrucciones suele mostrar un elemento debajo de otro y puede incluir un número o letra para cada elemento
- Comprender que una lista es una manera funcional de organizar la información y que puede usarse como herramienta de planificación
- Comprender que un texto de instrucciones suele incluir una lista de lo que se necesita para llevar a cabo un procedimiento
- Comprender cómo elaborar textos de instrucciones a partir de textos ejemplares

##### ▸ Escribir el género

- Usar una lista para planificar una actividad o ayudar a la memoria
- Usar una lista para desarrollar textos de diversos géneros y formas
- Escribir pasos de un procedimiento con secuenciación y explicitación adecuadas, mediante el uso de palabras de números o palabras de transición
- Escribir instrucciones claras, guías y textos explicativos

#### ESCRIBIR EN UNA PRUEBA

##### ▸ Comprender el género

- Comprender que escribir en una prueba suele requerir escribir sobre un tema asignado
- Comprender que escribir en una prueba puede requerir la creación de textos expositivos o persuasivos
- Comprender que algunas pruebas se usan con el propósito de demostrar lo que una persona sabe o puede hacer como escritora o escritor
- Comprender que escribir en una prueba puede asumir diversas formas: construcción de respuesta corta (en ocasiones llamada *respuesta corta*), construcción de respuesta extendida (o *ensayo*)
- Comprender que escribir en una prueba suele requerir escribir sobre algo real
- Comprender que escribir en una prueba incluye el análisis de lo que se espera de la escritora o del escritor, y luego la planificación y la escritura de una respuesta que se ajuste a esos criterios
- Comprender la escritura en una prueba como una respuesta diseñada minuciosamente para responder a instrucciones precisas
- Comprender que escribir en una prueba a menudo requiere asumir una posición, desarrollar un argumento claro y proveer evidencias para esos puntos
- Comprender que escribir en una prueba a menudo requiere de la inferencia y la explicación de los motivos de un personaje o persona
- Comprender que escribir en una prueba algunas veces requiere asumir una perspectiva que puede provenir de un tiempo o escenario diferente al de la lectora o del lector
- Aprender a escribir en pruebas mediante el estudio de ejemplos de respuestas cortas y de respuesta extendida
- Usar los términos *escribir en una prueba, respuesta corta* y *respuesta extendida* para describir este tipo de escritura funcional

##### ▸ Escribir el género

- Analizar indicaciones para determinar el propósito, el público y el género adecuado (texto expositivo, texto persuasivo)
- Leer y aprender las pautas para una respuesta aceptable

# Seleccionar propósito, género y forma *(cont.)*

## Escritura

### ESCRITURA FUNCIONAL
*(Propósito: desempeñar una tarea práctica) (continuación)*

### ESCRIBIR EN UNA PRUEBA *(continuación)*

▸ **Escribir el género** *(continuación)*

- Escribir respuestas centradas en las preguntas y las indicaciones
- Escribir concisamente y orientándose a lo que se pide o se pregunta
- Reflexionar acerca de ideas más amplias y realizar o defender una afirmación fundamentada
- Responder a un texto de manera que refleje razonamiento analítico o estético
- Reafirmar una declaración con más evidencia
- Afirmar un punto de vista y proveer evidencia
- Enunciar el punto de vista de otro individuo
- Desarrollar los puntos importantes
- Excluir los detalles irrelevantes
- Incorporar los propios conocimientos de escritura al responder
- Revisar la ortografía y las normas

### ESCRIBIR SOBRE LA LECTURA

- Consulte Escribir sobre la lectura, páginas 169-234.

### ESCRITURA NARRATIVA *(Propósito: contar un cuento)*

### FICCIÓN

▸ **Comprender el género**

- Comprender que los géneros de ficción incluyen la ficción realista, la ficción histórica, la literatura tradicional (cuento popular, cuento exagerado, cuento de hadas, fábula, mito, leyenda, balada) y la fantasía (incluida la ciencia ficción)
- Comprender que la ficción se puede escribir de diversas formas (texto narrativo, libros álbum, libros álbum sin palabras, poemas, canciones, obras de teatro, cartas, cuentos, entradas de diario, poesía narrativa)
- Comprender que un propósito adicional de un texto de ficción es explorar un tema o enseñar una lección
- Comprender que un texto de ficción puede incluir uno o más sucesos en la vida de un personaje principal
- Comprender que una escritora o un escritor usa diversos elementos de ficción (escenario, argumento con problema y solución, personajes) en un texto de ficción
- Comprender la estructura del texto narrativo, que incluye una entrada o introducción, la presentación de personajes, el escenario, el problema, una serie de sucesos, la resolución del problema y el final
- Comprender que el escenario de la ficción puede ser actual o histórico
- Comprender que los escritores pueden aprender a elaborar ficción mediante el uso de textos ejemplares como modelos
- Usar los términos *ficción realista, ficción histórica, cuento popular, cuento exagerado, cuento de hadas, fábula, mito, leyenda, épica, balada, fantasía* y *ciencia ficción* para describir el género

▸ **Escribir el género**

- Escribir una historia de ficción, ya sea realista o de fantasía
- Desde la fantasía, incluir personajes, escenarios y elementos imaginarios de la trama
- Comenzar con una introducción sugestiva para atraer la atención de la lectora o del lector
- Describir el escenario con detalles adecuados
- Desarrollar una trama que incluya tensión y una o más escenas
- Mostrar el problema del cuento y cómo uno o más personajes reaccionan al problema
- Asegurarse de que los sucesos y el escenario de la ficción histórica sean adecuados
- Describir los personajes según su aspecto; según lo que hacen, dicen y piensan; y según lo que otros dicen acerca de ellos
- Mostrar en lugar de decir lo que sienten los personajes
- Asumir un punto de vista escribiendo en primera o tercera persona
- Escribir un final verosímil y satisfactorio a un cuento

### BIOGRAFÍA, AUTOBIOGRAFÍA, MEMORIAS PERSONALES Y TEXTO NARRATIVO DE NO FICCIÓN

▸ **Comprender el género**

- Comprender que los géneros narrativos de no ficción incluyen la biografía, la autobiografía, las memorias personales y los textos narrativos de no ficción
- Comprender que los textos biográficos pueden escribirse de diversas formas (bosquejos biográficos, bosquejos autobiográficos, narraciones personales, poemas, canciones, obras de teatro, ensayos fotográficos, discursos, cartas, entradas de diario)
- Comprender la biografía como relato verídico de la vida de una persona
- Comprender la autobiografía como relato verídico de la vida de una persona escrito y narrado por esa misma persona
- Comprender que una biografía o una autobiografía puede relatar toda la vida de la persona o una parte de ella
- Comprender que la escritora o el escritor de una biografía o una autobiografía necesita seleccionar los sucesos más importantes de la vida de una persona
- Establecer la relevancia de los sucesos y las decisiones personales tomadas por el sujeto de una biografía o autobiografía
- Comprender las memorias personales o la narración personal como recuerdo o reflexión breve y a veces profunda de una persona, un tiempo o un suceso
- Comprender que las memorias personales tienen relevancia en la vida de la escritora o del escritor y que generalmente muestra algo relevante para otras personas
- Comprender que las memorias personales pueden comprender una serie de viñetas
- Comprender que una biografía, una autobiografía o las memorias personales pueden tener características de la ficción (escenario, conflicto, personajes, diálogo, resolución), aunque sean verdaderos, o que pueden basarse en hechos
- Comprender la diferencia entre una biografía real y una biografía ficcional
- Escribir diversos tipos de textos biográficos mediante el estudio de textos ejemplares

# Seleccionar propósito, género y forma *(cont.)*

## Escritura

### ESCRITURA NARRATIVA
*(Propósito: contar un cuento) (continuación)*

### BIOGRAFÍA, AUTOBIOGRAFÍA, MEMORIAS PERSONALES Y TEXTO NARRATIVO DE NO FICCIÓN *(continuación)*

▸ **Comprender el género** *(continuación)*

- Comprender que un texto narrativo de no ficción incluye la selección de sucesos importantes y momentos clave
- Comprender que un texto narrativo de no ficción a menudo incluye un patrón estructural subyacente como causa y efecto o problema y solución
- Comprender que un texto narrativo de no ficción indica el paso del tiempo mediante el uso de palabras (*entonces, después de un tiempo*), fechas, períodos de tiempo y edades de personas
- Comprender que el escenario puede ser importante en un texto narrativo de no ficción
- Comprender que un texto narrativo de no ficción incluye personas que son reales
- Comprender que un texto narrativo de no ficción a menudo incluye citas de las palabras exactas de una persona
- Comprender que un texto narrativo de no ficción debe incluir solo sucesos y personas verídicos, y puede requerir investigación
- Usar los términos *biografía, bosquejo biográfico, autobiografía, bosquejo autobiográfico, narrativa personal, memorias personales, narrativa de no ficción, poema, canción, obra de teatro, carta, entrada de diario, ensayo fotográfico* y *discurso*

▸ **Escribir el género**

- Elegir un sujeto y exponer una razón de tal selección
- Escribir una entrada atractiva que capte el interés y que pueda anunciar el contenido
- Seleccionar sucesos y momentos clave importantes para incluir y sucesos y detalles superfluos para excluir
- Seleccionar y escribir experiencias personales como "pequeños momentos" y compartir las reflexiones y las sensaciones acerca de ellos
- Revelar algo importante sobre la propia persona o la vida
- Crear una serie de viñetas que en conjunto comuniquen un mensaje más amplio
- Usar pequeños momentos o experiencias para comunicar un mensaje más amplio
- Usar palabras que muestren el paso del tiempo de diversas maneras
- Contar sucesos en orden cronológico o usar otros patrones estructurales (descripción, secuencia temporal, pregunta y respuesta, causa y efecto, comparar y contrastar, problema y solución, categorización)
- Describir y desarrollar un escenario y explicar cómo se relaciona con las experiencias de la escritora o del escritor
- Describir las decisiones importantes del sujeto y un momento clave en el texto narrativo
- Describir el sujeto por lo que hizo o dijo y también por las opiniones de otros
- Mostrar la relevancia del sujeto
- Mostrar cómo cambia el sujeto
- Describir a las personas según su aspecto; según lo que hacen, dicen y piensan; y según lo que otros dicen acerca de ellos
- Usar diálogo adecuado para contribuir al significado del texto narrativo
- Experimentar con lenguaje literario (sustantivos y verbos intensos, lenguaje figurado)
- Escribir un final que se ajuste al texto
- Seleccionar sucesos importantes y momentos clave para incluir en un texto narrativo de no ficción
- Mostrar causa y efecto y/o problema y solución de manera adecuada al escribir textos narrativos de no ficción
- Incluir citas de personas reales en un texto narrativo de no ficción y usar guiones, comillas o comillas angulares con referencias apropiadas

### ESCRITURA INFORMATIVA
*(Propósito: explicar o presentar datos sobre un tema)*

### TEXTO EXPOSITIVO

▸ **Comprender el género**

- Comprender que una escritora o un escritor crea un texto expositivo para los lectores con el objetivo de aprender acerca de un tema
- Comprender que para escribir un texto expositivo, la escritora o el escritor necesita aprender mucho sobre el tema
- Comprender que un texto expositivo puede requerir investigación y que requerirá organización
- Comprender que un texto expositivo se puede escribir de diversas formas (ensayo, informe, artículo de fondo, ensayo fotográfico, discurso)
- Comprender que un ensayo es una composición breve que se usa para explicar un tema y/o brindar el punto de vista de la escritora o del escritor acerca de un tema
- Comprender la estructura básica de un ensayo (introducción, cuerpo, conclusión)
- Comprender que un informe es una presentación formal de un tema
- Comprender que un informe puede incluir diversas categorías de información acerca de un único tema
- Comprender que un informe tiene una sección introductoria, seguida de más información en categorías o secciones
- Comprender que un artículo de fondo generalmente se centra en un aspecto de un tema
- Comprender que un artículo de fondo comienza con un párrafo introductorio, con más información detallada en los párrafos siguientes, y una conclusión
- Comprender que un artículo de fondo revela el punto de vista de la escritora o del escritor acerca de un tema o sujeto (y en ocasiones, su fascinación con estos)
- Comprender que un discurso es un texto formal escrito para ser presentado oralmente a un público
- Comprender que en un texto sobre hechos se puede usar lenguaje y técnicas literarias para atraer y entretener a los lectores a medida que brinda información sobre hechos

# Seleccionar propósito, género y forma *(cont.)*

## Escritura

### ESCRITURA INFORMATIVA *(Propósito: explicar o presentar datos sobre un tema) (continuación)*

#### TEXTO EXPOSITIVO *(continuación)*

**▸ Comprender el género** *(continuación)*

- Comprender que una escritora o un escritor puede aprender a escribir diversas formas de texto expositivo a partir de textos ejemplares
- Usar los términos *texto expositivo, ensayo, informe, artículo periodístico, artículo de fondo, ensayo fotográfico* y *discurso* para describir el género y las formas

**▸ Escribir el género**

- Usar ilustraciones y características del libro y la letra impresa (imágenes rotuladas, diagramas, tabla de contenidos, encabezados, subtítulos, recuadros laterales, recuadros de datos a partir de otro texto, números de página) para guiar a la lectora o al lector
- Escribir un texto que sea interesante y cuya lectura sea entretenida
- Escribir acerca de un tema que sea interesante e importante y con el que la escritora o el escritor esté comprometida/o, teniendo en cuenta a los miembros del público, sus intereses y su posibles conocimientos previos
- Presentar información que enseñe o informe un tema a los lectores
- Escribir una entrada y una primera sección atractivas que orienten a la lectora o al lector, y que provean una introducción al tema
- Organizar la información mediante el uso de la categorización u otros patrones estructurales subyacentes (descripción, secuencia temporal, pregunta y respuesta, causa y efecto, secuencia cronológica, comparar y contrastar, problema y solución)
- Brindar detalles de apoyo interesantes que desarrollen un tema
- Incluir datos, cifras, estadísticas, ejemplos y anécdotas cuando corresponda
- Usar citas de expertos (textos escritos, discursos, entrevistas) cuando corresponda
- Reconocer las fuentes de información que correspondan
- Usar vocabulario específico del tema
- Usar lenguaje literario para que el tema resulte interesante a los lectores
- Revelar las convicciones de la escritora o del escritor acerca del tema a través de una única voz
- Escribir múltiples párrafos con transiciones fluidas
- Escribir una conclusión efectiva

### ESCRITURA PERSUASIVA *(Propósito: persuadir)*

#### TEXTO PERSUASIVO

**▸ Comprender el género**

- Comprender que los textos argumentativos y persuasivos se pueden escribir de diversas formas (editorial, carta al editor, ensayo, discurso)
- Comprender que el propósito de un texto persuasivo o argumentativo puede ser convencer a la lectora o al lector para que asuma el punto de vista de la escritora o del escritor acerca de un tema, adopte una medida, critique a la sociedad o mejore algún aspecto del mundo
- Comprender que un editorial es un texto formal con un público general
- Comprender que una carta al editor es un texto formal con un público general (el editor de una publicación y sus lectores)
- Comprender que una carta al editor tiene partes (fecha, saludo formal, cuerpo organizado en párrafos, cierre, firma y título del emisor)
- Comprender que un ensayo es un texto formal generalmente escrito para una maestra o un maestro, o una prueba
- Comprender que un discurso es un texto formal escrito que se presenta de manera oral con el propósito de persuadir al público de que crea o haga algo
- Comprender la importancia de apoyar cada idea o argumento con datos, razones o ejemplos
- Usar los términos *argumento, texto persuasivo, editorial, carta al editor, ensayo* y *discurso* para describir el género y las formas
- Comprender que una escritora o un escritor puede aprender a escribir diversas formas de argumentación o persuasión mediante el estudio de características de ejemplos en textos ejemplares

**▸ Escribir el género**

- Escribir un editorial, una carta al editor o un ensayo
- Dirigirse al público de manera adecuada de acuerdo con la forma
- Elegir temas a partir de cuentos o de observaciones cotidianas
- Comenzar con un título o una introducción que comente a la lectora o al lector lo que se argumenta o explica y concluir con un resumen
- Brindar una serie de argumentos claros con razonamientos y apoyar el argumento
- Incluir información importante y excluir los detalles innecesarios
- Usar opiniones fundamentadas con datos
- Ofrecer "testimonios de expertos" o citas para apoyar un argumento
- Organizar el cuerpo del texto en párrafos
- Escribir oraciones bien construidas que expresen las convicciones de la escritora o del escritor
- Escribir un final lógico y reflexivo
- Incluir ilustraciones, tablas o diagramas cuando sea necesario

### ESCRITURA POÉTICA *(Propósito: expresar emociones, imágenes sensoriales, ideas o cuentos)*

#### POESÍA

**▸ Comprender el género**

- Comprender que la poesía es una manera particular de comunicar y describir emociones, imágenes sensoriales, ideas o relatos
- Comprender que una escritora o un escritor puede crear diferentes tipos de poemas (poema narrativo, quintilla humorística, haiku, poema concreto)
- Comprender la importancia de elegir palabras específicas en la poesía
- Comprender la diferencia entre el lenguaje poético y el lenguaje cotidiano
- Observar el tempo o el ritmo de un poema y su relación con los saltos de línea
- Comprender la manera en que funciona la letra impresa en los poemas y demostrar su uso en la lectura y la escritura en una página, usando los espacios y los saltos de línea
- Comprender que los poemas tienen diversas formas
- Comprender que no es necesario que los poemas rimen
- Usar los términos *poema, poema narrativo, quintilla humorística, haiku* y *poema concreto* para describir tipos específicos de poesía
- Comprender que una escritora o un escritor puede aprender a escribir diversos poemas a partir del estudio de textos ejemplares

# Seleccionar propósito, género y forma *(cont.)*

## Escritura

### ESCRITURA POÉTICA *(Propósito: expresar emociones, imágenes sensoriales, ideas o cuentos) (continuación)*

#### POESÍA *(continuación)*

**▸ Escribir el género**

- Observar con atención para seleccionar temas o contenido y escribir con detalle
- Usar palabras para transmitir imágenes y emociones intensas
- Usar lenguaje figurado y otros recursos literarios como la aliteración, la onomatopeya, el símil, la metáfora y la personificación
- Seleccionar temas que sean relevantes y ayuden a los lectores a ver de un modo distinto
- Seleccionar temas que tengan significados profundos
- Usar el espacio en blanco y los saltos de línea para comunicar el mensaje y el tono del poema
- Comprender la función de los saltos de línea y del espacio en blanco para la pausa, la respiración o el énfasis
- Colocar las palabras en una página para que tengan forma de poema
- Eliminar palabras adicionales para aclarar el significado y hacer que la escritura sea más intensa
- Usar la repetición, el estribillo, el ritmo y otras técnicas poéticas
- Usar palabras para mostrar, y no contar
- Escribir diversos tipos de poemas
- Escribir un texto poético en respuesta a otro poema, que refleje el mismo estilo, tema, atmósfera o voz
- Escribir un texto poético en respuesta a un texto en prosa, ya sea narrativo o informativo
- Elegir un título que comunique el significado de un poema

### ESCRITURA HÍBRIDA

#### TEXTO HÍBRIDO

**▸ Comprender el género**

- Comprender que un texto híbrido mezcla dos o más géneros
- Comprender que un texto híbrido fusiona dos géneros para comunicar información de diferentes maneras (a través de la prosa narrativa, el poema o una lista)
- Comprender que una escritora o un escritor usa más de un género para aumentar el interés o hacer que el texto cobre vida
- Comprender que los géneros del texto se deben integrar en un todo armónico que comunique el mensaje
- Usar el término *texto híbrido* para describir el género
- Comprender que una escritora o un escritor puede aprender a escribir textos híbridos a partir del estudio de textos ejemplares

**▸ Escribir el género**

- Seleccionar diferentes géneros con un propósito claro en mente
- Escribir partes del texto en diferentes géneros de acuerdo con el propósito
- Integrar los géneros para crear un todo coherente
- Realizar una transición fluida de un tiempo verbal a otro
- Realizar una transición fluida de la escritura de una persona a la escritura de otra persona (de primera persona a tercera persona)
- Guiar a la lectora o al lector para que las transiciones entre los géneros sean accesibles

El "explorador" Bill

Todo estaba muy bien en la isla Koko hasta que Bill llegó. Bill era un explorador, pero no era un explorador muy bueno. No, Bill era un explorador malo porque todo lo que quería era dinero. Koko era una isla muy bonita y pequeña. La arena de la playa era de un color durazno impresionante que se extendía por millas. Los árboles eran tan altos como un gigante de un cuento de hadas. Todos en Koko eran como familia. Esta isla tenía toda la fruta en el mundo. Todos comían frutas.

Bill era un hombre que le "gustaba" explorar. En realidad él odiaba explorar. Primero, el movimiento del bote le daba náusea. Luego, no le gustaba comer solo vegetales. ¡Quería doritos, cheetos y fritos! Bill decía que cuando exploraba islas y montañas todos le daban oro y dinero.

Todo estaba listo. Bill iba a ir a la isla sin nombre (Koko). El bote estaba lleno con vegetables. Bill iba a protestar por no tener doritos, pero él lo pensó mejor. Abordó el bote. Era muy pequeño y solo tenia una cama para dormir.

"¡Adiós Papá!" dijo su hija.

"Adiós" dijeron todos. De repente se fue con todos los vegetables y sin doritos, ni cheetos ni fritos.

En el medio del viaje, Bill había comido 3 sandías y seguía con náuseas. ¡Ja! Ahora veía tierra y estaba muy feliz. Cuando llegó a la tierra se tiró al suelo y lo besó. Cuando se limpió la arena de sus labios, miró alrededor. Era una isla muy bonita. Había mangos, piña, fresas, ¡todas las frutas imaginables! Caminó alrededor de la isla. Era muy pacífica esta isla. Todos eran amigos y muy amables y lindos. Pero lo que más le interesaba a Bill, era el gran árbol en el centro del pueblo. Tenía las hojas tan raras. Un segundo... no eran hojas, era ¡Dinero!!! ¡Wow! Era tanto dinero. Él iba a esperar hasta la noche cuando todos estaban dormidos y luego ¡BAM!!! iba a robar todo el dinero.

Era de noche y Bill estaba listo para robar el dinero del árbol, pero no sabía que el árbol tenía protección. Cuando alguien trataba de robar, el árbol se transformaba en una cárcel. Bill fue al centro del pueblo y agarró un billete de veinte dólares y luego uno de cien y más y más y más hasta que ya no había billetes en el árbol. Bill estaba muy encantado de sí mismo, pero cuando iba a ir a su bote no pudo salir! Trataba pero si corría, caminaba, o gateaba, algo invisible lo atrapaba al árbol.

En unas horas todos estaban despiertos, todas las personas en la isla Koko veían quién era Bill, el Bill de verdad... Bill nunca regresó a su casa, pero en la isla de Koko lo trataron bien y le enseñaron cómo ser una persona buena.

*Estudiante de quinto grado escribe un cuento de ficción.*

# Seleccionar objetivos Hábitos y conocimientos para observar, enseñar y apoyar

## Escritura



### ELABORACIÓN

### ORGANIZACIÓN

#### ▶ Estructura del texto

- Usar la organización en la escritura que se relaciona con el propósito y el género (cartas, ensayos)
- Decidir dónde ubicar características como fotografías con leyendas, recuadros, recuadros laterales y elementos gráficos en un texto
- Escribir textos narrativos ficcionales con personajes involucrados en una trama y sucesos ordenados temporalmente
- Escribir textos narrativos de ficción y no ficción ordenados cronológicamente
- Usar patrones estructurales subyacentes para presentar diferentes tipos de información en un texto de no ficción (descripción, secuencia temporal, pregunta y respuesta, causa y efecto, secuencia cronológica, comparar y contrastar, problema y solución, categorización)

#### ▶ Comienzos, finales, títulos

- Comenzar con una entrada deliberada y atractiva
- Empezar un texto narrativo por el comienzo, el medio o el final
- Usar diversos comienzos y finales para atraer a la lectora o al lector
- Finalizar un texto narrativo con la resolución del problema y con una conclusión satisfactoria
- Comprender que los textos narrativos pueden empezar en el comienzo, el medio o el final
- Finalizar un texto informativo con una conclusión reflexiva y educativa
- Seleccionar un título adecuado para un poema, un cuento o un libro informativo
- Generar varios títulos para el texto y seleccionar el más adecuado en función del contenido de un texto informativo o de su trama o caracterización

#### ▶ Presentación de ideas

- Contar una parte, una idea, un suceso o un grupo de ideas de cada página de un libro
- Presentar ideas de manera clara en una secuencia lógica o en categorías
- Organizar la información según el propósito y el género
- Mostrar temas y subtemas mediante el uso de encabezados y subtítulos
- Usar párrafos para organizar ideas
- Usar transiciones bien elaboradas para mantener el ritmo y la fluidez de la escritura
- Presentar ideas con datos, detalles, ejemplos y explicaciones de múltiples expertos
- Presentar ideas seguidas de detalles y ejemplos de apoyo
- Usar el tiempo adecuadamente como herramienta de organización
- Mostrar los pasos con suficientes detalles para que la lectora o el lector pueda seguir la secuencia
- Darle un cierre a un texto mediante un final o una oración que lo resuma
- Usar encabezados, subtítulos, una tabla de contenidos y otras características para ayudar a la lectora o al lector a hallar información y comprender cómo se relacionan los datos en la escritura expositiva
- Usar elementos gráficos (diagramas, ilustraciones, fotos, tablas) para presentar información
- Usar vocabulario específico del tema o el contenido

### DESARROLLO DE IDEAS

- Comprender la diferencia entre desarrollar un texto narrativo (o trama) y presentar información mediante el uso de descripción, causa y efecto, comparar y contrastar, problema y solución o categorización
- Presentar, desarrollar y concluir el tema o la historia
- Mantener la atención de la lectora o del lector con contenido claro y orientado
- Estructurar un texto narrativo y mantener la escritura para desarrollarlo de manera lógica
- Desarrollar una trama lógica mediante la creación de un problema del cuento y su impacto en los múltiples sucesos hasta su resolución
- Comprender cómo la información ayuda a la lectora o al lector a aprender sobre un tema
- Reunir y aprender información y luego escribirla en sus propias palabras
- Atraer a la lectora o al lector con ideas que muestran conocimientos sólidos del tema
- Comunicar claramente los puntos principales que se pretende que la lectora o el lector comprenda
- Organizar la información de manera lógica para que las ideas se construyan unas sobre otras
- Proveer detalles complementarios que sean precisos, relevantes, interesantes y gráficos

### USO DEL LENGUAJE

- Comprender que la escritora o el escritor usa el lenguaje para comunicar significado
- Mostrar evidencia del uso del lenguaje en libros de cuentos y en libros informativos que se hayan leído en voz alta
- Aprender de otros escritores maneras de usar el lenguaje y construir textos (al leer libros y escuchar su lectura en voz alta) y aplicar esos conocimientos a los textos propios
- Seguir aprendiendo de otros escritores mediante la imitación de expresiones, frases y oraciones
- Usar palabras o frases memorables
- Variar el vocabulario y el estilo según el público y el propósito
- Usar lenguaje para mostrar en lugar de contar
- Usar vocabulario para dar instrucciones
- Hallar y escribir lenguaje para explicar conceptos e ideas abstractos
- Usar lenguaje para expresar con claridad las ideas principales y los detalles de apoyo
- Usar ejemplos para aclarar significados
- Usar lenguaje particular típico de diferentes géneros
- Usar lenguaje para desarrollar argumentos y apoyarlos con evidencia
- Usar lenguaje para crear imágenes sensoriales
- Usar lenguaje para suscitar emociones
- Usar lenguaje figurado (símil, metáfora, personificación) para hacer comparaciones
- Usar diversas estructuras oracionales y longitudes de oraciones

# Seleccionar objetivos Hábitos y conocimientos para observar, enseñar y apoyar *(cont.)*

## Escritura

### ELABORACIÓN *(continuación)*

#### USO DEL LENGUAJE *(continuación)*

- Usar detalles y lenguaje descriptivo sensorial concreto para desarrollar la trama (tensión y resolución del problema) y un escenario en memorias personales, biografía y ficción
- Usar lenguaje descriptivo y diálogos para presentar personajes/sujetos que aparecen en textos narrativos (memorias personales, biografía, ficción) y en la escritura informativa
- Usar lenguaje para mostrar las emociones de los personajes
- Usar el diálogo y la acción para involucrar a los lectores en el cuento
- Seleccionar el punto de vista para contar un cuento
- Usar lenguaje para establecer un punto de vista
- Comprender las diferencias entre la primera y la tercera persona
- Escribir tanto en primera como en tercera persona y comprender las diferencias en el efecto para elegir de manera adecuada
- Ordenar oraciones simples y complejas para una fluidez y una transición oracional sencilla
- Variar la longitud de las oraciones para crear una emoción o una atmósfera y para comunicar significado
- Usar lenguaje repetitivo para propósitos particulares
- Usar diversas transiciones y conectores (palabras, frases, oraciones y párrafos)
- Usar palabras y frases para conectar opiniones y razonamientos
- Usar el lenguaje de manera eficiente durante la escritura (palabras decorativas, oraciones combinadas)

#### ELECCIÓN DE LAS PALABRAS

- Aprender palabras nuevas al leer y probarlas en la escritura
- Usar vocabulario adecuado para el tema
- Elegir las mejores palabras que se ajusten al propósito y al mensaje de la escritora o del escritor
- Elegir palabras teniendo en cuenta al público
- Usar una gama de palabras descriptivas para realzar el significado
- Variar la elección de palabras para crear descripciones y diálogos interesantes
- Seleccionar palabras para crear mensajes memorables
- Usar palabras que transmitan una atmósfera o efecto deliberados
- Usar modificadores y estilo pintorescos según el público y el propósito
- Mostrar la capacidad de variar el texto mediante la elección de palabras alternativas (*respondió, lloró, exclamó, murmuró, susurró, ladró, se burló, gimoteó* en lugar de *dijo*)
- Aprender y usar palabras de contenido típicas del lenguaje disciplinario (ciencia, historia, matemáticas, estudios sociales)
- Cuando sea necesario, usar lenguaje académico de manera adecuada para escribir acerca de temas en diversas disciplinas
- Usar conectores (palabras que unen ideas y aclaran significados) comunes (simples) y algunos sofisticados que se usan en textos escritos pero que no aparecen a menudo en el lenguaje oral cotidiano (*a menos que, a pesar de que, aunque, cuando sea, por lo tanto, sin embargo*)

### VOZ

- Escribir acerca de experiencias personales con una voz
- Escribir de manera expresiva pero también reconocer cómo sonaría el lenguaje en un libro
- Escribir de manera que se hable directamente a la lectora o al lector
- Mostrar entusiasmo y energía por el tema
- Escribir de una manera que muestre esmero y compromiso con el tema
- Escribir con una voz y también comenzar a desarrollar una voz literaria
- Usar títulos y lenguaje atractivos
- Incluir detalles que aporten a la voz
- Usar el diálogo de manera selectiva para comunicar la voz
- Usar puntuación para que el texto sea claro, efectivo e interesante y para apoyar la voz
- Producir una escritura narrativa que sea atractiva y honesta y que revele la persona detrás de la escritura
- Producir una escritura expositiva que revele la postura de la escritora o del escritor hacia el tema
- Producir una escritura persuasiva que incluya argumentación con evidencia lógica para apoyar ideas y para refutar argumentos opuestos
- Leer la escritura en voz alta como ayuda para pensar críticamente en la voz

### NORMAS

*Para obtener más información sobre usos gramaticales, mayúsculas, puntuación y ortografía, consulte el Apéndice: Gramática, uso y técnicas*

#### DISPOSICIÓN DEL TEXTO

- Disponer el texto en la página para apoyar el significado del texto y para ayudar a la lectora o al lector a observar información importante
- Usar la disposición de la letra impresa y las ilustraciones para transmitir el significado de un texto
- Usar la disposición de la letra impresa y las ilustraciones (dibujos, fotos, mapas, diagramas) para transmitir el significado en un texto de no ficción
- Usar la disposición, los espacios y el tamaño de letra para crear títulos, encabezados y subtítulos
- Incorporar las características del libro y la letra impresa (imágenes rotuladas, diagramas, tabla de contenidos, encabezados, subtítulos, recuadros laterales, números de página) a la escritura de no ficción
- Usar el tamaño de la letra impresa para transmitir significado en el texto impreso
- Usar subrayado, bastardilla y negrita en la letra impresa para transmitir un significado específico
- Usar bastardillas para palabras en títulos
- Usar la sangría o los espacios para distinguir párrafos

#### GRAMÁTICA Y USO

**▸ Categorías gramaticales**

- Reconocer y usar las ocho categorías gramaticales de la lengua española de una manera aceptada y estandarizada

# Seleccionar objetivos Hábitos y conocimientos para observar, enseñar y apoyar *(cont.)*

## Escritura

### NORMAS *(continuación)*

#### GRAMÁTICA Y USO *(continuación)*

▸ **Categorías gramaticales** *(continuación)*

- Usar concordancia entre sujeto y verbo (*el astronauta es, los astronautas son*)
- Usar pronombres personales y posesivos de una manera aceptada y estandarizada (*yo, él, ella; mío, suyo, suya*)
- Usar pronombres indefinidos y relativos de manera correcta (*todos, ambos; que, quien, cuyo*)
- Usar verbos que a menudo se usan mal (*rallar/rayar, ratificar/ rectificar*)

▸ **Tiempos verbales**

- Usar el mismo tiempo verbal para dos o más acciones que suceden al mismo tiempo (*vertí la leche en el platillo y llamé al gatito*)
- Usar tiempos verbales diferentes para mostrar dos o más acciones que suceden en momentos diferentes (*el gatito bebe la leche que vertí hace una hora*)
- Escribir oraciones en los tiempos verbales presente, pasado, futuro, pretérito perfecto y pretérito pluscuamperfecto cuando sea necesario para expresar significado

▸ **Estructura de las oraciones**

- Escribir oraciones completas (sujeto y predicado)
- Usar una variedad de tipos de oraciones (declarativas, interrogativas, imperativas, exclamativas)
- Usar estructuras oracionales convencionales para oraciones simples, compuestas y complejas con cláusulas subordinadas
- Variar la estructura y la longitud de las oraciones en ocasiones por motivos de elaboración
- Colocar frases en oraciones
- Colocar cláusulas en oraciones
- Escribir oraciones en tiempo verbal pasado, presente, futuro, pretérito perfecto y pretérito pluscuamperfecto cuando se ajuste a los fines del significado y al propósito
- Escribir diálogo en estructuras convencionales

▸ **Párrafos**

- Comprender y usar la estructura del párrafo (con sangría o en bloque) para organizar oraciones que se centren en una idea
- Crear transiciones entre los párrafos para mostrar la progresión de las ideas
- Comprender y usar párrafos para mostrar el cambio de hablante en los diálogos

#### USO DE MAYÚSCULAS

- Usar una mayúscula para la primera palabra de una oración
- Usar mayúsculas de manera adecuada para la primera letra en días festivos, ciudades, estados y títulos
- Usar las mayúsculas de manera correcta en los diálogos
- Usar mayúsculas con funciones específicas (énfasis, información clave, voz)
- Realizar un uso más complejo de las mayúsculas con una precisión progresiva, como en abreviaturas y con guiones en diálogo separado

#### PUNTUACIÓN

- Usar sistemáticamente puntos, signos de admiración y signos de interrogación de manera convencional
- Leer la escritura propia en voz alta y pensar dónde colocar la puntuación
- Comprender y usar puntos suspensivos para mostrar pausas o expectativa, generalmente antes de algo sorprendente
- Usar guiones de manera correcta para indicar una pausa más larga o para ralentizar la lectura y poner énfasis en información específica
- Usar comas, guiones y comillas o comillas angulares de manera correcta en la escritura y el diálogo continuos e interrumpidos como también para mostrar una cita textual
- Usar comas de manera correcta para separar una cláusula introductoria o elementos en una serie, o para introducir el nombre de una persona en un discurso directo
- Usar comas y paréntesis de manera correcta para separar información parentética
- Dividir palabras correctamente en la separación de las sílabas y al final de una línea mediante el uso de raya
- Usar dos puntos correctamente para introducir una lista de elementos o un enunciado, o una cita larga y formal
- Usar punto y coma correctamente para separar cláusulas independientes que se relacionan estrechamente por una idea pero que no están unidas por una conjunción
- Usar corchetes correctamente para separar una idea o un tipo de información diferente
- Usar sangría para identificar párrafos
- Observar la función de la puntuación en la elaboración de la escritura
- Probar nuevas maneras de usar la puntuación
- Estudiar textos ejemplares para aprender la función de la puntuación para aportar voz a la escritura

#### ORTOGRAFÍA

- Revisar la ortografía de más de 500 palabras conocidas de uso frecuente, una amplia gama de plurales y palabras base con terminaciones flexivas y reflejar esa ortografía en los borradores finales
- Usar una gama de estrategias de ortografía para descomponer y deletrear polisílabos (partes de palabras, conexiones con palabras conocidas, relaciones complejas entre sonidos y grupos de letras)
- Usar herramientas de referencia para revisar la ortografía cuando se edita el borrador final (diccionarios, recursos digitales)
- Escribir plurales complejos de manera correcta (*lápiz, lápices; pez, peces*)
- Escribir todo tipo de plurales y palabras compuestas
- Usar acentos en las palabras de manera correcta, incluidas *palabras agudas, palabras graves, palabras esdrújulas* y *palabras sobresdrújulas*
- Tener en cuenta la ortografía de sufijos comunes (*-able, -mente, -oso*)
- Usar palabras que tienen variaciones de acento diacrítico (*el, él; se, sé; tu, tú*) de manera correcta
- Verificar la propia ortografía mediante la observación de cuándo una palabra no "se ve bien" y debería revisarse

# Seleccionar objetivos Hábitos y conocimientos para observar, enseñar y apoyar *(cont.)*

## Escritura

### NORMAS *(continuación)*

#### ESCRIBIR A MANO Y EN COMPUTADORA

- Escribir de manera fluida y legible en letra cursiva a mano con el espaciado adecuado
- Usar el teclado con destreza eficiente para crear borradores, revisar, editar y publicar
- Usar un procesador de texto para escribir ideas, revisar, editar y publicar
- Usar el procesamiento de textos con el conocimiento de cómo producir y variar el texto (disposición, tipografía, técnicas especiales) de acuerdo con el propósito, el público, etc.
- Mostrar conocimiento de la terminología informática y de edición de textos
- Crear entradas y artículos de sitio web con la disposición del texto, los gráficos y el acceso a la información adecuados a través de la búsqueda
- Realizar un amplio uso de las destrezas informáticas al presentar un texto

### PROCESO DE ESCRITURA

#### ENSAYAR Y PLANIFICAR

**▸ Propósito**

- Escribir con un propósito principal y en ocasiones también con uno o más propósitos secundarios (informar; explicar o presentar datos acerca de un tema; enseñar; entretener; contar o relatar un cuento; expresar emociones, imágenes sensoriales, ideas o cuentos; persuadir; desempeñar una tarea práctica; reflexionar; planificar; mantener relaciones)
- Comprender cómo influye el propósito de la escritura en la selección del género
- Seleccionar información que apoyará el tema
- Indicar si una obra escrita es un texto funcional, narrativo, informativo o poético
- Tener objetivos claros y comprender cómo influirán en la escritura

**▸ Público**

- Escribir teniendo en cuenta a los lectores o a un público específicos
- Comprender que el propósito de la escritora o del escritor y el conocimiento del público dan forma a la escritura
- Planificar y organizar información para el público al que se dirige el texto
- Comprender que el público se compone de todos los lectores y no solamente de la maestra o del maestro

**▸ Lenguaje oral**

- Generar y ampliar ideas por medio de la conversación con compañeros y con la maestra o el maestro
- Buscar ideas y temas en la experiencia personal y comentarlos
- Usar la conversación y la narración para generar y ensayar lenguaje que puede escribirse después
- Explorar preguntas relevantes al hablar sobre un tema
- Al ensayar el lenguaje para un texto informativo, usar vocabulario específico del tema
- Al ensayar el lenguaje para el texto narrativo, usar palabras de acción y de contenido adecuadas para el cuento

**▸ Reunir semillas/Recursos/Experimentar con la escritura**

- Usar el cuaderno del escritor o un cuadernillo como herramienta para reunir ideas, experimentar, planificar, hacer bosquejos o borradores
- Volver a leer un cuaderno del escritor para seleccionar temas (seleccionar pequeños momentos que se pueden desarrollar)
- Usar bosquejos, redes, listas y escritura libre para pensar, ensayar y planificar la escritura
- Reunir diversas entradas (mapa de personajes, línea cronológica, bosquejos, observaciones, escritura libre, borradores, listas) en un cuaderno del escritor
- Definir el tema, el enfoque, la organización y el público
- Probar títulos, diferentes encabezados y finales; desarrollar el escenario y los personajes en un cuaderno del escritor
- Usar cuadernos para planificar, reunir y ensayar para la publicación de escritos futuros
- Planificar un cuento involucrándose en él y adquiriendo la visión de los personajes de manera que el cuento pueda escribirse a medida que sucede
- Realizar un plan para un ensayo que presente una afirmación y contenga evidencias de apoyo
- Elegir herramientas útiles (sitios web, tablas, bosquejos, cuadros, diagramas, listas, bocetos, diagramas de flujo)
- Elegir un escenario y describirlo con detalles para suscitar una atmósfera o tono particular

**▸ Contenido, asunto, tema**

- Observar con atención sucesos, personas, escenarios y otros aspectos del mundo, para reunir información sobre un tema
- Seleccionar información que apoyará el tema
- Elegir temas que uno conoce, que le interesan o sobre los que uno quiere aprender
- Elegir temas que sean interesantes para la escritora o el escritor
- Comentar un tema de una manera interesante
- Mantener la atención en el tema para producir un texto escrito bien organizado que sea lo suficientemente largo para explicar por completo los puntos (datos, argumentos) que la escritora o el escritor quiere destacar
- Obtener ideas de otros libros y escritores sobre cómo acercarse a un tema (organización, punto de vista, disposición)
- Comunicar la importancia de un tema a un público
- Mostrar al público (al enunciar o presentar información importante) los aspectos importantes del tema
- Usar textos (impresos o en línea) para obtener información acerca de un tema
- Seleccionar detalles que apoyarán un tema o un relato
- Seleccionar un título que se ajuste al contenido para publicar o completar un borrador final
- Desarrollar una idea principal clara en torno a la que se planificará un texto

# Seleccionar objetivos Hábitos y conocimientos para observar, enseñar y apoyar *(cont.)*

## Escritura



### PROCESO DE ESCRITURA *(continuación)*

#### ENSAYAR Y PLANIFICAR *(continuación)*

**▸ Contenido, asunto, tema** *(continuación)*

- Usar las características de organización del texto electrónico (tablero de anuncios, bases de datos, búsquedas con palabras clave, direcciones de correo electrónico) para encontrar información
- Comprender una gama de géneros y formas y seleccionar entre ellos de acuerdo con el tema, el propósito y el público

**▸ Investigación/Exploración**

- Hacer observaciones científicas, usar notas y bosquejos para documentarlas y hablar con los demás acerca de patrones, conexiones y descubrimientos
- Formular preguntas para explorar y localizar fuentes de información acerca de un tema, personajes o escenario
- Seleccionar e incluir solo la información que sea adecuada al tema y a la categoría
- Usar notas para registrar y organizar información
- Llevar a cabo una investigación para reunir información cuando se planifica un proyecto de escritura (entrevistas en vivo, Internet, objetos, artículos, libros)
- Crear categorías de información
- Determinar cuándo es necesaria la investigación para tratar un tema de no ficción de manera adecuada
- Buscar información adecuada de diversas fuentes (libros y otros materiales impresos, sitios web, entrevistas)
- Comprender el concepto de plagio
- Comprender que una escritora o un escritor adquiere ideas de otros escritores pero que debería reconocer a los otros escritores y/o manifestar esas ideas con sus propias palabras
- Registrar las fuentes de información para citarlas
- Comprender que una escritora o un escritor puede citar a otra escritora u otro escritor con las palabras exactas mediante comillas o comillas angulares y hacer referencia a la fuente

**▸ Género/Formas**

- Seleccionar el género para la escritura según el propósito: carta formal, texto de instrucciones; ficción realista, ficción histórica, literatura tradicional (cuento popular, cuento exagerado, cuento de hadas, fábula, mito, leyenda, épica, balada) y fantasía (incluida la ciencia ficción); biografía, autobiografía, memorias personales, texto narrativo de no ficción; texto expositivo, texto persuasivo; poesía, texto híbrido
- Elegir una forma para la escritura: notas, fichas, tarjetas, cartas, invitaciones, correos electrónicos, listas, instrucciones con pasos (explicativos); libros álbum, libros álbum sin palabras, poemas, canciones, obras de teatro, cartas, cuentos, entradas de diario, poesía narrativa, bosquejos biográficos y autobiográficos, narraciones personales; ensayos, informes, artículos periodísticos y de fondo, ensayos fotográficos, discursos; editoriales, cartas al editor

### HACER UN BORRADOR Y REVISAR

**▸ Comprender el proceso**

- Comprender la función de la escritora o del escritor, de la maestra o del maestro, o de los compañeros escritores en una conferencia
- Cambiar la escritura en respuesta a los comentarios de los compañeros, o de la maestra o del maestro
- Saber cómo usar una lista de revisión y edición
- Comprender que la revisión es un medio para que los mensajes escritos sean más sólidos y claros para los lectores
- Comprender que una escritora o un escritor vuelve a leer y revisa mientras bosqueja (proceso recursivo) y lo sigue haciendo una y otra vez con nuevos textos escritos
- Nombrar, comprender el propósito, probar y aprender técnicas de elaboración
- Usar como mentores a escritores en la revisión y revisar mientras se bosqueja (proceso recursivo)
- Usar textos ejemplares al hacer revisiones y publicar

**▸ Producir un borrador**

- Escribir un mensaje continuo, algunas veces organizado en categorías que se relacionan con un tema o idea más amplios
- Usar dibujos para añadir información, explicar o hacer que la lectora o el lector comprenda y disfrute más
- Escribir un borrador o borrador exploratorio (escribir rápido y todo lo que se pueda sobre un tema)
- Comprender la importancia de la entrada en un relato o texto de no ficción
- Comenzar a desarrollar un estilo en el borrador (de un borrador lento, deliberado con una revisión constante, a la escritura rápida de ideas para su revisión posterior)
- Revisar la entrada para hallar el lenguaje más interesante y atractivo
- Darle un cierre al texto con un resumen efectivo, una idea que se aparte o un final satisfactorio
- En una narración, establecer un suceso inicial y seguir con una serie de sucesos
- Presentar las ideas en orden lógico a lo largo del texto
- Mantener la idea o el enfoque central a lo largo de los párrafos
- Producir una serie de párrafos coherentes que presenten información de manera lógica y que guíe a los lectores a través del texto de no ficción o cuento
- Mostrar los pasos o fases en orden cronológico cuando se incorpora una secuencia temporal o cronológica en un texto de no ficción
- Establecer una situación, trama o problema y un punto de vista en borradores de ficción
- Ofrecer perspectivas sobre el motivo por el que un incidente o suceso es memorable
- Cuando se escribe una biografía, memorias personales o cuento de ficción, establecer las decisiones importantes (tomadas por el personaje o sujeto principal) y los resultados de esas decisiones
- Generar múltiples títulos como ayuda para pensar acerca del enfoque del texto
- Seleccionar un título que se ajuste al contenido

# Seleccionar objetivos Hábitos y conocimientos para observar, enseñar y apoyar *(cont.)*

## Escritura

### PROCESO DE ESCRITURA *(continuación)*

### HACER UN BORRADOR Y REVISAR *(continuación)*

#### ▸ Volver a leer

- Volver a leer lo escrito para pensar en lo que se escribirá a continuación
- Volver a leer lo escrito para repensar e introducir cambios
- Volver a leer y revisar el borrador exploratorio o reescribir secciones para aclarar el significado
- Volver a leer el texto para asegurarse de que no falten palabras o información
- Identificar en la historia lenguaje que muestre el cambio en los personajes (o el aprendizaje de una lección en las memorias personales)
- Identificar el enunciado (y a veces reformulación) de la idea principal de un texto
- Identificar el momento clave y/o la parte más emocionante de un cuento
- Volver a leer lo escrito para revisar la claridad y el propósito
- Identificar información que se pueda relacionar con el tema
- Identificar información que se desvíe o que no contribuya al propósito y al mensaje central

#### ▸ Agregar información

- Agregar ideas para dar información o mostrar pensamientos y emociones con globos de diálogo o comillas
- Agregar diálogo para dar información o narrar con guiones largos o globos de diálogo
- Agregar palabras descriptivas (adjetivos, adverbios) y frases para ayudar a los lectores a visualizar y comprender sucesos, acciones, procesos o temas
- Agregar palabras, frases u oraciones para que la escritura sea más interesante o emocionante para los lectores
- Agregar palabras, frases u oraciones para brindar más información a los lectores
- Agregar palabras, frases u oraciones para aclarar el significado a los lectores
- Luego de reflexionar y volver a leer, agregar fragmentos de texto sustanciales (párrafos, páginas) para explicar mejor, aclarar o apoyar argumentos
- Agregar detalles o ejemplos para hacer que el texto sea más claro o interesante
- Agregar palabras y frases de transición para aclarar el significado y hacer que la escritura sea más fluida
- Volver a leer y cambiar o agregar palabras para asegurarse de que el sentido sea claro
- Agregar palabras y detalles descriptivos a la escritura o dibujos para realzar el significado, no solo para añadir información
- Agregar información en notas al pie o notas finales

#### ▸ Eliminar información

- Eliminar texto para expresar mejor el significado y hacer que el texto sea más lógico
- Eliminar palabras u oraciones que no tengan sentido o que no se ajusten al tema o mensaje
- Eliminar páginas o párrafos cuando la información no sea necesaria
- Identificar palabras, frases, oraciones o párrafos redundantes y eliminarlos si no tienen un propósito o no realzan la voz
- Volver a leer y tachar palabras para asegurarse de que el sentido sea claro

#### ▸ Cambiar el texto

- Identificar las partes que no son claras y ser más específico
- Variar la elección de palabras para hacer que el texto sea más interesante
- Trabajar en las transiciones para lograr mayor fluidez
- Volver a dar forma a la escritura para reformular el texto en un género diferente (narración personal en un poema)

#### ▸ Reorganizar la información

- Volver a organizar y revisar el texto para expresar mejor el significado o hacer que el texto sea más lógico (volver a ordenar los dibujos, volver a ordenar las páginas, cortar y pegar)
- Reorganizar y revisar la escritura para expresar mejor el significado de la escritora o del escritor, o hacer que el texto sea más lógico
- Volver a ordenar las páginas o los párrafos disponiendo o volviendo a montarlos

#### ▸ Usar herramientas y técnicas

- Agregar palabras, letras, frases u oraciones usando diversas técnicas (símbolo de intercalación, notas adhesivas, tiras de papel, elementos numerados en una hoja individual, procesamiento de textos)
- Usar un número para saber dónde agregar información y un papel adicional pegado con números para escribir la información que se inserta
- Eliminar palabras, frases u oraciones de un texto (tachar o usar procesadores de textos) para aclarar el significado
- Volver a ordenar la información de un texto para aclarar el significado al quitar, cortar y pegar, disponer las páginas, usar procesadores de texto

### EDITAR Y CORREGIR

#### ▸ Comprender el proceso

- Comprender que una escritora o un escritor usa lo que sabe para escribir bien las palabras
- Saber cómo usar una lista de revisión y edición
- Comprender que una escritora o un escritor (luego de usar lo que se sabe) puede pedirle a otra persona que haga una edición final
- Comprender las limitaciones de la revisión ortográfica y gramatical en la computadora
- Comprender cómo usar herramientas para autoevaluar la escritura y ayudar a la escritora o al escritor en la corrección de textos

#### ▸ Editar según las normas

- Revisar y corregir la formación de letras
- Editar la ortografía de palabras conocidas escritas según las normas
- Editar para corregir errores de ortografía encerrando en un círculo o subrayando las palabras que parecen tener errores y escribirlas de nuevo
- Comprender que la maestra o el maestro será el editor final de ortografía para el texto publicado luego de que la estudiante o el estudiante haya usado todo lo que conoce
- Editar el uso de mayúsculas y de la puntuación
- Editar la gramática y el sentido de las oraciones

# Seleccionar objetivos Hábitos y conocimientos para observar, enseñar y apoyar *(cont.)*

## Escritura

### PROCESO DE ESCRITURA *(continuación)*

#### EDITAR Y CORREGIR *(continuación)*

▸ **Editar según las normas** *(continuación)*

- Editar la pertinencia de las palabras y el significado preciso
- Determinar cuándo deberían comenzar los párrafos nuevos
- Revisar y corregir el espaciado y la disposición
- Integrar las citas y las referencias en el texto escrito de manera que se mantenga la coherencia y la fluidez de la escritura
- Preparar un borrador final con una autoedición y presentarlo (a la maestra o al maestro antes de publicar)

▸ **Usar herramientas**

- Usar herramientas de referencia para revisar la ortografía y el significado
- Usar un diccionario de sinónimos para buscar palabras más interesantes
- Revisar la ortografía, aceptando o rechazando los cambios cuando sea necesario
- Revisar la gramática, aceptando o rechazando los cambios cuando sea necesario

#### PUBLICAR

- Producir textos para explicar, rotular o acompañar los dibujos
- Crear ilustraciones y escritura que funcionen en conjunto para expresar el significado
- Crear ilustraciones u otros elementos artísticos para textos que estén en su versión final
- Compartir un texto con los compañeros leyéndolo en voz alta a la clase
- Reunir varios cuentos o poemas
- Seleccionar un poema, un cuento o un libro informativo para publicar de diversas formas adecuadas (escrito/impreso, enmarcado o dibujado o exhibido de diferente manera)
- Agregar una cubierta de doble página con el título e información sobre la autora o el autor
- Considerando un público de antemano, agregar características del libro y la letra impresa durante el proceso de publicación (ilustraciones y otros elementos gráficos, cubierta de doble página, título, dedicatoria, tabla de contenidos, texto sobre la autora o el autor, encabezados, subtítulos)
- Trabajar en la disposición del texto en la publicación final
- Comprender que la publicación es compartir un texto escrito teniendo en cuenta un propósito y un público
- Comprender la importancia de citar fuentes de información y algunas normas para citar
- Agregar bibliografía de las fuentes cuando sea necesario

#### DIBUJAR

- Comprender que cuando hay texto y dibujos en una página, se apoyan mutuamente y se amplían entre sí
- Usar bosquejos o dibujos para representar personas, lugares y cosas y para comunicar una atmósfera e ideas abstractas de manera adecuada al género y la forma
- Crear dibujos que estén relacionados con el texto escrito y que hagan que la lectora o el lector comprenda y disfrute más
- Usar bosquejos para ayudar a recordar y planificar
- Usar bosquejos para capturar detalles que sean importantes para un tema
- Presentar información importante en las ilustraciones
- Agregar detalles a los dibujos para añadir información o generar interés
- Crear dibujos que requieran especial atención al color o al detalle
- Comprender la diferencia entre hacer dibujos y bosquejos, y usarlos para apoyar el proceso de escritura
- Usar bosquejos para crear representaciones rápidas de imágenes, generalmente un esquema en lápiz o bolígrafo
- Usar bosquejos para crear dibujos en textos publicados
- Usar diagramas u otros elementos gráficos para complementar el proceso y/o agregar significado
- Bosquejar y dibujar con un sentido de tamaño y perspectiva relativos
- Usar los términos *bosquejar* y *dibujar* para referirse a estos procesos y formas

#### VERSE A SÍ MISMOS COMO ESCRITORES

- Tener temas e ideas para la escritura en una lista o cuaderno
- Seleccionar ejemplos de escritura ejemplar en todas las tentativas de género
- Autoevaluar la propia escritura y comentar los aspectos positivos y las técnicas que se usaron
- Autoevaluar textos escritos en función de lo que se sabe acerca del género
- Producir una cantidad razonable de texto escrito dentro del tiempo disponible
- Escribir de manera rutinaria durante lapsos extensos o lapsos más cortos en una gama de tareas, propósitos y públicos específicos de una disciplina
- Escribir por iniciativa e inversión propias
- Prestar atención a los detalles de las ilustraciones y la manera en que mejoran un texto para ensayarlos
- Arriesgarse como escritora o escritor
- Escribir diversos géneros a lo largo del año
- Comprender la escritura como vehículo para comunicar algo que la escritora o el escritor piensa
- Debatir en la conferencia de escritura en lo que se está trabajando como escritora o escritor
- Solicitar observaciones sobre la escritura
- Estar dispuesta o dispuesto a trabajar en la elaboración de la escritura incorporando nuevas enseñanzas
- Comparar lo que se escribió previamente con un texto revisado, y observar y comentar las diferencias
- Decir qué se aprendió de cada texto escrito
- Formular objetivos como escritora o escritor
- Escribir con fluidez y naturalidad
- Observar lo que hace que la escritura sea efectiva y mencionar el recurso de elaboración o técnica
- Mostrar interés y trabajar en la elaboración de una buena escritura y aplicar lo que se ha aprendido acerca de la elaboración en cada texto
- Sugerir revisiones posibles a los compañeros
- Comprender que toda revisión se rige por la toma de decisiones de la escritora o del escritor sobre lo que comunicará significado a la lectora o al lector
- Marcar la parte más importante de la escritura propia o de otros

# Seleccionar propósito, género y forma

## Escritura

Los estudiantes de sexto grado usan la escritura en todos los géneros para lograr diversos propósitos. Ellos demuestran independencia en la conceptualización y en la producción de textos y han aprendido a aplicar las normas en la elaboración de la escritora o del escritor. Además, aunque usan bien los textos ejemplares, producen textos únicos que reflejan su personalidad y sus intereses. Los estudiantes de sexto grado abordan géneros complejos como los ensayos y la argumentación. Son capaces de autoevaluarse y asumir más riesgos como escritores.

### ESCRITURA FUNCIONAL
*(Propósito: realizar una tarea práctica)*

#### CARTA FORMAL

**▶ Comprender el género**

- Comprender que una carta formal puede escribirse de diversas formas (carta de comercio)
- Comprender que una carta de comercio es un documento formal con un propósito particular
- Comprender que una carta de comercio tiene partes (fecha, dirección interna, saludo formal seguido de dos puntos, cuerpo organizado en párrafos, cierre, firma y título del remitente, algunas veces notificación de una copia o anexo)
- Comprender que una escritora o un escritor puede aprender a escribir cartas de negocios efectivas mediante el estudio de las características de ejemplos
- Usar el término *carta de comercio* para describir la forma

**▶ Escribir el género**

- Escribir a un público específico que puede ser un individuo, una organización o un grupo
- Dirigirse al público de manera adecuada
- Incluir información importante y excluir los detalles innecesarios
- Organizar el cuerpo en párrafos
- Comprender los componentes de una carta de comercio y cómo disponerlos en la página
- Escribir cartas formales

#### ESCRIBIR EN UNA PRUEBA

**▶ Escribir en una prueba**

- Comprender que escribir en una prueba suele requerir escribir sobre un tema asignado
- Comprender que escribir en una prueba puede requerir la creación de textos expositivos o persuasivos
- Comprender que algunas pruebas se usan con el propósito de demostrar lo que una persona sabe o puede hacer como escritora o escritor
- Comprender que escribir en una prueba puede asumir diversas formas: construcción de respuesta corta (en ocasiones llamada *respuesta corta*), construcción de respuesta extendida (o *ensayo*)
- Comprender que escribir en una prueba suele requerir escribir sobre algo real
- Comprender que escribir en una prueba incluye el análisis de lo que se espera de la escritora o del escritor, y luego la planificación y la escritura de una respuesta que se ajuste a esos criterios
- Comprender la escritura en una prueba como una respuesta diseñada minuciosamente para responder a instrucciones precisas
- Comprender que escribir en una prueba a menudo requiere asumir una posición, desarrollar un argumento claro y proveer evidencias para esos puntos
- Comprender que escribir en una prueba a menudo requiere de la inferencia y la explicación de los motivos de un personaje o persona
- Comprender que escribir en una prueba algunas veces requiere asumir una perspectiva que puede provenir de un tiempo o escenario diferente al de la lectora o el lector
- Aprender a escribir en pruebas mediante el estudio de ejemplos de respuestas cortas y de respuesta extendida
- Usar los términos *escribir en una prueba, respuesta corta* y *respuesta extendida* para describir este tipo de escritura funcional

**▶ Escribir el género**

- Analizar indicaciones para determinar el propósito, el público y el género adecuado (texto expositivo, texto persuasivo)
- Leer y aprender las pautas para una respuesta aceptable
- Escribir respuestas centradas en las preguntas y las indicaciones
- Escribir concisamente y orientándose a lo que se pide o se pregunta
- Reflexionar acerca de ideas más amplias y realizar o defender una afirmación fundamentada
- Responder a un texto de manera que refleje razonamiento analítico o estético
- Reafirmar una declaración con más evidencia
- Enunciar puntos de vista alternativos y analizar de manera crítica la evidencia de cada uno
- Desarrollar los puntos importantes
- Incorporar los propios conocimientos de escritura al responder
- Revisar la ortografía y las normas

#### ESCRIBIR SOBRE LA LECTURA

- Consulte Escribir sobre la lectura, páginas 169-234.

### ESCRITURA NARRATIVA *(Propósito: contar un cuento)*

#### FICCIÓN

**▶ Comprender el género**

- Comprender que los géneros de ficción incluyen la ficción realista, la ficción histórica, la literatura tradicional (cuento popular, cuento exagerado, cuento de hadas, fábula, mito, leyenda, balada) y la fantasía (incluida la ciencia ficción)
- Comprender que la ficción se puede escribir de diversas formas (libros álbum, libros álbum sin palabras, poemas, canciones, obras de teatro, cartas, cuentos, entradas de diario, poesía narrativa, poesía lírica, poesía de verso libre, baladas)

# Seleccionar propósito, género y forma *(cont.)*

## Escritura



### ESCRITURA NARRATIVA
*(Propósito: contar un cuento) (continuación)*

#### FICCIÓN *(continuación)*

▸ **Comprender el género** *(continuación)*

- Comprender que un propósito adicional de un texto de ficción es explorar un tema o enseñar una lección
- Comprender que un texto de ficción puede incluir uno o más sucesos en la vida de un personaje principal
- Comprender que una escritora o un escritor usa diversos elementos de ficción (escenario, argumento con problema y solución, personajes) en un texto de ficción
- Comprender que el escenario de la ficción puede ser actual, histórico o imaginario
- Comprender la estructura del texto narrativo, que incluye una entrada o una introducción, la presentación de personajes, el escenario, el problema, una serie de sucesos, la resolución del problema y el final
- Comprender que una obra de ficción puede mostrar un uso flexible del tiempo al comenzar luego del final, al final, en el medio o al comienzo
- Comprender que una escritora o un escritor de ficción puede usar imágenes literarias o lenguaje figurado
- Comprender que una escritora o un escritor de ficción puede usar la ironía y la sátira
- Comprender que los escritores pueden aprender a elaborar ficción mediante el uso de textos ejemplares como modelos
- Usar los términos *ficción realista, ficción histórica, cuento popular, cuento exagerado, cuento de hadas, fábula, mito, leyenda, épica, balada, fantasía* y *ciencia ficción* para describir el género

▸ **Escribir el género**

- Escribir una historia de ficción, ya sea realista o de fantasía
- Desde la fantasía, incluir personajes, escenarios y elementos imaginarios de la trama
- Desde la fantasía, desarrollar un mundo imaginario consistente
- Comenzar con una introducción sugestiva para atraer la atención de la lectora o del lector
- Describir el escenario con detalles adecuados
- Desarrollar una trama que sea creíble y cautivante para los lectores
- Mostrar el problema del cuento y cómo uno o más personajes reaccionan al problema
- Movilizar la trama junto con la acción
- Mostrar a los lectores la importancia del escenario en el problema del cuento
- Asegurarse de que los sucesos y el escenario de la ficción histórica sean adecuados
- Describir y desarrollar personajes creíbles mostrando su aspecto; lo que hacen, dicen y piensan; y lo que otros dicen acerca de ellos
- Mostrar en lugar de decir lo que sienten los personajes
- Mostrar uno o más puntos de vista de los personajes al escribir en primera o tercera persona
- Usar el diálogo hábilmente de manera que muestre las características y las emociones de los personajes
- Escribir un final verosímil y satisfactorio a un cuento
- Experimentar con elementos y recursos literarios como las imágenes literarias, el lenguaje figurado, el simbolismo, la ironía y la sátira

#### BIOGRAFÍA, AUTOBIOGRAFÍA, MEMORIAS PERSONALES Y TEXTO NARRATIVO DE NO FICCIÓN

▸ **Comprender el género**

- Comprender que los géneros narrativos de no ficción incluyen la biografía, la autobiografía, las memorias personales y los textos narrativos de no ficción
- Comprender que los textos biográficos pueden escribirse de diversas formas (bosquejos biográficos, bosquejos autobiográficos, narraciones personales, poemas, canciones, obras de teatro, ensayos fotográficos, discursos, cartas, entradas de diario)
- Comprender la biografía como relato verídico de la vida de una persona
- Comprender la autobiografía como relato verídico de la vida de una persona escrito y narrado por esa misma persona
- Comprender que una biografía o una autobiografía puede relatar toda la vida de la persona o una parte de ella
- Comprender que los biógrafos seleccionan sus sujetos para mostrar su importancia y su impacto
- Comprender que un biógrafo revela su postura hacia el sujeto al seleccionar información y por la manera en que la describe
- Comprender la necesidad que tiene un biógrafo de transmitir toda la información importante con la intención de asumir una visión imparcial
- Comprender la necesidad de documentar la evidencia y citar las fuentes
- Comprender que una biografía o autobiografía puede comenzar en cualquier momento de la historia de la vida de una persona
- Establecer la relevancia de los sucesos y las decisiones personales tomadas por el sujeto de una biografía o autobiografía
- Comprender las memorias personales o la narración personal como recuerdo o reflexión breve y a veces profunda de una persona, un tiempo o un suceso
- Comprender que las memorias personales tienen relevancia en la vida de la escritora o del escritor y que generalmente muestra algo relevante para otras personas
- Comprender que las memorias personales pueden comprender una serie de viñetas
- Comprender que una biografía, una autobiografía o las memorias personales pueden tener características de la ficción (escenario, conflicto, personajes, diálogo, resolución), aunque los sucesos sean verdaderos, o que pueden basarse en hechos
- Comprender que las memorias personales se pueden escribir en primera, segunda o tercera persona, aunque generalmente están en primera persona
- Comprender la diferencia entre una biografía real y una biografía ficcional
- Escribir diversos tipos de textos biográficos mediante el estudio de textos ejemplares
- Comprender que un texto narrativo de no ficción incluye la selección de sucesos importantes y momentos clave
- Comprender que un texto narrativo de no ficción a menudo incluye un patrón estructural subyacente como causa y efecto o problema y solución
- Comprender que un texto narrativo de no ficción indica el paso del tiempo mediante el uso de palabras (*entonces, después de un tiempo*), fechas, períodos de tiempo y edades de personas

# Seleccionar propósito, género y forma *(cont.)*

## Escritura

### ESCRITURA NARRATIVA
*(Propósito: contar un cuento) (continuación)*

### BIOGRAFÍA, AUTOBIOGRAFÍA, MEMORIAS PERSONALES Y TEXTO NARRATIVO DE NO FICCIÓN *(continuación)*

- Comprender que el escenario puede ser importante en un texto narrativo de no ficción
- Comprender que un texto narrativo de no ficción incluye personas que son reales
- Comprender que un texto narrativo de no ficción a menudo incluye citas de las palabras exactas de una persona
- Comprender que un texto narrativo de no ficción debe incluir solo sucesos y personas verídicos, y puede requerir investigación
- Usar los términos *biografía, bosquejo biográfico, autobiografía, bosquejo autobiográfico, narrativa personal, memorias personales, narrativa de no ficción, poema, canción, obra de teatro, carta, entrada de diario, ensayo fotográfico, discurso, poesía lírica, verso libre* y *balada*

#### ▸ Escribir el género

- Elegir un sujeto y exponer una razón de tal selección
- Escribir una entrada atractiva que capte el interés y que pueda anunciar el contenido
- Generar interés en el sujeto seleccionando e informando de una manera cautivante
- Seleccionar sucesos importantes para incluir, y sucesos y detalles superfluos para excluir
- Revelar el punto de vista de la escritora o del escritor dando las razones para la omisión de partes relevantes de la vida del sujeto (enfocarse en la infancia o solo en los años presidenciales)
- Seleccionar y escribir experiencias personales como "pequeños momentos" y compartir las reflexiones y las sensaciones acerca de ellos
- Revelar algo importante sobre la propia persona o la vida
- Crear una serie de viñetas que en conjunto comuniquen un mensaje más amplio
- Contar sucesos en orden cronológico o usar otros patrones estructurales (descripción, secuencia temporal, pregunta y respuesta, causa y efecto, comparar y contrastar, problema y solución, categorización)
- Describir las decisiones importantes del sujeto y mostrar cómo esas decisiones influyeron en su vida o la vida de otras personas
- Describir las decisiones importantes del sujeto y mostrar cómo esas decisiones influyeron en su vida o la vida de otras personas
- Describir el sujeto por lo que hizo o dijo y también por las opiniones de otros
- Mostrar cómo cambia el sujeto
- Revelar las emociones del sujeto al describir acciones o usar citas
- Describir a las personas según su aspecto; según lo que hacen, dicen y piensan; y según lo que otros dicen acerca de ellos
- Usar el diálogo de manera adecuada para agregar sentido al texto narrativo, pero comprender que agregar cualquier información no documentada ficcionaliza un texto biográfico en cierta medida
- Experimentar con lenguaje literario (sustantivos y verbos intensos, lenguaje figurado)
- Escribir con imágenes literarias para que la lectora o el lector comprenda las emociones de la escritora o del escritor, o de otros
- Escribir un final que se ajuste al texto
- Seleccionar sucesos importantes y momentos clave para incluir en un texto narrativo de no ficción
- Mostrar causa y efecto y/o problema y solución de manera adecuada al escribir textos narrativos de no ficción
- Incluir citas de personas reales en un texto narrativo de no ficción y usar guiones, comillas o comillas angulares con referencias apropiadas

### ESCRITURA INFORMATIVA
*(Propósito: explicar o presentar datos sobre un tema)*

### TEXTO EXPOSITIVO

#### ▸ Comprender el género

- Comprender que una escritora o un escritor crea un texto expositivo para los lectores con el objetivo de aprender acerca de un tema
- Comprender que para escribir un texto expositivo, la escritora o el escritor necesita aprender mucho sobre el tema
- Comprender que un texto expositivo puede requerir investigación y que requerirá organización
- Comprender que un texto expositivo se puede escribir de diversas formas (ensayo, informe, artículo periodístico, artículo de fondo, ensayo fotográfico, discurso)
- Comprender que un ensayo es una composición breve que se usa para explicar un tema y/o brindar el punto de vista de la escritora o del escritor acerca de un tema
- Comprender la estructura básica de un ensayo (introducción, cuerpo, conclusión)
- Comprender que un ensayo se puede usar para analizar uno o más textos literarios (consulte Escribir sobre la lectura, páginas 169–234)
- Comprender que un informe es una presentación formal de un tema
- Comprender que un informe puede incluir diversas categorías de información acerca de un único tema
- Comprender que un informe tiene una sección introductoria, seguida de más información en categorías o secciones
- Comprender que un artículo de fondo generalmente se centra en un aspecto de un tema
- Comprender que un artículo de fondo comienza con un párrafo introductorio, con más información detallada en los párrafos siguientes, y una conclusión
- Comprender que un artículo de fondo revela el punto de vista de la escritora o del escritor acerca de un tema o sujeto (y en ocasiones, su fascinación con estos)
- Comprender que un discurso es un texto formal escrito para ser presentado oralmente a un público
- Comprender que en un texto sobre hechos se puede usar lenguaje y técnicas literarias para atraer y entretener a los lectores a medida que brinda información sobre hechos

# Seleccionar propósito, género y forma *(cont.)*

## Escritura



### ESCRITURA INFORMATIVA *(Propósito: explicar o presentar datos sobre un tema) (continuación)*

#### TEXTO EXPOSITIVO *(continuación)*

- Comprender que una escritora o un escritor puede aprender a escribir diversas formas de texto expositivo a partir de textos ejemplares
- Usar los términos *texto expositivo, ensayo, informe, artículo periodístico, artículo de fondo, ensayo fotográfico* y *discurso* para describir el género y las formas

**▸ Escribir el género**

- Usar ilustraciones y características del libro y la letra impresa (imágenes rotuladas, diagramas, tabla de contenidos, encabezados, subtítulos, recuadros laterales, recuadros de datos a partir de otro texto, números de página) para guiar a la lectora o al lector
- Escribir un texto que sea interesante y cuya lectura sea entretenida
- Escribir acerca de un tema que sea interesante e importante y con el que la escritora o el escritor esté comprometida/o, teniendo en cuenta a los miembros del público, sus intereses y su posibles conocimientos previos
- Presentar información que enseñe o informe un tema a los lectores
- Escribir teniendo en cuenta un público más amplio
- Ayudar a los lectores a pensar de maneras distintas acerca de un sujeto o tema
- Escribir una introducción y una primera sección atractivas que orienten a la lectora o al lector, y que provean una introducción al tema
- Organizar la información mediante el uso de la categorización u otros patrones estructurales subyacentes (descripción, secuencia temporal, pregunta y respuesta, causa y efecto, secuencia cronológica, comparar y contrastar, problema y solución)
- Brindar detalles de apoyo interesantes que desarrollen un tema
- Incluir datos, cifras, estadísticas, ejemplos y anécdotas cuando corresponda
- Usar citas de expertos (textos escritos, discursos, entrevistas) cuando corresponda
- Reconocer las fuentes de información que correspondan
- Usar vocabulario específico del tema
- Usar lenguaje literario para que el tema resulte interesante a los lectores
- Revelar las convicciones de la escritora o del escritor acerca del tema a través de una única voz
- Escribir múltiples párrafos con transiciones fluidas
- Escribir una conclusión efectiva

### ESCRITURA PERSUASIVA *(Propósito: persuadir)*

#### TEXTO PERSUASIVO

**▸ Comprender el género**

- Comprender que los textos argumentativos y persuasivos se pueden escribir de diversas formas (editorial, carta al editor, ensayo, discurso)
- Comprender que el propósito de un texto persuasivo o argumentativo puede ser convencer a la lectora o al lector para que asuma el punto de vista de la escritora o del escritor acerca de un tema, adopte una medida, critique a la sociedad o mejore algún aspecto del mundo
- Comprender que un editorial es un texto formal con un público general
- Comprender que una carta al editor es un texto formal con un público general (el editor de una publicación y sus lectores)
- Comprender que una carta al editor tiene partes (fecha, saludo formal, cuerpo organizado en párrafos, cierre, firma y título de emisor)
- Comprender que un ensayo es un texto formal generalmente escrito para una maestra o un maestro, o una prueba
- Comprender que un discurso es un texto formal escrito que se presenta de manera oral con el propósito de persuadir al público de que crea o haga algo
- Comprender la importancia de apoyar cada idea o argumento con datos, razones o ejemplos
- Usar los términos *argumento, texto persuasivo, editorial, carta al editor, ensayo* y *discurso* para describir el género y las formas
- Comprender que una escritora o un escritor puede aprender a escribir diversas formas de argumentación o persuasión mediante el estudio de características de ejemplos en textos ejemplares

**▸ Escribir el género**

- Escribir un editorial, una carta al editor, un discurso o un ensayo
- Dirigirse al público de manera adecuada de acuerdo con la forma
- Elegir temas a partir de cuentos o de observaciones cotidianas
- Comenzar con un título o una introducción que comente a la lectora o al lector lo que se argumenta o explica (una tesis enunciada claramente)
- Brindar una serie de argumentos claros con razonamientos y apoyar el argumento
- Incluir información importante y excluir los detalles innecesarios
- Usar opiniones fundamentadas con datos
- Ofrecer "testimonios de expertos" o citas para apoyar un argumento
- Organizar el cuerpo del texto en párrafos
- Escribir oraciones bien construidas que expresen las convicciones de la escritora o del escritor
- Escribir un final lógico y reflexivo
- Incluir ilustraciones, tablas o diagramas cuando sea necesario

### ESCRITURA POÉTICA *(Propósito: expresar emociones, imágenes sensoriales, ideas o cuentos)*

#### POESÍA

**▸ Comprender el género**

- Comprender que la poesía es una manera particular de comunicar y describir emociones, imágenes sensoriales, ideas o relatos
- Comprender que una escritora o un escritor puede crear diferentes tipos de poemas (de verso libre, poema lírico, poema narrativo, balada, quintilla humorística, haiku, poema concreto)
- Comprender la diferencia entre el lenguaje poético y el lenguaje cotidiano
- Comprender que la poesía es una manera libre de comunicar un mensaje profundo

# Seleccionar propósito, género y forma *(cont.)*

## Escritura

### ESCRITURA POÉTICA *(Propósito: expresar emociones, imágenes sensoriales, ideas o cuentos) (continuación)*

#### POESÍA *(continuación)*

▶ **Comprender el género** *(continuación)*

- Observar el tempo o el ritmo de un poema y su relación con los saltos de línea
- Comprender la manera en que funciona la letra impresa en los poemas y demostrar su uso en la lectura y la escritura en una página, usando los espacios y los saltos de línea
- Comprender que la poesía a menudo incluye imágenes sensoriales y simbolismo
- Comprender que se pueden usar diferentes tipos de poemas para transmitir atmósferas
- Comprender que diferentes tipos de poemas pueden ser atractivos para los lectores de distintas maneras
- Usar los términos *poema, verso libre, poema lírico, poema narrativo, balada, épica, saga, quintilla humorística, haiku* y *poema concreto* para describir tipos específicos de poesía
- Comprender que una escritora o escritor puede aprender a escribir diversos poemas a partir del estudio de textos ejemplares

▶ **Escribir el género**

- Observar con atención para seleccionar temas o contenido y escribir en detalle
- Reunir lenguaje e imágenes como base para escribir poesía
- Usar palabras para transmitir imágenes y emociones intensas
- Usar lenguaje figurado y otros recursos literarios como la aliteración, la onomatopeya, el símil, la metáfora, la personificación y el simbolismo
- Seleccionar temas que sean relevantes y ayuden a los lectores a ver de un modo distinto
- Seleccionar temas que tengan significados profundos
- Usar el espacio en blanco y los saltos de línea para comunicar el mensaje y el tono del poema
- Comprender la función de los saltos de línea y del espacio en blanco para la pausa, la respiración o el énfasis
- Eliminar palabras adicionales para aclarar el significado y hacer que la escritura sea más intensa
- Usar la repetición, el estribillo, el ritmo y otras técnicas poéticas
- Usar palabras para mostrar, y no contar
- Escribir diversos tipos de poemas de acuerdo con el propósito, el tema y el significado
- Escribir un texto poético en respuesta a otro poema, que refleje el mismo estilo, tema, atmósfera o voz
- Escribir un texto poético en respuesta a un texto en prosa, ya sea narrativo o informativo
- Elegir un título que comunique el significado de un poema
- Escribir un final potente a un poema

**Venezuela y Estados Unidos**

Venezuela es un país muy hermoso, con muchos paisajes muy bonitos. En Venezuela hay una crisis economica y politica, por eso muchas personas no tienen electricidad y agua. Venezuela es un pais subdesarrollado. Venezuela es un lugar del que muchas personas se tienen que ir por causas económicas.

**Venezuela vs Estados Unidos**
Una de las comparaciones entre Venezuela y Estados Unidos es que Venezuela es un país subdesarrollado por las crisis económicas y políticas. Estados Unidos es un país desarrollado por su riqueza y porque no tiene tantas crisis. Estados Unidos es un lugar muy seguro, también tiene muchos paisajes muy bonitos. Venezuela y Estados Unidos son países similares ya que son países muy bonitos y puedes disfrutar de muchos paisajes.

**Reflexión**
Yo opino que Venezuela es muy hermoso pero no es un lugar muy seguro para vivir. Las personas que viven ahí luchan por encontrar comida y muchos niños no pueden ir a las escuelas por causa de la electricidad y la inseguridad. En cambio Estados Unidos es todo lo opuesto.

*Estudiante de sexto grado compara dos países: Venezuela y Estados Unidos.*

# Seleccionar propósito, género y forma *(cont.)*

## Escritura



### ESCRITURA HÍBRIDA

#### TEXTO HÍBRIDO

**▸ Comprender el género**

- Comprender que un texto híbrido mezcla dos o más géneros
- Comprender que un texto híbrido fusiona dos géneros para comunicar información de diferentes maneras (a través de la prosa narrativa, el poema o una lista)
- Comprender que una escritora o un escritor usa más de un género para aumentar el interés o hacer que el texto cobre vida
- Comprender que los géneros del texto se deben integrar en un todo armónico que comunique el mensaje
- Usar el término texto híbrido para describir el género
- Comprender que una escritora o escritor puede aprender a escribir textos híbridos a partir del estudio de textos ejemplares

**▸ Escribir el género**

- Seleccionar diferentes géneros con un propósito claro en mente
- Escribir partes del texto en diferentes géneros de acuerdo con el propósito
- Integrar los géneros para crear un todo coherente
- Realizar una transición fluida de un tiempo verbal a otro
- Realizar una transición fluida de la escritura en una persona a la escritura en otra persona (de primera persona a tercera persona)
- Guiar a la lectora o al lector para que las transiciones entre los géneros sean accesibles

# Seleccionar objetivos Hábitos y conocimientos para observar, enseñar y apoyar

## Escritura

### ELABORACIÓN

#### ORGANIZACIÓN

**▸ Estructura del texto**

- Organizar la información para ajustarse al propósito (funcional, narrativo, informativo, persuasivo, poético)
- Decidir dónde ubicar características como fotografías con leyendas, recuadros, recuadros laterales y elementos gráficos en un texto
- Escribir textos narrativos ficcionales con personajes involucrados en una trama y sucesos ordenados temporalmente
- Escribir textos narrativos de ficción y no ficción ordenados cronológicamente
- Usar patrones estructurales subyacentes para presentar diferentes tipos de información en un texto de no ficción (descripción, secuencia temporal, pregunta y respuesta, causa y efecto, secuencia cronológica, comparar y contrastar, problema y solución, categorización)
- Variar patrones estructurales para añadir interés al texto

**▸ Comienzos, finales, títulos**

- Decidir si un texto es imparcial o persuasivo y usar la decisión para influir en la entrada y el desarrollo de ideas
- Comenzar con una entrada deliberada y atractiva que establezca el tono para el texto
- Empezar un texto narrativo por el comienzo, el medio o el final
- Usar diversos comienzos y finales para atraer a la lectora o al lector
- Captar el interés de los lectores al presentar un problema, un conflicto, una persona interesante o información sorprendente
- Conducir un texto a una resolución de problema y a una escena final satisfactoria
- Finalizar un texto informativo con una conclusión reflexiva y educativa
- Dar al texto un cierre o una conclusión lógica mediante un enunciado final o de resumen
- Seleccionar un título adecuado para un poema, un cuento o un libro informativo
- Generar varios títulos para el texto y seleccionar el más adecuado en función del contenido de un texto informativo o de su trama o caracterización

**▸ Presentación de ideas**

- Ordenar la escritura de maneras que sean características del propósito y el género
- Agrupar las ideas importantes para comunicar acerca de un tema (categorías)
- Mostrar claramente temas y subtemas e indicarlos con encabezados y subtítulos en la escritura expositiva
- Presentar informes organizados claramente con introducción, datos y detalles para ilustrar las ideas importantes, conclusiones lógicas y patrones estructurales subyacentes
- Presentar ideas seguidas de detalles y ejemplos de apoyo
- Usar el tiempo adecuadamente como herramienta de organización
- Apoyar ideas con datos, detalles, ejemplos y explicaciones de múltiples expertos
- Usar párrafos bien elaborados para organizar ideas
- Establecer una idea principal o dominante que provea una perspectiva sobre el tema
- Escribir argumentos para apoyar afirmaciones con razones claras y evidencias relevantes
- Generar tensión al ralentizar o acelerar las escenas
- Usar transiciones bien elaboradas para mantener el ritmo y la fluidez de la escritura
- Mostrar los pasos con suficientes detalles para que la lectora o el lector pueda seguir la secuencia
- Darle un cierre a un texto mediante un final o una oración que lo resuma
- Usar lenguaje para presagiar el final
- Escribir textos informativos para examinar un tema y transmitir ideas mediante la selección, la organización y el análisis de contenido relevante
- Usar gráficas (diagramas, ilustraciones, fotos, tablas) para presentar información
- Usar vocabulario específico del tema o el contenido

#### DESARROLLO DE IDEAS

- Comprender la diferencia entre desarrollar un texto narrativo (o trama) y presentar información mediante el uso de descripción, causa y efecto, comparar y contrastar, problema y solución o categorización
- Presentar, desarrollar y concluir el tema o la historia
- Mantener la atención de la lectora o del lector con contenido claro y orientado
- Estructurar un texto narrativo y mantener la escritura para desarrollarlo de manera lógica
- Desarrollar una trama lógica mediante la creación de un problema del cuento y su impacto en los múltiples sucesos hasta su resolución
- Comprender cómo la información ayuda a la lectora o al lector a aprender sobre un tema
- Reunir y aprender información y luego escribirla en sus propias palabras
- Atraer a la lectora o al lector con ideas que muestran conocimientos sólidos del tema
- Comunicar claramente los puntos principales que se pretende que la lectora o el lector comprenda
- Organizar la información de manera lógica para que las ideas se construyan unas sobre otras
- Proveer detalles complementarios que sean precisos, relevantes, interesantes y gráficos

#### USO DEL LENGUAJE

- Comprender que la escritora o el escritor usa el lenguaje para comunicar significado
- Mostrar evidencia del uso del lenguaje en libros de cuentos y en libros informativos que se hayan leído en voz alta
- Aprender de otros escritores maneras de usar el lenguaje y construir textos (al leer libros y escuchar su lectura en voz alta) y aplicar esos conocimientos a los textos propios
- Seguir aprendiendo de otros escritores mediante la imitación de expresiones, frases y oraciones
- Usar palabras o frases memorables
- Variar el vocabulario y el estilo según el público y el propósito
- Usar lenguaje para mostrar en lugar de contar
- Usar vocabulario para dar instrucciones

# Seleccionar objetivos Hábitos y conocimientos para observar, enseñar y apoyar *(cont.)*

## Escritura



### ELABORACIÓN *(continuación)*

#### USO DEL LENGUAJE *(continuación)*

- Hallar y escribir lenguaje para explicar conceptos e ideas abstractos
- Usar lenguaje para expresar con claridad las ideas principales y los detalles de apoyo
- Usar ejemplos para aclarar significados
- Usar lenguaje particular típico de diferentes géneros
- Usar lenguaje para desarrollar argumentos y apoyarlos con evidencia
- Usar lenguaje para crear imágenes sensoriales
- Usar lenguaje figurado (símil, metáfora, personificación) para hacer comparaciones
- Usar diversas estructuras oracionales y longitudes de oraciones
- Usar detalles y lenguaje descriptivo sensorial concreto para desarrollar la trama (tensión y resolución del problema) y un escenario en memorias personales, biografía y ficción
- Usar lenguaje descriptivo y diálogos para presentar personajes/sujetos que aparecen en textos narrativos (memorias personales, biografía, ficción) y en la escritura informativa
- Usar lenguaje para mostrar las emociones de los personajes o suscitar emociones en los lectores
- Usar el diálogo y la acción para involucrar a los lectores en el cuento
- Seleccionar el punto de vista para contar un cuento
- Usar lenguaje para establecer un punto de vista
- Comprender las diferencias entre la primera y la tercera persona
- Escribir tanto en primera como en tercera persona y comprender las diferencias en el efecto para elegir de manera adecuada
- Escribir en segunda persona al dirigirse directamente a la lectora o al lector para informar o persuadir
- Ordenar oraciones simples y complejas para una fluidez y una transición oracional sencilla
- Variar la longitud de las oraciones para crear una emoción o una atmósfera y para comunicar significado
- Usar la repetición de una palabra, frase u oración para conseguir un determinado efecto
- Usar frases u oraciones que sean impactantes y memorables
- Usar diversas transiciones y conectores (palabras, frases, oraciones, párrafos)
- Usar palabras y frases para conectar opiniones y razonamientos
- Usar el lenguaje de manera eficiente durante la escritura (palabras decorativas, oraciones combinadas)

#### ELECCIÓN DE PALABRAS

- Aprender palabras nuevas al leer y probarlas en la escritura
- Usar vocabulario adecuado para el tema
- Elegir las mejores palabras que se ajusten al propósito y al mensaje de la escritora o del escritor
- Elegir palabras teniendo en cuenta al público
- Usar una gama de palabras descriptivas para realzar el significado
- Variar la elección de palabras para crear descripciones y diálogos interesantes
- Seleccionar palabras para crear mensajes memorables
- Usar sustantivos y verbos potentes
- Usar modificadores y estilo pintorescos según el público y el propósito
- Usar palabras que transmitan una atmósfera o efecto deliberados
- Mostrar la capacidad de variar el texto mediante la elección de palabras alternativas (*respondió, provocó, aceptó, afirmó, insistió, ofreció* en lugar de *dijo*)
- Aprender y usar palabras de contenido típicas del lenguaje disciplinario (ciencia, historia, matemáticas, estudios sociales)
- Cuando sea necesario, usar lenguaje académico de manera adecuada para escribir acerca de temas en diversas disciplinas
- Usar conectores (palabras que unen ideas y aclaran significados) comunes (simples) y algunos sofisticados que se usan en textos escritos pero que no aparecen a menudo en el lenguaje oral cotidiano (*a menos que, a pesar de que, aunque, cuando sea, por lo tanto, sin embargo*)

#### VOZ

- Escribir acerca de experiencias personales con una voz
- Escribir de manera expresiva pero también reconocer cómo sonaría el lenguaje en un libro
- Escribir de manera que se hable directamente a la lectora o al lector
- Mostrar entusiasmo y energía por el tema
- Escribir de una manera que muestre esmero y compromiso con el tema
- Escribir con una voz y también comenzar a desarrollar una voz literaria
- Enunciar información de una manera única o inusual
- Usar títulos y lenguaje atractivos
- Incluir detalles que aporten a la voz
- Usar el diálogo de manera selectiva para comunicar la voz
- Usar puntuación para que el texto sea claro, efectivo e interesante y para apoyar la voz
- Producir una escritura narrativa que sea atractiva y honesta y que revele la persona detrás de la escritura
- Producir una escritura expositiva que revele la postura de la escritora o del escritor hacia el tema
- Producir una escritura persuasiva que incluya argumentación con evidencia lógica para apoyar ideas y para refutar argumentos opuestos
- Leer la escritura en voz alta como ayuda para pensar críticamente en la voz

### NORMAS

*Para obtener más información sobre usos gramaticales, mayúsculas, puntuación y ortografía, consulte el Apéndice: Gramática, uso y técnicas*

#### DISPOSICIÓN DEL TEXTO

- Indicar la importancia de la información mediante la disposición y las características de la letra impresa
- Usar la disposición de la letra impresa y las ilustraciones (dibujos, fotos, mapas, diagramas) para transmitir el significado en un texto de no ficción
- Indicar la estructura del texto mediante la variedad en la disposición y las características de la letra impresa, incluidos los títulos, los encabezados y los subtítulos

# Seleccionar objetivos Hábitos y conocimientos para observar, enseñar y apoyar *(cont.)*

## Escritura

### NORMAS *(continuación)*

#### DISPOSICIÓN DEL TEXTO *(continuación)*

- Incorporar las características del libro y la letra impresa (imágenes rotuladas, diagramas, tabla de contenidos, encabezados, subtítulos, recuadros laterales, números de página) a la escritura de no ficción
- Usar una amplia gama de características de la letra impresa para comunicar un mensaje (espacio en blanco, disposición, bastardilla, negrita, tamaño y estilo de fuente, íconos, subrayado)
- Usar la sangría o los espacios para distinguir párrafos

#### GRAMÁTICA Y USO

**▸ Categorías gramaticales**

- Reconocer y usar las ocho categorías gramaticales de la lengua española de una manera aceptada y estandarizada
- Usar concordancia entre sujeto y verbo (*el astronauta es, los astronautas son)*
- Usar pronombres personales y posesivos de una manera aceptada y estandarizada (*yo, él, ella; mío, suyo, suya*)
- Usar pronombres indefinidos y relativos de manera correcta (*todos, ambos; que, quien, cuyo*)
- Usar verbos que a menudo se usan mal (*rallar/rayar, ratificar/rectificar*)

**▸ Tiempos verbales**

- Usar el mismo tiempo verbal para dos o más acciones que suceden al mismo tiempo (*<u>vertí</u> la leche en el platillo y <u>llamé</u> al gatito*)
- Usar tiempos verbales diferentes para mostrar dos o más acciones que suceden en momentos diferentes (*el gatito <u>bebe</u> la leche que <u>vertí</u> hace una hora*)
- Escribir oraciones en los tiempos verbales presente, pasado, futuro, pretérito perfecto y pretérito pluscuamperfecto cuando sea necesario para expresar significado

**▸ Estructura de las oraciones**

- Escribir oraciones completas (sujeto y predicado)
- Usar una variedad de tipos de oraciones (declarativas, interrogativas, imperativas, exclamativas)
- Usar estructuras oracionales y puntuación convencionales para oraciones simples, compuestas y complejas con cláusulas subordinadas
- Variar la estructura y la longitud de las oraciones en ocasiones por motivos de elaboración
- Colocar frases y cláusulas en oraciones
- Escribir oraciones en tiempo verbal pasado, presente, futuro, pretérito perfecto y pretérito pluscuamperfecto cuando se ajuste a los fines del significado y al propósito
- Escribir diálogo en estructuras convencionales

**▸ Párrafos**

- Comprender y usar la estructura del párrafo (con sangría o en bloque) para organizar oraciones que se centren en una idea
- Crear transiciones entre los párrafos para mostrar la progresión de las ideas
- Comprender y usar párrafos para mostrar el cambio de hablante en los diálogos

#### USO DE MAYÚSCULAS

- Usar una mayúscula para la primera palabra de un título
- Usar una mayúscula para la primera palabra de una oración
- Usar mayúsculas para los sustantivos propios
- Escribir los nombres de personas, lugares, ciudades, estados y países con mayúscula de manera adecuada
- Usar las mayúsculas de manera correcta en los diálogos
- Usar mayúsculas con funciones específicas (énfasis, información clave, voz)
- Realizar un uso más complejo de las mayúsculas con una precisión progresiva, como en abreviaturas y con guiones en diálogo separado

#### PUNTUACIÓN

- Usar sistemáticamente puntos, signos de admiración y signos de interrogación de manera convencional
- Leer la escritura propia en voz alta y pensar dónde colocar la puntuación
- Comprender y usar puntos suspensivos para mostrar pausas o expectativa, generalmente antes de algo sorprendente
- Usar guiones de manera correcta para indicar una pausa más larga o para ralentizar la lectura y poner énfasis en información específica
- Usar comas, guiones y comillas o comillas angulares de manera correcta en la escritura y el diálogo continuos e interrumpidos como también para mostrar una cita textual
- Usar comas de manera correcta para separar una cláusula introductoria o elementos en una serie, o para introducir el nombre de una persona en un discurso directo
- Usar comas y paréntesis de manera correcta para separar información parentética
- Dividir palabras correctamente en la separación de las sílabas y al final de una línea mediante el uso de raya
- Usar dos puntos correctamente para introducir una lista de elementos o un enunciado, o una cita larga y formal
- Usar punto y coma correctamente para separar cláusulas independientes que se relacionan estrechamente por una idea pero que no están unidas por una conjunción
- Usar corchetes correctamente para separar una idea o un tipo de información diferente
- Usar sangría para identificar párrafos
- Puntuar encabezados, recuadros laterales y títulos de manera apropiada
- Observar la función de la puntuación en la elaboración de la escritura
- Probar nuevas maneras de usar la puntuación
- Estudiar textos ejemplares para aprender la función de la puntuación para aportar voz a la escritura
- Usar la puntuación adecuada en referencias, notas al pie y notas finales

#### ORTOGRAFÍA

- Revisar la ortografía de más de un número grande de palabras de uso frecuente familiares (aproximadamente 750 a 1,000), una amplia gama de plurales y palabras base con terminaciones flexivas y reflejar esa ortografía en los borradores finales
- Usar una gama de estrategias de ortografía para descomponer y deletrear polisílabos (partes de palabras, conexiones con palabras conocidas, relaciones complejas entre sonidos y grupos de letras)

# Seleccionar objetivos Hábitos y conocimientos para observar, enseñar y apoyar *(cont.)*

## Escritura

### NORMAS *(continuación)*

#### ORTOGRAFÍA *(continuación)*

- Usar herramientas de referencia para revisar la ortografía cuando se edita el borrador final (diccionarios, recursos digitales)
- Escribir plurales complejos de manera correcta (lápiz, lápices; vez, veces)
- Escribir todo tipo de plurales y palabras compuestas
- Usar acentos en las palabras de manera correcta, incluidas *palabras agudas, palabras graves, palabras esdrújulas* y *palabras sobresdrújulas*
- Tener en cuenta la ortografía de sufijos comunes (*-able, -ible, -ancia*)
- Usar homófonos difíciles de manera correcta (*casa/caza; hecho/echo; tubo/tuvo*)
- Usar el origen de las palabras para ayudar a la ortografía y para ampliar el vocabulario de la escritura
- Comprender que muchas palabras del español provienen de otros idiomas y tienen raíces griegas o latinas
- Observar ortografías alternativas de palabras que provienen de otras culturas
- Observar cómo ha cambiado la ortografía de algunas palabras a lo largo del tiempo
- Verificar la propia ortografía mediante la observación de cuándo una palabra no "se ve bien" y debería revisarse

#### ESCRIBIR A MANO Y EN COMPUTADORA

- Escribir de manera fluida y legible en letra cursiva a mano con el espaciado adecuado
- Usar el teclado con destreza eficiente para crear borradores, revisar, editar y publicar
- Usar un procesador de texto para escribir ideas, revisar, editar y publicar
- Usar el procesamiento de textos con el conocimiento de cómo producir y variar el texto (disposición, tipografía, técnicas especiales) de acuerdo con el propósito, el público, etc.
- Mostrar conocimiento de la terminología informática y de edición de textos
- Crear entradas y artículos de sitio web con la disposición del texto, los gráficos y el acceso a la información adecuados a través de la búsqueda
- Realizar un uso amplio de destrezas informáticas en la presentación de un texto (texto, tablas, elementos gráficos, multimedia)

### PROCESO DE ESCRITURA

#### ENSAYAR Y PLANIFICAR

**▸ Propósito**

- Escribir con un propósito principal y en ocasiones también con uno o más propósitos secundarios (informar; explicar o presentar datos acerca de un tema; enseñar; entretener; contar o relatar un cuento; expresar emociones, imágenes sensoriales, ideas o cuentos; persuadir; desempeñar una tarea práctica; reflexionar; planificar; mantener relaciones)
- Comprender cómo influye el propósito de la escritura en la selección del género
- Seleccionar el género de escritura a partir del propósito
- Indicar si una obra escrita es un texto funcional, narrativo, informativo o poético
- Tener objetivos claros y comprender cómo influirán en la escritura

**▸ Público**

- Escribir teniendo en cuenta a los lectores o a un público específicos
- Comprender que el propósito de la escritora o del escritor y el conocimiento del público dan forma a la escritura
- Planificar y organizar información para el público al que se dirige el texto
- Comprender que el público se compone de todos los lectores y no solamente de la maestra o del maestro
- Considerar un público variado cuando se planifica un texto
- Identificar y escribir para un público que no se conoce personalmente

**▸ Lenguaje oral**

- Generar y ampliar ideas por medio de la conversación con compañeros y con la maestra o el maestro
- Buscar ideas y temas en la experiencia personal y comentarlos
- Usar la conversación y la narración para generar y ensayar lenguaje que puede escribirse después
- Explorar preguntas relevantes al hablar sobre un tema
- Al ensayar el lenguaje para un texto informativo, usar vocabulario específico del tema
- Al ensayar el lenguaje para el texto narrativo, usar palabras de acción y de contenido adecuadas para el cuento
- Experimentar con el lenguaje particular de un escenario (arcaísmos, sonidos de acentos en el lenguaje coloquial, palabras o estructuras lingüísticas diferentes al español)

**▸ Reunir semillas/Recursos/Experimentar con la escritura**

- Usar el cuaderno del escritor o un cuadernillo como herramienta para reunir ideas, experimentar, planificar, hacer bosquejos o borradores
- Volver a leer un cuaderno del escritor para seleccionar temas (seleccionar pequeños momentos que se pueden desarrollar)
- Usar bosquejos, redes, listas y escritura libre para pensar, ensayar y planificar la escritura
- Reunir diversas entradas (mapa de personajes, línea cronológica, bosquejos, observaciones, escritura libre, borradores, listas) en un cuaderno del escritor
- Definir el tema, el enfoque, la organización y el público
- Definir un tema informativo para planificar la organización y el tratamiento del tema
- Probar títulos, diferentes encabezados y finales; desarrollar el escenario y los personajes en un cuaderno del escritor
- Usar cuadernos para planificar, reunir y ensayar para la publicación de escritos futuros
- Planificar un cuento involucrándose en él y adquiriendo la visión de los personajes de manera que el cuento pueda escribirse a medida que sucede
- Realizar un plan para un ensayo que presente una afirmación y contenga evidencias de apoyo
- Elegir herramientas útiles (sitios web, tablas, bosquejos, cuadros, diagramas, listas, bocetos, diagramas de flujo)

## Seleccionar objetivos Hábitos y conocimientos para observar, enseñar y apoyar *(cont.)*

Escritura



### PROCESO DE ESCRITURA *(continuación)*

#### ENSAYAR Y PLANIFICAR *(continuación)*

▸ **Reunir semillas/Recursos/Experimentar con la escritura** *(continuación)*

- Elegir un escenario y describirlo con detalles para suscitar una atmósfera o tono particular
- Reunir información relevante de diversos recursos impresos y digitales, mediante el uso de términos de búsqueda efectivos
- Evaluar la credibilidad de cada fuente mediante el uso de términos de búsqueda efectivos

▸ **Contenido, asunto, tema**

- Observar con atención sucesos, personas, escenarios y otros aspectos del mundo, para reunir información sobre un tema
- Seleccionar información que apoyará el tema
- Elegir temas que la escritora o el escritor conoce, que le interesan o sobre los que uno quiere aprender
- Elegir temas que sean interesantes para la escritora o el escritor
- Comentar un tema de una manera interesante
- Mantener la atención en el tema para producir un texto escrito bien organizado que sea lo suficientemente largo para explicar por completo los puntos (datos, argumentos) que la escritora o el escritor quiere destacar
- Obtener ideas de otros libros y escritores sobre cómo acercarse a un tema (organización, punto de vista, disposición)
- Comunicar la importancia de un tema a un público
- Mostrar al público (al enunciar o presentar información importante) los aspectos importantes del tema
- Usar textos (impresos o en línea) para obtener información acerca de un tema
- Seleccionar detalles que apoyarán un tema o un relato
- Seleccionar un título que se ajuste al contenido para publicar o completar un borrador final
- Desarrollar una idea principal clara en torno a la que se planificará un texto
- Usar las características de organización del texto electrónico (tablero de anuncios, bases de datos, búsquedas con palabras clave, direcciones de correo electrónico) para encontrar información
- Comprender una gama de géneros y formas y seleccionar entre ellos de acuerdo con el tema, el propósito y el público

▸ **Investigación/Exploración**

- Hacer observaciones científicas, usar notas y bosquejos para documentarlas y hablar con los demás acerca de patrones, conexiones y descubrimientos
- Formular preguntas para explorar y localizar fuentes de información acerca de un tema, personajes o escenario
- Seleccionar e incluir solo la información que sea adecuada al tema y a la categoría
- Tomar y usar notas para registrar y organizar información
- Llevar a cabo una investigación para reunir información cuando se planifica un proyecto de escritura (entrevistas en vivo, Internet, objetos, artículos, libros)
- Crear categorías de información y organizarlas en secciones más amplias
- Determinar cuándo es necesaria la investigación para tratar un tema de no ficción de manera adecuada
- Buscar información adecuada de diversas fuentes (libros y otros materiales impresos, sitios web, entrevistas)
- Extraer evidencia de textos literarios o informativos para apoyar el análisis, la reflexión y la investigación
- Documentar fuentes mientras se reúne información para que sea más fácil presentar referencias
- Comprender que una escritora o un escritor adquiere ideas de otros escritores pero que debería reconocer a los otros escritores y/o manifestar esas ideas con sus propias palabras
- Comprender el concepto de plagio y evitarlo citando las fuentes, de citas e información usadas
- Comprender que una escritora o un escritor puede citar a otra escritora, escritor o hablante con las palabras exactas mediante comillas y hacer referencia a la fuente con precisión
- Comprender que en un informe de investigación una escritora o un escritor documenta información con referencias a las fuentes

▸ **Género/Formas**

- Seleccionar el género para la escritura según el propósito: carta formal, texto de instrucciones; ficción realista, ficción histórica, literatura tradicional (cuento popular, cuento exagerado, cuento de hadas, fábula, mito, leyenda, épica, balada) y fantasía (incluida la ciencia ficción); biografía, autobiografía, memorias personales; texto expositivo; texto persuasivo; poesía; texto híbrido
- Elegir una forma para la escritura: notas, fichas, tarjetas, cartas, invitaciones, correos electrónicos, listas, instrucciones con pasos (explicativos); libros álbum, libros álbum sin palabras, poemas, canciones, obras de teatro, cartas, cuentos, entradas de diario, poesía narrativa, poesía lírica, verso libre, baladas, bosquejos biográficos y autobiográficos, narraciones personales; ensayos, informes, artículos periodísticos y de fondo, ensayos fotográficos, discursos; editoriales, cartas al editor

#### HACER UN BORRADOR Y REVISAR

▸ **Comprender el proceso**

- Comprender la función de la escritora o del escritor, de la maestra o del maestro, o de los compañeros escritores en una conferencia
- Cambiar la escritura en respuesta a los comentarios de los compañeros, o de la maestra o del maestro
- Saber cómo usar una lista de revisión y edición
- Comprender que la revisión es un medio para que los mensajes escritos sean más sólidos y claros para los lectores
- Comprender que toda revisión se rige por las decisiones de la escritora o del escritor sobre lo que comunicará significado a la lectora o al lector
- Comprender que una escritora o un escritor vuelve a leer y revisa mientras bosqueja (proceso recursivo) y lo sigue haciendo una y otra vez con nuevos textos escritos

# Seleccionar objetivos Hábitos y conocimientos para observar, enseñar y apoyar *(cont.)*

## Escritura



### PROCESO DE ESCRITURA *(continuación)*

### HACER UN BORRADOR Y REVISAR *(continuación)*

#### ▶ Comprender el proceso *(continuación)*

- Escribir borradores sucesivos para mostrar revisiones sustanciales
- Nombrar, comprender el propósito, probar y aprender técnicas de elaboración
- Usar como mentores a escritores en la revisión y revisar mientras se bosqueja (proceso recursivo)
- Emular la escritura de otros buenos escritores al examinar o pensar en textos ejemplares durante el proceso de hacer un borrador y revisar

#### ▶ Producir un borrador

- Escribir un artículo bien organizado centrado en un tema
- Usar dibujos para añadir información, explicar o hacer que la lectora o el lector comprenda y disfrute más
- Escribir un borrador o borrador exploratorio (escribir rápido y todo lo que se pueda sobre un tema)
- Comprender la relevancia de la entrada en un texto de ficción o no ficción
- Comenzar a desarrollar un estilo en el borrador (de un borrador lento, deliberado con una revisión constante, a la escritura rápida de ideas para su revisión posterior)
- Revisar la entrada para hallar el lenguaje más interesante y atractivo
- Darle un cierre al texto con un resumen efectivo, una idea que se aparte o un final satisfactorio
- En una narración, establecer un suceso inicial y seguir con una serie de sucesos
- Presentar las ideas en orden lógico a lo largo del texto
- Mantener la idea o el enfoque central a lo largo de los párrafos
- Producir una serie de párrafos coherentes que presenten información de manera lógica y que guíe a los lectores a través del texto de no ficción o cuento
- Mostrar los pasos o fases en orden cronológico cuando se incorpora una secuencia temporal o cronológica en un texto de no ficción
- Establecer una situación, trama o problema y un punto de vista en borradores de ficción
- Ofrecer perspectivas sobre el motivo por el que un incidente o suceso es memorable
- Cuando se escribe una biografía, memorias personales o cuento de ficción, establecer las decisiones importantes (tomadas por el personaje o sujeto principal) y los resultados de esas decisiones
- Generar múltiples títulos como ayuda para pensar acerca del enfoque del texto
- Seleccionar un título que se ajuste al contenido

#### ▶ Volver a leer

- Volver a leer lo escrito para pensar en lo que se escribirá a continuación
- Volver a leer lo escrito para repensar e introducir cambios
- Volver a leer y revisar el borrador exploratorio o reescribir secciones para aclarar el significado
- Volver a leer el texto para asegurarse de que no falten palabras o información
- Identificar en la historia lenguaje que muestre el cambio en los personajes (o el aprendizaje de una lección en las memorias personales)
- Identificar el enunciado (y a veces reformulación) de la idea principal de un texto
- Identificar el momento clave y/o la parte más emocionante de un cuento
- Volver a leer lo escrito para revisar la claridad y el propósito
- Identificar lenguaje que no contribuya al propósito o mensaje central

#### ▶ Agregar información

- Agregar ideas para dar información o mostrar pensamientos y emociones con globos de diálogo o comillas
- Agregar diálogo para dar información o narrar con guiones largos o globos de diálogo
- Agregar palabras descriptivas (adjetivos, adverbios) y frases para ayudar a los lectores a visualizar y comprender sucesos, acciones, procesos o temas
- Agregar palabras, frases u oraciones para que la escritura sea más interesante o emocionante para los lectores
- Agregar palabras, frases u oraciones para brindar más información a los lectores
- Agregar palabras, frases u oraciones para aclarar el significado a los lectores
- Luego de reflexionar y volver a leer, agregar fragmentos de texto sustanciales (párrafos, páginas) para explicar mejor, aclarar o apoyar argumentos
- Agregar detalles o ejemplos para hacer que el texto sea más claro o interesante
- Agregar palabras y frases de transición para aclarar el significado y hacer que la escritura sea más fluida
- Volver a leer y cambiar o agregar palabras para asegurarse de que el sentido sea claro
- Agregar palabras y detalles descriptivos para ampliar las imágenes literarias, realzar el significado y no solo para añadir información
- Agregar palabras, frases, oraciones y párrafos para aumentar el entusiasmo en un texto narrativo
- Agregar información en notas al pie o notas finales

#### ▶ Eliminar información

- Eliminar texto para expresar mejor el significado y hacer que el texto sea más lógico
- Eliminar palabras, oraciones, párrafos o páginas que no tienen sentido o que agregan información o ideas innecesarias
- Identificar palabras, frases u oraciones redundantes y eliminarlas si no tienen un propósito o no realzan la voz
- Volver a leer y tachar palabras para asegurarse de que el sentido sea claro
- Eliminar información (detalles, descripciones y ejemplos innecesarios) que entorpece la escritura y oscurece el significado central

# Seleccionar objetivos Hábitos y conocimientos para observar, enseñar y apoyar *(cont.)*

## Escritura

### PROCESO DE ESCRITURA *(continuación)*

#### HACER UN BORRADOR Y REVISAR *(continuación)*

**▸ Cambiar un texto**

- Identificar las partes imprecisas y cambiar el lenguaje o el contenido para que sean más precisos
- Variar la elección de palabras para hacer que el texto sea más interesante
- Trabajar en las transiciones para lograr mayor fluidez
- Volver a dar forma a la escritura para reformular el texto en un género diferente (narración personal en un poema)
- Insertar géneros dentro del texto para crear un texto híbrido

**▸ Reorganizar información**

- Volver a organizar y revisar el texto para expresar mejor el significado o hacer que el texto sea más lógico (volver a ordenar los dibujos, volver a ordenar las páginas, cortar y pegar)
- Reorganizar y revisar la escritura para expresar mejor el significado de la escritora o del escritor, o hacer que el texto sea más lógico
- Cambiar de lugar la información para incrementar el suspenso o hacer que la acción progrese
- Cambiar de lugar la información al principio o al final del texto para lograr un mayor impacto en la lectora o el lector
- Volver a ordenar las páginas o los párrafos disponiendo o volviendo a montarlos

**▸ Usar herramientas y técnicas**

- Agregar palabras, letras, frases u oraciones usando diversas técnicas (símbolo de intercalación, notas adhesivas, tiras de papel, elementos numerados en una hoja individual, procesamiento de textos)
- Usar un número para saber dónde agregar información y un papel adicional pegado con números para escribir la información que se inserta
- Eliminar palabras, frases u oraciones de un texto (tachar o usar procesadores de textos) para aclarar el significado
- Volver a ordenar la información de un texto para aclarar el significado al quitar, cortar y pegar, disponer las páginas, usar procesadores de texto
- Usar símbolos estándar para la revisión y la edición

#### EDITAR Y CORREGIR

**▸ Comprender el proceso**

- Comprender que una escritora o un escritor usa lo que sabe para escribir bien las palabras
- Saber cómo usar una lista de revisión y edición
- Comprender que una escritora o un escritor (luego de usar lo que se sabe) puede pedirle a otra persona que haga una edición final
- Comprender las limitaciones de la revisión ortográfica y gramatical en la computadora
- Comprender cómo usar herramientas para autoevaluar la escritura y ayudar a la escritora o al escritor en la corrección de textos
- Saber la función de un editor y responder a las sugerencias sin una actitud defensiva

**▸ Editar según las normas**

- Revisar y corregir la formación de letras
- Editar la ortografía de palabras conocidas escritas según las normas
- Editar para corregir errores de ortografía encerrando en un círculo o subrayando las palabras que parecen tener errores y escribirlas de nuevo
- Comprender que la maestra o el maestro será el editor final de ortografía para el texto publicado luego de que la estudiante o el estudiante haya usado todo lo que conoce
- Editar el uso de mayúsculas y de la puntuación
- Editar la gramática y el sentido de las oraciones
- Editar la pertinencia de las palabras y el significado preciso
- Editar la coherencia (ritmo, modulación, calidad atractiva) de las oraciones
- Determinar cuándo deberían comenzar los párrafos nuevos
- Revisar y corregir el espaciado y la disposición con destreza para comunicar el significado
- Integrar las citas y las referencias en el texto escrito de manera que se mantenga la coherencia y la fluidez de la escritura
- Preparar un borrador final con una autoedición y presentarlo (a la maestra o al maestro antes de publicar)

**▸ Usar herramientas**

- Usar herramientas de referencia para revisar la ortografía y el significado
- Usar un diccionario de sinónimos para buscar palabras más interesantes
- Revisar la ortografía, aceptando o rechazando los cambios cuando sea necesario
- Revisar la gramática, aceptando o rechazando los cambios cuando sea necesario
- Hacer correcciones en respuesta a marcas de edición hechas por la maestra o el maestro, o por otros escritores

#### PUBLICAR

- Producir textos para explicar, rotular o acompañar los dibujos
- Crear ilustraciones y escritura que funcionen en conjunto para expresar el significado
- Crear ilustraciones u otros elementos artísticos para textos que estén en su versión final
- Compartir un texto con los compañeros leyéndolo en voz alta a la clase
- Reunir varios cuentos o poemas
- Seleccionar un poema, un cuento o un libro informativo para publicar de diversas formas adecuadas (escrito/impreso, enmarcado o dibujado o exhibido de diferente manera)
- Agregar una cubierta de doble página con el título e información sobre la autora o el autor
- Considerando un público de antemano, agregar características del libro y la letra impresa durante el proceso de publicación (ilustraciones y otros elementos gráficos, cubierta de doble página, título, dedicatoria, tabla de contenidos, texto sobre la autora o el autor, encabezados, subtítulos)
- Trabajar en la disposición del texto en la publicación final
- Comprender que la publicación es compartir un texto escrito teniendo en cuenta un propósito y un público

# Seleccionar objetivos Hábitos y conocimientos para observar, enseñar y apoyar *(cont.)*

## Escritura

### PROCESO DE ESCRITURA *(continuación)*

#### PUBLICAR *(continuación)*

- Comprender la importancia de citar fuentes de información y normas para citar
- Agregar bibliografía de las fuentes cuando sea necesario
- Agregar un sumario o resumen breve cuando sea necesario

#### DIBUJAR

- Comprender que cuando hay texto y dibujos en una página, se apoyan mutuamente y se amplían entre sí
- Usar bosquejos o dibujos para representar personas, lugares y cosas y para comunicar una atmósfera e ideas abstractas de manera adecuada al género y la forma
- Crear dibujos que estén relacionados con el texto escrito y que hagan que la lectora o el lector comprenda y disfrute más
- Usar bosquejos para ayudar a recordar y planificar
- Usar bosquejos para capturar detalles que sean importantes para un tema
- Presentar información importante en las ilustraciones
- Agregar detalles a los dibujos para añadir información o generar interés
- Crear dibujos que requieran especial atención al color o al detalle
- Comprender la diferencia entre hacer dibujos y bosquejos, y usarlos para apoyar el proceso de escritura
- Usar bosquejos para crear representaciones rápidas de imágenes, generalmente un esquema en lápiz o bolígrafo
- Usar bosquejos para crear dibujos en textos publicados
- Usar diagramas u otros elementos gráficos para complementar el proceso y/o agregar significado
- Bosquejar y dibujar con un sentido de tamaño y perspectiva relativos
- Usar los términos bosquejar y dibujar para referirse a estos procesos y formas

#### VERSE A SÍ MISMOS COMO ESCRITORES

- Tener temas e ideas para la escritura en una lista o cuaderno
- Seleccionar ejemplos de escritura ejemplar en todas las tentativas de género
- Autoevaluar la propia escritura y comentar los aspectos positivos y las técnicas que se usaron
- Autoevaluar textos escritos en función de lo que se sabe acerca del género
- Ser una escritora productiva o un escritor productivo, al escribir una cantidad específica en un tiempo designado (promedio de un texto cada semana)
- Escribir de manera rutinaria durante lapsos extensos o lapsos más cortos en una gama de tareas, propósitos y públicos específicos de una disciplina
- Escribir por iniciativa e inversión propias
- Prestar atención a los detalles de las ilustraciones y la manera en que mejoran un texto para ensayarlos
- Arriesgarse como escritora o escritor
- Escribir diversos géneros a lo largo del año
- Comprender la escritura como vehículo para comunicar algo que la escritora o el escritor piensa
- Debatir en la conferencia de escritura en lo que se está trabajando como escritora o escritor
- Solicitar observaciones sobre la escritura
- Estar dispuesta o dispuesto a trabajar en la elaboración de la escritura incorporando nuevas enseñanzas
- Comparar lo que se escribió previamente con un texto revisado, y observar y comentar las diferencias
- Decir qué se aprendió de cada texto escrito
- Formular objetivos y planificar para mejorar la escritura
- Escribir con fluidez y naturalidad
- Nombrar las cualidades o técnicas de la buena escritura y trabajar para adquirirlas
- Mostrar interés y trabajar en la elaboración de una buena escritura y aplicar lo que se ha aprendido acerca de la elaboración en cada texto
- Ofrecer ayuda de edición y revisión a los compañeros
- Comprender que toda revisión se rige por la toma de decisiones de la escritora o del escritor sobre lo que comunicará significado a la lectora o al lector
- Marcar la parte más importante de la escritura propia o de otros

# Seleccionar propósito, género y forma

## Escritura

Al usar la escritura para diversos propósitos auténticos, los escritores de la escuela secundaria desarrollan una comprensión profunda de la escritura para muchos propósitos y públicos. Ellos seleccionan textos ejemplares y crean textos híbridos y presentaciones multimedia con autoridad y destreza. Los estudiantes demuestran dominio al escribir géneros complejos como informes, ensayos literarios, editoriales y argumentaciones. También pueden usar el lenguaje escrito de diversas maneras formales. Los hábitos y conocimientos también se aplican a su destreza en desarrollo como escritores de escuela secundaria.

### ESCRITURA FUNCIONAL
*(Propósito: realizar una tarea práctica)*

#### CARTA FORMAL

**▸ Comprender el género**

- Comprender que una carta formal puede escribirse de diversas formas (carta de comercio)
- Comprender que una carta de comercio es un documento formal con un propósito particular
- Comprender que una carta de comercio tiene partes (fecha, dirección interna, saludo formal seguido de dos puntos, cuerpo organizado en párrafos, cierre, firma y título del remitente y algunas veces notificación de una copia o anexo)
- Comprender que una escritora o un escritor puede aprender a escribir cartas de negocios efectivas mediante el estudio de las características de ejemplos
- Usar el término *carta de comercio* para describir la forma

**▸ Escribir el género**

- Escribir a un público específico que puede ser un individuo, una organización o un grupo
- Dirigirse al público de manera adecuada
- Incluir información importante y excluir los detalles innecesarios
- Organizar el cuerpo en párrafos
- Comprender los componentes de una carta de comercio y cómo disponerlos en la página
- Escribir cartas formales

#### ESCRIBIR EN UNA PRUEBA

**▸ Comprender el género**

- Comprender que escribir en una prueba suele requerir escribir sobre un tema asignado
- Comprender que escribir en una prueba puede requerir la creación de textos expositivos o persuasivos
- Comprender que algunas pruebas se usan con el propósito de demostrar lo que una persona sabe o puede hacer como escritora o escritor
- Comprender que escribir en una prueba implica analizar las expectativas
- Comprender que escribir en una prueba puede asumir diversas formas: construcción de respuesta corta (en ocasiones llamada *respuesta corta*), construcción de respuesta extendida (o *ensayo*)
- Comprender que escribir en una prueba suele requerir escribir sobre algo real
- Comprender que escribir en una prueba incluye el análisis de lo que se espera de la escritora o del escritor, y luego la planificación y la escritura de una respuesta que se ajuste a esos criterios
- Comprender la escritura en una prueba como una respuesta diseñada minuciosamente para responder a instrucciones precisas
- Comprender que escribir en una prueba a menudo requiere asumir una posición, desarrollar un argumento claro y proveer evidencias para esos puntos
- Comprender que escribir en una prueba a menudo requiere de la inferencia y la explicación de los motivos de un personaje o persona
- Comprender que escribir en una prueba requiere en ocasiones asumir una perspectiva acerca de un individuo particular (figura histórica, personaje ficcional)
- Aprender a escribir en pruebas mediante el estudio de ejemplos de respuestas cortas y de respuesta extendida
- Usar los términos *escribir en una prueba, respuesta corta* y *respuesta extendida* para describir este tipo de escritura funcional

**▸ Escribir el género**

- Analizar indicaciones para determinar el propósito, el público y el género adecuado (texto expositivo, texto persuasivo)
- Leer y aprender las pautas para una respuesta aceptable
- Escribir respuestas centradas en las preguntas y las indicaciones
- Escribir concisamente y orientándose a lo que se pide o se pregunta
- Reflexionar acerca de ideas más amplias y realizar o defender una afirmación fundamentada
- Responder a un texto de manera que refleje razonamiento analítico o estético
- Reafirmar una declaración con más evidencia
- Enunciar puntos de vista alternativos y analizar de manera crítica la evidencia de cada uno
- Desarrollar los puntos importantes
- Incorporar los propios conocimientos de escritura al responder
- Revisar la ortografía y las normas

#### ESCRIBIR SOBRE LA LECTURA

- Consulte Escribir sobre la lectura, páginas 169–234.

### ESCRITURA NARRATIVA *(Propósito: contar un cuento)*

#### FICCIÓN

**▸ Comprender el género**

- Comprender que los géneros de ficción incluyen la ficción realista, la ficción histórica, la literatura tradicional (cuento popular, cuento exagerado, cuento de hadas, fábula, mito, leyenda, épica, balada) y la fantasía (incluida la ciencia ficción)

# Seleccionar propósito, género y forma *(cont.)*

## Escritura



### ESCRITURA NARRATIVA
*(Propósito: contar un cuento) (continuación)*

### FICCIÓN *(continuación)*

#### ▸ Comprender el género *(continuación)*

- Comprender que la ficción se puede escribir de diversas formas (libros álbum, libros álbum sin palabras, poemas, canciones, obras de teatro, cartas, cuentos, entradas de diario, poesía narrativa, poesía lírica, poesía de verso libre, baladas)
- Comprender que un propósito adicional de un texto de ficción es explorar un tema o enseñar una lección
- Comprender que un texto de ficción puede incluir uno o más sucesos en la vida de un personaje principal
- Comprender que una escritora o un escritor usa diversos elementos de ficción (escenario, argumento con problema y solución, personajes) en un texto de ficción
- Comprender que el escenario de la ficción puede ser actual, histórico o imaginario
- Comprender que la trama de un texto de ficción puede tener una estructura sencilla (comienzo, muchos episodios, problema, solución, final)
- Comprender que la trama de un texto de ficción puede tener variaciones en la estructura narrativa (flashback, cuento dentro de otro cuento, flash-forward, lapso de tiempo) y que puede empezar al comienzo, en el desarrollo, al final o después del final de una historia
- Comprender que una escritora o un escritor de ficción puede usar diversas características literarias y del lenguaje (imágenes literarias, lenguaje descriptivo y figurado, simbolismo, atmósfera, tono, ironía o sátira, uno o más puntos de vista, diálogo)
- Comprender que un texto de ficción involucra sucesos en la vida de uno o más personajes
- Comprender que un texto de ficción puede presentar y explorar uno o más mensajes o temas
- Comprender que los escritores pueden aprender a elaborar ficción mediante el uso de textos ejemplares como modelos
- Usar los términos *ficción realista, ficción histórica, cuento popular, cuento exagerado, cuento de hadas, fábula, mito, leyenda, épica, balada, fantasía* y *ciencia ficción* para describir el género

#### ▸ Escribir el género

- Escribir una historia de ficción, ya sea realista o de fantasía
- Desde la fantasía, incluir personajes, escenarios y elementos imaginarios de la trama
- Desde la fantasía, desarrollar un mundo imaginario consistente
- Usar elementos de la fantasía y/o la ciencia para escribir una historia
- Comenzar con una entrada sugestiva para atraer la atención de la lectora o del lector
- Describir el escenario con detalles adecuados y revelar su relevancia en la trama mediante los sucesos y el diálogo
- Desarrollar una trama que sea creíble y cautivante para los lectores incluidos un conflicto, varios episodios, una resolución y un final
- Mostrar el problema del cuento y cómo uno o más personajes reaccionan al problema
- Movilizar la trama junto con la acción
- Mostrar a los lectores la importancia del escenario en el problema del cuento
- Asegurarse de que los sucesos y el escenario de la ficción histórica sean adecuados
- Describir y desarrollar personajes creíbles y atractivos
- Mostrar las motivaciones y emociones de los personajes al describirlos según su aspecto; según lo que hacen, dicen y piensan; y según lo que otros dicen acerca de ellos
- Usar un punto de vista adecuado y efectivo (primera persona, tercera persona)
- Usar el diálogo hábilmente de manera que muestre las características y las emociones de los personajes
- Escribir un final verosímil y satisfactorio a un cuento, cualquiera sea el género
- Experimentar con elementos y recursos literarios como las imágenes literarias, el lenguaje figurado, el simbolismo, la ironía y la sátira

### BIOGRAFÍA, AUTOBIOGRAFÍA, MEMORIAS PERSONALES Y TEXTO NARRATIVO DE NO FICCIÓN

#### ▸ Comprender el género

- Comprender que los géneros narrativos de no ficción incluyen la biografía, la autobiografía, las memorias personales y los textos narrativos de no ficción
- Comprender que los textos biográficos pueden escribirse de diversas formas (bosquejos biográficos, bosquejos autobiográficos, narraciones personales, poemas, canciones, obras de teatro, ensayos fotográficos, discursos, cartas, entradas de diario)
- Comprender la biografía como relato verídico de la vida de una persona
- Comprender la autobiografía como relato verídico de la vida de una persona escrito y narrado por esa misma persona
- Comprender que una biografía o una autobiografía puede relatar toda la vida de la persona o una parte de ella
- Comprender que los biógrafos seleccionan sus sujetos para mostrar su importancia y su impacto
- Comprender que un biógrafo revela su postura hacia el sujeto al seleccionar información y por la manera en que la describe
- Comprender la necesidad que tiene un biógrafo de transmitir toda la información importante con la intención de asumir una visión imparcial
- Comprender la necesidad de documentar la evidencia y citar las fuentes
- Comprender que una biografía o autobiografía puede comenzar en cualquier momento de la historia de la vida de una persona
- Establecer la relevancia de los sucesos y las decisiones personales tomadas por el sujeto de una biografía o autobiografía
- Comprender las memorias personales o la narración personal como recuerdo o reflexión breve y a veces profunda de una persona, un tiempo o un suceso
- Comprender que las memorias personales tienen relevancia en la vida de la escritora o del escritor y que generalmente muestra algo relevante para otras personas
- Comprender que las memorias personales pueden comprender una serie de viñetas
- Comprender que una biografía, una autobiografía o las memorias personales pueden tener características de la ficción (escenario, conflicto, personajes, diálogo, resolución), aunque los sucesos sean verdaderos, o que pueden basarse en hechos

# Seleccionar propósito, género y forma *(cont.)*

## Escritura

### ESCRITURA NARRATIVA
*(Propósito: contar un cuento) (continuación)*

#### BIOGRAFÍA, AUTOBIOGRAFÍA, MEMORIAS PERSONALES Y TEXTO NARRATIVO DE NO FICCIÓN *(continuación)*

▸ **Comprender el género** *(continuación)*

- Comprender que las memorias personales se pueden escribir en primera, segunda o tercera persona, aunque generalmente están en primera persona
- Comprender la diferencia entre una biografía real y una biografía ficcional
- Escribir diversos tipos de textos biográficos mediante el estudio de textos ejemplares
- Comprender que un texto narrativo de no ficción incluye la selección de sucesos importantes y momentos clave
- Comprender que un texto narrativo de no ficción a menudo incluye un patrón estructural subyacente como causa y efecto o problema y solución
- Comprender que un texto narrativo de no ficción indica el paso del tiempo mediante el uso de palabras (*entonces, después de un tiempo*), fechas, períodos de tiempo y edades de personas
- Comprender que el escenario puede ser importante en un texto narrativo de no ficción
- Comprender que un texto narrativo de no ficción incluye personas que son reales
- Comprender que un texto narrativo de no ficción a menudo incluye citas de las palabras exactas de una persona
- Comprender que un texto narrativo de no ficción debe incluir solo sucesos y personas verídicos, y puede requerir investigación
- Usar los términos *biografía, bosquejo biográfico, autobiografía, bosquejo autobiográfico, narrativa personal, memorias personales, narrativa de no ficción, poema, canción, obra de teatro, carta, entrada de diario, ensayo fotográfico, discurso, poesía lírica, verso libre* y *balada*

▸ **Escribir el género**

- Elegir un sujeto y exponer una razón de tal selección
- Escribir una entrada atractiva que capte el interés y que pueda anunciar el contenido
- Generar interés en el sujeto seleccionando e informando de una manera cautivante
- Seleccionar sucesos importantes para incluir, y sucesos y detalles superfluos para excluir
- Revelar el punto de vista de la escritora o del escritor dando las razones para la omisión de partes relevantes de la vida del sujeto (enfocarse en la infancia o solo en los años presidenciales)
- Seleccionar y escribir experiencias personales como "pequeños momentos" y compartir las reflexiones y las sensaciones acerca de ellos
- Revelar algo importante sobre la propia persona o la vida
- Crear una serie de viñetas que en conjunto comuniquen un mensaje más amplio
- Contar sucesos en orden cronológico o usar otros patrones estructurales (descripción, secuencia temporal, pregunta y respuesta, causa y efecto, comparar y contrastar, problema y solución, categorización)
- Describir y desarrollar un escenario y explicar cómo se relaciona con las experiencias de la escritora o del escritor
- Describir las decisiones importantes del sujeto y mostrar cómo esas decisiones influyeron en su vida o la vida de otras personas
- Describir el sujeto por lo que hizo o dijo y también por las opiniones de otros
- Mostrar cómo cambia el sujeto
- Revelar las emociones del sujeto al describir acciones o usar citas
- Describir a las personas según su aspecto; según lo que hacen, dicen y piensan; y según lo que otros dicen acerca de ellos
- Usar el diálogo de manera adecuada para añadirle sentido al texto narrativo, pero comprender que agregar cualquier información no documentada ficcionaliza un texto biográfico en cierta medida
- Experimentar con lenguaje literario (sustantivos y verbos intensos, lenguaje figurado)
- Escribir con imágenes literarias para que la lectora o el lector comprenda las emociones de la escritora o del escritor, o de otros
- Escribir un final que se ajuste al texto
- Seleccionar sucesos importantes y momentos clave para incluir en un texto narrativo de no ficción
- Mostrar causa y efecto y/o problema y solución de manera adecuada al escribir textos narrativos de no ficción
- Mostrar el paso del tiempo de diversas maneras
- Describir el escenario en un texto narrativo de no ficción cuando sea necesario
- Incluir citas textuales de personas reales en un texto narrativo de no ficción y usar rayas, comillas o comillas triangulares con las referencias adecuadas

### ESCRITURA INFORMATIVA
*(Propósito: explicar o presentar datos sobre un tema)*

#### TEXTO EXPOSITIVO

▸ **Comprender el género**

- Comprender que una escritora o un escritor crea un texto expositivo para los lectores con el objetivo de aprender acerca de un tema
- Comprender que para escribir un texto expositivo, la escritora o el escritor necesita aprender mucho sobre el tema
- Comprender que un texto expositivo puede requerir investigación y que requerirá organización
- Comprender que una escritora o un escritor puede revelar propósitos y creencias incluso si no están afirmados de manera explícita en un texto expositivo
- Comprender que un texto expositivo se puede escribir de diversas formas (ensayo, informe, artículo periodístico, artículo de fondo, ensayo fotográfico, discurso)
- Comprender que un ensayo es una composición breve que se usa para explicar un tema y/o brindar el punto de vista de la escritora o del escritor acerca de un tema
- Comprender la estructura básica de un ensayo (introducción, cuerpo, conclusión)

# Seleccionar propósito, género y forma *(cont.)*

## Escritura



**ESCRITURA INFORMATIVA** *(Propósito: explicar o presentar datos sobre un tema) (continuación)*

### TEXTO EXPOSITIVO *(continuación)*

#### ▸ Comprender el género *(continuación)*

- Comprender que un ensayo se puede usar para analizar uno o más textos literarios (consulte Escribir sobre la lectura, páginas 169-234)
- Comprender que un informe es una presentación formal de un tema
- Comprender que un informe puede incluir diversas categorías de información acerca de un único tema
- Comprender que un informe tiene una sección introductoria, seguida de más información en categorías o secciones
- Comprender que un artículo de fondo generalmente se centra en un aspecto de un tema
- Comprender que un artículo de fondo comienza con un párrafo introductorio, con más información detallada en los párrafos siguientes, y una conclusión
- Comprender que un artículo de fondo revela el punto de vista de la escritora o del escritor acerca de un tema o sujeto (y en ocasiones, su fascinación o pasión por estos)
- Comprender que un discurso es un texto formal escrito para ser presentado oralmente a un público

Cuando hablamos sobre el tema del código de vestimenta yo creo que las escuelas ponen más atención a las niñas. Adicionalmente, cuando las niñas caminan en los pasillos los maestros les ponen mas atención que a los niños. Es claro que no les importa que los niños usen pantalones hundidos y enseñen sus calzones pero sí les molesta que las niñas usen pantalones rotos o shorts cortos. Estas reglas deberían ser más justas para los estudiantes.

Tuve mi primera experiencia cuando fui a la orientación de secundaria y la maestra hizo un comentario sobre mi ropa. Ella dijo que las niñas no pueden usar mallas. Yo pensé que eso era absurdo porque la mayoría de las niñas les gusta usar mallas. De seguro otras personas han de haber tendido la misma experiencia. Empece a investigar y esto fue lo que encontré.

Entreviste a alguien y le pregunte sobre su experiencia. Ella me dijo que estaba en la clase cuando la maestra le dijo "estas usando mallas y estas rompiendo las reglas." Ella le contesto a la maestra y le dijo que era cierto y que las usaba porque eran cómodas. La maestra le respondió y dijo que las mallas estaban muy apretadas y eran una distracción. Le pregunte cómo se sentía cuando la maestra le dijo eso. Ella dijo que se sentía mal porque no había querido romper las reglas. Y esto solo fue una historia y hay muchos más detalles.

Hice más investigaciones y encontré que la excusa para regañar a las niñas es por la reacción de los niños. Todos dicen que la distracción es los niños y sus hormonas. Todo es sobre los niños y nunca les dan importancia a los pensamientos de las niñas. Nadie nos han preguntado a nosotras cómo nos sentimos sobre las reglas. Cuando le pregunte a las niñas cómo se sentirían si las regañaran por romper las reglas y todas dijeron que se sentirían apenadas y avergonzadas.

Por eso es que pienso que el código de vestimenta debe cambiar y tomar en cuenta los sentimientos de las niñas.

*Estudiante de secundaria escribe sobre el código de vestimenta escolar.*

- Comprender que en un texto sobre hechos se puede usar lenguaje y técnicas literarias para atraer y entretener a los lectores a medida que brinda información sobre hechos
- Comprender que una escritora o un escritor puede aprender a escribir diversas formas de texto expositivo a partir de textos ejemplares
- Usar los términos *texto expositivo, ensayo, informe, artículo periodístico, artículo de fondo, ensayo fotográfico* y *discurso* para describir el género y las formas

#### ▸ Escribir el género

- Usar ilustraciones y características del libro y la letra impresa (imágenes rotuladas, diagramas, tabla de contenidos, encabezados, subtítulos, recuadros laterales, recuadros de datos a partir de otro texto, números de página) para guiar a la lectora o al lector
- Escribir un texto que sea interesante y cuya lectura sea entretenida
- Escribir acerca de un tema que sea interesante e importante y con el que la escritora o el escritor esté comprometida o comprometido, teniendo en cuenta a los miembros del público, sus intereses y sus posibles conocimientos previos
- Presentar información que enseñe o informe un tema a los lectores
- Escribir teniendo en cuenta un público más amplio
    - Ayudar a los lectores a pensar de maneras distintas acerca de un sujeto o tema
    - Escribir una entrada y una primera sección atractivas que orienten a la lectora o al lector, y que provean una introducción al tema
    - Organizar la información mediante el uso de la categorización u otros patrones estructurales subyacentes (descripción, secuencia temporal, pregunta y respuesta, causa y efecto, secuencia cronológica, comparar y contrastar, problema y solución)
    - Brindar detalles de apoyo interesantes que desarrollen un tema
    - Incluir datos, cifras, estadísticas, ejemplos y anécdotas cuando corresponda
    - Usar citas de expertos (textos escritos, discursos, entrevistas) cuando corresponda
    - Reconocer las fuentes de información que correspondan
    - Evitar parcialidades y/o perspectivas y visiones opuestas actuales sobre un tema
    - Tener en cuenta el propósito y la actitud en relación a un tema
    - Usar vocabulario específico del tema
    - Usar lenguaje literario para que el tema resulte interesante a los lectores
    - Revelar las convicciones de la escritora o del escritor acerca del tema a través de una única voz
    - Escribir múltiples párrafos con transiciones fluidas
    - Escribir una conclusión efectiva

# Seleccionar propósito, género y forma *(cont.)*

## Escritura

### ESCRITURA PERSUASIVA *(Propósito: persuadir)*

#### TEXTO PERSUASIVO

**▶ Comprender el género**

- Comprender que la argumentación y la persuasión se pueden escribir de diversas formas (editorial, carta al editor, ensayo, discurso)
- Comprender que el propósito de un texto persuasivo o argumentativo puede ser convencer a la lectora o al lector para que asuma el punto de vista de la escritora o del escritor acerca de un tema, adopte una medida, critique a la sociedad o mejore algún aspecto del mundo
- Comprender que un editorial es un texto formal con un público general
- Comprender que una carta al editor es un texto formal con un público general (el editor de una publicación y sus lectores)
- Comprender que una carta al editor tiene partes (fecha, saludo formal, cuerpo organizado en párrafos, cierre, firma y título del emisor)
- Comprender que un ensayo es un texto formal generalmente escrito para una maestra o un maestro, o una prueba
- Comprender que un discurso es un texto formal escrito que se presenta de manera oral con el propósito de persuadir al público de que crea o haga algo
- Comprender la importancia de apoyar cada idea o argumento con datos, razones o ejemplos
- Usar los términos *argumento, texto persuasivo, editorial, carta al editor, ensayo* y *discurso* para describir el género y las formas
- Comprender que una escritora o un escritor puede aprender a escribir diversas formas de texto persuasivo mediante el estudio de características de ejemplos en textos ejemplares
- Comprender la diferencia entre la argumentación y la persuasión

**▶ Escribir el género**

- Escribir un editorial, una carta al editor, un discurso o un ensayo
- Dirigirse al público de manera adecuada de acuerdo con la forma
- Elegir temas a partir de cuentos o de observaciones cotidianas
- Comenzar con un título o una introducción que comente a la lectora o al lector lo que se argumenta o explica (una tesis enunciada claramente)
- Brindar una serie de argumentos claros con razonamientos y apoyar el argumento
- Incluir información importante y excluir los detalles innecesarios
- Usar opiniones fundamentadas con datos
- Ofrecer "testimonios de expertos" o citas para apoyar un argumento
- Organizar el cuerpo del texto en párrafos
- Escribir oraciones bien construidas que expresen las convicciones de la escritora o del escritor
- Escribir un final lógico y reflexivo
- Incluir ilustraciones, tablas o diagramas cuando sea necesario

### ESCRITURA POÉTICA *(Propósito: expresar emociones, imágenes sensoriales, ideas o cuentos)*

#### POESÍA

**▶ Comprender el género**

- Comprender que la poesía es una manera particular de comunicar y describir emociones, imágenes sensoriales, ideas o cuentos
- Comprender que una escritora o un escritor puede crear diferentes tipos de poemas (de verso libre, poema lírico, poema narrativo, balada, épica, saga, quintilla humorística, haiku, poema concreto)
- Comprender la diferencia entre el lenguaje poético y el lenguaje cotidiano
- Comprender que la poesía es una manera libre de comunicar un mensaje profundo
- Observar el tempo o el ritmo de un poema y su relación con los saltos de línea
- Comprender la manera en que funciona la letra impresa en los poemas y demostrar su uso en la lectura y la escritura en una página, usando los espacios y los saltos de línea
- Comprender que la poesía a menudo incluye imágenes sensoriales y simbolismo
- Comprender que se pueden usar diferentes tipos de poemas para transmitir atmósferas
- Comprender que diferentes tipos de poemas pueden ser atractivos para los lectores de distintas maneras
- Usar los términos *poema, verso libre, poema lírico, poema narrativo, balada, épica, saga, quintilla humorística, haiku* y *poema concreto* para describir tipos específicos de poesía
- Comprender que una escritora o un escritor puede aprender a escribir diversos poemas a partir del estudio de textos ejemplares

**▶ Escribir el género**

- Observar con atención para seleccionar temas o contenido y escribir con detalle
- Reunir lenguaje e imágenes como base para escribir poesía
- Usar palabras para transmitir imágenes y emociones intensas
- Usar lenguaje figurado y otros recursos literarios como la aliteración, la onomatopeya, el símil, la metáfora, la personificación y el simbolismo
- Seleccionar temas que sean relevantes y ayuden a los lectores a ver de un modo distinto
- Seleccionar temas que tengan significados profundos
- Usar el espacio en blanco y los saltos de línea para comunicar el mensaje y el tono del poema
- Comprender la función de los saltos de línea y del espacio en blanco para la pausa, la respiración o el énfasis
- Eliminar palabras adicionales para aclarar el significado y hacer que la escritura sea más intensa
- Usar la repetición, el estribillo, el ritmo y otras técnicas poéticas
- Usar palabras para mostrar, y no contar

# Seleccionar propósito, género y forma *(cont.)*

## Escritura



### ESCRITURA POÉTICA *(Propósito: expresar emociones, imágenes sensoriales, ideas o cuentos)*

#### POESÍA *(continuación)*

▶ **Escribir el género** *(continuación)*

- Escribir diversos tipos de poemas de acuerdo con el propósito, el tema y el significado
- Escribir un texto poético en respuesta a otro poema, que refleje el mismo estilo, tema, atmósfera o voz
- Escribir un texto poético en respuesta a un texto en prosa, ya sea narrativo o informativo
- Elegir un título que comunique el significado de un poema
- Escribir un final potente para un poema

### ESCRITURA HÍBRIDA

#### TEXTO HÍBRIDO

▶ **Comprender el género**

- Comprender que un texto híbrido mezcla dos o más géneros
- Comprender que un texto híbrido fusiona dos géneros para comunicar información de diferentes maneras (a través de la prosa narrativa, el poema o una lista)
- Comprender que una escritora o un escritor usa más de un género para aumentar el interés o hacer que el texto cobre vida
- Comprender que los géneros del texto se deben integrar en un todo armónico que comunique el mensaje
- Usar el término *texto híbrido* para describir el género
- Comprender que una escritora o un escritor puede aprender a escribir textos híbridos a partir del estudio de textos ejemplares

▶ **Escribir el género**

- Experimentar la incrustación de géneros dentro de un texto
- Seleccionar diferentes géneros con un propósito claro en mente
- Escribir partes del texto en diferentes géneros de acuerdo con el propósito
- Integrar los géneros para crear un todo coherente
- Realizar una transición fluida de un tiempo verbal a otro
- Realizar una transición fluida de la escritura en una persona a la escritura en otra persona (de primera persona a tercera persona)
- Guiar a la lectora o al lector para que las transiciones entre los géneros sean accesibles

# Seleccionar objetivos Hábitos y conocimientos para observar, enseñar y apoyar

## Escritura

### ELABORACIÓN

#### ORGANIZACIÓN

**▶ Estructura del texto**

- Organizar la información para ajustarse al propósito (funcional, narrativo, informativo, persuasivo, poético)
- Decidir dónde ubicar características como fotografías con leyendas, recuadros, recuadros laterales y elementos gráficos en un texto
- Escribir textos narrativos ficcionales con personajes involucrados en una trama y sucesos ordenados temporalmente
- Escribir textos narrativos de ficción y no ficción ordenados cronológicamente
- Usar patrones estructurales subyacentes para presentar diferentes tipos de información en un texto de no ficción (descripción, secuencia temporal, pregunta y respuesta, causa y efecto, secuencia cronológica, comparar y contrastar, problema y solución, categorización)
- Variar patrones estructurales para añadir interés al texto

**▶ Comienzos, finales, títulos**

- Decidir si un texto es imparcial o persuasivo y usar la decisión para influir en la entrada y el desarrollo de ideas
- Comenzar con una entrada deliberada y atractiva que establezca el tono para el texto
- Empezar un texto narrativo por el comienzo, el medio o el final
- Usar diversos comienzos y finales para atraer a la lectora o al lector
- Captar el interés de los lectores al presentar un problema, un conflicto, una persona interesante o información sorprendente
- Conducir un texto a una resolución de problema y a una escena final satisfactoria
- Finalizar un texto informativo con una conclusión reflexiva y educativa
- Dar al texto un cierre o una conclusión lógica mediante un enunciado final o de resumen
- Seleccionar un título adecuado para un poema, un cuento o un libro informativo
- Generar varios títulos para el texto y seleccionar el más adecuado en función del contenido de un texto informativo o de su trama o caracterización

**▶ Presentación de ideas**

- Ordenar la escritura de maneras que sean características del propósito y el género
- Agrupar las ideas importantes para comunicar acerca de un tema (categorías)
- Mostrar claramente temas y subtemas e indicarlos con encabezados y subtítulos en la escritura expositiva
- Presentar informes organizados claramente con introducción, datos y detalles para ilustrar las ideas importantes, conclusiones lógicas y patrones estructurales subyacentes
- Presentar ideas seguidas de detalles y ejemplos de apoyo
- Usar el tiempo adecuadamente como herramienta de organización
- Apoyar ideas con datos, detalles, ejemplos y explicaciones de múltiples expertos
- Usar párrafos bien elaborados para organizar ideas
- Establecer una idea principal o dominante que provea una perspectiva sobre el tema
- Escribir argumentos para apoyar afirmaciones con razones claras y evidencias relevantes
- Generar tensión al ralentizar o acelerar las escenas
- Usar transiciones bien elaboradas para mantener el ritmo y la fluidez de la escritura
- Mostrar los pasos con suficientes detalles para que la lectora o el lector pueda seguir la secuencia
- Darle un cierre a un texto mediante un final o una oración que lo resuma
- Usar lenguaje para presagiar el final
- Escribir textos informativos para examinar un tema y transmitir ideas mediante la selección, la organización y el análisis de contenido relevante
- Usar elementos gráficos (diagramas, ilustraciones, fotos, tablas) para presentar información
- Usar vocabulario específico del tema o el contenido

#### DESARROLLO DE IDEAS

- Comprender la diferencia entre desarrollar un texto narrativo (o trama) y presentar información mediante el uso de descripción, causa y efecto, comparar y contrastar, problema y solución o categorización
- Presentar, desarrollar y concluir el tema o la historia
- Mantener la atención de la lectora o del lector con contenido claro y orientado
- Estructurar un texto narrativo y mantener la escritura para desarrollarlo de manera lógica
- Desarrollar una trama lógica mediante la creación de un problema del cuento y su impacto en los múltiples sucesos hasta su resolución
- Comprender cómo la información ayuda a la lectora o al lector a aprender sobre un tema
- Reunir y aprender información y luego escribirla en sus propias palabras
- Atraer a la lectora o al lector con ideas que muestran conocimientos sólidos del tema
- Organizar la información de manera lógica para que las ideas se construyan unas sobre otras
- Comunicar claramente los puntos principales que se pretende que la lectora o el lector comprenda
- Proveer detalles complementarios que sean precisos, relevantes, interesantes y gráficos

#### USO DEL LENGUAJE

- Comprender que la escritora o el escritor usa el lenguaje para comunicar significado
- Mostrar evidencia del uso del lenguaje en libros de cuentos y en libros informativos que se hayan leído en voz alta
- Aprender de otros escritores maneras de usar el lenguaje y construir textos (al leer libros y escuchar su lectura en voz alta) y aplicar esos conocimientos a los textos propios
- Seguir aprendiendo de otros escritores mediante la imitación de expresiones, frases y oraciones

# Seleccionar objetivos Hábitos y conocimientos para observar, enseñar y apoyar *(cont.)*

## Escritura

### ELABORACIÓN *(continuación)*

#### USO DEL LENGUAJE *(continuación)*

- Usar palabras o frases memorables
- Variar el vocabulario y el estilo según el público y el propósito
- Usar lenguaje para mostrar en lugar de contar
- Usar vocabulario para dar instrucciones
- Hallar y escribir lenguaje para explicar conceptos e ideas abstractos
- Usar lenguaje para expresar con claridad las ideas principales y los detalles de apoyo
- Usar ejemplos para aclarar significados
- Usar lenguaje particular típico de diferentes géneros
- Usar lenguaje para desarrollar argumentos y apoyarlos con evidencia
- Usar lenguaje para crear imágenes sensoriales
- Usar lenguaje figurado (símil, metáfora, personificación) para hacer comparaciones
- Experimentar con el uso del lenguaje para la sátira
- Usar diversas estructuras oracionales y longitudes de oraciones
- Usar detalles y lenguaje descriptivo sensorial concreto para desarrollar la trama (tensión y resolución del problema) y un escenario en memorias personales, biografía y ficción
- Usar lenguaje descriptivo y diálogos para presentar personajes/sujetos que aparecen en textos narrativos (memorias personales, biografía, ficción) y en la escritura informativa
- Usar recursos sonoros como la aliteración o la onomatopeya
- Usar lenguaje para mostrar las emociones de los personajes o suscitar emociones en los lectores
- Usar el diálogo y la acción para involucrar a los lectores en el cuento
- Seleccionar el punto de vista para contar un cuento
- Usar lenguaje para establecer un punto de vista
- Comprender las diferencias entre la primera y la tercera persona
- Escribir tanto en primera como en tercera persona y comprender las diferencias en el efecto para elegir de manera adecuada
- Escribir en segunda persona al dirigirse directamente a la lectora o al lector para informar o persuadir
- Ordenar oraciones simples y complejas para una fluidez y una transición oracional sencilla
- Variar la longitud de las oraciones para crear una emoción o una atmósfera y para comunicar significado
- Asumir riesgos en la gramática para lograr un efecto deseado
- Usar la repetición de una palabra, frase u oración para conseguir un determinado efecto
- Usar frases u oraciones que sean impactantes y memorables
- Usar diversas transiciones y conectores (palabras, frases, oraciones, párrafos)
- Usar palabras y frases para conectar opiniones y razonamientos
- Usar el lenguaje de manera eficiente durante la escritura (palabras decorativas, oraciones combinadas)

#### ELECCIÓN DE PALABRAS

- Aprender palabras nuevas al leer y probarlas en la escritura
- Usar vocabulario adecuado para el tema
- Elegir las mejores palabras que se ajusten al propósito y al mensaje de la escritora o del escritor
- Elegir palabras teniendo en cuenta al público
- Usar una gama de palabras descriptivas para realzar el significado
- Variar la elección de palabras para crear descripciones y diálogos interesantes
- Seleccionar palabras para crear mensajes memorables
- Usar sustantivos y verbos potentes
- Usar modificadores y estilo pintorescos según el público y el propósito
- Usar palabras que transmitan una atmósfera o efecto deliberados
- Mostrar la capacidad de variar el texto mediante la elección de palabras alternativas (*sugirió, replicó, juró, gemió, especuló, balbuceó*)
- Aprender y usar palabras de contenido típicas del lenguaje disciplinario (ciencia, historia, matemáticas, estudios sociales)
- Cuando sea necesario, usar lenguaje académico de manera adecuada para escribir acerca de temas en diversas disciplinas
- Usar conectores sofisticados que se emplean generalmente en textos escritos y algunos conectores académicos que se emplean en las disciplinas académicas y que generalmente no aparecen en el lenguaje oral (*a través del cual, como se observa, con referencia a, con respecto a, considerando que, de igual modo, en consecuencia, en síntesis, en último lugar, por consiguiente, por el contrario, por ende, por último*)

#### VOZ

- Escribir acerca de experiencias personales con una voz
- Escribir de manera expresiva pero también reconocer cómo sonaría el lenguaje en un libro
- Escribir de manera que se hable directamente a la lectora o al lector
- Escribir textos que tengan energía
- Escribir de una manera que muestre esmero y compromiso con el tema
- Escribir con una voz y también comenzar a desarrollar una voz literaria
- Enunciar información de una manera única o inusual
- Emplear la autorreflexión para revelar la perspectiva única de la escritora o del escritor
- Escribir con una cadencia que demuestre el estilo individual de la escritora o del escritor
- Usar títulos y lenguaje atractivos
- Incluir detalles que aporten a la voz
- Usar el diálogo de manera selectiva para comunicar la voz
- Compartir reflexiones, emociones, conflictos internos y convicciones mediante el diálogo interno
- Usar puntuación para que el texto sea claro, efectivo e interesante para apoyar la voz
- Producir una escritura narrativa que sea atractiva y honesta y que revele la persona detrás de la escritura
- Producir una escritura expositiva que revele la postura de la escritora o del escritor hacia el tema
- Producir una escritura persuasiva que incluya argumentación con evidencia lógica para apoyar ideas y para refutar argumentos opuestos
- Leer la escritura en voz alta como ayuda para pensar críticamente en la voz

ESCRITURA

# **Seleccionar objetivos** Hábitos y conocimientos para observar, enseñar y apoyar *(cont.)*

## Escritura

### NORMAS

*Para obtener más información sobre usos gramaticales, mayúsculas, puntuación y ortografía, consulte el Apéndice: Gramática, uso y técnicas*

#### DISPOSICIÓN DEL TEXTO

- Indicar la importancia de la información mediante la disposición y las características de la letra impresa
- Usar la disposición de la letra impresa y las ilustraciones (dibujos, fotos, mapas, diagramas) para transmitir el significado en un texto de no ficción
- Indicar o apoyar la estructura del texto mediante la variedad en la disposición y las características de la letra impresa, incluidos los títulos, los encabezados y los subtítulos
- Incorporar las características del libro y la letra impresa (imágenes rotuladas, diagramas, tabla de contenidos, encabezados, subtítulos, recuadros laterales, números de página) a la escritura de no ficción
- Usar todo tipo de características de la letra impresa para comunicar un mensaje (espacio en blanco, disposición, bastardilla, negrita, tamaño y estilo de fuente, íconos, subrayado)
- Usar la sangría o los espacios para distinguir párrafos

#### GRAMÁTICA Y USO

**▸ Categorías gramaticales**

- Reconocer y usar las ocho categorías gramaticales de la lengua española de una manera aceptada y estandarizada
- Usar concordancia entre sujeto y verbo (*el astronauta es, los astronautas son*)
- Usar pronombres personales y posesivos de una manera aceptada y estandarizada (*yo, él, ella; mío, suyo, suya*)
- Usar pronombres indefinidos y relativos de manera correcta (*todos, ambos; que, quien, cuyo*)
- Usar verbos que a menudo se usan mal (*rallar/rayar, ratificar/rectificar*)

**▸ Tiempos verbales**

- Usar el mismo tiempo verbal para dos o más acciones que suceden al mismo tiempo (*vertí la leche en el platillo y llamé al gatito*)
- Usar tiempos verbales diferentes para mostrar dos o más acciones que suceden en momentos diferentes (*el gatito bebe la leche que vertí hace una hora*)
- Escribir oraciones en los tiempos verbales presente, pasado, futuro, pretérito perfecto y pretérito pluscuamperfecto cuando sea necesario para expresar significado

**▸ Estructura de las oraciones**

- Escribir oraciones completas (sujeto y predicado)
- Usar una variedad de tipos de oraciones (declarativas, interrogativas, imperativas, exclamativas)
- Usar estructuras oracionales y puntuación convencionales para oraciones simples, compuestas y complejas con cláusulas subordinadas
- Variar la estructura y la longitud de las oraciones en ocasiones por motivos de elaboración
- Colocar frases y cláusulas en oraciones
- Escribir oraciones en tiempo verbal pasado, presente, futuro, pretérito perfecto y pretérito pluscuamperfecto cuando se ajuste a los fines del significado y al propósito
- En ocasiones, variar la estructura y la longitud de las oraciones por motivos de elaboración, entre ellos la creación de significado mediante oraciones y a veces fragmentos de oraciones que se relacionan de maneras complejas
- Escribir diálogo en estructuras convencionales

**▸ Párrafos**

- Comprender y usar la estructura del párrafo (con sangría o en bloque) para organizar oraciones que se centren en una idea
- Crear transiciones entre los párrafos para mostrar la progresión de las ideas
- Comprender y usar párrafos para mostrar el cambio de hablante en los diálogos

#### USO DE MAYÚSCULAS

- Usar una mayúscula para la primera palabra de un título
- Usar una mayúscula para la primera palabra de una oración
- Escribir los nombres de personas, lugares, ciudades, estados y países con mayúscula de manera adecuada
- Usar las mayúsculas de manera correcta en los diálogos
- Usar mayúsculas con funciones específicas (énfasis, información clave, voz)
- Realizar un uso más complejo de las mayúsculas con una precisión progresiva, como en abreviaturas y con guiones en diálogo separado

#### PUNTUACIÓN

- Usar sistemáticamente puntos, signos de admiración y signos de interrogación de manera convencional
- Leer la escritura propia en voz alta y pensar dónde colocar la puntuación
- Comprender y usar puntos suspensivos para mostrar pausas o expectativa, generalmente antes de algo sorprendente
- Usar guiones de manera correcta para indicar una pausa más larga o para ralentizar la lectura y poner énfasis en información específica
- Usar comas, guiones y comillas o comillas angulares de manera correcta en la escritura y el diálogo continuos e interrumpidos o para incluir las palabras exactas de una cita directa (con referencia)
- Usar comas de manera correcta para separar una cláusula introductoria o elementos en una serie, o para introducir el nombre de una persona en un discurso directo
- Usar comas y paréntesis de manera correcta para separar información parentética
- Dividir palabras correctamente en la separación de las sílabas y al final de una línea mediante el uso de raya
- Usar dos puntos correctamente para introducir una lista de elementos o un enunciado, o una cita larga y formal
- Usar punto y coma correctamente para separar cláusulas independientes que se relacionan estrechamente por una idea pero que no están unidas por una conjunción

# Seleccionar objetivos Hábitos y conocimientos para observar, enseñar y apoyar *(cont.)*

## Escritura

### NORMAS *(continuación)*

#### PUNTUACIÓN *(continuación)*

- Usar corchetes correctamente para separar una idea o un tipo de información diferente
- Usar sangría para identificar párrafos
- Puntuar encabezados, recuadros laterales y títulos de manera apropiada
- Observar la función de la puntuación en la elaboración de la escritura
- Probar nuevas maneras de usar la puntuación
- Realizar elecciones de puntuación deliberadas para revelar el mensaje deseado
- Estudiar textos ejemplares para aprender la función de la puntuación para aportar voz a la escritura
- Usar la puntuación adecuada en referencias, notas al pie y notas finales

#### ORTOGRAFÍA

- Revisar la ortografía de un alto número de palabras de uso frecuente (1,000-3,000 aproximadamente), una amplia gama de plurales y palabras base con terminaciones flexivas y reflejar esa ortografía en los borradores finales
- Usar una gama de estrategias de ortografía para descomponer y deletrear polisílabos (partes de palabras, conexiones con palabras conocidas, relaciones complejas entre sonidos y grupos de letras)
- Usar herramientas de referencia para revisar la ortografía cuando se edita el borrador final (diccionarios, recursos digitales)
- Escribir plurales complejos de manera correcta (*lápiz, lápices; pez, peces*)
- Escribir todo tipo de plurales y palabras compuestas
- Usar acentos en las palabras de manera correcta, incluidas *palabras agudas, palabras graves, palabras esdrújulas* y *palabras sobresdrújulas*
- Tener en cuenta la ortografía de sufijos comunes (*-able, -mente, -oso*)
- Usar homófonos difíciles de manera correcta (*casa/caza; hecho/echo; tubo/tuvo*)
- Usar el origen de las palabras para ayudar a la ortografía y para ampliar el vocabulario de la escritura
- Comprender que muchas palabras del español provienen de otros idiomas y tienen raíces griegas o latinas
- Observar ortografías alternativas de palabras que provienen de otras culturas
- Observar cómo ha cambiado la ortografía de algunas palabras a lo largo del tiempo
- Verificar la propia ortografía mediante la observación de cuándo una palabra no "se ve bien" y debería revisarse

#### ESCRIBIR A MANO Y EN COMPUTADORA

- Escribir de manera fluida y legible en letra cursiva a mano con el espaciado adecuado
- Usar el teclado con destreza eficiente para crear borradores, revisar, editar y publicar
- Usar un procesador de texto para escribir ideas, revisar, editar y publicar
- Usar el procesamiento de textos con el conocimiento de cómo producir y variar el texto (disposición, tipografía, técnicas especiales) de acuerdo con el propósito, el público, etc.
- Mostrar conocimiento de la terminología informática y de edición de textos
- Crear entradas y artículos de sitio web con la disposición del texto, los gráficos y el acceso a la información adecuados a través de la búsqueda
- Realizar un uso amplio de destrezas informáticas en la presentación de un texto (texto, tablas, elementos gráficos, multimedia)

### PROCESO DE ESCRITURA

#### ENSAYAR Y PLANIFICAR

##### ▸ Propósito

- Escribir con un propósito principal y en ocasiones también con uno o más propósitos secundarios (informar; explicar o presentar datos acerca de un tema; enseñar; entretener; contar o relatar un cuento; expresar emociones, imágenes sensoriales, ideas o cuentos; persuadir; desempeñar una tarea práctica; reflexionar; planificar; mantener relaciones)
- Comprender cómo influye el propósito de la escritura en la selección del género
- Seleccionar el género de escritura a partir del propósito
- Indicar si una obra escrita es un texto funcional, narrativo, informativo o poético
- Tener objetivos claros y comprender cómo influirán en la escritura

##### ▸ Público

- Escribir teniendo en cuenta a los lectores o a un público específicos
- Comprender que el propósito de la escritora o del escritor y el conocimiento del público dan forma a la escritura
- Planificar y organizar información para el público al que se dirige el texto
- Comprender que el público se compone de todos los lectores y no solamente de la maestra o del maestro
- Considerar un público variado cuando se planifica un texto
- Identificar y escribir para un público que no se conoce personalmente

##### ▸ Lenguaje oral

- Generar y ampliar ideas por medio de la conversación con compañeros y con la maestra o el maestro
- Buscar ideas y temas en la experiencia personal y comentarlos
- Usar la conversación y la narración para generar y ensayar lenguaje que puede escribirse después
- Explorar preguntas relevantes al hablar sobre un tema
- Al ensayar el lenguaje para un texto informativo, usar vocabulario específico del tema
- Al ensayar el lenguaje para el texto narrativo, usar palabras de acción y de contenido adecuados para el cuento
- Experimentar con el lenguaje particular de un escenario (arcaísmos, sonidos de acentos en el lenguaje coloquial, palabras o estructuras lingüísticas diferentes al español)

ESCRITURA

# Seleccionar objetivos Hábitos y conocimientos para observar, enseñar y apoyar *(cont.)*

## Escritura

### PROCESO DE ESCRITURA *(continuación)*

#### ENSAYAR Y PLANIFICAR *(continuación)*

**▸ Reunir semillas/Recursos/Experimentar con la escritura**

- Usar el cuaderno del escritor o un cuadernillo como herramienta para reunir ideas, experimentar, planificar, hacer bosquejos o borradores
- Volver a leer un cuaderno del escritor para seleccionar temas (seleccionar pequeños momentos que se pueden desarrollar)
- Usar bosquejos, redes, listas y escritura libre para pensar, ensayar y planificar la escritura
- Reunir diversas entradas (mapa de personajes, línea cronológica, bosquejos, observaciones, escritura libre, borradores, listas) en un cuaderno del escritor
- Definir el tema, el enfoque, la organización y el público
- Definir un tema informativo para planificar la organización y el tratamiento del tema
- Probar títulos, diferentes encabezados y finales; desarrollar el escenario y los personajes en un cuaderno del escritor
- Usar cuadernos para planificar, reunir y ensayar para la publicación de escritos futuros
- Planificar un cuento involucrándose en él y adquiriendo la visión de los personajes de manera que el cuento pueda escribirse a medida que sucede
- Realizar un plan para un ensayo que presente una afirmación y contenga evidencias de apoyo
- Elegir herramientas útiles (sitios web, tablas, bosquejos, cuadros, diagramas, listas, bocetos, diagramas de flujo)
- Elegir un escenario y describirlo con detalles para suscitar una atmósfera o tono particular
- Reunir información relevante de diversos recursos impresos y digitales, mediante el uso de términos de búsqueda efectivos
- Evaluar la credibilidad de cada fuente mediante el uso de términos de búsqueda efectivos

**▸ Contenido, asunto, tema**

- Observar con atención sucesos, personas, escenarios y otros aspectos del mundo, para reunir información sobre un tema
- Seleccionar información que apoyará el tema
- Elegir temas que la escritora o el escritor conoce, que le interesan o sobre los que uno quiere aprender
- Elegir temas que sean interesantes para la escritora o el escritor
- Comentar un tema de una manera interesante
- Mantener la atención en el tema para producir un texto escrito bien organizado que sea lo suficientemente largo para explicar por completo los puntos (datos, argumentos) que la escritora o el escritor quiere destacar
- Obtener ideas de otros libros y escritores sobre cómo acercarse a un tema (organización, punto de vista, disposición)
- Comunicar la importancia de un tema a un público
- Mostrar al público (al enunciar o presentar información importante) los aspectos importantes del tema
- Usar textos (impresos o en línea) para obtener información acerca de un tema
- Seleccionar detalles que apoyarán un tema o un relato
- Seleccionar un título que se ajuste al contenido para publicar o completar un borrador final
- Desarrollar una idea principal clara en torno a la que se planificará un texto
- Usar las características de organización del texto electrónico (tablero de anuncios, bases de datos, búsquedas con palabras clave, direcciones de correo electrónico) para encontrar información
- Comprender una gama de géneros y formas y seleccionar entre ellos de acuerdo con el tema, el propósito y el público

**▸ Investigación/Exploración**

- Hacer observaciones científicas, usar notas y bosquejos para documentarlas y hablar con otros acerca de patrones, conexiones y descubrimientos
- Formular preguntas para explorar y localizar fuentes de información acerca de un tema, personajes o escenario
- Seleccionar e incluir solo la información que sea adecuada al tema y a la categoría
- Tomar y usar notas para registrar y organizar información
- Llevar a cabo una investigación para reunir información cuando se planifica un proyecto de escritura (entrevistas en vivo, Internet, objetos, artículos, libros)
- Crear categorías de información y organizarlas en secciones más amplias
- Determinar cuándo es necesaria la investigación para tratar un tema de no ficción de manera adecuada
- Buscar información adecuada de diversas fuentes (libros y otros materiales impresos, sitios web, entrevistas)
- Evaluar la validez y el punto de vista de las fuentes
- Extraer evidencia de textos literarios o informativos para apoyar el análisis, la reflexión y la investigación
- Documentar fuentes mientras se reúne información para que sea más fácil presentar referencias
- Comprender que una escritora o un escritor adquiere ideas de otros escritores pero que debería reconocer a los otros escritores y/o manifestar esas ideas con sus propias palabras
- Comprender el concepto de plagio y evitarlo citando las fuentes de citas e información usadas
- Comprender que una escritora o un escritor puede citar a otra escritora, escritor o hablante con las palabras exactas mediante comillas o comillas angulares y hacer referencia a la fuente con precisión
- Comprender que en un informe de investigación una escritora o un escritor documenta la información con referencias para las fuentes y que hay formas predeterminadas para preparar listas de referencias, bibliografías, notas al pie y notas finales

**▸ Género/Formas**

- Seleccionar el género para la escritura según el propósito: carta formal, texto de instrucciones; ficción realista, ficción histórica, literatura tradicional (cuento popular, cuento exagerado, cuento de hadas, fábula, mito, leyenda, épica, balada) y fantasía (incluida la ciencia ficción); biografía, autobiografía, memorias personales; texto expositivo; texto persuasivo; poesía; texto híbrido

# Seleccionar objetivos Hábitos y conocimientos para observar, enseñar y apoyar *(cont.)*

## Escritura



### PROCESO DE ESCRITURA *(continuación)*

#### ENSAYAR Y PLANIFICAR *(continuación)*

▸ **Género/Formas** *(continuación)*

- Elegir una forma para la escritura: notas, fichas, tarjetas, cartas, invitaciones, correos electrónicos, listas, instrucciones con pasos (explicativos); libros álbum, libros álbum sin palabras, poemas, canciones, obras de teatro, cartas, cuentos, entradas de diario, poesía narrativa, poesía lírica, verso libre, baladas, épicas/sagas, bosquejos biográficos y autobiográficos, narraciones personales; ensayos, informes, artículos periodísticos y de fondo, ensayos fotográficos, discursos; editoriales, cartas al editor

#### HACER UN BORRADOR Y REVISAR

▸ **Comprender el proceso**

- Comprender la función de la escritora o del escritor, de la maestra o del maestro, o de los compañeros escritores en una conferencia
- Cambiar la escritura en respuesta a los comentarios de los compañeros, o de la maestra o del maestro
- Saber cómo usar una lista de revisión y edición
- Comprender que la revisión es un medio para que los mensajes escritos sean más sólidos y claros para los lectores
- Comprender que toda revisión se rige por las decisiones de la escritora o del escritor sobre lo que comunicará significado a la lectora o al lector
- Comprender que una escritora o un escritor vuelve a leer y revisa mientras bosqueja (proceso recursivo) y lo sigue haciendo una y otra vez con nuevos textos escritos
- Escribir borradores sucesivos para mostrar revisiones sustanciales
- Nombrar, comprender el propósito, probar y aprender técnicas de elaboración
- Usar como mentores a escritores en la revisión y revisar mientras se bosqueja (proceso recursivo)
- Emular la escritura de otros buenos escritores al examinar o pensar en textos ejemplares durante el proceso de hacer un borrador y revisar

▸ **Producir un borrador**

- Escribir un artículo bien organizado centrado en un tema central
- Usar dibujos para añadir información, explicar o hacer que la lectora o el lector comprenda y disfrute más
- Escribir un borrador o borrador exploratorio (escribir rápido y todo lo que se pueda sobre un tema)
- Comprender la relevancia de la entrada en un texto de ficción o no ficción
- Comenzar a desarrollar un estilo en el borrador (de un borrador lento, deliberado con una revisión constante, a la escritura rápida de ideas para su revisión posterior)
- Revisar la entrada para hallar el lenguaje más interesante y atractivo
- Darle un cierre al texto con un resumen efectivo, una idea que se aparte o un final satisfactorio
- En una narración, establecer un suceso inicial y seguir con una serie de sucesos
- Presentar las ideas en orden lógico a lo largo del texto
- Mantener la idea o el enfoque central a lo largo de los párrafos
- Producir una serie de párrafos coherentes que presenten información de manera lógica y que guíe a los lectores a través del texto de no ficción o cuento
- Mostrar los pasos o fases en orden cronológico cuando se incorpora una secuencia temporal o cronológica en un texto de no ficción
- Establecer una situación, trama o problema y un punto de vista en borradores de ficción
- Ofrecer perspectivas sobre el motivo por el que un incidente o suceso es memorable
- Cuando se escribe una biografía, memorias personales o cuento de ficción, establecer las decisiones importantes (tomadas por el personaje o sujeto principal) y los resultados de esas decisiones
- Establecer textos de múltiples párrafos y textos más largos cuando corresponda
- Generar múltiples títulos como ayuda para pensar acerca del enfoque del texto
- Seleccionar un título que se ajuste al contenido

▸ **Volver a leer**

- Volver a leer lo escrito para pensar en lo que se escribirá a continuación
- Volver a leer lo escrito para repensar e introducir cambios
- Volver a leer y revisar el borrador exploratorio o reescribir secciones para aclarar el significado
- Volver a leer el texto para asegurarse de que no falten palabras o información
- Identificar en la historia lenguaje que muestre el cambio en los personajes (o el aprendizaje de una lección en las memorias personales)
- Identificar el enunciado (y a veces reformulación) de la idea principal de un texto
- Identificar el momento clave y/o la parte más emocionante de un cuento
- Volver a leer lo escrito para revisar la claridad y el propósito
- Identificar lenguaje que no contribuya al propósito o mensaje central

▸ **Agregar información**

- Agregar ideas para dar información o mostrar pensamientos y emociones con globos de diálogo o comillas
- Agregar diálogo para dar información o narrar con guiones largos o globos de diálogo
- Agregar palabras descriptivas (adjetivos, adverbios) y frases para ayudar a los lectores a visualizar y comprender sucesos, acciones, procesos o temas
- Agregar palabras, frases u oraciones para que la escritura sea más interesante o emocionante para los lectores
- Agregar palabras, frases u oraciones para brindar más información a los lectores
- Agregar palabras, frases u oraciones para aclarar el significado a los lectores
- Luego de reflexionar y volver a leer, agregar fragmentos de texto sustanciales (párrafos, páginas) para explicar mejor, aclarar o apoyar argumentos

# Seleccionar objetivos Hábitos y conocimientos para observar, enseñar y apoyar *(cont.)*

## Escritura

### PROCESO DE ESCRITURA *(continuación)*

#### HACER UN BORRADOR Y REVISAR *(continuación)*

▸ **Agregar información** *(continuación)*

- Agregar detalles o ejemplos para hacer que el texto sea más claro o interesante
- Agregar palabras y frases de transición para aclarar el significado y hacer que la escritura sea más fluida
- Volver a leer y cambiar o agregar palabras para asegurarse de que el sentido sea claro
- Agregar palabras y detalles descriptivos para ampliar las imágenes literarias, realzar el significado y no solo para añadir información
- Agregar palabras, frases, oraciones y párrafos para aumentar el entusiasmo en un texto narrativo
- Agregar información en notas al pie o notas finales

▸ **Eliminar información**

- Eliminar texto para expresar mejor el significado y hacer que el texto sea más lógico
- Eliminar palabras, oraciones, párrafos o páginas que no tienen sentido o que agregan información o ideas innecesarias
- Identificar palabras, frases u oraciones redundantes y eliminarlas si no tienen un propósito o no realzan la voz
- Volver a leer y tachar palabras para asegurarse de que el sentido sea claro
- Eliminar información (detalles, descripciones y ejemplos innecesarios) que entorpece la escritura y oscurece el significado central

▸ **Cambiar el texto**

- Identificar las partes imprecisas y cambiar el lenguaje o el contenido para que sean más precisos
- Variar la elección de palabras para hacer que el texto sea más interesante
- Trabajar en las transiciones para lograr mayor fluidez
- Volver a dar forma a la escritura para reformular el texto en un género diferente (narración personal en un poema)
- Insertar géneros dentro del texto para crear un texto híbrido

▸ **Reorganizar la información**

- Volver a organizar y revisar el texto para expresar mejor el significado o hacer que el texto sea más lógico (volver a ordenar los dibujos, volver a ordenar las páginas, cortar y pegar)
- Reorganizar y revisar la escritura para expresar mejor el significado de la escritora o del escritor, o hacer que el texto sea más lógico
- Cambiar de lugar la información para incrementar el suspenso o hacer que la acción progrese
- Cambiar de lugar la información al principio o al final del texto para lograr un mayor impacto en la lectora o el lector
- Volver a ordenar las páginas o los párrafos disponiendo o volviendo a montarlos

▸ **Usar herramientas y técnicas**

- Agregar palabras, letras, frases u oraciones usando diversas técnicas (símbolo de intercalación, notas adhesivas, tiras de papel, elementos numerados en una hoja individual, procesamiento de textos)
- Usar un número para saber dónde agregar información y un papel adicional pegado con números para escribir la información que se inserta
- Eliminar palabras, frases u oraciones de un texto (tachar o usar procesadores de textos) para aclarar el significado
- Volver a ordenar la información de un texto para aclarar el significado al quitar, cortar y pegar, disponer las páginas, usar procesadores de texto
- Usar símbolos estándar para la revisión y la edición

#### EDITAR Y CORREGIR

▸ **Comprender el proceso**

- Comprender que una escritora o un escritor usa lo que sabe para escribir bien las palabras
- Saber cómo usar una lista de revisión y edición
- Comprender que una escritora o un escritor (luego de usar lo que se sabe) puede pedirle a otra persona que haga una edición final
- Comprender las limitaciones de la revisión ortográfica y gramatical en la computadora
- Comprender cómo usar herramientas para autoevaluar la escritura y ayudar a la escritora o al escritor en la corrección de textos
- Saber la función de un editor y responder a las sugerencias sin una actitud defensiva

▸ **Editar según las normas**

- Revisar y corregir la formación de letras
- Editar la ortografía de palabras conocidas escritas según las normas
- Editar para corregir errores de ortografía encerrando en un círculo o subrayando las palabras que parecen tener errores y escribirlas de nuevo
- Comprender que la maestra o el maestro será el editor final de ortografía para el texto publicado luego de que la estudiante o el estudiante haya usado todo lo que conoce
- Editar el uso de mayúsculas y de la puntuación
- Editar la gramática y el sentido de las oraciones
- Editar la pertinencia de las palabras y el significado preciso
- Editar la coherencia (ritmo, modulación, calidad atractiva) de las oraciones
- Determinar cuándo deberían comenzar los párrafos nuevos
- Revisar y corregir el espaciado y la disposición con destreza para comunicar el significado
- Integrar las citas y las referencias en el texto escrito de manera que se mantenga la coherencia y la fluidez de la escritura
- Preparar un borrador final con una autoedición y presentarlo (a la maestra o al maestro antes de publicar)

▸ **Usar herramientas**

- Usar herramientas de referencia para revisar la ortografía y el significado
- Usar un diccionario de sinónimos para buscar palabras más interesantes
- Revisar la ortografía, aceptando o rechazando los cambios cuando sea necesario
- Revisar la gramática, aceptando o rechazando los cambios cuando sea necesario
- Hacer correcciones en respuesta a marcas de edición hechas por la maestra o el maestro o por otros escritores

# Seleccionar objetivos Hábitos y conocimientos para observar, enseñar y apoyar *(cont.)*



## Escritura

### PROCESO DE ESCRITURA *(continuación)*

#### PUBLICAR

- Producir textos para explicar, rotular o acompañar los dibujos
- Crear ilustraciones y escritura que funcionen en conjunto para expresar el significado
- Crear ilustraciones u otros elementos artísticos para textos que estén en su versión final
- Compartir un texto con los compañeros leyéndolo en voz alta a la clase
- Reunir varios cuentos o poemas
- Seleccionar un poema, un cuento o un libro informativo para publicar de diversas formas adecuadas (escrito/impreso, enmarcado o dibujado o exhibido de diferente manera)
- Agregar una cubierta de doble página con el título e información sobre la autora o el autor
- Considerando un público de antemano, agregar características del libro y la letra impresa durante el proceso de publicación (ilustraciones y otros elementos gráficos, cubierta de doble página, título, dedicatoria, tabla de contenidos, texto sobre la autora o el autor, encabezados, subtítulos)
- Trabajar en la disposición del texto en la publicación final
- Comprender que la publicación es compartir un texto escrito teniendo en cuenta un propósito y un público
- Comprender la importancia de citar fuentes de información y normas para citar
- Agregar bibliografía de las fuentes cuando sea necesario
- Agregar un sumario o resumen breve cuando sea necesario

#### DIBUJAR

- Comprender que cuando hay texto y dibujos en una página, se apoyan mutuamente y se amplían entre sí
- Usar bosquejos o dibujos para representar personas, lugares y cosas y también para comunicar una atmósfera e ideas abstractas de manera adecuada al género y la forma
- Crear dibujos que estén relacionados con el texto escrito y que hagan que la lectora o el lector comprenda y disfrute más
- Usar bosquejos para ayudar a recordar y planificar
- Usar bosquejos para capturar detalles que sean importantes para un tema
- Presentar información importante en las ilustraciones
- Agregar detalles a los dibujos para añadir información o generar interés
- Crear dibujos que requieran especial atención al color o al detalle
- Comprender la diferencia entre hacer dibujos y bosquejos, y usarlos para apoyar el proceso de escritura
- Usar bosquejos para crear representaciones rápidas de imágenes, generalmente un esquema en lápiz o bolígrafo
- Usar bosquejos para crear dibujos en textos publicados
- Usar diagramas u otros elementos gráficos para complementar el proceso y/o agregar significado
- Bosquejar y dibujar con un sentido de tamaño y perspectiva relativos
- Usar los términos *bosquejar* y *dibujar* para referirse a estos procesos y formas

#### VERSE A SÍ MISMOS COMO ESCRITORES

- Tener temas e ideas para la escritura en una lista o cuaderno
- Seleccionar ejemplos de escritura ejemplar en todas las tentativas de género
- Autoevaluar la propia escritura y comentar los aspectos positivos y las técnicas que se usaron
- Autoevaluar textos escritos en función de lo que se sabe acerca del género
- Ser una escritora productiva o un escritor productivo, al escribir una cantidad específica en un tiempo designado (promedio de un texto cada semana)
- Escribir de manera rutinaria durante lapsos extensos o lapsos más cortos en una gama de tareas, propósitos y públicos específicos de una disciplina
- Escribir por iniciativa e inversión propias
- Prestar atención a los detalles de las ilustraciones y la manera en que mejoran un texto para ensayarlos
- Arriesgarse como escritora o escritor
- Escribir diversos géneros a lo largo del año
- Intentar escribir en géneros nuevos y poco conocidos (sátira/parodia)
- Comprender la escritura como vehículo para comunicar algo que la escritora o el escritor piensa
- Debatir con los demás lo que se está trabajando como escritora o escritor
- Solicitar observaciones sobre la escritura
- Estar dispuesta o dispuesto a trabajar en la elaboración de la escritura incorporando nuevas enseñanzas
- Comparar lo que se escribió previamente con un texto revisado, y observar y comentar las diferencias
- Decir qué se aprendió de cada texto escrito
- Formular objetivos y planificar para mejorar la escritura
- Escribir con fluidez y naturalidad
- Nombrar las cualidades o técnicas de la buena escritura y trabajar para adquirirlas
- Mostrar interés y trabajar en la elaboración de una buena escritura y aplicar lo que se ha aprendido acerca de la elaboración en cada texto
- Ofrecer ayuda de edición y revisión a los compañeros
- Comprender que toda revisión se rige por la toma de decisiones de la escritora o del escritor sobre lo que comunicará significado a la lectora o al lector
- Marcar la parte más importante de la escritura propia o de otros

# Comunicación oral y visual

# Continuo de comunicación visual y oral

El continuo de comunicación visual y oral en ambientes en los que todos los estudiantes tienen al español como lengua dominante es paralelo y equivalente a su contraparte en inglés. Para modelos de enseñanza en los que puede haber grados variables de competencia en inglés/español, la maestra o el maestro tendrá que hacer algunos ajustes, como decidir cuándo usar la lengua nativa en lugar de la segunda lengua.

El lenguaje es la herramienta más poderosa con la que cuentan los estudiantes. En todos los contextos de enseñanza que forman parte de un currículo integral de lenguaje y lectura, el aprendizaje está mediado por el lenguaje oral. Se encontrarán numerosas referencias sobre él en todos los continuos que se presentan en este libro. Los estudiantes revelan su razonamiento acerca de los textos a través de la discusión con otras personas. La manera en la que hablan es un preludio de su escritura. Aprenden cómo funcionan las palabras al escucharlas, hablar acerca de ellas y trabajar con ellas. Al escuchar la lectura en voz alta de los textos, aprenden el lenguaje que usarán para hablar o escribir. También lo aprenden al usarlo para una variedad de propósitos y públicos. Por lo tanto, de alguna manera, la comunicación oral no solo es una parte integral de todos los componentes del currículo, sino también un pilar de la comunicación futura. Representa el pensamiento de los estudiantes. Debemos desarrollar intencionalmente el tipo de destrezas de lenguaje oral que los estudiantes necesitan para su futuro.

Hemos creado este continuo para centrarnos en el área más amplia de la *comunicación* más allá de la palabra impresa. No podemos saber con exactitud los tipos de destrezas de comunicación que serán importantes en 2025 y más adelante, pero podemos dotar a nuestros estudiantes de las competencias fundamentales tanto auditivas como del habla, de la lectura, de la escritura y de la tecnología que les permitirán aprovechar nuevas oportunidades de comunicación. En este continuo, examinamos objetivos esenciales del currículo en dos áreas: escuchar y hablar, y presentación.

El dominio del lenguaje es importante para el futuro de todos los estudiantes. Al mismo tiempo, entendemos que *el uso del lenguaje es parte central de su cultura*. En efecto, la manera en que los estudiantes aprenden a usar el lenguaje con su familia será importante a lo largo de su vida. Como maestros, tenemos la responsabilidad de respetar el lenguaje que usan en el hogar (y las costumbres que lo rodean) y animar a los estudiantes a conservarlo. La escuela debería ser una *expansión* del repertorio del lenguaje de los estudiantes, no una *corrección*. Al usar este continuo, tenga presente lo que sabe sobre los grupos lingüísticos y las culturas de las que provienen sus estudiantes. En algunas culturas, por ejemplo, no se considera recomendable que los niños pequeños hablen mucho en presencia de los adultos. En otros casos, se puede considerar descortés mirar en forma directa al adulto que está hablando. Quizás los estudiantes hayan aprendido diferentes maneras de contar historias o de responder preguntas. Algunos estudiantes quizás se sientan más cómodos dibujando que respondiendo verbalmente. Algunas de las expectativas mencionadas aquí quizás no sean adecuadas para algunos de sus estudiantes. Si es así, simplemente ignórelas. Su objetivo principal es crear una comunidad en la que los estudiantes se sientan cómodos y respetados e invitarlos a expresar su opinión de diversas maneras.

## Escuchar y hablar

Los estudiantes aprenden escuchando y respondiendo a otros. La interacción es clave para lograr una comprensión más profunda de los textos. Los estudiantes necesitan las destrezas interactivas que hacen posible el diálogo, la colaboración y la resolución de problemas; también necesitan desarrollar la capacidad de mantener una discusión de contenido académico de un modo más profundo y extenso. Esta área incluye:

- ***Escuchar y comprender.*** Los estudiantes pasan una buena parte de su etapa escolar escuchando explicaciones e instrucciones. Aprenden escuchando de manera activa, por lo que es importante que desarrollen el hábito de escuchar con atención y recordar detalles. También es importante que escuchen de manera activa los textos leídos en voz alta. Al escuchar las lecturas interactivas en voz alta diariamente, los estudiantes tienen la oportunidad de aprender los patrones sintácticos del lenguaje escrito, aprender cómo funcionan los textos y ampliar su vocabulario y conocimientos de los contenidos. Encontrará información específica relacionada con el desarrollo del vocabulario en el continuo dedicado a la fonética, la ortografía y el estudio de palabras (consulte Significado de las palabras/Vocabulario).
- ***Interacción social.*** La interacción social es fundamental para el éxito en el trabajo y para una vida personal feliz. A través de la conversación, las personas desarrollan vínculos entre sí, colaboran y logran cosas. En la escuela primaria y secundaria, los estudiantes desarrollan su capacidad de interactuar con otras personas de manera positiva y constructiva. Aprenden las normas sociales que hacen que la conversación productiva funcione, y aprenden a trabajar dentro de una comunidad.
- ***Discusión extendida.*** En las áreas de contenido, la interacción social se extiende al análisis de ideas importantes y cuestiones sociales. La discusión es esencial para el aprendizaje en todas las áreas, pero es crucial para el desarrollo de la comprensión de la lectura. Mediante la discusión extendida, los estudiantes amplían su comprensión de los textos que han leído o han escuchado en la lectura en voz alta. Desarrollan la capacidad de recordar los detalles necesarios de los textos y pensar más allá y acerca de ellos. La discusión extendida requiere conocimientos y destreza. Los estudiantes deben poder mantener el hilo de la conversación y escuchar y responder a otras personas. Deben aprender normas tales como turnarse en la discusión o desarrollar las ideas de los demás. Incluso los niños pequeños pueden comenzar a aprender cómo mantener una conversación sobre un texto, y esta capacidad se desarrolla con los años.
- ***Contenido.*** El tema sobre el que hablan los estudiantes también es importante. Sus ideas deben tener peso, y la mejor manera de desarrollarlas es el análisis a través de la interpelación colaborativa. Al hablar con otras personas, desarrollan conceptos e ideas mientras aprenden. Deben ser capaces de explicar y describir su razonamiento, hacer predicciones e inferencias y apoyar lo que dicen con evidencia personal o de los textos. Mediante las discusiones diarias a lo largo de los años, aprenden el arte del debate.
- ***Conciencia cultural.*** En la actualidad, tenemos en nuestros salones de clase estudiantes que provienen de todas partes del mundo. Cualesquiera sean sus objetivos, no podrán lograrse a menos que los estudiantes sean bien recibidos y se sientan cómodos. Al trabajar con este continuo, sea consciente de las áreas que puedan entrar en conflicto con la cultura del hogar de sus estudiantes. Cuanta más información obtenga sobre la cultura del hogar y el vecindario, más efectiva será la creación de una comunidad en el salón de clase en la que se valoren los aportes de todos los estudiantes. Sea selectivo en cuanto a los objetivos que quiera lograr y en la manera en que trabaja para lograrlos. Algunos estudiantes, por ejemplo, quizás

necesiten un período de silencio y observación más largo antes de participar; otros quizás deban "ensayar" sus comentarios o escuchar muchos modelos antes de participar. Es aconsejable que acepte diversas pronunciaciones y sintaxis. Una buena manera de hacerlo es a través de una invitación cordial y amistosa.

Desarrollar la capacidad para escuchar, para la interacción social, la discusión extendida y el contenido ayudará a los estudiantes a usar el lenguaje como herramienta para aprender a lo largo de todo el currículo.

## Presentación

La capacidad de hablar de manera eficaz ante un grupo, grande o pequeño, es una gran ventaja. Muchos estudiantes tienen miedo de hacerlo; en gran medida, debido a la falta de experiencia o incluso a una mala experiencia. Nosotros consideramos la presentación ante un público como una destreza básica que se debe desarrollar con los años. Incluso los niños pequeños pueden hablar delante de la clase de su propia vida o su escritura; hasta pueden preparar ilustraciones como ayuda. A medida que los estudiantes avanzan hacia los grados superiores de la escuela primaria, acumulan muchas herramientas tecnológicas que les permiten combinar medios de comunicación. Describimos un continuo de aprendizaje en seis áreas relacionadas con la presentación: voz, normas, organización, elección de palabras, ideas y contenido, y medios de comunicación.

- *Voz.* Aquí la palabra *voz* se refiere al estilo personal de la oradora o del orador. Todos hemos visto a oradores talentosos que cautivan a su público. Si bien no esperamos que todos los estudiantes se conviertan en oradores, sí esperamos que cada individuo pueda desarrollar maneras de hablar que capturen el interés y la atención de los oyentes. Los oradores aprenden cómo comenzar de una manera que cautive al público y a usar la modulación de la voz y los gestos de maneras interesantes.
- *Normas.* Hay ciertas normas que son básicas para hacer presentaciones eficaces. Por ejemplo, la oradora o el orador debe pronunciar las palabras de manera clara y hablar a un volumen apropiado y a un ritmo que sea efectivo: ni demasiado lento ni demasiado rápido. Mirar directamente al público y establecer contacto visual también es útil. Con práctica, estas normas se pueden volver automáticas, lo que permite a la oradora o al orador concentrarse en las ideas que expresa.
- *Organización.* Una presentación eficaz está bien planificada y organizada. La oradora o el orador puede organizar la información de varias maneras; por ejemplo, por problema y solución o por causa y efecto. Las presentaciones eficaces son concisas y claras, no poco concretas o desordenadas. Al planificar la estructura organizativa de una presentación, la oradora o el orador debe tener en cuenta al público.
- *Elección de palabras.* Los oradores eficaces eligen sus palabras cuidadosamente, tanto para generar un impacto en el público como para comunicar el sentido de su mensaje con claridad. A menudo, los oradores tienen que usar palabras específicas relacionadas con el área de contenido que están tratando, y es probable que tengan que definir estas palabras para el público. También pueden usar un lenguaje más literario para aumentar el interés de quienes escuchan. Los oradores eligen las palabras teniendo en cuenta al público. Es posible que haga falta un lenguaje más formal en una presentación profesional que en una conversación cotidiana o una discusión.
- *Ideas y contenido.* La esencia de una presentación es importante. Si las ideas y el contenido no tienen peso, la técnica se desperdicia. Los oradores eficaces demuestran su comprensión mediante la información que eligen presentar. Saben

cómo establecer un argumento, usar estrategias de persuasión, dar ejemplos y citar evidencia relevante.

- ***Medios de comunicación.*** Es posible que el uso de los medios de comunicación resulte excesivo, pero en general, la inclusión de elementos visuales mejora las presentaciones. Para los niños pequeños, esos elementos visuales pueden ser fotografías, dibujos o carteles, aunque esto está cambiando rápidamente. A medida que sus presentaciones se vuelven más sofisticadas, los estudiantes pueden hacer uso de una amplia variedad de recursos electrónicos para crear presentaciones multimedia. Es posible que los oradores deban pensar en nuevas formas de presentaciones. Por ejemplo, la creación de un sitio web no lineal interactivo que los miembros del público puedan explorar individualmente. La tecnología actual ofrece a los presentadores diferentes maneras de compartir sus conocimientos sobre un tema.

## Comunicación

El territorio de la comunicación es multifacético e incluye una gama amplia de competencias. El lenguaje es al mismo tiempo la herramienta de aprendizaje más importante y el vehículo para presentarse al mundo. Este forma las relaciones emocionales fundamentales que definen la vida de las personas, les abre el camino al éxito en la escuela y en sus profesiones, y les permite presentarse a los demás y desarrollar relaciones sociales. Como los estudiantes pasan mucho tiempo en la escuela, la experiencia que brindamos tiene una influencia importante en el desarrollo de las destrezas del lenguaje oral. El salón de clase puede ofrecer oportunidades para usarlo al máximo, y hablar con los demás sobre los textos, expresar sentimientos y opiniones, participar en investigaciones y presentar los resultados a sus compañeros. Si bien no todos los estudiantes mostrarán dinamismo en la presentación oral, todos pueden aprender a expresar sus ideas de forma convincente a partir de la lectura y la investigación. Considere al lenguaje oral como un continuo largo desde los primeros años de escolaridad hasta el momento en el que los estudiantes deban demostrar sus conocimientos en público (sus compañeros son su primer público). El lenguaje es la manera que tenemos de negociar nuestro mundo. Si bien este se desarrolla principalmente en el hogar, la escuela tiene una función vital en el uso del lenguaje como herramienta que permite aprender y ampliarlo en vista a una comunicación más extensa.

## Usar el continuo de comunicación oral y visual

El continuo de comunicación oral y visual presenta hábitos y conocimientos para observar, enseñar y apoyar en dos áreas principales: (1) Escuchar y hablar, y (2) Presentación. Al igual que el continuo de escritura, no se presentan textos porque son los estudiantes quienes los producen (orales, escritos y visuales). Use este continuo en conexión con el continuo de escritura; con frecuencia, los estudiantes tendrán que hacer esquemas o tomar notas para las presentaciones, y a veces las escribirán como discursos. Pero la mayoría de las veces, la comunicación oral y escrita es un proceso muy creativo que incluye muchas maneras de presentar ideas a los demás. Los objetivos que se detallan aquí pueden servirle para observar las interacciones de los estudiantes y tomar decisiones acerca de cómo ayudarlos a ser más efectivos en sus interacciones en grupos pequeños y grandes. La confianza de los estudiantes en sí mismos y su capacidad verbal se desarrollarán si se les brindan oportunidades diarias de presentar sus ideas a los demás en un ambiente cómodo y alentador.

# Seleccionar objetivos Hábitos y conocimientos para observar, enseñar y apoyar

## Comunicación oral y visual

### ESCUCHAR Y HABLAR

#### ▸ Escuchar y comprender

- Escuchar con atención activa textos leídos en voz alta
- Escuchar con atención y comprensión instrucciones simples y claras
- Recordar y seguir instrucciones simples con uno o dos pasos
- Hacer preguntas cuando las instrucciones no se entienden claramente
- Mirar a la oradora o al orador cuando nos habla
- Escuchar de manera activa a los demás cuando leen o hablan
- Comparar conocimientos y experiencias personales con lo que se oye
- Escuchar con atención y comprensión la lectura oral de cuentos, poemas, canciones y textos informativos
- Hacer preguntas sobre cuentos, poemas, canciones y textos informativos leídos en voz alta

#### ▸ Interacciones sociales

- Hablar a un volumen adecuado
- Ajustar el volumen del habla según el contexto
- Usar términos amables como *por favor* y *gracias*
- Participar en la conversación durante la representación
- Intervenir en la conversación de la manera adecuada
- Evitar interrumpir a los demás
- Mantener una conversación con otras personas (maestros, familiares, compañeros)
- Turnarse para hablar con los demás
- Participar en contextos de diálogo teatral o de interpretación de roles

#### ▸ Discusión extendida

- Comprender y usar palabras relacionadas con experiencias y temas cotidianos
- Seguir un tema y contribuir en su discusión
- Escuchar y responder a los comentarios de los demás
- Formular preguntas claras para obtener información
- Participar de manera activa en el intercambio de la conversación
- Usar vocabulario específico (*libro, página, título, cubierta, autora o autor, ilustradora o ilustrador*) en conversaciones sobre libros
- Reconocer y aprender palabras nuevas relacionadas con los temas de investigación en el salón de clase
- Representar cuentos con o sin objetos de utilería
- Participar en representaciones teatrales

#### ▸ Contenido

- Describir las personas y los lugares de un cuento
- Compartir conocimientos sobre la estructura del cuento relatando lo que sucedió
- Predecir sucesos futuros en un cuento y explicar por qué
- Comenzar a verbalizar las razones de los problemas, los sucesos y las acciones de los cuentos
- Comenzar a comprender el concepto de causa y efecto
- Comentar lo que ya se sabe sobre un tema
- Informar sobre lo que se conoce o se aprende en un texto informativo
- Hablar acerca de las semejanzas o las diferencias entre personas, lugares y sucesos
- Expresar opiniones y explicar el porqué (*porque . . .*)
- Reconocer que los demás tienen sentimientos diferentes de los propios
- Hacer preguntas demostrando curiosidad
- Participar en canciones, rimas y coros

### PRESENTACIÓN

#### ▸ Voz

- Hablar acerca de un tema con entusiasmo
- Contar cuentos de una manera interesante
- Hablar con confianza

#### ▸ Normas

- Hablar a un volumen adecuado para ser oído, pero no muy fuerte
- Mirar al público (o a otra persona) mientras se habla
- Hablar a un ritmo adecuado para ser comprendido

#### ▸ Organización

- Contar experiencias personales en una secuencia comprensible
- Presentar información o ideas de una manera comprensible

#### ▸ Elección de palabras

- Comprender y usar palabras relacionadas con experiencias y temas cotidianos
- Usar lenguaje de los cuentos cuando se los relata
- Usar palabras descriptivas

#### ▸ Ideas y contenido

- Contar cuentos a partir de la experiencia personal
- Relatar cuentos a partir de textos
- Recitar canciones y poemas cortos

# Seleccionar objetivos Hábitos y conocimientos para observar, enseñar y apoyar

## Comunicación oral y visual



### ESCUCHAR Y HABLAR

#### ▸ Escuchar y comprender

- Escuchar con atención activa textos leídos en voz alta
- Escuchar con atención y comprensión instrucciones
- Recordar y seguir instrucciones simples con dos o tres pasos
- Hacer preguntas cuando las instrucciones no se entienden claramente
- Mirar a la oradora o al orador cuando nos habla
- Escuchar de manera activa cómo leen o hablan los demás acerca de lo que escriben, y hacerles comentarios
- Comparar conocimientos y experiencias personales con lo que se oye
- Escuchar y hablar con una compañera o un compañero acerca de una idea y establecer una conexión con la idea de la compañera o del compañero
- Escuchar con atención y comprensión la lectura oral de cuentos, poemas, canciones y textos informativos
- Hacer preguntas sobre cuentos, poemas, canciones y textos informativos leídos en voz alta
- Hacer preguntas para aclarar palabras desconocidas mientras se escucha de manera activa

#### ▸ Interacciones sociales

- Hablar a un volumen adecuado
- Ajustar el volumen del habla según el contexto
- Usar normas de amabilidad en la conversación (*por favor, gracias, buenos días*)
- Participar en la conversación durante la representación
- Intervenir en la conversación de la manera adecuada
- Evitar interrumpir a los demás
- Mantener una conversación con otras personas (maestros, familiares, compañeros)
- Turnarse para hablar
- Participar en contextos de diálogo teatral o de interpretación de roles

#### ▸ Discusión extendida

- Comprender y usar palabras relacionadas con experiencias y temas cotidianos
- Seguir un tema y contribuir en su discusión
- Escuchar y responder a los comentarios de los demás
- Formular preguntas claras para obtener información
- Participar de manera activa en el intercambio de la conversación
- Usar vocabulario específico (*título, autora o autor*) en conversaciones sobre libros
- Reconocer y aprender palabras nuevas relacionadas con los temas de investigación en el salón de clase
- Representar cuentos con o sin objetos de utilería
- Participar en representaciones teatrales
- Participar de manera activa en rutinas de conversación (conversar en parejas, tríos)

#### ▸ Contenido

- Explicar y describir las personas, los sucesos, los lugares y las cosas de un cuento
- Compartir conocimientos sobre la estructura del cuento relatando qué sucedió, principalmente en orden
- Predecir sucesos futuros en un cuento y explicar el porqué
- Comenzar a verbalizar las razones de los problemas, los sucesos y las acciones de los cuentos
- Discutir relaciones de causa y efecto
- Ofrecer soluciones y explicaciones para los problemas del cuento
- Discutir lo que ya se sabe sobre un tema
- Informar lo que se conoce o se aprende con un texto informativo
- Describir semejanzas y diferencias entre personas, lugares, sucesos y cosas
- Expresar opiniones y explicar el porqué (*porque . . .*)
- Expresar y reflexionar acerca de sus propios sentimientos y reconocer que los sentimientos de los demás pueden ser diferentes
- Hacer muchas preguntas demostrando curiosidad
- Iniciar y participar en canciones, rimas y coros
- Mostrar interés en el significado de las palabras

### PRESENTACIÓN

#### ▸ Voz

- Hablar acerca de un tema con entusiasmo
- Contar cuentos de una manera interesante
- Hablar con confianza

#### ▸ Normas

- Hablar a un volumen adecuado para ser oída u oído, pero no muy fuerte
- Mirar al público (o a otra persona) mientras se habla
- Hablar a un ritmo adecuado para ser comprendida o comprendido

#### ▸ Organización

- Tener un público en mente antes de comenzar a hablar
- Contar experiencias personales en una secuencia lógica
- Presentar información o ideas en una secuencia lógica
- Hablar acerca de un tema por vez, y permanecer en el tema
- Demostrar conocimientos sobre la estructura del cuento

#### ▸ Elección de palabras

- Comprender y usar palabras relacionadas con experiencias y temas cotidianos
- Usar lenguaje de los cuentos al relatarlos
- Usar palabras descriptivas

#### ▸ Ideas y contenido

- Contar cuentos a partir de la experiencia personal
- Relatar cuentos conocidos o cuentos a partir de textos
- Recitar poemas y canciones cortos
- Compartir conocimientos acerca de un tema cotidiano simple

#### ▸ Medios de comunicación

- Compartir ocasionalmente dibujos o instrumentos sobre un tema conocido
- Representar obras de teatro y de títeres que impliquen hablar como uno de los personajes

# Seleccionar objetivos Hábitos y conocimientos para observar, enseñar y apoyar

## Comunicación oral y visual

### ESCUCHAR Y HABLAR

#### ▸ Escuchar y comprender

- Escuchar con atención activa textos leídos en voz alta
- Escuchar con atención y comprensión instrucciones
- Recordar y seguir instrucciones con varios pasos
- Hacer preguntas cuando las instrucciones no se entienden claramente
- Mirar a la oradora o al orador cuando nos habla
- Escuchar de manera activa cómo leen o hablan los demás acerca de lo que escriben, y hacerles comentarios
- Comparar conocimientos y experiencias personales con lo que se oye
- Escuchar y hablar con una compañera o un compañero acerca de una idea y establecer una conexión con la idea de la compañera o del compañero
- Escuchar con atención y comprensión la lectura oral de cuentos, poemas y textos informativos
- Hacer y responder preguntas sobre cuentos, poemas, canciones y textos informativos leídos en voz alta
- Hacer preguntas para aclarar palabras desconocidas mientras se escucha de manera activa
- Ofrecer al menos una razón para estar de acuerdo con una idea u opinión

#### ▸ Interacciones sociales

- Hablar a un volumen adecuado
- Ajustar el volumen del habla según el contexto
- Usar normas de amabilidad en la conversación (*por favor, gracias, buenos días*)
- Participar en la conversación durante la representación
- Intervenir en la conversación de la manera adecuada
- Evitar interrumpir a los demás
- Mantener una conversación con otras personas (maestros, familiares, compañeros)
- Turnarse para hablar
- Participar en contextos de diálogo teatral o de interpretación de roles
- Demostrar hábitos de escucha respetuosos

#### ▸ Discusión extendida

- Comprender y usar palabras relacionadas con experiencias y temas cotidianos
- Seguir un tema y contribuir en la discusión con comentarios acerca del mismo tema
- Escuchar y responder a los comentarios de los demás
- Formular preguntas claras para obtener información
- Participar de manera activa en el intercambio de la conversación
- Usar vocabulario adecuado al nivel del grado en conversaciones acerca de libros
- Reconocer y aprender palabras nuevas relacionadas con temas de investigación en el salón de clase
- Representar cuentos con o sin objetos de utilería
- Participar de manera activa en rutinas de conversación (conversar con la compañera o el compañero)
- Escuchar y responder a una compañera o un compañero, decir si se está de acuerdo o no y explicar las razones

#### ▸ Contenido

- Explicar y describir las personas, los sucesos, los lugares y las cosas de un cuento
- Compartir conocimientos sobre la estructura del texto relatando lo que sucedió, principalmente en orden
- Predecir sucesos futuros en un cuento y explicar el porqué
- Recordar cuentos incluyendo sucesos, personajes y problemas
- Comenzar a verbalizar las razones de los problemas, los sucesos y las acciones de los cuentos
- Discutir relaciones de causa y efecto
- Expresar opiniones y explicar el razonamiento (*porque*...)
- Ofrecer soluciones y explicaciones para los problemas del cuento
- Usar conocimientos previos dados por la experiencia o la lectura para identificar información nueva
- Discutir lo que ya se sabe sobre un tema y cómo se sabe
- Informar lo que se conoce o se aprende con un texto informativo
- Describir semejanzas y diferencias entre personas, lugares, sucesos y cosas
- Expresar y reflexionar acerca de sus propios sentimientos y reconocer los sentimientos de los demás
- Hacer muchas preguntas demostrando curiosidad
- Iniciar y participar en canciones, rimas y coros
- Mostrar interés en el significado de las palabras

### PRESENTACIÓN

#### ▸ Voz

- Hablar acerca de un tema con entusiasmo
- Contar cuentos de una manera interesante
- Hablar con confianza

#### ▸ Normas

- Hablar a un volumen adecuado para ser oída u oído, pero no muy fuerte
- Mirar al público (o a otra persona) mientras se habla
- Hablar a un ritmo adecuado para ser comprendida o comprendido
- Responder a las preguntas que haga el público

#### ▸ Organización

- Tener en mente un tema, cuento o respuesta antes de comenzar a hablar
- Contar experiencias personales en una secuencia lógica
- Presentar ideas e información en una secuencia lógica
- Hablar acerca de un tema por vez, y permanecer en el tema
- Demostrar conocimientos sobre la estructura del cuento

#### ▸ Elección de palabras

- Comprender y usar palabras relacionadas con experiencias y temas cotidianos
- Usar el lenguaje de los cuentos al relatarlos
- Usar palabras descriptivas

#### ▸ Ideas y contenido

- Contar cuentos a partir de la experiencia personal
- Relatar cuentos conocidos o a partir de textos
- Recitar poemas y canciones cortos
- Hacer informes orales breves que demuestren la comprensión de un tema cotidiano simple

#### ▸ Medios de comunicación

- Usar objetos de utilería, imágenes o ilustraciones para extender el significado de una presentación
- Representar obras de teatro y de títeres que impliquen hablar como uno de los personajes

# Seleccionar objetivos Hábitos y conocimientos para observar, enseñar y apoyar

## Comunicación oral y visual



### ESCUCHAR Y HABLAR

#### ▸ Escuchar y comprender

- Escuchar con atención activa textos leídos en voz alta
- Escuchar, recordar y seguir instrucciones con varios pasos
- Hacer preguntas cuando las instrucciones no se entienden claramente
- Mirar a la oradora o al orador cuando nos habla
- Escuchar de manera activa cómo leen o hablan los demás acerca de lo que escriben, y hacerles comentarios
- Comparar conocimientos y experiencias personales con lo que se oye
- Escuchar y hablar con una compañera o un compañero acerca de una idea y establecer una conexión con la idea de la compañera o del compañero
- Escuchar con atención y comprensión la lectura oral de cuentos, poemas y textos informativos
- Escuchar con atención durante la enseñanza, y responder con oraciones y preguntas
- Hacer preguntas aclaratorias cuando se escuchan textos leídos en voz alta o presentaciones de los maestros y otros estudiantes
- Hacer preguntas para aclarar palabras desconocidas mientras se escucha de manera activa
- Recordar y mencionar ideas a partir de la lectura oral y presentaciones
- Ofrecer más de una razón para estar de acuerdo con una idea u opinión
- Comprender e interpretar información presentada a través de medios de comunicación audiovisuales

#### ▸ Interacciones sociales

- Hablar a un volumen adecuado
- Ajustar el volumen del habla según el contexto
- Usar normas de la conversación respetuosa
- Intervenir en la conversación de la manera adecuada
- Evitar interrumpir a los demás
- Mantener una conversación con diversos públicos
- Turnarse para hablar
- Demostrar hábitos de escucha respetuosos

#### ▸ Discusión extendida

- Seguir un tema y contribuir en la discusión con comentarios acerca del mismo tema
- Escuchar, responder y desarrollar las oraciones de los demás
- Hacer preguntas aclaratorias o para obtener información
- Participar de manera activa en el intercambio de la conversación
- Usar vocabulario adecuado al nivel del grado en conversaciones acerca de libros
- Reconocer y aprender palabras nuevas relacionadas con los temas de investigación en el salón de clase
- Participar de manera activa en rutinas de conversación (conversar con la compañera o el compañero)
- Hacer preguntas de seguimiento durante la discusión con la compañera o el compañero, en grupos pequeños y con toda la clase
- Relacionar o comparar los conocimientos y la experiencia propios con la información que suministran los demás
- Escuchar y responder a una compañera o un compañero, decir si se está de acuerdo o no, hacer contribuciones y explicar las razones

#### ▸ Contenido

- Explicar y describir las personas, los sucesos, los lugares y las cosas de un cuento
- Compartir conocimientos sobre la estructura del cuento describiendo el escenario, los personajes, los sucesos o los finales
- Predecir sucesos futuros de un cuento y explicar las razones
- Recordar cuentos incluyendo sucesos, personajes y problemas
- Verbalizar las razones de los problemas, los sucesos y las acciones de los cuentos
- Discutir relaciones de causa y efecto
- Expresar opiniones y apoyar con pruebas
- Ofrecer soluciones y explicaciones para los problemas del cuento
- Usar conocimientos previos dados por la experiencia o la lectura para identificar información nueva
- Discutir lo que ya se sabe sobre un tema y cómo se sabe
- Describir semejanzas y diferencias entre personas, lugares, sucesos y cosas
- Expresar y reflexionar acerca de sus propios sentimientos y reconocer los sentimientos de los demás
- Usar lenguaje para hablar acerca de los mensajes de los textos
- Mostrar interés en el significado de las palabras y trabajar de manera activa para aprenderlas y usarlas

### PRESENTACIÓN

#### ▸ Voz

- Hablar acerca de un tema con entusiasmo
- Contar cuentos y presentar información de una manera interesante
- Mostrar confianza durante la presentación
- Variar la voz para ponerle énfasis

#### ▸ Normas

- Hablar a un volumen adecuado para ser oída u oído al dirigirse a grupos grandes y pequeños
- Mirar al público (o a otra persona) mientras se habla
- Hablar a un ritmo adecuado para ser comprendida o comprendido
- Enunciar las palabras con la suficiente claridad para que sean comprendidas, con acentos regionales u otros acentos aceptables
- Enunciar las palabras de manera clara en español
- Responder a las preguntas que haga el público
- Pronunciar la mayoría de las palabras de una manera estándar (con variaciones basadas en el lenguaje o el dialecto regional que la niña o el niño hable en el hogar)
- Usar la entonación y el acento de las palabras para resaltar ideas importantes
- Variar el lenguaje según el propósito

#### ▸ Organización

- Tener en mente un tema, cuento o respuesta antes de comenzar a hablar
- Tener un público en mente antes de comenzar a hablar
- Mantener un enfoque claro sobre las ideas importantes o principales
- Presentar ideas e información en una secuencia lógica

# **Seleccionar objetivos** Hábitos y conocimientos para observar, enseñar y apoyar *(cont.)*

## Comunicación oral y visual

### PRESENTACIÓN *(continuación)*

▶ **Organización** *(continuación)*

- Hablar acerca de un tema por vez, y permanecer en el tema
- Demostrar conocimientos sobre la estructura del cuento
- Contar con una introducción y una conclusión claras
- Tener un plan o notas para apoyar la presentación

▶ **Elección de palabras**

- Comprender y usar palabras relacionadas con experiencias y temas cotidianos
- Usar el lenguaje de los cuentos y los textos informativos cuando se los relata o se hace un informe sobre ellos
- Usar palabras descriptivas que sean adecuadas para el nivel del grado
- Usar lenguaje adecuado para presentaciones orales

▶ **Ideas y contenido**

- Contar cuentos a partir de experiencias personales
- Relatar cuentos conocidos o cuentos a partir de textos
- Recitar poemas y canciones cortos
- Hacer informes orales breves que demuestren la comprensión de un tema
- Participar en juegos de roles de personajes o sucesos que aparezcan en los cuentos
- Demostrar la comprensión de un tema ofreciendo datos y detalles relevantes

▶ **Medios de comunicación**

- Usar objetos de utilería, ilustraciones, imágenes u otros medios de comunicación digitales para enriquecer una presentación
- Representar obras de teatro y de títeres que impliquen hablar como uno de los personajes
- Identificar y reconocer fuentes de información incluidas en las presentaciones

# Seleccionar objetivos Hábitos y conocimientos para observar, enseñar y apoyar

## Comunicación oral y visual

### ESCUCHAR Y HABLAR

#### ▸ Escuchar y comprender

- Escuchar con atención activa textos leídos en voz alta
- Escuchar, recordar y seguir instrucciones con varios pasos
- Escuchar de manera activa cómo leen o hablan los demás acerca de lo que escriben, y hacerles comentarios
- Comparar conocimientos y experiencias personales con lo que se oye
- Escuchar y hablar con una compañera o un compañero acerca de una idea y establecer una conexión con la idea de la compañera o del compañero
- Escuchar con atención y comprensión la lectura oral de cuentos, poemas y textos informativos
- Escuchar con atención durante la enseñanza, y responder con oraciones y preguntas
- Hacer preguntas aclaratorias cuando se escuchan textos leídos en voz alta o presentaciones de los maestros y otros estudiantes
- Hacer preguntas para aclarar palabras desconocidas mientras se escucha de manera activa
- Recordar y mencionar ideas a partir de la lectura oral y presentaciones
- Ofrecer más de una razón para estar de acuerdo con una idea u opinión
- Comprender e interpretar información presentada a través de medios de comunicación audiovisuales

#### ▸ Interacciones sociales

- Hablar a un volumen adecuado
- Ajustar el volumen del habla según el contexto
- Usar normas de la conversación respetuosa
- Intervenir en la conversación de la manera adecuada
- Evitar interrumpir a los demás
- Mantener una conversación con diversos públicos
- Demostrar hábitos de escucha respetuosos
- Turnarse con cortesía en la discusión en grupos pequeños
- Usar normas adecuadas para la discusión en grupos pequeños (*"Estoy de acuerdo con ______ porque..."; "Quisiera cambiar de tema..."*)

#### ▸ Discusión extendida

- Seguir un tema y contribuir en la discusión con comentarios acerca del mismo tema
- Escuchar, responder y desarrollar las oraciones de los demás
- Hacer preguntas aclaratorias o para obtener información
- Participar de manera activa en el intercambio de la conversación
- Usar vocabulario adecuado al nivel del grado en conversaciones acerca de libros
- Reconocer y aprender palabras nuevas relacionadas con los temas de investigación en el salón de clase
- Participar de manera activa en rutinas de conversación (conversar con la compañera o el compañero)
- Hacer preguntas de seguimiento durante la discusión con la compañera o el compañero, en grupos pequeños y con toda la clase
- Relacionar o comparar los conocimientos y la experiencia propios con la información que suministran los demás
- Escuchar y responder a una compañera o un compañero, decir si se está de acuerdo o no, o hacer contribuciones y explicar las razones
- Volver a enunciar puntos que se hayan establecido y ampliarlos o elaborarlos

#### ▸ Contenido

- Reconocer y discutir personas, sucesos, lugares y cosas de un texto
- Compartir conocimientos sobre la estructura del cuento describiendo el escenario, los personajes, los sucesos o los finales
- Hacer predicciones basadas en pruebas
- Recordar cuentos incluyendo sucesos, personajes y problemas
- Discutir razones para los problemas, los sucesos y las acciones de los cuentos
- Discutir relaciones de causa y efecto
- Expresar opiniones y apoyar con pruebas
- Ofrecer soluciones y explicaciones para los problemas del cuento
- Usar la experiencia previa o la lectura para identificar información nueva
- Discutir lo que ya se sabe sobre un tema y cómo se sabe
- Describir semejanzas y diferencias entre personas, lugares, sucesos y cosas
- Expresar y reflexionar acerca de sus propios sentimientos y reconocer los sentimientos de los demás
- Usar lenguaje para hablar acerca de los mensajes de los textos
- Mostrar interés en el significado de las palabras y trabajar de manera activa para aprenderlas y usarlas

### PRESENTACIÓN

#### ▸ Voz

- Hablar acerca de un tema con entusiasmo
- Contar cuentos y presentar información de una manera interesante
- Mostrar confianza durante la presentación
- Variar la voz para ponerle énfasis

#### ▸ Normas

- Hablar a un volumen adecuado para ser oída u oído al dirigirse a grupos grandes y pequeños
- Mirar al público (o a otra persona) mientras se habla
- Hablar a un ritmo adecuado para ser comprendida o comprendido
- Enunciar palabras con la suficiente claridad para que sean comprendidas por un grupo pequeño o la clase (son aceptables los acentos regionales y otros acentos)
- Enunciar las palabras de manera clara en español
- Responder a las preguntas que haga el público
- Pronunciar la mayoría de las palabras de una manera estándar (con variaciones basadas en el lenguaje o el dialecto regional que la estudiante o el estudiante habla en el hogar)
- Usar la entonación y el acento de las palabras para resaltar ideas importantes
- Variar el lenguaje según el propósito
- Usar principalmente gramática convencional (según las oportunidades individuales)
- Mantener una buena postura al estar de pie

# Seleccionar objetivos Hábitos y conocimientos para observar, enseñar y apoyar *(cont.)*

## Comunicación oral y visual

### PRESENTACIÓN *(continuación)*

#### ▸ Organización

- Tener en mente un tema, cuento o respuesta antes de comenzar a hablar
- Tener un público en mente antes de comenzar a hablar
- Mantener un enfoque claro sobre las ideas importantes o principales
- Presentar ideas e información en una secuencia lógica
- Hablar acerca de un tema por vez, y permanecer en el tema
- Demostrar conocimientos sobre la estructura del cuento
- Contar con una introducción y una conclusión claras
- Tener un plan o notas para apoyar la presentación

#### ▸ Elección de palabras

- Comprender y usar palabras relacionadas con experiencias y temas cotidianos, así como también términos técnicos y con contenido de las disciplinas académicas
- Usar el lenguaje de los cuentos y los textos informativos cuando se los relata o se hace un informe sobre ellos
- Usar palabras descriptivas que sean adecuadas para el nivel del grado
- Usar lenguaje adecuado a las presentaciones orales

#### ▸ Ideas y contenido

- Recitar poemas y canciones cortos
- Hacer informes orales breves que demuestren la comprensión de un tema
- Participar en juegos de roles de personajes o sucesos que aparezcan en los cuentos
- Demostrar la comprensión de un tema ofreciendo datos y detalles relevantes

#### ▸ Medios de comunicación

- Usar los elementos gráficos (tablas, ilustraciones u otros medios de comunicación digitales) adecuados para comunicar el significado o mejorar una presentación
- Identificar y reconocer fuentes de información incluidas en las presentaciones
- Leer en voz alta lo que se escribe y conversar con los demás
- Representar guiones del teatro del lector o poemas con expresión

# Seleccionar objetivos Hábitos y conocimientos para observar, enseñar y apoyar

## Comunicación oral y visual

### ESCUCHAR Y HABLAR

#### ▸ Escuchar y comprender

- Escuchar con atención activa textos leídos en voz alta
- Escuchar, recordar y seguir instrucciones con varios pasos
- Escuchar de manera activa cómo leen o hablan los demás acerca de lo que escriben, y hacerles comentarios
- Escuchar y hablar con una compañera o un compañero acerca de una idea y establecer una conexión con la idea de la compañera o del compañero
- Escuchar con atención y comprensión la lectura oral de cuentos, poemas y textos informativos
- Escuchar con atención durante la enseñanza, y responder con oraciones y preguntas
- Hacer preguntas aclaratorias cuando se escuchan textos leídos en voz alta o presentaciones de los maestros y otros estudiantes
- Hacer preguntas para aclarar palabras desconocidas mientras se escucha de manera activa
- Ofrecer varias razones para estar de acuerdo con una idea u opinión
- Comprender e interpretar información presentada a través de medios de comunicación audiovisuales
- Analizar cómo la oradora o el orador usa pruebas y ejemplos de manera efectiva
- Resumir las ideas de la lectura oral o presentación

#### ▸ Interacciones sociales

- Hablar a un volumen adecuado
- Ajustar el volumen del habla según el contexto
- Usar normas de la conversación respetuosa
- Intervenir en la conversación de la manera adecuada
- Evitar interrumpir a los demás
- Mantener una conversación con diversos públicos
- Participar de manera activa en la conversación escuchando y mirando a la oradora o al orador
- Turnarse con cortesía en la conversación en grupos pequeños
- Usar normas adecuadas en la discusión en grupos pequeños (*"Estoy de acuerdo con______porque..."*; *"Quisiera cambiar de tema..."*)
- Usar técnicas convencionales que animen a los demás a hablar (*"¿Qué piensas tú?"* *"¿Estás de acuerdo? ¿Por qué sí o por qué no?"*)
- Responder a las ideas de los demás antes de cambiar de tema
- Comprender y usar el lenguaje con un propósito humorístico (bromas, acertijos, juegos de palabras)
- Usar lenguaje inclusivo y no peyorativo (evitar el sexismo, el racismo y la parcialidad)
- Comprender la función del lenguaje no verbal y usarlo de manera efectiva
- Usar el tono y los gestos de una manera adecuada

#### ▸ Discusión extendida

- Seguir un tema y contribuir en la conversación con comentarios acerca del mismo tema
- Desarrollar lo que otros dicen formulando oraciones relacionadas con el tema de la oradora o del orador y respondiendo a indicaciones
- Hacer preguntas aclaratorias o para obtener información.
- Participar de manera activa en la conversación durante la discusión con toda la clase o grupos pequeños
- Usar vocabulario adecuado al nivel del grado en conversaciones acerca de libros
- Aprender palabras nuevas relacionadas con los temas de investigación en el salón de clase
- Participar de manera activa en rutinas de conversación (conversar con la compañera o el compañero)
- Hacer preguntas de seguimiento durante la conversación con la compañera o el compañero, en grupos pequeños y con toda la clase
- Relacionar o comparar los conocimientos y la experiencia propios con la información que suministran los demás
- Escuchar y responder a una compañera o un compañero, decir si se está de acuerdo o no, hacer contribuciones y explicar las razones
- Volver a enunciar puntos que se hayan establecido y ampliarlos o elaborarlos
- Interpretar el rol de líder del grupo cuando sea necesario
- Evaluar la participación propia en una discusión grupal, así como la efectividad del grupo
- Facilitar la conversación grupal asegurándose de que todos tengan oportunidad de hablar
- Usar normas para turnarse en el habla de manera respetuosa
- Sugerir líneas de conversación nuevas cuando sea adecuado
- Recordar información, ideas importantes o puntos establecidos por los demás
- Mantener una conversación permaneciendo en el tema principal y solicitando o señalando un cambio de tema

#### ▸ Contenido

- Reconocer y comentar personas, sucesos, lugares y cosas de un texto
- Compartir conocimientos sobre la estructura del cuento describiendo el escenario, los personajes, los sucesos o los finales
- Hacer predicciones basadas en pruebas
- Recordar cuentos incluyendo sucesos, personajes y problemas
- Comentar razones para los problemas, los sucesos y las acciones
- Comentar relaciones de causa y efecto
- Expresar opiniones y apoyar argumentos con pruebas
- Enunciar y comentar problemas y soluciones
- Usar los conocimientos previos de la experiencia o la lectura para identificar información nueva
- Comentar lo que ya se sabe sobre un tema y cómo se sabe
- Comparar y contrastar personas, lugares, sucesos y cosas
- Expresar y reflexionar acerca de sus propios sentimientos y reconocer los sentimientos de los demás
- Demostrar la comprensión de mensajes más profundos en los textos
- Mostrar interés en el significado de las palabras y trabajar de manera activa para aprenderlas y usarlas
- Usar lenguaje descriptivo cuando se comenta un tema o una idea

# Seleccionar objetivos Hábitos y conocimientos para observar, enseñar y apoyar *(cont.)*

## Comunicación oral y visual

### ESCUCHAR Y HABLAR *(continuación)*

#### ▸ Contenido *(continuación)*

- Demostrar la comprensión de las diferencias sutiles en el significado de las palabras (*luminoso, brillante*)
- Identificar y comprender los significados figurados de las palabras cuando se usan como símiles y metáforas
- Identificar la connotación y la denotación de las palabras
- Usar una gramática y una pronunciación de las palabras convencionales (según las oportunidades individuales)
- Mantener una buena postura al estar de pie
- Participar en juegos de roles de personajes o sucesos que aparezcan en los cuentos
- Demostrar la comprensión de un tema ofreciendo datos y detalles relevantes
- Añadir comentarios evaluativos, dejando en claro que se enuncia una opinión ("*Yo pienso que...*"), y ofrecer pruebas
- Hacer presentaciones persuasivas que establezcan un argumento claro y apoyar el argumento con pruebas

### PRESENTACIÓN

#### ▸ Voz

- Comunicar interés y entusiasmo acerca de un tema
- Presentar información de maneras que capten la atención de los oyentes
- Mostrar confianza durante la presentación
- Usar la expresión, el tono, el acento de las palabras y la tesitura para dar énfasis
- Usar introducciones efectivas en presentaciones orales para captar la atención
- Hacer pausas efectivas para impulsar el interés y resaltar puntos
- Usar una interpretación y un estilo personales cuando se lee en voz alta

#### ▸ Normas

- Hablar con un volumen adecuado al tamaño del público y del lugar
- Hablar en forma directa al público, estableciendo contacto visual con los individuos
- Hablar a un ritmo adecuado para ser comprendida o comprendido
- Enunciar palabras con la suficiente claridad para que sean comprendidas por un grupo pequeño o la clase (son aceptables los acentos regionales y otros acentos)
- Responder a las preguntas que haga el público
- Hacer un esfuerzo para pronunciar correctamente nombres y palabras ajenas al español
- Variar el uso del lenguaje para diferentes tipos de presentaciones (teatrales, narrativas, informes)

#### ▸ Organización

- Tener un público en mente antes de comenzar a hablar
- Mantener un enfoque claro sobre las ideas importantes o principales
- Presentar ideas e información en una secuencia lógica
- Contar con una introducción, un cuerpo y una conclusión claros para el tema
- Elegir ejemplos claros relacionados con el tema
- Usar patrones estructurales subyacentes comunes para temas expositivos (descripción, causa y efecto, secuencia cronológica, secuencia temporal, comparar y contrastar, problema y solución)
- Tener un plan o notas para apoyar la presentación

#### ▸ Elección de palabras

- Comprender y usar palabras relacionadas con experiencias y temas cotidianos, así como también términos técnicos y con contenido de las disciplinas académicas
- Usar el lenguaje de los cuentos y los textos informativos cuando se los relata o se hace un informe sobre ellos
- Usar lenguaje adecuado para presentaciones orales
- Definir palabras técnicas durante una presentación para ayudar al público a comprender su significado
- Variar la elección de palabras para ser específico y preciso teniendo en cuenta al público
- Usar lenguaje figurado para crear imágenes visuales donde corresponda

#### ▸ Ideas y contenido

- Recitar poemas o contar cuentos con el uso efectivo de la entonación y el acento de las palabras para resaltar ideas importantes, captar el interés de los oyentes y mostrar rasgos de los personajes
- Hacer informes orales que demuestren la comprensión de un tema

#### ▸ Medios de comunicación

- Usar elementos gráficos (diagramas, ilustraciones, diapositivas u otros medios de comunicación digitales) para comunicar el significado o mejorar una presentación
- Identificar y reconocer fuentes de información incluidas en presentaciones
- Leer en voz alta y comentar la escritura propia con los demás
- Integrar herramientas tecnológicas (diapositivas, video, audio) en presentaciones multimedia
- Representar guiones del teatro del lector o poemas con expresión

# Seleccionar objetivos Hábitos y conocimientos para observar, enseñar y apoyar

## Comunicación oral y visual



### ESCUCHAR Y HABLAR

#### ▸ Escuchar y comprender

- Identificar un propósito propio para escuchar
- Escuchar con atención activa textos leídos en voz alta
- Escuchar de manera activa cómo leen o hablan los demás acerca de lo que escriben, y hacerles comentarios
- Escuchar y hablar con una compañera o un compañero acerca de una idea y establecer una conexión con la idea de la compañera o del compañero
- Escuchar con atención y comprensión la lectura oral de cuentos, poemas y textos informativos
- Escuchar con atención durante la enseñanza, y responder con oraciones y preguntas
- Hacer preguntas aclaratorias cuando se escuchan textos leídos en voz alta o presentaciones de los maestros y otros estudiantes
- Hacer preguntas para aclarar palabras desconocidas mientras se escucha de manera activa
- Identificar información esencial para tomar notas
- Ofrecer varias razones para estar de acuerdo con una idea u opinión
- Comprender e interpretar información presentada en medios de comunicación audiovisuales
- Analizar cómo la oradora o el orador usa pruebas y ejemplos de manera efectiva
- Resumir ideas de la lectura oral o presentación

#### ▸ Interacciones sociales

- Escuchar con respeto y responsabilidad
- Respetar la edad, el género, la posición y las tradiciones culturales de la oradora o del orador
- Hablar a un volumen adecuado
- Ajustar el volumen del habla según el contexto
- Usar normas de la conversación respetuosa
- Intervenir en la conversación de la manera adecuada
- Evitar interrumpir a los demás
- Mantener una conversación con diversos públicos
- Participar de manera activa en la conversación escuchando y mirando a la oradora o al orador
- Demostrar equilibrio en la conversación turnándose
- Usar técnicas convencionales que animen a los demás a hablar ("*¿Qué piensas tú?*" "*¿Estás de acuerdo? ¿Por qué sí o por qué no?*")
- Responder a las ideas de los demás antes de cambiar de tema
- Comprender y usar el lenguaje con un propósito humorístico (bromas, acertijos, juegos de palabras)
- Usar lenguaje inclusivo y no peyorativo (evitar el sexismo, el racismo y la parcialidad)
- Comprender la función del lenguaje no verbal y usarlo de manera efectiva
- Usar el tono y los gestos de una manera adecuada

#### ▸ Discusión extendida

- Seguir un tema y contribuir en la conversación con comentarios acerca del mismo tema
- Desarrollar lo que otros dicen formulando oraciones relacionadas con el tema de la oradora o del orador y respondiendo a indicaciones
- Verificar la comprensión propia de los comentarios de los demás y solicitar aclaraciones y elaboración
- Participar de manera activa en la conversación durante la discusión con toda la clase o grupos pequeños
- Usar vocabulario adecuado al nivel del grado en conversaciones acerca de libros
- Aprender palabras nuevas relacionadas con los temas de investigación en el salón de clase
- Participar de manera activa en rutinas de conversación (conversar con la compañera o el compañero)
- Hacer preguntas de seguimiento durante la conversación con la compañera o el compañero, en grupos pequeños y con toda la clase
- Relacionar o comparar los conocimientos y la experiencia propios con la información que suministran los demás
- Escuchar y responder a una compañera o un compañero, decir si se está de acuerdo o no, o hacer contribuciones y explicar las razones
- Volver a enunciar puntos que se hayan establecido y ampliarlos o elaborarlos
- Demostrar efectividad como líder del grupo
- Evaluar la participación propia en una discusión grupal, así como la efectividad del grupo
- Facilitar la conversación grupal asegurándose de que todos tengan oportunidad de hablar
- Usar normas para turnarse en el habla de manera respetuosa
- Sugerir líneas de conversación nuevas cuando sea adecuado
- Recordar, reiterar o parafrasear información, ideas importantes o puntos establecidos por los demás
- Mantener una conversación permaneciendo en el tema principal y solicitando o señalando un cambio de tema
- Negociar temas sin generar conflictos o enojo

#### ▸ Contenido

- Reconocer y comentar personas, sucesos, lugares y cosas de un texto
- Compartir conocimientos sobre la estructura del cuento describiendo el escenario, los personajes, los sucesos o los finales
- Hacer predicciones basadas en pruebas
- Comentar razones para los problemas, los sucesos y las acciones
- Recordar cuentos incluyendo sucesos, personajes y problemas
- Comunicar información interesante o nueva a partir de la experiencia previa o la lectura
- Comentar relaciones de causa y efecto
- Expresar opiniones y apoyarlas con pruebas y razonamiento lógico
- Enunciar y comentar problemas y soluciones
- Comentar lo que ya se sabe sobre un tema y cómo se sabe
- Comparar y contrastar personas, lugares, sucesos y cosas
- Expresar y reflexionar acerca de sus propios sentimientos y reconocer los sentimientos de los demás
- Demostrar la comprensión de mensajes más profundos en los textos
- Demostrar conocimientos de temas del área de contenido

# Seleccionar objetivos Hábitos y conocimientos para observar, enseñar y apoyar *(cont.)*

## Comunicación oral y visual

### ESCUCHAR Y HABLAR *(continuación)*

▶ **Contenido** *(continuación)*

- Mostrar interés en el significado de las palabras y trabajar de manera activa para aprenderlas y usarlas
- Usar lenguaje descriptivo cuando se comenta un tema o una idea
- Demostrar la comprensión de las diferencias sutiles en el significado de las palabras (*motivo, intención*)
- Identificar y comprender los nuevos significados de las palabras cuando se usan como símiles y metáforas
- Identificar la connotación y la denotación de las palabras
- Comprender el significado de modismos

### PRESENTACIÓN

▶ **Voz**

- Comunicar interés y entusiasmo acerca de un tema
- Presentar información de maneras que capten la atención de los oyentes
- Hablar con confianza y de manera relajada
- Usar la expresión, el tono, el acento de las palabras y la tesitura para dar énfasis
- Usar introducciones efectivas en presentaciones orales para captar la atención
- Usar cierres efectivos en presentaciones orales para resumir información, persuadir o estimular el razonamiento
- Hacer pausas efectivas para impulsar el interés y resaltar puntos
- Usar una interpretación y un estilo personales cuando se habla

▶ **Normas**

- Hablar con un volumen adecuado al tamaño del público y del lugar
- Hablar en forma directa al público, estableciendo contacto visual con los individuos
- Hablar a un ritmo adecuado para ser comprendida o comprendido
- Enunciar palabras con la suficiente claridad para que sean comprendidas por un grupo pequeño o la clase (son aceptables los acentos regionales y otros acentos)
- Responder a las preguntas que haga el público
- Pronunciar correctamente nombres y palabras ajenas al español
- Variar el uso del lenguaje para diferentes tipos de presentaciones (teatrales, narrativas, informes)
- Usar una gramática y una pronunciación de las palabras convencionales (según las oportunidades individuales)
- Mantener una buena postura al estar de pie
- Usar gestos con las manos de la manera adecuada

▶ **Organización**

- Tener un público en mente antes de comenzar a hablar
- Mantener un enfoque claro sobre las ideas importantes o principales
- Presentar ideas e información de manera concisa con una secuencia lógica
- Contar con una introducción, un cuerpo y una conclusión claros para el tema
- Elegir ejemplos claros relacionados con el tema
- Usar patrones estructurales subyacentes comunes de los temas expositivos (descripción, causa y efecto, secuencia cronológica, secuencia temporal, comparar y contrastar, problema y solución)
- Preparar un plan o notas para apoyar la presentación

▶ **Elección de palabras**

- Comprender y usar palabras relacionadas con experiencias y temas cotidianos, así como términos técnicos y con contenido de las disciplinas académicas
- Usar el lenguaje de los libros y los textos informativos en la presentación
- Usar lenguaje adecuado para presentaciones orales
- Definir palabras técnicas durante una presentación para ayudar al público a comprender su significado
- Variar la elección de palabras para ser específico y preciso teniendo en cuenta al público
- Usar lenguaje figurado para crear imágenes visuales donde corresponda
- Tener en cuenta el uso de palabras con significados connotativos relativos a valores sociales y estereotipos

▶ **Ideas y contenido**

- Dar informes orales que demuestren la comprensión de un tema
- Recitar poemas o contar cuentos con el uso efectivo de la entonación y el acento de las palabras para resaltar ideas importantes, captar el interés de los oyentes y mostrar rasgos de los personajes
- Participar en juegos de roles de personajes o sucesos que aparezcan en los textos
- Demostrar la comprensión de un tema ofreciendo datos y detalles relevantes
- Añadir comentarios evaluativos, dejando en claro que se enuncia una opinión ("*Yo pienso que...*"), y ofrecer pruebas
- Hacer presentaciones persuasivas que establezcan un argumento claro y lo apoyen con pruebas

▶ **Medios de comunicación**

- Usar elementos gráficos (diagramas, ilustraciones u otros medios de comunicación digitales) para comunicar el significado o mejorar una presentación
- Identificar y reconocer fuentes de información incluidas en las presentaciones
- Leer en voz alta y comentar la escritura propia con los demás
- Integrar herramientas tecnológicas (diapositivas, video, audio) en presentaciones multimedia

# Seleccionar objetivos Hábitos y conocimientos para observar, enseñar y apoyar

## Comunicación oral y visual



### ESCUCHAR Y HABLAR

#### ▸ Escuchar y comprender

- Identificar un propósito propio para escuchar
- Escuchar con atención activa textos leídos en voz alta
- Escuchar de manera activa cómo leen o hablan los demás acerca de lo que escriben, y hacerles comentarios
- Escuchar y hablar con una compañera o un compañero acerca de una idea y establecer una conexión con la idea de la compañera o del compañero
- Escuchar con atención y comprensión la lectura oral de cuentos, poemas y textos informativos
- Escuchar con atención durante la enseñanza, y responder con oraciones y preguntas
- Hacer preguntas aclaratorias cuando se escuchan textos leídos en voz alta o presentaciones de los maestros y otros estudiantes
- Hacer preguntas para aclarar palabras desconocidas mientras se escucha de manera activa
- Identificar información esencial para tomar notas
- Ofrecer varias razones para estar de acuerdo con una idea u opinión
- Analizar cómo la oradora o el orador usa pruebas y ejemplos de manera efectiva
- Resumir ideas de la lectura oral o presentación
- Analizar de manera crítica la credibilidad de la oradora o del orador o los mensajes de los medios de comunicación
- Criticar la lógica de las presentaciones, la presentación de pruebas de los argumentos, subtextos, y la inclusión o exclusión de información
- Reconocer el razonamiento inadecuado y la parcialidad en las presentaciones y los mensajes de los medios de comunicación
- Identificar, analizar y criticar técnicas persuasivas
- Comprender dialectos y su relación con el significado

#### ▸ Interacciones sociales

- Escuchar con respeto y responsabilidad
- Respetar la edad, el género, la posición y las tradiciones culturales de la oradora o del orador
- Hablar a un volumen adecuado
- Ajustar el volumen del habla según el contexto
- Usar normas de la conversación respetuosa
- Intervenir en la conversación de la manera adecuada
- Evitar interrumpir a los demás
- Mantener una conversación con diversos públicos
- Participar de manera activa en la conversación escuchando y mirando a la oradora o al orador
- Demostrar equilibrio en la conversación turnándose en el habla
- Usar técnicas convencionales que animen a los demás a hablar ("*¿Qué piensas tú?*" "*¿Estás de acuerdo? ¿Por qué sí o por qué no?*")
- Responder a las ideas de los demás antes de cambiar de tema
- Comprender y usar el lenguaje con un propósito humorístico (bromas, acertijos, juegos de palabras)
- Usar lenguaje inclusivo y no peyorativo (evitar el sexismo, el racismo y la parcialidad)
- Comprender la función del lenguaje no verbal y usarlo de manera efectiva
- Usar el tono y los gestos de una manera adecuada

#### ▸ Discusión extendida

- Seguir un tema y contribuir en la conversación con comentarios acerca del mismo tema
- Desarrollar lo que otros dicen formulando oraciones relacionadas con el tema de la oradora o del orador y respondiendo a indicaciones
- Verificar la comprensión propia de los comentarios de los demás y solicitar aclaraciones y elaboración
- Participar de manera activa en la conversación durante la discusión con toda la clase o grupos pequeños
- Usar vocabulario adecuado al nivel del grado en conversaciones acerca de textos
- Aprender palabras nuevas relacionadas con temas de investigación en el salón de clase
- Participar de manera activa en rutinas de conversación (conversar con la compañera o el compañero)
- Hacer preguntas de seguimiento durante la conversación con la compañera o el compañero, en grupos pequeños y con toda la clase
- Relacionar o comparar los conocimientos y la experiencia propios con la información que suministran los demás
- Escuchar y responder a una compañera o un compañero, decir si se está de acuerdo o no, o hacer contribuciones y explicar las razones
- Demostrar efectividad como líder del grupo
- Evaluar la participación propia en una discusión grupal, así como la efectividad del grupo
- Facilitar la conversación grupal asegurándose de que todos tengan oportunidad de hablar
- Usar normas para turnarse en el habla de manera respetuosa
- Sugerir líneas de conversación nuevas cuando sea adecuado
- Recordar, reiterar o parafrasear información, ideas importantes o puntos establecidos por los demás
- Mantener una conversación permaneciendo en el tema principal y solicitando o señalando un cambio de tema
- Negociar temas sin generar conflictos o enojo
- Escuchar y responder, tomar una perspectiva alternativa
- Recordar comentarios de los demás y considerar el razonamiento propio en relación con esos comentarios
- Anticipar el desacuerdo y usar el lenguaje para promover la conversación colaborativa
- Reconocer el desacuerdo y usar el lenguaje para llegar a un acuerdo o mantener la ecuanimidad entre los miembros del grupo
- Abordar temas maduros y cuestiones difíciles de manera reflexiva y seria
- Usar el lenguaje para expresar un pensamiento independiente y crítico

# Seleccionar objetivos Hábitos y conocimientos para observar, enseñar y apoyar *(cont.)*

## Comunicación oral y visual

### ESCUCHAR Y HABLAR *(continuación)*

#### ▸ Contenido

- Reconocer y comentar personas, sucesos, lugares y cosas de un texto
- Hacer predicciones basadas en pruebas
- Enunciar y comentar problemas, sucesos, acciones y soluciones
- Comentar relaciones de causa y efecto
- Expresar opiniones y apoyarlas con pruebas y razonamiento lógico
- Comentar lo que ya se sabe sobre un tema y cómo se sabe
- Comparar y contrastar personas, lugares, sucesos y cosas
- Expresar y reflexionar acerca de sus propios sentimientos y reconocer los sentimientos de los demás
- Demostrar la comprensión de mensajes más profundos en los textos
- Demostrar conocimientos de temas del área de contenido
- Mostrar interés en el significado de las palabras y trabajar de manera activa para aprenderlas y usarlas
- Usar lenguaje descriptivo cuando se comenta un tema o una idea
- Demostrar la comprensión de símiles, metáforas, modismos y connotaciones de las palabras

### PRESENTACIÓN

#### ▸ Voz

- Comunicar interés y entusiasmo acerca de un tema
- Presentar información de maneras que capten la atención de los oyentes
- Hablar con confianza y de manera relajada
- Usar la expresión, el tono, el acento de las palabras y la tesitura para dar énfasis
- Usar introducciones efectivas en presentaciones orales para captar la atención
- Usar cierres efectivos en presentaciones orales para resumir información, persuadir o estimular el razonamiento
- Hacer pausas efectivas para impulsar el interés y resaltar puntos
- Usar una interpretación y un estilo personales cuando se habla
- Cuando sea adecuado, usar recursos teatrales como elevar o disminuir el volumen y usar pausas para captar a los oyentes

#### ▸ Normas

- Hablar con un volumen adecuado al tamaño del público y del lugar
- Hablar en forma directa al público, estableciendo contacto visual con los individuos
- Hablar a un ritmo adecuado para ser comprendida o comprendido
- Enunciar palabras con la suficiente claridad para que sean comprendidas por un grupo (son aceptables los dialectos regionales y otros dialectos)
- Responder a las preguntas que haga el público
- Pronunciar correctamente nombres y palabras ajenas al español
- Variar el uso del lenguaje para diferentes tipos de presentaciones (teatrales, narrativas, informes)
- Usar una gramática y una pronunciación de las palabras convencionales (según las oportunidades individuales)
- Mantener una buena postura al estar de pie
- Usar gestos con las manos de la manera adecuada
- Demostrar lenguaje corporal efectivo mientras se habla

#### ▸ Organización

- Tener un público en mente antes de planear la presentación
- Mantener un enfoque claro sobre las ideas importantes o principales
- Presentar ideas e información de manera concisa con una secuencia lógica
- Establecer una secuencia de ideas, ejemplos y pruebas de una manera que muestre su relación
- Contar con una introducción, un cuerpo y una conclusión claros para el tema
- Demostrar conciencia de la base de conocimientos e intereses del público
- Elegir ejemplos claros relacionados con el tema
- Usar patrones estructurales subyacentes comunes de los temas expositivos (descripción, causa y efecto, secuencia cronológica, secuencia temporal, comparar y contrastar, problema y solución)
- Seleccionar un género de presentación oral teniendo al público en mente
- Preparar un plan o notas para apoyar la presentación

#### ▸ Elección de palabras

- Comprender y usar palabras relacionadas con experiencias y temas cotidianos, así como muchos términos técnicos y con contenido de las disciplinas académicas
- Usar el lenguaje de los libros y los textos informativos en la presentación
- Usar lenguaje adecuado para presentaciones orales
- Definir palabras técnicas durante una presentación para ayudar al público a comprender su significado
- Variar la elección de palabras para ser específico y preciso teniendo en cuenta al público
- Usar lenguaje figurado para crear imágenes visuales donde corresponda
- Usar vocabulario específico para discutir, marcar contrastes e indicar acuerdo o desacuerdo
- Tener en cuenta el uso de palabras con significados connotativos relativos a valores sociales y estereotipos

# Seleccionar objetivos Hábitos y conocimientos para observar, enseñar y apoyar *(cont.)*

## Comunicación oral y visual

### PRESENTACIÓN *(continuación)*

#### ▸ Ideas y contenido

- Recitar poemas o contar cuentos con el uso efectivo de la entonación y el acento de las palabras para resaltar ideas importantes, captar el interés de los oyentes y mostrar rasgos de los personajes
- Dar informes orales que demuestren la comprensión de un tema
- Hacer presentaciones expositivas que respondan a investigaciones o exploren un tema exhaustivamente
- Brindar presentaciones formales e informales, y variar el contenido, el lenguaje y el estilo según corresponda
- Demostrar la comprensión de un tema ofreciendo datos, estadísticas, ejemplos, anécdotas y citas
- Añadir comentarios evaluativos, dejando en claro que se enuncia una opinión ("*Yo pienso que...*"), y ofrecer pruebas
- Hacer presentaciones persuasivas que establezcan un argumento claro y lo apoyen con pruebas
- Usar estrategias persuasivas (ejemplos que apelen a las emociones)
- Abordar contraargumentos y parcialidades de los oyentes
- Reconocer y abordar puntos de vista opuestos sobre un asunto o tema
- Incluir varias fuentes primarias y secundarias para apoyar puntos
- Diferenciar entre pruebas basadas en hechos y pruebas basadas en opiniones
- Establecer un argumento al comienzo de una presentación
- Usar recursos de presentación efectivos (ejemplos, estudios de casos, analogías)
- Involucrar a miembros del público haciéndoles preguntas o haciendo que participen en una actividad
- Usar comentarios de los demás cuando se planifican las presentaciones

#### ▸ Medios de comunicación

- Usar elementos gráficos (diagramas, ilustraciones u otros medios de comunicación digitales) para comunicar el significado o realzar una presentación
- Identificar y reconocer fuentes de información incluidas en las presentaciones
- Leer en voz alta y comentar la escritura propia con los demás
- Integrar herramientas tecnológicas (diapositivas, video, audio) en presentaciones multimedia

# Seleccionar objetivos Hábitos y conocimientos para observar, enseñar y apoyar

## Comunicación oral y visual

### ESCUCHAR Y HABLAR

#### ▸ Escuchar y comprender

- Identificar un propósito propio para escuchar
- Escuchar con atención activa textos leídos en voz alta
- Escuchar de manera activa cómo leen o hablan los demás acerca de lo que escriben, y hacerles comentarios
- Escuchar y hablar con una compañera o un compañero acerca de una idea y establecer una conexión con la idea de la compañera o del compañero
- Escuchar con atención y comprensión la lectura oral de cuentos, poemas y textos informativos
- Escuchar con atención durante la enseñanza, y responder con oraciones y preguntas
- Escuchar con atención durante las presentaciones orales, y reconocer el propósito y el punto de vista de una oradora o un orador
- Hacer preguntas para aclarar palabras desconocidas mientras se escucha de manera activa
- Identificar información esencial para tomar notas
- Ofrecer varias razones para estar de acuerdo con una idea u opinión
- Resumir ideas de la lectura oral o presentación
- Analizar de manera crítica la credibilidad de la oradora o del orador o los mensajes de los medios de comunicación
- Criticar la lógica de las presentaciones o la presentación de pruebas de los argumentos, subtextos, y la inclusión o exclusión de información
- Reconocer el razonamiento inadecuado y la parcialidad en las presentaciones y los mensajes de los medios de comunicación
- Identificar, analizar y criticar técnicas persuasivas
- Comprender dialectos y su relación con el significado

#### ▸ Interacciones sociales

- Escuchar con respeto y responsabilidad
- Respetar la edad, el género, la posición y las tradiciones culturales de la oradora o del orador
- Hablar a un volumen adecuado
- Ajustar el volumen del habla según el contexto
- Usar normas de la conversación respetuosa
- Intervenir en la conversación de la manera adecuada
- Evitar interrumpir a los demás
- Mantener una conversación con diversos públicos
- Hablar con compañeros y adultos para establecer, mantener y mejorar las relaciones personales en casa, en la escuela y en la comunidad
- Participar de manera activa en la conversación escuchando y mirando a la oradora o al orador
- Demostrar equilibrio en la conversación turnándose
- Usar técnicas convencionales que animan a los demás a hablar (*"¿Qué piensas tú?" "¿Estás de acuerdo? ¿Por qué sí o por qué no?"*)
- Responder a las ideas de los demás antes de cambiar de tema
- Comprender y usar el lenguaje con un propósito humorístico (bromas, acertijos, juegos de palabras)
- Usar lenguaje inclusivo y no peyorativo (evitar el sexismo, el racismo y la parcialidad)
- Comprender la función del lenguaje no verbal y usarlo de manera efectiva
- Usar el tono y los gestos de una manera adecuada

#### ▸ Discusión extendida

- Seguir el tema y contribuir en la conversación con comentarios acerca del mismo tema
- Desarrollar lo que otros dicen formulando oraciones relacionadas con el tema de la oradora o del orador y respondiendo a indicaciones
- Verificar la comprensión propia de los comentarios de los demás y solicitar aclaraciones y elaboración
- Participar de manera activa en la conversación durante la discusión con toda la clase o grupos pequeños
- Usar vocabulario adecuado al nivel del grado en conversaciones acerca de textos
- Aprender palabras nuevas relacionadas con temas de investigación en el salón de clase
- Participar de manera activa en rutinas de conversación (conversar con la compañera o el compañero)
- Hacer preguntas de seguimiento durante la conversación con la compañera o el compañero, en grupos pequeños y con toda la clase
- Relacionar o comparar los conocimientos y la experiencia propios con la información que suministran los demás
- Escuchar y responder a una compañera o un compañero, decir si se está de acuerdo o no, o hacer contribuciones y explicar las razones
- Demostrar efectividad como líder del grupo
- Evaluar la parte propia en una discusión grupal, así como la efectividad del grupo
- Facilitar la conversación grupal asegurándose de que todos tengan oportunidad de hablar
- Usar normas para turnarse en el habla de manera respetuosa
- Sugerir líneas de conversación nuevas cuando sea adecuado
- Recordar, reiterar o parafrasear información, ideas importantes o puntos establecidos por los demás
- Mantener una conversación permaneciendo en el tema principal y solicitando o señalando un cambio de tema
- Negociar temas sin generar conflictos o enojo
- Escuchar y responder, tomar una perspectiva alternativa
- Recordar comentarios de los demás y considerar el razonamiento propio en relación con ellos
- Anticipar el desacuerdo y usar el lenguaje para promover la conversación colaborativa
- Reconocer el desacuerdo y usar el lenguaje para llegar a un acuerdo o mantener la ecuanimidad
- Abordar temas maduros y cuestiones difíciles de manera reflexiva y seria
- Usar el lenguaje para expresar un pensamiento independiente y crítico

# Seleccionar objetivos Hábitos y conocimientos para observar, enseñar y apoyar *(cont.)*

## Comunicación oral y visual



### ESCUCHAR Y HABLAR *(continuación)*

#### ▸ Contenido

- Reconocer y comentar personas, sucesos, lugares y cosas de un texto
- Hacer predicciones basadas en pruebas
- Enunciar y comentar problemas, sucesos, acciones y soluciones
- Comentar relaciones de causa y efecto
- Expresar opiniones y apoyarlas con pruebas y razonamiento lógico
- Comentar lo que ya se sabe sobre un tema y cómo se sabe
- Usar lenguaje descriptivo cuando se habla acerca de personas y lugares
- Comparar y contrastar personas, lugares, sucesos y cosas
- Expresar y reflexionar acerca de los sentimientos propios y de los demás
- Demostrar la comprensión de mensajes más profundos en los textos
- Demostrar conocimientos sobre temas del área de contenido
- Articular y reflexionar acerca de sus propios sentimientos y reconocer los sentimientos de los demás
- Mostrar interés en el significado de las palabras y trabajar de manera activa para aprenderlas y usarlas
- Usar lenguaje descriptivo cuando se comenta un tema o una idea
- Demostrar la comprensión de símiles, metáforas, modismos y connotaciones de las palabras

### PRESENTACIÓN

#### ▸ Voz

- Comunicar interés y entusiasmo acerca de un tema
- Presentar información de maneras que capten la atención de los oyentes
- Hablar con confianza y de manera relajada
- Usar la expresión, el tono, el acento de las palabras y la tesitura para dar énfasis
- Usar introducciones efectivas en presentaciones orales para captar la atención
- Usar cierres efectivos en presentaciones orales para resumir información, persuadir o estimular el razonamiento
- Hacer pausas efectivas para impulsar el interés y resaltar puntos
- Usar una interpretación y un estilo personales cuando se habla
- Cuando sea adecuado, usar recursos teatrales como elevar o disminuir el volumen y usar pausas para captar a los oyentes

#### ▸ Normas

- Hablar con un volumen adecuado al tamaño del público y del lugar
- Hablar en forma directa al público, estableciendo contacto visual con los individuos
- Hablar a un ritmo adecuado para ser comprendida o comprendido
- Enunciar palabras con la suficiente claridad para que sean comprendidas por un grupo (son aceptables los dialectos regionales y otros dialectos)
- Responder a las preguntas que haga el público
- Pronunciar correctamente nombres y palabras ajenas al español
- Variar el uso del lenguaje para diferentes tipos de presentaciones (teatrales, narrativas, informes)
- Usar una gramática y una pronunciación de las palabras convencionales (según las oportunidades individuales)
- Mantener una buena postura al estar de pie
- Usar gestos con las manos de la manera adecuada
- Demostrar lenguaje corporal efectivo mientras se habla

#### ▸ Organización

- Tener un público en mente antes de planear la presentación
- Mantener un enfoque claro sobre las ideas importantes o principales
- Presentar ideas e información de manera concisa con una secuencia lógica
- Establecer una secuencia de ideas, ejemplos y pruebas de una manera que muestre su relación
- Contar con una introducción, un cuerpo y una conclusión claros para el tema
- Demostrar conciencia de la base de conocimientos e intereses del público
- Usar patrones estructurales subyacentes comunes de los temas expositivos (descripción, causa y efecto, secuencia cronológica, secuencia temporal, comparar y contrastar, problema y solución)
- Seleccionar un género de presentación oral teniendo al público en mente
- Preparar un plan o notas para apoyar la presentación

#### ▸ Elección de palabras

- Comprender y usar palabras relacionadas con experiencias y temas cotidianos, así como muchos términos técnicos y con contenido de las disciplinas académicas
- Usar el lenguaje de los libros y los textos informativos en la presentación
- Usar lenguaje adecuado para presentaciones orales
- Definir palabras técnicas durante una presentación para ayudar al público a comprender sus significados
- Variar la elección de palabras para ser específico y preciso teniendo en cuenta al público
- Usar lenguaje figurado para crear imágenes visuales donde corresponda
- Usar vocabulario específico para discutir, marcar contrastes e indicar acuerdo o desacuerdo
- Tener en cuenta el uso de palabras con significados connotativos relativos a valores sociales y estereotipos
- Usar palabras de manera satírica o irónica para crear un impacto o efecto humorístico (cuando corresponda)

# Seleccionar objetivos Hábitos y conocimientos para observar, enseñar y apoyar *(cont.)*

## Comunicación oral y visual

**PRESENTACIÓN** *(continuación)*

### ▸ Ideas y contenido

- Recitar poemas o contar cuentos con el uso efectivo de la entonación y el acento de las palabras para resaltar ideas importantes, captar el interés de los oyentes y mostrar rasgos de los personajes
- Dar informes orales que demuestren la comprensión de un tema
- Hacer presentaciones expositivas que respondan a investigaciones o exploren un tema exhaustivamente
- Brindar presentaciones formales e informales, y variar el contenido, el lenguaje y el estilo según corresponda
- Demostrar la comprensión de un tema ofreciendo datos, estadísticas, ejemplos, anécdotas y citas
- Añadir comentarios evaluativos, dejando en claro que se enuncia una opinión ("*Yo pienso que*..."), y ofrecer pruebas
- Hacer presentaciones persuasivas que establezcan un argumento claro y lo apoyen con pruebas
- Apoyar el argumento con pruebas relevantes
- Usar estrategias persuasivas (ejemplos que apelen a las emociones)
- Abordar contraargumentos y parcialidades de los oyentes
- Reconocer y abordar puntos de vista opuestos sobre un asunto o tema
- Incluir varias fuentes primarias y secundarias para apoyar puntos
- Reconocer fuentes de información y opiniones con precisión en presentaciones y folletos
- Diferenciar entre pruebas basadas en hechos y pruebas basadas en opiniones
- Establecer un argumento al comienzo de una presentación
- Usar recursos de presentación efectivos (ejemplos, estudios de casos, analogías)
- Involucrar a miembros del público haciéndoles preguntas o haciendo que participen en una actividad
- Usar comentarios de los demás cuando se planifican las presentaciones

### ▸ Medios de comunicación

- Usar elementos gráficos (diagramas, ilustraciones u otros medios de comunicación digitales) para comunicar el significado o mejorar una presentación
- Identificar y reconocer fuentes de información incluidas en presentaciones
- Leer en voz alta y comentar la escritura propia con los demás
- Integrar herramientas tecnológicas (diapositivas, video, audio) en presentaciones multimedia

# Comunicación tecnológica

# Continuo de comunicación tecnológica

El continuo de comunicación tecnológica en educación bilingüe y salones de clase de dos idiomas es paralelo y equivalente a su contraparte en inglés. Serán necesarios ajustes para teclear caracteres en español en un teclado.

El lenguaje, en tanto capacidad humana, crea a la sociedad y posibilita todo tipo de logros y relaciones. Esta gran herramienta, la comunicación, se expande enormemente a través de la tecnología. Hoy en día es posible comunicarse de modos que no existían hace algunos años; y la tecnología cambia tan rápidamente que a los distritos escolares les resulta difícil adaptarse a los últimos avances. En la actualidad, los estudiantes pueden conectarse auditiva y visualmente con otras personas, incluso con estudiantes de todo el mundo. El alcance es casi ilimitado. Nos comunicamos de forma rápida a través de teclados y programas de reconocimiento de voz; y los estudiantes participan diariamente de conversaciones con personas que se encuentran a gran distancia. También pueden entrar en contacto con personas del pasado por medio del clic de una tecla o del ratón; las noticias y la información están (literalmente) en la punta de sus dedos. Aunque existen peligros y sin lugar a dudas las escuelas deben establecer límites y ser prudentes, las posibilidades son asombrosas. El aprendizaje actualmente trasciende las paredes del salón de clase y la tecnología es el vehículo.

Aprender a usar la tecnología para comunicarse de forma clara y precisa es absolutamente necesario en la sociedad actual. Desde las funciones básicas de la computadora hasta las tareas más complejas de comprensión y creación de textos digitales, los estudiantes son muchas veces más sofisticados que sus maestros en esta área de adquisición de la lectura. Ya la mera existencia de la tecnología actual amplía enormemente lo que significa saber leer y escribir. Sin embargo, debemos prestar mucha atención a lo que los estudiantes saben y pueden hacer cuando utilizan sus habilidades tecnológicas para aprender a leer y escribir mejor.

- ***Conocimientos de computación.*** A nivel funcional, los estudiantes deben comprender cómo y por qué usan las computadoras, las tabletas y otros instrumentos digitales para crear documentos, hallar información y comunicarse con los demás. Queremos que estén cómodos con las conversaciones electrónicas y los grupos de aprendizaje; que usen el teclado de forma rápida y eficiente al procesar palabras; que creen sitios web, blogs y presentaciones multimedia; y que usen Internet como herramienta para recopilar información. Cuando se usan adecuadamente los correctores de ortografía y gramática, los comandos de cortar y pegar, junto con el acceso a imágenes digitales, la creación de borradores finales bien escritos y diseñados se vuelve más fácil que nunca. Al mismo tiempo, es importante que incluso los estudiantes más jóvenes comiencen a comprender que usar la tecnología e Internet requiere tanto un conjunto diferente de habilidades de lectura como una atención especial a su propio comportamiento ético y responsable.
- ***Lectura en línea y manejo de la información.*** Además de las formas tradicionales de impresión, los medios de comunicación no impresos, como la radio, la

televisión e Internet, se han convertido en las fuentes de consulta más frecuentes para aprender sobre el mundo. Una parte crucial del currículo de lectura es brindar oportunidades para que los estudiantes comprendan, exploren y documenten el uso de estos medios. Los textos en Internet tienen la capacidad de cambiar constantemente, en relación con el contenido y el diseño, y esto requiere que los estudiantes desarrollen estrategias nuevas de comprensión. Desde búsquedas y documentación básicas en la red en los primeros grados hasta la investigación sofisticada en bases de datos, la gestión de citas bibliográficas y la integración de múltiples fuentes de información en los últimos grados, la lectura de textos en Internet y el desarrollo de habilidades para manejar la información desempeñan un papel fundamental en el desarrollo de lectura de nuestros estudiantes. Ellos necesitan desarrollar aptitudes sólidas para evaluar críticamente la precisión del contenido y las fuentes de información.

- ***Componer y publicar textos digitales.*** A medida que se amplía nuestro concepto de escritura para incluir los procesos de composición de imágenes, sitios web, presentaciones y medios audiovisuales, los estudiantes adquieren muchas maneras de comunicar sus mensajes a una amplia variedad de públicos. Los estudiantes pueden integrar lo que aprendieron sobre comprensión de textos en línea y de este modo desarrollar sus propios textos. Además, todas las herramientas electrónicas como cámaras digitales, editores gráficos y programas para presentaciones tienen la capacidad de mejorar la comunicación de los estudiantes. A su vez, ellos deben tener en cuenta cómo manejar y citar las fuentes, y también cómo incorporar materiales provenientes de estas fuentes, especialmente los protegidos por derechos de autor, de una manera apropiada y ética.

Advertencia: se debe supervisar cuidadosamente el uso de las herramientas digitales de comunicación. Utilice sitios web aprobados y enseñe a los estudiantes acerca del comportamiento adecuado. Sin duda alguna su distrito escolar tendrá políticas y dispositivos bloqueadores de acceso para proteger a los estudiantes y a los maestros. Al mismo tiempo, descubrirá que la comunicación digital supone una manera maravillosa de seguir en contacto con los estudiantes y sus familias. Puede responder a sus escritos, a sus notas sobre lectura y a sus preguntas. Puede compartir sus trabajos con los padres, contestar preguntas y elaborar informes rápidos de progreso.

En la actualidad, la comunicación digital es un componente central en la adquisición de la lectura. Es necesario que nuestros estudiantes sean tan eficaces en la asimilación y creación de medios orales, visuales y tecnológicos como de textos impresos tradicionales. A su vez pueden recurrir a otros medios para leer y escribir sobre sus intereses individuales y profesionales al igual que para informarse, comprometerse y ser ciudadanos reflexivos.

## Usar el continuo de comunicación tecnológica

El continuo de comunicación tecnológica presenta hábitos y conocimientos para observar, enseñar y apoyar, que pueden clasificarse en dos categorías: (1) Conocimientos digitales y de medios de comunicación y (2) Comunicación y publicación. Al igual que los continuos de escribir sobre la lectura y escritura, no hay especificaciones sobre las características de los textos porque serán los estudiantes quienes los elaboren, pero se puede inferir el tipo formal o informal de los textos a partir de las acciones descritas. Además, los elementos no se ordenan a través del pensamiento en el texto en sí, más allá y acerca del texto. Las publicaciones elaboradas por medio de la tecnología se parecen y son mucho más complejas que las que los estudiantes crean con la escritura. Los objetivos de este continuo pueden integrarse con todos los objetivos de lectura, escritura y escribir sobre la lectura. Pero puede observarse que además de aprender conocimientos tecnológicos, los estudiantes también aprenden acerca de los comportamientos éticos y morales, que en muchos sentidos no puede separarse de la adquisición de la lectura.

# Seleccionar objetivos Hábitos y conocimientos para observar, enseñar y apoyar

## Comunicación tecnológica

### CONOCIMIENTOS DIGITALES Y DE MEDIOS DE COMUNICACIÓN

- Comprender las estrategias básicas de control y navegación como encendido/apagado, volumen, orientación de la pantalla, acceso al teclado y movimientos sencillos en el uso del ratón o de dispositivos táctiles
- Iniciar, usar y cerrar programas, aplicaciones y sitios web adecuadamente con ayuda de un adulto
- Hacer preguntas y buscar información en sitios web, libros electrónicos y aplicaciones aprobados con la ayuda de un adulto

### COMUNICACIÓN Y PUBLICACIÓN

- Usar programas y aplicaciones sencillos para expresar ideas utilizando medios de comunicación digitales como dibujos, audio y video
- Crear productos multimedia o libros electrónicos sencillos con ayuda de un adulto
- Usar correo electrónico para enviar mensajes a los compañeros, a la familia y a la maestra o al maestro
- Explorar y enviar imágenes originales por correo electrónico

# **Seleccionar objetivos** Hábitos y conocimientos para observar, enseñar y apoyar

## Comunicación tecnológica

### CONOCIMIENTOS DIGITALES Y DE MEDIOS DE COMUNICACIÓN

- Comprender las estrategias básicas de control y navegación como encendido/apagado, volumen, orientación de la pantalla, acceso al teclado y movimientos sencillos para usar el ratón o dispositivos táctiles
- Iniciar, usar y cerrar programas, aplicaciones y sitios web adecuadamente
- Tener acceso a equipos digitales, programas y aplicaciones que requieran una contraseña personal con ayuda de un adulto
- Usar recursos digitales aprobados como sitios web, libros electrónicos y aplicaciones para descubrir y reunir información mediante búsquedas sencillas
- Comprender que las ideas y la información pueden transmitirse a través de diferentes medios de comunicación, como textos, dibujos, fotos, videos y audio

### COMUNICACIÓN Y PUBLICACIÓN

- Usar programas y aplicaciones sencillos para expresar ideas con texto y otros medios de comunicación digitales como dibujos, audio y video
- Crear productos multimedia o libros electrónicos sencillos con ayuda de un adulto
- Compartir ideas con un público auténtico a través de blogs, videoconferencias y otras herramientas en línea con ayuda de un adulto
- Usar correo electrónico para enviar mensajes a los compañeros, la familia y la maestra o el maestro
- Explorar y enviar imágenes originales por correo electrónico

## Seleccionar objetivos Hábitos y conocimientos para observar, enseñar y apoyar

### Comunicación tecnológica

#### CONOCIMIENTOS DIGITALES Y DE MEDIOS DE COMUNICACIÓN

- Saber ubicar letras, números, teclas y símbolos especiales en el teclado para aumentar el rendimiento
- Iniciar, usar y cerrar programas, aplicaciones y sitios web adecuadamente
- Acceder a programas, aplicaciones y sitios web que requieran una contraseña personal
- Usar recursos digitales aprobados, tales como sitios web, libros electrónicos y aplicaciones para descubrir y reunir información mediante búsquedas sencillas
- Comprender que las ideas y la información pueden transmitirse a través de diferentes medios de comunicación, como textos, dibujos, fotos, videos y audio
- Reunir y hablar sobre la información extraída de sitios web aprobados, libros electrónicos, aplicaciones y programas con diversos métodos que incluyen descargar un archivo o copiar/pegar texto e imágenes y citar fuentes
- Comprender las características generales del ciudadano digital y el uso responsable de la tecnología, que implica reflexionar cuidadosamente sobre la identidad propia en Internet, la información personal que no debe compartirse, respetar a los demás y distinguir el trabajo propio del de otras personas

#### COMUNICACIÓN Y PUBLICACIÓN

- Usar programas, aplicaciones y herramientas en línea para expresar ideas, contar un cuento, elaborar un argumento persuasivo o escribir un poema usando texto y otros medios digitales como dibujos, imágenes, audio y video
- Compartir ideas con un público auténtico a través de blogs, videoconferencias y otras herramientas en línea con ayuda de un adulto
- Compartir el trabajo con los compañeros y realizar cambios a partir de sus sugerencias
- Usar instrumentos para crear documentos, productos multimedia o libros electrónicos sencillos
- Usar el correo electrónico para enviar mensajes y otros elementos (como fotos, videos u obras originales digitalizadas)

# Seleccionar objetivos Hábitos y conocimientos para observar, enseñar y apoyar

## Comunicación tecnológica

### CONOCIMIENTOS DIGITALES Y DE MEDIOS DE COMUNICACIÓN

- Saber ubicar letras, números, teclas y símbolos especiales en el teclado para aumentar el rendimiento
- Iniciar, usar y cerrar programas, aplicaciones y sitios web adecuadamente
- Acceder a programas, aplicaciones y sitios web que requieran una contraseña personal
- Usar recursos digitales aprobados como sitios web, libros electrónicos y aplicaciones para descubrir y reunir información mediante búsquedas sencillas
- Comprender que las ideas y la información pueden transmitirse a través de diferentes medios de comunicación, como textos, dibujos, fotos, videos y audio
- Reunir y hablar sobre información extraída de sitios web aprobados, libros electrónicos, aplicaciones y programas con diversos métodos que incluyen descargar un archivo o copiar/pegar texto e imágenes y citar fuentes
- Comprender las características generales del ciudadano digital y el uso responsable de la tecnología, que implica reflexionar cuidadosamente sobre la identidad propia en Internet, la información personal que no debe compartirse, respetar a los demás y distinguir el trabajo propio del de otras personas

### COMUNICACIÓN Y PUBLICACIÓN

- Usar programas, aplicaciones y herramientas en línea para expresar ideas, contar un cuento, elaborar un argumento persuasivo o escribir un poema usando texto y otros medios digitales como dibujos, imágenes, audio y video
- Compartir ideas con un público auténtico a través de blogs, videoconferencias y otras herramientas en línea con ayuda de un adulto
- Compartir el trabajo con los compañeros y realizar cambios a partir de sus sugerencias
- Usar instrumentos para crear documentos, productos multimedia o libros electrónicos sencillos
- Usar el correo electrónico para enviar mensajes y otros elementos (como fotos, videos u obras originales digitalizadas)

# Seleccionar objetivos Hábitos y conocimientos para observar, enseñar y apoyar

## Comunicación tecnológica

### CONOCIMIENTOS DIGITALES Y DE MEDIOS DE COMUNICACIÓN

- Aumentar la habilidad y automaticidad con el teclado a través de la escritura y la exploración en línea
- Mejorar la productividad con funciones avanzadas en programas, aplicaciones y herramientas en línea como las de corrección ortográfica, imagen o dibujo en una aplicación de autoedición o la herramienta para marcar páginas favoritas en un navegador
- Usar diversos recursos digitales aprobados como sitios web, bases de datos, libros electrónicos y aplicaciones para ubicar, evaluar y analizar contenidos
- Aumentar la efectividad de la búsqueda mediante diversas estrategias que incluyan palabras clave, filtros de búsqueda y símbolos como los de comillas y más/menos
- Reunir información extraída de sitios web aprobados, libros electrónicos, aplicaciones y programas con diversos métodos que incluyan descargar un archivo o copiar/pegar texto e imágenes y citar fuentes
- Comprender las características del ciudadano digital y el uso responsable de la tecnología, que implica reflexionar cuidadosamente sobre la identidad propia en Internet, la información personal que no debe compartirse, respetar a los demás, protegerlos informando abusos, distinguir el trabajo propio del de otras personas, citar fuentes y hacer un uso respetuoso y adecuado de la tecnología

### COMUNICACIÓN Y PUBLICACIÓN

- Usar programas, aplicaciones y herramientas en línea para expresar ideas, escribir un artículo de opinión o un poema usando texto y otros medios digitales como dibujos, imágenes, audio y video
- Observar las diferencias entre los ambientes virtuales que permiten la colaboración y creación cooperativa de contenido de aquellos que solo se limitan a la comunicación unidireccional
- Compartir ideas con un público auténtico a través de blogs, videoconferencias y otras herramientas en línea con ayuda de un adulto
- Compartir el trabajo para que la maestra o el maestro y los compañeros hagan sugerencias a través de herramientas de edición como comentarios, marcas de resaltado y notas de voz; realizar modificaciones a partir de sus sugerencias
- Usar instrumentos para publicar en diversos formatos que incluyan un documento sencillo, un producto multimedia o libros electrónicos
- Usar el correo electrónico con diversos propósitos
- Comprender las características de diferentes ambientes virtuales orientados a un público auténtico como sitios web escolares, blog de la clase y wikis, además de la publicación de un libro electrónico para lectores en computadoras o dispositivos móviles
- Comunicarse con un público auténtico a través de blogs, videoconferencias y otras herramientas en línea con ayuda de un adulto. La comunicación puede incluir conversaciones con expertos o estudiantes de otras escuelas del distrito, estado, país y del mundo

# Seleccionar objetivos Hábitos y conocimientos para observar, enseñar y apoyar

## Comunicación tecnológica

### CONOCIMIENTOS DIGITALES Y DE MEDIOS DE COMUNICACIÓN

- Aumentar la habilidad y automaticidad con el teclado a través de la escritura y la exploración en línea y usar atajos de teclado o movimientos con la mano para aumentar la eficiencia en la navegación
- Mejorar la productividad con funciones avanzadas en programas, aplicaciones y herramientas en línea, como las de corrección ortográfica, imagen o dibujo en una aplicación de autoedición o la herramienta para marcar páginas favoritas en un navegador
- Usar diversos recursos digitales como sitios web, bases de datos públicas y con suscripción, libros electrónicos y aplicaciones para ubicar, evaluar y analizar contenidos literarios e informativos
- Aumentar la efectividad de las búsquedas mediante diversas estrategias que incluyan palabras clave, filtros de búsqueda y símbolos
- Encontrar sitios web adaptados a las necesidades y propósitos propios
- Identificar el propósito de un sitio web
- Determinar la última actualización de un sitio web
- Determinar si un sitio web presenta una o múltiples perspectivas
- Identificar los nombres de uno o más autores de sitios web
- Comprender la diferencia entre el nombre de la autora o del autor de un sitio web y la organización relacionada con la autora o el autor
- Tener cuidado con el punto de vista de la autora o del autor, examinar si hay parcialidad y validar los conocimientos de la autora o del autor sobre el tema
- Reunir información extraída de sitios web, libros electrónicos, aplicaciones y programas con diversos métodos que incluyen descargar un archivo o copiar/pegar texto e imágenes y citar fuentes por cada elemento obtenido
- Comprender las características generales del ciudadano digital y el uso responsable de la tecnología, que implica reflexionar sobre la identidad en línea, la información personal que no debe compartirse, respetar a los demás, comprender el acoso en la red y el rol de un observador atento, proteger a los demás, denunciar abusos y citar fuentes
- Participar en actividades de aprendizaje simultáneas y no simultáneas que incluyan foros de debate, charla, intercambio de documentos y exploración de recursos

### COMUNICACIÓN Y PUBLICACIÓN

- Usar programas y aplicaciones para expresar ideas, escribir un artículo de opinión o un poema usando texto y otros medios digitales como dibujos, imágenes, audio y video
- Observar las oportunidades que existen entre los ambientes virtuales que permiten la colaboración y creación cooperativa de contenido de aquellos que solo se limitan a la comunicación unidireccional
- Compartir ideas con un público auténtico a través de blogs, videoconferencias y otras herramientas en línea con ayuda de un adulto
- Compartir el trabajo para que la maestra o el maestro y los compañeros hagan sugerencias a través de herramientas de edición como comentarios, marcas de resaltado, notas de voz y realizar modificaciones a partir de sus sugerencias
- Usar el correo electrónico con diversos propósitos
- Reconocer que diferentes públicos requieren diferentes grados de formalidad cuando se comunican con herramientas como el correo electrónico, las redes sociales, los foros de debate y los blogs
- Comprender las características de diferentes ambientes virtuales orientados a un público auténtico como sitios web escolares, blog de la clase, wikis y redes sociales, además de la publicación de libros electrónicos en computadoras o dispositivos móviles
- Comunicarse con un público auténtico a través de blogs, videoconferencias y otras herramientas en línea con ayuda de un adulto. La comunicación puede incluir conversaciones con expertos o estudiantes de otras escuelas del distrito, estado, país y del mundo
- Crear elementos visuales para reforzar el trabajo escrito, como organizadores gráficos, cuadros, tablas, dibujos e imágenes. Usar hojas de cálculo o herramientas de muestreo para ayudar a organizar y elaborar diferentes representaciones visuales de datos
- Diseñar o usar plantillas para crear boletines informativos, folletos, páginas web o presentaciones. Experimentar combinando programas, aplicaciones y herramientas en línea para mejorar la calidad del producto y su capacidad para comunicarse con diferentes públicos

# **Seleccionar objetivos** Hábitos y conocimientos para observar, enseñar y apoyar

## Comunicación tecnológica

### CONOCIMIENTOS DIGITALES Y DE MEDIOS DE COMUNICACIÓN

- Aumentar la habilidad y automaticidad con el teclado a través de la escritura y la exploración en línea y usar atajos de teclado o movimientos con la mano para aumentar la eficiencia en la navegación
- Mejorar la productividad con el uso y la integración de funciones avanzadas en programas, aplicaciones y herramientas en línea como las de corrección ortográfica, imagen o dibujo en una aplicación de autoedición o la herramienta para marcar páginas favoritas en un navegador
- Usar diversos recursos digitales como sitios web, bases de datos públicas y con suscripción, libros electrónicos y aplicaciones para ubicar, evaluar y analizar contenidos literarios e informativos
- Aumentar la efectividad de las búsquedas mediante diversas estrategias que incluyan palabras clave, filtros de búsqueda avanzados y símbolos
- Desarrollar estrategias de conservación para reunir y organizar información sobre un tema con herramientas en línea como marcadores sociales, advertencias del buscador y blogs relacionados con el contenido o la materia
- Encontrar sitios web adaptados a las necesidades y propósitos propios
- Identificar el propósito de un sitio web
- Determinar la última actualización de un sitio web
- Determinar si un sitio web presenta una o múltiples perspectivas
- Identificar los nombres de uno o más autores de sitios web
- Comprender la diferencia entre el nombre de la autora o del autor de un sitio web y la organización relacionada con la autora o el autor
- Tener cuidado con el punto de vista de la autora o del autor, examinar si hay parcialidad y validar los conocimientos de la autora o del autor a través de varias fuentes
- Reunir información extraída de sitios web, libros electrónicos, aplicaciones y programas con diversos métodos que incluyan descargar un archivo o copiar/pegar texto e imágenes y citar fuentes por cada elemento obtenido
- Comprender las características generales del ciudadano digital y el uso responsable de la tecnología, que implica reflexionar sobre la identidad en línea, la información personal que no debe compartirse, respetar a los demás, comprender el acoso en la red y el rol de un observador atento, proteger a los demás, denunciar abusos y citar fuentes
- Participar en actividades de aprendizaje simultáneas y no simultáneas que incluyan foros de debate, charla, intercambio de documentos, herramientas de muestreo y exploración de recursos

### COMUNICACIÓN Y PUBLICACIÓN

- Usar programas y aplicaciones para expresar ideas, escribir un artículo de opinión o un poema usando texto y otros medios digitales como dibujos, imágenes, audio y video
- Observar las oportunidades que existen entre los ambientes virtuales que permiten la colaboración y creación cooperativa de contenido de aquellos que solo se limitan a la comunicación unidireccional
- Compartir ideas con un público auténtico a través de blogs, videoconferencias y otras herramientas en línea
- Compartir el trabajo para que la maestra o el maestro y los compañeros hagan sugerencias a través de herramientas de edición como comentarios, marcas de resaltado, notas de voz, y realizar modificaciones a partir de sus sugerencias
- Demostrar que diferentes públicos requieren diferentes grados de formalidad cuando se comunican con herramientas como el correo electrónico, las redes sociales, los foros de debate y los blogs
- Comprender las características de diferentes ambientes virtuales orientados a un público auténtico como sitios web escolares, blog de la clase, wikis y redes sociales, además de la publicación de libros electrónicos en computadoras o dispositivos móviles
- Comunicarse con un público auténtico a través de blogs, videoconferencias y otras herramientas en línea con ayuda de un adulto. La comunicación puede incluir conversaciones con expertos o estudiantes de otras escuelas del distrito, estado, país y del mundo
- Crear elementos visuales para reforzar el trabajo escrito, como organizadores gráficos, cuadros, tablas, dibujos e imágenes. Usar hojas de cálculo o herramientas de muestreo para ayudar a organizar y elaborar diferentes representaciones visuales de datos
- Diseñar o usar plantillas para crear boletines informativos, folletos, páginas web o presentaciones. Experimentar combinando programas, aplicaciones y herramientas en línea para mejorar la calidad del producto y su capacidad para comunicarse con diferentes públicos

# Seleccionar objetivos Hábitos y conocimientos para observar, enseñar y apoyar

## Comunicación tecnológica

### CONOCIMIENTOS DIGITALES Y DE MEDIOS DE COMUNICACIÓN

- Aumentar la habilidad y automaticidad con el teclado a través de la escritura y la exploración en línea y usar atajos de teclado, movimientos con la mano o la voz para aumentar la eficiencia en la navegación
- Mejorar la productividad y la calidad del trabajo mediante el uso y la integración de diversos programas, aplicaciones y herramientas en línea
- Comprender la computación en la nube y su relación con el manejo de archivos, almacenamiento de datos y consideraciones sobre privacidad
- Usar diversos recursos digitales como sitios web, bases de datos públicas y con suscripción, libros electrónicos y aplicaciones para ubicar, evaluar y analizar contenidos literarios e informativos
- Aumentar la efectividad de las búsquedas mediante diversas estrategias que incluyan palabras clave, filtros de búsqueda avanzados y símbolos
- Desarrollar estrategias de conservación para reunir y organizar información sobre un tema con herramientas en línea como marcadores sociales, advertencias del buscador, blogs relacionados con el contenido o la materia y agregadores de redes sociales que se extraen de blogs y otros recursos en línea categorizados según el área de contenido
- Encontrar sitios web adaptados a las necesidades y propósitos propios
- Identificar el propósito de un sitio web
- Determinar la última actualización de un sitio web
- Determinar si un sitio web presenta una o múltiples perspectivas
- Identificar los nombres de uno o más autores de sitios web
- Comprender la diferencia entre el nombre de la autora o del autor de un sitio web y la organización relacionada con la autora o el autor
- Considerar la información sobre la autora o el autor de un sitio web así como las credenciales y vinculaciones de la autora o del autor para determinar el nivel de especialización
- Identificar el punto de vista de la autora o del autor sobre un tema, que incluye cualquier prueba de parcialidad y la manera en que las palabras y las imágenes pueden incidir en el sitio web
- Determinar la credibilidad de un sitio web según el análisis de experiencia de la autora o del autor, la precisión en la información, la validez de las fuentes, pruebas científicas, etc.
- Reunir información extraída de sitios web, libros electrónicos, aplicaciones y programas con diversos métodos que incluyan descargar archivos o copiar/pegar texto e imágenes, características de resaltado y anotación en marcadores sociales, y citar las fuentes de cada elemento obtenido mediante el procesamiento de texto, marcadores sociales o manejo de referencias
- Examinar y reflexionar críticamente acerca de las diferentes estrategias que usan los medios de comunicación (TV, películas, noticias, video, blogs multimedia) y otros proveedores de contenidos para atraer e influenciar
- Comprender las características generales del ciudadano digital y el uso responsable de la tecnología, que implica desarrollar una identidad en línea positiva, saber qué información personal no debe compartirse, respetar a los demás, comprender el acoso en la red y participar como observador atento, proteger a los demás, denunciar abusos y comprender la propiedad intelectual
- Participar en actividades de aprendizaje simultáneas y no simultáneas que incluyan foros de debate, charla, intercambio de documentos, herramientas de muestreo y exploración de recursos

### COMUNICACIÓN Y PUBLICACIÓN

- Usar programas y aplicaciones para expresar ideas, escribir un artículo de opinión o un poema usando texto y otros medios digitales como dibujos, imágenes, audio y video
- Observar las oportunidades que existen entre los ambientes virtuales que permiten la colaboración y creación cooperativa de contenido de aquellos que solo se limitan a la comunicación unidireccional
- Compartir ideas con un público auténtico a través de blogs, videoconferencias y otras herramientas en línea
- Compartir el trabajo para que la maestra o el maestro y los compañeros hagan sugerencias a través de herramientas de edición como comentarios, marcas de resaltado, notas de voz y realizar modificaciones a partir de sus sugerencias
- Demostrar que diferentes públicos requieren diferentes grados de formalidad cuando se comunican con herramientas como el correo electrónico, las redes sociales, los foros de debate y los blogs
- Comprender las características de diferentes ambientes virtuales orientados a un público auténtico como sitios web escolares, blog de la clase, wikis y redes sociales, además de la publicación de libros electrónicos en computadoras o dispositivos móviles
- Comunicarse con un público auténtico a través de blogs, videoconferencias y otras herramientas en línea con ayuda de un adulto. La comunicación puede incluir conversaciones con expertos o estudiantes de otras escuelas del distrito, estado, país y del mundo
- Crear elementos visuales para reforzar el trabajo escrito, como organizadores gráficos, cuadros, tablas, dibujos e imágenes. Usar hojas de cálculo o herramientas de muestreo para ayudar a organizar y elaborar diferentes representaciones visuales de datos
- Diseñar o usar plantillas para crear boletines informativos, folletos, páginas web o presentaciones. Experimentar combinando programas, aplicaciones y herramientas en línea para mejorar la calidad del producto y su capacidad para comunicarse con diferentes públicos

# Seleccionar objetivos Hábitos y conocimientos para observar, enseñar y apoyar

## Comunicación tecnológica

### CONOCIMIENTOS DIGITALES Y DE MEDIOS DE COMUNICACIÓN

- Aumentar la habilidad y automaticidad con el teclado a través de la escritura y la exploración en línea y usar atajos de teclado, movimientos con la mano o la voz para aumentar la eficiencia en la navegación
- Mejorar la productividad y la calidad del trabajo mediante el uso y la integración de diversos programas, aplicaciones y herramientas en línea
- Comprender la computación en la nube y su relación con el manejo de archivos, almacenamiento de datos y consideraciones sobre privacidad
- Usar diversos recursos digitales como sitios web, bases de datos públicas y con suscripción, libros electrónicos y aplicaciones para ubicar, evaluar y analizar contenidos literarios e informativos
- Aumentar la efectividad de las búsquedas mediante diversas estrategias que incluyan palabras clave, filtros de búsqueda avanzados y símbolos
- Desarrollar estrategias de conservación para reunir y organizar información sobre un tema con herramientas en línea como marcadores sociales, advertencias del buscador, blogs relacionados con el contenido o la materia y agregadores de redes sociales que se extraen de blogs y otros recursos en línea categorizados según el área de contenido
- Encontrar sitios web adaptados a las necesidades y propósitos propios
- Identificar el propósito de un sitio web
- Determinar la última actualización de un sitio web
- Determinar si un sitio web presenta una o múltiples perspectivas
- Identificar los nombres de uno o más autores de sitios web
- Comprender la diferencia entre el nombre de la autora o del autor de un sitio web y la organización relacionada con la autora o el autor
- Considerar la información sobre la autora o el autor de un sitio web así como las credenciales y vinculaciones de la autora o del autor para determinar el nivel de especialización
- Identificar el punto de vista de la autora o del autor sobre un tema, que incluye cualquier prueba de parcialidad y la manera en que las palabras y las imágenes pueden incidir en el sitio web
- Determinar la credibilidad de un sitio web según el análisis de experiencia de la autora o del autor, la precisión en la información, la validez de las fuentes, pruebas científicas, etc.
- Reunir información extraída de sitios web, libros electrónicos, aplicaciones y programas con diversos métodos que incluyan descargar archivos o copiar/pegar texto e imágenes, características de resaltado y anotación en marcadores sociales, y citar las fuentes de cada elemento obtenido mediante el procesamiento de texto, marcadores sociales o manejo de referencias
- Examinar y reflexionar críticamente acerca de diferentes estrategias que usan los medios de comunicación (TV, películas, noticias, video, blogs multimedia) y otros proveedores de contenidos para atraer e influenciar
- Comprender las características generales del ciudadano digital y el uso responsable de la tecnología, que implica desarrollar una identidad en línea positiva, saber qué información personal no debe compartirse, respetar a los demás, comprender el acoso en la red y participar como observador atento, proteger a los demás, denunciar abusos y comprender la propiedad intelectual
- Participar en actividades de aprendizaje simultáneas y no simultáneas que incluyan foros de debate, charla, intercambio de documentos, herramientas de muestreo y exploración de recursos

### COMUNICACIÓN Y PUBLICACIÓN

- Usar programas y aplicaciones para expresar ideas, escribir un artículo de opinión o un poema usando texto y otros medios digitales como dibujos, imágenes, audio y video
- Comunicarse con los demás usando el correo electrónico u otras formas de comunicación digital como herramientas de voz y de videoconferencia
- Observar las oportunidades que existen entre los ambientes virtuales que permiten la colaboración y creación cooperativa de contenido de aquellos que solo se limitan a la comunicación unidireccional
- Compartir ideas con un público auténtico a través de blogs, videoconferencias y otras herramientas en línea
- Compartir el trabajo para que la maestra o el maestro y los compañeros hagan sugerencias a través de herramientas de edición como comentarios, marcas de resaltado, notas de voz y realizar modificaciones a partir de sus sugerencias
- Demostrar que diferentes públicos requieren diferentes grados de formalidad cuando se participa en la comunicación en línea; este conocimiento se puede demostrar con diversas herramientas de comunicación como el correo electrónico, las redes sociales, los foros de debate y los blogs
- Comprender las características de diferentes ambientes virtuales orientados a un público auténtico como sitios web escolares, blog de la clase, wikis, redes sociales, medios de comunicación por cable, además de la publicación de libros electrónicos para lectores en computadoras o dispositivos móviles
- Comunicarse con un público auténtico a través de blogs, videoconferencias y otras herramientas en línea con ayuda de un adulto. La comunicación puede incluir conversaciones con expertos o estudiantes de otras escuelas del distrito, estado, país y del mundo
- Crear elementos visuales para reforzar el trabajo escrito, como organizadores gráficos, cuadros, tablas, dibujos e imágenes. Usar hojas de cálculo o herramientas de muestreo para ayudar a organizar y elaborar diferentes representaciones visuales de datos
- Diseñar o usar plantillas para crear boletines informativos, folletos, páginas web, presentaciones, infografías o cortos en video. Experimentar combinando programas, aplicaciones y herramientas en línea para mejorar la calidad del producto y su capacidad para comunicarse con diferentes públicos

# Fonética, ortografía y estudio de palabras

# Continuo de fonética, ortografía y estudio de palabras

El continuo de fonética, ortografía y estudio de palabras en español difiere de su contraparte en inglés y se debe estudiar con detenimiento. En escenarios de inmersión y doble idioma, fomente la comparación y la conexión entre el español y el inglés (naturaleza del lenguaje) desde el comienzo.

Este continuo se puede usar en salones de clase bilingües en los que los estudiantes tengan el español como lengua dominante. También se puede usar junto con el continuo en inglés en salones de clase de inmersión o doble idioma en los que haya diversos grados de competencia en inglés/español.

Nuestro continuo de aprendizaje de fonética, ortografía y estudio de palabras es el fruto de tres décadas de trabajo con maestros y estudiantes, junto con la investigación (nuestra y de otros) sobre la lectura para saber cómo, con el correr del tiempo, los niños aprenden acerca de los sonidos, las letras y las palabras. Nuestro trabajo se basa en la premisa de que los estudiantes no solo necesitan adquirir conocimientos de fonología y análisis de las palabras, sino que también deben aplicar estos conocimientos a diario para leer y escribir texto continuo. Creemos que *es esencial* que todos los lectores y escritores tengan una amplia gama de estrategias para descifrar palabras (posiblemente centenares) que puedan usar con rapidez, flexibilidad y de manera predominantemente inconsciente al leer un texto, manteniendo el enfoque en el significado.

Este continuo de aprendizaje de fonética, ortografía y estudio de palabras en español es una reconstrucción de nuestro continuo en inglés, creado especialmente para los estudiantes hispanohablantes. Es el producto de la colaboración directa con expertos bilingües en lectura, basado en los estándares de artes del lenguaje del español. Para adquirir más información acerca de los hábitos y los conocimientos que se mencionan en este continuo, vea nuestras publicaciones:

- *Interactive Writing: How Language and Literacy Come Together, K–2*
- *Guided Reading: Responsive Teaching Across the Grades,* Second Edition

## Continuo por grado

El continuo por grado dedicado a la fonética, la ortografía y el estudio de palabras presenta una guía general sobre los tipos de conocimientos que los estudiantes deberán haber adquirido al final de cada grado. Estos conocimientos están relacionados con los textos que se espera que lean en los niveles adecuados. Al presentar este continuo por grado, *no* estamos sugiriendo que los estudiantes deban retrasarse porque no conocen detalles específicos sobre las letras, los sonidos y las palabras. En cambio, estamos sugiriendo que se necesitará enseñanza específica para apoyar a los estudiantes. El continuo puede apoyar la enseñanza y los servicios adicionales.

## El trabajo con las palabras para la lectura guiada

El continuo de lectura guiada contiene información adicional sobre fonética, ortografía y estudio de palabras. Aquí hemos seleccionado principios que tienen buen potencial para el trabajo con las palabras que los maestros incluyen dentro de la lectura guiada en un nivel de texto en particular. Al final de una lección de lectura guiada, considere dedicar algunos minutos al trabajo con letras o palabras para ayudar a los lectores a desarrollar la fluidez y la flexibilidad al descomponer palabras. Invite a sus estudiantes a observar características, partes o patrones y luego darles la oportunidad de trabajar con ellos, desarrollando la velocidad y la flexibilidad a la hora de observar, decir, descomponer y formar. Los estudiantes pueden usar letras magnéticas para formar palabras y descomponerlas o escribir en pizarras blancas individuales. Los principios de descomposición de palabras enunciados en el continuo de lectura guiada se expresan en términos de los niveles de texto. Describen las acciones que deben desarrollar los lectores competentes en relación con las exigencias del texto. Use sus conocimientos sobre las fortalezas de los estudiantes en la decodificación de palabras en textos, y consulte el continuo de aprendizaje por grado para seleccionar objetivos de aprendizaje para sus mini-lecciones, la aplicación de principios y el intercambio grupal con toda la clase.

## Las nueve áreas del aprendizaje

Cada nivel de grado presenta una lista de principios que los estudiantes dominarán al final del año escolar. Desde PreK hasta octavo grado, los principios están organizados en nueve categorías amplias de aprendizaje. Están relacionados con los niveles de los textos que se espera que los estudiantes lean al completar cada grado. (También se relacionan con la escritura ya que los estudiantes usan las relaciones entre letras y sonidos, los patrones ortográficos y la estructura de las palabras a medida que deletrean palabras para escribir mensajes significativos. Encontrará mucha evidencia de aprendizaje sobre fonética a medida que examine la escritura de los estudiantes). Algunas de las áreas corresponden a todos los grados, mientras que otras se eliminarán gradualmente a medida que los estudiantes las vayan dominando. Las nueve áreas del aprendizaje se describen a continuación. Observe que las tres primeras se aplican solo de pre-kindergarten a primer grado.

### Primeros conceptos de la lectura

Incluso antes de saber leer, los estudiantes comienzan a desarrollar algunas nociones de cómo funciona el lenguaje escrito. Por ejemplo, los primeros conocimientos sobre la lectura incluyen saber que:

- el texto y las imágenes son diferentes, pero están relacionados
- se lee el texto, no las imágenes
- se pasan las páginas para leer y primero se mira la página de la izquierda
- se lee de izquierda a derecha y luego se vuelve a la izquierda para comenzar una nueva línea
- las palabras son grupos de letras con un espacio a cada lado
- hay diferencia entre una palabra y una letra
- hay letras mayúsculas y minúsculas
- una letra siempre es igual y se miran las partes para identificarla
- la primera palabra de una oración va a la izquierda y la última palabra va antes del signo de puntuación final
- la primera letra de una palabra va a la izquierda y la última letra va justo antes del espacio (o de la puntuación final)

En el continuo de PreK–1, se presentan la mayoría de los conocimientos que se detallan arriba.

Muchos estudiantes comienzan kindergarten con un buen conocimiento de los primeros conceptos de lectura. De no ser así, la enseñanza explícita y sistemática, además de vivir experiencias atractivas y placenteras con libros, puede ayudarlos a orientarse rápidamente. Aunque la mayoría de estos primeros conceptos de lectura no se consideran conceptos de fonética, son básicos para que la niña o el niño comprenda el texto y deben dominarse a una temprana edad.

## Conciencia fonológica

Una clave para saber leer y escribir es la capacidad de oír los sonidos de las palabras. Oír los sonidos individuales permite a los estudiantes relacionar los sonidos con las letras. Ellos responden a los sonidos del lenguaje de una manera muy natural. Les encantan la rima, la repetición y el ritmo. Los niños pequeños disfrutan y recuerdan las rimas infantiles y las canciones naturalmente por cómo suenan. Esta respuesta general a los sonidos del lenguaje se llama *conciencia fonológica*. A medida que los estudiantes son más conscientes del lenguaje, perciben los sonidos con mayor detalle. La *conciencia fonémica* consiste en reconocer los sonidos individuales de las palabras y, con el tiempo, poder identificarlos, aislarlos y manipularlos. Los estudiantes con conciencia fonémica corren con ventaja porque, al poder identificar los sonidos individuales, pueden relacionar los sonidos con las letras.

## Conocimiento de las letras

El *conocimiento de las letras* se refiere a lo que los estudiantes deben saber sobre los caracteres gráficos de nuestro alfabeto: qué forma tienen las letras, cómo distinguir una de otra, cómo detectarlas en un texto corrido y cómo usarlas en palabras. Un conjunto limitado de veintisiete letras, con sus correspondientes formas mayúscula y minúscula, se usa para indicar todos los sonidos del idioma español (aproximadamente veintidós fonemas). Los sonidos del idioma cambian a medida que varían el dialecto, la articulación y otros factores del habla, pero todos deben relacionarse con las letras. Los estudiantes también encontrarán formas alternativas de algunas letras (*a* y ɑ por ejemplo) y con el tiempo aprenderán a reconocer letras escritas en cursiva. Los niños deben aprender los nombres y los propósitos de las letras y también sus características distintivas (las pequeñas diferencias que ayudan a distinguir una *d* de una *a* por ejemplo). Cuando pueden identificar las letras, pueden relacionarlas con los sonidos y logran dominar el principio alfabético.

## Relaciones entre las letras y los sonidos

Incluso después de pre-kindergarten y hasta segundo grado, los estudiantes continúan aprendiendo acerca de las letras y los sonidos, que incluyen relaciones complejas en el español. Los sonidos del lenguaje oral están relacionados de formas simples y complejas con las veintisiete letras del alfabeto. Aprender las relaciones entre las letras y los sonidos es fundamental para comprender el lenguaje escrito. Los estudiantes tienden a aprender primero las relaciones frecuentes entre las letras y los sonidos (*m* por el primer sonido en *mapa*). Pero también deben aprender que a menudo las letras aparecen juntas; por ejemplo, conviene pensar en los dos sonidos que están al principio de *blanco* juntos. A veces, un solo sonido, como /*ch*/, está representado por dos letras; a veces, una letra puede tener diferentes sonidos según la letra que le sigue, como *c* en *carro* y *cinta*. Los estudiantes aprenden a buscar y a reconocer estas combinaciones de letras como unidades, lo que hace que puedan descifrar las palabras de manera más eficaz.

## Patrones ortográficos

Los estudiantes que descifran palabras eficazmente buscan y encuentran patrones en la manera en la que se construyen las palabras. El conocimiento de patrones ortográficos los ayuda a observar y usar partes más extensas de palabras, lo que les permite descifrar palabras de manera más rápida y fácil. Los patrones también ayudan a los estudiantes a escribir palabras porque pueden producir los patrones rápidamente en vez de tener que esforzarse con los sonidos y las letras individuales. Una manera de ver los patrones de las palabras es examinar la manera en que se combinan las palabras y las sílabas simples. Por ejemplo, los estudiantes pueden aprender algunas sílabas simples, como *ma, me, mi, mo, mu, ta, te, ti, to, tu, pa, pe, pi, po, pu* y luego combinarlas para formar palabras con el patrón CVCV (*mapa, puma, pomo, tapa, tema, tipo*). No usará este lenguaje técnico con los estudiantes, pero pueden aprender a comparar palabras con estos patrones.

## Palabras de uso frecuente

Conocer un grupo básico de palabras de uso frecuente es un recurso valioso para los estudiantes a medida que desarrollan su sistema de procesamiento de la lectura y la escritura. También podemos llamarlas palabras *útiles* porque aparecen a menudo y a veces se pueden usar como ayuda para descifrar otras palabras. Reconocer automáticamente las palabras de uso frecuente permite a los estudiantes concentrarse en comprender y descifrar palabras nuevas. En general, los estudiantes aprenden primero palabras de uso frecuente sencillas y en el proceso desarrollan sistemas eficaces para aprender más palabras; el proceso se acelera. Los estudiantes continuamente agregan palabras al grupo básico de palabras de uso frecuente que conocen. Las lecciones dedicadas a las palabras de uso frecuente pueden desarrollar automaticidad y ayudarlos a prestar mayor atención a las características de las palabras. Las destrezas relacionadas con las palabras de uso frecuente se mencionan en el continuo de fonética, ortografía y estudio de palabras de pre-kindergarten a segundo grado.

## Significados de las palabras y el vocabulario

El término *vocabulario* se refiere a las palabras que uno conoce en el lenguaje oral o escrito. Para la comprensión y la coherencia, los estudiantes deben saber el significado de las palabras en los textos que leen y escriben. Para ellos es importante ampliar constantemente el vocabulario que escuchan, hablan, leen y escriben, y desarrollar una comprensión más compleja de las palabras que ya conocen (las palabras pueden tener varios significados o usarse en sentido figurado). Ampliar el vocabulario significa desarrollar categorías de palabras: rótulos, palabras conceptuales, sinónimos, antónimos, homónimos y todas las categorías gramaticales. El significado de una palabra a menudo varía según el contexto; tener una ortografía correcta requiere saber el significado de una palabra si uno quiere escribirla. Comprender las palabras y pronunciarlas correctamente también está relacionado con saber el significado de las palabras. Conocer muchos sinónimos y antónimos ayudará a los estudiantes a desarrollar sistemas más sólidos para relacionar y categorizar las palabras. Y lo que es más importante: la comprensión de la lectura depende en gran medida de la comprensión de los significados de las palabras.

## Estructura de las palabras

Las palabras se forman siguiendo reglas. Observar la estructura de las palabras ayudará a los estudiantes a aprender cómo se relacionan las palabras entre sí y cómo se las puede cambiar al agregar letras, grupos de letras y partes de palabras más extensas. Los lectores que puedan separar las palabras en sílabas y observar las categorías de las partes de las palabras también podrán aplicar estrategias para descifrar palabras de manera eficaz.

Un *afijo* es una letra o más letras que se agregan antes de una palabra (en ese caso, se llama *prefijo*) o después de una palabra (en ese caso, se llama *sufijo*) para cambiar su función y su significado. Una *palabra base* es una palabra completa que también puede funcionar como parte de palabra con afijos. Una *raíz* es la parte que puede tener origen griego o latino (como *fono* en *teléfono*). No necesariamente constituye una palabra en sí misma. No será necesario que los niños pequeños hagan esas distinciones cuando empiecen a aprender sobre afijos simples, pero observar esas partes de las palabras los ayudará a leer y comprender las palabras y también a escribirlas correctamente. Las partes de las palabras que se agregan a las palabras base indican significado. Por ejemplo, pueden indicar relaciones (*casa, casita, casota*) o tiempo (*trabaja, trabajó; lleva, llevó*). Los principios relacionados con la estructura de las palabras incluyen la comprensión del significado y la estructura de las palabras compuestas, los plurales, los diminutivos y los aumentativos.

### Acciones para descifrar palabras

La capacidad de descifrar palabras se relaciona con todas las categorías de aprendizaje descritas anteriormente, pero hemos creado una categoría adicional, dedicada específicamente a descifrar palabras, que se concentra en las acciones estratégicas que los lectores y los escritores realizan cuando usan sus conocimientos del sistema del lenguaje mientras leen y escriben un texto corrido. Estas estrategias son acciones que están "en la mente" y que son invisibles, aunque a menudo podamos inferirlas de hábitos manifiestos. Los principios que se enumeran en esta sección representan la capacidad de los lectores y los escritores para usar toda la información del continuo.

Descifrar palabras es un proceso básico para el complejo acto de leer. Cuando los lectores pueden usar un abanico flexible de estrategias para descifrar palabras de manera rápida y eficiente, la atención puede centrarse en la comprensión. Descifrar palabras es fundamental para la lectura fluida y con frases bien formadas.

## Usar el continuo de fonética, ortografía y estudio de palabras

Colocamos los hábitos y los conocimientos incluidos en el continuo de fonética, ortografía y estudio de palabras principalmente en la categoría de "pensar en el texto en sí" en los doce sistemas para las acciones estratégicas. Lo más importante es que los lectores deben leer las palabras con un alto grado de precisión para llevar a cabo el razonamiento necesario para comprender el significado literal de un texto. Además, el continuo se concentra en el significado de las palabras, o vocabulario. El desarrollo del vocabulario es un factor importante para comprender el significado de un texto y desde hace tiempo se ha reconocido que juega un papel importante en la comprensión de la lectura. Al igual que con los otros continuos, tenga en cuenta que los hábitos que aquí se mencionan representan objetivos para un año de enseñanza.

Puede usar el continuo de fonética por grado como mapa general cuando planifique su año escolar. Es útil para planificar mini-lecciones de fonética y vocabulario, que apoyarán a los estudiantes a la hora de descifrar palabras durante la lectura, y también para planificar lecciones de ortografía, que apoyarán la escritura. Para obtener más información sobre cómo evaluar el vocabulario en la escritura y el reconocimiento de sonidos con estudiantes hispanohablantes, consulte *Instrumento de observación de los logros de la lecto-escritura inicial* (Escamilla, Andrade, Basurto, Ruiz y Clay, Heinemann, 1995). Además, este continuo servirá como un buen recurso para enseñar estrategias de estudio de palabras durante las lecciones de lectura compartida y guiada.

Describir la complejidad del aprendizaje a lo largo de las nueve áreas y a través de muchos años requiere una gran cantidad de trabajo detallado. El continuo que aquí se presenta está organizado por grado para facilitar su consulta.

# Seleccionar objetivos Hábitos y conocimientos para observar, enseñar y apoyar

## Fonética, ortografía y estudio de palabras

### PRIMEROS CONCEPTOS DE LA LECTURA

- Distinguir y hablar acerca de las diferencias entre las ilustraciones y el texto
- Comprender que se observa el texto cuando se lee
- Comprender y hablar acerca del propósito de la letra impresa en la lectura
- Comprender y hablar acerca del propósito del texto en la escritura
- Comprender el concepto de letra
- Comenzar a comprender el concepto de palabra
- Reconocer y señalar el propio nombre
- Usar la direccionalidad de izquierda a derecha para leer texto de manera compartida con los demás
- Usar las letras del propio nombre para representar el nombre o "escribir" un mensaje
- Comenzar a comprender los conceptos de primero y último en el lenguaje escrito
- Unir una palabra hablada con un grupo de letras en líneas muy cortas de texto cuando se lee de manera compartida con los demás
- Usar el propio nombre para aprender acerca de las palabras y establecer relaciones con las palabras

### CONCIENCIA FONOLÓGICA

#### ▸ Palabras que riman

- Oír y decir palabras que riman en poemas, canciones, cuentos, dichos e ilustraciones (*la mariposa en la rosa; el ratón en el sillón; - ¿Qué te pasa, calabaza? - Nada nada, limonada.*)

#### ▸ Palabras

- Oír y repetir canciones y poemas que se centran en los sonidos vocálicos (*Cucú cantaba la rana; Un elefante se balanceaba; La araña pequeñita*)

#### ▸ Sílabas

- Oír, decir y aplaudir las sílabas, comenzando con el nombre de los estudiantes (*Isabel, Filiberto, sol, papá, conejo*)

### CONOCIMIENTO DE LAS LETRAS

#### ▸ Identificar letras

- Reconocer y señalar las características distintivas de la forma de las letras
- Reconocer algunas letras y decir su nombre, especialmente las letras del nombre de los estudiantes

#### ▸ Reconocer letras en palabras y oraciones

- Reconocer y nombrar palabras en el entorno (carteles, rótulos, etc.)
- Comprender y hablar acerca del hecho de que las palabras se forman con letras
- Reconocer y nombrar algunas letras en palabras

### ACCIONES PARA DESCIFRAR PALABRAS

#### ▸ Usar lo que se sabe para descifrar palabras

- Reconocer y hallar nombres
- Usar la letra/sílaba inicial de un nombre para establecer relaciones con otras palabras (***Ma**ría, **ma**má, **ma**no*)
- Usar las letras/sílabas iniciales de los nombres para establecer relaciones con otras palabras (***No**el, **no**, **no**che*)

#### ▸ Analizar palabras para resolverlas

- Decir una palabra lentamente para oír los sonidos

# Seleccionar objetivos Hábitos y conocimientos para observar, enseñar y apoyar

## Fonética, ortografía y estudio de palabras

### PRIMEROS CONCEPTOS DE LA LECTURA

- Distinguir y hablar acerca de las diferencias entre las ilustraciones y el texto
- Comprender y hablar acerca del propósito del texto en la lectura
- Comprender y hablar acerca del propósito del texto en la escritura
- Comprender y hablar acerca del concepto de letra
- Comprender y hablar acerca del concepto de palabra
- Reconocer y señalar el propio nombre
- Usar la direccionalidad de izquierda a derecha para leer de una a cuatro líneas de texto
- Usar letras/sílabas iniciales del propio nombre para representar el nombre o escribir un mensaje
- Escribir el propio nombre con todas las letras en una secuencia precisa
- Construir el propio nombre con letras magnéticas o tarjetas de letras
- Comprender y hablar acerca de los conceptos de primero y último en el lenguaje escrito
- Comprender y demostrar que una palabra hablada coincide con un grupo de letras
- Ubicar la primera y última letra de palabras en texto corrido
- Comprender y hablar acerca del concepto de libro
- Usar el propio nombre para aprender acerca de las palabras y establecer relaciones con las palabras y con otros nombres

### CONCIENCIA FONOLÓGICA

#### ▸ Palabras que riman

- Oír y decir palabras que riman en poemas, canciones, cuentos, dichos e ilustraciones (*la mariposa en la rosa; el ratón en el sillón; - ¿Qué te pasa, calabaza? - Nada nada, limonada.*)

#### ▸ Palabras

- Oír y reconocer los límites de las palabras
- Buscar palabras largas y palabras cortas, y categorizarlas en dos grupos
- Dividir oraciones en palabras (*Me - gusta - mi - gato*).
- Oír y repetir canciones y poemas que se centran en los sonidos vocálicos (*Cucú cantaba la rana; Un elefante se balanceaba; La araña pequeñita*)

#### ▸ Sílabas

- Oír, decir y aplaudir las sílabas, comenzando con el nombre de los estudiantes (*Isabel, Filiberto, sol, papá, conejo*)
- Oír y decir sílabas simples (CV: *ma, me, mi, mo, mu*); luego decir palabras que tengan esas sílabas (*mamá, Memo, mira, mono, mucho*)
- Oír y decir la sílaba inicial de una palabra (*cama /ca/*)
- Oír y decir la sílaba final de una palabra una vez establecida la direccionalidad de izquierda a derecha (*gato /to/*)
- Oír y decir la misma sílaba inicial en palabras de dos sílabas (*sopa, solo /so/*)
- Oír y decir la misma sílaba final en palabras de dos sílabas (*casa, mesa /sa/*)
- Cambiar la sílaba inicial para formar una nueva palabra: *mesa/masa* (*/me/* por */ma/*)
- Cambiar la sílaba final para formar una nueva palabra: *paso/pato* (*/so/ por /to/*)
- Reconocer palabras sencillas creadas con patrones CVCV (*mesa, mira, casa*)
- Reconocer y ubicar sílabas simples en palabras una vez establecida la direccionalidad de izquierda a derecha

#### ▸ Fonemas

- Oír y decir tres fonemas que tenga una palabra (patrón CVC: *sol /s/ /o/ /l/; mis /m/ /i/ /s/*)

### CONOCIMIENTO DE LAS LETRAS

#### ▸ Identificar letras

- Reconocer y señalar las características distintivas de la forma de las letras
- Reconocer letras y decir su nombre
- Reconocer y señalar letras mayúsculas y minúsculas (*B, b*)
- Distinguir y hablar acerca de las diferencias entre las formas mayúsculas y minúsculas de una letra
- Categorizar las letras según sus características
- Reconocer y hablar acerca del orden del alfabeto

#### ▸ Reconocer letras en palabras y oraciones

- Reconocer y nombrar letras en el entorno (carteles, rótulos, etc.)
- Comprender y hablar acerca del hecho de que las palabras se forman con letras
- Reconocer y nombrar letras en palabras
- Reconocer y hablar acerca de la secuencia de letras en una palabra
- Reconocer y nombrar letras en palabras de un texto continuo
- Comenzar a establecer relaciones entre las palabras al reconocer la posición de una sílaba simple una vez establecida la direccionalidad de izquierda a derecha (***pa**lo, za**pa**to, so**pa***)

#### ▸ Formar letras

- Usar movimientos eficientes y consistentes para formar letras manuscritas con herramientas de escritura

### RELACIONES ENTRE LAS LETRAS Y LOS SONIDOS

#### ▸ Vocales

- Comprender y hablar acerca del hecho de que algunas letras representan sonidos vocálicos (*a, e, i, o, u*)
- Reconocer y usar sonidos vocálicos en sílabas cerradas (CVC): *sol, pan, ven, mis*
- Reconocer y usar sonidos vocálicos en sílabas abiertas (CV)

#### ▸ Consonantes

- Comprender y hablar acerca del hecho de que algunas letras representan sonidos consonánticos (la letra *m* representa el primer sonido en *mapa*)
- Reconocer y usar sonidos consonánticos iniciales alargados con una vocal (*m, s, f, j, l, n*) para crear sílabas CV; luego generar palabras (*sa* para *sapo; se* para *semana; si* para *sirena*)
- Agregar o sustituir sonidos individuales (fonemas) en palabras CVC sencillas (*sal/sol, por/par, tan/pan, sal/sala, mal/malo*)

#### ▸ Acentos gráficos

- Reconocer que el acento gráfico es una marca que se coloca sobre una vocal para indicar énfasis en esa sílaba (*papa/papá, mama/mamá*)
- Oír, decir y aplaudir para reconocer qué sílaba tiene énfasis (*conejo, salida, lágrima, brincó, esta, está*)

# Seleccionar objetivos Hábitos y conocimientos para observar, enseñar y apoyar *(cont.)*

## Fonética, ortografía y estudio de palabras

### PATRONES ORTOGRÁFICOS

- Reconocer y hablar acerca del hecho de que las palabras, en general, tienen patrones de letras como CVCV (*cama, casa, cosa, copa*)
- Reconocer y usar patrones CVC que terminan con *n, r, l* (*con, son, sol, por*)
- Reconocer y usar sílabas más comunes con un patrón VC (*es, en, el, un, al, os, ir, is*)

### PALABRAS DE USO FRECUENTE

- Reconocer y usar palabras de uso frecuente de una a cinco letras (hasta dos sílabas): *a, y, un, una, el, la, los, las, son, con, es, en, mi, mis, como, eso, uno, dijo, mamá, papá*
- Leer y escribir aproximadamente veinticinco palabras de uso frecuente
- Ubicar y leer palabras de uso frecuente en texto continuo

### SIGNIFICADO DE LAS PALABRAS/VOCULARIO

#### ▸ Palabras conceptuales

- Reconocer y usar palabras conceptuales (nombres de los colores, palabras de números, días de la semana, meses del año, estaciones del año)

### ESTRUCTURA DE LAS PALABRAS

#### ▸ Sílabas

- Comprender y hablar acerca del concepto de sílaba
- Oír, decir, aplaudir e identificar sílabas en palabras de una, dos y tres sílabas (*pan, flan, to/ma, po/co, to/ma/te, ca/mi/no*)

### ACCIONES PARA DESCIFRAR PALABRAS

#### ▸ Usar lo que se sabe para descifrar palabras

- Reconocer y hallar nombres
- Usar las letras/sílabas iniciales de nombres para establecer relaciones con otras palabras (***No****el*, ***no***, ***no****che*)
- Usar la letra/sílaba inicial de un nombre para leer y escribir otras palabras (*Pedro, pez, perro*)
- Usar palabras conocidas para verificar la precisión de la decodificación de palabras
- Reconocer y leer palabras conocidas rápidamente
- Usar conocimientos de relaciones entre letras y sonidos y de sílabas para verificar la precisión de la decodificación de palabras
- Identificar palabras que comiencen con la misma sílaba y usarlas para descifrar palabras desconocidas (*mamá, mano*)

#### ▸ Analizar palabras para resolverlas

- Decir una palabra de una sílaba lentamente para oír el sonido o los sonidos iniciales de la palabra
- Decir una palabra de una sílaba lentamente para oír el sonido o los sonidos finales de la palabra

#### ▸ Cambiar, agregar o quitar partes para descifrar palabras

- Cambiar el sonido o sílaba inicial para formar y descifrar una nueva palabra: *mi/si* (*/m/* por */s/*), *con/son* (*/c/* por */s/*), *casa/masa* (*/ca/* por */ma/*), *pato/gato* (*/pa/* por */ga/*)

#### ▸ Estrategias de ortografía

- Deletrear palabras conocidas rápidamente
- Hacer un primer intento de deletrear una palabra desconocida
- Usar palabras conocidas como ayuda para deletrear una palabra desconocida
- Usar relaciones entre letras y sonidos como ayuda para deletrear una palabra desconocida

# Seleccionar objetivos Hábitos y conocimientos para observar, enseñar y apoyar

## Fonética, ortografía y estudio de palabras



### PRIMEROS CONCEPTOS DE LA LECTURA

- Comprender y hablar acerca del concepto de letra
- Comprender y hablar acerca del concepto de palabra
- Ubicar la primera y última letra de palabras en texto corrido
- Comprender y hablar acerca del concepto de oración
- Comprender y hablar acerca del concepto de libro
- Usar el propio nombre para aprender acerca de las palabras y establecer relaciones con las palabras
- Demostrar la relación palabra por palabra de izquierda a derecha con movimiento de retorno en cuatro o más líneas de texto

### CONCIENCIA FONOLÓGICA

#### ▸ Palabras que riman

- Oír y decir palabras que riman en poemas, canciones, cuentos, dichos e ilustraciones (*la mariposa en la rosa; el ratón en el sillón; –¿Qué te pasa, calabaza? – Nada nada, limonada.*)
- Oír y relacionar palabras que riman (*gato, pato, rato*)
- Oír y repetir palabras que riman con canciones y poemas que se centren en sonidos vocálicos (*Cucú cantaba la rana; Un elefante se balanceaba; La araña pequeñita*)

#### ▸ Sílabas

- Comenzar a comprender el concepto de sílabas abiertas y cerradas en palabras CVCV, CCVC y CVC (*gato, flor, mis*)
- Oír, decir y aplaudir sílabas (*pan, flan, to/ma, po/co, to/ma/te, ca/mi/no*)
- Combinar sílabas (*ca/ma, cama*)
- Dividir palabras en sílabas (*pelota - pe/lo/ta*)
- Oír y decir la sílaba inicial de una palabra (***fa**moso - /fa/*)
- Oír y decir la sílaba final de una palabra (*famo**so** - /so/, ne**gro** - /gro/*)
- Oír y decir la misma sílaba inicial en palabras (***man**go, **man**tequilla*)
- Oír y decir la misma sílaba final en palabras (*ra**tón**, bo**tón***)
- Cambiar la sílaba inicial para formar una nueva palabra: *masa/casa* (*/ma/* por */ca/*)
- Cambiar la sílaba final para formar una nueva palabra: *sala/sapo* (*/la/* por */po/*)
- Reconocer palabras sencillas creadas con patrones CVCV (*mesa, mira, casa*)

#### ▸ Fonemas

- Oír y decir tres fonemas que tenga una palabra (patrón CVC: *sol /s/ /o/ /l/; mis /m/ /i/ /s/*)

### CONOCIMIENTO DE LAS LETRAS

#### ▸ Identificar letras

- Reconocer y señalar las características distintivas de la forma de las letras
- Reconocer letras y decir su nombre
- Reconocer y señalar letras mayúsculas y minúsculas (*B, b*)
- Distinguir y hablar acerca de las diferencias entre las formas mayúsculas y minúsculas de una letra
- Categorizar las letras según sus características
- Reconocer y hablar acerca del orden del alfabeto
- Reconocer y hablar acerca del hecho de que las letras pueden ser consonantes o vocales

#### ▸ Reconocer letras en palabras y oraciones

- Comprender y hablar acerca del hecho de que las palabras se forman con letras
- Reconocer y nombrar letras en palabras
- Reconocer y hablar acerca de la secuencia de letras en una palabra
- Reconocer y nombrar letras en palabras de un texto continuo
- Comprender que una palabra se escribe siempre de la misma manera
- Establecer relaciones entre las palabras mediante el reconocimiento de la posición de una letra
- Reconocer la diferencia entre la letra *y* y la conjunción *y*

#### ▸ Formar letras

- Usar movimientos eficientes y consistentes para formar letras en letra impresa manuscrita con herramientas de escritura

### RELACIONES ENTRE LAS LETRAS Y LOS SONIDOS

#### ▸ Vocales

- Comprender y hablar acerca del hecho de que algunas letras representan sonidos vocálicos (*a, e, i, o, u*)
- Reconocer y usar sonidos vocálicos en sílabas cerradas (CVC): *sol, pan, ven, mis*
- Reconocer y usar sonidos vocálicos en sílabas abiertas (CV)
- Comprender y conversar acerca del hecho de que cada sílaba contiene al menos un sonido vocálico
- Reconocer que una sílaba puede consistir en una sola vocal (*u-ña, mí-o, o-jo*)
- Usar el conocimiento de que todas las sílabas deben tener un sonido vocálico para determinar el número de sílabas que hay en una palabra
- Comprender que algunas sílabas pueden tener más de una vocal. Distinguir entre las vocales fuertes (*a, e, o*) y las vocales débiles (*i, u*) que se pueden combinar para formar un diptongo (*puedo, tiene, fui*)

#### ▸ Consonantes

- Comprender y hablar acerca del hecho de que algunas letras representan sonidos consonánticos (la letra *m* representa el primer sonido en *mapa*)
- Reconocer y usar sonidos consonánticos iniciales alargados (*m, s, f, j, l, n*) con vocales para crear sílabas CV; luego generar palabras (*sa* para *sapo; se* para *semana; si* para *sirena*)
- Agregar o sustituir sonidos individuales (fonemas) en palabras CVC sencillas (*sal/sol, por/par, tan/pan, sal/sala, mal/malo*)
- Comprender que la letra *h* no es un fonema ni tiene un sonido, y reconocer palabras que tienen *h* (*hoja, hijo, hermano*)
- Reconocer y usar grupos consonánticos que combinan dos sonidos consonánticos: consonante + *l*; consonante + *r* (*blanco, tren, planta, grande, claro, trabajo, otra, cuatro*)
- Reconocer y usar sílabas con */k/ (c, qu), /g/ (ga, go, gu, gue, gui, güe, güi), /j/ (ge, gi)* y */s/ (ce, ci): queso, pingüino, círculo*
- Saber las correspondencias de ortografía y sonido de dígrafos consonánticos comunes: *ch, ll, rr (chile, lluvia, perro)*

# Seleccionar objetivos Hábitos y conocimientos para observar, enseñar y apoyar *(cont.)*

## Fonética, ortografía y estudio de palabras

### RELACIONES ENTRE LAS LETRAS Y LOS SONIDOS *(continuación)*

▶ **Acentos gráficos**

- Comprender que en ocasiones el acento gráfico indica un significado diferente en palabras que se escriben con las mismas letras *(mama/mamá, papa/papá, tu/tú, si/sí, esta/está, el/él)*. Esto se llama acento diacrítico.

▶ **Representaciones de letras y sonidos**

- Comprender y hablar acerca de cómo usar el teclado de la computadora
- Comprender y hablar acerca de cómo usar mayúsculas correctamente

### PATRONES ORTOGRÁFICOS

- Reconocer y hablar acerca del hecho de que las palabras, en general, tienen patrones de letras como CVCV (*cama, casa, cosa, copa*)
- Reconocer y usar patrones CVC que terminan con *n, r, l* (*con, son, sol, por*)
- Reconocer y usar sílabas más comunes con un patrón VC (*es, en, el, un, al, os, ir, is*)

### PALABRAS DE USO FRECUENTE

- Reconocer y usar palabras de uso frecuente de hasta cinco letras (hasta dos sílabas): *y, a, el, la, mi, más, por, con, mis, las, los, un, una*
- Ubicar y leer palabras de uso frecuente en texto continuo
- Reconocer y usar palabras de uso frecuente de hasta ocho letras (hasta tres sílabas): (*gusta, tengo, puedo, hago, digo, dice, cómo, quiero, pienso, comer, jugar, escribir*)
- Leer y escribir palabras de uso frecuente comunes
- Desarrollar y usar estrategias para adquirir una base extensa de palabras de uso frecuente

### SIGNIFICADO DE LAS PALABRAS/VOCABULARIO

▶ **Palabras Conceptuales**

- Reconocer y usar palabras conceptuales (nombres de los colores, palabras de números, días de la semana, meses del año, estaciones del año)

▶ **Palabras relacionadas**

- Reconocer y usar sinónimos (palabras que tienen casi el mismo significado): *chico/pequeño*
- Reconocer y usar antónimos (palabras que tienen significados opuestos): *alto/bajo*
- Reconocer que una palabra puede derivar de otra, lo que constituye una familia de palabras basadas en un significado similar (*libro, librería, librero, librito; zapato, zapatero, zapatería; casa, casita, casona*)
- Reconocer homófonos simples (igual sonido, diferente ortografía y significado): *hola/ola, hay/¡ay!, ves/vez, tuvo/tubo*

### ESTRUCTURA DE LAS PALABRAS

▶ **Sílabas**

- Comprender y hablar acerca del concepto de sílaba
- Oír, decir, aplaudir e identificar sílabas en palabras de una a tres sílabas (*soy, tu, ca/rro, gus/ta, bo/ni/ta, pá/ja/ro*)

▶ **Palabras compuestas**

- Reconocer y usar palabras compuestas comunes mediante la combinación de dos palabras (*mata/moscas, saca/puntas, auto/pista, para/sol, medio/día; auto/bús*)

▶ **Plurales**

- Comprender y hablar acerca del hecho de que un sustantivo plural puede referirse a más de una persona, lugar o cosa (*hermanos, tiendas, caballos*)
- Reconocer y usar plurales que agregan *-s* a palabras que terminan en vocal (*libros, gatos, amigos*)
- Reconocer y usar plurales que agregan *-es* a palabras que terminan en consonante o en *y* (*colores, paredes, reyes*)
- Reconocer y usar plurales que eliminan *-z* y agregan *-ces* a palabras que terminan en *-z* (*pez/peces, lápiz/lápices*)

▶ **Desinencias verbales**

- Comprender y usar la conjugación verbal adecuada (*tengo*, primera persona singular; *tienes*, segunda persona singular; *tienen*, tercera persona plural)
- Reconocer y usar formas verbales formales e informales (*tú estás, usted está*)

▶ **Concordancia de género y número**

- Reconocer y usar la concordancia de género y número en artículos y sustantivos (*la maestra, los maestros*)
- Reconocer y usar la concordancia de género y número en adjetivos y sustantivos (*el cuaderno rojo, las casas amarillas*)

▶ **Abreviaturas**

- Reconocer y usar abreviaturas simples (*Dr., Srta., Sr., Sra.*)

### ACCIONES PARA DESCIFRAR PALABRAS

▶ **Usar lo que se sabe para descifrar palabras**

- Reconocer y hallar nombres
- Usar las letras/sílabas iniciales de nombres para establecer relaciones con otras palabras (***No**el, **no**, **no**che*)
- Usar la letra/sílaba inicial de un nombre para leer y escribir otras palabras (*Pedro, pez, perro*)
- Identificar palabras que riman y usarlas para descifrar palabras desconocidas (*pato/gato/rato; con/son/pon*)
- Usar palabras conocidas para verificar la precisión de la decodificación de palabras
- Reconocer y leer palabras conocidas rápidamente
- Usar conocimientos de relaciones entre letras y sonidos y de sílabas para verificar la precisión de la decodificación de palabras
- Identificar palabras que comienzan igual y usarlas para descifrar palabras desconocidas (*puma, pudo*)
- Identificar palabras que terminan igual y usarlas para descifrar palabras desconocidas (*botón/ratón*)
- Usar partes de palabras conocidas (algunas son palabras) para descifrar palabras desconocidas más extensas (*con/mi/go; sal/ero; esta/mos; mira/me*)

# Seleccionar objetivos Hábitos y conocimientos para observar, enseñar y apoyar *(cont.)*

## Fonética, ortografía y estudio de palabras



### ACCIONES PARA DESCIFRAR PALABRAS *(continuación)*

**▸ Analizar palabras para resolverlas**

- Decir una palabra de una sílaba lentamente para oír el sonido inicial de la palabra
- Decir una palabra de una sílaba lentamente para oír el sonido final de la palabra
- Decir una palabra de una sílaba lentamente para oír los sonidos en secuencia
- Reconocer la secuencia de letras y la secuencia de sonidos para leer una palabra o parte de palabra

**▸ Cambiar, agregar o quitar partes para descifrar palabras**

- Cambiar los sonidos iniciales de la parte/sílaba para formar y descifrar una palabra nueva: *malo/palo* (/ma/por/pa/); *falta/salta* (/f/ por /s/)
- Cambiar el sonido o los sonidos finales para formar y descifrar una palabra nueva: *sopa/sola* (/pa/ por /la/)

**▸ Descomponer palabras para descifrarlas**

- Descomponer una palabra compuesta para leer dos palabras más pequeñas (*matamoscas, mata, moscas; sacapuntas, saca, puntas; autobús, auto, bus*)
- Separar una palabra en sílabas o partes significativas para decodificar unidades manejables (*re/cuer/da, ham/bur/gue/sa, mari/posa, bici/cleta*)

**▸ Usar estrategias para descifrar palabras y determinar sus significados**

- Usar relaciones entre palabras que significan lo mismo o casi lo mismo para descifrar una palabra desconocida (*húmedo/mojado*)
- Usar relaciones entre palabras que significan lo contrario o casi lo contrario para descifrar una palabra desconocida (*viejo/joven*)

**▸ Estrategias de ortografía**

- Deletrear palabras conocidas rápidamente
- Hacer un primer intento de deletrear una palabra desconocida
- Usar palabras conocidas como ayuda para deletrear una palabra desconocida
- Usar relaciones entre letras y sonidos como ayuda para deletrear una palabra desconocida
- Usar patrones de letras y sílabas como ayuda para deletrear una palabra

# Seleccionar objetivos Hábitos y conocimientos para observar, enseñar y apoyar

## Fonética, ortografía y estudio de palabras

### RELACIONES ENTRE LAS LETRAS Y LOS SONIDOS

**▸ Vocales**

- Comprender y hablar acerca del hecho de que algunas letras representan sonidos vocálicos (*a, e, i, o, u*)
- Reconocer que una sílaba puede consistir en una sola vocal (*u-ña, mí-o, o-jo*)
- Usar el conocimiento de que todas las sílabas deben tener un sonido vocálico para determinar el número de sílabas que hay en una palabra
- Reconocer y usar sonidos vocálicos en sílabas cerradas (CVC): *sol, pan, ven, mis*
- Reconocer y usar sonidos vocálicos en sílabas abiertas (CV)
- Comprender que algunas sílabas pueden tener más de una vocal. Distinguir entre las vocales fuertes *(a, e, o)* y las vocales débiles *(i, u)* que se pueden combinar para formar un diptongo (*puedo, tiene, fui*)
- Reconocer y usar hiatos (*poesía, frío, peor, héroe*)

**▸ Consonantes**

- Comprender y hablar acerca del hecho de que algunas letras representan sonidos consonánticos (la letra *m* representa el primer sonido en *mapa*)
- Reconocer y usar sonidos consonánticos iniciales alargados con una vocal *(m, s, f, j, l, n)* para crear sílabas CV; luego generar palabras (*sa* para *sapo*; *se* para *semana*; *si* para *sirena*)
- Agregar o sustituir sonidos individuales (fonemas) en palabras CVC sencillas: (*sal/sol, por/par, tan/pan, sal/sala, mal/malo*)
- Reconocer palabras sencillas creadas con patrones CVCV (*mesa, mira, casa*)
- Comprender que la letra *h* no tiene sonido, y reconocer palabras que tienen *h* (*hoja, hijo, hermano*)
- Reconocer y usar grupos consonánticos que combinan dos sonidos consonánticos: consonante + *l*; consonante + *r* (*blanco, tren, planta, grande, claro, trabajo, otra, cuatro*)
- Reconocer y usar sílabas con */k/ (c, qu), /g/ (ga, go, gu, gue, gui, güe, güi), /j/ (ge, gi)* y */s/ (ce, ci): queso, pingüino, círculo*
- Saber las correspondencias de ortografía y sonido de dígrafos consonánticos comunes: *ch, ll, rr (chile, lluvia, perro)*
- Comprender que las palabras pueden tener los mismos sonidos representados con diferentes letras, entre ellas *ll* y *y; c, k,* y *q; c* suave, *x* suave, *s* y *z;* y *g* suave, *j* y *x* (*amarillo, arroyo; castillo, kilo, quiero; cejas, serie, zapato; jirafa, general, México*)

**▸ Acento gráfico**

- Comprender que el acento gráfico indica, en ocasiones, un significado diferente en palabras que se escriben con las mismas letras *(mama/mamá, papa/papá, tu/tú, si/sí, esta/está, el/él).* Esto se llama acento diacrítico.
- Comprender patrones de palabras que tienen un acento gráfico (*acción, pasión, canción, panteón, león; María, sandía, creía; cantó, bailó; corrió; comeré; bailará*)
- Reconocer que un diptongo puede separarse con un acento gráfico en dos sílabas para formar un hiato (*rio/río, Raúl, baúl, frío, país*)
- Identificar la sílaba acentuada y clasificar la palabra según su sílaba acentuada (*aguda, grave, esdrújula*)

**▸ Representaciones de letras y sonidos**

- Comprender y hablar acerca de cómo usar el teclado de la computadora
- Comprender y hablar acerca de cómo usar mayúsculas correctamente

### PATRONES ORTOGRÁFICOS

- Reconocer y hablar acerca del hecho de que las palabras, en general, tienen patrones de letras como CVCV (*cama, casa, cosa, copa*)
- Reconocer y usar patrones CVC que terminan con *n, r, l* (*con, son, sol, por*)
- Reconocer y usar sílabas más comunes con un patrón VC (*es, en, el, un, al, os, ir, is*)
- Reconocer y usar patrones CVCCV en palabras (*tengo, busca, libro*)
- Reconocer y usar desinencias verbales más comunes (*-ando, -iendo, -amos, -aron, -ieron, -ábamos, -ía*)
- Reconocer y usar prefijos y sufijos comunes (*des-tapar; des-componer; sub-rayar; -ito/-ita - arbolito; -ote/-ota - grandote*)

### PALABRAS DE USO FRECUENTE

- Ubicar y leer palabras de uso frecuente en texto continuo
- Reconocer y usar palabras de uso frecuente con hasta ocho letras (hasta tres sílabas): *gusta, tengo, puedo, hago, digo, dice, cómo, quiero, pienso, comer, jugar, escribir*
- Reconocer y usar palabras de uso frecuente más extensas (*escribir, entonces, primero, luego, ahora, mañana, adónde, especialmente, también, después, había*)
- Leer y escribir palabras de uso frecuente comunes
- Desarrollar y usar estrategias para adquirir una base extensa de palabras de uso frecuente

# Seleccionar objetivos Hábitos y conocimientos para observar, enseñar y apoyar *(cont.)*

## Fonética, ortografía y estudio de palabras

### SIGNIFICADO DE LAS PALABRAS/VOCABULARIO

**Palabras conceptuales**

- Reconocer y usar palabras conceptuales que pueden tener conjuntos y subconjuntos: *comida (arroz, queso, tortilla); fruta (manzana, pera); vegetales (lechuga, zanahoria, chícharo)*

**Palabras relacionadas**

- Reconocer y hablar acerca del hecho de que las palabras pueden relacionarse de muchas maneras:
  - sonido (*ves/vez*)
  - ortografía (*hueso/hueco, tiene/viene*)
  - categoría (*sombrero/abrigo, tío/prima*)
- Reconocer y usar sinónimos (palabras que tienen casi el mismo significado): *chico/pequeño*
- Reconocer y usar antónimos (palabras que tienen significados opuestos): *alto/bajo*
- Reconocer y usar homófonos (palabras que tienen el mismo sonido, ortografía diferente y significados diferentes): *ves/vez*
- Reconocer que una palabra puede derivar de otra, lo que constituye una familia de palabras basadas en un significado similar (*libro, librería, librero, librito; zapato, zapatero, zapatería; casa, casita, casona*)

**Palabras combinadas y creadas**

- Reconocer y usar palabras compuestas (*matamoscas, parasol, autopista*)
- Reconocer y usar palabras compuestas con partes comunes (*lavaplatos, lavamanos; abrelatas, abrecartas*)

### ESTRUCTURA DE LAS PALABRAS

**Sílabas**

- Comprender y hablar acerca del concepto de sílaba
- Oír, decir, aplaudir e identificar sílabas en palabras de una a cinco sílabas (*con, sal, vaca, libro, espejo, mariposa, simplemente, cumpleaños, lavadora, exactamente, consíguemelo*)
- Comprender y hablar acerca del hecho de que cada sílaba contiene al menos un sonido vocálico

**Plurales**

- Reconocer y usar plurales que agregan *-s* a palabras que terminan en vocal (*libros, gatos, amigos*)
- Reconocer y usar plurales que agregan *-es* a palabras que terminan en consonante o en *y* (*colores, paredes, reyes*)
- Reconocer y usar plurales que eliminan *-z* y agregan *-ces* a palabras que terminan en *-z* (*pez/peces, lápiz/lápices*)

**Sufijos**

- Comprender y conversar acerca del concepto de sufijo
- Reconocer y usar sufijos comunes: *-ito, -ita, -ado, -ada, -oso, -osa, -ote, -ota* (*oso, osito, osote; triste, tristón, tristísimo*)

**Prefijos**

- Comprender y conversar acerca del concepto de prefijo
- Reconocer y usar prefijos comunes: *re-, pre-, in-, des-* (*rehacer, increíble, desatar*)

**Desinencias verbales**

- Reconocer y usar formas verbales formales e informales (*tú estás, usted está*)
- Reconocer y formar los tiempos presentes pasados y futuros de verbos regulares e irregulares usando desinencias que modifican los verbos (*correr/corro/corrí/corría/correré*); formar el gerundio agregando *-ando/-iendo* (*jugar/jugando*); reconocer que se puede expresar el futuro con *ir a* + infinitivo (*voy a jugar*)
- Reconocer la variación ortográfica del gerundio *-iendo/-yendo (leer/leyendo)*
- Reconocer y usar de manera correcta la concordancia entre sujeto y verbo para verbos con sustantivos singulares y plurales (*la niña corre/las niñas corren; Juan vino/Juan y Carla vinieron*)

**Palabras base**

- Agregar una terminación a una palabra base para formar una palabra nueva (*pan, panadero*)

**Concordancia de género y número**

- Reconocer y usar la concordancia de género y número en artículos y sustantivos (*la maestra, los maestros*)
- Reconocer y usar la concordancia de género y número con adjetivos y sustantivos (*el cuaderno rojo, las casas amarillas*)

**Abreviaturas**

- Reconocer y usar abreviaturas comunes y comprender la forma completa de las palabras que acortan:
  - títulos, nombres, grados y términos profesionales: *Sr.* (*Señor*, título para hombre), *Sra.* (*Señora*, título para mujer), *Srta.* (*Señorita*, título para mujer soltera), *Dr./Dra.* (*Doctor/Doctora*, título para doctor)
  - días de la semana y meses del año: *lun. (lunes), mart., miérc., juev., vier., sáb., dom.; ene. (enero), feb., mar., abr., may., jun., jul., ago., sept./set., oct., nov., dic.*
  - direcciones y términos geográficos: *Ca. (Calle), Ave. (Avenida), Cmo. (Camino), Apto. (Apartmento), Blvd. (Bulevar), CA o Calif. (California), EE.UU. (Estados Unidos); Mnt. (Montaña); E (Este), N, O, S*
  - horas y fechas: *a.m. o am* (la hora desde la medianoche hasta el mediodía), *p.m. o pm* (la hora desde el mediodía hasta la medianoche)
  - medidas: *pul. (pulgada[s]), p. (pie[s]), yda. (yarda[s]), m. (metro[s]), mi. (milla[s]), km. (kilómetro[s]), lb. (libra[s]), oz. (onza[s]), kg. (kilogramo[s])*

# Seleccionar objetivos Hábitos y conocimientos para observar, enseñar y apoyar *(cont.)*

## Fonética, ortografía y estudio de palabras

### ACCIONES PARA DESCIFRAR PALABRAS

#### ▸ Usar lo que se sabe para descifrar palabras

- Identificar palabras que riman y usarlas para descifrar palabras desconocidas (*bajo/debajo/trabajo*)
- Usar palabras conocidas para verificar la precisión de la decodificación de palabras
- Reconocer y leer palabras conocidas rápidamente
- Usar conocimientos de relaciones entre letras y sonidos y de sílabas para verificar la precisión de la decodificación de palabras
- Identificar palabras que terminan igual y usarlas para descifrar palabras desconocidas (*botón, ratón*)
- Identificar palabras que tienen el mismo patrón de letras y usarlas para descifrar una palabra desconocida (*ciudad, actividad*)
- Usar partes de palabras conocidas (algunas son palabras) para descifrar palabras desconocidas más extensas (*sola, solamente*)

#### ▸ Analizar palabras para resolverlas

- Decir una palabra lentamente para oír los sonidos en secuencia
- Reconocer la secuencia de letras y la secuencia de sonidos para leer una palabra o parte de palabra

#### ▸ Cambiar, agregar o quitar partes para descifrar palabras

- Cambiar los sonidos iniciales de la parte/sílaba y descifrar una palabra nueva: *malo/palo (/ma/* por */pa/), falta/salta (/f/* por */s/)*
- Cambiar los sonidos de la parte/sílaba final y descifrar una palabra nueva: *sopa/sola (/pa/* por */la/)*

#### ▸ Descomponer palabras para descifrarlas

- Descomponer una palabra compuesta para leer dos palabras más pequeñas (*matamoscas, mata, moscas; sacapuntas, saca, puntas; autobús, auto, bus*)
- Separar una palabra en sílabas o partes significativas para descifrar unidades manejables (*re/cuer/da, ham/bur/gue/sa, mari/posa, bici/cleta*)

#### ▸ Usar estrategias para descifrar palabras y determinar sus significados

- Usar relaciones entre palabras que significan lo mismo o casi lo mismo para descifrar una palabra desconocida (*húmedo/mojado*)
- Usar relaciones entre palabras que significan lo contrario o casi lo contrario para descifrar una palabra desconocida (*frío/caliente*)

#### ▸ Usar herramientas de referencia para descifrar y hallar información acerca de las palabras

- Usar el orden alfabético para encontrar información acerca de las palabras en diversas herramientas de referencia
- Usar un glosario para descifrar y hallar información acerca de las palabras
- Usar un diccionario para descifrar y hallar información acerca de las palabras

#### ▸ Estrategias de ortografía

- Deletrear palabras conocidas rápidamente
- Hacer un primer intento de deletrear una palabra desconocida
- Usar palabras conocidas como ayuda para deletrear una palabra desconocida
- Usar relaciones entre letras y sonidos como ayuda para deletrear una palabra desconocida
- Usar una secuencia de sonidos y letras como ayuda para deletrear una palabra
- Usar sílabas como ayuda para deletrear una palabra
- Usar la ortografía de las palabras más pequeñas que hay dentro de una palabra compuesta como ayuda para deletrear una palabra compuesta
- Usar una rutina ortográfica como ayuda para deletrear una palabra
- Usar un recurso mnemotécnico como ayuda para deletrear una palabra (*v* de *"vaca"*; *b* de *"burrito"*)
- Pedir ayuda cuando se han probado todas las estrategias ortográficas conocidas

# Seleccionar objetivos Hábitos y conocimientos para observar, enseñar y apoyar

## Fonética, ortografía y estudio de palabras

### CONOCIMIENTO DE LAS LETRAS

**▸ Formar letras**

- Usar movimientos eficientes y consistentes para formar letras en la escritura cursiva con herramientas de escritura

### RELACIONES ENTRE LAS LETRAS Y LOS SONIDOS

**▸ Vocales**

- Reconocer que una sílaba puede consistir en una sola vocal (*u-ña, mí-o, o-jo*)
- Usar el conocimiento de que todas las sílabas deben tener un sonido vocálico para determinar el número de sílabas que hay en una palabra
- Reconocer y usar sonidos vocálicos en sílabas cerradas (CVC): *sol, pan, ven, mis*
- Reconocer y usar sonidos vocálicos en sílabas abiertas (CV)
- Comprender que algunas sílabas pueden tener más de una vocal. Distinguir entre las vocales fuertes (*a, e, o*) y las vocales débiles (*i, u*) que se pueden combinar para formar un diptongo (*puedo, tiene, fui*)
- Reconocer y usar hiatos (*poesía, frío, peor, héroe*)

**▸ Consonantes**

- Reconocer y usar sonidos consonánticos iniciales alargados con una vocal (*m, s, f, j, l, n*) para crear sílabas CV; luego generar palabras (*sa* para *sapo; se* para *semana; si* para *sirena*)
- Agregar o sustituir sonidos individuales (fonemas) en palabras CVC sencillas (*sal/sol, por/par, tan/pan, sal/sala, mal/malo*)
- Reconocer palabras sencillas creadas con patrones CVCV (*mesa, masa, mono*)
- Comprender que la letra *h* no tiene un sonido, y reconocer palabras que tienen *h* (*hoja, hijo, hermano*)
- Reconocer y usar grupos consonánticos que combinan dos sonidos consonánticos: consonante + *l*; consonante + *r* (*blanco, tren, planta, grande, claro, trabajo, otra, cuatro*)
- Reconocer y usar sílabas con /k/ (*c, qu*), /g/ (*ga, go, gu, gue, gui, güe, güi*), /j/ (*ge, gi*) y /s/ (*ce, ci*): *queso, pingüino, círculo*
- Saber las correspondencias de ortografía y sonido de dígrafos consonánticos comunes: *ch, ll, rr* (*chile, lluvia, perro*)
- Comprender que las palabras pueden tener los mismos sonidos representados por diferentes letras, entre ellas *ll* y *y; c, k* y *q; c* suave, *x* suave, *s* y *z; g* suave, *j* y *x* (*amarillo, arroyo; castillo, kilo, quiero; cejas, serie, zapato; jirafa, general, México*)
- Reconocer y usar palabras con *r* fuerte y suave (*pero, perro*)

**▸ Acento gráfico**

- Comprender que el acento gráfico en ocasiones indica un significado diferente en palabras que se escriben con las mismas letras (*mama/mamá, papa/papá, tu/tú, si/sí, esta/está, el/él*). Esto se llama acento diacrítico.
- Comprender patrones de palabras que tienen un acento gráfico (*acción, pasión, canción, panteón, león; María, sandía, creía; cantó, bailó; corrió; comeré; bailará*)
- Reconocer que un diptongo puede separarse con un acento gráfico en dos sílabas para formar un hiato (*rio/río, Raúl, baúl, frío, país*)
- Identificar la sílaba acentuada y clasificar la palabra según su sílaba acentuada (*aguda, grave, esdrújula*)
- Usar acentos gráficos en palabras que se usan comúnmente en preguntas y exclamaciones (*qué, cómo*)
- Marcar acentos de manera adecuada cuando se conjugan verbos en una variedad de tiempos (*comió, saltó, tenía, gustaría, vendrá*)
- Determinar si una palabra requiere un acento gráfico en la sílaba tónica aplicando un análisis sistemático

**▸ Representaciones de letras y sonidos**

- Comprender y hablar acerca de cómo usar el teclado de la computadora
- Comprender y hablar acerca de cómo usar mayúsculas correctamente
- Comprender y hablar acerca de cómo formar letras cursivas de manera correcta, eficiente y fluida

### PATRONES ORTOGRÁFICOS

- Reconocer y hablar acerca del hecho de que las palabras, en general, tienen patrones de letras como CVCV (*cama, casa, cosa, copa*)
- Reconocer y usar patrones CVC que terminan con *n, r, l* (*con, son, sol, por*)
- Reconocer y usar sílabas más comunes con un patrón VC (*es, en, el, un, al, os, ir, is*)
- Reconocer y usar patrones CVCCV en palabras (*tengo, busca, libro*)
- Reconocer y usar desinencias verbales más comunes (*-ando, -iendo, -amos, -aron, -ieron, -ábamos, -ía*)
- Reconocer y usar prefijos y sufijos comunes (*des-tapar; des-componer; sub-rayar; -ito/-ita - arbolito; -ote/-ota - grandote*)
- Reconocer y usar patrones ortográficos usando *n* antes de *v; m* antes de *b;* y *m* antes de *p* (*invierno, alfombra, campana*)

### SIGNIFICADO DE LAS PALABRAS/VOCABULARIO

**▸ Palabras conceptuales**

- Reconocer y usar palabras conceptuales que pueden tener conjuntos y subconjuntos: *comida* (*arroz, queso, tortilla*); *fruta* (*manzana, pera*); *vegetales* (*lechuga, zanahoria, chícharo*)
- Reconocer y usar sustantivos abstractos (*belleza, amor, libertad*)

**▸ Palabras relacionadas**

- Reconocer y hablar acerca del hecho de que las palabras pueden relacionarse de muchas maneras:
  - sonido (*ves/vez*)
  - ortografía (*hueso/hueco; tiene/viene*)
  - categoría (*sombrero/abrigo; tío/prima*)

# Seleccionar objetivos Hábitos y conocimientos para observar, enseñar y apoyar *(cont.)*

## Fonética, ortografía y estudio de palabras

### SIGNIFICADO DE LAS PALABRAS/VOCABULARIO *(continuación)*

#### ▸ Palabras relacionadas *(continuación)*

- Reconocer y usar sinónimos (palabras que tienen casi el mismo significado): *chico/pequeño*
- Reconocer y usar antónimos (palabras que tienen significados opuestos): *alto/bajo*
- Reconocer y usar homófonos (palabras que tienen el mismo sonido, ortografía diferente y significados diferentes): *ves/vez*
- Reconocer y usar homógrafos (palabras que tienen la misma ortografía, diferentes significados): *vino, amo*
- Reconocer que una palabra puede derivar de otra, lo que constituye una familia de palabras basadas en un significado similar (*libro, librería, librero, librito; zapato, zapatero, zapatería; casa, casita, casona*)

#### ▸ Palabras combinadas y creadas

- Reconocer y usar palabras compuestas (*matamoscas, parasol, autopista*)
- Reconocer y usar palabras compuestas con partes comunes (*lavaplatos, lavamanos; abrelatas, abrecartas*)

#### ▸ Usos figurados de palabras

- Reconocer y usar onomatopeyas (*toc toc, zas, cuac, cataplán*)

#### ▸ Partes de palabras

- Comprender y comentar el concepto de prefijos y reconocer su uso para determinar el significado de algunas palabras españolas (*ad-, ante-, bi-, circun-, com-, con-, contra-, contro-, cuadri-, deci-, dis-, en-, ex-, im-, in-, inter-, intra-, mal-, mis-, mono-, multi-, nona-, octa-, penta-, pen-, poli-, pre-, re-, sub-, super-, trans-, tri-, uni-*)

#### ▸ Origen de las palabras

- Desarrollar interés en el vocabulario reconociendo y apreciando aspectos de palabras, "reuniendo" y comentando palabras interesantes y usándolas en la conversación

### ESTRUCTURA DE LAS PALABRAS

#### ▸ Sílabas

- Oír, decir, aplaudir e identificar sílabas en palabras de una a cinco sílabas (*con, sal, vaca, libro, espejo, mariposa, simplemente, cumpleaños, lavadora, exactamente, consíguemelo*)
- Comprender y hablar acerca del hecho de que cada sílaba contiene al menos un sonido vocálico

#### ▸ Plurales

- Reconocer y usar plurales que agregan *-s* a palabras que terminan en vocal (*libros, gatos, amigos*)
- Reconocer y usar plurales que agregan *-es* a palabras que terminan en consonante o en *y* (*colores, paredes, reyes*)
- Reconocer y usar plurales que requieren cambios ortográficos como eliminar *-z* y agregar *-ces* o agregar o eliminar un acento gráfico (*lápiz/lápices, joven/jóvenes*)

#### ▸ Sufijos

- Comprender y hablar acerca del concepto de sufijo
- Reconocer y usar sufijos comunes

#### ▸ Sufijos: Sufijos de adjetivo y adverbio

- Reconocer y usar el sufijo *-mente* para formar un adverbio usando la forma femenina del adjetivo (*rápido/rápidamente, lento/lentamente*)
- Reconocer y usar el sufijo *-oso/-osa*, que describe una cualidad o estado (*arena/arenoso, veneno/venenoso*)

#### ▸ Sufijos: Desinencias para el superlativo

- Reconocer y usar el sufijo *-ísimo/-ísima* para formar adjetivos superlativos (*alto/altísimo, cara/carísima, grande/grandísimo*)

#### ▸ Sufijos: Diminutivos y aumentativos

- *-ito, -ita:* usados con sustantivos y adjetivos para formar formas diminutivas (*chiquito, casita*)
- *-ote, -ota:* usados con sustantivos y adjetivos para formar formas aumentativas (*grandote, abrazote*)

#### ▸ Sufijos: Sufijos de sustantivo

- Reconocer y usar los sufijos *-ero/-era, -or/-ora* e *-ista*, que nombran a una persona o cosa que hace algo, para formar un sustantivo:
  - *-ero/-era* (*zapato/zapatero, carne/carnicero*)
  - *-or/-ora* (*pintar/pintor*)
  - *-ista* (*arte/artista, periódico/periodista*)

#### ▸ Prefijos

- Comprender y comentar el concepto de prefijo
- Reconocer y usar el prefijo *re-*, que significa "de nuevo" (*rehacer, releer*)
- Reconocer y usar prefijos que significan "no":
  - *in-* (*invisible, incomprensible*)
  - *im-* (*imposible*)
  - *dis-* (*disconforme*)
  - *des-* (*deshacer*)
- Reconocer y usar prefijos que significan "malo, mal" o "erróneo, erróneamente": *mal-* (*maltrato*)
- Reconocer y usar prefijos que se refieren a una secuencia: *pre-*, que significa "antes" (*precalentar*)
- Reconocer y usar prefijos que indican cantidad, extensión o ubicación:
  - *sub-* (*subterráneo*)
  - *super-* (*supermercado*)

#### ▸ Desinencias verbales

- Reconocer y formar los tiempos presentes, pasados, presentes perfectos y futuros de verbos regulares e irregulares usando desinencias que modifican los verbos (*correr/corro/corrí/corría/he corrido/correré*); formar el gerundio agregando *-ando/-iendo* (*jugar/jugando*); reconocer que se puede expresar el futuro con *ir a* + infinitivo (*voy a jugar*)
- Reconocer la variación ortográfica del gerundio *-iendo/-yendo* (*leer/leyendo*)
- Reconocer y usar de manera correcta la concordancia entre sujeto y verbo para verbos con sustantivos singulares y plurales (*la niña corre/las niñas corren; Juan vino/Juan y Carla vinieron*)
- Reconocer y usar verbos regulares e irregulares en una variedad de tiempos: *caminará, habrá; caminaría, habría*
- Reconocer y usar verbos en el subjuntivo para expresar voluntad, posibilidad y duda (*estudie, llueva, vengan*)
- Reconocer y usar formas verbales formales e informales (*tú estás, usted está*)

# Seleccionar objetivos Hábitos y conocimientos para observar, enseñar y apoyar *(cont.)*

## Fonética, ortografía y estudio de palabras



### ESTRUCTURA DE LAS PALABRAS *(continuación)*

**▸ Palabras base**

- Agregar una terminación a una palabra base para formar una palabra nueva (*pan, panadero*)

**▸ Concordancia de género y número**

- Reconocer y usar la concordancia de género y número en artículos y sustantivos (*la maestra, los maestros*)
- Reconocer y usar la concordancia de género y número con adjetivos y sustantivos (*el cuaderno rojo, las casas amarillas*)
- Reconocer palabras masculinas y femeninas que no siguen las reglas habituales (*el mapa; el problema; el águila, las águilas*)
- Reconocer y usar la concordancia de pronombre y antecedente (*Cuando los conocí, Marcos y Juan eran muy amigos.*)

**▸ Abreviaturas**

- Reconocer y usar abreviaturas comunes y comprender la forma completa de las palabras que acortan:
  - títulos, nombres, grados y términos profesionales: *Sr. (Señor,* título para hombre*), Sra. (Señora,* título para mujer*), Srta. (Señorita,* título para mujer soltera*), Dr./Dra. (Doctor/Doctora,* título para doctor*)*
  - días de la semana y meses del año: *lun. (lunes), mart., miérc., juev., vier., sáb., dom.; ene. (enero), feb., mar., abr., may., jun., jul., ago., sept./set., oct., nov., dic.*
  - direcciones y términos geográficos: *Ca. (Calle), Ave. (Avenida), Cmo. (Camino), Apto. (Apartmento), Blvd. (Bulevar), CA o Calif. (California), EE.UU. (Estados Unidos); Mnt. (Montaña); E (Este), N, O, S*
  - horas y fechas: *a.m.* o *am* (la hora desde la medianoche hasta el mediodía), *p.m. o pm* (la hora desde el mediodía hasta la medianoche)
  - medidas: *pul. (pulgada[s]), p. (pie[s]), yda. (yarda[s]), m. (metro[s]), mi. (milla[s]), km. (kilómetro[s]), lb. (libra[s]), oz. (onza[s]), kg. (kilogramo[s])*
  - cierres: *Atte. (atentamente)*

### ACCIONES PARA DESCIFRAR PALABRAS

**▸ Usar lo que se sabe para descifrar palabras**

- Identificar palabras que riman y usarlas para descifrar palabras desconocidas (*bajo/debajo/trabajo*)
- Usar palabras conocidas para verificar la precisión de la decodificación de palabras
- Reconocer y leer palabras conocidas rápidamente
- Usar conocimientos de relaciones entre letras y sonidos y de sílabas para verificar la precisión de la decodificación de palabras
- Identificar palabras que terminan igual y usarlas para descifrar palabras desconocidas (*botón, ratón*)
- Identificar palabras que tienen el mismo patrón de letras y usarlas para descifrar una palabra desconocida (*ciudad, actividad*)
- Usar partes de palabras conocidas (algunas son palabras) para descifrar palabras desconocidas más extensas (*sola, solamente*)
- Usar el contexto de una oración para comprender el significado de una palabra

**▸ Analizar palabras para resolverlas**

- Reconocer la secuencia de letras y la secuencia de sonidos para leer una palabra o parte de palabra
- Determinar el significado de una palabra nueva que se forma cuando se agrega un afijo a una palabra conocida (*agradable/desagradable, calentar/precalentar*)
- Usar la raíz de una palabra conocida para comprender el significado de una palabra desconocida con la misma raíz (*compañía, compañero*)

**▸ Cambiar, agregar o quitar partes para descifrar palabras**

- Cambiar los sonidos de la parte/sílaba inicial para descifrar una palabra nueva: *malo/palo (/ma/* por */pa/), falta/salta (/f/* por */s/)*
- Cambiar los sonidos de la parte/sílaba final para descifrar una palabra nueva: *sopa/sola (/pa/* por */la/)*

**▸ Descomponer palabras para descifrarlas**

- Descomponer una palabra compuesta para leer dos palabras más pequeñas (*matamoscas, mata, moscas; sacapuntas, saca, puntas; autobús, auto, bus*)
- Separar una palabra en sílabas o partes significativas para descifrar unidades manejables (*re/cuer/da, ham/bur/gue/sa, mari/posa, bici/cleta*)

**▸ Usar estrategias para descifrar palabras y determinar sus significados**

- Usar relaciones entre palabras que significan lo mismo o casi lo mismo para descifrar una palabra desconocida: *húmedo/mojado*
- Usar relaciones entre palabras que significan lo contrario o casi lo contrario para descifrar una palabra desconocida (*frío/caliente*)
- Reconocer y usar prefijos y sufijos para entender el significado de las palabras

**▸ Usar herramientas de referencia para descifrar y hallar información acerca de las palabras**

- Usar el orden alfabético para encontrar información acerca de las palabras en diversas herramientas de referencia
- Usar un glosario para descifrar y hallar información acerca de las palabras
- Usar un diccionario para descifrar y hallar información acerca de las palabras

**▸ Estrategias de ortografía**

- Deletrear palabras conocidas rápidamente
- Hacer un primer intento de deletrear una palabra desconocida
- Usar palabras conocidas como ayuda para deletrear una palabra desconocida
- Usar relaciones entre letras y sonidos como ayuda para deletrear una palabra desconocida
- Usar una secuencia de sonidos y letras como ayuda para deletrear una palabra
- Usar sílabas como ayuda para deletrear una palabra
- Usar la ortografía de las palabras más pequeñas que hay dentro de una palabra compuesta como ayuda para deletrear una palabra compuesta
- Usar una rutina ortográfica como ayuda para deletrear una palabra
- Usar un recurso mnemotécnico como ayuda para deletrear una palabra (*v* de *"vaca"*; *b* de *"burrito"*)
- Pedir ayuda cuando se han probado todas las estrategias ortográficas conocidas
- Usar un diccionario para confirmar o corregir la ortografía de una palabra

# Seleccionar objetivos Hábitos y conocimientos para observar, enseñar y apoyar

## Fonética, ortografía y estudio de palabras

### RELACIONES ENTRE LAS LETRAS Y LOS SONIDOS

#### ▸ Vocales

- Reconocer y usar sonidos vocálicos en sílabas cerradas (CVC): *sol, pan, ven, mis*
- Reconocer y usar sonidos vocálicos en sílabas abiertas (CV)
- Comprender que algunas sílabas pueden tener más de una vocal. Distinguir entre las vocales fuertes *(a, e, o)* y las vocales débiles *(i, u)* que se pueden combinar para formar un diptongo (*puedo, tiene, fui*)
- Reconocer y usar hiatos (*poesía, frío, peor, héroe*)

#### ▸ Consonantes

- Reconocer y usar sonidos consonánticos iniciales alargados con una vocal *(m, s, f, j, l, n)* para crear sílabas CV; luego generar palabras (*sa* para *sapo; se* para *semana; si* para *sirena*)
- Agregar o sustituir sonidos individuales (fonemas) en palabras CVC sencillas (*sal/sol, por/par, tan/pan, sal/sala, mal/malo*)
- Reconocer palabras sencillas creadas con patrones CVCV (*mesa, masa, mono*)
- Comprender que la letra *h* no tiene sonido, y reconocer palabras que tienen *h* (*hoja, hijo, hermano*)
- Reconocer y usar grupos consonánticos que combinan dos sonidos consonánticos: consonante + *l*; consonante + *r* (*blanco, planta, grande, claro, trabajo, otra, cuatro*)
- Reconocer y usar sílabas con */k/ (c, qu), /g/ (ga, go, gu, gue, gui, güe, güi), /j/ (ge, gi)* y */s/ (ce, ci): queso, pingüino, círculo*
- Usar las diéresis correctamente en palabras con las sílabas *güe* y *güi* (*bilingüe, pingüino*)
- Saber las correspondencias de ortografía y sonido de dígrafos consonánticos comunes: *ch, ll, rr (chile, lluvia, perro)*
- Comprender que las palabras pueden tener los mismos sonidos representados por diferentes letras, entre ellas *ll* y *y; c, k* y *q; c* suave, *x* suave, *s* y *z; g* suave, *j* y *x: amarillo, arroyo; castillo, kilo, quiero; cejas, serie, zapato; jirafa, general, México*
- Reconocer y usar palabras con *r* fuerte y suave (*pero, perro*)

#### ▸ Acento gráfico

- Comprender que el acento gráfico en ocasiones indica un significado diferente en palabras que se escriben con las mismas letras (*mama/mamá, papa/papá, tu/tú, si/sí, esta/está, el/él*). Esto se llama acento diacrítico.
- Comprender patrones de palabras que tienen un acento gráfico (*acción, pasión, canción, panteón, león; María, sandía, creía; cantó, bailó; corrió; comeré; bailará*)
- Reconocer que un diptongo puede separarse con un acento gráfico en dos sílabas para formar un hiato (*rio/río, Raúl, baúl, frío, país*)
- Usar acentos gráficos en palabras que se usan comúnmente en preguntas y exclamaciones (*qué, cómo*)
- Marcar acentos de manera adecuada cuando se conjugan verbos en una variedad de tiempos (*comió, saltó, tenía, gustaría, vendrá*)
- Determinar si una palabra requiere un acento gráfico en la sílaba tónica aplicando un análisis sistemático

#### ▸ Representaciones de letras y sonidos

- Comprender y hablar acerca de cómo usar el teclado de la computadora
- Comprender y hablar acerca de cómo usar mayúsculas correctamente
- Comprender y hablar acerca de cómo formar letras cursivas de manera correcta, eficiente y fluida

### PATRONES ORTOGRÁFICOS

- Reconocer y hablar acerca del hecho de que las palabras, en general, tienen patrones de letras como CVCV (*cama, casa, cosa, copa*)
- Reconocer y usar patrones CVC que terminan con *n, r, l* (*con, son, sol, por*)
- Reconocer y usar sílabas más comunes con un patrón VC (*es, en, el, un, al, os, ir, is*)
- Reconocer y usar patrones CVCCV en palabras (*tengo, busca, libro*)
- Reconocer y usar desinencias verbales más comunes (*-ando, -iendo, -amos, -aron, -ieron, -ábamos, -ía*)
- Reconocer y usar prefijos y sufijos comunes (*des-tapar; des-componer; sub-rayar; -ito/-ita - arbolito; -ote/-ota - grandote*)
- Reconocer y usar patrones ortográficos usando *n* antes de *v; m* antes de *b;* y *m* antes de *p* (*invierno, alfombra, campana*)
- Reconocer los cambios ortográficos que en ocasiones son necesarios cuando se agrega un afijo (*lento/lentamente, rápido/rapidísimo*)
- Reconocer y usar cambios ortográficos que se requieren en algunas formas verbales de los verbos que terminan en *-zar, -car* y *-gar* (*empecé, busqué, llegué*)
- Reconocer y usar verbos irregulares en diferentes tiempos y formas verbales, que incluyen el pretérito, el futuro, el gerundio y el participio pasado (*anduvo, pondrá, vistiendo, roto*)

### SIGNIFICADO DE LAS PALABRAS/VOCABULARIO

#### ▸ Palabras conceptuales

- Reconocer y usar palabras conceptuales que pueden tener conjuntos y subconjuntos: *comida (arroz, queso, tortilla); fruta (manzana, pera); vegetales (lechuga, zanahoria, chícharo)*
- Reconocer y usar sustantivos abstractos (*belleza, amor, libertad*)

#### ▸ Palabras relacionadas

- Reconocer y hablar acerca del hecho de que las palabras pueden relacionarse de muchas maneras:
  - sonido (*ves/vez*)
  - ortografía (*hueso/hueco; tiene/viene*)
  - categoría (*sombrero/abrigo; tío/prima*)

# Seleccionar objetivos Hábitos y conocimientos para observar, enseñar y apoyar (*cont.*)

## Fonética, ortografía y estudio de palabras



### SIGNIFICADO DE LAS PALABRAS/VOCABULARIO (*continuación*)

#### ▸ Palabras relacionadas (*continuación*)

- Reconocer y usar sinónimos (palabras que tienen casi el mismo significado): *chico/pequeño*
- Reconocer y usar antónimos (palabras que tienen significados opuestos): *alto/bajo*
- Reconocer y usar homófonos (palabras que tienen el mismo sonido, ortografía diferente y significados diferentes): *ves/vez*
- Reconocer y usar homógrafos (palabras que tienen la misma ortografía, diferentes significados): *vino, amo*
- Reconocer que una palabra puede derivar de otra, lo que constituye una familia de palabras basadas en un significado similar (*libro, librería, librero, librito; zapato, zapatero, zapatería; casa, casita, casona*)

#### ▸ Palabras combinadas y creadas

- Reconocer y usar palabras compuestas (*matamoscas, parasol, autopista*)
- Reconocer y usar palabras compuestas con partes comunes (*lavaplatos, lavamanos; abrelatas, abrecartas*)
- Reconocer y usar palabras híbridas, que se forman combinando una palabra extranjera y un morfema español (*chat* + *-ar* = *chatear*)
- Reconocer y usar palabras acortadas: *buen (bueno), gran (grande), primer (primero), bici (bicicleta), foto (fotografía)*
- Reconocer y usar acrónimos, que se forman combinando la letra o las letras iniciales de nombres o frases con muchas palabras: *ovni (objeto volador no identificado), pyme (pequeña y mediana empresa)*

#### ▸ Usos figurados de las palabras

- Reconocer y usar onomatopeyas (*toc toc, zas, cuac, cataplán*)
- Reconocer y comentar el hecho de que algunas palabras tienen significados literales y figurados:
  - *frío - con una temperatura inferior a la normal; indiferente, sin interés*
  - *horno - recipiente o aparato para asar; lugar caliente*
- Reconocer y usar símiles para hacer una comparación:
  - *Los ojos del niño brillaban como dos luceros en la noche.*
  - *Él estaba tan enojado como un perro rabioso.*
- Reconocer y usar metáforas para hacer una comparación:
  - *Se me congeló el corazón.*
  - *Ella es una estrella deslumbrante.*
- Reconocer y comentar el hecho de que modismos que se usan comúnmente tienen significados diferentes de los significados de las palabras por separado (*ser pan comido, tomar el pelo, pedirle peras al olmo, dar en el clavo*)

#### ▸ Partes de palabras

- Comprender y comentar el concepto de prefijos y reconocer su uso para determinar los significados de algunas palabras españolas (*ad-, ante-, bi-, circun-, com-, con-, contra-, contro-, cuadri-, deci-, dis-, en-, ex-, im-, in-, inter-, intra-, mal-, mis-, mono-, multi-, nona-, octa-, penta-, pen-, poli-, pre-, re-, sub-, super-, trans-, tri-, uni-*)
- Comprender y comentar el concepto de sufijos y reconocer su uso para determinar los significados de algunas palabras españolas (*-able, -ado, -al, -ancia, -ante, -ario, -azo, -ción, -dad, -dero, -dizo, -dor, -encia, -ero, -és, -ía, -iano, -ible, -ica, -ido, -iente, -ismo, -ista, -izo, -mente, -or, -oso, -teca, -tud, -ura*)

#### ▸ Origen de las palabras

- Desarrollar interés en el vocabulario reconociendo y apreciando aspectos de palabras, "reuniendo" y comentando palabras interesantes y usándolas en la conversación
- Comprender y comentar el hecho de que los cognados son palabras de diferentes idiomas que tienen significado y ortografía similares porque tienen un origen relacionado (español: *alfabeto*, inglés: *alphabet*, francés: *alphabet*, italiano: *alfabeto*, alemán: *Alphabet*)
- Comprender y comentar el hecho de que las palabras o términos españoles derivan de muchas fuentes, como otros idiomas, tecnología, nombres, productos de marca registrada y prácticas sociales (*canoa, parlamento, armonía, caqui, álgebra; blog, link; sándwich, hamburguesa; xerox, jeep; redes sociales*)
- Comprender y comentar el concepto de raíces latinas y reconocer su uso para determinar los significados de muchas palabras españolas (*acua, acui, agri, aud, bene, cap, centre, corp, cred, denti, ducto, equi, fero, firm, form, fugo, grado, loc, lum, mem, mis, pari, pedi, petro, pisci, pleni, pueri, silvi, somni, voro*)
- Comprender y comentar el concepto de raíces griegas y reconocer su uso para determinar los significados de palabras españolas (*aero, arqui, astro, bio, crono, ciclo, demo, geo, gramo, grafía, hidra, hidro, logía, mega, metro, micro, fono, foto, podo, poli, polis, scopo, tele, termo*)

# Seleccionar objetivos Hábitos y conocimientos para observar, enseñar y apoyar *(cont.)*

## Fonética, ortografía y estudio de palabras

### ESTRUCTURA DE LAS PALABRAS

#### ▸ Sílabas

- Oír, decir, aplaudir e identificar sílabas en palabras de una a cinco sílabas (*con, sal, vaca, libro, espejo, mariposa, simplemente, cumpleaños, lavadora, exactamente, consíguemelo*)
- Comprender y hablar acerca del hecho de que cada sílaba contiene al menos un sonido vocálico
- Identificar la sílaba tónica y clasificar la palabra según su sílaba tónica (*aguda, grave, esdrújula*)

#### ▸ Plurales

- Reconocer y usar plurales que agregan *-s* a palabras que terminan en vocal (*libros, gatos, amigos*)
- Reconocer y usar plurales que agregan *-es* a palabras que terminan en consonante o en *y* (*colores, paredes, reyes*)
- Reconocer y usar plurales que requieren cambios ortográficos como eliminar *-z* y agregar *-ces* o agregar o eliminar un acento gráfico (*lapiz/lápices, joven/jóvenes*)

#### ▸ Sufijos

- Comprender y hablar acerca del concepto de sufijo
- Reconocer y usar sufijos comunes

#### ▸ Sufijos: Sufijos de adjetivo y adverbio

- Reconocer y usar el sufijo *-mente* para formar un adverbio usando la forma femenina del adjetivo (*rápido/rápidamente, lento/lentamente*)
- Reconocer y usar el sufijo *-oso/-osa*, que describe una cualidad o estado (*arena/arenoso, veneno/venenoso*)
- Reconocer y usar el sufijo *-able/-ible*, que significa "capaz" para formar un adjetivo (*lavar/lavable, reconocer/reconocible*)
- Reconocer y usar el sufijo *-ante/-iente* para describir una cualidad (*andar/andante, picar/picante, vivir/viviente*)

#### ▸ Sufijos: Desinencias para el superlativo

- Reconocer y usar el sufijo *-ísimo/-ísima* para formar adjetivos superlativos (*alto/altísimo, cara/carísima, grande/grandísimo*)

#### ▸ Sufijos: Diminutivos y aumentativos

- *-ito, -ita:* usados con sustantivos y adjetivos para formar formas diminutivas (*chiquito, casita*)
- *-ote, -ota:* usados con sustantivos y adjetivos para formar formas aumentativas (*grandote, abrazote*)

#### ▸ Sufijos: Sufijos de sustantivo

- Reconocer y usar los sufijos *-ero/-era, -or/-ora, -ista*, que nombran a una persona o cosa que hace algo, para formar un sustantivo:
  - *-ero/-era* (*zapato/zapatero, carne/carnicero*)
  - *-or/-ora* (*pintar/pintor*)
  - *-ista* (*arte/artista, periódico/periodista*)
- Reconocer y usar el sufijo *-dad* con sustantivos que describen un concepto (*libertad, comunidad, maldad*)
- Reconocer y usar el sufijo *-ción* con sustantivos que describen una acción o una cualidad (*comunicación, declaración*)

#### ▸ Prefijos

- Comprender y comentar el concepto de prefijo
- Reconocer y usar el prefijo *re-*, que significa "de nuevo" (*rehacer, releer*)
- Reconocer y usar prefijos que significan "no":
  - *in-* (*invisible, incomprensible*)
  - *im-* (*imposible*)
  - *dis-* (*disconforme*)
  - *des-* (*deshacer*)
- Reconocer y usar el prefijo *mal-*, que significa "malo, mal" o "erróneo, erróneamente" (*maltrato*)
- Reconocer y usar prefijos que se refieren a una secuencia: *pre-*, que significa "antes" *(precalentar)*
- Reconocer y usar prefijos que indican cantidad, extensión o ubicación:
  - *sub-* (*subterráneo*)
  - *super-* (*supermercado*)
- Reconocer y usar el prefijo *ante-*, que significa "antes" (*antepasado*)
- Reconocer y usar prefijos relacionados con números (*uniciclo, bicultural, trimestre*)

#### ▸ Desinencias verbales

- Reconocer y formar los tiempos presentes, pasados, presentes perfectos y futuros de verbos regulares e irregulares usando desinencias que modifican los verbos (*correr/corro/corrí/corría/he corrido/correré*); formar el gerundio agregando *-ando/-iendo* (*jugar/jugando*); reconocer que se puede expresar el futuro con *ir a* + infinitivo (*voy a jugar*)
- Reconocer la variación ortográfica del gerundio *-iendo/-yendo (leer/leyendo)*
- Reconocer y usar de manera correcta la concordancia entre sujeto y verbo para verbos con sustantivos singulares y plurales *(la niña corre/las niñas corren; Juan vino/Juan y Carla vinieron)*
- Reconocer y usar verbos regulares e irregulares en una variedad de tiempos (*caminará, habrá; caminaría, habría*)
- Reconocer y usar verbos en el subjuntivo para expresar voluntad, posibilidad y duda *(estudie, llueva, vengan)*
- Reconocer y usar formas verbales formales e informales *(tú estás, usted está)*

# Seleccionar objetivos Hábitos y conocimientos para observar, enseñar y apoyar *(cont.)*

## Fonética, ortografía y estudio de palabras

### ESTRUCTURA DE LAS PALABRAS *(continuación)*

#### ▶ Palabras base

- Agregar una terminación a una palabra base para formar una palabra nueva (*pan, panadero*)

#### ▶ Concordancia de género y número

- Reconocer y usar la concordancia de género y número en artículos y sustantivos (*la maestra, los maestros*)
- Reconocer y usar la concordancia de género y número con adjetivos y sustantivos (*el cuaderno rojo, las casas amarillas*)
- Reconocer palabras masculinas y femeninas que no siguen las reglas habituales (*el mapa; el problema; el águila, las águilas*)
- Reconocer y usar la concordancia de pronombre y antecedente (*Cuando los conocí, Marcos y Juan eran muy amigos.*)

#### ▶ Abreviaturas

- Reconocer y usar abreviaturas comunes y comprender la forma completa de las palabras que acortan:
  - títulos, nombres, grados y términos profesionales: *Sr.* (*Señor*, título para hombre), *Sra.* (*Señora*, título para mujer), *Srta.* (*Señorita*, título para mujer soltera), *Dr./Dra.* (*Doctor/Doctora*, título para doctor)
  - días de la semana y meses del año: *lun.* (*lunes*), *mart., miérc., juev., vier., sáb., dom.; ene.* (*enero*), *feb., mar., abr., may., jun., jul., ago., sept./set., oct., nov., dic.*
  - direcciones y términos geográficos: *Ca.* (*Calle*), *Ave.* (*Avenida*), *Cmo.* (*Camino*), *Apto.* (*Apartmento*), *Blvd.* (*Bulevar*), *CA o Calif.* (*California*), *EE.UU.* (*Estados Unidos*); *Mnt.* (*Montaña*); *E* (*Este*), *N, O, S*
  - horas y fechas: *a.m. o am* (la hora desde la medianoche hasta el mediodía), *p.m. o pm* (la hora desde el mediodía hasta la medianoche)
  - medidas: *pul.* (*pulgada[s]*), *p.* (*pie[s]*), *yda.* (*yarda[s]*), *m.* (*metro[s]*), *mi.* (*milla[s]*), *km.* (*kilómetro[s]*), *lb.* (*libra[s]*), *oz.* (*onza[s]*), *kg.* (*kilogramo[s]*)
  - cierres: *Atte.* (*atentamente*)

#### ▶ Raíces

- Reconocer y usar raíces de palabras del latín o el griego:
  - Latín: *acua, acui, agri, aud, bene, cap, centre, corp, cred, denti, ducto, equi, fer, firm, form, fugo, grado, loc, lum, mem, mis, pari, pedi, petro, pisci, pleni, pueri, silvi, somni, voro*
  - Griego: *aero, arqueo, bio, ciclo, crono, demo, fono, foto, geo, grafía, hidro, logía, logo, mega, metro, podo, poli, sema, scopio, termo, topo*

### ACCIONES PARA DESCIFRAR PALABRAS

#### ▶ Usar lo que se sabe para descifrar palabras

- Identificar palabras que tienen el mismo patrón de letras y usarlas para descifrar una palabra desconocida (*ciudad, actividad*)
- Usar partes de palabras conocidas (algunas son palabras) para descifrar palabras desconocidas más extensas (*sola, solamente*)
- Usar el contexto de una oración para comprender el significado de una palabra

#### ▶ Descomponer palabras para descifrarlas

- Descomponer una palabra compuesta para leer dos palabras más pequeñas (*matamoscas, mata, moscas; sacapuntas, saca, puntas; autobús, auto, bus*)
- Separar una palabra en sílabas o partes significativas para descifrar unidades manejables (*re/cuer/da, ham/bur/gue/sa, mari/posa, bici/cleta*)

#### ▶ Usar estrategias para descifrar palabras y determinar sus significados

- Usar relaciones entre palabras que significan lo mismo o casi lo mismo para descifrar una palabra desconocida (*húmedo/mojado*)
- Usar relaciones entre palabras que significan lo contrario o casi lo contrario para descifrar una palabra desconocida (*frío/caliente*)
- Reconocer y usar partes de palabras para descifrar una palabra desconocida y comprender su significado: *conferencia:* prefijo *con-* ("con o junto"), raíz latina *fer* ("llevar" o "portar"), sufijo *-encia* ("estado de" o "calidad de")
- Reconocer y usar relaciones entre palabras relacionadas que tienen la misma palabra raíz o base para descifrar palabras desconocidas (*comprender/comprendido/comprensivo/comprensible/incomprensible*)
- Reconocer y usar el origen de una palabra para descifrar una palabra desconocida y comprender su forma y significado
- Reconocer y usar raíces latinas para descifrar una palabra desconocida y determinar su significado (la raíz latina *cred*, que significa "creer", en la palabra *incrédulo*, significa "que no cree")
- Reconocer y usar raíces griegas para descifrar una palabra desconocida y determinar su significado (la raíz griega *grafía*, que significa "escribir", en la palabra *caligrafía*, significa "escritura decorativa")
- Reconocer y comentar el hecho de que palabras de diferentes idiomas o del mismo idioma pueden tener un origen común (*escribir* en español, *describe* y *script* en inglés, derivan del latín *scribere*, "escribir")
- Reconocer y usar prefijos, sufijos y raíces de palabras que tienen origen latino y griego para comprender el significado de las palabras

#### ▶ Usar herramientas de referencia para descifrar y hallar información acerca de las palabras

- Usar un glosario para descifrar y hallar información acerca de las palabras
- Usar un diccionario para descifrar y hallar información acerca de las palabras

#### ▶ Estrategias de ortografía

- Hacer un primer intento de deletrear una palabra desconocida
- Usar patrones de letras y sílabas como ayuda para deletrear una palabra
- Usar una secuencia de sonidos y letras como ayuda para deletrear una palabra
- Usar sílabas como ayuda para deletrear una palabra
- Usar la ortografía de las palabras más pequeñas que hay dentro de una palabra compuesta como ayuda para deletrear una palabra compuesta
- Usar una rutina ortográfica como ayuda para deletrear una palabra
- Usar un recurso mnemotécnico como ayuda para deletrear una palabra (*v* de *"vaca"*; *b* de *"burrito"*)
- Usar un diccionario para confirmar o corregir la ortografía de una palabra
- Usar el origen de las palabras para comprender y recordar la ortografía de algunas palabras (*ballet, bungalow, espagueti, tsunami*)
- Usar un programa electrónico para revisar la ortografía
- Pedir ayuda cuando se han probado todas las estrategias ortográficas conocidas

# Seleccionar objetivos Hábitos y conocimientos para observar, enseñar y apoyar

## Fonética, ortografía y estudio de palabras

### RELACIONES ENTRE LAS LETRAS Y LOS SONIDOS

#### ▸ Vocales

- Reconocer y usar sonidos vocálicos en sílabas cerradas (CVC): *sol, pan, ven, mis*
- Reconocer y usar sonidos vocálicos en sílabas abiertas (CV)
- Comprender que algunas sílabas pueden tener más de una vocal. Distinguir entre las vocales fuertes (*a, e, o*) y las vocales débiles (*i, u*) que se pueden combinar para formar un diptongo (*puedo, tiene, fui*)
- Reconocer y usar hiatos (*poesía, frío, peor, héroe*)

#### ▸ Consonantes

- Comprender que la letra *h* no tiene sonido, y reconocer palabras que tienen *h* (*hoja, hijo, hermano*)
- Reconocer y usar grupos consonánticos que combinan dos sonidos consonánticos: consonante + *l*; consonante + *r* (*blanco, planta, grande, claro, trabajo, otra, cuatro*)
- Reconocer y usar sílabas con /k/ (*c, qu*), /g/ (*ga, go, gu, gue, gui, güe, güi*), /j/ (*ge, gi*) y /s/ (*ce, ci*): *queso, pingüino, círculo*
- Usar las diéresis correctamente en palabras con las sílabas *güe* y *güi* (*bilingüe, pingüino*)
- Saber las correspondencias de ortografía y sonido de dígrafos consonánticos comunes: *ch, ll, rr* (*chile, lluvia, perro*)
- Comprender que las palabras pueden tener los mismos sonidos representados por diferentes letras, entre ellas *ll* y *y*; *c, k* y *q*; *c* suave, *x* suave, *s* y *z*; *g* suave, *j* y *x*: *amarillo, arroyo; castillo, kilo, quiero; cejas, serie, zapato; jirafa, general, México*
- Reconocer y usar palabras con *r* (*pero, perro*)

#### ▸ Acento gráfico

- Comprender que el acento gráfico en ocasiones indica un significado diferente en palabras que se escriben con las mismas letras (*mama/mamá, papa/papá, tu/tú, si/sí, esta/está, el/él*). Esto se llama acento diacrítico.
- Reconocer que un diptongo puede separarse con un acento gráfico en dos sílabas para formar un hiato (*rio/río, Raúl, baúl, frío, país*)
- Usar acentos gráficos en palabras que se usan comúnmente en preguntas y exclamaciones (*qué, cómo*)
- Marcar acentos de manera adecuada cuando se conjugan verbos en una variedad de tiempos (*comió, saltó, tenía, gustaría, vendrá*)
- Determinar si una palabra requiere un acento gráfico en la sílaba tónica aplicando un análisis sistemático
- Usar el acento gráfico correctamente de acuerdo con el significado de la palabra en su contexto (*hacia/hacía, sabia/sabía, rio/río*)
- Colocar el acento gráfico correctamente en órdenes con pronombres de complemento (*cántamela, lávamelo, consíguemela*)
- Deletrear palabras con acento en la sílaba que está antes de la antepenúltima sílaba que tiene acento prosódico u ortográfico (*palabras sobresdrújulas*)

### PATRONES ORTOGRÁFICOS

- Reconocer y usar patrones ortográficos usando *n* antes de *v*; *m* antes de *b*; y *m* antes de *p* (*invierno, alfombra, campana*)
- Reconocer los cambios ortográficos que en ocasiones son necesarios cuando se agrega un afijo (*lento/lentamente, rápido/rapidísimo*)
- Reconocer y usar cambios ortográficos que se requieren en algunas formas verbales de los verbos que terminan en *-zar, -car* y *-gar* (*empecé, busqué, llegué*)
- Reconocer y usar verbos irregulares en diferentes tiempos y formas verbales, que incluyen el pretérito, el futuro, el gerundio y el participio pasado (*anduvo, pondrá, vistiendo, roto*)

### SIGNIFICADO DE LAS PALABRAS/VOCABULARIO

#### ▸ Palabras conceptuales

- Reconocer y usar palabras conceptuales que pueden tener conjuntos y subconjuntos: *comida (arroz, queso, tortilla); fruta (manzana, pera); vegetales (lechuga, zanahoria, chícharo)*
- Reconocer y usar sustantivos abstractos (*belleza, amor, libertad*)

#### ▸ Palabras relacionadas

- Reconocer y hablar acerca del hecho de que las palabras pueden relacionarse de muchas maneras:
  - sonido (*ves/vez*)
  - ortografía (*hueso/hueco, tiene/viene*)
  - categoría (*sombrero/abrigo, papá/mamá*)
- Reconocer y usar sinónimos (palabras que tienen casi el mismo significado): *chico/pequeño*
- Reconocer y usar antónimos (palabras que tienen significados opuestos): *alto/bajo*
- Reconocer y usar homófonos (palabras que tienen el mismo sonido, ortografía diferente y significados diferentes): *ves/vez*
- Reconocer y usar homógrafos (palabras que tienen la misma ortografía, diferentes significados): *vino, amo*
- Reconocer que una palabra puede derivar de otra, lo que constituye una familia de palabras basadas en un significado similar (*libro, librería, librero, librito; zapato, zapatero, zapatería; casa, casita, casona*)
- Diferenciar entre términos que comúnmente se confunden (*porque, por qué; asimismo, así mismo; sino, si no; también, tan bien*)

# Seleccionar objetivos Hábitos y conocimientos para observar, enseñar y apoyar *(cont.)*

## Fonética, ortografía y estudio de palabras



### SIGNIFICADO DE LAS PALABRAS/VOCABULARIO *(continuación)*

#### ▸ Palabras relacionadas *(continuación)*

- Comprender el concepto de analogía para determinar relaciones entre las palabras:
  - sinónimos–*alerta : atento :: elevar : subir*
  - antónimos–*débil : fuerte :: duradero : endeble*
  - homófonos–*rallar : rayar :: hasta : asta*
  - objeto/uso–*catálogo : promocionar :: casco : proteger*
  - parte/todo–*capítulo : libro :: músico : orquesta*
  - causa/efecto–*comedia : risa :: sequía : hambruna*
  - miembro/categoría–*apio : verdura :: plomero : oficio*
  - denotación/connotación–*ahorrador : tacaño :: delgado : flacucho*

#### ▸ Palabras combinadas y creadas

- Reconocer y usar palabras compuestas (*matamoscas, parasol, autopista*)
- Reconocer y usar palabras compuestas con partes comunes (*lavaplatos, lavamanos; abrelatas, abrecartas*)
- Reconocer y usar palabras híbridas, que se forman combinando una palabra extranjera y un morfema español (*chat + -ar = chatear*)
- Reconocer y usar palabras acortadas: *buen (bueno), gran (grande), primer (primero), bici (bicicleta), foto (fotografía)*
- Reconocer y usar acrónimos, que se forman combinando la letra o las letras iniciales de nombres o frases con muchas palabras: *ovni (objeto volador no identificado), pyme (pequeña y mediana empresa)*
- Reconocer y comentar el hecho de que los palíndromos son palabras que se escriben igual en ambas direcciones (*somos, reconocer, seres*)

#### ▸ Usos figurados de las palabras

- Reconocer y usar onomatopeyas (*toc toc, zas, cuac, cataplán*)
- Reconocer y comentar el hecho de que algunas palabras tienen significados literales y figurados:
  - *frío - con una temperatura inferior a la normal; indiferente, sin interés*
  - *horno - recipiente o aparato para asar; lugar caliente*
- Reconocer y usar símiles para hacer una comparación:
  - *Los ojos del niño brillaban como dos luceros en la noche.*
  - *Él estaba tan enojado como un perro rabioso.*
- Reconocer y usar metáforas para hacer una comparación:
  - *Se me congeló el corazón.*
  - *Ella es una estrella deslumbrante.*
- Reconocer y comentar el hecho de que modismos que se usan comúnmente tienen significados diferentes de los significados de las palabras por separado (*ser pan comido, tomar el pelo, pedirle peras al olmo, dar en el clavo*)

#### ▸ Partes de palabras

- Comprender y comentar el concepto de prefijos y reconocer su uso para determinar los significados de algunas palabras españolas (*ad-, ante-, bi-, circun-, com-, con-, contra-, contro-, cuadri-, deci-, dis-, en-, ex-, im-, in-, inter-, intra-, mal-, mis-, mono-, multi-, nona-, octa-, penta-, pen-, poli-, pre-, re-, sub-, super-, trans-, tri-, uni-*)
- Comprender y comentar el concepto de sufijos y reconocer su uso para determinar los significados de algunas palabras españolas (*-able, -ado, -al, -ancia, -ante, -ario, -azo, -ción, -dad, -dero, -dizo, -dor, -encia, -ero, -és, -ía, -iano, -ible, -ica, -ido, -iente, -ismo, -ista, -izo, -mente, -or, -oso, -teca, -tud, -ura*)

#### ▸ Origen de las palabras

- Desarrollar interés en el vocabulario reconociendo y apreciando aspectos de palabras, "reuniendo" y comentando palabras interesantes y usándolas en la conversación
- Comprender y comentar el hecho de que los cognados son palabras de diferentes idiomas que tienen significado y ortografía similares porque tienen un origen relacionado (español: *alfabeto,* inglés: *alphabet,* francés: *alphabet,* italiano: *alfabeto,* alemán: *Alphabet*)
- Comprender y comentar el hecho de que las palabras o términos españoles derivan de muchas fuentes, como otros idiomas, tecnología, nombres, productos de marca registrada y prácticas sociales (*canoa, parlamento, armonía, caqui, álgebra; blog, link; sándwich, hamburguesa; xerox, jeep; redes sociales*)
- Comprender y comentar el concepto de raíces latinas y reconocer su uso para determinar los significados de muchas palabras españolas (*acua, acui, agri, aud, bene, cap, centre, corp, cred, denti, ducto, equi, fer, firm, form, fugo, grado, loc, lum, mem, mis, pari, pedi, petro, pisci, pleni, pueri, silvi, somni, voro*)
- Comprender y comentar el concepto de raíces griegas y reconocer su uso para determinar los significados de palabras españolas (*aero, arqui, astro, bio, crono, ciclo, demo, geo, gramo, grafía, hidra, hidro, logía, mega, metro, micro, fono, foto, podo, poli, polis, scopo, tele, termo*)
- Reconocer y usar prefijos, sufijos y raíces de palabras que tienen origen latino y griego para comprender el significado de las palabras: *increíble–in-* ("no"), latino: *cred* ("creer") e *-ible* ("capaz de"); *antibiótico–anti-* ("contrario" o "contra"), griego: *bio* ("vivo") e *-ico* ("relacionado con")
- Reconocer y comentar el hecho de que palabras de diferentes idiomas o del mismo idioma pueden tener un origen común (*escribir* en español, *describe* y *script* en inglés, derivan del latín *scribere,* "escribir")

# Seleccionar objetivos Hábitos y conocimientos para observar, enseñar y apoyar *(cont.)*

## Fonética, ortografía y estudio de palabras

### ESTRUCTURA DE LAS PALABRAS

**▸ Sílabas**

- Comprender y hablar acerca del hecho de que cada sílaba contiene al menos un sonido vocálico
- Identificar la sílaba tónica y clasificar la palabra según su sílaba tónica (*aguda, grave, esdrújula*)

**▸ Plurales**

- Reconocer y usar plurales que agregan *-s* a palabras que terminan en vocal (*libros, gatos, amigos*)
- Reconocer y usar plurales que agregan *-es* a palabras que terminan en consonante o en *y* (*colores, paredes, reyes*)
- Reconocer y usar plurales que requieren cambios ortográficos como eliminar *-z* y agregar *-ces* o agregar o eliminar un acento gráfico (*lapiz/lápices, joven/jóvenes*)

**▸ Sufijos**

- Comprender y hablar acerca del concepto de sufijo
- Reconocer y usar sufijos comunes

**▸ Sufijos: Sufijos de adjetivo y adverbio**

- Reconocer y usar el sufijo *-mente* para formar un adverbio usando la forma femenina del adjetivo (*rápido/rápidamente, lento/lentamente*)
- Reconocer y usar el sufijo *-oso/-osa*, que describe una cualidad o estado (*arena/arenoso, veneno/venenoso*)
- Reconocer y usar el sufijo *-able/-ible*, que significa "capaz" para formar un adjetivo (*lavar/lavable, reconocer/reconocible*)
- Reconocer y usar el sufijo *-ante/-iente* para describir una cualidad (*andar/andante, picar/picante, vivir/viviente*)
- Reconocer y usar el sufijo *-al*, que significa "que pertenece a" o "relativo a" (*territorio/territorial, nación/nacional*)
- Reconocer y usar el sufijo *-ano/-ana*, que significa "que proviene de" o "relacionado con" (*aldea/aldeano, Latinoamérica/latinoamericano*)

**▸ Sufijos: Desinencias para el superlativo**

- Reconocer y usar el sufijo *-ísimo/-ísima* para formar adjetivos superlativos (*alto/altísimo, cara/carísima, grande/grandísimo*)

**▸ Sufijos: Diminutivos y aumentativos**

- ◆ *-ito, -ita:* usados con sustantivos y adjetivos para formar formas diminutivas (*chiquito, casita*)
- ◆ *-ote, -ota:* usados con sustantivos y adjetivos para formar formas aumentativas (*grandote, abrazote*)

**▸ Sufijos: Sufijos de sustantivo**

- Reconocer y usar los sufijos *-ero/-era, -or/-ora, -ista*, que nombran a una persona o cosa que hace algo, para formar un sustantivo:
  - ◆ *-ero/-era* (*zapato/zapatero, carne/carnicero*)
  - ◆ *-or/-ora* (*pintar/pintor*)
  - ◆ *-ista* (*arte/artista, periódico/periodista*)
- Reconocer y usar el sufijo *-dad* con sustantivos que describen un concepto (*libertad, comunidad, maldad*)
- Reconocer y usar el sufijo *-ción* con sustantivos que describen una acción o una cualidad (*comunicación, declaración*)
- Reconocer y usar los sufijos *-mento* y *-miento*, que describen acciones o efectos: *pegamento, pensamiento*
- Reconocer y usar el sufijo *-ía* para describir una cualidad o condición (*mayoría, alegría, valentía*)

**▸ Prefijos**

- Comprender y comentar el concepto de prefijo
- Reconocer y usar el prefijo *re-*, que significa "de nuevo" (*rehacer, releer*)
- Reconocer y usar prefijos que significan "no":
  - ◆ *in-* (*invisible, incomprensible*)
  - ◆ *im-* (*imposible*)
  - ◆ *dis-* (*disconforme*)
  - ◆ *des-* (*deshacer*)
- Reconocer y usar el prefijo *mal-*, que significa "malo, mal" o "erróneo, erróneamente" (*maltrato*)
- Reconocer y usar prefijos que se refieren a una secuencia: *pre-*, que significa "antes" (*precalentar*)
- Reconocer y usar prefijos que indican cantidad, extensión o ubicación:
  - ◆ *sub-* (*subterráneo*)
  - ◆ *super-* (*supermercado*)
- Reconocer y usar el prefijo *ante-*, que significa "antes" (*antepasado*)
- Reconocer y usar prefijos relacionados con números (*uniciclo, bicultural, trimestre, cuadrilátero, pentagrama, octágono*)
- Reconocer y usar prefijos que significan "afuera" o "sin" o "en, dentro o en el interior":
  - ◆ *ex-* (*extraer*)
  - ◆ *in-* (*incorporar*)
- Reconocer y usar prefijos que significan "alrededor", "del otro lado de", "más allá de" o "a través de":
  - ◆ *circu-, circun-* (*circular, circunnavegar*)
  - ◆ *peri-* (*período*)
  - ◆ *trans-* (*transportar*)
  - ◆ *per-* (*permitir*)

# Seleccionar objetivos Hábitos y conocimientos para observar, enseñar y apoyar *(cont.)*

## Fonética, ortografía y estudio de palabras

### ESTRUCTURA DE LAS PALABRAS *(continuación)*

#### ▶ Desinencias verbales

- Reconocer y formar los tiempos presentes, pasados, presentes perfectos y futuros de verbos regulares e irregulares usando desinencias que modifican los verbos (*correr/corro/corrí/corría/he corrido/correré*); formar el gerundio agregando *-ando/-iendo* (*jugar/jugando*); reconocer que se puede expresar el futuro con *ir a* + infinitivo (*voy a jugar*)
- Reconocer la variación ortográfica del gerundio *-iendo/-yendo* (*leer/leyendo*)
- Reconocer y usar de manera correcta la concordancia entre sujeto y verbo para verbos con sustantivos singulares y plurales (*la niña corre/las niñas corren; Juan vino/ Juan y Carla vinieron*)
- Reconocer y usar verbos en el subjuntivo para expresar voluntad, posibilidad y duda (*estudie, llueva, vengan*)
- Reconocer y usar formas verbales formales e informales (*tú estás, usted está*)
- Reconocer y usar verbos en tiempos perfectos con una forma del verbo *haber* y el participio pasado (*he estudiado, había estudiado, habré estudiado*)
- Reconocer y formar los tiempos del subjuntivo presente y pasado de verbos regulares e irregulares (*hable, hablara/hablase; tenga, tuviera/tuviese; vaya, fuera/fuese*)

#### ▶ Palabras base

- Agregar una terminación a una palabra base para formar una palabra nueva (*pan, panadero*)

#### ▶ Concordancia de género y número

- Reconocer y usar la concordancia de género y número en artículos y sustantivos (*la maestra, los maestros*)
- Reconocer y usar la concordancia de género y número con adjetivos y sustantivos (*el cuaderno rojo, las casas amarillas*)
- Reconocer y usar la concordancia de pronombre y antecedente (*Cuando los conocí, Marcos y Juan eran muy amigos.*)
- Reconocer palabras masculinas y femeninas que no siguen las reglas habituales (*el mapa; el problema; el águila, las águilas*)

#### ▶ Abreviaturas

- Reconocer y usar abreviaturas comunes y comprender la forma completa de las palabras que acortan:
  - títulos, nombres, grados y términos profesionales: Sr. (*Señor*, título para hombre), Sra. (*Señora*, título para mujer), Srta. (*Señorita*, título para mujer soltera), Dr./Dra. (*Doctor/Doctora*, título para doctor)
  - días de la semana y meses del año: *lun. (lunes), mart., miérc., juev., vier., sáb., dom.; ene. (enero), feb., mar., abr., may., jun., jul., ago., sept./set., oct., nov., dic.*
  - direcciones y términos geográficos: *Ca. (Calle), Ave. (Avenida), Cmo. (Camino), Apto. (Apartmento), Blvd. (Bulevar), CA o Calif. (California), EE.UU. (Estados Unidos); Mnt. (Montaña); E (Este), N, O, S*
  - horas y fechas: *a.m.* o *am* (la hora desde la medianoche hasta el mediodía), *p.m.* o *pm* (la hora desde el mediodía hasta la medianoche)
  - medidas: *pul. (pulgada[s]), p. (pie[s]), yda. (yarda[s]), m. (metro[s]), mi. (milla[s]), km. (kilómetro[s]), lb. (libra[s]), oz. (onza[s]), kg. (kilogramo[s])*
  - cierres: *Atte. (atentamente)*

#### ▶ Raíces

- Reconocer y usar raíces de palabras del latín o el griego:
  - Latín: *acua, acui, agri, aud, bene, cap, centre, corp, cred, denti, ducto, equi, fer, firm, form, fugo, grado, loc, lum, mem, mis, pari, pedi, petro, pisci, pleni, pueri, silvi, somni, voro*
  - Griego: *aero, arqueo, bio, ciclo, crono, demo, fono, foto, geo, grafía, hidro, logía, logo, mega, metro, podo, poli, sema, scopio, termo, topo*

### ACCIONES PARA DESCIFRAR PALABRAS

#### ▶ Usar lo que se sabe para descifrar palabras

- Identificar palabras que tienen el mismo patrón de letras y usarlas para descifrar una palabra desconocida (*ciudad, actividad*)
- Usar partes de palabras conocidas (algunas son palabras) para descifrar palabras desconocidas más extensas (*sola, solamente*)
- Usar el contexto de una oración para comprender el significado de una palabra

#### ▶ Descomponer palabras para descifrarlas

- Descomponer una palabra compuesta para leer dos palabras más pequeñas (*matamoscas, mata, moscas; sacapuntas, saca, puntas; autobús, auto, bus*)
- Separar una palabra en sílabas o partes significativas para descifrar unidades manejables (*re/cuer/da, ham/bur/gue/sa, mari/posa, bici/cleta*)

#### ▶ Usar estrategias para descifrar palabras y determinar sus significados

- Usar relaciones entre palabras que significan lo mismo o casi lo mismo para descifrar una palabra desconocida (*húmedo/mojado*)
- Usar relaciones entre palabras que significan lo contrario o casi lo contrario para descifrar una palabra desconocida (*frío/caliente*)
- Reconocer y usar partes de palabras para descifrar una palabra desconocida y comprender su significado: *conferencia*: prefijo *con-* ("con o junto"), raíz latina *fer* ("llevar" o "portar"), sufijo *-encia* ("estado de" o "calidad de")
- Reconocer y usar relaciones entre palabras relacionadas que tienen la misma palabra raíz o base para descifrar palabras desconocidas (*comprender/comprendido/ comprensivo/comprensible/incomprensible*)
- Reconocer y usar el origen de una palabra para descifrar una palabra desconocida y comprender su forma y significado
- Reconocer y usar raíces latinas para descifrar una palabra desconocida y determinar su significado: la raíz latina *cred*, que significa "creer", en la palabra *incrédulo*, que significa "que no cree"
- Reconocer y usar raíces griegas para descifrar una palabra desconocida y determinar su significado: la raíz griega *grafía*, que significa "escribir", en la palabra *caligrafía*, que significa "escritura decorativa"

# Seleccionar objetivos Hábitos y conocimientos para observar, enseñar y apoyar *(cont.)*

## Fonética, ortografía y estudio de palabras

### ACCIONES PARA DESCIFRAR PALABRAS *(continuación)*

▸ **Usar herramientas de referencia para descifrar y hallar información acerca de las palabras**

- Usar un glosario para descifrar y hallar información acerca de las palabras
- Usar un diccionario para descifrar y hallar información acerca de las palabras
- Reconocer y usar diferentes tipos de diccionarios (médicos, de idiomas extranjeros, geográficos, visuales, inversos, tesauro) para descifrar y hallar información acerca de las palabras

▸ **Estrategias de ortografía**

- Hacer un primer intento de deletrear una palabra desconocida
- Usar patrones de letras y sílabas como ayuda para deletrear una palabra
- Usar una secuencia de sonidos y letras como ayuda para deletrear una palabra
- Usar sílabas como ayuda para deletrear una palabra
- Usar la ortografía de las palabras más pequeñas que hay dentro de una palabra compuesta como ayuda para deletrear una palabra compuesta
- Usar una rutina ortográfica como ayuda para deletrear una palabra
- Usar un recurso mnemotécnico como ayuda para deletrear una palabra (*v* de *"vaca"*; *b* de *"burrito"*)
- Usar un diccionario para confirmar o corregir la ortografía de una palabra
- Usar el origen de las palabras para comprender y recordar la ortografía de algunas palabras (*ballet, bungalow, espagueti, tsunami*)
- Usar un programa electrónico para revisar la ortografía
- Pedir ayuda cuando se han probado todas las estrategias ortográficas conocidas

# Seleccionar objetivos Hábitos y conocimientos para observar, enseñar y apoyar

## Fonética, ortografía y estudio de palabras



### RELACIONES ENTRE LAS LETRAS Y LOS SONIDOS

#### ▶ Vocales

- Comprender que algunas sílabas pueden tener más de una vocal. Distinguir entre las vocales fuertes *(a, e, o)* y las vocales débiles *(i, u)* que se pueden combinar para formar un diptongo (*puedo, tiene, fui*)
- Reconocer y usar hiatos (*poesía, frío, peor, héroe*)

#### ▶ Consonantes

- Comprender que la letra *h* no tiene sonido, y reconocer palabras que tienen *h* (*hoja, hijo, hermano*)
- Reconocer y usar grupos consonánticos que combinan dos sonidos consonánticos: consonante + *l*; consonante + *r (blanco, planta, grande, claro, trabajo, otra, cuatro)*
- Reconocer y usar sílabas con */k/ (c, qu), /g/ (ga, go, gu, gue, gui, güe, güi), /j/ (ge, gi)* y */s/ (ce, ci): queso, pingüino, círculo*
- Usar las diéresis correctamente en palabras con las sílabas *güe* y *güi* (*bilingüe, pingüino*)
- Saber las correspondencias de ortografía y sonido de dígrafos consonánticos comunes: *ch, ll, rr* (*chile, lluvia, perro*)
- Comprender que las palabras pueden tener los mismos sonidos representados por diferentes letras, entre ellas *ll* y *y*; *c, k* y *q*; *c* suave, *x* suave, *s* y *z*; *g* suave, *j* y *x* (*amarillo, arroyo; castillo, kilo, quiero; cejas, serie, zapato; jirafa, general, México*)
- Reconocer y usar palabras con *r* fuerte y suave (*pero, perro*)

#### ▶ Acento gráfico

- Comprender que el acento gráfico en ocasiones indica un significado diferente en palabras que se escriben con las mismas letras (*mama/mamá, papa/papá, tu/tú, si/sí, esta/está, el/él*). Esto se llama acento diacrítico.
- Reconocer que un diptongo puede separarse con un acento gráfico en dos sílabas para formar un hiato (*rio/río, Raúl, baúl, frío, país*)
- Usar acentos gráficos en palabras que se usan comúnmente en preguntas y exclamaciones (*qué, cómo*)
- Marcar acentos de manera adecuada cuando se conjugan verbos en una variedad de tiempos (*comió, saltó, tenía, gustaría, vendrá*)
- Determinar si una palabra requiere un acento gráfico en la sílaba tónica aplicando un análisis sistemático
- Usar el acento gráfico correctamente de acuerdo con el significado de la palabra en su contexto (*hacia/hacía, sabia/sabía, rio/río*)
- Colocar el acento gráfico correctamente en órdenes con pronombres de complemento (*cántamela, lávamelo, consíguemela*)
- Deletrear palabras con acento en la sílaba que está antes de la antepenúltima sílaba que tiene acento prosódico u ortográfico (*palabras sobresdrújulas*)

### PATRONES ORTOGRÁFICOS

- Reconocer los cambios ortográficos que en ocasiones son necesarios cuando se agrega un afijo (*lento/lentamente, rápido/rapidísimo*)
- Reconocer y usar cambios ortográficos que se requieren en algunas formas verbales de los verbos que terminan en *-zar, -car* y *-gar* (*empecé, busqué, llegué*)
- Reconocer y usar verbos irregulares en diferentes tiempos y formas verbales, que incluyen el pretérito, el futuro, el gerundio y el participio pasado (*anduvo, pondrá, vistiendo, roto*)

### SIGNIFICADO DE LAS PALABRAS/VOCABULARIO

#### ▶ Palabras de vocabulario

- Usar diferentes tipos de pronombres de manera adecuada (personales, posesivos, demostrativos, indefinidos, relativos, interrogativos, reflexivos): *usted, sus, aquel, nadie, quien, se (peina)*

#### ▶ Palabras conceptuales

- Reconocer y usar palabras conceptuales que pueden tener conjuntos y subconjuntos: *comida (arroz, queso, tortilla); fruta (manzana, pera); vegetales (lechuga, zanahoria, chícharo)*
- Reconocer y usar sustantivos abstractos (*belleza, amor, libertad*)

#### ▶ Palabras relacionadas

- Reconocer y hablar acerca del hecho de que las palabras pueden relacionarse de muchas maneras:
  - sonido (*ves/vez*)
  - ortografía (*hueso/hueco, tiene/viene*)
  - categoría (*sombrero/abrigo, papá/mamá*)
- Reconocer y usar sinónimos (palabras que tienen casi el mismo significado): *chico/pequeño*
- Reconocer y usar antónimos (palabras que tienen significados opuestos): *alto/bajo*
- Reconocer y usar homófonos (palabras que tienen el mismo sonido, ortografía diferente y significados diferentes): *ves/vez*
- Reconocer y usar homógrafos (palabras que tienen la misma ortografía, diferentes significados): *vino, amo*
- Reconocer que una palabra puede derivar de otra, lo que constituye una familia de palabras basadas en un significado similar (*libro, librería, librero, librito; zapato, zapatero, zapatería; casa, casita, casona*)
- Diferenciar entre términos que comúnmente se confunden (*porque, por qué; asimismo, así mismo; sino, si no; también, tan bien*)
- Comprender el concepto de analogía para determinar relaciones entre las palabras:
  - sinónimos–*alerta : atento :: elevar : subir*
  - antónimos–*débil : fuerte :: duradero : endeble*
  - homófonos–*rallar : rayar :: hasta : asta*
  - objeto/uso–*catálogo : promocionar :: casco : proteger*
  - parte/todo–*capítulo : libro :: músico : orquesta*
  - causa/efecto–*comedia : risa :: sequía : hambruna*
  - miembro/categoría–*apio : verdura :: plomero : oficio*
  - denotación/connotación–*ahorrador : tacaño :: delgado : flacucho*

#### ▶ Palabras combinadas y creadas

- Reconocer y usar palabras compuestas (*matamoscas, parasol, autopista*)
- Reconocer y usar palabras compuestas con partes comunes (*lavaplatos, lavamanos; abrelatas, abrecartas*)
- Reconocer y usar palabras híbridas, que se forman combinando una palabra extranjera y un morfema español (*chat* + *-ar* = *chatear*)
- Reconocer y usar palabras acortadas: *buen (bueno), gran (grande), primer (primero), bici (bicicleta), foto (fotografía)*

# Seleccionar objetivos Hábitos y conocimientos para observar, enseñar y apoyar *(cont.)*

## Fonética, ortografía y estudio de palabras

### SIGNIFICADO DE LAS PALABRAS/VOCABULARIO *(continuación)*

#### ▸ Palabras combinadas y creadas *(continuación)*

- Reconocer y usar acrónimos, que se forman combinando la letra o las letras iniciales de nombres o frases con muchas palabras: *ovni* (*objeto volador no identificado*), *pyme* (*pequeña y mediana empresa*)
- Reconocer y comentar el hecho de que los palíndromos son palabras que se escriben igual en ambas direcciones (*somos, reconocer, seres*)

#### ▸ Usos figurados de palabras

- Reconocer y usar onomatopeyas (*toc toc, zas, cuac, cataplán*)
- Reconocer y comentar el hecho de que algunas palabras tienen significados literales y figurados:
  - *frío - con una temperatura inferior a la normal; indiferente, sin interés*
  - *horno - recipiente o aparato para asar; lugar caliente*
- Reconocer y usar símiles para hacer una comparación:
  - *Los ojos del niño brillaban como dos luceros en la noche.*
  - *Él estaba tan enojado como un perro rabioso.*
- Reconocer y usar metáforas para hacer una comparación:
  - *Se me congeló el corazón.*
  - *Ella es una estrella deslumbrante.*
- Reconocer y comentar el hecho de que modismos que se usan comúnmente tienen significados diferentes de los significados de las palabras por separado (*ser pan comido, tomar el pelo, pedirle peras al olmo, dar en el clavo*)
- Reconocer, decir y hablar acerca de palabras que están desordenadas para crear un efecto humorístico:
  - juegos de palabras (*No es lo mismo la sopa hirviendo, que ir viendo la sopa*)
  - malapropismos (*Un apartamento asombrado de pared a pared* por *un apartamento alfombrado de pared a pared*)

#### ▸ Partes de palabras

- Comprender y comentar el concepto de prefijos y reconocer su uso para determinar el significado de algunas palabras españolas (*ad-, ante-, bi-, circun-, com-, con-, contra-, contro-, cuadri-, deci-, dis-, en-, ex-, im-, in-, inter-, intra-, mal-, mis-, mono-, multi-, nona-, octa-, penta-, pen-, poli-, pre-, re-, sub-, super-, trans-, tri-, uni-*)
- Comprender y comentar el concepto de sufijos y reconocer su uso para determinar los significados de algunas palabras españolas (*-able, -ado, al, -ancia, -ante, -ario, -azo, -ción, -dad, -dero, -dizo, -dor, -encia, -ero, -és, -ía, -iano, -ible, -ica, -ido, -iente, -ismo, -ista, -izo, -mente, -or, -oso, -teca, -tud, -ura*)

#### ▸ Origen de las palabras

- Desarrollar interés en el vocabulario reconociendo y apreciando aspectos de palabras, "reuniendo" y comentando palabras interesantes y usándolas en la conversación
- Comprender y comentar el hecho de que los cognados son palabras de diferentes idiomas que tienen significado y ortografía similares porque tienen un origen relacionado (español: *alfabeto*, inglés: *alphabet*, francés: *alphabet*, italiano: *alfabeto*, alemán: *Alphabet*)
- Comprender y comentar el hecho de que las palabras o términos españoles derivan de muchas fuentes, como otros idiomas, tecnología, nombres, productos de marca registrada y prácticas sociales (*canoa, parlamento, armonía, caqui, álgebra; blog, link; sándwich, hamburguesa; xerox, jeep; redes sociales*)
- Comprender y comentar el concepto de raíces latinas y reconocer su uso para determinar los significados de muchas palabras españolas (*acua, acui, agri, aud, bene, cap, centre, corp, cred, denti, ducto, equi, fer, firm, form, fugo, grado, loc, lum, mem, mis, pari, pedi, petro, pisci, pleni, pueri, silvi, somni, voro*)
- Comprender y comentar el concepto de raíces griegas y reconocer su uso para determinar los significados de palabras españolas (*aero, arqui, astro, bio, crono, ciclo, demo, geo, gramo, grafía, hidra, hidro, logía, mega, metro, micro, fono, foto, podo, poli, polis, scopo, tele, termo*)
- Reconocer y usar prefijos, sufijos y raíces de palabras que tienen origen latino y griego para comprender el significado de las palabras: *increíble–in-* ("no"), latín: *cred* ("creer") e *-ible* ("capaz de"); *antibiótico–anti-* ("contrario" o "contra"), griego: *bio* ("vivo") e *-ico* ("relacionado con")
- Reconocer y comentar el hecho de que palabras de diferentes idiomas o del mismo idioma pueden tener un origen común (*escribir* en español, *describe* y *script* en inglés, derivan del latín *scribere*, "escribir")

# Seleccionar objetivos Hábitos y conocimientos para observar, enseñar y apoyar *(cont.)*

## Fonética, ortografía y estudio de palabras



### ESTRUCTURA DE LAS PALABRAS

**▸ Plurales**

- Reconocer y usar plurales que requieren cambios ortográficos como eliminar *-z* y agregar *-ces* o agregar o eliminar un acento gráfico (*lapiz/lápices, joven/ jóvenes, unión/ uniones*)

**▸ Sufijos**

- Comprender y hablar acerca del concepto de sufijo
- Reconocer y usar sufijos comunes

**▸ Sufijos: Sufijos de adjetivo y adverbio**

- Reconocer y usar el sufijo *-mente* para formar un adverbio usando la forma femenina del adjetivo (*rápido/rápidamente, lento/lentamente*)
- Reconocer y usar el sufijo *-oso/-osa*, que describe una cualidad o estado (*arena/ arenoso, veneno/venenoso*)
- Reconocer y usar el sufijo *-able/-ible*, que significa "capaz" para formar un adjetivo (*lavar/lavable, reconocer/reconocible*)
- Reconocer y usar el sufijo *-ante/-iente* para describir una cualidad (*andar/andante, picar/ picante, vivir/viviente*)
- Reconocer y usar el sufijo *-al*, que significa "que pertenece a" o "relativo a" (*territorio/ territorial, nación/nacional*)
- Reconocer y usar el sufijo *-ano/-ana*, que significa "que proviene de" o "relacionado con" (*aldea/aldeano, Latinoamérica/ latinoamericano*)

**▸ Sufijos: Desinencias para el superlativo**

- Reconocer y usar el sufijo *-ísimo/-ísima* para formar adjetivos superlativos (*alto/altísimo, cara/carísima, grande/grandísimo*)

**▸ Sufijos: Diminutivos y aumentativos**

- ◆ *-ito, -ita:* usados con sustantivos y adjetivos para formar formas diminutivas (*chiquito, casita*)
- ◆ *-ote, -ota:* usados con sustantivos y adjetivos para formar formas aumentativas (*grandote, abrazote*)

**▸ Sufijos: Sufijos de sustantivo**

- Reconocer y usar los sufijos *-ero/-era, -or/-ora, -ista*, que nombran a una persona o cosa que hace algo, para formar un sustantivo:
  - ◆ *-ero/-era* (*zapato/zapatero, carne/carnicero*)
  - ◆ *-or/-ora* (*pintar/pintor*)
  - ◆ *-ista* (*arte/artista, periódico/periodista*)
- Reconocer y usar el sufijo *-dad* con sustantivos que describen un concepto (*libertad, comunidad, maldad*)
- Reconocer y usar el sufijo *-ción* con sustantivos que describen una acción o cualidad (*comunicación, declaración*)
- Reconocer y usar los sufijos *-mento* y *-miento*, que describen acciones o efectos (*pegamento, pensamiento*)
- Reconocer y usar el sufijo *-ía* para describir una cualidad o condición (*mayoría, alegría, valentía*)

**▸ Prefijos**

- Comprender y comentar el concepto de prefijo
- Reconocer y usar el prefijo *re-*, que significa "de nuevo" (*rehacer, releer*)
- Reconocer y usar prefijos que significan "no":
  - ◆ *in-* (*invisible, incomprensible*)
  - ◆ *im-* (*imposible*)
  - ◆ *dis-* (*disconforme*)
  - ◆ *des-* (*deshacer*)
- Reconocer y usar el prefijo *mal-*, que significa "malo, mal" o "erróneo, erróneamente" (*maltrato*)
- Reconocer y usar prefijos que se refieren a una secuencia: *pre-*, que significa "antes" (*precalentar*)
- Reconocer y usar prefijos que indican cantidad, extensión o ubicación:
  - ◆ *sub-* (*subterráneo*)
  - ◆ *super-* (*supermercado*)
- Reconocer y usar el prefijo *ante-*, que significa "antes" (*antepasado*)
- Reconocer y usar prefijos relacionados con números (*uniciclo, bicultural, trimestre, cuadrilátero, pentagrama, octágono*)
- Reconocer y usar prefijos que significan "con o junto" o "entre":
  - ◆ *com-* (*componer*)
  - ◆ *con-* (*construir*)
- Reconocer y usar prefijos que significan "afuera" o "sin" o "en, dentro o en el interior":
  - ◆ *ex-* (*extraer*)
  - ◆ *in-* (*incorporar*)
- Reconocer y usar prefijos que significan "alrededor", "del otro lado de", "más allá de" o "a través de":
  - ◆ *circu-, circun-* (*circular, circunnavegar*)
  - ◆ *peri-* (*período*)
  - ◆ *trans-* (*transportar*)
  - ◆ *per-* (*permitir*)

# Seleccionar objetivos Hábitos y conocimientos para observar, enseñar y apoyar *(cont.)*

## Fonética, ortografía y estudio de palabras

### ESTRUCTURA DE LAS PALABRAS *(continuación)*

#### ▸ Desinencias verbales

- Reconocer y usar verbos en el subjuntivo para expresar voluntad, posibilidad y duda (*estudie, llueva, vengan*)
- Reconocer y formar los tiempos del subjuntivo presente y pasado de verbos regulares e irregulares (*hable, hablara/hablase; tenga, tuviera/tuviese; vaya, fuera/fuese*)
- Reconocer y usar verbos en tiempos perfectos con una forma del verbo *haber* y el participio pasado (*he estudiado, había estudiado, habré estudiado*)

#### ▸ Concordancia de género y número

- Reconocer y usar la concordancia de género y número en artículos y sustantivos (*la maestra, los maestros*)
- Reconocer y usar la concordancia de género y número con adjetivos y sustantivos (*el cuaderno rojo, las casas amarillas*)
- Reconocer palabras masculinas y femeninas que no siguen las reglas habituales (*el mapa; el problema; el águila, las águilas*)
- Reconocer y usar la concordancia de pronombre y antecedente (*Cuando los conocí, Marcos y Juan eran muy amigos.*)

#### ▸ Abreviaturas

- Reconocer y usar abreviaturas comunes y comprender la forma completa de las palabras que acortan:
  - títulos, nombres, grados y términos profesionales: *Sr.* (*Señor*, título para hombre), *Sra.* (*Señora*, título para mujer), *Srta.* (*Señorita*, título para mujer soltera), *Dr./Dra.* (*Doctor/Doctora*, título para doctor)
  - días de la semana y meses del año: *lun. (lunes), mart., miérc., juev., vier., sáb., dom.; ene. (enero), feb., mar., abr., may., jun., jul., ago., sept./set., oct., nov., dic.*
  - direcciones y términos geográficos: *Ca. (Calle), Ave. (Avenida), Cmo. (Camino), Apto. (Apartmento), Blvd. (Bulevar), CA o Calif. (California), EE.UU. (Estados Unidos); Mnt. (Montaña); E (Este), N, O, S*
  - referencias académicas: *etc. (etcétera), e.g. (por ejemplo), i.e. (es decir), p. (página), ed. (edición o editor), vol. (volumen), fig. (figura)*
  - horas y fechas: *a.m.* o *am* (la hora desde la medianoche hasta el mediodía), *p.m.* o *pm* (la hora desde el mediodía hasta la medianoche)
  - medidas: *pul. (pulgada[s]), p. (pie[s]), yda. (yarda[s]), m. (metro[s]), mi. (milla[s]), km. (kilómetro[s]), lb. (libra[s]), oz. (onza[s]), kg. (kilogramo[s])*
  - cierres: *Atte. (atentamente)*
  - negocios y organizaciones: *Cía. (Compañía), S.A. (Sociedad anónima), dpto. (departmento)*

#### ▸ Raíces

- Reconocer y usar raíces de palabras del latín o del griego:
  - Latín: *acua, acui, agri, aud, bene, cap, centre, corp, cred, denti, ducto, equi, fer, firm, form, fugo, grado, loc, lum, mem, mis, pari, pedi, petro, pisci, pleni, pueri, silvi, somni, voro*
  - Griego: *aero, arqueo, bio, ciclo, crono, demo, fono, foto, geo, grafía, hidro, logía, logo, mega, metro, podo, poli, sema, scopio, termo, topo*

### ACCIONES PARA DESCIFRAR PALABRAS

#### ▸ Usar lo que se sabe para descifrar palabras

- Identificar palabras que tienen el mismo patrón de letras y usarlas para descifrar una palabra desconocida (*ciudad, actividad*)
- Usar partes de palabras conocidas (algunas son palabras) para descifrar palabras desconocidas más extensas (*sola, solamente*)
- Usar el contexto de una oración para comprender el significado de una palabra

#### ▸ Descomponer palabras para descifrarlas

- Descomponer una palabra compuesta para leer dos palabras más pequeñas (*matamoscas, mata, moscas; sacapuntas, saca, puntas; autobús, auto, bus*)

#### ▸ Usar estrategias para descifrar palabras y determinar sus significados

- Usar relaciones entre palabras que significan lo mismo o casi lo mismo para descifrar una palabra desconocida (*húmedo/mojado*)
- Usar relaciones entre palabras que significan lo contrario o casi lo contrario para descifrar una palabra desconocida (*frío/caliente*)
- Reconocer y usar partes de palabras para descifrar una palabra desconocida y comprender su significado: *conferencia*: prefijo *con-* ("con o junto"), raíz latina *fer* ("llevar" o "portar"), sufijo *-encia* ("estado de" o "calidad de")
- Reconocer y usar relaciones entre palabras relacionadas que tienen la misma palabra raíz o base para descifrar palabras desconocidas (*comprender/comprendido/comprensivo/comprensible/incomprensible*)
- Reconocer y usar el origen de una palabra para descifrar una palabra desconocida y comprender su forma y significado
- Reconocer y usar raíces latinas para descifrar una palabra desconocida y determinar su significado (la raíz latina *cred*, que significa "creer", en la palabra *incrédulo*, que significa "que no cree")
- Reconocer y usar raíces griegas para descifrar una palabra desconocida y determinar su significado (la raíz griega *grafía*, que significa "escribir", en la palabra *caligrafía*, que significa "escritura decorativa")

# Seleccionar objetivos Hábitos y conocimientos para observar, enseñar y apoyar *(cont.)*

## Fonética, ortografía y estudio de palabras



### ACCIONES PARA DESCIFRAR PALABRAS *(continuación)*

▶ **Usar herramientas de referencia para descifrar y hallar información acerca de las palabras**

- Usar un glosario para descifrar y hallar información acerca de las palabras
- Usar un diccionario para descifrar y hallar información acerca de las palabras
- Reconocer y usar diferentes tipos de diccionarios (médicos, de idiomas extranjeros, geográficos, visuales, inversos, tesauro) para descifrar y hallar información acerca de las palabras

▶ **Estrategias de ortografía**

- Hacer un primer intento de deletrear una palabra desconocida
- Usar patrones de letras y sílabas como ayuda para deletrear una palabra
- Usar una secuencia de sonidos y letras como ayuda para deletrear una palabra
- Usar sílabas como ayuda para deletrear una palabra
- Usar la ortografía de las palabras más pequeñas que hay dentro de una palabra compuesta como ayuda para deletrear una palabra compuesta
- Usar una rutina ortográfica como ayuda para deletrear una palabra
- Usar un recurso mnemotécnico como ayuda para deletrear una palabra (*v* de *"vaca"*; *b* de *"burrito"*)
- Usar un diccionario para confirmar o corregir la ortografía de una palabra
- Usar el origen de las palabras para comprender y recordar la ortografía de algunas palabras (*ballet, bungalow, espagueti, tsunami*)
- Usar un programa electrónico para revisar la ortografía
- Pedir ayuda cuando se han probado todas las estrategias ortográficas conocidas

# Seleccionar objetivos Hábitos y conocimientos para observar, enseñar y apoyar

## Fonética, ortografía y estudio de palabras

### RELACIONES ENTRE LAS LETRAS Y LOS SONIDOS

#### ▸ Vocales

- Comprender que algunas sílabas pueden tener más de una vocal. Distinguir entre las vocales fuertes (*a, e, o*) y las vocales débiles (*i, u*) que se pueden combinar para formar un diptongo (*puedo, tiene, fui*)
- Reconocer y usar hiato (*poesía, frío, peor, héroe*)

#### ▸ Consonantes

- Comprender que la letra *h* no tiene sonido, y familiarizarse con palabras que tienen *h* (*hoja, hijo, hermano*)
- Reconocer y usar grupos consonánticos que combinan dos sonidos consonánticos: consonante + *l*; consonante + *r* (*blanco, planta, grande, claro, trabajo, otra, cuatro*)
- Reconocer y usar sílabas con /k/ (*c, qu*), /g/ (*ga, go, gu, gue, gui, güe, güi*), /j/ (*ge, gi*) y /s/ (*ce, ci*): *queso, pingüino, círculo*
- Usar la diéresis en forma correcta en palabras con las sílabas *güe* y *güi* (*bilingüe, pingüino*)
- Conocer las correspondencias entre ortografía y sonido para dígrafos consonánticos comunes: *ch, ll, rr* (*chile, lluvia, perro*)
- Comprender que las palabras pueden tener los mismos sonidos representados con diferentes letras, entre ellas *ll* y *y; c, k* y *q; c* suave, *x* suave, *s* y *z; y g* suave, *j* y *x* (*amarillo, arroyo; castillo, kilo, quiero; cejas, serie, zapato; jirafa, general, México*)
- Reconocer y usar palabras con *r* suave y fuerte (*pero, perro*)

#### ▸ Acento gráfico

- Comprender que el acento gráfico en ocasiones indica un significado diferente en palabras que se escriben con las mismas letras (*mama/mamá, papa/papá, tu/tú,si/sí, esta/está, el/él*). Esto se llama acento diacrítico.
- Reconocer que un diptongo puede separarse con un acento gráfico en dos sílabas para formar un hiato (*rio/río, Raúl, baúl, frío, país*)
- Usar acentos gráficos en palabras que se usan comúnmente en preguntas y exclamaciones (*qué, cómo*)
- Marcar acentos de manera adecuada cuando se conjugan verbos en los tiempos pasado, perfecto, condicional y futuro simples e imperfectos (*comió, saltó, tenía, gustaría, vendrá*)
- Determinar si una palabra requiere un acento gráfico en la sílaba tónica aplicando un análisis sistemático
- Usar las diéresis correctamente en palabras con las sílabas *güe* y *güi* (*bilingüe, pingüino*)
- Usar el acento gráfico correctamente de acuerdo con el significado de la palabra en su contexto (*hacia/hacía, sabia/sabía, rio/río*)
- Colocar el acento gráfico correctamente en órdenes con pronombres de complemento (*cántamela, lávamelo, consíguemela*)
- Deletrear palabras con acento en la sílaba que está antes de la antepenúltima sílaba que tiene acento prosódico u ortográfico (*palabras sobresdrújulas*)

### PATRONES ORTOGRÁFICOS

- Reconocer los cambios ortográficos que en ocasiones son necesarios cuando se agrega un afijo (*lento/lentamente, rápido/rapidísimo*)
- Reconocer y usar cambios ortográficos que se requieren en algunas formas verbales de los verbos que terminan en *-zar, -car* y *-gar* (*empecé, busqué, llegué*)
- Reconocer y usar verbos irregulares en diferentes tiempos y formas verbales, que incluyen el pretérito, el futuro, el gerundio y el participio pasado (*anduvo, pondrá, vistiendo, roto*)

### SIGNIFICADO DE LAS PALABRAS/VOCABULARIO

#### ▸ Palabras de vocabulario

- Usar diferentes tipos de pronombres de manera adecuada (personales, posesivos, demostrativos, indefinidos, relativos, interrogativos, reflexivos): *usted, sus, aquel, nadie, quien, se (peina)*

#### ▸ Palabras conceptuales

- Reconocer y usar sustantivos abstractos (*belleza, amor, libertad*)

#### ▸ Palabras relacionadas

- Reconocer y usar sinónimos (palabras que tienen casi el mismo significado): *chico/pequeño*
- Reconocer y usar antónimos (palabras que tienen significados opuestos): *alto/bajo*
- Reconocer y usar homófonos (palabras que tienen el mismo sonido, ortografía diferente y significados diferentes): *ves/vez*
- Reconocer y usar homógrafos (palabras que tienen la misma ortografía, diferentes significados): *vino, amo*
- Reconocer que una palabra puede derivar de otra, lo que constituye una familia de palabras basadas en un significado similar (*libro, librería, librero, librito; zapato, zapatero, zapatería; casa, casita, casona*)
- Diferenciar entre términos que comúnmente se confunden (*porque, por qué; asimismo, así mismo; sino, si no; también, tan bien*)
- Comprender el concepto de analogía para determinar relaciones entre las palabras:
  - sinónimos–*alerta : atento :: elevar : subir*
  - antónimos–*débil : fuerte :: duradero : endeble*
  - homófonos–*rallar : rayar :: hasta : asta*
  - objeto/uso–*catálogo : promocionar :: casco : proteger*
  - parte/todo–*capítulo : libro :: músico : orquesta*
  - causa/efecto–*comedia : risa :: sequía : hambruna*
  - miembro/categoría–*apio : verdura :: plomero : oficio*
  - denotación/connotación–*ahorrador : tacaño :: delgado : flacucho*

## **Seleccionar objetivos** Hábitos y conocimientos para observar, enseñar y apoyar *(cont.)*

### Fonética, ortografía y estudio de palabras



#### SIGNIFICADO DE LAS PALABRAS/VOCABULARIO *(continuación)*

**▸ Palabras combinadas y creadas**

- Reconocer y usar palabras compuestas (*matamoscas, parasol, autopista*)
- Reconocer y usar palabras compuestas con partes comunes (*lavaplatos, lavamanos; abrelatas, abrecartas*)
- Reconocer y usar palabras híbridas, que se forman combinando una palabra extranjera y un morfema español (*chat* + *-ar* = *chatear*)
- Reconocer y usar palabras acortadas: *buen (bueno), gran (grande), primer (primero), bici (bicicleta), foto (fotografía)*
- Reconocer y usar acrónimos, que se forman combinando la letra o las letras iniciales de nombres o frases con muchas palabras: *ovni* (*objeto volador no identificado*), *pyme* (*pequeña y mediana empresa*)
- Reconocer y comentar el hecho de que los palíndromos son palabras que se escriben igual en ambas direcciones (*somos, reconocer, seres*)

**▸ Usos figurados de palabras**

- Reconocer y usar onomatopeyas (*toc toc, zas, cuac, cataplán*)
- Reconocer y comentar el hecho de que algunas palabras tienen significados literales y figurados:
  - *frío - con una temperatura inferior a la normal; indiferente, sin interés*
  - *horno - recipiente o aparato para asar; lugar caliente*
- Reconocer y usar símiles para hacer una comparación:
  - *Los ojos del niño brillaban como dos luceros en la noche.*
  - *Él estaba tan enojado como un perro rabioso.*
- Reconocer y usar metáforas para hacer una comparación:
  - *Se me congeló el corazón.*
  - *Ella es una estrella deslumbrante.*
- Reconocer y comentar el hecho de que modismos que se usan comúnmente tienen significados diferentes de los significados de las palabras por separado (*ser pan comido, tomar el pelo, pedirle peras al olmo, dar en el clavo*)
- Reconocer, decir y hablar acerca de palabras que están desordenadas para crear un efecto humorístico:
  - juegos de palabras (*No es lo mismo la sopa hirviendo, que ir viendo la sopa*)
  - malapropismos (*Un apartamento asombrado de pared a pared* por *un apartamento alfombrado de pared a pared*)

#### ESTRUCTURA DE LAS PALABRAS

**▸ Partes de palabras**

- Comprender y comentar el concepto de prefijos y reconocer su uso para determinar el significado de algunas palabras españolas (*ad-, ante-, bi-, circun-, com-, con-, contra-, contro-, cuadri-, deci-, dis-, en-, ex-, im-, in-, inter-, intra-, mal-, mis-, mono-, multi-, nona-, octa-, penta-, pen-, poli-, pre-, re-, sub-, super-, trans-, tri-, uni-*)
- Comprender y comentar el concepto de sufijos y reconocer su uso para determinar el significado de algunas palabras españolas (*-able, -ado, -al, -ancia, -ante, -ario, -azo, -ción, -dad, -dero, -dizo, -dor, -encia, -ero, -és, -ía, -iano, -ible, -ica, -ido, -iente, -ismo, -ista, -izo, -mente, -or, -oso, -teca, -tud, -ura*)

**▸ Origen de las palabras**

- Desarrollar interés en el vocabulario reconociendo y apreciando aspectos de palabras, "reuniendo" y comentando palabras interesantes y usándolas en la conversación
- Comprender y comentar el hecho de que los cognados son palabras de diferentes idiomas que tienen significado y ortografía similares porque tienen un origen relacionado (español: *alfabeto,* inglés: *alphabet,* francés: *alphabet,* italiano: *alfabeto,* alemán: *Alphabet*)
- Comprender y comentar el hecho de que las palabras o términos españoles derivan de muchas fuentes, como otros idiomas, tecnología, nombres, productos de marca registrada y prácticas sociales (*canoa, parlamento, armonía, caqui, álgebra; blog, link; sándwich, hamburguesa; xerox, jeep; redes sociales*)

# Seleccionar objetivos Hábitos y conocimientos para observar, enseñar y apoyar *(cont.)*

## Fonética, ortografía y estudio de palabras

### ESTRUCTURA DE LAS PALABRAS *(continuación)*

#### ▸ Origen de las palabras *(continuación)*

- Comprender y comentar el concepto de raíces latinas y reconocer su uso para determinar los significados de muchas palabras españolas (*acua, acui, agri, aud, bene, cap, centre, corp, cred, denti, ducto, equi, fer, firm, form, fugo, grado, loc, lum, mem, mis, pari, pedi, petro, pisci, pleni, pueri, silvi, somni, voro*)
- Comprender y comentar el concepto de raíces griegas y reconocer su uso para determinar los significados de palabras españolas (*aero, arqui, astro, bio, ciclo, crono, demo, geo, grafía, gramo, hidra, hidro, logía, mega, metro, micro, fono, foto, podo, poli, polis, scopo, tele, termo*)
- Reconocer y usar prefijos, sufijos y raíces de palabras que tienen origen latino y griego para comprender el significado de las palabras: *increíble–in-* ("no"), latino: *cred* ("creer") e *-ible* ("capaz de"); *antibiótico–anti-* ("contrario" o "contra"), griego: *bio* ("vivo") e *-ico* ("relacionado con")
- Reconocer y comentar el hecho de que palabras de diferentes idiomas o del mismo idioma pueden tener un origen común (*escribir* en español, *describe* y *script* en inglés, derivan del latín *scribere*, "escribir")

#### ▸ Plurales

- Reconocer y usar plurales que requieren cambios ortográficos como eliminar *-z* y agregar *-ces* o agregar o eliminar un acento gráfico (*lapiz/lápices, joven/jóvenes, unión/uniones*)

#### ▸ Sufijos

- Comprender y hablar acerca del concepto de sufijo
- Reconocer y usar sufijos comunes

#### ▸ Sufijos: Sufijos de adjetivo y adverbio

- Reconocer y usar el sufijo *-mente* para formar un adverbio usando la forma femenina del adjetivo (*rápido/rápidamente, lento/lentamente*)
- Reconocer y usar el sufijo *-oso/-osa*, que describe una cualidad o estado (*arena/arenoso, veneno/venenoso*)
- Reconocer y usar el sufijo *-able/-ible*, que significa "capaz" para formar un adjetivo (*lavar/lavable, reconocer/reconocible*)
- Reconocer y usar el sufijo *-ante/-iente* para describir una cualidad (*andar/andante, picar/picante, vivir/viviente*)
- Reconocer y usar el sufijo *-al*, que significa "que pertenece a" o "relativo a" (*territorio/territorial, nación/nacional*)
- Reconocer y usar el sufijo *-ano/-ana*, que significa "que proviene de" o "relacionado con" (*aldea/aldeano, Latinoamérica/latinoamericano*)

#### ▸ Sufijos: Desinencias para el superlativo

- Reconocer y usar el sufijo *-ísimo/-ísima* para formar adjetivos superlativos (*alto/altísimo, cara/carísima, grande/grandísimo*)

#### ▸ Sufijos: Diminutivos y aumentativos

- *-ito, -ita:* usados con sustantivos y adjetivos para formar formas diminutivas (*chiquito, casita*)
- *-ote, -ota:* usados con sustantivos y adjetivos para formar formas aumentativas (*grandote, abrazote*)

#### ▸ Sufijos de sustantivo

- Reconocer y usar los sufijos *-ero/-era, -or/-ora, -ista*, que nombran a una persona o cosa que hace algo, para formar un sustantivo:
  - *-ero/-era* (*zapato/zapatero, carne/carnicero*)
  - *-or/-ora* (*pintar/pintor*)
  - *-ista* (*arte/artista, periódico/periodista*)
- Reconocer y usar el sufijo *-dad* con sustantivos que describen un concepto (*libertad, comunidad, maldad*)
- Reconocer y usar el sufijo *-ción* con sustantivos que describen una acción o cualidad (*comunicación, declaración*)
- Reconocer y usar los sufijos *-mento* y *-miento*, que describen acciones o efectos (*pegamento, pensamiento*)
- Reconocer y usar el sufijo *-ía* para describir una cualidad o condición (*mayoría, alegría, valentía*)
- Reconocer y usar el sufijo *-orio*, que significa "lugar para", para formar un sustantivo (*auditorio, sanatorio*)

## **Seleccionar objetivos** Hábitos y conocimientos para observar, enseñar y apoyar *(cont.)*

# Fonética, ortografía y estudio de palabras



### ESTRUCTURA DE LAS PALABRAS *(continuación)*

#### ▸ Prefijos

- Comprender y comentar el concepto de prefijo
- Reconocer y usar el prefijo *re-*, que significa "de nuevo" (*rehacer, releer*)
- Reconocer y usar prefijos que significan "no":
  - *in- (invisible, incomprensible)*
  - *im- (imposible)*
  - *dis- (disconforme)*
  - *des- (deshacer)*
- Reconocer y usar el prefijo *mal-*, que significa "malo, mal" o "erróneo, erróneamente" (*maltrato*)
- Reconocer y usar prefijos que se refieren a una secuencia: *pre-*, que significa "antes de" *(precalentar)*
- Reconocer y usar prefijos que indican cantidad, extensión o ubicación:
  - *sub- (subterráneo)*
  - *super- (supermercado)*
- Reconocer y usar el prefijo *ante-*, que significa "antes" (*antepasado*)
- Reconocer y usar prefijos relacionados con números (*uniciclo, monografía, bicultural, trimestre, cuadrilátero, pentagrama, octágono, decatlón, hemisferio, semicírculo, polideportivo, multidisciplinar*)
- Reconocer y usar prefijos que significan "con o junto" o "entre":
  - *com- (componer)*
  - *con- (construir)*
- Reconocer y usar el prefijo *pos-*, que significa "después de" (*posdata, posponer*)
- Reconocer y usar prefijos que significan "afuera" o "sin" o "en, dentro o en el interior":
  - *ex- (extraer)*
  - *in- (incorporar)*
- Reconocer y usar prefijos que significan "alrededor", "del otro lado de", "más allá de" o "a través de":
  - *circu-, circun- (circular, circunnavegar)*
  - *peri- (período)*
  - *trans- (transportar)*
  - *per- (permitir)*
- Reconocer y usar prefijos que significan "contrario" o "contra":
  - *anti- (antiácido, anticongelante, antisocial)*
  - *contra-, contro- (contradecir, contrabando, controversia, controvertido)*

#### ▸ Desinencias verbales

- Reconocer y usar verbos en el subjuntivo para expresar voluntad, posibilidad y duda (*estudie, llueva, vengan*)
- Reconocer y formar los tiempos del subjuntivo presente y pasado de verbos regulares e irregulares (*hable, hablara/hablase; tenga, tuviera/tuviese; vaya, fuera/fuese*)
- Reconocer y usar verbos en tiempos perfectos con una forma del verbo *haber* y el participio pasado (*he estudiado, había estudiado, habré estudiado*)

#### ▸ Concordancia de género y número

- Reconocer y usar la concordancia de género y número con adjetivos y sustantivos (*el cuaderno rojo, las casas amarillas*)
- Reconocer palabras masculinas y femeninas que no siguen las reglas habituales (*el mapa; el problema; el águila, las águilas*)
- Reconocer y usar la concordancia de pronombre y antecedente (*Cuando los conocí, Marcos y Juan eran muy amigos.*)

#### ▸ Abreviaturas

- Reconocer y usar abreviaturas comunes y comprender la forma completa de las palabras que acortan:
  - títulos, nombres, grados y términos profesionales: *Sr.* (*Señor*, título para hombre), *Sra.* (*Señora*, título para mujer), *Srta.* (*Señorita*, título para mujer soltera), *Dr./Dra.* (*Doctor/Doctora*, título para doctor)
  - días de la semana y meses del año: *lun. (lunes), mart., miérc., juev., vier., sáb., dom.; ene. (enero), feb., mar., abr., may., jun., jul., ago., sept./set., oct., nov., dic.*
  - direcciones y términos geográficos: *Ca. (Calle), Ave. (Avenida), Cmo. (Camino), Apto. (Apartmento), Blvd. (Bulevar), CA o Calif. (California), EE.UU. (Estados Unidos); Mnt. (Montaña); E (Este), N, O, S*
  - referencias académicas: *etc. (etcétera), e.g. (por ejemplo), i.e. (es decir), p. (página), ed. (edición o editor), vol. (volumen), fig. (figura)*

# Seleccionar objetivos Hábitos y conocimientos para observar, enseñar y apoyar *(cont.)*

## Fonética, ortografía y estudio de palabras

### ESTRUCTURA DE LAS PALABRAS *(continuación)*

▸ **Abreviaturas** *(continuación)*

- horas y fechas: *a.m.* o *am* (la hora desde la medianoche hasta el mediodía), *p.m.* o *pm* (la hora desde el mediodía hasta la medianoche)
- medidas: *pul. (pulgada[s]), p. (pie[s]), yda. (yarda[s]), m. (metro[s]), mi. (milla[s]), km. (kilómetro[s]), lb. (libra[s]), oz. (onza[s]), kg. (kilogramo[s])*
- cierres: *Atte. (atentamente)*
- negocios y organizaciones: *Cía. (Compañía), S.A. (Sociedad anónima), dpto. (departmento)*

▸ **Raíces**

- Reconocer y usar raíces de palabras del latín o el griego:
  - Latín: *acua, acui, agri, aud, bene, cap, centre, corp, cred, denti, ducto, equi, fer, firm, form, fugo, grado, loc, lum, mem, mis, pari, pedi, petro, pisci, pleni, pueri, silvi, somni, voro*
  - Griego: *aero, arqueo, bio, ciclo, crono, demo, fono, foto, geo, grafía, hidro, logía, logo, mega, metro, podo, poli, sema, scopio, termo, topo*

### ACCIONES PARA DESCIFRAR PALABRAS

▸ **Usar lo que se sabe para descifrar palabras**

- Identificar palabras que tienen el mismo patrón de letras y usarlas para descifrar una palabra desconocida (*ciudad, actividad*)
- Usar partes de palabras conocidas (algunas son palabras) para descifrar palabras desconocidas más extensas (*sola, solamente*)
- Usar el contexto de una oración para comprender el significado de una palabra
- Interpretar figuras retóricas en contexto (alusiones literarias, bíblicas y mitológicas)

▸ **Descomponer palabras para descifrarlas**

- Descomponer una palabra compuesta para leer dos palabras más pequeñas (*matamoscas, mata, moscas; sacapuntas, saca, puntas; autobús, auto, bus*)

▸ **Usar estrategias para descifrar palabras y determinar sus significados**

- Usar relaciones entre palabras que significan lo mismo o casi lo mismo para descifrar una palabra desconocida (*húmedo/mojado*)
- Usar relaciones entre palabras que significan lo contrario o casi lo contrario para descifrar una palabra desconocida (*frío/caliente*)
- Reconocer y usar partes de palabras para descifrar una palabra desconocida y comprender su significado: *conferencia*–prefijo *con-* ("con o junto"), raíz latina *fer* ("llevar" o "portar"), sufijo *-encia* ("estado de" o "calidad de")
- Reconocer y usar relaciones entre palabras relacionadas que tienen la misma palabra raíz o base para descifrar palabras desconocidas (*comprender/comprendido/comprensivo/comprensible/incomprensible*)
- Reconocer y usar el origen de una palabra para descifrar una palabra desconocida y comprender su forma y significado
- Reconocer y usar raíces latinas para descifrar una palabra desconocida y determinar su significado (la raíz latina *cred,* que significa "creer", en la palabra *incrédulo,* significa "que no cree")
- Reconocer y usar raíces griegas para descifrar una palabra desconocida y determinar su significado (la raíz griega *grafía,* que significa "escribir", en la palabra *caligrafía,* que significa "escritura decorativa")

# **Seleccionar objetivos** Hábitos y conocimientos para observar, enseñar y apoyar *(cont.)*

## Fonética, ortografía y estudio de palabras

### ACCIONES PARA DESCIFRAR PALABRAS *(continuación)*

▸ **Usar herramientas de referencia para descifrar y hallar información acerca de las palabras**

- Usar un glosario para descifrar y hallar información acerca de las palabras
- Usar un diccionario para descifrar y hallar información acerca de las palabras
- Reconocer y usar diferentes tipos de diccionarios (médicos, de idiomas extranjeros, geográficos, visuales, inversos, tesauro) para descifrar y hallar información acerca de las palabras

▸ **Estrategias de ortografía**

- Hacer un primer intento de deletrear una palabra desconocida
- Usar patrones de letras y sílabas como ayuda para deletrear una palabra
- Usar una secuencia de sonidos y letras como ayuda para deletrear una palabra
- Usar sílabas como ayuda para deletrear una palabra
- Usar la ortografía de las palabras más pequeñas que hay dentro de una palabra compuesta como ayuda para deletrear una palabra compuesta
- Usar una rutina ortográfica como ayuda para deletrear una palabra
- Usar un recurso mnemotécnico como ayuda para deletrear una palabra (*v* de *"vaca"*; *b* de *"burrito"*)
- Usar un diccionario para confirmar o corregir la ortografía de una palabra
- Usar el origen de las palabras para comprender y recordar la ortografía de algunas palabras (*ballet, bungalow, espagueti, tsunami*)
- Usar un programa electrónico para revisar la ortografía
- Pedir ayuda cuando se han probado todas las estrategias ortográficas conocidas

# Lectura guiada

# Continuo de lectura guiada

El continuo de lectura guiada en la educación bilingüe, ambientes de inmersión y salones de clase de doble idioma es paralelo y equivalente a su contraparte en inglés. Se tendrán que hacer mejoras lingüísticas para adaptar el estudio de las palabras en ambientes en español o doble idioma.

El siguiente continuo por nivel contiene descripciones detalladas de las maneras en que se espera que los lectores piensen en los textos *en sí, más allá* y *acerca* de los textos que están procesando en cada nivel del gradiente de textos. Para consultar una descripción del gradiente, consulte *Guided Reading: Responsive Teaching Across the Grades,* segunda edición. Hemos creado el continuo A–Z para asistir a los maestros que estén usando un gradiente de textos para enseñar lecciones de lectura guiada u otras lecciones para grupos pequeños. Volverá a ver el gradiente en la Figura 7 (puede descargar una copia a colores en tamaño real en *www.fountasandpinnell.com*). También verá las expectativas del nivel aproximado de enseñanza para la lectura por niveles. Consideramos que estas expectativas son razonables, pero su escuela o distrito puede ajustar los objetivos para adecuarlos a los suyos.

Sugerimos que use un sistema de evaluación de referencia para determinar el nivel de enseñanza de lectura de cada estudiante. Para saber qué *Sistema de evaluación de la lectura* se relaciona de manera directa con nuestros niveles de la A a la Z, consulte *www.fountasandpinnell.com.*

**FIGURA 7** *Gradiente de textos y nivel instruccional*

**Gradiente de nivel de los textos de Fountas & Pinnell™**

| NIVELES DE FOUNTAS & PINNELL | OBJETIVOS Nivel de grado |
|---|---|
| A, B, C, D | Kindergarten |
| E, F, G, H, I, J | Primer grado |
| K, L, M | Segundo grado |
| N, O, P | Tercer grado |
| Q, R, S | Cuarto Grado |
| T, U, V | Quinto Grado |
| W, X, Y | Sexto Grado |
| Z | Séptimo y octavo grado |
| Z+ | Escuela secundaria/adultos |

Fountas & Pinnell

**EXPECTATIVAS DE LECTURA PARA LOS NIVELES DE ENSEÑANZA**

| | Comienzo del año (agos.-sept.) | Primer intervalo del año (nov.-dic.) | Segundo intervalo del año (feb.-mar.) | Final del año (may.-jun.) |
|---|---|---|---|---|
| Grado K | | C | D | E |
| | | B | C | D |
| | | A | B | C |
| | | | | Menos de C |
| Grado 1 | E | G | I | K |
| | D | F | H | J |
| | C | E | G | I |
| | Menos de C | Menos de E | Menos de G | Menos de I |
| Grado 2 | K | L | M | N |
| | J | K | L | M |
| | I | J | K | L |
| | Menos de I | Menos de J | Menos de K | Menos de L |
| Grado 3 | N | O | P | Q |
| | M | N | O | P |
| | L | M | N | O |
| | Menos de L | Menos de M | Menos de N | Menos de O |
| Grado 4 | Q | R | S | T |
| | P | Q | R | S |
| | O | P | Q | R |
| | Menos de O | Menos de P | Menos de Q | Menos de R |
| Grado 5 | T | U | V | W |
| | S | T | U | V |
| | R | S | T | U |
| | Menos de R | Menos de S | Menos de T | Menos de U |
| Grado 6 | W | X | Y | Z |
| | V | W | X | Y |
| | U | V | W | X |
| | Menos de U | Menos de V | Menos de W | Menos de X |
| Grados 7–8 | Z | Z | Z | Z |
| | Y | Y | Z | Z |
| | X | X | Y | Y |
| | Menos de X | Menos de X | Menos de Y | Menos de Y |

**CLAVE**

- Supera las expectativas
- Cumple con las expectativas
- Se acerca a las expectativas: Necesita intervención a corto plazo
- No cumple con las expectativas: Necesita intervención intensiva

El propósito de la tabla de Expectativas del nivel instruccional para la lectura es brindar pautas generales para los objetivos de cada grado, los cuales deberían ajustarse de acuerdo con los requisitos de la escuela o el distrito y el criterio de la maestra o del maestro.

Heinemann
DEDICATED TO TEACHERS



Fountas & Pinnell LITERACY™

La lectura guiada es una forma muy efectiva de enseñanza en grupos pequeños. Basándose en la evaluación, la maestra o el maestro reúne a un grupo de lectores que tienen un nivel similar en el desarrollo de la lectura y, por esto, pueden aprender juntos. Leen de manera independiente en aproximadamente el mismo nivel y pueden leer un texto nuevo, seleccionado por la maestra o el maestro, que sea un poco más difícil. La maestra o el maestro apoya la lectura de un modo que permite a los estudiantes leer un texto más difícil con un procesamiento efectivo y, de esta manera, ampliar sus capacidades de lectura. Aprenden a resolver problemas de manera eficiente mediante la lectura de un texto que no es demasiado fácil ni demasiado difícil. El marco de una lección de lectura guiada se detalla en la Figura 8. Para ver una descripción completa de la lectura guiada, consulte *Guided Reading: Responsive Teaching Across the Grades*, segunda edición.

# Aspectos generales del continuo de lectura guiada



Cuando use el continuo, hay varios puntos importantes que debe tener en cuenta.

1. ***Las acciones cognitivas que los lectores emplean mientras procesan un texto son básicamente las mismas en todos los niveles. Los lectores simplemente las aplican a niveles de textos cada vez más complejos.*** Los lectores principiantes resuelven los conceptos complejos relacionados con el uso del texto (direccionalidad de izquierda a derecha, concordancia entre voz y texto, relaciones entre el lenguaje oral y escrito), por lo que su procesamiento es más lento y sus hábitos visibles nos muestran cómo están trabajando con el texto. Están leyendo textos que tienen temas conocidos y un lenguaje muy simple y natural; sin embargo, incluso estos textos exigen que comprendan la trama, piensen en los personajes y usen un razonamiento más complejo, como hacer predicciones.

   Para los lectores de niveles más altos, gran parte del procesamiento es inconsciente e imperceptible. Estos lectores descifran, de manera automática y sin esfuerzo, una gran cantidad de palabras, siguiendo el texto en oraciones complejas que pueden procesar sin prestar atención explícita a las acciones que están ocurriendo en su mente. Mientras leen, se concentran en el significado del texto y emplean procesos complejos de razonamiento (por ejemplo, inferir lo que la escritora o el escritor está insinuando, pero no dice; examinar de manera crítica las ideas del texto; u observar aspectos del trabajo de la escritora o del escritor). Sin embargo, a veces, los lectores de niveles más altos necesitarán examinar con atención una palabra para descifrarla o volver a leerla para desentrañar el significado de las estructuras de las oraciones muy complejas.

   Todos los lectores emplean simultáneamente un amplio espectro de sistemas de acciones estratégicas mientras procesan un texto (consulte la Figura 9, página 425, y el interior de la portada). Los doce sistemas de acciones estratégicas incluyen:

   - ***Buscar y usar información.*** Los lectores principiantes buscarán información abiertamente en las letras y las palabras, en las imágenes o en la estructura de la oración; también usarán sus conocimientos previos.
   - ***Autoverificar la lectura para lograr precisión, comprensión y autocorregirse cuando sea necesario.*** Los lectores principiantes mostrarán abiertamente evidencia de verificación y autocorrección, mientras que los lectores de niveles más altos mantendrán esta evidencia "oculta"; pero los lectores siempre están verificando la lectura mientras leen.

- *Descifrar las palabras usando un abanico flexible de estrategias.* Los lectores principiantes están empezando a adquirir maneras de ver las palabras y trabajan con algunas palabras indicadoras y características de las palabras (relaciones simples entre letras y sonidos, y partes de palabras). Los lectores de niveles más altos emplean un abanico amplio y flexible de estrategias para descifrar de modo inconsciente palabras concentrando la atención en el razonamiento profundo.

**FIGURA 8** *Marco para la lectura guiada*

## ESTRUCTURA DE UNA LECCIÓN DE LECTURA GUIADA

| Elemento | Acciones de enseñanza potenciales para apoyar la lectura con precisión, comprensión y fluidez |
|---|---|
| Introducción al texto | • Active y/o brinde los conocimientos previos necesarios.<br>• Invite a los estudiantes a que compartan sus reflexiones.<br>• Permita a los estudiantes oír y a veces decir nuevas estructuras lingüísticas.<br>• Pida a los estudiantes que digan y a veces ubiquen palabras específicas en el texto.<br>• Ayude a los estudiantes a establecer relaciones para presentar conocimientos de los textos, contenido y experiencias.<br>• Revele la estructura del texto.<br>• Use palabras de vocabulario nuevas en conversaciones para revelar el significado.<br>• Anime a los estudiantes a hacer predicciones basándose en la información revelada hasta el momento.<br>• Dirija la atención a la elaboración que usa la autora o el autor para apoyar el análisis.<br>• Dirija la atención a la precisión o la autenticidad del texto (trayectoria, referencias o presentación de evidencia de la autora o del autor, cuando corresponda).<br>• Dirija la atención a las ilustraciones (imágenes, tablas, elementos gráficos, mapas, dibujo de corte) y a la información que presentan. |
| Leer el texto | • Demuestre, indique o refuerce el uso efectivo de los sistemas de acciones estratégicas (entre ellos, buscar y usar información, verificar y corregir, descifrar palabras y mantener la fluidez).<br>• Aclare las confusiones, en caso de ser necesario. |
| Comentar el texto | • Reúna evidencia de comprensión al observar lo que los estudiantes dicen sobre el texto.<br>• Invite a los estudiantes a que hagan preguntas y aclaren su comprensión.<br>• Ayude a los estudiantes a aprender a comentar juntos el significado del texto.<br>• Amplíe la expresión de los estudiantes para que comprendan a través de hacer preguntas, resumir, volver a expresar y ampliar sus comentarios. |
| Enseñar las estrategias de procesamiento | • Vuelva al texto para demostrar o reforzar cualquier aspecto de la lectura, incluidos todos los sistemas de acciones estratégicas:<br>  • Buscar y usar información • Predecir<br>  • Verificar y corregir • Establecer relaciones<br>  • Descifrar palabras • Sintetizar<br>  • Mantener la fluidez • Inferir<br>  • Ajustar la lectura (propósito y género) • Analizar<br>  • Resumir (recordar información) • Criticar<br>• Hacer demostraciones explícitas de acciones estratégicas usando cualquier parte del texto que se haya leído. |
| Trabajo con las palabras | • A partir de los patrones de necesidades de los estudiantes que se evidencien en sus observaciones, enseñe los aspectos necesarios del análisis de las palabras: letras, relaciones entre letras y sonidos, descomponer palabras, observar palabras base y afijos, usar el significado de las raíces, relacionar palabras y usar analogías.<br>• Pida a los estudiantes que muevan las palabras usando letras magnéticas, o que usen pizarras blancas o lápiz y papel para formar, descomponer o escribir palabras con eficiencia y flexibilidad. |
| Ampliar el significado (opcional) | • Use la escritura y los dibujos sobre la lectura o las charlas extendidas para explorar cualquier aspecto de la comprensión del texto. |

- ***Sostener una lectura fluida y con frases bien formadas.*** En los primeros niveles (A, B), los lectores trabajarán para emparejar una palabra hablada con una palabra escrita y, en general, señalarán cuidadosamente cada palabra para ayudar a la vista y a la voz en este proceso; sin embargo, en el nivel C, cuando se presenta el diálogo por primera vez, comenzarán a hacer que su lectura suene como el habla. A medida que dejen de usar el dedo y los ojos controlen el proceso en los niveles sucesivos, los estudiantes leerán textos cada vez más complejos con el ritmo apropiado, el énfasis en las palabras, la formación de frases y las pausas en un sistema fluido. La fluidez en sí misma no es una etapa o un nivel de la lectura. Los lectores aplican estrategias de una manera integrada para lograr una lectura fluida en todos los niveles después de adquirir los primeros hábitos.
- ***Ajustar la lectura para procesar diversos textos.*** En todos los niveles, los lectores pueden disminuir la velocidad de lectura para descifrar palabras o lenguaje complejo y luego continuar a un ritmo normal; sin embargo, en los niveles más altos este proceso es casi imperceptible. Los lectores hacen ajustes mientras buscan información; pueden volver a leer, buscar elementos gráficos o ilustraciones, volver a referencias específicas en el texto o usar herramientas específicas de lectura. En todos los niveles, los lectores también ajustan las expectativas y las maneras de leer según el propósito, el género y las experiencias de lectura anteriores. En los primeros niveles, los lectores solo tienen experiencias iniciales a las que recurrir, pero, en los niveles más avanzados, tienen recursos ricos en términos de conocimiento del género (consulte Fountas y Pinnell 2006, página 159 y ss.). Los lectores competentes son altamente flexibles, y pueden responder de diferentes maneras simultáneamente.
- ***Recordar información en forma de resumen.*** Resumir implica seleccionar y reorganizar la información importante. Los lectores constantemente resumen información a medida que leen un texto y así forman los conocimientos previos con los que pueden comprender el resto del texto; también recuerdan la información del resumen después de la lectura.
- ***Hacer predicciones.*** En todos los niveles, los lectores constantemente hacen, confirman y rechazan predicciones. En general, estas predicciones están implícitas en vez de manifiestas y contribuyen no solo a la comprensión, sino también al disfrute de un texto. Todos los lectores predicen basándose en la información del texto y en sus propios conocimientos previos; los lectores más avanzados tienen una base rica de conocimientos, que incluye saber cómo están organizados y elaborados muchos géneros y tipos de textos.
- ***Establecer relaciones.*** En todos los niveles, los lectores usan sus conocimientos previos, sus experiencias personales y sus conocimientos de otros textos para interpretar un texto. A medida que amplían su experiencia de lectura, tienen más información que los ayuda a comprender todos los textos. En los niveles más avanzados, se requiere que los lectores comprendan ideas y temas serios y complejos que, en la mayoría de los casos, están más allá de su experiencia personal; sin embargo, pueden identificarse con la condición humana y recurrir a lecturas anteriores.
- ***Sintetizar nueva información.*** En todos los niveles, los lectores obtienen nueva información de los textos que leen; sin embargo, los lectores que comienzan a desarrollar un proceso de lectura procesan textos sobre temas muy conocidos. A medida que avanzan hacia los sucesivos niveles de texto, los lectores encuentran mucha información nueva, que incorporan a sus conocimientos previos. Como resultado de la lectura, aprenden y cambian, y esto sucede a través de la ficción y de la no ficción.
- ***Leer "entre líneas" para inferir lo que no se expresa explícitamente en el texto.*** En cierta medida, todos los textos requieren hacer inferencias. En los niveles muy simples, los lectores pueden inferir los sentimientos (*sorprendido, feliz, triste*) o

características (*perezoso, avaro*) de los personajes. Pero, en niveles más avanzados, los lectores necesitan inferir constantemente para comprender textos de ficción y de no ficción. Ellos comprenden que la escritora o el escritor insinúa algo que no expresa en forma directa.

- ***Pensar analíticamente acerca de un texto para observar cómo está construido o cómo la autora o el autor elaboró el lenguaje.*** Pensar analíticamente acerca de un texto significa reflexionar sobre él, examinarlo y sacar conclusiones. Los lectores de los primeros niveles pueden comentar si el texto era divertido o emocionante; sin embargo, no pueden realizar un análisis muy minucioso, ya que este sería artificial y evitaría que disfrutaran del texto. Los lectores más avanzados observarán cómo la autora o el autor (y la ilustradora o el ilustrador cuando corresponda) organizaron el texto y elaboraron el lenguaje.
- ***Pensar críticamente acerca de un texto.*** Pensar críticamente acerca de un texto comprende maneras complejas de evaluarlo. Los lectores principiantes simplemente pueden decir lo que les gusta o no les gusta de un texto, a veces

**FIGURA 9** *Sistemas de acciones estratégicas*

| | SISTEMAS DE ACCIONES ESTRATÉGICAS PARA PROCESAR TEXTOS ESCRITOS | | |
|---|---|---|---|
| MANERAS DE PENSAR | PENSAR EN EL TEXTO ***EN SÍ*** | **Buscar y usar información** | Buscar y usar todo tipo de información en un texto |
| | | **Verificar y autocorregir** | Verificar si la lectura suena bien, se ve bien y tiene sentido |
| | | **Descifrar palabras** | Usar una serie de estrategias para descomponer las palabras y comprender lo que significan mientras se lee un texto corrido |
| | | **Mantener la fluidez** | Integrar las fuentes de información en un proceso fluido que resulte en una lectura expresiva y con formación de frases |
| | | **Ajustar** | Leer de diferentes maneras adecuadas al propósito de la lectura y al tipo de texto |
| | | **Resumir** | Combinar y retener la información importante mientras se lee y descartar la información irrelevante |
| | PENSAR ***MÁS ALLÁ*** DEL TEXTO | **Predecir** | Anticipar qué pasará luego cuando se lee un texto corrido |
| | | **Establecer relaciones**<br>• **con una misma o uno mismo**<br>• **con el mundo**<br>• **con los textos** | Buscar y usar las relaciones con los conocimientos que los lectores han adquirido a través de sus experiencias personales, su aprendizaje sobre el mundo y la lectura de otros textos para mejorar la comprensión del texto |
| | | **Sintetizar** | Reunir información del texto y de los conocimientos previos de la lectora o del lector para crear nuevos conocimientos |
| | | **Inferir** | Ir más allá del significado literal de un texto para pensar en lo que no está expresado, pero que la autora o el autor insinúa |
| | PENSAR ***ACERCA*** DEL TEXTO | **Analizar** | Examinar elementos de un texto para aprender más sobre cómo está construido |
| | | **Criticar** | Evaluar un texto basándose en el conocimiento que la lectora o el lector tiene de sí misma o de sí mismo, del mundo o del texto |

pueden especificar por qué; pero los lectores más avanzados recurren a un razonamiento más elevado cuando evalúan la calidad o la autenticidad de un texto y este tipo de análisis a menudo mejora el placer de la lectura.

2. ***Los lectores siempre tienen que cumplir con exigencias mayores en cada nivel porque los textos son cada vez más difíciles.*** Las categorías de estas exigencias pueden ser similares, pero los desafíos específicos son cada vez mayores. Por ejemplo, en muchos de los niveles de textos más bajos, se desafía a los lectores a usar combinaciones de consonantes y dígrafos para descifrar palabras de una y dos sílabas. En los niveles más altos, se los desafía a usar estos mismos patrones en palabras polisílabos. Además, los lectores deben usar terminaciones de palabras cuando las descomponen. Las terminaciones de las palabras cambian las palabras y añaden significado. En los niveles más bajos, los lectores prestan atención a las terminaciones como *-s, -es, -ando* y *-iendo*, pero a medida que las palabras son más complejas en los niveles sucesivos, encontrarán terminaciones como *-mente, -ente, -ante, -ible* y *-able.*

   En todos los niveles, los lectores deben identificar a los personajes y seguir la trama; pero, en los niveles más bajos, los personajes son unidimensionales y las tramas son una sucesión de sucesos simples. Sin embargo, a medida que avanzan los niveles, los lectores encuentran muchos personajes más complejos, que cambian con el tiempo. Las tramas tienen más episodios; las tramas secundarias presentan mucha complejidad. En cada nivel hay mayor exigencia de inferencia y análisis. Con el transcurso del tiempo, los estudiantes aprenden a usar lenguaje académico para hablar acerca de los textos.

LECTURA GUIADA

3. ***El conocimiento del género por parte de los lectores se amplía con el tiempo, pero también se profundiza dentro de los géneros.*** En algunos textos de niveles muy bajos, es difícil determinar el género. Por ejemplo, un texto sencillo y repetitivo puede centrarse en un solo tema, como las frutas, con una niña o un niño que presenta el ejemplo de una fruta diferente en cada página. Las páginas pueden estar en cualquier orden, pero suele haber algún tipo de conclusión al final. Un texto así se organiza en una estructura que es característica de la no ficción, lo que ayuda a los lectores principiantes a comprender la información presentada en categorías, pero técnicamente es ficción porque el narrador no es real. No obstante, en este nivel, no es importante que los estudiantes identifiquen categorías de género puras, sino que simplemente experimenten y aprendan sobre las diversas maneras de organizar los textos.

   Sin embargo, al recorrer los niveles del gradiente, los ejemplos de los géneros se vuelven más precisos y variados. En los primeros niveles, los estudiantes leen ejemplos de ficción (en general, ficción realista, literatura tradicional y fantasía sencilla) y textos informativos sencillos sobre un solo tema. A medida que los niveles avanzan, los textos de no ficción son cada vez más complejos y ofrecen información sobre diversos temas y una serie de estructuras subyacentes para la presentación (descripción; comparación y contraste; causa y efecto; secuencia temporal; y problema y solución). Estas estructuras subyacentes aparecen en todos los niveles después de los iniciales, pero se combinan de maneras cada vez más complejas. Los estudiantes también aprenden y usan lenguaje académico para hablar acerca de los géneros de texto y sus características.

4. ***En cada nivel, la carga de contenido de los textos es cada vez más pesada, lo que requiere una mayor cantidad de conocimientos previos.*** El conocimiento del contenido es un factor clave en la comprensión de los textos; este incluye vocabulario y conceptos. Los textos para principiantes están estructurados necesariamente para aprovechar el contenido familiar que la mayoría de los estudiantes conoce; sin

embargo, incluso algunos textos muy sencillos pueden requerir conocimientos de ciertos rótulos (*animales del zoológico*) que pueden no resultar conocidos a los estudiantes a quienes usted enseña. El éxito en los niveles sucesivos dependerá no solo del estudio de las áreas de contenido, sino también de una amplia lectura de textos que amplíen el vocabulario y los conocimientos de los contenidos de cada individuo.

5. ***En cada nivel, los temas y las ideas son más serios, lo que requiere que los lectores consideren perspectivas y comprendan culturas diferentes de la suya.*** Los estudiantes pueden relacionar ideas y temas sencillos con su propia vida, pero, incluso en los niveles iniciales, entienden que sus experiencias se ven ampliadas por cuentos realistas, textos de fantasía sencillos y cuentos tradicionales. En los niveles de mayor complejidad, se desafía a los lectores a comprender y a identificarse con los personajes (y los sujetos de las biografías) que vivieron en el pasado o en lugares distantes y que tienen experiencias y perspectivas muy diferentes de las de la lectora o del lector. En los niveles más altos, los textos de fantasía requieren que los lectores comprendan mundos completamente imaginarios. A medida que satisfacen exigencias cada vez mayores en todos los niveles, deben depender de lecturas anteriores y de las discusiones sobre los temas y las ideas.
6. ***Las descripciones específicas de pensar en el texto en sí, más allá y acerca del texto no cambian drásticamente de un nivel a otro.*** Cuando observe el continuo de características del texto en el gradiente A a Z, solo verá pequeños cambios de un nivel a otro. El gradiente representa un aumento gradual en las exigencias del texto aunque recuerde que puede aparecer la misma característica, y que los lectores experimentarán un ejemplo de esta ligeramente más complejo. De manera similar, las expectativas de razonamiento de los lectores cambian gradualmente con el tiempo a medida que se desarrollan desde kindergarten hasta octavo grado. Si observa las exigencias a lo largo de dos o tres niveles, verá solo algunos cambios en las expectativas. Pero, si contrasta los niveles como se muestra a continuación, verá algunas diferencias muy claras.
   - Nivel A con Nivel D
   - Nivel E con Nivel H
   - Nivel I con Nivel N
   - Nivel L con Nivel P
   - Nivel R con Nivel U
   - Nivel V con Nivel Z

El continuo no representa "etapas" definidas de aprendizaje. Los lectores varían en cuanto a lo que prestan atención y disfrutan. Y todos son diferentes. El continuo representa el progreso en el tiempo y, si examina las expectativas de los rangos sugeridos, tendrá una imagen del progreso notable que nuestros estudiantes hacen desde pre-kindergarten hasta octavo grado.

## Uso del continuo de lectura guiada

El continuo de lectura guiada para los grados PreK–8 está organizado por niveles, de la A a la Z. Cada nivel tiene varias secciones.

### Sección 1: Características de los lectores

La primera sección de cada continuo ofrece una breve descripción de lo que, en general, puede ser cierto sobre los lectores de un nivel en particular. Recuerde que todos los lectores son individuos y que las características varían mucho de un individuo a otro. Es imposible crear una descripción que sea verdadera sobre todos los lectores, para quienes cierto nivel de enseñanza o lectura independiente es adecuado. De hecho, es inadecuado referirse a cualquier individuo como "una lectora o un lector de nivel ___". Se nivelan los *libros,* no los *lectores*. Pero es útil tener en cuenta las expectativas generales de los lectores de un nivel para seleccionar bien los libros y brindar el apoyo adecuado a los individuos y grupos.

## Sección 2: Seleccionar textos para las lecciones de lectura guiada

Esta sección ofrece descripciones detalladas de los textos característicos para cada nivel, A a Z. Está organizada en diez categorías, como se muestra en la Figura 10.

Estudiar las características del texto de los libros de cierto nivel proporcionará un buen inventario de los desafíos que los lectores enfrentarán en ese nivel. Recuerde que hay una gran variedad de textos en cada nivel y que esas características se aplican a lo que es *generalmente verdadero* para los textos de ese nivel. Para el texto individual, algunos factores pueden ser más importantes que otros a la hora de plantear exigencias a los lectores. Examinar estos factores de los textos relacionados con los libros que seleccione para la lectura guiada le permitirá planificar introducciones que ayuden a los estudiantes a cumplir con las exigencias de textos más difíciles y a procesarlos de manera efectiva.

## Sección 3: Exigencias del texto: Maneras de pensar

El núcleo del continuo de lectura guiada es una descripción de las expectativas para los lectores de cada nivel. Estas descripciones están organizadas en tres categorías más amplias y doce subcategorías, como se muestra en la Figura 9.

Cuando trabaje con los lectores en cada nivel, examine las descripciones específicas dentro de las categorías.

- ***Planificar introducciones a los textos.*** Examine las categorías para determinar qué podría ser un desafío para los lectores. Elabore la introducción para ayudarlos a participar en procesos de razonamiento específicos.
- ***Guiar las interacciones con los lectores de forma individual.*** Observe los hábitos de lectura y apoye a los estudiantes para resolver las dificultades de los problemas. Dirija su atención a lo que deben saber mediante ejemplos, indicaciones o refuerzo.
- ***Comentar el significado de un texto después de leer todo el texto o una parte.*** Pida a los lectores que comenten varios aspectos del texto y que amplíen a partir de lo que comentan sus compañeros. Consulte el continuo a medida que piensa en la evidencia de comprensión que los lectores demuestran a través de la conversación. Guíe la discusión cuando corresponda para ayudarlos a recurrir a nuevas maneras de pensar.
- ***Volver a consultar el texto para enseñar cosas específicas.*** Demuestre maneras efectivas de trabajar con un texto de un modo que ayude a los lectores a aprender ciertas acciones que como lectores pueden aplicar a otros textos. La enseñanza puede centrarse en cualquier área de los sistemas de acciones estratégicas.
- ***Ocupar a los lectores en trabajar en "manualidades" con las palabras para apoyar la naturalidad y la flexibilidad al descifrar palabras.*** Puede usar este continuo para ayudarse a observar qué saben y necesitan saber los lectores en términos del análisis y el significado de las palabras.
- ***Ampliar el significado del texto.*** Planifique que los estudiantes escriban, dibujen o participen en discusiones animadas como apoyo para que realicen razonamientos más profundos sobre los textos. (Consulte el continuo de Escribir sobre la lectura para ver ejemplos).

**FIGURA 10** *Diez características de los textos para la lectura guiada*

| DIEZ CARACTERÍSTICAS DE LOS TEXTOS PARA LA LECTURA GUIADA | |
|---|---|
| **Género** | El ***género*** es el tipo de texto y se refiere a un sistema según el cual se clasifican los textos de ficción y no ficción. La forma es el formato en que se puede presentar un género. Las formas y los géneros tienen características distintivas. |
| **Estructura del texto** | La ***estructura*** es la manera en que se organiza y se presenta el texto. La estructura de la mayoría de los textos biográficos y de ficción es narrativa y, generalmente, está organizada en una secuencia cronológica. Los textos sobre hechos se organizan por categoría o tema y pueden tener secciones con encabezados. Los autores de textos sobre hechos usan varios patrones de estructuras subyacentes para proporcionar información a los lectores. Las más importantes son: descripción, secuencia cronológica, comparación y contraste, causa y efecto, y problema y solución. La presencia de estas estructuras, especialmente cuando están combinadas, puede aumentar la dificultad para los lectores. |
| **Contenido** | El ***contenido*** se refiere al tema del texto: los hechos y conceptos que son importantes de comprender. En la ficción, el contenido se puede relacionar con el escenario o con el tipo de problemas que enfrentan los personajes. En los textos sobre hechos, el contenido se refiere al tema en cuestión. El contenido se considera en relación con la experiencia previa de los lectores. |
| **Temas e ideas** | ***Temas e ideas*** son los grandes mensajes que comunica la autora o el autor. Las ideas pueden ser concretas y accesibles o complejas y abstractas. Un texto puede tener muchos temas o un tema principal y varios temas de apoyo. Un texto puede tener una idea principal y varios mensajes. |
| **Características literarias y del lenguaje** | Las ***características literarias y del lenguaje*** hacen que los textos sean entretenidos y satisfactorios para los lectores. El lenguaje escrito es cualitativamente diferente del lenguaje oral. Los autores de ficción usan diálogo, lenguaje figurado y otros tipos de estructuras literarias, como personaje, escenario y trama. Los autores de textos sobre hechos usan descripciones y lenguaje técnico. Los escritores de no ficción contemporáneos usan la escritura literaria para que sus textos sean atractivos, y a menudo presentan argumentaciones. En los textos híbridos, se puede encontrar una gran variedad de lenguaje literario. |
| **Complejidad de las oraciones** | La ***complejidad de las oraciones*** se refiere a la manera en la que las palabras están ordenadas en las oraciones y la puntuación. El significado está trazado sobre la sintaxis del lenguaje. Es más fácil procesar textos que tienen oraciones más simples y naturales. Las oraciones que contienen cláusulas subordinadas o coordinadas hacen que un texto sea más difícil. |
| **Vocabulario** | El ***vocabulario*** se refiere a las palabras y sus significados. Cuantas más palabras se conozcan en un texto, más fácil será el texto. Los vocabularios de lectura y escritura del individuo se refieren a las palabras que comprende y también puede leer o escribir. Las palabras sencillas del vocabulario oral (Nivel 1) son las más fáciles. Las palabras del Nivel 2 aparecen con más frecuencia en la escritura y en el lenguaje oral de los usuarios maduros. Las palabras del Nivel 3 se usan en las disciplinas académicas. |
| **Palabras** | Las ***palabras*** son los grupos de letras impresas en el texto. El desafío de un texto depende en parte de la cantidad y de la dificultad de las palabras que la lectora o el lector debe descifrar al reconocerlas y decodificarlas. Si en un texto hay muchas palabras de uso frecuente iguales, este será más accesible para los lectores. Los polisílabos hacen que un texto sea más difícil. |
| **Ilustraciones** | Las ***ilustraciones*** incluyen los dibujos, las pinturas y las fotografías que acompañan el texto y añaden significado y placer a la lectura. En los textos sobre hechos, las ilustraciones también incluyen elementos gráficos que brindan mucha información que los lectores deben integrar con el texto. Las ilustraciones son parte integral de un texto de buena calidad. Cada vez con más frecuencia, los textos de ficción incluyen varios elementos gráficos, entre ellos rótulos, recuadros laterales, fotos y leyendas, tablas y gráficas. Después de primer grado, los textos pueden incluir textos gráficos que comunican información o un cuento en una secuencia de imágenes y palabras. |
| **Características del libro y la letra impresa** | Las ***características del libro y la letra impresa*** son aspectos físicos del texto, aquello a lo que los lectores se enfrentan en términos de longitud, tamaño, diseño y disposición del texto. Estas características también incluyen herramientas como la tabla de contenidos, los encabezados y los subtítulos, y las recuadros laterales; recursos del texto como el glosario, la guía de pronunciación y el índice; y diversas características gráficas en los textos gráficos que comunican cómo se lee el texto. Algunas características que están fuera del cuerpo del texto (guardas, portada, dedicatoria, cubiertas delantera y trasera y solapa del libro) se denominan peritexto. Todas estas características tienen significado y atractivo estético para los lectores competentes. |

## Sección 4: Planificar el trabajo con las palabras para la lectura guiada

En la sección de pensar en el texto *en sí* de cada nivel, una sección aparte ofrece sugerencias para la fonética y el trabajo con las palabras. Se espera que la lectura guiada se use como un componente de un marco integrado de lectura que incluya lecciones específicas sobre fonética, ortografía y estudio de palabras. Los detalles de ese currículo (para lecciones y actividades independientes) se presentan en el continuo dedicado a la fonética, la ortografía y el estudio de palabras. Estas lecciones de lectura guiada son sistemáticas, siguen una secuencia y sirven para muchos niveles; ya que como actividades que se usan para ayudar a los estudiantes a aplicar los principios son, en general, actividades para toda la clase. Los objetivos incluidos en la lectura guiada aplican los principios durante la lectura del texto, donde la enseñanza de la fonética y el estudio de palabras es más efectiva.

Cuando leen textos, los individuos siempre aplican los principios de fonética y el estudio de palabras, y a lo largo del gradiente lo hacen con palabras cada vez más complejas. Descifrar palabras incluye no solo decodificarlas, sino también derivar el significado de las palabras, como se indica en la categoría Descifrar palabras en la segunda columna de la Figura 9.

Además, un componente importante de una lección de lectura guiada es la atención breve pero concentrada en las palabras y su funcionamiento. Este trabajo rápido con las palabras debe abordar las necesidades de los estudiantes en el procesamiento visual. El objetivo es contribuir a la fluidez y flexibilidad de los estudiantes al descomponer palabras. En esta sección, encontrará una lista de sugerencias que le ayudará a seleccionar actividades de estudio de palabras que le permitirán adaptar la enseñanza sobre las palabras a las exigencias específicas del nivel del texto. Haga que los principios relacionados con descifrar palabras sean visibles para los estudiantes a través de los siguientes tipos de actividades:

- Pida a los estudiantes que trabajen con las letras o las palabras usando letras magnéticas en un tablero vertical o en la mesa. Las letras magnéticas son muy útiles para demostrar cómo descomponer palabras o cambiar palabras. Haga que los estudiantes formen, cambien o descompongan palabras.
- Pida a los estudiantes que observen aspectos de las letras o las palabras usando una pizarra blanca, un pizarrón o letras magnéticas que todos los estudiantes puedan ver.
- Pida a los estudiantes que usen pizarras blancas pequeñas (o pizarrones) para escribir y cambiar palabras para demostrar los principios. (Cada estudiante puede tener un borrador pequeño o un calcetín viejo en la mano para hacer los cambios rápidamente). Use marcadores de tinta lavable en pizarras blancas.
- Dé a los estudiantes tarjetas de palabras individuales para que reconozcan palabras instantáneamente.
- Pida a los estudiantes que clasifiquen tarjetas de palabras en categorías para ilustrar un principio.
- Haga redes de palabras para ilustrar las conexiones y las relaciones que hay entre las palabras.

Mientras planifica, lleva adelante y reflexiona sobre las lecciones de lectura guiada en los diferentes niveles, vaya al nivel adecuado y observe lo que los estudiantes ya saben y hacen bien, y lo que deben poder hacer para que la introducción, las interacciones y los temas de enseñanza sean más específicos en relación con las necesidades de los estudiantes en un momento determinado.

# Lectores del nivel 

En el nivel A, los lectores están comenzando a aprender cómo funciona el texto escrito y a construir el principio alfabético (esto es, comprender que existen relaciones entre los sonidos y las letras). Ellos aprenden a mirar (ayudados con el dedo) a lo largo de una línea de texto y también miran las palabras colocadas de izquierda a derecha. Están aprendiendo a buscar y usar información a partir de imágenes y a usar estructuras lingüísticas sencillas para leer oraciones muy sencillas. Diferencian el texto escrito de las imágenes y comienzan a observar las características distintivas de las letras al agregarles nombres. Están aprendiendo a leer oraciones de una línea con palabras sencillas y sobre temas conocidos. Están aprendiendo a emparejar una palabra hablada con una palabra impresa. A medida que leen, comienzan a aprender algunas palabras de uso frecuente que pueden leer en todos los contextos, y a observar y usar los letreros visuales con muchas palabras. Usan palabras que conocen y sus conocimientos de la letra impresa para detectar discordancias y comenzar a autoverificar la lectura. Leer y volver a leer estos textos muy sencillos les servirá para obtener un control gradual de cómo observar y trabajar con el texto escrito. Simultáneamente, forman significados a partir de imágenes y desarrollan cuentos. Relacionan información relevante de textos de no ficción y la asocian con cosas que conocen.

## Seleccionar textos Características de los textos del **nivel A**

### GÉNERO

▸ **Ficción**

- Ficción realista
- Fábulas sencillas
- Cuentos de fantasía sencillos con animales

▸ **No ficción**

- Textos sencillos sobre hechos

#### FORMAS

- Algunos libros de una serie
- Libros álbum

### ESTRUCTURA DEL TEXTO

- Textos narrativos muy sencillos dentro de imágenes

### CONTENIDO

- Contenido interesante y relevante para los niños pequeños
- Contenido fácil y conocido (la familia y el hogar, los juegos, las mascotas, los animales, la escuela, los alimentos, la comunidad, los amigos, las actividades cotidianas, el cuerpo humano, el tiempo, las estaciones del año, el transporte, los juguetes)
- Contenido que se complementa de manera directa y explícita con la información de las imágenes
- Humor que es fácil de comprender (personajes tontos, situaciones divertidas)

### TEMAS E IDEAS

- Temas que reflejan la vida cotidiana (la amistad, relaciones con la familia, una misma o uno mismo, la naturaleza)
- Ideas sencillas y claras que son fáciles de identificar
- Ideas cercanas a la experiencia de los niños (compartir con los demás, preocuparse por los demás, hacer el trabajo propio, ayudar a la familia, cuidar de sí, mantenerse saludable, preocuparse por el mundo, divertirse, observar el mundo)

### CARACTERÍSTICAS LITERARIAS Y DEL LENGUAJE

- Patrones lingüísticos sencillos que son cercanos al lenguaje oral
- Patrones lingüísticos que se repiten
- Escenarios cotidianos cercanos a la experiencia de los niños
- Personajes sin nombre, sencillos y que no cambian, en su mayor parte
- Algunos elementos sencillos de la fantasía (animales que hablan)

### COMPLEJIDAD DE LAS ORACIONES

- Oraciones cortas y predecibles (generalmente entre tres y seis palabras) que son cercanas al lenguaje oral
- Oraciones sencillas (sujeto y predicado, sin cláusulas o frases subordinadas)
- Sujeto que precede al verbo en la mayoría de las oraciones
- Algunas oraciones con adjetivos

### VOCABULARIO

- Algunas palabras que son nuevas para los niños pero que se entienden fácilmente en contexto
- Algunas palabras sencillas que representan sonidos (onomatopeyas)
- Palabras que pertenecen en su totalidad al vocabulario oral común de los niños pequeños (Nivel 1)
- Palabras conceptuales ilustradas con imágenes
- Algunos adjetivos muy sencillos que describen personas, lugares o cosas

### PALABRAS

- Palabras de dos y tres sílabas con patrón silábico básico (CVCV), en su mayor parte
- Ocasionalmente, palabras de tres sílabas que designen objetos cotidianos y contengan un patrón silábico básico (*muñeca, pelota*)
- Algunos plurales sencillos (agregar *-s* a un sustantivo que termina en vocal: *los osos, los monos*)
- Uso repetitivo de algunas palabras de uso frecuente y fáciles (*la, esa, mira, yo*)
- Palabras con patrones ortográficos fáciles
- Palabras que suelen ser más cortas al comienzo de la oración
- Uso de terminaciones de diminutivo *-ito* e *-ita* (*osito, monito*)

Mira la casa.

4

## ILUSTRACIONES

- Ilustraciones claras que complementan el significado totalmente
- Ilustraciones que coinciden detalladamente con el texto
- Ilustraciones que añaden significado al texto
- Ilustraciones que apoyan cada página de texto
- Ilustraciones muy simples sin detalles que distraigan la atención
- Disposición uniforme de las ilustraciones y el texto
- Separación clara de las ilustraciones y el texto
- Algunas fotografías rotuladas

## CARACTERÍSTICAS DEL LIBRO Y LA LETRA IMPRESA

### LONGITUD

- Muy cortos; por lo general, de dieciséis páginas (ocho páginas con texto)
- Texto separado de las imágenes en páginas que se alternan
- Generalmente, menos de cincuenta palabras por libro

### TEXTO IMPRESO Y DISPOSICIÓN

- Texto impreso en fuente grande y sencilla
- Texto siempre sobre fondo blanco o muy claro
- Una línea de texto en cada página
- Oraciones que comienzan a la izquierda
- Ubicación uniforme del texto
- Textos con espacios dobles o triples entre líneas, en su mayor parte
- Espacios exagerados entre las palabras
- Texto separado claramente de las imágenes

### PUNTUACIÓN

- Puntos como único signo de puntuación en la mayoría de los textos

## **Seleccionar objetivos** Hábitos y conocimientos para observar, enseñar y apoyar

### PENSAR EN EL TEXTO ***EN SÍ***

#### BUSCAR Y USAR INFORMACIÓN

- Leer de izquierda a derecha una línea de texto
- Unir palabra por palabra en una línea de texto y comenzar todas las oraciones a la izquierda
- Observar y señalar para buscar y usar información visual en el texto
- Volver a leer para buscar y usar información a partir de estructuras lingüísticas o significados
- Buscar y usar información en las imágenes que coincida detalladamente con el texto, usar algunos detalles que distraigan la atención y complementar el significado con claridad
- Usar una disposición uniforme de las ilustraciones y el texto para buscar y usar información
- Usar una separación clara de las ilustraciones y el texto para buscar y usar información
- Usar patrones lingüísticos cercanos al lenguaje oral para buscar y usar información
- Usar patrones lingüísticos repetitivos para buscar y usar información
- Usar estructuras de oraciones simples (sujeto y predicado sin frases ni cláusulas subordinadas) para buscar y usar información
- Seguir buscando información a lo largo de un texto corto (generalmente dieciséis páginas con una línea de texto en cada una de las páginas alternas y normalmente con menos de cincuenta palabras)
- Observar y usar signos de puntuación (puntos)
- Observar y usar mayúsculas y minúsculas
- Usar las ilustraciones para buscar y usar información
- Usar rótulos en las fotografías para buscar y usar información
- Usar el conocimiento de contenido fácil y conocido para buscar y usar información (la familia y el hogar, los juegos, las mascotas, los animales, la escuela, los alimentos, la comunidad, los amigos, las actividades cotidianas, el cuerpo humano, el tiempo, las estaciones del año, el transporte, los juguetes)
- Comprender que las ilustraciones complementan detallada y explícitamente el contenido y usarlas para buscar y usar información
- Identificar un sonido y relacionarlo con una letra

#### VERIFICAR Y AUTOCORREGIRSE

- Mostrar evidencia de atención minuciosa al texto
- Usar la concordancia entre voz y texto para autoverificar y autocorregirse
- Volver a leer la oración para resolver problemas, autocorregirse o confirmar
- Reconocer una letra y usar el significado para autoverificar y autocorregirse
- Usar la estructura lingüística para autoverificar y autocorregirse
- Usar características visuales de las palabras para autoverificar y autocorregirse
- Usar el reconocimiento de palabras de uso frecuente para autoverificar y autocorregirse
- Usar palabras conocidas para autoverificar y autocorregirse
- Usar ilustraciones como recurso para autoverificar y autocorregirse
- Comprender cómo funciona el cuento (estructura del texto narrativo) para autoverificar y autocorregirse
- Cotejar una fuente de información con otra (concordancia entre voz y texto) para autocorregirse

#### DESCRIFRAR PALABRAS

▸ **Leer palabras**

- Reconocer palabras con fuente clara y sencilla sobre un fondo blanco o muy claro
- Reconocer de manera rápida y fácil algunas palabras de uso frecuente, como *la, a, mi, es, por*
- Reconocer palabras de una, dos y algunas de tres sílabas que se complementan totalmente con las imágenes
- Leer algunos plurales sencillos formados con las terminaciones *-s* o *-es* que se complementan totalmente con las imágenes y la estructura del lenguaje
- Leer palabras que se repiten dentro del mismo texto (*me, gusta, mira, el, la*)
- Leer algunos verbos con desinencias (*-ado, -ido,* como en *cansado, dormido*) que se complementan totalmente con las imágenes y la estructura lingüística
- Leer algunas palabras con patrones ortográficos fáciles con el apoyo de imágenes y lenguaje (CV, CVCV)
- Decir una palabra y predecir su primera letra
- Decir una palabra lentamente para oír e identificar el primer sonido y relacionar ese sonido con una letra
- Ubicar palabras fáciles de uso frecuente en un texto
- Observar características visuales de una palabra y usarlas para ubicar o leer la palabra

# Seleccionar objetivos Hábitos y conocimientos para observar, enseñar y apoyar *(cont.)*

## PENSAR EN EL TEXTO ***EN SÍ*** *(continuación)*

### DESCRIFRAR PALABRAS *(continuación)*

▶ **Vocabulario**

- Comprender los significados de algunas palabras que son nuevas pero fáciles de comprender en el contexto del texto y con apoyo de imágenes
- Ampliar el conocimiento del significado de las palabras a partir de la conexión con las imágenes y/o de la comprensión del contexto (*zoológico, granja*)
- Leer y comprender algunas palabras simples que representan sonidos (onomatopeyas)
- Comprender palabras de vocabulario que pertenecen al vocabulario oral común de los lectores emergentes (Nivel 1)
- Comprender el significado de plurales sencillos formados con la terminación *-s* agregada a un sustantivo que termina en vocal
- Comprender algunos adjetivos sencillos que describen personas, lugares o cosas
- Comprender palabras que indican personajes (algunos nombres fáciles de leer, familiares)
- Comprender palabras que muestran acción (*mirar, jugar, correr*)
- Comprender palabras como *yo, me, mi* y *mí* que pueden indicar la narradora o el narrador de un texto
- Reconocer y comprender los rótulos para objetos conocidos, animales, personas, el cuerpo humano, el tiempo y actividades cotidianas

### MANTENER LA FLUIDEZ

- Mantener el impulso en todo un texto corto
- Señalar con seguridad y leer a un ritmo constante, lo suficientemente lento para que haya concordancia entre voz y texto pero sin pausas largas
- Observar los puntos y hacer una pausa después de ellos
- Bajar la voz en un punto
- Poner énfasis en palabras que estén en negrita

### AJUSTAR

- Leer más lentamente para resolver problemas con las palabras y retomar la lectura con impulso
- Comprender que un libro de no ficción presenta hechos
- Observar y leer un rótulo en una fotografía o una ilustración

### RESUMIR

- Recordar la información mientras se lee para comprender el significado del texto
- Hablar acerca de la información importante después de leer
- Recordar y hablar sobre los sucesos o las ideas importantes en un texto sencillo
- Recordar y hablar sobre ideas claras y sencillas que son fáciles de identificar

# Seleccionar objetivos Hábitos y conocimientos para observar, enseñar y apoyar *(cont.)*

## PENSAR ***MÁS ALLÁ*** DEL TEXTO

### PREDECIR

- Usar lo que se sabe sobre la estructura lingüística para anticipar el texto
- Hacer predicciones a partir de la información en las imágenes que tengan una alta coincidencia con el texto
- Predecir el final de un cuento a partir de la lectura del comienzo y el desarrollo
- Hacer predicciones a partir del conocimiento de los sucesos de la vida cotidiana (la familia, cocinar, los juegos, las mascotas, la escuela, los alimentos, la comunidad, los amigos)
- Hacer predicciones a partir de experiencias y conocimientos personales (la familia y el hogar, los juegos, las mascotas, los animales, la escuela, los alimentos, la comunidad, los amigos, las actividades cotidianas, el cuerpo humano, el tiempo, las estaciones del año, el transporte, los juguetes)

### ESTABLECER CONEXIONES

- Establecer conexiones entre experiencias personales y un texto
- Establecer conexiones entre libros de una serie
- Identificar personajes o escenarios recurrentes cuando corresponda
- Establecer conexiones entre el conocimiento previo de contenidos conocidos y el contenido del texto
- Establecer conexiones entre textos sobre el mismo tema o con el mismo contenido

### RESUMIR

- Hablar acerca de lo que se sabe sobre el tema antes de leer el texto
- Hablar sobre lo que se aprende a partir de la lectura del texto
- Hablar sobre los rótulos nuevos para el contenido que se aprende con el texto

### INFERIR

- Inferir el significado del cuento o del contenido a partir de imágenes que aportan significado al texto
- Inferir dónde se desarrolla el cuento para poder comprenderlo
- Hablar acerca de las imágenes y revelar la interpretación de un problema o de las emociones de los personajes
- Inferir humor que es fácil de comprender (personajes tontos, situaciones divertidas)
- Inferir ideas sobre contenido conocido (la amistad, las relaciones con la familia, una misma o uno mismo, la naturaleza)

## Seleccionar objetivos Hábitos y conocimientos para observar, enseñar y apoyar *(cont.)*

### PENSAR *ACERCA* DEL TEXTO

#### ANALIZAR

- Comprender cómo se relacionan las ideas y la información en un libro entre sí
- Comprender cómo se relacionan los sucesos, el contenido y las ideas con el título
- Reconocer que un texto se puede imaginar (ficción) o puede brindar información (no ficción)
- Reconocer escenarios que son cotidianos (el hogar, la escuela, el vecindario)
- Reconocer y seguir una secuencia cronológica de sucesos
- Reconocer que hay personajes en un cuento
- Reconocer que en un cuento puede haber animales que actúan como personas
- Usar lenguaje e imágenes para hablar sobre un texto (*título, comienzo, final*)
- Reconocer que un texto puede contener información verídica
- Comprender que un libro de no ficción presenta hechos o dice cómo hacer algo
- Reconocer que un proceso ocurre en un orden temporal
- Usar lenguaje específico para hablar acerca de los textos (*portada, contraportada, página, número de página, autora o autor, ilustradora o ilustrador, ilustración, fotografía, título*)

#### CRITICAR

- Compartir opiniones sobre un texto
- Compartir opiniones sobre una ilustración

LECTURA GUIADA

### Planificar el trabajo con las letras y las palabras después de la lectura guiada

Usando sus observaciones recientes sobre la capacidad de los lectores de descomponer palabras rápida y eficientemente mientras leen un texto, planifique de uno a tres minutos la participación activa de los niños atendiendo a las letras, los sonidos y las palabras. Priorice la observación de los lectores sobre las características de la letra impresa y el uso manual activo de las letras magnéticas, de la pizarra blanca, de tarjetas de palabras o de lápiz y papel para promover la fluidez y la flexibilidad en el procesamiento visual.

**Ejemplos:**

- Reconocer rápidamente algunas palabras de uso frecuente fáciles (*a, yo, la, tu*)
- Formar algunas palabras de uso frecuente fáciles (*el, la, yo, mamá*)
- Escribir algunas palabras de uso frecuente fáciles (*la, mamá*)
- Reconocer algunas palabras fáciles con los patrones CV y CVCV (*mi, mamá*)
- Formar y descomponer algunas palabras fáciles con los patrones CV y CVCV (*mi, mamá*)
- Escribir algunas palabras fáciles con los patrones CV y CVCV (*mi, yo, mamá, casa*)
- Aplaudir las sílabas en palabras de una y dos sílabas (a partir de imágenes)
- Emparejar o clasificar imágenes según el sonido inicial/final y las sílabas (*oso, osa; casa, mesa*)
- Emparejar o clasificar imágenes según los sonidos que riman al final (*pato, gato*)
- Emparejar o clasificar letras según diversas características (mayúsculas o minúsculas; altas o bajas; con o sin trazos rectos, círculos, colas, arcos)
- Buscar y ubicar rápidamente letras por el nombre
- Emparejar o clasificar letras mayúsculas y minúsculas (*Aa, Dd*)
- Recitar el alfabeto de diferentes maneras (cantar, por el nombre de las letras, las imágenes y las palabras, todas vocales, todas consonantes, sólo letras, de atrás para adelante, cada dos letras)

# Lectores del nivel B

En el nivel B, los lectores aprenden cómo funciona el texto escrito, especialmente desarrollan los conceptos de direccionalidad de izquierda a derecha a lo largo de las palabras y de las líneas de texto. Afianzan la concordancia entre voz y texto durante la lectura de textos de dos o más líneas. Los lectores pueden reconocer patrones lingüísticos que se repiten en textos con cuentos muy sencillos y centrados en una sola idea y aprenden más acerca de las características distintivas de las letras y las relaciones entre los sonidos y las letras. Es muy importante que comiencen a autoverificar su lectura y a intentar autocorregirse al observar las discordancias y verificar una fuente de información con otra. Comienzan a observar y usar letreros visuales y a ampliar el grupo básico de palabras sencillas y de uso frecuente. Simultáneamente, forman significados a partir de imágenes y los usan para comprender cuentos. Relacionan información relevante de textos de no ficción y la asocian con cosas que conocen.

## Seleccionar textos Características de los textos del nivel B

### GÉNERO

▶ **Ficción**

- Ficción realista
- Fábulas sencillas
- Cuentos de fantasía sencillos con animales

▶ **No ficción**

- Textos sencillos sobre hechos

FORMAS

- Algunos libros de una serie
- Libros álbum

### ESTRUCTURA DEL TEXTO

- Textos narrativos muy sencillos dentro de imágenes

### CONTENIDO

- Contenido interesante y relevante para los niños pequeños
- Contenido fácil y conocido (la familia y el hogar, los juegos, las mascotas, los animales, la escuela, los alimentos, la comunidad, los amigos, las actividades cotidianas, el cuerpo humano, el tiempo, las estaciones del año, el transporte, los juguetes)
- Contenido que se complementa de manera directa y explícita con la información de las imágenes
- Humor que es fácil de comprender (personajes tontos, situaciones divertidas)

### TEMAS E IDEAS

- Temas que reflejan la vida cotidiana (la amistad, las relaciones con la familia, una misma o uno mismo, la naturaleza)
- Ideas sencillas y claras que son fáciles de identificar
- Ideas cercanas a la experiencia de los niños (compartir con los demás, preocuparse por los demás, hacer el trabajo propio, ayudar a la familia, cuidar de sí, mantenerse saludable, preocuparse por el mundo, divertirse, observar el mundo)

### CARACTERÍSTICAS LITERARIAS Y DEL LENGUAJE

- Patrones lingüísticos sencillos que son cercanos al lenguaje oral
- Patrones lingüísticos que se repiten
- Escenarios cotidianos cercanos a la experiencia de los niños
- Personajes sin nombre, sencillos y que no cambian, en su mayor parte
- En ocasiones, usar algunas palabras de diálogo, a menudo en un globo de diálogo, o pensamientos no expresados que se muestran en un globo de pensamiento
- Algunos elementos sencillos del texto de fantasía (animales que hablan)
- Dos patrones de oraciones alternados: un patrón repetitivo sin cambios y un patrón repetitivo con dos cambios de palabras

### COMPLEJIDAD DE LAS ORACIONES

- Oraciones cortas y predecibles (generalmente entre cinco y diez palabras) que son cercanas al lenguaje oral
- Oraciones sencillas (sujeto y predicado, sin cláusulas o frases subordinadas)
- Sujeto que precede al verbo en la mayoría de las oraciones (excepto en los incisos de la narradora o del narrador)
- Algunas oraciones con adjetivos
- Algunas oraciones con diálogo, generalmente un globo de diálogo con una o dos palabras o con pensamientos no expresados que se muestran en un globo de pensamiento

### VOCABULARIO

- Algunas palabras que son nuevas para los niños pero que se entienden fácilmente en contexto
- Palabras que representan sonidos (onomatopeyas)
- Palabras que pertenecen en su totalidad al vocabulario oral común de los niños pequeños (Nivel 1)
- Palabras conceptuales ilustradas con imágenes
- Algunos adjetivos muy sencillos que describen personas, lugares o cosas

### PALABRAS

- Palabras de una, dos, tres y cuatro sílabas, en su mayor parte, que se complementan totalmente con las imágenes
- Algunos plurales sencillos (agregar *-s* a un sustantivo que termina en vocal: *los monos, los osos*)
- Uso repetitivo de algunas palabras de uso frecuente y fáciles (*como, con, mamá, mi, yo*)
- Uso de terminaciones de diminutivo *-ito* e *-ita* (*hermanita, monito, osito*)
- Palabras con patrones ortográficos fáciles (CV, CVCV; *mi, mira*)
- Ocasionalmente, palabras de tres y cuatro sílabas que designan objetos comunes y contienen un patrón silábico básico y se complementan con ilustraciones (*amarillo, elefante*)

A mi hermanita le gusta
correr como yo.

4

LECTURA GUIADA

## ILUSTRACIONES

- Ilustraciones claras que complementan el significado totalmente
- Ilustraciones que coinciden detalladamente con el texto
- Ilustraciones que añaden significado al texto
- Ilustraciones que apoyan cada página de texto
- Ilustraciones muy simples sin detalles que distraigan la atención
- Disposición uniforme de las ilustraciones y el texto
- Separación clara de las ilustraciones y el texto
- Algunas fotografías o ilustraciones rotuladas

## CARACTERÍSTICAS DEL LIBRO Y LA LETRA IMPRESA

### LONGITUD

- Muy cortos; por lo general, de dieciséis páginas (ocho páginas con texto)
- Texto separado de las imágenes en páginas que se alternan
- Normalmente menos de ochenta palabras por libro (40-80)

### TEXTO IMPRESO Y DISPOSICIÓN

- Texto impreso en fuente grande y sencilla
- Texto siempre sobre fondo blanco o muy claro
- Dos o tres líneas de texto en cada página
- Oraciones que comienzan a la izquierda
- Las oraciones continúan en una o más líneas
- Ubicación uniforme del texto
- Textos con espacios dobles o triples entre líneas, en su mayor parte
- Espacios exagerados entre las palabras
- Texto separado claramente de las imágenes

### PUNTUACIÓN

- Puntos como único signo de puntuación en la mayoría de los textos
- Algunas comas
- Algunos signos de interrogación de apertura y de cierre (¿y?)
- Signos de admiración de apertura y de cierre (¡y!)
- Estilo de diálogo del español con rayas de diálogo (–)

# Seleccionar objetivos Hábitos y conocimientos para observar, enseñar y apoyar

## PENSAR EN EL TEXTO *EN SÍ*

### BUSCAR Y USAR INFORMACIÓN

- Leer de izquierda a derecha dos o tres líneas de texto
- Emparejar palabra por palabra en dos o tres líneas de texto y comenzar todas las oraciones a la izquierda
- Observar y señalar para buscar y usar información visual en el texto
- Usar el movimiento de retorno para leer la segunda o tercera línea de texto en una página
- Volver a leer para buscar y usar información a partir de estructuras lingüísticas o significados
- Buscar y usar información en las imágenes que coincida detalladamente con el texto, usar algunos detalles que distraigan la atención y complementar el significado con claridad
- Usar una separación clara de las ilustraciones y el texto para buscar y usar información
- Usar una disposición uniforme de las ilustraciones y el texto para buscar y usar información
- Usar patrones lingüísticos cercanos al lenguaje oral para buscar y usar información
- Usar patrones lingüísticos repetitivos para buscar y usar información
- Usar estructuras de oraciones simples (sujeto y predicado sin frases ni cláusulas subordinadas) para buscar y usar información
- Seguir buscando información a lo largo de un texto corto (generalmente dieciséis páginas, entre dos y tres líneas de texto en las páginas alternas y menos de ochenta palabras)
- Observar y usar signos de puntuación (puntos, signos de interrogación, comas)
- Observar y usar mayúsculas y minúsculas
- Buscar y comprender información en algunas palabras de diálogo, a menudo en un globo de diálogo, o pensamientos no expresados que se muestran en un globo de pensamiento
- Usar las ilustraciones para buscar y usar información
- Usar rótulos en las fotografías o las ilustraciones para buscar y usar información
- Usar el conocimiento de contenido fácil y conocido para buscar y usar información (la familia y el hogar, los juegos, las mascotas, los animales, la escuela, los alimentos, la comunidad, los amigos, las actividades cotidianas, el cuerpo humano, el tiempo, las estaciones del año, el transporte, los juguetes)
- Comprender que las ilustraciones complementan detallada y explícitamente el contenido y usarlas para buscar y usar información
- Identificar un sonido y relacionarlo con una letra

### VERIFICAR Y AUTOCORREGIRSE

- Mostrar evidencia de atención minuciosa al texto
- Usar la concordancia entre voz y texto para autoverificar y autocorregirse
- Volver a leer la oración para resolver problemas, autocorregirse o confirmar
- Reconocer una letra y usar el significado para autoverificar y autocorregirse
- Usar la estructura lingüística para autoverificar y autocorregirse
- Usar características visuales de las palabras para autoverificar y autocorregirse
- Usar el reconocimiento de palabras de uso frecuente para autoverificar y autocorregirse
- Usar palabras conocidas para autoverificar y autocorregirse
- Cotejar un tipo de información con otra para verificar y autocorregir la lectura (verificar el significado con información visual)
- Usar ilustraciones como recurso para autoverificar y autocorregirse
- Comprender cómo funciona el libro para autoverificar y autocorregirse

### DESCIFRAR PALABRAS

#### ▸ Leer palabras

- Reconocer palabras con fuente clara y sencilla sobre un fondo blanco o muy claro
- Reconocer de manera rápida y fácil algunas palabras de uso frecuente, como *al, con, del, los, mamá, muy, le, yo, allí, ir, casa, era*
- Reconocer palabras de una, dos, tres y algunas de cuatro sílabas, que se complementan totalmente con las imágenes
- Leer algunos plurales sencillos formados con la terminación *-s* que se complementan totalmente con las imágenes y la estructura lingüística
- Leer palabras que se repiten dentro del mismo texto (*como, con, mamá, mi, yo*)
- Decir una palabra y predecir su primera letra
- Decir una palabra lentamente para oír e identificar el primer sonido y relacionar ese sonido con una letra

# Seleccionar objetivos Hábitos y conocimientos para observar, enseñar y apoyar *(cont.)*

## PENSAR EN EL TEXTO *EN SÍ* *(continuación)*

### DESCIFRAR PALABRAS *(continuación)*

▸ **Leer palabras** *(continuación)*

- Ubicar palabras fáciles de uso frecuente en un texto
- Observar características visuales de una palabra y usarlas para ubicar o leer la palabra

▸ **Vocabulario**

- Comprender los significados de algunas palabras que son nuevas pero fáciles de comprender en el contexto del texto y con apoyo de imágenes
- Ampliar el conocimiento del significado de las palabras a partir de la conexión con las imágenes y/o de la comprensión del contexto (*zoológico, granja*)
- Leer y comprender algunas palabras simples que representan sonidos (onomatopeyas)
- Comprender palabras de vocabulario que pertenecen al vocabulario oral común de los lectores emergentes (Nivel 1)
- Comprender el significado de plurales sencillos formados con la terminación *-s*
- Comprender algunos adjetivos sencillos que describen personas, lugares o cosas
- Comprender palabras que indican personajes (algunos nombres fáciles de leer, familiares)
- Comprender palabras que muestran acción (*jugar, correr, mirar*)
- Comprender palabras como *yo, me, mi* y *mí* que pueden indicar la narradora o el narrador de un texto
- Comprender el significado de palabras sencillas usadas para asignar diálogo (*dijo*)
- Reconocer y comprender los rótulos para objetos conocidos, animales, personas, el cuerpo humano, el tiempo y actividades cotidianas

### MANTENER LA FLUIDEZ

- Mantener el impulso en todo un texto corto
- Señalar con seguridad y leer a un ritmo constante, lo suficientemente lento para que haya concordancia entre voz y texto pero sin pausas largas
- Observar los puntos y hacer una pausa después de ellos
- Bajar la voz en un punto
- Respirar brevemente después de una coma
- Poner énfasis en palabras que estén en negrita
- Leer diálogo con expresión

### AJUSTAR

- Leer más lentamente para resolver problemas con las palabras y retomar la lectura con impulso
- Comprender que un texto es ficcional y que un cuento tiene un comienzo, un desarrollo y un final
- Comprender que un libro de no ficción presenta hechos
- Observar y leer rótulos en fotografías o ilustraciones

### RESUMIR

- Recordar la información mientras se lee para comprender el significado del texto
- Hablar acerca de la información importante después de leer el texto
- Recordar y hablar sobre los sucesos importantes en un cuento sencillo
- Recordar y hablar sobre ideas claras y sencillas que son fáciles de identificar

# **Seleccionar objetivos** Hábitos y conocimientos para observar, enseñar y apoyar *(cont.)*

## PENSAR ***MÁS ALLÁ*** DEL TEXTO

### PREDECIR

- Usar lo que se sabe sobre la estructura lingüística para anticipar el texto
- Hacer predicciones a partir de la información en las imágenes que tengan una alta coincidencia con el texto
- Predecir el final de un cuento a partir de la lectura del comienzo y el desarrollo
- Hacer predicciones a partir del conocimiento de los sucesos de la vida cotidiana (la familia, cocinar, los juegos, las mascotas, la escuela, los alimentos, la comunidad, los amigos)
- Hacer predicciones a partir de experiencias y conocimientos personales (la familia y el hogar, los juegos, las mascotas, los animales, la escuela, los alimentos, la comunidad, los amigos, las actividades cotidianas, el cuerpo humano, el tiempo, las estaciones del año, el transporte, los juguetes)

### ESTABLECER CONEXIONES

- Establecer conexiones entre experiencias personales y textos
- Establecer conexiones entre libros de una serie
- Identificar personajes o escenarios recurrentes cuando corresponda
- Establecer conexiones entre el conocimiento previo de contenidos conocidos y el contenido del texto
- Establecer conexiones entre textos sobre el mismo tema o con el mismo contenido

### SINTETIZAR

- Hablar acerca de lo que se sabe sobre el tema antes de leer el texto
- Hablar sobre lo que se aprende a partir de la lectura del texto
- Hablar sobre los rótulos nuevos para el contenido que se aprende con el texto

### INFERIR

- Inferir el significado del cuento o del contenido a partir de imágenes que aportan significado al texto
- Inferir dónde se desarrolla el cuento para poder comprenderlo
- Hablar sobre las emociones de los personajes que se infieren a partir de las imágenes del cuento
- Hablar acerca de las imágenes y revelar la interpretación de un problema o de las emociones de los personajes
- Inferir humor que es fácil de comprender (personajes tontos, situaciones divertidas)
- Inferir ideas sobre contenido conocido (la amistad, las relaciones con la familia, una misma o uno mismo, la naturaleza, los alimentos, la salud, la comunidad)

## PENSAR ***ACERCA*** DEL TEXTO

### ANALIZAR

- Comprender cómo se relacionan las ideas y la información en un libro
- Comprender cómo se relacionan los sucesos, el contenido y las ideas con el título
- Reconocer que un texto se puede imaginar (ficción) o puede brindar información (no ficción)
- Reconocer escenarios que son cotidianos (el hogar, la escuela, el vecindario)
- Reconocer y seguir una secuencia cronológica de sucesos
- Reconocer que hay personajes (personas o animales) en un cuento
- Reconocer que en un cuento puede haber animales que actúan como personas
- Usar lenguaje e imágenes para hablar sobre un texto (*título, comienzo, final*)
- Reconocer que un texto puede contener información verídica (texto sobre hechos)
- Comprender que un libro de no ficción presenta hechos o dice cómo hacer algo
- Reconocer que un proceso ocurre en un orden temporal
- Usar lenguaje específico para hablar sobre textos (*portada, contraportada, página, número de página, autora o autor, ilustradora o ilustrador, ilustración, fotografía, título*)

### CRITICAR

- Compartir opiniones sobre un texto
- Compartir opiniones sobre una ilustración

# **Seleccionar objetivos** Hábitos y conocimientos para observar, enseñar y apoyar *(cont.)*

## Planificar el trabajo con las letras y las palabras después de la lectura guiada

Usando sus observaciones recientes sobre la capacidad de los lectores de descomponer palabras rápida y eficientemente mientras leen un texto, planifique de uno a tres minutos la participación activa de los niños atendiendo a las letras, los sonidos y las palabras. Priorice la observación de los lectores sobre las características de la letra impresa y el uso manual activo de las letras magnéticas, de la pizarra blanca, de tarjetas de palabras o de lápiz y papel para promover la fluidez y la flexibilidad en el procesamiento visual.

**Ejemplos:**

- Reconocer rápidamente algunas palabras de uso frecuente fáciles (*yo, casa, como*)
- Reconocer vocales en sílabas con *m* y *p* (*mamá, papá, mapa, puma*)
- Reconocer y formar sílabas abiertas y cerradas y algunas palabras con los patrones VC y CVC (*el, sus, es*)
- Escribir algunas palabras con los patrones VC y CVC (*por, en, al*)
- Escribir algunas palabras de uso frecuente fáciles (*yo, es, como, esa*)
- Emparejar o clasificar imágenes según el sonido inicial (*carrito, camión, correr*)
- Emparejar o clasificar imágenes según el sonido final (*pan, van*)
- Emparejar o clasificar letras rápidamente según diversas características (mayúsculas o minúsculas; altas o bajas; con o sin trazos rectos, círculos, colas, puntos, arcos)
- Emparejar o clasificar imágenes según los sonidos que riman (*camión, avión*)
- Emparejar o clasificar rápidamente mayúsculas y minúsculas (*Aa, Dd*)
- Aplaudir las sílabas en palabras con una, dos o tres sílabas
- Reconocer las letras por el nombre y ubicarlas rápidamente en las palabras
- Usar tarjetas del alfabeto o un cartel del alfabeto y leerlo de diferentes maneras (cantar, leer consonantes, leer el nombre de las letras, leer imágenes, orden inverso, cada dos letras)

# Lectores del nivel C

En el nivel C, los lectores encuentran cuentos sencillos y temas conocidos; en textos que, por lo general, tienen entre dos y cinco líneas de texto en cada página. Se desplazan de izquierda a derecha a lo largo de las palabras y de las líneas de texto de manera natural y automática, retornan al margen izquierdo en cada línea nueva y leen el texto en las páginas de la izquierda y de la derecha. La lectura se vuelve fluida, permite la expresión, y los ojos asumen el proceso de emparejar la palabra hablada con la palabra impresa. Los lectores comienzan a no necesitar señalar y comienzan a leer frases. Los lectores reconocen las rayas de diálogo y reflejan los diálogos con la voz. En este nivel, los lectores verifican uniformemente la lectura y una fuente de información con otra. Continúan desarrollando un grupo de palabras de uso frecuente que reconocen de manera rápida y fácil, en ocasiones usando muchas fuentes. La autocorrección explícita revela un incremento del dominio por parte de los lectores de la capacidad de procesar texto. Los lectores usan texto e imágenes para formar significados de cuentos y textos de no ficción. Infieren el significado a partir de las imágenes y relacionan los significados de los textos con sus experiencias personales. Son capaces de distinguir cuentos de textos sobre hechos.

## Seleccionar textos Características de los textos del **nivel C**

### GÉNERO

▸ **Ficción**

- Ficción realista
- Relatos sencillos de cuentos populares
- Fábulas sencillas
- Cuentos de fantasía sencillos con animales

▸ **No ficción**

- Textos sencillos sobre hechos
- Algunos textos de instrucciones fáciles

### FORMAS

- Algunos libros de una serie
- Libros álbum

### ESTRUCTURA DEL TEXTO

- Textos narrativos muy sencillos con un comienzo, un desarrollo, varios episodios y un final
- Textos narrativos con episodios repetitivos
- Textos con repetición de más de un suceso y patrón lingüístico
- Textos con patrones estructurales subyacentes: descripción sencilla, secuencia temporal (no ficción)

### CONTENIDO

- Contenido interesante y relevante para los niños pequeños
- Contenido fácil y conocido (la familia y el hogar, los juegos, las mascotas, los animales, la escuela, los alimentos, la comunidad, los amigos, las actividades cotidianas, el cuerpo humano, el tiempo, las estaciones del año, el transporte, los juguetes)
- Contenido que se complementa de manera directa y explícita con la información de las imágenes, en su mayor parte
- Humor que es fácil de comprender (personajes tontos, situaciones divertidas)
- Algunos cuentos con contenido conocido por los niños debido a experiencias previas con la narrativa, los medios de comunicación, y por escuchar la lectura de libros (cuentos populares y textos de fantasía)

### TEMAS E IDEAS

- Temas que reflejan la vida cotidiana (las relaciones con la familia y los demás, una misma o uno mismo, la naturaleza, las semejanzas y diferencias, el trabajo y los juegos)
- Ideas sencillas y claras que son fáciles de identificar
- Ideas cercanas a la experiencia de los niños (compartir con los demás, preocuparse por los demás, hacer el trabajo propio, ayudar a la familia, cuidar de sí, mantenerse saludable, preocuparse por el mundo, divertirse, observar el mundo, trabajar y jugar con los demás, aprender cosas nuevas)

### CARACTERÍSTICAS LITERARIAS Y DEL LENGUAJE

- Patrones lingüísticos sencillos que son cercanos al lenguaje oral
- Patrones lingüísticos que se repiten
- Escenarios cotidianos cercanos a la experiencia de los niños
- Trama sencilla con problema y solución
- Personajes sencillos que no cambian y a menudo tienen nombre
- En ocasiones, usar algunas palabras de diálogo, a menudo en un globo de diálogo, o pensamientos no expresados que se muestran en un globo de pensamiento
- Diálogo sencillo y diálogo con pronombres (asignado por *dijo* en muchos textos)
- Algunos elementos sencillos del texto de fantasía (animales que hablan)
- Lenguaje de procedimientos sencillo

### COMPLEJIDAD DE LAS ORACIONES

- Oraciones cortas, por lo general entre cinco y diez palabras
- Patrones con más de una oración que se repite en el mismo libro
- Oraciones sencillas con sujeto y predicado
- Algunas oraciones con cláusulas o frases
- Sujeto que precede al verbo en la mayoría de las oraciones
- Algunas oraciones que son preguntas
- Oraciones con adjetivos y frases preposicionales
- Algunas oraciones con diálogo

### VOCABULARIO

- Algunas palabras que son nuevas para los niños pero que se entienden fácilmente en contexto
- Palabras que representan sonidos (onomatopeyas)

Elena dijo:
—¡Ya sé dónde está Tita!

14

15



## VOCABULARIO *(continuación)*

- Palabras que pertenecen en su totalidad al vocabulario oral común de los niños pequeños (Nivel 1)
- Palabras conceptuales ilustradas con imágenes
- Muchos adjetivos sencillos que describen personas, lugares o cosas

## PALABRAS

- Palabras de una, dos y tres sílabas, en su mayor parte
- Plurales sencillos
- Gerundios terminados en *-iendo* (*durmiendo*)
- Mayor variedad de palabras de uso frecuente y fáciles
- Palabras con patrones ortográficos fáciles
- Variación en el orden de las palabras usadas para asignar diálogo (variación en el orden sustantivo/verbo: *Mamá dijo:* frente a *–dijo mamá*)
- Cambios en los tiempos verbales apoyados por el lenguaje oral
- Significados de las palabras cambiados por terminaciones verbales y acentos
- Adjetivos o sustantivos que cambian su terminación según el género (*Papá está despierto. Mamá está despierta.*)

## ILUSTRACIONES

- Ilustraciones claras que complementan el significado totalmente
- Ilustraciones que coinciden detalladamente con el texto
- Ilustraciones que añaden significado al texto
- Ilustraciones en cada página o doble página
- Ilustraciones muy simples sin detalles que distraigan la atención
- Disposición uniforme de las ilustraciones y el texto
- Separación clara de las ilustraciones y el texto
- Algunas fotografías o ilustraciones rotuladas

## CARACTERÍSTICAS DEL LIBRO Y LA LETRA IMPRESA

### LONGITUD

- Muy cortos; por lo general, de dieciséis páginas (ocho páginas con texto)
- Texto separado de las imágenes en páginas que se alternan
- Normalmente menos de 100 palabras por libro (50–100)

### TEXTO IMPRESO Y DISPOSICIÓN

- Texto impreso en fuente grande y sencilla
- Texto siempre sobre fondo blanco o muy claro
- Entre dos y cinco líneas de texto en cada página
- Oraciones que comienzan a la izquierda
- Las oraciones continúan en una o más líneas
- Ubicación uniforme del texto
- Textos con espacios dobles o triples entre líneas, en su mayor parte
- Espacios exagerados entre las palabras
- Texto separado claramente de las imágenes
- Muchos textos con disposición que complementa la formación de frases

### PUNTUACIÓN

- Puntos suspensivos en algunos textos para crear expectativa
- Puntos, comas, signos de admiración y rayas de diálogo
- Dos puntos con el inciso de la narradora o del narrador

# Seleccionar objetivos Hábitos y conocimientos para observar, enseñar y apoyar

## PENSAR EN EL TEXTO *EN SÍ*

### BUSCAR Y USAR INFORMACIÓN

- Leer de izquierda a derecha dos o tres líneas de texto
- Emparejar palabra por palabra en dos o tres líneas de texto y comenzar todas las oraciones a la izquierda
- Observar y señalar para buscar y usar información visual en el texto
- Usar el movimiento de retorno para leer la segunda, tercera o cuarta línea de texto en una página
- Volver a leer para buscar y usar información a partir de estructuras lingüísticas o significados
- Buscar y usar información en las imágenes que coincida detalladamente con el texto, usar algunos detalles que distraigan la atención y complementar el significado con claridad
- Usar una separación clara de las ilustraciones y el texto para buscar y usar información
- Usar una disposición uniforme de las ilustraciones y el texto para buscar y usar información
- Usar patrones lingüísticos cercanos al lenguaje oral para buscar y usar información
- Usar patrones lingüísticos repetitivos para buscar y usar información
- Usar estructuras de oraciones sencillas (sujeto y predicado con algunas frases y cláusulas subordinadas) para buscar y usar información
- Seguir buscando información a lo largo de un texto corto (generalmente dieciséis páginas, entre dos y cinco líneas de texto en cada página y menos de 100 palabras)
- Observar y usar signos de puntuación (punto, coma, signos de admiración, rayas de diálogo en la mayoría de los textos)
- Observar y usar mayúsculas y minúsculas
- Buscar y comprender información en diálogo sencillo, diálogo con pronombres (generalmente asignado por *dijo*) y en diálogo separado
- Usar ilustraciones para buscar y usar información
- Usar rótulos en las fotografías para buscar y usar información
- Usar el conocimiento de contenido fácil y conocido para buscar y usar información (la familia y el hogar, los juegos, las mascotas, los animales, la escuela, los alimentos, la comunidad, los amigos, las actividades cotidianas, el cuerpo humano, el tiempo, las estaciones del año, el transporte, los juguetes)
- Comprender que las imágenes complementan detallada y explícitamente el contenido y usarlas para buscar y usar información
- Identificar un sonido y relacionarlo con una letra

### VERIFICAR Y AUTOCORREGIRSE

- Mostrar evidencia de atención minuciosa al texto
- Usar la concordancia entre voz y texto para autoverificar y autocorregirse
- Volver a leer la oración para resolver problemas, autocorregirse o confirmar
- Reconocer una letra y usar el significado para autoverificar y autocorregirse
- Usar la estructura lingüística para autoverificar y autocorregirse
- Usar las características visuales de las palabras para autoverificar y autocorregirse
- Usar el reconocimiento de palabras de uso frecuente para autoverificar y autocorregirse
- Usar palabras conocidas para autoverificar y autocorregirse
- Cotejar un tipo de información con otra para verificar y autocorregir la lectura (verificar el significado con información visual)
- Verificar usando más de una fuente (información visual e imágenes)
- Usar imágenes como recurso para autoverificar y autocorregirse
- Comprender cómo funciona el libro para autoverificar y autocorregirse
- Usar el conocimiento del contenido de un tema simple para autoverificar y autocorregirse

### DESCIFRAR PALABRAS

#### ▸ Leer palabras

- Reconocer palabras en una fuente clara y sencilla que están en un fondo blanco o muy claro
- Reconocer de manera rápida y fácil algunas palabras de uso frecuente
- Reconocer palabras de una, dos y algunas de tres sílabas que se complementan totalmente con las imágenes
- Leer algunos plurales sencillos formados con las terminaciones *-s* o *-es* que se complementan totalmente con las imágenes y la estructura del lenguaje
- Leer palabras que se repiten dentro del mismo texto (*el, en, la, las, los, no, yo*)
- Leer algunos verbos con desinencias (*caminar: camino, caminé, caminando*) que se complementan totalmente con las imágenes y la estructura lingüística
- Reconocer diez o más palabras de uso frecuente dentro de un texto corrido, como *la, el, mira, casa, dijo, esa* y *gusta*

## Seleccionar objetivos Hábitos y conocimientos para observar, enseñar y apoyar *(cont.)*

### PENSAR EN EL TEXTO *EN SÍ* *(continuación)*

#### DESCIFRAR PALABRAS *(continuación)*

▸ **Leer palabras** *(continuación)*

- Leer algunas palabras con patrones ortográficos fáciles con el apoyo de imágenes y lenguaje (CV, VCV, CVCV)
- Decir una palabra y predecir su primera letra
- Decir una palabra lentamente para oír e identificar el primer sonido y relacionar ese sonido con una letra
- Ubicar palabras fáciles de uso frecuente en un texto
- Observar características visuales de una palabra y usarlas para ubicar o leer la palabra

▸ **Vocabulario**

- Comprender los significados de algunas palabras que son nuevas pero fáciles de comprender en el contexto del texto y con apoyo de imágenes
- Ampliar el conocimiento del significado de las palabras a partir de la conexión con las imágenes y/o de la comprensión del contexto (*zoológico, granja*)
- Leer y comprender algunas palabras simples que representan sonidos (onomatopeyas)
- Comprender palabras de vocabulario que pertenecen al vocabulario oral común de los lectores emergentes (Nivel 1)
- Comprender el significado de plurales sencillos formados con las terminaciones *-s* o *-es*
- Comprender algunos adjetivos sencillos que describen personas, lugares o cosas
- Comprender palabras que indican personajes (algunos nombres fáciles de leer, familiares)
- Comprender palabras que muestran la acción de la trama (*correr, hacer, jugar*)
- Comprender palabras como *yo, me, mi* y *mí* que pueden indicar la narradora o el narrador de un texto
- Comprender el significado de palabras sencillas que asignan diálogo (*dijo*)
- Reconocer y comprender los rótulos para objetos conocidos, animales, personas, el cuerpo humano, el tiempo, actividades cotidianas

#### MANTENER LA FLUIDEZ

- Mantener el impulso en todo un texto corto
- Leer mayormente sin señalar pero con una correcta concordancia entre voz y texto
- Leer a un ritmo constante, lo suficientemente lento para que haya concordancia entre voz y texto pero sin pausas largas, generalmente sin señalar
- Comenzar a leer frases que forman unidades
- Observar puntos, comas, signos de admiración, signos de interrogación, rayas de diálogo y comillas, y comenzar a reflejarlos con la voz mediante la entonación y la pausa
- Comenzar a demostrar énfasis en las palabras de manera que se muestre atención al significado
- Poner énfasis en palabras que estén en negrita
- Volver a leer para observar el lenguaje o el significado
- Mostrar reconocimiento de diálogo con formación de frases incluso cuando hay variación en las estructuras (*Mamá dijo:* y *–dijo mamá*)

#### AJUSTAR

- Leer más lentamente para resolver problemas con las palabras y retomar la lectura con impulso
- Comprender que un texto es ficcional y que un cuento tiene un comienzo, un desarrollo, varios episodios y un final
- Comprender que un libro de no ficción presenta hechos
- Observar los rótulos en las fotografías

#### RESUMIR

- Recordar la información importante mientras se lee para comprender el significado del texto
- Hablar acerca de la información importante después de leer
- Recordar y hablar sobre los sucesos importantes en un cuento sencillo
- Recordar y hablar sobre ideas claras y sencillas que son fáciles de identificar

# Seleccionar objetivos Hábitos y conocimientos para observar, enseñar y apoyar *(cont.)*

## PENSAR ***MÁS ALLÁ*** DEL TEXTO

### PREDECIR

- Usar lo que se sabe sobre la estructura lingüística para anticipar el texto
- Hacer predicciones a partir de la información en las imágenes que tengan una alta coincidencia con el texto
- Predecir el final de un cuento a partir de la lectura del comienzo y el desarrollo
- Hacer predicciones a partir del conocimiento de los sucesos de la vida cotidiana (la familia, cocinar, los juegos, las mascotas, la escuela, los alimentos, la comunidad, los amigos)
- Hacer predicciones a partir de experiencias y conocimientos personales (la familia y el hogar, los juegos, las mascotas, los animales, la escuela, los alimentos, la comunidad, los amigos, las actividades cotidianas, el cuerpo humano, el tiempo, las estaciones del año, el transporte, los juguetes)

### HACER CONEXIONES

- Establecer conexiones entre experiencias personales y un texto
- Establecer conexiones entre libros de una serie
- Identificar personajes o escenarios recurrentes cuando corresponda
- Establecer conexiones entre el conocimiento previo de contenidos conocidos y el contenido del texto
- Establecer conexiones entre textos sobre el mismo tema o con el mismo contenido

### SINTETIZAR

- Hablar acerca de lo que se sabe sobre el tema antes de leer el texto
- Hablar sobre lo que se aprende a partir de la lectura del texto
- Hablar sobre los rótulos nuevos para el contenido que se aprende con el texto

### INFERIR

- Inferir el significado del cuento o del contenido a partir de imágenes que aportan significado al texto
- Inferir dónde se desarrolla (como muestran las imágenes) el cuento para poder comprenderlo
- Hablar sobre las emociones de los personajes que se infieren a partir de las imágenes del cuento
- Hablar acerca de las imágenes y revelar la interpretación de un problema o de las emociones de los personajes
- Inferir humor que es fácil de comprender (personajes tontos, situaciones divertidas)
- Inferir ideas sobre contenido conocido (la amistad, las relaciones con la familia, una misma o uno mismo, la naturaleza, los alimentos, la salud, la comunidad)

## Seleccionar objetivos Hábitos y conocimientos para observar, enseñar y apoyar *(cont.)*

### PENSAR ***ACERCA*** DEL TEXTO

**ANALIZAR**

- Comprender cómo se relacionan las ideas y la información en un libro
- Comprender cómo se relacionan los sucesos, el contenido y las ideas con el título
- Reconocer que un texto se puede imaginar (ficción) o puede brindar información (no ficción)
- Reconocer escenarios que son cotidianos (el hogar, la escuela, el vecindario)
- Reconocer y seguir una secuencia cronológica de sucesos
- Reconocer que hay personajes (personas o animales) en un cuento
- Reconocer que en un texto puede haber animales que actúan como personas
- Usar lenguaje e imágenes para hablar sobre un texto (*título, comienzo, varios episodios, final*)
- Reconocer que un texto puede contener información verídica (texto sobre hechos)
- Comprender que un libro de no ficción presenta hechos o dice cómo hacer algo
- Reconocer que un proceso ocurre en un orden temporal
- Usar lenguaje específico para hablar acerca de las características literarias (*comienzo, final, problema, personaje*)
- Usar lenguaje académico para hablar acerca de las características del libro y la letra impresa (*portada, contraportada, página, autor, ilustrador, ilustración fotografía, título, rótulo*)

**CRITICAR**

- Compartir opiniones sobre un texto
- Intercambiar opiniones acerca de una ilustración o fotografía

### Planificar el trabajo con las letras y las palabras después de la lectura guiada

Usando sus observaciones recientes sobre la capacidad de los lectores de descomponer palabras rápida y eficientemente mientras leen un texto, planifique de uno a tres minutos la participación activa de los niños atendiendo a las letras, los sonidos y las palabras. Priorice la observación de los lectores sobre las características de la letra impresa y el uso manual activo de las letras magnéticas, de la pizarra blanca, de tarjetas de palabras o de lápiz y papel para promover la fluidez y la flexibilidad en el procesamiento visual.

**Ejemplos:**

- Reconocer algunas palabras de uso frecuente fáciles (*yo, no, es, las, casa, esa*)
- Formar varias palabras con los patrones VC y CVC (*un, pan*)
- Reconocer vocales en sílabas abiertas y cerradas (*me, mes; va, van; sí, sin*)
- Reconocer sílabas con *ca, co, cu* y *ga, go, gu* (*cama, como, cuna, gato, gota, gusano*)
- Reconocer palabras CVCV sencillas (*gato, mamá, pelo, mapa*)
- Escribir o formar varias palabras de uso frecuente y fáciles
- Clasificar letras rápidamente según diversas características (mayúsculas o minúsculas; altas o bajas; con o sin trazos rectos, círculos, colas, puntos, arcos)
- Emparejar/clasificar palabras con rimas (mediante imágenes)
- Unir imágenes con letras usando sonidos iniciales o finales
- Decir y aplaudir las sílabas en palabras de una, dos y tres sílabas (a partir de imágenes)
- Ubicar palabras rápidamente usando la primera letra y los sonidos relacionados
- Decir palabras lentamente y escribir letras relacionadas con los sonidos

# Lectores del nivel D

En el nivel D, los lectores procesan y comprenden cuentos de ficción y de fantasía sencillos y textos informativos fáciles. Pueden seguir el texto con los ojos (sin señalar) de entre dos y seis líneas en cada página y procesar textos con patrones lingüísticos más variados y complejos. Observan y usan una variedad de signos de puntuación y leen diálogos reflejando el significado por medio de la formación de frases, la entonación y un correcto énfasis en las palabras. Los lectores pueden descifrar muchas palabras comunes y sencillas de dos y tres sílabas. Rara vez resulta necesario señalar (solo en casos difíciles), los lectores dejarán de hacerlo cuando adquieran confianza y lean con facilidad. El grupo básico de palabras de uso frecuente se amplía. Los lectores verifican uniformemente su lectura y también verifican una fuente de información con otra, usando a menudo muchas fuentes de información. Los lectores usan el texto y las imágenes para formar los significados de cuentos y textos de no ficción. Infieren el significado a partir de las imágenes y relacionan los significados de los textos con sus experiencias personales. En el nivel D, los lectores procesan y comprenden diálogos sencillos y separados.

## Seleccionar textos Características de los textos del nivel D

### GÉNERO

**▸ Ficción**

- Ficción realista
- Relatos sencillos de cuentos populares
- Fábulas sencillas
- Cuentos de fantasía sencillos con animales

**▸ No ficción**

- Textos sencillos sobre hechos
- Algunos textos de instrucciones fáciles

**FORMAS**

- Algunos libros de una serie
- Libros álbum
- Guiones del teatro del lector

### ESTRUCTURA DEL TEXTO

- Textos narrativos sencillos con varios episodios
- Textos narrativos con episodios repetitivos
- Variaciones en la estructura narrativa (cuentos acumulativos, cuentos circulares)
- Textos con patrones estructurales subyacentes: descripción, secuencia temporal, pregunta y respuesta (no ficción)

### CONTENIDO

- Contenido interesante y relevante para los niños pequeños
- Contenido fácil y conocido (la familia y el hogar, los juegos, las mascotas, los animales, la escuela, los alimentos, la comunidad, los amigos, las actividades cotidianas, el cuerpo humano, el tiempo, las estaciones del año, el transporte, los juguetes)
- Alto nivel de apoyo provisto por la información de las imágenes
- Algunos cuentos con contenido conocido por los niños debido a experiencias previas con la narrativa, los medios de comunicación, y por escuchar la lectura de libros (cuentos populares, textos de fantasía)

### TEMAS E IDEAS

- Temas que reflejan la vida cotidiana (la imaginación, el coraje, los miedos, la amistad, las relaciones familiares, una misma o uno mismo, el hogar, la naturaleza, crecer, los hábitos, la comunidad, las primeras responsabilidades, la diversidad, los sentimientos)
- Ideas sencillas y claras que son fáciles de identificar
- Ideas cercanas a la experiencia de los niños (compartir con los demás, preocuparse por los demás, hacer el trabajo propio, ayudar a la familia, cuidar de sí, mantenerse saludable, preocuparse por el mundo, divertirse, observar el mundo, trabajar y jugar con los demás, aprender cosas nuevas)
- Humor que es fácil de comprender (personajes tontos, situaciones divertidas)

### CARACTERÍSTICAS LITERARIAS Y DEL LENGUAJE

- Patrones lingüísticos sencillos que son cercanos al lenguaje oral
- Algunos patrones lingüísticos que se repiten
- Escenarios cotidianos cercanos a la experiencia de los niños
- Secuencia de sucesos sencilla (por lo general, repetida)
- Trama sencilla con problema y solución
- Personajes que no cambian y a menudo tienen nombre
- Diálogo en globos o pensamientos no expresados que se muestran en globos de pensamiento
- Diálogo sencillo y diálogo con pronombres (asignado por *dijo* en muchos textos)
- Uso de diálogo separado
- Algunos elementos sencillos del texto de fantasía (animales que hablan)
- Lenguaje de procedimientos sencillo
- Variedad en la asignación del interlocutor (*dijo, gritó*)

### COMPLEJIDAD DE LAS ORACIONES

- Oraciones cortas, por lo general entre cinco y diez palabras
- Varios patrones de oraciones repetidos en el mismo libro
- Diversas estructuras del lenguaje
- Oraciones sencillas con sujeto y predicado
- Algunas oraciones con cláusulas o frases
- Sujeto que precede al verbo en la mayoría de las oraciones
- Algunas oraciones que son preguntas
- Oraciones con adjetivos, adverbios y frases preposicionales
- Algunas oraciones que comienzan con frases
- Oraciones con diálogo
- Omisión ocasional del pronombre de sujeto (*Está debajo de la silla.*)

## VOCABULARIO

- Algunas palabras que son nuevas para los niños pero que se entienden fácilmente en contexto
- Palabras que representan sonidos (onomatopeyas)
- Palabras que pertenecen casi en su totalidad al vocabulario oral común de los niños pequeños (Nivel 1)
- Palabras conceptuales ilustradas con imágenes
- Variación en las palabras usadas para asignar diálogo (*Mamá dijo:* y *–dijo mamá*)
- Muchos adjetivos sencillos que describen personas, lugares o cosas
- Algunos adverbios que describen acción
- Conectores simples (palabras, frases que aclaran relaciones e ideas): *y, pero, entonces, antes, después*

## PALABRAS

- Muchas palabras de uso frecuente
- Patrones ortográficos sencillos, en su mayor parte
- Mayoría de palabras de dos y tres sílabas con ocasionales palabras de cuatro sílabas (*ayúdenme*)
- Cambios en los tiempos verbales apoyados por el lenguaje oral
- Significados de las palabras cambiados por terminaciones verbales y acentos
- Mayor variedad de conjugaciones verbales, especialmente en la tercera persona del singular/plural (*buscó, buscaron*)
- Más plurales
- Más gerundios terminados en *-iendo* (*durmiendo*)
- Uso del orden de palabras para asignar cambios de diálogo con mayor frecuencia (variación en el orden sustantivo/verbo: *Mamá dijo:* frente a *–dijo mamá*)

## ILUSTRACIONES

- Ilustraciones de la acción importante del cuento, el contenido y las ideas en el texto
- Ilustraciones que añaden significado al texto
- Ilustraciones en cada página o doble página
- Ilustraciones con detalles que agregan interés pero no se desvían del enfoque en el significado
- Ilustraciones que agregan humor
- Variedad en la disposición de las ilustraciones y la letra impresa
- Separación clara de las ilustraciones y el texto
- Fotografías y dibujos rotulados

## CARACTERÍSTICAS DEL LIBRO Y LA LETRA IMPRESA

### LONGITUD

- Corto, generalmente de dieciséis páginas
- Normalmente menos de 150 palabras por libro (100–150)

### TEXTO IMPRESO Y DISPOSICIÓN

- Texto impreso en fuente grande y sencilla
- Texto siempre sobre fondo blanco o muy claro
- Dos a seis líneas de texto en cada página, en su mayor parte
- Oraciones que comienzan a la izquierda
- Las oraciones continúan en una o más líneas
- Ubicación uniforme del texto
- Textos con espacios dobles o triples entre líneas, en su mayor parte
- Espacios exagerados entre las palabras
- Texto separado claramente de las imágenes
- Muchos textos con disposición que complementa la formación de frases

### PUNTUACIÓN

- Uso de punto, coma, signos de interrogación y signos de exclamación
- Puntos suspensivos en algunos textos para indicar que la oración termina en la página siguiente

# Seleccionar objetivos Hábitos y conocimientos para observar, enseñar y apoyar

## PENSAR EN EL TEXTO *EN SÍ*

### BUSCAR Y USAR INFORMACIÓN

- Leer de izquierda a derecha tres a seis líneas de texto
- Unir palabra por palabra en tres a seis líneas de texto, y comenzar todas las oraciones a la izquierda
- Observar y señalar para buscar y usar información visual en el texto
- Usar el movimiento de retorno para leer varias líneas de texto después de la primera línea
- Volver a leer para buscar y usar información a partir de estructuras lingüísticas o significados
- Buscar y usar información en las imágenes que coincida detalladamente con el texto, usar algunos detalles que distraigan la atención y complementar el significado con claridad
- Usar una separación clara de las ilustraciones y el texto para buscar y usar información
- Usar una disposición uniforme de las ilustraciones y el texto para buscar y usar información
- Usar patrones lingüísticos cercanos al lenguaje oral para buscar y usar información
- Reconocer más de un patrón lingüístico repetitivo en un texto y usarlo para buscar información
- Usar estructuras de oraciones sencillas (sujeto y predicado con algunas frases y cláusulas subordinadas) para buscar y usar información
- Seguir buscando información a lo largo de un texto corto (generalmente dieciséis páginas, entre dos y seis líneas de texto en cada página y menos de 150 palabras)
- Buscar y usar información que aparece en el comienzo y el final de frases
- Observar y usar signos de puntuación (punto, coma, signos de interrogación, signos de admiración, rayas de diálogo en la mayoría de los textos)
- Observar y usar mayúsculas y minúsculas
- Buscar y comprender información en diálogo sencillo (en ocasiones en globos de diálogo), pensamientos no expresados en globos de pensamiento, diálogo con pronombres (a menudo asignados por *dijo*) y diálogo separado
- Buscar información en un texto que no tiene patrones lingüísticos repetitivos
- Usar el orden cronológico de una historia simple para buscar y usar información
- Usar detalles en las ilustraciones para buscar y usar información
- Usar rótulos en las fotografías para buscar y usar información
- Usar conocimientos previos de contenido fácil y conocido para buscar y usar información (la familia y el hogar, los juegos, las mascotas, los animales, la escuela, los alimentos, la comunidad, los amigos, las actividades cotidianas, el cuerpo humano, el tiempo, las estaciones del año, el transporte, los juguetes)
- Comprender que las imágenes complementan detallada y explícitamente el contenido y usarlas para buscar y usar información

### VERIFICAR Y AUTOCORREGIRSE

- Mostrar evidencia de atención minuciosa al texto
- Usar la concordancia entre voz y texto para autoverificar y autocorregirse a lo largo de seis líneas de texto
- Volver a leer la oración para resolver problemas, autocorregirse o confirmar
- Usar la estructura lingüística para autoverificar y autocorregirse
- Usar características visuales de las palabras para autoverificar y autocorregirse
- Usar el reconocimiento de palabras de uso frecuente para autoverificar y autocorregirse
- Volver a leer la oración para resolver problemas, autocorregirse o confirmar
- Cotejar de manera consistente un tipo de información con otra para verificar y autocorregir la lectura (verificar el significado con información visual)
- Verificar usando más de una fuente (información visual e imágenes)
- Usar dos o más fuentes de información (significado, estructura lingüística, información visual) para autoverificar y autocorregirse
- Dejar de señalar con el dedo cuando se adquiere confianza al leer un texto, pero en ocasiones volver a señalar para verificar o confirmar cuando existe dificultad
- Usar imágenes como recurso para autoverificar y autocorregirse
- Comprender cómo funciona el libro para autoverificar y autocorregirse
- Usar la comprensión de los personajes para autoverificar y autocorregirse
- Usar la comprensión del diálogo para autoverificar y autocorregirse
- Usar el conocimiento del contenido de un tema simple para autoverificar y autocorregirse
- Usar conocimientos obtenidos de las imágenes para autoverificar y autocorregirse

### DESCIFRAR PALABRAS

#### ▸ Leer palabras

- Reconocer palabras con fuente clara y sencilla sobre un fondo blanco o muy claro
- Reconocer más de veinticinco palabras de uso frecuente de manera rápida y fácil
- Reconocer palabras de una, dos y algunas de tres sílabas que se complementan totalmente con las imágenes
- Leer algunos plurales sencillos formados con las terminaciones *-s* o *-es* que se complementan totalmente con las imágenes y la estructura del lenguaje
- Leer palabras que se repiten dentro del mismo texto (*cantar, contenta, contento, el, la, una*)
- Leer palabras con relaciones fáciles entre letra y sonido

# Seleccionar objetivos Hábitos y conocimientos para observar, enseñar y apoyar *(cont.)*

## PENSAR EN EL TEXTO *EN SÍ* *(continuación)*

### DESCIFRAR PALABRAS *(continuación)*

▶ **Leer palabras** *(continuación)*

- Leer palabras con patrones ortográficos fáciles con el apoyo de imágenes y lenguaje (CV, VCV, CVCV, VC y CVC)
- Decir una palabra y predecir su primera letra
- Observar características visuales de una palabra y usarlas para ubicar o leer la palabra
- Leer palabras sencillas que asignan diálogo (*dijo*)
- Leer conectores simples (*y, pero, entonces, antes, después*)

▶ **Vocabulario**

- Comprender los significados de algunas palabras que son nuevas pero fáciles de comprender en el contexto del texto y con apoyo de imágenes
- Ampliar el conocimiento del significado de las palabras a partir de la conexión con las imágenes y/o de la comprensión del contexto (*circo, granja, zoológico*)
- Leer y comprender algunas palabras simples que representan sonidos (onomatopeyas)
- Comprender palabras de vocabulario que pertenecen al vocabulario oral común de los lectores emergentes (Nivel 1)
- Comprender el significado de plurales sencillos formados con las terminaciones *-s* o *-es*
- Comprender algunos adjetivos sencillos que describen personas, lugares o cosas
- Comprender algunas palabras que requieren el uso de diversas fuentes de información (conocimiento previo, imágenes, información visual)
- Comprender palabras que indican personajes (nombres fáciles de leer, miembros de una familia, miembros de una comunidad como los maestros)
- Comprender palabras que muestran la acción de la trama (verbos como *correr, ir, poder, ser*)
- Comprender que palabras como *yo, me, mi, mí* y *nosotros, nosotras,* nos pueden indicar la narradora o el narrador de un texto
- Comprender el significado de palabras sencillas que asignan diálogo (*dijo*)
- Leer y comprender el significado de conectores simples
- Reconocer y comprender los rótulos para objetos conocidos, animales, personas, el cuerpo humano, el tiempo, actividades cotidianas, procesos simples como cocinar o cultivar plantas
- Usar detalles en las ilustraciones para comprender el vocabulario nuevo

### MANTENER LA FLUIDEZ

- Mantener el impulso en todo un texto corto
- Leer mayormente sin señalar pero con una correcta concordancia entre voz y texto
- Observar puntos, comas, signos de admiración, signos de interrogación, rayas de diálogo y comillas, y comenzar a reflejarlos con la voz mediante la entonación y la pausa
- Leer formando frases
- Demostrar énfasis en las palabras de manera que se muestre atención al significado
- Poner énfasis en palabras que estén en negrita
- Volver a leer para observar el lenguaje o el significado
- Mostrar reconocimiento de diálogo con formación de frases incluso cuando hay variación en las estructuras (*Mamá dijo:* y *–dijo mamá*)
- Reconocer y usar puntos suspensivos en algunos textos para mostrar que una oración termina en la página siguiente

### AJUSTAR

- Leer más lentamente para resolver problemas con las palabras y retomar la lectura con impulso
- Reconocer que un texto es ficcional y que cuenta una historia que tiene un comienzo, un desarrollo, varios episodios y un final
- Comprender que un libro de no ficción presenta hechos
- Observar rótulos en fotografías y usarlos para comprender las palabras en el texto
- Ajustar la lectura para observar información en fotografías
- Ajustar para incorporar variedad en la disposición de las ilustraciones y la letra impresa

### RESUMIR

- Recordar la información importante mientras se lee para comprender el significado del texto
- Hablar acerca de la información importante después de leer
- Recordar el orden de los sucesos en un cuento sencillo y comentarlos después de leer
- Resumir el problema en un cuento sencillo y hablar sobre la solución
- Recordar y hablar sobre ideas claras y sencillas que son fáciles de identificar
- Comprender cuándo una secuencia es importante (cocinar, plantar) y hablar sobre los sucesos o pasos en orden

# Seleccionar objetivos Hábitos y conocimientos para observar, enseñar y apoyar *(cont.)*

## PENSAR *MÁS ALLÁ* DEL TEXTO

### PREDECIR

- Usar estructuras lingüísticas variadas para anticipar el texto
- Hacer predicciones a partir de la información en las imágenes que tengan una alta coincidencia con el texto
- Predecir el final de un cuento a partir de la lectura del comienzo y el desarrollo
- Hacer predicciones a partir del conocimiento de los sucesos de la vida cotidiana (la familia, cocinar, los juegos, las mascotas, la escuela, los alimentos, la comunidad, los amigos)
- Hacer predicciones a partir del conocimiento de una secuencia sencilla de sucesos con un problema y un resultado
- Hacer predicciones a partir de experiencias y conocimientos personales (la familia y el hogar, los juegos, las mascotas, los animales, la escuela, los alimentos, la comunidad, los amigos, las actividades cotidianas, el cuerpo humano, el tiempo, las estaciones del año, el transporte, los juguetes)
- Hacer predicciones basadas en una secuencia temporal (crecimiento de plantas, eclosión de huevos, cambio del tiempo, cocción de alimentos)

### ESTABLECER CONEXIONES

- Establecer conexiones entre experiencias personales y un texto
- Establecer conexiones entre libros de una serie
- Usar conocimientos previos para comprender los escenarios (el hogar, la escuela, el parque, la comunidad)
- Identificar personajes o escenarios recurrentes cuando corresponda
- Recurrir a conocimientos previos de la literatura tradicional para reconocer personajes y sucesos comunes en un cuento popular
- Usar conocimientos previos para comprender escenarios cercanos a la experiencia de los niños (el hogar, la escuela, el parque, la comunidad y, si corresponde, la playa y la nieve)
- Establecer conexiones entre el conocimiento previo de contenidos conocidos y el contenido del texto
- Establecer conexiones entre textos sobre el mismo tema o con el mismo contenido
- Acceder a conocimientos previos para comprender procesos sencillos (derretimiento de hielo, cocción de alimentos, construcción de un objeto)

### SINTETIZAR

- Hablar acerca de lo que se sabe sobre el tema antes de leer el texto
- Hablar acerca del texto y mostrar la comprensión de los sucesos o el tema
- Hablar sobre los sucesos de una trama sencilla
- Hablar sobre lo que se aprende sobre los personajes y los problemas en un cuento
- Hablar sobre los rótulos nuevos para el contenido que se aprende con el texto
- Identificar nuevos conocimientos obtenidos durante la lectura de un texto

### INFERIR

- Inferir el significado del cuento o del contenido a partir de imágenes que aportan significado al texto
- Inferir dónde se desarrolla (como muestran las imágenes) el cuento para poder comprenderlo
- Hablar acerca de las emociones de los personajes con base en inferencias a partir de imágenes y texto, especialmente el diálogo
- Hablar acerca de las imágenes y revelar la interpretación de un problema o de las emociones de los personajes
- Inferir humor que es fácil de comprender (personajes tontos, situaciones divertidas)
- Inferir algunas características evidentes de los personajes a partir del cuento y las imágenes (*bueno, buena, fuerte, cómico, cómica*)
- Inferir ideas sobre contenido conocido (la amistad, las relaciones con la familia, una misma o uno mismo, la naturaleza, los alimentos, la salud, la comunidad)
- Inferir procesos sencillos observando los pasos (cocción, congelamiento del agua, crecimiento de plantas)

# Seleccionar objetivos Hábitos y conocimientos para observar, enseñar y apoyar *(cont.)*

## PENSAR *ACERCA* DEL TEXTO

### ANALIZAR

- Comprender cómo se relacionan las ideas y la información en un libro
- Comprender cómo se relacionan los sucesos, el contenido y las ideas con el título
- Reconocer que un texto se puede imaginar (ficción) o puede brindar información (no ficción)
- Comprender que un cuento puede parecerse a la vida real o puede ser algo que no podría ser verdadero en la vida real (fantasía)
- Observar cómo la escritora o el escritor elabora un cuento divertido o sorprendente
- Identificar y apreciar el humor en un texto
- Reconocer escenarios que son cotidianos (el hogar, la escuela, el vecindario)
- Reconocer y seguir una secuencia cronológica de sucesos
- Identificar un problema sencillo de un cuento y cómo se resuelve
- Reconocer y comprender diversas estructuras narrativas (cuento acumulativo, cuento circular)
- Reconocer que hay personajes (personas o animales) en un cuento
- Reconocer personajes que son típicos del cuento de fantasía con animales o de la literatura tradicional
- Observar que las ilustraciones enriquecen acciones importantes de la historia
- Usar lenguaje e imágenes para hablar sobre un texto (*título, comienzo, varios episodios, final*)
- Reconocer que un texto puede contener información verídica
- Comprender que un libro de no ficción presenta hechos o dice cómo hacer algo
- Reconocer que un proceso ocurre en un orden temporal
- Comprender que las ilustraciones y fotografías enriquecen las ideas y la información en un texto
- Usar lenguaje específico para hablar sobre tipos de textos (*cuento de familia, amigos y escuela*)
- Usar lenguaje específico para hablar acerca de las características literarias (*comienzo, final, problema, personaje*)
- Usar lenguaje académico para hablar acerca de las características del libro y la letra impresa (*portada, contraportada, página, autor, ilustrador, ilustración, fotografía, título, rótulo*)

### CRITICAR

- Compartir opiniones sobre un texto
- Intercambiar opiniones acerca de una ilustración o fotografía
- Tener libros favoritos y justificar

LECTURA GUIADA

## Planificar el trabajo con las letras y las palabras después de la lectura guiada

Usando sus observaciones recientes sobre la capacidad de los lectores de descomponer palabras rápida y eficientemente mientras leen un texto, planifique de uno a tres minutos la participación activa de los niños atendiendo a las letras, los sonidos y las palabras. Priorice la observación de los lectores sobre las características de la letra impresa y el uso manual activo de las letras magnéticas, de la pizarra blanca, de tarjetas de palabras o de lápiz y papel para promover la fluidez y la flexibilidad en el procesamiento visual.

**Ejemplos:**

- Reconocer rápidamente algunas palabras de uso frecuente fáciles (*agua, allí, era, este, fue, gato, muy, son, vamos*)
- Formar o escribir rápidamente palabras de uso frecuente (*agua, allí, era, este, fue, gato, muy, son, vamos*)
- Repasar la formación y la descomposición de palabras de uso frecuente de niveles anteriores
- Reconocer fácil y rápidamente varias palabras con los patrones CV, VC, VCV, CVCV y CVC (*si, un, esa, cosa, ven*)
- Formar rápidamente varias palabras con los patrones CV, VC, VCV, CVCV y CVC (*me, el, ojo, casa, sol*)
- Descomponer palabras con los patrones CV, VCV, CVCV, VC y CVC (*t-os, s-u, l-a, a-ño*)
- Escribir rápidamente varias palabras con los patrones CV, VCV, CVCV, VC y CVC
- Agregar *-s* a un sustantivo singular para formar un sustantivo plural y leerlo (*libro/libros*)
- Decir y aplaudir las sílabas en palabras de una, dos y tres sílabas (a partir de imágenes)
- Escuchar e identificar cada sonido en algunas palabras usando recuadros para los sonidos
- Cambiar la sílaba inicial para formar una palabra diferente (*casa/masa*)
- Cambiar la letra inicial para formar una palabra nueva de una sílaba (*con/son*)
- Cambiar las letras finales para formar una palabra nueva de una sílaba (*mis/mil*)
- Unir imágenes con letras mediante sonidos iniciales o finales
- Clasificar letras rápidamente según diversas características (mayúsculas o minúsculas; altas o bajas; con o sin trazos rectos, círculos, colas)
- Recitar el alfabeto de diferentes maneras (cantar, por el nombre de las letras, las imágenes y las palabras, todas vocales, todas consonantes, sólo letras, de atrás para adelante, cada dos letras)

# Lectores del nivel E

En el nivel E, los lectores encuentran textos que suelen tener entre tres y ocho líneas en cada página. Tienen la flexibilidad suficiente para procesar textos con diversas ubicaciones y con todos los signos de puntuación. Los textos presentan cuentos más complejos que requieren una mayor atención para comprenderlos, pero otros procesos, entre ellos seguir el texto, se están volviendo automáticos para los lectores. Descomponen palabras más largas con desinencias y leen oraciones que tienen dos o tres líneas y algunas que continúan en la página siguiente. Los lectores se apoyan mucho más en el texto a medida que encuentran textos con menos ilustraciones que brindan buen apoyo para predecir el cuento. La direccionalidad de izquierda a derecha y la concordancia entre voz y texto son automáticas y no requieren esfuerzo, y la lectura oral demuestra fluidez y formación de frases con el énfasis adecuado en las palabras. Leen sin señalar, usando el dedo solo de forma ocasional cuando tienen dificultades. Reconocen muchas palabras de uso frecuente. En la ficción del nivel E, los lectores siguen tramas sencillas, leen diálogos, comprenden el problema de un cuento y observan cuándo se resuelve el problema. Comprenden que los cuentos pueden ser simulados. En la no ficción, exploran temas conocidos pero comienzan a aprender contenidos nuevos (por ejemplo, algo interesante acerca de un animal). Hacen un uso uniforme del significado en las imágenes.

## Seleccionar textos Características de los textos del **nivel E**

### GÉNERO

**▶ Ficción**

- Ficción realista
- Relatos sencillos de cuentos populares
- Fábulas sencillas
- Cuentos de fantasía sencillos con animales

**▶ No ficción**

- Diversos textos expositivos sobre temas fáciles
- Textos de instrucciones

FORMAS

- Algunos libros de una serie
- Libros álbum
- Obras de teatro sencillas
- Guiones del teatro del lector

### ESTRUCTURA DEL TEXTO

- Textos narrativos sencillos con un comienzo, una serie de episodios y un final
- Textos narrativos con episodios repetitivos
- Variaciones en la estructura narrativa (cuentos acumulativos, cuentos circulares)
- Patrones estructurales subyacentes: descripción, secuencia temporal, secuencia cronológica, pregunta y respuesta (no ficción)

### CONTENIDO

- Contenido interesante y relevante para los niños pequeños
- Contenido fácil y conocido (la familia y el hogar, los juegos, las mascotas, los animales, la escuela, los alimentos, la comunidad, los amigos, las actividades cotidianas, el cuerpo humano, el tiempo, las estaciones del año, el transporte, los juguetes)
- Alto nivel de apoyo provisto por la información de las imágenes
- Algunos cuentos con contenido conocido por los niños debido a experiencias previas con la narrativa, los medios de comunicación, y por escuchar la lectura de libros (cuentos populares, texto de fantasía)
- Contenido que trasciende la experiencia inmediata de los niños

### TEMAS E IDEAS

- Temas concretos cercanos a la experiencia de los niños (la imaginación, el coraje, el miedo, la amistad, la familia, las relaciones, una misma o uno mismo, el hogar, la naturaleza, crecer, los hábitos, la comunidad, las primeras responsabilidades, la diversidad, la pertenencia, las relaciones entre compañeros, los sentimientos)
- Ideas sencillas y claras que son fáciles de identificar
- Ideas cercanas a la experiencia de los niños (compartir con los demás, preocuparse por los demás, hacer el trabajo propio, ayudar a la familia, cuidar de sí, mantenerse saludable, preocuparse por el mundo, empatizar con los demás, resolver problemas, valorar diferencias, expresar los sentimientos)
- Humor que es fácil de entender

### CARACTERÍSTICAS LITERARIAS Y DEL LENGUAJE

- Patrones lingüísticos sencillos que son cercanos al lenguaje oral
- Algunos patrones lingüísticos que se repiten o cambian
- Textos con escenarios cotidianos cercanos a la experiencia de los niños
- Secuencia de sucesos sencilla (por lo general, repetida)
- Trama sencilla con problema y solución
- Personajes que no cambian, la mayoría con nombre
- Diálogo sencillo y diálogo con pronombres (asignado por *dijo* en muchos textos)
- Uso frecuente de diálogo separado
- Algunos elementos sencillos del texto de fantasía (animales que hablan)
- Lenguaje de procedimientos sencillo

En el bosque
hay ranas.

Las ranas viven en el
suelo del bosque.
Comen moscas
que pasan volando.

8

## COMPLEJIDAD DE LAS ORACIONES

- Algunas oraciones más largas con más de diez palabras
- Oraciones sencillas con sujeto y predicado
- Diversas estructuras del lenguaje
- Oraciones con cláusulas o frases
- Oraciones que son preguntas
- Oraciones con adjetivos, adverbios y frases preposicionales
- Oraciones que comienzan con frases
- Oraciones con diálogo
- Oraciones sencillas con verbos compuestos, unidas por *y* en las que el sujeto se sobreentiende en la segunda cláusula y se omite (*Yo atrapo la pelota y corro.*)
- Omisión ocasional del pronombre de sujeto
- Uso más frecuente de pronombres de objeto directo (*La veo jugar en la escuela.*)
- Se pueden incluir tramos más largos de patrones lingüísticos repetidos

## VOCABULARIO

- Algunas palabras que son nuevas para los niños pero que se entienden fácilmente en contexto
- Palabras que representan sonidos (onomatopeyas)
- Palabras que pertenecen casi en su totalidad al vocabulario oral común de los niños pequeños (Nivel 1)
- Palabras conceptuales ilustradas con imágenes
- Variación en las palabras usadas para asignar diálogo (*dijo, gritó*)
- Muchos adjetivos sencillos que describen personas, lugares o cosas
- Adverbios que describen acción
- Conectores simples (palabras, frases que aclaran relaciones e ideas): *y, pero, entonces, antes, después*

## PALABRAS

- Muchas palabras de uso frecuente
- Variedad de patrones ortográficos fáciles
- Mayoría de palabras de dos y tres sílabas con ocasionales palabras de cuatro sílabas
- Cambios en los tiempos verbales apoyados por el lenguaje oral
- Significados de las palabras cambiados por terminaciones verbales y acentos
- Mayor variedad de conjugaciones verbales, especialmente en la tercera persona del singular/plural (*buscó, buscaron*)
- Más plurales (*árbol/árboles, nuez/nueces*)
- Gerundios terminados en *-iendo* (*durmiendo, lloviendo*)
- Cambios más frecuentes en el orden de las palabras usadas para asignar diálogo (variación en el orden sustantivo/verbo: *Mamá dijo:* frente a *–dijo mamá*)

## ILUSTRACIONES

- Ilustraciones de la acción importante del cuento, el contenido y las ideas en el texto
- Ilustraciones que añaden significado al texto
- Ilustraciones con detalles que agregan interés pero no se desvían del enfoque en el significado
- Ilustraciones que agregan humor
- Ilustraciones en cada página o doble página
- Variedad en la disposición de las ilustraciones y la letra impresa
- Separación clara de las ilustraciones y el texto
- Fotografías y dibujos rotulados

## CARACTERÍSTICAS DEL LIBRO Y LA LETRA IMPRESA

### LONGITUD

- Corto, generalmente de dieciséis páginas
- Normalmente menos de 250 palabras por libro (150-250)

### TEXTO IMPRESO Y DISPOSICIÓN

- Texto impreso en fuente grande y sencilla
- Texto siempre sobre fondo blanco o muy claro
- Dos a ocho líneas de texto en cada página, en su mayor parte
- Oraciones que comienzan a la izquierda
- Las oraciones continúan en una o más líneas
- Variación limitada en la ubicación del texto
- Textos con espacios dobles o triples entre líneas, en su mayor parte
- Espacios exagerados entre las palabras
- Texto separado claramente de las imágenes
- Muchos textos con disposición que complementa la formación de frases

### PUNTUACIÓN

- Usar puntos, comas, signos de admiración y signos de interrogación
- Puntos suspensivos en algunos textos para indicar que la oración termina en la página siguiente

# Seleccionar objetivos Hábitos y conocimientos para observar, enseñar y apoyar

## PENSAR EN EL TEXTO *EN SÍ*

### BUSCAR Y USAR INFORMACIÓN

- Leer de izquierda a derecha tres a ocho líneas de texto
- Unir palabra por palabra en tres a ocho líneas de texto, y comenzar todas las oraciones a la izquierda
- Usar el movimiento de retorno para leer varias líneas de texto después de la primera línea
- Volver a leer para buscar y usar información a partir de estructuras lingüísticas o significados
- Buscar y usar información en las imágenes que coincida detalladamente con el texto, usar algunos detalles que distraigan la atención y complementar el significado con claridad
- Usar una separación clara de las ilustraciones y el texto para buscar y usar información
- Usar una disposición uniforme de las ilustraciones y el texto para buscar y usar información
- Usar patrones lingüísticos cercanos al lenguaje oral para buscar y usar información
- Reconocer más de un patrón lingüístico repetitivo en un texto y usarlo para buscar información
- Usar estructuras de oraciones sencillas (sujeto y predicado con algunas frases y cláusulas subordinadas) para buscar y usar información
- Seguir buscando información a lo largo de un texto corto (generalmente dieciséis páginas, entre dos y ocho líneas de texto en cada página y normalmente menos de 250 palabras)
- Buscar y usar información que aparece en el comienzo y el final de frases o cláusulas
- Observar y usar signos de puntuación (punto, coma, signos de interrogación, signos de admiración, rayas de diálogo en la mayoría de los textos)
- Buscar información en oraciones con cláusulas o frases
- Buscar información en oraciones simples (enunciados y preguntas)
- Buscar y comprender información en diálogo sencillo, diálogo con pronombres (a menudo asignado por *dijo*), diálogo separado y algunos tramos largos de diálogo
- Buscar información en un texto que no tiene patrones lingüísticos repetitivos
- Usar el orden cronológico de una historia simple para buscar y usar información
- Usar detalles en las ilustraciones (en ocasiones con globos de diálogo o globos de pensamiento) para buscar y usar información
- Usar rótulos en las fotografías o las ilustraciones para buscar y usar información
- Usar conocimientos previos de contenido fácil y conocido para buscar y usar información (la familia y el hogar, los juegos, las mascotas, los animales, la escuela, los alimentos, la comunidad, los amigos, las actividades cotidianas, el cuerpo humano, el tiempo, las estaciones del año, el transporte, los juguetes)
- Comprender que las imágenes complementan detallada y explícitamente el contenido y usarlas para buscar y usar información

### VERIFICAR Y AUTOCORREGIRSE

- Mostrar evidencia de atención minuciosa a las características visuales de las palabras
- Usar la concordancia entre voz y texto para autoverificar y autocorregirse a lo largo de ocho líneas de texto
- Volver a leer una oración para resolver problemas, autocorregirse o confirmar
- Autocorregirse en el momento en el que se comete un error (repetir al comienzo de un párrafo o una oración)
- Usar características visuales de las palabras para autoverificar y autocorregirse
- Usar el reconocimiento de palabras de uso frecuente para autoverificar y autocorregirse
- Usar palabras conocidas para autoverificar y autocorregirse
- Usar algunos patrones lingüísticos repetitivos para buscar y usar información
- Cotejar de manera consistente un tipo de información con otra para verificar y autocorregir la lectura (verificar el significado con información visual)
- Usar diversas fuentes de información (información visual en la letra impresa, significado/imágenes, estructura lingüística) para verificar y autocorregirse
- Volver a señalar ocasionalmente, si corresponde, para verificar o confirmar cuando se detectan dificultades
- Usar imágenes como recurso para autoverificar y autocorregirse
- Comprender cómo funciona el libro (estructura del texto narrativo) para autoverificar y autocorregirse
- Usar la comprensión de los personajes para autoverificar y autocorregirse
- Usar la comprensión del diálogo para autoverificar y autocorregirse
- Usar el conocimiento del contenido de un tema simple para autoverificar y autocorregirse
- Usar información obtenida de las imágenes para autoverificar y autocorregirse

### DESCIFRAR PALABRAS

#### ▸ Leer palabras

- Reconocer palabras en una fuente clara y sencilla que están en un fondo blanco o muy claro
- Reconocer cincuenta o más palabras de uso frecuente de manera rápida y fácil
- Reconocer palabras de una, dos y algunas de tres sílabas que se complementan en su mayor parte con las imágenes
- Leer algunos plurales sencillos formados con las terminaciones *-s* o *-es* que se complementan totalmente con las imágenes y la estructura del lenguaje
- Leer algunos verbos con desinencias (*-iendo: durmiendo, lloviendo*) que se complementan totalmente con las imágenes y la estructura lingüística

# Seleccionar objetivos Hábitos y conocimientos para observar, enseñar y apoyar *(cont.)*

## PENSAR EN EL TEXTO *EN SÍ* *(continuación)*

### DESCIFRAR PALABRAS *(continuación)*

▸ **Leer palabras** *(continuación)*

- Leer algunas palabras con patrones ortográficos fáciles con el apoyo de imágenes y lenguaje (CV, VCV, CVCV, CVCVC)
- Decir una palabra y predecir su primera o primeras letras
- Localizar palabras de uso frecuente y otras palabras importantes en un texto
- Decir una palabra lentamente para identificar los sonidos en una palabra (comienzo, final, medio)
- Observar características visuales de una palabra y usarlas para ubicar o leer la palabra
- Leer palabras sencillas que asignan diálogo (*dijo, gritó*)
- Leer conectores simples

▸ **Vocabulario**

- Comprender los significados de algunas palabras que son nuevas pero fáciles de comprender en el contexto del texto y con apoyo de imágenes
- Ampliar el conocimiento del significado de las palabras a partir de la conexión con las imágenes y/o de la comprensión del contexto
- Leer y comprender palabras que representan sonidos (onomatopeyas)
- Comprender palabras de vocabulario que pertenecen al vocabulario oral común de los lectores emergentes (Nivel 1)
- Comprender el significado de plurales sencillos formados con las terminaciones *-s* o *-es*
- Comprender los significados de adjetivos sencillos que describen personas, lugares o cosas
- Comprender algunas palabras que requieren el uso de diversas fuentes de información (conocimiento previo, imágenes, información visual)
- Comprender palabras que indican personajes (nombres fáciles de leer, miembros de una familia, miembros de una comunidad como los maestros)
- Comprender que palabras como *yo, me, mi, mí* y *nosotros, nosotras,* nos pueden indicar la narradora o el narrador de un texto
- Comprender el significado de palabras sencillas que asignan diálogo (*dijo, gritó*)
- Leer y comprender el significado de conectores simples
- Reconocer y comprender los rótulos para objetos conocidos, animales, personas, el cuerpo humano, el tiempo, actividades cotidianas, procesos simples como cocinar o cultivar plantas
- Usar detalles en las ilustraciones o fotografías para comprender el vocabulario nuevo

### MANTENER LA FLUIDEZ

- Mantener el impulso en todo un texto corto
- Leer sin señalar pero con una correcta concordancia entre voz y texto
- Observar puntos, comas, signos de admiración, signos de interrogación, rayas de diálogo y comillas, y comenzar a reflejarlos con la voz mediante la entonación y la pausa
- Leer formando frases que generalmente tienen una disposición diseñada para apoyar la formación de frases
- Demostrar énfasis en las palabras de manera que se muestre atención al significado
- Poner énfasis en palabras que estén en negrita
- Volver a leer para observar el lenguaje o el significado
- Mostrar reconocimiento de diálogo con formación de frases incluso cuando hay variación en las estructuras (*Mamá dijo:* y *–dijo mamá*)
- Reconocer y usar puntos suspensivos en algunos textos para indicar que una oración termina en la página siguiente

### AJUSTAR

- Leer más lentamente para resolver problemas con las palabras y retomar la lectura con impulso
- Reconocer que un texto es ficcional y que cuenta una historia que tiene un comienzo, un desarrollo, una serie de episodios y un final
- Comprender que un libro de no ficción presenta hechos
- Observar rótulos en fotografías y usarlos para comprender las palabras en el texto
- Ajustar la lectura para observar información en fotografías
- Ajustar para incorporar variedad en la disposición de las ilustraciones y la letra impresa
- Ajustar la lectura para reflejar una serie de pasos en un libro de instrucciones fácil

### RESUMIR

- Recordar la información importante mientras se lee para comprender el significado del texto
- Hablar acerca de la información importante después de leer
- Recordar el orden de los sucesos en un cuento sencillo y comentarlos después de leer
- Resumir el problema en un cuento sencillo y hablar sobre la solución
- Recordar y hablar sobre ideas claras y sencillas que son fáciles de identificar
- Comprender cuándo una secuencia es importante (cocinar, plantar) y hablar sobre los sucesos o pasos en orden

# **Seleccionar objetivos** Hábitos y conocimientos para observar, enseñar y apoyar *(cont.)*

## PENSAR ***MÁS ALLÁ*** DEL TEXTO

### PREDECIR

- Usar estructuras lingüísticas variadas para anticipar el texto
- Hacer predicciones a partir de la información en las imágenes que tengan una alta coincidencia con el texto
- Hacer predicciones a partir de experiencias y conocimientos personales
- Predecir el final de un cuento a partir de la lectura del comienzo y el desarrollo
- Hacer predicciones a partir del conocimiento de los sucesos de la vida cotidiana (la familia, cocinar, los juegos, las mascotas, la escuela, los alimentos, la comunidad, los amigos)
- Hacer predicciones basadas en una secuencia temporal (crecimiento de plantas, eclosión de huevos, cambio del tiempo, cocción de alimentos)

### ESTABLECER CONEXIONES

- Establecer conexiones entre experiencias personales y un texto
- Establecer conexiones entre libros de una serie
- Usar conocimientos previos para comprender los escenarios (el hogar, la escuela, el parque, la comunidad)
- Identificar personajes o escenarios recurrentes cuando corresponda
- Recurrir a conocimientos previos de la literatura tradicional para reconocer personajes y sucesos comunes en un cuento popular
- Usar conocimientos previos para comprender escenarios cercanos a la experiencia de los niños: el hogar, la escuela, el parque, la comunidad, la playa y la nieve (si corresponde)
- Establecer conexiones entre el conocimiento previo de contenidos conocidos y el contenido del texto
- Establecer conexiones entre textos sobre el mismo tema o con el mismo contenido
- Acceder a conocimientos previos para comprender procesos sencillos (derretimiento de hielo, cocción de alimentos, construcción de un objeto)

### SINTETIZAR

- Hablar acerca de lo que se sabe sobre el tema antes de leer el texto
- Hablar acerca del texto y mostrar la comprensión de los sucesos o el tema
- Hablar sobre los sucesos de una trama sencilla
- Hablar sobre lo que se aprende sobre los personajes y los problemas en un cuento
- Hablar sobre los rótulos nuevos para el contenido que se aprende con el texto
- Identificar nuevos conocimientos obtenidos durante la lectura de textos

### INFERIR

- Inferir el significado del cuento o del contenido a partir de imágenes que aportan significado al texto
- Inferir dónde se desarrolla (como muestran las imágenes) el cuento para poder comprenderlo
- Hablar acerca de las emociones de los personajes con base en inferencias a partir de imágenes y texto, especialmente el diálogo
- Hablar acerca de las imágenes y revelar la interpretación de un problema o de las emociones de los personajes
- Inferir humor que es fácil de comprender (personajes tontos, situaciones divertidas)
- Inferir algunas características evidentes de los personajes a partir del cuento y las imágenes (*amable, valiente, divertido*)
- Inferir ideas acerca de contenidos conocidos
- Inferir procesos sencillos observando los pasos (cocción, congelamiento del agua, crecimiento de plantas)

# Seleccionar objetivos Hábitos y conocimientos para observar, enseñar y apoyar *(cont.)*

## PENSAR *ACERCA* DEL TEXTO

### ANALIZAR

- Comprender cómo se relacionan las ideas y la información en un libro
- Comprender cómo se relacionan los sucesos, el contenido y las ideas con el título
- Reconocer que un texto se puede imaginar (ficción) o puede brindar información (no ficción)
- Comprender que un cuento puede parecerse a la vida real o puede ser algo que no podría ser verdadero en la vida real (texto de fantasía)
- Reconocer escenarios que son cotidianos (el hogar, la escuela, el vecindario)
- Reconocer y seguir una secuencia cronológica de sucesos
- Identificar un problema sencillo de un cuento y cómo se resuelve
- Reconocer y comprender diversas estructuras narrativas (cuento acumulativo, cuento circular)
- Reconocer que hay personajes (personas o animales) en un cuento
- Reconocer personajes que son típicos del cuento de fantasía con animales o de la literatura tradicional
- Observar el uso que hace una escritora o un escritor de palabras humorísticas u onomatopeyas, y hablar acerca de cómo estas contribuyen a la acción
- Observar que las ilustraciones enriquecen acciones importantes de la historia
- Reconocer que un texto puede contener información verídica
- Comprender que un libro de no ficción presenta hechos o dice cómo hacer algo
- Reconocer que un proceso ocurre en un orden temporal
- Reconocer lenguaje de procedimientos muy simple (instrucciones)
- Comprender que las ilustraciones y fotografías enriquecen las ideas y la información en un texto
- Usar lenguaje específico para hablar acerca de los tipos de textos (*ficción; cuento de familia, amigos y escuela; no ficción; texto informativo; texto sobre hechos*)
- Usar lenguaje académico básico para hablar acerca de las formas (*libros de una serie*)
- Usar lenguaje académico para hablar acerca de las características del libro y la letra impresa (*portada, contraportada, página, autor, ilustrador, ilustración, fotografía, título, rótulo, dibujo*)

### CRITICAR

- Compartir opiniones sobre un texto
- Intercambiar opiniones acerca de una ilustración o fotografía
- Tener libros favoritos y justificar

## Planificar el trabajo con las letras y las palabras después de la lectura guiada

Usando sus observaciones recientes sobre la capacidad de los lectores de descomponer palabras rápida y eficientemente mientras leen un texto, planifique de uno a tres minutos la participación activa de los niños atendiendo a las letras, los sonidos y las palabras. Priorice la observación de los lectores sobre las características de la letra impresa y el uso manual activo de las letras magnéticas, de la pizarra blanca, de tarjetas de palabras o de lápiz y papel para promover la fluidez y la flexibilidad en el procesamiento visual.

**Ejemplos:**

- Reconocer muchas palabras de uso frecuente fáciles (*agua, bueno, era, gato, hay, muy, niño, por, se, todo, vamos*)
- Escribir o formar muchas palabras de uso frecuente (*era, este, gato, mira, ella*)
- Repasar palabras de uso frecuente de niveles anteriores
- Agregar *-s* o *-es* a una palabra para hacerla plural (*rana/ranas, flor/flores*)
- Formar palabras usando los patrones CV *(de)*, VCV *(ala)*, CVCV *(mesa)*, VC *(es)* y CVC (mes)
- Descomponer palabras de una sílaba que comienzan con consonantes o grupos consonánticos (*p-an, tr-en, s-ol, fl-an*)
- Usar partes de palabras conocidas para leer palabras (*debajo*)
- Leer palabras compuestas sencillas (*telaraña, sacapuntas*)
- Formar palabras nuevas cambiando las letras iniciales y finales (*pan/par/paz; con/son/pon*)
- Formar rápidamente palabras con letras magnéticas
- Cambiar el comienzo, el medio o el fin de una palabra para formar una palabra nueva (*luna/cuna, rima/cima, saco/sala*)
- Usar lo que ya se sabe sobre las palabras para leer palabras nuevas (*doy, soy; si, mi*)
- Decir las palabras lentamente para escribirlas letra por letra
- Leer tarjetas o un cartel con grupos consonánticos de diferentes maneras (todas las palabras, cada dos recuadros, en orden inverso)

# Lectores del nivel F

En el nivel F, los lectores comienzan a adquirir conocimientos sobre las características de diferentes géneros de textos. Pueden leer secciones tanto de diálogo simple como separado. Reconocen rápida y automáticamente un gran número de palabras de uso frecuente y usan información sobre la relación entre las letras y los sonidos para descomponer palabras sencillas y comunes, así como también palabras polisílabas durante la lectura. Reconocen y usan desinencias. También pueden procesar y comprender la sintaxis que refleja patrones específicos del lenguaje escrito. En ficción, comienzan a encontrar diálogos entre muchos personajes en cuentos con muchos episodios. En los textos informativos, aprenden nuevos datos sobre algunos temas. Leen sin señalar y con el ritmo, la formación de frases, la entonación y el énfasis adecuados. El nivel F presenta textos con diálogo, a veces no asignado. En la ficción, los lectores siguen tramas sencillas, identifican y comprenden el problema de un cuento, y buscan el significado en el texto y las imágenes. Los personajes "aprenden una lección" en un cuento, y los lectores observan atributos de los personajes e infieren emociones. En los textos de no ficción, exploran temas que conocen pero continúan aprendiendo contenidos nuevos (nombres de animales o algo interesante sobre ellos). Observan personajes recurrentes cuando leen libros de una serie.

## Seleccionar textos Características de los textos del **nivel F**

### GÉNERO

▸ **Ficción**

- Ficción realista
- Relatos sencillos de cuentos populares
- Fábulas sencillas
- Cuentos de fantasía sencillos con animales

▸ **No ficción**

- Diversos textos expositivos sobre temas fáciles
- Textos de instrucciones

FORMAS

- Algunos libros de una serie
- Libros álbum
- Obras de teatro sencillas
- Guiones del teatro del lector

### ESTRUCTURA DEL TEXTO

- Textos narrativos sencillos con un comienzo, una serie de episodios y un final
- Textos narrativos con episodios repetitivos
- Variaciones en la estructura narrativa (cuentos acumulativos, cuentos circulares)
- Patrones estructurales subyacentes (descripción, secuencia temporal, secuencia cronológica, pregunta y respuesta)

### CONTENIDO

- Contenido interesante y relevante para los niños pequeños
- Contenido fácil y conocido (la familia y el hogar, los juegos, las mascotas, los animales, la escuela, los alimentos, la comunidad, los amigos, las actividades cotidianas, el cuerpo humano, el tiempo, las estaciones del año, el transporte, los juguetes)
- Moderar el nivel de apoyo provisto por la información de las imágenes
- Algunos cuentos con contenido conocido por los niños debido a experiencias previas con la narrativa, los medios de comunicación, y por escuchar la lectura de libros (cuentos populares, textos de fantasía)
- Contenido que trasciende la experiencia inmediata de los niños

### TEMAS E IDEAS

- Temas concretos cercanos a la experiencia de los niños (la imaginación, el coraje, el miedo, la amistad, la familia, las relaciones, una misma o uno mismo, el hogar, la naturaleza, crecer, los hábitos, la comunidad, las primeras responsabilidades, la diversidad, la pertenencia, las relaciones entre compañeros, los sentimientos)
- Ideas sencillas y claras que son fáciles de identificar
- Ideas cercanas a la experiencia de los niños (compartir con los demás, preocuparse por los demás, hacer el trabajo propio, ayudar a la familia, cuidar de sí, mantenerse saludable, preocuparse por el mundo, empatizar con los demás, resolver problemas, valorar diferencias, expresar los sentimientos)
- Humor que es fácil de entender

### CARACTERÍSTICAS LITERARIAS Y DEL LENGUAJE

- Algunos patrones lingüísticos que se repiten o cambian
- Textos con escenarios cotidianos cercanos a la experiencia de los niños
- Secuencia de sucesos sencilla
- Trama con conflicto y resolución
- Personajes que no cambian
- Personajes con nombre, en su mayor parte
- Diálogo con pronombres y diálogo separado
- Diálogo generalmente asignado a una interlocutora o un interlocutor
- Algunos ejemplos de diálogo no asignado
- Diálogo entre varios personajes
- Algunos elementos del texto de fantasía (animales que hablan)
- Lenguaje de procedimientos

—¡Ay! ¿Dónde están las cebollas? —dijo Maribel—. No las encuentro.

—No te preocupes —dijo Paco sonriendo—. Yo te voy a ayudar.

11



## COMPLEJIDAD DE LAS ORACIONES

- Algunas oraciones más largas con más de diez palabras
- Oraciones con sujeto y predicado, tanto enunciados como preguntas
- Variación en la ubicación del sujeto, el verbo, los adjetivos y los adverbios
- Oraciones con cláusulas o frases
- Oraciones con adjetivos, adverbios y frases preposicionales
- Oraciones que comienzan con frases
- Oraciones con diálogo

## VOCABULARIO

- Algunas palabras que son nuevas para los niños pero que se entienden fácilmente en contexto
- Palabras que representan sonidos (onomatopeyas)
- Palabras que pertenecen casi en su totalidad al vocabulario oral común de los niños pequeños (Nivel 1)
- Palabras conceptuales ilustradas con imágenes
- Variación en las palabras usadas para asignar diálogo (*dijo, gritó*)
- Muchos adjetivos sencillos que describen personas, lugares o cosas
- Adverbios que describen acción
- Conectores simples (palabras, frases que aclaran relaciones e ideas): *y, pero, entonces, antes, después*

## PALABRAS

- Mayoría de palabras de dos y tres sílabas con ocasionales palabras de cuatro sílabas con mucho apoyo de imágenes
- Mayor variedad de conjugaciones verbales, especialmente en la tercera persona del singular/plural (*buscó, buscaron*)
- Más plurales y gerundios terminados en *-iendo* (*durmiendo, lloviendo*)
- Cambios frecuentes en el orden de las palabras usadas para asignar diálogo (variación en el orden sustantivo/verbo: *Mamá dijo:* frente a *–dijo mamá*)
- Concordancia de género y número
- Muchas palabras de uso frecuente
- Muchas palabras con desinencias
- Algunas relaciones complejas entre letras y sonidos en palabras
- Variedad de patrones ortográficos fáciles

## ILUSTRACIONES

- Ilustraciones de la acción importante del cuento, el contenido y las ideas en el texto
- Ilustraciones que añaden significado y humor al texto
- Ilustraciones con detalles que agregan interés pero no distraen
- Ilustraciones en cada página o doble página
- Variedad en la disposición de las ilustraciones y la letra impresa
- Separación clara de las ilustraciones y el texto
- Fotografías y dibujos rotulados

## CARACTERÍSTICAS DEL LIBRO Y LA LETRA IMPRESA

### LONGITUD

- Corto, generalmente de dieciséis páginas
- Normalmente menos de 300 palabras por libro (150-300)

### TEXTO IMPRESO Y DISPOSICIÓN

- Texto impreso en fuente grande y sencilla
- Texto siempre sobre fondo blanco o muy claro
- Tres a ocho líneas de texto por página, en su mayor parte
- Oraciones que comienzan a la izquierda
- Las oraciones continúan en una o más líneas
- Variación limitada en la ubicación del texto
- Textos con espacios dobles o triples entre líneas, en su mayor parte
- Espacios claros entre las palabras
- Texto separado claramente de las imágenes
- Muchos textos con disposición que complementa la formación de frases

### PUNTUACIÓN

- Uso de punto, coma, signos de interrogación y signos de exclamación
- Puntos suspensivos en algunos textos para indicar que la oración termina en la página siguiente

# Seleccionar objetivos Hábitos y conocimientos para observar, enseñar y apoyar

## PENSAR EN EL TEXTO *EN SÍ*

### BUSCAR Y USAR INFORMACIÓN

- Seguir buscando información a lo largo de un texto corto (generalmente dieciséis páginas, entre tres y ocho líneas de texto en cada página y menos de 300 palabras)
- Usar conocimientos previos de contenido fácil y conocido para buscar y usar información (la familia y el hogar, los juegos, las mascotas, los animales, la escuela, los alimentos, la comunidad, los amigos, las actividades cotidianas, el cuerpo humano, el tiempo, las estaciones del año, el transporte, los juguetes)
- Volver a leer para buscar y usar información a partir de estructuras lingüísticas o significados
- Usar estructuras de oraciones sencillas (sujeto y predicado con algunas frases y cláusulas subordinadas) para buscar y usar información
- Buscar y usar información que aparece en el comienzo y el final de frases o cláusulas
- Buscar información en oraciones simples (enunciados y preguntas)
- Buscar información en oraciones con variación en la ubicación del sujeto, el verbo, los adjetivos y los adverbios
- Buscar y comprender información en diálogo simple, diálogo con pronombres, diálogo separado, diálogo asignado o no asignado, diálogo entre muchos personajes y algunos tramos largos de diálogo
- Usar el orden cronológico de una historia simple para buscar y usar información
- Observar y usar signos de puntuación (punto, coma, signos de interrogación, signos de admiración, rayas de diálogo)
- Buscar y usar información en las imágenes que coincida detalladamente con el texto, usar algunos detalles que distraigan la atención y complementar el significado con claridad
- Comprender que las imágenes complementan detallada y explícitamente el contenido y usar imágenes para buscar y usar información
- Usar rótulos o leyendas en fotografías o elementos gráficos para buscar información
- Usar detalles en las ilustraciones para buscar y usar información

### VERIFICAR Y AUTOCORREGIRSE

- En ocasiones, volver a leer la oración o frase para resolver problemas, autocorregirse o confirmar
- Autocorregirse en el momento en el que se comete un error
- Usar características visuales de las palabras para autoverificar y autocorregirse
- Usar el reconocimiento de palabras de uso frecuente y otras palabras conocidas para autoverificar y autocorregirse
- Usar diversas fuentes de información (información visual en la letra impresa, significado/imágenes, estructura lingüística) para verificar y autocorregirse
- Leer sin señalar excepto ocasionalmente cuando exista dificultad
- Usar imágenes como recurso para autoverificar y autocorregirse
- Comprender cómo funciona el libro (estructura del texto narrativo) para autoverificar y autocorregirse
- Usar la comprensión de los personajes para autoverificar y autocorregirse
- Usar la comprensión del diálogo para autoverificar y autocorregirse
- Usar el conocimiento del contenido de un tema simple para autoverificar y autocorregirse
- Usar información obtenida de las imágenes para autoverificar y autocorregirse

### DESCIFRAR PALABRAS

**▸ Leer palabras**

- Reconocer palabras en una fuente clara y sencilla que están en un fondo blanco o muy claro
- Reconocer cincuenta o más palabras de uso frecuente de manera rápida y fácil
- Reconocer palabras de una, dos y algunas de tres sílabas que se complementan totalmente con las imágenes
- Leer algunos plurales sencillos usando *-s* o *-es* que se complementan totalmente con las imágenes y la estructura del lenguaje
- Leer verbos con gerundios terminados en *-iendo* (*durmiendo, lloviendo*)
- Leer algunas palabras con patrones ortográficos fáciles con el apoyo de imágenes y lenguaje (CV, VCV, CVCV, CVCVC)
- Decir una palabra y predecir su primera o primeras letras
- Localizar palabras de uso frecuente y otras palabras importantes en un texto
- Decir una palabra lentamente para identificar sonidos en la palabra (comienzo, final, medio)
- Observar características visuales de una palabra y usarlas para ubicar o leer la palabra
- Leer palabras sencillas que asignan diálogo (*dijo, gritó*)
- Leer conectores simples

# **Seleccionar objetivos** Hábitos y conocimientos para observar, enseñar y apoyar *(cont.)*

## PENSAR EN EL TEXTO ***EN SÍ*** *(continuación)*

### DESCIFRAR PALABRAS *(continuación)*

▸ **Vocabulario**

- Comprender los significados de algunas palabras que son nuevas pero fáciles de comprender en el contexto del texto y con apoyo de imágenes
- Ampliar el conocimiento del significado de las palabras a partir de la conexión con las imágenes y/o de la comprensión del contexto
- Leer y comprender palabras que representan sonidos (onomatopeyas)
- Comprender palabras de vocabulario que pertenecen al vocabulario oral común de los lectores emergentes (Nivel 1)
- Comprender el significado de plurales sencillos formados con las terminaciones *-s* o *-es*
- Comprender los significados de adjetivos sencillos que describen personas, lugares o cosas
- Comprender algunas palabras que requieren el uso de diversas fuentes de información (conocimiento previo, imágenes, información visual)
- Comprender palabras que indican personajes (nombres fáciles de leer, miembros de una familia, miembros de una comunidad como los maestros)
- Comprender que palabras como *yo, me, mi, mí* y *nosotras, nosotros, nos* pueden indicar la narradora o el narrador de un texto
- Comprender el significado de palabras que asignan diálogo (*dijo, gritó*)
- Comprender los significados y la función de los conectores simples
- Reconocer y comprender los rótulos para objetos conocidos, animales, personas, el cuerpo humano, el tiempo, actividades cotidianas, procesos simples como cocinar o cultivar plantas
- Usar detalles en las ilustraciones para comprender el vocabulario nuevo

### MANTENER LA FLUIDEZ

- Mantener el impulso en todo un texto corto
- Observar puntos, comas, signos de admiración, signos de interrogación, rayas de diálogo y comillas, y comenzar a reflejarlos con la voz mediante la entonación y la pausa
- Leer formando frases generalmente guiadas por un texto con una disposición diseñada para apoyar la formación de frases
- Demostrar énfasis en las palabras de manera que se muestre atención al significado
- Poner énfasis en palabras que estén en negrita
- Ajustar la lectura para mostrar conocimiento de la variación en las oraciones (ubicación del sujeto, el verbo, los adjetivos y los adverbios)
- Volver a leer para observar el lenguaje o el significado
- Mostrar reconocimiento de diálogo con formación de frases
- Reconocer y usar puntos suspensivos en algunos textos para indicar que una oración termina en la página siguiente

### AJUSTAR

- Leer más lentamente para resolver problemas con las palabras y retomar la lectura con impulso
- Reconocer que un texto es ficcional y que cuenta una historia que tiene un comienzo, un desarrollo, una serie de episodios y un final
- Comprender que un libro de no ficción cuenta hechos
- Observar rótulos en fotografías y usarlos para comprender las palabras en el texto
- Ajustar la lectura para observar información en una fotografía
- Ajustar para incorporar variedad en la disposición de las ilustraciones y la letra impresa
- Ajustar la lectura para reflejar una serie de pasos en un libro de instrucciones fácil

### RESUMIR

- Recordar la información importante mientras se lee para comprender el significado del texto
- Hablar acerca de la información importante después de leer
- Recordar el orden de los sucesos en un cuento sencillo y comentarlos después de leer
- Resumir el problema en un cuento sencillo y hablar sobre la solución
- Incluir personajes (por el nombre) al relatar lo que sucede en un cuento
- Recordar y hablar sobre ideas claras y sencillas que son fáciles de identificar
- Comprender cuándo una secuencia es importante (cocinar, plantar) y hablar sobre los sucesos o pasos en orden

# **Seleccionar objetivos** Hábitos y conocimientos para observar, enseñar y apoyar *(cont.)*

## PENSAR ***MÁS ALLÁ*** DEL TEXTO

### PREDECIR

- Usar oraciones con variación en la ubicación del sujeto, el verbo, los adjetivos y los adverbios para anticipar el texto
- Hacer predicciones basadas en la información que brindan las imágenes
- Hacer predicciones a partir de experiencias y conocimientos personales, y la experiencia con los textos
- Predecir el final de un cuento a partir de la lectura del comienzo y el desarrollo
- Hacer predicciones basadas en el conocimiento de una estructura narrativa
- Hacer predicciones basadas en una secuencia temporal (crecimiento de plantas, eclosión de huevos, cambio del tiempo, cocción de alimentos)

### ESTABLECER CONEXIONES

- Establecer conexiones entre experiencias personales y un texto
- Establecer conexiones entre libros de una serie
- Usar conocimientos previos para comprender los escenarios (el hogar, la escuela, el parque, la comunidad)
- Identificar personajes o escenarios recurrentes cuando corresponda
- Usar conocimientos previos de la literatura tradicional para reconocer personajes y sucesos comunes en un cuento popular
- Usar conocimientos previos para comprender escenarios cercanos a la experiencia de los niños: el hogar, la escuela, el parque, la comunidad, la playa y la nieve (si corresponde)
- Establecer conexiones entre el conocimiento previo de contenidos conocidos y el contenido del texto
- Establecer conexiones entre textos sobre el mismo tema o con el mismo contenido
- Acceder a conocimientos previos para comprender procesos sencillos (derretimiento de hielo, cocción de alimentos, construcción de un objeto)

### SINTETIZAR

- Hablar acerca de lo que se sabe sobre el tema antes de leer el texto
- Hablar acerca del texto y mostrar la comprensión de los sucesos o el tema
- Hablar sobre los sucesos de una trama sencilla
- Hablar sobre lo que se aprende sobre los personajes y los problemas en un cuento
- Hablar sobre los rótulos nuevos para el contenido que se aprende con el texto
- Identificar nuevos conocimientos obtenidos durante la lectura de un texto

### INFERIR

- Inferir el significado del cuento o del contenido a partir de imágenes que aportan significado al texto
- Inferir dónde se desarrolla (como muestran las imágenes) el cuento para poder comprenderlo
- Hablar acerca de las emociones de los personajes con base en inferencias a partir de imágenes y texto, especialmente el diálogo
- Hablar acerca de las imágenes y revelar la interpretación de un problema o de las emociones de los personajes
- Inferir humor que es fácil de comprender (personajes humorísticos, problemas del cuento)
- Inferir algunas características evidentes de los personajes a partir del cuento y las imágenes (*bueno, buena, fuerte, cómico, cómica*)
- Inferir ideas acerca de contenidos conocidos
- Inferir procesos sencillos observando los pasos (cocción, congelamiento del agua, crecimiento de plantas)

# Seleccionar objetivos Hábitos y conocimientos para observar, enseñar y apoyar *(cont.)*

## PENSAR ***ACERCA*** DEL TEXTO

### ANALIZAR

- Comprender cómo se relacionan las ideas y la información en un libro
- Comprender cómo se relacionan los sucesos, el contenido y las ideas con el título
- Reconocer que un texto se puede imaginar (ficción) o puede brindar información (no ficción)
- Comprender que un cuento puede parecerse a la vida real o puede ser algo que no podría ser verdadero en la vida real (texto de fantasía)
- Reconocer escenarios que son cotidianos (el hogar, la escuela, el vecindario)
- Reconocer y seguir una secuencia cronológica de sucesos
- Identificar un problema sencillo de un cuento y cómo se resuelve
- Reconocer y comprender diversas estructuras narrativas (cuento acumulativo, cuento circular)
- Reconocer que hay personas o animales en un cuento que se llaman personajes
- Reconocer personajes que son típicos del cuento de fantasía con animales o de la literatura tradicional
- Observar el uso que hace una escritora o un escritor de palabras humorísticas u onomatopeyas, y hablar acerca de cómo estas contribuyen a la acción
- Observar que las ilustraciones enriquecen acciones importantes de la historia
- Reconocer que un texto puede contener información verídica
- Comprender que un libro de no ficción presenta hechos o dice cómo hacer algo
- Reconocer que un proceso ocurre en un orden temporal
- Reconocer lenguaje de procedimientos muy simple (instrucciones)
- Comprender que las ilustraciones o fotografías enriquecen las ideas y la información en un texto
- Usar lenguaje específico para hablar acerca de géneros y tipos especiales de textos (*ficción; cuento de familia, amigos y escuela; no ficción; texto informativo; texto sobre hechos*)
- Usar lenguaje académico básico para hablar acerca de las formas (*libros de una serie*)
- Usar lenguaje académico básico para hablar acerca de características literarias (*comienzo, final, problema, personaje*)
- Usar lenguaje académico para hablar acerca de las características del libro y la letra impresa (*portada, contraportada, página, autor, ilustrador, ilustración, fotografía, título, rótulo, dibujo*)

### CRITICAR

- Compartir opiniones sobre un texto
- Intercambiar opiniones acerca de una ilustración o fotografía
- Tener libros favoritos y justificar

## Planificar el trabajo con las letras y las palabras después de la lectura guiada

Usando sus observaciones recientes sobre la capacidad de los lectores de descomponer palabras rápida y eficientemente mientras leen un texto, planifique de uno a tres minutos la participación activa de los niños atendiendo a las letras, los sonidos y las palabras. Priorice la observación de los lectores sobre las características de la letra impresa y el uso manual activo de las letras magnéticas, de la pizarra blanca, de tarjetas de palabras o de lápiz y papel para promover la fluidez y la flexibilidad en el procesamiento visual.

### Ejemplos:

- Reconocer muchas palabras de uso frecuente (*abuela, come, dijo, hay, las, muy, niño, grande, papá, rojo, son, tiene, vamos*)
- Escribir rápidamente muchas palabras de uso frecuente
- Repasar palabras de uso frecuente de niveles anteriores
- Reconocer y escribir sílabas y palabras con *h* (*hoy, hago, hace, hacemos*)
- Cambiar palabras para agregar desinencias sencillas (*caminar: camino, caminé, caminando*)
- Cambiar palabras para formar plurales agregando *-es* (*color/colores, árbol/árboles*)
- Reconocer palabras que tienen patrones de una sílaba abierta CV, VCV y CVCV (*yo, ama, vaca*) y patrones de una sílaba cerrada VC y CVC (*el, con*)
- Reconocer, formar o escribir palabras usando diferentes patrones (CV, VCV, CVCV, VC, CVC) y sílabas con */k/* (*ca-sa, que-so*)
- Descomponer palabras compuestas (*paraguas, girasol*)
- Cambiar sílabas para formar palabras nuevas (*calle, capa; luna, rana*)
- Usar lo que se sabe sobre las palabras para leer o escribir palabras nuevas (*ven, ves; en, un*)
- Reconocer palabras que comienzan con dígrafos consonánticos (*chico, llave*)
- Descomponer palabras que comienzan con consonantes iniciales, grupos consonánticos y dígrafos consonánticos (*p-ato, r-ato, ch-ato, pl-ato*)
- Leer, escribir o clasificar palabras con grupos consonánticos que combinan dos sonidos de consonante (*trato, blusa*)
- Reconocer y usar la concordancia de género y número en artículos y sustantivos (*la maestra, los maestros*)
- Leer tarjetas o un cartel con grupos consonánticos de diferentes maneras

# Lectores del nivel G

En el nivel G, los lectores encuentran una mayor variedad de textos y siguen internalizando conocimiento sobre géneros diferentes. Siguen leyendo textos que tienen entre tres y ocho líneas en cada página, pero el tamaño de la letra es un poco menor y hay más palabras en cada hoja. Como ya dominan los primeros hábitos de lectura y reconocen rápida y automáticamente un gran número de palabras de uso frecuente, pueden prestar atención a hilos argumentales e ideas un poco más complejas. Pueden observar los atributos de los personajes e inferir sus emociones. Los personajes no se desarrollan ni cambian mucho, pero a menudo aprenden una lección. Pueden usar diversas estrategias para descifrar palabras (información sobre la relación entre sonidos y letras, establecer relaciones entre las palabras y usar partes de la palabra) mientras prestan atención al significado. Leen textos con palabras de contenido específico, pero la mayoría de los textos tienen pocas palabras de mayor dificultad. En la lectura oral, demuestran (sin señalar) el ritmo, la formación de frases, la entonación y el énfasis adecuado en las palabras. En el nivel G los niños leen textos de ficción con muchos personajes y una serie de episodios, muchos de ellos de naturaleza repetitiva. Leen diálogos asignados y no asignados, siguen tramas directas e identifica un problema y su resolución. Los textos de no ficción del nivel G presentan temas conocidos, pero los lectores amplían el número de palabras de contenido que conocen. Los lectores comienzan a usar lenguaje académico para hablar acerca de los textos.

## Seleccionar textos Características de los textos del **nivel G**

### GÉNERO

▶ **Ficción**

- Ficción realista
- Literatura tradicional (cuentos populares y fábulas, en su mayor parte)
- Cuentos de fantasía con animales

▶ **No ficción**

- Diversos textos expositivos sobre temas fáciles
- Textos de instrucciones

FORMAS

- Algunos libros de una serie
- Libros álbum
- Obras de teatro sencillas
- Guiones del teatro del lector

### ESTRUCTURA DEL TEXTO

- Textos narrativos con estructura directa (comienzo, series de episodios y final) pero más episodios incluidos
- Textos narrativos con episodios repetitivos
- Variaciones en la estructura narrativa (cuentos acumulativos, cuentos circulares)
- Patrones estructurales subyacentes: descripción, secuencia temporal, secuencia cronológica, pregunta y respuesta (no ficción)

### CONTENIDO

- Contenido interesante y relevante para los niños pequeños
- Contenido conocido (la familia y el hogar, los juegos, las mascotas, los animales, la escuela, los alimentos, la comunidad, los amigos, las actividades cotidianas, el cuerpo humano, el tiempo, las estaciones del año, el transporte, los juguetes)
- Moderar el nivel de apoyo provisto por la información de las imágenes
- Algunos cuentos con contenido conocido por los niños debido a experiencias previas con la narrativa, los medios de comunicación, y por escuchar la lectura de libros (cuentos populares, textos de fantasía)
- Contenido que trasciende la experiencia inmediata de los niños

### TEMAS E IDEAS

- Temas concretos cercanos a la experiencia de los niños (la imaginación, el coraje, el miedo, la amistad, la familia, las relaciones, una misma o uno mismo, el hogar, la naturaleza, crecer, los hábitos, la comunidad, las primeras responsabilidades, la diversidad, la pertenencia, las relaciones entre compañeros, los sentimientos)
- Ideas sencillas y claras, que son fáciles de identificar
- Ideas cercanas a la experiencia de los niños (compartir con los demás, preocuparse por los demás, hacer el trabajo propio, ayudar a la familia, cuidar de sí, mantenerse saludable, preocuparse por el mundo, empatizar con los demás, resolver problemas, valorar diferencias, expresar los sentimientos)
- Humor que es fácil de entender

### CARACTERÍSTICAS LITERARIAS Y DEL LENGUAJE

- Textos con escenarios que no son típicos de las experiencias de muchos niños
- Secuencia de sucesos sencilla
- Trama con conflicto y resolución
- Personajes que no cambian y personajes que se revelan a lo largo de una serie de libros
- Personajes con nombre, en su mayor parte
- Diálogo entre varios personajes, diálogo con pronombres y diálogo separado
- Diálogo generalmente asignado a un hablante, con algo de diálogo no asignado
- Algunos tramos largos de diálogo
- Algunos elementos sencillos del texto de fantasía (animales que hablan)
- Lenguaje que habla directamente a la lectora o al lector
- Lenguaje de procedimientos
- Lenguaje que se usa para hacer comparaciones

—Y ahora, ¿dónde está Bruno?
—preguntó Gloria.

—Detrás de la planta —dijo Jorge—.
Vamos, Bruno, ven. —dijo.

Pero Bruno **no** quería salir.
—Le daremos su juguete favorito
—dijo Gloria.

10

Bruno salió corriendo
y tumbó la planta.
Le cayó toda la tierra encima.

—¡Bruno! ¡Bruno! —gritó Gloria.

11

## COMPLEJIDAD DE LAS ORACIONES

- Algunas oraciones más largas con más de diez palabras
- Enunciados y preguntas
- Variación en la ubicación del sujeto, el verbo, los adjetivos y los adverbios
- Oraciones con cláusulas o frases
- Oraciones con adjetivos, adverbios y frases preposicionales
- Muchas oraciones que comienzan con frases
- Algunas oraciones que comienzan con cláusulas subordinadas (dependientes)
- Algunas pocas oraciones compuestas unidas por *y*
- Algunas oraciones complejas con variedad en el orden de las cláusulas
- Oraciones con diálogo

## VOCABULARIO

- Algunas palabras que son nuevas para los niños pero que se entienden fácilmente en contexto
- Palabras que representan sonidos (onomatopeyas)
- Palabras que pertenecen casi en su totalidad al vocabulario oral común de los niños pequeños (Nivel 1)
- Algunas palabras específicas del contenido cuya comprensión requiere el uso del contexto, introducidas, explicadas e ilustradas en el texto
- Variación en las palabras usadas para asignar diálogo (*dijo, preguntó, gritó*)
- Muchos adjetivos que describen personas, lugares o cosas
- Adverbios que describen acción
- Conectores simples (palabras, frases que aclaran relaciones e ideas): *y, pero, ahora*

## PALABRAS

- Palabras de una, dos y tres sílabas con un apoyo moderado de imágenes
- Diversas palabras de uso frecuente (más de 100)
- Verbos con desinencia (*-iendo, -ido*)
- Palabras con patrones ortográficos fáciles (VC, CVC, CVV, CVCV, CVVC, VCV)
- Conectores simples (comunes)
- Mayor variedad de conjugaciones verbales, especialmente en la tercera persona del singular/plural (*buscó, buscaron*)
- Uso del orden de palabras para asignar cambios de diálogo con mayor frecuencia (variación en el orden sustantivo/verbo (*–Mamá dijo:* frente a *–dijo mamá*)

## ILUSTRACIONES

- Ilustraciones de la acción importante del cuento, el contenido y las ideas en el texto
- Ilustraciones que mejoran y amplían el significado en un texto y en ocasiones aportan humor
- Ilustraciones con detalles que aportan interés
- Ilustraciones en cada página o doble página
- Variedad en la disposición de las ilustraciones y la letra impresa
- Separación clara de las ilustraciones y el texto con rótulos o leyendas en fotografías y dibujos

## CARACTERÍSTICAS DEL LIBRO Y LA LETRA IMPRESA

### LONGITUD

- Corto, generalmente de dieciséis páginas
- Normalmente menos de 300 palabras por libro (200-300)

### TEXTO IMPRESO Y DISPOSICIÓN

- Letra impresa en una fuente clara sobre un fondo blanco, algunas veces con contraste (blanco sobre negro)
- Textos de tres a ocho líneas por página, en su mayor parte
- Oraciones que comienzan en la izquierda y se extienden muchas líneas
- Variación limitada en la ubicación del texto
- Textos con espacios dobles o triples entre líneas, en su mayor parte
- Espacios claros entre las palabras
- Texto separado claramente de las imágenes
- Muchos textos con disposición que complementa la formación de frases

### PUNTUACIÓN

- Uso del punto, la coma, los signos de interrogación, los signos de admiración, las rayas de diálogo
- Puntos suspensivos en algunos textos para indicar que la oración termina en la página siguiente

# Seleccionar objetivos Hábitos y conocimientos para observar, enseñar y apoyar

## PENSAR EN EL TEXTO *EN SÍ*

### BUSCAR Y USAR INFORMACIÓN

- Seguir buscando información a lo largo de un texto corto (generalmente dieciséis páginas, entre tres y ocho líneas de texto en cada página y menos de 300 palabras)
- Usar conocimientos previos de contenido conocido y fácil para buscar y usar información
- Volver a leer para buscar y usar información de fuentes diversas
- Usar estructuras de oraciones (sujeto y predicado con algunas frases y cláusulas subordinadas) para buscar y usar información
- Buscar y usar información que aparece en el comienzo y el final de frases o cláusulas
- Buscar información en oraciones (tanto oraciones como preguntas) con frases o cláusulas (en ocasiones subordinadas)
- Buscar información en oraciones con variación en la ubicación del sujeto, el verbo, los adjetivos y los adverbios
- Buscar y comprender información presentada de diversas maneras (diálogo simple, diálogo con pronombres, diálogo separado, diálogo asignado y algunas veces no asignado, diálogo entre muchos personajes, algunos tramos largos de diálogo)
- Usar el orden cronológico de una historia simple para buscar y usar información
- Observar y usar signos de puntuación (punto, coma, signos de interrogación, signos de admiración, rayas de diálogo)
- Buscar y usar información a partir de imágenes o elementos gráficos
- Usar rótulos o leyendas en fotografías y dibujos para buscar y usar información
- Usar detalles en las ilustraciones para buscar y usar información

### VERIFICAR Y AUTOCORREGIRSE

- En ocasiones, volver a leer la oración o frase para resolver problemas, autocorregirse o confirmar
- Autocorregirse en el momento en el que se comete un error
- Usar características visuales de las palabras para autoverificar y autocorregirse
- Usar el reconocimiento de palabras de uso frecuente y otras palabras conocidas para autoverificar y autocorregirse
- Usar diversas fuentes de información (información visual en la letra impresa, significado/imágenes, estructura lingüística) para verificar y autocorregirse
- Leer sin señalar
- Comprender cómo funciona el libro (estructura del texto narrativo) para autoverificar y autocorregirse
- Usar la comprensión de los personajes para autoverificar y autocorregirse
- Usar la comprensión del diálogo para autoverificar y autocorregirse
- Usar el conocimiento del contenido de un tema simple para autoverificar y autocorregirse

### DESCIFRAR PALABRAS

#### ▸ Leer palabras

- Reconocer palabras en una fuente clara y sencilla que están en un fondo blanco o muy claro
- Reconocer más de 100 palabras de uso frecuente de manera rápida y fácil
- Reconocer palabras de una, dos y tres sílabas con un apoyo moderado de imágenes
- Leer una gama de plurales que se complementan totalmente con las imágenes y la estructura lingüística
- Leer participios presentes de verbos con la desinencia *-iendo* que se complementan totalmente con las imágenes y la estructura lingüística (*corriendo*)
- Leer el tiempo imperfecto de verbos con la desinencia *-ía*, que se complementen totalmente con las imágenes y la estructura lingüística (*respondía*)
- Leer algunas palabras con patrones ortográficos fáciles con el apoyo de imágenes y lenguaje (CV, VCV, CVCV, VC, CVC)
- Usar partes de palabras para descifrar algunas palabras de dos o tres sílabas
- Localizar palabras de uso frecuente y otras palabras importantes en un texto
- Decir una palabra lentamente para identificar sonidos en la palabra (comienzo, final, medio)
- Observar características visuales de una palabra y usarlas para ubicar o leer la palabra
- Leer palabras que asignan diálogo (*dijo, preguntó, llamó, gritó*)

#### ▸ Vocabulario

- Comprender los significados de algunas palabras que son nuevas pero fáciles de comprender en el contexto del texto y con apoyo de imágenes
- Comprender algunas palabras específicas del contenido introducidas, explicadas e ilustradas en el contexto
- Ampliar el conocimiento del significado de las palabras a partir de la conexión con las imágenes y/o de la comprensión del contexto
- Leer y comprender palabras que representan sonidos (onomatopeyas)
- Comprender palabras de vocabulario que pertenecen al vocabulario oral común de los lectores emergentes (Nivel 1)

## **Seleccionar objetivos** Hábitos y conocimientos para observar, enseñar y apoyar *(cont.)*

### PENSAR EN EL TEXTO ***EN SÍ*** *(continuación)*

#### DESCIFRAR PALABRAS *(continuación)*

▸ **Vocabulario** *(continuación)*

- Comprender el significado de plurales sencillos formados con las terminaciones *-s* o *-es*
- Comprender los significados de adjetivos sencillos que describen personas, lugares o cosas
- Comprender algunas palabras que requieren el uso de diversas fuentes de información (conocimiento previo, imágenes, información visual)
- Comprender palabras que indican personajes (nombres fáciles de leer, miembros de una familia, miembros de una comunidad como los maestros)
- Comprender que palabras como *yo, me, mi, mí* y *nosotros, nosotras, nos* pueden indicar la narradora o el narrador de un texto
- Comprender los significados de diversas palabras que asignan diálogo
- Reconocer y comprender los rótulos para objetos conocidos, animales, personas, el cuerpo humano, el tiempo, actividades cotidianas, procesos simples como cocinar o cultivar plantas

#### MANTENER LA FLUIDEZ

- Mantener el impulso en todo el texto corto
- Observar puntos, comas, signos de admiración, signos de interrogación, rayas de diálogo y comillas, y reflejarlos con la voz mediante la entonación y la pausa
- Demostrar énfasis en las palabras de manera que se muestre atención al significado
- Poner énfasis en palabras que están en negrita
- Ajustar la lectura para mostrar conocimiento de la variación en las oraciones (ubicación del sujeto, el verbo, los adjetivos y los adverbios)
- Volver a leer para observar el lenguaje o el significado
- Mostrar reconocimiento de diálogo con formación de frases
- Reconocer y usar puntos suspensivos en algunos textos para indicar que una oración termina en la página siguiente

#### AJUSTAR

- Leer más lentamente para resolver problemas con las palabras y retomar la lectura con impulso
- Ajustar la lectura para adaptarla a oraciones compuestas y oraciones con un orden variable de cláusulas
- Reconocer que un texto es ficcional y que cuenta una historia que tiene un comienzo, un desarrollo, una serie de episodios y un final
- Comprender que un libro de no ficción cuenta hechos
- Observar rótulos o leyendas en fotografías y dibujos y usarlos para comprender las palabras en el texto
- Ajustar la lectura para observar información en una fotografía o dibujo
- Ajustar para incorporar variedad en la disposición, de las ilustraciones y la letra impresa
- Ajustar la lectura para reflejar una serie de pasos en un libro de instrucciones fácil

#### RESUMIR

- Recordar la información importante mientras se lee para comprender el significado del texto
- Hablar acerca de la información importante después de leer
- Recordar el orden de los sucesos en un cuento sencillo y comentar sucesos después de leer
- Resumir el problema en un cuento sencillo y hablar sobre la solución
- Incluir personajes (por el nombre) al relatar lo que sucede en un cuento
- Recordar y hablar sobre ideas claras y sencillas que son fáciles de identificar
- Comprender cuándo una secuencia es importante (cocinar, plantar) y hablar sobre los sucesos o pasos en orden

# Seleccionar objetivos Hábitos y conocimientos para observar, enseñar y apoyar *(cont.)*

## PENSAR *MÁS ALLÁ* DEL TEXTO

### PREDECIR

- Usar oraciones con variación en la ubicación del sujeto, el verbo, los adjetivos y los adverbios para anticipar el texto
- Hacer predicciones basadas en la información que brindan las imágenes
- Hacer predicciones a partir de experiencias y conocimientos personales, y la experiencia con los textos
- Predecir el final de un cuento a partir de la lectura del comienzo y el desarrollo
- Hacer predicciones basadas en el conocimiento de una estructura narrativa
- Hacer predicciones basadas en una secuencia temporal (crecimiento de plantas, eclosión de huevos, cambio del tiempo, cocción de alimentos)

### ESTABLECER CONEXIONES

- Establecer conexiones entre experiencias personales y un texto
- Establecer conexiones entre libros de una serie
- Usar conocimientos previos para comprender los escenarios (el hogar, la escuela, el parque, la comunidad)
- Identificar personajes o escenarios recurrentes cuando corresponda
- Usar conocimientos previos de la literatura tradicional para reconocer personajes y sucesos comunes en un cuento popular
- Usar conocimientos previos para comprender escenarios cercanos a la experiencia de los niños: el hogar, la escuela, el parque, la comunidad, la playa y la nieve (si corresponde)
- Establecer conexiones entre el conocimiento previo de contenidos conocidos y el contenido del texto
- Establecer conexiones entre textos sobre el mismo tema o con el mismo contenido
- Acceder a conocimientos previos para comprender procesos sencillos (derretimiento de hielo, cocción de alimentos, construcción de un objeto)

### SINTETIZAR

- Hablar acerca de lo que se sabe sobre el tema antes de leer el texto
- Hablar acerca del texto y mostrar la comprensión de los sucesos o el tema
- Hablar sobre los sucesos de una trama sencilla
- Hablar sobre lo que se aprende sobre los personajes y los problemas en un cuento
- Hablar sobre los rótulos nuevos para el contenido que se aprende con el texto
- Identificar nuevos conocimientos obtenidos durante la lectura de un texto

### INFERIR

- Inferir el significado del cuento o del contenido a partir de imágenes que aportan significado al texto
- Observar aspectos del escenario a partir del texto y de las imágenes, y hacer inferencias como ayuda para la comprensión del cuento
- Hablar acerca de las emociones de los personajes con base en inferencias a partir de imágenes y texto, especialmente el diálogo
- Hablar acerca de las imágenes y revelar la interpretación de un problema o de las emociones de los personajes
- Inferir humor que es fácil de comprender (personajes humorísticos, problemas del cuento)
- Inferir algunas características evidentes de los personajes a partir del cuento y las imágenes (*amable, valiente, divertido*)
- Inferir ideas acerca de contenidos conocidos
- Inferir secuencias temporales sencillas observando los pasos (cocción, congelamiento del agua, crecimiento de plantas)

# **Seleccionar objetivos** Hábitos y conocimientos para observar, enseñar y apoyar *(cont.)*

## PENSAR ***ACERCA*** DEL TEXTO

### ANALIZAR

- Reconocer que un texto se puede imaginar (ficción) o puede brindar y hablar sobre cómo contribuyen a la acción
- Comprender que un cuento puede parecerse a la vida real o puede ser algo que no podría ser verdadero en la vida real (texto de fantasía)
- Reconocer personajes que son típicos del cuento de fantasía con animales o de la literatura
- Reconocer que un texto puede contener información verídica
- Comprender que un libro de no ficción presenta hechos o dice cómo hacer algo
- Comprender cómo se relacionan las ideas y la información en un libro entre sí
- Reconocer y seguir una secuencia cronológica de sucesos
- Reconocer y comprender diversas estructuras narrativas (cuento acumulativo, cuento circular)
- Reconocer que un proceso ocurre en un orden temporal
- Reconocer episodios repetitivos en un texto
- Comprender cómo se relacionan los sucesos, el contenido y las ideas con el título
- Reconocer escenarios que son cotidianos (el hogar, la escuela, el vecindario)
- Identificar un problema sencillo de un cuento y cómo se resuelve
- Reconocer que hay personas o animales en un cuento que se llaman personajes
- Observar el uso que hace una escritora o un escritor de las palabras humorísticas y las onomatopeyas, y hablar sobre cómo contribuyen a la acción
- Reconocer lenguaje de procedimientos (instrucciones)
- Reconocer lenguaje que se dirige en forma directa a la lectora o al lector (*tú, ti*)
- Observar que las ilustraciones enriquecen acciones importantes de la historia
- Pensar de manera analítica en los elementos gráficos (diagramas) y cómo muestran información
- Comprender que las ilustraciones o fotografías enriquecen las ideas y la información en un texto
- Usar lenguaje académico para hablar acerca de los géneros y tipos especiales de textos *(ficción; cuento de familia, amigos y escuela; no ficción; texto informativo; texto sobre hechos)*
- Usar lenguaje académico para hablar acerca de las formas (*libros de una serie*)
- Usar lenguaje académico para hablar acerca de las características literarias (*comienzo, final, problema, personaje*)
- Usar lenguaje específico para hablar acerca de las características del libro y la letra impresa (*portada, contraportada, página, autor, ilustrador, ilustración, fotografía, título, rótulo, dibujo*)

### CRITICAR

- Intercambiar opiniones acerca de un texto y brindar fundamentos y ejemplos
- Intercambiar opiniones acerca de una ilustración o fotografía
- Tener libros favoritos y justificar

## Planificar el trabajo con las palabras después de la lectura guiada

Usando sus observaciones recientes sobre la capacidad de los lectores de descomponer palabras rápida y eficientemente mientras leen un texto, planifique de uno a tres minutos la participación activa de los niños atendiendo a las letras, los sonidos y las palabras. Priorice la observación de los lectores sobre las características de la letra impresa y el uso manual activo de las letras magnéticas, de la pizarra blanca, de tarjetas de palabras o de lápiz y papel para promover la fluidez y la flexibilidad en el procesamiento visual.

**Ejemplos:**

- Reconocer muchas palabras de uso frecuente (*abuela, bebé, come, este, grande, hay, las, otro, pan, son, sí, su, todo*)
- Repasar palabras de uso frecuente de niveles anteriores
- Agregar *-es* o *-ces* a una palabra en singular para hacerla plural (*flor/flores, pez/peces*)
- Agregar desinencias a una palabra para formar una palabra nueva (*come/ comiendo; corre/ corrió/corriendo; juega/ jugaba/jugando*)
- Escuchar e identificar cada sonido en algunas palabras usando recuadros para los sonidos
- Cambiar el sonido o los sonidos iniciales para formar una palabra nueva (*gato/pato; tapa/capa; rosa/cosa; cama/dama*)
- Cambiar el sonido o los sonidos finales para formar una palabra nueva (*mano/ masa; mono/ moto, palo/pato*)
- Usar lo que se sabe sobre las palabras para leer palabras nuevas (*ala, pala; ama, cama*)
- Reconocer, formar y descomponer palabras que comienzan con consonante, grupo consonántico o dígrafo consonántico (*glo-bo, l-ápiz, ll-uvia, nu-do, ro-jo*)
- Reconocer, formar y descomponer palabras con dígrafos consonánticos en el medio (*ca<u>ll</u>ado, co<u>rr</u>er*)
- Leer, formar, descomponer y escribir palabras usando patrones diferentes (CV, VCV, CVCV, VC, CVC)
- Leer, escribir o formar palabras que tienen sílabas con /s/ (*cielo, ceja, saco, silla, solo, suma*)
- Descifrar palabras mediante el uso del análisis de la relación entre letras y sonidos de izquierda a derecha (*blan-co*)
- Clasificar letras rápidamente según diversas características (mayúsculas o minúsculas; altas o bajas; con o sin trazos rectos, círculos, colas)

# Lectores del nivel H

En el nivel H, los lectores encuentran desafíos similares a los del nivel G; pero el lenguaje y el vocabulario son aún más complejos, los cuentos son más largos y más literarios. Procesan gran cantidad de diálogo y lo reflejan mediante el énfasis en las palabras y la formación de frases adecuadas durante la lectura oral. Los lectores verán que en la ficción las tramas y los personajes son más elaborados, pero siguen siendo sencillos y directos. Observan atributos de los personajes e infieren emociones y motivaciones. Los personajes no cambian mucho, pero pueden aprender una lección. La no ficción presenta a los lectores temas que pueden ofrecer información que esté más allá de sus conocimientos actuales, y los lectores pueden encontrar palabras de vocabulario nuevas relacionadas con contenido nuevo. Descifran una gran cantidad de palabras polisílabas (muchas palabras con desinencias) y plurales. Los lectores leen automáticamente un gran número de palabras de uso frecuente para cumplir con los requisitos de un razonamiento más profundo y también para descifrar palabras con patrones ortográficos complejos. Para lograr un procesamiento eficaz y fluido, los lectores comenzarán a leer más textos en silencio. En la lectura oral, demuestran (sin señalar) el ritmo, la formación de frases, la entonación y el énfasis en las palabras adecuadas. Los lectores usan lenguaje académico para hablar acerca de los textos.

## Seleccionar textos Características de los textos del **nivel H**

### GÉNERO

▶ **Ficción**

- Ficción realista
- Literatura tradicional (cuentos populares y fábulas, en su mayor parte)
- Cuentos de fantasía con animales

▶ **No ficción**

- Textos expositivos
- Textos de instrucciones

FORMAS

- Algunos libros de una serie
- Libros álbum
- Obras de teatro sencillas
- Guiones del teatro del lector

### ESTRUCTURA DEL TEXTO

- Textos narrativos con estructura directa (comienzo, series de episodios y final) pero más episodios incluidos
- Textos narrativos con varios episodios, algunos episodios parecidos
- Variaciones en la narración (cuentos acumulativos, cuentos circulares)
- Patrones estructurales subyacentes: descripción, secuencia temporal, secuencia cronológica, pregunta y respuesta (no ficción)

### CONTENIDO

- Contenido interesante y relevante para los niños pequeños
- Contenido conocido (la familia y el hogar, los juegos, las mascotas, los animales, la escuela, los alimentos, la comunidad, los amigos, las actividades cotidianas, el cuerpo humano, el tiempo, las estaciones del año, el transporte, las máquinas)
- Moderar el nivel de apoyo provisto por la información de las imágenes
- Más contenido que trasciende la experiencia inmediata de los niños (diferentes entornos y comunidades, animales del mundo)
- Algunos cuentos con contenido conocido por los niños debido a experiencias previas con la narrativa, los medios de comunicación, y por escuchar la lectura de libros (cuentos populares, textos de fantasía)

### TEMAS E IDEAS

- Temas concretos cercanos a la experiencia de los niños (la imaginación, el coraje, el miedo, la amistad, la familia, las relaciones, una misma o uno mismo, el hogar, la naturaleza, crecer, los hábitos, la comunidad, las primeras responsabilidades, la diversidad, la pertenencia, las relaciones entre compañeros, los sentimientos)
- Ideas sencillas y claras que son fáciles de identificar y comprender
- Ideas cercanas a la experiencia de los niños (compartir con los demás, preocuparse por los demás, hacer el trabajo propio, ayudar a la familia, cuidar de sí, mantenerse saludable, preocuparse por el mundo, empatizar con los demás, resolver problemas, valorar diferencias, expresar los sentimientos)
- Humor que es fácil de entender

### CARACTERÍSTICAS LITERARIAS Y DEL LENGUAJE

- Textos con escenarios que no son típicos de la experiencia de muchos niños
- Trama con conflicto y resolución
- Trama que incluye muchos episodios
- Personajes con nombres
- Personajes que cambian muy poco pero que tal vez aprenden algo y algunos personajes que se revelan a lo largo de una serie de libros
- Variedad en la presentación del diálogo (diálogo entre muchos personajes, diálogo con pronombres, diálogo separado, diálogo directo)
- Diálogo generalmente asignado a un hablante, con algo de diálogo no asignado
- Algunos tramos largos de diálogo
- Algunos elementos sencillos del texto de fantasía (animales que hablan)
- Lenguaje de procedimientos
- Lenguaje que se usa para hacer comparaciones
- Lenguaje descriptivo

### COMPLEJIDAD DE LAS ORACIONES

- Algunas oraciones más largas con más de quince palabras
- Enunciados y preguntas
- Variación en la ubicación del sujeto, el verbo, los adjetivos y los adverbios
- Algunas oraciones con cláusulas o frases

Este trabajador es
un panadero.
El panadero trabaja
haciendo pan, ricos pasteles
y galletas.
Las personas le compran pan
para sus familias.

12

13



## COMPLEJIDAD DE LAS ORACIONES *(continuación)*

- Oraciones y cláusulas que son preguntas
- Oraciones con adjetivos, adverbios y frases preposicionales
- Muchas oraciones que comienzan con frases
- Algunas oraciones que comienzan con cláusulas subordinadas (dependientes)
- Algunas pocas oraciones compuestas unidas por *y*
- Algunas oraciones complejas con variedad en el orden de las cláusulas

## VOCABULARIO

- La mayoría de las palabras del vocabulario conocidas por los niños mediante el lenguaje oral, la escucha de cuentos o la lectura
- Palabras que pertenecen casi en su totalidad al vocabulario oral común de los niños más pequeños (Nivel 1)
- Algunas palabras que aparecen en el vocabulario de los usuarios del lenguaje maduros (Nivel 2)
- Algunas palabras de contenido específico introducidas, explicadas e ilustradas en el texto y que requieren el uso del contexto para su comprensión
- Variación en las palabras usadas para asignar diálogo (*dijo, exclamó, gritó, preguntó*)
- Muchos adjetivos que describen personas, lugares o cosas
- Adverbios que describen acción
- Conectores simples (palabras, frases que aclaran relaciones e ideas): *y, pero, entonces, antes, después*

## PALABRAS

- Palabras de dos y tres sílabas en su mayoría, con un uso más frecuente de palabras de cuatro sílabas (*cumpleaños, mujercita, vendedora*)
- Plurales simples usando *-s* o *-es* (*panadero, panaderos; pastel, pasteles*)
- Diversas palabras de uso frecuente (más de 100)
- Verbos con desinencias (*-ando*)
- Palabras con patrones ortográficos fáciles (CV, VCV, CVCV, VC, CVC)
- Más gerundios (*construyendo*)
- Cambios más frecuentes en el orden de las palabras usadas para asignar diálogo (variación en el orden sustantivo/verbo: *Mamá dijo:* frente a *–dijo mamá*)
- Palabras compuestas
- Conectores simples

## ILUSTRACIONES

- Ilustraciones de la acción importante del cuento, el contenido y las ideas en el texto
- Ilustraciones que mejoran y amplían el significado en un texto
- Ilustraciones con detalles que aportan interés y en ocasiones humor
- Ilustraciones en cada página o doble página
- Variedad en la disposición de las ilustraciones y la letra impresa
- Separación clara de las ilustraciones y el texto
- Algunas ilustraciones simples en diversas formas (foto y/o dibujo con rótulos o leyendas, diagrama)

## CARACTERÍSTICAS DEL LIBRO Y LA LETRA IMPRESA

### LONGITUD

- Corto, generalmente de dieciséis páginas
- Normalmente menos de 350 palabras por libro (200–350)

### TEXTO IMPRESO Y DISPOSICIÓN

- Letra impresa en una fuente clara sobre un fondo blanco, algunas veces con contraste (blanco sobre negro)
- Tres a ocho líneas de texto por página, en su mayor parte
- Oraciones que comienzan en la izquierda y se extienden muchas líneas
- Variación limitada en la ubicación del texto
- Textos con espacios dobles o triples entre líneas, en su mayor parte
- Espacios claros entre las palabras
- Texto separado claramente de las imágenes
- Muchos textos con disposición que complementa la formación de frases

### PUNTUACIÓN

- Uso del punto, la coma, los signos de interrogación, los signos de admiración, las rayas de diálogo
- Puntos suspensivos en algunos textos para indicar que la oración termina en la página siguiente

# Seleccionar objetivos Hábitos y conocimientos para observar, enseñar y apoyar

## PENSAR EN EL TEXTO *EN SÍ*

### BUSCAR Y USAR INFORMACIÓN

- Seguir buscando información a lo largo de un texto corto (generalmente dieciséis páginas, entre tres y ocho líneas de texto en cada página y menos de 350 palabras)
- Usar algunas herramientas de organización y recursos del texto para buscar información (título, encabezados)
- Usar conocimientos previos de contenido conocido y fácil para buscar y usar información
- Volver a leer para buscar y usar información de fuentes diversas
- Usar estructuras de oraciones (sujeto y predicado con algunas frases y cláusulas subordinadas) para buscar y usar información
- Buscar y usar información que aparece en el comienzo y el final de frases o cláusulas
- Buscar información en oraciones (tanto enunciados como preguntas) con cláusulas o frases
- Buscar información en oraciones con variación en la ubicación del sujeto, el verbo, los adjetivos y los adverbios
- Buscar y comprender información presentada de diversas maneras (diálogo simple, diálogo con pronombres, diálogo separado, diálogo asignado y algunas veces no asignado, diálogo entre muchos personajes, algunos tramos largos de diálogo, diálogo directo)
- Usar el orden cronológico de una historia simple para buscar y usar información
- Observar y usar punto, coma, signos de interrogación, signos de admiración, rayas de diálogo
- Buscar y usar información a partir de imágenes o elementos gráficos
- Usar rótulos o leyendas en fotografías y dibujos para buscar y usar información
- Usar detalles en las ilustraciones para buscar y usar información

### VERIFICAR Y AUTOCORREGIRSE

- En ocasiones, volver a leer la oración o frase para resolver problemas, autocorregirse o confirmar
- Autocorregirse en el momento en el que se comete un error
- Usar características visuales de las palabras para autoverificar y autocorregirse
- Usar el reconocimiento de palabras de uso frecuente y otras palabras conocidas para autoverificar y autocorregirse
- Usar diversas fuentes de información (información visual en la letra impresa, significado/imágenes, estructura lingüística) para verificar y autocorregirse
- Mostrar evidencia de atención minuciosa a las características visuales de las palabras
- Leer sin señalar
- Usar el conocimiento de la estructura narrativa y de los atributos de los personajes para autoverificar y autocorregirse
- Usar la comprensión del diálogo para autoverificar y autocorregirse
- Usar el conocimiento del contenido de un tema simple para autoverificar y autocorregirse

### DESCIFRAR PALABRAS

#### ▸ Leer palabras

- Reconocer palabras en una fuente clara y sencilla que están en un fondo blanco o muy claro
- Reconocer más de 100 palabras de uso frecuente de manera rápida y fácil
- Reconocer palabras de una, dos y tres sílabas con un apoyo moderado de imágenes
- Leer una gama de plurales que se complementan totalmente con las imágenes y la estructura lingüística
- Leer verbos con desinencias que se complementan totalmente con las imágenes y la estructura lingüística
- Leer participios presentes de verbos con la desinencia *-iendo*, que se complementan totalmente con las imágenes y la estructura lingüística (*construyendo, haciendo*)
- Leer verbos con la desinencia *-ó*, que se complementan totalmente con las imágenes y la estructura lingüística (*contestó, preguntó*)
- Leer algunas palabras con patrones ortográficos fáciles con el apoyo de imágenes y lenguaje (CV, VCV, CVCV, VC, CVC)
- Usar partes de palabras para descifrar algunas palabras de dos o tres sílabas
- Localizar palabras de uso frecuente y otras palabras importantes en un texto
- Decir una palabra lentamente para identificar sus sonidos
- Leer diversas palabras que asignan diálogo
- Leer muchas palabras compuestas (*autobús*)

## Seleccionar objetivos Hábitos y conocimientos para observar, enseñar y apoyar *(cont.)*

### PENSAR EN EL TEXTO ***EN SÍ*** *(continuación)*

#### DESCIFRAR PALABRAS *(continuación)*

▸ **Vocabulario**

- Comprender los significados de algunas palabras que son nuevas pero fáciles de comprender en el contexto del texto y con apoyo de imágenes
- Ampliar el conocimiento del significado de las palabras a partir de la conexión con las imágenes y/o de la comprensión del contexto
- Comprender algunas palabras específicas del contenido introducidas, explicadas e ilustradas en el contexto
- Leer y comprender palabras que representan sonidos (onomatopeyas)
- Comprender palabras de vocabulario que pertenecen al vocabulario oral común de los lectores emergentes (Nivel 1)
- Comprender los significados de algunas palabras que aparecen en el vocabulario de los usuarios del lenguaje maduros (Nivel 2)
- Comprender el significado de plurales sencillos formados con las terminaciones *-s* o *-es*
- Comprender los significados de adjetivos sencillos que describen personas, lugares o cosas
- Comprender el significado de participios presentes y participios pasados de verbos con desinencias *-ando* y *-ado* (*está trabajando, ha trabajado*)
- Comprender algunas palabras que requieren el uso de diversas fuentes de información (conocimiento previo, imágenes, información visual)
- Comprender palabras que indican personajes (nombres fáciles de leer, miembros de una familia, miembros de una comunidad como los maestros)
- Comprender que palabras como *yo, me, mi, mí* y *nosotros, nosotras, nos* pueden indicar la narradora *o* narrador de un texto
- Comprender los significados de diversas palabras que asignan diálogo
- Reconocer y comprender los rótulos para objetos conocidos, animales, personas, el cuerpo humano, el tiempo, actividades cotidianas, procesos simples como cocinar o cultivar plantas
- Usar detalles en las ilustraciones para comprender el vocabulario nuevo
- Comprender los significados y las funciones de los conectores simples

#### MANTENER LA FLUIDEZ

- Observar puntos, comas, signos de admiración, signos de interrogación, rayas de diálogo y comillas, y reflejarlos con la voz mediante la entonación y la pausa
- Demostrar el énfasis en las palabras de una manera que muestre atención al significado y poner énfasis en las palabras en negrita
- Ajustar la lectura para mostrar conocimiento de la variación en las oraciones (ubicación del sujeto, el verbo, los adjetivos y los adverbios)
- Volver a leer para observar el lenguaje o el significado
- Reconocer el diálogo mediante la formación de frases, el acento prosódico y la entonación

#### AJUSTAR

- Leer más lentamente para resolver problemas con las palabras y retomar la lectura con impulso
- Ajustar la lectura para adaptarla a oraciones compuestas y oraciones con un orden variable de cláusulas
- Reconocer que un texto es ficcional y que cuenta una historia que tiene un comienzo, un desarrollo, una serie de episodios y un final
- Comprender que un libro de no ficción cuenta hechos
- Observar rótulos o leyendas en fotografías y dibujos, y usarlos para comprender las palabras en el texto
- Ajustar la lectura para observar información en una fotografía o dibujo
- Ajustar para incorporar variedad en la disposición de las ilustraciones y la letra impresa
- Ajustar la lectura para reflejar una serie de pasos en un libro de instrucciones fácil

#### RESUMIR

- Recordar la información importante mientras se lee para comprender el significado del texto
- Hablar acerca de la información importante después de leer
- Resumir el cuento e incluir los sucesos de la trama, el problema, la resolución y los personajes
- Resumir información del texto y seleccionar la información que sea importante
- Brindar información acerca de una secuencia en orden temporal

# Seleccionar objetivos Hábitos y conocimientos para observar, enseñar y apoyar *(cont.)*

## PENSAR ***MÁS ALLÁ*** DEL TEXTO

### PREDECIR

- Usar oraciones con variación en la ubicación del sujeto, el verbo, los adjetivos y los adverbios, variación en la ubicación de cláusulas y algunas oraciones compuestas para anticipar el texto
- Hacer predicciones basadas en la información que brindan las imágenes
- Hacer predicciones a partir de experiencias y conocimientos personales con textos
- Predecir el final de un cuento a partir de la lectura del comienzo y el desarrollo
- Predecir resultados o finales con base en la repetición de episodios en la trama
- Hacer predicciones basadas en los conocimientos sobre la estructura narrativa
- Hacer predicciones a partir del conocimiento de experiencias personales y de la lectura (los alimentos, cocinar, las mascotas, los animales del mundo, la salud y el cuerpo humano, diferentes entornos y comunidades, las máquinas)
- Hacer predicciones basadas en el conocimiento de estructuras del texto subyacentes (descripción, secuencia temporal, pregunta y respuesta, secuencia cronológica)
- Hacer predicciones basadas en una secuencia temporal (crecimiento de plantas, eclosión de huevos, hacer algo, el ciclo del agua)

### ESTABLECER CONEXIONES

- Establecer conexiones entre experiencias personales y un texto
- Establecer conexiones entre libros de una serie
- Usar conocimientos previos para comprender escenarios
- Usar conocimientos previos de la literatura tradicional para reconocer personajes y sucesos comunes en un cuento popular
- Establecer conexiones entre el conocimiento previo de contenidos conocidos y el contenido del texto
- Establecer conexiones entre textos sobre el mismo tema o con contenido similar
- Acceder a conocimientos previos para comprender la descripción o la secuencia temporal

### SINTETIZAR

- Hablar acerca de lo que la lectora o el lector sabe sobre el tema antes de leer el texto e identificar los nuevos conocimientos adquiridos de la lectura
- Hablar acerca del texto y mostrar la comprensión de los sucesos, el tema o el contenido
- Hablar acerca de lo que se aprende de los personajes, el problema y la resolución del problema

### INFERIR

- Inferir el significado del cuento o del contenido a partir de imágenes que aportan significado al texto
- Observar aspectos del escenario a partir del texto y de las imágenes, y hacer inferencias como ayuda para la comprensión del cuento
- Hablar acerca de las emociones de los personajes con base en inferencias a partir de imágenes y texto, especialmente el diálogo
- Hablar acerca de las imágenes y revelar la interpretación de un problema o de las emociones de los personajes
- Inferir humor obvio (personajes humorísticos, lenguaje, problemas del cuento)
- Inferir algunas características evidentes de los personajes a partir del cuento y las imágenes
- Inferir ideas acerca de contenidos conocidos
- Inferir secuencias temporales y observar los pasos

## PENSAR ***ACERCA*** DEL TEXTO

### ANALIZAR

- Reconocer que un texto se puede imaginar (ficción) o puede brindar información (no ficción)
- Comprender que un cuento puede parecerse a la vida real o puede ser algo que no podría ser verdadero en la vida real (texto de fantasía)
- Reconocer personajes que son típicos del cuento de fantasía con animales o de la literatura tradicional
- Reconocer que un texto puede contener información verídica
- Comprender que un libro de no ficción presenta hechos o dice cómo hacer algo
- Comprender cómo se relacionan las ideas y la información en un libro
- Reconocer y seguir una secuencia cronológica de sucesos
- Reconocer y comprender diversas estructuras narrativas (cuento acumulativo, cuento circular)
- Reconocer que un proceso ocurre en un orden temporal
- Reconocer episodios repetitivos en un texto
- Reconocer el uso de estructuras textuales subyacentes de una escritora o un escritor (descripción, secuencia temporal, pregunta y respuesta, secuencia cronológica)
- Comprender cómo se relacionan los sucesos, el contenido y las ideas con el título
- Reconocer escenarios que sean conocidos
- Identificar un problema de un cuento y cómo se resuelve
- Reconocer que hay personas o animales en un cuento que se llaman personajes
- Observar el uso que hace una escritora o un escritor de palabras humorísticas u onomatopeyas, y hablar acerca de cómo estas contribuyen a la acción

# **Seleccionar objetivos** Hábitos y conocimientos para observar, enseñar y apoyar *(cont.)*

## PENSAR ***ACERCA*** DEL TEXTO *(continuación)*

**ANALIZAR** *(continuación)*

- Reconocer lenguaje de procedimientos (instrucciones)
- Reconocer lenguaje que se dirige en forma directa a la lectora o al lector (*tú, ti*)
- Observar que las ilustraciones enriquecen acciones importantes de la historia
- Pensar de manera crítica acerca de los elementos gráficos (diagramas)
- Comprender que las ilustraciones o fotografías enriquecen las ideas y la información en un texto
- Usar lenguaje académico para hablar acerca de géneros y tipos especiales de textos (*ficción; cuento de familia, amigos y escuela; cuento popular; no ficción; texto informativo; texto sobre hechos*)
- Usar lenguaje académico para hablar acerca de las formas (*libros de una serie, obra de teatro*)
- Usar lenguaje académico para hablar acerca de las características literarias (*comienzo, final, problema, personaje*)
- Usar lenguaje académico para hablar acerca de las características del libro y la letra impresa (*portada, contraportada, página, número de página, autor, ilustrador, ilustración, fotografía, título, rótulo, dibujo, encabezado*)

**CRITICAR**

- Intercambiar opiniones acerca de un texto y brindar fundamentos y ejemplos
- Intercambiar opiniones acerca de una ilustración o fotografía
- Tener libros favoritos y justificar

## Planificar el trabajo con las palabras después de la lectura guiada

Usando sus observaciones recientes sobre la capacidad de los lectores de descomponer palabras rápida y eficientemente mientras leen un texto, planifique de uno a tres minutos la participación activa de los niños atendiendo a las letras, los sonidos y las palabras. Priorice la observación de los lectores sobre las características de la letra impresa y el uso manual activo de las letras magnéticas, de la pizarra blanca, de tarjetas de palabras o de lápiz y papel para promover la fluidez y la flexibilidad en el procesamiento visual.

**Ejemplos:**

- Reconocer y escribir muchas palabras de uso frecuente (*abajo, allí, bueno, dentro, feliz, gato, hizo, leche, nombre, papel, salió, señora, sí, tiempo, voy*)
- Repasar palabras de uso frecuente de niveles anteriores
- Descomponer palabras compuestas (*medio-día; salta-montes*)
- Agregar *-es* o *-ces* a una palabra en singular para formar su plural (*camión/camiones; lápiz/lápices*)
- Producir frases con concordancia de género y número en artículos y sustantivos (*la niña, los niños*)
- Cambiar verbos para denotar el gerundio (*jugar/jugando, saltar/saltando*)
- Cambiar el sonido o los sonidos iniciales para formar una palabra nueva (*pelo/suelo/abuelo*)
- Cambiar el sonido o los sonidos finales para formar una palabra nueva (*pasto/pasteles*)
- Cambiar un sonido del medio para formar una palabra nueva (*sol/sal*)
- Reconocer e identificar cada letra en algunas palabras usando recuadros para las letras
- Reconocer, formar y descomponer palabras que comienzan con consonante, grupo consonántico o dígrafo consonántico (*cho-colate, fl-ores, ll-evan, pl-aya*)
- Reconocer, formar y separar palabras que tienen las sílabas *gue, güe* y *güi* (*sigue, guitarra, lengüeta, pingüino*)
- Leer, formar, descomponer y escribir palabras con diferentes patrones ortográficos (CV, VCV, CVCV, VC y CVC)
- Usar lo que se sabe sobre las palabras para leer palabras nuevas (*dos, codos; son, sonidos*)
- Descifrar palabras mediante el uso del análisis de la relación entre letras y sonidos de izquierda a derecha (*sue-ño*)
- Clasificar letras rápidamente según diversas características (mayúsculas o minúsculas; altas o bajas; con o sin trazos rectos, círculos, colas)

# Lectores del nivel I

Los lectores del nivel I procesarán textos en su mayoría breves (dieciséis páginas), además de algunos libros por capítulos ilustrados sencillos (entre cuarenta y sesenta páginas) que los obligarán a mantener la atención y la memoria a través del tiempo. Hallarán algunas oraciones compuestas de más de diez palabras con frases preposicionales, adjetivos y cláusulas. Pueden procesar eficazmente oraciones complejas y reconocer de manera automática un gran número de palabras. Usan estrategias para descifrar palabras con patrones ortográficos complejos, palabras polisílabas, plurales y muchas palabras con desinencias. Leen muchos textos en silencio siguiéndolos con la vista y sin señalar. Durante la lectura oral, demuestran el ritmo, el énfasis, la entonación, la formación de frases y las pausas adecuadas. Los lectores procesan textos con muchos personajes y episodios. En los textos de ficción pueden identificar el escenario, el problema del cuento y cómo se resuelve. Pueden identificar los atributos y las emociones de los personajes y detectar cambios (aunque en este nivel no se desarrollan completamente los personajes). Aprenden contenidos nuevos de textos de no ficción y observan cuando una escritora o un escritor usa estructuras subyacentes como descripción, secuencia temporal, pregunta y respuesta, y secuencia cronológica. Los lectores usan lenguaje académico para hablar acerca de los textos.

## Seleccionar textos Características de los textos del **nivel I**

### GÉNERO

▶ **Ficción**

- Ficción realista
- Literatura tradicional (cuento popular, cuento de hadas, fábula)
- Cuentos de fantasía con animales

▶ **No ficción**

- Textos expositivos
- Textos narrativos de no ficción sencillos
- Textos de instrucciones

FORMAS

- Algunos libros de una serie
- Libros álbum
- Libros por capítulos de nivel inicial con ilustraciones
- Obras de teatro sencillas
- Guiones del teatro del lector

### ESTRUCTURA DEL TEXTO

- Textos narrativos con una estructura directa (comienzo, serie de episodios y un final)
- Textos narrativos con muchos episodios, con algunos que pueden ser más elaborados y con menos repetición de episodios similares
- Algunos libros con capítulos muy cortos, cada uno con estructura narrativa
- Variaciones en la narración (cuentos acumulativos, cuentos circulares)
- Patrones estructurales subyacentes: descripción, secuencia temporal, secuencia cronológica, pregunta y respuesta (no ficción)

### CONTENIDO

- Contenido interesante y relevante para los primeros lectores
- Contenido conocido (la familia y el hogar, los juegos, las mascotas, los animales, la escuela, los alimentos, la comunidad, los amigos, las actividades cotidianas, el cuerpo humano, el tiempo, las estaciones del año, el transporte, las máquinas)
- Moderar el nivel de apoyo provisto por la información de las imágenes
- Más contenido que trasciende la experiencia inmediata de los niños (diferentes entornos y comunidades, animales del mundo)
- Algunos cuentos con contenido conocido por los niños debido a experiencias previas con la narrativa, los medios de comunicación, y por escuchar la lectura de libros (cuentos populares, textos de fantasía)

### TEMAS E IDEAS

- Temas concretos cercanos a la experiencia de los niños (la imaginación, el coraje, el miedo, la amistad, la familia, las relaciones, una misma o uno mismo, el hogar, la naturaleza, crecer, los hábitos, la comunidad, las primeras responsabilidades, la diversidad, la pertenencia, las relaciones entre compañeros, los sentimientos)
- Ideas sencillas y claras que son fáciles de identificar y comprender
- Ideas cercanas a la experiencia de los niños (compartir con los demás, preocuparse por los demás, hacer el trabajo propio, ayudar a la familia, cuidar de sí, mantenerse saludable, preocuparse por el mundo, empatizar con los demás, resolver problemas, valorar diferencias, expresar los sentimientos)

### CARACTERÍSTICAS LITERARIAS Y DEL LENGUAJE

- Textos con escenarios que no son típicos de la experiencia de muchos niños
- Trama con conflicto y resolución
- Trama que incluye muchos episodios
- Personajes con nombres
- Personajes que cambian muy poco pero que tal vez aprenden algo y algunos personajes que se revelan a lo largo de una serie de libros
- Variedad en la presentación del diálogo (diálogo entre muchos personajes, diálogo con pronombres, diálogo separado, diálogo directo)
- Diálogo generalmente asignado a un hablante, con algo de diálogo no asignado
- Algunos tramos largos de diálogo
- Elementos de la fantasía (hablar con animales u objetos inanimados)
- Motivos básicos de la literatura tradicional y del texto de fantasía moderno (lucha entre el bien y el mal, magia, objetos fantásticos o mágicos, deseos, artimañas, transformaciones)
- Lenguaje de procedimientos
- Lenguaje que se usa para hacer comparaciones
- Lenguaje descriptivo

Estos armadillos son bebés.
Nacen en grupos de cuatro.
Los bebés son muy suaves
y no tienen caparazón.
La mamá tiene que cuidarlos
y protegerlos.

11

## COMPLEJIDAD DE LAS ORACIONES

- Algunas oraciones más largas con más de quince palabras
- Enunciados y preguntas
- Variación en la ubicación del sujeto, el verbo, los adjetivos y los adverbios
- Algunas oraciones con cláusulas o frases
- Oraciones con adjetivos, adverbios y frases preposicionales
- Muchas oraciones que comienzan con frases
- Algunas oraciones que comienzan con cláusulas subordinadas (dependientes)
- Algunas pocas oraciones compuestas unidas por conjunciones
- Algunas oraciones complejas con variedad en el orden de las cláusulas

## VOCABULARIO

- La mayoría de las palabras del vocabulario conocidas por los niños mediante el lenguaje oral, la escucha de cuentos o la lectura
- La mayoría de las palabras que hay en el vocabulario oral común de los niños más pequeños (Nivel 1)
- Algunas palabras que aparecen en el vocabulario de los usuarios del lenguaje maduros (Nivel 2)
- Algunas palabras de contenido específico introducidas, explicadas e ilustradas en el texto y que requieren el uso del contexto para su comprensión
- Variación en las palabras que se usan para asignar diálogo (*contestó, dijo, exclamó, gritó, rio*)
- Muchos adjetivos que describen personas, lugares o cosas
- Adverbios que describen acciones
- Conectores simples (palabras, frases que aclaran relaciones e ideas): *y, también, pero, en ese momento*

## PALABRAS

- Palabras de dos y tres sílabas en su mayoría, con un uso más frecuente de palabras de cuatro sílabas (*avaricia, generación, importantes*)
- Plurales simples que llevan *-s* cuando la palabra termina en vocal o *-es* cuando la palabra termina en consonante (*armadillo/armadillos, igual/iguales*)
- Diversas palabras de uso frecuente (más de 100)
- Verbos con desinencias: *-aban (visitaban); -ando (esperando); -iendo (corriendo)*
- Palabras con patrones ortográficos fáciles (CV, VCV, CVCV, VC, CVC)
- Más palabras compuestas

## ILUSTRACIONES

- Ilustraciones del contenido y las ideas importantes en el texto
- Ilustraciones que mejoran y amplían el significado en un texto
- Ilustraciones con detalles que aportan interés y en ocasiones humor
- Ilustraciones que apoyan la interpretación, promueven el entretenimiento o establecen la atmósfera pero que no son necesarias para la comprensión
- Muchos textos cortos con ilustraciones en cada página o doble página
- Algunos textos con muy pocas ilustraciones
- Variedad en la disposición de las ilustraciones y la letra impresa
- Ilustraciones simples en diversas formas (foto y/o dibujo con rótulos o leyendas, diagrama, mapa)

## CARACTERÍSTICAS DEL LIBRO Y LA LETRA IMPRESA

### LONGITUD

- Corto, generalmente de dieciséis páginas
- Normalmente menos de 500 palabras por libro (200-500)

### TEXTO IMPRESO Y DISPOSICIÓN

- Letra impresa en una fuente clara sobre un fondo blanco, algunas veces con contraste (blanco sobre negro)
- Tres a ocho líneas de texto por página, en su mayor parte
- Oraciones que comienzan en la izquierda y se extienden muchas líneas
- Variación limitada en la ubicación del texto
- Textos con espacios dobles o triples entre líneas, en su mayor parte
- Espacios claros entre las palabras
- Texto separado claramente de las imágenes
- Leyendas debajo de imágenes que brindan información importante

### PUNTUACIÓN

- Uso del punto, la coma, los signos de interrogación, los signos de admiración, las rayas de diálogo
- Puntos suspensivos en algunos textos para indicar que la oración termina en la página siguiente

### HERRAMIENTAS DE ORGANIZACIÓN

- Título, encabezado

# Seleccionar objetivos Hábitos y conocimientos para observar, enseñar y apoyar

## PENSAR EN EL TEXTO *EN SÍ*

### BUSCAR Y USAR INFORMACIÓN

- Mantener la búsqueda de información en un texto corto (de ocho a dieciséis páginas) y/o en un libro por capítulos ilustrado fácil (de cuarenta a sesenta páginas)
- Usar herramientas de organización para buscar información (título, algunos encabezados)
- Usar conocimientos previos de contenido conocido y fácil para buscar y usar información
- Volver a leer para buscar y usar información a partir de estructuras lingüísticas o significados de fuentes diversas
- Usar estructuras de oraciones (sujeto y predicado con algunas frases y cláusulas subordinadas) para buscar y usar información
- Buscar y usar información que aparece en el comienzo y el final de frases o cláusulas
- Buscar información en oraciones con cláusulas o frases
- Buscar información en oraciones con variación en la ubicación del sujeto, el verbo, los adjetivos y los adverbios
- Buscar y comprender información presentada de diversas maneras (diálogo simple, diálogo con pronombres, diálogo separado, diálogo asignado y algunas veces no asignado, diálogo entre muchos personajes, algunos tramos largos de diálogo, diálogo directo)
- Usar el orden cronológico de una historia simple para buscar y usar información
- Observar y usar signos de puntuación (punto, coma, signos de interrogación, signos de admiración, rayas de diálogo en la mayoría de los textos)
- Buscar y usar información a partir de imágenes o elementos gráficos
- Usar rótulos o leyendas en fotografías y dibujos para buscar y usar información
- Usar detalles en las ilustraciones para buscar y usar información

### VERIFICAR Y AUTOCORREGIRSE

- Volver a leer una palabra o frase algunas veces para autoverificar o autocorregirse
- Autocorregirse en el momento en el que se comete un error
- Usar características visuales de las palabras para autoverificar y autocorregirse
- Usar el reconocimiento de palabras de uso frecuente y otras palabras conocidas para autoverificar y autocorregirse
- Usar diversas fuentes de información (información visual en la letra impresa, significado/imágenes, estructura lingüística) para verificar y autocorregirse
- Mostrar evidencia de atención minuciosa a las características visuales de las palabras
- Leer sin señalar
- Usar el conocimiento de la estructura narrativa y de los atributos de los personajes para autoverificar y autocorregirse
- Usar la comprensión del diálogo para autoverificar y autocorregirse
- Usar el conocimiento del contenido de un tema simple para autoverificar y autocorregirse

### DESCIFRAR PALABRAS

#### ▸ Leer palabras

- Reconocer palabras en una fuente clara y sencilla que están en un fondo blanco o muy claro
- Reconocer más de 100 palabras de uso frecuente de manera rápida y fácil
- Reconocer palabras de una, dos y tres sílabas con un apoyo moderado de imágenes
- Leer una gama de plurales que se complementen con la estructura lingüística
- Leer verbos en todos los tiempos con desinencias que se complementen con la estructura lingüística
- Leer algunas palabras con patrones ortográficos fáciles con el apoyo de imágenes y lenguaje (CV, VCV, CVCV, VC, CVC)
- Usar partes de palabras para descifrar algunas palabras de dos o tres sílabas
- Localizar palabras de uso frecuente y otras palabras importantes en un texto
- Decir una palabra lentamente para identificar sus sonidos
- Leer muchas palabras que asignan diálogo (*dijo, exclamó, gritó, murmuró, preguntó*)
- Leer palabras compuestas sencillas (*bienvenido, girasol*)
- Leer diversas palabras compuestas y conectarlas con partes comunes

# Seleccionar objetivos Hábitos y conocimientos para observar, enseñar y apoyar *(cont.)*

## PENSAR EN EL TEXTO ***EN SÍ*** *(continuación)*

### DESCIFRAR PALABRAS *(continuación)*

▸ **Vocabulario**

- Comprender los significados de algunas palabras que son nuevas pero fáciles de comprender en el contexto del texto, algunas con poco apoyo de imágenes
- Ampliar el conocimiento del significado de las palabras a partir de la conexión con las imágenes y/o de la comprensión del contexto
- Comprender algunas palabras específicas del contenido introducidas, explicadas e ilustradas en el contexto
- Leer y comprender palabras que representan sonidos (onomatopeyas)
- Comprender palabras de vocabulario que pertenecen al vocabulario oral común de los lectores emergentes (Nivel 1)
- Comprender los significados de algunas palabras que aparecen en el vocabulario de los usuarios del lenguaje maduros (Nivel 2)
- Comprender los significados de plurales formados con las terminaciones *-s*, *-es* o *-ces*
- Comprender los significados de adjetivos sencillos que describen personas, lugares o cosas
- Comprender los significados de verbos con la desinencia *-aba* (*encantaba, visitaba*)
- Comprender algunas palabras que requieren el uso de diversas fuentes de información (conocimiento previo, imágenes, información visual)
- Comprender palabras que indican personajes (nombres fáciles de leer, miembros de una familia, miembros de una comunidad como los maestros)
- Comprender que palabras como *yo, me, mi, mí* y *nosotros, nosotras, nos* pueden indicar la narradora o el narrador de un texto
- Comprender los significados de diversas palabras simples que asignan diálogo
- Reconocer y comprender los rótulos para objetos conocidos, animales, personas, el cuerpo humano, el tiempo, actividades cotidianas, procesos simples como cocinar o cultivar plantas
- Usar detalles en las ilustraciones para comprender el vocabulario nuevo
- Comprender los significados y la función de los conectores simples

### MANTENER LA FLUIDEZ

- Mantener el impulso a lo largo de todo un texto corto o de libros por capítulos de nivel inicial y realizar un progreso diario significativo
- Observar puntos, comas, signos de admiración, signos de interrogación, rayas de diálogo y comillas, y comenzar a reflejarlos con la voz mediante la entonación y la pausa
- Demostrar el énfasis en las palabras de una manera que muestre atención al significado y poner énfasis en las palabras en negrita
- Ajustar la lectura para mostrar conocimiento de la variación en las oraciones (ubicación del sujeto, el verbo, los adjetivos y los adverbios)
- Volver a leer para observar el lenguaje o el significado
- Reconocer el diálogo mediante la formación de frases, el acento prosódico y la entonación

### AJUSTAR

- Leer más lentamente para resolver problemas con las palabras y retomar la lectura con impulso
- Ajustar la lectura para adaptarla a oraciones compuestas y oraciones con un orden variable de cláusulas
- Reconocer que un texto es ficcional y que cuenta una historia que tiene un comienzo, un desarrollo, una serie de episodios y un final
- Comprender que un libro de no ficción cuenta hechos
- Observar rótulos o leyendas en fotografías y dibujos, y usarlos para comprender las palabras en el texto
- Ajustar la lectura para observar información en una fotografía o dibujo
- Ajustar para incorporar variedad en la disposición de las ilustraciones y la letra impresa
- Ajustar la lectura para reflejar una serie de pasos en un libro de instrucciones fácil

### RESUMIR

- Recordar la información importante mientras se lee para comprender el significado del texto
- Hablar acerca de la información importante después de leer
- Resumir el cuento e incluir los sucesos de la trama, el problema, la resolución y los personajes
- Resumir información del texto y seleccionar la información que sea importante
- Brindar información acerca de una secuencia en orden temporal

# Seleccionar objetivos Hábitos y conocimientos para observar, enseñar y apoyar *(cont.)*

## PENSAR *MÁS ALLÁ* DEL TEXTO

### PREDECIR

- Usar oraciones con variación en la ubicación del sujeto, el verbo, los adjetivos y los adverbios; variación en la ubicación de las cláusulas; y algunas oraciones compuestas para anticipar el texto
- Hacer predicciones basadas en la información que brindan las imágenes
- Hacer predicciones a partir de experiencias y conocimientos personales con textos
- Predecir el final de un cuento a partir de la lectura del comienzo y el desarrollo
- Predecir resultados o finales con base en la repetición de episodios en la trama
- Hacer predicciones basadas en los conocimientos sobre la estructura narrativa
- Hacer predicciones a partir del conocimiento de experiencias personales y de la lectura (los alimentos, cocinar, las mascotas, los animales del mundo, la salud y el cuerpo humano, diferentes entornos y comunidades, las máquinas)
- Hacer predicciones basadas en el conocimiento de estructuras del texto subyacentes (descripción, secuencia temporal, pregunta y respuesta, secuencia cronológica)
- Hacer predicciones basadas en una secuencia temporal (crecimiento de plantas, eclosión de huevos, hacer algo, el ciclo del agua)

### ESTABLECER CONEXIONES

- Establecer conexiones entre experiencias personales y un texto
- Establecer conexiones entre libros de una serie
- Usar conocimientos previos para comprender escenarios
- Establecer conexiones entre un texto y una ilustración que complemente la interpretación, fomente el entretenimiento o cree una atmósfera
- Usar conocimientos previos de la literatura tradicional para reconocer personajes y sucesos comunes en un cuento popular
- Establecer conexiones entre el conocimiento previo de contenidos conocidos y el contenido del texto
- Establecer conexiones entre textos sobre el mismo tema o con contenido similar
- Acceder a conocimientos previos para comprender la descripción o la secuencia temporal

### SINTETIZAR

- Hablar acerca de lo que la lectora o el lector sabe sobre el tema antes de leer el texto e identificar los nuevos conocimientos adquiridos de la lectura
- Hablar acerca del texto y mostrar la comprensión de los sucesos, el tema o el contenido
- Hablar acerca de lo que se aprende de los personajes, el problema y la resolución del problema

### INFERIR

- Inferir el significado del cuento o del contenido a partir de imágenes que aportan significado al texto
- Observar aspectos del escenario a partir del texto y de las imágenes, y hacer inferencias como ayuda para la comprensión del cuento
- Hablar acerca de las emociones de los personajes con base en inferencias a partir de imágenes y texto, especialmente el diálogo
- Hablar acerca de las imágenes y revelar la interpretación de un problema o de las emociones de los personajes
- Inferir humor obvio (personajes humorísticos, lenguaje, problemas del cuento)
- Inferir algunas características evidentes de los personajes a partir del cuento y las imágenes
- Inferir ideas acerca de contenidos conocidos
- Inferir secuencias temporales y observar los pasos

## PENSAR *ACERCA* DEL TEXTO

### ANALIZAR

- Reconocer que un texto se puede imaginar (ficción) o puede brindar información (no ficción)
- Comprender que un cuento puede parecerse a la vida real o puede ser algo que no podría ser verdadero en la vida real (fantasía)
- Reconocer personajes que son típicos del cuento de fantasía con animales o de la literatura
- Reconocer que un texto puede contener información verídica
- Comprender que un libro de no ficción presenta hechos o dice cómo hacer algo
- Comprender cómo se relacionan las ideas y la información en un libro entre sí
- Reconocer y seguir una secuencia cronológica de sucesos
- Reconocer y comprender diversas estructuras narrativas (cuento acumulativo, cuento circular)
- Reconocer que un proceso ocurre en un orden temporal
- Reconocer episodios repetitivos en un texto
- Reconocer el uso que hace una escritora o un escritor de las estructuras textuales subyacentes (descripción, secuencia temporal, pregunta y respuesta, secuencia)
- Comprender cómo se relacionan los sucesos, el contenido y las ideas con el título
- Reconocer escenarios que sean conocidos
- Identificar un problema de un cuento y cómo se resuelve

## Seleccionar objetivos Hábitos y conocimientos para observar, enseñar y apoyar *(cont.)*

### PENSAR ***ACERCA*** DEL TEXTO *(continuación)*

**ANALIZAR** ***(continuación)***

- Hablar acerca de los personajes en un cuento y cómo la escritora o el escritor muestra cómo son
- Observar el uso que hace una escritora o un escritor de palabras humorísticas u onomatopeyas, y hablar acerca de cómo estas contribuyen a la acción
- Reconocer lenguaje de procedimientos muy simple (instrucciones)
- Reconocer lenguaje que se dirige en forma directa a la lectora o al lector (*tú, tu, ti*)
- Observar que las ilustraciones enriquecen acciones importantes de la historia
- Pensar de manera crítica acerca de los elementos gráficos (diagramas, mapas)
- Comprender que las ilustraciones o fotografías enriquecen las ideas y la información en un texto
- Reconocer que un texto puede tener muy pocas ilustraciones
- Usar lenguaje académico para hablar acerca de los géneros (*ficción; cuento de familia, amigos y escuela; cuento popular; no ficción; texto informativo; texto sobre hechos*)
- Usar lenguaje académico para hablar acerca de las formas (*libros de una serie, obra de teatro*)
- Usar lenguaje académico para hablar acerca de las características literarias (*comienzo, final, problema, personaje*)
- Usar lenguaje académico para hablar acerca de las características del libro y la letra impresa (*portada, contraportada, página, número de página, autor, ilustrador, ilustración, fotografía, título, rótulo, dibujo, encabezado*)

**CRITICAR**

- Intercambiar opiniones acerca de un texto y brindar fundamentos y ejemplos
- Intercambiar opiniones acerca de una ilustración o fotografía
- Tener libros favoritos y justificar

### Planificar el trabajo con las palabras después de la lectura guiada

Usando sus observaciones recientes sobre la capacidad de los lectores de descomponer palabras rápida y eficientemente mientras leen un texto, planifique de uno a tres minutos la participación activa de los niños atendiendo a las letras, los sonidos y las palabras. Priorice la observación de los lectores sobre las características de la letra impresa y el uso manual activo de las letras magnéticas, de la pizarra blanca, de tarjetas de palabras o de lápiz y papel para promover la fluidez y la flexibilidad en el procesamiento visual.

**Ejemplos:**

- Reconocer y escribir muchas palabras de uso frecuente
- Repasar palabras de uso frecuente de niveles anteriores
- Cambiar verbos para pasarlos a formas de tiempo pasado (*estudio/estudié*) o para transformarlos en gerundios (*estudiar/estudiando*)
- Descomponer una palabra compuesta (*rompecabezas, rompe, cabezas*)
- Separar palabras de dos sílabas (*dra-gón, li-món*)
- Agregar *-es* a una palabra en singular que termine en consonante para hacerla plural (*color/colores*)
- Pasar al plural palabras que terminan en *z* al cambiar la *z* por *c* y agregar *-es* (*luz/luces; pez/peces*)
- Producir frases con concordancia de género y número en artículos y sustantivos (*la niña, los niños*)
- Agregar una desinencia a una palabra para componer una palabra nueva (*camina/caminar/caminando; pan/panadero*)
- Cambiar el sonido o los sonidos iniciales para formar una palabra nueva (*pata/lata; piña/niña*)
- Cambiar el sonido o los sonidos finales para formar una palabra nueva (*casa/capa; mano/mago*)
- Cambiar el sonido del medio para formar una palabra nueva (*pan/pon; sal/sol*)
- Reconocer e identificar cada letra en algunas palabras usando recuadros para las letras
- Reconocer, formar y separar palabras que comienzan con consonante, grupo consonántico o dígrafo consonántico (*<u>ch</u>aqueta, <u>m</u>ula, <u>tr</u>ueno*)
- Reconocer, formar y separar palabras con dígrafos en el medio (*bi<u>ll</u>ete, ca<u>ch</u>ete, ca<u>rr</u>eta*)
- Leer, escribir, formar y separar palabras con un grupo consonántico que fusione dos sonidos consonánticos (*bl-anco, fl-or*)
- Leer, formar, escribir y separar palabras de una sílaba (*luz, pan, pez, sol*)
- Leer, escribir o formar palabras con grupos consonánticos que fusionen sonidos o sean dígrafos (*arroz, crecer, fresco, habla, noche, pollo*)
- Reconocer y usar homófonos: palabras que tienen el mismo sonido, ortografía diferente y significados diferentes (*hola/ ola*)
- Clasificar palabras de diversas maneras

LECTURA GUIADA

NIVEL I

# Lectores del nivel J

En el nivel J, los lectores procesan diversos textos, entre ellos textos informativos breves sobre temas conocidos, textos de ficción breves y narraciones ilustradas más largas divididas en capítulos breves. Aprenden contenidos nuevos a partir de textos informativos y buscan información en diversos elementos gráficos. Ajustan sus estrategias de lectura para procesar textos de ficción y textos informativos, incluyendo biografías sencillas. Los lectores comentan los atributos y las motivaciones de los personajes y, cuando corresponde, el escenario en el que ocurre la acción. En el nivel J hay un desarrollo mínimo de los personajes. Los lectores procesan un número cada vez mayor de oraciones más largas y más complejas (aquellas de más de quince palabras que contienen frases preposicionales, adjetivos, adverbios, cláusulas y oraciones compuestas y complejas). Los lectores son capaces de reconocer automáticamente un gran número de palabras y pueden aplicar rápidamente estrategias para descifrar palabras polisílabas con desinencias y sufijos. Pueden leer un amplio espectro de palabras en plural. Durante la lectura oral, demuestran el ritmo, el énfasis, la entonación, la formación de frases y las pausas adecuados (reconociendo y usando todos los signos de puntuación). Leen en silencio durante la lectura independiente y durante la lectura individual de la lectura guiada. Los lectores continúan desarrollando el conocimiento de las características de los géneros y pueden comentarlos; usan lenguaje académico para hablar acerca de textos de ficción y no ficción.

## Seleccionar textos Características de los textos del **nivel J**

### GÉNERO

▶ **Ficción**

- Ficción realista
- Literatura tradicional (cuento popular, cuento de hadas, fábula)
- Cuentos de fantasía con animales

▶ **No ficción**

- Texto expositivo de no ficción
- Texto narrativo de no ficción
- Algunas biografías simples sobre sujetos conocidos
- Textos de instrucciones

FORMAS

- Algunos libros de una serie
- Libros álbum
- Libros por capítulos de nivel inicial con ilustraciones
- Obras de teatro sencillas
- Guiones del teatro del lector
- Cartas, entradas de diario

### ESTRUCTURA DEL TEXTO

- Textos narrativos con una estructura directa (comienzo, serie de episodios y un final)
- Textos narrativos con muchos episodios, con algunos que pueden ser más elaborados y con menos repetición de episodios similares
- Algunos libros con capítulos muy cortos, cada uno con estructura narrativa
- Algunas formas integradas (cartas, instrucciones) dentro de estructuras narrativas y expositivas
- Variaciones en la narración (cuentos acumulativos, cuentos circulares)
- Algunos libros con capítulos relacionados con una trama única
- Libros de no ficción divididos en secciones
- Patrones estructurales subyacentes: descripción, secuencia temporal, secuencia cronológica, pregunta y respuesta (no ficción)

### CONTENIDO

- Contenido interesante y relevante para los primeros lectores
- Contenido conocido (la familia y el hogar, los juegos, las mascotas, los animales, la escuela, los alimentos, la comunidad, los amigos, las actividades cotidianas, el cuerpo humano, el tiempo, las estaciones del año, el transporte, las máquinas)
- Moderar el nivel de apoyo provisto por la información de las imágenes
- Más contenido que trasciende la experiencia inmediata de los niños (diferentes entornos y comunidades, animales del mundo)
- Algunos cuentos con contenido conocido por los niños debido a experiencias previas con la narrativa, los medios de comunicación, y por escuchar la lectura de libros (cuentos populares, textos de fantasía)
- Contenidos que requieren activar conocimientos previos

### TEMAS E IDEAS

- Temas concretos cercanos a la experiencia de los niños (la imaginación, el coraje, el miedo, la amistad, la familia, las relaciones, una misma o uno mismo, el hogar, la naturaleza, crecer, los hábitos, la comunidad, las primeras responsabilidades, la diversidad, la pertenencia, las relaciones entre compañeros, los sentimientos)
- Ideas sencillas y claras que son fáciles de identificar y comprender
- Ideas cercanas a la experiencia de los niños (compartir con los demás, preocuparse por los demás, hacer el trabajo propio, ayudar a la familia, cuidar de sí, mantenerse saludable, preocuparse por el mundo, empatizar con los demás, resolver problemas, valorar diferencias, expresar los sentimientos)

### CARACTERÍSTICAS LITERARIAS Y DEL LENGUAJE

- Textos con escenarios que no son típicos de la experiencia de muchos niños
- Algunos escenarios que son distantes en el tiempo y la geografía
- Trama con conflicto y resolución
- Trama que incluye muchos episodios

## CARACTERÍSTICAS LITERARIAS Y DEL LENGUAJE *(continuación)*

- Personajes con nombres
- Personajes que cambian muy poco pero que pueden aprender algo
- Evidencia clara de los atributos de los personajes
- Personajes que se revelan a lo largo de una serie de libros
- Variedad en la presentación del diálogo (diálogo entre muchos personajes, diálogo con pronombres, diálogo separado, diálogo directo)
- Diálogo no asignado
- Algunos tramos largos de diálogo
- Elementos de la fantasía (hablar con animales u objetos inanimados)
- Motivos básicos de la literatura tradicional y del texto de fantasía moderno (lucha entre el bien y el mal, magia, objetos fantásticos o mágicos, deseos, artimañas, transformaciones)
- Lenguaje literario típico de la literatura tradicional (*había una vez, en una tierra muy lejana*)
- Lenguaje de procedimientos
- Lenguaje que se usa para hacer comparaciones
- Lenguaje descriptivo
- Lenguaje que hable directamente a la lectora o al lector

## COMPLEJIDAD DE LAS ORACIONES

- Algunas oraciones más largas con más de quince palabras
- Variación en la ubicación del sujeto, el verbo, los adjetivos y los adverbios
- Oraciones con cláusulas o frases
- Oraciones con varios adjetivos, adverbios y frases preposicionales
- Oraciones con sustantivos, verbos, adjetivos y adverbios en una serie, divididos por comas
- Muchas oraciones que comienzan con frases
- Algunas oraciones que comienzan con cláusulas subordinadas (dependientes)
- Oraciones con conectores comunes simples (*pero, porque*)
- Algunas oraciones complejas con variedad en el orden de las cláusulas

## VOCABULARIO

- La mayoría de las palabras del vocabulario conocidas por los niños mediante el lenguaje oral, la escucha de cuentos o la lectura
- La mayoría de las palabras que pertenecen al vocabulario oral común de los niños (Nivel 1)
- Algunas palabras que aparecen en el vocabulario de usuarios del lenguaje maduros (Nivel 2)
- Algunas palabras de contenido específico introducidas, explicadas e ilustradas en el texto y que requieren el uso del contexto para su comprensión
- Amplia variedad de palabras usadas para asignar diálogo
- Muchos adjetivos que describen personas, lugares o cosas
- Adverbios que describen acciones
- Muchos conectores comunes (palabras, frases que aclaran relaciones e ideas): *y, pero, entonces, antes, después*

## PALABRAS

- Palabras de una, dos, tres y cuatro sílabas con apoyo de imágenes, en su mayor parte
- Una amplia gama de plurales indicados por la estructura lingüística
- Diversas palabras de uso frecuente (más de 150)
- Una amplia variedad de palabras con desinencias
- Palabras con patrones ortográficos fáciles (CV, VCV, CVCV, VC, CVC)
- Más palabras compuestas
- Conectores comunes (simples)

## Seleccionar textos Características de los textos del **nivel J** *(cont.)*

### ILUSTRACIONES

- Ilustraciones del contenido y las ideas importantes en el texto
- Ilustraciones que mejoran y amplían el significado en un texto
- Ilustraciones con detalles que aportan interés
- Ilustraciones que apoyan la interpretación, promueven el entretenimiento o establecen la atmósfera pero que no son necesarias para la comprensión
- Muchos textos cortos con ilustraciones en cada página o doble página
- Algunos textos con muy pocas ilustraciones
- Variedad en la disposición de las ilustraciones y la letra impresa
- Más de un tipo de elemento gráfico en una doble página
- Ilustraciones simples en diversas formas (foto y/o dibujo con rótulos o leyendas, diagrama, mapa)

### CARACTERÍSTICAS DEL LIBRO Y LA LETRA IMPRESA

#### LONGITUD

- Generalmente de dieciséis a treinta y dos páginas
- Normalmente menos de 700 palabras por libro (250-700)
- Algunos libros divididos en capítulos
- Algunos libros divididos en secciones

#### TEXTO IMPRESO Y DISPOSICIÓN

- Muchas líneas de letra impresa en una página (aproximadamente tres o doce líneas en textos cortos)
- Algunas oraciones que comienzan en el medio de una línea
- Variedad en la ubicación de la letra impresa y de las imágenes, que refleja géneros diferentes
- Textos con espacios dobles o triples entre líneas, en su mayor parte
- Leyendas debajo de imágenes que brindan información importante
- Letra impresa colocada en recuadros laterales y elementos gráficos que presentan información importante

#### PUNTUACIÓN

- Punto, coma, signos de interrogación, signos de admiración, rayas de diálogo en la mayoría de los textos
- Puntos suspensivos en algunos textos para indicar que la oración termina en la página siguiente

#### HERRAMIENTAS DE ORGANIZACIÓN

- Título, tabla de contenidos, título del capítulo, encabezado y recuadro lateral

#### RECURSOS DEL TEXTO

- Dedicatoria

# Seleccionar objetivos Hábitos y conocimientos para observar, enseñar y apoyar

## PENSAR EN EL TEXTO *EN SÍ*

### BUSCAR Y USAR INFORMACIÓN

- Mantener la búsqueda de información en un texto corto (de dieciséis a treinta y dos páginas) y/o en un libro por capítulos ilustrado y fácil (de cuarenta a sesenta páginas)
- Usar herramientas de organización para buscar información (título, tabla de contenidos, títulos de capítulos, encabezados)
- Leer textos con algunas oraciones que comienzan en el medio de una línea luego de un signo de puntuación
- Usar conocimientos previos de contenido conocido y fácil para buscar y usar información
- Volver a leer para buscar y usar información a partir de estructuras lingüísticas o significados de fuentes diversas
- Buscar y usar información en textos con diversidad en la ubicación del cuerpo del texto, los recuadros laterales y los elementos gráficos
- Buscar información en oraciones con sustantivos, verbos, adjetivos o adverbios en una serie dividida por comas
- Buscar y usar información que aparece en el comienzo y el final de frases o cláusulas
- Buscar y comprender información presentada de diversas maneras (diálogo simple, diálogo con pronombres, diálogo separado, diálogo asignado y algunas veces no asignado, diálogo entre muchos personajes, algunos tramos largos de diálogo, diálogo directo)
- Buscar y comprender información en algunos tramos largos de diálogo donde hablan muchos personajes
- Buscar información en oraciones simples que pueden ser enunciados o preguntas
- Usar el orden cronológico de una historia simple para buscar y usar información
- Buscar información en capítulos relacionados con una única trama
- Observar y usar signos de puntuación (punto, coma, signos de interrogación, signos de admiración, rayas de diálogo en la mayoría de los textos)
- Buscar y usar información a partir de imágenes o elementos gráficos
- Usar detalles en las imágenes para buscar y usar información

### VERIFICAR Y AUTOCORREGIRSE

- Volver a leer una palabra o frase algunas veces para autoverificar o autocorregirse
- Autocorregirse en el momento en el que se comete un error
- Usar características visuales de las palabras para autoverificar y autocorregirse
- Usar el reconocimiento de palabras conocidas para autoverificar y autocorregirse
- Usar diversas fuentes de información (información visual en la letra impresa, significado/imágenes, elementos gráficos, estructura lingüística) para verificar y autocorregirse
- Mostrar evidencia de atención minuciosa a las características visuales de las palabras
- Leer sin señalar
- Usar el conocimiento de la estructura narrativa y de los atributos de los personajes para autoverificar y autocorregirse
- Usar la comprensión del diálogo para autoverificar y autocorregirse
- Usar el conocimiento del contenido de un tema simple para autoverificar y autocorregirse

### DESCIFRAR PALABRAS

#### ▸ Leer palabras

- Reconocer más de 200 palabras de uso frecuente de manera rápida y fácil
- Reconocer palabras de dos, tres y cuatro sílabas con apoyo de imágenes
- Leer plurales que llevan *-s* y *-es*, la mayoría con el apoyo de imágenes y la estructura lingüística
- Leer verbos en todos los tiempos con desinencias que se complementen con la estructura lingüística
- Leer algunas palabras con patrones ortográficos fáciles con el apoyo de imágenes y lenguaje, con rayas de diálogo
- Usar partes de palabras para descifrar polisílabos
- Localizar palabras nuevas importantes en un texto
- Leer palabras compuestas y conectores simples
- Conectar palabras compuestas que tengan las mismas partes
- Leer una amplia gama de palabras que asignan diálogo
- Observar partes de palabras y relacionarlas con otras palabras para descifrarlas
- Descifrar palabras rápidamente mientras se procesa un texto continuo y con la menor autocorrección explícita

# Seleccionar objetivos Hábitos y conocimientos para observar, enseñar y apoyar *(cont.)*

## PENSAR EN EL TEXTO ***EN SÍ*** *(continuación)*

### DESCIFRAR PALABRAS *(continuación)*

▸ **Vocabulario**

- Comprender los significados de algunas palabras que son nuevas pero fáciles de comprender en el contexto del texto, algunas con poco apoyo de imágenes
- Comprender algunas palabras específicas del contenido introducidas, explicadas e ilustradas en el contexto
- Contribuir al vocabulario oral durante la lectura
- Comprender muchas palabras que pertenecen al vocabulario oral común de los lectores emergentes (Nivel 1)
- Comprender algunas palabras que aparecen en el lenguaje de los usuarios maduros y en textos escritos (Nivel 2)
- Comprender el significado de una gama de plurales
- Comprender los significados de adjetivos que describen sustantivos o pronombres
- Comprender los significados de adverbios que describen verbos
- Comprender los significados de una gama de verbos en todos los tiempos con desinencias
- Comprender algunas palabras que requieren el uso de diversas fuentes de información (conocimiento previo, imágenes, información visual)
- Comprender las funciones y significados de conectores comunes
- Comprender que palabras como *yo, me, mi, mí* y *nosotros, nosotras, nos* pueden indicar la narradora o el narrador de un texto
- Comprender los significados de una gama de palabras que asignan diálogo
- Reconocer y comprender los rótulos para objetos conocidos, animales, personas, el cuerpo humano, el tiempo, actividades cotidianas, procedimientos, algunos procesos científicos
- Usar detalles en las ilustraciones para comprender el vocabulario nuevo
- Usar un glosario para aprender o revisar los significados de palabras

### MANTENER LA FLUIDEZ

- Leer tanto oral como silenciosamente a un ritmo que refleje un procesamiento fluido pero también que mantenga la comprensión y la precisión
- Mantener el impulso a lo largo de todo un texto corto o de libros por capítulos de nivel inicial y realizar un progreso diario significativo
- Observar puntos, comas, signos de admiración, signos de interrogación, rayas de diálogo y comillas, y comenzar a reflejarlos con la voz mediante la entonación y la pausa
- Leer oralmente con formación de frases, pausa, entonación, acento prosódico y ritmo adecuados
- Ajustar la lectura para mostrar conocimiento o variación en las oraciones (ubicación de categorías gramaticales, frases y cláusulas)
- Poner énfasis en palabras que estén en negrita o bastardilla
- Volver a leer para observar el lenguaje o el significado
- Reconocer y leer de manera expresiva diversos diálogos, algunos no asignados
- Reflejar listas numeradas y con viñetas con la voz cuando se lee oralmente

### AJUSTAR

- Leer más lentamente para resolver problemas con las palabras y retomar la lectura con impulso
- Ajustar la lectura para adaptarla a oraciones compuestas y oraciones con un orden variable de cláusulas
- Ajustar para incorporar formas insertadas (cartas, entradas de diario) en textos narrativos y expositivos
- Ajustar para leer partes en un guion del teatro del lector o una obra de teatro
- Reconocer que un texto es ficcional y que cuenta una historia que tiene un comienzo, un desarrollo, una serie de episodios y un final
- Comprender que un libro de no ficción cuenta hechos
- Comprender que cuando se lee una biografía, se lee la historia de la vida de una persona
- Observar rótulos o leyendas en fotografías y dibujos, y usarlos para comprender las palabras en el texto
- Ajustar la lectura para adaptarla a diversas ubicaciones del cuerpo del texto, de fotografías y de dibujos con rótulos o leyendas, recuadros laterales y elementos gráficos
- Ajustar la lectura para reflejar una serie de pasos en un texto de instrucciones

### RESUMIR

- Recordar la información importante mientras se lee para comprender el significado del texto
- Hablar acerca de la información importante en un formulario de resumen organizado luego de la lectura
- Resumir el cuento e incluir los sucesos de la trama, el problema, la resolución y los personajes
- Resumir información del texto y seleccionar la información que sea importante
- Resumir la secuencia temporal en un orden temporal
- Resumir un texto narrativo de no ficción simple o una biografía en orden temporal

# **Seleccionar objetivos** Hábitos y conocimientos para observar, enseñar y apoyar *(cont.)*

## PENSAR ***MÁS ALLÁ*** DEL TEXTO

### PREDECIR

- Usar oraciones con variación en la ubicación del sujeto, el verbo, los adjetivos y los adverbios, variación en la ubicación de cláusulas y algunas oraciones compuestas para anticipar el texto
- Hacer predicciones basadas en la información que brindan las ilustraciones y los elementos gráficos
- Hacer predicciones a partir de experiencias y conocimientos personales con textos
- Predecir los sucesos de la trama, el comportamiento de los personajes y el final de un cuento a partir de la comprensión del escenario, el problema y los personajes
- Hacer predicciones basadas en los conocimientos sobre la estructura narrativa
- Hacer predicciones a partir del conocimiento de experiencias personales y de la lectura (los alimentos, cocinar, las mascotas, los animales del mundo, la salud y el cuerpo humano, la comunidad, el mediombiente, las máquinas)
- Hacer predicciones basadas en el conocimiento de estructuras del texto subyacentes (descripción, secuencia temporal, pregunta y respuesta, secuencia cronológica)
- Hacer predicciones basadas en una secuencia temporal (crecimiento de plantas, eclosión de huevos, hacer algo, el ciclo del agua)

### ESTABLECER CONEXIONES

- Establecer conexiones entre experiencias personales y textos
- Usar conocimientos previos para comprender el contenido de un texto de no ficción
- Establecer conexiones entre libros de una serie
- Usar conocimientos previos para comprender escenarios
- Establecer conexiones entre un texto y una ilustración que complemente la interpretación, fomente el entretenimiento o cree una atmósfera
- Usar conocimientos previos de la literatura tradicional para reconocer personajes y sucesos comunes en un cuento popular
- Usar conocimientos previos (de la experiencia y la lectura) para comprender los escenarios en los cuentos
- Establecer conexiones entre textos sobre el mismo tema o con contenido similar
- Acceder a conocimientos previos para comprender la descripción o la secuencia temporal

### SINTETIZAR

- Hablar acerca de lo que la lectora o el lector sabe sobre el tema antes de leer el texto e identificar los nuevos conocimientos adquiridos de la lectura
- Hablar acerca del texto y mostrar la comprensión de los sucesos, el tema o el contenido
- Hablar acerca de lo que se aprende de los personajes, el problema y la resolución del problema

### INFERIR

- Inferir el significado del cuento o del contenido a partir de imágenes, que aportan significado al texto
- Observar aspectos del escenario a partir del texto y de las imágenes y hacer inferencias acerca del escenario como ayuda para la comprensión del cuento
- Hablar acerca de las emociones de los personajes con base en inferencias a partir de imágenes y texto, especialmente el diálogo
- Hablar acerca de las imágenes y revelar la interpretación de un problema o de las emociones de los personajes
- Inferir humor obvio (personajes humorísticos, lenguaje, problemas del cuento)
- Inferir ideas acerca de contenidos conocidos
- Inferir secuencias temporales y motivos para cada paso

# Seleccionar objetivos Hábitos y conocimientos para observar, enseñar y apoyar *(cont.)*

## PENSAR ***ACERCA*** DEL TEXTO

### ANALIZAR

- Distinguir entre ficción realista y fantasía
- Reconocer personajes que son típicos del cuento de fantasía con animales o de la literatura tradicional
- Comprender lo que distingue a la no ficción de la ficción
- Reconocer el uso de formas insertadas de una escritora o un escritor (cartas, entradas de diario, correos electrónicos) dentro de textos narrativos o expositivos
- Reconocer cuándo una escritora o un escritor usa el orden temporal (tiempo) para describir un proceso
- Reconocer que un texto puede contener información verídica
- Comprender cómo se relacionan las ideas y la información en un libro
- Reconocer y seguir una secuencia cronológica de sucesos
- Reconocer y comprender diversas estructuras narrativas (cuento acumulativo, cuento circular)
- Reconocer el uso de estructuras textuales subyacentes de una escritora o un escritor (descripción, secuencia temporal, pregunta y respuesta, secuencia cronológica)
- Comprender cómo se relacionan los sucesos, el contenido y las ideas con el título
- Reconocer escenarios que son conocidos, así como algunos escenarios distantes en el tiempo y la geografía
- Identificar un problema central de un cuento en un texto con muchos episodios
- Observar la evidencia que ofrece una escritora o un escritor para mostrar los atributos de los personajes
- Observar el uso que hace una escritora o un escritor de palabras humorísticas u onomatopeyas, y hablar acerca de cómo estas contribuyen a la acción
- Reconocer lenguaje de procedimientos muy simple (instrucciones)
- Reconocer lenguaje que se dirige en forma directa a la lectora o al lector (*tú, tu, ti*)
- Observar y seguir diálogo no asignado
- Observar y comprender lenguaje literario típico de la literatura tradicional (*érase una vez*)
- Observar cómo una escritora o un escritor usa conectores comunes (*pero, porque*) para aclarar relaciones entre ideas
- Observar que las ilustraciones enriquecen acciones importantes de la historia
- Observar y comprender cómo los elementos gráficos y los recuadros laterales complementan el cuerpo del texto
- Comprender que las ilustraciones o fotografías enriquecen las ideas y la información en un texto
- Usar algo de lenguaje académico para hablar de los géneros (*ficción; cuento de familia, amigos y escuela; cuento popular; cuento de animales; cuento humorístico; no ficción; texto informativo; texto sobre hechos*)
- Usar lenguaje académico para hablar acerca de las formas (*libros de una serie, obra de teatro*)
- Usar lenguaje académico para hablar acerca de características literarias (*comienzo, final, problema, personaje, lugar y tiempo, pregunta y respuesta*)
- Usar lenguaje académico para hablar acerca de las características del libro y la letra impresa (*portada, contraportada, página, número de página, autor, ilustrador, ilustración, fotografía, título, rótulo, dibujo, encabezado, leyenda, tabla de contenidos, capítulo, título de capítulo, dedicatoria, recuadro lateral*)

### CRITICAR

- Intercambiar opiniones acerca de un texto y brindar fundamentos y ejemplos
- Intercambiar opiniones acerca de una ilustración o fotografía
- Tener libros, escritores e ilustraciones favoritos y describir sus cualidades

## Seleccionar objetivos Hábitos y conocimientos para observar, enseñar y apoyar *(cont.)*

### Planificar el trabajo con las palabras después de la lectura guiada

Usando sus observaciones recientes sobre la capacidad de los lectores de descomponer palabras rápida y eficientemente mientras leen un texto, planifique de uno a tres minutos la participación activa de los niños atendiendo hacia las letras, los sonidos y las palabras. Priorice la observación de los lectores de las características de la letra impresa y el uso manual activo de las letras magnéticas, de la pizarra blanca, de tarjetas de palabras o de lápiz y papel para promover la fluidez y la flexibilidad en el procesamiento visual.

**Ejemplos:**

- Reconocer y escribir muchas palabras de uso frecuente
- Repasar palabras de uso frecuente de niveles anteriores
- Descomponer palabras compuestas y observar partes que aparecen en algunas palabras compuestas (*cortauñas, cortavientos; lavaplatos, lavacoches*)
- Separar una palabra de dos sílabas (*ca-rro, so-pa*)
- Modificar palabras al adjuntar sufijos simples (*cariño/cariñoso; grande/grandote*)
- Agregar *-s* o *-es* a una palabra para hacerla plural (*cama/camas; flor/flores*)
- Pasar al plural palabras que terminan en *z* al cambiar la *z* por *c* y agregar *-es* (*pez/ peces*)
- Modificar palabras para agregar desinencias para los tiempos presente y pasado (*comer/como/ comí/comía*)
- Reconocer e identificar cada letra en algunas palabras con el uso de cajas de letras
- Separar y formar palabras con cuatro sílabas (*tra-ba-ja-dor*)
- Reconocer, formar y separar palabras que contienen dígrafos (*cuchara, llamada*)
- Descifrar palabras mediante el uso del análisis de la relación entre letras y sonidos de izquierda a derecha (*sal-to*)
- Reconocer y usar homófonos: palabras que tienen el mismo sonido, ortografía diferente y significados diferentes (*casa, caza*)
- Clasificar las palabras de diversas maneras

# Lectores del nivel K

En el nivel K, los lectores procesan una amplia variedad de géneros (ficción realista, cuentos de fantasía con animales, literatura tradicional, algunas biografías sencillas, textos expositivos de no ficción y más textos informativos). Leen muchos libros ilustrados por capítulos (entre ellos, algunos libros de una serie). La mayoría de los textos de ficción tienen varios episodios relacionados con una única trama pero la exigencia de la memoria de la lectora o del lector es más alta que en los niveles previos. Leen sobre personajes que cambian muy poco pero que, al mismo tiempo, son más complejos; y los lectores encuentran lenguaje literario. Los lectores procesan una gran cantidad de diálogos, algunos no asignados, y se los anima a leer cuentos basados en conceptos que son lejanos en tiempo y espacio y reflejan diversas culturas. Los lectores descifran muchas palabras específicas de los temas y algunas palabras técnicas en textos informativos. Aprenden con la información y las ideas nuevas que encuentran en textos de no ficción. Reconocen de forma automática un gran número de palabras y aplican rápidamente estrategias para descifrar palabras polisílabas con desinencias y palabras con sufijos y prefijos. Pueden leer una gran variedad de plurales. Leen en silencio durante la lectura independiente, pero demuestran todos los aspectos de la lectura fluida durante la lectura oral. Los lectores continúan desarrollando conocimientos de las características de los géneros y pueden comentarlas. Su capacidad de usar el lenguaje académico se amplía.

## Seleccionar textos Características de los textos del **nivel K**

### GÉNERO

**▸ Ficción**

- Ficción realista
- Literatura tradicional (cuento popular, cuento de hadas, fábula)
- Cuentos de fantasía con animales

**▸ No ficción**

- Textos expositivos de no ficción
- Textos narrativos de no ficción
- Algunas biografías simples sobre sujetos conocidos
- Textos de instrucciones

### FORMAS

- Libros de una serie
- Libros álbum
- Libros por capítulos de nivel inicial con ilustraciones
- Obras de teatro
- Guiones del teatro del lector
- Algunos textos gráficos
- Cartas, entradas de diario

### ESTRUCTURA DEL TEXTO

- Textos narrativos con una estructura directa (comienzo, serie de episodios y final)
- Textos narrativos con muchos episodios, con algunos que pueden ser más elaborados y con menos repetición de episodios similares
- Algunos libros con capítulos muy cortos, cada uno con estructura narrativa
- Algunas formas integradas (cartas, instrucciones) dentro de estructuras narrativas y expositivas
- Variaciones en la narración (cuentos acumulativos, cuentos circulares)
- Algunos libros con capítulos relacionados con una trama única
- Libros de no ficción divididos en secciones
- Patrones estructurales subyacentes (descripción, secuencia temporal, secuencia cronológica, pregunta y respuesta)

### CONTENIDO

- Contenido interesante y relevante para los lectores
- Presencia continua de contenidos conocidos
- Diversos niveles de apoyo provistos por la información de las imágenes
- Más contenido que trasciende la experiencia inmediata de los niños (diferentes entornos y comunidades, animales del mundo)
- Algunos cuentos con contenido conocido por los niños debido a experiencias previas con la narrativa, los medios de comunicación, y por escuchar la lectura de libros en voz alta
- Contenidos que requieren acceso a conocimientos previos
- Contenidos que requieren que la lectora o el lector busque información en los elementos gráficos (mapas, tablas, diagramas, dibujos ilustrados, fotografías rotuladas)

### TEMAS E IDEAS

- Temas concretos cercanos a la experiencia de los niños (la imaginación, el coraje, el miedo, la amistad, la familia, las relaciones, una misma o uno mismo, el hogar, la naturaleza, crecer, los hábitos, la comunidad, las primeras responsabilidades, la diversidad, la pertenencia, las relaciones entre compañeros, los sentimientos)
- Algunos libros con varias ideas que son fáciles de comprender
- Ideas cercanas a la experiencia de los niños (compartir con los demás, preocuparse por los demás, hacer el trabajo propio, ayudar a la familia, cuidar de sí, mantenerse saludable, preocuparse por el mundo, empatizar con los demás, resolver problemas, valorar diferencias, expresar los sentimientos, aprender acerca de los desafíos de la vida)

# Los búhos

Los búhos se preparan para salir a cazar por la noche. Los búhos son pájaros que con sus grandes ojos ven muy bien en la oscuridad.

8

Los búhos también usan el oído para cazar. Los búhos pueden oír incluso los ruidos que hacen los animalitos debajo de las hojas. ■

Los búhos pueden volar sin hacer ningún ruido.

9



## CARACTERÍSTICAS LITERARIAS Y DEL LENGUAJE

- Textos con escenarios que no son típicos de la experiencia de muchos niños
- Algunos escenarios que son distantes en el tiempo y la geografía
- Escenarios que son importantes para la comprensión de la ficción narrativa o la biografía
- Trama con conflicto y resolución
- Trama que incluye muchos episodios
- Personajes principales y personajes secundarios
- Personajes que pueden aprender lecciones simples pero que no cambian en su esencia
- Personajes que se revelan a lo largo de una serie de sucesos, capítulos o libros
- Variedad en la presentación del diálogo (diálogo entre muchos personajes, diálogo con pronombres, diálogo separado, diálogo directo)
- Diálogo no asignado
- Algunos tramos largos de diálogo
- Textos en su mayor parte escritos en primera o tercera persona narrativa, y algunos en segunda persona
- Textos en su mayor parte contados desde un punto de vista único
- Elementos de la fantasía (hablar con animales u objetos inanimados)
- Motivos básicos de la literatura tradicional y del texto de fantasía moderno (lucha entre el bien y el mal, magia, objetos fantásticos o mágicos, deseos, artimañas, transformaciones)
- Lenguaje literario típico de la literatura tradicional (*érase una vez*)
- Lenguaje figurado (metáfora, símil)
- Lenguaje de procedimientos
- Lenguaje que se usa para hacer comparaciones
- Lenguaje descriptivo
- Lenguaje que se usa para mostrar orden cronológico y secuencia temporal
- Lenguaje que hable directamente a la lectora o al lector

## COMPLEJIDAD DE LAS ORACIONES

- Algunas oraciones más largas con más de quince palabras
- Variación en la ubicación del sujeto, el verbo, los adjetivos y los adverbios
- Oraciones con cláusulas o frases
- Oraciones con varios adjetivos, adverbios y frases preposicionales
- Oraciones con sustantivos, verbos, adjetivos y adverbios en una serie, divididos por comas
- Muchas oraciones que comienzan con frases y cláusulas subordinadas (dependientes)
- Oraciones con conectores simples (comunes)
- Algunas oraciones complejas con variedad en el orden de las cláusulas
- Uso ocasional de material parentético incluido en oraciones

## VOCABULARIO

- Algunas palabras del vocabulario adquiridas por los niños mediante la lectura o al escuchar cuentos o textos de no ficción leídos en voz alta
- La mayoría de las palabras que pertenecen al vocabulario oral común del grupo etario (Nivel 1)
- Algunas palabras que aparecen en el vocabulario de usuarios del lenguaje maduros (Nivel 2)
- Muchas palabras de contenido específico introducidas, explicadas e ilustradas en el texto y que requieren el uso del contexto para su comprensión
- Amplia variedad de palabras usadas para asignar diálogo o discurso
- Muchos adjetivos que describen personas, lugares o cosas
- Adverbios que describen acciones
- Palabras con varios significados
- Vocabulario nuevo que requiere acción estratégica para su comprensión (obtener significado según el contexto)
- Muchos conectores comunes (palabras, frases que aclaran relaciones e ideas): *y, pero, entonces, antes, después*

## Seleccionar textos Características de los textos del **nivel K** *(cont.)*

### PALABRAS

- Palabras de una, dos, tres y cuatro sílabas
- Una amplia gama de plurales indicados por la estructura lingüística
- Diversas palabras de uso frecuente (más de 200)
- Una amplia variedad de verbos con desinencias
- Algunos patrones ortográficos complejos
- Muchos polisílabos con algunas relaciones complejas entre letra y sonido
- Palabras con patrones ortográficos fáciles (CV, VCV, CVCV, VC, CVC)
- Muchas palabras con relaciones complejas entre letra y sonido
- Todo tipo de palabras compuestas
- Conectores comunes (simples)

### ILUSTRACIONES

- Ilustraciones del contenido y las ideas importantes en el texto
- Ilustraciones que mejoran y amplían el significado en un texto
- Ilustraciones con detalles que aportan interés
- Ilustraciones que apoyan la interpretación, promueven el entretenimiento o establecen la atmósfera pero que no son necesarias para la comprensión
- Muchos textos cortos con ilustraciones en cada página o doble página
- Algunos textos con muy pocas ilustraciones
- Variedad en la disposición de las ilustraciones y la letra impresa
- Más de un tipo de elemento gráfico en una doble página
- Algunos libros con ilustraciones en blanco y negro
- Algunos textos gráficos en los que las ilustraciones transmiten gran parte del significado
- Algunos libros por capítulos cortos con una ilustración cada tres o cuatro páginas
- Ilustraciones simples en diversas formas (foto y/o dibujo con rótulos o leyendas, diagrama, mapa)

### CARACTERÍSTICAS DEL LIBRO Y LA LETRA IMPRESA

#### LONGITUD

- Generalmente de dieciséis a treinta y dos páginas
- Una amplia variación en el número de palabras (350–700)
- Algunos libros divididos en capítulos
- Algunos libros divididos en secciones

#### TEXTO IMPRESO Y DISPOSICIÓN

- Fuente de diversos tamaños
- Letra impresa y fondo de diversos colores
- Muchas líneas de letra impresa en una página (aproximadamente tres o doce líneas en textos cortos)
- Oraciones que comienzan en el medio de una línea
- Variedad en la ubicación de la letra impresa y de las imágenes, que refleja géneros diferentes
- Información que se muestra en diversas combinaciones de imágenes y letra impresa en textos gráficos
- Leyendas debajo de imágenes que brindan información importante
- Letra impresa colocada en recuadros laterales y elementos gráficos que presentan información importante

#### PUNTUACIÓN

- Punto, coma, signos de interrogación, signos de admiración, rayas de diálogo o comillas para el diálogo en la mayoría de los textos
- Puntos suspensivos en algunos textos para indicar que la oración termina en la página siguiente

#### HERRAMIENTAS DE ORGANIZACIÓN

- Título, tabla de contenidos, título del capítulo, encabezado y recuadro lateral

#### RECURSOS DEL TEXTO

- Dedicatoria, nota de la autora o del autor y glosario

## Seleccionar objetivos Hábitos y conocimientos para observar, enseñar y apoyar

PENSAR EN EL TEXTO ***EN SÍ***

### BUSCAR Y USAR INFORMACIÓN

- Mantener la búsqueda de información en un texto corto (generalmente de menos de treinta y dos páginas) y/o en un libro por capítulos ilustrado fácil
- Usar herramientas de organización y recursos del texto para buscar información (título, tabla de contenidos, título de capítulo, encabezado, recuadro lateral, glosario)
- Leer textos con algunas oraciones que comienzan en el medio de una línea luego de un signo de puntuación
- Volver a leer para buscar y usar información de fuentes diversas
- Buscar y usar información en textos con diversidad en la ubicación del cuerpo del texto, los recuadros laterales y los elementos gráficos
- Buscar información en oraciones con sustantivos, verbos, adjetivos o adverbios en una serie dividida por comas
- Buscar información en oraciones con muchas cláusulas o frases
- Buscar y comprender información presentada de diversas maneras (diálogo simple, diálogo con pronombres, diálogo separado, diálogo asignado y algunas veces no asignado, diálogo entre muchos personajes, algunos tramos largos de diálogo, diálogo directo)
- Buscar y comprender información en algunos tramos largos de diálogo donde hablan muchos personajes
- Buscar y usar información de libros anteriores cuando se lee una serie
- Usar herramientas de organización para buscar información (título, tabla de contenidos, títulos de capítulos, encabezados, recuadros laterales)
- Usar recursos del texto para buscar información (nota de la autora o del autor, glosario)
- Usar conocimientos previos para buscar y comprender información acerca de los escenarios
- Usar el orden cronológico dentro de muchos episodios para buscar y usar información
- Buscar información en capítulos relacionados con una única trama
- Observar y usar signos de puntuación (punto, coma, signos de interrogación, signos de admiración, rayas de diálogo)
- Buscar y usar información a partir de diversas ilustraciones o elementos gráficos

### VERIFICAR Y AUTOCORREGIRSE

- Volver a leer una palabra o frase algunas veces para autoverificar o autocorregirse
- Autocorregirse en el momento en el que se comete un error
- Usar diversas fuentes de información (información visual en la letra impresa, significado/imágenes, elementos gráficos, estructura lingüística) para verificar y autocorregirse
- Usar características visuales de las palabras para autoverificar y autocorregirse
- Usar el reconocimiento de palabras conocidas para autoverificar y autocorregirse
- Usar el conocimiento de la estructura narrativa y de los atributos de los personajes para autoverificar y autocorregirse
- Usar la comprensión del diálogo para autoverificar y autocorregirse
- Usar el conocimiento del contenido de un tema simple para autoverificar y autocorregirse

### DESCIFRAR PALABRAS

#### ▸ Leer palabras

- Reconocer un gran número de palabras de uso frecuente de manera rápida y automática
- Reconocer polisílabos o descomponerlos por sílabas para descifrarlos
- Leer plurales que llevan *-s* y *-es*, la mayoría con el apoyo de imágenes y la estructura lingüística
- Usar partes de palabras para descifrar palabras
- Observar patrones silábicos y usarlos para descifrar polisílabos
- Leer una amplia gama de palabras compuestas y conectores simples
- Leer una amplia gama de palabras que asignan diálogo
- Observar partes de palabras y relacionarlas con otras palabras para descifrarlas
- Descifrar palabras rápidamente mientras se procesa un texto continuo y con la menor autocorrección explícita

#### ▸ Vocabulario

- Derivar el significado de una palabra nueva a partir de las palabras que hay alrededor de ella en la oración o el párrafo
- Ampliar el significado de una palabra al conectarla con otras palabras
- Contribuir al vocabulario oral durante la lectura
- Relacionar palabras con sinónimos y antónimos para ampliar la comprensión
- Comprender muchas palabras que pertenecen al vocabulario oral común del grupo etario (Nivel 1)
- Comprender palabras que aparecen en el lenguaje de los usuarios maduros y en textos escritos (Nivel 2)
- Comprender que algunas palabras tienen muchos significados
- Comprender muchas palabras que tienen muchos significados e identificar el significado específico que posee en una oración o párrafo
- Comprender los significados de verbos en todos los tiempos
- Comprender palabras que requieren el uso de diversas fuentes de información (conocimiento previo, imágenes, información visual)
- Comprender las funciones y significados de conectores comunes (simples)
- Comprender que palabras como *yo, me, mi, mí* y *nosotros, nosotras, nos* pueden indicar la narradora o el narrador de un texto

# Seleccionar objetivos Hábitos y conocimientos para observar, enseñar y apoyar *(cont.)*

## PENSAR EN EL TEXTO ***EN SÍ*** *(continuación)*

### DESCIFRAR PALABRAS *(continuación)*

▸ **Vocabulario** *(continuación)*

- Comprender los significados de diversas palabras que asignan diálogo (*contestó, dijo, exclamó, gritó, murmuró, preguntó*)
- Comprender los significados de verbos que muestran la acción en un cuento, adjetivos que describen los personajes o el escenario y adverbios que describen la acción
- Comprender algunas palabras específicas del contenido introducidas, explicadas e ilustradas en el contexto
- Usar detalles en las ilustraciones para comprender el vocabulario nuevo
- Usar un glosario para aprender o revisar los significados de las palabras
- Comprender palabras clave en elementos gráficos como mapas, diagramas y tablas

### MANTENER LA FLUIDEZ

- Leer tanto oral como silenciosamente a un ritmo que refleje un procesamiento fluido pero también que mantenga la comprensión y la precisión
- Mantener el impulso a lo largo de textos cortos y de algunos libros por capítulos de nivel inicial y realizar un progreso significativo día a día
- Observar puntos, comas, signos de admiración, signos de interrogación, rayas de diálogo y comillas, y comenzar a reflejarlos con la voz mediante la entonación y la pausa
- Leer oralmente con formación de frases, pausa, entonación, acento prosódico y ritmo adecuados
- Leer silenciosamente a un ritmo satisfactorio
- Poner énfasis en palabras que estén en negrita o bastardilla
- Volver a leer para observar el lenguaje o el significado
- Reconocer y leer de manera expresiva diversos diálogos, algunos no asignados
- Leer partes de un guion con expresividad
- Reflejar listas numeradas y con viñetas con la voz cuando se lee oralmente

### AJUSTAR

- Leer más lentamente para resolver problemas con las palabras y retomar la lectura con impulso
- Ajustar la lectura para mostrar conocimiento o variación en las oraciones (ubicación de categorías gramaticales, frases y cláusulas)
- Ajustar la lectura para adaptarla a oraciones compuestas y oraciones con un orden variable de cláusulas
- Ajustar para incorporar formas insertadas (cartas) en textos narrativos y expositivos
- Ajustar la lectura para procesar un texto gráfico
- Reconocer que un texto es ficcional y que cuenta una historia que tiene un comienzo, un desarrollo, un problema, una serie de episodios y un final
- Ajustar para leer partes en un guion del teatro del lector o una obra de teatro
- Comprender que un libro de no ficción cuenta hechos
- Comprender que cuando se lee una biografía, se lee la historia de la vida de una persona
- Observar rótulos o leyendas en fotografías y dibujos, y usarlos para comprender las palabras en el texto
- Ajustar la lectura para adaptarla a diversas ubicaciones del cuerpo del texto, de fotografías y de dibujos con rótulos o leyendas, recuadros laterales y elementos gráficos
- Ajustar la lectura para reflejar una serie de pasos en un texto de instrucciones

### RESUMIR

- Recordar la información importante mientras se lee para comprender el significado del texto
- Hablar acerca de la información importante en un formulario de resumen organizado luego de la lectura
- Resumir el cuento e incluir los sucesos de la trama, el problema, la resolución y los personajes
- Resumir información del texto y seleccionar la información que sea importante
- Resumir una secuencia temporal en un orden temporal
- Resumir un texto narrativo de no ficción simple o una biografía en orden temporal

## Seleccionar objetivos Hábitos y conocimientos para observar, enseñar y apoyar *(cont.)*

### PENSAR *MÁS ALLÁ* DEL TEXTO

#### PREDECIR

- Usar conocimientos de estructuras gramaticales (cláusulas, frases) para anticipar el texto
- Hacer predicciones basadas en el significado del texto, con o sin el apoyo de imágenes
- Hacer predicciones a partir de experiencias y conocimientos
- Hacer predicciones a lo largo de un texto basadas en la estructura de organización (narrativa, expositiva)
- Predecir los sucesos de la trama, el comportamiento de los personajes y el final de un cuento a partir de la comprensión del escenario, el problema y los personajes
- Hacer predicciones basadas en el conocimiento de los géneros de la ficción realista, del cuento de fantasía con animales y de la literatura tradicional
- Hacer predicciones a partir del conocimiento de experiencias personales y de la lectura (los alimentos, cocinar, las mascotas, los animales del mundo, la salud y el cuerpo humano, la comunidad, el mediombiente, las máquinas)
- Hacer predicciones basadas en el conocimiento de estructuras del texto subyacentes (descripción, secuencia temporal, pregunta y respuesta, secuencia cronológica)
- Hacer predicciones basadas en una secuencia temporal (crecimiento de plantas, eclosión de huevos, hacer algo, el ciclo del agua)

#### ESTABLECER CONEXIONES

- Establecer conexiones entre experiencias personales y textos
- Establecer conexiones entre libros de una serie
- Usar conocimientos previos para comprender escenarios
- Establecer conexiones entre textos del mismo género
- Usar conocimientos previos de la literatura tradicional para reconocer personajes y sucesos comunes en un cuento popular
- Establecer conexiones entre los sucesos en capítulos que se relacionan con una única trama
- Usar conocimientos previos (de la experiencia y la lectura) para comprender los escenarios en los cuentos
- Acceder a conocimientos previos adquiridos de la lectura para comprender el contenido de un texto
- Establecer conexiones entre textos sobre el mismo tema o con contenido similar
- Acceder a conocimientos previos para comprender la descripción o la secuencia temporal

#### SINTETIZAR

- Hablar acerca de lo que la lectora o el lector sabe sobre el tema antes de leer el texto e identificar los nuevos conocimientos adquiridos de la lectura
- Hablar acerca del texto y mostrar la comprensión de los sucesos, el tema o el contenido
- Hablar acerca de lo que se aprende de los personajes, el problema y la resolución del problema

#### INFERIR

- Inferir el significado del cuento o del contenido a partir de imágenes que aportan significado al texto
- Observar aspectos del escenario a partir del texto y de las imágenes, y hacer inferencias como ayuda para la comprensión del cuento
- Hablar acerca de las imágenes y revelar la interpretación de un problema o de las emociones de los personajes
- Observar y comprender el humor en un texto
- Inferir información acerca de los personajes, el escenario, la trama y la acción de textos gráficos, en los que las ilustraciones portan gran parte del significado
- Inferir ideas acerca de contenidos conocidos
- Inferir secuencias temporales y observar los motivos para cada paso
- Comprender e inferir la importancia del escenario de una biografía que puede ser distante en el tiempo y la geografía respecto del propio conocimiento de los niños

# Seleccionar objetivos Hábitos y conocimientos para observar, enseñar y apoyar *(cont.)*

## PENSAR *ACERCA* DEL TEXTO

### ANALIZAR

- Distinguir entre la ficción y la no ficción, y explicar las diferencias características
- Comprender y describir las características de los géneros de ficción, incluidas la ficción realista, la literatura tradicional (cuento popular, cuento de hadas, fábula) y la fantasía
- Comprender que un cuento puede parecerse a la vida real o puede ser algo que no podría ser verdadero en la vida real (fantasía)
- Reconocer personajes que son típicos del cuento de fantasía con animales o de la literatura tradicional
- Reconocer que un texto puede contener información verídica
- Comprender que un libro de no ficción presenta hechos o dice cómo hacer algo
- Comprender y describir las características de los géneros de no ficción (texto expositivo, texto narrativo de no ficción simple, biografía, texto de instrucciones)
- Comprender que una biografía es la historia de la vida de una persona y que generalmente se cuenta en orden cronológico
- Comprender las características particulares de los textos gráficos
- Comprender cómo se relacionan las ideas y la información en un libro
- Reconocer el uso de formas insertadas de una escritora o un escritor (cartas) dentro de textos narrativos o expositivos
- Reconocer y seguir una secuencia cronológica de sucesos
- Reconocer y comprender diversas estructuras narrativas (cuento acumulativo, cuento circular)
- Reconocer que un proceso ocurre en un orden temporal
- Reconocer el uso de estructuras textuales subyacentes de una escritora o un escritor (descripción, secuencia temporal, pregunta y respuesta)
- Comprender cómo se relacionan los sucesos, el contenido y las ideas con el título
- Reconocer escenarios que son conocidos, así como algunos distantes en el tiempo y la geografía
- Comprender de qué manera un escenario es importante para la trama y los personajes
- Identificar un problema central de un cuento en un texto con muchos episodios
- Comprender el papel de los personajes secundarios en un cuento
- Observar la evidencia que ofrece una escritora o un escritor para mostrar los atributos de los personajes
- Comprender la perspectiva desde la que se cuenta un cuento y hablar acerca del motivo por el que la eligió una escritora o un escritor
- Comprender un texto narrativo en primera y tercera persona
- Observar y seguir diálogo no asignado
- Observar el uso que hace una escritora o un escritor de palabras humorísticas u onomatopeyas, y hablar acerca de cómo estas contribuyen a la acción
- Reconocer lenguaje de procedimientos muy simple (instrucciones)
- Reconocer cuándo la escritora o el escritor usa la segunda persona (habla en forma directa a la lectora o al lector): *tu, tú, ti*
- Observar el lenguaje que se usa para mostrar el orden cronológico
- Observar el uso que hace una escritora o un escritor de lenguaje figurado (metáfora, símil)
- Observar cómo una escritora o un escritor usa conectores simples (*entonces, pero, porque, o, y*) para aclarar relaciones entre ideas
- Observar cómo una escritora o un escritor usa conectores más sofisticados que no se usan típicamente en el lenguaje oral (*entre tanto*)
- Observar material parentético que comience con comas o paréntesis
- Observar que las ilustraciones enriquecen acciones importantes de la historia
- Comprender que las ilustraciones portan el diálogo y la acción en textos gráficos
- Observar y comprender cómo los elementos gráficos y los recuadros laterales complementan el cuerpo del texto
- Comprender que las ilustraciones o fotografías enriquecen las ideas y la información en un texto
- Usar lenguaje académico para hablar acerca de los géneros (*ficción; cuento de familia, amigos y escuela; cuento popular; cuento de animales; cuento humorístico; no ficción; texto informativo; texto sobre hechos; libro de instrucciones*)
- Usar lenguaje académico para hablar acerca de las formas (*libros de una serie, obra de teatro, libros por capítulos, carta*)
- Usar lenguaje académico para hablar acerca de las características literarias (*comienzo, final, problema, personaje, lugar y tiempo, pregunta y respuesta, personaje principal, mensaje, diálogo, tópico*)
- Usar lenguaje académico para hablar acerca de las características del libro y la letra impresa (*portada, contraportada, página, número de página, autor, ilustrador, ilustración, fotografía, título, rótulo, dibujo, encabezado, leyenda, tabla de contenidos, capítulo, título de capítulo, dedicatoria, recuadro lateral, glosario, mapa, diagrama, nota del autor, nota del ilustrador, sección*)

### CRITICAR

- Intercambiar opiniones acerca de un texto y brindar fundamentos y ejemplos
- Intercambiar opiniones acerca de una ilustración o fotografía
- Dar una opinión acerca de la credibilidad de la trama o los personajes
- Hablar de manera crítica acerca de lo que hace una escritora o un escritor para que un tema sea interesante o importante
- Hablar acerca del motivo por el que el sujeto de una biografía es importante o sirve de ejemplo para los demás

## **Seleccionar objetivos** Hábitos y conocimientos para observar, enseñar y apoyar *(cont.)*

### Planificar el trabajo con las palabras después de la lectura guiada

Usando sus observaciones recientes sobre la capacidad de los lectores de descomponer palabras rápida y eficientemente mientras leen un texto, planifique de uno a tres minutos la participación activa de los niños atendiendo a las letras, los sonidos y las palabras. Priorice la observación de los lectores sobre las características de la letra impresa y el uso manual activo de las letras magnéticas, de la pizarra blanca, de tarjetas de palabras o de lápiz y papel para promover la fluidez y la flexibilidad en el procesamiento visual.

**Ejemplos:**

- Reconocer y escribir muchas palabras de uso frecuente
- Repasar palabras de uso frecuente de niveles anteriores
- Descomponer palabras compuestas y observar cómo las partes contribuyen al significado (*salva-vidas*)
- Descomponer palabras compuestas y observar partes que aparecen en algunas palabras compuestas (*lava-platos, lava-coches; corta-uñas, corta-vientos*)
- Modificar palabras para agregar desinencias para los tiempos presente y pasado (*caminar/camino/caminé/caminaba*)
- Agregar una *-s* o *-es* a una palabra para hacerla plural (*cara/caras; rey/reyes*)
- Modificar palabras para formar plurales cambiando *z* por *c* y añadiendo *-es* (*luz/luces*)
- Agregar una desinencia a una palabra para componer una palabra nueva (*caminar/caminando; pan/panadero*)
- Modificar palabras añadiendo sufijos simples (*juguetón, pequeñito*)
- Añadir el sufijo *-ero* a una palabra para formar un sustantivo que nombra a una persona o cosa que hace algo (*zapato, zapatero*)
- Reconocer, formar y separar palabras que comienzan con un grupo consonántico o con un dígrafo consonántico (*<u>bl</u>anco, <u>ch</u>ile, <u>fr</u>uta, <u>ll</u>ora, <u>tr</u>igo*)
- Reconocer y usar sílabas abiertas (CV: *bo-ca*) y cerradas (CVC: *mos-cas*)
- Reconocer y escribir palabras con *z* (*maíz, plaza, zapato*)
- Reconocer y escribir palabras con *h* muda (*hora, hueco*)
- Reconocer, componer y separar palabras que contienen dígrafos (*caballo, chocolate*)
- Separar en sílabas palabras de dos o tres sílabas (*li/bro, e/qui/po*)
- Escuchar, decir, aplaudir e identificar sílabas en palabras con tres o más sílabas (*ca/rre/ta, trom/pe/ta, bi/ci/cle/ta, pa/ti/ne/ta*)
- Descifrar palabras mediante el uso del análisis de la relación entre letras y sonidos de izquierda a derecha (*mue-la*)
- Reconocer y usar homófonos (palabras con la misma pronunciación, ortografía diferente y significados diferentes: *casa, caza; rallo, rayo*)
- Reconocer y usar homógrafos (palabras con la misma ortografía pero significados y orígenes diferentes: *cerca, lista, nada*)
- Clasificar palabras con base en cualquier característica de la palabra

# Lectores del nivel L

En el nivel L, los lectores procesan libros por capítulos fáciles, que incluyen algunos libros de una serie que tienen tramas más sofisticadas y pocas ilustraciones, y también libros informativos y de ficción más cortos. Ajustan la lectura para procesar una amplia variedad de géneros, tales como ficción realista, varios tipos de texto de ficción (misterio, deportes), literatura tradicional (cuento popular, cuento de hada, fábula), fantasía y textos informativos (biografía y memorias personales), y también textos híbridos. Comprenden que los capítulos tienen varios episodios relacionados con una única trama. Aprenden contenidos nuevos mediante la lectura y deben aportar conocimientos previos al proceso; pero el contenido suele ser accesible a través del texto y las ilustraciones. En este nivel, los lectores comienzan a reconocer temas que se tratan en distintos textos (coraje, comunidad, relaciones con los pares) y entienden algunas ideas abstractas (empatizar con los demás, valorar las diferencias). Ven personajes que aprenden y cambian y que se muestran a través de las descripciones, lo que dicen, piensan o hacen, y lo que otros dicen acerca de ellos. Procesan oraciones complejas que contienen cláusulas subordinadas y lenguaje figurado y poético. Reconocen o descifran con flexibilidad un gran número de palabras, que incluyen plurales, concordancia de género y número, muchas palabras polisílabas, muchas palabras específicas del tema y algunas palabras técnicas. Leen en silencio durante la lectura independiente; en la lectura oral, demuestran todos los aspectos de un procesamiento fluido. Los lectores continúan ampliando sus conocimientos de las características del género y pueden comentarlas. El lenguaje académico se amplía.

## Seleccionar textos Características de los textos del **nivel L**

### GÉNERO

**▸ Ficción**

- Ficción realista
- Literatura tradicional (cuento popular, cuento de hadas, fábula)
- Fantasía
- Tipos especiales de ficción (misterio, cuento de aventuras, cuento de deportes)

**▸ No ficción**

- Textos expositivos de no ficción
- Textos narrativos de no ficción
- Biografía (la mayoría de sujetos muy conocidos)
- Memorias personales (la mayoría de sujetos muy conocidos)
- Textos de instrucciones

**FORMAS**

- Libros de una serie
- Libros álbum
- Libros por capítulos de nivel inicial con ilustraciones
- Obras de teatro
- Guiones del teatro del lector
- Textos gráficos
- Cartas, entradas de diario

### ESTRUCTURA DEL TEXTO

- Textos narrativos con estructura directa (comienzo, series de episodios, final) pero más episodios incluidos
- Textos narrativos con varios episodios que pueden ser más elaborados
- Algunos libros con capítulos muy cortos, cada uno con estructura narrativa
- Algunas formas integradas (cartas, instrucciones) dentro de estructuras narrativas y expositivas
- Variaciones en la narración (cuentos acumulativos, cuentos circulares)
- Algunos libros con capítulos relacionados con una trama única
- Libros de no ficción divididos en secciones
- Patrones estructurales subyacentes (descripción, secuencia temporal, secuencia cronológica, comparación y contraste, pregunta y respuesta)

### CONTENIDO

- Contenido interesante y relevante para la lectora o el lector
- Presencia continua de contenido conocido con más contenido que trasciende la experiencia inmediata de los niños (diferentes entornos y comunidades, animales del mundo)
- Diversos niveles de apoyo provistos por la información de las imágenes
- Algunos cuentos con contenido conocido por los niños debido a experiencias previas con la narrativa, los medios de comunicación, y por escuchar la lectura de libros en voz alta
- Contenidos que requieren acceso a conocimientos previos
- Contenidos que requieren que la lectora o el lector busque información en los elementos gráficos (mapas, tablas, diagramas, dibujos ilustrados, fotografías rotuladas)

### TEMAS E IDEAS

- Temas concretos cercanos a la experiencia de los niños (la imaginación, el coraje, el miedo, la amistad, la familia, las relaciones, una misma o uno mismo, el hogar, la naturaleza, crecer, los hábitos, la comunidad, las primeras responsabilidades, la diversidad, la pertenencia, las relaciones entre compañeros, los sentimientos)
- Algunos libros con varias ideas que son fáciles de comprender
- Ideas cercanas a la experiencia de los niños (preocuparse por los demás, hacer el trabajo propio, ayudar a la familia, cuidar de sí, mantenerse saludable, preocuparse por el mundo, empatizar con los demás, resolver problemas, valorar diferencias, aprender acerca de los desafíos de la vida)

## CARACTERÍSTICAS LITERARIAS Y DEL LENGUAJE

- Textos con escenarios que no son típicos de la experiencia de muchos niños
- Algunos escenarios que son distantes en el tiempo y la geografía
- Escenarios que son importantes para la comprensión de la ficción narrativa o la biografía
- Trama con conflicto y resolución
- Trama que incluye muchos episodios
- Personajes principales y personajes secundarios
- Personajes que aprenden y cambian, con motivos explícitos y obvios para el cambio de los personajes
- Personajes revelados por lo que dicen, piensan y hacen y por lo que los demás dicen y piensan sobre ellos
- Personajes revelados a lo largo de una serie de sucesos, capítulos o libros
- Variedad en la presentación del diálogo (diálogo entre muchos personajes, diálogo con pronombres, diálogo separado, diálogo directo, incluido el diálogo no asignado y tramos largos del diálogo)
- Mayoría de textos escritos en primera o tercera persona narrativa, y algunos textos de instrucciones en segunda persona
- Motivos básicos de la literatura tradicional y del texto de fantasía moderno (lucha entre el bien y el mal, objetos fantásticos o mágicos, deseos, artimañas, transformaciones)
- Lenguaje figurado (metáfora, símil)
- Lenguaje poético
- Lenguaje de procedimientos
- Lenguaje que se usa para hacer comparaciones
- Uso de lenguaje expresivo en el diálogo
- Lenguaje descriptivo
- Lenguaje que se usa para mostrar orden cronológico y secuencia temporal
- Lenguaje que habla directamente a la lectora o al lector

## COMPLEJIDAD DE LAS ORACIONES

- Algunas oraciones más largas con más de quince palabras y muchas cláusulas o frases
- Variación en la ubicación del sujeto, el verbo, los adjetivos y los adverbios
- Oraciones con varios adjetivos, adverbios y frases preposicionales
- Oraciones con sustantivos, verbos, adjetivos y adverbios en una serie, divididos por comas
- Muchas oraciones que comienzan con frases y cláusulas subordinadas (dependientes)
- Oraciones con conectores simples (comunes)
- Algunas oraciones complejas con variedad en el orden de las cláusulas
- Uso ocasional de material parentético incluido en oraciones

# Seleccionar textos Características de los textos del **nivel L** *(cont.)*

## VOCABULARIO

- Algunas palabras del vocabulario que los niños adquieren mediante la lectura o al escuchar cuentos o textos de no ficción leídos en voz alta
- La mayoría de las palabras que pertenecen al vocabulario oral común del grupo etario (Nivel 1)
- Algunas palabras que aparecen en el vocabulario de usuarios del lenguaje maduros (Nivel 2)
- Muchas palabras de contenido específico introducidas, explicadas e ilustradas en el texto y que requieren el uso del contexto para su comprensión
- Amplia variedad de palabras usadas para asignar diálogo o discurso
- Muchos adjetivos que describen personas, lugares o cosas
- Adverbios que describen acciones
- Palabras con varios significados
- Vocabulario nuevo que requiere acción estratégica para su comprensión (obtener significado según el contexto)
- Muchos conectores comunes (palabras, frases que aclaran relaciones e ideas): *después, pero, porque, primero, también, y*

## PALABRAS

- Palabras de tres y cuatro sílabas
- Polisílabos difíciles de descomponer o decodificar
- Diversas palabras de uso frecuente (más de 200)
- Una amplia variedad de verbos con desinencias
- Muchas palabras con desinencias
- Algunas palabras compuestas fáciles
- Palabras base con afijos (prefijos y sufijos)
- Conectores comunes (simples)

## ILUSTRACIONES

- Ilustraciones del contenido y las ideas importantes en el texto
- Ilustraciones que mejoran y amplían el significado en un texto
- Ilustraciones con detalles que aportan interés
- Ilustraciones que apoyan la interpretación, promueven el entretenimiento o establecen la atmósfera pero que no son necesarias para la comprensión
- Muchos textos cortos con ilustraciones en cada página o doble página
- Algunos textos con muy pocas ilustraciones
- Variedad en la disposición de las ilustraciones y la letra impresa
- Más de un tipo de elemento gráfico en una doble página
- Algunos libros con ilustraciones en blanco y negro
- Algunos textos gráficos en los que las ilustraciones transmiten gran parte del significado
- Algunos libros por capítulos cortos con ilustraciones cada tres o cuatro páginas
- Ilustraciones simples en diversas formas (foto y/o dibujo con rótulos o leyendas, diagrama, mapa)

## CARACTERÍSTICAS DEL LIBRO Y LA LETRA IMPRESA

### LONGITUD

- Una amplia variación en la longitud (la mayoría de menos de cuarenta y ocho páginas)
- Una amplia variación en el número de palabras (350–1,000)
- Algunos libros divididos en capítulos
- Algún libro dividido en secciones

### TEXTO IMPRESO Y DISPOSICIÓN

- Fuente de diversos tamaños
- Letra impresa y fondo de diversos colores
- Muchas líneas de texto en una página (de cinco a veinticuatro líneas)
- Oraciones que comienzan donde termina la oración anterior
- Variedad en la ubicación de la letra impresa y de las imágenes, que refleja géneros diferentes
- La mayoría de los textos con espaciado sencillo pero con un espacio claro entre líneas
- Información que se muestra en diversas combinaciones de imágenes y letra impresa en textos gráficos
- Leyendas debajo de imágenes que brindan información importante
- Letra impresa colocada en recuadros laterales y elementos gráficos que presentan información importante

### PUNTUACIÓN

- Puntos, comas, rayas o comillas para los diálogos, signos de admiración, signos de interrogación, dos puntos y puntos suspensivos en la mayoría de los textos
- Comillas o comillas angulares para identificar citas y pensamientos en español

### HERRAMIENTAS DE ORGANIZACIÓN

- Título, tabla de contenidos, título del capítulo, encabezado y recuadro lateral

### RECURSOS DEL TEXTO

- Dedicatoria, nota de la autora o del autor y glosario

# Seleccionar objetivos Hábitos y conocimientos para observar, enseñar y apoyar

## PENSAR EN EL TEXTO *EN SÍ*

### BUSCAR Y USAR INFORMACIÓN

- Mantener la búsqueda de información en un texto (generalmente de menos de cuarenta y ocho páginas) y/o en un libro por capítulos corto
- Volver a leer de vez en cuando para buscar y usar información de fuentes diversas
- Buscar y usar información de libros anteriores cuando se lee una serie
- Usar conocimientos previos para buscar y comprender información acerca de los escenarios
- Usar herramientas de organización para buscar información (título, tabla de contenidos, títulos de capítulos, encabezados, recuadros laterales)
- Usar recursos del texto para buscar información (nota de la autora o del autor, guía de pronunciación, glosario)
- Buscar información en oraciones con muchas cláusulas o frases
- Buscar información en oraciones con variación en la ubicación del sujeto, el verbo, los adjetivos y los adverbios
- Buscar información en oraciones con sustantivos, verbos, adjetivos o adverbios en una serie dividida por comas
- Buscar y comprender información presentada de diversas maneras (diálogo simple, diálogo con pronombres, diálogo separado, diálogo asignado y algunas veces no asignado, diálogo entre muchos personajes, algunos tramos largos de diálogo, diálogo directo)
- Buscar y comprender información en algunos tramos largos de diálogo donde hablan muchos personajes
- Usar el orden cronológico dentro de muchos episodios para buscar y usar información
- Buscar información en capítulos relacionados con una única trama
- Buscar y usar información en textos con diversidad en la ubicación del cuerpo del texto, los recuadros laterales y los elementos gráficos
- Observar y usar signos de puntuación (punto, coma, signos de interrogación, signos de admiración, rayas de diálogo)
- Buscar y usar información a partir de diversas ilustraciones o elementos gráficos

### VERIFICAR Y AUTOCORREGIRSE

- Volver a leer una palabra o frase algunas veces para autoverificar o autocorregirse
- Autocorregirse en el momento en el que se comete un error
- Usar diversas fuentes de información (información visual en la letra impresa, significado/imágenes, elementos gráficos, estructura lingüística) para verificar y autocorregirse
- Autoverificar y autocorregirse mediante el uso de características visuales de las palabras
- Autoverificar y autocorregirse mediante el reconocimiento de palabras conocidas
- Usar el conocimiento de la estructura narrativa y de los atributos de los personajes para autoverificar y autocorregirse
- Usar la comprensión del diálogo para autoverificar y autocorregirse
- Usar el conocimiento del contenido de un tema simple para autoverificar y autocorregirse

### DESCIFRAR PALABRAS

#### ▸ Leer palabras

- Observar palabras nuevas e interesantes e incorporarlas de manera activa al vocabulario oral o escrito
- Relacionar palabras que significan lo mismo o casi lo mismo como ayuda para comprender un texto y adquirir vocabulario nuevo
- Demostrar el conocimiento de maneras flexibles de descifrar palabras (observar partes de palabras, terminaciones y prefijos)
- Descifrar palabras de dos o tres sílabas, muchas palabras con desinencias y relaciones complejas entre letras y sonidos
- Descifrar palabras específicas del contenido, mediante el uso de elementos gráficos y definiciones insertas en el texto
- Reconocer varios significados de palabras
- Usar el contexto para deducir el significado de palabras nuevas
- Comprender palabras descriptivas más extensas
- Demostrar un descifrado de palabras competente y activo mientras se lee a un buen ritmo
- Deducir significados de palabras a partir de los elementos gráficos
- Leer muchas palabras con afijos (prefijos y sufijos)

#### ▸ Vocabulario

- Ampliar el significado de una palabra al relacionarla con otras palabras
- Deducir el significado de palabras nuevas a partir del contexto
- Contribuir al vocabulario oral durante la lectura
- Relacionar palabras con sinónimos y antónimos para ampliar la comprensión
- Comprender muchas palabras que pertenecen al vocabulario oral común del grupo etario (Nivel 1)
- Comprender palabras que aparecen en el lenguaje de los usuarios maduros y en textos escritos (Nivel 2)
- Comprender que algunas palabras tienen muchos significados
- Comprender muchas palabras que tienen muchos significados e identificar el significado específico que posee en una oración o párrafo
- Comprender los significados de palabras comparativas
- Comprender los significados de verbos en todos los tiempos

# Seleccionar objetivos Hábitos y conocimientos para observar, enseñar y apoyar *(cont.)*

## PENSAR EN EL TEXTO ***EN SÍ*** *(continuación)*

### DESCIFRAR PALABRAS *(continuación)*

▸ **Vocabulario** *(continuación)*

- Comprender palabras que requieren el uso de múltiples fuentes de información (conocimientos previos, imágenes, información visual)
- Comprender los significados y funciones de los conectores comunes (simples)
- Comprender que palabras como *yo, me, mi, mí* y *nosotros, nosotras, nos* pueden indicar a la narradora o al narrador de un texto
- Comprender diversas palabras sencillas que asignan diálogo (*dijo, exclamó*)
- Comprender los significados de verbos que muestran la acción en un cuento, adjetivos que describen los personajes o el escenario y adverbios que describen la acción
- Comprender algunas palabras de contenido específico introducidas, explicadas e ilustradas en el contexto
- Usar detalles en las ilustraciones para comprender el vocabulario nuevo
- Usar un glosario para aprender o revisar los significados de palabras
- Comprender palabras clave en elementos gráficos como mapas, diagramas y tablas

### MANTENER LA FLUIDEZ

- Leer oralmente con formación de frases, pausa, entonación, acento prosódico y ritmo adecuados
- Leer tanto oral como silenciosamente a un ritmo que no solo refleje fluidez en el procesamiento sino también que mantenga la comprensión y la precisión
- Mantener el impulso a lo largo de textos cortos y algunos libros por capítulos para principiantes y realizar un progreso significativo día a día
- Observar puntos, comas, signos de admiración, signos de interrogación, rayas de diálogo y comillas, y reflejarlas con la voz mediante la entonación y la pausa
- Leer silenciosamente a un ritmo satisfactorio
- Poner énfasis en palabras que estén en negrita o bastardilla
- Reconocer y leer de manera expresiva diversos diálogos, algunos no asignados
- Leer partes de un guion con expresividad
- Reflejar listas numeradas y con viñetas con la voz cuando se lee oralmente

### AJUSTAR

- Leer más lentamente para resolver problemas con las palabras y retomar la lectura con impulso
- Ajustar la lectura para mostrar conocimiento o variación en las oraciones (ubicación de categorías gramaticales, frases y cláusulas)
- Ajustar la lectura para adaptarla a oraciones compuestas y oraciones con un orden variable de cláusulas
- Ajustar para incorporar formas insertadas (cartas) en textos narrativos y expositivos
- Ajustar las expectativas para procesar diferentes partes de un texto híbrido
- Ajustar la lectura para procesar un texto gráfico
- Ajustar para reconocer y usar características de tipos especiales de ficción como el misterio, el cuento de aventuras y el cuento de deportes
- Ajustar para leer partes en un guion del teatro del lector o en una obra de teatro
- Comprender que un libro de no ficción cuenta hechos
- Comprender que cuando se lee una biografía, se lee la historia de la vida de una persona
- Observar rótulos o leyendas en fotografías y dibujos, y usarlos para comprender las palabras en el texto
- Ajustar la lectura para adaptarla a diversas ubicaciones del cuerpo del texto, de fotografías y de dibujos con rótulos o leyendas, recuadros laterales y elementos gráficos
- Ajustar la lectura para reflejar una serie de pasos en un texto de instrucciones

### RESUMIR

- Recordar la información importante mientras se lee para comprender el significado de un texto
- Hablar acerca de la información importante en un formulario de resumen organizado luego de la lectura
- Resumir el cuento e incluir los sucesos de la trama, el problema, la resolución y los personajes
- Resumir la información en el texto y seleccionar la información que sea importante
- Resumir una secuencia temporal en un orden temporal
- Resumir un texto narrativo de no ficción o una biografía en orden temporal

# **Seleccionar objetivos** Hábitos y conocimientos para observar, enseñar y apoyar *(cont.)*

## PENSAR ***MÁS ALLÁ*** DEL TEXTO

### PREDECIR

- Usar conocimientos de estructuras gramaticales (cláusulas, frases) para anticipar el texto
- Hacer predicciones basadas en el significado del texto, con o sin el apoyo de imágenes
- Hacer predicciones a partir de experiencias y conocimientos
- Hacer predicciones a lo largo de un texto basadas en la estructura de organización (narrativa, expositiva)
- Predecir los sucesos de la trama, el comportamiento de los personajes y el final de un cuento a partir de la comprensión del escenario, el problema y los personajes
- Hacer predicciones basadas en el conocimiento de los géneros de ficción (ficción realista, literatura tradicional, fantasía, texto híbrido)
- Hacer predicciones a partir del conocimiento de experiencias personales y de la lectura (los alimentos, cocinar, las mascotas, los animales del mundo, la salud y el cuerpo humano, la comunidad, el mediombiente, las máquinas)
- Hacer predicciones basadas en el conocimiento de los géneros de no ficción (texto expositivo, texto narrativo de no ficción simple, biografía, memorias personales, texto de instrucciones, texto híbrido)
- Hacer predicciones basadas en el conocimiento de estructuras del texto subyacentes (descripción, secuencia temporal, pregunta y respuesta, secuencia cronológica)
- Hacer predicciones basadas en una secuencia temporal (crecimiento de plantas, eclosión de huevos, hacer algo, el ciclo del agua)

### ESTABLECER CONEXIONES

- Establecer conexiones entre experiencias personales y textos
- Establecer conexiones entre libros de una serie
- Usar conocimientos previos para comprender escenarios
- Establecer conexiones entre textos del mismo género
- Usar conocimientos previos de la literatura tradicional para reconocer personajes y sucesos comunes
- Establecer conexiones entre los sucesos en capítulos que se relacionan con una única trama
- Usar conocimientos previos (de la experiencia y la lectura) para comprender los escenarios en los cuentos
- Acceder a conocimientos previos adquiridos de la lectura para comprender el contenido de un texto
- Establecer conexiones entre textos sobre el mismo tema o con contenido similar
- Acceder a conocimientos previos para comprender la descripción o la secuencia temporal

### SINTETIZAR

- Hablar acerca de lo que la lectora o el lector sabe sobre el tema antes de leer el texto e identificar los nuevos conocimientos adquiridos de la lectura
- Hablar acerca del texto y mostrar la comprensión de los sucesos, el tema o el contenido
- Hablar acerca de lo que se aprende de los personajes, el problema y la resolución del problema

### INFERIR

- Hacer inferencias acerca del escenario como ayuda para la comprensión del cuento
- Inferir las características, los sentimientos y las motivaciones de los personajes a partir de lo que los personajes dicen, piensan o hacen y lo que otros dicen o piensan de ellos
- Hablar acerca de las imágenes y revelar la interpretación de un problema o de las emociones de los personajes
- Observar y comprender el humor en un texto
- Reconocer y comprender características de personajes complejos que cambian
- Inferir motivos para el cambio de los personajes
- Inferir información acerca de los personajes, el escenario, la trama y la acción de textos gráficos, en los que las ilustraciones portan gran parte del significado
- Inferir ideas acerca de contenidos conocidos
- Inferir secuencias temporales y los motivos para cada paso
- Comprender e inferir la importancia del escenario de una biografía que puede ser distante en el tiempo y la geografía respecto del propio conocimiento de los niños

# Seleccionar objetivos Hábitos y conocimientos para observar, enseñar y apoyar *(cont.)*

## PENSAR *ACERCA* DEL TEXTO

### ANALIZAR

- Distinguir entre la ficción y la no ficción, y explicar las diferencias características
- Comprender y describir las características de los géneros de ficción, incluidas la ficción realista, la literatura tradicional (cuento popular, cuento de hadas, fábula, mito), la fantasía y el texto híbrido
- Distinguir entre ficción realista y fantasía
- Comprender que puede haber géneros diferentes en cada una de las categorías más amplias de ficción y no ficción
- Identificar y comprender las características de tipos especiales de ficción (misterio; cuento de aventuras; cuento de animales; cuento de familia, amigos y escuela)
- Reconocer personajes que son típicos del texto de fantasía o de la literatura tradicional
- Comprender y describir las características de los géneros de no ficción (texto expositivo, texto narrativo de no ficción simple, biografía, memorias personales, texto de instrucciones, texto híbrido)
- Comprender que una biografía es la historia de la vida de una persona y que generalmente se cuenta en orden cronológico
- Comprender las características particulares de los textos gráficos
- Comprender que la información y las ideas en un texto se relacionan entre sí, y observar cómo el autor presenta esto
- Reconocer el uso de formas insertadas de una escritora o un escritor (cartas) dentro de textos narrativos o expositivos
- Reconocer y seguir una secuencia cronológica de sucesos
- Reconocer y comprender diversas estructuras narrativas
- Comprender un texto narrativo en primera y tercera persona
- Reconocer cuándo una escritora o un escritor usa el orden temporal (tiempo) para describir un proceso
- Reconocer el uso de estructuras textuales subyacentes de una escritora o un escritor (descripción, secuencia temporal, pregunta y respuesta, secuencia cronológica, comparación y contraste)
- Pensar de manera analítica acerca de la relevancia de un título
- Reconocer escenarios que son conocidos, así como algunos distantes en el tiempo y la geografía
- Comprender de qué manera un escenario es importante para la trama y los personajes
- Identificar un problema central de un cuento en un texto con muchos episodios
- Comprender el papel de los personajes secundarios en un cuento
- Observar la evidencia que brinda una escritora o un escritor para mostrar los atributos y los motivos de los personajes, así como los cambios de los personajes
- Comprender la perspectiva desde la que se cuenta un cuento y hablar acerca del motivo por el que la eligió una escritora o un escritor
- Observar el lenguaje que se usa para mostrar el orden cronológico
- Observar el uso que hace una escritora o un escritor de lenguaje figurado (metáfora, símil, onomatopeya)
- Observar cómo una escritora o un escritor usa conectores comunes, o simples, (*porque, antes, después*) para aclarar relaciones entre las ideas
- Observar material parentético que comience con comas o paréntesis
- Observar y seguir diálogo no asignado
- Observar el uso que hace una autora o un autor del lenguaje expresivo en el diálogo
- Observar el uso que hace una escritora o un escritor de palabras humorísticas u onomatopeyas, y hablar acerca de cómo estas contribuyen a la acción
- Reconocer lenguaje de procedimientos muy simple (instrucciones)
- Reconocer cuándo la escritora o el escritor usa la segunda persona (habla en forma directa a la lectora o al lector): *tú, ustedes*
- Comprender que las ilustraciones portan el diálogo y la acción en textos gráficos
- Observar que las ilustraciones enriquecen acciones importantes de la historia
- Observar y comprender cómo los elementos gráficos y los recuadros laterales complementan el cuerpo del texto
- Comprender que las ilustraciones o fotografías enriquecen las ideas y la información en un texto
- Usar lenguaje académico para hablar acerca de los géneros (*ficción; cuento de familia, amigos y escuela; cuento popular; cuento de animales; cuento humorístico; no ficción; texto informativo; texto sobre hechos; libro de instrucciones*)
- Usar lenguaje académico para hablar acerca de las formas (*libros de una serie, obra de teatro, libros por capítulos, carta*)
- Usar lenguaje académico para hablar acerca de las características literarias (*comienzo, final, problema, personaje, lugar y tiempo, pregunta y respuesta, personaje principal, cambio de personaje, mensaje, diálogo, tópico, sucesos*)
- Usar lenguaje académico para hablar acerca de las características del libro y la letra impresa (*portada, contraportada, página, autor, ilustrador, ilustración, título, rótulo, dibujo, encabezado, leyenda, tabla de contenidos, capítulo, título del capítulo, dedicatoria, recuadro lateral, glosario, mapa, diagrama, notas del autor, notas del ilustrador, sección*)

### CRITICAR

- Intercambiar opiniones acerca de un texto y brindar fundamentos y ejemplos
- Intercambiar opiniones acerca de una ilustración o fotografía
- Dar una opinión acerca de la credibilidad de la trama o los personajes
- Hablar de manera crítica acerca de lo que hace una escritora o un escritor para que un tema sea interesante o importante
- Hablar acerca del motivo por el que el sujeto de una biografía es importante o sirve de ejemplo para los demás

## Seleccionar objetivos Hábitos y conocimientos para observar, enseñar y apoyar *(cont.)*

### Planificar el trabajo con las palabras después de la lectura guiada

Usando sus observaciones recientes sobre la capacidad de los lectores de descomponer palabras rápida y eficientemente mientras leen un texto, planifique de uno a tres minutos la participación activa de los niños atendiendo a las letras, los sonidos y las palabras. Priorice la observación de los lectores sobre las características de la letra impresa y el uso manual activo de las letras magnéticas, de la pizarra blanca, de tarjetas de palabras o de lápiz y papel para promover la fluidez y la flexibilidad en el procesamiento visual.

**Ejemplos:**

- Descomponer palabras compuestas, observar cómo las partes contribuyen al significado y observar partes que aparecen en algunas palabras compuestas (*autobús*)
- Modificar palabras para crear todo tipo de plurales agregando *-s*, *-es* o *-ces* (*saltitos, botellas, leones, tamales, peces*)
- Trabajar la flexibilidad en palabras base, al descomponer y crear palabras nuevas cambiando letras y agregando sufijos (*estudiar, estudiosa; educar, educado*)
- Reconocer y usar homófonos (misma pronunciación, diferente ortografía y significados: *hay, ay*)
- Reconocer y descomponer palabras con desinencias para el gerundio (*hablando, jugando, corriendo, saliendo*)
- Reconocer y usar homógrafos (misma ortografía, diferentes significados: *coma, bajo*)
- Reconocer y pronunciar sílabas abiertas (CV: *bo-ca*) y cerradas (CVC: *mos-cas*)
- Leer palabras que tengan diptongos (*cueva, peine*)
- Formar frases con concordancia entre artículos y sustantivos (*los niños, las niñas*)
- Descomponer palabras con patrones silábicos más complejos (VCCV: *otro, abre*)
- Descomponer palabras compuestas y debatir cómo las partes se relacionan con el significado (*salvavidas*)
- Descomponer palabras de tres y cuatro sílabas (*ca-ra-col, ca-la-ba-za*)
- Leer palabras mediante el uso del análisis de la relación entre letras y sonidos de izquierda a derecha (*ba-rre-ra*)
- Usar lo que se sabe sobre las palabras para leer palabras nuevas (*río, frío; cara, caracol*)
- Leer palabras con *h* muda (*hueco, hielo*)
- Leer, descomponer o escribir palabras con combinación de consonantes y dígrafos (*arroz, aplauso*)
- Agregar, eliminar y cambiar letras para formar nuevas palabras (*ato/rato; pan/plan*)
- Descomponer palabras con sílabas abiertas y cerradas (*co-co, ciem-piés*)

# Lectores del nivel M

En el nivel M, los lectores conocen las características de una amplia variedad de géneros (varios tipos de ficción realista, literatura tradicional, fantasía, una amplia gama de textos informativos y textos híbridos). Algunos textos de ficción son libros por capítulos y los lectores se interesan más en otras formas de literatura, como libros de una serie más largos, poemas, obras de teatro y textos gráficos. Las narraciones de ficción son directas pero tienen tramas elaboradas con muchos episodios y varios personajes que muestran un cambio a través del tiempo. Los lectores leen textos de no ficción más cortos, en su mayoría sobre un único tema y pueden identificar y usar estructuras subyacentes (descripción, causa y efecto, secuencia cronológica, secuencia temporal, categorización, comparación y contraste, problema y solución, pregunta y respuesta). Pueden procesar oraciones complejas, que contienen frases preposicionales, cláusulas introductorias, listas de sustantivos, verbos o adjetivos. Pueden descifrar palabras de corrido y de manera automática tanto en silencio como en la lectura oral, y pueden leer y comprender palabras descriptivas, algunas palabras complejas de contenido específico y algunas palabras técnicas. Leen en silencio y de manera independiente. En la lectura oral, demuestran todos los aspectos de una lectura fluida y de corrido. Los lectores continúan ampliando sus conocimientos acerca de las características del género y pueden comentarlas. Se amplía el uso de lenguaje académico.

## Seleccionar textos Características de los textos del **nivel M**

### GÉNERO

▸ **Ficción**

- Ficción realista
- Literatura tradicional (cuento popular, cuento de hadas, fábula)
- Fantasía
- Tipos especiales de ficción (misterio; cuento de aventuras, cuento de deportes; cuento de animales; cuento de familia, amigos y escuela; cuento humorístico)

▸ **No ficción**

- Textos expositivos de no ficción
- Textos narrativos de no ficción
- Biografía
- Memorias personales
- Textos de instrucciones

FORMAS

- Libros de una serie
- Libros álbum
- Libros por capítulos de nivel inicial con ilustraciones
- Guiones del teatro del lector
- Textos gráficos
- Cartas, entradas de diario

### ESTRUCTURA DEL TEXTO

- Textos narrativos con estructura directa (comienzo, series de episodios, final) pero más episodios incluidos
- Textos narrativos con varios episodios que pueden ser más elaborados
- Algunos libros con capítulos muy cortos, cada uno con estructura narrativa
- Algunas formas integradas (cartas, instrucciones) dentro de estructuras narrativas y expositivas
- Variaciones en la narración (cuentos acumulativos, cuentos circulares)
- Algunos libros con capítulos relacionados con una trama única
- Libros de no ficción divididos en secciones
- Patrones estructurales subyacentes (descripción, causa y efecto, secuencia cronológica, secuencia temporal, comparación y contraste, pregunta y respuesta)

### CONTENIDO

- Contenido interesante y relevante para la lectora o el lector
- Presencia continua de contenido conocido con más contenido que trasciende la experiencia inmediata de los niños (diferentes entornos y comunidades, animales del mundo; alimentación sana y nutrición; sistemas muscular, óseo y nervioso)
- Diversos niveles de apoyo provistos por la información de las imágenes
- Contenido conocido por los niños a través de experiencias previas con textos leídos
- Contenidos que requieren acceso a conocimientos previos
- Contenidos que requieren que la lectora o el lector busque información en los elementos gráficos (mapas, tablas, diagramas, dibujos ilustrados, fotografías rotuladas)

### TEMAS E IDEAS

- Temas concretos cercanos a la experiencia de los niños (la imaginación, el coraje, el miedo, la amistad, la familia, las relaciones, una misma o uno mismo, el hogar, la naturaleza, crecer, los hábitos, la comunidad, las primeras responsabilidades, la diversidad, la pertenencia, las relaciones entre compañeros, los sentimientos)
- Algunos libros con varias ideas que son fáciles de comprender
- Ideas cercanas a la experiencia de los niños (preocuparse por los demás, hacer el trabajo propio, ayudar a la familia, cuidar de sí, mantenerse saludable, preocuparse por el mundo, empatizar con los demás, resolver problemas, valorar diferencias, aprender acerca de los desafíos de la vida)

El sol le comenzó a arder en la espalda. ¡Qué ganas tenía Julio de refrescarse en el agua! Pero al mirar las olas, se le quitaron las ganas de meterse en el mar.

8

Julio se acordó de sus clases de natación en la piscina de la escuela. Su instructora siempre le decía que parecía un pez en el agua.

"Soy un pez muy raro", pensó Julio con tristeza. "Me gusta la piscina, pero no me gusta el mar".

9



## CARACTERÍSTICAS LITERARIAS Y DEL LENGUAJE

- Textos con escenarios que no son típicos de la experiencia de muchos niños
- Algunos escenarios que son distantes en el tiempo y la geografía
- Escenarios que son importantes para la comprensión de la ficción narrativa o la biografía
- Trama con conflicto y resolución
- Trama que incluye muchos episodios
- Personajes principales y personajes secundarios
- Personajes que aprenden y cambian, con motivos explícitos y obvios para el cambio de los personajes
- Personajes revelados por lo que dicen, piensan y hacen y por lo que los demás dicen y piensan sobre ellos
- Personajes revelados a lo largo de una serie de sucesos, capítulos o libros
- Variedad en la presentación del diálogo (diálogo entre muchos personajes, diálogo con pronombres, diálogo separado, diálogo directo, incluido el diálogo no asignado y tramos largos del diálogo)
- Mayoría de textos escritos en primera o tercera persona narrativa, y algunos textos de instrucciones en segunda persona
- Motivos básicos de la literatura tradicional y del texto de fantasía moderno (lucha entre el bien y el mal, objetos fantásticos o mágicos, deseos, artimañas, transformaciones)
- Lenguaje figurado (metáfora, símil)
- Lenguaje poético
- Lenguaje de procedimientos
- Lenguaje que se usa para hacer comparaciones
- Uso de lenguaje expresivo en el diálogo
- Lenguaje descriptivo
- Lenguaje que se usa para mostrar orden cronológico y secuencia temporal
- Lenguaje que habla directamente a la lectora o al lector

## COMPLEJIDAD DE LAS ORACIONES

- Algunas oraciones más largas con más de quince palabras y muchas cláusulas o frases
- Variación en la ubicación del sujeto, el verbo, los adjetivos y los adverbios
- Muchas oraciones con cláusulas o frases subordinadas
- Oraciones con varios adjetivos, adverbios y frases preposicionales
- Oraciones con sustantivos, verbos, adjetivos y adverbios en una serie, divididos por comas
- Muchas oraciones que comienzan con frases o cláusulas subordinadas (dependientes)
- Oraciones con conectores comunes simples (*al menos, hasta*)
- Algunas oraciones complejas con variedad en el orden de las cláusulas
- Uso ocasional de material parentético incluido en oraciones

# Seleccionar textos Características de los textos del nivel M *(cont.)*

## VOCABULARIO

- Algunas palabras del vocabulario que los niños adquieren mediante la lectura o al escuchar de cuentos o textos de no ficción leídos en voz alta
- La mayoría de las palabras que pertenecen al vocabulario oral común del grupo etario (Nivel 1)
- Algunas palabras que aparecen en el vocabulario de usuarios del lenguaje maduros (Nivel 2)
- Uso ocasional de palabras propias de una disciplina (Nivel 3)
- Muchas palabras de contenido específico introducidas, explicadas e ilustradas en el texto y que requieren el uso del contexto para su comprensión
- Amplia variedad de palabras usadas para asignar diálogo o discurso
- Muchos adjetivos que describen personas, lugares o cosas
- Adverbios que describen acciones
- Palabras con varios significados
- Vocabulario nuevo que requiere acción estratégica para su comprensión (obtener significado según el contexto)
- Muchos conectores comunes (palabras, frases que aclaran relaciones e ideas): *y, pero, entonces, antes, después*

## PALABRAS

- Palabras de tres y cuatro sílabas
- Palabras con sufijos
- Palabras con una amplia variedad de patrones ortográficos muy complejos
- Polisílabos difíciles de descomponer o decodificar
- Una mayor variedad de conjugaciones verbales
- Algunas palabras compuestas fáciles
- Conectores comunes (simples)

## ILUSTRACIONES

- Ilustraciones del contenido y las ideas importantes en el texto
- Ilustraciones que mejoran y amplían el significado en un texto
- Ilustraciones con detalles que aportan interés
- Ilustraciones que apoyan la interpretación, promueven el entretenimiento o establecen la atmósfera pero que no son necesarias para la comprensión
- Muchos textos cortos con ilustraciones en cada página o doble página
- Algunos libros por capítulos cortos con ilustraciones cada tres o cuatro páginas
- Algunos textos con muy pocas ilustraciones
- Variedad en la disposición de las ilustraciones y la letra impresa
- Más de un tipo de elemento gráfico en una doble página
- Algunos libros con ilustraciones en blanco y negro
- Algunos textos gráficos en los que las ilustraciones transmiten gran parte del significado
- Ilustraciones simples en diversas formas (foto y/o dibujo con rótulos o leyendas, diagrama, mapa)

## CARACTERÍSTICAS DEL LIBRO Y LA LETRA IMPRESA

### LONGITUD

- Una amplia variación en la longitud (la mayoría de menos de cuarenta y ocho páginas)
- Una amplia variación en el número de palabras (450–1,500)
- Algunos libros divididos en capítulos
- Algún libro dividido en secciones

### TEXTO IMPRESO Y DISPOSICIÓN

- Fuente de diversos tamaños
- Letra impresa y fondo de diversos colores
- Muchas líneas de texto en una página (de cinco a veinticuatro líneas)
- Oraciones que comienzan donde termina la oración anterior
- Variedad en la ubicación de la letra impresa y de las imágenes, que refleja géneros diferentes
- La mayoría de los textos con espaciado sencillo pero con un espacio claro entre líneas
- Información que se muestra en diversas combinaciones de imágenes y letra impresa en textos gráficos
- Leyendas debajo de imágenes que brindan información importante
- Letra impresa colocada en recuadros laterales y elementos gráficos que presentan información importante (no ficción)

### PUNTUACIÓN

- Puntos, comas, rayas o comillas para los diálogos, signos de admiración, signos de interrogación, dos puntos y puntos suspensivos en la mayoría de los textos
- Comillas o comillas angulares para identificar citas y pensamientos

### HERRAMIENTAS DE ORGANIZACIÓN

- Título, tabla de contenidos, título del capítulo, encabezado y recuadro lateral

### RECURSOS DEL TEXTO

- Dedicatoria, nota de la autora o del autor y glosario

# Seleccionar objetivos Hábitos y conocimientos para observar, enseñar y apoyar

## PENSAR EN EL TEXTO *EN SÍ*

### BUSCAR Y USAR INFORMACIÓN

- Mantener la búsqueda de información en un texto (generalmente de menos de cuarenta y ocho páginas) y/o en un libro por capítulos corto
- Volver a leer de vez en cuando para buscar y usar información de fuentes diversas
- Buscar y usar información de libros anteriores cuando se lee una serie
- Usar conocimientos previos para buscar y comprender información acerca de los escenarios
- Usar herramientas de organización para buscar información (título, tabla de contenidos, títulos de capítulos, encabezados, recuadros laterales)
- Usar recursos del texto para buscar información (nota de la autora o del autor, guía de pronunciación, glosario)
- Buscar información en oraciones con muchas cláusulas o frases
- Buscar información en oraciones con variación en la ubicación del sujeto, el verbo, los adjetivos y los adverbios
- Buscar información en oraciones con sustantivos, verbos, adjetivos o adverbios en una serie dividida por comas
- Buscar y comprender información presentada de diversas maneras (diálogo simple, diálogo con pronombres, diálogo separado, diálogo asignado y algunas veces no asignado, diálogo entre muchos personajes, algunos tramos largos de diálogo, diálogo directo)
- Buscar y comprender información en algunos tramos largos de diálogo donde hablan muchos personajes
- Usar el orden cronológico dentro de muchos episodios para buscar y usar información
- Buscar información en capítulos relacionados con una única trama
- Observar y usar signos de puntuación (punto, coma, signos de interrogación, signos de admiración, rayas de diálogo, comillas o comillas angulares)
- Buscar y usar información a partir de diversas ilustraciones o elementos gráficos
- Buscar y usar información en textos con diversidad en la ubicación del cuerpo del texto, los recuadros laterales y los elementos gráficos

### VERIFICAR Y AUTOCORREGIRSE

- Volver a leer una palabra o frase algunas veces para autoverificar o autocorregirse
- Autocorregirse en el momento en el que se comete un error
- Usar diversas fuentes de información (información visual en la letra impresa, significado/imágenes, elementos gráficos, estructura lingüística) para verificar y autocorregirse
- Autoverificar y autocorregirse mediante el uso de características visuales de las palabras
- Autoverificar y autocorregirse mediante el reconocimiento de palabras conocidas
- Usar varias fuentes de información (significado, estructura lingüística, información visual) para autoverificar y autocorregirse
- Leer sin señalar
- Usar el conocimiento de la estructura narrativa y de los atributos de los personajes para autoverificar y autocorregirse
- Usar la comprensión del diálogo para autoverificar y autocorregirse
- Usar el conocimiento del contenido de un tema simple para autoverificar y autocorregirse
- Usar información obtenida de fotografías y elementos gráficos simples para autoverificar y autocorregirse

### DESCIFRAR PALABRAS

#### ▸ Leer palabras

- Comenzar a observar palabras nuevas e interesantes, registrarlas e incorporarlas de manera activa al vocabulario oral o escrito
- Relacionar palabras que significan lo mismo o casi lo mismo como ayuda para comprender un texto y adquirir vocabulario nuevo
- Demostrar el conocimiento de maneras flexibles de descifrar palabras (observar partes de palabras, terminaciones y prefijos)
- Descifrar palabras de dos o tres sílabas, muchas palabras con desinencias y relaciones complejas entre letras y sonidos
- Descifrar palabras específicas del contenido, mediante el uso de elementos gráficos y definiciones insertas en el texto
- Usar el contexto de una oración, párrafo o texto completo para determinar el significado de una palabra
- Comprender palabras descriptivas más extensas
- Demostrar un descifrado de palabras competente y activo mientras se lee a un buen ritmo; resolución de problemas menos evidente
- Comprender palabras con varios significados
- Deducir significados de palabras nuevas a partir de los elementos gráficos

#### ▸ Vocabulario

- Ampliar el significado de una palabra al relacionarla con otras palabras
- Deducir el significado de palabras nuevas a partir del contexto
- Contribuir al vocabulario oral durante la lectura
- Relacionar palabras con sinónimos y antónimos para ampliar la comprensión
- Comprender muchas palabras que pertenecen al vocabulario oral común del grupo etario (Nivel 1)
- Comprender palabras que aparecen en el lenguaje de los usuarios maduros y en textos escritos (Nivel 2)
- Comprender algunas palabras propias de una disciplina académica (Nivel 3)
- Comprender que algunas palabras tienen muchos significados e identificar el significado específico que poseen en una oración o párrafo
- Comprender los significados de palabras comparativas
- Comprender los significados de verbos en todos los tiempos

# Seleccionar objetivos Hábitos y conocimientos para observar, enseñar y apoyar *(cont.)*

## PENSAR EN EL TEXTO ***EN SÍ*** *(continuación)*

### DESCIFRAR PALABRAS *(continuación)*

▸ **Vocabulario** *(continuación)*

- Comprender palabras que requieren el uso de diversas fuentes de información (conocimiento previo, imágenes, información visual)
- Comprender los significados y funciones de los conectores comunes (simples)
- Comprender que palabras como *yo, me, mi, mí* y *nosotros, nosotras, nos* pueden indicar a la narradora o al narrador de un texto
- Comprender los significados de verbos que muestran la acción en un cuento, adjetivos que describen los personajes o el escenario y adverbios que describen la acción
- Comprender algunas palabras específicas del contenido introducidas, explicadas e ilustradas en el contexto
- Usar detalles en las ilustraciones para comprender el vocabulario nuevo
- Usar un glosario para aprender o revisar los significados de palabras
- Comprender palabras clave en elementos gráficos como mapas, diagramas y tablas

### MANTENER LA FLUIDEZ

- Leer oralmente con formación de frases, pausa, entonación, acento prosódico y ritmo adecuados
- Leer tanto oral como silenciosamente a un ritmo que refleje un procesamiento fluido pero también que mantenga la comprensión y la precisión
- Mantener el impulso a lo largo de textos cortos y de algunos libros por capítulos cortos y realizar un progreso significativo día a día
- Observar puntos, comas, signos de admiración, signos de interrogación, rayas de diálogo y comillas, y comenzar a reflejarlos con la voz mediante la entonación y la pausa
- Leer silenciosamente a un ritmo satisfactorio
- Poner énfasis en palabras que estén en negrita o bastardilla
- Reconocer y leer de manera expresiva diversos diálogos, algunos no asignados
- Leer partes de un guion con expresividad
- Reflejar listas numeradas y con viñetas con la voz cuando se lee oralmente

### AJUSTAR

- Leer más lentamente para resolver problemas con las palabras y retomar la lectura con impulso
- Ajustar la lectura para mostrar conocimiento o variación en las oraciones (ubicación de categorías gramaticales, frases y cláusulas)
- Ajustar la lectura para adaptarla a oraciones compuestas y oraciones con un orden variable de cláusulas
- Ajustar para incorporar formas insertadas (cartas) en textos narrativos y expositivos
- Ajustar las expectativas para procesar diferentes partes de un texto híbrido
- Ajustar la lectura para procesar un texto gráfico
- Reconocer que un texto es ficcional y que cuenta una historia que tiene un comienzo, un problema, una serie de sucesos y un final
- Ajustar para reconocer y usar características de tipos especiales de ficción como el misterio; el cuento de aventuras; el cuento de animales, y el cuento de familia, amigos y escuela
- Ajustar para leer partes en el guion del teatro del lector o una obra de teatro
- Comprender que cuando se lee una biografía, se lee la historia de la vida de una persona
- Observar rótulos o leyendas en fotografías y dibujos, y usarlos para comprender las palabras en el texto
- Ajustar la lectura para adaptarla a diversas ubicaciones del cuerpo del texto, de fotografías y de dibujos con rótulos o leyendas, recuadros laterales y elementos gráficos
- Ajustar la lectura para reflejar una serie de pasos en un texto de instrucciones

### RESUMIR

- Recordar la información importante mientras se lee para comprender el significado del texto
- Hablar acerca de la información importante en un formulario de resumen organizado luego de la lectura
- Resumir el cuento e incluir los sucesos de la trama, el problema, la resolución y los personajes
- Resumir información del texto y seleccionar la información que sea importante
- Resumir la secuencia temporal en un orden temporal
- Resumir un texto narrativo de no ficción o una biografía en orden temporal

## **Seleccionar objetivos** Hábitos y conocimientos para observar, enseñar y apoyar *(cont.)*

### PENSAR ***MÁS ALLÁ*** DEL TEXTO

#### PREDECIR

- Usar conocimientos de estructuras gramaticales y experimentar con el lenguaje escrito para anticipar el texto
- Hacer predicciones basadas en el conocimiento, la experiencia personal, el estudio de áreas de contenido y otras lecturas
- Hacer predicciones a lo largo de un texto basadas en la estructura de organización (narrativa, expositiva)
- Predecir el final de un cuento a partir del conocimiento de cómo funcionan las tramas y el conocimiento de escenarios, personajes y el problema del cuento
- Hacer predicciones basadas en el conocimiento de diversos sucesos cotidianos
- Predecir la trama y los personajes de una secuela de un libro conocido
- Hacer predicciones basadas en el conocimiento de los géneros de ficción (ficción realista, literatura tradicional, fantasía, texto híbrido)
- Hacer predicciones a partir del conocimiento de experiencias personales y de la lectura (los alimentos; cocinar; las mascotas; la animales del mundo; la alimentación saludable y la nutrición; el sistema muscular, óseo y nervioso)
- Hacer predicciones basadas en el conocimiento de los géneros de no ficción (texto expositivo, texto narrativo de no ficción simple, biografía, memorias personales, texto de instrucciones, texto híbrido)
- Hacer predicciones basadas en el conocimiento de estructuras textuales subyacentes (descripción, causa y efecto, secuencia cronológica, secuencia temporal, comparación y contraste, pregunta y respuesta)
- Hacer predicciones basadas en una secuencia temporal (crecimiento de plantas, eclosión de huevos, hacer algo, el ciclo del agua)

#### ESTABLECER CONEXIONES

- Establecer conexiones entre experiencias personales y textos
- Establecer conexiones entre libros de una serie
- Usar conocimientos previos para comprender escenarios
- Establecer conexiones entre textos del mismo género
- Usar conocimientos previos de la literatura tradicional para reconocer personajes y sucesos comunes
- Establecer conexiones entre los sucesos en capítulos que se relacionan con una única trama
- Usar conocimientos previos (de la experiencia y la lectura) para comprender los escenarios en los cuentos
- Acceder a conocimientos previos adquiridos de la lectura para comprender el contenido de un texto
- Establecer conexiones entre textos sobre el mismo tema o con contenido similar
- Acceder a conocimientos previos para comprender la descripción o la secuencia temporal
- Establecer relaciones con otras áreas de estudio (ciencia, estudios sociales)

#### SINTETIZAR

- Hablar acerca de lo que la lectora o el lector sabe sobre el tema antes de leer el texto e identificar los nuevos conocimientos adquiridos de la lectura
- Hablar acerca del texto y mostrar la comprensión de los sucesos, el tema o el contenido
- Hablar acerca de lecciones que enseña la historia
- Hablar acerca de lo que se aprende de los personajes, el problema y la resolución del problema

#### INFERIR

- Inferir secuencias temporales y los motivos para cada paso
- Observar y comprender el humor en un texto
- Hacer inferencias acerca del escenario como ayuda para la comprensión del cuento
- Comprender e inferir la importancia del escenario de una biografía que puede ser distante en el tiempo y la geografía respecto del propio conocimiento de los niños
- Inferir las características, los sentimientos y las motivaciones de los personajes a partir de lo que los personajes dicen, piensan o hacen y lo que otros dicen o piensan de ellos
- Reconocer y comprender características de personajes complejos que cambian
- Inferir motivos para el cambio de los personajes
- Hablar acerca de las imágenes y revelar la interpretación de un problema o de las emociones de los personajes
- Inferir información acerca de los personajes, el escenario, la trama y la acción de textos gráficos, en los que las ilustraciones portan gran parte del significado
- Inferir ideas acerca de contenidos conocidos

# Seleccionar objetivos Hábitos y conocimientos para observar, enseñar y apoyar *(cont.)*

## PENSAR *ACERCA* DEL TEXTO

### ANALIZAR

- Distinguir entre la ficción y la no ficción, y explicar las diferencias características
- Comprender las características particulares de los textos gráficos
- Comprender y describir las características de los géneros de ficción, incluidas la ficción realista, la literatura tradicional (cuento popular, cuento de hadas, fábula, mito), la fantasía y el texto híbrido
- Observar elementos y motivos básicos del texto de fantasía (lo sobrenatural, criaturas imaginarias y extraordinarias, dioses y diosas, animales que hablan, lucha entre el bien y el mal, magia, objetos fantásticos o mágicos, deseos, artimañas, transformaciones)
- Distinguir entre ficción realista y fantasía
- Comprender que puede haber géneros diferentes en cada una de las categorías más amplias de ficción y no ficción
- Identificar y comprender las características de tipos especiales de ficción (misterio; cuento de aventuras; cuento de animales; cuento de familia, amigos y escuela)
- Reconocer y comprender diversas estructuras narrativas
- Reconocer que un texto puede contener información verídica
- Comprender que un libro de no ficción presenta hechos o dice cómo hacer algo
- Comprender y describir las características de los géneros de no ficción (texto expositivo, texto narrativo de no ficción simple, biografía, memorias personales, texto de instrucciones y texto híbrido)
- Comprender que una biografía es la historia de la vida de una persona y que generalmente se cuenta en orden cronológico
- Comprender que la información y las ideas en un texto se relacionan entre sí, y observar cómo el autor presenta esto
- Reconocer el uso de formas insertadas de una escritora o un escritor (cartas) dentro de textos narrativos o expositivos
- Reconocer y seguir una secuencia cronológica de sucesos
- Identificar un problema central de un cuento en un texto con muchos episodios
- Comprender un texto narrativo en primera y tercera persona
- Comprender que un libro de no ficción puede ser de instrucciones (explicativo)
- Comprender que un libro de no ficción puede incorporar procedimientos explicados
- Reconocer cuándo una escritora o un escritor usa el orden temporal (tiempo) para describir un proceso
- Reconocer el uso de una escritora o un escritor de estructuras textuales subyacentes (descripción, causa y efecto, secuencia cronológica, secuencia temporal, comparación y contraste, pregunta y respuesta)
- Pensar de manera analítica acerca de la relevancia de un título
- Reconocer escenarios que son conocidos, así como algunos distantes en el tiempo y la geografía
- Comprender de qué manera un escenario es importante para la trama y la perspectiva de los personajes
- Reconocer personajes que son típicos del texto de fantasía o de la literatura tradicional
- Comprender el papel de los personajes secundarios en un cuento
- Observar la evidencia que brinda una escritora o un escritor para mostrar los atributos y los motivos de los personajes, así como los cambios de los personajes
- Comprender la perspectiva desde la que se cuenta un cuento y hablar acerca del motivo por el que la eligió una escritora o un escritor
- Observar el lenguaje que se usa para mostrar el orden cronológico
- Observar el uso que hace una escritora o un escritor de lenguaje figurado (metáfora, símil, onomatopeya)
- Observar cómo una escritora o un escritor usa conectores comunes o simples, (*porque, antes, después*) para aclarar relaciones entre ideas
- Observar material parentético que comience con comas o paréntesis
- Observar y seguir diálogo no asignado en la ficción
- Observar el uso que hace una autora o un autor del lenguaje expresivo en el diálogo
- Observar el uso que hace una escritora o un escritor de palabras humorísticas u onomatopeyas, y hablar acerca de cómo estas contribuyen a la acción
- Reconocer lenguaje de procedimientos muy simple (instrucciones)
- Reconocer cuándo la escritora o el escritor usa la segunda persona (habla en forma directa a la lectora o al lector): *tú, ti*
- Comprender que las ilustraciones portan el diálogo y la acción en textos gráficos
- Observar cómo las ilustraciones enriquecen acciones importantes de la historia
- Observar y comprender cómo los elementos gráficos y los recuadros laterales complementan el cuerpo del texto
- Comprender que las ilustraciones o fotografías enriquecen las ideas y la información en un texto
- Usar lenguaje académico para hablar acerca de los géneros (*ficción; cuento de familia, amigos y escuela; cuento popular; no ficción; texto informativo; documento; texto sobre hechos, texto de instrucciones*)
- Usar lenguaje académico para hablar acerca de las formas (*libros de una serie, obra de teatro, libros por capítulos, carta*)
- Usar lenguaje académico para hablar acerca de las características literarias (*comienzo, final, problema, personaje, tiempo y lugar, pregunta y respuesta, personaje principal, cambio de personaje, mensaje, diálogo, tópico, sucesos, solución*)
- Usar lenguaje académico para hablar acerca de las características del libro y la letra impresa (*portada, contraportada, página, autor, ilustrador, ilustración, título, rótulo, dibujo, encabezado, leyenda, tabla de contenidos, capítulo, título del capítulo, dedicatoria, recuadro lateral, glosario, mapa, diagrama, notas del autor, notas del ilustrador, sección*)

# Seleccionar objetivos Hábitos y conocimientos para observar, enseñar y apoyar *(cont.)*

## PENSAR *ACERCA* DEL TEXTO

### CRITICAR

- Intercambiar opiniones acerca de un texto y brindar fundamentos y ejemplos
- Intercambiar opiniones acerca de una ilustración o fotografía
- Dar una opinión acerca de la credibilidad de la trama o los personajes
- Hablar de manera crítica acerca de lo que hace una escritora o un escritor para que un tema sea interesante o importante
- Hablar acerca del motivo por el que el sujeto de una biografía es importante o sirve de ejemplo para los demás

### Planificar el trabajo con las palabras después de la lectura guiada

Usando sus observaciones recientes sobre la capacidad de los lectores de descomponer palabras rápida y eficientemente mientras leen un texto, planifique de uno a tres minutos la participación activa de los niños atendiendo a las letras, los sonidos y las palabras. Priorice la observación de los lectores sobre las características de la letra impresa y el uso manual activo de las letras magnéticas, de la pizarra blanca, de tarjetas de palabras o de lápiz y papel para promover la fluidez y la flexibilidad en el procesamiento visual.

**Ejemplo:**

- Descomponer palabras con diversas terminaciones (*caminando, cansada*)
- Agregar diversas terminaciones a los verbos para formar tiempos presentes y pasados (*estudio, estudié, estudiaba*)
- Modificar palabras para crear todo tipo de plurales agregando *-s*, *-es* o *-ces* (*ventanas, aviones, lápices*)
- Separar palabras con sufijos comunes (*preci-oso, cort-ado*)
- Quitar letras o grupos de letras de una palabra para reconocer una palabra base (*a-calor-ado*)
- Trabajar la flexibilidad en palabras base, al descomponer y crear palabras nuevas cambiando letras y agregando sufijos (*plantar, plantando, plantada, plantita*)
- Reconocer y usar homófonos (palabras con la misma pronunciación, ortografía diferente y significados diferentes: *tuvo; tubo*) y homógrafos (palabras con la misma ortografía y significados diferentes: *muñeca*)
- Reconocer y pronunciar sílabas abiertas (CV: *ma-no*) y cerradas (CVC: *tar-des*)
- Decomponer y crear palabras mediante el uso de patrones silábicos más complejos (CVCCV: *cesto*, VCCV: *arte*)
- Descomponer palabras compuestas y debatir cómo las partes se relacionan con el significado (*abre-latas*)
- Descomponer palabras multisilábicas para decodificar unidades manejables (*re-ga-de-ra, de-lan-tal*)
- Leer palabras mediante el uso del análisis de la relación entre letras y sonidos de izquierda a derecha (*gui-ta-rra*)
- Usar lo que se sabe sobre las palabras para leer palabras nuevas (*canta, planta; venta, ventana*)

# Lectores del nivel N

En el nivel N, los lectores procesarán todo tipo de géneros de ficción y no ficción en diversas formas, entre ellos libros de ilustraciones, libros de una serie, libros por capítulos (algunos con secuelas), poemas, obras de teatro y textos gráficos. Las narraciones de ficción son directas pero tienen tramas con muchos episodios y varios personajes que se desarrollan y cambian con el tiempo. Se enfrentan con la ficción histórica, que ofrece desafíos especiales en términos del escenario. Los lectores se interesan en la lectura de tipos especiales de ficción como los misterios, los cuentos de deportes y los libros acerca de la escuela. Desarrollan preferencias de lectura. Algunos textos de no ficción brindan información en categorías de varios temas relacionados, y los lectores pueden identificar y usar estructuras subyacentes (descripción, causa y efecto, secuencia cronológica, secuencia temporal, categorización, comparar y contrastar, problema y solución, pregunta y respuesta). Continúan leyendo en silencio a buen ritmo y automáticamente usan una amplia variedad de estrategias para descifrar palabras mientras se centran en el significado. En la lectura oral, continúan leyendo con formación de frases, fluidez y énfasis en las palabras adecuadas de manera tal que se refleja el significado y se reconoce la puntuación. Los lectores leen más lentamente para descifrar palabras o buscar información y luego vuelven a leer a ritmo normal; hay poca resolución explícita de problemas. Pueden procesar oraciones complejas, que contienen frases preposicionales, cláusulas introductorias, listas de sustantivos, verbos o adjetivos. Pueden leer y comprender palabras descriptivas, algunas palabras complejas de contenido específico y algunas palabras técnicas. La longitud del texto ya no es un problema crucial porque los estudiantes están comenzando a leer textos que varían en gran medida. Pueden descifrar palabras de corrido y de manera automática en la lectura en silencio y oral. Los lectores continúan ampliando sus conocimientos de las características del género y pueden expresarlos. Se amplía el vocabulario académico.

## Seleccionar textos Características de los textos del **nivel N**

### GÉNERO

**▸ Ficción**

- Ficción realista
- Ficción histórica
- Literatura tradicional (cuento popular, cuento de hadas, fábula)
- Fantasía
- Textos híbridos
- Tipos especiales de ficción (misterio; cuento de aventuras, cuento de deportes; cuento de animales; cuento de familia, amigos y escuela; cuento humorístico)

**▸ No ficción**

- Textos expositivos de no ficción
- Textos narrativos de no ficción
- Biografía
- Memorias personales
- Textos de instrucciones
- Textos híbridos

### FORMAS

- Libros de una serie
- Libros álbum
- Libros por capítulos de nivel inicial con ilustraciones
- Libros por capítulos con secuelas
- Obras de teatro
- Guiones del teatro del lector
- Textos gráficos
- Cartas, entradas de diario

### ESTRUCTURA DEL TEXTO

- Textos narrativos con estructura directa (comienzo, series de episodios, final) pero más episodios incluidos
- Textos narrativos con varios episodios que pueden ser más elaborados
- Algunos libros con capítulos muy cortos, cada uno con estructura narrativa
- Algunas formas integradas (cartas, instrucciones) dentro de estructuras narrativas y expositivas
- Algunos libros con capítulos relacionados con una trama única
- Algunas colecciones de cuentos breves relacionados con un tema predominante
- Libros de no ficción divididos en secciones
- Patrones estructurales subyacentes (descripción, causa y efecto, secuencia cronológica, secuencia temporal, comparación y contraste, pregunta y respuesta)

### CONTENIDO

- Contenido interesante y relevante para la lectora o el lector
- Equilibrio entre contenido conocido y nuevo
- Mucho contenido que trasciende la experiencia inmediata de los estudiantes
- Algunos libros con poco o ningún apoyo de imágenes para el contenido (libro por capítulos)
- Contenidos que requieren acceso a conocimientos previos
- Contenido que requiere que la lectora o el lector asuma perspectivas de diversas culturas y apele al conocimiento cultural para la comprensión
- Contenidos que requieren que la lectora o el lector busque información en los elementos gráficos (mapas, tablas, diagramas, dibujos ilustrados, fotografías rotuladas)

## ¿Por qué los volcanes hacen erupción?

El centro de la Tierra es muy caliente y contiene roca líquida llamada magma. El calor en el centro de la Tierra crea una presión muy fuerte. Esta presión empuja el magma hacia la superficie de la Tierra.

6

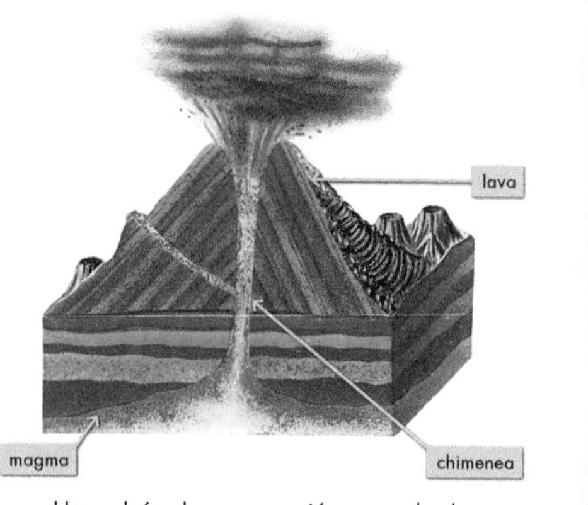


Un volcán hace erupción cuando la presión lanza el magma hacia la superficie de la Tierra. El magma sube por un agujero en el volcán llamado *chimenea*. Cuando el magma sale del volcán, se llama *lava*.

7



### TEMAS E IDEAS

- Muchas historias livianas y humorísticas
- Algunos textos con significados más profundos acerca de contenido conocido por la mayoría de los lectores
- Textos con significados más profundos aplicables a problemas humanos importantes y asuntos sociales
- Algunos temas abstractos que requieren razonamiento inferencial
- Algunos temas complejos (medioambiente, relaciones humanas, problemas familiares)

### CARACTERÍSTICAS LITERARIAS Y DEL LENGUAJE

- Algunos textos con escenarios que no son típicos de la experiencia de muchos estudiantes
- Algunos escenarios que son distantes en el tiempo y la geografía
- Escenarios que son importantes para la comprensión de la ficción narrativa o la biografía
- Trama con conflicto y resolución
- Trama que incluye muchos episodios
- Personajes principales y personajes secundarios
- Personajes multidimensionales
- Personajes revelados por lo que dicen, piensan y hacen, y por lo que los demás dicen y piensan sobre ellos
- Personajes revelados a lo largo de una serie de sucesos, capítulos o libros
- Variedad en la presentación del diálogo (diálogo entre muchos personajes, diálogo con pronombres, diálogo separado, diálogo directo, incluido el diálogo no asignado y tramos largos del diálogo)
- Mayoría de textos escritos en primera o tercera persona narrativa, y algunos textos de instrucciones en segunda persona
- Motivos básicos de la literatura tradicional y del texto de fantasía moderno (lucha entre el bien y el mal, objetos fantásticos o mágicos, deseos, artimañas, transformaciones)
- Lenguaje figurado (metáfora, símil)
- Lenguaje poético
- Lenguaje de procedimientos
- Lenguaje que se usa para hacer comparaciones
- Uso de lenguaje expresivo en el diálogo
- Lenguaje descriptivo
- Lenguaje que se usa para mostrar orden cronológico y secuencia temporal
- Lenguaje persuasivo
- Lenguaje que habla directamente a la lectora o al lector

### COMPLEJIDAD DE LAS ORACIONES

- Algunas oraciones más largas con más de veinte palabras y muchas frases y cláusulas
- Variación en la longitud y en la estructura de la oración
- Oraciones con una amplia variedad de categorías gramaticales
- Variación en la ubicación del sujeto, el verbo, los adjetivos y los adverbios
- Oraciones con varios adjetivos, adverbios y frases preposicionales
- Muchas oraciones que comienzan con frases o cláusulas subordinadas (dependientes)
- Oraciones con conectores comunes y simples (*por lo tanto, entonces, por otra parte*)
- Algunas oraciones complejas con variedad en el orden de las cláusulas
- Uso ocasional de material parentético incluido en oraciones
- Oraciones con una amplia variedad de puntuación con base en la complejidad del texto

# Seleccionar textos Características de los textos del **nivel N** *(cont.)*

## VOCABULARIO

- Algunas palabras del vocabulario que los estudiantes adquieren mediante la lectura o al escuchar de cuentos o textos de no ficción leídos en voz alta
- La mayoría de las palabras que pertenecen al vocabulario oral común del grupo etario (Nivel 1)
- Algunas palabras que aparecen en el vocabulario de usuarios del lenguaje maduros (Nivel 2)
- Uso ocasional de palabras propias de una disciplina (Nivel 3)
- Muchas palabras de contenido específico introducidas, explicadas e ilustradas en el texto, y que requieren el uso del contexto para su comprensión
- Amplia variedad de palabras usadas para asignar diálogo
- Muchos adjetivos (entre ellos, algunas palabras más largas) que describen personas, lugares o cosas
- Adverbios que describen acciones
- Muchas palabras con varios significados
- Vocabulario nuevo que requiere acción estratégica para su comprensión (obtener significado según el contexto, usar herramientas de referencia, observar la morfología)
- Algunas palabras con significados connotativos que son esenciales para comprender el texto
- Muchos conectores comunes (palabras, frases que aclaran relaciones e ideas): *y, pero, entonces, antes, después*

## PALABRAS

- Muchas palabras con cuatro o más sílabas
- Palabras con sufijos y prefijos
- Palabras con una amplia variedad de patrones ortográficos muy complejos
- Polisílabos difíciles de descomponer o decodificar
- Algunos sustantivos propios polisílabos que son difíciles de descifrar
- Una mayor variedad de conjugaciones verbales
- Algunas palabras divididas (con guion) entre dos líneas

## ILUSTRACIONES

- Ilustraciones del contenido y las ideas importantes en el texto
- Ilustraciones que mejoran y amplían el significado en un texto
- Ilustraciones que apoyan la interpretación, promueven el entretenimiento o establecen la atmósfera pero que no son necesarias para la comprensión
- Ilustraciones que requieren la interpretación de la lectora o del lector y que son esenciales para la comprensión del texto
- Muchos textos cortos con ilustraciones en cada página
- Algunos libros por capítulos cortos con ilustraciones cada tres o cuatro páginas
- Algunos textos con muy pocas ilustraciones
- Variedad en la disposición de las ilustraciones y la letra impresa
- Más de un tipo de elemento gráfico en una doble página
- Algunos libros con ilustraciones en blanco y negro
- Algunos textos gráficos en los que las ilustraciones transmiten gran parte del significado
- Una gama de elementos gráficos que agregan información y apoyan la interpretación del texto por parte de los lectores (fotos y dibujos con rótulos o leyendas, diagramas, mapas con leyendas, infografías)

## CARACTERÍSTICAS DEL LIBRO Y LA LETRA IMPRESA

### LONGITUD

- Una amplia variación en la longitud (la mayoría de menos de cuarenta y ocho páginas)
- Una amplia variación en el número de palabras (550–2,000)
- Algunos libros divididos en capítulos
- Algunos libros divididos en secciones y subsecciones

### TEXTO IMPRESO Y DISPOSICIÓN

- Fuente de diversos tamaños
- Letra impresa y fondo de diversos colores
- Muchas líneas de texto en una página (de cinco a veinticuatro líneas)
- Oraciones que comienzan donde termina la oración anterior
- Variedad en la ubicación de la letra impresa, que refleja géneros diferentes
- La mayoría de los textos con espaciado sencillo pero con un espacio claro entre líneas
- Información que se muestra en diversas combinaciones de imágenes y letra impresa en textos gráficos
- Leyendas debajo de imágenes que brindan información importante
- Letra impresa colocada en recuadros laterales y elementos gráficos que presentan información importante

### PUNTUACIÓN

- Punto, coma, signos de interrogación, signos de admiración, rayas de diálogo o comillas para el diálogo y puntos suspensivos en la mayoría de los textos
- Comillas o comillas angulares para identificar citas y pensamientos

### HERRAMIENTAS DE ORGANIZACIÓN

- Título, tabla de contenidos, título del capítulo, encabezado, subtítulo y recuadro lateral

### RECURSOS DEL TEXTO

- Dedicatoria, reconocimientos, nota de la autora o del autor, guía de pronunciación y glosario

# Seleccionar objetivos Hábitos y conocimientos para observar, enseñar y apoyar

## PENSAR EN EL TEXTO *EN SÍ*

### BUSCAR Y USAR INFORMACIÓN

- Mantener la búsqueda de información en un texto (generalmente de menos de cuarenta y ocho páginas) y/o en un libro por capítulos cortos
- Volver a leer para buscar y usar información de fuentes diversas
- Buscar y usar información a partir de diversas ilustraciones o elementos gráficos
- Buscar y usar información de libros anteriores cuando se lee una serie
- Usar conocimientos previos para buscar y comprender información acerca de los escenarios
- Usar herramientas de organización para buscar información (título, tabla de contenidos, títulos de capítulos, encabezados, subtítulos, recuadros laterales)
- Usar recursos del texto para buscar información (nota de la autora o del autor, guía de pronunciación, glosario)
- Buscar información en oraciones con muchas cláusulas o frases
- Buscar información en oraciones que varían en longitud, estructura y puntuación con base en la complejidad del texto
- Buscar información en oraciones con variación en la ubicación del sujeto, el verbo, los adjetivos y los adverbios
- Buscar información en oraciones con sustantivos, verbos, adjetivos o adverbios en una serie dividida por comas
- Buscar y comprender información presentada de diversas maneras (diálogo simple, diálogo con pronombres, diálogo separado, diálogo asignado y algunas veces no asignado, diálogo entre muchos personajes, algunos tramos largos de diálogo, diálogo directo)
- Buscar y comprender información en algunos tramos largos de diálogo donde hablan muchos personajes
- Buscar y usar información en textos con diversidad en la ubicación del cuerpo del texto, los recuadros laterales y los elementos gráficos
- Usar el orden cronológico dentro de muchos episodios para buscar y usar información
- Buscar información en capítulos relacionados con una única trama
- Observar y usar signos de puntuación (punto, coma, signos de interrogación, signos de admiración, rayas de diálogo, comillas o comillas angulares, puntos suspensivos)

### VERIFICAR Y AUTOCORREGIRSE

- En ocasiones, volver a leer una palabra o frase para autoverificar o autocorregirse
- Autocorregirse en el momento en el que se comete un error
- Usar diversas fuentes de información (información visual en la letra impresa, significado/imágenes, elementos gráficos, estructura lingüística) para verificar y autocorregirse
- Autoverificar y autocorregirse mediante el uso de características visuales de las palabras y correspondencia entre letra y sonido
- Autoverificar y autocorregirse mediante el reconocimiento de palabras conocidas
- Usar el conocimiento de la estructura narrativa y de los atributos de personajes multidimensionales que cambian para autoverificar y autocorregirse
- Usar la comprensión del diálogo para autoverificar y autocorregirse
- Usar el conocimiento del contenido de un tema simple para autoverificar y autocorregirse
- Usar información obtenida de fotografías y elementos gráficos simples para autoverificar y autocorregirse

### DESCIFRAR PALABRAS

#### ▸ Leer palabras

- Comenzar a observar palabras nuevas e interesantes, e incorporarlas al vocabulario oral o escrito
- Determinar los significados de palabras académicas y relacionadas con un tema en un texto
- Relacionar palabras que significan lo mismo o casi lo mismo como ayuda para comprender un texto y adquirir vocabulario nuevo
- Demostrar el conocimiento de maneras flexibles de descifrar palabras (observar partes de palabras, terminaciones y sufijos)
- Descifrar palabras de dos o tres sílabas, muchas palabras con desinencias y relaciones complejas entre letras y sonidos
- Descifrar palabras específicas del contenido, mediante el uso de elementos gráficos y definiciones insertas en el texto
- Usar el contexto de una oración, párrafo o texto completo para determinar el significado de una palabra
- Comprender palabras descriptivas más extensas
- Aplicar estrategias de resolución de problema a palabras técnicas o sustantivos propios que son complejos
- Darse cuenta de que las palabras del texto se definen parcialmente por las ilustraciones en textos gráficos

#### ▸ Vocabulario

- Deducir el significado de palabras nuevas a partir del contexto de la oración
- Ampliar el significado de una palabra al relacionarla con otras palabras
- Contribuir al vocabulario oral durante la lectura
- Relacionar palabras con sinónimos y antónimos para ampliar la comprensión
- Comprender un gran número de palabras que pertenecen al vocabulario oral común del grupo etario (Nivel 1)
- Comprender palabras que aparecen en el lenguaje de los usuarios maduros y en textos escritos (Nivel 2)
- Comprender algunas palabras propias de una disciplina académica (Nivel 3)
- Comprender los significados y funciones de todas las categorías gramaticales en oraciones
- Comprender que algunas palabras tienen muchos significados e identificar el significado específico que poseen en una oración o párrafo
- Comprender los significados de verbos en todos los tiempos

# Seleccionar objetivos Hábitos y conocimientos para observar, enseñar y apoyar *(cont.)*

## PENSAR EN EL TEXTO *EN SÍ* *(continuación)*

### DESCIFRAR PALABRAS *(continuación)*

▸ **Vocabulario** *(continuación)*

- Comprender palabras que requieren el uso de múltiples fuentes de información (conocimientos previos, imágenes, información visual)
- Comprender los significados y funciones de los conectores comunes (simples): *pero, porque, entonces, hasta que*
- Comprender que algunas palabras tienen significados connotativos que son esenciales para la comprensión del texto
- Comprender que palabras como *yo, me, mi, mí* y *nosotros, nosotras, nos* pueden indicar a la narradora o al narrador de un texto
- Comprender los significados de una amplia gama de palabras que asignan diálogo
- Comprender los significados de verbos que muestran la acción en una historia, adjetivos que describen personajes o escenario y adverbios que describen la acción
- Comprender algunas palabras de contenido específico introducidas, explicadas e ilustradas en el contexto
- Usar detalles en ilustraciones para comprender vocabulario nuevo
- Usar un glosario para aprender los significados de palabras
- Comprender palabras clave en elementos gráficos como mapas, diagramas y tablas

### MANTENER LA FLUIDEZ

- Leer oralmente con formación de frases, pausa, entonación, acento prosódico y ritmo adecuados
- Leer silenciosamente a un ritmo levemente más rápido que cuando se lee oralmente y mantener la comprensión y la precisión
- Mantener el impulso a lo largo de textos cortos y de algunos libros de capítulos cortos y hacer un progreso significativo día a día
- Observar puntos, comas, signos de admiración, signos de interrogación, rayas de diálogo y comillas, y comenzar a reflejarlos con la voz mediante la entonación y la pausa
- Poner énfasis en palabras que estén en negrita, bastardilla o diversas fuentes
- Reconocer y leer de manera expresiva diversos diálogos, algunos no asignados
- Leer partes de un guion con expresividad
- Reflejar listas numeradas y con viñetas con la voz cuando se lee oralmente

### AJUSTAR

- Leer más lentamente para resolver problemas con las palabras y retomar la lectura con impulso
- Ajustar la lectura oral para mostrar percepción de variación en la oración (ubicación de categorías gramaticales, frases y cláusulas)
- Ajustar la lectura para adaptarla a oraciones compuestas y oraciones con una variación en el orden de las cláusulas
- Ajustar para adaptar formas incluidas (cartas) en textos narrativos y expositivos
- Ajustar las expectativas para procesar diferentes partes de un texto híbrido
- Ajustar la lectura para procesar un texto gráfico
- Ajustar la lectura para reconocer el propósito y las características del género
- Ajustar para reconocer y usar características de tipos especiales de ficción como misterio, cuento de aventuras; cuento de animales; cuento de familia, amigos y escuela
- Ajustar para leer partes en un guion del teatro del lector o en una obra de teatro
- Observar rótulos o leyendas en fotografías y dibujos, y usarlos para comprender las palabras en un texto
- Ajustar la lectura para adaptarla a diversas ubicaciones del cuerpo del texto, fotografías y dibujos con rótulos o leyendas, recuadros laterales y elementos gráficos

### RESUMIR

- Recordar información importante mientras se lee para comprender el significado del texto
- Hablar acerca de información importante en un formulario de resumen organizado luego de la lectura
- Resumir el cuento e incluir los personajes, el problema del cuento, los sucesos de la trama y la resolución de la trama (ficción)
- Resumir información en el texto y seleccionar la información que sea importante (no ficción)
- Resumir secuencia temporal en un orden temporal
- Resumir textos narrativos de no ficción o biografías en orden temporal

# Seleccionar objetivos Hábitos y conocimientos para observar, enseñar y apoyar *(cont.)*

## PENSAR *MÁS ALLÁ* DEL TEXTO

### PREDECIR

- Usar conocimientos de estructuras gramaticales y experimentar con el lenguaje escrito para anticipar el texto
- Hacer predicciones a partir de experiencias y conocimientos personales y al conocimiento del contenido desarrollado mediante la lectura
- Hacer predicciones a lo largo de un texto basadas en la estructura de organización (narrativa, expositiva)
- Predecir el final de un cuento a partir del conocimiento de cómo funcionan las tramas y el conocimiento de escenarios, personajes y el problema del cuento
- Hacer predicciones basadas en el conocimiento de los géneros de ficción (ficción realista, ficción histórica, literatura tradicional, fantasía, texto híbrido)
- Predecir la trama y los personajes de una secuela de un libro conocido
- Hacer predicciones basadas en el conocimiento de los géneros de no ficción (texto expositivo, texto narrativo de no ficción simple, biografía, memorias personales, texto de instrucciones, texto híbrido)
- Hacer predicciones basadas en el conocimiento de estructuras textuales subyacentes (descripción, causa y efecto, secuencia cronológica, secuencia temporal, comparación y contraste, pregunta y respuesta)
- Hacer predicciones basadas en una secuencia temporal (crecimiento de plantas, eclosión de huevos, hacer algo, preparación y entrega de comidas, el ciclo del agua)

### ESTABLECER CONEXIONES

- Establecer conexiones entre experiencias personales y textos
- Establecer conexiones entre libros de una serie
- Usar conocimientos previos para comprender escenarios
- Establecer conexiones entre textos del mismo género
- Usar conocimientos previos de la literatura tradicional para reconocer personajes y sucesos comunes
- Usar conocimientos previos para comprender escenarios en cuentos
- Acceder a conocimientos previos adquiridos de la lectura para comprender el contenido de un texto
- Establecer conexiones entre textos sobre el mismo tema o con contenido similar
- Acceder a conocimientos previos para comprender la descripción o la secuencia temporal
- Establecer relaciones con otras áreas de estudio (ciencia, estudios sociales)

### SINTETIZAR

- Hablar acerca de lo que la lectora o el lector sabe sobre el tema antes de leer el texto e identificar los nuevos conocimientos adquiridos de la lectura
- Hablar acerca del texto y mostrar la comprensión de los sucesos, el tema o el contenido
- Hablar acerca de lecciones que enseña la historia
- Hablar acerca de lo que se aprende de los personajes, el problema y la resolución del problema
- Hablar acerca de lo que se aprende sobre otras culturas a partir de personajes o escenarios
- Sintetizar contenido nuevo de textos
- Asumir perspectivas de culturas diversas y apelar al conocimiento cultural para comprender un texto

### INFERIR

- Inferir secuencias temporales y los motivos para cada paso
- Observar y comprender el humor en un texto
- Hacer inferencias acerca del escenario como ayuda para la comprensión del cuento
- Comprender e inferir la importancia del escenario de una biografía que puede ser distante en el tiempo y la geografía respecto del propio conocimiento de los estudiantes
- Inferir las características, los sentimientos y las motivaciones de los personajes a partir de lo que los personajes dicen, piensan o hacen y lo que otros dicen o piensan de ellos
- Reconocer y comprender características de personajes complejos que cambian
- Inferir motivos para el cambio de los personajes
- Inferir dimensiones múltiples de los personajes
- Inferir algunos temas e ideas abstractos
- Inferir el tema o los temas predominantes en una colección de cuentos
- Inferir el mensaje o los mensajes de la autora o del autor en un texto
- Inferir el mensaje o los mensajes más amplios en un texto (lo que podemos aprender del texto más allá de los hechos)
- Hablar acerca de las imágenes y revelar la interpretación de un problema o de las emociones de los personajes
- Inferir información acerca de los personajes, el escenario, la trama y la acción de textos gráficos, en los que las ilustraciones portan gran parte del significado
- Realizar inferencias a partir de textos que tengan pocas o ninguna imagen
- Inferir los significados de una gama de elementos gráficos que requieren la interpretación de la lectora o del lector y que son esenciales para comprender el texto

# Seleccionar objetivos Hábitos y conocimientos para observar, enseñar y apoyar *(cont.)*

## PENSAR ***ACERCA*** DEL TEXTO

### ANALIZAR

- Distinguir entre la ficción y la no ficción, y explicar las diferencias características
- Comprender las características particulares de los textos gráficos
- Distinguir entre la ficción y la no ficción, y explicar las diferencias entre ambas
- Comprender y describir las características de los géneros de ficción, incluidas la ficción realista, la ficción histórica, la literatura tradicional (cuento popular, cuento de hadas, fábula, mito), la fantasía y el texto híbrido
- Observar elementos y motivos básicos del texto de fantasía (lo sobrenatural, criaturas imaginarias y extraordinarias, animales que hablan, lucha entre el bien y el mal, magia, objetos fantásticos o mágicos, deseos, artimañas, transformaciones)
- Distinguir entre ficción realista y fantasía
- Comprender que puede haber géneros diferentes en cada una de las categorías más amplias de ficción y no ficción
- Identificar y comprender las características de tipos especiales de ficción (misterio; cuento de aventuras; cuento de animales; cuento de familia, amigos y escuela)
- Reconocer personajes que son típicos del texto de fantasía o de la literatura tradicional
- Comprender y describir las características de los géneros de no ficción (texto expositivo, texto narrativo de no ficción simple, biografía, memorias personales, texto de instrucciones y texto híbrido)
- Comprender que una biografía es la historia de la vida de una persona y que generalmente se cuenta en orden cronológico
- Comprender que la información y las ideas en un texto se relacionan entre sí, y observar cómo el autor presenta esto
- Reconocer el uso de formas insertadas de una escritora o un escritor (cartas) dentro de textos narrativos o expositivos
- Reconocer y seguir una secuencia cronológica de sucesos
- Reconocer y comprender diversas estructuras narrativas
- Comprender el uso de la primera o la tercera persona en textos narrativos de ficción
- Comprender el uso de la segunda persona en textos de no ficción
- Comprender que un libro de no ficción puede ser de instrucciones (explicativo)
- Comprender que un libro de no ficción puede incorporar procedimientos explicados
- Reconocer cuándo una escritora o un escritor usa el orden temporal (tiempo) para describir un proceso
- Reconocer el uso de una escritora o un escritor de estructuras textuales subyacentes (descripción, causa y efecto, secuencia cronológica, secuencia temporal, comparación y contraste, pregunta y respuesta)
- Inferir el propósito de la escritora o del escritor para la elección de un tema o para contar un cuento
- Pensar de manera analítica acerca de la relevancia de un título
- Reconocer escenarios que son conocidos, así como algunos distantes en el tiempo y la geografía
- Comprender de qué manera un escenario es importante para la trama y los personajes
- Identificar un problema central de un cuento en un texto con muchos episodios
- Comprender el papel de los personajes secundarios en un cuento
- Observar la evidencia que brinda una escritora o un escritor para mostrar los atributos y los motivos de los personajes, así como los cambios de los personajes
- Comprender la perspectiva desde la que se cuenta un cuento y hablar acerca del motivo por el que la eligió una escritora o un escritor
- Observar cómo una escritora o un escritor de ficción genera suspenso
- Observar el lenguaje que se usa para mostrar el orden cronológico
- Observar el uso que hace una escritora o un escritor de lenguaje figurado (metáfora, símil, onomatopeya)
- Observar cómo una escritora o un escritor usa conectores comunes, o simples, (*porque, antes, después*) para aclarar relaciones entre las ideas
- Observar material parentético que comience con comas o paréntesis
- Observar y seguir diálogo no asignado
- Observar el uso que hace una escritora o un escritor de palabras humorísticas u onomatopeyas, y hablar acerca de cómo estas contribuyen a la acción
- Comprender que las ilustraciones portan el diálogo y la acción en textos gráficos
- Observar el uso que hace una autora o un autor del lenguaje expresivo en el diálogo
- Observar cómo las ilustraciones enriquecen acciones importantes de la historia
- Observar y comprender cómo los elementos gráficos y los recuadros laterales complementan el cuerpo del texto
- Comprender que las ilustraciones o fotografías enriquecen las ideas y la información en un texto
- Usar lenguaje académico para hablar acerca de los géneros (*ficción; cuento de familia, amigos y escuela; cuento popular; cuento de animales; cuento de humor; cuento de hadas; fábula; texto de fantasía; ficción realista; misterio; cuento de aventuras; cuento de deportes; no ficción; texto informativo; documento; texto sobre hechos; texto de instrucciones; biografía*)
- Usar lenguaje académico para hablar acerca de las formas (*libros de una serie, obra de teatro, libros por capítulos, cómics, cartas*)
- Usar lenguaje académico para hablar acerca de las características literarias (*comienzo, final, problema, personaje, pregunta y respuesta, personaje principal, cambio de personaje, mensaje, diálogo, tópico, sucesos, solución, ambientación, descripción, orden temporal, problema y solución, comparar y contrastar, idea principal*)
- Usar lenguaje académico para hablar acerca de las características del libro y la letra impresa (*portada, contraportada, página, autor, ilustrador, ilustración, fotografía, título, rótulo, dibujo, encabezado, leyenda, tabla de contenidos, capítulo, título del capítulo, dedicatoria, recuadro lateral, glosario, mapa, diagrama, infografía, notas del autor, notas del ilustrador, sección, solapa del libro, agradecimientos, subtítulos, texto, guía de pronunciación*)

# Seleccionar objetivos Hábitos y conocimientos para observar, enseñar y apoyar *(cont.)*

## PENSAR ***ACERCA*** DEL TEXTO *(continuación)*

### CRITICAR

- Intercambiar opiniones acerca de un texto y brindar fundamentos y ejemplos
- Intercambiar opiniones acerca de una ilustración o fotografía
- Dar una opinión acerca de la credibilidad de la trama o los personajes
- Decir específicamente lo que hace creíble a una trama o personaje
- Hablar de manera crítica acerca de lo que hace una escritora o un escritor para que un tema sea interesante o importante
- Hablar acerca del motivo por el que el sujeto de una biografía es importante o sirve de ejemplo para los demás
- Describir lo que las ilustraciones y los elementos gráficos aportan al texto

## Planificar el trabajo con las palabras después de la lectura guiada

Usando sus observaciones recientes sobre la capacidad de los lectores de descomponer palabras rápida y eficientemente mientras leen un texto, planifique de uno a tres minutos la participación activa de los estudiantes atendiendo las letras, los sonidos y las palabras. Priorice la observación de los lectores de las características sobre la letra impresa y el uso manual activo de las letras magnéticas, de la pizarra blanca, de tarjetas de palabras o de lápiz y papel para promover la fluidez y la flexibilidad en el procesamiento visual.

**Ejemplos:**

- Reconocer y usar de manera correcta la concordancia entre sujeto y verbo para verbos con sustantivos singulares y plurales (*la niña llegó/las niñas llegaron*)
- Descomponer y formar una amplia gama de plurales, entre ellos plurales que requieren cambios ortográficos (*pez/peces, canción/canciones*)
- Trabajar con la flexibilidad de palabras base y formar palabras nuevas al cambiar las letras y agregar sufijos (*grande/grandioso/grandote, cariño/cariñito/cariñoso*)
- Reconocer y usar homófonos (palabras con la misma pronunciación, ortografía diferente y significados diferentes: *bienes; vienes*) y homógrafos (palabras con la misma ortografía y significados diferentes: *cerca*)
- Descomponer y formar palabras mediante el uso de sílabas con diptongos (*aullido, cueva, cuidado, fiesta, rey*) e hiatos (*aéreo, leopardo, rocío*)
- Descomponer palabras compuestas (*medio-día*)
- Descomponer polisílabos para decodificar unidades manejables y reconocer sílabas acentuadas (*es/tu/dio, es/tu/dió*)
- Descifrar palabras mediante el uso del análisis de la relación entre letras y sonidos de izquierda a derecha (*a-ho-rro*)
- Usar lo que se sabe sobre las palabras para leer palabras nuevas (*razón, razonable*)
- Reconocer y producir sinónimos y antónimos (*auto/carro; alto/bajo*)

# Lectores del nivel O

En el nivel O, los lectores pueden identificar las características de un número creciente de géneros. Leen libros por capítulos y textos de ficción y no ficción más cortos. Los textos narrativos de ficción son directos pero tienen tramas con muchos episodios y personajes que se desarrollan y cambian con el tiempo. Leen una gran variedad de géneros con mayor detalle dentro de los géneros. Disfrutan libros de una serie y tipos especiales de textos de ficción como los cuentos de misterio y deportes. También pueden encontrar textos híbridos que combinan más de un género en un conjunto coherente. Algunos textos de no ficción brindan información en categorías de varios temas relacionados, y los lectores pueden identificar y usar estructuras subyacentes (descripción, causa y efecto, secuencia cronológica, secuencia temporal, categorización, comparación y contraste, problema y solución, pregunta y respuesta). Pueden procesar oraciones complejas, que contienen frases preposicionales, cláusulas introductorias, y listas de sustantivos, verbos o adjetivos. Descifran palabras de vocabulario nuevas, algunas definidas en el texto y otras que deducen del contexto o de herramientas de referencia. Pueden descifrar palabras de corrido y de manera automática en la lectura en silencio y oral. La lectura oral demuestra la fluidez en todas las dimensiones. Pueden leer y comprender palabras descriptivas, algunas palabras complejas de contenido específico, conectores comunes y algunas palabras técnicas. La longitud ya no es un factor fundamental porque los textos varían considerablemente. Leen silenciosamente con poca resolución explícita de problemas. Continúan ampliando el vocabulario académico que comprenden y pueden usar.

## Seleccionar textos Características de los textos del **nivel O**

### GÉNERO

**▸ Ficción**

- Ficción realista
- Ficción histórica
- Literatura tradicional (cuento popular, cuento de hadas, fábula)
- Fantasía
- Textos híbridos
- Tipos especiales de ficción (cuento de misterio; cuento de aventuras, cuento de deportes; cuento de animales; cuento de familia, amigos y escuela; cuento humorístico)

**▸ No ficción**

- Textos expositivos de no ficción
- Textos narrativos de no ficción
- Biografía
- Autobiografía
- Memorias personales
- Textos de instrucciones
- Textos híbridos

### FORMAS

- Libros de una serie
- Libros álbum
- Libros por capítulos de nivel inicial con ilustraciones
- Libros por capítulos con secuelas
- Obras de teatro
- Guiones de teatro del lector
- Textos gráficos
- Cartas, entradas de diario

### ESTRUCTURA DEL TEXTO

- Textos narrativos con estructura directa (comienzo, series de episodios, final) pero más episodios incluidos
- Textos narrativos con varios episodios que pueden ser más elaborados
- Algunos libros con capítulos muy cortos, cada uno con estructura narrativa
- Algunas formas integradas (cartas, instrucciones, entradas de diario, correos electrónicos) dentro de estructuras narrativas y expositivas
- Algunos libros con capítulos relacionados con una trama única
- Algunas colecciones de cuentos cortos relacionados con un tema predominante
- Libros de no ficción divididos en secciones, algunos con subsecciones
- Patrones estructurales subyacentes: descripción, causa y efecto, secuencia cronológica, secuencia temporal, comparación y contraste, pregunta y respuesta

### CONTENIDO

- Contenido interesante y relevante para la lectora o el lector
- Equilibrio entre contenido conocido y nuevo
- Mucho contenido que trasciende la experiencia inmediata de los estudiantes
- Algunos libros con poco o ningún apoyo de imágenes para el contenido (libro por capítulos)
- Contenidos que requieren acceso a conocimientos previos
- Contenido que requiere que la lectora o el lector asuma perspectivas de diversas culturas y apele al conocimiento cultural para la comprensión
- Muchos contenidos que requieren que la lectora o el lector busque información en los elementos gráficos (mapas, cuadros, diagramas, dibujos ilustrados, fotografías rotuladas)

### TEMAS E IDEAS

- Muchas historias livianas y humorísticas
- Algunos textos con significado más profundo acerca de contenido conocido por la mayoría de los lectores
- Textos con significados más profundos aplicables a problemas humanos importantes y asuntos sociales

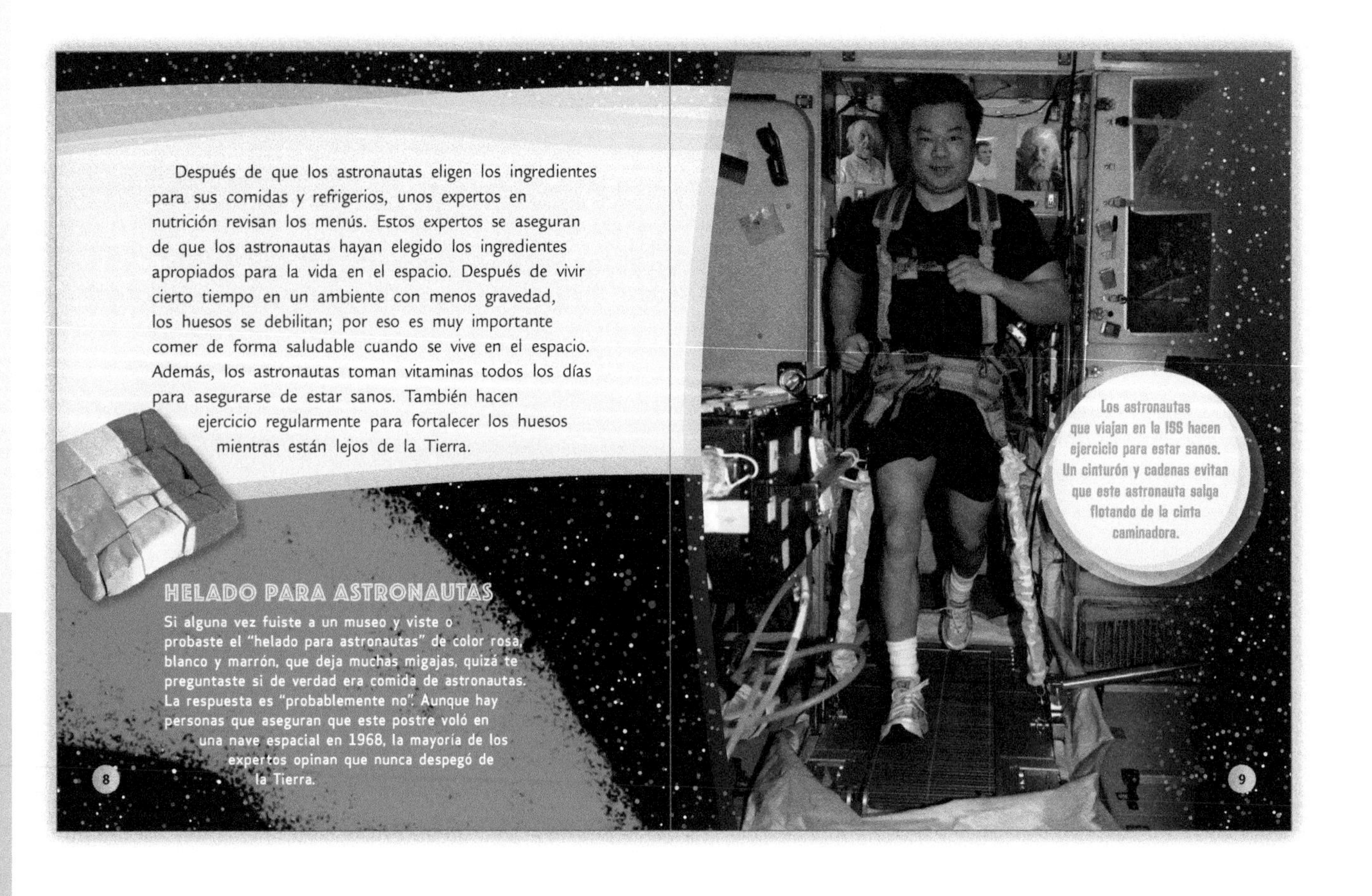


## TEMAS E IDEAS *(continuación)*

- Algunos temas abstractos que requieren razonamiento inferencial
- Algunos temas complejos (el medioambiente, las relaciones humanas, las personas de muchas culturas)

## CARACTERÍSTICAS LITERARIAS Y DEL LENGUAJE

- Algunos textos con escenarios que no son típicos de la experiencia de muchos estudiantes
- Algunos escenarios que son distantes en el tiempo y la geografía
- Escenarios que son importantes para la comprensión de la ficción narrativa o la biografía
- Trama con conflicto y resolución
- Trama que incluye muchos episodios
- Personajes principales y personajes secundarios
- Personajes multidimensionales
- Personajes revelados por lo que dicen, piensan y hacen, y por lo que los demás dicen y piensan sobre ellos
- Personajes que se desarrollan como resultado de los sucesos de la trama
- Personajes revelados a lo largo de una serie de sucesos, capítulos o libros
- Algunos textos que revelan las perspectivas de más de un personaje
- Variedad en la presentación del diálogo (diálogo entre muchos personajes, diálogo con pronombres, diálogo separado, diálogo directo, incluido el diálogo no asignado y tramos largos de diálogo)
- Mayormente textos escritos en primera o tercera persona narrativa con algunos textos de instrucciones en segunda persona
- Motivos básicos de la literatura tradicional y la fantasía moderna (lucha entre el bien y el mal, objetos fantásticos o mágicos, deseos, artimañas, transformaciones)
- Lenguaje literario, típico de la literatura tradicional (*había una vez, en una tierra muy lejana*)
- Lenguaje figurado (metáfora, símil)
- Lenguaje poético
- Lenguaje que crea suspenso
- Lenguaje de procedimientos
- Lenguaje que se usa para hacer comparaciones
- Uso de lenguaje expresivo en el diálogo
- Lenguaje descriptivo
- Lenguaje que se usa para mostrar orden cronológico y secuencia temporal
- Lenguaje persuasivo
- Lenguaje que habla directamente a la lectora o al lector

## COMPLEJIDAD DE LAS ORACIONES

- Algunas oraciones más largas con más de veinte palabras y muchas frases y cláusulas
- Variación en la longitud y en la estructura de la oración
- Oraciones con una amplia variedad de categorías gramaticales
- Variación en la ubicación del sujeto, el verbo, los adjetivos y los adverbios
- Oraciones con varios adjetivos, adverbios y frases preposicionales
- Muchas oraciones que comienzan con frases o cláusulas subordinadas (dependientes)
- Oraciones con más conectores comunes (simples)
- Orden variable de cláusulas
- Uso ocasional de material parentético integrado en oraciones
- Oraciones con una amplia variedad de puntuación con base en la complejidad

# Seleccionar textos Características de los textos del nivel O *(cont.)*

## VOCABULARIO

- Algunas palabras del vocabulario que los estudiantes adquieren mediante la lectura o al escuchar cuentos o textos de no ficción leídos en voz alta
- Mayormente palabras que pertenecen al vocabulario oral común del grupo etario (Nivel 1)
- Algunas palabras que aparecen en el vocabulario de usuarios del lenguaje maduros (Nivel 2)
- Uso ocasional de palabras propias de una disciplina (Nivel 3)
- Muchas palabras de contenido específico pero solo algunas explicadas en el texto y que requieren el uso del contexto para su comprensión
- Amplia variedad de palabras usadas para asignar diálogo
- Muchos adjetivos (entre ellos, algunas palabras más largas) que describen personas, lugares o cosas
- Muchos adjetivos y adverbios
- Muchas palabras con varios significados
- Vocabulario nuevo que requiere acción estratégica para su comprensión (obtener significado según el contexto, usar herramientas de referencia, observar la morfología)
- Algunas palabras con significados connotativos que son esenciales para comprender el texto
- Muchos conectores comunes (palabras, frases que aclaran relaciones e ideas): *y, pero, entonces, porque, antes, después*

## PALABRAS

- Muchos polisílabos, algunos técnicos o científicos
- Todo tipo de plurales
- Una gran variedad de verbos con desinencias
- Polisílabos con algunas relaciones complejas entre letra y sonido
- Algunos sustantivos propios polisílabos que son difíciles de descifrar
- Todo tipo de palabras compuestas
- Palabras base con afijos (prefijos y sufijos)
- Mayor variedad de conjugaciones verbales
- Algunas palabras divididas con guiones entre dos líneas
- Conectores comunes (simples)

## ILUSTRACIONES

- Ilustraciones de la mayor parte del contenido y de ideas importantes en el texto
- Ilustraciones que mejoran y amplían el significado en un texto
- Ilustraciones que apoyan la interpretación, promueven el entretenimiento o establecen la atmósfera pero que no son necesarias para la comprensión
- Ilustraciones que requieren la interpretación de la lectora o del lector y que son esenciales para la comprensión del texto
- Muchos textos cortos que tienen ilustraciones en cada página
- Algunos libros por capítulos cortos con ilustraciones cada tres o cuatro páginas
- Algunos textos con muy pocas ilustraciones
- Variedad en la disposición de las ilustraciones y la letra impresa
- Más de un tipo de elemento gráfico en una doble página
- Algunos libros con ilustraciones en blanco y negro
- Algunos textos gráficos en los que las ilustraciones transmiten gran parte del significado
- Una gama de elementos gráficos que agregan información y apoyan la interpretación del texto por parte de los lectores (fotos y dibujos con rótulos o leyendas, diagramas, mapas con leyendas, infografías)

## CARACTERÍSTICAS DEL LIBRO Y LA LETRA IMPRESA

### LONGITUD

- Una amplia variación en la longitud (la mayoría de menos de cuarenta y ocho páginas)
- Una amplia variación en el número de palabras (600-2,000)
- Algunos libros divididos en capítulos
- Algunos libros divididos en secciones y subsecciones

### TEXTO IMPRESO Y DISPOSICIÓN

- Tipografía de diversos tamaños
- Letra impresa y fondo de diversos colores
- Muchas líneas de texto en una página (de cinco a veinticuatro líneas)
- Oraciones que comienzan donde termina la oración anterior
- Variedad en la ubicación de la letra impresa, que refleja géneros diferentes
- Muchos textos con espaciado sencillo pero con un espacio claro entre líneas
- Información que se muestra en diversas combinaciones de imágenes y letra impresa en textos gráficos
- Leyendas debajo de imágenes que brindan información importante
- Letra impresa colocada en recuadros laterales y elementos gráficos que presentan información importante

### PUNTUACIÓN

- Punto, coma, signos de interrogación, signos de admiración, rayas de diálogo o comillas para el diálogo y puntos suspensivos en la mayoría de los textos
- Comillas o comillas angulares para identificar citas y pensamientos

### HERRAMIENTAS DE ORGANIZACIÓN

- Título, tabla de contenidos, título del capítulo, encabezado, subtítulo y recuadro lateral

### RECURSOS DEL TEXTO

- Dedicatoria, reconocimientos, nota de la autora o del autor, guía de pronunciación y glosario

# Seleccionar objetivos Hábitos y conocimientos para observar, enseñar y apoyar

## PENSAR EN EL TEXTO *EN SÍ*

### BUSCAR Y USAR INFORMACIÓN

- Mantener la búsqueda de información en un texto (generalmente de menos de cuarenta y ocho páginas) y/o en un libro por capítulos corto
- Mantener la búsqueda en algunos libros que se dividen en capítulos y pueden tener hasta 2,000 palabras
- Volver a leer para buscar y usar información cuando sea necesario
- Buscar y usar información de libros anteriores cuando se lee una serie
- Buscar información en textos con letra impresa ubicada alrededor de recuadros laterales, imágenes y otros elementos gráficos
- Usar conocimientos previos para buscar y comprender información acerca de los escenarios, las áreas geográficas, la historia, la economía
- Usar herramientas de organización para buscar información (título, tabla de contenidos, títulos de capítulos, encabezados, subtítulos, recuadros laterales)
- Usar recursos del texto para buscar información (nota de la autora o del autor, guía de pronunciación, glosario)
- Buscar información en oraciones con muchas cláusulas o frases
- Buscar información en oraciones que varían en longitud, estructura y puntuación con base en la complejidad del texto
- Buscar información en oraciones con variación en la ubicación del sujeto, el verbo, los adjetivos y los adverbios
- Buscar información en oraciones con sustantivos, verbos, adjetivos y adverbios en una serie dividida por comas
- Buscar y comprender información presentada de diversas maneras diálogo simple, diálogo con pronombres, diálogo separado, diálogo asignado y algunas veces no asignado, diálogo entre muchos personajes, algunos tramos largos de diálogo, diálogo directo)
- Buscar y comprender información en algunos tramos largos de diálogo donde hablan muchos personajes
- Usar el orden cronológico dentro de muchos episodios para buscar y usar información
- Buscar información en capítulos relacionados con una única trama
- Mantener la búsqueda en algunos libros divididos en secciones y subsecciones o biografías divididas en capítulos
- Observar y usar signos de puntuación (punto, coma, signos de interrogación, signos de admiración, rayas de diálogo, comillas o comillas angulares, puntos suspensivos)
- Buscar y usar información a partir de diversas ilustraciones o elementos gráficos
- Buscar y usar información en textos con una diversidad en la ubicación del cuerpo del texto, los recuadros laterales y los elementos gráficos
- Buscar información en diversos elementos gráficos (fotos, dibujos con rótulos y leyendas, diagramas, mapas)

### VERIFICAR Y AUTOCORREGIRSE

- Autocorregirse disimuladamente antes o después de cometer el error
- Usar diversas fuentes de información (información visual en la letra impresa, significado/imágenes, elementos gráficos, estructura lingüística) para verificar y autocorregirse
- Usar el conocimiento de la estructura narrativa y de los atributos de personajes multidimensionales que cambian para autoverificar y autocorregirse
- Usar la comprensión de diferentes presentaciones del diálogo para autoverificar y autocorregirse
- Usar el conocimiento del contenido del tema de un texto para autoverificar y autocorregirse
- Usar información de los elementos gráficos (mapas, diagramas, tablas, fotos, ilustraciones) para autoverificar la lectura

### DESCIFRAR PALABRAS

#### ▸ Leer palabras

- Reconocer un gran número de palabras de una, dos, tres y cuatro sílabas de manera rápida y automática
- Descomponer polisílabos para descifrarlos
- Leer todo tipo de plurales
- Leer algunos polisílabos con patrones ortográficos complejos
- Leer una amplia gama de palabras compuestas
- Observar partes de palabras, incluidos patrones silábicos, y relacionarlas con otras palabras para descifrarlas
- Leer adjetivos, adverbios, palabras comparativas y conectores simples (comunes)
- Descifrar palabras rápidamente mientras se procesa un texto continuo y con la menor autocorrección explícita
- Leer algunos sustantivos propios polisílabos que son difíciles de decodificar y usar recursos textuales como la guía de pronunciación cuando sea necesario
- Identificar palabras base y afijos (prefijos y sufijos) para descifrar palabras
- Leer palabras divididas con guion entre dos líneas y entre dos páginas
- Demostrar flexibilidad en el uso de diferentes estrategias para descifrar palabras

#### ▸ Vocabulario

- Encontrar el significado de una palabra nueva a partir del contexto de la oración, el párrafo o de todo el texto
- Ampliar el significado de una palabra al relacionarla con otras palabras
- Añadir al vocabulario a través de la lectura

# Seleccionar objetivos Hábitos y conocimientos para observar, enseñar y apoyar *(cont.)*

## PENSAR EN EL TEXTO ***EN SÍ*** *(continuación)*

### DESCIFRAR PALABRAS *(continuación)*

▸ **Vocabulario** *(continuación)*

- Relacionar palabras con sinónimos y antónimos para ampliar la comprensión
- Comprender un gran número de palabras que pertenecen al vocabulario oral común del grupo etario (Nivel 1)
- Comprender algunas palabras que aparecen en el lenguaje de los usuarios maduros y en textos escritos (Nivel 2)
- Comprender algunas palabras propias de una disciplina académica (Nivel 3)
- Comprender los significados y funciones de todas las categorías gramaticales en oraciones
- Comprender muchas palabras que tienen muchos significados e identificar el significado específico que posee en una oración o párrafo
- Comprender los significados de verbos en todos los tiempos
- Comprender palabras que requieren el uso de diversas fuentes de información (conocimiento previo, imágenes, información visual)
- Comprender los significados y funciones de los conectores comunes (simples)
- Identificar palabras base y comprender prefijos y sufijos que enriquecen o cambian el significado, la función o el tiempo verbal
- Comprender significados denotativos, connotativos y figurados de las palabras
- Comprender que palabras como *yo, me, mi, mí* y *nosotros, nosotras, nos* pueden indicar la narradora o el narrador de un texto
- Comprender los significados connotativos de palabras necesarias para hacer inferencias, incluidas las palabras usadas para asignar diálogo (*dijo, preguntó, lloró, gritó, contestó, susurró, respondió, gimió*)
- Comprender los significados connotativos de adjetivos, verbos y adverbios descriptivos
- Comprender y adquirir palabras específicas del contenido que requieren el uso de acciones estratégicas (usar definiciones dentro del cuerpo de un texto, el glosario u otras herramientas de referencia)
- Comprender palabras clave en elementos gráficos como mapas, diagramas y tablas

### MANTENER LA FLUIDEZ

- Leer silenciosamente a un ritmo levemente más rápido que cuando se lee oralmente y al mismo tiempo mantener la comprensión y la precisión
- Mantener el impulso a lo largo de textos cortos y de algunos libros por capítulos cortos y realizar un progreso significativo día a día
- Observar puntos, comas, signos de admiración, signos de interrogación, rayas de diálogo y comillas y comenzar a reflejarlos con la voz mediante la entonación y la pausa
- Leer oralmente con formación de frases, pausa, entonación, acento prosódico y ritmo adecuados
- Poner énfasis en palabras que están en negrita, bastardilla o diversas tipografías
- Reconocer y leer de manera expresiva diversos diálogos, algunos no asignados
- Leer partes de un guion con expresividad
- Reflejar listas numeradas o con viñetas con la voz cuando se lee oralmente

### AJUSTAR

- Leer más lentamente para resolver problemas o buscar información y retomar la lectura con impulso
- Ajustar la lectura para adaptarla a oraciones compuestas y oraciones con un orden variable de cláusulas
- Ajustar la lectura para reconocer el propósito y las características del género de un texto
- Ajustar para incorporar formas insertadas (cartas, entradas de diario) en textos narrativos y expositivos
- Ajustar las expectativas para procesar diferentes partes de un texto híbrido
- Ajustar la lectura para procesar un texto gráfico
- Ajustar la lectura para reconocer y usar las características de los géneros de ficción (ficción realista, ficción histórica, literatura tradicional, fanfasía, texto híbrido)
- Ajustar para reconocer y usar características de tipos especiales de ficción como el cuento de misterio; el cuento de aventuras; el cuento de animales, el cuento de familia, amigos y escuela
- Ajustar para leer partes en el guion de teatro del lector o una obra de teatro
- Ajustar la lectura para reconocer los géneros de no ficción (texto expositivo de no ficción, texto narrativo de no ficción, biografía, autobiografía, memorias personales, texto de instrucciones, texto híbrido)
- Ajustar la lectura para reflejar una serie de pasos en textos de instrucciones
- Ajustar la lectura para adaptarla a diversas ubicaciones del cuerpo del texto, de fotografías con leyendas, recuadros laterales y elementos gráficos

### RESUMIR

- Resumir partes importantes de un texto (capítulos o secciones)
- Resumir el cuento e incluir los personajes, el problema del cuento, los sucesos de la trama y la resolución de la trama (ficción)
- Resumir la información importante del texto de manera clara y lógica sin detalles externos (no ficción)
- Resumir un texto narrativo de no ficción, una biografía o una secuencia temporal en orden temporal
- En ocasiones, usar elementos gráficos para resumir un texto (línea de tiempo o diagrama de un proceso cronológico o temporal)

# Seleccionar objetivos Hábitos y conocimientos para observar, enseñar y apoyar *(cont.)*

## PENSAR *MÁS ALLÁ* DEL TEXTO

### PREDECIR

- Usar conocimientos de estructuras gramaticales y experimentar con el lenguaje escrito para anticipar el texto
- Hacer predicciones a partir de experiencias personales y conocimiento del contenido
- Hacer predicciones a partir de experiencias de lectura anteriores
- Hacer predicciones a lo largo de un texto basadas en la estructura organizacional (narrativa, expositiva)
- Predecir el final de un cuento a partir del conocimiento de cómo funcionan las tramas y la comprensión de escenarios, personajes y el problema del cuento
- Hacer predicciones basadas en el conocimiento de los géneros de ficción (ficción realista, ficción histórica, literatura tradicional, fantasía y texto híbrido)
- Predecir soluciones posibles para el problema del cuento
- Usar la lectura previa de un libro de una serie para predecir tipos de personajes y tramas en una secuela u otro libro de la serie
- Hacer predicciones basadas en el conocimiento de los géneros de no ficción (texto expositivo de no ficción, texto narrativo de no ficción, biografía, autobiografía, memorias personales, texto de instrucciones, texto híbrido)
- Hacer predicciones usando la organización lógica o la estructura del texto
- Hacer predicciones basadas en el conocimiento de estructuras textuales subyacentes (descripción, causa y efecto, secuencia cronológica, secuencia temporal, comparación y contraste, pregunta y respuesta)

### ESTABLECER RELACIONES

- Establecer relaciones entre experiencias personales y textos
- Establecer relaciones entre libros de una serie
- Usar conocimientos previos para comprender escenarios
- Establecer relaciones entre textos del mismo género
- Usar conocimientos previos de la literatura tradicional para reconocer personajes y sucesos comunes
- Establecer relaciones entre los sucesos en capítulos que se relacionan con una única trama
- Usar conocimientos previos para comprender escenarios en cuentos
- Acceder a conocimientos previos adquiridos de la lectura para comprender el contenido de un texto
- Establecer relaciones entre textos sobre el mismo tema o con contenido similar
- Acceder a conocimientos previos para comprender la descripción o la secuencia temporal
- Establecer relaciones con otras áreas de estudio (ciencias, estudios sociales)

### SINTETIZAR

- Comparar conocimientos previos con conocimientos nuevos que el texto proporciona
- Identificar información interesante, nueva o sorprendente en un texto
- Expresar nuevas maneras de pensar a partir de la interacción con el texto
- Hablar acerca de lecciones que enseña la historia
- Hablar sobre nuevas maneras de pensar que surgen de experiencias indirectas en la lectura de ficción
- Hablar sobre conocimientos nuevos de diferentes culturas, lugares y momentos históricos
- Sintetizar contenido nuevo de textos
- Asumir perspectivas de culturas diversas y apelar al conocimiento cultural para comprender un texto

### INFERIR

- Inferir secuencias temporales y los motivos para cada paso
- Hacer inferencias acerca del escenario como ayuda para la comprensión del cuento
- Inferir las características, los sentimientos y las motivaciones de los personajes a partir de lo que los personajes dicen, piensan o hacen, y lo que otros dicen o piensan de ellos
- Inferir las características de los personajes que son complejos y cambian
- Inferir el desarrollo de los personajes a partir de la evidencia en el comportamiento y las razones del cambio
- Comprender e inferir la importancia del escenario de una biografía que puede ser distante en el tiempo y la geografía respecto del propio conocimiento de los estudiantes
- Comprender los problemas de situaciones complejas (la guerra, el medioambiente)
- Inferir algunos temas e ideas abstractos
- Hacer inferencias únicamente a partir del texto narrativo impreso (sin imágenes)
- Inferir el mensaje más amplio en un texto (lo que podemos aprender del texto más allá de los hechos)
- Inferir información a partir de las imágenes que aportan significado al texto
- Hablar acerca de las imágenes y revelar la interpretación de un problema o las emociones de los personajes
- Usar ilustraciones para inferir los sentimientos de los personajes
- Inferir información acerca de los personajes, el escenario, la trama y la acción de textos gráficos, en los que las ilustraciones portan gran parte del significado
- Inferir el significado de una gama de elementos gráficos que requieren la interpretación de la lectora o del lector y que son esenciales para comprender el texto
- Inferir información importante del contenido conocido además de temas más distantes de la experiencia típica de los estudiantes (diferentes lugares del mundo, historia, ciencias)

# Seleccionar objetivos Hábitos y conocimientos para observar, enseñar y apoyar *(cont.)*

## PENSAR ***ACERCA*** DEL TEXTO

### ANALIZAR

- Distinguir entre ficción y no ficción y explicar las diferencias entre ambas
- Comprender y describir las características de los géneros de ficción, incluidas la ficción realista, la ficción histórica, la literatura tradicional (cuento popular, cuento de hadas, fábula, mito), la fantasía y el texto híbrido
- Observar elementos y motivos básicos de la fantasía (lo sobrenatural, criaturas imaginarias y extraordinarias, animales que hablan, lucha entre el bien y el mal, magia, objetos fantásticos o mágicos, deseos, artimañas, transformaciones)
- Comprender la diferencia entre ficción realista e histórica (sucesos que podrían ocurrir en el mundo real) y fantasía
- Identificar y comprender las características de tipos especiales de ficción (cuento de misterio; cuento de aventuras; cuento de animales; cuento de familia, amigos y escuela)
- Reconocer personajes que son típicos de la fantasía o la literatura tradicional
- Comprender y describir las características de los géneros de no ficción, entre ellos el texto expositivo de no ficción, el texto narrativo de no ficción, la biografía, la autobiografía, las memorias personales, el texto de instrucciones, el texto híbrido
- Comprender que una biografía es la historia de la vida de una persona y que generalmente se cuenta en orden cronológico
- Observar que una biografía se construye a partir de los sucesos importantes, los problemas que se deben superar y las decisiones del sujeto
- Comprender que la información y las ideas en un texto se relacionan entre sí, y observar cómo la autora o el autor presenta esto
- Reconocer el uso de formas insertadas de una escritora o un escritor (cartas, entradas de diario) dentro de textos narrativos o expositivos
- Reconocer y seguir una secuencia cronológica de sucesos
- Reconocer y comprender diversas estructuras narrativas
- Comprender el uso de la primera o la tercera persona en textos narrativos de ficción
- Comprender el uso de la segunda persona en textos de no ficción
- Comprender que un libro de no ficción puede ser de instrucciones (explicativo)
- Comprender que un libro de no ficción puede incorporar instrucciones explicadas
- Reconocer el uso que hace una escritora o un escritor de la secuencia temporal para describir un proceso y de la secuencia cronológica para describir un suceso en orden temporal
- Reconocer el uso que hace una autora o un autor de problema y solución
- Reconocer el uso que hace una autora o un autor de comparar y contrastar
- Observar que una escritora o un escritor organiza un texto en categorías y subcategorías
- Pensar de manera analítica acerca de la relevancia de un título
- Inferir el propósito de la escritora o del escritor para la elección de un tema o para contar un cuento
- Reconocer escenarios que son conocidos, así como algunos distantes en el tiempo y la geografía
- Comprender de qué manera un escenario es importante para la trama y la perspectiva de los personajes
- Identificar un problema central de un cuento en un texto con muchos episodios
- Relacionar el desarrollo del personaje con los sucesos de la trama
- Comprender el papel de los personajes secundarios en un cuento
- Observar la evidencia que brinda una escritora o un escritor para mostrar los atributos y los motivos de los personajes, así como los cambios de los personajes
- Comprender la perspectiva desde la que se cuenta un cuento y hablar acerca del motivo por el que la eligió una escritora o un escritor
- Observar y seguir un diálogo no asignado
- Observar cómo una escritora o un escritor de ficción genera suspenso
- Observar el lenguaje que se usa para mostrar el orden cronológico
- Observar el uso que hace una autora o un autor del lenguaje figurado
- Observar el uso que hace una escritora o un escritor de conectores simples para mostrar cómo se relacionan las ideas en un texto (*a menos que, hasta que, porque*)
- Observar material parentético que comienza con comas o paréntesis
- Observar el uso de comillas o comillas angulares que hace una escritora o un escritor de ficción para indicar pensamiento no expresado
- Observar el uso que hace una autora o un autor de ficción del lenguaje poético y expresivo en el diálogo
- Observar el uso que hace una escritora o un escritor de palabras humorísticas u onomatopeyas y hablar acerca de cómo estas contribuyen a la acción
- Observar el lenguaje literario, típico de la literatura tradicional (*érase una vez, había una vez, en una tierra muy lejana*)
- Observar cuando una escritora o un escritor de ficción o no ficción usa la segunda persona para hablar directamente a la lectora o al lector
- Comprender que las ilustraciones portan el diálogo y la acción en textos gráficos
- Observar que las ilustraciones contribuyen a que la lectora o el lector comprenda los personajes, la acción y la emoción del cuento
- Observar cómo las ilustraciones enriquecen acciones importantes de la historia
- Reconocer cómo las ilustraciones mejoran el significado de un texto
- Observar cómo la escritora o el escritor usa elementos gráficos para transmitir información que complementa el cuerpo del texto
- Comprender que las ilustraciones o fotografías enriquecen las ideas y la información en un texto

# Seleccionar objetivos Hábitos y conocimientos para observar, enseñar y apoyar *(cont.)*

## PENSAR *ACERCA* DEL TEXTO *(continuación)*

### ANALIZAR *(continuación)*

- Usar lenguaje académico para hablar acerca de los géneros (*ficción; cuento de familia, amigos y escuela; cuento popular; cuento de animales; cuento humorístico; cuento de hadas; fábula; cuento exagerado; ficción realista; cuento de misterio; cuento de aventuras; cuento de deportes; no ficción; texto informativo; libro informativo; texto sobre hechos; libro de instrucciones; biografía; autobiografía*)
- Usar lenguaje académico para hablar acerca de las formas (*libros de una serie, obra de teatro, libro por capítulos, cómics, carta*)
- Usar lenguaje académico para hablar acerca de las características literarias (*comienzo, final, problema, personaje, pregunta y respuesta, personaje principal, cambio de personaje, mensaje, diálogo, tópico, sucesos, solución, ambientación, descripción, orden temporal, problema y solución, comparar y contrastar, idea principal*)
- Usar lenguaje académico para hablar acerca de las características del libro y la letra impresa (*portada, contraportada, página, autor, ilustrador, ilustración, fotografía, título, rótulo, dibujo, encabezado, leyenda, tabla de contenidos, capítulo, título del capítulo, dedicatoria, recuadro lateral, glosario, mapa, diagrama, infografía, nota del autor, nota del ilustrador, sección, solapa del libro, agradecimientos, subtítulos, texto, guía de pronunciación*)

### CRITICAR

- Intercambiar opiniones acerca de un texto y brindar fundamentos y ejemplos
- Intercambiar opiniones acerca de una ilustración o fotografía
- Dar una opinión sobre la verosimilitud de la trama, las acciones del personaje o la resolución de un problema
- Decir específicamente lo que hace creíble a una trama o personaje
- Hablar de manera crítica acerca de lo que hace una escritora o un escritor para que un tema sea interesante o importante
- Hablar acerca del motivo por el que el sujeto de una biografía es importante o sirve de ejemplo para los demás
- Describir lo que las ilustraciones y los elementos gráficos aportan al texto



## Planificar el trabajo con las palabras después de la lectura guiada

Usando sus observaciones recientes sobre la capacidad de los lectores de descomponer palabras rápida y eficientemente mientras leen un texto, planifique de uno a tres minutos la participación activa de los estudiantes atendiendo a las letras, los sonidos y las palabras. Priorice la observación de los lectores sobre las características de la letra impresa y el uso manual activo de las letras magnéticas, de la pizarra blanca, de tarjetas de palabras o de lápiz y papel para promover la fluidez y la flexibilidad en el procesamiento visual.

### Ejemplos:

- Reconocer y descomponer palabras con *r* suave y fuerte (*pero, perro, rural*)
- Formar todo tipo de plurales, entre ellos plurales que requieren cambios ortográficos (*pez/peces; lápiz/lápices*)
- Reconocer y descomponer palabras con desinencias en tiempos pretéritos e imperfectos (*jugó, corrieron, hablaba, teníamos*)
- Reconocer y descomponer palabras con prefijos (*<u>in</u>capaz, <u>des</u>atar*)
- Reconocer y descomponer palabras con sufijos (*rápida<u>mente</u>, amist<u>oso</u>*)
- Reconocer y descomponer palabras con *h* muda (*hombre, hormiga, almohada*)
- Descomponer polisílabos para decodificar unidades manejables y reconocer sílabas acentuadas (*fre/<u>cuen</u>/cia, <u>miér</u>/co/les, in/vi/ta/<u>ción</u>*)
- Reconocer y descomponer palabras con las sílabas *que, qui, gue, gui, güe* y *güi* (*queso, alquilar, juguete, guitarra, bilingüe, agüita*)
- Reconocer y usar adjetivos y adverbios en sus formas comparativa y superlativa (*más alto, altísimo*)
- Reconocer y usar homófonos (*tuvo/tubo, hecho/echo*) y homógrafos (*vino, amo*)
- Reconocer y usar palabras base y afijos para deducir el significado de las palabras
- Clasificar palabras con base en cualquier característica de la palabra

# Lectores del nivel P

En el nivel P, los lectores pueden identificar las características de un número creciente de géneros, entre ellos las biografías, los textos persuasivos y los textos híbridos que combinan más de un género en un conjunto coherente. Leen textos de ficción y no ficción en una amplia gama de formas que incluyen libros por capítulos, libros por capítulos con secuelas, libros álbum y libros de una serie. Los textos narrativos de ficción son directos pero tienen tramas con muchos episodios que progresan hacia la resolución del problema. Los problemas en los textos de ficción presentan conflicto interno. Los personajes se desarrollan y cambian con el tiempo. Los lectores tienen la capacidad de comprender temas abstractos y maduros, y asumen diversas perspectivas y problemáticas relacionadas con la raza, el lenguaje y la cultura. Algunos textos de no ficción brindan información en categorías de diversos temas relacionados; muchos de ellos trascienden la experiencia normal de los lectores. Los lectores pueden identificar y usar patrones estructurales subyacentes: descripción, causa y efecto, secuencia cronológica, secuencia temporal, categorización, comparación y contraste, problema y solución, pregunta y respuesta. Pueden procesar oraciones que son complejas y contienen frases preposicionales, cláusulas introductorias, listas de sustantivos, verbos o adjetivos. Descifran palabras de vocabulario nuevas, algunas definidas en el texto y otras que deducen del contexto o de herramientas de referencia. Pueden descifrar palabras de corrido y de manera automática en la lectura en silencio y oral. Pueden leer y comprender palabras descriptivas, algunas palabras complejas de contenido específico, conectores comunes y algunas palabras técnicas. Leen silenciosamente; en la lectura oral, demuestran todos los aspectos del procesamiento fluido y sin dificultades, con poca resolución explícita de problemas. Continúan ampliando el vocabulario académico que comprenden y pueden usar.

## Seleccionar textos Características de los textos del **nivel P**

### GÉNERO

**▸ Ficción**

- Ficción realista
- Ficción histórica
- Literatura tradicional (cuento popular, cuento de hadas, fábula)
- Fantasía
- Textos híbridos
- Tipos especiales de ficción (cuento de misterio; cuento de aventuras, cuento de deportes; cuento de animales; cuento de familia, amigos y escuela; cuento humorístico)

**▸ No ficción**

- Textos expositivos de no ficción
- Textos narrativos de no ficción
- Biografía
- Autobiografía
- Memorias personales
- Textos de instrucciones
- Textos persuasivos
- Textos híbridos

### FORMAS

- Libros de una serie
- Libros álbum
- Libros por capítulos con algunas ilustraciones
- Libros por capítulos con secuelas
- Obras de teatro
- Guiones de teatro del lector
- Textos gráficos
- Cartas, entradas de diario

### ESTRUCTURA DEL TEXTO

- Textos narrativos con estructura directa (comienzo, series de episodios, final) pero más episodios incluidos
- Textos narrativos con varios episodios que pueden ser más elaborados
- Algunos libros con capítulos muy cortos, cada uno con estructura narrativa
- Algunas formas integradas (cartas, instrucciones, entradas de diario, correos electrónicos) dentro de estructuras narrativas y expositivas
- Algunos libros con capítulos relacionados con una trama única
- Algunas colecciones de cuentos cortos relacionados con un tema predominante
- Libros de no ficción divididos en secciones, algunos con subsecciones
- Patrones estructurales subyacentes (descripción, causa y efecto, secuencia cronológica, secuencia temporal, categorización, comparación y contraste, problema y solución, pregunta y respuesta)

### CONTENIDO

- Contenido interesante y relevante para la lectora o el lector
- Equilibrio entre contenido conocido y nuevo
- Mucho contenido que trasciende la experiencia inmediata de los estudiantes
- Algunos libros con poco o ningún apoyo de imágenes para el contenido (libro por capítulos)
- Contenidos que requieren acceso a conocimientos previos
- Contenido que requiere que la lectora o el lector asuma perspectivas de diversas culturas y apele al conocimiento cultural para la comprensión
- Muchos contenidos que requieren que la lectora o el lector busque información en los elementos gráficos (mapas, tablas, diagramas, dibujos ilustrados, fotografías rotuladas)

6

No tuvo tanta suerte.

—¡Espera, Logan! —le dijo William mientras se abría paso entre la maleza.

—¿No *puedes* hacer un poco más de ruido? Vas a espantar a toda la fauna.

—¿Fauna? —exclamó William, mirando a su alrededor y abriendo bien los ojos.

—¿*Nunca* has estado en el bosque? —preguntó Logan.

William se encogió de hombros.

—Casi siempre nos quedamos cerca de la casa rodante. A papá le gusta mostrársela a la gente —dijo William mientras sacaba una enredadera de una roca para sentarse.

—Ah… a lo mejor quieres lavarte las manos —le dijo Logan.

—¿Por qué? —preguntó William mientras abría los dedos y se miraba las palmas limpias.

—Eso que arrancaste es una hiedra venenosa.

7



## TEMAS E IDEAS

- Algunos textos con significado más profundo acerca de contenido conocido por la mayoría de los lectores pero no explicado totalmente
- Ideas y temas que requieren una perspectiva no conocida para la lectora o el lector
- Textos con significados más profundos aplicables a problemas humanos importantes y asuntos sociales
- Muchas ideas y temas que requieren la comprensión de la diversidad cultural
- Algunos textos con temas abstractos que requieren razonamiento inferencial
- Algunos temas complejos (la guerra, el medioambiente)

## CARACTERÍSTICAS LITERARIAS Y DEL LENGUAJE

- Algunos textos con escenarios que no son típicos de la experiencia de muchos estudiantes
- Algunos escenarios que son distantes en el tiempo y la geografía
- Escenarios que son importantes para la comprensión de la ficción narrativa o la biografía
- Trama con conflicto y resolución
- Trama que incluye muchos episodios
- Personajes principales y personajes secundarios
- Personajes multidimensionales
- Personajes revelados por lo que dicen, piensan y hacen, y por lo que los demás dicen y piensan sobre ellos
- Personajes que se desarrollan como resultado de los sucesos de la trama
- Personajes revelados a lo largo de una serie de sucesos, capítulos o libros
- Algunos textos que revelan las perspectivas de más de un personaje
- Variedad en la presentación del diálogo (diálogo entre muchos personajes, diálogo con pronombres, diálogo separado, diálogo directo, incluido el diálogo no asignado y tramos largos de diálogo)
- Mayormente textos escritos en primera o tercera persona narrativa con algunos textos de instrucciones en segunda persona
- Motivos básicos de la literatura tradicional y de la fantasía moderna (lucha entre el bien y el mal, objetos fantásticos o mágicos, deseos, artimañas, transformaciones)
- Lenguaje literario, típico de la literatura tradicional (*había una vez, en una tierra muy lejana*)
- Lenguaje figurado (metáfora, símil)
- Lenguaje poético
- Lenguaje que crea suspenso
- Lenguaje y sucesos que transmiten una atmósfera emocional en un texto, que afecta las emociones de la lectora o del lector (tensión, tristeza, felicidad, curiosidad)
- Lenguaje de procedimientos
- Lenguaje que se usa para hacer comparaciones
- Uso de lenguaje expresivo en el diálogo
- Lenguaje descriptivo
- Lenguaje que se usa para mostrar orden cronológico y secuencia temporal
- Lenguaje persuasivo
- Lenguaje que habla directamente a la lectora o al lector

# Seleccionar textos Características de los textos del **nivel P** *(cont.)*

## COMPLEJIDAD DE LAS ORACIONES

- Algunas oraciones más largas con más de veinte palabras y muchas frases y cláusulas
- Variación en la longitud y en la estructura de la oración
- Oraciones con una amplia variedad de categorías gramaticales, entre ellas adjetivos, adverbios y preposiciones
- Variación en la ubicación del sujeto, el verbo, los adjetivos y los adverbios
- Muchas oraciones que comienzan con frases o cláusulas subordinadas (dependientes)
- Oraciones con conectores comunes (simples)
- Orden variable de cláusulas en las oraciones
- Uso ocasional de material parentético integrado en oraciones
- Oraciones con una amplia variedad de puntuación con base en la complejidad

## VOCABULARIO

- Algunas palabras del vocabulario que los estudiantes adquieren mediante la lectura o al escuchar cuentos o textos de no ficción leídos en voz alta
- Mayormente palabras que pertenecen al vocabulario oral común del grupo etario (Nivel 1)
- Muchas palabras que aparecen en el vocabulario de usuarios del lenguaje maduros (Nivel 2)
- Algunas palabras propias de una disciplina (Nivel 3)
- Amplia variedad de palabras usadas para asignar diálogo
- Muchos adjetivos (entre ellos algunas palabras más largas) y adverbios
- Muchas palabras con varios significados
- Vocabulario nuevo que requiere acción estratégica para su comprensión (obtener significado según el contexto, usar herramientas de referencia, observar la morfología)
- Algunas palabras con significados connotativos que son esenciales para comprender el texto
- Muchos conectores comunes (palabras, frases que aclaran las relaciones y las ideas, y que se usan con frecuencia en el lenguaje oral): *y, pero, entonces, porque, antes, después*
- Algunos conectores sofisticados (palabras, frases que conectan ideas y aclaran significados y que se usan en textos escritos pero no aparecen a menudo en el lenguaje oral cotidiano): *a menos que, además, aunque, cuando sea, hasta que, mientras tanto, no obstante, por lo tanto, si no, sin embargo, todavía*

## PALABRAS

- Muchos polisílabos, algunos técnicos o científicos
- Todo tipo de plurales
- Algunos polisílabos con relaciones complejas entre letra y sonido
- Algunos sustantivos propios polisílabos que son difíciles de descifrar
- Todo tipo de palabras compuestas
- Palabras base con afijos (prefijos y sufijos)
- Una mayor variedad de conjugaciones verbales
- Algunas palabras divididas (con guion) entre dos líneas
- Conectores comunes (simples) y algunos sofisticados

## ILUSTRACIONES

- Ilustraciones de la mayor parte del contenido y de ideas importantes en el texto
- Ilustraciones que mejoran y amplían el significado en un texto
- Elementos gráficos que requieren la interpretación de la lectora o del lector y que son esenciales para la comprensión del texto
- Muchos textos cortos que tienen ilustraciones en cada página
- Algunos libros por capítulos cortos con ilustraciones cada tres o cuatro páginas
- Algunos textos con muy pocas ilustraciones
- Variedad en la disposición de las ilustraciones y la letra impresa
- Más de un tipo de elemento gráfico en una doble página
- Algunos libros con ilustraciones en blanco y negro o muy pocas ilustraciones
- Algunos textos gráficos en los que las ilustraciones transmiten gran parte del significado
- Una gama de elementos gráficos que agregan información y apoyan la interpretación del texto por parte de los lectores (fotos y dibujos con rótulos o leyendas, diagramas, mapas con leyendas, infografías)

## CARACTERÍSTICAS DEL LIBRO Y LA LETRA IMPRESA

### LONGITUD

- Una amplia variación en la longitud (la mayoría de menos de cuarenta y ocho páginas)
- Una amplia variación en el número de palabras (600-2,000)
- Algunos libros divididos en capítulos
- Libros divididos en secciones y subsecciones

### TEXTO IMPRESO Y DISPOSICIÓN

- Tipografía de diversos tamaños
- Letra impresa y fondo de diversos colores
- Muchas líneas de texto en una página (de cinco a veinticuatro líneas)
- Oraciones que comienzan donde termina la oración anterior
- Variedad en la ubicación de la letra impresa, que refleja géneros diferentes
- Muchos textos con espaciado sencillo pero con un espacio claro entre líneas
- Información que se muestra en diversas combinaciones de imágenes y letra impresa en textos gráficos
- Leyendas debajo de imágenes que brindan información importante
- Letra impresa e ilustraciones integradas en la mayoría de los textos, con letra impresa alrededor de las imágenes
- Letra impresa colocada en recuadros laterales y elementos gráficos que presentan información importante

### PUNTUACIÓN

- Punto, coma, signos de interrogación, signos de admiración, rayas de diálogo o comillas para el diálogo y puntos suspensivos en la mayoría de los textos
- Comillas o comillas angulares para identificar citas y pensamientos

### HERRAMIENTAS DE ORGANIZACIÓN

- Título, tabla de contenidos, título del capítulo, encabezado, subtítulo y recuadro lateral

### RECURSOS DEL TEXTO

- Dedicatoria, reconocimientos, nota de la autora o del autor, guía de pronunciación y glosario

# Seleccionar objetivos Hábitos y conocimientos para observar, enseñar y apoyar

## PENSAR EN EL TEXTO *EN SÍ*

### BUSCAR Y USAR INFORMACIÓN

- Mantener la búsqueda de información en un texto (generalmente de menos de cuarenta y ocho páginas) y/o en un libro por capítulos corto
- Mantener la búsqueda en algunos libros que se dividen en capítulos y pueden tener hasta 2,000 o más palabras
- Buscar y usar información de libros anteriores cuando se lee una serie
- Buscar información en textos con letra impresa ubicada alrededor de recuadros laterales, imágenes y otros elementos gráficos
- Usar conocimientos previos para buscar y comprender información acerca de los escenarios, las áreas geográficas, la historia, la economía
- Usar herramientas de organización para buscar información (título, tabla de contenidos, títulos de capítulos, encabezados, subtítulos, recuadros laterales)
- Usar recursos del texto para buscar información (nota de la autora o del autor, guía de pronunciación, glosario)
- Mantener la búsqueda de información en algunas oraciones más largas con más de veinte palabras (oraciones compuestas, frases y cláusulas)
- Buscar información en oraciones con muchas cláusulas o frases
- Buscar información en oraciones que varían en longitud, estructura y puntuación con base en la complejidad del texto
- Buscar información en oraciones con variación en la ubicación del sujeto, el verbo, los adjetivos y los adverbios
- Buscar información en oraciones con sustantivos, verbos, adjetivos y adverbios en una serie dividida por comas
- Buscar y comprender información presentada de diversas maneras (diálogo simple, diálogo con pronombres, diálogo separado, diálogo asignado y algunas veces no asignado, diálogo entre muchos personajes, algunos tramos largos de diálogo, diálogo directo)
- Buscar y comprender información en algunos tramos largos de diálogo donde hablan muchos personajes
- Usar el orden cronológico dentro de muchos episodios para buscar y usar información
- Buscar información en capítulos relacionados con una única trama
- Mantener la búsqueda en algunos libros divididos en secciones y subsecciones o biografías divididas en capítulos
- Observar y usar signos de puntuación (punto, coma, signos de interrogación, signos de admiración, rayas de diálogo, comillas o comillas angulares, puntos suspensivos)
- Buscar y usar información a partir de diversas ilustraciones o elementos gráficos
- Buscar y usar información en textos con una diversidad en la ubicación del cuerpo del texto, los recuadros laterales y los elementos gráficos
- Buscar información en diversos elementos gráficos (fotos, dibujos con rótulos y leyendas, diagramas, mapas)

### VERIFICAR Y AUTOCORREGIRSE

- Autoverificar la lectura usando diversas fuentes de información (significado, estructura del lenguaje, información visual) y con poca autocorrección explícita
- Autocorregirse disimuladamente antes o después de cometer el error
- Usar diversas fuentes de información (información visual en la letra impresa, significado/imágenes, elementos gráficos, estructura lingüística) para verificar y autocorregirse
- Usar el conocimiento de la estructura narrativa y de los atributos de personajes multidimensionales que cambian para autoverificar y autocorregirse
- Usar la comprensión de diferentes presentaciones del diálogo para autoverificar y autocorregirse
- Usar el conocimiento del contenido del tema de un texto para autoverificar y autocorregirse
- Usar información de los elementos gráficos (mapas, diagramas, tablas, fotos, ilustraciones) para autoverificar la lectura

### DESCIFRAR PALABRAS

#### ▸ Leer palabras

- Reconocer un gran número de palabras de una, dos, tres y cuatro sílabas de manera rápida y automática
- Descomponer polisílabos para descifrarlos
- Leer todo tipo de plurales
- Leer algunos polisílabos con relaciones complejas entre letra y sonido
- Leer una amplia gama de palabras compuestas
- Observar partes de palabras y relacionarlas con otras palabras para descifrarlas
- Leer adjetivos, adverbios, palabras comparativas y conectores simples (comunes)
- Descifrar palabras rápidamente mientras se procesa un texto continuo y con la menor autocorrección explícita
- Leer algunos sustantivos propios polisílabos que son difíciles de decodificar y usar recursos textuales como la guía de pronunciación cuando sea necesario
- Identificar palabras base y afijos (prefijos y sufijos) para descifrar palabras
- Leer palabras divididas con guion entre dos líneas y entre dos páginas
- Demostrar flexibilidad en el uso de diferentes estrategias para descifrar palabras

#### ▸ Vocabulario

- Encontrar el significado de una palabra nueva a partir del contexto de la oración, el párrafo o de todo el texto
- Ampliar el significado de una palabra al relacionarla con otras palabras

# Seleccionar objetivos Hábitos y conocimientos para observar, enseñar y apoyar *(cont.)*

## PENSAR EN EL TEXTO *EN SÍ* *(continuación)*

### DESCIFRAR PALABRAS *(continuación)*

▶ **Vocabulario** *(continuación)*

- Enriquecer de manera activa el vocabulario mediante el aprendizaje de palabras nuevas de la lectura
- Relacionar palabras con sinónimos y antónimos para ampliar la comprensión
- Comprender un gran cuerpo de palabras que pertenecen al vocabulario oral común del grupo etario (Nivel 1)
- Comprender muchas palabras que aparecen en el lenguaje de los usuarios maduros y en textos escritos (Nivel 2)
- Comprender algunas palabras propias de una disciplina académica (Nivel 3)
- Comprender los significados y funciones de todas las categorías gramaticales en oraciones
- Comprender muchas palabras que tienen muchos significados e identificar el significado específico que posee en una oración o párrafo
- Comprender palabras que requieren el uso de diversas fuentes de información (conocimiento previo, imágenes, información visual)
- Comprender los significados y las funciones de los conectores comunes
- Identificar palabras base y comprender prefijos y sufijos que enriquecen o cambian el significado, la función o el tiempo verbal
- Comprender significados denotativos, connotativos y figurados de las palabras
- Comprender los significados connotativos de palabras que contribuyen a la atmósfera del texto
- Comprender que en los textos gráficos, la información sobre las palabras está en las ilustraciones y que muchas palabras poco comunes aparecen en los textos gráficos (onomatopeyas)
- Comprender los significados connotativos de palabras necesarias para hacer inferencias, incluidas las palabras usadas para asignar diálogo (*dijo, preguntó, lloró, gritó, contestó, susurró, respondió, gimió*)
- Comprender los significados connotativos de adjetivos, verbos y adverbios descriptivos
- Comprender y adquirir palabras específicas del contenido que requieren el uso de acciones estratégicas (usar definiciones dentro del cuerpo de un texto, el glosario u otras herramientas de referencia)
- Comprender palabras clave en elementos gráficos como mapas, diagramas y tablas

### MANTENER LA FLUIDEZ

- Leer silenciosamente a un ritmo levemente más rápido que cuando se lee oralmente y al mismo tiempo mantener la comprensión y la precisión
- Mantener el impulso a lo largo de textos cortos y de algunos libros por capítulos cortos y realizar un progreso significativo día a día
- Observar puntos, comas, signos de admiración, signos de interrogación, rayas de diálogo y comillas y reflejarlos con la voz mediante la entonación y la pausa
- Leer oralmente con formación de frases, pausa, entonación, acento prosódico y ritmo adecuados
- Poner énfasis en palabras que están en negrita, bastardilla o diversas tipografías
- Reconocer y leer de manera expresiva diversos diálogos, algunos no asignados
- Leer partes de un guion con expresividad
- Reflejar listas numeradas o con viñetas con la voz cuando se lee oralmente

### AJUSTAR

- Leer más lentamente para resolver problemas o buscar información y retomar la lectura con impulso
- Ajustar la lectura para adaptarla a oraciones compuestas y oraciones con un orden variable de cláusulas
- Ajustar la lectura oral para mostrar conocimiento o variación en las oraciones (ubicación de categorías gramaticales, frases y cláusulas)
- Ajustar la lectura para reconocer el propósito y las características de los géneros de ficción y de no ficción y de los tipos especiales de textos de ficción como los cuentos de misterio
- Ajustar para incorporar formas insertadas (cartas, entradas de diario) en textos narrativos y expositivos
- Ajustar las expectativas para procesar diferentes partes de un texto híbrido
- Ajustar la lectura para procesar un texto gráfico
- Ajustar para leer partes en el guion de teatro del lector o una obra de teatro
- Ajustar la lectura para reflejar una serie de pasos en textos de instrucciones
- Ajustar la lectura para adaptarla a diversas ubicaciones del cuerpo del texto, de fotografías con leyendas, recuadros laterales y elementos gráficos
- Ajustar la lectura para reflejar una serie de pasos en un texto de instrucciones
- Ajustar la lectura para reconocer el tono de un texto persuasivo

### RESUMIR

- Hablar sobre el texto después de leer e incluir información importante en un formulario de resumen organizado
- Resumir partes importantes de un texto (capítulos o secciones)
- Resumir el cuento e incluir los personajes, el problema del cuento, los sucesos de la trama y la resolución de la trama
- Resumir la información importante del texto de manera clara y lógica sin detalles externos
- Resumir un texto narrativo de no ficción, una biografía o una secuencia temporal en orden temporal
- En ocasiones, usar elementos gráficos para resumir un texto (línea de tiempo o diagrama de un proceso cronológico o temporal)

## Seleccionar objetivos Hábitos y conocimientos para observar, enseñar y apoyar *(cont.)*

### PENSAR ***MÁS ALLÁ*** DEL TEXTO

#### PREDECIR

- Usar conocimientos de estructuras gramaticales y experimentar con el lenguaje escrito para anticipar el texto
- Hacer predicciones a partir de experiencias y conocimientos
- Hacer predicciones a partir de experiencias de lectura anteriores
- Hacer predicciones a lo largo de un texto basadas en la estructura organizacional (narrativa, expositiva)
- Predecir el final de un cuento a partir del conocimiento de cómo funcionan las tramas y el conocimiento de escenarios, personajes y el problema del cuento
- Hacer predicciones basadas en el conocimiento de los géneros de ficción (ficción realista, ficción histórica, literatura tradicional, fantasía, texto híbrido)
- Predecir soluciones posibles para el problema del cuento
- Usar la lectura previa de un libro de una serie para predecir tipos de personajes y tramas en una secuela u otro libro de la serie
- Hacer predicciones basadas en el conocimiento de los géneros de no ficción (texto expositivo de no ficción, texto narrativo de no ficción, biografía, autobiografía, memorias personales, texto de instrucciones, texto persuasivo, texto híbrido)
- Hacer predicciones usando la organización lógica o la estructura del texto
- Hacer predicciones basadas en el conocimiento de estructuras textuales subyacentes (descripción, causa y efecto, secuencia cronológica, secuencia temporal, comparación y contraste, problema y solución, pregunta y respuesta)

#### ESTABLECER RELACIONES

- Establecer relaciones entre experiencias personales y textos
- Establecer relaciones entre libros de una serie
- Usar conocimientos previos para comprender escenarios
- Establecer relaciones entre textos del mismo género
- Usar conocimientos previos de la literatura tradicional para reconocer personajes y sucesos comunes
- Establecer relaciones entre los sucesos en capítulos que se relacionan con una única trama
- Durante la lectura de libros por capítulos, establecer relaciones entre los sucesos anteriores de la trama y lo que sucede en otro punto del texto
- Usar conocimientos previos para comprender escenarios en cuentos
- Acceder a conocimientos previos adquiridos de la lectura para comprender el contenido de un texto
- Establecer relaciones entre textos sobre el mismo tema o con contenido similar
- Acceder a conocimientos previos para comprender la descripción o la secuencia temporal
- Establecer relaciones con otras áreas de estudio (historia, geografía, cultura)

#### SINTETIZAR

- Comparar conocimientos previos con conocimientos nuevos que el texto proporciona
- Identificar información interesante, nueva o sorprendente en un texto
- Expresar nuevas maneras de pensar a partir de la interacción con el texto
- Hablar acerca de lecciones que enseña la historia
- Hablar sobre nuevas maneras de pensar a partir de experiencias indirectas en la lectura de ficción
- Hablar sobre conocimientos nuevos de diferentes culturas, lugares y momentos históricos
- Sintetizar contenido nuevo de textos
- Asumir perspectivas de culturas diversas y apelar al conocimiento cultural para comprender un texto

#### INFERIR

- Hacer inferencias acerca del escenario como ayuda para la comprensión del cuento
- Inferir las características, los sentimientos y las motivaciones de los personajes a partir de lo que los personajes dicen, piensan o hacen, y lo que otros dicen o piensan de ellos
- Inferir las características de los personajes que son complejos y cambian
- Inferir el desarrollo de los personajes a partir de la evidencia en el comportamiento y las razones del cambio
- Inferir relaciones complejas entre los personajes al observar las reacciones entre sí
- Comprender e inferir la importancia del escenario de una biografía que puede ser distante en el tiempo y la geografía respecto del propio conocimiento de los estudiantes
- Comprender los problemas de situaciones complejas (la guerra, el medioambiente, los problemas sociales como la pobreza)
- Inferir algunos temas e ideas abstractos
- Hacer inferencias únicamente a partir del texto narrativo impreso (sin imágenes)
- Inferir el mensaje más amplio en un texto (lo que podemos aprender del texto más allá de los hechos)
- Inferir información a partir de las imágenes que aportan significado al texto
- Hablar acerca de las imágenes y revelar la interpretación de un problema o las emociones de los personajes
- Usar ilustraciones para inferir los sentimientos de los personajes
- Inferir información acerca de los personajes, el escenario, la trama y la acción de textos gráficos, en los que las ilustraciones portan gran parte del significado
- Inferir el significado de una gama de elementos gráficos que requieren la interpretación de la lectora o del lector y que son esenciales para comprender el texto
- Comprender los significados connotativos de palabras como se usan en el lenguaje
- Comprender los significados connotativos de palabras que contribuyen a la atmósfera del texto
- Inferir información importante del contenido conocido además de temas más distantes de la experiencia típica de los estudiantes (diferentes lugares del mundo, historia, ciencias)

# Seleccionar objetivos Hábitos y conocimientos para observar, enseñar y apoyar *(cont.)*

## PENSAR *ACERCA* DEL TEXTO

### ANALIZAR

- Distinguir entre ficción y no ficción y explicar las diferencias entre ambas
- Comprender que un texto gráfico puede representar cualquier género de ficción y no ficción
- Comprender y describir las características de los géneros de ficción, incluidas la ficción realista, la ficción histórica, la literatura tradicional (cuento popular, cuento de hadas, fábula, mito), la fantasía y el texto híbrido
- Observar elementos y motivos básicos de la fantasía (lo sobrenatural, criaturas imaginarias y extraordinarias, dioses y diosas, animales que hablan, lucha entre el bien y el mal, magia, objetos fantásticos o mágicos, deseos, artimañas, transformaciones)
- Comprender la diferencia entre ficción realista e histórica (sucesos que podrían ocurrir en el mundo real) y de la fantasía
- Identificar y comprender las características de tipos especiales de ficción (cuento de misterio; cuento de aventuras; cuento de animales; cuento de familia, amigos y escuela)
- Comprender y describir las características de los géneros de no ficción, entre ellos el texto expositivo de no ficción, el texto narrativo de no ficción, la biografía, la autobiografía, las memorias personales, el texto de instrucciones, el texto persuasivo y el texto híbrido
- Comprender que una biografía es la historia de la vida de una persona y que generalmente se cuenta en orden cronológico
- Observar que una biografía se construye a partir de los sucesos importantes, los problemas que se deben superar y las decisiones del sujeto
- Comprender que la información y las ideas en un texto se relacionan entre sí, y observar cómo la autora o el autor presenta esto
- Reconocer el uso de formas insertadas de una escritora o un escritor (cartas, entradas de diario) dentro de textos narrativos o expositivos
- Reconocer y comprender diversas estructuras narrativas
- Comprender el papel de los personajes secundarios en un cuento
- Comprender el uso de la primera o la tercera persona en textos narrativos de ficción
- Comprender el uso de la segunda persona en textos de no ficción
- Comprender que un libro de no ficción puede ser de instrucciones (explicativo)
- Comprender que un libro de no ficción puede incorporar instrucciones explicadas
- Observar que una escritora o un escritor organiza un texto en categorías y subcategorías
- Reconocer el uso de una escritora o un escritor de estructuras textuales subyacentes (descripción, causa y efecto, secuencia cronológica, secuencia temporal, comparación y contraste, problema y solución, pregunta y respuesta)
- Pensar de manera analítica acerca de la relevancia de un título
- Inferir el propósito de la escritora o del escritor para la elección de un tema o para contar un cuento
- Reconocer escenarios que son conocidos, así como algunos distantes en el tiempo y la geografía
- Comprender de qué manera un escenario es importante para la trama y las perspectivas de los personajes
- Identificar un problema central de un cuento en un texto con muchos episodios
- Relacionar el desarrollo del personaje con los sucesos de la trama
- Observar la evidencia que brinda una escritora o un escritor para mostrar los atributos y los motivos de los personajes, así como los cambios de los personajes
- Comprender la perspectiva desde la que se cuenta un cuento y hablar acerca del motivo por el que la eligió una escritora o un escritor
- Observar cómo una escritora o un escritor de ficción genera suspenso
- Observar y pensar de manera analítica en el uso del argumento o la persuasión que hace una autora o un autor
- Observar el lenguaje que se usa para mostrar el orden cronológico
- Observar el uso que hace una autora o un autor del lenguaje figurado
- Observar el uso que hace una escritora o un escritor de conectores simples para mostrar cómo se relacionan las ideas en un texto (*a menos que, hasta que, porque, finalmente*)
- Observar material parentético o comillas angulares que comienza con comas o paréntesis
- Observar el uso de comillas que hace una escritora o un escritor de ficción para indicar pensamiento no expresado
- Observar el uso que hace una autora o un autor de ficción del lenguaje poético y expresivo en el diálogo
- Observar el uso que hace una escritora o un escritor de palabras humorísticas u onomatopeyas y hablar acerca de cómo estas contribuyen a la acción
- Observar el lenguaje literario, típico de la literatura tradicional (*érase una vez, había una vez, en una tierra muy lejana*)
- Observar cuando una escritora o un escritor usa la segunda persona para hablar directamente a la lectora o al lector
- Comprender que las ilustraciones portan el diálogo y la acción en textos gráficos
- Observar cómo las ilustraciones contribuyen a que la lectora o el lector comprenda los personajes, la acción y la emoción del cuento
- Reconocer cómo las ilustraciones mejoran el significado de un texto
- Observar cómo la escritora o el escritor usa elementos gráficos para transmitir información que complementa el cuerpo del texto
- Comprender que las ilustraciones o fotografías enriquecen las ideas y la información en un texto
- Usar lenguaje académico para hablar acerca de los géneros (*ficción; cuento de familia, amigos y escuela; cuento popular; cuento de animales; cuento humorístico; cuento de hadas; fábula; cuento exagerado; ficción realista; cuento de misterio; cuento de aventuras; cuento de deportes; no ficción; texto informativo; libro informativo; texto sobre hechos; libro de instrucciones; biografía; autobiografía*)

# Seleccionar objetivos Hábitos y conocimientos para observar, enseñar y apoyar *(cont.)*

## PENSAR ***ACERCA*** DEL TEXTO *(continuación)*

### ANALIZAR *(continuación)*

- Usar lenguaje académico para hablar acerca de las formas (*libros de una serie, obra de teatro, libro por capítulos, cómics, texto gráfico, carta*)
- Usar lenguaje académico para hablar acerca de las características literarias (*comienzo, final, problema, personaje, pregunta y respuesta, personaje principal, cambio de personaje, mensaje, diálogo, tópico, sucesos, solución, ambientación, descripción, orden temporal, problema y solución, comparar y contrastar, idea principal*)
- Usar lenguaje específico para hablar acerca de las características del libro y la letra impresa (*portada, contraportada, página, autor, ilustrador, ilustración, fotografía, título, rótulo, dibujo, encabezado, leyenda, tabla de contenidos, capítulo, título del capítulo, dedicatoria, recuadro lateral, glosario, mapa, diagrama, infografía, nota del autor, nota del ilustrador, sección, solapa del libro, agradecimientos, subtítulos, texto, guía de pronunciación*)

### CRITICAR

- Intercambiar opiniones acerca de un texto y brindar fundamentos y ejemplos
- Intercambiar opiniones acerca de una ilustración o fotografía
- Evaluar la calidad de las ilustraciones o los elementos gráficos
- Describir lo que las ilustraciones y los elementos gráficos aportan al texto
- Evaluar cómo contribuyen las ilustraciones a la calidad del texto o brindan información adicional
- Dar una opinión sobre la verosimilitud de la trama, las acciones del personaje o la resolución de un problema
- Decir específicamente lo que hace creíble a una trama o personaje
- Intercambiar opiniones sobre los personajes y hablar acerca de cómo podrían haber tomado decisiones diferentes o haberse comportado de manera diferente
- Evaluar si un texto es auténtico y consistente con la experiencia vital
- Evaluar si un texto es auténtico y consistente con los conocimientos previos de la lectora o del lector
- Evaluar aspectos de un texto que contribuyen al entretenimiento o el interés (personajes humorísticos o información sorprendente)
- Hablar de manera crítica acerca de lo que hace una escritora o un escritor para que un tema sea interesante o importante
- Hablar acerca del motivo por el que el sujeto de una biografía es importante o sirve de ejemplo para los demás

## Planificar el trabajo con las palabras después de la lectura guiada

Usando sus observaciones recientes sobre la capacidad de los lectores de descomponer palabras rápida y eficientemente mientras leen un texto, planifique de uno a tres minutos la participación activa de los estudiantes atendiendo a las letras, los sonidos y las palabras. Priorice la observación de los lectores sobre las características de la letra impresa y el uso manual activo de las letras magnéticas, de la pizarra blanca, de tarjetas de palabras o de lápiz y papel para promover la fluidez y la flexibilidad en el procesamiento visual.

**Ejemplos:**

- Reconocer y usar diminutivos y aumentativos (*gatito, grandote, cucharón*)
- Formar todo tipo de plurales, entre ellos plurales que requieren cambios ortográficos (*disfraz/disfraces; vez/veces*)
- Reconocer y usar el modo subjuntivo para expresar voluntad, posibilidad y duda
- Reconocer y descifrar palabras en las que los mismos sonidos se representan con diferentes letras (*ratón, perro; llave, yate*)
- Trabajar la flexibilidad en una palabra base, agregando o quitando uno o más afijos para formar una palabra nueva (*cuidar, cuidado, descuidado*)
- Descomponer palabras de dos, tres y cuatro sílabas y reconocer el uso del acento ortográfico si es necesario (*fácil, mochila, fantástico*)
- Reconocer y descomponer palabras que comienzan con o contienen un grupo consonántico (*brújula, tiembla*)
- Reconocer y usar homófonos (*asta, hasta*) y homógrafos (*calle*)
- Clasificar palabras con base en cualquier característica de la palabra

# Lectores del nivel Q

En el nivel Q, los lectores automáticamente leen y comprenden una amplia gama de géneros, entre ellos la ciencia ficción y otras obras de fantasía más complejas, la biografía, la autobiografía y las memorias personales, y los textos híbridos que combinan más de un género en un conjunto coherente. Leen textos de ficción y no ficción en diversas formas, entre ellas las cartas y las entradas de diario, los ensayos fotográficos, los artículos periodísticos y los cuentos cortos, como también los libros por capítulos, los libros de una serie, los libros álbum y los textos gráficos. Los textos narrativos de ficción son generalmente sencillos pero tienen tramas elaboradas y algunas variaciones. Hay muchos personajes complejos que se desarrollan y cambian con el tiempo. Los lectores comprenden perspectivas diferentes a las suyas y también escenarios y personas distantes en el tiempo y el espacio. Son capaces de procesar oraciones que son complejas, que contienen frases preposicionales, cláusulas introductorias y listas de sustantivos, verbos o adjetivos; y a su vez descifran palabras nuevas del vocabulario, algunas definidas en el texto y otras para deducir a partir del contexto o de las herramientas de referencia. Reconocen y comprenden tanto conectores comunes y algunos conectores sofisticados. La mayor parte de la lectura es en silencio, pero la fluidez y la formación de frases en la lectura oral están bien afianzadas. Muchas palabras descriptivas, de contenido específico y técnicas que requieren el uso de definiciones incluidas, conocimientos previos y comprensión de las características del texto como los recuadros laterales, los glosarios y las referencias presentan un desafío para los lectores. Descomponen polisílabos y usan todo tipo de destrezas de decodificación de palabras. Leen y comprenden textos en diversas disposiciones, tipografías y características de letra impresa y buscan información de manera consistente en las ilustraciones y en elementos gráficos cada vez más complejos. Los lectores continúan ampliando el vocabulario académico que comprenden y pueden usar.

## Seleccionar textos Características de los textos del **nivel Q**

### GÉNERO

**▸ Ficción**

- Ficción realista
- Ficción histórica
- Literatura tradicional (cuento popular, cuento de hadas, fábula)
- Fantasía más compleja, incluida la ciencia ficción
- Textos híbridos
- Tipos especiales de ficción (cuento de misterio; cuento de aventuras, cuento de deportes; cuento de animales; cuento de familia, amigos y escuela; cuento humorístico)

**▸ No ficción**

- Textos expositivos de no ficción
- Textos narrativos de no ficción
- Biografía
- Autobiografía
- Memorias personales
- Textos de instrucciones
- Textos persuasivos
- Textos híbridos

**FORMAS**

- Libros de una serie
- Libros álbum
- Libros por capítulos
- Libros por capítulos con secuelas
- Obras de teatro
- Guiones de teatro del lector
- Textos gráficos
- Cartas, diarios y entradas de diario
- Cuentos cortos
- Ensayos fotográficos y artículos periodísticos

### ESTRUCTURA DEL TEXTO

- Textos narrativos con una estructura sencilla con varios episodios que pueden ser más elaborados
- Formas integradas (cartas, instrucciones, entradas de diario, correos electrónicos) dentro de estructuras narrativas y expositivas
- Variaciones en la estructura (cuento dentro de otro cuento, flashback sencillo)
- Libros con capítulos relacionados con una trama única
- Algunas colecciones de cuentos cortos relacionados con un tema predominante
- Libros de no ficción divididos en secciones y algunos con subsecciones
- Patrones estructurales subyacentes (descripción, causa y efecto, secuencia cronológica, secuencia temporal, comparación y contraste, problema y solución, pregunta y respuesta)

### CONTENIDO

- Contenido interesante y relevante para la lectora o el lector
- Algunos libros con poco o ningún apoyo de imágenes para el contenido (libros por capítulos)
- Muchos contenidos que requieren acceso a conocimientos previos
- Contenido que requiere que la lectora o el lector asuma perspectivas de diversas culturas y apele al conocimiento cultural para la comprensión
- Textos en su mayor parte con contenidos que atraen e interesan a los lectores y amplían los conocimientos (viajes, experiencias con otras culturas, aventuras en las ciencias, supervivencia)
- Escenarios en algunos textos que requieren conocimientos del contenido de disciplinas (historia, geografía, cultura, lenguaje)
- Contenido que en su mayor parte trasciende la experiencia inmediata de los estudiantes
- Muchos contenidos que requieren que la lectora o el lector busque información en los elementos gráficos (mapas, tablas, diagramas, dibujos ilustrados, fotografías rotuladas)

## Nuestro sucio planeta

Toda esa chatarra olvidada hizo que Bordalo II se diera cuenta de un gran problema: la gente crea toneladas de basura que no se recicla, y esos desechos pueden hacer que el suelo, el agua y el aire de nuestro planeta sean insalubres. Al crear con basura **esculturas** de animales más grandes que los reales, Bordalo II espera que la gente se dé cuenta de que tantos desechos dañan el medioambiente, especialmente a los animales.

"La idea es representar la naturaleza, en este caso animales, con los mismos materiales responsables de su **destrucción**", explicó Bordalo II.

Bordalo II ha creado esculturas en varias ciudades del mundo. Cada obra de arte, como este enorme mapache, está hecha con objetos que encontró en esa ciudad.

8

LO QUE SE TIRA EN EL MUNDO CADA DÍA

Otros 18%
Metal 4%
Vidrio 5%
Plástico 10%
Papel 17%
Comida y residuos de granja 46%

### MONTAÑAS DE CHATARRA

El número de habitantes de la Tierra está aumentando, de la misma manera que la cantidad de desechos. Aunque gran parte de esos desechos se puede reciclar, muchos tipos de plástico no. En sus esculturas, Bordalo II usa una notable cantidad de plástico para mostrar que la gran cantidad de este material que no se recicla daña a los animales de todo el planeta.

9

LECTURA GUIADA

## TEMAS E IDEAS

- Algunos textos con significado más profundo acerca de contenido conocido por la mayoría de los lectores pero no explicado totalmente
- Temas e ideas que requieren una perspectiva no conocida para la lectora o el lector
- Ideas complejas acerca de diversos temas cuya comprensión requiere experiencia real o indirecta (a través de la lectura)
- Textos con significados más profundos aplicables a problemas humanos importantes y asuntos sociales
- Muchas ideas y temas que requieren la comprensión de la diversidad cultural
- Algunos textos con temas abstractos que requieren razonamiento inferencial
- Algunos temas complejos (la guerra, el medioambiente, el racismo)

## CARACTERÍSTICAS LITERARIAS Y DEL LENGUAJE

- Escenarios que son distantes en el tiempo y la geografía
- Escenarios que son importantes para la comprensión de la ficción narrativa o la biografía
- Variedad en la estructura de la trama del texto narrativo (cuento dentro de otro cuento, flashback sencillo)
- Trama que incluye muchos episodios
- Personajes principales y personajes secundarios
- Personajes multidimensionales
- Personajes revelados por lo que dicen, piensan y hacen, y por lo que los demás dicen y piensan sobre ellos
- Personajes revelados a lo largo de una serie de sucesos, capítulos o libros
- Personajes que se desarrollan como resultado de los sucesos de la trama
- Motivos para la introducción de cambios complejos en los personajes, que requieren inferencia
- Algunos textos que revelan las perspectivas de más de un personaje
- Variedad en la presentación del diálogo (diálogo entre muchos personajes, diálogo con pronombres, diálogo separado, diálogo directo, incluido el diálogo no asignado y tramos largos de diálogo)
- Mayormente textos escritos en primera o tercera persona narrativa con algunos textos de instrucciones en segunda persona
- Motivos básicos de la literatura tradicional y de la fantasía moderna (lucha entre el bien y el mal, objetos fantásticos o mágicos, deseos, artimañas, transformaciones)
- Lenguaje literario, típico de la literatura tradicional (*había una vez, en una tierra muy lejana*)
- Lenguaje figurado (metáfora, símil)
- Lenguaje poético
- Lenguaje que crea suspenso
- Lenguaje y sucesos que transmiten una atmósfera emocional en un texto, que afecta las emociones de la lectora o del lector (tensión, tristeza, felicidad, curiosidad)
- Lenguaje de procedimientos
- Lenguaje que se usa para hacer comparaciones
- Uso de lenguaje expresivo en el diálogo
- Lenguaje descriptivo
- Lenguaje que se usa para mostrar orden cronológico y secuencia temporal
- Lenguaje persuasivo
- Lenguaje que habla directamente a la lectora o al lector

# Seleccionar textos Características de los textos del **nivel Q** *(cont.)*

## COMPLEJIDAD DE LAS ORACIONES

- Algunas oraciones más largas con más de veinte palabras y muchas frases y cláusulas subordinadas
- Variación en la longitud y la estructura de la oración
- Oraciones con una amplia variedad de categorías gramaticales, entre ellas adjetivos, adverbios y frases preposicionales
- Variación en la ubicación del sujeto, el verbo, los adjetivos y los adverbios
- Muchas oraciones que comienzan con frases
- Oraciones con conectores simples o cláusulas subordinadas (dependientes)
- Oraciones con conectores sofisticados o complejos que no son típicos del lenguaje oral (*además, mientras tanto, por lo tanto, si no, sin embargo*)
- Oraciones complejas con variedad en el orden de las cláusulas
- Uso ocasional de material parentético integrado en oraciones
- Oraciones con una amplia variedad de puntuación con base en la complejidad

## VOCABULARIO

- Algunas palabras del vocabulario que los estudiantes adquieren mediante la lectura o al escuchar cuentos o textos de no ficción leídos en voz alta
- Muchas palabras que aparecen en el vocabulario de usuarios del lenguaje maduros (Nivel 2)
- Algunas palabras propias de una disciplina (Nivel 3)
- Amplia variedad de palabras usadas para asignar diálogo
- Muchos adjetivos (entre ellos algunas palabras más largas) y adverbios
- Muchas palabras con varios significados
- Muchas palabras con significado figurado
- Algunos modismos
- Vocabulario nuevo que requiere acción estratégica para su comprensión (obtener significado según el contexto, usar herramientas de referencia, observar la morfología, usar raíces de palabras, usar analogía)
- Algunas palabras con significados connotativos que son esenciales para comprender el texto
- Muchos conectores comunes (palabras, frases que aclaran las relaciones y las ideas, y que se usan con frecuencia en el lenguaje oral): *y, pero, entonces, porque, antes, después*
- Algunos conectores sofisticados, o complejos (palabras, frases que conectan ideas y aclaran significados y que se usan en textos escritos pero no aparecen a menudo en el lenguaje oral cotidiano): *a menos que, además, aunque, cuando sea, hasta que, mientras tanto, no obstante, por lo tanto, si no, sin embargo, todavía*

## PALABRAS

- Muchos polisílabos, algunos técnicos o científicos
- Todo tipo de plurales
- Algunos polisílabos con algunas relaciones complejas entre letra y sonido
- Algunos sustantivos propios polisílabos que son difíciles de descifrar
- Muchos patrones ortográficos en polisílabos
- Todo tipo de palabras compuestas
- Palabras base con afijos (prefijos y sufijos)
- Algunas palabras divididas (con guion) entre dos líneas
- Conectores comunes y algunos sofisticados

## ILUSTRACIONES

- Ilustraciones de contenido e ideas seleccionados en el texto
- Ilustraciones que mejoran y amplían el significado en un texto
- Elementos gráficos que requieren la interpretación de la lectora o del lector y que son esenciales para la comprensión del texto
- Muchos textos cortos que tienen ilustraciones en cada página
- Algunos libros por capítulos cortos con solo unas pocas ilustraciones
- Algunos textos con muy pocas ilustraciones
- Variedad en la disposición de las ilustraciones y la letra impresa
- Más de un tipo de elemento gráfico en una doble página
- Algunos libros con ilustraciones en blanco y negro
- Algunas ilustraciones complejas y matizadas que comunican atmósfera y significado (literal, figurado, simbólico) que se combina con el texto o lo amplía
- Una gama de elementos gráficos que presentan información que se combina con el texto y lo amplía (fotografías y dibujos con rótulos y/o leyendas; diagramas, dibujos de corte; mapas con leyendas o claves, escala; infografía)

## CARACTERÍSTICAS DEL LIBRO Y LA LETRA IMPRESA

### LONGITUD

- Una amplia variación en la longitud (la mayoría de menos de cuarenta y ocho páginas)
- Una amplia variación en el número de palabras (600-2,000)
- Algunos libros divididos en capítulos
- Libros divididos en secciones y subsecciones

### TEXTO IMPRESO Y DISPOSICIÓN

- Mayormente con tamaño de tipografía pequeño pero legible
- Letra impresa y fondo de diversos colores
- Muchas líneas de texto en una página (de cinco a veinticuatro líneas)
- Oraciones que comienzan donde termina la oración anterior
- Variedad en la ubicación de la letra impresa, que refleja géneros diferentes
- Muchos textos con espaciado sencillo pero con un espacio claro entre líneas
- Información que se muestra en diversas combinaciones de imágenes y letra impresa en textos gráficos
- Leyendas debajo de imágenes que brindan información importante
- Letra impresa e ilustraciones integradas en la mayoría de los textos, con letra impresa alrededor de las imágenes
- Letra impresa colocada en recuadros laterales y elementos gráficos que presentan información importante

### PUNTUACIÓN

- Punto, coma, signos de interrogación, signos de admiración, rayas de diálogo o comillas para el diálogo y puntos suspensivos en la mayoría de los textos
- Comillas o comillas angulares para identificar citas y pensamientos

### HERRAMIENTAS DE ORGANIZACIÓN

- Título, tabla de contenidos, título del capítulo, encabezado, subtítulo y recuadro lateral

### RECURSOS DEL TEXTO

- Dedicatoria, reconocimientos, nota de la autora o del autor, guía de pronunciación y glosario

# Seleccionar objetivos Hábitos y conocimientos para observar, enseñar y apoyar

## PENSAR EN EL TEXTO *EN SÍ*

### BUSCAR Y USAR INFORMACIÓN

- Mantener la búsqueda de información en un texto (generalmente de menos de cuarenta y ocho páginas) y/o en un libro por capítulos
- Mantener la búsqueda en algunos libros que se dividen en capítulos y pueden tener hasta 2,000 o más palabras
- Buscar información y lenguaje que expresa o implica el mensaje o los mensajes más amplios del texto
- Buscar y usar información de libros anteriores cuando se lee una serie
- Buscar información en textos con letra impresa ubicada alrededor de recuadros laterales, imágenes y otros elementos gráficos
- Usar conocimientos previos para buscar y comprender información acerca de los escenarios, las áreas geográficas, la historia, la economía
- Usar herramientas de organización para buscar información (título, tabla de contenidos, títulos de capítulos, encabezados, subtítulos, recuadros laterales, acotaciones)
- Usar recursos del texto para buscar información (reconocimientos, nota de la autora o del autor, guía de pronunciación, glosario)
- Mantener la búsqueda de información en algunas oraciones más largas con más de veinte palabras (oraciones compuestas, frases y cláusulas)
- Buscar información en oraciones con muchas cláusulas o frases
- Buscar información en oraciones que varían en longitud, estructura y puntuación con base en la complejidad del texto
- Buscar información en oraciones con variación en la ubicación del sujeto, el verbo, los adjetivos y los adverbios
- Buscar información en oraciones con sustantivos, verbos, adjetivos y adverbios en una serie dividida por comas
- Buscar y comprender información presentada de diversas maneras (diálogo simple, diálogo con pronombres, diálogo separado, diálogo asignado y algunas veces no asignado, diálogo entre muchos personajes, algunos tramos largos de diálogo, diálogo directo)
- Buscar y comprender información en algunos tramos largos de diálogo donde hablan muchos personajes
- Usar el orden cronológico dentro de muchos episodios para buscar y usar información
- Buscar información en capítulos relacionados con una única trama
- Mantener la búsqueda en algunos libros divididos en secciones y subsecciones o biografías divididas en capítulos
- Observar y usar signos de puntuación (punto, coma, signos de interrogación, signos de admiración, rayas de diálogo, comillas o comillas angulares, puntos suspensivos)
- Buscar y usar información a partir de diversas ilustraciones o elementos gráficos
- Buscar y usar información en textos con una diversidad en la ubicación del cuerpo del texto, los recuadros laterales y los elementos gráficos
- Buscar información en diversos elementos gráficos (fotos, dibujos con rótulos y leyendas, diagramas, mapas)

### VERIFICAR Y AUTOCORREGIRSE

- Usar diversas fuentes de información (información visual en la letra impresa, significado/imágenes, elementos gráficos, estructura lingüística) para verificar y autocorregirse
- Autocorregirse disimuladamente antes o después de cometer el error
- Verificar detenidamente la comprensión de textos mediante el uso del conocimiento de una amplia gama de géneros de ficción: ficción realista, ficción histórica, literatura tradicional (cuento popular, cuento de hadas, fábula, mito), fantasía, incluida la ciencia ficción, texto híbrido
- Verificar detenidamente la comprensión de textos mediante el uso del conocimiento de una amplia gama de formas (poemas, obras de teatro, textos gráficos, cartas, diarios, entradas de diario, cuentos)
- Usar la comprensión de la trama, el escenario y los personajes para verificar y corregir la lectura
- Usar el conocimiento de la estructura narrativa y de los atributos de personajes multidimensionales que cambian para autoverificar y autocorregirse
- Usar el conocimiento del contenido del tema de un texto para autoverificar y autocorregirse
- Usar conocimientos de los géneros de no ficción para verificar la comprensión de un texto (texto expositivo de no ficción, texto narrativo de no ficción, biografía, autobiografía, memorias personales, texto de instrucciones, texto persuasivo)
- Usar información de los elementos gráficos (mapas, diagramas, tablas, fotos, ilustraciones) para autoverificar la lectura

### DESCIFRAR PALABRAS

▸ **Leer palabras**

- Reconocer un gran número de palabras de una, dos, tres y cuatro sílabas de manera rápida y automática
- Descomponer polisílabos para descifrarlos
- Leer todo tipo de plurales
- Leer algunos polisílabos con relaciones complejas entre letra y sonido
- Leer una amplia gama de palabras compuestas
- Observar partes de palabras y relacionarlas con otras palabras para descifrarlas
- Leer adjetivos, adverbios, palabras comparativas y conectores simples (comunes)
- Descifrar palabras rápidamente mientras se procesa un texto continuo y con la menor autocorrección explícita
- Leer algunos sustantivos propios polisílabos que son difíciles de decodificar y usar recursos textuales como la guía de pronunciación cuando sea necesario
- Identificar palabras base y afijos (prefijos y sufijos) para descifrar palabras

# Seleccionar objetivos Hábitos y conocimientos para observar, enseñar y apoyar *(cont.)*

## PENSAR EN EL TEXTO *EN SÍ* *(continuación)*

### DESCIFRAR PALABRAS *(continuación)*

**▸ Leer palabras** *(continuación)*

- Leer palabras divididas con guion entre dos líneas y entre dos páginas
- Demostrar flexibilidad en el uso de diferentes estrategias para descifrar palabras

**▸ Vocabulario**

- Deducir los significados de palabras nuevas y ampliar los significados de palabras conocidas mediante el uso de estrategias flexibles (el contexto en una oración, relaciones con otras palabras, sinónimos y antónimos, partes de palabras, palabras base y afijos, función de una palabra en una oración)
- Agregar palabras al vocabulario de manera activa y consistente mediante la lectura
- Relacionar palabras con sinónimos y antónimos para ampliar la comprensión
- Comprender un gran cuerpo de palabras que pertenecen al vocabulario oral común para los estudiantes del grado (Nivel 1)
- Comprender muchas palabras que aparecen en el lenguaje de los usuarios maduros y en textos escritos (Nivel 2)
- Comprender algunas palabras propias de una disciplina académica (Nivel 3)
- Comprender los significados y funciones de todas las categorías gramaticales en oraciones
- Comprender muchas palabras que tienen muchos significados e identificar el significado específico que posee en una oración o párrafo
- Comprender palabras que requieren el uso de diversas fuentes de información (conocimiento previo, imágenes, información visual)
- Comprender los significados y funciones de conectores comunes (simples) que aparecen en el lenguaje oral y algunos conectores sofisticados (complejos) que son más típicos del lenguaje escrito
- Identificar palabras base y comprender prefijos y sufijos que enriquecen o cambian el significado, la función o el tiempo verbal
- Comprender significados denotativos, connotativos, idiomáticos y figurados de las palabras
- Comprender los significados connotativos de palabras que contribuyen a la atmósfera del texto
- Comprender que en los textos gráficos, la información sobre las palabras está en las ilustraciones y que muchas palabras poco comunes aparecen en los textos gráficos (onomatopeyas)
- Comprender los significados connotativos de palabras necesarias para hacer inferencias, incluidas las palabras usadas para asignar diálogo (*dijo, preguntó, lloró, gritó, contestó, susurró, respondió, gimió*)
- Comprender los significados connotativos de adjetivos, verbos y adverbios descriptivos y usarlos para hacer inferencias acerca de los personajes
- Deducir los significados de palabras técnicas y de palabras creadas por la autora o el autor en la ciencia ficción
- Comprender y adquirir palabras específicas del contenido que requieren el uso de acciones estratégicas (usar definiciones dentro del cuerpo de un texto, el glosario u otras herramientas de referencia)
- Comprender palabras clave en elementos gráficos como mapas, diagramas y tablas

### MANTENER LA FLUIDEZ

- Leer silenciosamente a un ritmo levemente más rápido que cuando se lee oralmente y al mismo tiempo mantener la comprensión y la precisión
- Mantener el impulso a lo largo de textos cortos y de algunos libros por capítulos cortos o libros de cuentos cortos, y realizar un progreso significativo día a día
- Observar puntos, comas, signos de interrogación, signos de admiración, paréntesis, rayas de diálogo, comillas o comillas angulares, guiones y puntos suspensivos y comenzar a reflejarlos con la voz mediante la entonación y la pausa
- Leer oralmente con formación de frases, pausa, entonación, acento prosódico y ritmo adecuados
- Poner énfasis en palabras que están en negrita, bastardilla o diversas tipografías
- Reconocer y leer de manera expresiva diversos diálogos, algunos no asignados
- Leer partes de un guion con expresividad
- Mostrar en la voz cuándo las palabras en un texto (mostradas por comillas o comillas angulares) reflejan pensamientos no expresados
- Reflejar listas numeradas o con viñetas con la voz cuando se lee oralmente

### AJUSTAR

- Leer más lentamente para resolver problemas o buscar información y retomar la lectura con impulso
- Ajustar la lectura para adaptarla a oraciones compuestas y oraciones con un orden variable de cláusulas
- Ajustar la lectura oral para mostrar conocimiento o variación en las oraciones (ubicación de categorías gramaticales, frases y cláusulas)
- Ajustar la lectura para reconocer el propósito y las características de los géneros de ficción y de no ficción y de los tipos especiales de textos de ficción como los cuentos de misterio
- Ajustar para incorporar formas insertadas (cartas, diarios, entradas de diario) dentro de textos narrativos y expositivos
- Ajustar las expectativas para procesar diferentes partes de un texto híbrido
- Ajustar la lectura para procesar un texto gráfico
- Ajustar la lectura para comprender que un texto puede ser una colección de cuentos cortos relacionados con un tema predominante

## Seleccionar objetivos Hábitos y conocimientos para observar, enseñar y apoyar *(cont.)*

### PENSAR EN EL TEXTO *EN SÍ* *(continuación)*

**AJUSTAR** *(continuación)*

- Ajustar para leer partes en el guion de teatro del lector o una obra de teatro
- Ajustar la lectura para reflejar una serie de pasos en textos de instrucciones
- Ajustar la lectura para adaptarla a la ubicación diversa del cuerpo del texto, fotografías con leyendas, recuadros laterales y elementos gráficos
- Ajustar la lectura para reflejar una serie de pasos en un texto de instrucciones
- Ajustar la lectura para reconocer un texto persuasivo

**RESUMIR**

- Resumir partes importantes de un texto (capítulos o secciones)
- Resumir el cuento e incluir los personajes, el problema del cuento, los sucesos de la trama y la resolución de la trama (ficción)
- Resumir la información importante del texto de manera clara y lógica sin detalles externos (no ficción)
- Resumir un texto narrativo de no ficción, una biografía o una secuencia temporal en orden temporal
- Resumir el argumento o idea principal de una escritora o un escritor
- En ocasiones, usar elementos gráficos para resumir un texto (línea de tiempo o diagrama de un proceso cronológico o temporal)

### PENSAR *MÁS ALLÁ* DEL TEXTO

**PREDECIR**

- Hacer predicciones a partir de experiencias personales y conocimiento del contenido
- Hacer predicciones a partir de experiencias de lectura anteriores
- Hacer predicciones a lo largo de un texto basadas en la estructura organizacional (narrativa, expositiva)
- Justificar predicciones con pruebas del texto
- Predecir el final de un cuento a partir del conocimiento de cómo funcionan las tramas y el conocimiento de escenarios, personajes y el problema del cuento
- Hacer predicciones basadas en el conocimiento de diversos sucesos cotidianos
- Hacer predicciones basadas en el conocimiento de los géneros de ficción (ficción realista, ficción histórica, literatura tradicional, fantasía, incluida la ciencia ficción, y texto híbrido)
- Hacer predicciones a partir del conocimiento de tipos especiales de ficción (cuento de misterio; cuento de aventuras; cuento de animales; cuento de familia, amigos y escuela)
- Predecir soluciones posibles para el problema del cuento
- Usar la lectura previa de un libro de una serie para predecir tipos de personajes y tramas en una secuela u otro libro de la serie
- Hacer predicciones basadas en el conocimiento de los géneros de no ficción (texto expositivo de no ficción, texto narrativo de no ficción, biografía, autobiografía, memorias personales, texto de instrucciones, texto persuasivo, texto híbrido)
- Hacer predicciones a partir del conocimiento de formas especiales (cartas, diarios, entradas de diario; ensayos fotográficos, artículos periodísticos)
- Hacer predicciones usando la organización lógica del texto
- Hacer predicciones basadas en el conocimiento de estructuras textuales subyacentes (descripción, causa y efecto, secuencia cronológica, secuencia temporal, comparación y contraste, problema y solución, pregunta y respuesta)

# Seleccionar objetivos Hábitos y conocimientos para observar, enseñar y apoyar *(cont.)*

## PENSAR ***MÁS*** ALLÁ DEL TEXTO *(continuación)*

### ESTABLECER RELACIONES

- Establecer relaciones entre experiencias personales, sucesos históricos o actuales y textos
- Relacionar textos con problemas de la sociedad
- Establecer relaciones entre libros de una serie
- Usar el conocimiento de un texto para comprender el contenido en otro texto
- Establecer diversos tipos de relaciones entre textos (autora o autor, ilustradora o ilustrador, contenido, género, tema, asunto o mensaje, sucesos, problema, personajes, lenguaje y estilo)
- Enunciar de manera explícita la naturaleza de las relaciones (tema, asunto, mensaje, personajes, género, escritora o escritor, estilo)
- Establecer relaciones entre los sucesos anteriores de la trama y lo que sucede en otro punto del texto durante la lectura de libros por capítulos
- Usar conocimientos previos de la literatura tradicional para reconocer personajes y sucesos comunes
- Establecer relaciones entre los sucesos en capítulos que se relacionan con una única trama
- Usar conocimientos previos para comprender escenarios en cuentos
- Acceder a conocimientos previos adquiridos de la lectura para comprender el contenido de un texto
- Establecer diferentes tipos de relaciones entre textos (contenido, elementos gráficos, idea o mensaje principal, estructura del texto)
- Asumir perspectivas de culturas diversas y apelar al conocimiento cultural para comprender un texto

### SINTETIZAR

- Comparar conocimientos previos con conocimientos nuevos que el texto proporciona
- Identificar información interesante, nueva o sorprendente en un texto
- Expresar nuevas maneras de pensar a partir de la interacción con el texto
- Proveer pruebas del texto para apoyar declaraciones que describan nuevos aprendizajes
- Hablar acerca de lecciones que enseña la historia
- Hablar sobre nuevas maneras de pensar a partir de experiencias indirectas en la lectura de ficción
- Hablar sobre conocimientos nuevos de diferentes culturas, lugares y momentos históricos
- Sintetizar contenido nuevo a partir de un texto y describirlo a los demás con pruebas del texto

### INFERIR

- Hacer inferencias acerca del escenario como ayuda para la comprensión del cuento
- Comprender e inferir la importancia del escenario de una biografía que puede ser distante en el tiempo y la geografía respecto del propio conocimiento de los estudiantes
- Inferir las características, los sentimientos y las motivaciones de los personajes a partir de lo que los personajes dicen, piensan o hacen, y lo que otros dicen o piensan de ellos
- Inferir el desarrollo de los personajes a partir de la evidencia en el comportamiento y las razones del cambio
- Inferir relaciones complejas entre los personajes al observar las reacciones entre sí
- Comprender los problemas de situaciones complejas (la guerra, el medioambiente)
- Inferir algunos temas e ideas abstractos
- Inferir el tema o los temas predominantes en una colección de cuentos cortos
- Inferir el mensaje o los mensajes de la autora o del autor en un texto
- Inferir el mensaje más amplio en un texto (lo que podemos aprender del texto más allá de los hechos)
- Inferir información a partir de las imágenes que aportan significado al texto
- Hablar acerca de las imágenes y revelar la interpretación de un problema o las emociones de los personajes
- Usar ilustraciones para inferir los sentimientos de los personajes
- Inferir información acerca de los personajes, el escenario, la trama y la acción de textos gráficos, en los que las ilustraciones portan gran parte del significado
- Hacer inferencias únicamente a partir del texto narrativo impreso (sin imágenes)
- Inferir el significado de una gama de elementos gráficos que requieren la interpretación de la lectora o del lector y que son esenciales para comprender el texto
- Comprender los significados connotativos de palabras que contribuyen a la atmósfera y al significado del texto
- Inferir información importante del contenido conocido además de temas más distantes de la experiencia típica de los estudiantes (historia, geografía, cultura, lenguaje)

# Seleccionar objetivos Hábitos y conocimientos para observar, enseñar y apoyar *(cont.)*

## PENSAR *ACERCA* DEL TEXTO

### ANALIZAR

- Comprender que un texto gráfico puede representar cualquier género de ficción y no ficción
- Distinguir entre ficción y no ficción y comprender las características particulares de ambas; incluir los textos gráficos
- Comprender y describir las características de los géneros de ficción, incluidas la ficción realista, la ficción histórica, la literatura tradicional (cuento popular, cuento de hadas, fábula, mito), fantasía y texto híbrido
- Observar elementos y motivos básicos de la fantasía (lo sobrenatural, criaturas imaginarias y extraordinarias, dioses y diosas, animales que hablan, lucha entre el bien y el mal, magia, objetos fantásticos o mágicos, deseos, artimañas, transformaciones)
- Comprender la diferencia entre ficción realista e histórica (sucesos que podrían ocurrir en el mundo real) y la fantasía
- Identificar y comprender las características de tipos especiales de ficción (cuento de misterio; cuento de aventuras; cuento de animales; cuento de familia, amigos y escuela)
- Comprender y describir las características de los géneros de no ficción, entre ellos el texto expositivo de no ficción, el texto narrativo de no ficción, la biografía, la autobiografía, las memorias personales, el texto de instrucciones, el texto persuasivo y el texto híbrido
- Comprender que una biografía es la historia de la vida de una persona y que generalmente se cuenta en orden cronológico
- Observar que una biografía se construye a partir de los sucesos importantes, los problemas que se deben superar y las decisiones del sujeto
- Observar el formato de un ensayo fotográfico y comprender el propósito
- Comprender que una escritora o un escritor de no ficción puede usar la argumentación y la persuasión
- Comprender que la información y las ideas en un texto se relacionan entre sí, y observar cómo la autora o el autor presenta esto
- Reconocer el uso de formas insertadas de una escritora o un escritor (cartas, entradas de diario) dentro de textos narrativos o expositivos
- Comprender que un libro de no ficción puede ser de instrucciones (explicativo)
- Comprender que un libro de no ficción puede incorporar instrucciones explicadas
- Observar que una escritora o un escritor organiza un texto en categorías y subcategorías
- Reconocer el uso de una escritora o un escritor de estructuras textuales subyacentes (descripción, causa y efecto, secuencia cronológica, secuencia temporal, comparación y contraste, problema y solución, pregunta y respuesta)
- Pensar de manera analítica acerca de la relevancia de un título
- Inferir el propósito de la escritora o del escritor para la elección de un tema o para contar un cuento
- Reconocer escenarios que son conocidos, así como algunos distantes en el tiempo y la geografía
- Comprender de qué manera un escenario es importante para la trama y las perspectivas de los personajes
- Observar las características del escenario en la fantasía que involucra magia y/o un mundo imaginario
- Identificar un problema central de un cuento en un texto con muchos episodios
- Reconocer y comprender la variación en la estructura de la trama (cuento dentro de otro cuento, flashback)
- Relacionar el desarrollo del personaje con los sucesos de la trama
- Comprender el papel de los personajes secundarios en un cuento
- Observar la evidencia que brinda una escritora o un escritor para mostrar los atributos y los motivos de los personajes, así como los cambios de los personajes
- Comprender la perspectiva desde la que se cuenta un cuento y hablar acerca del motivo por el que la eligió una escritora o un escritor
- Comprender un texto narrativo en primera y tercera persona
- Observar el uso de comillas o comillas angulares que hace una escritora o un un escritor de ficción para indicar pensamiento no expresado
- Observar cómo una escritora o un escritor de ficción genera suspenso
- Observar el lenguaje que se usa para mostrar el orden cronológico
- Observar el uso que hace una autora o un autor del lenguaje figurado
- Observar el uso que hace una escritora o un escritor de los conectores comunes o simples (*después, porque*) y conectores más complejos o sofisticados (*además, mientras tanto, por lo tanto, si no, sin embargo*) para mostrar cómo se relacionan las ideas en un texto
- Observar material parentético que comienza con comas o paréntesis
- Observar el uso que hace una autora o un autor de ficción del lenguaje poético y expresivo en el diálogo
- Observar el uso que hace una escritora o un escritor de palabras humorísticas u onomatopeyas y hablar acerca de cómo estas contribuyen a la acción
- Observar el lenguaje literario, típico de la literatura tradicional (*érase una vez, había una vez, en una tierra muy lejana*)
- Observar y pensar de manera analítica en el uso del argumento o la persuasión que hace una autora o un autor
- Reconocer lenguaje de procedimientos (instrucciones)
- Observar cuando una escritora o un escritor usa la segunda persona para hablar directamente a la lectora o al lector

## Seleccionar objetivos Hábitos y conocimientos para observar, enseñar y apoyar *(cont.)*

### PENSAR ***ACERCA*** DEL TEXTO *(continuación)*

#### ANALIZAR *(continuación)*

- Comprender que las ilustraciones portan el diálogo y la acción en textos gráficos
- Observar cómo las ilustraciones contribuyen a que la lectora o el lector comprenda los personajes, la acción y la emoción del cuento
- Reconocer cómo las ilustraciones mejoran el significado de un texto
- Observar cómo la escritora o el escritor usa elementos gráficos para transmitir información que complementa el cuerpo del texto
- Comprender que las ilustraciones o fotografías enriquecen las ideas y la información en un texto
- Usar lenguaje académico para hablar acerca de los géneros (*ficción; cuento de familia, amigos y escuela; cuento popular; cuento de animales; cuento humorístico; cuento de hadas; fábula; cuento exagerado; ficción realista; cuento de misterio; cuento de aventuras; cuento de deportes; no ficción; texto informativo; libro informativo; texto sobre hechos; libro de instrucciones; biografía; autobiografía; narración de no ficción; memorias personales; texto de instrucciones; texto persuasivo; texto híbrido*)
- Usar lenguaje académico para hablar de las formas (*libros de una serie, obra de teatro, libro por capítulos, cómics, texto gráfico, carta, secuela, cuento corto, entrada de diario, artículo periodístico, artículo de fondo*)
- Usar lenguaje académico para hablar acerca de las características literarias (*comienzo, final, problema, personaje, pregunta y respuesta, personaje principal, cambio de personaje, mensaje, diálogo, tópico, sucesos, solución, ambientación, descripción, orden temporal, problema y solución, comparar y contrastar, idea principal, flashback, conflicto, resolución, tema, lenguaje descriptivo, símil, causa y efecto, categorización, lenguaje persuasivo*)
- Usar lenguaje específico para hablar acerca de las características del libro y la letra impresa (*portada, contraportada, página, autor, ilustrador, ilustración, fotografía, título, rótulo, dibujo, encabezado, leyenda, tabla de contenidos, capítulo, título del capítulo, dedicatoria, recuadro lateral, glosario, mapa, diagrama, infografía, nota del autor, nota del ilustrador, sección, solapa del libro, agradecimientos, subtítulos, texto, guía de pronunciación*)

#### CRITICAR

- Intercambiar opiniones acerca de un texto y brindar fundamentos y ejemplos
- Intercambiar opiniones acerca de una ilustración o fotografía
- Evaluar la calidad de las ilustraciones o los elementos gráficos
- Describir lo que las ilustraciones y los elementos gráficos aportan al texto
- Evaluar cómo contribuyen los elementos gráficos a la calidad del texto o brindan información adicional
- Dar una opinión sobre la verosimilitud de la trama, las acciones del personaje o la resolución de un problema
- Decir específicamente lo que hace creíble a una trama o un personaje
- Intercambiar opiniones sobre los personajes y hablar acerca de cómo podrían haber tomado decisiones diferentes o comportado de manera diferente
- Evaluar si un texto es auténtico y consistente con la experiencia vital
- Evaluar si un texto es auténtico y consistente con los conocimientos previos de la lectora o del lector acerca del contenido
- Distinguir entre hecho y opinión
- Evaluar aspectos de un texto que contribuyen al entretenimiento o el interés (personajes humorísticos o información sorprendente)
- Expresar gustos y preferencias en la lectura y apoyar las elecciones con descripciones y ejemplos de elementos literarios (género, escenario, trama, tema, personajes, estilo y lenguaje)
- Hablar de manera crítica acerca de lo que hace una escritora o un escritor para que un tema sea interesante o importante
- Hablar acerca del motivo por el que el sujeto de una biografía es importante o sirve de ejemplo para los demás
- Observar las aptitudes de la autora o del autor para escribir sobre un tema

## Seleccionar objetivos Hábitos y conocimientos para observar, enseñar y apoyar *(cont.)*

### Planificar el trabajo con las palabras después de la lectura guiada

Usando sus observaciones recientes sobre la capacidad de los lectores de descomponer palabras rápida y eficientemente mientras leen un texto, planifique de uno a tres minutos la participación activa de los estudiantes atendiendo a las letras, los sonidos y las palabras. Priorice la observación de los lectores sobre las características de la letra impresa y el uso manual activo de las letras magnéticas, de la pizarra blanca, de tarjetas de palabras o de lápiz y papel para promover la fluidez y la flexibilidad en el procesamiento visual.

**Ejemplos:**

- Modificar verbos para conjugar en el pasado simple e imperfecto, en el perfecto, en el condicional y en tiempos futuros, mediante el uso de acentos ortográficos cuando sea necesario (*escribí, escribía, he escrito, escribiría, escribiré*)
- Formar todo tipo de sustantivos plurales, entre ellos plurales que requieren cambios ortográficos (*disfraz/disfraces; vez/veces*)
- Reconocer y descifrar palabras en las que se representan los mismos sonidos con diferentes letras (*gimnasio, jirafa; casa, kilo*)
- Trabajar la flexibilidad en una palabra base, agregando o quitando uno o más afijos para formar una palabra nueva (*directo/indirecto/directamente*)
- Reconocer y usar palabras con las sílabas *güe* y *güi* (*bilingüe, agüita*)
- Descomponer en sílabas palabras de dos, tres y cuatro sílabas (*refrán, cantidad, enseñanza*)
- Reconocer y usar palabras con acentos ortográficos (*frágil, colibrí, periódico*)
- Reconocer y usar homófonos (*haya, halla*) y homógrafos (*alto*)
- Reconocer y usar homófonos que se diferencian por el uso del acento diacrítico (*el, él; tu, tú; se, sé*)
- Clasificar palabras con base en cualquier característica de la palabra

# Lectores del nivel R

En el nivel R, los lectores leen y comprenden de manera automática una gama de géneros muy amplia, que incluye diversos tipos especiales de ficción realista e histórica, textos biográficos, textos narrativos y expositivos de no ficción, textos persuasivos y textos híbridos que combinan más de un género en un conjunto coherente. Leen formas cortas y extensas. Los textos narrativos de ficción son directos pero tienen problemas complejos con muchos episodios y personajes multidimensionales que se desenvuelven y cambian con el tiempo. Experimentan alguna variación en la estructura narrativa (flashbacks o cambio en los narradores). Como lectores, encuentran perspectivas diferentes a las suyas, y también escenarios y personas distantes en el tiempo y el espacio. Pueden procesar oraciones (algunas con más de veinte palabras) que contienen frases preposicionales, cláusulas introductorias y listas de sustantivos, verbos o adjetivos. Descifran palabras de vocabulario nuevas, algunas definidas en el texto y otras no explicadas. La mayor parte de la lectura es en silencio, pero todas las dimensiones de la fluidez en la lectura oral están bien afianzadas. Muchas palabras descriptivas y de contenido específico y técnico que requieren el uso de definiciones incluidas, conocimientos previos y comprensión de las características del texto como los encabezados, los subtítulos y las anotaciones. Descomponen polisílabos y usan todo tipo de destrezas de decodificación de palabras. Leen y comprenden textos en diversas disposiciones, tipografías y características de letra impresa y buscan información de manera consistente en las ilustraciones y en elementos gráficos cada vez más complejos.

## Seleccionar textos Características de los textos del **nivel R**

### GÉNERO

**▸ Ficción**

- Ficción realista
- Ficción histórica
- Literatura tradicional (cuento popular, cuento de hadas, fábula)
- Fantasía más compleja, incluida la ciencia ficción
- Textos híbridos
- Tipos especiales de ficción (cuento de misterio; cuento de aventuras, cuento de deportes; cuento de animales; cuento de familia, amigos y escuela; cuento humorístico)

**▸ No ficción**

- Textos expositivos de no ficción
- Textos narrativos de no ficción
- Biografía
- Autobiografía
- Memorias personales
- Textos de instrucciones
- Textos persuasivos
- Textos híbridos

**FORMAS**

- Libros de una serie
- Libros álbum
- Libros por capítulos
- Libros por capítulos con secuelas
- Obras de teatro
- Guiones de teatro del lector
- Textos gráficos
- Cartas, diarios y entradas de diario
- Cuentos cortos
- Ensayos fotográficos y artículos periodísticos

### ESTRUCTURA DEL TEXTO

- Textos narrativos con una estructura sencilla con varios episodios que pueden ser más elaborados
- Formas integradas (cartas, instrucciones, entradas de diario, correos electrónicos) dentro de estructuras narrativas y expositivas
- Variaciones en la estructura (cuento dentro de otro cuento, flashback sencillo)
- Libros con capítulos relacionados con una trama única
- Algunas colecciones de cuentos cortos relacionados con un tema predominante
- Libros de no ficción divididos en secciones y algunos con subsecciones
- Patrones estructurales subyacentes (descripción, causa y efecto, secuencia cronológica, secuencia temporal, comparación y contraste, problema y solución, pregunta y respuesta)

### CONTENIDO

- Contenido interesante y relevante para la lectora o el lector
- Algunos libros con poco o ningún apoyo de imágenes para el contenido (libros por capítulos)
- Muchos contenidos que requieren acceso a conocimientos previos
- Contenido que requiere que la lectora o el lector asuma perspectivas de diversas culturas y apele al conocimiento cultural para la comprensión
- Textos en su mayor parte con contenidos que atraen e interesan a los lectores y amplían los conocimientos (viajes, experiencias con otras culturas, aventuras en las ciencias, supervivencia)
- Escenarios en algunos textos que requieren conocimientos del contenido de disciplinas (historia, geografía, cultura, lenguaje)
- Contenido que en su mayor parte trasciende la experiencia inmediata de los estudiantes
- Muchos contenidos que requieren que la lectora o el lector busque información en los elementos gráficos (mapas, tablas, diagramas, dibujos ilustrados, fotografías rotuladas)

Isabel había decidido recorrer el parque una vez más, cuando de repente se abrió la puerta de la casilla de cemento que servía de baño público. De allí salió una niña. Una niña con una chaqueta roja.

Isabel sintió un ataque de ira. ¿Qué tipo de persona encontraría una chaqueta, se la pondría y se la quedaría? Se dirigió con su bicicleta hasta la niña.

—¿Qué quieres? —preguntó la niña antes de que Isabel pudiera decir nada. La niña era más alta que ella. Y mayor. Tenía rasgadas las rodillas de sus pantalones, y su pelo se veía débil y sucio.

—Es que esa chaqueta… —comenzó a decir Isabel.

—¿También la viste? ¿Quién pudo haber dejado una chaqueta tan buena como esta tirada en la tierra? —exclamó la niña—. Seguramente alguien a quien que no le importa porque tiene mucho dinero. Alguna niña mimada y caprichosa, supongo.

10

11



## TEMAS E IDEAS

- Algunos textos con significado más profundo acerca de contenido conocido por la mayoría de los lectores pero no explicado totalmente
- Temas e ideas que requieren una perspectiva no conocida para la lectora o el lector
- Ideas complejas acerca de diversos temas cuya comprensión requiere experiencia real o indirecta (a través de la lectura)
- Textos con significados más profundos aplicables a problemas humanos importantes y asuntos sociales
- Muchas ideas y temas que requieren la comprensión de la diversidad cultural
- Algunos textos con temas abstractos que requieren razonamiento inferencial
- Algunos temas complejos (la guerra, el medioambiente)

## CARACTERÍSTICAS LITERARIAS Y DEL LENGUAJE

- Escenarios que son distantes en el tiempo y la geografía
- Escenarios en la fantasía que requieren que la lectora o el lector acepten elementos de otro mundo que no podrían existir en el mundo real
- Escenarios que son importantes para la comprensión de la ficción narrativa o la biografía
- Variedad en la estructura de la trama del texto narrativo (cuento dentro de otro cuento, flashback sencillo)
- Personajes principales y personajes secundarios
- Personajes multidimensionales
- Personajes revelados por lo que dicen, piensan y hacen, y por lo que los demás dicen y piensan sobre ellos
- Personajes revelados a lo largo de una serie de sucesos, capítulos o libros
- Motivos para la introducción de cambios complejos en los personajes, que requieren inferencia
- Algunos textos que revelan las perspectivas de más de un personaje
- Variedad en la presentación del diálogo (diálogo entre muchos personajes, diálogo con pronombres, diálogo separado, diálogo directo, incluido el diálogo no asignado y tramos largos de diálogo)
- Algunas cadenas de diálogo no asignado para los que se debe inferir quiénes son los interlocutores
- Mayormente textos escritos en primera o tercera persona narrativa con algunos textos de instrucciones en segunda persona
- Motivos básicos de la literatura tradicional y la fantasía moderna (lucha entre el bien y el mal, objetos fantásticos o mágicos, deseos, artimañas, transformaciones)
- Lenguaje literario, típico de la literatura tradicional (*había una vez, en una tierra muy lejana*)
- Lenguaje figurado (metáfora, símil)
- Lenguaje poético
- Lenguaje que crea suspenso
- Lenguaje y sucesos que transmiten una atmósfera emocional en un texto, que afecta las emociones de la lectora o del lector (tensión, tristeza, felicidad, curiosidad)
- Lenguaje de procedimientos
- Lenguaje que se usa para hacer comparaciones
- Lenguaje descriptivo
- Lenguaje que se usa para mostrar orden cronológico y secuencia temporal
- Lenguaje persuasivo
- Lenguaje que habla directamente a la lectora o al lector

# Seleccionar textos Características de los textos del nivel R *(cont.)*

## COMPLEJIDAD DE LAS ORACIONES

- Algunas oraciones más largas con más de veinte palabras y muchas frases y cláusulas subordinadas
- Variación en la longitud y en la estructura de la oración
- Oraciones con una amplia variedad de categorías gramaticales, entre ellas adjetivos, adverbios y frases preposicionales
- Variación en la ubicación del sujeto, el verbo, los adjetivos y los adverbios
- Muchas oraciones que comienzan con frases
- Oraciones con conectores simples o cláusulas subordinadas (dependientes)
- Oraciones con conectores sofisticados o complejos que no son típicos del lenguaje oral (*además, mientras tanto, por lo tanto, si no, sin embargo*)
- Uso de material parentético integrado en oraciones

## VOCABULARIO

- Palabras del vocabulario que los estudiantes adquieren generalmente mediante la lectura o al escuchar cuentos o textos de no ficción leídos en voz alta
- Muchas palabras que aparecen en el vocabulario de usuarios del lenguaje maduros (Nivel 2)
- Algunas palabras propias de una disciplina (Nivel 3)
- Amplia variedad de palabras usadas para asignar diálogo
- Muchas palabras con varios significados
- Muchas palabras con significado figurado
- Algunos modismos
- Vocabulario nuevo que requiere acción estratégica para su comprensión (obtener significado según el contexto, usar herramientas de referencia, observar la morfología, usar raíces de palabras, usar analogía)
- Algunas palabras con significados connotativos que son esenciales para comprender el texto
- Muchos conectores comunes (palabras, frases que aclaran las relaciones y las ideas, y que se usan con frecuencia en el lenguaje oral): *y, pero, entonces, porque, antes, después*
- Algunos conectores sofisticados, o complejos (palabras, frases que conectan ideas y aclaran significados, y que se usan en textos escritos pero no aparecen a menudo en el lenguaje oral cotidiano): *a menos que, además, aunque, cuando sea, hasta que, mientras tanto, no obstante, por lo tanto, si no, sin embargo, todavía*

## PALABRAS

- Muchos polisílabos, algunos técnicos o científicos
- Todo tipo de plurales
- Algunos polisílabos con algunas relaciones complejas entre letra y sonido
- Algunos sustantivos propios polisílabos que son difíciles de descifrar
- Todo tipo de palabras compuestas
- Palabras base con afijos (prefijos y sufijos)
- Algunas palabras divididas (con guion) entre dos líneas
- Conectores comunes y algunos sofisticados

## ILUSTRACIONES

- Ilustraciones que mejoran y amplían el significado en un texto
- Muchos textos cortos que tienen ilustraciones en cada página o cada cierto número de páginas
- Algunos libros por capítulos cortos con solo unas pocas ilustraciones
- Algunos textos con muy pocas ilustraciones
- Variedad en la disposición de las ilustraciones y la letra impresa
- Algunos libros con ilustraciones en blanco y negro
- Algunas ilustraciones complejas y matizadas que comunican atmósfera y significado (literal, figurado, simbólico) que se combina con el texto o lo amplía
- Elementos gráficos que requieren la interpretación de la lectora o del lector y que son esenciales para la comprensión del texto informativo
- Más de un tipo de elemento gráfico en una doble página
- Una gama de elementos gráficos que presentan información que se combina con el texto y lo amplía (fotografías y dibujos con rótulos y/o leyendas; diagramas, dibujos de corte; mapas con leyendas o claves, escala; infografía)

## CARACTERÍSTICAS DEL LIBRO Y LA LETRA IMPRESA

### LONGITUD

- Una amplia variación en la longitud (la mayoría de menos de cuarenta y ocho páginas)
- Una amplia variación en el número de palabras (700-2,500)
- Algunos libros divididos en capítulos
- Libros divididos en secciones y subsecciones

### TEXTO IMPRESO Y DISPOSICIÓN

- Mayormente con tamaño de tipografía pequeño pero legible
- Letra impresa y fondo de diversos colores
- Muchas líneas de texto en una página (hasta aproximadamente treinta y cuatro líneas)
- Oraciones que comienzan donde termina la oración anterior
- Variedad en la ubicación de la letra impresa, que refleja géneros diferentes
- Muchos textos con espaciado sencillo pero con un espacio claro entre líneas
- Información que se muestra en diversas combinaciones de imágenes y letra impresa en textos gráficos
- Leyendas debajo de imágenes que brindan información importante
- Letra impresa e ilustraciones integradas en la mayoría de los textos, con letra impresa alrededor de las imágenes
- Letra impresa colocada en recuadros laterales y elementos gráficos que presentan información importante

### PUNTUACIÓN

- Punto, coma, signos de interrogación, signos de admiración, rayas de diálogo o comillas para el diálogo y puntos suspensivos en la mayoría de los textos
- Comillas o comillas angulares para identificar citas y pensamientos

### HERRAMIENTAS DE ORGANIZACIÓN

- Título, tabla de contenidos, título del capítulo, encabezado, subtítulo y recuadro lateral

### RECURSOS DEL TEXTO

- Dedicatoria, reconocimientos, nota de la autora o del autor, guía de pronunciación y glosario

# Seleccionar objetivos Hábitos y conocimientos para observar, enseñar y apoyar

## PENSAR EN EL TEXTO *EN SÍ*

### BUSCAR Y USAR INFORMACIÓN

- Mantener la búsqueda de información en un texto (generalmente de menos de cuarenta y ocho páginas) y/o en un libro por capítulos con 2,500 o más palabras
- Buscar información en capítulos relacionados con una única trama
- Buscar información y lenguaje que expresa o implica el mensaje o los mensajes más amplios del texto
- Buscar información en textos con letra impresa ubicada alrededor de recuadros laterales, imágenes y otros elementos gráficos
- Usar conocimientos previos para buscar y comprender información acerca de los escenarios, las áreas geográficas, la historia, la economía
- Usar herramientas de organización para buscar información (título, tabla de contenidos, títulos de capítulos, encabezados, subtítulos, recuadros laterales, acotaciones)
- Usar recursos del texto para buscar información (reconocimientos, nota de la autora o del autor, guía de pronunciación, glosario)
- Mantener la búsqueda de información en algunas oraciones más largas con más de veinte palabras, muchas cláusulas y frases
- Buscar información en oraciones que varían en longitud, estructura y puntuación con base en la complejidad del texto
- Buscar información en oraciones con variación en la ubicación del sujeto, el verbo, los adjetivos y los adverbios
- Buscar información en oraciones con sustantivos, verbos, adjetivos y adverbios en una serie dividida por comas
- Buscar y comprender información presentada de diversas maneras (diálogo simple, diálogo con pronombres, diálogo separado, diálogo asignado y algunas veces no asignado, diálogo entre muchos personajes, algunos tramos largos de diálogo, diálogo directo)
- Buscar y comprender información en algunos tramos largos de diálogo donde hablan muchos personajes
- Usar el orden cronológico dentro de muchos episodios para buscar y usar información
- Observar y usar signos de puntuación (punto, coma, signos de interrogación, signos de admiración, rayas de diálogo, comillas o comillas angulares, puntos suspensivos)
- Buscar y usar información a partir de diversas ilustraciones o elementos gráficos
- Buscar y usar información en textos con una diversidad en la ubicación del cuerpo del texto, los recuadros laterales y los elementos gráficos
- Buscar información en diversos elementos gráficos (fotos, dibujos con rótulos y leyendas, diagramas, mapas)

### VERIFICAR Y AUTOCORREGIRSE

- Usar diversas fuentes de información (información visual en la letra impresa, significado/imágenes, elementos gráficos, estructura lingüística) para verificar y autocorregirse
- Autocorregirse disimuladamente antes y después de cometer un error, con poca autocorrección explícita
- Verificar detenidamente la comprensión de textos mediante el uso del conocimiento de una amplia gama de géneros de ficción: ficción realista, ficción histórica, literatura tradicional (cuento popular, cuento de hadas, fábula, mito, leyenda, épica, balada), fantasía, incluida la ciencia ficción, texto híbrido
- Verificar detenidamente la comprensión de textos mediante el uso del conocimiento de una amplia gama de formas (poemas, obras de teatro, textos gráficos, cartas, diarios, entradas de diario, cuentos)
- Usar la comprensión de la trama, el escenario y los personajes para verificar y corregir la lectura
- Usar el conocimiento de la estructura narrativa y de los atributos de personajes multidimensionales que cambian para autoverificar y autocorregirse
- Usar el conocimiento del contenido del tema de un texto simple para autoverificar y autocorregirse
- Usar conocimientos de los géneros de no ficción para verificar la comprensión de un texto (texto expositivo de no ficción, texto narrativo de no ficción, biografía, autobiografía, memorias personales, texto de instrucciones, texto persuasivo)
- Usar información de los elementos gráficos (mapas, diagramas, tablas, fotos, ilustraciones) para autoverificar la lectura

### DESCIFRAR PALABRAS

▶ **Leer palabras**

- Reconocer un gran número de polisílabos de manera rápida y automática
- Descomponer polisílabos para descifrarlos
- Leer todo tipo de plurales
- Identificar patrones ortográficos en polisílabos para descifrarlos
- Leer algunos polisílabos con relaciones complejas entre letra y sonido
- Leer una amplia gama de palabras compuestas, adjetivos, adverbios, comparativos y conectores comunes y complejos
- Observar partes de palabras y relacionarlas con otras palabras para descifrarlas

# Seleccionar objetivos Hábitos y conocimientos para observar, enseñar y apoyar *(cont.)*

## PENSAR EN EL TEXTO ***EN SÍ*** *(continuación)*

### DESCIFRAR PALABRAS *(continuación)*

#### ▸ Leer palabras *(continuación)*

- Descifrar palabras rápidamente mientras se procesa un texto continuo y con la menor autocorrección explícita
- Leer algunos sustantivos propios polisílabos que son difíciles de decodificar y usar recursos textuales como la guía de pronunciación cuando sea necesario
- Identificar palabras base y afijos (prefijos y sufijos) para descifrar palabras
- Leer palabras divididas con guion entre dos líneas y entre dos páginas
- Demostrar flexibilidad en el uso de muchas estrategias para descifrar palabras

#### ▸ Vocabulario

- Deducir los significados de palabras nuevas y ampliar los significados de palabras conocidas mediante el uso de estrategias flexibles (el contexto en una oración, relaciones con otras palabras, sinónimos y antónimos, partes de palabras, palabras base y afijos, función de una palabra en una oración)
- Agregar palabras al vocabulario de manera activa y consistente mediante la lectura
- Relacionar palabras con sinónimos y antónimos para ampliar la comprensión
- Comprender un gran cuerpo de palabras que hay en el vocabulario oral común (Nivel 1)
- Comprender muchas palabras que aparecen en el lenguaje de los usuarios maduros y en textos escritos (Nivel 2)
- Comprender algunas palabras propias de una disciplina académica (Nivel 3)
- Comprender los significados y funciones de todas las categorías gramaticales en oraciones
- Comprender el significado de todos los plurales
- Comprender muchas palabras que tienen muchos significados e identificar el significado específico que posee en una oración o párrafo
- Comprender palabras que requieren el uso de diversas fuentes de información (conocimiento previo, imágenes, información visual)
- Comprender los significados y funciones de conectores comunes (simples) que aparecen en el lenguaje oral y algunos conectores sofisticados (complejos) que son más típicos del lenguaje escrito
- Identificar palabras base y comprender prefijos y sufijos que enriquecen o cambian el significado, la función o el tiempo verbal
- Comprender significados denotativos, connotativos, idiomáticos y figurados de las palabras
- Comprender los significados connotativos o figurados de palabras que contribuyen a la atmósfera del texto, entre ellas palabras que asignan diálogo (*susurró, gruñó*)
- Comprender que en los textos gráficos, la información sobre las palabras está en las ilustraciones y que muchas palabras poco comunes aparecen en los textos gráficos (onomatopeyas)
- Comprender los significados connotativos de adjetivos, verbos y adverbios descriptivos y usarlos para hacer inferencias acerca de los personajes
- Deducir los significados de palabras técnicas y de palabras creadas por la autora o el autor en la ciencia ficción
- Comprender y adquirir palabras específicas del contenido que requieren el uso de acciones estratégicas (usar definiciones dentro del cuerpo de un texto, el glosario u otras herramientas de referencia)
- Comprender palabras clave en elementos gráficos como mapas, diagramas y tablas

### MANTENER LA FLUIDEZ

- Leer silenciosamente a un ritmo levemente más rápido que cuando se lee oralmente y al mismo tiempo mantener la comprensión y la precisión
- Demostrar la capacidad de hojear y explorar mientras se lee en silencio para buscar información de manera rápida
- Mantener el impulso a lo largo de textos cortos y de algunos libros por capítulos cortos o libros de cuentos cortos, y realizar un progreso significativo día a día
- Observar puntos, comas, signos de interrogación, signos de admiración, paréntesis, rayas de diálogo, comillas y comillas angulares, guiones y puntos suspensivos y reflejarlos con la voz mediante la entonación y la pausa
- Leer oralmente con formación de frases, pausa, entonación, acento prosódico y ritmo adecuados
- Poner énfasis en palabras que están en negrita, bastardilla o diversas tipografías
- Reconocer y leer de manera expresiva diversos diálogos, algunos no asignados
- Leer partes de un guion con expresividad
- Mostrar en la voz cuándo las palabras en un texto (mostradas por comillas o comillas angulares) reflejan pensamientos no expresados
- Reflejar listas numeradas o con viñetas con la voz cuando se lee oralmente

## **Seleccionar objetivos** Hábitos y conocimientos para observar, enseñar y apoyar *(cont.)*

### PENSAR EN EL TEXTO ***EN SÍ*** *(continuación)*

**AJUSTAR**

- Leer más lentamente para resolver problemas o buscar información y retomar la lectura con impulso
- Ajustar la lectura para adaptarla a oraciones compuestas y oraciones con un orden variable de cláusulas
- Ajustar la lectura para reconocer el propósito y las características de los géneros de ficción y de no ficción, y de los tipos especiales de textos de ficción como los cuentos de misterio
- Ajustar para incorporar formas insertadas (cartas, diarios, entradas de diario) en textos narrativos y expositivos
- Ajustar las expectativas para leer un texto híbrido simple
- Ajustar la lectura para procesar un texto gráfico
- Ajustar la lectura para comprender que un texto puede ser una colección de cuentos cortos relacionados con un tema predominante
- Ajustar la lectura para reconocer variaciones en la estructura narrativa (cuento dentro de otro cuento, flashback sencillo
- Ajustar la lectura para reflejar una serie de pasos en textos de instrucciones
- Ajustar la lectura para adaptarla a diversas ubicaciones del cuerpo del texto, de fotografías con leyendas, recuadros laterales y elementos gráficos
- Ajustar la lectura para reconocer un texto persuasivo

**RESUMIR**

- Resumir partes importantes de un texto (capítulos o secciones)
- Resumir un cuento e incluir aspectos importantes del escenario, la trama (sucesos, problema, momento clave o resolución), los personajes y el tema o lección (ficción)
- Resumir la información importante del texto de manera clara y lógica sin detalles externos (no ficción)
- Resumir un texto narrativo de no ficción, una biografía o una secuencia temporal en orden temporal
- Resumir el argumento o idea principal de una escritora o un escritor
- En ocasiones, usar elementos gráficos para resumir un texto (línea de tiempo o diagrama de un proceso cronológico o temporal)

# Seleccionar objetivos Hábitos y conocimientos para observar, enseñar y apoyar *(cont.)*

## PENSAR *MÁS ALLÁ* DEL TEXTO

### PREDECIR

- Hacer predicciones a partir de experiencias personales y conocimiento del contenido
- Hacer predicciones a partir de experiencias de lectura anteriores
- Hacer predicciones a lo largo de un texto basadas en la estructura organizacional (narrativa, expositiva)
- Justificar predicciones con pruebas del texto
- Predecir el final de un cuento a partir del conocimiento de cómo funcionan las tramas y el conocimiento de escenarios, personajes y el problema del cuento
- Hacer predicciones basadas en el conocimiento de diversos sucesos cotidianos
- Hacer predicciones basadas en el conocimiento de los géneros de ficción (la ficción realista, la ficción histórica, la literatura tradicional, la fantasía, incluida la ciencia ficción, y el texto híbrido)
- Hacer predicciones a partir del conocimiento de tipos especiales de ficción (cuento de misterio; cuento de aventuras; cuento de animales; cuento de familia, amigos y escuela)
- Predecir soluciones posibles para el problema del cuento
- Usar la lectura previa de un libro de una serie para predecir tipos de personajes y tramas en una secuela u otro libro de la serie
- Hacer predicciones a partir de conocimientos que surgen de experiencias personales y de la lectura (producción de alimento, medioambiente, naturaleza, problemas de la sociedad, supervivencia de especies)
- Hacer predicciones basadas en el conocimiento de los géneros de no ficción (texto expositivo de no ficción, texto narrativo de no ficción, biografía, autobiografía, memorias personales, texto de instrucciones, texto persuasivo, texto híbrido)
- Hacer predicciones a partir del conocimiento de formas especiales (cartas, diarios, entradas de diario; ensayos fotográficos, artículos periodísticos)
- Hacer predicciones usando la organización lógica del texto
- Hacer predicciones basadas en el conocimiento de estructuras textuales subyacentes (descripción, causa y efecto, secuencia cronológica, secuencia temporal, comparación y contraste, problema y solución, pregunta y respuesta)

### ESTABLECER RELACIONES

- Establecer relaciones entre experiencias personales, sucesos históricos o actuales y textos
- Usar el conocimiento de un texto para comprender el contenido en otro texto
- Establecer diversos tipos de relaciones entre textos (autora o autor, ilustradora o ilustrador, contenido, género, tema, asunto o mensaje, sucesos, problema, personajes, lenguaje y estilo)
- Establecer diferentes tipos de relaciones entre textos (contenido, elementos gráficos, idea o mensaje principal, estructura del texto)
- Enunciar de manera explícita la naturaleza de las relaciones (tema, asunto, mensaje, personajes, género, escritora o escritor, estilo)
- Usar conocimientos previos de la literatura tradicional para reconocer personajes y sucesos comunes
- Establecer relaciones entre los sucesos en capítulos que se relacionan con una única trama
- Usar conocimientos previos para comprender escenarios en cuentos
- Establecer relaciones con las características y los problemas humanos que comparten personas de diversas culturas
- Acceder a conocimientos previos adquiridos de la lectura para comprender el contenido de textos
- Establecer relaciones entre los sucesos anteriores de la trama y lo que sucede en otro punto del texto durante la lectura de libros por capítulos
- Acceder a conocimientos previos para comprender descripciones de secuencia temporal

### SINTETIZAR

- Comparar conocimientos previos con conocimientos nuevos que el texto proporciona
- Identificar información interesante, nueva o sorprendente en un texto
- Expresar nuevas maneras de pensar a partir de la interacción con el texto
- Proveer pruebas del texto para apoyar declaraciones que describan nuevos aprendizajes
- Hablar acerca de lecciones que enseña la historia
- Hablar sobre nuevas maneras de pensar a partir de experiencias indirectas en la lectura de ficción
- Hablar sobre conocimientos nuevos de diferentes culturas, lugares y momentos históricos
- Sintetizar contenido nuevo a partir de textos y describirlo a los demás con pruebas del texto
- Asumir perspectivas de culturas diversas y apelar al conocimiento cultural para comprender un texto

## **Seleccionar objetivos** Hábitos y conocimientos para observar, enseñar y apoyar *(cont.)*

### PENSAR ***MÁS ALLÁ*** DEL TEXTO *(continuación)*

**INFERIR**

- Inferir frases o pasos en procesos temporales
- Hacer inferencias acerca del escenario como ayuda para la comprensión del cuento
- Comprender e inferir la importancia del escenario de una biografía que puede ser distante en el tiempo y la geografía respecto del propio conocimiento de los estudiantes
- Inferir las características, los sentimientos y las motivaciones de los personajes a partir de lo que los personajes dicen, piensan o hacen, y lo que otros dicen o piensan de ellos
- Inferir las causas de las características de un personaje y los problemas que experimenta
- Inferir características de personajes multidimensionales que tienen características tanto buenas como malas y que tienen que tomar decisiones
- Inferir el desarrollo de los personajes a partir de la evidencia en el comportamiento y las razones del cambio
- Inferir relaciones complejas entre los personajes al observar las reacciones entre sí
- Comprender los problemas de situaciones complejas (la guerra, el medioambiente)
- Inferir algunos temas e ideas abstractos
- Inferir mensajes de un texto y discutir cómo se podrían aplicar a la vida de las personas
- Inferir el tema o los temas predominantes en una colección de cuentos
- Inferir el mensaje más amplio en un texto (lo que se puede aprender del texto más allá de los hechos)
- Inferir información a partir de las imágenes que aportan significado al texto
- Hablar acerca de las imágenes y revelar la interpretación de un problema o las emociones de los personajes
- Usar ilustraciones para inferir los sentimientos de los personajes
- Inferir información acerca de los personajes, el escenario, la trama y la acción de textos gráficos, en los que las ilustraciones portan gran parte del significado
- Hacer inferencias únicamente a partir del texto narrativo impreso (sin imágenes)
- Inferir el significado de una gama de elementos gráficos que requieren la interpretación de la lectora o del lector y que son esenciales para comprender el texto
- Comprender los significados connotativos de palabras que contribuyen a la atmósfera y al significado del texto
- Inferir información importante del contenido conocido además de temas más distantes de la experiencia típica de los estudiantes (diferentes lugares del mundo, historia, ciencias)

## **Seleccionar objetivos** Hábitos y conocimientos para observar, enseñar y apoyar *(cont.)*

### PENSAR ***ACERCA*** DEL TEXTO

#### ANALIZAR

- Comprender que un texto gráfico puede representar cualquier género de ficción y no ficción
- Comprender las características particulares de los textos gráficos de ficción y no ficción
- Comprender y describir las características de los géneros de ficción, incluidas la ficción realista, la ficción histórica, la literatura tradicional (cuento popular, cuento de hadas, fábula, mito, leyenda, épica, balada), la fantasía y el texto híbrido
- Observar elementos y motivos básicos de la fantasía (lo sobrenatural, criaturas imaginarias y extraordinarias, dioses y diosas, animales que hablan, lucha entre el bien y el mal, magia, objetos fantásticos o mágicos, deseos, artimañas, transformaciones)
- Comprender la diferencia entre ficción realista e histórica (sucesos que podrían ocurrir en el mundo real) y la fantasía
- Identificar y comprender las características de tipos especiales de ficción (cuento de misterio; cuento de aventuras; cuento de animales; cuento de familia, amigos y escuela)
- Comprender y describir las características de los géneros de no ficción, entre ellos el texto expositivo de no ficción, el texto narrativo de no ficción, la biografía, la autobiografía, las memorias personales, el texto de instrucciones, el texto persuasivo y el texto híbrido
- Comprender que una biografía es la historia de la vida de una persona y que generalmente se cuenta en orden cronológico
- Observar que una biografía se construye a partir de los sucesos importantes, los problemas que se deben superar y las decisiones del sujeto
- Comprender que la información y las ideas en un texto se relacionan entre sí, y observar cómo la autora o el autor presenta esto
- Reconocer el uso de formas insertadas de una escritora o un escritor (cartas, entradas de diario) dentro de textos narrativos o expositivos
- Comprender un texto narrativo en primera y tercera persona
- Comprender que un libro de no ficción puede ser de instrucciones (explicativo)
- Comprender que un libro de no ficción puede incorporar instrucciones explicadas
- Reconocer el uso de una escritora o un escritor de estructuras textuales subyacentes (descripción, causa y efecto, secuencia cronológica, secuencia temporal, comparación y contraste, problema y solución, pregunta y respuesta)
- Observar que una escritora o un escritor organiza un texto en categorías y subcategorías
- Pensar de manera analítica acerca de la relevancia de un título
- Reconocer escenarios que son conocidos, así como algunos distantes en el tiempo y la geografía
- Comprender de qué manera un escenario es importante para la trama y las perspectivas de los personajes
- Observar las características del escenario en la fantasía que involucra magia y/o un mundo imaginario
- Identificar un problema central de un cuento en un texto con muchos episodios
- Reconocer y comprender la variación en la estructura de la trama (cuento dentro de otro cuento, flashback)
- Relacionar el desarrollo del personaje con los sucesos de la trama
- Comprender el papel de los personajes secundarios en un cuento
- Observar la evidencia que brinda una escritora o un escritor para mostrar los atributos y los motivos de los personajes, así como los cambios de los personajes
- Comprender la perspectiva desde la que se cuenta un cuento y hablar acerca del motivo por el que la eligió una escritora o un escritor
- Observar cómo una escritora o un escritor de ficción genera suspenso y lo mantiene
- Observar el lenguaje que se usa para mostrar el orden cronológico
- Observar el uso que hace una autora o un autor del lenguaje figurado
- Observar el uso que hace una escritora o un escritor de conectores simples y más sofisticados para mostrar cómo se relacionan las ideas en el texto
- Observar material parentético que comienza con comas o paréntesis
- Observar el uso de comillas o comillas angulares que hace una escritora o un escritor de ficción para indicar pensamiento no expresado
- Observar el uso que hace una autora o un autor de ficción del lenguaje poético y expresivo en el diálogo
- Observar el uso que hace una escritora o un escritor de palabras humorísticas u onomatopeyas y hablar acerca de cómo estas contribuyen a la acción
- Observar el lenguaje literario, típico de la literatura tradicional (*érase una vez, había una vez, en una tierra muy lejana*)
- Observar y pensar de manera analítica en el uso del argumento o la persuasión que hace una autora o un autor
- Observar cuando una escritora o un escritor usa la segunda persona para hablar directamente a la lectora o al lector
- Comprender que las ilustraciones portan el diálogo y la acción en textos gráficos
- Observar que las ilustraciones contribuyen a que la lectora o el lector comprenda los personajes, la acción y la emoción del cuento
- Reconocer cómo las ilustraciones mejoran el significado de un texto
- Observar el formato de un ensayo fotográfico y comprender el propósito
- Observar cómo la escritora o el escritor usa elementos gráficos para transmitir información que complementa el cuerpo del texto
- Comprender que las ilustraciones o fotografías enriquecen las ideas y la información en un texto
- Usar lenguaje académico para hablar acerca de los géneros (*ficción; cuento de familia, amigos y escuela; cuento popular; cuento de animales; cuento humorístico; cuento de hadas; fábula; cuento exagerado; ficción realista; cuento de misterio; cuento de aventuras; cuento de deportes; no ficción; texto informativo; libro informativo; texto sobre hechos; libro de instrucciones; biografía; autobiografía; narración de no ficción; memorias personales; texto de instrucciones; texto persuasivo; texto híbrido*)

# Seleccionar objetivos Hábitos y conocimientos para observar, enseñar y apoyar *(cont.)*

## PENSAR ***ACERCA*** DEL TEXTO *(continuación)*

### ANALIZAR *(continuación)*

- Usar lenguaje académico para hablar de las formas (*libros de una serie, obra de teatro, libro por capítulos, cómics, texto gráfico, carta, secuela, cuento corto, entrada de diario, artículo periodístico, artículo de fondo*)
- Usar lenguaje académico para hablar acerca de las características literarias (*comienzo, final, problema, personaje, pregunta y respuesta, personaje principal, cambio de personaje, mensaje, diálogo, tópico, sucesos, solución, ambientación, descripción, orden temporal, problema y solución, comparar y contrastar, idea principal, flashback, conflicto, resolución, tema, lenguaje descriptivo, símil, causa y efecto, categorización, lenguaje persuasivo*)
- Usar lenguaje específico para hablar acerca de las características del libro y la letra impresa (*portada, contraportada, página, autor, ilustrador, ilustración, fotografía, título, rótulo, dibujo, encabezado, leyenda, tabla de contenidos, capítulo, título del capítulo, dedicatoria, recuadro lateral, glosario, mapa, diagrama, infografía, nota del autor, nota del ilustrador, sección, solapa del libro, agradecimientos, subtítulos, texto, guía de pronunciación*)

### CRITICAR

- Intercambiar opiniones acerca de un texto y brindar fundamentos y ejemplos
- Evaluar la calidad de las ilustraciones o los elementos gráficos y compartir opiniones
- Describir lo que las ilustraciones y los elementos gráficos aportan al texto
- Evaluar cómo contribuyen las ilustraciones a la calidad del texto o brindan información adicional
- Dar una opinión sobre la verosimilitud de la trama, las acciones del personaje o la resolución de un problema
- Decir específicamente lo que hace creíble a una trama o personaje
- Intercambiar opiniones sobre los personajes y hablar acerca de cómo podrían haber tomado decisiones diferentes o comportado de manera diferente
- Evaluar si un texto es auténtico y consistente con la experiencia vital
- Evaluar si un texto es auténtico y consistente con los conocimientos previos de la lectora o del lector
- Distinguir entre hecho y opinión
- Evaluar aspectos de un texto que contribuyen al entretenimiento o el interés (personajes humorísticos o información sorprendente)
- Expresar gustos y preferencias en la lectura y apoyar las elecciones con descripciones y ejemplos de elementos literarios (género, un escenario, trama, tema, personajes, estilo y lenguaje)
- Hablar de manera crítica acerca de lo que hace una escritora o un escritor para que un tema sea interesante o importante
- Hablar acerca del motivo por el que del sujeto de una biografía es importante o sirve de ejemplo para los demás
- Observar las aptitudes de la autora o del autor para escribir sobre un tema

LECTURA GUIADA

## Planificar el trabajo con las palabras después de la lectura guiada

Usando sus observaciones recientes sobre la capacidad de los lectores de descomponer palabras rápida y eficientemente mientras leen un texto, planifique de uno a tres minutos la participación activa de los estudiantes atendiendo a las letras, los sonidos y las palabras. Priorice la observación de los lectores sobre las características de la letra impresa y el uso manual activo de las letras magnéticas, de la pizarra blanca, de tarjetas de palabras o de lápiz y papel para promover la fluidez y la flexibilidad en el procesamiento visual.

**Ejemplos:**

- Formar todo tipo de plurales, entre ellos plurales que requieren cambios ortográficos (*luz/luces; actriz/actrices*)
- Reconocer y descifrar palabras en las que los mismos sonidos se representan con diferentes letras (*Mé<u>x</u>ico, co<u>j</u>ín; <u>b</u>otar, <u>v</u>otar*)
- Descomponer y formar palabras usando sílabas con diptongos (*neutral, ciudad*) e hiatos (*noroeste, alegría*), entre ellas, palabras que tengan acento ortográfico
- Trabajar la flexibilidad en una palabra base, cambiando letras o agregando o quitando uno o más afijos para formar una palabra nueva (*triste, tristísimo, tristeza*)
- Descomponer en sílabas palabras de dos, tres y cuatro sílabas rápidamente y reconocer sílabas acentuadas (*cóndor, éxito, diccionario*)
- Reconocer y usar el acento ortográfico en la sílaba acentuada en palabras graves, agudas, esdrújulas y sobresdrújulas
- Leer, formar y descomponer palabras que contienen o comienzan con un grupo consonántico (*bloque, sombrero*)
- Reconocer y usar homófonos (*cien, sien*) y homógrafos (*muñeca*)
- Clasificar palabras con base en cualquier característica de la palabra

# Lectores del nivel S

En el nivel S, los lectores son capaces de expresar las características del género para una amplia gama de textos de ficción y no ficción, entre ellos ficción realista e histórica, textos biográficos y textos narrativos y expositivos de no ficción, así como los híbridos. Reconocen la estructura del texto y la usan como apoyo para la comprensión de cuentos y de contenido. También eligen géneros y tipos de textos favoritos, por ejemplo, la aventura o el misterio. Los textos oscilan en longitudes que van desde los artículos de fondo a los libros por capítulos más largos. La mayoría de los textos narrativos de ficción son directos pero algunos presentan variaciones en la estructura narrativa. Los escenarios presentan desafíos para los lectores en la comprensión de perspectivas distantes a sus propias experiencias; mediante la lectura, aprenden acerca de otras culturas, lenguajes e historias. Pueden procesar oraciones (algunas con más de veinte palabras) que contienen frases preposicionales, cláusulas introductorias y listas de sustantivos, verbos o adjetivos. Descifran palabras de vocabulario nuevas, algunas definidas en el texto y otras no explicadas. La mayor parte de la lectura es en silencio, pero todas las dimensiones de la fluidez en la lectura oral están bien afianzadas. Muchas palabras descriptivas y de contenido específico y técnico que requieren el uso de definiciones incluidas, conocimientos previos y comprensión de las características del texto como los encabezados, los subtítulos y las anotaciones presentan un desafío para los lectores. Descomponen polisílabos y usan todo tipo de destrezas de decodificación de palabras. Leen y comprenden textos en diversas disposiciones, tipografías y características de letra impresa y buscan información de manera consistente en las ilustraciones y en elementos gráficos cada vez más complejos. Los lectores establecen conexiones entre los textos, y así infieren significados más amplios. El uso que hacen los lectores del lenguaje académico continúa incrementándose.

## Seleccionar textos Características de los textos del nivel S

### GÉNERO

**▸ Ficción**

- Ficción realista
- Ficción histórica
- Literatura tradicional (cuento popular, cuento de hadas, fábula)
- Fantasía más compleja, incluida la ciencia ficción
- Textos híbridos
- Tipos especiales de ficción (cuento de misterio; cuento de aventuras, cuento de deportes; cuento de animales; cuento de familia, amigos y escuela; cuento humorístico)

**▸ No ficción**

- Textos expositivos de no ficción
- Textos narrativos de no ficción
- Biografía
- Autobiografía
- Memorias personales
- Textos de instrucciones
- Textos persuasivos
- Textos híbridos

**FORMAS**

- Libros de una serie
- Libros álbum
- Libros por capítulos
- Libros por capítulos con secuelas
- Obras de teatro
- Guiones de teatro del lector
- Textos gráficos
- Cartas, diarios y entradas de diario
- Cuentos cortos
- Ensayos fotográficos y artículos periodísticos

### ESTRUCTURA DEL TEXTO

- Textos narrativos con una estructura sencilla con varios episodios que pueden ser más elaborados
- Formas integradas (cartas, instrucciones, entradas de diario, correos electrónicos) dentro de estructuras narrativas y expositivas
- Variaciones en la estructura (cuento dentro de otro cuento, flashback sencillo)
- Libros con capítulos relacionados con una trama única
- Colecciones de cuentos cortos relacionados con un tema predominante
- Textos que cambian de perspectiva y/o narrador dentro del texto narrativo más amplio
- Libros de no ficción divididos en secciones y algunos con subsecciones
- Patrones estructurales subyacentes (descripción, causa y efecto, secuencia cronológica, secuencia temporal, categorización, comparación y contraste, problema y solución, pregunta y respuesta)

### CONTENIDO

- Contenido interesante y relevante para la lectora o el lector
- Algunos libros con poco o ningún apoyo de imágenes para el contenido (libros por capítulos)
- Muchos contenidos que requieren acceso a conocimientos previos
- Contenido que requiere que la lectora o el lector asuma perspectivas de diversas culturas y apele al conocimiento cultural para la comprensión
- Textos en su mayor parte con contenidos que atraen e interesan a los lectores y amplían los conocimientos (viajes, experiencias con otras culturas, aventuras en las ciencias, supervivencia)

Los artistas folclóricos comienzan haciendo muñecos de esqueletos con arcilla o cartón (algo que todos pueden comprar) con varios meses de anticipación. Los muñecos representan cada tipo de persona y actividad; son solo esqueletos, no personas, pero no son esqueletos que asustan sino que son simpáticos y divertidos. Hay esqueletos a caballo, esqueletos dentistas, esqueletos maestros y esqueletos estudiantes. ¡Todos los que te puedas imaginar! Estos muñecos se llaman *calaveras* y también tienen un sobrenombre: *calacas*, ¡una palabra poética que suena como el golpeteo de huesos!

*Un salón de clase para el Día de Muertos*

También están las famosas calaveras hechas con pasta de azúcar. Los artistas empiezan a hacerlas con mucho tiempo de anticipación, algunos desde el mes de febrero, para poder tenerlas listas para noviembre. No son comestibles, pero no importa, son simplemente decoraciones. La tradición es escribir el nombre de una amiga o un amigo, o de la maestra o el maestro en la calavera de azúcar, y regalársela a esa persona. También hacen otras figuras de azúcar, como gallinas y cerdos, perros y gatos, o canastas con frutas y flores. Estas se venden junto con los muñecos de cartón en puestos que ponen en las plazas, aproximadamente una semana antes de la fiesta. Durante toda esa semana, los niños se acercan a comprar muñecos y regalos para llevárselos a su casa en cajas de zapatos.

**Esculpiendo con azúcar**

Los artistas folclóricos que hacen las figuras con pasta de azúcar, llamadas *alfeñique*, suelen crear escenas enteras, como un salón de clase, gallinas con sus pollitos e incluso un gracioso funeral. Generalmente hay una competencia de piezas de alfeñique, y la ganadora puede pasar a formar parte de un museo.

*Las tradicionales y coloridas calaveras de azúcar están decoradas a mano.*

10

11

## CONTENIDO *(continuación)*

- Escenarios en algunos textos que requieren conocimientos del contenido de disciplinas (historia, geografía, cultura, lenguaje)
- Contenido que en su mayor parte trasciende la experiencia inmediata de los estudiantes
- Muchos contenidos que requieren que la lectora o el lector busque información en los elementos gráficos (mapas, tablas, diagramas, dibujos ilustrados, fotografías rotuladas)

## TEMAS E IDEAS

- Algunos textos con significado más profundo acerca de contenido conocido por la mayoría de los lectores pero no explicado totalmente
- Temas e ideas que requieren una perspectiva no conocida para la lectora o el lector
- Ideas complejas acerca de diversos temas cuya comprensión requiere experiencia real o indirecta (a través de la lectura)
- Textos con significados más profundos aplicables a problemas humanos importantes y asuntos sociales
- Muchas ideas y temas que requieren la comprensión de la diversidad cultural
- Algunos textos con temas abstractos que requieren razonamiento inferencial
- Algunos temas complejos (la guerra, el medioambiente)

## CARACTERÍSTICAS LITERARIAS Y DEL LENGUAJE

- Escenarios que son distantes en el tiempo y la geografía
- Escenarios en la fantasía que requieren que la lectora o el lector acepten elementos de otro mundo que no podrían existir en el mundo real
- Escenarios que son importantes para la comprensión de la ficción narrativa o la biografía
- Variedad en la estructura de la trama del texto narrativo (cuento dentro de otro cuento, flashback sencillo)
- Personajes principales y personajes secundarios
- Personajes multidimensionales
- Personajes revelados por lo que dicen, piensan y hacen y por lo que los demás dicen y piensan sobre ellos
- Personajes revelados a lo largo de una serie de sucesos, capítulos o libros
- Motivos para la introducción de cambios complejos en los personajes, que requieren inferencia
- Algunos textos que revelan las perspectivas de más de un personaje
- Variedad en la presentación del diálogo (diálogo entre muchos personajes, diálogo con pronombres, diálogo separado, diálogo directo, incluido el diálogo no asignado y tramos largos de diálogo)
- Algunas cadenas de diálogo no asignado para los que se debe inferir quiénes son los interlocutores
- Mayormente textos escritos en primera o tercera persona narrativa con algunos textos de instrucciones en segunda persona
- Motivos básicos de la literatura tradicional y la fantasía moderna (lucha entre el bien y el mal, objetos fantásticos o mágicos, deseos, artimañas, transformaciones)
- Lección moral cerca del final del cuento (en ocasiones, enunciada de manera explícita)
- Lenguaje literario, típico de la literatura tradicional (*había una vez, en una tierra muy lejana*)

# Seleccionar textos Características de los textos del nivel S *(cont.)*

## CARACTERÍSTICAS LITERARIAS Y DEL LENGUAJE *(continuación)*

- Lenguaje figurado (metáfora, símil)
- Lenguaje poético
- Lenguaje que crea suspenso
- Lenguaje y sucesos que transmiten una atmósfera emocional en un texto, que afecta las emociones de la lectora o del lector (tensión, tristeza, felicidad, curiosidad)
- Lenguaje de procedimientos
- Lenguaje que se usa para hacer comparaciones
- Lenguaje descriptivo
- Lenguaje que se usa para mostrar orden cronológico y secuencia temporal
- Lenguaje persuasivo
- Lenguaje que habla directamente a la lectora o al lector
- Palabras con significados connotativos que son esenciales para comprender el texto
- Muchos conectores comunes (palabras, frases que aclaran relaciones e ideas y que se usan con frecuencia en el lenguaje oral): *y, pero, entonces, porque, antes, después*
- Conectores sofisticados, o complejos (palabras, frases que conectan ideas y aclaran significados y que se usan en textos escritos pero no aparecen a menudo en el lenguaje oral cotidiano): *a menos que, además, aunque, cuando sea, hasta que, mientras tanto, no obstante, por lo tanto, si no, sin embargo, todavía*
- Una gama de elementos gráficos que presentan información que se combina con el texto y lo amplía (fotografías y dibujos con rótulos y/o leyendas; diagramas, dibujos de corte; mapas con leyendas o claves, escala; infografía, gráfica, línea de tiempo)

## COMPLEJIDAD DE LAS ORACIONES

- Algunas oraciones más largas con más de veinte palabras y muchas frases y cláusulas subordinadas
- Variación en la longitud y la estructura de la oración
- Oraciones con una amplia variedad de categorías gramaticales, entre ellas adjetivos, adverbios y frases preposicionales
- Variación en la ubicación del sujeto, el verbo, los adjetivos y los adverbios
- Oraciones con conectores comunes y algunos sofisticados
- Uso de material parentético integrado en oraciones

## VOCABULARIO

- Muchas palabras que aparecen en el vocabulario de usuarios del lenguaje maduros (Nivel 2)
- Muchas palabras propias de una disciplina (Nivel 3)
- Amplia variedad de palabras usadas para asignar diálogo
- Muchas palabras con varios significados
- Muchas palabras con significado figurado
- Algunos modismos
- Vocabulario nuevo que requiere acción estratégica para su comprensión (obtener significado según el contexto, usar herramientas de referencia, observar la morfología, usar raíces de palabras, usar analogía)

## PALABRAS

- Muchos polisílabos, algunos técnicos o científicos
- Todo tipo de plurales
- Polisílabos con algunas relaciones complejas entre letra y sonido
- Sustantivos propios polisílabos que son difíciles de descifrar
- Todo tipo de palabras compuestas
- Palabras base con afijos (prefijos y sufijos)
- Algunas palabras divididas (con guion) entre dos líneas
- Conectores comunes y algunos sofisticados

## ILUSTRACIONES

- Ilustraciones que mejoran y amplían el significado en un texto
- Muchos textos cortos que tienen ilustraciones en cada página o cada cierto número de páginas
- Libros por capítulos cortos con solo unas pocas ilustraciones y algunos libros más largos
- Textos con muy pocas ilustraciones
- Variedad en la disposición de las ilustraciones y la letra impresa
- Algunos libros con ilustraciones en blanco y negro
- Algunas ilustraciones complejas y matizadas que comunican atmósfera y significado (literal, figurado, simbólico) que se combina con el texto o lo amplía
- Elementos gráficos que requieren la interpretación de la lectora o del lector y que son esenciales para la comprensión del texto informativo
- Más de un tipo de elemento gráfico en una doble página

## CARACTERÍSTICAS DEL LIBRO Y LA LETRA IMPRESA

### LONGITUD

- Una amplia variación en la longitud (la mayoría de menos de cuarenta y ocho páginas)
- Una amplia variación en el número de palabras (2,000+)
- Algunos libros se dividen en capítulos
- Libros divididos en secciones y subsecciones

### TEXTO IMPRESO Y DISPOSICIÓN

- Mayormente con tamaño de tipografía pequeño pero legible
- Letra impresa y fondo de diversos colores
- Variedad en la ubicación de la letra impresa, que refleja géneros diferentes
- Información que se muestra en diversas combinaciones de imágenes y letra impresa en textos gráficos
- Leyendas debajo de imágenes que brindan información importante
- Letra impresa e ilustraciones integradas en la mayoría de los textos, con letra impresa alrededor de las imágenes
- Letra impresa colocada en recuadros laterales y elementos gráficos que presentan información importante

### PUNTUACIÓN

- Punto, coma, signos de interrogación, signos de admiración, rayas de diálogo o comillas para el diálogo y puntos suspensivos en la mayoría de los textos
- Comillas o comillas angulares para identificar citas y pensamientos

### HERRAMIENTAS DE ORGANIZACIÓN

- Título, tabla de contenidos, título del capítulo, encabezado, subtítulo y recuadro lateral

### RECURSOS DEL TEXTO

- Dedicatoria, reconocimientos, nota de la autora o del autor, guía de pronunciación, glosario e índice

# Seleccionar objetivos Hábitos y conocimientos para observar, enseñar y apoyar

## PENSAR EN EL TEXTO *EN SÍ*

### BUSCAR Y USAR INFORMACIÓN

- Mantener la búsqueda de información en algunas oraciones más largas con más de veinte palabras, muchas cláusulas y frases
- Mantener la búsqueda en textos cortos (de menos de cuarenta y ocho páginas) y algunos libros que se dividen en capítulos y pueden tener hasta 2,500 o más palabras
- Buscar información en capítulos relacionados con una única trama
- Buscar información y lenguaje que expresa o implica el mensaje o los mensajes más amplios del texto
- Buscar información en textos con letra impresa ubicada alrededor de recuadros laterales, imágenes y otros elementos gráficos
- Usar conocimientos previos para buscar y comprender información acerca de los escenarios, las áreas geográficas, la historia, la economía
- Usar herramientas de organización para buscar información (título, tabla de contenidos, títulos de capítulos, encabezados, subtítulos, recuadros laterales, acotaciones)
- Usar recursos del texto para buscar información (reconocimientos, nota de la autora o del autor, guía de pronunciación, glosario, índice)
- Buscar información en oraciones que varían en longitud, estructura y puntuación con base en la complejidad
- Buscar información en oraciones con sustantivos, verbos, adjetivos y adverbios en una serie dividida por comas
- Buscar y comprender información presentada de diversas maneras (diálogo simple, diálogo con pronombres, diálogo separado, diálogo asignado y algunas veces no asignado, diálogo entre muchos personajes, algunos tramos largos de diálogo, diálogo directo)
- Buscar y comprender información en algunos tramos largos de diálogo donde hablan muchos personajes
- Usar el orden cronológico dentro de muchos episodios para buscar y usar información
- Observar y usar signos de puntuación (punto, coma, signos de interrogación, signos de admiración, rayas de diálogo, comillas o comillas angulares, puntos suspensivos)
- Buscar y usar información a partir de diversas ilustraciones o elementos gráficos
- Buscar y usar información en textos con una diversidad en la ubicación del cuerpo del texto, los recuadros laterales y los elementos gráficos
- Buscar información en diversos elementos gráficos (fotos, dibujos con rótulos y leyendas, diagramas, mapas)

### VERIFICAR Y AUTOCORREGIRSE

- Usar diversas fuentes de información (información visual en la letra impresa, significado/imágenes, elementos gráficos, estructura lingüística) para verificar y autocorregirse
- Autocorregirse disimuladamente antes y después de cometer un error, con poca autocorrección explícita
- Controlar el proceso de lectura con los ojos (sin señalar con el dedo)
- Verificar detenidamente la comprensión de textos mediante el uso del conocimiento de una amplia gama de géneros de ficción: la ficción realista, la ficción histórica, la literatura tradicional (cuento popular, cuento de hadas, fábula, mito, leyenda, épica, balada), la fantasía, incluida la ciencia ficción, el texto híbrido
- Verificar detenidamente la comprensión de textos mediante el uso del conocimiento de una amplia gama de formas (poemas, obras de teatro, textos gráficos, cartas, diarios, entradas de diario, cuentos cortos)
- Usar la comprensión de la trama, el escenario y los personajes para verificar y corregir la lectura
- Usar el conocimiento de la estructura narrativa y de los atributos de personajes multidimensionales que cambian para autoverificar y autocorregirse
- Usar el conocimiento del contenido del tema de un texto para autoverificar y autocorregirse
- Usar conocimientos de los géneros de no ficción para verificar la comprensión de un texto (texto expositivo de no ficción, texto narrativo de no ficción, biografía, autobiografía, memorias personales, texto de instrucciones, texto persuasivo)
- Usar información de los elementos gráficos (mapas, diagramas, tablas, fotos, ilustraciones) para autoverificar la lectura

### DESCIFRAR PALABRAS

#### ▸ Leer palabras

- Reconocer un gran número de polisílabos de manera rápida y automática
- Descomponer polisílabos para descifrarlos
- Leer todo tipo de plurales
- Identificar patrones ortográficos en descifrarlos para descifrarlos
- Leer algunos polisílabos con relaciones complejas entre letra y sonido
- Leer una amplia gama de palabras compuestas, adjetivos, adverbios, comparativos, y conectores comunes y complejos
- Observar partes de palabras y relacionarlas con otras palabras para descifrarlas
- Descifrar palabras rápidamente mientras se procesa un texto continuo y con la menor autocorrección explícita
- Leer algunos sustantivos propios polisílabos que son difíciles de decodificar y usar recursos textuales como la guía de pronunciación cuando sea necesario
- Identificar palabras base y afijos (prefijos y sufijos) para descifrar palabras
- Leer palabras divididas con guion entre dos líneas y entre dos páginas
- Demostrar flexibilidad en el uso de muchas estrategias para descifrar palabras

# **Seleccionar objetivos** Hábitos y conocimientos para observar, enseñar y apoyar *(cont.)*

## PENSAR EN EL TEXTO ***EN SÍ*** *(continuación)*

### DESCIFRAR PALABRAS *(continuación)*

▶ **Vocabulario**

- Deducir los significados de palabras nuevas y ampliar los significados de palabras conocidas mediante el uso de estrategias flexibles (el contexto en una oración, relaciones con otras palabras, sinónimos y antónimos, partes de palabras, palabras base y afijos, función de una palabra en una oración)
- Agregar palabras al vocabulario de manera activa y consistente mediante la lectura
- Relacionar palabras con sinónimos y antónimos para ampliar la comprensión
- Comprender un gran cuerpo de palabras que hay en el vocabulario oral común (Nivel 1)
- Comprender algunas palabras que aparecen en el lenguaje de los usuarios maduros y en textos escritos (Nivel 2)
- Comprender algunas palabras propias de una disciplina académica (Nivel 3)
- Comprender los significados y las funciones de todas las categorías gramaticales
- Comprender muchas palabras que tienen muchos significados e identificar el significado específico que posee en una oración o párrafo
- Comprender palabras que requieren el uso de diversas fuentes de información (conocimiento previo, imágenes, información visual)
- Comprender los significados y funciones de todas las categorías gramaticales en oraciones de conectores comunes (simples) que aparecen en el lenguaje oral y algunos conectores sofisticados (complejos) que son más típicos del lenguaje escrito
- Identificar palabras base y comprender prefijos y sufijos que enriquecen o cambian el significado, la función o el tiempo verbal
- Comprender significados denotativos, connotativos, idiomáticos y figurados de las palabras
- Comprender los significados connotativos o figurados de palabras que contribuyen a la atmósfera del texto, entre ellas palabras que asignan diálogo (*susurró, gruñó*)
- Enriquecer de manera activa el vocabulario mediante el aprendizaje de palabras nuevas de la lectura
- Comprender que en los textos gráficos, la información sobre las palabras está en las ilustraciones y que muchas palabras poco comunes aparecen en los textos gráficos (onomatopeyas)
- Comprender los significados connotativos de adjetivos, verbos y adverbios descriptivos y usarlos para hacer inferencias acerca de los personajes
- Deducir los significados de palabras técnicas y de palabras creadas por la autora o el autor en la ciencia ficción
- Comprender y adquirir palabras específicas del contenido que requieren el uso de acciones estratégicas (usar definiciones dentro del cuerpo de un texto, el glosario u otras herramientas de referencia)
- Comprender palabras clave en elementos gráficos como mapas, diagramas y tablas

### MANTENER LA FLUIDEZ

- Leer oralmente con formación de frases, pausa, entonación, acento prosódico y ritmo adecuados
- Leer silenciosamente a un ritmo levemente más rápido que cuando se lee oralmente y al mismo tiempo mantener la comprensión y la precisión
- Demostrar la capacidad de hojear y explorar mientras se lee en silencio para buscar información de manera rápida
- Mantener el impulso a lo largo de textos cortos y de algunos libros por capítulos cortos o libros de cuentos cortos, y realizar un progreso significativo día a día
- Observar puntos, comas, signos de interrogación, signos de admiración, paréntesis, rayas de diálogo, comillas o comillas angulares, guiones y puntos suspensivos y comenzar a reflejarlos con la voz mediante la entonación y la pausa
- Poner énfasis en palabras que están en negrita, bastardilla o diversas tipografías
- Reconocer y leer de manera expresiva diversos diálogos, algunos no asignados
- Leer partes de un guion y demostrar todas las dimensiones de la fluidez
- Mostrar en la voz cuándo las palabras en un texto (mostradas por comillas o comillas angulares) reflejan pensamientos no expresados
- Leer novelas en verso oralmente y reflejar el significado y el ritmo con la voz
- Reflejar listas numeradas o con viñetas con la voz cuando se lee oralmente

### AJUSTAR

- Leer más lentamente para resolver problemas o buscar información y retomar la lectura con impulso
- Ajustar la lectura para adaptarla a oraciones compuestas y oraciones con un orden variable de cláusulas
- Ajustar la lectura para reconocer el propósito y las características de los géneros de ficción y de no ficción y de los tipos especiales de textos de ficción como los cuentos de misterio
- Ajustar para incorporar formas insertadas (cartas, diarios, entradas de diario) en textos narrativos y expositivos
- Ajustar las expectativas para leer un texto híbrido simple
- Ajustar la lectura para procesar un texto gráfico
- Ajustar la lectura para comprender que un texto puede ser una colección de cuentos cortos relacionados con un tema predominante
- Ajustar para leer partes en el guion de teatro del lector o una obra de teatro
- Ajustar la lectura para reconocer variaciones en la estructura narrativa (cuento dentro de otro cuento, flashback sencillo)

## Seleccionar objetivos Hábitos y conocimientos para observar, enseñar y apoyar *(cont.)*

### PENSAR EN EL TEXTO *EN SÍ* *(continuación)*

#### AJUSTAR *(continuación)*

- Ajustar la lectura para seguir textos que cambian de perspectiva y/o narrador dentro del texto narrativo más amplio
- Ajustar la lectura para reflejar una serie de pasos en textos de instrucciones
- Ajustar la lectura para adaptarla a diversas ubicaciones del cuerpo del texto, de fotografías con leyendas, recuadros laterales y elementos gráficos
- Ajustar la lectura para reflejar una serie de pasos en un texto de instrucciones
- Ajustar la lectura para reconocer un texto persuasivo

#### RESUMIR

- Resumir partes importantes de un texto (capítulos o secciones)
- Resumir un cuento e incluir aspectos importantes del escenario, la trama (sucesos, problema, momento clave o resolución), los personajes y el tema o lección (ficción)
- Resumir la información importante del texto de manera clara y lógica sin detalles externos (no ficción)
- Resumir un texto narrativo de no ficción, una biografía o una secuencia temporal en orden temporal
- Resumir el argumento o idea principal de una escritora o un escritor
- En ocasiones, usar elementos gráficos para resumir un texto (línea de tiempo o diagrama de un proceso cronológico o temporal)

### PENSAR *MÁS ALLÁ* DEL TEXTO

#### PREDECIR

- Hacer predicciones a partir de experiencias personales y conocimiento del contenido
- Hacer predicciones a lo largo de un texto basadas en la estructura organizacional (narrativa, expositiva)
- Justificar predicciones con pruebas del texto
- Predecir el final de un cuento a partir del conocimiento de cómo funcionan las tramas y el conocimiento de escenarios, personajes y el problema del cuento
- Hacer predicciones basadas en el conocimiento de los géneros de ficción (la ficción realista, la ficción histórica, la literatura tradicional, la fantasía, incluida la ciencia ficción, y el texto híbrido)
- Hacer predicciones a partir del conocimiento de tipos especiales de ficción (cuento de misterio; cuento de aventuras; cuento de animales; cuento de familia, amigos y escuela)
- Predecir soluciones posibles para el problema del cuento
- Usar la lectura previa de un libro de una serie para predecir tipos de personajes y tramas en una secuela u otro libro de la serie
- Hacer predicciones a partir de conocimientos que surgen de experiencias personales y de la lectura (producción de alimento, medioambiente, naturaleza, problemas de la sociedad, supervivencia de especies)
- Hacer predicciones basadas en el conocimiento de los géneros de no ficción (texto expositivo de no ficción, texto narrativo de no ficción, biografía, autobiografía, memorias personales, texto de instrucciones, texto persuasivo, texto híbrido)
- Hacer predicciones a partir del conocimiento de formas especiales (cartas, diarios y entradas de diario; ensayos fotográficos, artículos periodísticos)
- Hacer predicciones basadas en el conocimiento de estructuras textuales subyacentes (descripción, causa y efecto, secuencia cronológica, secuencia temporal, categorización, comparación y contraste, problema y solución, pregunta y respuesta)

#### ESTABLECER CONEXIONES

- Establecer relaciones entre experiencias personales, sucesos históricos o actuales y textos
- Usar el conocimiento de un texto para comprender el contenido en otro texto
- Establecer diversos tipos de relaciones entre textos (autora o autor, ilustradora o ilustrador, contenido, género, tema, asunto o mensaje, sucesos, problema, personajes, lenguaje y estilo)
- Establecer diferentes tipos de relaciones entre textos (contenido, elementos gráficos, idea o mensaje principal, estructura del texto)
- Enunciar de manera explícita la naturaleza de las relaciones (tema, asunto, mensaje, personajes, género, escritora o escritor, estilo)
- Establecer relaciones entre las vidas de los estudiantes y el contenido que es particularmente adecuado para los adolescentes
- Usar conocimientos previos de la literatura tradicional para reconocer personajes y sucesos comunes
- Usar conocimientos previos de sucesos del pasado para comprender la ficción histórica
- Establecer relaciones entre los sucesos en capítulos que se relacionan con una única trama
- Usar conocimientos previos o el estudio del área de contenido para comprender escenarios en cuentos tanto de ficción histórica como de ficción realista
- Establecer relaciones con las características y los problemas humanos que comparten personas de diversas culturas
- Usar conocimientos previos para comprender escenarios en cuentos
- Acceder a conocimientos previos adquiridos de la lectura para comprender el contenido de textos
- Durante la lectura de libros por capítulos, establecer relaciones entre los sucesos anteriores de la trama y lo que sucede en otro punto del texto
- Acceder a conocimientos previos para comprender descripciones de secuencia temporal

# Seleccionar objetivos Hábitos y conocimientos para observar, enseñar y apoyar *(cont.)*

## PENSAR ***MÁS ALLÁ*** DEL TEXTO *(continuación)*

### SINTETIZAR

- Hablar acerca de lo que la lectora o el lector sabe sobre el tema antes de leer el texto e identificar los nuevos conocimientos adquiridos de la lectura
- Comparar conocimientos previos con conocimientos nuevos que el texto proporciona
- Identificar información interesante, nueva o sorprendente en un texto
- Expresar nuevas maneras de pensar a partir de la interacción con el texto
- Proveer pruebas del texto para apoyar declaraciones que describan nuevos aprendizajes
- Describir el cambio de perspectivas a medida que se desarrolla un cuento
- Hablar sobre nuevas maneras de pensar a partir de experiencias indirectas en la lectura de ficción
- Hablar sobre conocimientos nuevos de diferentes culturas, lugares y momentos históricos
- Sintetizar contenido nuevo a partir de textos y describirlo a los demás con pruebas del texto
- Asumir perspectivas de culturas diversas y apelar al conocimiento cultural para comprender un texto

### INFERIR

- Hacer inferencias acerca del escenario como ayuda para la comprensión del cuento
- Comprender e inferir la importancia del escenario de una biografía que puede ser distante en el tiempo y la geografía respecto del propio conocimiento de los estudiantes
- Inferir las características, los sentimientos y las motivaciones de los personajes a partir de lo que los personajes dicen, piensan o hacen, y lo que otros dicen o piensan de ellos
- Inferir las causas de las características de un personaje y los problemas que experimenta
- Inferir características de personajes multidimensionales que tienen características tanto buenas como malas y que tienen que tomar decisiones
- Inferir relaciones complejas entre los personajes al observar las reacciones entre sí
- Comparar las inferencias con los demás lectores y considerar interpretaciones alternativas para los motivos de los personajes y para el mensaje de la escritora o del escritor
- Inferir soluciones posibles para el problema del cuento y hallar pruebas para apoyarlas
- Comprender los problemas de situaciones complejas (la guerra, el medioambiente)
- Inferir algunos temas e ideas abstractos
- Inferir mensajes de un texto y discutir cómo se podrían aplicar a la vida de las personas
- Inferir temas y asuntos universales que influyen en los problemas humanos a lo largo del mundo
- Inferir el tema o los temas predominantes en una colección de cuentos cortos
- Inferir el mensaje más amplio en un texto (lo que se puede aprender del texto más allá de los hechos)
- Inferir información a partir de las imágenes que aportan significado al texto
- Hablar acerca de las imágenes y revelar la interpretación de un problema o las emociones de los personajes
- Usar ilustraciones para inferir los sentimientos de los personajes
- Inferir información acerca de los personajes, el escenario, la trama y la acción de textos gráficos, en los que las ilustraciones portan gran parte del significado
- Hacer inferencias únicamente a partir del texto narrativo impreso (sin imágenes)
- Inferir el significado de una gama de elementos gráficos que requieren la interpretación de la lectora o del lector y que son esenciales para comprender el texto
- Comprender los significados connotativos de palabras que contribuyen a la atmósfera y al significado del texto
- Inferir creencias, costumbres y perspectivas de personas que viven en otras culturas
- Inferir creencias, costumbres y perspectivas de personas que vivieron en el pasado cercano y lejano
- Inferir actitudes que pueden ser nuevas o contrarias a las creencias actuales de los lectores
- Inferir cómo podría ser la vida y lo que las personas podrían creer y hacer en un tiempo futuro
- Inferir información importante del contenido conocido además de temas más distantes de la experiencia típica de los estudiantes (diferentes lugares del mundo, historia, ciencias)

## Seleccionar objetivos Hábitos y conocimientos para observar, enseñar y apoyar *(cont.)*

### PENSAR ***ACERCA*** DEL TEXTO

**ANALIZAR**

- Comprender que un texto gráfico puede representar cualquier género de ficción y no ficción
- Comprender las características particulares de los textos gráficos de ficción y no ficción
- Comprender y describir las características de los géneros de ficción, incluidas la ficción realista, la ficción histórica, la literatura tradicional (cuento popular, cuento de hadas, fábula, mito, leyenda, epopeya, balada), la fantasía y el texto híbrido
- Observar elementos y motivos básicos de la fantasía (lo sobrenatural, criaturas imaginarias y extraordinarias, dioses y diosas, animales que hablan, lucha entre el bien y el mal, magia, objetos fantásticos o mágicos, deseos, artimañas, transformaciones)
- Comprender la diferencia entre ficción realista e histórica (sucesos que podrían ocurrir en el mundo real) y la fantasía
- Identificar y comprender las características de tipos especiales de ficción (cuento de misterio; cuento de aventuras; cuento de animales; cuento de familia, amigos y escuela)
- Comprender y describir las características de los géneros de no ficción, entre ellos el texto expositivo de no ficción, el texto narrativo de no ficción, la biografía, la autobiografía, las memorias personales, el texto de instrucciones, el texto persuasivo y el texto híbrido
- Comprender que una biografía es la historia de la vida de una persona y que generalmente se cuenta en orden cronológico
- Observar que una biografía se construye a partir de los sucesos importantes, los problemas que se deben superar y las decisiones del sujeto
- Comprender que un libro de no ficción puede ser de instrucciones (explicativo)
- Comprender que un libro de no ficción puede incorporar instrucciones explicadas
- Comprender que la información y las ideas en un texto se relacionan entre sí, y observar cómo la autora o el autor presenta esto
- Reconocer el uso de formas insertadas de una escritora o un escritor (cartas, entradas de diario) dentro de textos narrativos o expositivos
- Reconocer y comprender la variación en la estructura de la trama (cuento dentro de otro cuento, flashback)
- Comprender un texto narrativo en primera, segunda y tercera persona
- Reconocer el uso de una escritora o un escritor de estructuras textuales subyacentes (descripción, causa y efecto, secuencia cronológica, secuencia temporal, categorización, comparación y contraste, problema y solución, pregunta y respuesta)
- Observar que una escritora o un escritor organiza un texto en categorías y subcategorías
- Pensar de manera analítica acerca de la relevancia de un título
- Observar aspectos de los recursos de elaboración de la autora o del autor (estilo, sintaxis, uso de uno o más narradores)
- Reconocer escenarios que son conocidos, así como algunos distantes en el tiempo y la geografía
- Comprender de qué manera un escenario es importante para la trama y las perspectivas de los personajes
- Observar las características del escenario en la fantasía que involucra magia y/o un mundo imaginario
- Identificar un problema central de un cuento en un texto con muchos episodios
- Observar cuándo un texto tiene una lección moral cerca del final del relato
- Relacionar el desarrollo del personaje con los sucesos de la trama
- Comprender el papel de los personajes secundarios en un cuento
- Observar la evidencia que brinda una escritora o un escritor para mostrar los atributos y los motivos de los personajes, así como los cambios de los personajes
- Comprender la perspectiva desde la que se cuenta un cuento y hablar acerca del motivo por el que la eligió una escritora o un escritor
- Observar un cambio de perspectiva y/o de narrador dentro de un texto más amplio y formular una hipótesis acerca del motivo por el que la escritora o el escritor presentó el texto de esa manera
- Observar cómo una escritora o un escritor de ficción genera suspenso y lo mantiene
- Observar el lenguaje que se usa para mostrar el orden cronológico
- Observar el uso que hace una escritora o un escritor del lenguaje figurado y debatir cómo contribuye al significado o al disfrute de un texto
- Observar el uso que hace una escritora o un escritor de conectores comunes y más sofisticados para mostrar cómo se relacionan las ideas en el texto
- Observar el uso de comillas o comillas angulares que hace una escritora o un escritor de ficción para indicar pensamiento no expresado
- Observar el uso que hace una autora o un autor de ficción del lenguaje poético y expresivo en el diálogo
- Observar el uso que hace una escritora o un escritor de palabras humorísticas u onomatopeyas y hablar acerca de cómo estas contribuyen a la acción

# **Seleccionar objetivos** Hábitos y conocimientos para observar, enseñar y apoyar *(cont.)*

## PENSAR ***ACERCA*** DEL TEXTO *(continuación)*

### ANALIZAR *(continuación)*

- Observar el lenguaje literario, típico de la literatura tradicional (*érase una vez, había una vez, en una tierra muy lejana*)
- Observar y pensar de manera analítica en el uso del argumento o la persuasión que hace una autora o un autor
- Observar cuando una escritora o un escritor usa la segunda persona para hablar directamente a la lectora o al lector
- Comprender que las ilustraciones portan el diálogo y la acción en textos gráficos
- Observar que las ilustraciones contribuyen a que la lectora o el lector comprenda los personajes, la acción y la emoción o la atmósfera del cuento
- Reconocer cómo las ilustraciones mejoran el significado de un texto
- Observar el formato de un ensayo fotográfico y comprender el propósito
- Observar cómo la escritora o el escritor usa elementos gráficos para transmitir información que complementa el cuerpo del texto
- Comprender que las ilustraciones o fotografías enriquecen las ideas y la información en un texto
- Luego de leer diversos libros de una autora o un autor, debatir el estilo, el uso del lenguaje y el contenido típico
- Usar lenguaje académico para hablar acerca de los géneros (*ficción; cuento de familia, amigos y escuela; cuento popular; cuento de animales; cuento humorístico; cuento de hadas; fábula; cuento exagerado; ficción realista; cuento de misterio; cuento de aventuras; cuento de deportes; no ficción; texto informativo; libro informativo; texto sobre hechos; libro de instrucciones; biografía; autobiografía; narración de no ficción; memorias personales; texto de instrucciones; texto persuasivo; texto híbrido*)
- Usar lenguaje académico para hablar de las formas (*libros de una serie, obra de teatro, libro por capítulos, cómics, texto gráfico, carta, secuela, cuento corto, entrada de diario, artículo periodístico, artículo de fondo*)
- Usar lenguaje académico para hablar acerca de las características literarias (*comienzo, final, problema, personaje, pregunta y respuesta, personaje principal, cambio de personaje, mensaje, diálogo, tópico, sucesos, solución, ambientación, descripción, orden temporal, problema y solución, comparar y contrastar, idea principal, flashback, conflicto, resolución, tema, lenguaje descriptivo, símil, causa y efecto, categorización, lenguaje persuasivo*)
- Usar lenguaje específico para hablar acerca de las características del libro y la letra impresa (*portada, contraportada, página, autor, ilustrador, ilustración, fotografía, título, rótulo, dibujo, encabezado, leyenda, tabla de contenidos, capítulo, título del capítulo, dedicatoria, recuadro lateral, glosario, mapa, diagrama, infografía, nota del autor, nota del ilustrador, sección, solapa del libro, agradecimientos, subtítulos, texto, guía de pronunciación, tabla, gráfica, línea de tiempo, índice*)

### CRITICAR

- Intercambiar opiniones acerca de una ilustración o fotografía
- Evaluar la calidad de las ilustraciones o los elementos gráficos
- Evaluar cómo contribuyen los elementos gráficos a la calidad del texto o brindan información adicional
- Dar una opinión sobre la verosimilitud de la trama, las acciones del personaje o la resolución de un problema
- Evaluar si un texto es auténtico y consistente con la experiencia vital
- Decir específicamente lo que hace creíble a una trama o personaje
- Intercambiar opiniones sobre los personajes y hablar acerca de cómo podrían haber tomado decisiones diferentes o comportado de manera diferente
- Evaluar si un texto es auténtico y consistente con los conocimientos previos de la lectora o del lector
- Expresar gustos y preferencias en la lectura y apoyar las elecciones con descripciones y ejemplos de elementos literarios (género, escenario, trama, tema, personajes, estilo y lenguaje)
- Intercambiar opiniones acerca de un texto y brindar fundamentos y ejemplos
- Evaluar aspectos de un texto que contribuyen al entretenimiento o el interés (personajes humorísticos o información sorprendente)
- Evaluar el texto en función de las experiencias personales de los lectores como preadolescentes
- Hablar de manera crítica acerca de lo que hace una escritora o un escritor para que un tema sea interesante o importante
- Hablar acerca del motivo por el que el sujeto de una biografía es importante o sirve de ejemplo para los demás
- Observar las aptitudes de la autora o del autor para escribir sobre un tema
- Distinguir entre hecho y opinión

# Seleccionar objetivos Hábitos y conocimientos para observar, enseñar y apoyar *(cont.)*

## Planificar el trabajo con las palabras después de la lectura guiada

Usando sus observaciones recientes sobre la capacidad de los lectores de descomponer palabras rápida y eficientemente mientras leen un texto, planifique de uno a tres minutos la participación activa de los estudiantes atendiendo a las letras, los sonidos y las palabras. Priorice la observación de los lectores sobre las características de la letra impresa y el uso manual activo de las letras magnéticas, de la pizarra blanca, de tarjetas de palabras o de lápiz y papel para promover la fluidez y la flexibilidad en el procesamiento visual.

### Ejemplos:

- Formar todo tipo de plurales, entre ellos los que asumen o pierden un acento ortográfico y plurales que requieren un cambio de ortografía (*nación/naciones; examen/exámenes; actriz/actrices*)
- Reconocer y descifrar palabras con grupos consonánticos (*invierno, alfombra, cumpleaños*)
- Reconocer y usar la diéresis sobre la *u* en las sílabas *güe* y *güi* (*bilingüe, pingüino*)
- Trabajar la flexibilidad en una palabra base, cambiando letras o agregando o quitando uno o más afijos para formar una palabra nueva (*lento, lentamente, lentitud*)
- Descomponer polisílabos e identificar la sílaba acentuada (*coherente, abreviatura, necesitarás*)
- Reconocer y usar palabras con acento diacrítico (*se/sé; tu/tú; el/él*)
- Reconocer y usar homófonos (*onda, honda*) y homógrafos (*copa*)
- Clasificar palabras con base en cualquier característica de la palabra

# Lectores del nivel T

En el nivel T, los lectores procesarán una amplia gama de géneros, y muchos textos serán más largos y con más líneas de letra impresa en cada página, que requerirá que los lectores mantengan la atención para recordar información y relacionar ideas durante un tiempo prolongado (una semana o más). Los lectores usan las características de los géneros para apoyar la comprensión y reconocer las características de una amplia gama de géneros. La fantasía compleja, así como los mitos, leyendas, epopeyas, baladas y el simbolismo, presentan un mayor desafío. Los lectores comprenden perspectivas diferentes a las suyas y también escenarios y personajes distantes en el tiempo o la geografía. La mayor parte de la lectura es en silencio, todas las dimensiones de la fluidez en la lectura oral están bien afianzadas. Muchas palabras descriptivas más largas y de contenido específico y técnico que requieren el uso de definiciones incluidas, conocimientos previos y herramientas de referencia presentan un desafío para los lectores. También comprenden características del texto como la información de derechos de autor, las notas de la autora o del autor y los índices. Descomponen polisílabos largos y usan todo tipo de estrategias de decodificación de palabras. Son capaces de leer una amplia gama de oraciones declarativas, imperativas, exclamativas e interrogativas. Buscan y usan información de manera integrada a través del contenido presentado en elementos gráficos y textos complejos que requiere conocimientos previos. Los lectores establecen relaciones entre textos por temas e ideas, asuntos y estilos de escritura. También observan elementos de los recursos de elaboración de la autora o del autor y son capaces de analizar textos al reconocer técnicas literarias como el simbolismo simple y el uso de estructuras textuales subyacentes (problema y solución). Continúan ampliando su comprensión y uso del lenguaje académico.

## Seleccionar textos Características de los textos del nivel T

### GÉNERO

▸ **Ficción**

- Ficción realista
- Ficción histórica
- Literatura tradicional (cuento popular, mito, leyenda)
- Fantasía más compleja, incluida la ciencia ficción
- Textos híbridos
- Tipos especiales de ficción (cuento de misterio; cuento de aventuras, cuento de deportes; cuento de animales; cuento de familia, amigos y escuela; cuento humorístico)

▸ **No ficción**

- Textos expositivos de no ficción
- Textos narrativos de no ficción
- Biografía
- Autobiografía
- Memorias personales
- Textos de instrucciones
- Textos persuasivos
- Textos híbridos

### FORMAS

- Libros de una serie
- Libros álbum
- Libros por capítulos
- Libros por capítulos con secuelas
- Obras de teatro
- Guiones de teatro del lector
- Textos gráficos
- Cartas, diarios y entradas de diario
- Cuentos cortos
- Ensayos fotográficos y artículos periodísticos

### ESTRUCTURA DEL TEXTO

- Textos con varios episodios elaborados con muchos detalles
- Formas integradas (cartas, instrucciones, entradas de diario, correos electrónicos) dentro de estructuras narrativas y expositivas
- Variaciones en la estructura (cuento dentro de otro cuento, flashback, flash-forward, lapso de tiempo)
- Libros con capítulos relacionados con una trama única
- Textos con trama circular
- Textos con tramas paralelas
- Algunos textos más extensos con una trama principal y tramas secundarias
- Algunas tramas complejas con múltiples hilos argumentales
- Colecciones de cuentos cortos relacionados con un tema predominante
- Textos que cambian de perspectiva y/o narrador dentro del texto narrativo más amplio
- Libros de no ficción divididos en secciones y algunos con subsecciones
- Patrones estructurales subyacentes (descripción, causa y efecto, secuencia cronológica, secuencia temporal, categorización, comparación y contraste, problema y solución, pregunta y respuesta)

### CONTENIDO

- Contenido interesante y relevante para la lectora o el lector
- Algunos libros con poco o ningún apoyo de imágenes para el contenido (libros por capítulos)
- Muchos contenidos que requieren acceso a conocimientos previos
- Contenido que propicia el pensamiento crítico para juzgar la autenticidad y la precisión
- Contenido que requiere que la lectora o el lector asuma perspectivas de diversas culturas y apele al conocimiento cultural para la comprensión
- Textos en su mayor parte con contenidos que atraen e interesan a los lectores y amplían los conocimientos (viajes, experiencias con otras culturas, aventuras en las ciencias, supervivencia)
- Contenido que trasciende la experiencia inmediata de los estudiantes

## No vayas al bosque

Ir al cine de vez en cuando puede ser un riesgo aceptable. Pero no hay ninguna justificación para ir al bosque. En caso de que no lo sepas, en el bosque no hay pizzerías, ni centros comerciales ni parques para andar en patineta.

Si en algún momento cometes la estupidez de perderte en el bosque, sigue estos consejos de sentido común:

1. No trepes a los árboles para ver dónde estás. Los pumas trepan a los árboles.
2. No te metas en una cueva para refugiarte del mal tiempo. Los osos viven en las cuevas.
3. No te quedes en un lugar esperando que los niños exploradores te encuentren. Sería totalmente humillante.

En cambio, observa el cielo. Cuando veas un avión volando en lo alto, sigue su recorrido. Te llevará directamente al aeropuerto internacional más cercano.

10

puma
avión
bosque
oso

11



## CONTENIDO *(continuación)*

- Escenarios en algunos textos que requieren conocimientos del contenido de disciplinas (historia, geografía, cultura, lenguaje)
- Muchos contenidos que requieren que la lectora o el lector busque información en los elementos gráficos (mapas, tablas, diagramas, dibujos ilustrados, fotografías rotuladas)

## TEMAS E IDEAS

- Textos con temas e ideas que incluyen los problemas de los preadolescentes
- Temas e ideas que requieren una perspectiva no conocida para la lectora o el lector
- Ideas complejas acerca de diversos temas cuya comprensión requiere experiencia real o indirecta (a través de la lectura)
- Textos con significados más profundos aplicables a problemas humanos y asuntos sociales importantes (el sufrimiento, la guerra, el racismo, las dificultades económicas, el medioambiente)
- Muchas ideas y temas que requieren la comprensión de la diversidad cultural
- Algunos textos con temas abstractos que requieren razonamiento inferencial
- Temas que evocan interpretaciones alternativas

## CARACTERÍSTICAS LITERARIAS Y DEL LENGUAJE

- Escenarios que son distantes en el tiempo y la geografía
- Escenarios en la fantasía que requieren que la lectora o el lector acepten elementos de otro mundo que no podrían existir en el mundo real
- Escenarios que son importantes para la comprensión de la ficción narrativa o la biografía
- Variedad en la estructura de la trama del texto narrativo (cuento dentro de otro cuento, flashback sencillo)
- Personajes principales y personajes secundarios
- Personajes multidimensionales
- Personajes revelados por lo que dicen, piensan y hacen y por lo que los demás dicen y piensan sobre ellos
- Personajes revelados a lo largo de una serie de sucesos, capítulos o libros
- Motivos para la introducción de cambios complejos en los personajes, que requieren inferencia
- Algunos textos que revelan las perspectivas de más de un personaje
- Variedad en la presentación del diálogo (diálogo entre muchos personajes, diálogo con pronombres, diálogo separado, diálogo directo, incluido el diálogo no asignado y tramos largos del diálogo)
- Algunas cadenas de diálogo no asignado para los que se debe inferir quiénes son los interlocutores
- Mayormente textos escritos en primera o tercera persona narrativa con algunos textos de instrucciones en segunda persona
- Motivos básicos de la literatura tradicional y de la fantasía moderna (lucha entre el bien y el mal, objetos fantásticos o mágicos, deseos, artimañas, transformaciones)
- Lección moral cerca del final del cuento (en ocasiones, enunciada de manera explícita)
- Lenguaje literario, típico de la literatura tradicional (*había una vez, en una tierra muy lejana*)
- Lenguaje poético y lenguaje figurado (metáfora, símil)

# Seleccionar textos Características de los textos del nivel T *(cont.)*

## CARACTERÍSTICAS LITERARIAS Y DEL LENGUAJE *(continuación)*

- Lenguaje y sucesos que transmiten una atmósfera emocional en un texto, que afecta las emociones de la lectora o del lector (tensión, suspenso, tristeza, felicidad, curiosidad)
- Uso de simbolismo
- Lenguaje coloquial en los diálogos que refleja la personalidad de los personajes y/o el escenario
- Lenguaje de procedimientos
- Lenguaje que se usa para hacer comparaciones
- Lenguaje descriptivo
- Lenguaje que se usa para mostrar orden cronológico y secuencia temporal
- Lenguaje persuasivo

## COMPLEJIDAD DE LAS ORACIONES

- Amplia gama de oraciones declarativas, imperativas, exclamativas o interrogativas
- Variación en la longitud y en la estructura de la oración
- Oraciones con una amplia variedad de categorías gramaticales, entre ellas adjetivos, adverbios y frases preposicionales
- Oraciones con conectores comunes y muchos sofisticados
- Uso frecuente de material parentético integrado en oraciones

## VOCABULARIO

- Muchas palabras que aparecen en el vocabulario de usuarios del lenguaje maduros (Nivel 2)
- Muchas palabras propias de una disciplina (Nivel 3)
- Amplia variedad de palabras usadas para asignar diálogo
- Muchas palabras con varios significados
- Muchas palabras con significado figurado
- Uso frecuente de modismos
- Vocabulario nuevo que requiere acción estratégica para su comprensión (obtener significado según el contexto, usar herramientas de referencia, observar la morfología, usar raíces de palabras, usar analogía)
- Palabras con significados connotativos que son esenciales para comprender el texto
- Muchos conectores comunes (palabras, frases que aclaran las relaciones y las ideas, y que se usan con frecuencia en el lenguaje oral): *y, pero, entonces, porque, antes, después*
- Conectores sofisticados, o complejos (palabras, frases que relacionan ideas y aclaran el significado que se usan en textos escritos pero no suelen aparecer en el lenguaje oral cotidiano): *a menos que, además, aunque, cuando sea, hasta que, mientras tanto, no obstante, por lo tanto, si no, sin embargo, todavía*
- Algunas palabras de dialectos regionales o históricos
- Algunas palabras (incluida la jerga) usadas informalmente por grupos particulares de personas
- Algunas palabras de idiomas diferentes al español
- Algunos arcaísmos

## PALABRAS

- Muchos polisílabos, algunos técnicos o científicos
- Todo tipo de plurales
- Polisílabos con cierto número de relaciones complejas entre letra y sonido
- Sustantivos propios polisílabos que son difíciles de descifrar
- Todo tipo de palabras compuestas
- Palabras base con afijos (prefijos y sufijos)
- Algunas palabras divididas (con guion) entre dos líneas
- Conectores comunes y sofisticados

## ILUSTRACIONES

- Ilustraciones que mejoran y amplían el significado en un texto
- Textos cortos que tienen ilustraciones en cada página o cierto número de páginas
- Textos con ilustraciones cada tres o cuatro páginas
- Libros por capítulos cortos con solo unas pocas ilustraciones y algunos libros más largos
- Algunos textos sin más ilustraciones que elementos decorativos tales como las viñetas
- Variedad en la disposición de las ilustraciones y la letra impresa
- Algunos libros con ilustraciones en blanco y negro
- Algunas ilustraciones complejas y matizadas que comunican atmósfera y significado (literal, figurado, simbólico) que se combina con el texto o lo amplía
- Elementos gráficos que requieren la interpretación de la lectora o del lector y que son esenciales para la comprensión del texto informativo
- Más de un tipo de elemento gráfico en una doble página
- Una gama de elementos gráficos que presentan información que se combina con el texto y lo amplía (fotografías y dibujos con rótulos y/o leyendas; diagramas, dibujos de corte; mapas con leyendas o claves, escala; infografía, tabla, gráfica, línea de tiempo)

## CARACTERÍSTICAS DEL LIBRO Y LA LETRA IMPRESA

### LONGITUD

- Una amplia variación en la longitud (la mayoría de menos de cuarenta y ocho páginas)
- Una amplia variación en el número de palabras (2,000+)
- Algunos libros divididos en capítulos
- Libros divididos en secciones y subsecciones

### TEXTO IMPRESO Y DISPOSICIÓN

- Mayormente con tamaño de tipografía pequeño pero legible
- Letra impresa y fondo de diversos colores
- Variedad en la ubicación de la letra impresa, que refleja géneros diferentes
- Información que se muestra en diversas combinaciones de imágenes y letra impresa en textos gráficos
- Leyendas debajo de imágenes que brindan información importante
- Letra impresa e ilustraciones integradas en la mayoría de los textos, con letra impresa alrededor de las imágenes
- Letra impresa colocada en recuadros laterales y elementos gráficos que presentan información importante

### PUNTUACIÓN

- Punto, coma, signos de interrogación, signos de admiración, rayas de diálogo o comillas para el diálogo y puntos suspensivos en la mayoría de los textos
- Comillas o comillas angulares para identificar citas y pensamientos

### HERRAMIENTAS DE ORGANIZACIÓN

- Título, tabla de contenidos, título del capítulo, encabezado, subtítulo y recuadro lateral

### RECURSOS DEL TEXTO

- Dedicatoria, reconocimientos, nota de la autora o del autor, guía de pronunciación, glosario, índice, preámbulo, notas al pie, nota final, epílogo, apéndice y referencias

# Seleccionar objetivos Hábitos y conocimientos para observar, enseñar y apoyar

## PENSAR EN EL TEXTO *EN SÍ*

### BUSCAR Y USAR INFORMACIÓN

- Mantener la búsqueda de información en algunas oraciones más largas con más de veinte palabras, muchas cláusulas y frases
- Mantener la búsqueda en textos cortos (de menos de cuarenta y ocho páginas) y algunos libros que se dividen en capítulos y pueden tener más de 2,500 o más palabras
- Buscar información y lenguaje que expresa o implica el mensaje o los mensajes más amplios del texto
- Buscar información en textos con muchas características (cuerpo del texto, recuadros laterales, elementos gráficos)
- Usar conocimientos previos para buscar y comprender información acerca de los escenarios, las áreas geográficas, la historia, la economía
- Usar herramientas de organización para buscar información (título, tabla de contenidos, títulos de capítulos, encabezados, subtítulos, recuadros laterales, acotaciones)
- Usar recursos del texto para buscar información (reconocimientos, nota de la autora o del autor, guía de pronunciación, glosario, referencias, índice)
- Buscar información en oraciones que varían en longitud, estructura y puntuación con base en la complejidad
- Buscar información en oraciones con sustantivos, verbos, adjetivos y adverbios en una serie dividida por comas
- Buscar y comprender información presentada de diversas maneras (diálogo simple, diálogo con pronombres, diálogo separado, diálogo asignado y algunas veces no asignado, diálogo entre muchos personajes, algunos tramos largos de diálogo, diálogo directo)
- Usar el orden cronológico en diversos episodios para buscar y usar información durante la lectura de cuentos cortos y libros por capítulos
- Buscar información en diversas estructuras de texto narrativo: cuentos dentro de otro cuento; flashback, flash-forward, lapso de tiempo (texto narrativo fragmentado); textos narrativos circulares; tramas múltiples o paralelas
- Observar y usar signos de puntuación (punto, coma, signos de interrogación, signos de admiración, rayas de diálogo, comillas o comillas angulares, puntos suspensivos)
- Buscar y usar información a partir de diversas ilustraciones o elementos gráficos
- Buscar y usar información en textos con una diversidad en la ubicación del cuerpo del texto, los recuadros laterales y los elementos gráficos

### VERIFICAR Y AUTOCORREGIRSE

- Autoverificar la lectura usando diversas fuentes de información (conocimientos previos, sintaxis, significado de las palabras, estructura de las palabras, conocimiento de la estructura del texto, significado de todo el texto, elementos gráficos, disposición, género)
- Leer con muy poca autocorrección explícita
- Autocorregirse disimuladamente antes y después de cometer un error, y mostrar muy poca autocorrección explícita
- Verificar detenidamente la comprensión de textos mediante el uso del conocimiento de una amplia gama de géneros de ficción: la ficción realista, la ficción histórica, la literatura tradicional (cuento popular, cuento de hadas, fábula, mito, leyenda, épica, balada), la fantasía, incluida la ciencia ficción, el texto híbrido
- Verificar detenidamente la comprensión de textos mediante el uso del conocimiento de una amplia gama de formas (poemas, obras de teatro, textos gráficos, cartas, diarios, entradas de diario, cuentos)
- Usar los conocimientos de los elementos literarios (trama, personajes principales y secundarios, escenario, estructura del texto narrativo) para verificar y corregir la lectura
- Usar el conocimiento de los atributos de personajes multidimensionales para autoverificar y autocorregirse
- Usar el conocimiento del contenido del tema de un texto para autoverificar y autocorregirse
- Usar conocimientos de los géneros de no ficción para verificar la comprensión de un texto (texto expositivo de no ficción, texto narrativo de no ficción, biografía, autobiografía, memorias personales, texto de instrucciones, texto persuasivo)
- Usar información de los elementos gráficos (mapas, diagramas, tablas, fotos, ilustraciones) para autoverificar la lectura

### DESCIFRAR PALABRAS

#### ▸ Leer palabras

- Reconocer un gran número de polisílabos de manera rápida y automática
- Usar una amplia gama de estrategias para descifrar polisílabos (usar sílabas, reconocer patrones ortográficos dentro de las palabras, usar relaciones complejas entre letras y sonidos, observar palabras base y afijos, usar el contexto del texto, usar recursos del texto)
- Descifrar palabras al identificar partes de palabras simples, complejas y modificadas o partes de palabras dentro de polisílabos
- Leer polisílabos con relaciones complejas entre letra y sonido
- Leer todas las categorías gramaticales
- Descifrar palabras rápidamente mientras se procesa un texto continuo y con la menor autocorrección explícita
- Leer sustantivos propios, palabras de otros idiomas y palabras técnicas de disciplinas académicas que son difíciles de decodificar y usar recursos del texto como la guía de pronunciación cuando sea necesario
- Identificar palabras base y afijos (prefijos y sufijos) para descifrar palabras
- Utilizar estrategias para descifrar palabras de manera flexible

# Seleccionar objetivos Hábitos y conocimientos para observar, enseñar y apoyar *(cont.)*

## PENSAR EN EL TEXTO ***EN SÍ*** *(continuación)*

### DESCIFRAR PALABRAS *(continuación)*

#### ▸ Vocabulario

- Deducir los significados de palabras nuevas y ampliar los significados de palabras conocidas mediante el uso de estrategias flexibles (el contexto en una oración, relaciones con otras palabras, sinónimos y antónimos, partes de palabras, palabras base y afijos, función de una palabra en una oración, recursos del texto)
- Agregar palabras al vocabulario de manera activa y consistente mediante la lectura
- Comprender muchas palabras que aparecen en la escritura y en el vocabulario de usuarios del lenguaje maduros (Nivel 2)
- Comprender algunas palabras propias de una disciplina académica (Nivel 3)
- Comprender los significados y las funciones de todas las categorías gramaticales
- Comprender cómo una escritora o un escritor usa palabras en un texto para indicar la perspectiva o el punto de vista (primera persona, segunda persona, tercera persona)
- Comprender muchas palabras que tienen muchos significados e identificar el significado específico que posee en una oración o párrafo
- Comprender los significados y funciones de conectores comunes (simples) que aparecen en el lenguaje oral y algunos conectores sofisticados (complejos) que son más típicos del lenguaje escrito
- Comprender significados denotativos, connotativos, idiomáticos y figurados de las palabras
- Comprender los significados connotativos y figurados de palabras que contribuyen a la atmósfera del texto, entre ellas palabras que asignan diálogo (*susurró, gruñó*)
- Comprender que en los textos gráficos, la información sobre las palabras está en las ilustraciones y que muchas palabras poco comunes aparecen en los textos gráficos
- Comprender palabras usadas en dialectos regionales o históricos
- Comprender los significados connotativos de adjetivos, verbos y adverbios descriptivos y usarlos para hacer inferencias acerca de los personajes
- Deducir los significados de palabras técnicas y de palabras creadas por la autora o el autor en la ciencia ficción
- Comprender palabras usadas informalmente por grupos particulares de personas (jerga, dialecto)
- Comprender algunas palabras de idiomas diferentes al español
- Comprender los significados de algunas palabras arcaicas
- Comprender y adquirir un gran número de palabras específicas del contenido que requieren el uso de acciones estratégicas (comprensión conceptual del contenido, definiciones dentro del cuerpo de un texto, un glosario u otros recursos del texto)
- Comprender palabras clave en elementos gráficos como mapas, diagramas y tablas

### MANTENER LA FLUIDEZ

- Leer oralmente de una manera que demuestre todas las dimensiones de la fluidez (pausa, formación de frases, entonación, acento prosódico, ritmo)
- Leer silenciosamente a un ritmo más rápido que cuando se lee oralmente y al mismo tiempo mantener la comprensión
- Demostrar la capacidad de hojear y explorar mientras se lee en silencio para buscar información de manera rápida
- En la lectura oral, mostrar reconocimiento de una amplia gama de oraciones declarativas, imperativas, exclamativas o interrogativas
- Mantener el impulso mientras se lee una amplia diversidad de texto, muchos de ellos largos
- Observar puntos, comas, signos de interrogación, signos de admiración, paréntesis, rayas de diálogo, comillas o comillas angulares, guiones y puntos suspensivos y comenzar a reflejarlos con la voz mediante la entonación y la pausa
- Poner énfasis en palabras que están en negrita, bastardilla o diversas tipografías
- Reconocer y leer de manera expresiva diversos diálogos, algunos no asignados
- Leer partes de un guion y demostrar todas las dimensiones de la fluidez
- Mostrar en la voz cuándo las palabras en un texto (mostradas por comillas o comillas angulares) reflejan pensamientos no expresados
- Leer novelas en verso oralmente y reflejar el significado y el ritmo con la voz
- Poner énfasis en palabras clave de contenido (nombres de objetos, animales y partes de animales, procesos)
- Reflejar listas numeradas o con viñetas con la voz cuando se lee oralmente
- Usar la voz para reflejar contenido disciplinario de maneras diferentes (relato histórico frente a argumentación científica)

### AJUSTAR

- Ajustar la lectura para reconocer una amplia gama de oraciones declarativas, imperativas, exclamativas e interrogativas, muchas de ellas muy complejas
- Ajustar la lectura para crear expectativas basadas en el género de un texto
- Ajustar la lectura para satisfacer las necesidades especiales de un texto gráfico
- Leer más lentamente para buscar información o reflexionar acerca de ella, o para disfrutar del lenguaje y retomar la lectura con impulso
- Ajustar la lectura para adaptarla a una amplia diversidad de oraciones complejas con frases y cláusulas subordinadas y también a información parentética

## **Seleccionar objetivos** Hábitos y conocimientos para observar, enseñar y apoyar *(cont.)*

### PENSAR EN EL TEXTO ***EN SÍ*** *(continuación)*

**AJUSTAR** ***(continuación)***

- Ajustar para incorporar formas insertadas (cartas, diarios, entradas de diario, otros documentos auténticos) en textos narrativos y expositivos
- Ajustar las expectativas con respecto a los múltiples géneros en un texto híbrido
- Ajustar la lectura para reconocer el propósito y usar las características de los géneros de ficción y no ficción y de los tipos de textos
- Ajustar la lectura para comprender que un texto puede ser una colección de cuentos cortos relacionados con un tema predominante
- Ajustar la lectura para satisfacer las necesidades particulares de los textos gráficos
- Ajustar para leer partes en el guion de teatro del lector o una obra de teatro
- Ajustar la lectura para reconocer variaciones en la estructura narrativa (cuento dentro de otro cuento, flashback sencillo, flash-forward, lapso de tiempo)
- Ajustar la lectura para seguir textos que cambian de perspectiva y/o narrador dentro del texto narrativo más amplio
- Ajustar para leer discursos que reflejan el punto de vista de la hablante o del hablante
- Ajustar la lectura para reconocer formas (poemas; obras de teatro; textos gráficos, cartas, diarios y entradas de diario; ensayos fotográficos y artículos periodísticos)
- Ajustar la lectura para adaptarla a diversas ubicaciones del cuerpo del texto, de fotografías con leyendas, recuadros laterales y elementos gráficos
- Ajustar la lectura para reflejar una serie de pasos en un texto de instrucciones

**RESUMIR**

- Presentar un resumen conciso y organizado que incluya toda la información importante
- Presentar un resumen oral organizado de una sección o capítulo de un texto
- Presentar un resumen oral organizado que incluya el escenario (si es importante), sucesos relevantes de la trama, incluido el clímax y la resolución, los personajes principales y secundarios, el cambio de los personajes (cuando sea relevante) y el tema o lección (ficción)
- Presentar un resumen oral lógico y organizado que incluya la información importante que expresa la idea principal o el mensaje más amplio, y que refleje la estructura general (expositiva o narrativa) así como las estructuras textuales subyacentes: descripción, causa y efecto, secuencia cronológica, secuencia temporal, categorización, comparación y contraste, problema y solución, pregunta y respuesta (no ficción)

# Seleccionar objetivos Hábitos y conocimientos para observar, enseñar y apoyar *(cont.)*

## PENSAR *MÁS ALLÁ* DEL TEXTO

### PREDECIR

- Hacer predicciones basadas en experiencias personales, lecturas previas y estudio de áreas de contenido
- Hacer predicciones a lo largo de un texto basadas en la estructura organizacional (narrativa, expositiva)
- Justificar predicciones con pruebas del texto
- Hacer predicciones basadas en los paneles en un texto gráfico
- Predecir el final de un cuento con base en la comprensión de diferentes tipos de estructura narrativa y la comprensión del escenario, la trama y los personajes
- Hacer predicciones basadas en conocimiento de los propósitos y de las características particulares de los géneros de ficción y no ficción, así como de tipos especiales de textos de ficción
- Predecir soluciones posibles al problema en el cuento y debatir la posibilidad de alternativas
- Usar la lectura previa de un libro de una serie para predecir tipos de personajes y tramas en una secuela u otro libro de la serie
- Hacer predicciones basadas en la estructura de la trama (predecir conexiones entre personajes y sucesos en un texto con trama circular, tramas paralelas, trama principal y trama secundaria)
- Hacer predicciones a partir del conocimiento de formas especiales (cartas, diarios y entradas de diario; ensayos fotográficos, artículos periodísticos)
- Hacer predicciones basadas en el conocimiento de estructuras textuales subyacentes (descripción, causa y efecto, secuencia cronológica, secuencia temporal, categorización, comparación y contraste, problema y solución, pregunta y respuesta)

### ESTABLECER RELACIONES

- Establecer relaciones entre textos y experiencias personales, contenido aprendido en lecturas anteriores y conocimientos disciplinarios
- Usar el conocimiento de un texto para comprender el contenido, el escenario o los problemas en otro
- Establecer diversos tipos de relaciones entre textos (autora o autor, ilustradora o ilustrador, contenido, género, tema, asunto o mensaje, sucesos, problema, personajes, lenguaje, elementos gráficos, estructura del texto y estilo de escritura)
- Enunciar de manera explícita la naturaleza de las relaciones (tema, asunto, mensaje, personajes, género, escritora o escritor, estilo)
- Establecer relaciones entre las vidas de los estudiantes y el contenido que es particularmente adecuado para los adolescentes
- Usar diversas fuentes de información para confirmar o refutar predicciones, incluidos textos e ilustraciones
- Establecer relaciones entre textos de ficción y no ficción que tienen el mismo escenario (ubicaciones geográficas, períodos históricos)
- Usar conocimientos previos de sucesos del pasado para comprender la ficción histórica
- Usar conocimientos disciplinarios para comprender el escenario en textos de ficción realista e histórica
- Usar lecturas previas de no ficción para comprender los sucesos en la ficción histórica
- Establecer relaciones con las características y los problemas humanos que comparten personas de diversas culturas
- Usar conocimientos científicos para comprender la fantasía y la ciencia ficción
- Usar conocimientos previos de la literatura tradicional para reconocer personajes y sucesos comunes en la fantasía
- Usar conocimientos disciplinarios para comprender el contenido y los conceptos en un texto

### SINTETIZAR

- Identificar contenido e ideas conocidas y nuevas que se adquieren mientras se lee un texto
- Crear mentalmente categorías de información relacionada y revisarlas a medida que se adquiere información nueva a lo largo de textos
- Integrar información e ideas nuevas para crear nuevos conocimientos de manera consciente
- Enunciar de manera explícita conocimientos, ideas y actitudes nuevos construidos a partir de la lectura de textos de ficción y no ficción
- Proveer pruebas del texto para apoyar declaraciones que describan nuevos aprendizajes
- Construir conocimientos nuevos a lo largo de textos que se relacionan por tema, contenido, asunto o mensaje
- Describir el cambio de perspectivas a medida que avanza un cuento
- Hablar acerca de las lecciones aprendidas a partir de una experiencia y la conducta de un personaje en un texto
- Aplicar perspectivas nuevas adquiridas de experiencias indirectas en un texto de ficción para la vida propia
- Hablar sobre nuevas maneras de pensar que surgen de experiencias indirectas en la lectura de un texto de ficción
- Aplicar perspectivas aprendidas a partir de la lectura de ficción a asuntos y problemas que enfrentan los preadolescentes (la presión de los compañeros, las relaciones sociales, el acoso, la madurez)
- Hablar sobre conocimientos nuevos de diferentes culturas, lugares y momentos históricos
- Sintetizar datos, perspectivas o marcos conceptuales nuevos a partir de textos y describirlos a los demás con pruebas del texto
- Asumir perspectivas de culturas diversas y apelar al conocimiento cultural para comprender un texto

### INFERIR

- Hacer inferencias acerca del escenario como ayuda para la comprensión del cuento
- Inferir el impacto del escenario en el sujeto de una biografía y los motivos o razones para las decisiones del sujeto

## Seleccionar objetivos Hábitos y conocimientos para observar, enseñar y apoyar *(cont.)*

### PENSAR ***MÁS ALLÁ*** DEL TEXTO *(continuación)*

**INFERIR** ***(continuación)***

- ◆ Inferir emociones y motivos de múltiples personajes a lo largo de tramas complejas con algunas tramas secundarias, tramas circulares, tramas paralelas
- ◆ Inferir emociones y motivos de múltiples personajes a lo largo de tramas circulares o paralelas
- ◆ Inferir las causas de las características de un personaje y los problemas que experimenta
- ◆ Inferir características de personajes multidimensionales que tienen características tanto buenas como malas y que tienen que tomar decisiones
- ◆ Inferir el desarrollo de los personajes a partir de la evidencia en el comportamiento y las razones del cambio
- ◆ Inferir relaciones complejas entre los personajes al observar las reacciones entre sí y opiniones acerca del otro
- ◆ Inferir soluciones posibles para el problema del cuento y hallar pruebas para apoyarlas
- ◆ Inferir el mensaje de una escritora o un escritor en algunos textos que tienen asuntos y temas serios y maduros (la guerra, el racismo, los problemas familiares, el acoso)
- ◆ Inferir temas, ideas y emociones de personajes a partir de los paneles en textos gráficos
- ◆ Inferir algunas ideas y temas abstractos que reflejan el mensaje de una escritora o un escritor o la idea principal de un texto
- ◆ Inferir los significados de algunos simbolismos sencillos
- ◆ Inferir las creencias o parcialidades de una escritora o un escritor
- ◆ Inferir la importancia de los mensajes para la vida de las personas en la actualidad
- ◆ Inferir actitudes que pueden ser nuevas o contrarias a las creencias actuales de los lectores
- ◆ Inferir temas y asuntos universales que influyen en los problemas humanos a lo largo del mundo
- ◆ Inferir el tema o los temas predominantes en una colección de cuentos cortos
- ◆ Comparar las inferencias con los demás lectores y considerar interpretaciones alternativas para los motivos de los personajes y para el mensaje de la escritora o del escritor
- ◆ Inferir el mensaje más amplio en un texto (lo que se puede aprender del texto más allá de los hechos)
- ◆ Inferir información a partir de las imágenes, fotografías, dibujos y elementos gráficos que aportan significado al texto
- ◆ Inferir información acerca de los personajes, el escenario, la trama y la acción de textos gráficos, en los que las ilustraciones portan gran parte del significado
- ◆ Hacer inferencias únicamente a partir del texto narrativo impreso (sin imágenes)
- ◆ Inferir emociones transmitidas por imágenes
- ◆ Inferir la atmósfera del texto a partir de características de las ilustraciones
- ◆ Inferir el significado de una gama de elementos gráficos que requieren la interpretación de la lectora o del lector y que son esenciales para comprender el texto
- ◆ Inferir la relevancia del diseño y de otras características del peritexto
- ◆ Comprender los significados connotativos de palabras que contribuyen a la atmósfera del texto
- ◆ Inferir creencias, costumbres y perspectivas de personas que viven en otras culturas
- ◆ Inferir creencias, costumbres y perspectivas de personas que vivieron en el pasado cercano y lejano
- ◆ Inferir cómo podría ser la vida y lo que las personas podrían creer y hacer en un tiempo futuro
- ◆ Inferir información importante del contenido conocido además de temas más distantes de la experiencia típica de los estudiantes (diferentes lugares del mundo, historia, ciencias)

### PENSAR ***ACERCA*** DEL TEXTO

**ANALIZAR**

- ■ Comprender que puede haber géneros diferentes y formas especiales en cada una de las categorías más amplias de ficción y no ficción
- ■ Comprender que un texto gráfico puede representar cualquier género de ficción y no ficción
- ■ Identificar componentes ficcionales y fácticos en un texto híbrido
- ■ Debatir el propósito de una escritora o un escritor para la selección de un género, tema, sujeto o tipo de estructura narrativa particular
- ■ Comprender y describir las características de los géneros de ficción, incluidas la ficción realista, la ficción histórica, la literatura tradicional (cuento popular, cuento de hadas, fábula, mito, leyenda), la fantasía y el texto híbrido
- ■ Observar elementos y motivos básicos de la fantasía (lo sobrenatural, criaturas imaginarias y extraordinarias, dioses y diosas, animales que hablan, lucha entre el bien y el mal, magia, objetos fantásticos o mágicos, deseos, artimañas, transformaciones)
- ■ Identificar y comprender las características de tipos especiales de ficción (cuento de misterio; cuento de aventuras; cuento de animales; cuento de familia, amigos y escuela)
- ■ Comprender que los géneros de ficción pueden combinarse dentro de un texto
- ■ Comprender la diferencia entre realismo y fantasía en textos de ficción
- ■ Observar las características de escenarios en la fantasía que requieren creer en magia y/o en un mundo imaginario

# Seleccionar objetivos Hábitos y conocimientos para observar, enseñar y apoyar *(cont.)*

## PENSAR ***ACERCA*** DEL TEXTO *(continuación)*

### ANALIZAR *(continuación)*

- Comprender y describir las características de los géneros de no ficción, entre ellos el texto expositivo de no ficción, el texto narrativo de no ficción, la biografía, la autobiografía, las memorias personales, el texto de instrucciones, el texto persuasivo y el texto híbrido
- Comprender que los géneros de no ficción pueden combinarse dentro de un texto
- Observar que una biografía se construye a partir de los sucesos importantes, los problemas que se deben superar y las decisiones del sujeto
- Comprender que un libro de no ficción de instrucciones puede incorporar instrucciones explicadas
- Comprender que una escritora o un escritor de no ficción puede usar la argumentación en un texto persuasivo
- Comprender que la información y las ideas en un texto se relacionan entre sí, y observar cómo la autora o el autor presenta esto
- Reconocer el uso de formas insertadas de una escritora o un escritor (cartas, instrucciones, entradas de diario) dentro de estructuras de textos narrativos y expositivos
- Reconocer y comprender variaciones en la estructura narrativa (trama circular, tramas paralelas, trama principal y tramas secundarias, cuento dentro de otro cuento, flashback, flash-forward, lapso de tiempo)
- Reconocer el uso de una escritora o un escritor de estructuras textuales subyacentes (descripción, causa y efecto, secuencia cronológica, secuencia temporal, categorización, comparación y contraste, problema y solución, pregunta y respuesta)
- Observar y comprender la estructura del texto expositivo (información categorizada) y el uso de la estructura narrativa para textos biográficos y otros tipos de textos narrativos de no ficción
- Pensar de manera analítica acerca de la relevancia de un título
- Observar aspectos de los recursos de elaboración de la autora o del autor (estilo, sintaxis, uso de uno o más narradores)
- Luego de leer diversos libros de una autora o un autor, debatir el estilo, el uso del lenguaje y el contenido típico
- Comprender las características de los escenarios (culturales, físicas, históricas) y la manera en que influye en las actitudes y las decisiones de personajes
- Pensar de manera analítica acerca de la relevancia del escenario y su importancia respecto de la trama
- Observar tramas paralelas y circulares
- Identificar el problema central o conflicto de un cuento en un texto con muchos episodios o tramas paralelas
- Observar cuándo un texto tiene una lección moral cerca del final del relato
- Observar cómo una escritora o un escritor revela los personajes principales y secundarios a partir de lo que hacen, piensan o dicen y de lo que los demás dicen acerca de ellos o de cómo los demás responden a ellos
- Analizar los papeles de los personajes secundarios y su importancia (o insignificancia) para el cuento y para el desarrollo del personaje o los personajes principales
- Analizar un texto para pensar acerca de la perspectiva desde la que se cuenta el cuento y observar cuándo cambia esa perspectiva
- Observar cómo una escritora o un escritor de ficción genera, mantiene y quita el suspenso
- Observar el lenguaje que se usa para mostrar el orden cronológico y temporal
- Observar el uso que hace una escritora o un escritor del lenguaje figurado y establecer cómo contribuye específicamente al significado o al disfrute de un texto
- Observar el uso que hace una escritora o un escritor de conectores tanto comunes como sofisticados, así como de conectores académicos
- Observar material parentético que comienza con comas o paréntesis
- Comprender que una escritora o un escritor selecciona un punto de vista de primera, segunda o tercera persona para contar un relato y que también puede usar diversos puntos de vista en el mismo relato
- Observar el uso que hace una autora o un autor de ficción del lenguaje poético y expresivo en el diálogo
- Observar el lenguaje literario, típico de la literatura tradicional (*érase una vez, había una vez, en una tierra muy lejana*)
- Observar el uso que hace una escritora o un escritor de palabras humorísticas u onomatopeyas y hablar acerca de cómo estas contribuyen a la acción
- Observar la lógica y la estructura del argumento de una escritora o un escritor
- Observar cómo usa el lenguaje una autora o un autor de manera persuasiva
- Observar cómo la escritora o el escritor/la ilustradora o el ilustrador selecciona y ubica fotos de manera que cuentan una historia o comunican un significado más amplio en un ensayo fotográfico
- Comprender que las ilustraciones portan el diálogo y la acción en un texto gráfico
- Comprender cómo funcionan juntos las ilustraciones y el texto para enriquecer el significado y comunicar la atmósfera del texto
- Usar lenguaje académico para hablar acerca de los géneros *(ficción; cuento de familia, amigos y escuela; cuento popular; cuento de animales; cuento humorístico; cuento de hadas; fábula; cuento exagerado; ficción realista; cuento de misterio; cuento de aventuras; cuento de deportes; no ficción; texto informativo; libro informativo; texto sobre hechos; libro de instrucciones; biografía; autobiografía; narración de no ficción; memorias personales; texto de instrucciones; texto persuasivo; texto híbrido, texto expositivo*)
- Usar lenguaje académico para hablar de las formas (*libros de una serie, obra de teatro, libro por capítulos, cómics, texto gráfico, carta, secuela, cuento corto, entrada de diario, artículo periodístico, artículo de fondo*)

## Seleccionar objetivos Hábitos y conocimientos para observar, enseñar y apoyar *(cont.)*

### PENSAR ***ACERCA*** DEL TEXTO *(continuación)*

**ANALIZAR** *(continuación)*

- Usar lenguaje académico para hablar acerca de las características literarias (*comienzo, final, problema, personaje, pregunta y respuesta, personaje principal, cambio de personaje, mensaje, diálogo, tópico, sucesos, solución, ambientación, descripción, problema y solución, comparar y contrastar, idea principal, flashback, conflicto, resolución, tema, lenguaje descriptivo, símil, causa y efecto, categorización, lenguaje persuasivo, trama, desarrollo del personaje, personaje secundario, punto de vista, lenguaje figurado, metáfora, secuencia temporal, secuencia cronológica, temática, argumento*)
- Usar lenguaje específico para hablar acerca de las características del libro y la letra impresa (*portada, contraportada, página, autor, ilustrador, ilustración, fotografía, título, rótulo, dibujo, encabezado, leyenda, tabla de contenidos, capítulo, título del capítulo, dedicatoria, recuadro lateral, glosario, mapa, diagrama, infografía, nota del autor, nota del ilustrador, sección, solapa del libro, agradecimientos, subtítulos, texto, guía de pronunciación, tabla, gráfica, línea de tiempo, índice, prólogo, dibujo de corte, nota al pie, epílogo, nota al final, apéndice, referencias*)

**CRITICAR**

- Evaluar la calidad de las ilustraciones o los elementos gráficos y compartir opiniones
- Evaluar cómo contribuyen los elementos gráficos a la calidad del texto o brindan información adicional
- Dar una opinión sobre la verosimilitud de la trama, las acciones del personaje o la resolución
- Decir específicamente lo que hace creíble a una trama o personaje
- Intercambiar opiniones sobre los personajes y hablar acerca de cómo podrían haber tomado decisiones diferentes o comportado de manera diferente
- Evaluar si un texto es auténtico y consistente con la experiencia vital
- Observar las referencias y garantías que una escritora o un escritor provee para autenticar un texto
- Distinguir entre fuentes primarias y secundarias y pensar de manera crítica acerca de la autenticidad de un texto
- Distinguir entre hecho y opinión
- Concordar o discrepar con los argumentos de una escritora o un escritor y brindar fundamentos para las opiniones
- Intercambiar opiniones acerca de un texto y/o acerca de las ilustraciones y brindar fundamentos y ejemplos
- Evaluar aspectos de un texto que contribuyen al entretenimiento (personajes humorísticos o información sorprendente)
- Expresar gustos y preferencias en la lectura y apoyar las elecciones con descripciones y ejemplos de elementos literarios (género, escenario, trama, tema, personajes, estilo, lenguaje)
- Evaluar la autenticidad de un texto en función de las experiencias personales de los lectores como preadolescentes (o adolescentes)
- Hablar de manera crítica acerca de lo que hace una escritora o un escritor para que un tema sea interesante o importante
- Hablar acerca del motivo por el que el sujeto de una biografía es importante o sirve de ejemplo para los demás

### Planificar el trabajo con las palabras después de la lectura guiada

Usando sus observaciones recientes sobre la capacidad de los lectores de descomponer palabras rápida y eficientemente mientras leen un texto, planifique de uno a tres minutos la participación activa de los estudiantes atendiendo a las letras, los sonidos y las palabras. Priorice la observación de los lectores sobre las características de la letra impresa y el uso manual activo de las letras magnéticas, de la pizarra blanca, de tarjetas de palabras o de lápiz y papel para promover la fluidez y la flexibilidad en el procesamiento visual.

**Ejemplos:**

- Formar todo tipo de plurales, entre ellos los que asumen o pierden un acento ortográfico y plurales que requieren un cambio de ortografía (*francés/franceses; joven/jóvenes; disfraz/disfraces*)
- Trabajar la flexibilidad en una palabra base, cambiando letras o agregando o quitando uno o más afijos para formar una palabra nueva (*zapato, zapatero, zapatería*)
- Reconocer y usar raíces de palabras (griegas y latinas) para descomponer y determinar los significados de algunas palabras españolas (*geo*, que significa "la tierra" y *grafía*, que significa "escribir", en *geografía*, "estudio de la superficie, el clima, los continentes, los países, los pueblos, los recursos naturales, las industrias y los productos de la Tierra")
- Clasificar palabras con base en cualquier característica de la palabra
- Descomponer polisílabos rápidamente e identificar la sílaba acentuada (*algodón, específicamente, vehículo*)
- Reconocer y descomponer palabras con diptongos e hiatos (*pensamiento, encuesta, estereotipo, geografía*)
- Reconocer y usar homófonos (*bienes, vienes; cazar, casar; rallar, rayar*) y homógrafos (*sal*)

# Lectores del nivel U

En el nivel U, los lectores procesan todo tipo de géneros, los textos son más largos y requieren que los lectores mantengan la atención, recuerden la información y relacionen ideas durante muchos días de lectura. Se ajustan de manera automática a diferentes géneros y usan las características del género para apoyar la comprensión. Pueden explicar las características exclusivas de muchos géneros. La fantasía compleja, o "épica", además de los mitos, las leyendas, las épicas, las baladas y el simbolismo plantean mayores desafíos. Los lectores comprenden perspectivas diferentes de las propias y comprenden escenarios y personajes muy distantes en tiempo o geografía. La comprensión de algunas partes del contenido depende de la madurez emocional y social de los lectores. Amplían su capacidad para detectar parcialidades y tienen la capacidad de criticar textos en función de su verosimilitud y autenticidad. La mayor parte de la lectura es silenciosa; en la lectura oral, todas las dimensiones de la fluidez están bien determinadas. Por su mayor extensión, muchas palabras descriptivas, palabras específicas de contenido y técnicas, modismos, palabras y frases de idiomas diferentes al español plantean desafíos para los lectores. Descomponen polisílabos largos y usan todo tipo de estrategias de decodificación de palabras. Usan y comprenden vocabulario disciplinario. Buscan y usan información de manera integrada a través del contenido presentado en elementos gráficos y textos complejos que requiere conocimientos previos. Los lectores relacionan temas, ideas esenciales, mensajes, estilos de escritura, temas y otros elementos en todos los textos. Observan diferentes aspectos de los recursos de elaboración de la autora o del autor y pueden expresar pensamiento analítico en sus comentarios. Usan lenguaje académico con facilidad al hablar acerca de los textos, y el lenguaje académico se amplía constantemente. Comienzan a incorporar el pensamiento muy complejo que requieren la sátira y la parodia.

## Seleccionar textos Características de los textos del nivel U

### GÉNERO

**▸ Ficción**

- Ficción realista
- Ficción histórica
- Literatura tradicional (cuento popular, mito, leyenda)
- Fantasía y ciencia ficción complejas
- Textos híbridos
- Tipos especiales de ficción (cuento de misterio; cuento de aventuras, cuento de deportes; cuento de animales; cuento de familia, amigos y escuela; cuento humorístico)

**▸ No ficción**

- Textos expositivos de no ficción
- Textos narrativos de no ficción
- Biografía
- Autobiografía
- Memorias personales
- Textos de instrucciones
- Textos persuasivos
- Textos híbridos

**FORMAS**

- Libros de una serie
- Libros álbum
- Libros por capítulos
- Libros por capítulos con secuelas
- Obras de teatro
- Guiones de teatro del lector
- Textos gráficos
- Cartas, diarios y entradas de diario
- Cuentos cortos
- Ensayos fotográficos y artículos periodísticos

### ESTRUCTURA DEL TEXTO

- Textos con varios episodios elaborados con muchos detalles
- Formas integradas (cartas, instrucciones, entradas de diario, correos electrónicos) dentro de estructuras narrativas y expositivas
- Variaciones en la estructura (cuento dentro de otro cuentro, flashback, flash-forward, lapso de tiempo)
- Libros con capítulos relacionados con una trama única
- Textos con trama circular o tramas paralelas
- Textos más extensos con trama principal y tramas secundarias
- Tramas complejas con múltiples hilos argumentales
- Colecciones de cuentos cortos relacionados con un tema predominante
- Textos que cambian de perspectiva y/o narrador dentro del texto narrativo más amplio
- Libros de no ficción divididos en secciones y algunos con subsecciones
- Patrones estructurales subyacentes (descripción, causa y efecto, secuencia cronológica, secuencia temporal, categorización, comparación y contraste, problema y solución, pregunta y respuesta)

### CONTENIDO

- Contenido interesante y relevante para la lectora o el lector
- Algunos libros con poco o ningún apoyo de imágenes para el contenido (libros por capítulos)
- Muchos contenidos que requieren acceso a conocimientos previos
- Contenido que propicia el pensamiento crítico para juzgar la autenticidad y la precisión
- Contenido que requiere que la lectora o el lector asuma perspectivas de diversas culturas y apele al conocimiento cultural para la comprensión
- Textos en su mayor parte con contenidos que atraen e interesan a los lectores y amplían los conocimientos (viajes, experiencias con otras culturas, aventuras en las ciencias, supervivencia)

Inspirándose en las escamas de las morfo, los ingenieros están investigando maneras de producir colores utilizando luz en vez de pigmentos. Para ello están creando superficies que hagan rebotar la luz de manera que solo brillen ciertos colores.

Un equipo de científicos está experimentando con patrones de agujeros distribuidos en capas. Esos patrones se pueden usar para crear palabras y dibujos de colores en superficies de plástico, metal y papel. Las imágenes brillan intensamente a la luz del sol, al igual que las alas de una mariposa. Los expertos intentan usar esta tecnología para prevenir la falsificación de dinero, ya que las marcas de colores tan brillantes son casi imposibles de copiar.

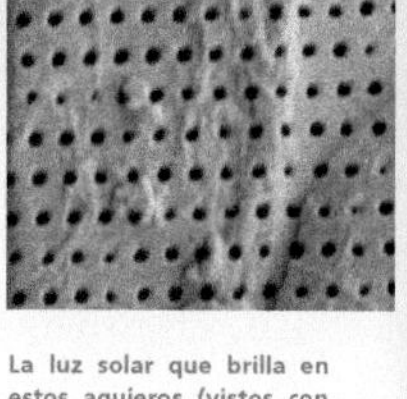

La luz solar que brilla en estos agujeros (vistos con un microscopio potente) crea imágenes de colores brillantes. Cada agujero tiene solamente 100 nanómetros de diámetro (una pulgada es igual a 25,400,000 nanómetros).

10

Otros ingenieros construyen nuevas pantallas de computadora, y también se inspiran en las escamas de las mariposas morfo. Estas pantallas, que reproducen imágenes usando luz reflejada, usan muy poca energía.

Dentro de las pantallas hay espejos microscópicos que se mueven hacia arriba y abajo. Unas señales eléctricas ajustan los espejos para que la luz rebote en distintos ángulos y produzca diferentes colores de la luz reflejada. Un chip de computadora controla estos miles de espejos diminutos para producir rápidamente imágenes coloridas.

Se espera que esta idea produzca avances revolucionarios en las pantallas de los teléfonos inteligentes y computadoras. ¡Quién sabe! Es posible que en pocos años puedas comprar una pantalla inspirada en una mariposa.

Las pantallas de computadora inspiradas en las alas de mariposa usarán menos energía.

**Nanotecnología**

El biomimetismo está en auge gracias a un nuevo tipo de ingeniería llamada nanotecnología, que es la ciencia de construir a escalas muy pequeñas. Con esta tecnología se construyen objetos que se miden en nanómetros, o mil millonésimas partes de metro. ¡Eso significa un tamaño sumamente pequeño! Para que tengas una referencia, la página que estás leyendo tiene aproximadamente 100,000 nanómetros de espesor.

11



## CONTENIDO *(continuación)*

- Escenarios en algunos textos que requieren conocimientos del contenido de disciplinas (historia, geografía, cultura, lenguaje)
- Contenido cuya comprensión requiere madurez emocional y social
- Contenido que en su mayor parte trasciende la experiencia inmediata de los estudiantes
- Muchos contenidos que requieren que la lectora o el lector busque información en los elementos gráficos (mapas, tablas, diagramas, dibujos ilustrados, fotografías rotuladas)

## TEMAS E IDEAS

- Textos con temas e ideas que incluyen los problemas de los preadolescentes
- Temas e ideas que requieren una perspectiva no conocida para la lectora o el lector
- Ideas complejas acerca de diversos temas cuya comprensión requiere experiencia real o indirecta (a través de la lectura)
- Textos con significados más profundos aplicables a problemas humanos y asuntos sociales importantes (el sufrimiento, la guerra, el racismo, las dificultades económicas, el medioambiente)
- Muchas ideas y temas que requieren la comprensión de la diversidad cultural
- Algunos textos con temas abstractos que requieren razonamiento inferencial
- Temas que evocan interpretaciones alternativas

## CARACTERÍSTICAS LITERARIAS Y DEL LENGUAJE

- Escenarios que son distantes en el tiempo y la geografía
- Escenarios en la fantasía que requieren que la lectora o el lector acepten elementos de otro mundo que no podrían existir en el mundo real
- Escenarios que son importantes para la comprensión de la ficción narrativa o la biografía
- Variedad en la estructura de la trama del texto narrativo (cuento dentro de otro cuento, flashback sencillo)
- Personajes principales y personajes secundarios
- Personajes multidimensionales
- Personajes revelados por lo que dicen, piensan y hacen y por lo que los demás dicen y piensan sobre ellos
- Personajes revelados a lo largo de una serie de sucesos, capítulos o libros
- Motivos para la introducción de cambios complejos en los personajes, que requieren inferencia
- Algunos textos que revelan las perspectivas de más de un personaje
- Variedad en la presentación del diálogo (diálogo entre muchos personajes, diálogo con pronombres, diálogo separado, diálogo directo, incluido el diálogo no asignado y tramos largos de diálogo)
- Algunas cadenas de diálogo no asignado para los que se debe inferir quiénes son los interlocutores
- Mayormente textos escritos en primera o tercera persona narrativa con algunos textos de instrucciones en segunda persona
- Motivos básicos de la literatura tradicional y la fantasía moderna (lucha entre el bien y el mal, objetos fantásticos o mágicos, deseos, artimañas, transformaciones)
- Lección moral cerca del final del cuento (en ocasiones, enunciada de manera explícita)
- Lenguaje literario, típico de la literatura tradicional (*había una vez, en una tierra muy lejana*)
- Lenguaje poético y lenguaje figurado (metáfora, símil)
- Lenguaje y sucesos que transmiten una atmósfera emocional en un texto, que afecta las emociones de la lectora o del lector (tensión, suspenso, tristeza, felicidad, curiosidad)
- Uso de simbolismo
- Lenguaje coloquial en los diálogos que refleja la personalidad de los personajes y/o el escenario
- Lenguaje de procedimientos
- Lenguaje que se usa para hacer comparaciones
- Lenguaje descriptivo
- Lenguaje que se usa para mostrar orden cronológico y secuencia temporal
- Lenguaje persuasivo y argumentación

# Seleccionar textos Características de los textos del **nivel U** *(cont.)*

## COMPLEJIDAD DE LAS ORACIONES

- Amplia gama de oraciones declarativas, imperativas, exclamativas o interrogativas
- Variación en la longitud y en la estructura de la oración
- Oraciones con una amplia variedad de categorías gramaticales, entre ellas adjetivos, adverbios y frases preposicionales
- Oraciones con conectores comunes y sofisticados
- Algunas oraciones con conectores académicos
- Uso frecuente de material parentético integrado en oraciones
- Algunas estructuras no oracionales para añadir efecto literario

## VOCABULARIO

- Muchas palabras que aparecen en el vocabulario de usuarios del lenguaje maduros (Nivel 2)
- Muchas palabras propias de una disciplina (Nivel 3)
- Amplia variedad de palabras usadas para asignar diálogo
- Muchas palabras con varios significados
- Muchas palabras con significado figurado
- Uso frecuente de modismos
- Vocabulario nuevo que requiere acción estratégica para su comprensión (obtener significado según el contexto, usar herramientas de referencia, observar la morfología, usar raíces de palabras, usar analogía)
- Palabras con significados connotativos que son esenciales para comprender el texto
- Conectores comunes típicos del lenguaje oral que conectan ideas y aclaran significados, y muchos conectores sofisticados que no aparecen a menudo en el lenguaje oral cotidiano (*a menos que, además, aunque, cuando sea, hasta que, mientras tanto, no obstante, por lo tanto, si no, sin embargo, todavía*)
- Algunos conectores académicos que relacionan ideas y aclaran significados y que aparecen en textos escritos pero que no se usan con regularidad en el lenguaje oral cotidiano (*a través del cual, como se observa, con referencia a, con respecto a, considerando que, de igual modo, en consecuencia, en síntesis, en último lugar, por consiguiente, por el contrario, por ende, por último*)
- Algunas palabras usadas irónicamente
- Palabras de dialectos regionales o históricos
- Algunas palabras (incluida la jerga) usadas informalmente por grupos particulares de personas
- Algunas palabras de idiomas diferentes al español
- Algunos arcaísmos

## PALABRAS

- Muchos polisílabos, algunos técnicos o científicos
- Todo tipo de plurales
- Polisílabos con algunas relaciones complejas entre letra y sonido
- Sustantivos propios polisílabos que son difíciles de descifrar
- Palabras que plantean desafíos de decodificación porque son arcaicas, provienen de dialectos regionales o son de idiomas diferentes al español
- Todo tipo de palabras compuestas
- Palabras base con afijos (prefijos y sufijos)
- Conectores comunes y sofisticados
- Algunos conectores académicos

## ILUSTRACIONES

- Ilustraciones que mejoran y amplían el significado en un texto
- Libros por capítulos cortos con solo unas pocas ilustraciones y algunos libros más largos
- Textos con ilustraciones cada tres o cuatro páginas
- Textos cortos que tienen ilustraciones en cada página o cada cierto número de páginas
- Textos sin más ilustraciones que elementos decorativos tales como las viñetas
- Variedad en la disposición de las ilustraciones y la letra impresa
- Algunos libros con ilustraciones en blanco y negro
- Algunas ilustraciones complejas y matizadas que comunican atmósfera y significado (literal, figurado, simbólico) que se combina con el texto o lo amplía
- Elementos gráficos que requieren la interpretación de la lectora o el lector y que son esenciales para la comprensión del texto informativo
- Más de un tipo de elemento gráfico en una doble página
- Una gama de elementos gráficos que presentan información que se combina con el texto y lo amplía (fotografías y dibujos con rótulos y/o leyendas; diagramas, dibujos de corte; mapas con leyendas o claves, escala; infografía, gráfica, línea de tiempo)

## CARACTERÍSTICAS DEL LIBRO Y LA LETRA IMPRESA

### LONGITUD

- Una amplia variación en la longitud (la mayoría de menos de cuarenta y ocho páginas)
- Una amplia variación en el número de palabras (2,000+)
- Algunos libros divididos en capítulos
- Libros divididos en secciones y subsecciones

### TEXTO IMPRESO Y DISPOSICIÓN

- Mayormente con tamaño de tipografía pequeño pero legible
- Letra impresa y fondo de diversos colores
- Variedad en la ubicación de la letra impresa, que refleja géneros diferentes
- Información que se muestra en diversas combinaciones de imágenes y letra impresa en textos gráficos
- Leyendas debajo de imágenes que brindan información importante
- Letra impresa e ilustraciones integradas en la mayoría de los textos, con letra impresa alrededor de las imágenes
- Letra impresa colocada en recuadros laterales y elementos gráficos que presentan información importante

### PUNTUACIÓN

- Punto, coma, signos de interrogación, signos de admiración, rayas de diálogo o comillas para el diálogo y puntos suspensivos en la mayoría de los textos
- Comillas o comillas angulares para identificar citas y pensamientos

### HERRAMIENTAS DE ORGANIZACIÓN

- Título, tabla de contenidos, título del capítulo, encabezado, subtítulo y recuadro lateral

### RECURSOS DEL TEXTO

- Dedicatoria, reconocimientos, nota de la autora o del autor, guía de pronunciación, glosario, índice, preámbulo, notas al pie, nota final, epílogo, apéndice y referencias
- Textos con características de diseño que contribuyen al atractivo estético del conjunto (peritexto)
- Textos con características de diseño que potencian el significado, comunican cultura o crean atmósfera (peritexto)

# Seleccionar objetivos Hábitos y conocimientos para observar, enseñar y apoyar

## PENSAR EN EL TEXTO *EN SÍ*

### BUSCAR Y USAR INFORMACIÓN

- Mantener la búsqueda de información en algunas oraciones más largas con más de veinte palabras, muchas frases y cláusulas subordinadas
- Mantener la búsqueda en algunos libros que se dividen en capítulos y pueden tener más de 2,500 palabras
- Buscar información y lenguaje que expresa o implica el mensaje o los mensajes más amplios del texto
- Usar conocimientos previos para buscar y comprender información acerca de los escenarios, las áreas geográficas, la historia, la economía
- Usar herramientas de organización para buscar información (título, tabla de contenidos, títulos de capítulos, encabezados, subtítulos, recuadros laterales, acotaciones)
- Usar recursos del texto para buscar información (reconocimientos, nota de la autora o del autor, guía de pronunciación, glosario, referencias, índice)
- Buscar información en oraciones que varían en longitud, estructura y puntuación con base en la complejidad
- Buscar información en oraciones con sustantivos, verbos, adjetivos y adverbios en una serie dividida por comas
- Buscar información en diálogo presentado de diversas maneras (asignado y no asignado, diálogo separado, diálogo directo)
- Usar el orden cronológico en diversos episodios para buscar y usar información durante la lectura de cuentos cortos y libros por capítulos
- Buscar información en diversas estructuras de texto narrativo: cuento dentro de otro cuento; flashback y flash-forward (texto narrativo fragmentado); textos narrativos circulares; tramas múltiples o paralelas
- Observar y usar signos de puntuación (punto, coma, signos de interrogación, signos de admiración, rayas de diálogo, comillas o comillas angulares, puntos suspensivos)
- Cuando sea necesario, volver a leer para buscar y usar información del cuerpo del texto, los recuadros laterales, recuadros y elementos gráficos
- Buscar y usar información a partir de diversas ilustraciones o elementos gráficos
- Buscar y usar información en textos con una diversidad en la ubicación del cuerpo del texto, los recuadros laterales y los elementos gráficos

### VERIFICAR Y AUTOCORREGIRSE

- Autoverificar la lectura usando diversas fuentes de información (conocimientos previos, sintaxis, significado de las palabras, estructura de las palabras, conocimiento de la estructura del texto, significado de todo el texto, elementos gráficos, disposición, diseño, género)
- Autocorregirse disimuladamente antes y después de cometer un error, y mostrar muy poca autocorrección explícita
- Verificar con atención la comprensión de los textos usando el conocimiento de diversos géneros y formas (realista, histórico, fantasía), ciencia ficción, mitos, leyendas, poesía, obras de teatro
- Usar los conocimientos de los elementos literarios (trama, personajes principales y secundarios, escenario, estructura del texto narrativo) para verificar y corregir la lectura
- Usar el conocimiento de la estructura narrativa y de los atributos de los personajes (muchos pueden ser multidimensionales y cambiar) para autoverificar y autocorregirse
- Usar el conocimiento del contenido del tema de un texto para autoverificar y autocorregirse
- Usar conocimientos de los géneros de no ficción para verificar la comprensión de un texto (texto expositivo de no ficción, texto narrativo de no ficción, biografía, autobiografía, memorias personales, texto de instrucciones, texto persuasivo)
- Usar información de los elementos gráficos (mapas, diagramas, tablas, fotos, ilustraciones) para autoverificar la lectura

### DESCIFRAR PALABRAS

**▸ Leer palabras**

- Reconocer un gran número de polisílabos de manera rápida y automática
- Usar una amplia gama de estrategias para descifrar polisílabos (usar sílabas, reconocer patrones ortográficos dentro de las palabras, usar relaciones complejas entre letras y sonidos, observar palabras base y afijos, usar el contexto del texto, usar recursos del texto)
- Descifrar palabras al identificar partes de palabras simples, complejas y modificadas o partes de palabras dentro de polisílabos
- Leer polisílabos con relaciones complejas entre letra y sonido
- Leer todas las categorías gramaticales
- Descifrar palabras rápidamente mientras se procesa un texto continuo y con la menor autocorrección explícita
- Leer sustantivos propios, palabras de otros idiomas y palabras técnicas de disciplinas académicas que son difíciles de decodificar y usar recursos del texto como la guía de pronunciación cuando sea necesario
- Identificar palabras base y afijos (prefijos y sufijos) para descifrar palabras
- Descifrar palabras que son difíciles de descifrar porque son arcaicas, provienen de dialectos regionales o de idiomas diferentes al español
- Utilizar estrategias para descifrar palabras de manera flexible

# Seleccionar objetivos Hábitos y conocimientos para observar, enseñar y apoyar *(cont.)*

## PENSAR EN EL TEXTO *EN SÍ* *(continuación)*

### DESCIFRAR PALABRAS *(continuación)*

▸ **Vocabulario**

- Deducir los significados de palabras nuevas y ampliar los significados de palabras conocidas mediante el uso de estrategias flexibles (el contexto en una oración, relaciones con otras palabras, sinónimos y antónimos, partes de palabras, palabras base y afijos, función de una palabra en una oración, recursos del texto)
- Agregar palabras al vocabulario de manera activa y consistente mediante la lectura
- Comprender muchas palabras que aparecen en la escritura y en el vocabulario de usuarios del lenguaje maduros (Nivel 2)
- Comprender algunas palabras propias de una disciplina académica (Nivel 3)
- Comprender los significados y las funciones de todas las categorías gramaticales
- Comprender cómo una escritora o un escritor usa palabras en un texto para indicar la perspectiva o el punto de vista: primera persona, segunda persona, tercera persona
- Comprender muchas palabras que tienen muchos significados e identificar el significado específico que posee en una oración o párrafo
- Comprender los significados y funciones de conectores comunes que aparecen en el lenguaje oral y muchos conectores sofisticados (complejos) que son más típicos del lenguaje escrito
- Comprender los significados y las funciones de conectores académicos que aparecen en textos escritos pero que no se usan con frecuencia en el lenguaje oral cotidiano
- Comprender significados denotativos, connotativos, idiomáticos y figurados de las palabras
- Comprender los significados connotativos y figurados de palabras que contribuyen a la atmósfera del texto, entre ellas palabras que asignan diálogo (*susurró, gruñó, suspiró*)
- Comprender que en los textos gráficos, la información sobre las palabras está en las ilustraciones y que muchas palabras poco comunes aparecen en los textos gráficos
- Comprender palabras usadas en dialectos regionales o históricos
- Comprender los significados connotativos de adjetivos, verbos y adverbios descriptivos y usarlos para hacer inferencias acerca de los personajes
- Deducir los significados de palabras técnicas y de palabras creadas por la autora o el autor en la ciencia ficción
- Comprender palabras usadas informalmente por grupos particulares de personas (jerga, dialecto)
- Comprender algunas palabras de idiomas diferentes al español
- Comprender los significados de algunas palabras arcaicas
- Comprender los significados de algunas palabras usadas de manera satírica
- Comprender y adquirir un gran número de palabras específicas del contenido que requieren el uso de acciones estratégicas (comprensión conceptual del contenido, definiciones dentro del cuerpo de un texto, un glosario, otros recursos del texto)
- Comprender palabras clave en elementos gráficos como mapas, diagramas y tablas

### MANTENER LA FLUIDEZ

- Leer oralmente de una manera que demuestre todas las dimensiones de la fluidez (pausa, formación de frases, entonación, acento prosódico, ritmo)
- Leer silenciosamente a un ritmo más rápido que cuando se lee oralmente y al mismo tiempo mantener la comprensión
- Demostrar la capacidad de hojear y explorar mientras se lee en silencio para buscar información de manera rápida
- En la lectura oral, mostrar reconocimiento de una amplia gama de oraciones declarativas, imperativas, exclamativas, interrogativas
- Mantener el impulso mientras se lee una amplia diversidad de texto, muchos de ellos largos
- Observar puntos, comas, signos de interrogación, signos de admiración, paréntesis, rayas de diálogo, comillas o comillas angulares, guiones y puntos suspensivos y comenzar a reflejarlos con la voz mediante la entonación y la pausa
- Poner énfasis en palabras que están en negrita o bastardilla o diversas tipografías
- Reconocer y leer de manera expresiva diversos diálogos, algunos no asignados
- Leer partes de un guion y demostrar todas las dimensiones de la fluidez
- Mostrar en la voz cuándo las palabras en un texto (mostradas por comillas o comillas angulares) reflejan pensamientos no expresados
- Leer novelas en verso oralmente y reflejar el significado y el ritmo con la voz
- Reflejar listas numeradas o con viñetas con la voz cuando se lee oralmente
- Usar la voz para reflejar contenido disciplinario de maneras diferentes (relato histórico frente a argumentación científica)

## Seleccionar objetivos Hábitos y conocimientos para observar, enseñar y apoyar *(cont.)*

### PENSAR EN EL TEXTO ***EN SÍ*** *(continuación)*

#### AJUSTAR

- Ajustar la lectura para reconocer una amplia gama de oraciones declarativas, imperativas, exclamativas e interrogativas, muchas de ellas muy complejas
- Ajustar la lectura para reconocer un texto híbrido o un texto con formas integradas como las cartas, los diarios, las entradas de diario y otros documentos auténticos
- Ajustar la lectura para formar expectativas a partir de los propósitos y las características de los géneros de ficción y no ficción, al igual que las formas especiales de textos de ficción
- Ajustar la lectura para satisfacer las necesidades especiales de un texto gráfico
- Leer más lentamente para buscar información o reflexionar acerca de ella, o para disfrutar del lenguaje y retomar la lectura con impulso
- Ajustar la lectura para adaptarla a una amplia diversidad de oraciones complejas con frases y cláusulas subordinadas y también a información parentética
- Ajustar para incorporar formas insertadas (cartas, diarios, entradas de diario, otros documentos auténticos) en textos narrativos y expositivos
- Ajustar las expectativas con respecto a los múltiples géneros en un texto híbrido
- Ajustar la lectura para comprender que un texto puede ser una colección de cuentos cortos relacionados con un tema predominante
- Ajustar la lectura para satisfacer las necesidades particulares de los textos gráficos
- Ajustar para leer partes en el guion de teatro del lector o una obra de teatro
- Ajustar la lectura para reconocer variaciones en la estructura narrativa (cuento dentro de otro cuento, flashback, flash-forward, lapso de tiempo)
- Ajustar la lectura para seguir textos que cambian de perspectiva y/o narrador dentro del texto narrativo más amplio
- Ajustar para leer discursos que reflejan el punto de vista de la hablante o el hablante
- Ajustar la lectura para reconocer formas (poemas; obras de teatro; textos gráficos, cartas, diarios y entradas de diario; ensayos fotográficos y artículos periodísticos)
- Ajustar para reconocer el uso de la argumentación en un texto persuasivo
- Ajustar la lectura para adaptarla a diversas ubicaciones del cuerpo del texto, de fotografías con leyendas, recuadros laterales y elementos gráficos
- Ajustar la lectura para reflejar una serie de pasos en un texto de instrucciones

#### RESUMIR

- Presentar un resumen conciso y organizado que incluya toda la información importante
- Presentar un resumen oral organizado de una sección o capítulo de un texto
- Presentar un resumen oral organizado que incluya el escenario (si es importante), sucesos relevantes de la trama, incluido el clímax y la resolución, los personajes principales y secundarios, el cambio de los personajes (cuando sea relevante) y el tema o lección (ficción)
- Presentar un resumen oral lógico y organizado que incluya la información importante que expresa la idea principal o el mensaje más amplio y que refleje la estructura general (expositiva o narrativa) así como las estructuras textuales subyacentes , por ejemplo, descripción, causa y efecto, secuencia cronológica, secuencia temporal, categorización, comparación y contraste, problema y solución, pregunta y respuesta (no ficción)

# Seleccionar objetivos Hábitos y conocimientos para observar, enseñar y apoyar *(cont.)*

## PENSAR *MÁS ALLÁ* DEL TEXTO

### PREDECIR

- Hacer predicciones basadas en experiencias personales, lecturas previas y estudio de áreas de contenido
- Hacer predicciones a lo largo de un texto basadas en la estructura organizacional (narrativa, expositiva)
- Justificar predicciones con pruebas del texto
- Hacer predicciones basadas en los paneles en un texto gráfico
- Predecir el final de un cuento con base en la comprensión de diferentes tipos de estructura narrativa y la comprensión del escenario, la trama y los personajes
- Hacer predicciones a partir del conocimiento de las características de los géneros de ficción y no ficción, además de la comprensión y experiencia de la lectura de diferentes tipos de textos de ficción como los cuentos de misterio o supervivencia
- Predecir soluciones posibles al problema en el cuento y debatir la posibilidad de alternativas
- Usar la lectura previa de un libro de una serie para predecir tipos de personajes y tramas en una secuela u otro libro de la serie
- Hacer predicciones basadas en la estructura de la trama (predecir conexiones entre personajes y sucesos en un texto con trama circular, tramas paralelas, trama principal y trama secundaria)
- Hacer predicciones a partir del conocimiento de formas especiales (cartas, diarios y entradas de diario; ensayos fotográficos y artículos periodísticos)
- Hacer predicciones basadas en el conocimiento de estructuras textuales subyacentes (descripción, causa y efecto, secuencia cronológica, secuencia temporal, categorización, comparación y contraste, problema y solución, pregunta y respuesta)

### ESTABLECER RELACIONES

- Establecer relaciones entre textos y experiencias personales, contenido aprendido en lecturas anteriores y conocimientos disciplinarios
- Usar el conocimiento de un texto para comprender el contenido, el escenario o los problemas en otro
- Establecer diversos tipos de relaciones entre textos (autora o autor, ilustradora o ilustrador, contenido, género, tema, asunto o mensaje, sucesos, problema, personajes, lenguaje, estilo de escritura, estructura del texto, elementos gráficos)
- Enunciar de manera explícita la naturaleza de las relaciones (tema, asunto, mensaje, personajes, género, escritora o escritor, estilo)
- Establecer relaciones entre las vidas de los estudiantes y el contenido que es particularmente adecuado para los adolescentes
- Usar diversas fuentes de información para confirmar o refutar predicciones, incluidos textos e ilustraciones
- Establecer relaciones entre textos de ficción y no ficción que tienen el mismo escenario (ubicaciones geográficas, períodos históricos)
- Usar conocimientos previos de sucesos del pasado para comprender la ficción histórica
- Usar conocimientos disciplinarios para comprender el escenario en textos de ficción realista e histórica
- Usar lecturas previas de no ficción para comprender los sucesos en la ficción histórica
- Establecer relaciones con las características y los problemas humanos que comparten personas de diversas culturas
- Usar conocimientos científicos para comprender la fantasía, que incluye la ciencia ficción
- Usar conocimientos previos de la literatura tradicional para reconocer personajes y sucesos comunes en una fantasía
- Usar conocimientos disciplinarios para comprender el contenido y los conceptos en un texto

### SINTETIZAR

- Identificar contenido e ideas conocidas y nuevas que se adquieren mientras se lee un texto
- Crear mentalmente categorías de información relacionada y revisarlas a medida que se adquiere información nueva a lo largo de textos
- Integrar información e ideas nuevas para crear nuevos conocimientos de manera consciente
- Enunciar de manera explícita conocimientos, ideas y actitudes nuevos construidos a partir de la lectura de textos de ficción y no ficción
- Proveer pruebas del texto para apoyar declaraciones que describan nuevos aprendizajes
- Construir conocimientos nuevos a lo largo de textos que se relacionan por tema, contenido, asunto o mensaje
- Describir el cambio de perspectivas a medida que avanza un cuento
- Hablar acerca de las lecciones aprendidas a partir de una experiencia y la conducta de un personaje en un texto
- Aplicar en la vida propia perspectivas nuevas adquiridas de experiencias indirectas mientras se lee un texto de ficción
- Hablar sobre nuevas maneras de pensar que surgen de experiencias indirectas mientras se lee un texto de ficción
- Aplicar perspectivas aprendidas a partir de la lectura de ficción a asuntos y problemas que enfrentan los preadolescentes (la presión de los compañeros, las relaciones sociales, el acoso, la madurez)
- Hablar sobre conocimientos nuevos de diferentes culturas, lugares y momentos históricos
- Sintetizar datos, perspectivas o marcos conceptuales nuevos a partir de textos y describirlos a los demás con pruebas del texto
- Asumir perspectivas de culturas diversas y apelar al conocimiento cultural para comprender un texto

### INFERIR

- Hacer inferencias acerca del escenario como ayuda para la comprensión del cuento
- Inferir el impacto del escenario en el sujeto de una biografía y los motivos o razones para las decisiones del sujeto
- Inferir emociones y motivos de múltiples personajes a lo largo de tramas complejas con algunas tramas secundarias
- Inferir emociones y motivos de múltiples personajes a lo largo de tramas circulares o paralelas

## **Seleccionar objetivos** Hábitos y conocimientos para observar, enseñar y apoyar *(cont.)*

### PENSAR ***MÁS ALLÁ*** DEL TEXTO *(continuación)*

**INFERIR** *(continuación)*

- Inferir las causas de las características de un personaje y los problemas que experimenta
- Inferir características de personajes multidimensionales que tienen características tanto buenas como malas y que tienen que tomar decisiones
- Inferir el desarrollo de los personajes a partir de la evidencia en el comportamiento y las razones del cambio
- Inferir relaciones complejas entre los personajes al observar las reacciones entre sí y opiniones acerca del otro
- Inferir soluciones posibles para el problema del cuento y hallar pruebas para apoyarlas
- Inferir el mensaje de una escritora o un escritor en algunos textos que tienen asuntos y temas serios y maduros (la guerra, el racismo, los problemas familiares, el acoso)
- Inferir temas, ideas y emociones de personajes a partir de los paneles en textos gráficos
- Inferir algunas ideas y temas abstractos que reflejan el mensaje de una escritora o un escritor o la idea principal de un texto
- Inferir las creencias o parcialidades de una escritora o un escritor
- Inferir la importancia de los mensajes para la vida de las personas en la actualidad
- Inferir actitudes que pueden ser nuevas o contrarias a las creencias actuales de los lectores
- Inferir temas y asuntos universales que influyen en los problemas humanos a lo largo del mundo
- Inferir el tema o los temas predominantes en una colección de cuentos cortos
- Comparar las inferencias con los demás lectores y considerar interpretaciones alternativas para los motivos de los personajes y para el mensaje de la escritora o del escritor
- Inferir el mensaje más amplio en un texto (lo que se puede aprender del texto más allá de los hechos)
- Inferir información a partir de las imágenes, fotografías, dibujos y elementos gráficos que aportan significado al texto
- Inferir información acerca de los personajes, el escenario, la trama y la acción de textos gráficos, en los que las ilustraciones portan gran parte del significado
- Hacer inferencias únicamente a partir del texto narrativo impreso (sin imágenes)
- Inferir el significado de una gama de elementos gráficos que requieren la interpretación de la lectora o del lector y que son esenciales para comprender el texto
- Inferir la relevancia del diseño y de otras características del peritexto
- Inferir el significado de algunos simbolismos sencillos
- Inferir los significados de palabras usadas de manera irónica o satírica
- Comprender los significados connotativos de palabras que contribuyen a la atmósfera del texto
- Inferir la atmósfera del texto a partir del uso que hace la autora o el autor del lenguaje y las características de las ilustraciones
- Inferir creencias, costumbres y perspectivas de personas que viven en otras culturas
- Inferir creencias, costumbres y perspectivas de personas que vivieron en el pasado cercano y lejano
- Inferir cómo podría ser la vida y lo que las personas podrían creer y hacer en un tiempo futuro
- Inferir información importante del contenido conocido además de temas más distantes de la experiencia típica de los estudiantes (diferentes lugares del mundo, historia, ciencias)

### PENSAR ***ACERCA*** DEL TEXTO

**ANALIZAR**

- Comprender que puede haber géneros diferentes y formas especiales en cada una de las categorías más amplias de ficción y no ficción
- Comprender que un texto gráfico puede representar cualquier género de ficción y no ficción
- Identificar componentes ficcionales y fácticos en un texto híbrido
- Debatir el propósito de una escritora o un escritor para la selección de un género, tema, sujeto o tipo de estructura narrativa particular
- Comprender y describir las características de los géneros de ficción, incluidas la ficción realista, la ficción histórica, la literatura tradicional (cuento popular, cuento de hadas, fábula, mito, leyenda), la fantasía y el texto híbrido
- Observar elementos y motivos básicos de la fantasía (lo sobrenatural, criaturas imaginarias y extraordinarias, dioses y diosas, animales que hablan, lucha entre el bien y el mal, magia, objetos fantásticos o mágicos, deseos, artimañas, transformaciones)
- Identificar y comprender las características de tipos especiales de ficción (cuento de misterio; cuento de aventuras; cuento de animales; cuento de familia, amigos y escuela)
- Comprender que los géneros de ficción pueden combinarse dentro de un texto
- Comprender la diferencia entre realismo y fantasía en textos de ficción
- Comprender y describir las características de los géneros de no ficción, entre ellos el texto expositivo de no ficción, el texto narrativo de no ficción, la biografía, la autobiografía, las memorias personales, el texto de instrucciones, el texto persuasivo y el texto híbrido
- Comprender que los géneros de no ficción pueden combinarse dentro de un texto
- Observar que una biografía se construye a partir de los sucesos importantes, los problemas que se deben superar y las decisiones del sujeto
- Comprender que la información y las ideas en un texto se relacionan entre sí, y observar cómo el autor o la autora presenta esto
- Reconocer el uso de formas insertadas de una escritora o un escritor (cartas, instrucciones, entradas de diario) dentro de estructuras de textos narrativos y expositivos

## **Seleccionar objetivos** Hábitos y conocimientos para observar, enseñar y apoyar *(cont.)*

### PENSAR ***ACERCA*** DEL TEXTO *(continuación)*

**ANALIZAR** ***(continuación)***

- Reconocer y comprender variaciones en la estructura narrativa (trama circular, tramas paralelas, trama principal y tramas secundarias, cuento dentro de otro cuento, flashback, flash-forward, lapso de tiempo)
- Comprender que un libro de no ficción de instrucciones puede incorporar instrucciones explicadas
- Reconocer el uso de una escritora o un escritor de estructuras textuales subyacentes (descripción, causa y efecto, secuencia cronológica, secuencia temporal, categorización, comparación y contraste, problema y solución, pregunta y respuesta)
- Observar y comprender la estructura del texto expositivo (información categorizada) y el uso de la estructura narrativa para textos biográficos y otros tipos de textos narrativos de no ficción
- Pensar de manera crítica en la relevancia de un título y observar simbolismo o múltiples significados
- Observar aspectos de los recursos de elaboración de la autora o del autor (estilo, sintaxis, uso de uno o más narradores)
- Observar las características de escenarios en la fantasía que requieren creer en magia y/o en un mundo imaginario
- Comprender las características de los escenarios (culturales, físicas, históricas) y la manera en que influyen en las actitudes y las decisiones de personajes
- Pensar de manera analítica acerca de la relevancia del escenario y su importancia respecto de la trama
- Identificar el problema central o conflicto de un cuento en un texto con muchos episodios o tramas paralelas
- Observar cuándo un texto tiene una lección moral cerca del final del relato
- Observar cómo una escritora o un escritor revela los personajes principales y secundarios a partir de lo que hacen, piensan o dicen y de lo que los demás dicen acerca de ellos o de cómo los demás responden a ellos
- Analizar los papeles de los personajes secundarios y su importancia (o insignificancia) para el cuento y para el desarrollo del personaje o los personajes principales
- Analizar un texto para pensar acerca de la perspectiva desde la que se cuenta el cuento y observar cuándo cambia esa perspectiva
- Observar el lenguaje que se usa para mostrar el orden cronológico y temporal
- Observar el uso que hace una escritora o un escritor del lenguaje y establecer cómo contribuye específicamente al significado, la calidad y la atmósfera de un texto
- Observar el uso que hace una escritora o un escritor del lenguaje figurado y establecer cómo contribuye específicamente al significado o al disfrute de un texto
- Observar el uso que hace una escritora o un escritor de conectores tanto comunes como sofisticados, así como de conectores académicos
- Observar el uso que hace una escritora o un escritor de estructuras no oracionales para lograr un efecto literario
- Luego de leer diversos libros de una autora o un autor, debatir el estilo, el uso del lenguaje y el contenido típico
- Comprender que una escritora o un escritor selecciona un punto de vista de primera, segunda o tercera persona para contar un relato y que también puede usar diversos puntos de vista en el mismo relato
- Observar el uso que hace una escritora o un escritor del lenguaje expresivo en el diálogo
- Observar cómo una escritora o un escritor genera, mantiene y quita el suspenso
- Observar el lenguaje literario, típico de la literatura tradicional (*érase una vez, había una vez, en una tierra muy lejana*)
- Observar el uso que hace una escritora o un escritor de palabras humorísticas u onomatopeyas y hablar acerca de cómo estas contribuyen a la acción
- Comprender que una escritora o un escritor de no ficción puede usar la argumentación en un texto persuasivo
- Observar la lógica y la estructura del argumento de una escritora o un escritor
- Observar cómo usa el lenguaje una autora o un autor de manera persuasiva
- Observar cómo la escritora o el escritor o la ilustradora o el ilustrador selecciona y ubica fotos de manera que cuentan una historia o comunican un significado más amplio en un ensayo fotográfico
- Comprender que las ilustraciones portan el diálogo y la acción en un texto gráfico
- Comprender cómo funcionan juntos las ilustraciones y el texto para enriquecer el significado y comunicar la atmósfera del texto
- Usar lenguaje académico para hablar acerca de los géneros (*ficción; cuento de familia, amigos y escuela; cuento popular; cuento de animales; cuento humorístico; cuento de hadas; fábula; cuento exagerado; ficción realista; cuento de misterio; cuento de aventuras; cuento de deportes; no ficción; texto informativo; libro informativo; texto sobre hechos; libro de instrucciones; biografía; autobiografía; narración de no ficción; memorias personales; texto de instrucciones; texto persuasivo; texto híbrido; texto expositivo*)
- Usar lenguaje académico para hablar de las formas (*libros de una serie, obra de teatro, libro por capítulos, cómics, texto gráfico, carta, secuela, cuento corto, entrada de diario, artículo periodístico, artículo de fondo*)
- Usar lenguaje académico para hablar acerca de las características literarias (*comienzo, final, problema, personaje, pregunta y respuesta, personaje principal, cambio de personaje, mensaje, diálogo, tópico, sucesos, solución, ambientación, descripción, problema y solución, comparar y contrastar, idea principal, flashback, conflicto, resolución, tema, lenguaje descriptivo, símil, causa y efecto, categorización, lenguaje persuasivo, trama, desarrollo del personaje, personaje secundario, punto de vista, lenguaje figurado, metáfora, secuencia temporal, secuencia cronológica, temática, argumento*)

## Seleccionar objetivos Hábitos y conocimientos para observar, enseñar y apoyar *(cont.)*

### PENSAR *ACERCA* DEL TEXTO *(continuación)*

**ANALIZAR** *(continuación)*

- Usar lenguaje específico para hablar acerca de las características del libro y la letra impresa (*portada, contraportada, página, autor, ilustrador, ilustración, fotografía, título, rótulo, dibujo, encabezado, leyenda, tabla de contenidos, capítulo, título del capítulo, dedicatoria, recuadro lateral, glosario, mapa, diagrama, infografía, nota del autor, nota del ilustrador, sección, solapa del libro, agradecimientos, subtítulos, texto, guía de pronunciación, tabla, gráfica, línea de tiempo, índice, prefacio, dibujo de corte, nota al pie, epílogo, nota al final, apéndice, referencias*)

**CRITICAR**

- Evaluar la calidad de las ilustraciones o los elementos gráficos y compartir opiniones
- Evaluar cómo contribuyen los elementos gráficos a la calidad del texto o brindan información adicional
- Pensar de manera crítica en los personajes y sus acciones e intercambiar opiniones
- Evaluar si un texto es auténtico a partir de la lectura de ficción y no ficción
- Observar las referencias y garantías que una escritora o un escritor provee para autenticar un texto
- Distinguir entre fuentes primarias y secundarias y pensar de manera crítica acerca de la autenticidad de un texto
- Distinguir entre hecho y opinión
- Concordar o discrepar con los argumentos de una escritora o un escritor y brindar fundamentos para las opiniones
- Intercambiar opiniones acerca de un texto y/o acerca de las ilustraciones y brindar fundamentos y ejemplos
- Evaluar aspectos de un texto que contribuyen al entretenimiento (personajes humorísticos o información sorprendente)
- Expresar gustos y preferencias en la lectura y apoyar las elecciones con descripciones y ejemplos de elementos literarios (género, escenario, trama, tema, personajes, estilo, lenguaje)
- Evaluar la autenticidad de un texto en función de las experiencias personales de los lectores como preadolescentes (o adolescentes)
- Pensar de manera crítica cómo una escritora o un escritor hace que un tema sea interesante y entretenido e intercambiar opiniones
- Pensar de manera crítica en la calidad de un texto y de qué manera ejemplifica su género, e intercambiar opiniones
- Hablar acerca del motivo por el que el sujeto de una biografía es importante o sirve de ejemplo para los demás

### Planificar el trabajo con las palabras después de la lectura guiada

Usando sus observaciones recientes sobre la capacidad de los lectores de descomponer palabras rápida y eficientemente mientras leen un texto, planifique de uno a tres minutos la participación activa de los estudiantes atendiendo a las letras, los sonidos y las palabras. Priorice la observación de los lectores sobre las características de la letra impresa y el uso manual activo de las letras magnéticas, de la pizarra blanca, de tarjetas de palabras o de lápiz y papel para promover la fluidez y la flexibilidad en el procesamiento visual.

**Ejemplos:**

- Formar todo tipo de plurales, entre ellos los que asumen o pierden un acento ortográfico y plurales que requieren un cambio de ortografía (*canción/canciones; avestruz/avestruces*)
- Trabajar la flexibilidad en una palabra base, cambiando letras o agregando o quitando uno o más afijos para formar una palabra nueva (*orden, desorden, desordenado*)
- Reconocer y usar raíces de palabras (griegas y latinas) para descomponer y determinar los significados de algunas palabras españolas (*mem*, que significa "consciente", en *memoria*, "capacidad de recordar o conservar en la mente")
- Reconocer y usar palabras que tienen significados similares porque tienen la misma raíz (*port*, que significa "llevar": *portátil*, que significa "que se lleva fácilmente", *portaaviones*, que significa "que lleva aviones")
- Clasificar palabras con base en cualquier característica de la palabra
- Descomponer polisílabos e identificar la sílaba acentuada (*calificación, historiador, cómpraselo*)
- Modificar palabras para agregar desinencias para los tiempos futuro y condicional (*arreglaremos, arreglaríamos*)
- Reconocer y usar homófonos (*bienes, vienes; abrasar, abrazar*) y homógrafos (*cura*)
- Reconocer y usar un acento ortográfico en la vocal correcta de acuerdo al significado de la palabra en el contexto (*hacia/hacía, rio/río*)

# Lectores del nivel V

En el nivel V, los géneros muy sofisticados como la fantasía épica, los mitos y las leyendas presentan desafíos para los lectores. Los textos varían muchísimo en longitud; muchos lectores leen artículos de fondo complejos sobre diversos temas de no ficción; leen muchos ejemplos de argumentación y también pueden procesar discursos (actuales o históricos) que revelan las actitudes y las perspectivas de la interlocutora o del interlocutor. Los lectores comprenden perspectivas diferentes a las suyas, que incluyen escenarios y personajes distantes en el tiempo o la geografía. La mayor parte de la lectura se hace en silencio; todas las dimensiones de la fluidez están bien definidas en la lectura oral. Además, los lectores pueden ser muy expresivos cuando presentan poesía o guiones de teatro del lector. Por su mayor extensión, muchas palabras descriptivas, palabras específicas de contenido y técnicas, modismos, palabras y frases de idiomas diferentes al español plantean desafíos para los lectores. Descomponen polisílabos y usan todo tipo de estrategias de decodificación de palabras. Buscan y usan información de manera integrada a través del contenido presentado en elementos gráficos y textos complejos que requiere conocimientos previos. Usan y comprenden vocabulario disciplinario y vocabulario académico para hablar sobre los textos. Los lectores elaboran una amplia gama de relaciones entre los temas de textos de ficción y no ficción, las grandes ideas predominantes, las percepciones sobre la responsabilidad social, los elementos de los recursos de elaboración de la autora o del autor. Siguen ampliando el vocabulario académico que controlan.

## Seleccionar textos Características de los textos del **nivel V**

### GÉNERO

**▸ Ficción**

- Ficción realista
- Ficción histórica
- Literatura tradicional (cuento popular, mito, leyenda)
- Fantasía épica y ciencia ficción
- Textos híbridos
- Tipos especiales de ficción (cuento de misterio; cuento de aventuras, cuento de deportes; cuento de animales; cuento de familia, amigos y escuela; cuento humorístico)

**▸ No ficción**

- Textos expositivos de no ficción
- Textos narrativos de no ficción
- Biografía
- Autobiografía
- Memorias personales
- Textos de instrucciones
- Textos persuasivos
- Textos híbridos

### FORMAS

- Libros de una serie
- Libros álbum
- Libros por capítulos
- Libros por capítulos con secuelas
- Obras de teatro
- Guiones de teatro del lector
- Textos gráficos
- Cartas, diarios y entradas de diario
- Cuentos cortos
- Ensayos fotográficos y artículos periodísticos
- Discursos

### ESTRUCTURA DEL TEXTO

- Textos con varios episodios elaborados con muchos detalles
- Formas integradas (cartas, instrucciones, entradas de diario, correos electrónicos) dentro de estructuras narrativas y expositivas
- Variaciones en la estructura (cuento dentro de otro cuento, flashback, flash-forward, lapso de tiempo)
- Libros de ficción con capítulos relacionados con una trama única
- Textos con trama circular o tramas paralelas
- Textos más extensos con trama principal y tramas secundarias
- Tramas complejas con múltiples hilos argumentales
- Colecciones de cuentos cortos relacionados con un tema predominante
- Textos que cambian de perspectiva y/o narrador dentro del texto narrativo más amplio
- Libros de no ficción divididos en secciones y algunos con subsecciones
- Patrones estructurales subyacentes (descripción, causa y efecto, secuencia cronológica, secuencia temporal, categorización, comparación y contraste, problema y solución, pregunta y respuesta)

### CONTENIDO

- Contenido interesante y relevante para la lectora o el lector
- Algunos libros con poco o ningún apoyo de imágenes para el contenido (libros por capítulos)
- Muchos contenidos que requieren acceso a conocimientos previos
- Contenido que propicia el pensamiento crítico para juzgar la autenticidad y la precisión
- Contenido que requiere que la lectora o el lector asuma perspectivas de diversas culturas y apele al conocimiento cultural para la comprensión
- Textos en su mayor parte con contenidos que atraen e interesan a los lectores y amplían los conocimientos (viajes, experiencias con otras culturas, aventuras en las ciencias, supervivencia)
- Contenido cuya comprensión requiere madurez emocional y social

El asistente, molesto, dijo: —Pongan sus libretas azules en este escritorio —luego señaló al estudiante que había seguido escribiendo y le dijo: —Tú no. Tú te quedas.

Cuando se fueron los demás estudiantes, el asistente le indicó al último estudiante que se acercara al escritorio.

—Dame la libreta azul —le dijo—. No seguiste las reglas. Pienso decirle al profesor que no pasaste el examen.

—Pero lo único que hice fue terminar de escribir una oración —dijo el estudiante, vacilando.

—No hay excusa —dijo el asistente, estirando la mano para que el estudiante le entregara la libreta.

—Espera. ¿Sabes quién soy? —le preguntó el estudiante.

—No lo sé, ni me importa —respondió el asistente.

—¡Muy bien! —exclamó el estudiante. Y tiró la pila de libretas azules haciendo que todas cayeran al suelo para entremezclar la suya con las demás. ¡Y salió corriendo!

16

17



## CONTENIDO *(continuación)*

- Contenido complejo cuya comprensión requiere análisis y estudio
- Contenido que trasciende la experiencia inmediata de los estudiantes
- Textos que requieren conocimiento del contenido de las disciplinas (historia, geografía, cultura, lenguaje, ciencias, artes, conceptos matemáticos)
- Muchos contenidos que requieren que la lectora o el lector busque información en los elementos gráficos (mapas, cuadros, diagramas, dibujos ilustrados, fotografías rotuladas)

## TEMAS E IDEAS

- Textos con temas e ideas que incluyen los problemas de los preadolescentes y los adolescentes
- Temas e ideas que requieren una perspectiva no conocida para la lectora o el lector
- Ideas complejas acerca de diversos temas cuya comprensión requiere experiencia real o indirecta (a través de la lectura)
- Textos con significados más profundos aplicables a problemas humanos y asuntos sociales importantes (el sufrimiento, la guerra, el racismo, las dificultades económicas, el medioambiente)
- Muchas ideas y temas que requieren la comprensión de la diversidad cultural
- Algunos textos con temas abstractos que requieren razonamiento inferencial
- Temas que evocan interpretaciones alternativas

## CARACTERÍSTICAS LITERARIAS Y DEL LENGUAJE

- Escenarios que son distantes en el tiempo y la geografía
- Escenarios en la fantasía que requieren que la lectora o el lector acepten elementos de otro mundo que no podrían existir en el mundo real
- Escenarios que son importantes para la comprensión de la ficción narrativa o la biografía
- Variedad en la estructura de la trama del texto narrativo (cuento dentro de otro cuento, flashback sencillo)
- Personajes principales y personajes secundarios
- Personajes multidimensionales
- Personajes revelados por lo que dicen, piensan y hacen y por lo que los demás dicen y piensan sobre ellos
- Personajes revelados a lo largo de una serie de sucesos, capítulos o libros
- Motivos para la introducción de cambios complejos en los personajes, que requieren inferencia
- Algunos textos que revelan las perspectivas de más de un personaje
- Variedad en la presentación del diálogo (diálogo entre muchos personajes, diálogo con pronombres, diálogo separado, diálogo directo, incluido el diálogo no asignado y tramos largos de diálogo)

# Seleccionar textos Características de los textos del **nivel V** *(cont.)*

## CARACTERÍSTICAS LITERARIAS Y DEL LENGUAJE *(continuación)*

- Algunas cadenas de diálogo no asignado para los que se debe inferir quiénes son los interlocutores
- Mayormente textos escritos en primera o tercera persona narrativa con algunos textos de instrucciones en segunda persona
- Motivos básicos de la literatura tradicional y la fantasía moderna (lucha entre el bien y el mal, objetos fantásticos o mágicos, deseos, artimañas, transformaciones)
- Lección moral cerca del final del cuento (en ocasiones, enunciada de manera explícita)
- Lenguaje literario, típico de la literatura tradicional (*había una vez, en una tierra muy lejana*)
- Lenguaje poético y lenguaje figurado (metáfora, símil)
- Lenguaje y sucesos que transmiten una atmósfera emocional en un texto, que afecta las emociones de la lectora o del lector (tensión, suspenso, tristeza, felicidad, curiosidad)
- Uso de simbolismo
- Lenguaje coloquial en los diálogos que refleja la personalidad de los personajes y/o el escenario
- Lenguaje de procedimientos
- Lenguaje que se usa para hacer comparaciones
- Lenguaje descriptivo
- Lenguaje que se usa para mostrar orden cronológico y secuencia temporal
- Lenguaje persuasivo y argumentación
- Lenguaje que revela la actitud o las emociones de la autora o del autor respecto de un tema (tono que se refleja en el estilo de escritura): alegre, irónico, serio, afectuoso, formal, sarcástico, irritado

## COMPLEJIDAD DE LAS ORACIONES

- Amplia gama de oraciones declarativas, imperativas, exclamativas o interrogativas
- Variación en la longitud y la estructura de la oración, con varias frases y cláusulas subordinadas
- Oraciones con una amplia variedad de categorías gramaticales, entre ellas adjetivos, adverbios y frases preposicionales
- Oraciones con conectores comunes y sofisticados
- Algunas oraciones con conectores académicos
- Oraciones largas unidas con dos puntos o con punto y coma
- Uso frecuente de material parentético integrado en oraciones
- Algunas estructuras no oracionales para añadir efecto literario

## VOCABULARIO

- Palabras que, en su mayor parte, aparecen en el vocabulario de usuarios del lenguaje maduros (Nivel 2)
- Muchas palabras propias de una disciplina (Nivel 3)
- Amplia variedad de palabras usadas para asignar diálogo
- Muchas palabras con varios significados
- Muchas palabras con significado figurado
- Uso frecuente de modismos
- Vocabulario nuevo que requiere acción estratégica para su comprensión (obtener significado según el contexto, usar herramientas de referencia, observar la morfología, usar raíces de palabras, usar analogía)
- Palabras con significados connotativos que son esenciales para comprender el texto
- Conectores comunes típicos del lenguaje oral que conectan ideas y aclaran significados, y muchos conectores sofisticados que no aparecen a menudo en el lenguaje oral cotidiano (*a menos que, además, aunque, cuando sea, hasta que, mientras tanto, no obstante, por lo tanto, si no, sin embargo, todavía*)
- Algunos conectores académicos que relacionan ideas y aclaran significados y que aparecen en textos escritos pero que no se usan con regularidad en el lenguaje oral cotidiano (*a través del cual, como se observa, con referencia a, con respecto a, considerando que, de igual modo, en consecuencia, en síntesis, en último lugar, por consiguiente, por el contrario, por ende, por último*)
- Palabras usadas irónicamente
- Algunas palabras de dialectos regionales o históricos
- Algunas palabras (incluida la jerga) usadas informalmente por grupos particulares de personas
- Algunas palabras de idiomas diferentes al español
- Algunos arcaísmos

## PALABRAS

- Muchos polisílabos, algunos técnicos o científicos
- Todo tipo de plurales
- Polisílabos con algunas relaciones complejas entre letra y sonido
- Sustantivos propios polisílabos que son difíciles de descifrar
- Palabras que plantean desafíos de decodificación porque son arcaicas, provienen de dialectos regionales o son de idiomas diferentes al español
- Todo tipo de palabras compuestas
- Palabras base con afijos (prefijos y sufijos)
- Conectores comunes, sofisticados y académicos

## ILUSTRACIONES

- Ilustraciones que mejoran y amplían el significado en un texto
- Textos cortos que tienen ilustraciones en cada página o cada cierto número de páginas
- Textos con ilustraciones cada tres o cuatro páginas
- Libros por capítulos cortos con solo unas pocas ilustraciones y algunos libros más largos
- Textos sin más ilustraciones que elementos decorativos tales como las viñetas
- Variedad en la disposición de las ilustraciones y la letra impresa
- Algunos libros con ilustraciones en blanco y negro
- Algunas ilustraciones complejas y matizadas que comunican atmósfera y significado (literal, figurado, simbólico) que se combina con el texto o lo amplía
- Elementos gráficos que requieren la interpretación de la lectora o del lector y que son esenciales para la comprensión del texto informativo
- Más de un tipo de elemento gráfico en una doble página
- Una gama de elementos gráficos que presentan información que se combina con el texto y lo amplía (fotografías y dibujos con rótulos y/o leyendas; diagramas, dibujos de corte; mapas con leyendas o claves, escala; infografía, gráfica, línea de tiempo)

## Seleccionar textos Características de los textos del nivel V *(cont.)*

### CARACTERÍSTICAS DEL LIBRO Y LA LETRA IMPRESA

#### LONGITUD

- Una amplia variación en la longitud (la mayoría de menos de cuarenta y ocho páginas)
- Una amplia variación en el número de palabras (2,000+)
- Algunos libros divididos en capítulos
- Libros divididos en secciones y subsecciones

#### TEXTO IMPRESO Y DISPOSICIÓN

- Mayormente con tamaño de tipografía pequeño pero legible
- Letra impresa y fondo de diversos colores
- Variedad en la ubicación de la letra impresa, que refleja géneros diferentes
- Información que se muestra en diversas combinaciones de imágenes y letra impresa en textos gráficos
- Leyendas debajo de imágenes que brindan información importante
- Letra impresa e ilustraciones integradas en la mayoría de los textos, con letra impresa alrededor de las imágenes
- Letra impresa colocada en recuadros laterales y elementos gráficos que presentan información importante

#### PUNTUACIÓN

- Punto, coma, signos de interrogación, signos de admiración, punto y coma, dos puntos, paréntesis, rayas de diálogo o comillas para el diálogo y puntos suspensivos en la mayoría de los textos
- Comillas o comillas angulares para identificar citas y pensamientos

#### HERRAMIENTAS DE ORGANIZACIÓN

- Título, tabla de contenidos, título del capítulo, encabezado, subtítulo y recuadro lateral

#### RECURSOS DEL TEXTO

- Dedicatoria, reconocimientos, nota de la autora o del autor, guía de pronunciación, glosario, índice, preámbulo, notas al pie, nota final, epílogo, apéndice y referencias
- Textos con características de diseño que contribuyen al atractivo estético del conjunto (peritexto)
- Textos con características de diseño que potencian el significado, comunican cultura o crean atmósfera (peritexto)

# Seleccionar objetivos Hábitos y conocimientos para observar, enseñar y apoyar

## PENSAR EN EL TEXTO *EN SÍ*

### BUSCAR Y USAR INFORMACIÓN

- Mantener la búsqueda de información en textos de diversas longitudes
- Mantener la búsqueda en oraciones largas y muy complejas que incluyen varias frases, cláusulas y listas y todo tipo de signos de puntuación
- Mantener la búsqueda en algunos libros que se dividen en capítulos y pueden tener más de 2,500 palabras
- Usar conocimientos previos para buscar y comprender información acerca de los escenarios, las áreas geográficas, la historia, la economía
- Usar herramientas de organización para buscar información (título, tabla de contenidos, títulos de capítulos, encabezados, subtítulos, recuadros laterales, acotaciones)
- Usar recursos del texto para buscar información (reconocimientos, nota de la autora o del autor, guía de pronunciación, glosario, referencias, índice)
- Buscar información en diálogo presentado de diversas maneras (asignado y no asignado, diálogo separado, diálogo directo)
- Buscar información y lenguaje que expresa o implica el mensaje o los mensajes más amplios del texto
- Usar el orden cronológico en diversos episodios para buscar y usar información durante la lectura de cuentos cortos y libros por capítulos
- Buscar información en diversas estructuras de texto narrativo: cuento dentro de otro cuento; flashback y flash-forward (texto narrativo fragmentado); textos narrativos circulares; tramas múltiples o paralelas
- Observar y usar signos de puntuación (punto, coma, signos de interrogación, signos de admiración, punto y coma, dos puntos, paréntesis, rayas de diálogo, comillas o comillas angulares, puntos suspensivos)
- Cuando sea necesario, volver a leer para buscar y usar información del cuerpo del texto, los recuadros laterales, recuadros y elementos gráficos
- Buscar y usar información en textos con una diversidad en la ubicación del cuerpo del texto, los recuadros laterales y los elementos gráficos

### VERIFICAR Y AUTOCORREGIRSE

- Autoverificar la lectura usando diversas fuentes de información (conocimientos previos, sintaxis, significado de las palabras, estructura de las palabras, elementos gráficos, disposición, diseño, género, conocimiento de la estructura del texto, significado de todo el texto)
- Autocorregirse disimuladamente antes y después de cometer un error, y mostrar muy poca autocorrección explícita
- Verificar con atención la comprensión de los textos usando el conocimiento de diversos géneros y formas (realista, histórico, fantasía épica, ciencia ficción, mitos, leyendas, poesía, obras de teatro)
- Usar los conocimientos de los elementos literarios (trama, personajes principales y secundarios, escenario, estructura del texto narrativo) para verificar y corregir la lectura
- Usar el conocimiento de la estructura narrativa y de los atributos de los personajes (muchos pueden ser multidimensionales y cambiar) para autoverificar y autocorregirse
- Usar el conocimiento del contenido del tema de un texto para autoverificar y autocorregirse
- Usar conocimientos de los géneros de no ficción para verificar la comprensión de un texto (texto expositivo de no ficción, texto narrativo de no ficción, biografía, autobiografía, memorias personales, texto de instrucciones, texto persuasivo)
- Usar información de los elementos gráficos (mapas, diagramas, tablas, fotos, ilustraciones) para autoverificar la lectura

### DESCIFRAR PALABRAS

#### ▸ Leer palabras

- Reconocer un gran número de diversos tipos de palabras de manera rápida y automática
- Usar una amplia gama de estrategias para descifrar polisílabos (usar sílabas, reconocer patrones ortográficos dentro de las palabras, usar relaciones complejas entre letras y sonidos, observar palabras base y afijos, usar el contexto del texto, usar recursos del texto)
- Descifrar palabras al identificar partes de palabras simples, complejas y modificadas o partes de palabras dentro de polisílabos
- Leer polisílabos con relaciones complejas entre letra y sonido
- Leer todas las categorías gramaticales
- Descifrar palabras rápidamente mientras se procesa un texto continuo y con la menor autocorrección explícita
- Leer sustantivos propios, palabras de otros idiomas y palabras técnicas de disciplinas académicas que son difíciles de decodificar y usar recursos del texto como la guía de pronunciación cuando sea necesario
- Identificar palabras base y afijos (prefijos y sufijos) para descifrar palabras
- Descifrar palabras que son difíciles de descifrar porque son arcaicas, provienen de dialectos regionales o de idiomas diferentes al español
- Utilizar estrategias para descifrar palabras de manera flexible

## Seleccionar objetivos Hábitos y conocimientos para observar, enseñar y apoyar *(cont.)*

### PENSAR EN EL TEXTO ***EN SÍ*** *(continuación)*

#### DESCIFRAR PALABRAS *(continuación)*

**▸ Vocabulario**

- Deducir los significados de palabras nuevas y ampliar los significados de palabras conocidas mediante el uso de estrategias flexibles (el contexto en una oración, relaciones con otras palabras, sinónimos y antónimos, partes de palabras, palabras base y afijos, función de una palabra en una oración, recursos del texto)
- Agregar palabras al vocabulario de manera activa y consistente mediante la lectura
- Comprender muchas palabras que aparecen en la escritura y en el vocabulario de usuarios del lenguaje maduros (Nivel 2)
- Comprender algunas palabras propias de una disciplina académica (Nivel 3)
- Comprender los significados y las funciones de todas las categorías gramaticales
- Comprender cómo una escritora o un escritor usa palabras en un texto para indicar la perspectiva o el punto de vista (primera persona, segunda persona, tercera persona)
- Comprender muchas palabras que tienen muchos significados e identificar el significado específico que posee en una oración o párrafo
- Comprender los significados y funciones de conectores comunes que aparecen en el lenguaje oral y muchos conectores sofisticados (complejos) que son más típicos del lenguaje escrito
- Comprender los significados y las funciones de conectores académicos que aparecen en textos escritos pero que no se usan con frecuencia en el lenguaje oral cotidiano
- Comprender significados denotativos, connotativos, idiomáticos y figurados de las palabras
- Comprender los significados connotativos y figurados de palabras que contribuyen a la atmósfera del texto, entre ellas palabras que asignan diálogo (*suspiró, susurró*)
- Comprender los significados connotativos de palabras que contribuyen al tono del texto
- Comprender que en los textos gráficos, la información sobre las palabras está en las ilustraciones y que muchas palabras poco comunes aparecen en los textos gráficos
- Comprender palabras usadas en dialectos regionales o históricos
- Comprender los significados connotativos de adjetivos, verbos y adverbios descriptivos y usarlos para hacer inferencias acerca de los personajes
- Deducir los significados de palabras técnicas y de palabras creadas por la autora o el autor en la ciencia ficción
- Comprender palabras usadas informalmente por grupos particulares de personas (jerga, dialecto)
- Comprender algunas palabras de idiomas diferentes al español
- Comprender los significados de algunas palabras arcaicas
- Comprender los significados de algunas palabras usadas de manera satírica
- Comprender y adquirir un gran número de palabras específicas del contenido que requieren el uso de acciones estratégicas (comprensión conceptual del contenido, definiciones dentro del cuerpo de un texto, un glosario, otros recursos del texto)
- Comprender palabras clave en elementos gráficos como mapas, diagramas y tablas

#### MANTENER LA FLUIDEZ

- Leer oralmente de una manera que demuestre todas las dimensiones de la fluidez (pausa, formación de frases, entonación, acento prosódico, ritmo)
- Leer silenciosamente a un ritmo más rápido que cuando se lee oralmente y al mismo tiempo mantener la comprensión
- Demostrar la capacidad de hojear y explorar mientras se lee en silencio para buscar información de manera rápida
- En la lectura oral, mostrar reconocimiento de una amplia gama de oraciones declarativas, imperativas, exclamativas o interrogativas
- Mantener el impulso mientras se lee una amplia diversidad de texto, muchos de ellos largos
- Observar puntos, comas, signos de interrogación, signos de admiración, paréntesis, rayas de diálogo, comillas o comillas angulares, guiones y puntos suspensivos y comenzar a reflejarlos con la voz mediante la entonación y la pausa
- Poner énfasis en palabras que están en negrita, bastardilla o diversas tipografías
- Reconocer y leer de manera expresiva diversos diálogos, algunos no asignados
- Leer partes de un guion y demostrar todas las dimensiones de la fluidez
- Mostrar en la voz cuándo las palabras en un texto (mostradas por comillas o comillas angulares) reflejan pensamientos no expresados
- Leer novelas en verso oralmente y reflejar el significado y el ritmo con la voz
- Reflejar listas numeradas o con viñetas con la voz cuando se lee oralmente
- Usar la voz para reflejar contenido disciplinario de maneras diferentes (relato histórico frente a argumentación científica)
- Leer discursos de una manera que refleje la intención original de la oradora o del orador

## **Seleccionar objetivos** Hábitos y conocimientos para observar, enseñar y apoyar *(cont.)*

### PENSAR EN EL TEXTO ***EN SÍ*** *(continuación)*

**AJUSTAR**

- Ajustar la lectura para reconocer una amplia gama de oraciones declarativas, imperativas, exclamativas e interrogativas, muchas de ellas muy complejas
- Ajustar la lectura para reconocer un texto híbrido o un texto con formas integradas como las cartas, los diarios, las entradas de diario y otros documentos auténticos
- Ajustar la lectura para formar expectativas a partir de los propósitos y las características de los géneros de ficción y no ficción, al igual que los tipos especiales de textos de ficción
- Ajustar la lectura para satisfacer las necesidades especiales de un texto gráfico
- Leer más lentamente para buscar información o reflexionar acerca de ella, o para disfrutar del lenguaje y retomar la lectura con impulso
- Ajustar la lectura para adaptarla a una amplia diversidad de oraciones complejas con frases y cláusulas subordinadas y también a información parentética
- Ajustar para incorporar formas insertadas (cartas, diarios, entradas de diario, otros documentos auténticos) en textos narrativos y expositivos
- Ajustar las expectativas con respecto a los múltiples géneros en un texto híbrido
- Ajustar la lectura para comprender que un texto puede ser una colección de cuentos cortos relacionados con un tema predominante
- Ajustar la lectura para reconocer y usar características de tipos especiales de ficción como el cuento de misterio; el cuento de aventuras; el cuento de animales, el cuento de familia, amigos y escuela; sátira/parodia
- Ajustar para leer partes en el guion de teatro del lector o una obra de teatro
- Ajustar la lectura para reconocer variaciones en la estructura narrativa (cuento dentro de otro cuento, flashback, flash-forward, lapso de tiempo)
- Ajustar la lectura para seguir textos que cambian de perspectiva y/o narrador dentro del texto narrativo más amplio
- Ajustar para leer discursos que reflejan el punto de vista de la hablante o del hablante
- Ajustar la lectura para reconocer los géneros de no ficción (texto expositivo de no ficción, texto narrativo de no ficción, biografía, autobiografía, memorias personales, texto de instrucciones, texto persuasivo, texto híbrido)
- Ajustar la lectura para reconocer formas (poemas; obras de teatro; textos gráficos, cartas, diarios y entradas de diario; ensayos fotográficos y artículos periodísticos; discursos)
- Ajustar para reconocer el uso de la argumentación en un texto persuasivo
- Ajustar la lectura para adaptarla a diversas ubicaciones del cuerpo del texto, de fotografías con leyendas, recuadros laterales y elementos gráficos
- Ajustar la lectura para reflejar una serie de pasos en un texto de instrucciones

**RESUMIR**

- Presentar un resumen conciso y organizado que incluya toda la información importante
- Resumir una sección seleccionada de un texto que sea relevante para comprender los personajes, la trama o el mensaje
- Presentar un resumen oral organizado que incluya el escenario (si es importante), sucesos relevantes de la trama, incluido el clímax y la resolución, los personajes principales y secundarios, el cambio de los personajes (cuando sea relevante) y el tema o lección (ficción)
- Presentar un resumen oral lógico y organizado que incluya la información importante que expresa la idea principal o el mensaje más amplio y que refleje la estructura general (expositiva o narrativa) así como las estructuras textuales subyacentes: descripción, causa y efecto, secuencia cronológica, secuencia temporal, categorización, comparación y contraste, problema y solución, pregunta y respuesta (no ficción)

# Seleccionar objetivos Hábitos y conocimientos para observar, enseñar y apoyar *(cont.)*

## PENSAR *MÁS ALLÁ* DEL TEXTO

### PREDECIR

- Hacer predicciones basadas en experiencias personales, lecturas previas y estudio de áreas de contenido
- Hacer predicciones a lo largo de un texto basadas en la estructura organizacional (narrativa, expositiva)
- Justificar predicciones con pruebas del texto
- Hacer predicciones basadas en los paneles en un texto gráfico
- Predecir el final de un cuento con base en la comprensión de diferentes tipos de estructura narrativa y la comprensión del escenario, la trama y los personajes
- Hacer predicciones a partir del conocimiento de las características de los géneros de ficción y no ficción, además de la comprensión y experiencia de la lectura de diferentes tipos de textos de ficción como los cuentos de misterio o supervivencia
- Hacer predicciones a partir de los elementos particulares y los motivos básicos de la fantasía (lo sobrenatural, criaturas imaginarias y extraordinarias, dioses y diosas, animales que hablan, lucha entre el bien y el mal, magia, objetos fantásticos o mágicos, deseos, artimañas, transformaciones)
- Hacer predicciones basadas en la estructura de la trama (predecir conexiones entre personajes y sucesos en un texto con trama circular, tramas paralelas, trama principal y trama secundaria)
- Hacer predicciones a partir del conocimiento de formas especiales (cartas, diarios y entradas de diario; ensayos fotográficos y artículos periodísticos; discursos)
- Hacer predicciones basadas en el conocimiento de estructuras textuales subyacentes (descripción, causa y efecto, secuencia cronológica, secuencia temporal, categorización, comparación y contraste, problema y solución, pregunta y respuesta)

### ESTABLECER CONEXIONES

- Establecer relaciones entre textos y experiencias personales, contenido aprendido en lecturas anteriores y conocimientos disciplinarios
- Establecer diversos tipos de relaciones entre textos (autora o autor, ilustradora o ilustrador, contenido, género, tema, asunto o mensaje, sucesos, problema, personajes, lenguaje, estilo de escritura, estructura del texto, elementos gráficos)
- Enunciar de manera explícita la naturaleza de las relaciones (tema, asunto, mensaje, personajes, género, escritora o escritor, estilo)
- Establecer relaciones entre las vidas de los estudiantes y el contenido que es particularmente adecuado para los adolescentes
- Usar diversas fuentes de información para confirmar o refutar predicciones, incluidos textos e ilustraciones
- Establecer relaciones entre textos de ficción y no ficción que tienen el mismo escenario (ubicaciones geográficas, períodos históricos)
- Usar conocimientos disciplinarios (historia, geografía, cultura, lenguaje) para comprender los escenarios, los sucesos y los personajes en los textos de ficción realista e histórica
- Usar lecturas previas de no ficción para comprender los sucesos en la ficción histórica
- Establecer relaciones con las características y los problemas humanos que comparten personas de diversas culturas
- Usar conocimientos disciplinarios (ciencias) para comprender la fantasía, que incluye la ciencia ficción
- Usar conocimientos previos de la literatura tradicional para reconocer personajes y sucesos comunes en la fantasía
- Aplicar conocimientos de los elementos y motivos básicos de la fantasía para comprender textos (lo sobrenatural, criaturas imaginarias y extraordinarias, dioses y diosas, animales que hablan, lucha entre el bien y el mal, magia, objetos fantásticos o mágicos, deseos, artimañas, transformaciones)
- Usar conocimientos disciplinarios para comprender el contenido y los conceptos en un texto
- Establecer relaciones entre ficción y no ficción para que la historia sea más intensa y comprensible

### SINTETIZAR

- Identificar contenido e ideas conocidas y nuevas que se adquieren mientras se lee un texto
- Crear mentalmente categorías de información relacionada y revisarlas a medida que se adquiere información nueva a lo largo de textos
- Integrar información e ideas nuevas para crear nuevos conocimientos de manera consciente
- Enunciar de manera explícita conocimientos, ideas y actitudes nuevos construidos a partir de la lectura de textos de ficción y no ficción
- Construir conocimientos nuevos a lo largo de textos que se relacionan por tema, contenido, asunto o mensaje
- Describir el cambio de perspectiva a medida que se desarrolla el cuento, ya sea en los cuentos cortos como en los textos con capítulos
- Hablar acerca de las lecciones aprendidas a partir de una experiencia y la conducta de un personaje en un texto
- Aplicar en la vida propia perspectivas nuevas adquiridas de experiencias indirectas mientras se lee un texto de ficción
- Hablar sobre nuevas maneras de pensar que surgen de experiencias indirectas mientras se lee un texto de ficción
- Aplicar perspectivas aprendidas a partir de la lectura de ficción a asuntos y problemas que enfrentan los preadolescentes (la presión de los compañeros, las relaciones sociales, el acoso, la madurez)
- Hablar sobre conocimientos nuevos de diferentes culturas, lugares y momentos históricos
- Sintetizar datos, perspectivas o marcos conceptuales nuevos a partir de textos y describirlos a los demás con pruebas del texto
- Asumir perspectivas de culturas diversas y apelar al conocimiento cultural para comprender un texto

## **Seleccionar objetivos** Hábitos y conocimientos para observar, enseñar y apoyar *(cont.)*

### PENSAR ***MÁS ALLÁ*** DEL TEXTO *(continuación)*

**INFERIR**

- Inferir información de todos los elementos de un texto (cuerpo, recuadros laterales, ilustraciones, elementos gráficos, apéndices)
- Inferir el significado de algunos simbolismos
- Hacer inferencias acerca del escenario como ayuda para la comprensión del cuento
- Inferir el impacto del escenario en el sujeto de una biografía y los motivos o razones para las decisiones del sujeto
- Inferir emociones y motivos de múltiples personajes a lo largo de tramas complejas con algunas tramas secundarias
- Inferir las causas de las características de un personaje y los problemas que experimenta
- Inferir características de personajes multidimensionales que tienen características tanto buenas como malas y que tienen que tomar decisiones
- Inferir el desarrollo de los personajes a partir de la evidencia en el comportamiento y las razones del cambio
- Inferir relaciones complejas entre los personajes al observar las reacciones entre sí y opiniones acerca del otro
- Comparar las inferencias con los demás lectores y considerar interpretaciones alternativas para los motivos de los personajes y para el mensaje de la escritora o del escritor
- Inferir soluciones posibles para el problema de un cuento y hallar pruebas de apoyo en el texto
- Inferir la atmósfera del texto a partir del uso que hace la autora o el autor del lenguaje y las características de las ilustraciones
- Inferir el tono del texto a partir del uso que hace la autora o el autor del lenguaje
- Inferir temas, ideas y emociones de personajes a partir de los paneles en textos gráficos
- Inferir algunas ideas y temas abstractos que reflejan el mensaje de una escritora o un escritor o la idea principal de un texto
- Inferir las creencias o parcialidades de una escritora o un escritor
- Inferir actitudes que pueden ser nuevas o contrarias a las creencias actuales de los lectores
- Inferir cómo se aplican los mensajes y los temas de los textos de ficción a la vida actual
- Inferir temas y asuntos universales que influyen en los problemas humanos a lo largo del mundo
- Inferir el tema o los temas predominantes en una colección de cuentos cortos
- Inferir significados simbólicos en un texto
- Inferir humor en un texto
- Inferir la actitud de una biógrafa o un biógrafo respecto de un sujeto
- Inferir el propósito de una escritora o un escritor de una biografía, autobiografía o memorias personales
- Inferir el mensaje más amplio en un texto (lo que se puede aprender del texto más allá de los hechos)
- Inferir mensajes ocultos o explícitos en un texto persuasivo
- Inferir el mensaje de una escritora o un escritor en algunos textos que tienen asuntos y temas serios y maduros (la guerra, el racismo, los problemas familiares, el acoso)
- Inferir información acerca de los personajes, el escenario, la trama y la acción de textos gráficos, en los que las ilustraciones portan gran parte del significado
- Hacer inferencias únicamente a partir del texto narrativo impreso (sin imágenes)
- Inferir el significado de una gama de elementos gráficos que requieren la interpretación de la lectora o del lector y que son esenciales para comprender el texto
- Inferir la relevancia del diseño y de otras características del peritexto
- Inferir los significados de palabras usadas de manera irónica o satírica
- Comprender los significados connotativos de palabras que contribuyen a la atmósfera del texto
- Comprender los significados connotativos de palabras que contribuyen al tono del texto
- Inferir creencias, costumbres y perspectivas de personas que viven en otras culturas
- Inferir creencias, costumbres y perspectivas de personas que vivieron en el pasado cercano y lejano
- Inferir cómo podría ser la vida y lo que las personas podrían creer y hacer en un tiempo futuro
- Inferir información importante del contenido conocido además de temas más distantes de la experiencia típica de los estudiantes (diferentes lugares del mundo, historia, ciencias)

## **Seleccionar objetivos** Hábitos y conocimientos para observar, enseñar y apoyar *(cont.)*

### PENSAR ***ACERCA*** DEL TEXTO

**ANALIZAR**

- Comprender que puede haber géneros diferentes y formas especiales en cada una de las categorías más amplias de ficción y no ficción
- Comprender que un texto gráfico puede representar cualquier género de ficción y no ficción
- Comprender que las divisiones entre géneros no siempre son claras e identificar géneros de ficción y no ficción en un texto híbrido
- Debatir el propósito de una escritora o un escritor para la selección de un género, tema, sujeto o tipo de estructura narrativa particular
- Comprender y describir las características de los géneros de ficción, incluidas la ficción realista, la ficción histórica, la literatura tradicional (cuento popular, cuento de hadas, fábula, mito, leyenda), la fantasía y el texto híbrido
- Observar elementos y motivos básicos de la fantasía (lo sobrenatural, criaturas imaginarias y extraordinarias, dioses y diosas, animales que hablan, lucha entre el bien y el mal, magia, objetos fantásticos o mágicos, deseos, artimañas, transformaciones)
- Identificar y comprender las características de tipos especiales de ficción (cuento de misterio; cuento de aventuras; cuento de animales; cuento de familia, amigos y escuela)
- Comprender que los géneros de no ficción pueden combinarse dentro de un texto
- Comprender la diferencia entre realismo y fantasía en textos de ficción
- Comprender y describir las características de los géneros de no ficción, entre ellos el texto expositivo de no ficción, el texto narrativo de no ficción, la biografía, la autobiografía, las memorias personales, el texto de instrucciones, el texto persuasivo y el texto híbrido
- Comprender que los géneros de no ficción pueden combinarse dentro de un texto
- Observar que una biografía se construye a partir de los sucesos importantes, los problemas que se deben superar y las decisiones del sujeto
- Comprender que la información y las ideas en un texto se relacionan entre sí, y observar cómo el autor presenta esto
- Reconocer el uso de formas insertadas de una escritora o un escritor (cartas, instrucciones, entradas de diario) dentro de estructuras de textos narrativos y expositivos
- Reconocer y comprender variaciones en la estructura narrativa (trama circular, tramas paralelas, trama principal y tramas secundarias, cuento dentro de otro cuento, flashback, flash-forward, lapso de tiempo)
- Reconocer el uso de una escritora o un escritor de estructuras textuales subyacentes (descripción, causa y efecto, secuencia cronológica, secuencia temporal, categorización, comparación y contraste, problema y solución, pregunta y respuesta)
- Observar y comprender la estructura del texto expositivo (información categorizada) y el uso de la estructura narrativa para textos biográficos y otros tipos de textos narrativos de no ficción
- Observar la lógica y la estructura del argumento de una escritora o un escritor
- Pensar de manera crítica en la relevancia de un título y observar simbolismo o múltiples significados
- Observar aspectos de los recursos de elaboración de la autora o del autor (estilo, sintaxis, uso de uno o más narradores)
- Observar el uso que hace una escritora o un escritor de estructuras no oracionales para lograr un efecto literario
- Luego de leer diversos libros de una autora o un autor, debatir el estilo, el uso del lenguaje y el contenido típico
- Observar las características de escenarios en la fantasía que requieren creer en magia y/o en un mundo imaginario
- Comprender las características de los escenarios (culturales, físicas, históricas) y la manera en que influyen en las actitudes y las decisiones de personajes
- Pensar de manera analítica acerca de la relevancia del escenario y su importancia respecto de la trama
- Identificar el problema central o conflicto de un cuento en un texto con muchos episodios o tramas paralelas
- Observar cuándo un texto tiene una lección moral (a veces implícita y a veces explícita) cerca del final del relato
- Observar cómo una escritora o un escritor revela los personajes principales y secundarios a partir de lo que hacen, piensan o dicen y de lo que los demás dicen acerca de ellos o de cómo los demás responden a ellos
- Analizar los papeles de los personajes secundarios y su importancia (o insignificancia) para el cuento y para el desarrollo del personaje o los personajes principales

## Seleccionar objetivos Hábitos y conocimientos para observar, enseñar y apoyar *(cont.)*

### PENSAR ***ACERCA*** DEL TEXTO *(continuación)*

**ANALIZAR** ***(continuación)***

- Analizar un texto para pensar acerca de la perspectiva desde la que se cuenta el cuento y observar cuándo cambia esa perspectiva
- Observar cómo una escritora o un escritor genera, mantiene y quita el suspenso
- Analizar mensajes e ideas complejos en un texto
- Observar el lenguaje que se usa para mostrar el orden cronológico y temporal
- Reflexionar acerca del uso que hace una escritora o un escritor de significados connotativos y comentar lo que transmite a la lectora o al lector
- Observar el uso que hace una escritora o un escritor del lenguaje figurado y establecer cómo contribuye específicamente al significado o al disfrute de un texto
- Observar el uso que hace una escritora o un escritor del lenguaje y establecer cómo contribuye específicamente al significado, la calidad y la atmósfera de un texto
- Observar e interpretar el lenguaje que revela la actitud de la escritora o del escritor y comunica el tono del texto
- Observar el uso que hace una escritora o un escritor de conectores tanto comunes como sofisticados, así como de conectores académicos
- Comentar por qué una escritora o un escritor inserta información parentética en una oración
- Ubicar lenguaje en un texto que revela el escenario, el problema, las características de los personajes, el cambio de los personajes, el tema, los significados simbólicos, el narrador o la narradora, la atmósfera y el tono
- Comprender que una escritora o un escritor selecciona un punto de vista de primera, segunda o tercera persona para contar un relato y que también puede usar diversos puntos de vista en el mismo relato
- Observar el uso que hace una escritora o un escritor del lenguaje poético y expresivo en el diálogo
- Observar el lenguaje literario, típico de la literatura tradicional (*érase una vez; había una vez, en una tierra muy lejana*)
- Observar el uso que hace una escritora o un escritor de palabras humorísticas u onomatopeyas y hablar acerca de cómo estas contribuyen a la acción
- Comprender que una escritora o un escritor de no ficción puede usar la argumentación en un texto persuasivo
- Observar cómo usa el lenguaje una autora o un autor de manera persuasiva
- Observar cómo la escritora o el escritor/la ilustradora o el ilustrador selecciona y ubica fotos de manera que cuentan una historia o comunican un significado más amplio en un ensayo fotográfico
- Comprender que las ilustraciones portan el diálogo y la acción en un texto gráfico
- Comprender cómo funcionan juntos las ilustraciones y el texto para enriquecer el significado y comunicar la atmósfera del texto
- Usar lenguaje académico para hablar acerca de los géneros (*ficción; cuento de familia, amigos y escuela; cuento popular; cuento de animales; cuento humorístico; cuento de hadas; fábula; cuento exagerado; ficción realista; cuento de misterio; cuento de aventuras; cuento de deportes; no ficción; texto informativo; libro informativo; texto sobre hechos; libro de instrucciones; biografía; autobiografía; narración de no ficción; memorias personales; texto de instrucciones; texto persuasivo; texto híbrido; texto expositivo*)
- Usar lenguaje académico para hablar de las formas (*libros de una serie, obra de teatro, libro por capítulos, cómics, texto gráfico, carta, secuela, cuento corto, entrada de diario, artículo periodístico, artículo de fondo*)
- Usar lenguaje académico para hablar acerca de las características literarias (*comienzo, final, problema, personaje, pregunta y respuesta, personaje principal, cambio de personaje, mensaje, diálogo, tópico, sucesos, solución, ambientación, descripción, problema y solución, comparar y contrastar, idea principal, flashback, conflicto, resolución, tema, lenguaje descriptivo, símil, causa y efecto, categorización, lenguaje persuasivo, trama, desarrollo del personaje, personaje secundario, punto de vista, lenguaje figurado, metáfora, secuencia temporal, secuencia cronológica, temática, argumento, trama secundaria*)
- Usar lenguaje específico para hablar acerca de las características del libro y la letra impresa (*portada, contraportada, página, autor, ilustrador, ilustración, fotografía, título, rótulo, dibujo, encabezado, leyenda, tabla de contenidos, capítulo, título del capítulo, dedicatoria, recuadro lateral, glosario, mapa, diagrama, infografía, nota del autor, nota del ilustrador, sección, solapa del libro, agradecimientos, subtítulos, texto, guía de pronunciación, tabla, gráfica, línea de tiempo, índice, prefacio, dibujo de corte, nota al pie, epílogo, nota al final, apéndice, referencias, prólogo, bibliografía*)

## Seleccionar objetivos Hábitos y conocimientos para observar, enseñar y apoyar *(cont.)*

### PENSAR ***ACERCA*** DEL TEXTO *(continuación)*

**CRITICAR**

- Criticar el argumento de una escritora o un escritor teniendo en cuenta si es lógico y si el apoyo es adecuado
- Evaluar la calidad de las ilustraciones o los elementos gráficos y compartir opiniones
- Evaluar cómo contribuyen las ilustraciones a la calidad del texto o brindan información adicional
- Pensar de manera crítica en los personajes y sus acciones e intercambiar opiniones
- Evaluar si un texto es auténtico respecto de la información de la lectura de ficción y no ficción
- Observar las referencias y garantías que una escritora o un escritor provee para autenticar un texto
- Distinguir entre fuentes primarias y secundarias y pensar de manera crítica acerca de la autenticidad de un texto
- Distinguir entre hecho y opinión
- Concordar o discrepar con los argumentos de una escritora o un escritor y brindar fundamentos para las opiniones
- Intercambiar opiniones acerca de un texto y/o de las ilustraciones y brindar fundamentos y ejemplos
- Evaluar aspectos de un texto que contribuyen al entretenimiento (personajes humorísticos o información sorprendente)
- Expresar gustos y preferencias en la lectura y apoyar las elecciones con descripciones y ejemplos de elementos literarios (género, escenario, trama, tema, personajes, estilo, lenguaje)
- Evaluar la autenticidad de un texto en función de las experiencias personales de los lectores como preadolescentes y adolescentes
- Pensar de manera crítica cómo una escritora o un escritor hace que un tema sea interesante y entretenido e intercambiar opiniones
- Pensar de manera crítica en la calidad de un texto y de qué manera ejemplifica su género, e intercambiar opiniones
- Pensar de manera crítica en el sujeto de una biografía y comentar los logros, las características admirables y los defectos del individuo
- Hablar acerca del motivo por el que el sujeto de una biografía es importante o sirve de ejemplo para los demás
- Observar la persuasión y pensar de manera crítica en factores como la parcialidad o los enunciados sin fundamento

### Planificar el trabajo con las palabras después de la lectura guiada

Usando sus observaciones recientes sobre la capacidad de los lectores de descomponer palabras rápida y eficientemente mientras leen un texto, planifique de uno a tres minutos la participación activa de los estudiantes atendiendo a las letras, los sonidos y las palabras. Priorice la observación de los lectores sobre las características de la letra impresa y el uso manual activo de las letras magnéticas, de la pizarra blanca, de tarjetas de palabras o de lápiz y papel para promover la fluidez y la flexibilidad en el procesamiento visual.

**Ejemplos:**

- Formar todo tipo de plurales, entre ellos los que asumen o pierden un acento ortográfico y plurales que requieren un cambio de ortografía (*rey/reyes; decisión/decisiones; nariz/narices*)
- Trabajar la flexibilidad en una palabra base, cambiando letras o agregando o quitando uno o más afijos para formar una palabra nueva (*arte; artista*) y discutir los cambios de significado o función
- Clasificar palabras para agrupar palabras con la misma base, palabras con el mismo prefijo, palabras con el mismo sufijo
- Reconocer y usar raíces de palabras (griegas y latinas) para descomponer y determinar los significados de algunas palabras en español (*aud*, que significa "oír" en *audiencia*, "grupo de personas reunidas para oír o ver algo")
- Reconocer y usar palabras que tienen significados similares porque tienen la misma raíz (*fer*, que significa "llevar": *transferir* significa "pasar de una persona o lugar a otro" *petrolífero*, que significa "que lleva petróleo")
- Elaborar redes de palabras con una palabra base o la raíz de una palabra en el centro y pensar en las palabras relacionadas con ella
- Descomponer polisílabos y reconocer la sílaba acentuada (*matemáticas, temperatura, históricamente, consíguemelo*)
- Clasificar palabras según cualquier característica de la palabra
- Tener una "clasificación abierta" donde los estudiantes observen características de las palabras y pidan a otros estudiantes que determinen la característica que usaron para clasificar
- Reconocer y usar palabras con *h* muda (*helecho, almohada*)
- Reconocer y usar homófonos (*cepa, sepa*) y homógrafos (*cazo*)

# Lectores del nivel W

En el nivel W, los lectores procesan todo tipo de géneros. Ajustan estrategias de acción de manera automática y habilidosa de acuerdo con las necesidades que presentan determinados géneros. También comprenden la condición y los problemas humanos a medida que los abordan una y otra vez en los textos. La fantasía épica, los mitos y las leyendas complejos ofrecen un desafío adicional y exigen que los lectores identifiquen motivos clásicos como el "periplo del héroe". Las biografías presentan una gama de individuos que quizás los lectores no hayan conocido anteriormente y que quizás no sean admirables. Los lectores encontrarán temas maduros que amplían su conocimiento sobre temáticas sociales. Además, los lectores encontrarán elementos y recursos literarios avanzados, como el tono de la autora o del autor, la atmósfera, el simbolismo y la ironía. Los lectores usan lenguaje académico de alto nivel para hablar acerca de los textos. Los temas son multidimensionales y pueden comprenderse en diferentes niveles. La mayor parte de la lectura es en silencio, todas las dimensiones de la fluidez en la lectura oral están bien afianzadas. Asimismo, los estudiantes tienen la capacidad de leer en voz alta con expresividad después de la práctica (por ejemplo, en el teatro del lector). Los lectores enfrentan una gran carga de contenidos específicos y palabras técnicas que requieren el uso de definiciones, conocimientos previos y una amplia gama de características del texto incrustados. Los lectores usan lenguaje disciplinario y académico. Buscan y usan información de manera integrada a través del contenido presentado en elementos gráficos y textos complejos que requiere conocimientos previos. Muchos textos requieren el conocimiento de sucesos históricos y pueden contener lenguaje arcaico o de dialectos regionales o idiomas diferentes al español. El control del lenguaje académico continúa ampliándose.

## Seleccionar textos Características de los textos del nivel W

### GÉNERO

**▸ Ficción**

- Ficción realista
- Ficción histórica
- Literatura tradicional (cuento popular, mito, leyenda)
- Fantasía épica y ciencia ficción
- Textos híbridos
- Tipos especiales de ficción (cuento de misterio; cuento de aventuras, cuento de deportes; cuento de animales; cuento de familia, amigos y escuela; cuento humorístico)

**▸ No ficción**

- Textos expositivos de no ficción
- Textos narrativos de no ficción
- Biografía
- Autobiografía
- Memorias personales
- Textos de instrucciones
- Textos persuasivos
- Textos híbridos

### FORMAS

- Libros de una serie
- Libros álbum
- Libros por capítulos
- Libros por capítulos con secuelas
- Obras del teatro
- Guiones del teatro del lector
- Textos gráficos
- Cartas, diarios y entradas de diario
- Cuentos cortos
- Ensayos fotográficos y artículos periodísticos
- Discursos

### ESTRUCTURA DEL TEXTO

- Textos con varios episodios elaborados con muchos detalles
- Formas integradas (cartas, instrucciones, entradas de diario, correos electrónicos) dentro de estructuras narrativas y expositivas
- Variaciones en la estructura (cuento dentro de otro cuento, flashback, flash-forward, lapso de tiempo)
- Libros de ficción con capítulos relacionados con una trama única
- Textos con trama circular o tramas paralelas
- Textos más extensos con trama principal y tramas secundarias
- Tramas complejas con múltiples hilos argumentales
- Colecciones de cuentos cortos relacionados con un tema predominante
- Textos con un cambio de perspectiva y/o narrador indicado por un nuevo capítulo, sección o párrafo; lenguaje o característica literaria (tiempo verbal, imágenes literarias, escenario) o características de la letra impresa (tipografía, ubicación de la letra impresa)
- Libros de no ficción divididos en secciones y algunos con subsecciones
- Patrones estructurales subyacentes (descripción, causa y efecto, secuencia cronológica, secuencia temporal, categorización, comparación y contraste, problema y solución, pregunta y respuesta)

### CONTENIDO

- Contenido interesante y relevante para la la lectora o el lector
- Muchos libros con poco o ningún apoyo de imágenes para el contenido (libros por capítulos)
- Muchos contenidos que requieren acceso a conocimientos previos
- Contenido que propicia el pensamiento crítico para juzgar la autenticidad y la precisión
- Contenido que requiere que la lectora o el lector asuma perspectivas de diversas culturas y apele al conocimiento cultural para la comprensión

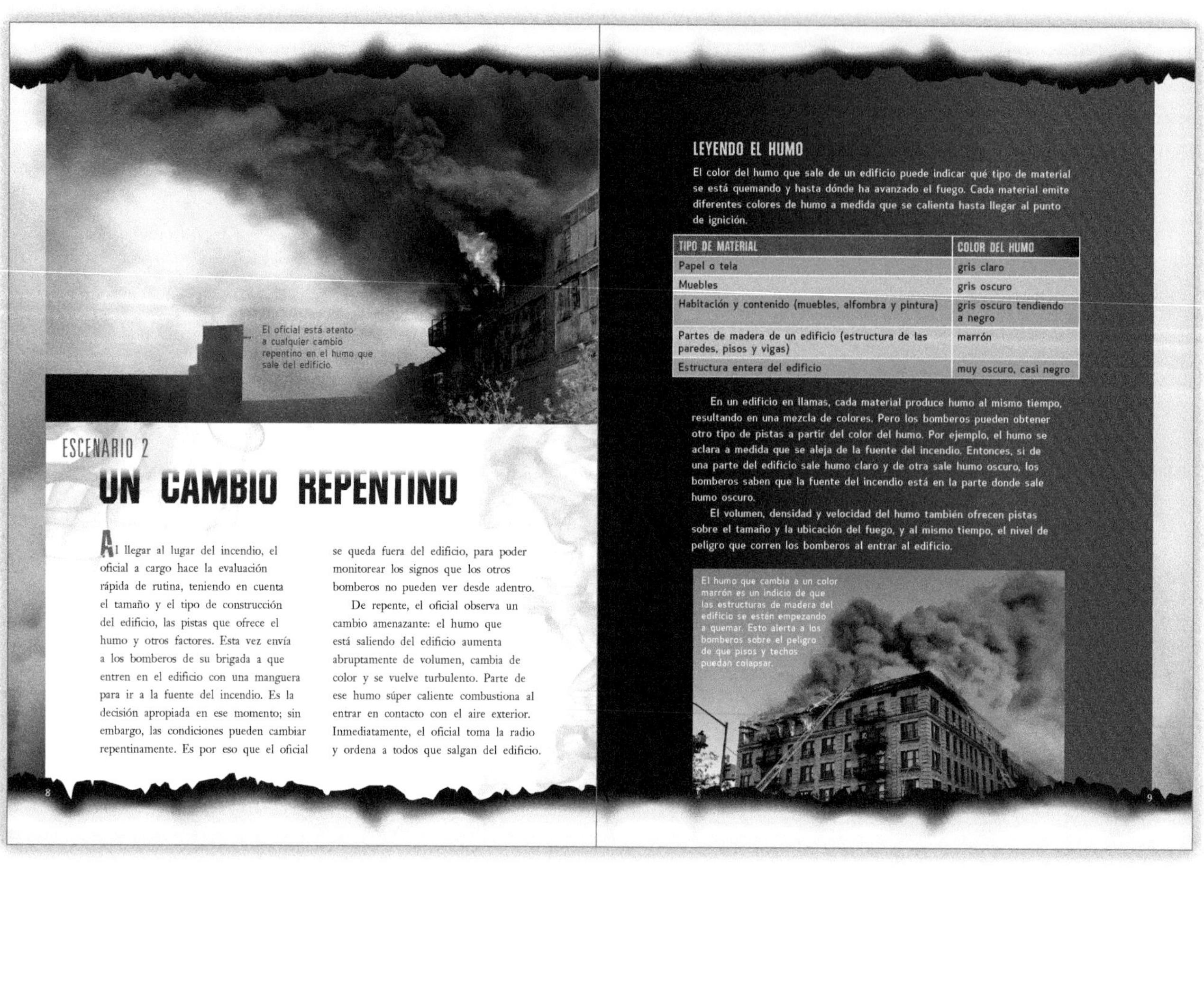

El oficial está atento a cualquier cambio repentino en el humo que sale del edificio.

ESCENARIO 2

# UN CAMBIO REPENTINO

Al llegar al lugar del incendio, el oficial a cargo hace la evaluación rápida de rutina, teniendo en cuenta el tamaño y el tipo de construcción del edificio, las pistas que ofrece el humo y otros factores. Esta vez envía a los bomberos de su brigada a que entren en el edificio con una manguera para ir a la fuente del incendio. Es la decisión apropiada en ese momento; sin embargo, las condiciones pueden cambiar repentinamente. Es por eso que el oficial se queda fuera del edificio, para poder monitorear los signos que los otros bomberos no pueden ver desde adentro.

De repente, el oficial observa un cambio amenazante: el humo que está saliendo del edificio aumenta abruptamente de volumen, cambia de color y se vuelve turbulento. Parte de ese humo súper caliente combustiona al entrar en contacto con el aire exterior. Inmediatamente, el oficial toma la radio y ordena a todos que salgan del edificio.

8

## LEYENDO EL HUMO

El color del humo que sale de un edificio puede indicar qué tipo de material se está quemando y hasta dónde ha avanzado el fuego. Cada material emite diferentes colores de humo a medida que se calienta hasta llegar al punto de ignición.

| TIPO DE MATERIAL | COLOR DEL HUMO |
|---|---|
| Papel o tela | gris claro |
| Muebles | gris oscuro |
| Habitación y contenido (muebles, alfombra y pintura) | gris oscuro tendiendo a negro |
| Partes de madera de un edificio (estructura de las paredes, pisos y vigas) | marrón |
| Estructura entera del edificio | muy oscuro, casi negro |

En un edificio en llamas, cada material produce humo al mismo tiempo, resultando en una mezcla de colores. Pero los bomberos pueden obtener otro tipo de pistas a partir del color del humo. Por ejemplo, el humo se aclara a medida que se aleja de la fuente del incendio. Entonces, si de una parte del edificio sale humo claro y de otra sale humo oscuro, los bomberos saben que la fuente del incendio está en la parte donde sale humo oscuro.

El volumen, densidad y velocidad del humo también ofrecen pistas sobre el tamaño y la ubicación del fuego, y al mismo tiempo, el nivel de peligro que corren los bomberos al entrar al edificio.

El humo que cambia a un color marrón es un indicio de que las estructuras de madera del edificio se están empezando a quemar. Esto alerta a los bomberos sobre el peligro de que pisos y techos puedan colapsar.

9

LECTURA GUIADA

## CONTENIDO *(continuación)*

- Textos que tienen, en su mayor parte, contenidos que atraen e interesan a los lectores y amplían los conocimientos (viajes, experiencias con otras culturas, aventuras en las ciencias, supervivencia)
- Contenido cuya comprensión requiere madurez emocional y social
- Contenido complejo cuya comprensión requiere análisis y estudio
- Contenido que en su mayor parte trasciende la experiencia inmediata de los estudiantes
- Textos que requieren conocimiento del contenido de las disciplinas (historia, geografía, cultura, lenguaje, ciencias, artes, conceptos matemáticos)
- Muchos contenidos que requieren que la lectora o el lector busque información en los elementos gráficos (mapas, tablas, diagramas, dibujos ilustrados, fotografías rotuladas)

## TEMAS E IDEAS

- Muchos textos con temas e ideas que incluyen asuntos sociales importantes para los adolescentes (familia, crecimiento, sexualidad)
- Temas e ideas que requieren una perspectiva no conocida para la lectora o el lector
- Ideas complejas acerca de diversos temas cuya comprensión requiere experiencia real o indirecta (a través de la lectura)
- Textos con significados más profundos aplicables a problemas humanos y asuntos sociales importantes (el sufrimiento, la guerra, el racismo, las dificultades económicas, la clase social, el medioambiente)
- Amplia gama de temas e ideas complejos que desarrollan una conciencia social y revelan perspectivas acerca de la condición humana
- Muchas ideas y temas que requieren la comprensión de la diversidad cultural
- Textos con temas abstractos que requieren razonamiento inferencial
- Textos que presentan varios temas que se pueden comprender por muchos niveles
- Temas que evocan interpretaciones alternativas

## CARACTERÍSTICAS LITERARIAS Y DEL LENGUAJE

- Escenarios que son distantes en el tiempo y la geografía
- Escenarios en la fantasía que requieren que la lectora o el lector acepten elementos de otro mundo que no podrían existir en el mundo real
- Escenarios que son importantes para la comprensión de la ficción narrativa o la biografía
- Variedad en la estructura de la trama del texto narrativo (cuento dentro de otro cuento, flashback sencillo)
- Personajes principales y personajes secundarios
- Personajes multidimensionales

NIVEL W

# Seleccionar textos Características de los textos del nivel W *(cont.)*

## CARACTERÍSTICAS LITERARIAS Y DEL LENGUAJE *(continuación)*

- Personajes revelados por lo que dicen, piensan y hacen y por lo que los demás dicen y piensan sobre ellos
- Personajes revelados a lo largo de una serie de sucesos, capítulos o libros
- Motivos para la introducción de cambios complejos en los personajes, que requieren inferencia
- Algunos textos que revelan las perspectivas de más de un personaje
- Personajes "dinámicos" que tienen una gama compleja de atributos buenos y malos, y que cambian durante el desarrollo de la trama, y personajes "estáticos" que no cambian pero pueden tener un papel importante en la trama
- Variedad en la presentación del diálogo (diálogo entre muchos personajes, diálogo con pronombres, diálogo separado, diálogo directo, incluido el diálogo no asignado y tramos largos de diálogo)
- Algunas cadenas de diálogo no asignado para los que se debe inferir quiénes son los interlocutores
- Mayormente textos escritos en primera o tercera persona narrativa con algunos textos de instrucciones en segunda persona
- Motivos básicos de la literatura tradicional y de la fantasía moderna (lucha entre el bien y el mal, objetos fantásticos o mágicos, deseos, artimañas, transformaciones)
- Lección moral cerca del final del cuento (en ocasiones, enunciada de manera explícita)
- Lenguaje literario, típico de la literatura tradicional (*había una vez, en una tierra muy lejana*)
- Lenguaje poético y lenguaje figurado (metáfora, símil)
- Lenguaje y sucesos que transmiten una atmósfera emocional en un texto, que afecta las emociones de la lectora o del lector (tensión, suspenso, tristeza, felicidad, curiosidad)
- Uso de simbolismo
- Lenguaje coloquial en los diálogos que refleja la personalidad de los personajes y/o el escenario
- Lenguaje de procedimientos
- Lenguaje que se usa para hacer comparaciones
- Lenguaje descriptivo
- Lenguaje que se usa para mostrar orden cronológico y secuencia temporal
- Lenguaje persuasivo y argumentación
- Lenguaje que revela la actitud o las emociones de la autora o del autor respecto de un tema (tono que se refleja en el estilo de escritura): alegre, irónico, serio, afectuoso, formal, sarcástico, irritado

## COMPLEJIDAD DE LAS ORACIONES

- Amplia gama de oraciones declarativas, imperativas, exclamativas o interrogativas
- Variación en la longitud y la estructura de la oración
- Oraciones con una amplia variedad de categorías gramaticales, entre ellas adjetivos, adverbios y frases preposicionales
- Oraciones con conectores comunes, sofisticados y académicos
- Oraciones largas unidas con dos puntos o con punto y coma
- Uso frecuente de material parentético integrado en oraciones
- Algunas estructuras no oracionales para añadir efecto literario

## VOCABULARIO

- Palabras que, en su mayor parte, aparecen en el vocabulario de usuarios del lenguaje maduros (Nivel 2)
- Muchas palabras propias de una disciplina (Nivel 3)
- Amplia variedad de palabras usadas para asignar diálogo
- Muchas palabras con varios significados
- Muchas palabras con significado figurado
- Uso frecuente de modismos
- Vocabulario nuevo que requiere acción estratégica para su comprensión (obtener significado según el contexto, usar herramientas de referencia, observar la morfología, usar raíces de palabras, usar analogía)
- Palabras con significados connotativos que son esenciales para comprender el texto
- Conectores comunes típicos del lenguaje oral que conectan ideas y aclaran significados, y muchos conectores sofisticados que no aparecen a menudo en el lenguaje oral cotidiano (*a menos que, además, aunque, cuando sea, hasta que, mientras tanto, no obstante, por lo tanto, si no, sin embargo, todavía*)
- Algunos conectores académicos que relacionan ideas y aclaran significados y que aparecen en textos escritos pero que no se usan con regularidad en el lenguaje oral cotidiano (*a través del cual, como se observa, con referencia a, con respecto a, considerando que, de igual modo, en consecuencia, en síntesis, en último lugar, por consiguiente, por el contrario, por ende, por último*)
- Palabras usadas irónicamente
- Algunas palabras de dialectos regionales o históricos
- Palabras (incluida la jerga) usadas informalmente por grupos particulares de personas
- Palabras de idiomas diferentes al español
- Algunos arcaísmos

## PALABRAS

- Un gran número de polisílabos, muchos de ellos técnicos o científicos
- Todo tipo de plurales
- Polisílabos con algunas relaciones complejas entre letra y sonido
- Sustantivos propios polisílabos que son difíciles de descifrar
- Palabras que plantean desafíos de decodificación porque son arcaicas, provienen de dialectos regionales o son de idiomas diferentes al español
- Todo tipo de palabras compuestas
- Palabras base con afijos (prefijos y sufijos)
- Conectores comunes, sofisticados y académicos

## ILUSTRACIONES

- Ilustraciones que mejoran y amplían el significado en un texto
- Textos cortos que tienen ilustraciones en cada página o cada cierto número de páginas
- Textos con ilustraciones cada tres o cuatro páginas
- Textos sin más ilustraciones que elementos decorativos tales como las viñetas
- Variedad en la disposición de las ilustraciones y la letra impresa
- Algunos libros con ilustraciones en blanco y negro
- Textos gráficos que presentan una gran cantidad de información en las ilustraciones

## Seleccionar textos Características de los textos del nivel W *(cont.)*

### ILUSTRACIONES *(continuación)*

- Algunas ilustraciones complejas y matizadas que comunican atmósfera y significado (literal, figurado, simbólico) que se combina con el texto o lo amplía
- Elementos gráficos que requieren la interpretación de la lectora o del lector y que son esenciales para la comprensión del texto informativo
- Varios tipos de elementos gráficos en una sola página doble
- Una gama de elementos gráficos que presentan información que se combina con el texto y lo amplía (fotografías y dibujos con rótulos y/o leyendas; diagramas, dibujos de corte; mapas con leyendas o claves, escala; infografía, gráfica, línea de tiempo)

### CARACTERÍSTICAS DEL LIBRO Y LA LETRA IMPRESA

#### LONGITUD

- Una amplia variación en la longitud (la mayoría de menos de cuarenta y ocho páginas)
- Una amplia variación en el número de palabras (2,000+)
- Algunos libros divididos en capítulos
- Libros divididos en secciones y subsecciones

#### TEXTO IMPRESO Y DISPOSICIÓN

- Mayormente con tamaño de tipografía pequeño pero legible
- Letra impresa y fondo de diversos colores
- Variedad en la ubicación de la letra impresa, que refleja géneros diferentes
- Información que se muestra en diversas combinaciones de imágenes y letra impresa en textos gráficos
- Leyendas debajo de imágenes que brindan información importante
- Letra impresa e ilustraciones integradas en la mayoría de los textos, con letra impresa alrededor de las imágenes
- Letra impresa colocada en recuadros laterales y elementos gráficos que presentan información importante
- Letra impresa arcaica en textos históricos

#### PUNTUACIÓN

- Punto, coma, signos de interrogación, signos de admiración, punto y coma, dos puntos, paréntesis, rayas de diálogo o comillas para el diálogo y puntos suspensivos en la mayoría de los textos
- Comillas o comillas angulares para identificar citas y pensamientos

#### HERRAMIENTAS DE ORGANIZACIÓN

- Título, tabla de contenidos, título del capítulo, encabezado, subtítulo y recuadro lateral

#### RECURSOS DEL TEXTO

- Dedicatoria, reconocimientos, nota de la autora o del autor, guía de pronunciación, glosario, índice, preámbulo, notas al pie, nota final, epílogo, apéndice y referencias
- Textos con características de diseño que contribuyen al atractivo estético del conjunto (peritexto)
- Textos con características de diseño que potencian el significado, comunican cultura o crean atmósfera (peritexto)

# Seleccionar objetivos Hábitos y conocimientos para observar, enseñar y apoyar

## PENSAR EN EL TEXTO *EN SÍ*

### BUSCAR Y USAR INFORMACIÓN

- Mantener la búsqueda de información en textos de diversas longitudes
- Mantener la búsqueda en oraciones largas y muy complejas que incluyen varias frases, cláusulas y listas y todo tipo de signos de puntuación
- Buscar información en textos con muchas características y letra impresa muy densa
- Buscar información en textos complejos que cuenta con discurso académico
- Buscar información en textos que tienen vocabulario académico y presentan conceptos muy complejos
- Buscar y usar información para comprender muchas tramas, perspectivas y temas en un solo texto
- Buscar información y lenguaje que expresa o implica el mensaje o los mensajes más amplios del texto
- Usar conocimientos previos para buscar y comprender información disciplinaria
- Usar herramientas de organización para buscar información (título, tabla de contenidos, títulos de capítulos, encabezados, subtítulos, recuadros laterales, acotaciones)
- Usar recursos del texto para buscar información (reconocimientos, nota de la autora o del autor, guía de pronunciación, glosario, referencias, índice)
- Buscar información en oraciones que varían en longitud, estructura y puntuación con base en la complejidad del texto
- Buscar información en oraciones con variación en la ubicación del sujeto, el verbo, los adjetivos y los adverbios
- Buscar información en diálogo presentado de diversas maneras (asignado y no asignado, diálogo separado, diálogo directo)
- Buscar información de manera estratégica, usando los conocimientos de la estructura del texto y las herramientas de la lectora o del lector
- Usar conocimientos de la estructura narrativa lineal (orden cronológico) dentro de muchos episodios para buscar y usar información
- Usar conocimientos de variaciones en la estructura del texto narrativo para buscar y usar información: cuento dentro de otro cuento; flashback y flash-forward (texto narrativo fragmentado); texto narrativo circular; tramas múltiples o paralelas
- Buscar información en diversas estructuras de texto narrativo: cuento dentro de otro cuento; flashback y flash-forward (texto narrativo fragmentado); textos narrativos circulares; tramas múltiples o paralelas
- Observar y usar signos de puntuación (punto, coma, signos de interrogación, signos de admiración, punto y coma, dos puntos, paréntesis, rayas de diálogo, comillas o comillas angulares, puntos suspensivos)
- Cuando sea necesario, volver a leer para buscar y usar información del cuerpo del texto, los recuadros laterales, recuadros y elementos gráficos
- Buscar y usar información en textos con una diversidad en la ubicación del cuerpo del texto, los recuadros laterales y los elementos gráficos

### VERIFICAR Y AUTOCORREGIRSE

- Autoverificar la lectura usando diversas fuentes de información (conocimientos previos, sintaxis, significado de las palabras, estructura de las palabras, conocimiento de la estructura del texto, significado de todo el texto, elementos gráficos, disposición, diseño)
- Autocorregirse disimuladamente antes y después de cometer un error, y mostrar poca autocorrección explícita
- Verificar con atención la comprensión de los textos usando el conocimiento de diversos géneros y formas (realista, histórico, fantasía épica, ciencia ficción, mitos, leyendas, poesía, obras de teatro)
- Usar los conocimientos de los elementos literarios (trama, personajes principales y secundarios, escenario, estructura del texto narrativo) para verificar y corregir la lectura
- Usar el conocimiento de la estructura narrativa y de los atributos de los personajes (muchos pueden ser multidimensionales y cambiar) para autoverificar y autocorregirse
- Usar el conocimiento del contenido del tema de un texto para autoverificar y autocorregirse
- Usar conocimientos de los géneros de no ficción para verificar la comprensión de un texto (texto expositivo de no ficción, texto narrativo de no ficción, biografía, autobiografía, memorias personales, texto de instrucciones, texto persuasivo)
- Usar conocimientos de diversas disciplinas académicas para verificar los conocimientos de ideas conceptuales que entrelazan disciplinas
- Verificar la comprensión usando conocimientos de vocabulario disciplinario
- Usar información de los elementos gráficos (mapas, diagramas, tablas, fotos, ilustraciones) para autoverificar la lectura

### DESCIFRAR PALABRAS

#### ▸ Leer palabras

- Reconocer un gran número de diversos tipos de palabras de manera rápida y automática y seguir incrementando la cantidad de palabras conocidas
- Usar una amplia gama de estrategias para descifrar polisílabos (usar sílabas, reconocer patrones ortográficos dentro de las palabras, usar relaciones complejas entre letras y sonidos, observar palabras base y afijos, usar el contexto del texto, usar recursos del texto)
- Descifrar palabras al identificar partes de palabras simples, complejas y modificadas o partes de palabras dentro de polisílabos
- Leer polisílabos con relaciones complejas entre letra y sonido
- Leer todas las categorías gramaticales
- Descifrar palabras rápidamente mientras se procesa un texto continuo y con la menor autocorrección explícita
- Leer sustantivos propios, palabras de otros idiomas y palabras técnicas de disciplinas académicas que son difíciles de decodificar y usar recursos del texto como la guía de pronunciación cuando sea necesario

# Seleccionar objetivos Hábitos y conocimientos para observar, enseñar y apoyar *(cont.)*

## PENSAR EN EL TEXTO *EN SÍ* *(continuación)*

### DESCIFRAR PALABRAS *(continuación)*

▸ **Leer palabras** *(continuación)*

- Identificar palabras base y afijos (prefijos y sufijos) para descifrar palabras
- Descifrar palabras que son difíciles de descifrar porque son arcaicas, provienen de dialectos regionales o de idiomas diferentes al español
- Utilizar estrategias para descifrar palabras de manera flexible
- Leer conectores comunes, sofisticados y académicos

▸ **Vocabulario**

- Deducir los significados de palabras nuevas y ampliar los significados de palabras conocidas mediante el uso de estrategias flexibles (el contexto en una oración, relaciones con otras palabras, sinónimos y antónimos, partes de palabras, palabras base y afijos, función de una palabra en una oración, recursos del texto)
- Agregar palabras al vocabulario de manera activa y consistente mediante la lectura
- Comprender muchas palabras que aparecen en la escritura y en el vocabulario de usuarios del lenguaje maduros (Nivel 2)
- Comprender palabras propias de una disciplina académica (Nivel 3)
- Comprender los significados y las funciones en oraciones de todas las categorías gramaticales
- Comprender cómo una escritora o un escritor usa palabras en un texto para indicar la perspectiva o el punto de vista (primera persona, segunda persona, tercera persona)
- Comprender muchas palabras que tienen muchos significados e identificar el significado específico que posee en una oración o párrafo
- Comprender los significados y funciones de conectores comunes que aparecen en el lenguaje oral y muchos conectores sofisticados (complejos) que son más típicos del lenguaje escrito
- Comprender los significados y las funciones de conectores académicos que aparecen en textos escritos pero que no se usan con frecuencia en el lenguaje oral cotidiano
- Comprender significados denotativos, connotativos, idiomáticos y figurados de las palabras
- Comprender los significados connotativos y figurados de palabras que contribuyen a la atmósfera del texto, entre ellas palabras que asignan diálogo (*suspiró, susurró*)
- Comprender los significados connotativos de palabras que contribuyen al tono del texto
- Comprender que en los textos gráficos, la información sobre las palabras está en las ilustraciones y que muchas palabras poco comunes aparecen en los textos gráficos
- Comprender palabras usadas en dialectos regionales o históricos
- Comprender los significados connotativos de adjetivos, verbos y adverbios descriptivos y usarlos para hacer inferencias acerca de los personajes
- Deducir los significados de palabras técnicas y de palabras creadas por la autora o el autor en la ciencia ficción
- Comprender palabras usadas informalmente por grupos particulares de personas (jerga, dialecto)
- Comprender algunas palabras de idiomas diferentes al español
- Comprender los significados de algunas palabras arcaicas
- Comprender los significados de algunas palabras usadas de manera satírica
- Comprender y adquirir un gran número de palabras específicas del contenido que requieren el uso de acciones estratégicas (comprensión conceptual del contenido, definiciones dentro del cuerpo de un texto, un glosario u otros recursos del texto)
- Comprender palabras clave en elementos gráficos como mapas, diagramas y tablas

### MANTENER LA FLUIDEZ

- Leer oralmente de una manera que demuestre todas las dimensiones de la fluidez (pausa, formación de frases, entonación, acento prosódico, ritmo)
- Leer silenciosamente a un ritmo rápido (mucho más rápido que el de la lectura oral) mientras se mantiene comprensión
- Demostrar la capacidad de hojear y explorar mientras se lee en silencio para buscar información de manera rápida
- Participar en la lectura silenciosa a un ritmo lo suficientemente rápido para procesar una gran cantidad de texto con comprensión
- En la lectura oral, mostrar reconocimiento de una amplia gama de oraciones declarativas, imperativas, exclamativas o interrogativas
- Mantener el impulso mientras se lee una amplia diversidad de texto, muchos de ellos largos
- Observar puntos, comas, signos de interrogación, signos de admiración, paréntesis, rayas de diálogo, comillas o comillas angulares, guiones y puntos suspensivos y comenzar a reflejarlos con la voz mediante la entonación y la pausa
- Reconocer y leer de manera expresiva diversos diálogos, algunos no asignados
- Leer partes de un guion y demostrar todas las dimensiones de la fluidez
- Mostrar en la voz cuándo las palabras en un texto (mostradas por comillas o comillas angulares) reflejan pensamientos no expresados
- Leer novelas en verso oralmente y reflejar el significado y el ritmo con la voz
- Reflejar listas numeradas o con viñetas con la voz cuando se lee oralmente
- Usar la voz para reflejar contenido disciplinario de maneras diferentes (relato histórico argumentación científica)
- Leer discursos de una manera que refleje la intención original de la oradora o del orador
- Durante la lectura en voz alta, mostrar con la voz cuando una escritora o un escritor quiere decir algo diferente de lo que las palabras por sí solas indican

# Seleccionar objetivos Hábitos y conocimientos para observar, enseñar y apoyar *(cont.)*

## PENSAR EN EL TEXTO *EN SÍ* (*continuación*)

### AJUSTAR

- Ajustar la lectura para reconocer una amplia gama de oraciones declarativas, imperativas, exclamativas e interrogativas, muchas de ellas muy complejas
- Ajustar la lectura para reconocer un texto híbrido o un texto con formas integradas como las cartas, los diarios, las entradas de diario y otros documentos auténticos
- Ajustar la lectura para formar expectativas a partir de los propósitos y las características de los géneros de ficción y no ficción, al igual que las formas como los textos gráficos
- Ajustar la lectura para satisfacer las necesidades especiales de un texto gráfico
- Leer más lentamente para buscar información o reflexionar acerca de ella, o para disfrutar del lenguaje y retomar la lectura con impulso
- Ajustar la lectura para adaptarla a una amplia diversidad de oraciones complejas con frases y cláusulas subordinadas y también a información parentética
- Ajustar para incorporar formas insertadas (cartas, diarios, entradas de diario y otros documentos auténticos) en textos narrativos y expositivos
- Ajustar las expectativas con respecto a los múltiples géneros en un texto híbrido
- Ajustar la lectura para comprender que un texto puede ser una colección de cuentos cortos relacionados con un tema predominante
- Ajustar la lectura para reconocer y usar características de tipos especiales de ficción como el cuento de misterio; el cuento de aventuras; el cuento de animales, el cuento de familia, amigos y escuela; sátira/parodia
- Ajustar para leer partes de guiones de teatro del lector o una obra de teatro, incluidos los tramos más largos de diálogo y el uso ocasional de monólogo
- Ajustar la lectura para reconocer variaciones en la estructura narrativa (cuento dentro de otro cuento, flashback, flash-forward, lapso de tiempo)
- Ajustar la lectura para procesar textos con tramas múltiples o paralelas, cada trama con su propio reparto de personajes
- Ajustar la lectura para seguir textos que cambian de perspectiva y/o narrador dentro del texto narrativo más amplio
- Ajustar la lectura para reconocer los géneros de no ficción (texto expositivo de no ficción, texto narrativo de no ficción, biografía, autobiografía, memorias personales, texto de instrucciones, texto persuasivo, texto híbrido)
- Ajustar la lectura para reconocer formas: poemas; obras de teatro; textos gráficos, cartas, diarios y entradas de diario; ensayos fotográficos y artículos periodísticos; discursos (y textos persuasivos semejantes como fragmentos breves de debate y documentos expositivos)
- Ajustar para reconocer el uso de formas complejas de la argumentación en un texto persuasivo
- Ajustar la lectura para adaptarla a diversas ubicaciones del cuerpo del texto, de fotografías con leyendas, recuadros laterales y elementos gráficos
- Ajustar la lectura para reflejar una serie de pasos en un texto de instrucciones

### RESUMIR

- Presentar un resumen conciso y organizado que incluya toda la información importante
- Resumir una sección seleccionada de un texto que sea relevante para comprender los personajes, la trama o el mensaje
- Presentar un resumen oral organizado que incluya el escenario (si es importante), sucesos relevantes de la trama, incluido el clímax y la resolución, los personajes principales y secundarios, el cambio de los personajes (cuando sea relevante) y uno o más temas (ficción)
- Presentar un resumen oral lógico y organizado que incluya la información importante que expresa la idea principal o el mensaje más amplio y que refleje la estructura general (expositiva o narrativa) así como las estructuras textuales subyacentes: descripción, causa y efecto, secuencia cronológica, secuencia temporal, categorización, comparación y contraste, problema y solución, pregunta y respuesta (no ficción)
- Presentar una reseña de un texto que incluya toda la información importante mencionada previamente y que también identifique los elementos particulares del estilo y/o la calidad literaria

# Seleccionar objetivos Hábitos y conocimientos para observar, enseñar y apoyar *(cont.)*

## PENSAR *MÁS ALLÁ* DEL TEXTO

### PREDECIR

- Hacer predicciones a partir de las experiencias personales típicas de los preadolescentes y adolescentes
- Hacer y revisar de manera continua las predicciones a partir de conocimientos previos o disciplinarios de la estructura del texto de ficción y no ficción
- Hacer y revisar de manera continua las predicciones a partir del conocimiento disciplinario necesario para comprender los textos de ficción y no ficción
- Hacer predicciones en todo el texto a partir de la estructura del texto (todas las formas de estructura del texto narrativo y expositivo)
- Justificar predicciones con pruebas del texto
- Hacer predicciones basadas en los paneles en textos gráficos
- Hacer predicciones basadas en las características propias de los textos gráficos
- Usar diversas fuentes de información para confirmar o refutar predicciones, incluidos textos e ilustraciones
- Predecir el final de un cuento con base en la comprensión de diferentes tipos de estructura narrativa y la comprensión del escenario, la trama y los personajes
- Hacer predicciones a partir del conocimiento de las características de los géneros de ficción y no ficción, además de la comprensión y experiencia de la lectura de diferentes tipos de textos de ficción como los cuentos de misterio o supervivencia
- Hacer predicciones basadas en la estructura de la trama (predecir conexiones entre personajes y sucesos en un texto con trama circular, tramas paralelas, trama principal y trama secundaria)
- Hacer predicciones a partir del conocimiento de formas especiales (cartas, diarios y entradas de diario; ensayos fotográficos, artículos periodísticos; discursos)
- Hacer predicciones basadas en el conocimiento de estructuras textuales subyacentes (descripción, causa y efecto, secuencia cronológica, secuencia temporal, categorización, comparación y contraste, problema y solución, pregunta y respuesta)

### ESTABLECER RELACIONES

- Establecer relaciones entre textos y experiencias personales, contenido aprendido en lecturas anteriores y contenido disciplinario
- Relacionar el contenido y los problemas en los textos de ficción y no ficción con asuntos sociales actuales e históricos y con problemas mundiales
- Establecer diversos tipos de relaciones entre los textos (contenido, género, tema, autora o autor, ilustradora o ilustrador, personajes o sujeto de una biografía, estilo, mensaje, estructura del texto, elementos gráficos)
- Enunciar de manera explícita la naturaleza de las relaciones (tema, asunto, mensaje, personajes, género, escritora o escritor, estilo, atmósfera, tono)
- Establecer relaciones entre la propia vida y el contenido y las tramas que son particularmente adecuadas para los preadolescentes
- Usar conocimientos disciplinarios (historia, geografía, cultura, lenguaje) para comprender los escenarios, los sucesos y los personajes en los textos de ficción realista e histórica
- Usar lecturas previas de no ficción para comprender los sucesos en la ficción histórica
- Establecer relaciones con las características y los problemas humanos que comparten personas de diversas culturas
- Usar conocimientos disciplinarios (ciencias) para comprender la fantasía, que incluye la ciencia ficción
- Usar conocimientos previos de la literatura tradicional para reconocer personajes y sucesos comunes en la fantasía
- Aplicar conocimientos de los elementos y motivos básicos de la fantasía para comprender textos (lo sobrenatural, criaturas imaginarias y extraordinarias, dioses y diosas, animales que hablan, lucha entre el bien y el mal, magia, objetos fantásticos o mágicos, deseos, artimañas, transformaciones)
- Relacionar símbolos con las ideas o las emociones que representan
- Usar conocimientos disciplinarios para comprender el contenido y los conceptos en un texto
- Establecer relaciones entre ficción y no ficción para que la historia sea más intensa y comprensible

### SINTETIZAR

- Desarrollar conciencia social y nuevas perspectivas de la condición humana a partir de la lectura de textos
- Crear mentalmente categorías de información relacionada y revisarlas a medida que se adquiere información nueva a lo largo de textos
- Integrar información e ideas nuevas para crear nuevos conocimientos de manera consciente
- Enunciar de manera explícita conocimientos, ideas y actitudes nuevos construidos a partir de la lectura de textos de ficción y no ficción
- Construir conocimientos nuevos a lo largo de textos que se relacionan por tema, contenido, asunto o mensaje
- Describir el cambio de perspectiva a medida que se desarrolla el cuento, ya sea en los cuentos cortos como en los textos con capítulos
- Hablar acerca de las lecciones aprendidas a partir de una experiencia y la conducta de un personaje en un texto
- Aplicar en la vida propia perspectivas nuevas adquiridas de experiencias indirectas mientras se lee un texto de ficción
- Hablar sobre nuevas maneras de pensar que surgen de experiencias indirectas mientras se lee un texto de ficción

# Seleccionar objetivos Hábitos y conocimientos para observar, enseñar y apoyar *(cont.)*

## PENSAR ***MÁS ALLÁ*** DEL TEXTO *(continuación)*

### SINTETIZAR *(continuación)*

- Aplicar perspectivas aprendidas a partir de la lectura de ficción a asuntos y problemas que enfrentan los preadolescentes o los adolescentes (la presión de los compañeros, las relaciones sociales, el acoso, la madurez, la elección de profesión, las decisiones de vida)
- Hablar sobre conocimientos nuevos de diferentes culturas, lugares y momentos históricos
- Sintetizar datos, perspectivas o marcos conceptuales nuevos a partir de textos y describirlos a los demás con pruebas del texto
- Asumir perspectivas de culturas diversas y apelar al conocimiento cultural para comprender un texto
- Ampliar el conocimiento del lenguaje y la estructura de las disciplinas académicas mediante la lectura
- Utilizar la investigación para desarrollar conocimientos de un tema leyendo más de una fuente escrita

### INFERIR

- Inferir información de todos los elementos de un texto (cuerpo, recuadros laterales, ilustraciones, elementos gráficos, apéndices)
- Inferir el significado de algunos simbolismos
- Hacer inferencias acerca del escenario como ayuda para la comprensión del cuento
- Inferir el impacto del escenario en el sujeto de una biografía y los motivos o razones para las decisiones del sujeto
- Identificar personajes dinámicos e inferir las características y el desarrollo de esos personajes en un texto
- Identificar personajes estáticos e inferir las características constantes de esos personajes en un texto
- Inferir emociones y motivos de múltiples personajes a lo largo de tramas complejas con algunas tramas secundarias
- Inferir las características, los sentimientos y las motivaciones de los personajes a partir de lo que los personajes dicen, piensan o hacen, y lo que otros dicen o piensan de ellos
- Inferir relaciones complejas entre los personajes al observar las reacciones entre sí
- Comparar las inferencias con los demás lectores y considerar interpretaciones alternativas para los motivos de los personajes y para el mensaje de la escritora o el escritor
- Inferir soluciones posibles para el problema de un cuento y hallar pruebas de apoyo en el texto
- Inferir significados simbólicos en un texto
- Inferir humor en un texto
- Inferir temas, ideas y emociones de personajes a partir de los paneles en textos gráficos
- Inferir algunas ideas y temas abstractos que reflejan el mensaje de una escritora o un escritor o la idea principal de un texto
- Inferir las parcialidades y las creencias subyacentes de una escritora o un escritor
- Inferir el significado más profundo de una sátira o parodia
- Inferir el significado subyacente del lenguaje usado de manera satírica
- Inferir el individuo, la situación o el problema que es el tema de una sátira o parodia
- Inferir actitudes que pueden ser nuevas o contrarias a las creencias actuales de los lectores
- Inferir temas o mensajes múltiples en un texto que pueden comprenderse en muchos niveles
- Inferir cómo se aplican los mensajes y los temas de los textos de ficción a la vida actual
- Inferir temas y asuntos universales que influyen en los problemas humanos a lo largo del mundo
- Inferir el tema o los temas predominantes en una colección de cuentos cortos
- Inferir la actitud de una biógrafa o un biógrafo respecto de un sujeto
- Inferir el propósito de una escritora o un escritor de una biografía, autobiografía o memorias personales
- Inferir el mensaje más amplio en un texto (lo que se puede aprender del texto más allá de los hechos)
- Inferir mensajes ocultos o explícitos en un texto persuasivo
- Inferir el mensaje de una escritora o un escritor en algunos textos que tienen asuntos y temas serios y maduros y asuntos e ideas controvertidos (la guerra, el racismo, los problemas familiares, el acoso)
- Inferir información acerca de los personajes, el escenario, la trama y la acción de textos gráficos, en los que las ilustraciones portan gran parte del significado
- Inferir la relevancia del diseño y de otras características del peritexto
- Inferir el significado de una gama de elementos gráficos que requieren la interpretación de la lectora o del lector y que son esenciales para comprender el texto
- Inferir los significados de palabras usadas de manera irónica o satírica
- Usar el lenguaje de la escritora o del escritor para inferir la atmósfera y el tono de un texto
- Inferir creencias, costumbres y perspectivas de personas que viven en otras culturas
- Inferir creencias, costumbres y perspectivas de personas que vivieron en el pasado cercano y lejano
- Inferir cómo podría ser la vida y lo que las personas podrían creer y hacer en un tiempo futuro
- Inferir información importante del contenido conocido además de temas más distantes de la experiencia típica de los estudiantes (diferentes lugares del mundo, historia, ciencias)
- Usar conocimientos disciplinarios para inferir la información importante en un texto

# Seleccionar objetivos Hábitos y conocimientos para observar, enseñar y apoyar *(cont.)*

## PENSAR ***ACERCA*** DEL TEXTO

### ANALIZAR

- Comprender que puede haber géneros diferentes y formas especiales en cada una de las categorías más amplias de ficción y no ficción
- Comprender que un texto gráfico puede representar cualquier género de ficción y no ficción
- Comprender que las divisiones entre géneros no siempre son claras e identificar géneros de ficción y no ficción en un texto híbrido
- Debatir el propósito de una escritora o un escritor para la selección de un género, tema, sujeto o tipo de estructura narrativa particular
- Observar elementos y motivos básicos de la fantasía (lo sobrenatural, criaturas imaginarias y extraordinarias, dioses y diosas, animales que hablan, lucha entre el bien y el mal, magia, objetos fantásticos o mágicos, deseos, artimañas, transformaciones)
- Identificar y comprender las características de tipos especiales de ficción (cuento de misterio; cuento de aventuras; cuento de animales; cuento de familia, amigos y escuela)
- Comprender que los géneros de ficción pueden combinarse dentro de un texto
- Comprender la diferencia entre realismo y fantasía en textos de ficción
- Comprender y describir las características de los géneros de no ficción, entre ellos el texto expositivo de no ficción, el texto narrativo de no ficción, la biografía, la autobiografía, las memorias personales, el texto de instrucciones, el texto persuasivo y el texto híbrido
- Comprender que los géneros de no ficción pueden combinarse dentro de un texto
- Observar que una biografía se construye a partir de los sucesos importantes, los problemas que se deben superar y las decisiones del sujeto
- Comprender que la información y las ideas en un texto se relacionan entre sí, y observar cómo la autora o el autor presenta esto
- Reconocer el uso de formas insertadas de una escritora o un escritor (cartas, instrucciones, entradas de diario) dentro de estructuras de textos narrativos y expositivos
- Reconocer y comprender variaciones en la estructura narrativa (trama circular, tramas paralelas, trama principal y tramas secundarias, cuento dentro de otro cuento, flashback, flash-forward, lapso de tiempo)
- Reconocer el uso de una escritora o un escritor de estructuras textuales subyacentes (descripción, causa y efecto, secuencia cronológica, secuencia temporal, categorización, comparación y contraste, problema y solución, pregunta y respuesta)
- Observar y comprender la estructura del texto expositivo (información categorizada) y el uso de la estructura narrativa para textos biográficos y otros tipos de textos narrativos de no ficción
- Observar la lógica y la estructura del argumento de una escritora o un escritor
- Pensar de manera crítica en la relevancia de un título y observar simbolismo o múltiples significados
- Observar aspectos de los recursos de elaboración de la autora o del autor (estilo, sintaxis, uso de uno o más narradores)
- Observar las características de escenarios en la fantasía que requieren creer en magia y/o en un mundo imaginario
- Comprender las características de los escenarios (culturales, físicas, históricas) y la manera en que influyen en las actitudes y las decisiones de personajes
- Pensar de manera analítica acerca de la relevancia del escenario y su importancia respecto de la trama
- Identificar el problema central o conflicto de un cuento en un texto con muchos episodios o tramas paralelas
- Observar cuándo un texto tiene una lección moral (a veces implícita y a veces explícita) cerca del final del relato
- Identificar y diferenciar entre el conflicto interno y el conflicto externo
- Observar cómo una escritora o un escritor revela los personajes principales y secundarios a partir de lo que hacen, piensan o dicen y de lo que los demás dicen acerca de ellos o de cómo los demás responden a ellos
- Identificar personajes dinámicos (que cambian y se desarrollan) y personajes estáticos (que no cambian) en un texto
- Analizar los papeles de los personajes secundarios y su importancia (o insignificancia) para el cuento y para el desarrollo del personaje o los personajes principales
- Analizar un texto para pensar acerca de la perspectiva desde la que se cuenta el cuento y observar cuándo cambia esa perspectiva
- Observar el uso que hace una escritora o un escritor del monólogo y el soliloquio (típicamente en una obra de teatro) así como del diálogo extendido para revelar los pensamientos de un personaje
- Observar cómo una escritora o un escritor genera, mantiene y quita el suspenso
- Observar el lenguaje que se usa para mostrar el orden cronológico y temporal
- Reflexionar acerca del uso que hace una escritora o un escritor de significados connotativos y comentar lo que transmite a la lectora o al lector
- Observar el uso que hace una escritora o un escritor del lenguaje y establecer cómo contribuye específicamente al significado, la calidad y la atmósfera de un texto
- Observar el uso que hace una escritora o un escritor del lenguaje figurado y establecer cómo contribuye específicamente al significado o al disfrute de un texto
- Observar e interpretar el lenguaje que revela la actitud de la escritora o el escritor y comunica el tono del texto
- Observar el uso que hace una escritora o un escritor de conectores tanto comunes como sofisticados, así como de conectores académicos
- Comentar por qué una escritora o un escritor inserta información parentética en una oración
- Observar el uso que hace una escritora o un escritor de estructuras no oracionales para lograr un efecto literario
- Luego de leer diversos libros de una autora o un autor, debatir el estilo, el uso del lenguaje y el contenido típico

## **Seleccionar objetivos** Hábitos y conocimientos para observar, enseñar y apoyar *(cont.)*

### PENSAR ***ACERCA*** DEL TEXTO *(continuación)*

**ANALIZAR** ***(continuación)***

- Reconocer y comparar estilos de escritura, estableciendo conexiones dentro de diversas obras de una escritora o un escritor, y establecer también relaciones entre las obras de diferentes escritores
- Ubicar lenguaje en un texto que revela el escenario, el problema, las características de los personajes, el cambio de los personajes, el tema, los significados simbólicos, el narrador o la narradora, la atmósfera, el tono
- Observar cómo una escritora o un escritor usa el lenguaje para ayudar a los lectores a experimentar lo que sienten los personajes
- Comprender que una escritora o un escritor selecciona un punto de vista de tercera o segunda persona para contar un relato y que también puede usar diversos puntos de vista en el mismo relato
- Observar el uso que hace una escritora o un escritor del lenguaje expresivo en el diálogo
- Observar el uso que hace una escritora o un escritor de la ironía y el lenguaje que la representa
- Observar el lenguaje literario, típico de la literatura tradicional (*érase una vez, había una vez, en una tierra muy lejana*)
- Observar el uso que hace una escritora o un escritor de palabras humorísticas u onomatopeyas y hablar acerca de cómo estas contribuyen a la acción
- Comprender que una escritora o un escritor de no ficción puede usar la argumentación en un texto persuasivo
- Observar cómo usa el lenguaje una autora o un autor de manera persuasiva
- Observar y comentar la manera en que las características del peritexto enriquecen el significado, simbolizan la cultura, crean la atmósfera o ayudan a los lectores a interpretar el texto
- Comprender que las ilustraciones portan el diálogo y la acción en un texto gráfico
- Comprender cómo funcionan juntos las ilustraciones y el texto para enriquecer el significado y comunicar la atmósfera del texto
- Comprender y describir las características de los géneros de ficción, incluidas la ficción realista, la ficción histórica, la literatura tradicional (cuento popular, cuento de hadas, fábula, mito, leyenda), la fantasía y el texto híbrido
- Observar cómo la escritora o el escritor/la ilustradora o el ilustrador selecciona y ubica fotos de manera que cuentan una historia o comunican un significado más amplio en un ensayo fotográfico
- Usar lenguaje académico para hablar acerca de los géneros (*ficción; cuento de familia, amigos y escuela; cuento popular; cuento de animales; cuento humorístico; cuento de hadas; fábula; cuento exagerado; ficción realista; cuento de misterio; cuento de aventuras; cuento de deportes; no ficción; texto informativo; libro informativo; texto sobre hechos; libro de instrucciones; biografía; autobiografía; narración de no ficción; memorias personales; texto de instrucciones; texto persuasivo; texto híbrido; texto expositivo*)
- Usar lenguaje académico para hablar de las formas (*libros de una serie, obra de teatro, libro por capítulos, cómics, texto gráfico, carta, secuela, cuento corto, entrada de diario, artículo periodístico, artículo de fondo*)
- Usar lenguaje académico para hablar acerca de las características literarias (*comienzo, final, problema, personaje, pregunta y respuesta, personaje principal, cambio de personaje, mensaje, diálogo, tópico, sucesos, solución, escenario, descripción, problema y solución, comparar y contrastar, idea principal, flashback, conflicto, resolución, tema, lenguaje descriptivo, símil, causa y efecto, categorización, lenguaje persuasivo, trama, desarrollo del personaje, personaje secundario, punto de vista, lenguaje figurado, metáfora, secuencia temporal, secuencia cronológica, temática, argumento, trama secundaria, flash-forward, lapso de tiempo, cuento dentro de otro cuento, símbolo, simbolismo, narración en primera persona, narración en tercera persona, narración en segunda persona, atmósfera*)
- Usar lenguaje específico para hablar acerca de las características del libro y la letra impresa (*portada, contraportada, página, autor, ilustrador, ilustración, fotografía, título, rótulo, dibujo, encabezado, leyenda, marco, viñeta, tabla de contenidos, capítulo, título del capítulo, dedicatoria, recuadro lateral, glosario, mapa, diagrama, infografía, nota del autor, nota del ilustrador, sección, solapa del libro, agradecimientos, subtítulo, texto, guía de pronunciación, tabla, gráfica, línea de tiempo, índice, prefacio, dibujo de corte, nota al pie, epílogo, nota al final, apéndice, referencias, prólogo, bibliografía*)

## Seleccionar objetivos Hábitos y conocimientos para observar, enseñar y apoyar *(cont.)*

### PENSAR ***ACERCA*** DEL TEXTO *(continuación)*

**CRITICAR**

- Criticar el argumento de una escritora o un escritor teniendo en cuenta si es lógico y si el apoyo es adecuado
- Evaluar la calidad de las ilustraciones o los elementos gráficos y compartir opiniones
- Evaluar cómo contribuyen las ilustraciones a la calidad del texto o brindan información adicional
- Pensar de manera crítica en los personajes y sus acciones e intercambiar opiniones
- Evaluar si un texto es auténtico respecto de la información de la lectura de ficción y no ficción
- Observar las referencias y garantías que una escritora o un escritor provee para autenticar un texto
- Distinguir entre fuentes primarias y secundarias y pensar de manera crítica acerca de la autenticidad de un texto
- Distinguir entre hecho y opinión
- Concordar o discrepar con los argumentos de una escritora o un escritor y brindar fundamentos para las opiniones
- Intercambiar opiniones acerca de un texto y/o de las ilustraciones y brindar fundamentos y ejemplos
- Evaluar aspectos de un texto que contribuyen al entretenimiento (personajes humorísticos o información sorprendente)
- Expresar gustos y preferencias en la lectura y apoyar las elecciones con descripciones y ejemplos de elementos literarios (género, escenario, trama, tema, personajes, estilo y lenguaje)
- Evaluar la autenticidad de un texto en función de las experiencias personales de los lectores como preadolescentes y adolescentes
- Pensar de manera crítica cómo una escritora o un escritor hace que un tema sea interesante y entretenido e intercambiar opiniones
- Pensar de manera crítica en la calidad de un texto y de qué manera ejemplifica su género, e intercambiar opiniones
- Pensar de manera crítica en el sujeto de una biografía y comentar los logros, las características admirables y los defectos del individuo
- Hablar acerca del motivo por el que el sujeto de una biografía es importante o sirve de ejemplo para los demás
- Criticar una biografía teniendo en cuenta la relevancia relativa y/o el valor de su sujeto elegido
- Criticar la presentación del sujeto de una biografía y observar las parcialidades
- Pensar de manera crítica en la escritura de una autobiografía o memorias personales para detectar el error o las parcialidades
- Observar la persuasión y pensar de manera crítica en factores como la parcialidad o los enunciados sin fundamento

### Planificar el trabajo con las palabras después de la lectura guiada

Usando sus observaciones recientes sobre la capacidad de los lectores de descomponer palabras rápida y eficientemente mientras leen un texto, planifique de uno a tres minutos la participación activa de los estudiantes atendiendo a las letras, los sonidos y las palabras. Priorice la observación de los lectores sobre las características de la letra impresa y el uso manual activo de las letras magnéticas, de la pizarra blanca, de tarjetas de palabras o de lápiz y papel para promover la fluidez y la flexibilidad en el procesamiento visual.

**Ejemplos:**

- Formar todo tipo de plurales, entre ellos los que asumen o pierden un acento ortográfico y plurales que requieren un cambio de ortografía (*crimen/crímenes; juez/jueces*)
- Trabajar la flexibilidad en una palabra base, cambiando letras o agregando o quitando uno o más afijos para formar una palabra nueva (*zapato, zapatero, zapatería*) y discutir los cambios de significado o función
- Clasificar palabras para agrupar palabras con la misma base, palabras con el mismo prefijo, palabras con el mismo sufijo
- Reconocer y usar raíces de palabras (griegas y latinas) para descomponer y determinar los significados de algunas palabras españolas (*cred,* que significa "creer", en *credibilidad*, "cualidad de inspirar confianza")
- Reconocer y usar palabras que tienen significados similares porque tienen la misma raíz (*man*, que significa "mano": *manual*, que significa "de las manos", *manuscrito*, que significa "libro o artículo escrito a mano o con teclado")
- Elaborar redes de palabras con una palabra base o la raíz de una palabra en el centro y pensar en las palabras relacionadas con ella
- Descomponer polisílabos (*maravilloso, extraterrestre*)
- Clasificar palabras según cualquier característica de la palabra
- Tener una "clasificación abierta" donde los estudiantes observen características de las palabras y pidan a otros estudiantes que determinen la característica que usaron para clasificar
- Descomponer y formar palabras con diptongos (*pausa, fuimos*) e hiatos (*caer, reúne*)
- Reconocer y usar homófonos (*ciervo, siervo*) y homógrafos (*pesa*)

# Lectores del nivel X

En el nivel X, una amplia diversidad de textos de ficción y no ficción presentan un desafío a los lectores, de los que obtienen conocimientos disciplinarios. La gama de tipos especiales de ficción se amplía e incluye cuentos de horror y románticos. Aunque estos tipos no se usarán en la lectura guiada, los estudiantes probarán esta amplia gama en sus lecturas externas. Es importante que en la lectura guiada los textos atraigan a los lectores adolescentes y que al mismo tiempo incrementen sus conocimientos de lo que significa ser un ser humano. Los textos los ayudan a explorar el mundo (pasado, presente y futuro) y a convertirse en ciudadanos globales. Son capaces de procesar y comprender una amplia gama de textos en todos los géneros. Muchos textos son extensos y tienen oraciones y párrafos complejos, muchos polisílabos, y se espera que el lector comprenda y reaccione a temas maduros como la sexualidad, el maltrato, la pobreza y la guerra. La fantasía, los mitos y las leyendas complejos ofrecen un desafío adicional al exigir que los lectores reconozcan motivos clásicos como el "periplo del héroe" e identificar cuestiones morales. Además, los lectores descubren lenguaje literario que se usa para expresar ironía. Los temas y los personajes son multidimensionales, se pueden comprender en varios niveles y están desarrollados de maneras complejas. Algunos textos pueden incluir lenguaje arcaico o dialectos regionales. Las biografías presentan una gama de sujetos que pueden ser admirables o no y que apelan al razonamiento crítico de los lectores. Los lectores enfrentan una gran carga de contenidos específicos y palabras técnicas que requieren el uso de definiciones, conocimientos previos y herramientas de referencia incrustados. Los lectores buscan y usan información que incluye elementos gráficos y textos complejos que presentan contenidos que requieren conocimientos previos de manera integrada. Los lectores han desarrollado el conocimiento de contenido, que incluye la información científica y los sucesos históricos, y aplican conocimientos previos de manera crítica cuando leen textos de ficción y no ficción. La mayor parte de la lectura se hace en silencio; todas las dimensiones de la fluidez están bien definidas en la lectura oral. Comprenden y usan vocabulario disciplinario y académico. Siguen ampliando el control del lenguaje académico que pueden usar.

## Seleccionar textos Características de los textos del **nivel X**

### GÉNERO

**Ficción**

- Ficción realista
- Ficción histórica
- Literatura tradicional (cuento popular, mito, leyenda)
- Fantasía épica y ciencia ficción
- Textos híbridos
- Tipos especiales de ficción (cuento de misterio; cuento de aventuras, cuento de deportes; cuento de animales; cuento de familia, amigos y escuela; cuento humorístico, cuento de horror; cuento romántico)

**No ficción**

- Textos expositivos de no ficción
- Textos narrativos de no ficción
- Biografía
- Autobiografía
- Memorias personales
- Textos de instrucciones
- Textos persuasivos
- Textos híbridos

### FORMAS

- Libros de una serie
- Libros álbum
- Libros por capítulos
- Libros por capítulos con secuelas
- Obras de teatro
- Guiones de teatro del lector
- Textos gráficos
- Cartas, diarios y entradas de diario
- Cuentos cortos
- Ensayos fotográficos y artículos periodísticos
- Discursos

### ESTRUCTURA DEL TEXTO

- Textos con varios episodios elaborados con muchos detalles
- Formas integradas (cartas, instrucciones, entradas de diario, correos electrónicos) dentro de estructuras narrativas y expositivas
- Variaciones en la estructura (cuento dentro de otro cuento, flashback, flash-forward, lapso de tiempo)
- Textos de ficción con capítulos relacionados con una trama única
- Textos con trama circular o tramas paralelas
- Textos más extensos con trama principal y tramas secundarias
- Tramas complejas con múltiples hilos argumentales
- Colecciones de cuentos cortos relacionados con un tema predominante
- Textos con un cambio de perspectiva y/o narrador indicado por un nuevo capítulo, sección o párrafo; lenguaje o característica literaria (tiempo verbal, imágenes literarias, escenario) o características de la letra impresa (tipografía, ubicación de la letra impresa)
- Libros de no ficción divididos en secciones y algunos con subsecciones
- Patrones estructurales subyacentes (descripción, causa y efecto, secuencia cronológica, secuencia temporal, categorización, comparación y contraste, problema y solución, pregunta y respuesta)

—Lupe —la llamó su madre—. ¿Estás soñando? —Lupe la miró avergonzada y le dijo que no estaba soñando. Que estaba pensando en Carmelita y su familia, y que estaba preocupada de no volver a tener una amiga como ella.

Su madre la abrazó fuertemente y le dijo que sabía que mudarse no había sido fácil, pero que ahora su vida era mucho mejor.

Lupe sonrió, como si estuviera de acuerdo, pero se seguía preguntando si alguna vez se le pasaría esa sensación de ser un pez fuera del agua.

Para el mediodía solo quedaban dos mesas vacías, y la experiencia le indicaba que se ocuparían rápidamente, pues era la hora en que la gente salía del centro comercial para descansar y comer. Pero **ella** no iba a poder descansar hasta que pasara la hora del almuerzo. Aunque hablaba inglés sin mayores problemas, Lupe era tímida y dejaba que los meseros hablaran con los clientes, pues a ellos sí les gustaba charlar y entablar amistad con los demás.

—Ey, Lupe —la llamó Angélica, la mesera más antigua—. La mesa 5. —La última pareja se había levantado y había que limpiar la mesa.

8

—Claro. Enseguida —contestó Lupe y se dirigió a la mesa que estaba al lado de la ventana, con un trapo y un rociador.

9



## CONTENIDO

- Contenido interesante y relevante para la lectora o el lector
- Muchos libros con poco o ningún apoyo de imágenes para el contenido (libros por capítulos)
- Muchos contenidos que requieren acceso a conocimientos previos
- Contenido que propicia el pensamiento crítico para juzgar la autenticidad y la precisión
- Contenido que requiere que la lectora o el lector asuma perspectivas de diversas culturas y apele al conocimiento cultural para la comprensión
- Textos que tienen, en su mayor parte, contenidos que atraen e interesan a los lectores y amplían los conocimientos (viajes, experiencias con otras culturas, aventuras en las ciencias, supervivencia)
- Contenido cuya comprensión requiere madurez emocional y social
- Contenido complejo cuya comprensión requiere análisis y estudio
- Contenido que trasciende la experiencia inmediata de los estudiantes
- Textos que requieren conocimiento del contenido de las disciplinas (historia, geografía, cultura, lenguaje, ciencias, artes, conceptos matemáticos)
- Muchos contenidos que requieren que la lectora o el lector busque información en los elementos gráficos (mapas, tablas, diagramas, dibujos ilustrados, fotografías rotuladas)

## TEMAS E IDEAS

- Muchos textos con temas e ideas que incluyen asuntos sociales importantes para los adolescentes (la familia, el crecimiento, la sexualidad, los asuntos mundiales, la muerte)
- Temas e ideas que requieren una perspectiva no conocida para la lectora o el lector
- Ideas complejas acerca de diversos temas cuya comprensión requiere experiencia real o indirecta (a través de la lectura)
- Textos con significados más profundos aplicables a problemas humanos y asuntos sociales importantes (el sufrimiento, la guerra, el racismo, las dificultades económicas, la clase social, el medioambiente)
- Amplia gama de temas e ideas complejos que desarrollan una conciencia social y revelan perspectivas acerca de la condición humana
- Muchas ideas y temas que requieren la comprensión de la diversidad cultural
- Textos con temas abstractos que requieren razonamiento inferencial
- Textos que presentan varios temas que se pueden comprender por muchos niveles
- Temas que evocan interpretaciones alternativas

## CARACTERÍSTICAS LITERARIAS Y DEL LENGUAJE

- Escenarios que son distantes en el tiempo y la geografía
- Escenarios en la fantasía que requieren que la lectora o el lector acepten elementos de otro mundo que no podrían existir en el mundo real
- Escenarios que son importantes para la comprensión de la ficción narrativa o la biografía

## Seleccionar textos Características de los textos del nivel X *(cont.)*

### CARACTERÍSTICAS LITERARIAS Y DEL LENGUAJE *(continuación)*

- Variedad en la estructura de la trama del texto narrativo (cuento dentro de otro cuento, flashback sencillo)
- Algunos textos con varias tramas, cada una con su propio conjunto de personajes principales y secundarios
- Personajes principales y personajes secundarios
- Personajes multidimensionales
- Personajes revelados por lo que dicen, piensan y hacen y por lo que los demás dicen y piensan sobre ellos
- Personajes revelados a lo largo de una serie de sucesos, capítulos o libros
- Motivos para la introducción de cambios complejos en los personajes, que requieren inferencia
- Algunos textos que revelan las perspectivas de más de un personaje
- Personajes "dinámicos" que tienen una gama compleja de atributos buenos y malos, y que cambian durante el desarrollo de la trama, y personajes "estáticos" que no cambian pero pueden tener un papel importante en la trama
- Variedad en la presentación del diálogo (diálogo entre muchos personajes, diálogo con pronombres, diálogo separado, diálogo directo, incluido el diálogo no asignado y tramos largos de diálogo)
- Algunas cadenas de diálogo no asignado para los que se debe inferir quiénes son los interlocutores
- Mayormente textos escritos en primera o tercera persona narrativa con algunos textos de instrucciones en segunda persona
- Motivos básicos de la literatura tradicional y la fantasía moderna (lucha entre el bien y el mal, objetos fantásticos o mágicos, deseos, artimañas, transformaciones)
- Lección moral cerca del final del cuento (en ocasiones, enunciada de manera explícita)
- Lenguaje literario, típico de la literatura tradicional (*había una vez, en una tierra muy lejana*)
- Lenguaje descriptivo, poético y figurado (imágenes literarias, metáfora, símil, personificación, alegoría, hipérbole)
- Lenguaje y sucesos que transmiten una atmósfera emocional en un texto, que afecta las emociones del lector o la lectora (tensión, suspenso, tristeza, felicidad, curiosidad)
- Uso de simbolismo
- Lenguaje coloquial en los diálogos que refleja la personalidad de los personajes y/o el escenario
- Lenguaje de procedimientos
- Lenguaje que se usa para hacer comparaciones
- Lenguaje descriptivo
- Lenguaje que se usa para mostrar orden cronológico y secuencia temporal
- Lenguaje persuasivo y argumentación
- Lenguaje que revela la actitud o las emociones de la autora o del autor respecto de un tema (tono que se refleja en el estilo de escritura): alegre, irónico, serio, afectuoso, formal, sarcástico, irritado
- Algunos textos con una densa presentación de hechos e ideas

### COMPLEJIDAD DE LAS ORACIONES

- Amplia gama de oraciones declarativas, imperativas, exclamativas o interrogativas
- Variación en la longitud y en la estructura de la oración
- Oraciones con una amplia variedad de categorías gramaticales, entre ellas adjetivos, adverbios y frases preposicionales
- Oraciones con conectores comunes, sofisticados y académicos
- Oraciones largas y muy complejas unidas con dos puntos o con punto y coma
- Uso frecuente de material parentético integrado en oraciones
- Algunas estructuras no oracionales para añadir efecto literario

### VOCABULARIO

- Palabras que, en su mayor parte, aparecen en el vocabulario de usuarios del lenguaje maduros (Nivel 2)
- Muchas palabras propias de una disciplina (Nivel 3)
- Amplia variedad de palabras usadas para asignar diálogo
- Palabras con varios significados
- Palabras con significado figurado
- Uso frecuente de modismos
- Vocabulario nuevo que requiere acción estratégica para su comprensión (obtener significado según el contexto, usar herramientas de referencia, observar la morfología, usar raíces de palabras, usar analogía)
- Palabras con significados connotativos que son esenciales para comprender el texto
- Conectores comunes típicos del lenguaje oral que conectan ideas y aclaran significados, y muchos conectores sofisticados que no aparecen a menudo en el lenguaje oral cotidiano (*a menos que, además, aunque, cuando sea, hasta que, mientras tanto, no obstante, por lo tanto, si no, sin embargo, todavía*)
- Algunos conectores académicos que relacionan ideas y aclaran significados y que aparecen en textos escritos pero que no se usan con regularidad en el lenguaje oral cotidiano (*a través del cual, como se observa, con referencia a, con respecto a, considerando que, de igual modo, en consecuencia, en síntesis, en último lugar, por consiguiente, por el contrario, por ende, por último*)
- Algunas palabras usadas irónicamente
- Algunas palabras de dialectos regionales o históricos
- Palabras (incluida la jerga) usadas informalmente por grupos particulares de personas
- Palabras de idiomas diferentes al español
- Algunos arcaísmos

### PALABRAS

- Un gran número de polisílabos, muchos de ellos técnicos o científicos
- Todo tipo de plurales
- Polisílabos con algunas relaciones complejas entre letra y sonido
- Sustantivos propios polisílabos que son difíciles de descifrar
- Palabras que plantean desafíos de decodificación porque son arcaicas, provienen de dialectos regionales o son de idiomas diferentes al español
- Todo tipo de palabras compuestas
- Palabras base con múltiples afijos (prefijos y sufijos)
- Conectores comunes, sofisticados y académicos

### ILUSTRACIONES

- Ilustraciones que mejoran y amplían el significado en un texto
- Textos cortos que tienen ilustraciones en cada página o cada cierto número de páginas
- Textos con ilustraciones cada tres o cuatro páginas

## Seleccionar textos Características de los textos del **nivel X** *(cont.)*

### ILUSTRACIONES *(continuación)*

- Textos sin más ilustraciones que elementos decorativos tales como las viñetas
- Variedad en la disposición de las ilustraciones y la letra impresa
- Libros con ilustraciones en blanco y negro
- Textos gráficos que presentan una gran cantidad de información en las ilustraciones
- Algunas ilustraciones complejas y matizadas que comunican atmósfera y significado (literal, figurado, simbólico) que se combina con el texto o lo amplía
- Elementos gráficos que requieren la interpretación de la lectora o del lector y que son esenciales para la comprensión del texto informativo
- Varios tipos de elementos gráficos en una sola página doble
- Una gama de elementos gráficos que presentan información que se combina con el texto y lo amplía (fotografías y dibujos con rótulos y/o leyendas; diagramas, dibujos de corte; mapas con leyendas o claves, escala; infografía, gráfica, línea de tiempo)

### CARACTERÍSTICAS DEL LIBRO Y LA LETRA IMPRESA

#### LONGITUD

- Una amplia variación en la longitud (textos cortos de aproximadamente cuarenta y ocho páginas)
- Una amplia variación en el número de palabras (2,000+)
- Algunos libros divididos en capítulos
- Libros divididos en secciones y subsecciones

#### TEXTO IMPRESO Y DISPOSICIÓN

- Mayormente con tamaño de tipografía pequeño pero legible
- Letra impresa y fondo de diversos colores
- Variedad en la ubicación de la letra impresa, que refleja géneros diferentes
- Información que se muestra en diversas combinaciones de imágenes y letra impresa en textos gráficos
- Leyendas debajo de imágenes que brindan información importante
- Letra impresa e ilustraciones integradas en la mayoría de los textos, con letra impresa alrededor de las imágenes
- Letra impresa colocada en recuadros laterales y elementos gráficos que presentan información importante
- Letra impresa arcaica en textos históricos

#### PUNTUACIÓN

- Punto, coma, signos de interrogación, signos de admiración, punto y coma, dos puntos, paréntesis, rayas de diálogo o comillas para el diálogo y puntos suspensivos en la mayoría de los textos
- Comillas o comillas angulares para identificar citas y pensamientos

#### HERRAMIENTAS DE ORGANIZACIÓN

- Título, tabla de contenidos, título del capítulo, encabezado, subtítulo y recuadro lateral

#### RECURSOS DEL TEXTO

- Dedicatoria, reconocimientos, nota de la autora o del autor, guía de pronunciación, glosario, índice, preámbulo, notas al pie, nota final, epílogo, apéndice y referencias
- Textos con características de diseño que contribuyen al atractivo estético del conjunto (peritexto)
- Textos con características de diseño que potencian el significado, comunican cultura, crean atmósfera (peritexto) o tienen significado simbólico

# Seleccionar objetivos Hábitos y conocimientos para observar, enseñar y apoyar

## PENSAR EN EL TEXTO *EN SÍ*

### BUSCAR Y USAR INFORMACIÓN

- Mantener la búsqueda de información en textos de diversas longitudes
- Mantener la búsqueda en oraciones largas y muy complejas que incluyen varias frases, cláusulas y listas y todo tipo de signos de puntuación
- Buscar información en textos densos que tienen vocabulario académico y presentan conceptos muy complejos
- Buscar información en textos con muchas características y letra impresa muy densa
- Buscar información en textos complejos que cuenta con discurso académico
- Buscar y usar información para comprender muchas tramas, perspectivas y temas en un solo texto
- Buscar información y lenguaje que expresa o implica el mensaje o los mensajes más amplios del texto
- Usar conocimientos previos para buscar y comprender información disciplinaria
- Usar herramientas de organización para buscar información (título, tabla de contenidos, títulos de capítulos, encabezados, subtítulos, recuadros laterales, acotaciones)
- Usar recursos del texto para buscar información (reconocimientos, nota de la autora o del autor, guía de pronunciación, glosario, referencias, índice)
- Buscar información en oraciones que varían en longitud, estructura y puntuación con base en la complejidad del texto
- Buscar información en diálogo presentado de diversas maneras (asignado y no asignado, diálogo separado, diálogo directo)
- Buscar información en oraciones con variación en la ubicación del sujeto, el verbo, los adjetivos y los adverbios
- Buscar información de manera estratégica, usando los conocimientos de la estructura del texto y las herramientas de la lectora o del lector
- Usar conocimientos de la estructura narrativa lineal (orden cronológico) dentro de muchos episodios para buscar y usar información
- Usar conocimientos de variaciones en la estructura del texto narrativo para buscar y usar información: cuento dentro de otro cuento; flashback y flash-forward (texto narrativo fragmentado); texto narrativo circular; tramas múltiples o paralelas
- Buscar información en diversas estructuras de texto narrativo: cuentro dentro de otro cuento; flashback y flash-forward (texto narrativo fragmentado); textos narrativos circulares; tramas múltiples o paralelas
- Observar y usar signos de puntuación (punto, coma, signos de interrogación, signos de admiración, punto y coma, dos puntos, paréntesis, rayas de diálogo, comillas o comillas angulares, puntos suspensivos)
- Cuando sea necesario, volver a leer para buscar y usar información del cuerpo del texto, los recuadros laterales, recuadros y elementos gráficos
- Buscar y usar información en textos con una diversidad en la ubicación del cuerpo del texto, los recuadros laterales y los elementos gráficos

### VERIFICAR Y AUTOCORREGIRSE

- Autoverificar la lectura usando diversas fuentes de información (conocimientos previos, sintaxis, significado de las palabras, estructura de las palabras, conocimiento de la estructura del texto, significado de todo el texto, elementos gráficos, disposición, diseño)
- Autocorregirse disimuladamente antes y después de cometer un error, y mostrar poca autocorrección explícita
- Verificar con atención la comprensión de los textos usando el conocimiento de diversos géneros y formas (realista, histórico, épica, ciencia ficción, mitos, leyendas, poesía, obras de teatro)
- Usar los conocimientos de los elementos literarios (trama, personajes principales y secundarios, escenario, estructura del texto narrativo) para verificar y corregir la lectura
- Usar el conocimiento de la estructura narrativa y de los atributos de los personajes (muchos pueden ser multidimensionales y cambiar) para autoverificar y autocorregirse
- Usar el conocimiento del contenido del tema de un texto para autoverificar y autocorregirse
- Usar conocimientos de los géneros de no ficción para verificar la comprensión de un texto (texto expositivo de no ficción, texto narrativo de no ficción, biografía, autobiografía, memorias personales, texto de instrucciones, texto persuasivo)
- Usar conocimientos disciplinarios para verificar la comprensión de textos que contienen mucha información e ideas
- Usar conocimientos de diversas disciplinas académicas para verificar los conocimientos de ideas conceptuales que entrelazan disciplinas
- Verificar la comprensión usando conocimientos de vocabulario disciplinario
- Usar información de los elementos gráficos (mapas, diagramas, tablas, fotos, ilustraciones) para autoverificar la lectura

### DESCIFRAR PALABRAS

#### ▸ Leer palabras

- Reconocer un gran número de diversos tipos de palabras de manera rápida y automática y seguir incrementando un gran número de palabras conocidas
- Usar una amplia gama de estrategias para descifrar polisílabos (usar sílabas, reconocer patrones ortográficos dentro de las palabras, usar relaciones complejas entre letras y sonidos, observar palabras base y afijos, usar el contexto del texto, usar recursos del texto)
- Descifrar palabras al identificar partes de palabras simples, complejas y modificadas o partes de palabras dentro de polisílabos
- Leer polisílabos con relaciones complejas entre letra y sonido
- Descifrar palabras rápidamente mientras se procesa un texto continuo y con la menor autocorrección explícita
- Leer sustantivos propios, palabras de otros idiomas y palabras técnicas de disciplinas académicas que son difíciles de decodificar y usar recursos del texto como la guía de pronunciación cuando sea necesario

## Seleccionar objetivos Hábitos y conocimientos para observar, enseñar y apoyar *(cont.)*

### PENSAR EN EL TEXTO *EN SÍ* *(continuación)*

#### DESCIFRAR PALABRAS *(continuación)*

▸ **Leer palabras** *(continuación)*

- Identificar palabras base y afijos (prefijos y sufijos) para descifrar palabras
- Descifrar palabras que son difíciles de descifrar porque son arcaicas, provienen de dialectos regionales o de idiomas diferentes al español
- Utilizar estrategias para descifrar palabras de manera flexible
- Leer conectores comunes, sofisticados y académicos

▸ **Vocabulario**

- Deducir los significados de palabras nuevas y ampliar los significados de palabras conocidas mediante el uso de estrategias flexibles (el contexto en una oración, relaciones con otras palabras, sinónimos y antónimos, partes de palabras, palabras base y afijos, función de una palabra en una oración, recursos del texto)
- Agregar palabras al vocabulario de manera activa y consistente mediante la lectura
- Comprender muchas palabras que comúnmente se usan en el lenguaje oral (Nivel 1) y muchas palabras que aparecen en la escritura y en el vocabulario de usuarios del lenguaje maduros (Nivel 2)
- Comprender muchas palabras propias de una disciplina académica (Nivel 3)
- Comprender los significados y las funciones de todas las categorías gramaticales
- Comprender cómo una escritora o un escritor usa palabras en un texto para indicar la perspectiva o el punto de vista (primera persona, segunda persona, tercera persona)
- Comprender muchas palabras que tienen muchos significados e identificar el significado específico que posee en una oración o párrafo
- Comprender los significados y funciones de conectores comunes que aparecen en el lenguaje oral y muchos conectores sofisticados (complejos) que son más típicos del lenguaje escrito
- Comprender los significados y las funciones de conectores académicos que aparecen en textos escritos pero que no se usan con frecuencia en el lenguaje oral cotidiano
- Comprender significados denotativos, connotativos, idiomáticos y figurados de las palabras
- Comprender los significados connotativos y figurados de palabras que contribuyen a la atmósfera del texto, entre ellas palabras que asignan diálogo (*suspiró, susurró*)
- Comprender los significados connotativos de palabras que contribuyen al tono del texto
- Comprender que en los textos gráficos, la información sobre las palabras está en las ilustraciones y que muchas palabras poco comunes aparecen en los textos gráficos
- Comprender palabras usadas en dialectos regionales o históricos
- Comprender los significados connotativos de adjetivos, verbos y adverbios descriptivos y usarlos para hacer inferencias acerca de los personajes
- Deducir los significados de palabras técnicas y de palabras creadas por la autora o el autor en la ciencia ficción
- Comprender palabras usadas informalmente por grupos particulares de personas (jerga, dialecto)
- Comprender algunas palabras de idiomas diferentes al español
- Comprender los significados de algunas palabras arcaicas
- Comprender los significados de algunas palabras usadas de manera satírica
- Comprender y adquirir un gran número de palabras específicas del contenido que requieren el uso de acciones estratégicas (comprensión conceptual del contenido, definiciones dentro del cuerpo de un texto, un glosario u otros recursos del texto)
- Comprender palabras clave en elementos gráficos como mapas, diagramas y tablas

#### MANTENER LA FLUIDEZ

- Leer oralmente de una manera que demuestre todas las dimensiones de la fluidez (pausa, formación de frases, entonación, acento prosódico, ritmo)
- Leer silenciosamente a un ritmo rápido (mucho más rápido que el de la lectura oral) mientras se mantiene comprensión
- Demostrar la capacidad de hojear y explorar mientras se lee en silencio para buscar información de manera rápida
- Participar en la lectura silenciosa a un ritmo lo suficientemente rápido para procesar una gran cantidad de texto con comprensión
- En la lectura oral, mostrar reconocimiento de una amplia gama de oraciones declarativas, imperativas, exclamativas o interrogativas
- Mantener el impulso mientras se lee una amplia diversidad de texto, muchos de ellos largos
- Observar puntos, comas, signos de interrogación, signos de admiración, paréntesis, rayas de diálogo, comillas o comillas angulares, guiones y puntos suspensivos y comenzar a reflejarlos con la voz mediante la entonación y la pausa
- Reconocer y leer de manera expresiva diversos diálogos, algunos no asignados
- Leer partes de un guion y demostrar todas las dimensiones de la fluidez
- Mostrar en la voz cuándo las palabras en un texto (mostradas por comillas o comillas angulares) reflejan pensamientos no expresados
- Leer novelas en verso oralmente y reflejar el significado y el ritmo con la voz
- Reflejar listas numeradas o con viñetas con la voz cuando se lee oralmente
- Usar la voz para reflejar contenido disciplinario de maneras diferentes (relato histórico frente a argumentación científica)
- Leer discursos de una manera que refleje la intención original de la oradora o el orador
- Durante la lectura en voz alta, mostrar con la voz cuando una escritora o un escritor quiere decir algo diferente de lo que las palabras por sí solas indican
- Cuando se lee oralmente, mostrar con la voz cuándo una escritora o un escritor usa recursos literarios sutiles como la ironía

# Seleccionar objetivos Hábitos y conocimientos para observar, enseñar y apoyar *(cont.)*

## PENSAR EN EL TEXTO ***EN SÍ*** *(continuación)*

### AJUSTAR

- Ajustar la lectura para reconocer una amplia gama de oraciones declarativas, imperativas, exclamativas e interrogativas, muchas de ellas muy complejas
- Ajustar la lectura para reconocer un texto híbrido o un texto con formas integradas como las cartas, los diarios, las entradas de diario y otros documentos auténticos
- Ajustar la lectura para formar expectativas a partir de los propósitos y las características de los géneros de ficción y no ficción, al igual que las formas como los textos gráficos
- Ajustar la lectura para satisfacer las necesidades especiales de un texto gráfico
- Leer más lentamente para buscar información o reflexionar acerca de ella, o para disfrutar del lenguaje y retomar la lectura con impulso
- Ajustar la lectura para adaptarla a una amplia diversidad de oraciones complejas con frases y cláusulas subordinadas y también a información parentética
- Ajustar para incorporar formas insertadas (cartas, diarios, entradas de diario, otros documentos auténticos) en textos narrativos y expositivos
- Ajustar las expectativas con respecto a los múltiples géneros en un texto híbrido
- Ajustar la lectura para comprender que un texto puede ser una colección de cuentos cortos relacionados con un tema predominante
- Ajustar la lectura para reconocer y usar características de tipos especiales de ficción como el cuento de misterio; el cuento de aventuras; el cuento de animales, el cuento de familia, amigos y escuela; sátira/parodia; cuento de horror; cuento romántico
- Ajustar para leer partes de un guión, incluidos los tramos más largos de diálogo y el uso ocasional de monólogo
- Ajustar la lectura para reconocer variaciones en la estructura narrativa (cuento dentro de otro cuento, flashback, flash-forward, lapso de tiempo)
- Ajustar la lectura para procesar textos con tramas múltiples o paralelas, cada trama con su propio reparto de personajes
- Ajustar la lectura para seguir textos que cambian de perspectiva y/o narrador dentro del texto narrativo más amplio
- Ajustar la lectura para reconocer los géneros de no ficción (texto expositivo de no ficción, texto narrativo de no ficción, biografía, autobiografía, memorias personales, texto de instrucciones, texto persuasivo, texto híbrido)
- Ajustar la lectura para reconocer formas: poemas; obras de teatro; textos gráficos, cartas, diarios y entradas de diario; ensayos fotográficos y artículos periodísticos; discursos (y textos persuasivos semejantes como fragmentos breves de debate y documentos expositivos)
- Ajustar para reconocer el uso de formas complejas de la argumentación en un texto persuasivo
- Ajustar la lectura para adaptarla a diversas ubicaciones del cuerpo del texto, de fotografías con leyendas, recuadros laterales y elementos gráficos
- Ajustar la lectura para reflejar una serie de pasos en un texto de instrucciones
- Ajustar la lectura para procesar un texto con una densa presentación de hechos e ideas

### RESUMIR

- Presentar un resumen conciso y organizado que incluya toda la información importante
- Resumir una sección seleccionada de un texto que sea relevante para comprender los personajes, la trama o el mensaje
- Resumir partes importantes de un texto (capítulos o secciones) de manera que aborde preguntas específicas o aclare el significado más amplio del texto
- Presentar un resumen oral organizado que incluya el escenario (si es importante), sucesos relevantes de la trama, incluido el clímax y la resolución, los personajes principales y secundarios, el cambio de los personajes (cuando sea relevante) y uno o más temas (ficción)
- Presentar un resumen oral lógico y organizado que incluya la información importante que expresa la idea principal o el mensaje más amplio y que refleje la estructura general (expositiva o narrativa) así como las estructuras textuales subyacentes: descripción, causa y efecto, secuencia cronológica, secuencia temporal, categorización, comparación y contraste, problema y solución, pregunta y respuesta (no ficción)
- Presentar una reseña de un texto que incluya toda la información importante mencionada previamente y que también identifique los elementos particulares del estilo y/o la calidad literaria

## Seleccionar objetivos Hábitos y conocimientos para observar, enseñar y apoyar *(cont.)*

### PENSAR ***MÁS ALLÁ*** DEL TEXTO

#### PREDECIR

- Hacer predicciones a partir de las experiencias personales típicas de los preadolescentes y adolescentes
- Hacer predicciones y revisarlas continuamente a partir de lecturas previas y estudio de áreas de contenido
- Revisar de manera continua las predicciones a partir de conocimientos de la estructura del texto de ficción y no ficción
- Revisar de manera continua las predicciones a partir del conocimiento disciplinario necesario para comprender los textos de ficción y no ficción
- Hacer predicciones en todo el texto a partir de la estructura del texto (todas las formas de estructura del texto narrativo y expositivo)
- Justificar predicciones con pruebas del texto
- Hacer predicciones basadas en los paneles en textos gráficos
- Hacer predicciones basadas en las características propias de los textos gráficos
- Usar diversas fuentes de información para confirmar o refutar predicciones, incluidos textos e ilustraciones
- Predecir el final de un cuento con base en la comprensión de diferentes tipos de estructura narrativa y la comprensión del escenario, la trama y los personajes
- Hacer predicciones a partir del conocimiento de las características de los géneros de ficción y no ficción, además de la comprensión y experiencia de la lectura de diferentes tipos de textos de ficción como los cuentos de misterio o supervivencia
- Hacer predicciones basadas en la estructura de la trama (predecir conexiones entre personajes y sucesos en un texto con trama circular, tramas paralelas, trama principal y trama secundaria)
- Hacer predicciones a partir del conocimiento de formas especiales (cartas, diarios y entradas de diario; ensayos fotográficos y artículos periodísticos; discursos)
- Hacer predicciones basadas en el conocimiento de estructuras textuales subyacentes (descripción, causa y efecto, secuencia cronológica, secuencia temporal, categorización, comparación y contraste, problema y solución, pregunta y respuesta)

#### ESTABLECER RELACIONES

- Establecer relaciones entre textos y experiencias personales, contenido aprendido en lecturas anteriores y contenido disciplinario
- Relacionar el contenido y los problemas en los textos de ficción y no ficción con asuntos sociales actuales e históricos y con problemas mundiales
- Establecer diversos tipos de relaciones entre los textos (contenido, género, tema, autora o autor, ilustradora o ilustrador, personajes o sujeto de una biografía, estilo, mensaje)
- Enunciar de manera explícita la naturaleza de las relaciones (tema, asunto, mensaje, personajes, género, escritora o escritor, estilo, atmósfera, tono)
- Establecer relaciones entre la propia vida y el contenido y las tramas que son particularmente adecuadas para los preadolescentes y adolescentes
- Usar conocimientos disciplinarios (historia, geografía, cultura, lenguaje) para comprender los escenarios, los sucesos y los personajes en los textos de ficción realista e histórica
- Usar lecturas previas de no ficción para comprender los sucesos en la ficción histórica
- Establecer relaciones con las características y los problemas humanos que comparten personas de diversas culturas
- Usar conocimientos disciplinarios (ciencias) para comprender la fantasía, que incluye la ciencia ficción
- Usar conocimientos previos de la literatura tradicional para reconocer personajes y sucesos comunes en la fantasía
- Aplicar conocimientos de elementos y motivos básicos de la fantasía para comprender la fantasía y la ciencia ficción
- Relacionar símbolos con las ideas o las emociones que representan
- Usar conocimientos disciplinarios para comprender el contenido y los conceptos en un texto
- Usar conocimientos disciplinarios de ciencias naturales y sociales para comprender el contenido en una amplia gama de textos
- Establecer relaciones entre ficción y no ficción para que la historia sea más intensa y comprensible
- Desarrollar conocimientos disciplinarios al establecer relaciones entre disciplinas mediante la lectura de diversos textos

#### SINTETIZAR

- Desarrollar conciencia social y nuevas perspectivas de la condición humana a partir de la lectura de textos
- Crear mentalmente categorías de información relacionada y revisarlas a medida que se adquiere información nueva a lo largo de textos
- Integrar información e ideas nuevas para crear nuevos conocimientos de manera consciente
- Enunciar de manera explícita conocimientos, ideas y actitudes nuevos construidos a partir de la lectura de textos de ficción y no ficción
- Construir conocimientos nuevos a lo largo de textos que se relacionan por tema, contenido, asunto o mensaje
- Usar textos en muchos géneros (ficción realista, ficción histórica, literatura tradicional) para adquirir nuevas perspectivas sobre culturas y tiempos históricos que no son accesibles de manera directa
- Describir el cambio de perspectiva a medida que se desarrolla el cuento, ya sea en los cuentos cortos como en los textos con capítulos
- Hablar acerca de las lecciones aprendidas a partir de una experiencia y la conducta de un personaje en un texto
- Aplicar en la vida propia perspectivas nuevas adquiridas de experiencias indirectas mientras se lee un texto de ficción
- Hablar sobre nuevas maneras de pensar que surgen de experiencias indirectas mientras se lee un texto de ficción

## **Seleccionar objetivos** Hábitos y conocimientos para observar, enseñar y apoyar *(cont.)*

### PENSAR ***MÁS ALLÁ*** DEL TEXTO *(continuación)*

**SINTETIZAR** *(continuación)*

- Aplicar la perspectiva aprendida de la lectura de ficción a asuntos y problemas que afrontan los preadolescentes y adolescentes (la presión de los compañeros, las relaciones sociales, el acoso, la madurez, la elección de profesión, las decisiones de vida)
- Hablar acerca de una nueva comprensión de diferentes culturas, lugares y momentos de la historia
- Sintetizar nuevos hechos, perspectivas o contextos a partir de textos y describirlos a los demás mediante el uso de pruebas del texto
- Asumir perspectivas de culturas diversas y apelar al conocimiento para comprender un texto
- Ampliar los conocimientos del lenguaje y de la estructura de disciplinas mediante la lectura
- Investigar para desarrollar conocimientos de un tema mediante la lectura de más de una fuente escrita (incluidas las fuentes primarias y secundarias)

**INFERIR**

- Inferir el significado de algún simbolismo
- Hacer inferencias acerca del escenario como ayuda para la comprensión del cuento
- Inferir el impacto del escenario en el sujeto de una biografía y los motivos o razones para las decisiones del sujeto
- Identificar personajes dinámicos e inferir las características y la evolución de esos personajes en un texto
- Identificar personajes estáticos e inferir las características constantes de esos personajes en un texto
- Inferir las emociones y motivos de muchos personajes a lo largo de tramas complejas con algunas tramas secundarias
- Inferir las características, emociones y motivaciones de personajes a partir de lo que los personajes dicen, piensan o hacen, y de lo que los demás dicen o piensan acerca de ellos
- Inferir relaciones complejas entre personajes al observar evidencia en sus respuestas entre sí
- Comparar inferencias con las de otros lectores y considerar interpretaciones alternativas de los motivos de los personajes y del mensaje de la escritora o del escritor
- Inferir soluciones posibles para el problema de un cuento y hallar pruebas de apoyo en el texto
- Distinguir múltiples tramas en un texto, cada una con su propio conjunto de personajes principales y secundarios e inferir relaciones entre esos personajes
- Inferir significados simbólicos en un texto
- Inferir el humor en un texto
- Inferir temas, ideas y emociones de personajes a partir de los paneles en textos gráficos
- Inferir algunas ideas y temas abstractos que reflejen el mensaje o idea principal de una escritora o un escritor en un texto
- Inferir las parcialidades y creencias subyacentes de una escritora o un escritor
- Inferir los diversos temas o mensajes en un texto que se puede entender en muchos niveles
- Inferir de qué manera los mensajes y los temas en los textos de ficción se pueden aplicar a la vida actual
- Inferir temas y asuntos universales que influyen en los problemas humanos en todo el mundo
- Inferir el tema o los temas predominante(s) en una colección de cuentos cortos
- Inferir la actitud de un biógrafo o de una biógrafa hacia un sujeto
- Inferir el propósito de una escritora o un escritor de una biografía, autobiografía o memorias personales
- Inferir el mensaje más amplio en un texto de no ficción (lo que se puede aprender de él más allá de los hechos)
- Inferir mensajes ocultos o explícitos en un texto persuasivo
- Inferir los mensajes de la escritora o del escritor en algunos textos que tratan asuntos maduros y temas e ideas controversiales (la guerra, el racismo, los problemas familiares, el acoso)
- Inferir información de todos los elementos de un texto (cuerpo, recuadros laterales, ilustraciones, elementos gráficos, apéndices)
- Inferir información acerca de los personajes, el escenario, la trama y las acciones de textos gráficos, en los que las ilustraciones portan gran parte del significado
- Inferir el significado de una gama de elementos gráficos que requieren la interpretación de la lectora o del lector y que son esenciales para comprender el texto
- Inferir la relevancia del diseño y otras características del peritexto
- Inferir los significados de palabras usadas irónicamente
- Usar el lenguaje de la escritora o del escritor para inferir la atmósfera y el tono de un texto
- Inferir creencias, costumbres y perspectivas de personas que viven en otras culturas
- Inferir creencias, costumbres y perspectivas de personas que vivieron en el pasado cercano o lejano
- Inferir cómo sería la vida y lo que las personas creerían o harían en un tiempo futuro
- Inferir actitudes que pueden ser nuevas o contrarias a las creencias actuales de los lectores
- Inferir información importante de contenido conocido y de temas más distantes respecto de las experiencias típicas de los estudiantes (partes diferentes del mundo, historia, ciencias)
- Usar conocimientos disciplinarios para inferir la información importante en un texto

## Seleccionar objetivos Hábitos y conocimientos para observar, enseñar y apoyar *(cont.)*

### PENSAR *ACERCA* DEL TEXTO

**ANALIZAR**

- Comprender que puede haber géneros diferentes y formas especiales en cada una de las categorías más amplias de ficción y no ficción
- Comprender que un texto gráfico puede representar cualquier género de ficción y no ficción
- Comprender que las divisiones entre géneros no siempre son claras e identificar géneros de ficción y no ficción en un texto híbrido
- Debatir el propósito de una escritora o un escritor para la selección de un género, tema, sujeto o tipo de estructura narrativa particular
- Reconocer la selección de una escritora o un escritor del género y la estructura del texto para diferentes propósitos y públicos
- Comprender y describir las características de los géneros de ficción, incluidas la ficción realista, la ficción histórica, la literatura tradicional (cuento popular, cuento de hadas, fábula, mito, leyenda), la fantasía y el texto híbrido
- Observar elementos y motivos básicos de la fantasía (lo sobrenatural, criaturas imaginarias y extraordinarias, dioses y diosas, animales que hablan, lucha entre el bien y el mal, magia, objetos fantásticos o mágicos, deseos, artimañas, transformaciones)
- Analizar la fantasía para determinar elementos y motivos básicos
- Identificar y comprender las características de tipos especiales de ficción (cuento de misterio; cuento de aventuras; cuento de animales; cuento de familia, amigos y escuela)
- Comprender que los géneros de ficción pueden combinarse dentro de un texto
- Comprender la diferencia entre realismo y fantasía en textos de ficción
- Comprender y describir las características de los géneros de no ficción, entre ellos el texto expositivo de no ficción, el texto narrativo de no ficción, la biografía, la autobiografía, las memorias personales, el texto de instrucciones, el texto persuasivo y el texto híbrido
- Comprender que los géneros de no ficción pueden combinarse dentro de un texto
- Observar que una biografía se construye a partir de los sucesos importantes, los problemas que se deben superar y las decisiones del sujeto
- Comprender que la información y las ideas en un texto se relacionan entre sí, y observar cómo el autor presenta esto
- Reconocer el uso de formas insertadas de una escritora o un escritor (cartas, instrucciones, entradas de diario) dentro de estructuras de textos narrativos y expositivos
- Reconocer y comprender variaciones en la estructura narrativa (trama circular, tramas paralelas, trama principal y tramas secundarias, cuento dentro de otro cuento, flashback, flash-forward, lapso de tiempo)
- Reconocer el uso de una escritora o un escritor de estructuras textuales subyacentes (descripción, causa y efecto, secuencia cronológica, secuencia temporal, categorización, comparación y contraste, problema y solución, pregunta y respuesta)
- Observar y comprender la estructura del texto expositivo (información categorizada) y el uso de la estructura narrativa para textos biográficos y otros tipos de textos narrativos de no ficción
- Observar la lógica y la estructura del argumento de una escritora o un escritor
- Pensar de manera crítica en la relevancia de un título y observar simbolismo o múltiples significados
- Observar aspectos de los recursos de elaboración de la autora o del autor (estilo, sintaxis, uso de uno o más narradores)
- Identificar y comprender el uso que hace una escritora o un escritor de recursos literarios como la contradicción, la paradoja y la alusión
- Observar las características de escenarios en la fantasía que requieren creer en magia y/o en un mundo imaginario
- Comprender las características de los escenarios (culturales, físicas, históricas) y la manera en que influyen en las actitudes y las decisiones de personajes
- Pensar de manera analítica acerca de la relevancia del escenario y su importancia respecto de la trama
- Identificar el problema central o conflicto de un cuento en un texto con muchos episodios o tramas paralelas
- Reconocer y comprender varias tramas, cada una con su propio conjunto de personajes principales y secundarios, en un texto
- Observar cuándo un texto tiene una prueba moral (a veces implícita y a veces explícita) cerca del final del relato
- Identificar y diferenciar entre el conflicto interno y el conflicto externo
- Observar cómo una escritora o un escritor revela los personajes principales y secundarios a partir de lo que hacen, piensan o dicen y de lo que los demás dicen acerca de ellos o de cómo los demás responden a ellos
- Identificar personajes dinámicos (que cambian y se desarrollan) y personajes estáticos (que no cambian) en un texto
- Analizar los papeles de los personajes secundarios y su importancia (o insignificancia) para el cuento y para el desarrollo del personaje o los personajes principales
- Analizar un texto para pensar acerca de la perspectiva desde la que se cuenta el cuento y observar cuándo cambia esa perspectiva
- Observar cómo una escritora o un escritor genera, mantiene y quita el suspenso
- Observar el lenguaje que se usa para mostrar el orden cronológico y temporal
- Reflexionar acerca del uso que hace una escritora o un escritor de significados connotativos y comentar lo que transmite a la lectora o al lector
- Observar el uso que hace una escritora o un escritor del lenguaje y establecer cómo contribuye específicamente al significado, la calidad y la atmósfera de un texto
- Observar el uso que hace una escritora o un escritor del lenguaje figurado y establecer cómo contribuye específicamente al significado o al disfrute de un texto

## **Seleccionar objetivos** Hábitos y conocimientos para observar, enseñar y apoyar *(cont.)*

### PENSAR ***ACERCA*** DEL TEXTO *(continuación)*

**ANALIZAR** ***(continuación)***

- Observar e interpretar el lenguaje que revela la actitud de la escritora o del escritor y comunica el tono del texto
- Observar el uso que hace una escritora o un escritor de conectores tanto comunes como sofisticados, así como de conectores académicos
- Comentar por qué una escritora o un escritor inserta información parentética en una oración
- Observar el uso que hace una escritora o un escritor de estructuras no oracionales para lograr un efecto literario
- Luego de leer diversos libros de una autora o un autor, debatir el estilo, el uso del lenguaje y el contenido típico
- Reconocer y comparar estilos de escritura, estableciendo conexiones dentro de diversas obras de una escritora o un escritor, y establecer también relaciones entre las obras de diferentes escritores
- Ubicar lenguaje en un texto que revela el escenario, el problema, las características de los personajes, el cambio de los personajes, el tema, los significados simbólicos, el narrador o la narradora, la atmósfera y el tono
- Observar cómo una escritora o un escritor usa el lenguaje para ayudar a los lectores a experimentar lo que sienten los personajes
- Comprender que una escritora o un escritor selecciona el punto de vista de primera, segunda o tercera persona para contar un cuento
- Observar el uso que hace una escritora o un escritor del lenguaje figurado (incluida la metáfora, el símil, la personificación, la metáfora extendida y la alegoría) y establecer cómo contribuye específicamente al significado o al disfrute de un texto
- Observar el uso que hace una escritora o un escritor del lenguaje expresivo en el diálogo
- Observar el uso que hace una escritora o un escritor del monólogo y el soliloquio (típicamente en una obra de teatro) así como del diálogo extendido para revelar los pensamientos de un personaje
- Observar el uso que hace una escritora o un escritor de la ironía y el lenguaje que la representa
- Observar lenguaje literario típico de la literatura tradicional (*hace mucho tiempo vivía, hace mucho tiempo en un lugar lejano, érase una vez*)
- Observar el uso que hace una escritora o un escritor de palabras humorísticas u onomatopeyas y hablar acerca de cómo estas contribuyen a la acción
- Comprender que una escritora o un escritor de no ficción puede usar la argumentación en un texto persuasivo
- Observar cómo usa el lenguaje una autora o un autor de manera persuasiva
- Comprender que las ilustraciones portan el diálogo y la acción en un texto gráfico
- Comprender cómo funcionan juntos las ilustraciones y el texto para enriquecer el significado y comunicar la atmósfera del texto
- Observar cómo la escritora o el escritor/la ilustradora o el ilustrador selecciona y ubica fotos de manera que cuentan una historia o comunican un significado más amplio en un ensayo fotográfico
- Observar y comentar la manera en que las características del peritexto enriquecen el significado, simbolizan la cultura, crean la atmósfera o ayudan a los lectores a interpretar el texto
- Usar lenguaje académico para hablar acerca de los géneros (*ficción; cuento de familia, amigos y escuela; cuento popular; cuento de animales; cuento humorístico; cuento de hadas; fábula; cuento exagerado; ficción realista; cuento de misterio; cuento de aventuras; cuento de deportes; no ficción; texto informativo; libro informativo; texto sobre hechos; libro de instrucciones; biografía; autobiografía; narración de no ficción; memorias personales; texto de instrucciones; texto persuasivo; texto híbrido; texto expositivo*)
- Usar lenguaje académico para hablar de las formas (*libros de una serie, obra de teatro, libro por capítulos, cómics, texto gráfico, carta, secuela, cuento corto, entrada de diario, artículo periodístico, artículo de fondo*)
- Usar lenguaje académico para hablar acerca de las características literarias (*comienzo, final, problema, personaje, pregunta y respuesta, personaje principal, cambio de personaje, mensaje, diálogo, tópico, sucesos, solución, ambientación, descripción, problema y solución, comparar y contrastar, idea principal, flashback, conflicto, resolución, tema, lenguaje descriptivo, símil, causa y efecto, categorización, lenguaje persuasivo, trama, desarrollo del personaje, personaje secundario, punto de vista, lenguaje figurado, metáfora, secuencia temporal, secuencia cronológica, temática, argumento, trama secundaria, flash-forward, lapso de tiempo, cuento dentro de otro cuento, símbolo, simbolismo, narración en primera persona, narración en tercera persona, narración en segunda persona, atmósfera*)
- Usar lenguaje específico para hablar acerca de las características del libro y la letra impresa (*portada, contraportada, página, autor, ilustrador, ilustración, fotografía, título, rótulo, dibujo, encabezado, leyenda, marco, viñeta, tabla de contenidos, capítulo, título del capítulo, dedicatoria, recuadro lateral, glosario, mapa, diagrama, infografía, nota del autor, nota del ilustrador, sección, solapa del libro, agradecimientos, subtítulo, texto, guía de pronunciación, tabla, gráfica, línea de tiempo, índice, prefacio, dibujo de corte, nota al pie, epílogo, nota al final, apéndice, referencias, prólogo, bibliografía*)

**CRITICAR**

- Criticar el argumento de una escritora o un escritor teniendo en cuenta si es lógico y si el apoyo es adecuado
- Evaluar la calidad de las ilustraciones o los elementos gráficos y compartir opiniones
- Evaluar cómo contribuyen las ilustraciones a la calidad del texto o brindan información adicional
- Evaluar la autenticidad de un texto en función de las experiencias personales de los lectores como preadolescentes y adolescentes
- Usar otra información (de la investigación, la lectura) para evaluar la autenticidad de un texto
- Evaluar si un texto es auténtico respecto de las experiencias de vida de los estudiantes y la información de la lectura de ficción y no ficción

# **Seleccionar objetivos** Hábitos y conocimientos para observar, enseñar y apoyar *(cont.)*

## PENSAR ***ACERCA*** DEL TEXTO *(continuación)*

**CRITICAR** ***(continuación)***

- Observar las referencias y garantías que una escritora o un escritor provee para autenticar un texto
- Distinguir entre fuentes primarias y secundarias y pensar de manera crítica acerca de la autenticidad de un texto
- Distinguir entre hecho y opinión
- Concordar o discrepar con los argumentos de una escritora o un escritor y brindar fundamentos para las opiniones
- Intercambiar opiniones acerca de un texto y brindar fundamentos y ejemplos
- Evaluar aspectos de un texto que contribuyen al entretenimiento (personajes humorísticos o información sorprendente)
- Expresar preferencias con referencias específicas a características de los géneros de ficción y no ficción
- Expresar gustos y preferencias en la lectura y apoyar las elecciones con descripciones y ejemplos de elementos literarios (género, escenario, trama, tema, personajes, estilo, lenguaje)
- Pensar de manera crítica cómo una escritora o un escritor hace que un tema sea interesante y entretenido e intercambiar opiniones
- Pensar de manera crítica en la calidad de un texto y de qué manera ejemplifica su género, e intercambiar opiniones
- Pensar de manera crítica en los personajes y sus acciones e intercambiar opiniones
- Pensar de manera crítica en el sujeto de una biografía y comentar los logros, las características admirables y los defectos del individuo
- Hablar acerca del motivo por el que el sujeto de una biografía es importante o sirve de ejemplo para los demás
- Criticar una biografía teniendo en cuenta la relevancia relativa y/o el valor de su sujeto elegido
- Criticar la presentación del sujeto de una biografía y observar las parcialidades
- Pensar de manera crítica en la escritura de una autobiografía o memorias personales para detectar el error o las parcialidades
- Observar la persuasión y pensar de manera crítica en factores como la parcialidad o los enunciados sin fundamento

## Planificar el trabajo con las palabras después de la lectura guiada

Usando sus observaciones recientes sobre la capacidad de los lectores de descomponer palabras rápida y eficientemente mientras leen un texto, planifique de uno a tres minutos de participación activa de los estudiantes atendiendo a las letras, los sonidos y las palabras. Priorice la observación de los lectores sobre las características de la letra impresa y el uso manual activo de las letras magnéticas, de la pizarra blanca, de tarjetas de palabras o de lápiz y papel para promover la fluidez y la flexibilidad en el procesamiento visual.

**Ejemplos:**

- Formar todo tipo de plurales, entre ellos los que asumen o pierden un acento ortográfico y plurales que requieren un cambio de ortografía (*interés/intereses; eficaz/eficaces*)
- Trabajar la flexibilidad en una palabra base, cambiando letras o agregando o quitando uno o más afijos para formar una palabra nueva (*crecer, crecimiento, decrecimiento*) y discutir los cambios de significado o función
- Clasificar palabras para agrupar palabras con la misma base, palabras con el mismo prefijo, palabras con el mismo sufijo
- Reconocer y usar raíces de palabras (griegas y latinas) para descomponer y determinar los significados de algunas palabras españolas (*form,* que significa "forma" en *formación,* "proceso de hacer o moldear algo")
- Reconocer y usar palabras que tienen significados similares porque tienen la misma raíz (*grado*, que significa "pisar": *grado*, que significa "nivel en rango, calidad o valor", *graduarse*, que significa "terminar un nivel de estudios en una escuela y recibir un título que lo confirma")
- Elaborar redes de palabras con una palabra base o la raíz de una palabra en el centro y pensar en las palabras relacionadas con ella
- Descomponer polisílabos e identificar la sílaba acentuada (*comprarás, estructura, antónimo, diciéndoselo*)
- Clasificar palabras según cualquier característica de la palabra
- Tener una "clasificación abierta" donde los estudiantes observen características de las palabras y pidan a otros estudiantes que determinen la característica que usaron para clasificar
- Descomponer y formar palabras con diptongos (*influencia, aunque*) e hiatos (*latinoamericana, acentúo*)
- Reconocer y usar homófonos (*cede, sede; halla, haya*) y homógrafos (*vela*)

# Lectores del nivel Y

En el nivel Y, los lectores enfrentan los mismos desafíos que en el nivel X, pero cada vez se exige más a los estudiantes para que implementen sus conocimientos disciplinarios en su lectura y comprendan las cualidades literarias. La comprensión de textos requiere pensamiento analítico. Los lectores usarán conocimientos sofisticados de la estructura del texto y de los elementos de literatura para pensar en los textos en profundidad. Encontrarán ambigüedad y tendrán que resolverla; los mensajes son complejos y tienen repercusiones relevantes para la sociedad. Los lectores reconocen simbolismo y humor sutiles. Los cuentos presentan problemas y circunstancias humanos difíciles. Los personajes no son "buenos" ni "malos", sino que demuestran la complejidad de la personalidad humana. Los lectores se vinculan a los textos para aprender más acerca de sí mismos y reflexionar acerca de su vida y la de los demás. Una comprensión profunda en estos niveles supone adentrarse en los recursos de elaboración de la autora o del autor. Casi todos los géneros presentan dificultades para los estudiantes. Muchos textos son extensos y tienen oraciones y párrafos complejos, muchos polisílabos, y se espera que los lectores comprendan y reaccionen a temas maduros como la sexualidad, el maltrato, la pobreza y la guerra. La fantasía, los mitos y las leyendas complejos ofrecen un desafío adicional al exigir que los lectores reconozcan motivos clásicos como el "periplo del héroe" e identificar cuestiones morales. Además, los lectores descubren lenguaje literario que se usa para expresar ironía. Los temas y los personajes son multidimensionales, se pueden comprender en varios niveles y están desarrollados de maneras complejas. Algunos textos pueden incluir lenguaje arcaico o dialectos regionales. En los textos de no ficción, los lectores enfrentan una gran carga de contenidos específicos y palabras técnicas que requieren el uso de definiciones, conocimientos disciplinarios y herramientas de referencia incrustados. Los lectores buscan y usan información que incluye elementos gráficos y textos complejos que presentan contenidos que requieren conocimientos previos de manera integrada. En particular, en este nivel los lectores deben pensar de manera crítica en la calidad y la autenticidad de un texto, evaluar la argumentación y detectar la parcialidad. La mayor parte de la lectura se hace en silencio; todas las dimensiones de la fluidez están bien definidas en la lectura oral. Los lectores comprenden y usan vocabulario disciplinario y académico. Además, los lectores incrementan de manera activa su comprensión de los conocimientos disciplinarios.

## Seleccionar textos Características de los textos del **nivel Y**

### GÉNERO

**▸ Ficción**

- Ficción realista
- Ficción histórica
- Literatura tradicional (cuento popular, mito, leyenda)
- Fantasía épica y ciencia ficción
- Textos híbridos
- Tipos especiales de ficción (cuento de misterio; cuento de aventuras, cuento de deportes; cuento de animales; cuento de familia, amigos y escuela; cuento humorístico, cuento de horror; cuento romántico)

**▸ No ficción**

- Textos expositivos de no ficción
- Textos narrativos de no ficción
- Biografía
- Autobiografía
- Memorias personales
- Textos de instrucciones
- Textos persuasivos
- Textos híbridos

### FORMAS

- Libros de una serie
- Libros álbum
- Libros por capítulos
- Libros por capítulos con secuelas
- Obras de teatro
- Guiones de teatro del lector
- Textos gráficos
- Cartas, diarios y entradas de diario
- Cuentos cortos
- Ensayos fotográficos y artículos periodísticos
- Discursos

### ESTRUCTURA DEL TEXTO

- Textos con varios episodios elaborados con muchos detalles
- Formas integradas (cartas, instrucciones, entradas de diario, correos electrónicos) dentro de estructuras narrativas y expositivas
- Variaciones en la estructura (cuento dentro de otro cuento, flashback, flash-forward, lapso de tiempo)
- Libros de ficción con capítulos relacionados con una trama única
- Textos con trama circular o tramas paralelas
- Textos más extensos con trama principal y tramas secundarias
- Tramas complejas con múltiples hilos argumentales
- Colecciones de cuentos cortos relacionados con un tema predominante

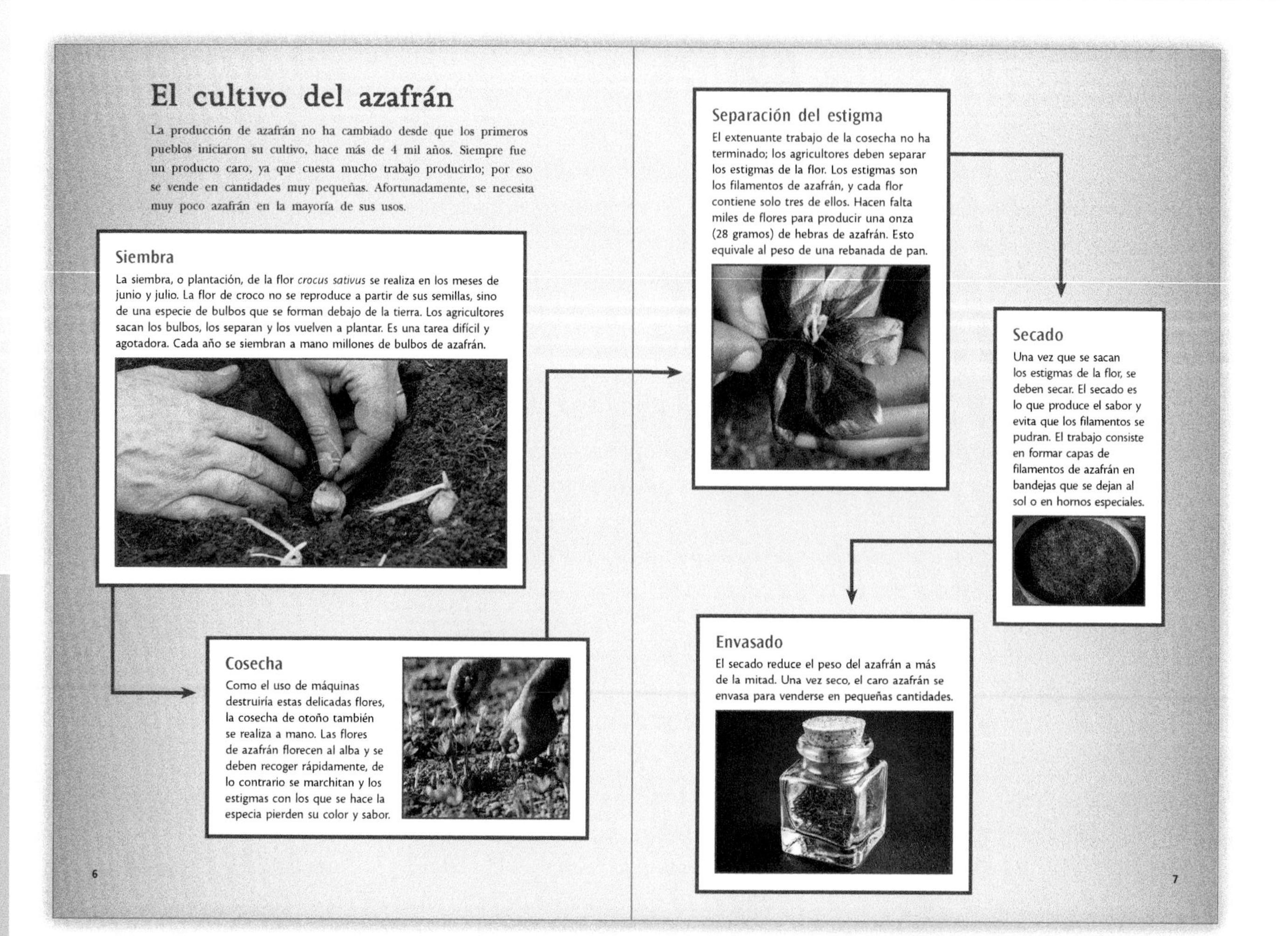

# El cultivo del azafrán

La producción de azafrán no ha cambiado desde que los primeros pueblos iniciaron su cultivo, hace más de 4 mil años. Siempre fue un producto caro, ya que cuesta mucho trabajo producirlo; por eso se vende en cantidades muy pequeñas. Afortunadamente, se necesita muy poco azafrán en la mayoría de sus usos.

**Siembra**

La siembra, o plantación, de la flor *crocus sativus* se realiza en los meses de junio y julio. La flor de croco no se reproduce a partir de sus semillas, sino de una especie de bulbos que se forman debajo de la tierra. Los agricultores sacan los bulbos, los separan y los vuelven a plantar. Es una tarea difícil y agotadora. Cada año se siembran a mano millones de bulbos de azafrán.

**Cosecha**

Como el uso de máquinas destruiría estas delicadas flores, la cosecha de otoño también se realiza a mano. Las flores de azafrán florecen al alba y se deben recoger rápidamente, de lo contrario se marchitan y los estigmas con los que se hace la especia pierden su color y sabor.

6

**Separación del estigma**

El extenuante trabajo de la cosecha no ha terminado; los agricultores deben separar los estigmas de la flor. Los estigmas son los filamentos de azafrán, y cada flor contiene solo tres de ellos. Hacen falta miles de flores para producir una onza (28 gramos) de hebras de azafrán. Esto equivale al peso de una rebanada de pan.

**Secado**

Una vez que se sacan los estigmas de la flor, se deben secar. El secado es lo que produce el sabor y evita que los filamentos se pudran. El trabajo consiste en formar capas de filamentos de azafrán en bandejas que se dejan al sol o en hornos especiales.

**Envasado**

El secado reduce el peso del azafrán a más de la mitad. Una vez seco, el caro azafrán se envasa para venderse en pequeñas cantidades.

7

## ESTRUCTURA DEL TEXTO

*(continuación)*

- Textos con un cambio de perspectiva y/o narrador indicado por un nuevo capítulo, sección o párrafo; lenguaje o característica literaria (tiempo verbal, imágenes literarias, escenario) o características de la letra impresa (tipografía, ubicación de la letra impresa)
- Libros de no ficción divididos en secciones y algunos con subsecciones
- Patrones estructurales subyacentes (descripción, causa y efecto, secuencia cronológica, secuencia temporal, categorización, comparación y contraste, problema y solución, pregunta y respuesta)

## CONTENIDO

- Contenido interesante y relevante para la lectora o el lector
- Muchos libros con poco o ningún apoyo de imágenes para el contenido (libros por capítulos)
- Muchos contenidos que requieren acceso a conocimientos previos
- Contenido que propicia el pensamiento crítico para juzgar la autenticidad y la precisión
- Contenido que requiere que la lectora o el lector asuma perspectivas de diversas culturas y apele al conocimiento cultural para la comprensión
- Textos que tienen, en su mayor parte, contenidos que atraen e interesan a los lectores y amplían los conocimientos (viajes, experiencias con otras culturas, aventuras en las ciencias, supervivencia)
- Contenido cuya comprensión requiere madurez emocional y social
- Contenido complejo cuya comprensión requiere análisis y estudio
- Contenido que trasciende la experiencia inmediata de los estudiantes
- Textos que requieren conocimiento del contenido de las disciplinas (historia, geografía, cultura, lenguaje, ciencias, artes, conceptos matemáticos)
- Contenido que requiere que la lectora o el lector busque información en los elementos gráficos (mapas, tablas, diagramas, dibujos ilustrados, fotografías rotuladas)

## TEMAS E IDEAS

- Muchos textos con temas e ideas que incluyen asuntos sociales importantes para los adolescentes (la familia, el crecimiento, la sexualidad, los asuntos mundiales, la muerte y las enfermedades, la pobreza)
- Temas e ideas que requieren una perspectiva no conocida para la lectora o el lector
- Ideas complejas acerca de diversos temas cuya comprensión requiere experiencia real o indirecta (a través de la lectura)
- Textos con significados más profundos aplicables a problemas humanos y asuntos sociales importantes (el sufrimiento, la guerra, el racismo, las dificultades económicas, la clase social, el medioambiente)
- Amplia gama de temas e ideas complejos que desarrollan una conciencia social y revelan perspectivas acerca de la condición humana
- Muchas ideas y temas que requieren la comprensión de la diversidad cultural
- Textos con temas abstractos que requieren razonamiento inferencial

# Seleccionar textos Características de los textos del nivel Y *(cont.)*

## TEMAS E IDEAS *(continuación)*

- Textos que presentan varios temas que se pueden comprender por muchos niveles
- Temas que evocan interpretaciones alternativas

## CARACTERÍSTICAS LITERARIAS Y DEL LENGUAJE

- Escenarios que son distantes en el tiempo y la geografía
- Escenarios en la fantasía que requieren que la lectora o el lector acepten elementos de otro mundo que no podrían existir en el mundo real
- Escenarios que son importantes para la comprensión de la ficción narrativa o la biografía
- Variedad en la estructura de la trama del texto narrativo (cuento dentro de otro cuento, flashback sencillo)
- Algunos textos con varias tramas, cada una con su propio conjunto de personajes principales y secundarios
- Personajes principales y personajes secundarios
- Personajes multidimensionales
- Personajes revelados por lo que dicen, piensan y hacen y por lo que los demás dicen y piensan sobre ellos
- Personajes revelados a lo largo de una serie de sucesos, capítulos o libros
- Motivos para la introducción de cambios complejos en los personajes, que requieren inferencia
- Algunos textos que revelan las perspectivas de más de un personaje
- Personajes "dinámicos" que tienen una gama compleja de atributos buenos y malos, y que cambian durante el desarrollo de la trama, y personajes "estáticos" que no cambian pero pueden tener un papel importante en la trama
- Variedad en la presentación del diálogo (diálogo entre muchos personajes, diálogo con pronombres, diálogo separado, diálogo directo, incluido el diálogo no asignado y tramos largos de diálogo)
- Algunas cadenas de diálogo no asignado para los que se debe inferir quiénes son los interlocutores
- Mayoría de textos escritos en primera o tercera persona narrativa con algunos textos de instrucciones en segunda persona
- Motivos básicos de la literatura tradicional y la fantasía moderna (lucha entre el bien y el mal, objetos fantásticos o mágicos, deseos, artimañas, transformaciones)
- Lección moral cerca del final del cuento (en ocasiones, enunciada de manera explícita)
- Lenguaje literario, típico de la literatura tradicional (*había una vez, en una tierra muy lejana*)
- Lenguaje descriptivo, poético y figurado (imágenes literarias, metáfora, símil, personificación, alegoría, hipérbole)
- Lenguaje y sucesos que transmiten una atmósfera emocional en un texto, que afecta las emociones de la lectora o del lector (tensión, suspenso, tristeza, felicidad, curiosidad)
- Uso de simbolismo
- Lenguaje coloquial en los diálogos que refleja la personalidad de los personajes y/o el escenario
- Lenguaje de procedimientos
- Lenguaje que se usa para hacer comparaciones
- Lenguaje descriptivo
- Lenguaje que se usa para mostrar orden cronológico y secuencia temporal
- Lenguaje persuasivo y argumentación
- Lenguaje que revela la actitud o las emociones de la autora o del autor respecto de un tema (tono que se refleja en el estilo de escritura): alegre, irónico, serio, afectuoso, formal, sarcástico, irritado
- Algunos textos con una densa presentación de hechos e ideas

## COMPLEJIDAD DE LAS ORACIONES

- Algunas oraciones más largas con más de veinte palabras
- Amplia gama de oraciones declarativas, imperativas, exclamativas o interrogativas
- Variación en la longitud y en la estructura de la oración
- Oraciones con una amplia variedad de categorías gramaticales, entre ellas adjetivos, adverbios y frases preposicionales
- Oraciones con conectores comunes, sofisticados y académicos
- Oraciones largas y muy complejas unidas con dos puntos o con punto y coma
- Uso frecuente de material parentético integrado en oraciones
- Algunas estructuras no oracionales para añadir efecto literario

## VOCABULARIO

- Palabras que, en su mayor parte, aparecen en el vocabulario de usuarios del lenguaje maduros (Nivel 2)
- Muchas palabras propias de una disciplina (Nivel 3)
- Amplia variedad de palabras usadas para asignar diálogo
- Muchas palabras con varios significados
- Muchas palabras con significado figurado
- Uso frecuente de modismos
- Vocabulario nuevo que requiere acción estratégica para su comprensión (obtener significado según el contexto, usar herramientas de referencia, observar la morfología, usar raíces de palabras, usar analogía)
- Palabras con significados connotativos que son esenciales para comprender el texto
- Conectores comunes típicos del lenguaje oral que conectan ideas y aclaran significados, y muchos conectores sofisticados que no aparecen a menudo en el lenguaje oral cotidiano (*a menos que, además, aunque, cuando sea, hasta que, mientras tanto, no obstante, por lo tanto, si no, sin embargo, todavía*)
- Algunos conectores académicos que relacionan ideas y aclaran significados y que aparecen en textos escritos pero que no se usan con regularidad en el lenguaje oral cotidiano (*a través del cual, como se observa, con referencia a, con respecto a, considerando que, de igual modo, en consecuencia, en síntesis, en último lugar, por consiguiente, por el contrario, por ende, por último*)
- Algunas palabras usadas irónicamente
- Algunas palabras de dialectos regionales o históricos
- Palabras (incluida la jerga) usadas informalmente por grupos particulares de personas
- Palabras de idiomas diferentes al español
- Algunos arcaísmos

## Seleccionar textos Características de los textos del nivel Y *(cont.)*

### PALABRAS

- Un gran número de polisílabos, muchos de ellos técnicos o científicos
- Todo tipo de plurales
- Muchos polisílabos con algunas relaciones complejas entre letra y sonido
- Algunos sustantivos propios polisílabos que son difíciles de descifrar
- Palabras que plantean desafíos de decodificación porque son arcaicas, provienen de dialectos regionales o son de idiomas diferentes al español
- Todo tipo de palabras compuestas
- Palabras base con múltiples afijos (prefijos y sufijos)
- Conectores comunes, sofisticados y académicos

### ILUSTRACIONES

- Ilustraciones que mejoran y amplían el significado en un texto
- Textos con ilustraciones cada tres o cuatro páginas
- Textos sin más ilustraciones que elementos decorativos tales como las viñetas
- Variedad en la disposición de las ilustraciones y la letra impresa
- Libros con variación en los colores para comunicar atmósfera (sepia, blanco y negro, color)
- Textos gráficos que presentan una gran cantidad de información en las ilustraciones
- Algunas ilustraciones complejas y matizadas que comunican atmósfera y significado (literal, figurado, simbólico) que se combina con el texto o lo amplía
- Elementos gráficos que requieren la interpretación de la lectora o del lector y que son esenciales para la comprensión del texto informativo
- Varios tipos de elementos gráficos en una sola página doble
- Una gama de elementos gráficos que presentan información que se combina con el texto y lo amplía (fotografías y dibujos con rótulos y/o leyendas; diagramas, dibujos de corte; mapas con leyendas o claves, escala; infografía, gráfica, línea de tiempo)

### CARACTERÍSTICAS DEL LIBRO Y LA LETRA IMPRESA

#### LONGITUD

- Una amplia variación en la longitud (la mayoría de menos de cuarenta y ocho páginas)
- Una amplia variación en el número de palabras (2,000+)
- Algunos libros divididos en capítulos
- Libros divididos en secciones y subsecciones

#### TEXTO IMPRESO Y DISPOSICIÓN

- Letra impresa y fondo de diversos colores
- Variedad en la ubicación de la letra impresa, que refleja géneros diferentes
- Información que se muestra en diversas combinaciones de imágenes y letra impresa en textos gráficos
- Leyendas debajo de imágenes que brindan información importante
- Letra impresa e ilustraciones integradas en la mayoría de los textos, con letra impresa alrededor de las imágenes
- Letra impresa colocada en recuadros laterales y elementos gráficos que presentan información importante
- Letra impresa arcaica en textos históricos

#### PUNTUACIÓN

- Punto, coma, signos de interrogación, signos de admiración, punto y coma, dos puntos, paréntesis, rayas de diálogo o comillas para el diálogo y puntos suspensivos en la mayoría de los textos
- Comillas o comillas angulares para identificar citas y pensamientos

#### HERRAMIENTAS DE ORGANIZACIÓN

- Título, tabla de contenidos, título del capítulo, encabezado, subtítulo y recuadro lateral

#### RECURSOS DEL TEXTO

- Dedicatoria, reconocimientos, nota de la autora o del autor, guía de pronunciación, glosario, índice, preámbulo, notas al pie, nota final, epílogo, apéndice y referencias
- Textos con características de diseño que contribuyen al atractivo estético del conjunto (peritexto)
- Textos con características de diseño que potencian el significado, comunican cultura, crean atmósfera (peritexto) o tienen significado simbólico

# Seleccionar objetivos Hábitos y conocimientos para observar, enseñar y apoyar

## PENSAR EN EL TEXTO *EN SÍ*

### BUSCAR Y USAR INFORMACIÓN

- Cuando sea necesario, volver a leer para buscar y usar información del cuerpo del texto, los recuadros laterales, recuadros y elementos gráficos
- Mantener la búsqueda de información en textos de diversas longitudes
- Mantener la búsqueda en oraciones largas y muy complejas que incluyen varias frases, cláusulas y listas y todo tipo de signos de puntuación
- Buscar información en textos densos que tienen vocabulario académico y presentan conceptos muy complejos
- Buscar información en textos con muchas características y letra impresa muy densa
- Buscar y usar información en textos que tienen muchas características, letra impresa muy densa y elementos gráficos complejos, que revelan muchas facetas de un tema disciplinario
- Buscar información en textos complejos que cuenta con discurso académico
- Buscar y usar información para comprender muchas tramas, perspectivas y temas en un solo texto
- Buscar información y lenguaje que expresa o implica el mensaje o los mensajes más amplios del texto
- Usar conocimientos previos para buscar y comprender información disciplinaria
- Usar vocabulario disciplinario y conocimientos de la estructura del texto en disciplinas académicas para buscar y usar información
- Usar herramientas de organización para buscar información (título, tabla de contenidos, títulos de capítulos, encabezados, subtítulos, recuadros laterales, acotaciones)
- Usar recursos del texto para buscar información (reconocimientos, nota de la autora o del autor, guía de pronunciación, glosario, referencias, índice)
- Buscar información en oraciones que varían en longitud, estructura y puntuación con base en la complejidad del texto
- Buscar información en oraciones con variación en la ubicación del sujeto, el verbo, los adjetivos y los adverbios
- Buscar información en diálogo presentado de diversas maneras (asignado y no asignado, diálogo separado, diálogo directo)
- Buscar información de manera estratégica, usando los conocimientos de la estructura del texto y las herramientas de la lectora o del lector
- Usar conocimientos de la estructura narrativa lineal (orden cronológico) dentro de muchos episodios para buscar y usar información
- Usar conocimientos de variaciones en la estructura del texto narrativo para buscar y usar información: cuento dentro de otro cuento; flashback y flash-forward (texto narrativo fragmentado); texto narrativo circular; tramas múltiples o paralelas
- Buscar información en diversas estructuras de texto narrativo: cuento dentro de otro cuento; flashback y flash-forward (texto narrativo fragmentado); textos narrativos circulares; tramas múltiples o paralelas
- Observar y usar signos de puntuación (punto, coma, signos de interrogación, signos de admiración, punto y coma, dos puntos, paréntesis, rayas de diálogo, comillas o comillas angulares, puntos suspensivos)
- Buscar y usar información en textos con una diversidad en la ubicación del cuerpo del texto, los recuadros laterales y los elementos gráficos

### VERIFICAR Y AUTOCORREGIRSE

- Autoverificar la lectura usando diversas fuentes de información (conocimientos previos, sintaxis, significado de las palabras, estructura de las palabras, conocimiento de la estructura del texto, significado de todo el texto, elementos gráficos, disposición, diseño)
- Continuar verificando la precisión, autocorrigiéndose en pocas ocasiones (solo cuando sea necesario para entender el texto)
- Verificar la comprensión con atención para asegurar la comprensión en todo momento
- Verificar con atención la comprensión de los textos usando el conocimiento de diversos géneros y formas (realista, histórico, fantasía épica, ciencia ficción, mitos, leyendas, poesía, obras de teatro)
- Usar los conocimientos de los elementos literarios (trama, personajes principales y secundarios, escenario, estructura del texto narrativo) para verificar y corregir la lectura
- Usar el conocimiento de la estructura narrativa y de los atributos de los personajes (muchos pueden ser multidimensionales y cambiar) para autoverificar y autocorregirse
- Usar conocimientos de géneros para verificar la comprensión de un texto (texto expositivo de no ficción, texto narrativo de no ficción, biografía, autobiografía, memorias personales, texto de instrucciones, texto persuasivo)
- Usar conocimientos disciplinarios para verificar la comprensión de textos que contienen mucha información e ideas
- Usar conocimientos de diversas disciplinas académicas para verificar los conocimientos de ideas conceptuales que entrelazan disciplinas
- Verificar la comprensión usando conocimientos de vocabulario disciplinario
- Usar información de los elementos gráficos (mapas, diagramas, tablas, fotos, ilustraciones) para autoverificar la lectura

### DESCIFRAR PALABRAS

#### ▸ Leer palabras

- Acceder a un vocabulario de lectura muy amplio y, sin esfuerzo consciente, mantener la atención al significado y el lenguaje de un texto
- En los casos poco frecuentes en que se requiera descifrar palabras, usar una amplia gama de estrategias para descifrar polisílabos (usar sílabas, reconocer patrones ortográficos dentro de las palabras, usar relaciones complejas entre letras y sonidos, observar palabras base y afijos, usar el contexto del texto, usar recursos del texto)
- Descifrar palabras al identificar partes de palabras simples, complejas y modificadas o partes de palabras dentro de polisílabos
- Leer polisílabos, entre ellos, muchos que incorporen palabras o partes de palabras de idiomas diferentes al español
- Descifrar palabras rápidamente mientras se procesa un texto continuo y con la menor autocorrección explícita
- Leer sustantivos propios, palabras de otros idiomas y palabras técnicas de disciplinas académicas que son difíciles de decodificar y usar recursos del texto como la guía de pronunciación cuando sea necesario

## Seleccionar objetivos Hábitos y conocimientos para observar, enseñar y apoyar *(cont.)*

### PENSAR EN EL TEXTO ***EN SÍ*** *(continuación))*

#### DESCIFRAR PALABRAS *(continuación)*

▸ **Leer palabras** *(continuación)*

- Identificar palabras base y afijos (prefijos y sufijos) para descifrar palabras
- Descifrar palabras que son difíciles de descifrar porque son arcaicas, provienen de dialectos regionales o de idiomas diferentes al español
- Leer conectores comunes, sofisticados y académicos

▸ **Vocabulario**

- Emplear el uso de una amplia gama de recursos del texto (glosario) y herramientas de referencia (diccionarios, libros de texto) para explorar el significado y la historia de palabras como área de investigación
- Deducir los significados de palabras nuevas y ampliar los significados de palabras conocidas mediante el uso de estrategias flexibles (el contexto en una oración, relaciones con otras palabras, sinónimos y antónimos, partes de palabras, palabras base y afijos, función de una palabra en una oración, recursos del texto)
- Comprender una amplia gama de palabras del Nivel 2 (que aparecen con frecuencia en la escritura) y también palabras del Nivel 3 (que se usan en disciplinas académicas)
- Continuar deduciendo significados de un gran número de palabras que son específicas de disciplinas académicas (Nivel 3) y agregarlas al vocabulario de lectura
- Comprender vocabulario disciplinario que aparece con frecuencia y se usa principalmente en el contexto del aprendizaje en la disciplina (Nivel 3)
- Comprender los significados y las funciones en oraciones de todas las categorías gramaticales
- Comprender cómo una escritora o un escritor usa palabras en un texto para indicar la perspectiva o el punto de vista (primera persona, segunda persona, tercera persona)
- Comprender muchas palabras que tienen muchos significados e identificar el significado específico que posee en una oración o párrafo
- Comprender los significados y funciones de conectores comunes que aparecen en el lenguaje oral y muchos conectores sofisticados (complejos) que son más típicos del lenguaje escrito
- Comprender los significados y las funciones de conectores académicos que aparecen en textos escritos pero que no se usan con frecuencia en el lenguaje oral cotidiano
- Comprender significados denotativos, connotativos, idiomáticos y figurados de las palabras
- Comprender los significados connotativos y figurados de palabras que contribuyen a la atmósfera del texto, entre ellas palabras que asignan diálogo (*suspiró, susurró*)
- Comprender los significados connotativos de palabras que contribuyen al tono del texto
- Comprender que en los textos gráficos, la información sobre las palabras está en las ilustraciones y que muchas palabras poco comunes aparecen en los textos gráficos
- Comprender palabras usadas en dialectos regionales o históricos
- Comprender los significados connotativos de las palabras (adjetivos descriptivos, verbos, adverbios) necesarios para comunicar detalles de la conducta de los personajes
- Deducir los significados de palabras técnicas y de palabras creadas por la autora o el autor en la ciencia ficción
- Deducir los significados de palabras creadas por la autora o el autor diseñadas para comunicar detalles del escenario, atributos de los personajes y la acción en algunas fantasías y textos de ciencia ficción
- Comprender palabras usadas informalmente por grupos particulares de personas (jerga, dialecto)
- Comprender palabras, frases, modismos y expresiones de idiomas diferentes al español
- Comprender una gama de arcaísmos diseñados para comunicar detalles del escenario y atributos de los personajes
- Comprender por qué una escritora o un escritor de ficción usa una palabra de manera satírica o irónica
- Reconocer usos ambiguos de palabras cuyos significados pueden estar sujetos a interpretación
- Comprender y adquirir un gran número de palabras específicas del contenido que requieren el uso de acciones estratégicas (comprensión conceptual del contenido, definiciones dentro del cuerpo de un texto, glosario u otra herramienta de referencia)
- Comprender palabras clave en elementos gráficos como mapas, diagramas y tablas

#### MANTENER LA FLUIDEZ

- Leer oralmente de una manera que demuestre todas las dimensiones de la fluidez (pausa, formación de frases, entonación, acento prosódico, ritmo)
- Leer silenciosamente a un ritmo rápido (mucho más rápido que el de la lectura oral) mientras se mantiene comprensión
- Demostrar la capacidad de hojear y explorar mientras se lee en silencio para buscar información de manera rápida
- Participar en la lectura silenciosa a un ritmo lo suficientemente rápido para procesar una gran cantidad de texto con comprensión
- En la lectura oral, mostrar reconocimiento de una amplia gama de oraciones declarativas, imperativas, exclamativas o interrogativas
- Mantener el impulso mientras se lee una amplia diversidad de texto, muchos de ellos largos
- Observar puntos, comas, signos de interrogación, signos de admiración, paréntesis, rayas de diálogo, comillas o comillas angulares, guiones y puntos suspensivos y comenzar a reflejarlos con la voz mediante la entonación y la pausa
- Leer discursos de una manera que refleje la intención original de la oradora o del orador
- Durante la lectura en voz alta, mostrar con la voz cuando una escritora o un escritor quiere decir algo diferente de lo que las palabras por sí solas indican
- Cuando se lee oralmente, mostrar con la voz cuándo una escritora o un escritor usa recursos literarios sutiles como la ironía
- Reconocer y leer de manera expresiva diversos diálogos, algunos no asignados
- Leer partes de un guion y demostrar todas las dimensiones de la fluidez

# **Seleccionar objetivos** Hábitos y conocimientos para observar, enseñar y apoyar *(cont.)*

## PENSAR EN EL TEXTO ***EN SÍ*** *(continuación)*

### MANTENER LA FLUIDEZ *(continuación)*

- Mostrar en la voz cuándo las palabras en un texto (mostradas por comillas o comillas angulares) reflejan pensamientos no expresados
- Leer novelas en verso oralmente y reflejar el significado y el ritmo con la voz
- Leer textos de ficción y poesía de manera dramática y con expresión de acuerdo con el público
- Reflejar listas numeradas o con viñetas con la voz cuando se lee oralmente
- Usar la voz para reflejar contenido disciplinario de maneras diferentes (relato histórico frente a argumentación científica)

### AJUSTAR

- Ajustar la lectura para reconocer una amplia gama de oraciones declarativas, imperativas, exclamativas e interrogativas, muchas de ellas muy complejas
- Ajustar la lectura para reconocer un texto híbrido o un texto con formas integradas como las cartas, los diarios, las entradas de diario y otros documentos auténticos
- Ajustar la lectura para formar expectativas a partir de los propósitos y las características de los géneros de ficción y no ficción, al igual que las formas como los textos gráficos complejos
- Ajustar la lectura para satisfacer las necesidades especiales de un texto gráfico
- Leer más lentamente para buscar información o reflexionar acerca de ella, o para disfrutar del lenguaje y retomar la lectura con impulso
- Ajustar la lectura para adaptarla a una amplia diversidad de oraciones complejas con frases y cláusulas subordinadas y también a información parentética
- Ajustar para incorporar formas insertadas (cartas, diarios, entradas de diario, otros documentos auténticos) en textos narrativos y expositivos
- Ajustar las expectativas con respecto a los múltiples géneros en un texto híbrido
- Ajustar la lectura para reconocer y usar características de tipos especiales de ficción como el cuento de misterio; el cuento de aventuras; el cuento de animales, el cuento de familia, amigos y escuela; sátira/parodia; cuento de horror; cuento romántico
- Ajustar para leer partes de un guión, incluidos los tramos más largos de diálogo y el uso ocasional de monólogo o soliloquio
- Ajustar la lectura para reconocer variaciones en la estructura narrativa (cuento dentro de otro cuento, flashback, flash-forward, lapso de tiempo)
- Ajustar la lectura para procesar textos con tramas múltiples o paralelas, cada trama con su propio reparto de personajes
- Ajustar la lectura para seguir textos que cambian de perspectiva y/o narrador dentro del texto narrativo más amplio
- Ajustar la lectura para reconocer los géneros de no ficción (texto expositivo de no ficción, texto narrativo de no ficción, biografía, autobiografía, memorias personales, texto de instrucciones, texto persuasivo, texto híbrido)
- Ajustar la lectura para reconocer formas (poemas; obras de teatro; textos gráficos, cartas, diarios y entradas de diario; ensayos fotográficos y artículos periodísticos; discursos (y textos persuasivos semejantes como fragmentos breves de debate y documentos expositivos)
- Ajustar para reconocer el uso de formas complejas de la argumentación en un texto persuasivo, que incluye editoriales, propaganda y publicidad
- Ajustar la lectura para procesar textos muy densos con el texto del cuerpo y muchas características gráficas
- Ajustar la lectura para reflejar una serie de pasos en un texto de instrucciones
- Ajustar la lectura para procesar un texto con una densa presentación de hechos e ideas

### RESUMIR

- Presentar un resumen conciso y organizado que incluya toda la información importante
- Presentar un resumen oral que consista en información importante y, cuando sea relevante, ofrecer una opinión con pruebas
- Resumir una sección seleccionada de un texto que sea relevante para comprender los personajes, la trama o el mensaje
- Resumir partes importantes de un texto (capítulos o secciones) de manera que aborde preguntas específicas o aclare el significado más amplio del texto
- Presentar un resumen oral organizado que incluya el escenario (si es importante), sucesos relevantes de la trama, incluido el clímax y la resolución, los personajes principales y secundarios, el cambio de los personajes (cuando sea relevante) y uno o más temas (ficción)
- Presentar un resumen oral lógico y organizado que incluya la información importante que expresa la idea principal o el mensaje más amplio y que refleje la estructura general (expositiva o narrativa) así como las estructuras textuales subyacentes: descripción, causa y efecto, secuencia cronológica, secuencia temporal, categorización, comparación y contraste, problema y solución, pregunta y respuesta (no ficción)
- Presentar un resumen oral organizado que incluya toda la información importante (como se indicó anteriormente) y ofrece pruebas de la autenticidad del texto
- Presentar una reseña de un texto que incluya toda la información importante mencionada previamente y que también identifique los elementos particulares del estilo y/o la calidad literaria

# **Seleccionar objetivos** Hábitos y conocimientos para observar, enseñar y apoyar *(cont.)*

## PENSAR ***MÁS ALLÁ*** DEL TEXTO

### PREDECIR

- Hacer predicciones a partir de los conocimientos actuales de la conducta y las emociones humanas obtenidos de la experiencia personal y de experiencias indirectas en la lectura de textos de ficción y no ficción
- Hacer predicciones a partir de conocimientos previos o disciplinarios en las ciencias sociales y las ciencias naturales
- Hacer predicciones a partir de conocimientos amplios de obras literarias (géneros, tipos especiales, estructuras del texto, propósitos)
- Hacer predicciones basadas en los paneles en textos gráficos
- Justificar predicciones con pruebas del texto
- Justificar predicciones con pruebas que surgen de conocimientos de la experiencia humana y/o conocimientos disciplinarios y literarios
- Predecir el final de un cuento con base en la comprensión de diferentes tipos de estructura narrativa y la comprensión del escenario, la trama y los personajes
- Hacer predicciones a partir del conocimiento de las características de los géneros de ficción y no ficción, además de la comprensión y experiencia de la lectura de diferentes tipos de textos de ficción como los cuentos de misterio o supervivencia
- Comprender que hay muchas variaciones en la estructura de la trama narrativa
- Hacer predicciones basadas en la estructura de la trama (predecir conexiones entre personajes y sucesos en un texto con trama circular, tramas paralelas, trama principal y trama secundaria)
- Hacer predicciones acerca de la acción de la trama, la resolución de problemas y la conducta de los personajes en textos complejos
- Usar conocimientos del contenido en disciplinas naturales y sociales para interpretar la información en los textos y usarlos para predecir el significado de otros contenidos
- Hacer predicciones a partir del conocimiento de formas especiales (cartas, diarios y entradas de diario; ensayos fotográficos y artículos periodísticos; discursos)
- Hacer predicciones basadas en el conocimiento de estructuras textuales subyacentes (descripción, causa y efecto, secuencia cronológica, secuencia temporal, categorización, comparación y contraste, problema y solución, pregunta y respuesta)

### ESTABLECER CONEXIONES

- Relacionar conocimientos disciplinarios de ciencias naturales y sociales para el contenido de textos de ficción y no ficción
- Relacionar el contenido y los problemas en los textos de ficción y no ficción con asuntos sociales actuales e históricos y con problemas mundiales
- Establecer diversos tipos de relaciones entre los textos (contenido, género, tema, autora o autor, ilustradora o ilustrador, personajes o sujeto de una biografía, estilo, mensaje)
- Enunciar de manera explícita la naturaleza de las relaciones (tema, asunto, mensaje, personajes o sujetos, género, autora o autor, estilo, atmósfera, tono, ilustradora o ilustrador)
- Relacionar textos con la propia vida y con el contenido y las tramas que son particularmente importantes para los preadolescentes y adolescentes
- Usar conocimientos disciplinarios de las ciencias naturales y sociales para comprender los escenarios, las tramas y los personajes de textos de ficción histórica y realista
- Usar conocimientos disciplinarios (ciencias y tecnología) para comprender la ciencia ficción
- Establecer relaciones con las características y los problemas humanos que comparten personas de diversas culturas
- Aplicar conocimientos de elementos y motivos básicos de la fantasía para comprender la fantasía y la ciencia ficción
- Usar conocimientos disciplinarios de ciencias naturales para comprender los problemas y los escenarios en todos los textos de ficción
- Relacionar símbolos con las ideas o las emociones que representan
- Relacionar problemas y personajes en textos de ficción con asuntos y problemas que enfrentan los seres humanos a nivel mundial
- Establecer relaciones entre los conocimientos disciplinarios de las ciencias naturales y sociales y el contenido de los textos
- Usar conocimientos disciplinarios de ciencias naturales y sociales para comprender el contenido en una amplia gama de textos
- Establecer conexiones entre los conocimientos y las estructuras de los géneros de no ficción (narrativa y expositiva, persuasiva, de instrucciones, biográfica) y las estructuras que en realidad encuentra en los textos
- Usar la investigación para relacionar textos según tema, género y estructura
- Desarrollar conocimientos disciplinarios al establecer relaciones entre disciplinas mediante la lectura de diversos textos de no ficción

### SINTETIZAR

- Usar textos de ficción y no ficción para desarrollar nuevas perspectivas de la condición humana y formular actitudes sociales, opiniones y puntos de vista morales acerca de cuestiones sociales históricas
- Crear categorías mentales o representaciones de cuerpos de conocimientos; acceder y revisar continuamente categorías o representaciones como información nueva que aparece en diversos textos
- Enunciar de manera explícita conocimientos, ideas y actitudes nuevos construidos a partir de la lectura de textos de ficción y no ficción y proporcionar pruebas de los textos
- Construir conocimientos nuevos a lo largo de textos de ficción y no ficción que se relacionan en el tema, el contenido o el asunto
- Usar textos en muchos géneros (ficción realista, ficción histórica, literatura tradicional) para adquirir nuevas perspectivas sobre culturas y tiempos históricos que no son accesibles de manera directa
- Expresar cambios en ideas, actitudes o valores desarrollados como resultado de la lectura de todos los géneros de textos de ficción

# Seleccionar objetivos Hábitos y conocimientos para observar, enseñar y apoyar *(cont.)*

## PENSAR ***MÁS ALLÁ*** DEL TEXTO *(continuación)*

### SINTETIZAR *(continuación)*

- Aplicar perspectivas aprendidas a partir de la lectura de ficción a asuntos y problemas que enfrentan los adolescentes y los adultos jóvenes en la sociedad (la presión de los compañeros, las relaciones sociales, el acoso, la madurez, las elección de profesión, las decisiones de vida)
- Reconocer información conocida y nueva y categorías de información cuando aparecen en los textos
- Reconocer perspectivas y sistemas de creencias que son contrarios a los propios y tomar decisiones acerca del cambio de perspectivas y creencias como respuesta
- Reconocer información nueva en la argumentación en textos persuasivos y tomar decisiones acerca del cambio de creencias o actitudes como respuesta
- Continuar ampliando los conocimientos del lenguaje y la estructura de disciplinas académicas y científicas mediante la lectura
- Ampliar conocimientos de vocabulario académico mediante la lectura
- Utilizar la investigación para desarrollar conocimientos de un tema leyendo más de una fuente escrita (primaria y secundaria)

### INFERIR

- Inferir comparaciones que hace una autora o un autor en una metáfora o alegoría extensas
- Inferir información acerca de los personajes, el escenario, la trama y la acción de textos gráficos, en los que las ilustraciones portan gran parte del significado
- Hacer inferencias acerca del escenario como ayuda para la comprensión del cuento
- Inferir la importancia del escenario en un texto biográfico
- Inferir los pensamientos de un personaje que se revelan en un monólogo o soliloquio, por lo general en una obra de teatro
- Identificar personajes dinámicos e inferir las características y el desarrollo de esos personajes en un texto
- Identificar personajes estáticos e inferir las características constantes de esos personajes en un texto
- Inferir emociones y motivos de múltiples personajes a lo largo de tramas complejas con algunas tramas secundarias
- Inferir las características, los sentimientos y las motivaciones de los personajes a partir de lo que los personajes dicen, piensan o hacen, y lo que otros dicen o piensan de ellos
- Inferir relaciones complejas entre los personajes al observar las reacciones entre sí
- Comparar las inferencias con los demás lectores y considerar interpretaciones alternativas para los motivos de los personajes y para el mensaje de la escritora o del escritor
- Inferir soluciones posibles para el problema de un cuento y hallar pruebas de apoyo en el texto
- Distinguir varias tramas en un texto, cada una con su propio conjunto de personajes principales y secundarios, e inferir las relaciones que existen entre los personajes
- Inferir significados simbólicos en un texto
- Inferir temas, ideas y emociones de personajes a partir de los paneles en textos gráficos
- Inferir ideas y temas abstractos que tienen relevancia para los problemas humanos a nivel mundial
- Inferir las parcialidades y las creencias subyacentes de una escritora o un escritor
- Inferir actitudes que pueden ser nuevas o contrarias a las creencias actuales de los lectores
- Inferir temas o mensajes múltiples en un texto que pueden comprenderse en muchos niveles
- Inferir cómo se aplican los mensajes y los temas de los textos de ficción a la vida actual
- Inferir temas y asuntos universales que influyen en los problemas humanos a lo largo del mundo
- Inferir el tema o los temas predominantes en una colección de cuentos cortos
- Inferir el propósito de una escritora o un escritor de memorias personales o autobiografía
- Inferir la actitud de una biógrafa o un biógrafo respecto de un sujeto
- Inferir mensajes ocultos o explícitos en un texto persuasivo
- Inferir el mensaje de la escritora o del escritor (algunos enunciados de manera sutil) en textos que incluyen temas serios y maduros (la miseria, la guerra, el racismo, las dificultades económicas, la clase social, el medioambiente)
- Inferir información a partir de todos los elementos de un texto: cuerpo, recuadros laterales, ilustraciones, elementos gráficos, diversos recursos del texto, ilustraciones decorativas o informativas y/o letra impresa fuera del cuerpo del texto (peritexto)
- Inferir la relevancia del diseño y de otras características del peritexto
- Usar el lenguaje de la escritora o del escritor para inferir la atmósfera y el tono de un texto
- Inferir el significado o los significados de una alusión en un texto
- Inferir humor en un texto
- Inferir creencias, costumbres y perspectivas de personas que viven en otras culturas
- Inferir creencias, costumbres y perspectivas de personas que vivieron en el pasado cercano y lejano
- Inferir cómo podría ser la vida y lo que las personas podrían creer y hacer en un tiempo futuro
- Inferir la relevancia y las interrelaciones entre problemas mundiales que tienen repercusiones en la calidad de vida, la supervivencia de las especies o el futuro
- Inferir los mensajes más amplios en un texto de no ficción: lo que se puede aprender más allá de los hechos
- Usar conocimientos disciplinarios de ciencias naturales y sociales para inferir la relevancia de la información en un texto

## **Seleccionar objetivos** Hábitos y conocimientos para observar, enseñar y apoyar *(cont.)*

### PENSAR ***ACERCA*** DEL TEXTO

#### ANALIZAR

- Comprender que puede haber géneros diferentes y formas especiales en cada una de las categorías más amplias de ficción y no ficción
- Comprender que un texto gráfico puede representar cualquier género de ficción y no ficción
- Comprender que las divisiones entre géneros no siempre son claras e identificar géneros de ficción y no ficción en un texto híbrido
- Comprender y describir las características de los géneros de ficción, incluidas la ficción realista, la ficción histórica, la literatura tradicional (cuento popular, cuento de hadas, fábula, mito, leyenda), la fantasía y el texto híbrido
- Observar elementos y motivos básicos de la fantasía (lo sobrenatural, criaturas imaginarias y extraordinarias, dioses y diosas, animales que hablan, lucha entre el bien y el mal, magia, objetos fantásticos o mágicos, deseos, artimañas, transformaciones)
- Analizar fantasía para determinar elementos y motivos básicos
- Identificar y comprender las características de tipos especiales de ficción (cuento de misterio; cuento de aventuras; cuento de animales; cuento de familia, amigos y escuela)
- Comprender que los géneros de ficción pueden combinarse dentro de un texto
- Comprender la diferencia entre realismo y fantasía en textos de ficción
- Comprender y describir las características de los géneros de no ficción, entre ellos el texto expositivo de no ficción, el texto narrativo de no ficción, la biografía, la autobiografía, las memorias personales, el texto de instrucciones, el texto persuasivo y el texto híbrido
- Comprender que los géneros de no ficción pueden combinarse dentro de un texto
- Observar que una biografía se construye a partir de los sucesos importantes, los problemas que se deben superar y las decisiones del sujeto
- Comprender que la información y las ideas en un texto se relacionan entre sí, y observar cómo el autor presenta esto
- Reconocer el uso de formas insertadas de una escritora o un escritor (cartas, instrucciones, entradas de diario) dentro de estructuras de textos narrativos y expositivos
- Reconocer cómo una escritora o un escritor usa la exposición (información presentada al lector acerca del escenario, los personajes)
- Reconocer el uso de una escritora o un escritor de estructuras textuales subyacentes (descripción, causa y efecto, secuencia cronológica, secuencia temporal, categorización, comparación y contraste, problema y solución, pregunta y respuesta)
- Observar y comprender la estructura del texto expositivo (información categorizada) y el uso de la estructura narrativa para textos biográficos y otros tipos de textos narrativos de no ficción
- Observar la lógica y la estructura del argumento de una escritora o un escritor
- Pensar de manera crítica en la relevancia de un título y observar simbolismo o múltiples significados
- Reconocer la selección de una escritora o un escritor del género y la estructura del texto para diferentes propósitos y públicos
- Pensar de manera analítica acerca de la relevancia de los elementos literarios en un texto
- Identificar y comprender el uso que hace una escritora o un escritor de recursos literarios como la contradicción, la paradoja y la alusión
- Observar cuándo un texto tiene una lección moral (a veces implícita y a veces explícita) cerca del final del relato
- Identificar y diferenciar entre el conflicto interno y el conflicto externo
- Analizar un texto para pensar acerca de la perspectiva desde la que se cuenta el cuento y observar cuándo cambia esa perspectiva
- Observar cómo una escritora o un escritor genera, mantiene y quita el suspenso
- Observar las características de escenarios en la fantasía que requieren creer en magia y/o en un mundo imaginario
- Comprender las características de los escenarios (culturales, físicas, históricas) y la manera en que influyen en las actitudes y las decisiones de personajes
- Observar cómo una escritora o un escritor revela los personajes principales y secundarios a partir de lo que hacen, piensan o dicen y de lo que los demás dicen acerca de ellos o de cómo los demás responden a ellos
- Identificar personajes dinámicos (que cambian y se desarrollan) y personajes estáticos (que no cambian) en un texto
- Analizar los papeles de los personajes secundarios y su importancia (o insignificancia) para el cuento y para el desarrollo del personaje o los personajes principales
- Identificar el problema central o conflicto de un cuento en un texto con muchos episodios o tramas paralelas
- Reconocer y comprender variaciones en la estructura narrativa (trama circular, tramas paralelas, trama principal y tramas secundarias, cuento dentro de otro cuento, flashback, flash-forward, lapso de tiempo)
- Reconocer y comprender varias tramas, cada una con su propio conjunto de personajes principales y secundarios, en un texto
- Reflexionar acerca del uso que hace una escritora o un escritor de significados connotativos y comentar lo que transmite a la lectora o al lector
- Observar el uso que hace una escritora o un escritor del lenguaje y establecer cómo contribuye específicamente al significado, la calidad y la atmósfera de un texto
- Observar el uso que hace una escritora o un escritor del lenguaje figurado y establecer cómo contribuye específicamente al significado o al disfrute de un texto
- Observar e interpretar el lenguaje que revela la actitud de la escritora o del escritor y comunica el tono del texto

# **Seleccionar objetivos** Hábitos y conocimientos para observar, enseñar y apoyar *(cont.)*

## PENSAR ***ACERCA*** DEL TEXTO *(continuación)*

### **ANALIZAR** *(continuación)*

- Observar el uso que hace una escritora o un escritor de conectores tanto comunes como sofisticados, así como de conectores académicos
- Debatir el propósito de una escritora o un escritor para la selección de un género, tema, sujeto o tipo de estructura narrativa particular
- Observar aspectos de los recursos de elaboración de la autora o del autor (estilo, sintaxis, uso de uno o más narradores)
- Reflexionar de manera analítica acerca de la elección de palabras de una escritora o un escritor en función de sus connotaciones
- Observar el uso que hace una escritora o un escritor de estructuras no oracionales para lograr un efecto literario
- Reconocer y comparar estilos de escritura, estableciendo conexiones dentro de diversas obras de una escritora o un escritor, y establecer también relaciones entre las obras de diferentes escritores
- Ubicar lenguaje en un texto que revela el escenario, el problema, las características de los personajes, el cambio de los personajes, el tema, los significados simbólicos, el narrador o la narradora, la atmósfera, tono
- Observar cómo una escritora o un escritor usa el lenguaje para ayudar a los lectores a experimentar lo que sienten los personajes
- Comprender que una escritora o un escritor selecciona el punto de vista de primera, segunda o tercera persona para contar un cuento
- Observar el uso que hace una escritora o un escritor del lenguaje figurado (incluida la metáfora, el símil, la personificación, la metáfora extendida y la alegoría) y establecer cómo contribuye específicamente al significado o al disfrute de un texto
- Observar el uso que hace una escritora o un escritor del lenguaje expresivo en el diálogo
- Observar el uso que hace una escritora o un escritor del monólogo y el soliloquio (típicamente en una obra de teatro) así como del diálogo extendido para revelar los pensamientos de un personaje
- Observar el uso que hace una escritora o un escritor de la ironía y el lenguaje que la representa
- Observar el lenguaje literario, típico de la literatura tradicional (*érase una vez; había una vez, en una tierra muy lejana*)
- Observar el uso que hace una escritora o un escritor de palabras humorísticas u onomatopeyas y hablar acerca de cómo estas contribuyen a la acción
- Comprender que una escritora o un escritor de no ficción puede usar la argumentación en un texto persuasivo
- Observar cómo usa el lenguaje una autora o autor de manera persuasiva
- Observar el lenguaje que se usa para mostrar el orden cronológico y temporal
- Comprender cómo funcionan juntos las ilustraciones y el texto para enriquecer el significado y comunicar la atmósfera del texto
- Observar cómo la escritora o el escritor/la ilustradora o el ilustrador selecciona y ubica fotos de manera que cuentan una historia o comunican un significado más amplio en un ensayo fotográfico
- Observar y comentar la manera en que las características del peritexto enriquecen el significado, simbolizan la cultura, crean la atmósfera o ayudan a los lectores a interpretar el texto
- Usar lenguaje académico para hablar acerca de los géneros (*ficción; cuento de familia, amigos y escuela; cuento popular; cuento de animales; cuento humorístico; cuento de hadas; fábula; cuento exagerado; ficción realista; cuento de misterio; cuento de aventuras; cuento de deportes; no ficción; texto informativo; libro informativo; texto sobre hechos; libro de instrucciones; biografía; autobiografía; narración de no ficción; memorias personales; texto de instrucciones; texto persuasivo; texto híbrido; texto expositivo*)
- Usar lenguaje académico para hablar de las formas (*libros de una serie, obra de teatro, libro por capítulos, cómics, texto gráfico, carta, secuela, cuento corto, entrada de diario, artículo periodístico, artículo de fondo*)
- Usar lenguaje académico para hablar acerca de las características literarias (*comienzo, final, problema, personaje, pregunta y respuesta, personaje principal, cambio de personaje, mensaje, diálogo, tópico, sucesos, solución, ambientación, descripción, problema y solución, comparar y contrastar, idea principal, flashback, conflicto, resolución, tema, lenguaje descriptivo, símil, causa y efecto, categorización, lenguaje persuasivo, trama, desarrollo del personaje, personaje secundario, punto de vista, lenguaje figurado, metáfora, secuencia temporal, secuencia cronológica, temática, argumento, trama secundaria, flash-forward, lapso de tiempo, cuento dentro de otro cuento, símbolo, simbolismo, narración en primera persona, narración en tercera persona, narración en segunda persona, atmósfera*)
- Usar lenguaje específico para hablar acerca de las características del libro y la letra impresa (*portada, contraportada, página, autor, ilustrador, ilustración, fotografía, título, rótulo, dibujo, encabezado, leyenda, marco, viñeta, tabla de contenidos, capítulo, título del capítulo, dedicatoria, recuadro lateral, glosario, mapa, diagrama, infografía, nota del autor, nota del ilustrador, sección, solapa del libro, agradecimientos, subtítulo, texto, guía de pronunciación, tabla, gráfica, línea de tiempo, índice, prefacio, dibujo de corte, nota al pie, epílogo, nota al final, apéndice, referencias, prólogo, bibliografía*)

### **CRITICAR**

- Evaluar la calidad general de un texto (ilustraciones o elementos gráficos, calidad de la escritura, formato/estructura) e intercambiar opiniones
- Criticar un texto literario descomponiéndolo en partes y evaluando cómo se combinan para lograr el propósito de la escritora o del escritor o comunicar un mensaje
- Criticar la trama de un texto literario para evaluarla en función de su credibilidad y lógica
- Criticar la elección de escenario y cómo influye en el tema y la atmósfera del cuento
- Criticar la creación de personajes de la escritora o del escritor, cómo enfrentan desafíos y cómo se desarrollan en términos de credibilidad, lógica y su rol para comunicar el mensaje

# Seleccionar objetivos Hábitos y conocimientos para observar, enseñar y apoyar *(cont.)*

## PENSAR ***ACERCA*** DEL TEXTO *(continuación)*

### CRITICAR *(continuación)*

- Criticar el tema y el mensaje de la escritora o del escritor en función de su valor y credibilidad
- Criticar un texto de una manera que exprese las opiniones y las sensaciones propias del estudiante (a diferencia de simplemente resumir)
- Criticar el uso de elementos gráficos, recuadros laterales y el cuerpo del texto, y comentar cómo contribuyen a la calidad de un texto y/o ayudan a los lectores a comprender el tema
- Usar otra información (de la investigación, la lectura) para evaluar la autenticidad de un texto
- Comparar el contenido, el tema o los sucesos en varias fuentes y usar información para criticar textos particulares o grupos de textos
- Observar las referencias y garantías que una escritora o un escritor provee para autenticar un texto
- Distinguir entre fuentes primarias y secundarias y pensar de manera crítica acerca de la autenticidad de un texto
- Concordar o discrepar con los argumentos de una escritora o un escritor y brindar fundamentos para las opiniones
- Expresar opiniones personales acerca de aspectos del texto que lo hacen atractivo o interesante y brindar ejemplos de pruebas del texto como justificación
- Expresar gustos y preferencias en la lectura y apoyar las elecciones con descripciones y ejemplos de elementos literarios (trama, escenario, lenguaje, caracterización)
- Expresar preferencias con referencias específicas a características de los géneros de ficción y no ficción
- Pensar de manera crítica en la calidad de un texto y de qué manera ejemplifica su género, e intercambiar opiniones
- Criticar la selección del sujeto de una biografía como digno de interés o importante
- Pensar de manera crítica en el sujeto de una biografía y comentar los logros, las características admirables y los defectos del individuo
- Pensar de manera crítica en el tono de la escritora o del escritor para analizar la parcialidad en un texto
- Criticar la presentación del contenido y/o el sujeto de una biografía para revelar parcialidades, la distorsión de hechos o la omisión de información importante
- Pensar de manera crítica en la escritura de memorias personales o de una autobiografía para detectar el error o las parcialidades
- Criticar el texto en función de su relevancia para las cuestiones y problemas sociales actuales que afectan a las personas (las familias, la sociedad, el futuro, la calidad de vida, la protección del medioambiente)

## Planificar el trabajo con las palabras después de la lectura guiada

Usando sus observaciones recientes sobre la capacidad de los lectores de descomponer palabras rápida y eficientemente mientras leen un texto, planifique de uno a tres minutos la participación activa de los estudiantes atendiendo a las letras, los sonidos y las palabras. Priorice la observación de los lectores de las características sobre la letra impresa y el uso manual activo de las letras magnéticas, de la pizarra blanca, de tarjetas de palabras o de lápiz y papel para promover la fluidez y la flexibilidad en el procesamiento visual.

**Ejemplos:**

- Formar todo tipo de plurales, entre ellos los que asumen o pierden un acento ortográfico y plurales que requieren un cambio de ortografía (*resumen/resúmenes; tapiz/tapices*)
- Trabajar la flexibilidad en una palabra base, cambiando letras o agregando o quitando uno o más afijos para formar una palabra nueva (*escribir, escribano, escribanía*) y discutir los cambios de significado o función
- Clasificar palabras para agrupar palabras con la misma base, palabras con el mismo prefijo, palabras con el mismo sufijo
- Reconocer y usar raíces de palabras (griegas y latinas) para descomponer y determinar los significados de algunas palabras en español (*demo*, que significa "pueblo" en *democrático*, "relativo o parecido a un gobierno que ejerce el pueblo al que rige")
- Reconocer y usar palabras que tienen significados similares porque tienen la misma raíz (*termo*, que significa "calor": *termómetro*, que significa "dispositivo para medir la temperatura", *termostato*, que significa "dispositivo automático para controlar la temperatura")
- Elaborar redes de palabras con una palabra base o la raíz de una palabra en el centro y pensar en las palabras relacionadas con ella
- Descomponer polisílabos y reconocer la sílaba acentuada (*imprimió, ambigüedad, frecuentemente, sirviéndoselo*)
- Clasificar palabras según cualquier característica de la palabra
- Tener una "clasificación abierta" donde los estudiantes observen características de las palabras y pidan a otros estudiantes que determinen la característica que usaron para clasificar
- Descomponer y formar palabras con diptongos (*afeitarse, ruiseñor*) e hiatos (*vehemente, sombrío*)
- Reconocer y usar homófonos: (*reusar, rehusar*) y homógrafos (*bota*)

# Lectores del nivel Z

El nivel Z es el más complejo en el que trabajará con los estudiantes en grupos de lectura guiada. Los temas son maduros y se centran en problemas y relaciones humanos difíciles. Entre los escenarios están la guerra, la tragedia, la sexualidad, los desastres naturales, la pobreza, el racismo y conductas violentas, pero no son tan extremos para impedir su uso en la escuela. (Los textos con temas muy maduros que resultan inadecuados para su uso en el salón de clase llevan los rótulos Z+ y Z++). Al igual que en otros niveles complejos, los lectores se enfrentan a todo tipo de géneros de ficción y no ficción. La fantasía, los mitos y las leyendas complejos ofrecen un desafío adicional al exigir que los lectores reconozcan motivos clásicos como el "periplo del héroe" e identificar cuestiones morales. Además, los lectores se encuentran con tipos de textos de ficción especiales, como la sátira, y el lenguaje literario que se usa para expresar ironía. Los temas y los personajes son multidimensionales, se pueden comprender en varios niveles y están desarrollados de maneras complejas. Algunos textos pueden incluir lenguaje arcaico o dialectos regionales. En los textos de no ficción, los lectores abordan una gran cantidad de información en las disciplinas académicas. La comprensión de los textos de este nivel requiere del pensamiento crítico. Los lectores deben pensar de manera crítica en la autenticidad y la parcialidad. Los lectores buscan y usan información que incluye elementos gráficos y textos complejos que presentan contenidos que requieren conocimientos previos de manera integrada. La mayor parte de la lectura se hace en silencio; todas las dimensiones de la fluidez están bien definidas en la lectura oral. Los lectores comprenden y usan vocabulario disciplinario y académico. Además, los lectores incrementan de manera activa su comprensión de los conocimientos disciplinarios.

## Seleccionar textos Características de los textos del **nivel Z**

### GÉNERO

**Ficción**

- Ficción realista
- Ficción histórica
- Literatura tradicional (cuento popular, mito, leyenda, épica, balada)
- Fantasía épica y ciencia ficción
- Textos híbridos
- Tipos especiales de ficción (cuento de misterio; cuento de aventuras, cuento de deportes; cuento de animales; cuento de familia, amigos y escuela; cuento humorístico, sátira/parodia, cuento de horror; cuento romántico)

**No ficción**

- Textos expositivos de no ficción
- Textos narrativos de no ficción
- Biografía
- Autobiografía
- Memorias personales
- Textos de instrucciones
- Textos persuasivos
- Textos híbridos

#### FORMAS

- Libros de una serie
- Libros álbum
- Libros por capítulos
- Libros por capítulos con secuelas
- Obras de teatro
- Guiones de teatro del lector
- Textos gráficos
- Cuentos cortos
- Carta, diario y entrada de diario
- Ensayos fotográficos y artículos periodísticos
- Discursos

### ESTRUCTURA DEL TEXTO

- Textos con varios episodios elaborados con muchos detalles
- Formas integradas (cartas, instrucciones, entradas de diario, correos electrónicos) dentro de estructuras narrativas y expositivas
- Variaciones en la estructura (cuento dentro de otro cuento, flashback, flash-forward, lapso de tiempo)
- Libros de ficción con capítulos relacionados con una trama única
- Textos más extensos con trama principal y tramas secundarias
- Tramas complejas con múltiples hilos argumentales
- Algunas colecciones de cuentos cortos relacionados con un tema predominante
- Textos con un cambio de perspectiva y/o narrador indicado por un nuevo capítulo, sección o párrafo; lenguaje o característica literaria (tiempo verbal, imágenes literarias, escenario) o características de la letra impresa (tipografía, ubicación de la letra impresa)
- Libros de no ficción divididos en secciones y algunos con subsecciones

### CONTENIDO

- Contenido interesante y relevante para la lectora o el lector
- Muchos libros con poco o ningún apoyo de imágenes para el contenido (libros por capítulos)
- Muchos contenidos que requieren acceso a conocimientos previos
- Contenido que propicia el pensamiento crítico para juzgar la autenticidad y la precisión
- Contenido que requiere que la lectora o el lector asuma perspectivas de diversas culturas y apele al conocimiento cultural para la comprensión
- Textos con contenidos que atraen e interesan a los lectores y amplían los conocimientos (viajes, experiencias con otras culturas, aventuras en las ciencias, supervivencia)

* * *

La máquina parecía salida de una mala película de ciencia ficción. Consistía en dos camillas conectadas a un lado de una consola de metal que tenía tubos, discos para marcar números y luces destellantes.

Malcolm permitió que los asistentes lo ayudaran a recostarse en su camilla. El pobre tonto que había elegido estaba acostado en la otra camilla, atado e inconsciente, sumido en un sueño profundo del que nunca iba a despertar.

Los técnicos, vestidos con delantal blanco y máscara, andaban de un lado a otro, revisaban agujas, movían interruptores y manipulaban cables.

—¿Duele? —preguntó Malcolm. La asistente simplemente se encogió de hombros mientras ataba a Malcolm a la camilla.

Se oyó un clic, y luego al Sr. Tink, quien observaba el procedimiento desde la cabina de control a través de un vidrio, contestó:

—Sin dolor no hay gloria, Sr. Donaldson. Pero será tan rápido que no se dará cuenta.

La asistente dejó de prestarle atención a Malcolm para enfocarse en la serie de largas agujas que estaban conectadas a la máquina. Inmediatamente, Malcolm se dio cuenta de que esas agujas se las clavarían a él.

10

Sufrió un repentino ataque de pánico. ¿Qué estaba haciendo? ¡Aquello era una locura!

—¡Esperen! —gritó—. ¡Esperen un minuto!

—Ya no hay tiempo de espera, Sr. Donaldson —dijo el Sr. Tink por el intercomunicador—. Su nueva vida está a punto de comenzar. Nos vemos del otro lado.

Los técnicos salieron de la sala, la máquina comenzó a sonar y las agujas penetraron su piel.

El dolor era inimaginable.

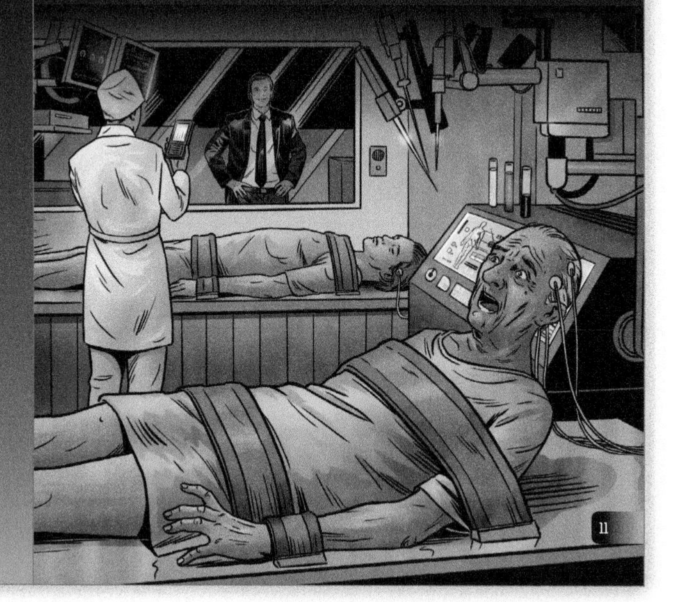

11



## CONTENIDO *(continuación)*

- Escenarios que requieren conocimientos del contenido de disciplinas (historia, geografía, cultura, lenguaje)
- Contenido cuya comprensión requiere madurez emocional y social
- Contenido complejo cuya comprensión requiere análisis y estudio
- Contenido que trasciende la experiencia inmediata de los estudiantes
- Textos que requieren conocimiento del contenido de las disciplinas (historia, geografía, cultura, lenguaje, ciencias, artes, conceptos matemáticos)
- Contenido que requiere que la lectora o el lector busque información en los elementos gráficos (mapas, tablas, diagramas, dibujos ilustrados, fotografías rotuladas)

## TEMAS E IDEAS

- Muchos textos con temas e ideas que incluyen asuntos sociales importantes para los adolescentes (la familia, el crecimiento, la sexualidad, los asuntos mundiales, la muerte y las enfermedades, la pobreza)
- Temas e ideas que requieren una perspectiva no conocida para la lectora o el lector
- Ideas complejas acerca de diversos temas cuya comprensión requiere experiencia real o indirecta (a través de la lectura)
- Textos con significados más profundos aplicables a problemas humanos y asuntos sociales importantes (el sufrimiento, la guerra, el racismo, las dificultades económicas, la clase social, el medioambiente)
- Amplia gama de temas e ideas complejos que desarrollan una conciencia social y revelan perspectivas acerca de la condición humana
- Muchas ideas y temas que requieren la comprensión de la diversidad cultural
- Textos que presentan asuntos maduros como la sexualidad, los crímenes, el maltrato, la guerra nuclear, la adicción a las drogas
- Textos con temas abstractos que requieren razonamiento inferencial
- Textos que presentan varios temas que se pueden comprender por muchos niveles
- Temas que evocan interpretaciones alternativas

## CARACTERÍSTICAS LITERARIAS Y DEL LENGUAJE

- Escenarios que son distantes en el tiempo y la geografía
- Escenarios en la fantasía que requieren que la lectora o el lector acepten elementos de otro mundo que no podrían existir en el mundo real
- Escenarios que son importantes para la comprensión de la ficción narrativa o la biografía
- Variedad en la estructura de la trama del texto narrativo (cuento dentro de otro cuento, flashback sencillo)
- Algunos textos con varias tramas, cada una con su propio conjunto de personajes principales y secundarios
- Personajes principales y personajes secundarios
- Personajes multidimensionales
- Personajes revelados por lo que dicen, piensan y hacen y por lo que los demás dicen y piensan sobre ellos
- Personajes revelados a lo largo de una serie de sucesos, capítulos o libros

# Seleccionar textos Características de los textos del **nivel Z** *(cont.)*

## CARACTERÍSTICAS LITERARIAS Y DEL LENGUAJE *(continuación)*

- Motivos para la introducción de cambios complejos en los personajes, que requieren inferencia
- Algunos textos que revelan las perspectivas de más de un personaje
- Personajes "dinámicos" que tienen una gama compleja de atributos buenos y malos, y que cambian durante el desarrollo de la trama, y personajes "estáticos" que no cambian pero pueden tener un papel importante en la trama
- Variedad en la presentación del diálogo (diálogo entre muchos personajes, diálogo con pronombres, diálogo separado, diálogo directo, incluido el diálogo no asignado y tramos largos de diálogo)
- Algunas cadenas de diálogo no asignado para los que se debe inferir quiénes son los interlocutores
- Mayoría de textos escritos en primera o tercera persona narrativa con algunos textos de instrucciones en segunda persona
- Motivos básicos de la literatura tradicional y de la fantasía moderna (lucha entre el bien y el mal, periplo del héroe, objetos fantásticos o mágicos, deseos, artimañas, transformaciones, mundos secundarios o alternativos)
- Lección moral cerca del final del cuento (en ocasiones, enunciada de manera explícita)
- Lenguaje literario, típico de la literatura tradicional y la fantasía moderna (*había una vez, en una tierra muy lejana*)
- Lenguaje descriptivo, poético y figurado (imágenes literarias, metáfora, símil, personificación, alegoría, hipérbole)
- Lenguaje y sucesos que transmiten una atmósfera emocional en un texto, que afecta las emociones de la lectora o del lector (tensión, suspenso, tristeza, felicidad, curiosidad)
- Uso de simbolismo
- Lenguaje coloquial en los diálogos que refleja la personalidad de los personajes y/o el escenario
- Lenguaje de procedimientos
- Lenguaje que se usa para hacer comparaciones
- Lenguaje descriptivo
- Lenguaje que se usa para mostrar orden cronológico y secuencia temporal
- Lenguaje persuasivo y argumentación
- Lenguaje que revela la actitud o las emociones de la autora o del autor respecto de un tema (tono que se refleja en el estilo de escritura): alegre, irónico, serio, afectuoso, formal, sarcástico, irritado
- Algunos textos con una densa presentación de hechos e ideas

## COMPLEJIDAD DE LAS ORACIONES

- Algunas oraciones más largas con más de veinte palabras
- Amplia gama de oraciones declarativas, imperativas, exclamativas o interrogativas
- Variación en la longitud y en la estructura de la oración
- Oraciones con una amplia variedad de categorías gramaticales, entre ellas adjetivos, adverbios y frases preposicionales
- Oraciones con conectores comunes, sofisticados y académicos
- Oraciones largas y muy complejas unidas con dos puntos o con punto y coma
- Uso frecuente de material parentético integrado en oraciones
- Algunas estructuras no oracionales para añadir efecto literario

## VOCABULARIO

- Muchas palabras que aparecen en el vocabulario de usuarios del lenguaje maduros (Nivel 2)
- Muchas palabras propias de una disciplina (Nivel 3)
- Amplia variedad de palabras usadas para asignar diálogo
- Muchas palabras con varios significados
- Muchas palabras con significado figurado
- Uso frecuente de modismos
- Vocabulario nuevo que requiere acción estratégica para su comprensión (obtener significado según el contexto, usar herramientas de referencia, observar la morfología, usar raíces de palabras, usar analogía)
- Palabras con significados connotativos que son esenciales para comprender el texto
- Conectores comunes típicos del lenguaje oral que conectan ideas y aclaran significados, y muchos conectores sofisticados que no aparecen a menudo en el lenguaje oral cotidiano (*a menos que, además, aunque, cuando sea, hasta que, mientras tanto, no obstante, por lo tanto, si no, sin embargo, todavía*)
- Algunos conectores académicos que relacionan ideas y aclaran significados y que aparecen en textos escritos pero que no se usan con regularidad en el lenguaje oral cotidiano (*a través del cual, como se observa, con referencia a, con respecto a, considerando que, de igual modo, en consecuencia, en síntesis, en último lugar, por consiguiente, por el contrario, por ende, por último*)
- Algunas palabras usada de manera irónica o satírica
- Algunas palabras de dialectos regionales o históricos
- Palabras (incluida la jerga) usadas informalmente por grupos particulares de personas
- Palabras de idiomas diferentes al español
- Algunos arcaísmos

## PALABRAS

- Un gran número de polisílabos, muchos de ellos técnicos o científicos
- Todo tipo de plurales
- Muchos polisílabos con algunas relaciones complejas entre letra y sonido
- Algunos sustantivos propios polisílabos que son difíciles de descifrar
- Palabras que plantean desafíos de decodificación porque son arcaicas, provienen de dialectos regionales o son de idiomas diferentes al español
- Todo tipo de palabras compuestas
- Palabras base con múltiples afijos (prefijos y sufijos)
- Conectores comunes, sofisticados y académicos

## ILUSTRACIONES

- Ilustraciones que mejoran y amplían el significado en un texto
- Textos con ilustraciones cada tres o cuatro páginas
- Muchos textos sin más ilustraciones que elementos decorativos (viñeta) y algunos con ilustraciones en blanco y negro
- Variedad en la disposición de las ilustraciones y la letra impresa
- Más de un tipo de elemento gráfico en una doble página
- Libros con variación en los colores para comunicar atmósfera (sepia, blanco y negro, color)

## Seleccionar textos Características de los textos del **nivel Z** *(cont.)*

### ILUSTRACIONES *(continuación)*

- Textos gráficos que presentan una gran cantidad de información en las ilustraciones
- Algunas ilustraciones complejas y matizadas que comunican atmósfera y significado (literal, figurado, simbólico) que se combina con el texto o lo amplía
- Elementos gráficos que requieren la interpretación de la lectora o del lector y que son esenciales para la comprensión del texto informativo
- Una gama de elementos gráficos que presentan información que se combina con el texto y lo amplía (fotografías y dibujos con rótulos y/o leyendas; diagramas, dibujos de corte; mapas con leyendas o claves, escala; infografía, gráfica, línea de tiempo)

### CARACTERÍSTICAS DEL LIBRO Y LA LETRA IMPRESA

#### LONGITUD

- Una amplia variación en la longitud (la mayoría de menos de cuarenta y ocho páginas)
- Una amplia variación en el número de palabras (2,000+)
- Algunos libros divididos en capítulos
- Libros divididos en secciones y subsecciones

#### TEXTO IMPRESO Y DISPOSICIÓN

- Letra impresa y fondo de diversos colores
- Variedad en la ubicación de la letra impresa, que refleja géneros diferentes
- Información que se muestra en diversas combinaciones de imágenes y letra impresa en textos gráficos
- Leyendas debajo de imágenes que brindan información importante
- Letra impresa e ilustraciones integradas en la mayoría de los textos, con letra impresa alrededor de las imágenes
- Letra impresa colocada en recuadros laterales y elementos gráficos que presentan información importante
- Letra impresa arcaica en textos históricos

#### PUNTUACIÓN

- Punto, coma, signos de interrogación, signos de admiración, punto y coma, dos puntos, paréntesis, rayas de diálogo y puntos suspensivos en la mayoría de los textos
- Comillas o comillas angulares para identificar citas y pensamientos

#### HERRAMIENTAS DE ORGANIZACIÓN

- Título, tabla de contenidos, título del capítulo, encabezado, subtítulo y recuadro lateral

#### RECURSOS DEL TEXTO

- Dedicatoria, reconocimientos, nota del autor o de la autora, guía de pronunciación, glosario, índice, preámbulo, notas al pie, nota final, epílogo, apéndice y referencias
- Textos con características de diseño que contribuyen al atractivo estético del conjunto (peritexto)
- Textos con características de diseño que potencian el significado, comunican cultura, crean atmósfera (peritexto) o tienen significado simbólico

# Seleccionar objetivos Hábitos y conocimientos para observar, enseñar y apoyar

## PENSAR EN EL TEXTO *EN SÍ*

### BUSCAR Y USAR INFORMACIÓN

- Cuando sea necesario, volver a leer para buscar y usar información del cuerpo del texto, los recuadros laterales, recuadros y elementos gráficos
- Mantener la búsqueda de información en textos de diversas longitudes
- Mantener la búsqueda en oraciones largas y muy complejas que incluyen varias frases, cláusulas y listas y todo tipo de signos de puntuación
- Buscar información en textos densos que tienen vocabulario académico y presentan conceptos muy complejos
- Buscar información en textos con muchas características y letra impresa muy densa
- Buscar y usar información en textos que tienen muchas características, letra impresa muy densa y elementos gráficos complejos, que revelan muchas facetas de un tema disciplinario
- Buscar información en textos complejos que cuenta con discurso académico
- Buscar y usar información para comprender muchas tramas, perspectivas y temas en un solo texto
- Buscar información y lenguaje que expresa o implica el mensaje o los mensajes más amplios del texto
- Usar conocimientos previos para buscar y comprender información disciplinaria
- Usar vocabulario disciplinario y conocimientos de la estructura del texto en disciplinas académicas para buscar y usar información
- Usar herramientas de organización para buscar información (título, tabla de contenidos, títulos de capítulos, encabezados, subtítulos, recuadros laterales, acotaciones)
- Usar recursos del texto para buscar información (reconocimientos, nota de la autora o del autor, guía de pronunciación, glosario, referencias, índice)
- Buscar información en oraciones que varían en longitud, estructura y puntuación con base en la complejidad del texto
- Buscar información en oraciones con variación en la ubicación del sujeto, el verbo, los adjetivos y los adverbios
- Buscar información en diálogo presentado de diversas maneras (asignado y no asignado, diálogo separado, diálogo directo)
- Buscar información de manera estratégica, usando los conocimientos de la estructura del texto y las herramientas de la lectora o del lector
- Usar conocimientos de la estructura narrativa lineal (orden cronológico) dentro de muchos episodios para buscar y usar información
- Usar conocimientos de variaciones en la estructura del texto narrativo para buscar y usar información: cuento dentro de otro cuento; flashback y flash-forward (texto narrativo fragmentado); texto narrativo circular; tramas múltiples o paralelas
- Buscar información en diversas estructuras de texto narrativo: cuento dentro de otro cuento; flashback y flash-forward (texto narrativo fragmentado); textos narrativos circulares; tramas múltiples o paralelas
- Observar y usar signos de puntuación (punto, coma, signos de interrogación, signos de admiración, punto y coma, dos puntos, paréntesis, rayas de diálogo, comillas o comillas angulares, puntos suspensivos)
- Buscar y usar información en textos con una diversidad en la ubicación del cuerpo del texto, los recuadros laterales y los elementos gráficos

### VERIFICAR Y AUTOCORREGIRSE

- Autoverificar la lectura usando diversas fuentes de información (conocimientos previos, sintaxis, significado de las palabras, estructura de las palabras, conocimiento de la estructura del texto, significado de todo el texto, elementos gráficos, disposición, diseño)
- Continuar verificando la precisión, autocorrigiéndose en pocas ocasiones (solo cuando sea necesario para entender el texto)
- Verificar la comprensión con atención para asegurar la comprensión en todo momento
- Verificar con atención la comprensión de los textos usando el conocimiento de diversos géneros y formas (realista, histórico, fantasía épica, ciencia ficción, mitos, leyendas, poesía, obras de teatro)
- Usar los conocimientos de los elementos literarios (trama, personajes principales y secundarios, escenario, estructura del texto narrativo) para verificar y corregir la lectura
- Usar el conocimiento de la estructura narrativa y de los atributos de los personajes (muchos pueden ser multidimensionales y cambiar) para autoverificar y autocorregirse
- Usar conocimientos de los géneros de no ficción para verificar la comprensión de un texto (texto expositivo de no ficción, texto narrativo de no ficción, biografía, autobiografía, memorias personales, texto de instrucciones, texto persuasivo)
- Usar conocimientos disciplinarios para verificar la comprensión de textos que contienen mucha información e ideas
- Usar conocimientos de diversas disciplinas académicas para verificar los conocimientos de ideas conceptuales que entrelazan disciplinas
- Verificar la comprensión usando conocimientos de vocabulario disciplinario
- Usar información de los elementos gráficos (mapas, diagramas, tablas, fotos, ilustraciones) para autoverificar la lectura

### DESCIFRAR PALABRAS

#### ▸ Leer palabras

- Acceder a un vocabulario de lectura muy amplio y, sin esfuerzo consciente, mantener la atención al significado y el lenguaje de un texto
- En los casos poco frecuentes en que se requiera descifrar palabras, usar una amplia gama de estrategias para descifrar polisílabos (usar sílabas, reconocer patrones ortográficos dentro de las palabras, usar relaciones complejas entre letras y sonidos, observar palabras base y afijos, usar el contexto del texto, usar recursos del texto)
- Descifrar palabras al identificar partes de palabras simples, complejas y modificadas o partes de palabras dentro de polisílabos
- Leer polisílabos, entre ellos que incorporen palabras o partes de palabras de idiomas diferentes al español
- Descifrar palabras rápidamente mientras se procesa un texto continuo y con la menor autocorrección explícita
- Leer sustantivos propios, palabras de otros idiomas y palabras técnicas de disciplinas académicas que son difíciles de decodificar y usar recursos del texto como la guía de pronunciación cuando sea necesario

# Seleccionar objetivos Hábitos y conocimientos para observar, enseñar y apoyar *(cont.)*

## PENSAR EN EL TEXTO ***EN SÍ*** *(continuación)*

### DESCIFRAR PALABRAS *(continuación)*

▸ **Leer palabras** *(continuación)*

- Identificar palabras base y afijos (prefijos y sufijos) para descifrar palabras
- Descifrar palabras que son difíciles de descifrar porque son arcaicas, provienen de dialectos regionales o de idiomas diferentes al español
- Leer conectores comunes, sofisticados y académicos

▸ **Vocabulario**

- Emplear el uso de una amplia gama de recursos del texto (glosario) y herramientas de referencia (diccionarios, libros de texto) para explorar el significado y la historia de palabras como área de investigación
- Deducir los significados de palabras nuevas y ampliar los significados de palabras conocidas mediante el uso de estrategias flexibles (el contexto en una oración, relaciones con otras palabras, sinónimos y antónimos, partes de palabras, palabras base y afijos, función de una palabra en una oración, recursos del texto)
- Comprender una amplia gama de palabras del Nivel 2 (que aparecen con frecuencia en la escritura) y también palabras del Nivel 3 (que se usan en disciplinas académicas)
- Continuar deduciendo significados de un gran número de palabras que son específicas de disciplinas académicas (Nivel 3) y agregarlas al vocabulario de lectura
- Comprender vocabulario disciplinario que aparece con frecuencia y se usa principalmente en el contexto del aprendizaje en la disciplina (Nivel 3)
- Comprender los significados y las funciones en oraciones de todas las categorías gramaticales
- Comprender cómo una escritora o un escritor usa palabras en un texto para indicar la perspectiva o el punto de vista (primera persona, segunda persona, tercera persona)
- Comprender muchas palabras que tienen muchos significados e identificar el significado específico que posee en una oración o párrafo
- Comprender los significados y funciones de conectores comunes que aparecen en el lenguaje oral y muchos conectores sofisticados (complejos) que son más típicos del lenguaje escrito
- Comprender los significados y las funciones de conectores académicos que aparecen en textos escritos pero que no se usan con frecuencia en el lenguaje oral cotidiano
- Enriquecer de manera activa el vocabulario mediante el aprendizaje de palabras nuevas de la lectura
- Comprender significados denotativos, connotativos, idiomáticos y figurados de las palabras
- Comprender los significados connotativos y figurados de palabras que contribuyen a la atmósfera del texto, entre ellas palabras que asignan diálogo (*suspiró, susurró*)
- Comprender los significados connotativos de palabras que contribuyen al tono del texto
- Comprender que en los textos gráficos, la información sobre las palabras está en las ilustraciones y que muchas palabras poco comunes aparecen en los textos gráficos
- Comprender palabras usadas en dialectos regionales o históricos
- Comprender los significados connotativos de las palabras (adjetivos descriptivos, verbos, adverbios) necesarios para comunicar detalles de la conducta de los personajes
- Deducir los significados de palabras técnicas y de palabras creadas por la autora o el autor en la ciencia ficción
- Deducir los significados de palabras creadas por la autora o el autor diseñadas para comunicar detalles del escenario, atributos de los personajes y la acción en algunas fantasías y textos de ciencia ficción
- Comprender palabras usadas informalmente por grupos particulares de personas (jerga, dialecto)
- Comprender palabras, frases, modismos y expresiones de idiomas diferentes al español
- Comprender una gama de arcaísmos diseñados para comunicar detalles del escenario y atributos de los personajes
- Comprender por qué una escritora o un escritor de ficción usa una palabra de manera satírica o irónica
- Reconocer usos ambiguos de palabras cuyos significados pueden estar sujetos a interpretación
- Comprender y adquirir un gran número de palabras específicas del contenido que requieren el uso de acciones estratégicas (comprensión conceptual del contenido, definiciones dentro del cuerpo de un texto, glosario u otra herramienta de referencia)
- Comprender palabras clave en elementos gráficos como mapas, diagramas y tablas

### MANTENER LA FLUIDEZ

- Leer oralmente de una manera que demuestre todas las dimensiones de la fluidez (pausa, formación de frases, entonación, acento prosódico, ritmo)
- Leer silenciosamente a un ritmo rápido (mucho más rápido que el de la lectura oral) mientras se mantiene comprensión
- Demostrar la capacidad de hojear y explorar mientras se lee en silencio para buscar información de manera rápida
- Participar en la lectura silenciosa a un ritmo lo suficientemente rápido para procesar una gran cantidad de texto con comprensión
- En la lectura oral, mostrar reconocimiento de una amplia gama de oraciones declarativas, imperativas, exclamativas o interrogativas
- Mantener el impulso mientras se lee una amplia diversidad de texto, muchos de ellos largos
- Observar puntos, comas, signos de interrogación, signos de admiración, paréntesis, rayas de diálogo, comillas o comillas angulares, guiones y puntos suspensivos y comenzar a reflejarlos con la voz mediante la entonación y la pausa
- Leer discursos de una manera que refleje la intención original de la oradora o del orador
- Durante la lectura en voz alta, mostrar con la voz cuando una escritora o un escritor quiere decir algo diferente de lo que las palabras por sí solas indican
- Cuando se lee oralmente, mostrar con la voz cuándo una escritora o un escritor usa recursos literarios sutiles como la ironía, la sátira o la parodia

# Seleccionar objetivos Hábitos y conocimientos para observar, enseñar y apoyar *(cont.)*

## PENSAR EN EL TEXTO ***EN SÍ*** *(continuación)*

### MANTENER LA FLUIDEZ *(continuación)*

- Reconocer y leer de manera expresiva diversos diálogos, algunos no asignados
- Leer partes de un guion y demostrar todas las dimensiones de la fluidez
- Mostrar en la voz cuándo las palabras en un texto (mostradas por comillas o comillas angulares) reflejan pensamientos no expresados
- Leer novelas en verso oralmente y reflejar el significado y el ritmo con la voz
- Leer textos de ficción y poesía de manera dramática y con expresión de acuerdo con el público
- Reflejar listas numeradas o con viñetas con la voz cuando se lee oralmente
- Usar la voz para reflejar contenido disciplinario de maneras diferentes (relato histórico frente a argumentación científica)

### AJUSTAR

- Ajustar la lectura para reconocer una amplia gama de oraciones declarativas, imperativas, exclamativas e interrogativas, muchas de ellas muy complejas
- Ajustar la lectura para reconocer un texto híbrido o un texto con formas integradas como las cartas, los diarios, las entradas de diario y otros documentos auténticos
- Ajustar la lectura para formar expectativas a partir de los propósitos y las características de los géneros de ficción y no ficción, al igual que las formas como los textos gráficos complejos
- Ajustar la lectura para satisfacer las necesidades especiales de un texto gráfico
- Leer más lentamente para buscar información o reflexionar acerca de ella, o para disfrutar del lenguaje y retomar la lectura con impulso
- Ajustar la lectura para adaptarla a una amplia diversidad de oraciones complejas con frases y cláusulas subordinadas y también a información parentética
- Ajustar para incorporar formas insertadas (cartas, diarios, entradas de diario, otros documentos auténticos) en textos narrativos y expositivos
- Ajustar las expectativas con respecto a los múltiples géneros en un texto híbrido
- Ajustar la lectura para reconocer y usar características de géneros y formas de ficción (ficción realista, ficción histórica, fantasía y fantasía épica, literatura tradicional, ciencia ficción, cartas insertadas, diarios y entradas de diario)
- Ajustar la lectura para procesar un texto gráfico complejo
- Ajustar para leer partes de un guión, incluidos los tramos más largos de diálogo y el uso ocasional de monólogo o soliloquio
- Ajustar la lectura para reconocer variaciones en la estructura narrativa (cuento dentro de otro cuento, flashback, flash-forward, lapso de tiempo)
- Ajustar la lectura para procesar textos con tramas múltiples o paralelas, cada trama con su propio reparto de personajes
- Ajustar la lectura para seguir textos que cambian de perspectiva y/o narrador dentro del texto narrativo más amplio
- Ajustar la lectura para reconocer los géneros de no ficción (texto expositivo de no ficción, texto narrativo de no ficción, biografía, autobiografía, memorias personales, texto de instrucciones, texto persuasivo, texto híbrido)
- Ajustar la lectura para reconocer formas: poemas; obras de teatro; textos gráficos, cartas, diarios y entradas de diario; ensayos fotográficos y artículos periodísticos; discursos (y textos persuasivos semejantes como fragmentos breves de debate y documentos expositivos)
- Ajustar para reconocer el uso de formas complejas de la argumentación en un texto persuasivo, que incluye editoriales, propaganda y publicidad
- Ajustar la lectura para procesar textos muy densos con el texto del cuerpo y muchas características gráficas
- Ajustar la lectura para reflejar una serie de pasos en un texto de instrucciones
- Ajustar la lectura para procesar un texto con una densa presentación de hechos e ideas

### RESUMIR

- Presentar un resumen conciso y organizado que incluya toda la información importante
- Presentar un resumen oral que consista en información importante y, cuando sea relevante, ofrecer una opinión con pruebas
- Resumir una sección seleccionada de un texto que sea relevante para comprender los personajes, la trama o el mensaje
- Resumir partes importantes de un texto (capítulos o secciones) de manera que aborde preguntas específicas o aclare el significado más amplio del texto
- Presentar un resumen oral organizado que incluya el escenario (si es importante), sucesos relevantes de la trama, incluido el clímax y la resolución, los personajes principales y secundarios, el cambio de los personajes (cuando sea relevante) y uno o más temas (ficción)
- Presentar un resumen oral lógico y organizado que incluya la información importante que expresa la idea principal o el mensaje más amplio y que refleje la estructura general (expositiva o narrativa) así como las estructuras textuales subyacentes: descripción, causa y efecto, secuencia cronológica, secuencia temporal, categorización, comparación y contraste, problema y solución, pregunta y respuesta (no ficción)
- Presentar un resumen oral organizado que incluya toda la información importante (como se indicó anteriormente) y también ofrece pruebas de la autenticidad del texto
- Presentar una reseña de un texto que incluya toda la información importante mencionada previamente y que también identifique los elementos particulares del estilo y/o la calidad literaria

## **Seleccionar objetivos** Hábitos y conocimientos para observar, enseñar y apoyar *(cont.)*

### PENSAR ***MÁS ALLÁ*** DEL TEXTO

#### PREDECIR

- Hacer predicciones a partir de los conocimientos actuales de la conducta y las emociones humanas obtenidos de la experiencia personal y de experiencias indirectas en la lectura de textos de ficción y no ficción
- Hacer predicciones a partir de conocimientos previos o disciplinarios en las ciencias sociales y las ciencias naturales
- Hacer predicciones a partir de conocimientos amplios de obras literarias (géneros, tipos especiales, estructuras del texto, propósitos)
- Hacer predicciones basadas en los paneles en textos gráficos
- Justificar predicciones con pruebas del texto
- Justificar predicciones con pruebas que surgen de conocimientos de la experiencia humana y/o conocimientos disciplinarios y literarios
- Predecir el final de un cuento con base en la comprensión de diferentes tipos de estructura narrativa y la comprensión del escenario, la trama y los personajes
- Hacer predicciones a partir de conocimientos de tipos de textos de mayor dificultad como la sátira y la parodia
- Hacer predicciones a partir del conocimiento de las características de los géneros de ficción y no ficción, además de la comprensión y experiencia de la lectura de diferentes tipos de textos de ficción como los cuentos de misterio o supervivencia
- Comprender que hay muchas variaciones en la estructura de la trama narrativa
- Hacer predicciones basadas en la estructura de la trama (predecir conexiones entre personajes y sucesos en un texto con trama circular, tramas paralelas, trama principal y trama secundaria)
- Hacer predicciones acerca de la acción de la trama, la resolución de problemas y la conducta de los personajes en textos complejos
- Usar conocimientos del contenido en disciplinas naturales y sociales para interpretar la información en los textos y usarlos para predecir el significado de otros contenidos
- Hacer predicciones a partir del conocimiento de formas especiales (cartas, diarios y entradas de diario; ensayos fotográficos y artículos periodísticos; discursos)
- Hacer predicciones basadas en el conocimiento de estructuras textuales subyacentes (descripción, causa y efecto, secuencia cronológica, secuencia temporal, categorización, comparación y contraste, problema y solución, pregunta y respuesta)

#### ESTABLECER RELACIONES

- Relacionar conocimientos disciplinarios de ciencias naturales y sociales para el contenido de textos de ficción y no ficción
- Relacionar el contenido y los problemas en los textos de ficción y no ficción con asuntos sociales actuales e históricos y con problemas mundiales
- Establecer diversos tipos de relaciones entre los textos (contenido, género, tema, autora o autor, ilustradora o ilustrador, personajes o sujeto de una biografía, estilo, mensaje)
- Enunciar de manera explícita la naturaleza de las relaciones (tema, asunto, mensaje, personajes o sujetos, género, autora o autor, estilo, atmósfera, tono, ilustradora o ilustrador)
- Relacionar textos con la propia vida y con el contenido y las tramas que son particularmente importantes para los preadolescentes y adolescentes
- Usar conocimientos disciplinarios de las ciencias naturales y sociales para comprender los escenarios, las tramas y los personajes de textos de ficción histórica y realista
- Usar conocimientos disciplinarios (ciencias y tecnología) para comprender la ciencia ficción
- Establecer relaciones con las características y los problemas humanos que comparten personas de diversas culturas
- Aplicar conocimientos de elementos y motivos básicos de la fantasía para comprender la fantasía y la ciencia ficción
- Usar conocimientos disciplinarios de ciencias naturales para comprender los problemas y los escenarios en todos los textos de ficción
- Relacionar símbolos con las ideas o las emociones que representan
- Relacionar problemas y personajes en textos con asuntos y problemas que enfrentan los seres humanos a nivel mundial
- Establecer relaciones entre los conocimientos disciplinarios de las ciencias naturales y sociales y el contenido de los textos
- Usar conocimientos disciplinarios de ciencias naturales y sociales para comprender el contenido en una amplia gama de textos
- Establecer conexiones entre los conocimientos y las estructuras de los géneros de no ficción (narrativa y expositiva, persuasiva, de instrucciones, biográfica) y las estructuras que en realidad encuentra en los textos
- Usar la investigación para relacionar textos según tema, género y estructura
- Desarrollar conocimientos disciplinarios al establecer relaciones entre disciplinas mediante la lectura de diversos textos de no ficción

#### SINTETIZAR

- Usar textos de ficción y no ficción para desarrollar nuevas perspectivas de la condición humana y formular actitudes sociales, opiniones y puntos de vista morales acerca de cuestiones sociales históricas
- Crear categorías mentales o representaciones de cuerpos de conocimientos; acceder y revisar continuamente categorías o representaciones como información nueva que aparece en diversos textos
- Enunciar de manera explícita conocimientos, ideas y actitudes nuevos construidos a partir de la lectura de textos de ficción y no ficción y proporcionar pruebas de los textos
- Construir conocimientos nuevos a lo largo de textos de ficción y no ficción que se relacionan en el tema, el contenido o el asunto
- Usar textos en muchos géneros (ficción realista, ficción histórica, literatura tradicional) para adquirir nuevas perspectivas sobre culturas y tiempos históricos que no son accesibles de manera directa
- Expresar cambios en ideas, actitudes o valores desarrollados como resultado de la lectura de todos los géneros de textos de ficción
- Aplicar perspectivas aprendidas a partir de la lectura de ficción a asuntos y problemas que enfrentan los adolescentes y los adultos jóvenes en la sociedad (la presión de los compañeros, las relaciones sociales, el acoso, la madurez, la elección de profesión, las decisiones de vida)

# Seleccionar objetivos Hábitos y conocimientos para observar, enseñar y apoyar *(cont.)*

## PENSAR *MÁS ALLÁ* DEL TEXTO *(continuación)*

### SINTETIZAR *(continuación)*

- Reconocer información conocida y nueva y categorías de información cuando aparecen en los textos
- Reconocer perspectivas y sistemas de creencias que son contrarios a los propios y tomar decisiones acerca del cambio de perspectivas y creencias como respuesta
- Reconocer información nueva en la argumentación en textos persuasivos y tomar decisiones acerca del cambio de creencias o actitudes como respuesta
- Continuar ampliando los conocimientos del lenguaje y la estructura de disciplinas académicas y científicas mediante la lectura
- Ampliar conocimientos de vocabulario académico mediante la lectura
- Utilizar la investigación para desarrollar conocimientos de un tema leyendo más de una fuente escrita (primaria y secundaria)

### INFERIR

- Inferir el humor en la sátira o la parodia
- Inferir comparaciones que hace una autora o un autor en una metáfora o alegoría extensas
- Inferir información acerca de los personajes, el escenario, la trama y la acción de textos gráficos, en los que las ilustraciones portan gran parte del significado
- Hacer inferencias acerca del escenario como ayuda para la comprensión del cuento
- Inferir creencias, costumbres y perspectivas de personas que viven en otras culturas
- Inferir la importancia del escenario en un texto biográfico
- Inferir los pensamientos de un personaje que se revelan en un monólogo o soliloquio
- Identificar personajes dinámicos e inferir las características y el desarrollo de esos personajes en un texto
- Identificar personajes estáticos e inferir las características constantes de esos personajes en un texto
- Inferir emociones y motivos de múltiples personajes a lo largo de tramas complejas con algunas tramas secundarias
- Inferir las características, los sentimientos y las motivaciones de los personajes a partir de lo que los personajes dicen, piensan o hacen, y lo que otros dicen o piensan de ellos
- Inferir relaciones complejas entre los personajes al observar las reacciones entre sí
- Comparar las inferencias con los demás lectores y considerar interpretaciones alternativas para los motivos de los personajes y para el mensaje de la escritora o del escritor
- Inferir el individuo, la situación o el problema que es el tema de una sátira o parodia
- Inferir significados simbólicos en un texto
- Inferir temas, ideas y emociones de personajes a partir de los paneles en textos gráficos
- Inferir ideas y temas abstractos que tienen relevancia para los problemas humanos a nivel mundial
- Inferir las parcialidades y las creencias subyacentes de una escritora o un escritor
- Inferir el significado más profundo de una sátira o parodia
- Distinguir varias tramas en un texto, cada una con su propio conjunto de personajes principales y secundarios, e inferir las relaciones que existen entre los personajes
- Inferir temas o mensajes múltiples en un texto que pueden comprenderse en muchos niveles
- Inferir cómo se aplican los mensajes y los temas de los textos de ficción a la vida actual
- Inferir temas y asuntos universales que influyen en los problemas humanos a lo largo del mundo
- Inferir el tema o los temas predominantes en una colección de cuentos cortos
- Inferir el propósito de una escritora o un escritor de memorias personales o autobiografía
- Inferir la actitud de una biógrafa o un biógrafo respecto de un sujeto
- Inferir mensajes ocultos o explícitos en un texto persuasivo
- Inferir los mensajes más amplios en un texto de no ficción (lo que se puede aprender más allá de los hechos)
- Inferir el mensaje de la escritora o del escritor (algunos enunciados de manera sutil) en textos que incluyen temas serios y maduros (la miseria, la guerra, el racismo, las dificultades económicas, la clase social, el medioambiente)
- Inferir información a partir de todos los elementos de un texto: cuerpo, recuadros laterales, ilustraciones, elementos gráficos, diversos recursos del texto, ilustraciones decorativas o informativas y/o letra impresa fuera del cuerpo del texto (peritexto)
- Inferir el significado o los significados de una alusión en un texto
- Usar el lenguaje de la escritora o del escritor para inferir la atmósfera y el tono de un texto
- Inferir el significado subyacente del lenguaje usado de manera satírica
- Inferir humor en un texto
- Inferir creencias, costumbres y perspectivas de personas que vivieron en el pasado cercano y lejano
- Inferir cómo podría ser la vida y lo que las personas podrían creer y hacer en un tiempo futuro
- Inferir actitudes que pueden ser nuevas o contrarias a las creencias actuales de los lectores
- Inferir soluciones posibles para el problema de un cuento y hallar pruebas de apoyo en el texto
- Inferir la relevancia y las interrelaciones entre problemas mundiales que tienen repercusiones en la calidad de vida, la supervivencia de las especies o el futuro
- Usar conocimientos disciplinarios de ciencias naturales y sociales para inferir la relevancia de la información en un texto
- Inferir la relevancia del diseño y de otras características del peritexto

# Seleccionar objetivos Hábitos y conocimientos para observar, enseñar y apoyar *(cont.)*

## PENSAR *ACERCA* DEL TEXTO

### ANALIZAR

- Comprender que puede haber géneros diferentes y formas especiales en cada una de las categorías más amplias de ficción y no ficción
- Comprender que un texto gráfico puede representar cualquier género de ficción y no ficción
- Comprender que las divisiones entre géneros no siempre son claras e identificar géneros de ficción y no ficción en un texto híbrido
- Comprender y describir las características de los géneros de ficción, incluidas la ficción realista, la ficción histórica, la literatura tradicional (cuento popular, cuento de hadas, fábula, mito, leyenda, épica, balada), la fantasía y el texto híbrido
- Observar elementos y motivos básicos de la fantasía (lo sobrenatural, criaturas imaginarias y extraordinarias, dioses y diosas, animales que hablan, lucha entre el bien y el mal, magia, objetos fantásticos o mágicos, deseos, artimañas, transformaciones)
- Analizar la fantasía para determinar elementos y motivos básicos
- Identificar y comprender las características de tipos especiales de ficción (cuento de misterio; cuento de aventuras; cuento de animales; cuento de familia, amigos y escuela; sátira/parodia)
- Observar la sátira y la parodia y comenzar a comprender significados más profundos en relación con lo que se satiriza o se parodia
- Comprender que los géneros de ficción pueden combinarse dentro de un texto
- Comprender la diferencia entre realismo y fantasía en textos de ficción
- Adquirir conocimientos profundos de las características de los géneros de ficción y usar esta información para analizar un texto
- Comprender y describir las características de los géneros de no ficción, entre ellos el texto expositivo de no ficción, el texto narrativo de no ficción, la biografía, la autobiografía, las memorias personales, el texto de instrucciones, el texto persuasivo y el texto híbrido
- Comprender que los géneros de no ficción pueden combinarse dentro de un texto
- Adquirir conocimientos profundos de las características de los géneros de no ficción y usar esta información para analizar textos
- Comprender que la información y las ideas en un texto se relacionan entre sí, y observar cómo el autor presenta esto
- Reconocer el uso de formas insertadas de una escritora o un escritor (cartas, instrucciones, entradas de diario) dentro de estructuras de textos narrativos y expositivos
- Reconocer cómo una escritora o un escritor usa la exposición (información presentada al lector acerca del escenario, los personajes)
- Reconocer el uso de una escritora o un escritor de estructuras textuales subyacentes (descripción, causa y efecto, secuencia cronológica, secuencia temporal, categorización, comparación y contraste, problema y solución, pregunta y respuesta)
- Observar y comprender la estructura del texto expositivo (información categorizada) y el uso de la estructura narrativa para textos biográficos y otros tipos de textos narrativos de no ficción
- Observar la lógica y la estructura del argumento de una escritora o un escritor
- Pensar de manera crítica en la relevancia de un título y observar simbolismo o múltiples significados
- Reconocer la selección de una escritora o un escritor del género y la estructura del texto para diferentes propósitos y públicos
- Identificar y comprender el uso que hace una escritora o un escritor de recursos literarios como la contradicción, la paradoja y la alusión
- Comprender el propósito que tiene y el significado que quiere transmitir una escritora o un escritor para escribir una sátira o parodia
- Observar el humor en la sátira y la parodia y comprender la función que tiene en la persuasión
- Observar cuándo un texto tiene una prueba moral (a veces implícita y a veces explícita) cerca del final del relato
- Identificar y diferenciar entre el conflicto interno y el conflicto externo
- Analizar un texto para pensar acerca de la perspectiva desde la que se cuenta el cuento y observar cuándo cambia esa perspectiva
- Observar cómo una escritora o un escritor genera, mantiene y quita el suspenso
- Observar e identificar el propósito que tiene la escritora o el escritor para usar recursos literarios como el presagio, la variedad de conflictos, la ironía (verbal, situacional, dramática), el simbolismo, el tono, imágenes literarias
- Determinar los mensajes de la escritora o del escritor mediante el análisis de los temas que aparecen en sus obras (enfrentamiento del ser humano con la naturaleza, carencia de humanidad, rebelión, dificultad de comprensión, diferentes tipos de conflictos, lucha por la justicia, conflictos familiares, dolor por amor o pérdida, competencia en la sociedad, choque de civilizaciones y pueblos no civilizados, destino o suerte)
- Aplicar el pensamiento analítico para comprender temas y asuntos que requieren mucha madurez
- Aplicar el pensamiento analítico para comprender temas e ideas que requieren mucha madurez
- Observar las características de escenarios en la fantasía que requieren creer en magia y/o en un mundo imaginario
- Comprender las características de los escenarios (culturales, físicas, históricas) y la manera en que influyen en las actitudes y las decisiones de personajes
- Observar cómo una escritora o un escritor revela los personajes principales y secundarios a partir de lo que hacen, piensan o dicen y de lo que los demás dicen acerca de ellos o de cómo los demás responden a ellos
- Identificar personajes dinámicos (que cambian y se desarrollan) y personajes estáticos (que no cambian) en un texto
- Analizar los papeles de los personajes secundarios y su importancia (o insignificancia) para el cuento y para el desarrollo del personaje o los personajes principales
- Comprender que el escritor puede expresar un asunto a través de las emociones de un personaje principal, los pensamientos, el diálogo, el desarrollo, la acción o los sucesos

# Seleccionar objetivos Hábitos y conocimientos para observar, enseñar y apoyar *(cont.)*

## PENSAR ***ACERCA*** DEL TEXTO *(continuación)*

### ANALIZAR *(continuación)*

- Pensar de manera analítica acerca de la relevancia de los elementos literarios en un texto
- Identificar el problema central o conflicto de un cuento en un texto con muchos episodios o tramas paralelas
- Reconocer y comprender variaciones en la estructura narrativa (trama circular, tramas paralelas, trama principal y tramas secundarias, cuento dentro de otro cuento, flashback, flash-forward, lapso de tiempo)
- Reconocer y comprender varias tramas, cada una con su propio conjunto de personajes principales y secundarios, en un texto
- Reflexionar acerca del uso que hace una escritora o un escritor de significados connotativos y comentar lo que transmite a la lectora o al lector
- Observar el uso que hace una escritora o un escritor del lenguaje y establecer cómo contribuye específicamente al significado, la calidad y la atmósfera de un texto
- Observar el uso que hace una escritora o un escritor del lenguaje figurado y establecer cómo contribuye específicamente al significado o al disfrute de un texto
- Observar e interpretar el lenguaje que revela la actitud de la escritora o del escritor y comunica el tono del texto
- Observar el uso que hace una escritora o un escritor de conectores tanto comunes como sofisticados, así como de conectores académicos
- Debatir el propósito de una escritora o un escritor para la selección de un género, tema, sujeto o tipo de estructura narrativa particular
- Observar aspectos de los recursos de elaboración de la autora o del autor (estilo, sintaxis, uso de uno o más narradores)
- Reflexionar de manera analítica acerca de la elección de palabras de una escritora o un escritor en función de sus connotaciones
- Observar el uso que hace una escritora o un escritor de estructuras no oracionales para lograr un efecto literario
- Reconocer y comparar estilos de escritura, estableciendo conexiones dentro de diversas obras de una escritora o un escritor, y establecer también relaciones entre las obras de diferentes escritores
- Observar el uso que hace una autora o un autor del lenguaje satírico
- Ubicar lenguaje en un texto que revela el escenario, el problema, las características de los personajes, el cambio de los personajes, el tema, los significados simbólicos, el narrador o la narradora, la atmósfera, tono
- Observar cómo una escritora o un escritor usa el lenguaje para ayudar a los lectores a experimentar lo que sienten los personajes
- Comprender que una escritora o un escritor selecciona el punto de vista de primera, segunda o tercera persona para contar un cuento
- Observar el uso que hace una escritora o un escritor del lenguaje figurado (incluida la metáfora, el símil, la personificación, la metáfora extendida y la alegoría) y establecer cómo contribuye específicamente al significado o al disfrute de un texto
- Observar el uso que hace una escritora o un escritor del lenguaje expresivo en el diálogo
- Observar el uso que hace una escritora o un escritor del monólogo y el soliloquio (típicamente en una obra de teatro) así como del diálogo extendido para revelar los pensamientos de un personaje
- Observar el uso que hace una escritora o un escritor de la ironía y el lenguaje que la representa
- Observar el lenguaje literario, típico de la literatura tradicional (*érase una vez, había una vez, en una tierra muy lejana*)
- Observar el uso que hace una escritora o un escritor de palabras humorísticas u onomatopeyas y hablar acerca de cómo estas contribuyen a la acción
- Comprender que una escritora o un escritor de no ficción puede usar la argumentación en un texto persuasivo
- Observar cómo usa el lenguaje una escritora o un escritor para persuadir en diversos textos persuasivos y contextos (argumentación, ensayo, publicidad, propaganda)
- Observar el lenguaje que se usa para mostrar el orden cronológico y temporal
- Comprender cómo funcionan juntos las ilustraciones y el texto para enriquecer el significado y comunicar la atmósfera del texto
- Observar cómo la escritora o el escritor/la ilustradora o el ilustrador selecciona y ubica fotos de manera que cuentan una historia o comunican un significado más amplio en un ensayo fotográfico
- Observar y comentar la manera en que las características del peritexto enriquecen el significado, simbolizan la cultura, crean la atmósfera o ayudan a los lectores a interpretar el texto
- Usar lenguaje académico para hablar acerca de los géneros (*ficción; cuento de familia, amigos y escuela; cuento popular; cuento de animales; cuento humorístico; cuento de hadas; fábula; cuento exagerado; ficción realista; cuento de misterio; cuento de aventuras; cuento de deportes; no ficción; texto informativo; libro informativo; texto sobre hechos; libro de instrucciones; biografía; autobiografía; narración de no ficción; memorias personales; texto de instrucciones; texto persuasivo; texto híbrido; texto expositivo; ficción histórica; fantasía; literatura tradicional; mito; leyenda; balada; ciencia ficción; épica; sátira/parodia*)
- Usar lenguaje académico para hablar de las formas (*libros de una serie, obra de teatro, libro por capítulos, cómics, texto gráfico, carta, secuela, cuento corto, entrada de diario, artículo periodístico, artículo de fondo; saga*)
- Usar lenguaje académico para hablar acerca de las características literarias (*comienzo, final, problema, personaje, pregunta y respuesta, personaje principal, cambio de personaje, mensaje, diálogo, tópico, sucesos, solución, ambientación, descripción, problema y solución, comparar y contrastar, idea principal, flashback, conflicto, resolución, tema, lenguaje descriptivo, símil, causa y efecto, categorización, lenguaje persuasivo, trama, desarrollo del personaje, personaje secundario, punto de vista, lenguaje figurado, metáfora, secuencia temporal, secuencia cronológica, temática, argumento, trama secundaria, flash-forward, lapso de tiempo, cuento dentro de otro cuento, símbolo, simbolismo, narración en primera persona, narración en tercera persona, narración en segunda persona, atmósfera, episodio, clímax, acción creciente, acción descendiente, trama circular, tramas paralelas, protagonista, antagonista, tono, ironía, personajes dinámicos y estáticos, personificación*)

## **Seleccionar objetivos** Hábitos y conocimientos para observar, enseñar y apoyar *(cont.)*

### PENSAR ***ACERCA*** DEL TEXTO *(continuación)*

**ANALIZAR** ***(continuación)***

- Usar lenguaje específico para hablar acerca de las características del libro y la letra impresa *(portada, contraportada, página, autor, ilustrador, ilustración, fotografía, título, rótulo, dibujo, encabezado, leyenda, marco, viñeta, tabla de contenidos, capítulo, título del capítulo, dedicatoria, recuadro lateral, glosario, mapa, diagrama, infografía, nota del autor, nota del ilustrador, sección, solapa del libro, agradecimientos, subtítulo, texto, guía de pronunciación, tabla, gráfica, línea de tiempo, índice, prefacio, dibujo de corte, nota al pie, epílogo, nota al final, apéndice, referencias, prólogo, bibliografía*)

**CRITICAR**

- Evaluar la calidad general de un texto (ilustraciones o elementos gráficos, calidad de la escritura, formato/estructura) e intercambiar opiniones
- Criticar un texto literario descomponiéndolo en partes y evaluando cómo se combinan para lograr el propósito de la escritora o del escritor o comunicar un mensaje
- Criticar la trama de un texto literario para evaluarla en función de su credibilidad y lógica
- Criticar la elección de escenario y cómo influye en el tema y la atmósfera del cuento
- Criticar la creación de personajes de la escritora o del escritor, cómo enfrentan desafíos y cómo se desarrollan en términos de credibilidad, lógica y su rol para comunicar el mensaje
- Criticar el tema y el mensaje de la escritora o del escritor en función de su valor y credibilidad
- Criticar un texto usando varias dimensiones (solidez y razonabilidad de los argumentos, grado de parcialidad, documentación de hechos, aptitudes de la escritora o del escritor, impacto del estilo y la presentación)
- Criticar el uso de elementos gráficos, recuadros laterales y el cuerpo del texto, y comentar cómo contribuyen a la calidad de un texto y/o ayudan a los lectores a comprender el tema
- Usar otra información (de la investigación, la lectura) para evaluar la autenticidad de un texto
- Comparar el contenido, el tema o los sucesos en varias fuentes y usar información para criticar textos particulares o grupos de textos
- Observar las referencias y garantías que una escritora o un escritor provee para autenticar un texto
- Distinguir entre fuentes primarias y secundarias y pensar de manera crítica acerca de la autenticidad de un texto
- Concordar o discrepar con los argumentos de una escritora o un escritor y brindar fundamentos para las opiniones
- Expresar opiniones personales acerca de aspectos del texto que lo hacen atractivo o interesante y brindar ejemplos de pruebas del texto como justificación
- Expresar gustos y preferencias en la lectura y apoyar las elecciones con descripciones y ejemplos de elementos literarios (trama, escenario, lenguaje, caracterización)
- Expresar preferencias con referencias específicas a características de los géneros de ficción y no ficción
- Criticar un texto de una manera que exprese las opiniones y las sensaciones propias del estudiante (a diferencia de simplemente resumir)
- Pensar de manera crítica en la calidad de un texto de ficción y de qué manera ejemplifica su género, e intercambiar opiniones
- Criticar la selección del sujeto de una biografía como digno de interés o importante
- Pensar de manera crítica en el sujeto de una biografía y comentar los logros, las características admirables y los defectos del individuo
- Pensar de manera crítica en el tono de la escritora o del escritor para analizar la parcialidad en un texto
- Criticar la presentación del contenido y/o el sujeto de una biografía para revelar parcialidades, la distorsión de hechos o la omisión de información importante
- Pensar de manera crítica en la escritura de memorias personales o de una autobiografía para detectar el error o las parcialidades
- Criticar el texto en función de su relevancia para las cuestiones y problemas sociales actuales que afectan a las personas (las familias, la sociedad, el futuro, la calidad de vida, la protección del medioambiente)

# Seleccionar objetivos Hábitos y conocimientos para observar, enseñar y apoyar *(cont.)*

## Planificar el trabajo con las palabras después de la lectura guiada

Usando sus observaciones recientes sobre la capacidad de los lectores de descomponer palabras rápida y eficientemente mientras leen un texto, planifique de uno a tres minutos la participación activa de los estudiantes atendiendo a las letras, los sonidos y las palabras. Priorice la observación de los lectores sobre las características de la letra impresa y el uso manual activo de las letras magnéticas, de la pizarra blanca, de tarjetas de palabras o de lápiz y papel para promover la fluidez y la flexibilidad en el procesamiento visual.

### Ejemplos:

- Formar todo tipo de plurales, entre ellos los que asumen o pierden un acento ortográfico y plurales que requieren un cambio de ortografía (*expedición/expediciones; origen/orígenes; emperatriz/emperatrices*)
- Trabajar la flexibilidad en una palabra base, cambiando letras o agregando o quitando uno o más afijos para formar una palabra nueva (*honrar, honrado, honradez*) y discutir los cambios de significado o función
- Clasificar palabras para agrupar palabras con la misma base, palabras con el mismo prefijo, palabras con el mismo sufijo
- Reconocer y usar raíces de palabras (griegas y latinas) para descomponer y determinar los significados de algunas palabras españolas (*bio*, que significa "vida", en *biología*, "estudio científico de los seres vivos")
- Reconocer y usar palabras que tienen significados similares porque tienen la misma raíz (*ver*, que significa "verdadero": *veredicto*, que significa "decisión de un jurado", *verificar*, que significa "demostrar la verosimilitud")
- Elaborar redes de palabras con una palabra base o la raíz de una palabra en el centro y pensar en las palabras relacionadas con ella
- Descomponer polisílabos e identificar la sílaba acentuada (*organizaremos, trágicamente, ortográfico, sirviéndoselo*)
- Clasificar palabras según cualquier característica de la palabra
- Tener una "clasificación abierta" donde los estudiantes observen características de las palabras y pidan a otros estudiantes que determinen la característica que usaron para clasificar
- Reconocer y usar verbos en los modos indicativo, subjuntivo e imperativo (*propongo, devolvamos, verifiquen*)
- Reconocer y usar homófonos (*basto, vasto; cede, sede; ola, hola*) y homógrafos (*calle*)

# Gramática, uso y mecánica

# Continuo de gramática, uso y mecánica

El español es una lengua que se habla en una región amplia del mundo, como también sucede con el inglés. Por ello, la población estudiantil hispanohablante de los Estados Unidos es muy diversa en cuanto a su origen geográfico. Esta diversidad se ve reflejada en la riqueza de las diversas variedades del español que se oye en las escuelas y las comunidades, que exhiben variaciones en el léxico, la gramática y los patrones de entonación. Sin embargo, todas estas variaciones regionales tienen un núcleo común de reglas gramaticales y ortográficas generalmente aceptadas en las que nos centramos en esta sección. Esta variedad específica del español suele denominarse español latinoamericano "estándar o neutro". Este apéndice también está alineado a los estándares del currículo de artes del lenguaje. Nos agrada escuchar diversos patrones del habla de personas de todos los ámbitos. Sin embargo, hay algo que no ha cambiado: la competencia se asocia a la gramática y al uso de la lengua.

Dos indicadores sociales han sobrevivido a todos los cambios liberadores del siglo pasado. Estos indicadores, el habla y la lectura, son necesarios para quien quiera alcanzar los más altos niveles de competencia. Y de estos dos, ¡la lectura tiene menor importancia! Nuestro dominio del habla indica de inmediato a los demás nuestro nivel de educación e implica conocimientos y experiencia. (En realidad, no existe relación alguna entre una gramática correcta, la inteligencia y la destreza, pero así se percibe). Lo principal es que cuando se ingresa al mundo laboral o de la educación superior, se obtienen beneficios por hablar con una "gramática correcta", como se denominaba antiguamente, o "gramática estándar". Se trata de la manera en la que usan el lenguaje los locutores, los ejecutivos, los vendedores, los anunciantes, los políticos, los maestros, los doctores, los abogados y otros; al menos en la vida pública.

Hay un conjunto de "reglas" subyacentes que rigen el uso del lenguaje, tanto para todas las lenguas como para todo dialecto o registro de cada lengua. Un dialecto es una forma del lenguaje específica de una región geográfica o un grupo específico de personas. Las reglas atañen a características de la fonología (pronunciación), la sintaxis o la gramática de una lengua, el vocabulario y otras características del lenguaje. El registro es la variedad de la lengua que se usa en un entorno específico o para un propósito específico. Todos tenemos varios registros, lo que indica que hablamos de diferente manera con nuestros amigos cercanos en situaciones sociales que como lo haríamos durante la enseñanza o mientras pronunciamos un discurso. Todas estas variaciones muestran lo asombroso que es el lenguaje y que todos los hablantes tenemos un enorme cúmulo de conocimientos.

Por lo tanto, nuestra intención es ayudar a los estudiantes a ampliar o expandir su uso del lenguaje. Nuestro propósito no es comunicarles que su lenguaje (que se habla en su familia) es "malo" y que el español estándar es, de alguna manera, "bueno". Una frase descriptiva que a muchos maestros que conocemos les resulta útil es "como se dice en los libros". Nuestro propósito real es ayudar a cada estudiante a desarrollar un registro formal que le sirva en situaciones académicas y laborales. Pueden seguir usando sus otros registros con amigos y en casa, pero ahora tienen un mayor repertorio.

Hemos incluido la información de este apéndice como recurso para los maestros, de modo que tengan un enfoque de las características de ese registro formal. Durante el tiempo que los estudiantes pasan con nosotros de PreK a grado 8, nos esforzamos para apoyar el lenguaje, los conocimientos de cómo "funciona" el lenguaje formal y la capacidad de presentarse como una diestra o un diestro hablante de la lengua. Reconocemos que algunas profesiones no requieren el control del español formal, pero muchas otras sí. Además, el uso formal del español supone muchas ventajas en situaciones sociales. Pretendemos incrementar las opciones y el acceso para nuestros estudiantes, no limitarlos.

## Competencia lingüística: algo más que una buena gramática

Hay que reconocer que usar un español formal, regido por reglas, no equivale a contar con competencia lingüística, que incluye entre tantas destrezas, una comunicación sobresaliente, el uso de la imaginación, la capacidad de expresar ideas propias de manera articulada y la capacidad de escuchar antes de responder. Se puede hablar respetando todas las reglas gramaticales, y aun así, no decir nada interesante o encontrar dificultades para comunicar un argumento. Se puede usar la gramática formal y no escribir bien. Se puede usar una gramática "no estándar" y comunicarse de manera intensa, viva y convincente. Por lo tanto, aunque aquí se enfatice el uso del lenguaje formal, lo hacemos en el contexto de un programa de lenguaje rico que incluye conversación, lectura y escritura significativas en abundancia para que los estudiantes sepan *qué* decir (o tengan algo que decir).

## Inmersión, enseñanza, apoyo; no "corrección"

La información de este apéndice respalda su tarea de ayudar a los estudiantes a ampliar sus conocimientos del uso del lenguaje. Las siguientes son maneras en las que esta tabla puede ser un recurso para la enseñanza:

- Interactúe con los estudiantes, ofrezca un modelo de gramática y uso formales. *(Nada tiene más impacto en el aprendizaje del lenguaje que vincularse con otros hablantes de la lengua).*
- Lea para los estudiantes, ofreciéndoles no solo modelos de gramática y uso formales, sino también de escritura sobresaliente. *(Muy pronto, los estudiantes comenzarán a adquirir el lenguaje de los libros).*
- Entable conversaciones con los estudiantes acerca de lo que escriban y ofrezca consejos sobre las normas. *(La escritura se hace más lenta y demuestra la manera en que se combinan las palabras en oraciones y las oraciones en párrafos. Los estudiantes aprenden a combinar sustantivos, verbos y otras categorías gramaticales. Pueden cambiarlas de lugar y reformular oraciones. Pueden elegir nuevas palabras).*
- Ocupe a los estudiantes en la lectura minuciosa de un texto, de modo que observen con atención la manera que tiene una autora o un autor de usar el lenguaje. *(Esto hace que los modelos cobren vida. El lenguaje es más visible).*
- Invite a los estudiantes a participar en una conversación basada en los textos. *(Se apoderan del lenguaje al hablar sobre él. Encuentran ejemplos para respaldar sus argumentos. Incorporan el lenguaje del texto).*
- Ayude a los estudiantes a desarrollar sus propias capacidades de habla a través de presentaciones, el teatro del lector y discursos. *(Cuando se prepara para una presentación, cuida mucho del lenguaje. Pide opiniones y cambia el lenguaje para mejorar la comunicación. Los estudiantes comienzan a sentir la necesidad de hablar de manera formal).*

Todo lo anterior es mucho más potente y efectivo que "corregir" el lenguaje oral de una estudiante o un estudiante de inmediato, en especial ante un público de compañeros, lo que simplemente lo desalienta a seguir hablando. La única manera que tiene la estudiante o el estudiante de incorporar patrones del español formal es hablar. Debemos propiciar el *deseo* de ampliar el uso del lenguaje.

## ¿Y qué hay de las lecciones de gramática?

Un método muy tradicional de enseñar el uso estándar es asignar ejercicios a los estudiantes, a menudo mediante hojas de trabajo que tienen que completar con el tiempo verbal o las formas plurales correctas, entre otras actividades. Si bien puede que usted quiera enseñar una mini-lección sobre algún tipo de uso que casi todos los estudiantes tengan que aprender, las lecciones de gramática independientes probablemente sean la manera menos efectiva de ampliar el habla y la escritura de sus estudiantes. Deben hablar y escribir acerca de *algo;* oír modelos de español leído, leer con atención, hablar y escribir acerca de la lectura son más significativos y efectivos. El uso de modelos también es más probable que asegure que los estudiantes transfieran el nuevo conocimiento acerca del uso a su propia conversación y escritura.

Uno de los problemas es que las lecciones de gramática con toda la clase no son eficientes. Algunos estudiantes ya conocerán las nuevas estructuras, y a otros, las estructuras les parecerán demasiado difíciles. Además, no es muy útil que los estudiantes memoricen listas de reglas. Deben poder ser capaces de aplicar las reglas y, con el tiempo, saberlas de manera implícita.

Si desea enseñar una lección breve de gramática, relaciónela con un libro que hayan leído o una escritura compartida que realice con los estudiantes. Señalar cómo funciona el lenguaje (por ejemplo, la concordancia entre el sustantivo y el verbo o el uso de los adjetivos) es enseñar gramática con un texto que significa algo para los estudiantes. En la lectura guiada, puede ayudar a los estudiantes a entender estructuras lingüísticas complejas al presentar el libro, y ellos pueden incluso "ensayar" el lenguaje para acostumbrarse al patrón y el ritmo. Saber qué "suena bien" es un factor importante en el aprendizaje de la gramática formal, lo que requerirá años a muchos estudiantes.

## ¿Y qué hay de los estudiantes de español?

Cada vez más, los estudiantes angloparlantes están aprendiendo español en programas de educación bilingüe. Hasta 2019, 42 estados y el Distrito de Columbia ofrecían en total 1,958 programas bilingües con el español como contraparte más frecuente (duallanguageschools.com). En estos programas, los hispanohablantes nativos y los estudiantes de español aprenden lectura y contenidos académicos tanto en inglés como en español. Además, el Seal of Biliteracy, un reconocimiento académico formal para los estudiantes que son completamente bilingües en el habla y la escritura, se ofrece actualmente en treinta y seis de los cincuenta estados, con otros doce estados en las primeras etapas de implementación o considerando su incorporación (sealofbiliteracy.org).

Los estudiantes de español deben adquirir una experiencia muy valiosa con el lenguaje, con muchos contextos seguros en los que pueden intentar hablar en español. La lectura interactiva en voz alta, la lectura compartida, los clubes literarios y la lectura guiada ofrecen la posibilidad de conversar a partir de un texto. Ofrezca la mayor cantidad de posibilidades para la interacción; permita a los estudiantes que compartan, pero hágalo de manera amable. Verá que sus estudiantes incorporan el conjunto de conocimientos que aparece en esta tabla, pero necesitarán tiempo y oportunidades. Mientras tanto, la mejor manera de alentarlos es escuchándolos y respondiendo de manera coherente, mostrándoles que valora el significado de lo que quieren decir.

## ¿Cuándo y qué deben aprender?

Esta tabla representa un conjunto de conocimientos que los estudiantes adquieren de maneras muy diversas. Cuando todos llegan con conocimientos lingüísticos tan dispares, no indicaremos cuándo deberían *todos* los estudiantes adquirir una estructura específica. Lo más importante es que todos irán adquiriendo el control de las estructuras lingüísticas del español. Estos son algunos de los principios generales:

- Los conceptos más simples se aprenderán antes que los complejos.
- El aprendizaje es continuo y acumulativo.
- El uso del lenguaje es cada vez más complejo debido a que unos conceptos se desarrollan sobre otros.
- El aprendizaje depende de las oportunidades.
- Los estudiantes necesitan oír ejemplos de uso del lenguaje en situaciones significativas antes de embarcarse en su estudio formal.
- La adquisición efectiva del uso del lenguaje depende de muchas más cosas que la enseñanza directa.

En general, los ítems de la tabla están agrupados de más sencillos a más complejos, aunque debemos advertir que esto quizás no sirva como secuencia de aprendizaje para todos los estudiantes.

## Usar la tabla de gramática, uso y mecánica

Esta tabla no pretende ser un currículo para la enseñanza de gramática formal. La identificación de cada viñeta como primaria, intermedia y escuela secundaria es aproximada, y variará bastante de un individuo a otro. Cada estudiante revisa constantemente su capacidad de usar el lenguaje de maneras sofisticadas. Es importante recordar que la estudiante o el estudiante de una lengua puede hablar con una gramática muy estandarizada y sofisticada *sin poder describir las "reglas" exactas*. En esta tabla verá muchos ejemplos de lenguaje gramatical que se usa al hablar o al leer, pero que quizás no pueda identificar, ya que estas reglas son *inconscientes*, aunque se usan todo el tiempo. Los hablantes internalizan este sistema de reglas mediante el uso. Esta tabla detalla las reglas de uso con base en los momentos adecuados en los que los hablantes las *usan,* no cuando se espera que las identifiquen. Quizás nunca sepan todas las reglas de manera explícita. Por eso, cuando usted pregunta a una lectora o un lector "¿Suena bien?", se refiere a algo bastante complejo. Está pidiendo a la lectora o al lector que considere el lenguaje a la luz de lo que ya "sabe" implícitamente. Lo que se pretende es ayudar a que la estudiante o el estudiante desarrolle el sentido interno, por lo que a usted le resultará conveniente tener una herramienta de referencia. La mejor manera de facilitar a la estudiante o al estudiante la expansión de su repertorio de uso estándar es que se exponga al lenguaje

- oyendo su lectura en voz alta,
- usando lenguaje oral basado en textos,
- participando en una lectura amplia a su elección (recordando que todos los textos ofrecen una demostración de uso del español estándar),
- escribiendo sobre lo que leen y
- dándole oportunidades de escribir para diversos propósitos y públicos.

Esta tabla puede servirle de recurso en todos los contextos educativos. Además, en otros continuos encontrará referencias más breves a los conocimientos y al uso de las convenciones del uso del lenguaje. Los conocimientos y el uso del lenguaje están integrados en lo que los estudiantes comentan y escriben.

Algunas veces ha pasado tanto tiempo desde que estudiáramos el lenguaje que, aunque lo usemos de manera formal, tenemos que buscar la manera exacta de describirlo. Quizás no recordemos rápidamente todos los ítems de una categoría. En ese caso, la tabla se puede usar como referencia rápida, ya que toda la información está en un solo lugar. Úsela para

- desarrollar sus conocimientos del lenguaje;
- guiar sus observaciones de cómo usan el lenguaje los estudiantes cuando hablan y escriben;
- observar el aprendizaje y el crecimiento;
- adquirir lenguaje para hablar sobre la estructura del lenguaje adecuada para la edad del grupo;
- sugerir áreas de aprendizaje en la lectura compartida;
- guiar sus introducciones a los textos en la lectura guiada;
- informar sus conferencias con los estudiantes por escrito;
- sugerir un enfoque en la escritura compartida;
- sugerir estructuras del lenguaje valiosas para la lectura compartida y
- sugerir lenguaje "amistoso" para cada hábito que se pueda usar para explicar o enseñar (ver "Lenguaje educativo").

El lenguaje educativo ofrece una declaración clara del hábito o principio. Quizás deba desarrollarlo si desea usarlo de manera explícita con los estudiantes. Recuerde que los estudiantes precisan solo algunos hábitos y principios sobre los que puedan hablar de manera explícita.

| GRAMÁTICA, USO Y MECÁNICA | | | | | |
|---|---|---|---|---|---|
| | **HÁBITOS** | **LENGUAJE EDUCATIVO** | **NIVEL DEL GRADO** | | |
| | | | **PRIMARIA** | **INTERMEDIA** | **SECUNDARIA** |
| | **Categorías gramaticales** | | | | |
| **1** | Reconocer y usar las ocho categorías gramaticales de la lengua española. | *Palabras que tienen funciones diferentes en una oración.*<br>*Las ocho categorías gramaticales son nombres para palabras con ocho funciones diferentes.*<br>*Las categorías gramaticales son sustantivo, pronombre, adjetivo, verbo, adverbio, preposición, conjunción e interjección.* | | • | • |
| **2** | Reconocer y usar sustantivos:<br>• nombres de personas (*mujer, Frida Kahlo*)<br>• nombres de lugares (*ciudad, Tijuana*)<br>• nombres de cosas (*automóvil, Chevrolet; perro, Coco; teatro, Teatro Juárez*)<br>• nombres de ideas (*honestidad*) | *Un sustantivo es una palabra que se usa para nombrar a una persona, lugar, cosa o idea.*<br>*Un sustantivo común es el nombre general para una persona, lugar, cosa o idea.*<br>*Un sustantivo propio es el nombre formal de una persona, lugar o cosa particulares. Un sustantivo propio comienza con una letra mayúscula.* | • | • | • |
| **3** | Reconocer y usar pronombres (los más sencillos se aprenderán antes que los más complejos):<br>• personales (*yo, tú, él, nosotras, ustedes, ellos*)<br>• de complemento (*lo, nos*)<br>• posesivos (*mío, tuya, suyo, nuestra*)<br>• relativos (*que, quien, el que, la que, lo que*)<br>• interrogativos (*cómo, quién, cuánto, qué*)<br>• demostrativos (*ese, estas, este, aquellas*)<br>• indefinidos (*algo, alguien, nada, nadie*)<br>• reflexivos (*me, te, se, nos*) | *Un pronombre es una palabra que se usa en lugar de uno o más sustantivos.*<br>*Algunas veces un pronombre reemplaza a uno o más pronombres.* | • | • | • |
| **4** | Reconocer y usar adjetivos:<br>• que describen cómo es algo (*ojos verdes, árbol grande, cantante talentoso*)<br>• que identifican algo (*este libro, aquellos perros, su opinión*)<br>• que cuantifican algo (*una historia, un huevo, once velas, varias bicicletas*) | *Un adjetivo es una palabra que se usa para cambiar el significado de un sustantivo o un pronombre al hacerlo más específico.*<br>*Adjetivos que indican qué tipo, cuál, cuántos o cuánto.*<br>*Algunas palabras se pueden usar como pronombres o como adjetivos. La función de una palabra en una oración determina qué categoría gramatical es. Un adjetivo modifica a un sustantivo o un pronombre, mientras que un pronombre toma el lugar de un sustantivo.* | • | • | • |

| GRAMÁTICA, USO Y MECÁNICA | | | | | |
|---|---|---|---|---|---|
| HÁBITOS | | LENGUAJE EDUCATIVO | NIVEL DEL GRADO | | |
| | | | PRIMARIA | INTERMEDIA | SECUNDARIA |
| | **Categorías gramaticales *(continuación)*** | | | | |
| 5 | Reconocer y usar verbos:<br>• que expresan una acción mental o física (*baila, habló, recordará*)<br>• que expresan la condición o el estado de una persona, un lugar, una cosa o una idea (*es, permanecía, parecerá*) | *Un verbo es una palabra que se usa para formar una oración.*<br>*Un verbo indica una acción, una condición o un estado.* | • | • | • |
| 6 | Reconocer y usar adverbios y frases adverbiales:<br>• que describen cómo se hace algo (*masticó lentamente; contesta sinceramente*)<br>• que identifican cuándo sucede algo (*llegará mañana; finalmente se despertó*)<br>• que describen dónde sucede algo (*salpicó por todos lados; cayó hacia atrás*)<br>• que especifican la intensidad de algo (*completamente feliz; corrió muy rápido*) | *Un adverbio o frase adverbial se usa para cambiar el significado de un verbo, un adjetivo u otro adverbio al hacerlo más específico.*<br>*La mayoría de los adverbios indican cómo, cuándo, dónde, cuánto o con qué frecuencia se realiza la acción del verbo.*<br>*Algunas veces un adverbio cambia el significado de un adjetivo o de otro adverbio al indicar la cantidad o la frecuencia de ese adjetivo o adverbio.* | • | • | • |
| 7 | Reconocer y usar preposiciones:<br>• simples (*a, ante, bajo, cabe, con, contra, de, desde, durante, en, entre, hacia, hasta, mediante, para, por, según, sin, sobre, tras, versus, vía*)<br>• compuestas (*a cambio de, al lado de, en lugar de, en medio de, frente a, fuera de, por causa de*) | *Una preposición es una palabra que se usa para mostrar la relación que existe entre un sustantivo o pronombre y otra palabra en una oración.*<br>*Una preposición compuesta es un grupo de palabras que actúa como preposición.*<br>*Una preposición siempre introduce una frase. El sustantivo o pronombre al final de la frase es el objeto de la preposición. En español, los verbos que van después de las preposiciones se usan en el infinitivo.* | | • | • |
| 8 | Reconocer y usar conjunciones:<br>• coordinantes (*entonces, o, pero, y*)<br>• subordinantes (*a menos que, aunque, como si, dado que, desde que, después de que, en cuanto, en tanto, hasta que, mientras que, no bien, para que, pese a que, por más que, siempre que, siempre y cuando, tan pronto como, una vez que, ya que*)<br>• correlativas (*ni ... ni, no solo ... sino también, o ... o, tanto ... como*) | *Una conjunción es una palabra que se usa para unir palabras o grupos de palabras.*<br>*Algunas veces una conjunción une dos palabras. Algunas veces una conjunción une grupos de palabras o partes de una oración.*<br>*Una conjunción coordinante conecta palabras o grupos de palabras que se usan de la misma manera.*<br>*Una conjunción subordinante comienza una cláusula subordinada y la une a una cláusula independiente.*<br>*Las conjunciones correlativas son pares de conjunciones que conectan palabras o grupos de palabras que se usan de la misma manera.* | | • | • |
| 9 | Reconocer y usar interjecciones (*¡ah!, ¡oh!, ¡Madre mía!, ¡ay!, ¡uf!*) | *Una interjección es una palabra que se usa para expresar sentimientos o emociones fuertes y repentinas.*<br>*Normalmente, las interjecciones llevan signos de exclamación inicial y final.*<br>*Una interjección no tiene relación gramatical con otras palabras en la oración.* | | • | • |

| | GRAMÁTICA, USO Y MECÁNICA | | | | |
|---|---|---|---|---|---|
| | **HÁBITOS** | **LENGUAJE EDUCATIVO** | **NIVEL DEL GRADO** | | |
| | | | **PRIMARIA** | **INTERMEDIA** | **SECUNDARIA** |
| | **Tiempo verbal** | | | | |
| **10** | Reconocer y usar tiempos verbales comunes:<br>• presente (*camino, caminas, camina*)<br>• pasado (*caminé, caminaste, caminó*)<br>• futuro (*caminaré, caminarás*)<br>• pretérito perfecto (*he caminado, ha caminado*)<br>• pretérito pluscuamperfecto (*había caminado*)<br>• futuro perfecto (*habrá caminado*)<br>• condicional perfecto (*habría caminado*) | *La forma de un verbo muestra el tiempo de la acción o estado. Este es el tiempo verbal.*<br>*Los tiempos simples son el presente, el pasado y el futuro.*<br>*El tiempo presente muestra acciones que ocurren o estados que existen en el presente. En español, el tiempo presente también se puede usar para describir acciones habituales o para hablar de sucesos que ocurrirán en el futuro próximo.*<br>*El tiempo pasado muestra acciones o estados que comenzaron y finalizaron en el pasado.*<br>*El tiempo futuro muestra acciones o estados que ocurrirán o existirán en el futuro.*<br>*Los tiempos perfectos son el pretérito perfecto, el pretérito pluscuamperfecto, el futuro perfecto y el condicional perfecto.*<br>*El pretérito perfecto muestra acciones o estados que comenzaron en el pasado y continúan en el presente.*<br>*El pretérito pluscuamperfecto muestra acciones o estados que finalizaron antes que otra acción pasada comenzara.*<br>*El futuro perfecto muestra acciones o estados que habrán terminado antes que otra acción o estado comience en el futuro.*<br>*El condicional perfecto muestra acciones que podrían haber sucedido si acciones en el pasado hubieran sido diferentes.* | • | • | • |
| | **Modo verbal** | | | | |
| **11** | Reconocer y usar los tres modos gramaticales:<br>• indicativo (*Mañana va a llover*)<br>• subjuntivo (*Es posible que llueva mañana*)<br>• imperativo (*Busca tu paraguas*) | *La forma de un verbo muestra la actitud de la hablante o del hablante hacia su enunciado. Este es el modo verbal.*<br>*Los tres modos gramaticales son el indicativo, el subjuntivo y el imperativo.*<br>*El modo indicativo enuncia hechos y se usa para hablar de cosas que son determinadas.*<br>*El modo subjuntivo se usa para hablar de cosas que son subjetivas, indeterminadas o hipotéticas.*<br>*El modo imperativo se usa para dar órdenes.* | | • | • |
| | **Concordancia** | | | | |
| **12** | Reconocer y usar la concordancia entre sujeto y verbo:<br>• sujeto singular y verbo singular (*Una palabra significa algo*)<br>• sujeto plural y verbo plural (*Las palabras significan algo*) | *Un sujeto puede ser de número singular o plural.*<br>*Un sujeto en singular se refiere a una persona, lugar, cosa o idea.*<br>*Un sujeto en plural se refiere a más de una persona, lugar, cosa o idea.*<br>*Un verbo puede ser de número singular o plural.*<br>*Un verbo y su sujeto concuerdan, o coinciden, en número.*<br>*Los verbos en singular se usan con sujetos en singular. Los verbos en plural se usan con sujetos en plural.* | | • | • |

## GRAMÁTICA, USO Y MECÁNICA

| | HÁBITOS | LENGUAJE EDUCATIVO | NIVEL DEL GRADO | | |
|---|---|---|---|---|---|
| | | | PRIMARIA | INTERMEDIA | SECUNDARIA |
| | **Concordancia *(continuación)*** | | | | |
| **13** | Reconocer y usar la concordancia de género y número entre sustantivos y adjetivos:<br>• sustantivo singular masculino con adjetivo (*el chico alto*)<br>• sustantivo singular femenino con adjetivo (*la chica alta*)<br>• sustantivo plural masculino con adjetivo (*los chicos altos*)<br>• sustantivo plural femenino con adjetivo (*las chicas altas*) | *Los sustantivos en español son masculinos o femeninos, además de ser singulares o plurales.*<br>*Las formas adjetivas tienen que concordar, o coincidir, en género y número con los sustantivos que describen.* | • | • | • |
| | **Oraciones** | | | | |
| **14** | Reconocer el sujeto y el predicado como las dos partes básicas de la oración. | *Una oración es un grupo de palabras que expresa un pensamiento completo y contiene dos partes básicas: un sujeto y un predicado.*<br>*El sujeto simple de una oración generalmente es un sustantivo o un pronombre. El sujeto hace o es lo que el verbo dice.*<br>*El predicado simple de una oración es un verbo. El predicado generalmente muestra lo que el sujeto hace o es.*<br>*En la mayoría de las oraciones, el sujeto va antes del predicado.*<br>*En español, el sujeto de la oración se puede inferir por la terminación verbal.* | | • | • |
| **15** | Reconocer complementos y comprender sus funciones en la oración:<br>• objeto directo (*Compré un regalo*)<br>• objeto indirecto (*Te compré un regalo*)<br>• sustantivo predicativo (*El regalo es una sorpresa*)<br>• adjetivo predicativo (*El regalo es enorme*) | *Los complementos son parte del predicado. Un complemento es una palabra o un grupo de palabras que completa el significado del verbo.*<br>*Muchas oraciones tienen complementos, pero algunas no. Hay cuatro tipos de complementos.*<br>*Un objeto directo responde a la pregunta "¿Qué?" después de un verbo de acción y nombra a la persona o cosa que recibe la acción.*<br>*Un objeto indirecto indica a quién o para quién se hace la acción del verbo.*<br>*Un sustantivo predicativo (o predicativo subjetivo) va después del verbo y renombra al sujeto.*<br>*Un adjetivo predicativo sigue al verbo y describe al sujeto.* | | • | • |
| **16** | Reconocer y usar los cuatro tipos de oraciones:<br>• declarativas (*Me diste el libro*)<br>• interrogativas (*¿Me diste el libro?*)<br>• imperativas (*Por favor, dame el libro*)<br>• exclamativas (*Vaya, ¡me diste el libro!*) | *Hay cuatro tipos de oraciones. Cada tipo tiene un propósito diferente.*<br>*Una oración declarativa hace una declaración.*<br>*Una oración interrogativa formula una pregunta directa.*<br>*Una oración imperativa realiza un pedido o da una orden.*<br>*Una oración exclamativa expresa un sentimiento o una emoción fuerte.* | | • | • |

## GRAMÁTICA, USO Y MECÁNICA

| | HÁBITOS | LENGUAJE EDUCATIVO | NIVEL DEL GRADO | | |
|---|---|---|---|---|---|
| | | | PRIMARIA | INTERMEDIA | SECUNDARIA |
| | **Oraciones *(continuación)*** | | | | |
| **17** | Reconocer y usar frases y comprender sus funciones en oraciones:<br>• preposicionales: *Camino a la escuela por la mañana.*<br>• adjetivas: *El hombre con el sombrero verde es mi padre.* (Modifica a "hombre")<br>• adverbiales: *Camino a la escuela por la mañana.* (Modifica a "camino") | *Una frase es un grupo de palabras relacionadas en una oración.*<br>*Una frase no contiene un verbo y su sujeto.*<br>*Una frase se usa como una única categoría gramatical en una oración.*<br>*Una frase preposicional incluye una preposición, un sustantivo o pronombre llamado "objeto de la preposición" y las palabras que modifican a ese objeto.*<br>*Una frase adjetiva es una frase preposicional que modifica a un sustantivo o pronombre.*<br>*Una frase adverbial es una frase preposicional que modifica a un verbo, un adjetivo o un adverbio.* | | | • |
| **18** | Reconocer y usar cláusulas y comprender sus funciones en oraciones:<br>• cláusula independiente: *Un árbol es una planta grande que tiene un tronco leñoso, ramas y hojas.*<br>• cláusula subordinada: *Un árbol es una planta grande que tiene un tronco leñoso, ramas y hojas.*<br>• cláusula subordinada que se usa como adjetivo: *A ella le gustan los libros que tienen lugar en España.* (Modifica a "libros")<br>• cláusula subordinada que se usa como adverbio: *Él tocó la guitarra por primera vez cuando tenía siete años.* (Modifica a "tocó")<br>• cláusula subordinada que se usa como sustantivo: *Lo que este equipo necesita ahora es una victoria.* (Sujeto del verbo "es") | *Una cláusula es un grupo de palabras que contiene un verbo y su sujeto y que se usa como parte de una oración.*<br>*Una cláusula independiente expresa una idea completa y puede interpretarse como una oración.*<br>*Una cláusula subordinada no expresa una idea completa y no puede interpretarse como una oración.*<br>*Una cláusula adjetiva es una cláusula subordinada que modifica a un sustantivo o un pronombre.*<br>*Una cláusula adverbial es una cláusula subordinada que modifica a un verbo, un adjetivo o un adverbio.*<br>*Una cláusula nominal es una cláusula subordinada que se usa como sustantivo.* | | | • |
| **19** | Reconocer y usar oraciones con diversas estructuras:<br>• simples (*Me encantan las verduras*)<br>• compuestas (*Me encantan las verduras y también me gustan las flores*)<br>• complejas (*Me gustan las flores que florecen en el invierno*)<br>• compuestas-complejas (*Me encantan las verduras y también me gustan las flores que florecen en el invierno*) | *Las oraciones se pueden clasificar según su estructura.*<br>*Una oración simple tiene una cláusula independiente.*<br>*Una oración compuesta tiene dos o más cláusulas independientes.*<br>*Una oración compleja tiene una cláusula independiente y una o más cláusulas subordinadas.*<br>*Una oración compuesta-compleja tiene dos o más cláusulas independientes y una o más cláusulas subordinadas.* | | • | • |
| **20** | Usar oraciones completas y evitar problemas comunes de oraciones en la escritura como:<br>• fragmento de oración (*Que yo quería ir al partido*)<br>• oración mal construida (*El teléfono sonó, nadie contestó*) | *Es importante usar oraciones completas en la escritura y evitar problemas comunes de oraciones como fragmentos de oraciones y oraciones mal construidas.*<br>*Un fragmento de oración es una frase o cláusula subordinada que comienza en mayúscula y que se puntúa incorrectamente como si fuera una oración completa.*<br>*Una oración mal construida se compone de dos cláusulas independientes unidas con una puntuación incorrecta.* | | • | • |

| GRAMÁTICA, USO Y MECÁNICA | | | | | |
|---|---|---|---|---|---|
| | **HÁBITOS** | **LENGUAJE EDUCATIVO** | **NIVEL DEL GRADO** | | |
| | | | **PRIMARIA** | **INTERMEDIA** | **SECUNDARIA** |
| | **Oraciones *(continuación)*** | | | | |
| **21** | Reconocer, comprender la función y usar conectores simples:<br>• que aportan ideas o muestran similitudes (*también, y*)<br>• que muestran diferencias (*pero*)<br>• que muestran tiempo o secuencia (*antes, después, primero, segundo*)<br>• que muestran espacios o lugares (*abajo, alrededor, arriba, cerca de, debajo, encima*)<br>• que muestran causas, resultados o condiciones (*porque*) | *Los conectores son conjunciones, preposiciones y adverbios que unen ideas y aclaran la relación entre esas ideas.*<br>*Los conectores simples se usan con frecuencia en el lenguaje oral y en el lenguaje escrito.* | • | • | • |
| **22** | Reconocer y usar conectores sofisticados:<br>• que aportan ideas o muestran similitudes (además; como si; entonces; junto con; no solo...sino también; o...o; por no hablar de; tanto...como)<br>• que muestran diferencias (*a pesar de que, aun así, aunque, de otra manera, más bien, no obstante, pese a, sin embargo*)<br>*(continúa...)* | *Los conectores son conjunciones, preposiciones y adverbios que unen ideas y aclaran la relación entre esas ideas.*<br>*Los conectores sofisticados pueden aparecer en el lenguaje oral pero se suelen asociar al lenguaje escrito.* | | • | • |

| GRAMÁTICA, USO Y MECÁNICA | | | | | |
|---|---|---|---|---|---|
| HÁBITOS | | LENGUAJE EDUCATIVO | NIVEL DEL GRADO | | |
| | | | PRIMARIA | INTERMEDIA | SECUNDARIA |
| **Oraciones *(continuación)*** | | | | | |
| **22** | *(continuación)*<br>Reconocer y usar conectores sofisticados:<br>• que muestran tiempo o secuencia (*a esta altura, a partir de, al fin y al cabo, al principio, antes de, desde, después de, durante, en cuanto, en este momento, enseguida, finalmente, hasta, más tarde, mientras, mientras tanto, poco a poco, por fin, pronto*)<br>• que muestran espacios o lugares (*a lo largo de, a través de, afuera, al fondo, al lado de, allí, aquí, arriba, debajo de, delante, detrás de, en otro lugar, en todas partes, enfrente, entre, fuera de, hacia, junto a, sobre*)<br>• que muestran causas, resultados o condiciones (*a menos que, acerca de, así, así que, bajo estas circunstancias, como resultado, dado que, en tal caso, en tanto que, entonces, para, por este motivo, por lo tanto, que, según, siempre y cuando, tanto si, ya que*)<br>Reconocer y usar conectores sofisticados:<br>• que proveen ejemplos o ilustraciones (*como se puede ver, de hecho, de la misma manera, por ejemplo, tal como*)<br>• que resumen o informan (*finalmente, en términos generales, por lo tanto*) | *Los conectores son conjunciones, preposiciones y adverbios que unen ideas y aclaran la relación entre esas ideas.*<br>*Los conectores sofisticados pueden aparecer en el lenguaje oral pero se suelen asociar al lenguaje escrito.* | | • | • |

| GRAMÁTICA, USO Y MECÁNICA | | | | | |
|---|---|---|---|---|---|
| | **HÁBITOS** | **LENGUAJE EDUCATIVO** | **NIVEL DEL GRADO** | | |
| | | | **PRIMARIA** | **INTERMEDIA** | **SECUNDARIA** |
| | **Oraciones *(continuación)*** | | | | |
| **23** | Reconocer y usar conectores académicos:<br>• que aportan ideas o muestran similitudes (*de igual importancia, de manera similar, ni...ni*)<br>• que muestran diferencias (*en cambio, en contraste, mientras que, por lo demás, por lo contrario*)<br>• que muestran tiempo o secuencia (*por consiguiente, posteriormente*)<br>• que muestran espacios o lugares (*adyacente a, por último*)<br>• que muestran causas, resultados o condiciones (*a través del cual, en consecuencia, para que, por lo tanto, por medio de*)<br>• que proveen ejemplos o ilustraciones (*como lo demuestra, como se observa*)<br>• que resumen o informan (*en resumen, en síntesis, para concluir, para resumir*) | *Los conectores son conjunciones y adverbios que unen ideas y aclaran la relación entre esas ideas.*<br>*Los conectores académicos pueden aparecer en el lenguaje oral pero se usan principalmente en el lenguaje escrito.* | | • | • |
| | **Modificadores** | | | | |
| **24** | Reconocer y usar las tres formas de comparación con adjetivos y adverbios (*bueno, mejor, el mejor; malo, peor, el peor; frágil, más frágil, el más frágil; verde, más verde, el más verde; dulce, más dulce, el más dulce*) | *Los adjetivos y los adverbios tienen tres formas y muestran tres niveles o grados de comparación: positivo, comparativo y superlativo.*<br>*La forma positiva es el mismo adjetivo o adverbio.*<br>*Para la mayoría de los adjetivos, el comparativo y el superlativo se forma al agregar la palabra* más *y* el/la/los/las más *antes del adjetivo.* | | • | • |
| | **Mecánica** | | | | |
| **25** | Comprender las funciones de las mayúsculas y usarlas en forma correcta. | *Usar una mayúscula para la primera palabra de una oración.*<br>*Usar una mayúscula para un sustantivo propio.*<br>*Usar una mayúscula para la primera palabra en los títulos de libros, periódicos, cuentos, poemas, obras de teatro, películas, programas de televisión, obras de arte y composiciones musicales.* | • | • | • |

| GRAMÁTICA, USO Y MECÁNICA | | | | | |
|---|---|---|---|---|---|
| | **HÁBITOS** | **LENGUAJE EDUCATIVO** | **NIVEL DEL GRADO** | | |
| | | | **PRIMARIA** | **INTERMEDIA** | **SECUNDARIA** |
| | **Mecánica *(continuación)*** | | | | |
| **26** | Comprender las funciones de los signos de puntuación y usar la puntuación de manera correcta. | *Hay tres signos finales: el punto, los signos de interrogación y los signos de admiración.*<br>*Usar un punto al final de un enunciado y algunas veces al final de una orden o solicitud.*<br>*Usar un signo de interrogación al comienzo y al final de una pregunta directa.*<br>*Usar un signo de admiración al comienzo y al final de una exclamación y algunas veces al comienzo y al final de una orden o solicitud.*<br>*Usar una coma para unir cláusulas independientes además de con una conjunción y para separar los elementos de una serie, los elementos introductorios, las disrupciones y las cláusulas y frases no esenciales.*<br>*Usar un punto y coma para separar cláusulas independientes que se relacionan estrechamente en la idea pero que no están unidas por una conjunción.*<br>*Usar paréntesis para incluir información adicional.*<br>*Usar dos puntos para introducir una lista de elementos o un enunciado o cita larga y formal.*<br>*Usar comillas para expresar los pensamientos de una persona.*<br>*Usar una raya para los diálogos.*<br>*Usar un guion para dividir una palabra al final de un renglón.* | • | • | • |

# Glosario

# Glosario

**abreviatura** Forma reducida de una palabra que se forma con algunas de sus letras (*Sr., etc., apto.*).

**acción estratégica** Cualquiera de las muchas actividades de razonamiento simultáneas y coordinadas que se producen en la mente de la lectora o del lector. (Ver *pensar en el texto en sí, más allá y acerca del texto*).

**acciones para descifrar palabras** Ver *descifrar palabras.*

**acotación** Característica de los textos de no ficción, como una definición, una cita o un concepto importante, que se destaca porque está al lado del texto o escrito con letras más grandes en el cuerpo de este.

**acrónimo** Palabra formada por la combinación de la primera o las primeras letras de nombres o frases que contienen varias palabras (*ovni = objeto volador no identificado*).

**afijo** Letra o grupo de letras que se agregan al comienzo o al final de una palabra base o raíz de una palabra para cambiar su significado o función (*prefijo* o *sufijo*).

**agregar un fonema** Agregar un sonido al comienzo o al final de una palabra (*p + arte; música + l*).

**aislar fonemas** Identificar un sonido individual (inicial, medio o final) en una palabra.

**ajustar** (como acción estratégica) Cambiar la manera de leer según el propósito de la lectura y el tipo de texto.

**alegoría** Narración con un significado subyacente, que suele incluir la personificación de ideas abstractas y se cuenta para enseñar o explicar algo.

**aliteración** Repetición de sonidos consonánticos iniciales idénticos o similares de palabras o sílabas cercanas.

**análisis de palabras** Descomponer palabras en partes o en sonidos individuales para analizarlas.

**analizar** (como acción estratégica) Examinar los elementos del texto para saber cómo está construido y observar aspectos de los recursos de elaboración de la autora o del autor.

**analogía** Relación de semejanza entre una palabra conocida y una desconocida, que permite descifrar el significado de la palabra desconocida. La analogía suele mostrar la relación que existe entre un par palabras.

**anotaciones** Oración o párrafo que los estudiantes escriben en intervalos mientras leen un texto. Los estudiantes pueden usar notas adhesivas, papel para anotar o su Cuaderno del lector para escribir sobre lo que piensan, sienten o visualizan mientras leen. También pueden anotar conexiones personales con el texto.

**antónimo** Palabra cuyo significado es opuesto al de otra (*frío* opuesto a *caliente*).

**apócope (palabra recortada)** Palabra formada por el acortamiento de otra palabra: *primer (primero); bici (bicicleta); buen (bueno); gran (grande).*

**arcaísmo** Palabra que pertenece a una forma antigua del lenguaje y que tiene un uso especializado en el lenguaje actual.

**artículo de fondo/reportaje** Texto expositivo que presenta información organizada en torno a un tema o idea central, o en un aspecto particular de un tema.

**artículo periodístico** Forma de texto expositivo que presenta información factual sobre uno o más sucesos.

**asonancia** Repetición de los sonidos vocálicos en sílabas acentuadas, en palabras que por lo general terminan con diferentes sonidos consonánticos.

**atmósfera** Lenguaje y sucesos que transmiten un ambiente emocional en un texto e influyen en cómo se siente la lectora o el lector. Como elemento del estilo de la escritora o del escritor, la atmósfera se determina a partir de los detalles, las imágenes literarias, el lenguaje figurado y el escenario. Comparar con *tono*.

**autobiografía** Texto biográfico en el que la historia de vida de una persona es escrita o narrada por ella misma. La autobiografía por lo general se cuenta en una secuencia cronológica, pero puede tener otro orden.

**autocorregir** Percatarse al leer que algo no tiene sentido, no suena correcto o parece correcto pero no lo es, y arreglarlo.

**automaticidad** Decodificación veloz, precisa y fluida de palabras sin esfuerzo o atención consciente.

**balada** Clase de poema o cuento que suele recitarse o cantarse. Por lo general, cuenta una historia importante para una región o cultura particular. Las baladas, que se transmitían oralmente y luego por escrito, presentan un héroe cuyas hazañas al igual que sus atributos se han acrecentado y exagerado con el transcurso del tiempo.

**bastardilla** Tipo de letra caracterizada por la inclinación de las letras.

**biografía** Texto biográfico en el que alguien narra la historia de vida de una persona real. La biografía por lo general está relatada en una secuencia cronológica pero puede tener otro orden.

**borrador** Versión inicial de la composición de una escritora o un escritor.

**burbuja de diálogo** Figura de forma a menudo redondeada, que contiene las palabras que un personaje o persona dice en una tira cómica u otro texto. Otro término para la *burbuja de diálogo* es *globo de diálogo*.

**burbuja de pensamiento** Figura de forma a menudo redondeada, que contiene las palabras (o a veces una imagen que sugiere uno o más vocablos) que un personaje o persona piensa en una tira cómica u otro texto. Otro término para *burbuja de pensamiento* es *globo de pensamiento*.

**buscar y usar información** (como acción estratégica) Buscar y pensar en todos los tipos de contenido para entender el texto durante la lectura.

**características del libro y la letra impresa** Atributos físicos del texto (tipo de fuente, diseño y extensión).

**características distintivas de las letras** Características visuales que determinan que cada letra del alfabeto sea diferente de las demás.

**características literarias y del lenguaje** (como características del texto) Características específicas del lenguaje escrito que son cualitativamente diferentes de las del lenguaje hablado (el diálogo, el escenario, la descripción, la atmósfera).

**carta** Ver *carta informal* y *carta formal*.

**carta formal** En la escritura, texto funcional de no ficción generalmente dirigido a un desconocido, cuya forma obedece a normas específicas (carta comercial).

**carta informal** En la escritura, texto funcional de no ficción que generalmente está dirigido a un amigo o familiar (notas, cartas, invitaciones o correos electrónicos).

**categorización** Patrón estructural que se usa especialmente en los textos de no ficción para presentar información en categorías (y subcategorías) lógicas de material relacionado.

**causa y efecto** Patrón estructural que se usa especialmente en los textos de no ficción, en general para proponer las razones o explicaciones de cómo y por qué ocurre algo.

**ciencia ficción** Texto de fantasía moderno que presenta tecnología, escenarios futuristas y fenómenos científicos reales o imaginarios.

**cognados** Palabras que aparecen en diferentes lenguas y se escriben y tienen un significado parecido (*literature/literatura*).

**combinación de consonantes** Dos o más consonantes que suelen aparecer juntas en las palabras y representan sonidos unidos de manera fluida, aunque es posible escuchar cada uno de los sonidos de la palabra (*truco*).

**combinar** Unir sonidos o partes de palabras.

**combinar fonemas** Identificar sonidos aislados y unirlos con fluidez para formar una palabra (*s-o-l* = *sol*).

**comparar y contrastar** Patrón estructural que se usa especialmente en los textos de no ficción para comparar dos ideas, sucesos o fenómenos a partir de sus semejanzas o diferencias.

**complejidad de la oración** (como característica del texto) Complejidad de la estructura o la sintaxis de una oración. La inclusión de frases y cláusulas en oraciones simples aumenta su complejidad.

**conciencia fonémica** Capacidad de individualizar e identificar los sonidos de una palabra al oírla.

**conciencia fonológica** Conocimiento de palabras, palabras que riman, sílabas y sonidos individuales (fonemas).

**conciencia ortográfica** Conocimiento de las características visuales del lenguaje escrito, entre ellas, las características distintivas de las letras y los patrones ortográficos de las palabras.

**conciencia sintáctica** Conocimiento de los patrones o las estructuras gramaticales.

**conducta** Acción observable.

**conector** Palabra o frase que aclara las relaciones y las ideas en una lengua. Los conectores simples suelen aparecer tanto en la lengua oral como escrita (*y, pero, porque*). Los conectores sofisticados se usan en textos escritos pero no suelen aparecer en la lengua oral cotidiana (*sin embargo, a pesar de, aun así*). Los conectores académicos aparecen en textos escritos pero rara vez se usan en la lengua oral (*en contraposición, no obstante, si bien*).

**conflicto** En un texto de ficción, un problema central en el argumento que se resuelve casi al final del cuento. En literatura, los personajes generalmente están en conflicto con la naturaleza, con otras personas, con la sociedad en su conjunto, o consigo mismos. Otro término para conflicto es *problema*.

**conjuntos y subconjuntos** En relación con el concepto de palabras, son palabras que representan ideas importantes o elementos, y palabras que representan ideas o elementos menores relacionados.

**connotación** Significado o asociación emocional que tiene cada palabra más allá de su definición estricta en el diccionario.

**conocimientos** Conceptos básicos que son fundamentales para comprender un área de contenido determinada.

**consonante** Sonido del habla producido por la obstrucción parcial o total del flujo de aire que genera fricción en uno o más puntos del canal respiratorio. Los sonidos consonánticos se representan con las letras *b, c, d, f, g, h, j, k, l, m, n, ñ, p, q, r, s, t, v, w* (en la mayoría de los usos), *x, y* (en la mayoría de los usos) y *z*.

**contenido** (como característica del texto) Tema de un texto.

**contracción** Forma abreviada de un grupo de palabras lograda mediante la omisión de un sonido o una letra (*al, del*).

**correspondencia entre fonemas y grafemas** Relación entre los sonidos (fonemas) y las letras (grafemas) de una lengua.

**criticar** (como acción estratégica) Evaluación del texto que hace la lectora o el lector a partir de su conocimiento personal del mundo o de otros escritos, con el fin de hacer un análisis crítico de las ideas presentadas en el texto.

**cuaderno del escritor** Diario escrito de los temas o las ideas de escritura que a una escritora o un escritor le interesaría explorar; lugar para conservar los experimentos de los escritores con sus estilos de escritura.

**cuaderno del lector** Cuaderno o carpeta con hojas unidas donde los estudiantes escriben sobre la lectura. El Cuaderno del lector se usa para llevar un registro de los textos leídos y para expresar el razonamiento. Puede contener diferentes secciones para cumplir diversos propósitos.

**cuento acumulativo** Cuento popular en el que los sucesos se repiten en cada nuevo episodio, lo que les da un carácter rítmico.

**cuento circular** Tipo de cuento que logra una sensación de compleción o cierre al repetir al final de la obra el tema principal, la elección de palabras o la formación de frases presentes al comienzo.

**cuento corto** Forma de ficción en prosa que se centra en la experiencia humana tal como se revela en una serie de sucesos interrelacionados. Los cuentos son más cortos y tienen menos complejidad estructural que las novelas y las novelas cortas. Además contienen la mayoría de los elementos literarios que se encuentran en esas formas.

**cuento de animales** Ficción contemporánea o histórica o de fantasía en los que participan animales y que suele centrarse en las relaciones entre estos y los seres humanos.

**cuento de aventuras** Ficción realista o de fantasía, que presentan una serie de sucesos emocionantes o llenos de suspenso, en los que suele participar un personaje principal que emprende un viaje, afronta peligros y asume riesgos.

**cuento de deportes** Texto de ficción realista contemporánea o histórica que se centra en deportistas y deportes.

**cuento de familia, amigos y escuela** Texto realista contemporáneo que se centra en las experiencias cotidianas de niños de diversas edades, e incluye relaciones con la familia y amigos, así como experiencias en la escuela.

**cuento de fantasía con animales** Texto de fantasía moderno orientado a un público muy joven, en el que los animales actúan como personas y enfrentan problemas humanos.

**cuento de hadas** Cuento popular sobre problemas reales en el que también intervienen la magia y las criaturas mágicas. Denominados también "cuentos asombrosos", los cuentos de hadas se han transmitido oralmente a lo largo de los años.

**cuento de hadas fracturado** Relato de un cuento de hadas conocido en el que los personajes, el ambiente o los sucesos del argumento han sido cambiados, frecuentemente con efectos cómicos.

**cuento de horror** Cuento de ficción en el que los sucesos evocan un sentimiento de terror tanto en los personajes como en la lectora o el lector. Los cuentos de horror suelen presentar elementos de fantasía, pero también pueden encuadrarse en la categoría de realismo.

**cuento de misterio** Tipo especial de ficción realista o histórica o de fantasía, que trata sobre la resolución de un crimen o la revelación de secretos.

**cuento dentro de otro cuento** Recurso estructural que se usa ocasionalmente en textos de ficción para presentar una narración independiente más corta dentro del contexto de una narración principal más larga. Ver también *trama*.

**cuento exagerado** Cuento popular que gira en torno a un personaje legendario central con características físicas o habilidades extraordinarias. Los cuentos exagerados se caracterizan por la exageración.

**cuento humorístico** Ficción realista divertida que busca entretener.

**cuento popular** Cuento tradicional sobre un pueblo, que originalmente se transmitía de generación en generación de forma oral. Los cuentos populares son generalmente cuentos simples en los que intervienen animales que hablan.

**cuento romántico** Tipo especial de texto de ficción realista contemporáneo o histórico, que se centra en el desarrollo de la atracción romántica (y a veces sexual) entre personajes.

**cursiva** Letra manuscrita caracterizada por la unión de una letra con la que le sigue.

**decodificar** Usar las relaciones entre letras y sonidos para convertir la serie de símbolos que forman una palabra en una unidad con sentido.

**desarrollo de ideas** En la escritura, la habilidad de presentar y elaborar las ideas, así como los temas de un texto.

**descifrar palabras** (como acción estratégica) Usar diversas estrategias para descomponer palabras y comprender su significado o sus significados.

**descripción** Patrón estructural que se usa especialmente en los textos de no ficción para aportar detalles sensoriales y emocionales, de manera que los lectores puedan determinar el aspecto de algo o cómo se mueve, su sabor, su olor o cómo es al tacto.

**desinencia** Sufijo que se agrega a una palabra base para indicar el tiempo verbal o el plural.

**dialecto** Variedad regional de una lengua. Los dialectos de la mayoría de las lenguas, entre ellas el inglés y el español, son mutuamente inteligibles; las diferencias son menores.

**diálogo** Palabras habladas, generalmente demarcadas en el texto por rayas de diálogo. El diálogo es un elemento del estilo de una escritora o un escritor.

**diálogo separado** Diálogo escrito en el que una "frase dicha" divide las palabras del interlocutor (*—Venga— dijo mamá—. Vamos a casa*).

**diario** Registro periódico de sucesos y observaciones escrito en primera persona que suele consistir en entradas con fecha, ordenadas en secuencia.

**dibujar** En la escritura, crear una imagen aproximada (un bosquejo) o una imagen acabada (un dibujo) de una persona, lugar, cosa o idea para captar las ideas de la escritora o del escritor, interpretarlas y trabajar con ellas.

**dicción** Pronunciación y enunciación claras al hablar.

**dígrafo consonántico** Dos consonantes que aparecen juntas y representan un sonido único que es diferente del sonido de cada letra, como *ch* y *ll* (*chile, llave*).

**dimensión** Características, rasgos o atributos que puede tener el personaje de un texto de ficción.

**diptongo** Combinación de dos sonidos vocálicos en una misma sílaba. En español, los diptongos se forman al combinar una vocal débil (*i* o *u*) con una vocal fuerte (*a, e* u *o*): *bailar, agua, juego, seis, fiesta*. La combinación de dos vocales débiles también produce un diptongo (*ciudad, cuidado*).

**direccionalidad** La orientación del texto impreso (en inglés y en español, de izquierda a derecha).

**discurso** Forma de texto expositivo, de instrucciones o persuasivo escrito para ser presentado oralmente a un público.

**disposición** Manera en que está organizado o dispuesto el texto y las ilustraciones en una página.

**editar y corregir** Proceso de pulir la versión final de una composición escrita con el fin de prepararla para su publicación.

**editorial** Tipo de texto persuasivo de no ficción cuyo propósito es expresar y defender una opinión, elaborado con frecuencia por la directora o el director de una revista, un periódico u otros medios de comunicación.

**elección de palabras** En la escritura, el arte de elegir palabras que transmitan el significado preciso.

**eliminar fonemas** Omitir el sonido inicial, medio o final de una palabra (*parte - p = arte*).

**énfasis** Intensidad que se les da a algunas sílabas o palabras en la pronunciación. Ver también *sílaba acentuada*.

**ensayar y planificar** El proceso de reunir, seleccionar ideas y trabajar con ellas para una composición escrita.

**ensayo** Obra expositiva escrita, analítica o de interpretación, con un punto de vista centrado; o texto persuasivo que proporciona una cantidad de información relacionada con un asunto social o científico.

**ensayo fotográfico** Forma de texto de no ficción en el que el significado es transmitido por medio de una serie de fotografías sin texto o con poco texto.

**entonación** Ascenso y descenso del tono de voz al hablar para transmitir el sentido.

**épica** Cuento tradicional o poema narrativo largo, transmitido antiguamente de manera oral y más tarde en forma escrita. Por lo general, la épica implica una travesía y varias tareas o pruebas de las que el héroe sale airoso. Es usual que la naturaleza de las hazañas y los atributos del héroe se acrecientan y exageran con el transcurso del tiempo.

**escribir en una prueba** Tipo de escritura funcional en la que se pide a los estudiantes que escriban una respuesta de construcción corta (a veces llamada *respuesta corta*) o una respuesta extensa (o *ensayo*).

**escritura compartida** Contexto de enseñanza en el que la maestra o el maestro hace participar a un grupo de estudiantes en la composición conjunta de un texto coherente. Los maestros escriben mientras guían a los niños con el lenguaje y las ideas.

**escritura interactiva** Contexto de enseñanza caracterizado por la cooperación entre la maestra o el maestro y los estudiantes para la planificación, composición y escritura de un texto en grupo; los maestros y los estudiantes se turnan para escribir.

**establecer relaciones** (como acción estratégica) Buscar y usar relaciones con el conocimiento adquirido a través de las experiencias personales, la relación con el mundo y la lectura de otros textos.

**estilo** Manera en la que la escritora o el escritor elige y ordena palabras para crear un texto significativo. Los aspectos del estilo incluyen la longitud de las oraciones, la elección de las palabras y el uso de lenguaje figurado y del simbolismo.

**estrategias con base en morfemas** Maneras de descifrar palabras que consisten en descubrir el significado mediante la combinación de partes de la palabra o morfemas significativos (*feliz, felicidad; reloj, relojero*).

**estrategias fonémicas** Maneras de descifrar palabras mediante su sonido, y las relaciones entre letras con grupos de letras y los fonemas de esas palabras.

**estrategias visuales** Maneras de descifrar palabras mediante el conocimiento de su aspecto, como los grupos y patrones de letras en las palabras.

**estructura de la palabra** Las partes que forman una palabra.

**estructura de texto narrativo** Método de organización de un texto. Una estructura de texto narrativo simple sigue una secuencia tradicional que incluye un comienzo, un problema, una serie de sucesos, una resolución del problema y un final. Otras estructuras de narraciones alternativas pueden incluir recursos como el flashback o el flash-forward para cambiar la secuencia de sucesos o permitir varios narradores. Ver también *organización, estructura del texto* y *estructura de texto no narrativo*.

**estructura de texto no narrativo** Método de organización de un texto. Las estructuras no narrativas se usan especialmente en tres géneros de no ficción: textos expositivos, textos de instrucciones y textos persuasivos. En las obras de ficción no narrativa, los patrones estructurales subyacentes incluyen la descripción, causa y efecto, la secuencia cronológica, la secuencia temporal, la categorización, comparar y contrastar, problema y solución, así como pregunta y respuesta. Ver también *organización, estructura del texto* y *estructura de texto narrativo*.

**estructura del texto** La disposición u organización general de un texto escrito. Otro término para la estructura del texto es *organización*. Ver también *estructura de texto narrativo* y *estructura de texto no narrativo*.

**estructura lingüística** Ver *sintaxis*.

**estudiante de español** Persona cuya lengua nativa no es el español, y está adquiriendo el español como lengua adicional.

**evaluación** Medio para reunir información o datos que revelen lo que los estudiantes dominan o aún no dominan completa o parcialmente, de manera sistemática.

**exageración** Enunciado cuyo propósito es traspasar el límite de la verdad para lograr que algo parezca más de lo que es.

**fábula** Cuento popular que demuestra una verdad útil y enseña una lección. Presentan por lo general animales personificados o elementos naturales como el sol. Las fábulas aparentan ser simples, pero con frecuencia transmiten ideas abstractas.

**familia de palabras** Término usado en general para designar palabras que se relacionan por patrones ortográficos (*cama, drama, rama*). Una familia de palabras también puede ser una serie de palabras conectadas por el significado (afijos que se agregan a una palabra base: *flor, floral, florista, florero, florería, florecer, flora*).

**fantasía** Texto de ficción que contiene elementos sumamente irreales e incluye géneros como el cuento de fantasía con animales y la ciencia ficción.

**fantasía épica** Texto de fantasía moderno largo y complejo caracterizado por motivos de la literatura tradicional (el héroe, la búsqueda del héroe, la lucha entre el bien y el mal). Los cuentos de fantasía épica ocurren en un mundo alternativo paralelo al mundo real, o donde el nuestro no existe.

**ficción** Prosa o poesía inventada e imaginativa que cuenta una historia. Junto con la no ficción, la ficción es uno de los dos géneros básicos de la literatura.

**ficción histórica** Cuento imaginario que se desarrolla en el escenario de una época pasada, suele estar basado en hechos y describe esa época de manera realista. Comparar con *ficción realista*.

**ficción realista** Texto de ficción que ocurre en la época contemporánea o moderna, sobre personajes creíbles que intervienen en sucesos que podrían ocurrir. La ficción realista contemporánea suele presentar problemas modernos que son típicos de los personajes, y puede hacer hincapié en temáticas sociales. Comparar con *ficción histórica*.

**fluidez** En la lectura, este término hace referencia a la capacidad de leer un texto de corrido con buen impulso, formación de frases, pausas, entonación y énfasis adecuados. En cuanto a descifrar palabras, este término hace referencia a la capacidad de descifrarlas con velocidad, precisión y flexibilidad.

**fonema** Unidad mínima de sonido en el lenguaje hablado. Existen aproximadamente veintidós unidades de sonido en el español.

**fonética** Conocimientos de las relaciones entre letras y sonidos, y cómo se usan en la lectura y la escritura. La enseñanza de la fonética implica ayudar a los niños a adquirir este cuerpo de conocimientos sobre los sistemas del lenguaje oral y escrito. Además, la fonética permite que los niños usen los conocimientos fonéticos como parte de un proceso de lectura y escritura. En la enseñanza de fonética se usa una pequeña porción del cuerpo de conocimientos que comprenden esta ciencia, que es el estudio de los sonidos del habla.

**forma** Tipo de texto caracterizado por elementos específicos. El cuento corto, por ejemplo, es una forma de escritura comprendida en el género de ficción.

**fragmento de oración** Grupo de palabras escritas para formar una oración, que carece de algún elemento que le permitiría tener la autonomía de una oración completa.

**fuente** En el texto impreso, conjunto de letras que pertenecen a un estilo específico.

**fuentes de información** Diversas pistas en un texto escrito que en conjunto construyen significado (sintaxis, significado, la forma física y disposición del texto).

**género** Categoría de texto o trabajo artístico (como la música, el teatro y las artes de estudio) que tiene una forma o una técnica característica.

**grafema** Letra o grupo de letras que representan un sonido o fonema único (*a, ch*).

**gráficos, elementos** En los textos de ficción, los elementos gráficos son, por lo general, ilustraciones. En los textos de no ficción, los elementos gráficos incluyen fotografías, pinturas y dibujos, tablas, diagramas, mapas y líneas de tiempo.

**gramática** Reglas complejas que permiten crear un número ilimitado de frases, oraciones y textos más largos en una lengua. La *gramática convencional* describe las normas aceptadas de una sociedad.

**grupo consonántico** Secuencia de dos consonantes que aparecen juntas en las palabras (*truco, blanco*).

**guardas** Hojas de papel grueso al comienzo y al final de un libro de tapa dura, que conectan el bloque de hojas centrales con las tapas; a veces incluyen texto impreso, mapas o imágenes.

**hacer un borrador y revisar** Proceso de anotar ideas y modificarlas para transmitir el mensaje de la escritora o del escritor.

**haiku** Antigua forma japonesa de poesía no rítmica que genera una imagen mental y transmite un mensaje emocional conciso.

**herramientas** Como características del texto, partes de un texto diseñadas para ayudar a la lectora o al lector a tener acceso o comprenderlo mejor (tablas de contenidos, glosarios, encabezados). En la escritura, referencias que apoyan el proceso de escribir (diccionarios, diccionarios de sinónimos).

**herramientas organizacionales** Características del libro o de la letra impresa que permiten organizar un texto (tablas de contenidos, título de la sección, recuadro lateral).

**hiato** Combinación de dos sonidos vocálicos que se produce en sílabas separadas. En español, hay hiato cuando dos vocales fuertes (*a, e* u *o*) se combinan (*maestra, leo, idea*). También hay hiato si una vocal débil (*i* o *u*) y una vocal fuerte (*a, e* u *o*) se separan en dos sílabas mediante un acento gráfico (*actúo, día*).

**homófono** Palabra que se pronuncia igual que otra, pero difiere en la forma escrita y el significado (*hola, ola; valla, vaya*).

**homógrafo** Palabra que se escribe igual que otra, pero tiene un significado o una derivación diferente (se quebró la *muñeca;* juega con una *muñeca*).

**homónimo** Palabra que se escribe y pronuncia igual que otra, pero tiene diferente significado (vi una *raya* en el mar; yo dibujo una *raya*). El homónimo es un tipo de homógrafo.

**idea principal** Idea, concepto o mensaje central que la autora o el autor transmite en un texto de no ficción. Comparar con *tema, mensaje.*

**ilustración** Representación gráfica de contenido importante (dibujos, fotos, mapas, elementos gráficos, tablas) en textos de ficción o no ficción.

**imágenes literarias** Uso del lenguaje (descripciones, comparaciones y figuras retóricas) que ayuda a crear imágenes sensoriales en la mente. Las imágenes literarias son un elemento del estilo de la escritora o del escritor.

**inferir** (como acción estratégica) Ir más allá del significado literal del texto y pensar en lo que la autora o el autor no expresa directamente, pero insinúa.

**infografía** Ilustración (a menudo en forma de tabla, elementos gráficos o mapa) que incluye textos breves y que presenta y analiza datos sobre un tema de una manera visualmente impactante.

**informe** Forma de texto expositivo que sintetiza información de varias fuentes para instruir a la lectora o al lector acerca de principios generales.

**intentar** Escribir una palabra, notar que no se ve del todo correcta, escribirla de dos o tres maneras más y decidir qué opción parece correcta; hacer un intento y autoverificar.

**invertir fonemas** Intercambiar el primero y el último sonido de una palabra para formar una diferente.

**ironía** Uso de las palabras para expresar un significado opuesto al literal.

**lectura a coro** Lectura en voz alta y al unísono con un grupo.

**lectura compartida** Contexto de enseñanza en el que la maestra o el maestro hace que un grupo de estudiantes lean un libro en particular, para presentar aspectos de la lectura (las normas de la letra impresa), desarrollar estrategias de lectura (decodificar o predecir) y enseñar vocabulario.

**lectura interactiva en voz alta** Contexto de enseñanza en el que los estudiantes escuchan de forma activa y responden a la lectura oral de un texto.

**lectura interpretativa** Contexto de enseñanza en el que los estudiantes leen en voz alta y actúan para el público; pueden leer al unísono o una parte cada uno. La lectura compartida, la lectura a coro y el teatro del lector son tipos de lectura interpretativa.

**lenguaje académico** Lenguaje necesario para tener un buen desempeño en las instituciones educativas y en cualquier otro ambiente académico. El lenguaje académico suele usarse en lecciones, tareas, presentaciones y libros. Otro término para este tipo de lenguaje es *vocabulario académico.*

**lenguaje figurado** Lenguaje que compara dos objetos o ideas para permitir que la lectora o el lector vea algo con mayor claridad, o comprenda algo de otra manera. Como elemento del estilo de la escritora o del escritor, el lenguaje figurado cambia o trasciende el significado literal. Ver también *símil, metáfora, personificación.*

**letra mayúscula** Letra de tamaño grande que generalmente es diferente de su forma minúscula correspondiente.

**letras** Símbolos gráficos que representan los sonidos del lenguaje. Cada letra posee características específicas que la distinguen de las demás y se la puede identificar por su nombre o su sonido.

**léxico** Palabras que conforman el lenguaje.

**leyenda** En relación con su género, este término designa un cuento tradicional, transmitido antiguamente en forma oral y más tarde por escrito, que cuenta un relato sobre una persona o suceso destacados. Se cree que las leyendas tienen una raíz histórica, pero la precisión de los sucesos y las personas que describen no siempre se pueden verificar. Como característica del libro y la letra impresa, este término designa la clave de un mapa o una tabla que explica qué representan los símbolos.

**libro álbum o ilustrado** Forma de texto de ficción o no ficción ilustrada, en la que las ilustraciones se combinan con el texto para contar una historia u ofrecer información.

**libro álbum o ilustrado sin palabras** Forma en la que se cuenta un cuento exclusivamente con dibujos.

**libro de conceptos** Libro organizado para desarrollar la comprensión de una idea abstracta o general o de una categorización.

**libro de frases cortas** Libro de imágenes que consiste en ilustraciones con un texto breve que las identifica.

**libro del alfabeto** Libro que combina las letras del alfabeto con imágenes de personas, animales u objetos, acompañadas de rótulos relacionados con las letras, para ayudar a los niños a desarrollar el concepto y la secuencia del alfabeto.

**libro para contar (con números)** Libro cuya estructura depende de una progresión numérica.

**libro por capítulos** Libro para lectores principiantes dividido en capítulos, cada uno de los cuales narra un episodio del conjunto.

**libros de una serie** Conjunto de libros que están relacionados por los mismos personajes o el mismo escenario. Cada libro de la serie es independiente, y con frecuencia se pueden leer en cualquier orden.

**límites de las palabras** El espacio en blanco antes de la primera letra y después de la última letra de una palabra, que define a esa letra o a esas letras como palabra. Es importante que los lectores jóvenes aprendan a reconocer los límites de las palabras.

**listas y procedimientos** Géneros funcionales que incluyen listas simples y textos de instrucciones.

**literatura tradicional** Cuentos transmitidos en forma oral o escrita a través de la historia. Como parte integral de la cultura mundial, la literatura tradicional incluye cuentos populares, cuentos exagerados, cuentos de hadas, fábulas, mitos, leyendas, épicas y baladas.

**malapropismo** Reemplazo de una palabra por otra que suena similar pero tiene diferente significado, lo que produce un efecto humorístico. Comparar con *retruécano*.

**mantener la fluidez** (como acción estratégica) Integrar fuentes de información en un proceso sin interrupciones, para generar una lectura expresiva y con frases bien formadas.

**mayúsculas** Uso de letras mayúsculas, generalmente la primera letra de una palabra, como norma del lenguaje escrito (en los nombres propios o al comienzo de una oración).

**medios de comunicación** Vías de comunicación, de información o entretenimiento. Los periódicos y los libros son medios impresos; la televisión e Internet son medios electrónicos.

**memorias personales** Texto biográfico en el que la escritora o el escritor asume una actitud reflexiva sobre un momento o persona del pasado. Las memorias personales suelen escribirse en primera persona y son relatos más breves y más intensos que los que presentan las autobiografías acerca de uno o varios recuerdos.

**mensaje** Idea importante que una autora o un autor transmite en un texto de ficción o no ficción. Ver también *idea principal, tema*.

**metáfora** Tipo de lenguaje figurado en el que, para describir algo, se le compara con otra cosa sin usar las palabras *como* o *tan*. Comparar con *símil*.

**minúscula** Forma de una letra que suele diferenciarse por su tamaño menor de su forma mayúscula.

**mito** Texto narrativo tradicional, con frecuencia basado en parte en sucesos históricos, que explica la conducta humana y los sucesos o fenómenos naturales, como las estaciones y el cielo.

**modelo de escritura** Técnica de enseñanza que consiste en que la maestra o el maestro muestre a los estudiantes el proceso de composición de un género específico de manera explícita.

**modismo** Frase cuya significación no se puede deducir a partir de la combinación del significado de los elementos que la componen (*ahogarse en un vaso de agua*).

**monólogo** Discurso extenso que da un solo miembro de un grupo.

**morfema** Unidad mínima de significado del lenguaje. Los morfemas pueden ser independientes (o libres) o dependientes. Por ejemplo, *flor* es una unidad significativa autónoma (un morfema libre). En *flores* y *florido*, los agregados *-es* e *-ido* también son unidades significativas, pero no pueden existir de manera autónoma, sino que agregan sentido al morfema libre. Tanto *-es* como

*-ido* son ejemplos de morfemas dependientes.

**morfología** Combinación de morfemas (componentes básicos del significado) para formar palabras; reglas que establecen cómo se forman las palabras a partir de morfemas independientes y dependientes (raíces, prefijos y sufijos).

**mover fonemas** Mover sonidos de una ubicación a otra dentro de la palabra.

**movimiento de retorno** En la lectura, el acto de pasar del final de una línea de texto a la siguiente línea de texto, siguiendo la dirección de izquierda a derecha.

**narración de no ficción** Texto de no ficción que cuenta una historia por medio de una estructura narrativa y lenguaje literario, con el fin de que un tema sea interesante y atractivo para los lectores.

**narración personal** Texto breve, en primera persona y con frecuencia autobiográfico que narra un suceso de la vida de la autora o del autor.

**negrita** Tipo de letra más gruesa y oscura que lo habitual, usada generalmente para dar énfasis.

**no ficción** Prosa o poesía que ofrece información fáctica. Según su estructura, los textos de no ficción pueden organizarse en las categorías de narrativa y no narrativa. Junto con la ficción, la no ficción es uno de los géneros literarios básicos.

**normas** En la escritura, uso formal que se convirtió en el estándar del lenguaje escrito. La gramática, el uso de mayúsculas, la puntuación, la ortografía, la caligrafía y el procesamiento de textos son categorías de las normas de escritura.

**novela corta** Texto de ficción que es más corto que una novela pero más largo que un cuento corto.

**obra de teatro** Forma de texto dramático escrito para ser interpretado en lugar de simplemente leído. Las obras de teatro incluyen referencias a personajes, escenarios y acción, además de instrucciones escénicas que por lo general consisten en un diálogo guionado (escrito) entre los personajes. Las obras de teatro pueden ser ficciones realistas, ficciones históricas o fantasías, y también pueden incluir elementos de tipos especiales de ficción, como el misterio o el romance.

**onomatopeya** Representación del sonido con palabras.

**oración seguida, oración corrida** Dos o más cláusulas independientes que no forman una oración completa, ya que no están unidas correctamente con signos de puntuación y/o con una conjunción.

**organización** Orden de las ideas de un texto escrito según una estructura lógica, sea o no narrativa. Otro término para organización es *estructura del texto*.

**orígenes de la palabra** Ascendencia de una palabra en español, inglés y otros idiomas.

**ortografía** Representación de los sonidos del lenguaje con las letras que correspondan según el uso establecido.

**palabra** Unidad de significado del lenguaje.

**palabra base** Palabra en su forma más simple, a la que se le pueden agregar afijos para modificarla (*lavar, lavable, lavando*). La palabra base tiene significado, puede aparecer sola y se le identifica fácilmente en la lengua. Comparar con *raíz de una palabra*.

**palabra comparativa** Palabra que describe a una persona o a un objeto según su relación con otra persona u objeto (*más, menos*).

**palabra compuesta** Palabra formada por dos o más palabras o morfemas (*sacapuntas*).

**palabra conceptual** Palabra que representa una idea o un nombre abstractos. Las categorías de palabras conceptuales incluyen los nombres de los colores, los números en palabras, los días de la semana, los meses del año, las estaciones, etc.

**palabra de varios significados** Palabra que significa algo diferente según la manera en la que se la usa (*la copa de los árboles; bebe de la copa; ganó la copa del campeonato*).

**palabra híbrida** Palabra que se forma con la combinación de un lexema de otro idioma y un morfema del español (*chat* + *ear* = *chatear*).

**palabras** (como característica del texto) Decodificación de palabras en un texto; sus características fonéticas y estructurales.

**palabras de uso frecuente** Palabras que se usan a menudo en el lenguaje oral y escrito.

**palabras guía** Palabras en la parte superior de la página del diccionario, que indican la primera y la última palabra de la página.

**palabras relacionadas** Palabras que se relacionan por sus sonidos, ortografía, categoría o significado. Ver también *sinónimo, antónimo, homófono, homógrafo, analogía*.

**palíndromo** Palabra que se lee de igual manera en ambas direcciones (*oro*).

**parodia** Texto literario en el que el estilo de una autora o un autor o su trabajo se imitan de manera humorística.

**patrón estructural subyacente** Ver *estructura de texto no narrativo*.

**patrones ortográficos** En español, las sílabas cuya pronunciación tiene que aprenderse (*qui, que, güi* y *güe*) o afijos comunes (*-dad, -ción*). Con estos patrones, los estudiantes pueden formar infinidad de palabras.

**pensar en el texto en sí, más allá y acerca del texto** Tres maneras de pensar acerca de un texto durante la lectura. Pensar en el texto en sí implica comprender de manera eficaz y eficiente lo que está en la página, el mensaje literal de la autora o del autor. Pensar más allá del texto requiere hacer inferencias y agrupar las ideas de diferentes maneras para construir el significado del texto. En pensar acerca del texto, los lectores analizan y critican los recursos de elaboración de la autora o del autor.

**peritexto** Ilustraciones decorativas o informativas, o letra impresa fuera del cuerpo del texto. Los elementos del paratexto contribuyen al atractivo estético y pueden tener significado cultural o simbólico.

**personificación** Figura retórica por medio de la cual un animal habla o es descrito como si fuera una persona, o un objeto inerte o una idea se describen como si fueran un ser vivo. La personificación es un tipo de lenguaje figurado.

**plural** Referido a más de uno o que constituye más de uno.

**poema concreto** Poema con palabras (y a veces signos de puntuación) ordenados para representar una imagen visual de la idea que el poema transmite.

**poesía** Escritura compacta y métrica caracterizada por la imaginación y el talento artístico, cargado de un significado intenso. Junto con la prosa, la poesía es una de las amplias categorías en las que se puede dividir la literatura.

**poesía lírica** Tipo de poesía parecida a las canciones, que tiene ritmo y a veces rima, es además memorable por sus imágenes sensoriales y descripciones.

**poesía narrativa** Tipo de poesía con rima y ritmo que relata un suceso o episodio.

**polisílabo** Palabra que contiene más de una sílaba.

**predecir** (como acción estratégica) Usar lo que se conoce para pensar acerca de lo que sucederá durante la lectura de texto corrido.

**prefijo** Grupo de letras que pueden colocarse delante de una palabra base para cambiar su significado (*desarmar*).

**pregunta y respuesta** Patrón estructural que se usa especialmente en los textos de no ficción, para organizar información en una serie de preguntas con respuestas. Los textos de pregunta y respuesta pueden basarse en una entrevista verbal o escrita, o en preguntas que son lógicas o surgen con frecuencia sobre un tema.

**primeros conceptos de la lectura** Conocimientos incipientes acerca de la organización y el uso del lenguaje escrito o la letra impresa (cómo funciona).

**principio** En fonología, una generalización o relación entre el sonido y la ortografía que es predecible.

**principio alfabético** Concepto que muestra la relación entre los sonidos hablados del lenguaje oral y la representación gráfica del lenguaje escrito.

**problema** Ver *conflicto*.

**problema y solución** Patrón estructural que se usa especialmente en textos de no ficción para definir un problema y proponer una solución clara. Este patrón se suele usar en textos persuasivos y expositivos.

**propaganda** Expresión unilateral oral o escrita que se usa deliberadamente para influir en los pensamientos o en las acciones de alguien, según un alineamiento con ideas o puntos de vista específicos.

**propósito** La intención general de la autora o del autor al crear el texto, o la intención general de la lectora o del lector al leer el texto. Contar un cuento es un ejemplo del propósito de la escritora o del escritor, y entretenerse es un ejemplo del propósito de la lectora o del lector.

**prosa** Forma común de lenguaje hablado o escrito en oraciones y párrafos sin la estructura métrica de la poesía. Junto con la poesía, la prosa es una de las amplias categorias en las que se divide la literatura. La prosa incluye dos géneros básicos, la ficción y la no ficción.

**publicar** Proceso de hacer pública la versión final de una composición escrita.

**punto de vista** Ángulo o perspectiva desde la que se cuenta un cuento, con frecuencia a través de la primera persona (el narrador es un personaje del cuento) o de la tercera persona (un narrador no mencionado que no es un personaje del cuento).

**puntuación** Signos usados en el texto escrito para aclarar el significado y separar unidades estructurales. La coma y el punto son signos de puntuación comunes.

**quintilla humorística** Tipo de verso con rima, por lo general sorprendente y jocoso, con frecuencia sin sentido.

**raíz de una palabra** Parte de una palabra, por lo general en otro idioma, que lleva el significado esencial de esta y es la base para una palabra en español (*grama, crucigrama*). Comparar con *palabra base*. Ver también *raíz griega, raíz latina*.

**raíz griega** Raíz de palabra que proviene del griego. Muchas palabras del español contienen raíces griegas. Ver también *raíz de una palabra*.

**raíz latina** Raíz de palabra que proviene del latín. Muchas palabras del español contienen raíces latinas. Ver también *raíz de una palabra*.

**recoger semillas** Reunir ideas, fragmentos de lenguaje, descripciones y bosquejos para su uso potencial en la composición escrita.

**reconocimiento de letras** Capacidad de reconocer y rotular los símbolos gráficos del lenguaje.

**recursos literarios** Técnicas que usa una autora o un autor para transmitir o mejorar un cuento como figuras retóricas, imágenes literarias, simbolismo y punto de vista.

**relación grafofónica** Relación entre los sonidos orales del lenguaje y las letras o grupos de letras escritas. Ver también *sistema semántico, sistema sintáctico*.

**relacionar palabra por palabra** Por lo general, se aplica a la capacidad de los lectores de nivel inicial de relacionar una palabra hablada con una impresa al leer y señalar. En los lectores más grandes, este proceso se realiza con la vista.

**relaciones entre letras y sonidos** Correspondencia entre letra y sonido o letras y sonidos en el lenguaje escrito o hablado.

**resolución/solución** Momento en la trama de un cuento de ficción en el que se resuelve el conflicto principal.

**resumir** (como acción estratégica) Reunir y recordar información importante, sin incluir la información irrelevante, durante la lectura.

**retruécano** El uso de una palabra o frase con dos o más significados, o de palabras que suenan similares pero tienen significados diferentes, creando un efecto humorístico. Comparar con *malapropismo*.

**rima** Repetición de vocales y consonantes en las sílabas acentuadas de las palabras de un verso, en especial al final de las líneas.

**rima infantil** Rima breve para niños, que suele contar un cuento.

**ritmo** Repetición regular y ordenada de sílabas acentuadas y no acentuadas en el habla o la escritura.

**rótulo** Palabra o frase escrita que nombra el contenido de una ilustración.

**saga** Cuento tradicional o poema narrativo largo y sofisticado.

**sátira** Antiguamente, texto de ficción en el que se usaba el sarcasmo y la ironía para representar y ridiculizar defectos humanos. Al igual que la comedia, la tragedia y la épica, la producción de la sátira estaba bastante extendida en la antigüedad. En la actualidad, aparece en diferentes formas o incluida dentro de otros géneros.

**secuela** Forma de obra literaria, generalmente un texto de ficción, que continúa una historia que comenzó en un libro anterior. El personaje central por lo general permanece igual, y se pueden presentar personajes nuevos. Los libros con secuelas generalmente se deben leer en orden.

**secuencia cronológica** Patrón estructural que se usa especialmente en los textos de no ficción para describir una serie de sucesos en el orden temporal en el que sucedieron.

**secuencia temporal** Patrón estructural subyacente que se usa especialmente en los textos de no ficción para describir la secuencia en la que algo ocurre siempre o usualmente, como los pasos de un proceso.

**separar** Dividir en partes (*to-ma-te*).

**separar palabras en sílabas** División de palabras en sílabas.

**significado de las palabras/ vocabulario** *Significado de las palabras* hace referencia al significado comúnmente aceptado de una palabra en lenguaje oral o escrito. *Vocabulario* se refiere a las palabras que uno conoce en el lenguaje oral o escrito.

**sílaba** Unidad mínima de sonidos secuenciales del habla compuesta de una vocal o de la combinación de una vocal y una consonante (*lá-piz*).

**sílaba abierta** Sílaba que termina en un sonido vocálico (*ca-ma*).

**sílaba acentuada** Sílaba a la que se da énfasis en la pronunciación. Ver también *sílaba, énfasis*.

**sílaba cerrada** Sílaba que termina en consonante (*sal-tar*).

**símil** Tipo de lenguaje figurado que describe una cosa al compararla con otra diferente, usando una palabra para realizar la comparación (por lo general, *como* o *cual*). Comparar con *metáfora*.

**sinónimo** Una de dos o más palabras que tienen sonidos diferentes pero el mismo significado (*bonito, lindo*).

**sintaxis** Manera en la que se forman oraciones con palabras y frases, y reglas gramaticales que rigen esa formación.

**sintetizar** (como acción estratégica) Combinar información o ideas nuevas a partir de la lectura de un texto con el conocimiento existente para generar conocimientos nuevos.

**sistema fonológico** Los sonidos del lenguaje y cómo funcionan en conjunto de maneras significativas para los hablantes.

**sistema morfológico** Reglas que agrupan morfemas (componentes básicos del vocabulario) para formar palabras, frases y oraciones con significado.

**sistema semántico** Sistema mediante el cual los hablantes de una lengua transmiten el significado a través del lenguaje. Ver también *relación grafofónica, sistema sintáctico*.

**sistema sintáctico** Reglas que rigen las maneras en que los morfemas y las palabras funcionan en conjunto en los patrones de oraciones. No es lo mismo que la gramática propiamente dicha, que se refiere a las normas gramaticales aceptadas. Ver también *relación grafofónica, sistema semántico*.

**sufijo** Grupo de letras que se agrega al final de una palabra base o raíz para cambiar su función o su significado (oso/os*ito*, rápido/rápida*mente*).

**sufijo para formar adjetivos** Sufijo que se coloca al final de una palabra base o raíz para formar un adjetivo. Ver también *sufijo*.

**sufijo para formar adverbios** Sufijo que se coloca al final de una palabra base o raíz para formar un adverbio. Ver también *sufijo*.

**sufijo para formar sustantivos** Sufijo que se agrega al final de una palabra base o raíz para formar un sustantivo. Ver también *sufijo*.

**sufijo para formar verbos** Sufijo que se agrega al final de una palabra base o raíz para formar un verbo. Ver también *sufijo*.

**sustituir fonemas** Reemplazar el sonido inicial, medio o final de una palabra por un sonido nuevo.

**teatro del lector** Interpretación no actuada de una obra literaria, como un cuento, una obra de teatro o un poema, leída en voz alta y con expresión por una o más personas.

**tema** Idea, concepto o mensaje central subyacente que la autora o el autor transmite en un texto de ficción. Comparar con *idea principal*.

**texto de instrucciones** Texto de no ficción que explica cómo hacer algo. Los textos de instrucciones casi siempre se organizan en una secuencia temporal y adquieren la forma de instructivos (o textos explicativos) o descripciones de un proceso.

**texto expositivo/texto expositivo de no ficción** Texto de no ficción que da información a la lectora o al lector sobre un tema. Los textos expositivos incluyen diversas estructuras de texto subyacentes como la descripción, la secuencia temporal, la categorización, la comparación y el contraste, el problema y la solución, la pregunta y la respuesta. Entre las formas del texto expositivo se encuentran los informes, los artículos periodísticos y los artículos de fondo.

**texto funcional** Texto de no ficción cuyo propósito es llevar a cabo una tarea práctica. Algunos ejemplos de textos funcionales son las cartas, las listas, las pruebas escritas y la escritura sobre la lectura.

**texto gráfico** Forma de texto con tiras cómicas u otras ilustraciones en cada página. En ficción, una línea narrativa se desarrolla a lo largo del texto a través de una serie de ilustraciones que muestran las acciones y emociones de los personajes momento a momento. Las ilustraciones se suelen acompañar de globos de diálogo y texto narrativo que describe la acción. En no ficción, la información factual se presenta en categorías o secuencias.

**texto híbrido** Texto que incluye al menos un género de no ficción y uno de ficción que se integran de manera coherente.

**texto informativo** Texto de no ficción cuyo propósito es informar u ofrecer datos sobre un tema. Los textos informativos incluyen los siguientes géneros: biografía, autobiografía, memorias personales, no ficción narrativa, y también textos expositivos, textos de instrucciones y textos persuasivos.

**texto literario de no ficción** Texto de no ficción que emplea técnicas literarias, como el lenguaje figurado, para presentar información de manera atractiva.

**texto narrativo** Texto de ficción o no ficción que tiene una estructura narrativa y cuenta una historia.

**texto persuasivo** Texto de no ficción cuya intención es convencer a la lectora o al lector de la validez de una serie de ideas, por lo general un punto de vista particular.

**texto poético** Texto de ficción o no ficción que expresa sentimientos, imágenes sensoriales, ideas o historias.

**texto sobre hechos** Ver *texto informativo*.

**textos ejemplares** Libros u otros textos que sirven como modelo de una escritura excelente. Los textos ejemplares se leen una y varias veces para inspirar la discusión literaria y la escritura de los estudiantes.

**tono** Expresión de la actitud y los sentimientos de la autora o del autor con respecto a un tema que se refleja en el estilo de escritura. Comparar con *atmósfera*.

**trama** Los sucesos, las acciones, los conflictos y la resolución de un cuento presentados en cierto orden en un texto de ficción. Una trama simple progresa cronológicamente desde el comienzo hasta el final, mientras que las tramas más complejas pueden avanzar y retroceder en el tiempo.

**uso del lenguaje** Uso de recursos para formar oraciones, frases y expresiones que describan sucesos, acciones o información.

**verificar y autocorregirse** (como acción estratégica) Revisar si la lectura suena o parece correcta y tiene sentido, y resolver problemas si eso no sucede.

**verse a sí mismos como escritores** Actitudes y prácticas que apoyan el proceso de los estudiantes para convertirse en escritores de por vida.

**verso libre** Poema cuya métrica no es regular. El verso libre puede incluir rima, aliteración y otros recursos sonoros poéticos.

**vocabulario** Palabras y sus significados. Ver también *significado de las palabras*.

**vocal** Sonido del habla o fonema que se pronuncia sin interrupciones ni fricciones en el flujo del aire. Los sonidos vocálicos se representan con las letras *a, e, i, o, u*.

**voz** Manera particular en la que la escritora o el escritor usa el lenguaje para transmitir ideas.

# Referencias

# Referencias

**Artes del lenguaje en español y estándares de desarrollo de la lengua española**

**Common Core State Standards Spanish Language Version © Copyright 2013.** San Diego County Office of Education, San Diego, California. All rights reserved.
*San Diego County Office of Education, Council of Chief State School Officers (CCSSO) y California Department of Education han elaborado una traducción y versión lingüísticamente aumentada en español de los CCSS para artes del lenguaje en inglés y lecto-escritura y matemáticas.* Esta traducción y adaptación se puede usar en salones bilingües en conjunto con la versión en inglés de los estándares comunes.

Kindergarten: Common Core State Standards Spanish Language Version © Copyright 2013. San Diego County Office of Education, San Diego, California. All rights reserved.—*Kindergarten.* https://commoncore-espanol.sdcoe.net/Portals/commoncore-espanol/Documents/NA_ELA_SBS_Grade0K.pdf.

Grade 1: Common Core State Standards Spanish Language Version © Copyright 2013. San Diego County Office of Education, San Diego, California. All rights reserved.—*Grade One/Primer grado.* https://commoncore-espanol.sdcoe.net/Portals/commoncore-espanol/Documents/NA_ELA_SBS_Grade1.pdf.

Grade 2: Common Core State Standards Spanish Language Version © Copyright 2013. San Diego County Office of Education, San Diego, California. All rights reserved.—*Grade Two/Segundo grado.* https://commoncore-espanol.sdcoe.net/Portals/commoncore-espanol/Documents/NA_ELA_SBS_Grade2.pdf.

Grade 3: Common Core State Standards Spanish Language Version © Copyright 2013. San Diego County Office of Education, San Diego, California. All rights reserved.—*Grade Three/Tercer grado.* https://commoncore-espanol.sdcoe.net/Portals/commoncore-espanol/Documents/NA_ELA_SBS_Grade3.pdf.

Grade 4: Common Core State Standards Spanish Language Version © Copyright 2013. San Diego County Office of Education, San Diego, California. All rights reserved.—*Grade Four/Cuarto grado.* https://commoncore-espanol.sdcoe.net/Portals/commoncore-espanol/Documents/NA_ELA_SBS_Grade4.pdf.

Grade 5: Common Core State Standards Spanish Language Version © Copyright 2013. San Diego County Office of Education, San Diego, California. All rights reserved.—*Grade Five/Quinto grado.* https://commoncore-espanol.sdcoe.net/Portals/commoncore-espanol/Documents/NA_ELA_SBS_Grade5.pdf.

Grade 6: Common Core State Standards Spanish Language Version © Copyright 2013. San Diego County Office of Education, San Diego, California. All rights reserved.—*Grade Six/Sexto grado.* https://commoncore-espanol.sdcoe.net/Portals/commoncore-espanol/Documents/NA_ELA_SBS_Grade6.pdf.

Grade 7: Common Core State Standards Spanish Language Version © Copyright 2013. San Diego County Office of Education, San Diego, California. All rights reserved.—*Grade Seven/Séptimo grado.* https://commoncore-espanol.sdcoe.net/Portals/commoncore-espanol/Documents/NA_ELA_SBS_Grade7.pdf.

Grade 8: Common Core State Standards Spanish Language Version © Copyright 2013. San Diego County Office of Education, San Diego, California. All rights reserved.—*Grade Eight/Octavo grado.* https://commoncore-espanol.sdcoe.net/Portals/commoncore-espanol/Documents/NA_ELA_SBS_Grade8.pdf.

**New York State Bilingual Common Core Initiative.** 2015. New Language Arts Progressions (NLAP) and Home Language Arts Progressions (HLAP) for all grades, eleven progressions in all.
*NLAP y HLAP ofrecen un marco para que los maestros se aseguren de que los estudiantes de los programas* English as a New Language *y* Bilingual Education *cumplan con los estándares comunes de aprendizaje del estado de Nueva York.*

Bilingual Progressions – Standard 1. https://www.engageny.org/file/136776/download/bilingual-progressions-standard-1.zip.

Bilingual Progressions – Standard 2. https://www.engageny.org/file/136781/download/bilingual-progressions-standard-2.zip.

Bilingual Progressions – Standard 3. https://www.engageny.org/file/136786/download/bilingual-progressions-standard-3.zip.

Bilingual Progressions – Standard 4. https://www.engageny.org/file/136791/download/bilingual-progressions-standard-4.zip.

Bilingual Progressions – Standard 5. https://www.engageny.org/file/131711/download/bilingual-progressions-standard-5.zip.

Bilingual Progressions – Standard 6. https://www.engageny.org/file/131716/download/bilingual-progressions-standard-6.zip.

Bilingual Progressions – Standard 7. https://www.engageny.org/file/131721/download/bilingual-progressions-standard-7.zip.

Bilingual Progressions – Standard 8. https://www.engageny.org/file/131876/download/bilingual-progressions-standard-8.zip.

Bilingual Progressions – Standard 9. https://www.engageny.org/file/133966/download/bilingual-progressions-standard-9.zip.

Bilingual Progressions – Standard 10. https://www.engageny.org/file/133971/download/bilingual-progressions-standard-10.zip.

Bilingual Progressions – Standard 11. https://www.engageny.org/file/133976/download/bilingual-progressions-standard-11.zip.

**Texas Education Agency.** 2008. "Chapter 128. Texas Essential Knowledge and Skills for Spanish Language Arts and Reading and English as a Second Language. Subchapter A. Elementary." Última actualización: 25 de septiembre de 2017. http://ritter.tea.state.tx.us/rules/tac/chapter128/ch128a.html.

———. 2008. "Chapter 128. Texas Essential Knowledge and Skills for Spanish Language Arts and Reading and English as a Second Language. Subchapter B. Middle School." Última actualización: 25 de septiembre de 2017. http://ritter.tea.state.tx.us/rules/tac/chapter128/ch128b.html.
*Como se señala en estos documentos, las artes del lenguaje en español y la lectura de* Texas Essential Knowledge and Skills *(TEKS) refleja los estándares de artes del lenguaje auténticos de la lengua española y la lectoescritura en español; no son traducciones ni modificaciones de los TEKS de artes del lenguaje en inglés.*

**WIDA.** N.d.-b "Spanish Language Development (SLD) Standards." https://wida.wisc.edu/teach/standards/sld (en inglés); https://wida.wisc.edu/teach/standards/sld/es (en español).
*Los estándares WIDA SLD se han descontinuado pero todavía son fuente de consulta para describir la progresión del desarrollo de la lengua española en muchos salones de clase de pre-kindergarten al grado 12 en los que se usa el español como lengua para la enseñanza de los contenidos.*

**Referencias**

**Escamilla, Kathy.** 2000. "Bilingual Means Two: Assessment Issues, Early Literacy and Two-Language Children." In *Research in Literacy for Limited English Proficient Students,* 100–28. Washington, DC: National Clearinghouse for Bilingual Education.

———. 2006. "Monolingual Assessment and Emerging Bilinguals: A Case Study in the US." In *Imagining Multilingual Schools*, edited by Ofelia García, Tove Skutnabb-Kangas, and María E. Torres-Guzmán, 184–99. Clevedon, England: Multilingual Matters Ltd. http://www.multilingual-matters.com.

———. 2015. "Schooling Begins before Adolescence: The Case of Manuel and Limited Opportunities to Learn." In *Multilingual Learners and Academic Literacies: Sociocultural Contexts of Literacy Development in Adolescents,* edited by Daniella Molle, Edynn Sato, Timothy Boals, and Carol A. Hedgspeth, 210–28. New York: Routledge.

**Escamilla, Kathy, Ana María Andrade, Amelia G. M. Basurto, Olivia A. Ruiz, and Marie M. Clay.** 1995. *Instrumento de observación de los logros de la lecto-escritura inicial.* Portsmouth, NH: Heinemann. *Use este libro para obtener información adicional, observar el progreso en la lectura y evaluar el reconocimiento de vocabulario y sonidos en los estudiantes hispanoablantes.*

**Escamilla, Kathy, Martha Loera, Olivia Ruiz, and Yvonne Rodríguez.** 1998. "An Examination of Sustaining Effects in Descubriendo La Lectura Programs." *Literacy Teaching and Learning: An International Journal of Early Reading and Writing* 3 (2): 59–81.

**Escamilla, Kathy, and Sally Nathenson-Mejía.** 2003. "Preparing Culturally Responsive Teachers: Using Latino Children's Literature in Teacher Education." *Equity and Excellence in Education* 36 (3): 238–48.

**Fountas, Irene C., and Gay Su Pinnell.** 2000. *Guiding Readers and Writers: Teaching Comprehension, Genre, and Content Literacy.* Portsmouth, NH: Heinemann.

———. 2005. *Guided Reading: Essential Elements, The Skillful Teacher* (videotapes). Portsmouth, NH: Heinemann.
*Use estas cintas de video con sus estudios en los continuos de Lectura interactiva en voz alta y discusión literaria y Lectura guiada. En la primera parte, "Elementos esenciales", observe las lecciones de lectura en inglés mientras se desarrollan para ver cómo los maestros presentan un texto, apoyan a los estudiantes mientras leen en forma oral y en silencio, comentan el significado del texto, usan "puntos de enseñanza" para reforzar estrategias de lectura efectivas, vuelven a consultar el texto para ampliar el significado y trabajan con las palabras cuando resulta necesario. En la segunda parte, "La maestra o el maestro hábil", observe la planificación y la organización que hay detrás de la lectura guiada y aprenda a satisfacer las necesidades de cada lectora o lector. Descubrirá cómo agrupar a los estudiantes, seleccionar los libros, planificar presentaciones de libros, apoyar para descifrar palabras, enseñar estrategias de comprensión, desarrollar la fluidez y llevar registros.*

———. 2005, 2001. *The Primary Literacy Video Collection: Guided Reading, Word Study, and Classroom Management.* Portsmouth, NH: Heinemann.
*Mire estos videos en inglés para ver ejemplos de enseñanza en el salón de clase y aprender a crear, organizar y administrar un ambiente que fomente y apoye el aprendizaje de la lectoescritura independiente en el salón de clase.*

———. 2006. *Teaching for Comprehending and Fluency: Thinking, Talking, and Writing about Reading, K–8.* Portsmouth, NH: Heinemann.
*Use este libro en sus estudios de los continuos de Lectura interactiva en voz alta y discusiones literarias, Lectura compartida y lectura interpretativa y Lectura guiada para enseñar hábilmente significado y fluidez en un contexto educativo.*

———. 2008. *The Fountas & Pinnell Prompting Guides 1, 2, and Spanish Editions* (eBooks). Portsmouth, NH: Heinemann.
*Las aplicaciones* Prompting Guide eBook *en inglés y español son útiles como herramientas de consulta inmediata mientras se trabaja con los estudiantes en diversos contextos educativos.*

———. 2012, 2009. *The Fountas & Pinnell Prompting Guide Part 2 for Comprehension: Thinking, Talking, and Writing, Spanish Edition.* Portsmouth, NH: Heinemann.
*Las herramientas mencionadas ofrecen sugerencias específicas para el lenguaje que puede usar para enseñar, indicar y reforzar hábitos de lectura efectivos.*

———. 2012. *Genre Study: Teaching with Fiction and Nonfiction Books.* Portsmouth, NH: Heinemann.
*Use este recurso profesional con los estudiantes para emprender la exploración del estudio del género.*

REFERENCIAS

———. 2013, 2009. *The Fountas & Pinnell Prompting Guide Part 1 for Oral Reading and Early Writing, Spanish Edition*. Portsmouth, NH: Heinemann.

———. 2013. "*Sistema de evaluación de la lectura,* App. 1." iTunes App Store. Portsmouth, NH: Heinemann. *Use la aplicación* Reading Record *con sus estudiantes hispanohablantes. La aplicación Reading Record sin papel es similar a la versión en inglés y registra la siguiente información sobre los estudiantes: ritmo en la lectura oral y ritmo de precisión, ritmo promedio de autocorrección, puntaje en fluidez y puntaje en comprensión. Use las aplicaciones para cronometrar la conferencia, calcular los ritmos y promedios de lectura, guarde el registro como un PDF y sincronice los datos con* Online Data Management System.

———. 2014. *Select Genre Sets*. Portsmouth, NH: Heinemann.
*Use* PM Readers Collections and Genre Sets *organizados según* F&P Text Level Gradient™ *en su salón de clase.* Fountas & Pinnell Select Collections K-3 *ofrece libros para el salón de clase aptos para la lectura independiente, guiada y en casa.*

———. 2016. *Guided Reading: Responsive Teaching Across the Grades,* Second Edition. Portsmouth, NH: Heinemann.
*Use este libro como ayuda para enseñar las lecciones de lectura guiada. Aprenda a seleccionar y presentar textos, enseñar durante y después de la lectura y evaluar el progreso de los estudiantes.*

———. 2019. *Sistema de evaluación de la lectura*. Portsmouth, NH: Heinemann.
*Use este sistema para determinar los niveles de lectura, obtener información específica acerca de las fortalezas y las necesidades de los lectores y documentar el progreso a lo largo del tiempo.*

**Gottlieb, Margo,** 2016. *Assessing English Language Learners: Bridges to Educational Equity: Connecting Academic Language Proficiency to Student Achievement,* Second Edition. Thousand Oaks, CA: Corwin.

———. 2017. *Assessing Multilingual Learners: A Month-by-Month Guide*. Alexandria, Virginia: ASCD.

**Gottlieb, Margo and Gisela Ernst-Slavit.** 2014. *Academic language in diverse classrooms: Promoting content and language learning, Definitions and contexts.* Thousand Oaks, CA: Corwin.

**Gottlieb, Margo and Mariana Castro.** 2017. *Language Power: Key Uses for Accessing Content*. Thousand Oaks, California: Corwin.

**Guerrero, Michael, D., María Consuelo Guerrero, Lucinda A. Soltero-González, and Kathy Escamilla, eds.** 2017. *Abriendo brecha: Antología crítica sobre la educación bilingüe de doble inmersión.* Albuquerque, NM: Fuente Press.
*Esta publicación está escrita completamente en español. Este libro está escrito por expertos en el campo de la educación bilingüe y está destinado al uso en la preparación de los maestros de educación bilingüe.*

**Hopewell, Susan, and Kathy Escamilla.** 2014. "Biliteracy Development in Immersion Contexts." *Journal of Immersion and Content-Based Language Education* 2 (2): 181–95.

**McCarrier, Andrea, Gay Su Pinnell, and Irene C. Fountas.** 2018. *Interactive Writing: How Language and Literacy Come Together, K–2*. Portsmouth, NH: Heinemann.
*Use la Escritura interactiva para apoyar a los niños en la comprensión crítica del proceso de escritura. En un formato paso a paso, este libro demuestra cómo pueden los maestros usar la escritura interactiva para enseñar una gama de destrezas de lectoescritura fundamentales compartiendo el bolígrafo con escritores jóvenes.*

**Nathenson-Mejía, Sally, and Kathy Escamilla.** 2003. "Connecting with Latino Children: Bridging Gaps with Children's Literature." *Bilingual Research Journal* 27 (1): 101–16.

**Pinnell, Gay Su, and Irene C. Fountas.** 1998. *Word Matters: Teaching Phonics and Spelling in the Reading/Writing Classroom*. Portsmouth, NH: Heinemann.
*Este libro la ayudará o lo ayudará a diseñar y enseñar estrategias efectivas para descifrar palabras.*

———. 2004, 2003. *Phonics Lessons: Letters, Words, and How They Work (Grades K, 1, and 2)*. Portsmouth, NH: Heinemann.
*Use lecciones de fonética y lecciones de estudio de palabras con sus estudios de los continuos de Fonética, ortografía y estudio de palabras y Lectura guiada, para elegir las lecciones que se ajusten a las necesidades de sus estudiantes.*

———. 2004. *Sing a Song of Poetry, Grades K, 1, and 2*. Portsmouth, NH: Heinemann.
*Use estos complementos de la serie de lecciones de fonética para aprovechar la poesía al máximo y ampliar las capacidades lingüísticas orales de los niños, desarrollar la conciencia fonológica y enseñar acerca de las particularidades del texto impreso.*

———. 2009. *When Readers Struggle: Teaching That Works*. Portsmouth, NH: Heinemann.
*Use este volumen para diseñar e implementar programas de intervención efectivos para los niños de grados K-3 que tengan dificultades para aprender a leer y escribir.*

———. 2011. *Literacy Beginnings: A Prekindergarten Handbook*. Portsmouth, NH: Heinemann.
*Una guía para apoyar a los lectores, escritores y usuarios incipientes de la lengua a través del juego y la exploración.*

**Sparrow, Wendy, Sandra Butvilofsky, Kathy Escamilla, Susan Hopewell, and Teresa Tolento.** 2014. "Examining the Longitudinal Biliterate Trajectory of Emerging Bilingual Learners in a Paired Literacy Instructional Model." *Bilingual Research Journal* 37 (1): 24–42.

**Thomas, Wayne, and Virginia Collier.** 2017. *Why Dual Language Schooling*. Albuquerque, NM: Fuente Press.
*En este libro Thomas y Collier centran su atención en los formuladores de políticas educativas y las familias, y ofrecen opiniones claras de por qué la enseñanza bilingüe satisface las necesidades de los estudiantes.*

Los autores y el editor agradecen a quienes han dado permiso para reproducir material prestado:

**Fragmentos en orden de aparición en *Continuo de la lectoescritura de Fountas & Pinnell PreK–8*:**

Fragmento de *En la casa*, de Patricia Fontanals. Fotografías de Scott B. Rosen. Copyright © 2012 por Irene C. Fountas y Gay Su Pinnell, *de Sistema de evaluación de la lectura de Fountas & Pinnell.*

Fragmento de *Mi hermanita*, de Diana González. Ilustrado por Marcela Cabrera. Copyright © 2012 por Irene C. Fountas y Gay Su Pinnell, de *Sistema de evaluación de la lectura de Fountas & Pinnell.*

Fragmento de *La gatita Tita*, de Patricia Almada. Ilustrado por Juan Carlos Ricardo. Copyright © 2012 por Irene C. Fountas y Gay Su Pinnell, de *Sistema de evaluación de la lectura de Fountas & Pinnell.*

Fragmento de *La ranita que canta*, de Mario Lamo. Ilustrado por Nury Espinosa. Copyright © 2012 por Irene C. Fountas y Gay Su Pinnell, de *Sistema de evaluación de la lectura de Fountas & Pinnell.*

Fragmento de *Los animales del bosque*, de Clara Lozano. Copyright © 2012 por Irene C. Fountas y Gay Su Pinnell, de *Sistema de evaluación de la lectura de Fountas & Pinnell.*

Fragmento de *Sopa de frijoles*, de O. M. Ulloa. Ilustrado por Carlos Cabán. Copyright © 2012 por Irene C. Fountas y Gay Su Pinnell, de *Sistema de evaluación de la lectura de Fountas & Pinnell.*

Fragmento de *El baño de Bruno*, de María Nieves Colón. Ilustrado por Susan Guevara. Copyright © 2012 por Irene C. Fountas y Gay Su Pinnell, de *Sistema de evaluación de la lectura de Fountas & Pinnell.*

Fragmento de *Los trabajadores de la comunidad*, de Aurora Colón García. Copyright © 2012 por Irene C. Fountas y Gay Su Pinnell, de *Sistema de evaluación de la lectura de Fountas & Pinnell.*

Fragmento de *Los armadillos*, de Eduardo Aparicio. Copyright © 2012 por Irene C. Fountas y Gay Su Pinnell, de *Sistema de evaluación de la lectura de Fountas & Pinnell.*

Fragmento de *El perro guía*, de Ana Galán. Copyright © 2012 por Irene C. Fountas y Gay Su Pinnell, de *Sistema de evaluación de la lectura de Fountas & Pinnell.*

Fragmento de *Animales en la oscuridad*, de Juan B. Puebla. Copyright © 2012 por Irene C. Fountas y Gay Su Pinnell, de *Sistema de evaluación de la lectura de Fountas & Pinnell.*

Fragmento de *Los tiburones*, de Mario Lamo. Copyright © 2012 por Irene C. Fountas y Gay Su Pinnell, de *Sistema de evaluación de la lectura de Fountas & Pinnell.*

Fragmento de *Frente a las olas*, de O. M. Ulloa. Ilustrado por Loretta Lopez. Copyright © 2012 por Irene C. Fountas y Gay Su Pinnell, de *Sistema de evaluación de la lectura de Fountas & Pinnell.*

Fragmento de *Los volcanes*, de Juan B. Puebla. Copyright © 2012 por Irene C. Fountas y Gay Su Pinnell, de *Sistema de evaluación de la lectura de Fountas & Pinnell.*

Fragmento de *Burritos espaciales*, de Aaron Finn. Copyright © 2012 por Irene C. Fountas y Gay Su Pinnell. Por publicarse en asociación con *Fountas & Pinnell Classroom.* En imprenta.

Fragmento de *Sobreviviendo*, de Jill Rubalcaba. Ilustrado por Nelson Evergreen. Copyright © 2012 por Irene C. Fountas y Gay Su Pinnell. Por publicarse en asociación con *Fountas & Pinnell Classroom.* En imprenta.

Fragmento de *Arte chatarra: Las esculturas de Bordalo II*, de Javier Luna. Copyright © 2012 por Irene C. Fountas y Gay Su Pinnell. Por publicarse en asociación con *Fountas & Pinnell Classroom.* En imprenta.

Fragmento de *La chaqueta roja*, de Barbara Dwier. Ilustrado por Eric Deschamps. Copyright © 2012 por Irene C. Fountas y Gay Su Pinnell. Por publicarse en asociación con *Fountas & Pinnell Classroom.* En imprenta.

Fragmento de *Una época para recordar*, de Dana Catherine. Copyright © 2012 por Irene C. Fountas y Gay Su Pinnell. Por publicarse en asociación con *Fountas & Pinnell Classroom.* En imprenta.

Fragmento de *¡Corre, esquiva, escóndete!: Cómo mantenerse a salvo en un mundo peligroso*, de Barbara Dwier. Ilustrado por Dave Smith. Copyright © 2012 por Irene C. Fountas y Gay Su Pinnell. Por publicarse en asociación con *Fountas & Pinnell Classroom*. En imprenta.

Fragmento de *Insectos inspiradores*, de Noelle Child. Copyright © 2012 por Irene C. Fountas y Gay Su Pinnell. Por publicarse en asociación con *Fountas & Pinnell Classroom*. En imprenta.

Fragmento de *Historias no tan creíbles*, de Barbara Dwier. Ilustrado por Pat Kinsella. Copyright © 2012 por Irene C. Fountas y Gay Su Pinnell. Por publicarse en asociación con *Fountas & Pinnell Classroom*. En imprenta.

Fragmento de *En la escena del incendio*, de Jackie Letera. Copyright © 2012 por Irene C. Fountas y Gay Su Pinnell. Por publicarse en asociación con *Fountas & Pinnell Classroom*. En imprenta.

Fragmento de *Mama's café*, de Amanda Yskamp. Ilustrado por Gavin Reece. Copyright © 2012 por Irene C. Fountas y Gay Su Pinnell. Por publicarse en asociación con *Fountas & Pinnell Classroom*. En imprenta.

Fragmento de *Azafrán: Oro rojo*, de Linda Lundberg. Copyright © 2012 por Irene C. Fountas y Gay Su Pinnell. Por publicarse en asociación con *Fountas & Pinnell Classroom*. En imprenta.

Fragmento de *Completamente nuevo*, de Nathaniel Clinton. Ilustrado por Niklas Asher. Copyright © 2012 por Irene C. Fountas y Gay Su Pinnell. Por publicarse en asociación con *Fountas & Pinnell Classroom*. En imprenta.

**Créditos de fotografías en orden de aparición en *Continuo de la lectoescritura de Fountas & Pinnell PreK–8*:**

p. 456 (recuadro) © Arco Images GmbH/Alamy, (fondo) © Arco Images GmbH/Alamy; p. 474 © Don Smetzer/Getty Images; p. 480 (izquierda) © Bianca Lavies/Getty Images, (derecha) © Bianca Lavies/Contributor/Getty Images; p. 486 © Guiding Eyes for the Blind; p. 494 (izquierda) © Jim Zipp/Photo Researchers, (derecha) © Renaud Visage/Getty Images; p. 502 (fondo) © Klaus Jost/Photo Library, (recuadro) © Bert Folsom/Alamy; p. 518 (izquierda) © J.D. Griggs/Corbis, (derecha) © Dorling Kindersley/Getty Images; p. 526 (helado) Jon Yonan, (astronauta) Courtesy of NASA; p. 542 (arte urbano) © Barcroft Media/Getty Images, (coches) © Raskolnikov/Shutterstock; p. 562 (recuadro) © Ashley Zimmerman, (fondo) © All-a-Shutter/Alamy; p. 582 (recuadro) Courtesy of Nano Tech, (mariposa en la pantalla) © garnet71/Getty Images, (chica con computadora) © Eyecandy Images/Getty Images; p. 604 (orillas quemadas) © Show Vector/Dreamstime, (fondo con humo) © PhilipYb Studui/ Shutterstock, (izquierda) © Bob Carey/Getty Images, (derecha) © kevinclamato/Alamy; p. 628 (parte superior izquierda) © Alison Thompson/Alamy, (parte inferior izquierda) © Joe McUbed/Shutterstock, (parte superior, centro derecha) © Yawar Nazir/Getty Images, (parte inferior derecha) © Alexander Prokopenko/Shutterstock